lonely planet

Thaïlande îles et plages

Andrew Burke
Celeste Brash, Austin Bush,
Brandon Presser, Adam Skolnick

BANGKOK (p. 74)
Reine incontestée des capitales d'Asie du Sud-Est, Bangkok possède de multiples attraits : temples, galeries, marchés, bars sur le toit…
PARC NATIONAL DE KAENG KRACHAN (p. 185)
Le plus vaste parc national du pays : une immense étendue de jungle peuplée d'oiseaux rares et englobant les magnifiques chutes de Pala-U
ARCHIPEL DE KO CHANG (p. 161)
Ce chapelet d'îles verdoyantes moins visitées que les autres offre aussi bien des complexes hôteliers de luxe que des cabanes bon marché
KO TAO (p. 243)
Une île entourée de récifs coralliens, pour plonger à la rencontre des majestueux requins-baleines
MER D'ANDAMAN
MYANMAR (BIRMANIE)
CAMBODGE
14°N
12°N
BANGKOK
Nonthaburi
Pathum Thani
Ayutthaya
Saraburi
Suphanburi
Nam Tok
Dawei
Kanchanaburi
Nakhon Pathom
Ratchaburi
Samut Sakhon
Samut Prakan
Samut Songkhram
Phetchaburi
Cha-am
Hua Hin
Prachuap Khiri Khan
Thap Sakae
Bang Saphan
Chumphon
Isthme de
Myeik
Kheuan Pran Buri
Parc national de Kaeng Krachan
Parc national de Khao Sam Roi Yot
Parc national de Hat Wanakon
Aéroport de Don Muang
Aéroport international de Suvarnabhumi
Chachoengsao
Prachinburi
Nakhon Nayok
Parc national de Khao Yai
Parc national de Thap Lan
Sa Kaew
Aranya Prathet
Poipet
Sisophon
Battambang
Chonburi
Si Racha
Pattaya
Sattahip
Rayong
Chanthaburi
Trat
Hat Lek
Sihanoukville
Ko Si Chang
Ko Phai
Ko Laan
Ko Man Wichai
Ko Kham Yai
Ko Samaesan
Ko Chuang
Ko Samet
Parc national de Ko Samet
Parc national de Khao Chamao/Khao Wong
Parc national de Khao Khitchakut
Parc national maritime de Ko Chang
Ko Chang
Ko Mak
Ko Kut (Ko Kood)
Ko Tao
1
2
3
4
5
7
8
9
24
32
33
34
35
36
304
305
315
317
318
319
321
323
324
331
333
340
344
346

KO PHA-NGAN (p. 227)
Une jungle moite entourée d'un liseré de plages à l'ambiance décontractée, sauf à Hat Rin, animée par des fêtes aussi fréquentes que bruyantes
ÎLES SIMILAN (p. 297) ET SURIN (p. 290)
De fantastiques îles coralliennes particulièrement propices aux croisières de plongée et aux safaris snorkeling
AO PHANG -NGA (p. 299)
Une magnifique baie à parcourir en kayak au milieu des pitons calcaires
PHUKET-VILLE (p. 311)
Pour changer de la plage : une vieille ville, creuset d'influences culturelles, historiques et culinaires
RAILAY (p. 357)
Une plage superbe et des falaises calcaires surgissant de la mer font de ce lieu l'un des plus beaux sites d'escalade du monde
KO PHI PHI (p. 362)
Un "paradis sur terre"… à partager avec des milliers d'autres touristes
PLAGES DE TRANG (p. 382)
Une côte dorée émaillée de plages et d'îles préservées, pour fuir la foule
PARC NATIONAL MARITIME DE KO TARUTAO (p. 395)
Des îles isolées et des plages désertes pour jouer les Robinson
ALTITUDE
1 000 m
500 m
200 m
100 m
0
LÉGENDE
Autoroute
Nationale
Route secondaire
Petite route
Route non goudronnée
0
100 km
Golfe de Thaïlande
MER D'ANDAMAN
MALAISIE
Kanong
Parc national de Laem Son
Parc national maritime des îles Surin
Parc national maritime des îles Similan
Lac Chiaw Lan
Chaiya
Parc national maritime d'Ang Thong
Ko Pha-Ngan
Ko Samui
Don Sak
Surat Thani
Khiriratnikhom
Parc national de Khao Sok
Hat Khao Lak
Parc national de Khao Lak/Lam-Ru
Parc national de Khao Luang
Parc national de Hat Thai Muang
Phang-Nga
Parc national d'Ao Phang-Nga
Aéroport international de Phuket
Ao Bang Thao
Ko Phuket
Phuket
Ko Yao Yai
Railay
Krabi
Ko Phi Phi
Parc national maritime de Ko Phi Phi
Ko Lanta
Parc national maritime de Mu Ko Lanta
Nakhon Si Thammarat
Thung Song
Ranot
Phattalung
Trang
Parc national de Hat Chao Mai
Kantang
Ko Ngai
Ko Libong
Ko Phetra
Parc national maritime de Mu Ko Phetra
Yong Sata
Songkhla
Hat Yai
Parc national de Thale Ban
Parc national maritime de Ko Tarutao
Ko Tarutao
Satun
Ko Rawi
Ko Adang
Pulau Langkawi
Sadao
Alor Setar
Pattani
Yala
Narathiwat
Ko Losin
Kota Bharu
Sungai Kolok
Betong
Keroh
401
41
403
4
408
406
416
404
43
42
410
4084
4057
67
76
8°N
6°N
98°E
100°E
102°E

Sur la route

ANDREW BURKE **Auteur-coordinateur** Les raisons de ne pas prendre de *túk-túk* à Bangkok (voir p. 436) ne manquent pas, mais lorsqu'il se mit à tomber des cordes à la fin d'une longue journée de recherches, je n'eus pas vraiment le choix. Ayant précisé que je ne voulais pas aller voir un tailleur, une boutique de pierres précieuses ou un strip-tease, je pus profiter de la course folle, qui fait tout de même partie des expériences typiquement thaïlandaises.

CELESTE BRASH Ce que j'adore chez les Thaïlandais, c'est leur capacité à s'amuser. Ayant oublié que mon ami m'avait peint le visage avec de la boue, j'ai posé avec ce serpent inoffensif attrapé dans la jungle de Ko Chang (p. 285). Tout le monde s'est moqué de moi : méfiez-vous des auteurs fous qui rôdent dans la forêt !

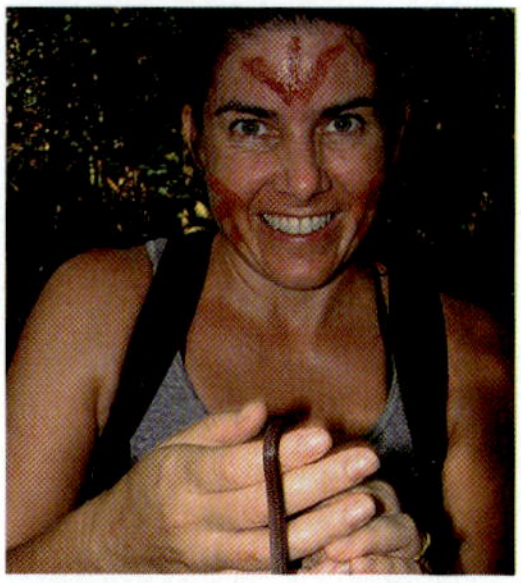

BRANDON PRESSER J'adore plonger, et Ko Tao (p. 243) est l'un de mes spots favoris. Certes, les amateurs diront que les sites de cette île minuscule ne sont pas les plus beaux du monde. Mais, ici, tout est dans le mode de vie : des plages douces comme de la poudreuse, des vibrations positives et des gens sympathiques, à retrouver après une journée en compagnie des poissons !

AUSTIN BUSH Si la cuisine est sans conteste l'un des grands attraits de la Thaïlande, tout n'est pas pour autant époustouflant. Comme en témoignent ces tartines, servies dans un établissement à l'ancienne de Th Dinso, dans le quartier de Banglamphu, à Bangkok.

ADAM SKOLNICK La grotte d'Émeraude (p. 385) attirant les foules en haute saison, nous nous sommes levés à l'aube pour sauter dans notre *long-tail boat* à Hat Farang et arriver avant tout le monde. Nous avons nagé à travers les ténèbres, qui finirent par laisser passer la faible lumière du matin dans ce magnifique *hôrng*. Ce fut une façon plutôt agréable de commencer le jour de mon anniversaire !

Retrouvez la biographie détaillée des auteurs p. 460.

À ne pas manquer

Beaucoup ne manqueraient pour rien au monde les plages frangées de palmiers des côtes et des îles thaïlandaises. Mais, comme en attestent ici des voyageurs, il y a bien d'autres choses à découvrir au pays du sourire. Partez explorer un récif de corail ou un sanctuaire paisible au cœur de Phuket ; profitez en toute bonne conscience de journées oisives dans un hamac ou sur une table de massage ; sirotez un cocktail au son du clapotis de la mer ; imprégnez-vous de culture thaïlandaise à l'occasion d'une fête ; ou goûtez à un peu de tout ! Et, surtout, n'oubliez pas de nous faire partager vos expériences sur le forum de notre site Internet : www.lonelyplanet.fr

KRAIG LIEB

1 SONGKRAN : UN NOUVEL AN EN AVRIL

Des cohortes d'enfants, trempés et souriants, investissent les rues pour asperger les véhicules et les piétons. Des pick-up transportent des gamins armés de pistolets à eau et de seaux, qui tentent d'arroser tous ceux qui ont miraculeusement réussi à rester secs. Marcher dans la rue, c'est alors comme essayer de marcher sur l'eau : on finit mouillé, quoi qu'il arrive (voir p. 20).

Michael, voyageur

JOHN BORTH

2 MASSAGE OU MASOCHISME ?

Rien ne vaut un moment de détente sur une plage thaïlandaise, un livre à la main, avec un jus d'ananas frais. Rien… Sauf un massage au bord de l'eau ! Sur la plage de Hat Thian, à Ko Pha-Ngan, j'ai voulu profiter d'un massage traditionnel (p. 405). En fait de massage décontractant, il s'agit plutôt d'un exercice physique extrême. Je me suis retrouvée pliée sur "Mama", alors qu'elle saisissait mes épaules et plaçait ses pieds sur mon dos pour me courber vers l'arrière. Qu'est-ce que je me suis sentie bien après !

Katie, Lonely Planet

ERNEST MANE

3 ÎLES SIMILAN

Participer à une croisière de plongée depuis Phuket permet de gagner ces îles charmantes (p. 297), dont les eaux abritent une faune sous-marine abondante, de splendides coraux mous et même quelques requins-baleines. Les rochers sous-marins, qui donnent toute la mesure des profondeurs, servent de refuge à toutes sortes de créatures.

SirVerity, voyageur

SANCTUAIRE DE LA LUMIÈRE SEREINE, PHUKET

Le minuscule sanctuaire de la Lumière sereine (p. 313) se cache au bout d'une étroite ruelle de la ville de Phuket. Entourée de bâtiments, cette petite oasis est située à l'écart du vacarme de la circulation et des hordes de touristes. C'est un lieu idéal pour trouver la paix et la sérénité.

Renée, voyageuse

4

INGO JEZIERSKI / ALAMY

KO SAMUI

Ko Samui (p. 207), refuge de tous les plaisirs, où la paresse est de mise et l'ennui n'existe pas. Je ne me lasserai jamais de l'océan me caressant les pieds au dîner, ni des cocktails que l'on déguste du matin au soir.

Lisa, voyageuse

5

AUSTIN BUSH

RICHARD NEBESKY

6

KO TAO

Suivant l'exemple de sa grande sœur Ko Pha-Ngan (épicentre de la fameuse fête de la Pleine Lune), l'"île de la Tortue" (p. 243) se distingue par sa vie nocturne. Le jour, la plupart des gens passent leur temps dans l'eau turquoise ; le soir, c'est boissons à gogo !

Alexander, voyageur

MARCHÉ DU WEEK-END DE CHATUCHAK, BANGKOK

D'innombrables étals bordent des allées peu éclairées où l'on vend de tout, des tissus de couleurs vives aux animaux exotiques (p. 120). Des "*sà·wàt·di kráp*" ("bonjour", pour les hommes) résonnent de tous côtés, les nouilles cuisent, l'encens brûle… De quoi passer une journée exaltante.

Nick, voyageur

7

GREG

ÂMES SENSIBLES S'ABSTENIR : FÊTE VÉGÉTARIENNE, PHUKET

Si vous vous trouvez à Phuket en septembre/octobre, respirez profondément : c'est l'époque de la fête végétarienne annuelle (p. 314). Partout dans les rues, des médiums bouddhistes, incarnant la présence des divinités, s'enfoncent des objets pointus dans le visage. En transe, ils ne ressentent peut-être pas la douleur. Mais, pour beaucoup de spectateurs, la vision est insoutenable.

Christine, voyageuse

8

PAUL BEIN

Sommaire

COUPS DE CŒUR ♡
Afin de faciliter le repérage de nos adresses et sites préférés, nous les signalons par un picto.

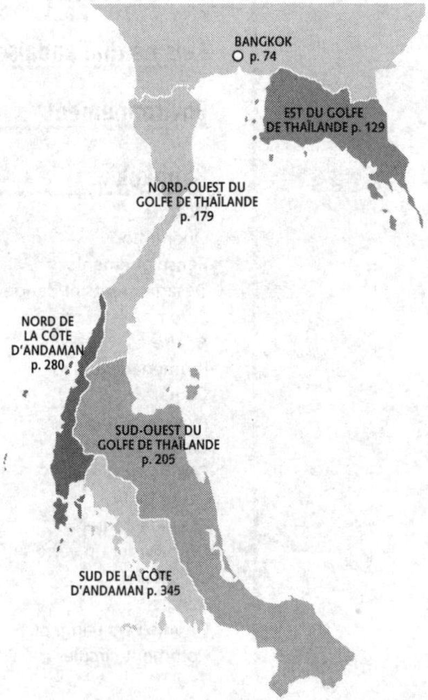
BANGKOK
p. 74
EST DU GOLFE DE THAÏLANDE p. 129
NORD-OUEST DU GOLFE DE THAÏLANDE p. 179
NORD DE LA CÔTE D'ANDAMAN p. 280
SUD-OUEST DU GOLFE DE THAÏLANDE p. 205
SUD DE LA CÔTE D'ANDAMAN p. 345

Destination les îles et plages de Thaïlande

De longues plages de sable blanc, des hamacs qui se balancent doucement entre les palmiers et de spectaculaires formations karstiques qui émergent de baies caressées par le soleil : telle est l'image du paradis tropical – et la réalité sur les îles et les côtes de la Thaïlande du Sud. Des plages où seuls vos pas s'imprimeront sur le sable, et d'autres qui résonnent aux sons de la fête de la Pleine Lune (Full Moon Party) ; des bungalows installés sur la plage et de luxueux complexes hôteliers avec spa ; des fonds sous-marins de toute beauté invitant à plonger avec ou sans bouteille ; des bords de mer idylliques propices au kayak ; d'excellents spots d'escalade ; et des coins paisibles pour paresser dans un transat... Voilà, en résumé, ce qui vous attend en Thaïlande.

Gardez néanmoins à l'esprit que l'afflux de *faràng* (étrangers d'ascendance européenne) en quête d'un morceau de paradis a eu des impacts importants sur la population locale. Bien sûr, le tourisme a permis l'amélioration rapide du réseau routier, des écoles et des centres médicaux, mais il a aussi engendré des évolutions moins salutaires, comme une forte augmentation du trafic de drogue et de la prostitution. Moins visibles, les changements culturels qui affectent surtout la jeunesse sont également inquiétants. Cadre paradisiaque mis à part, pour l'essentiel, les préoccupations des habitants restent similaires aux nôtres : l'emploi, l'argent, la sécurité, la santé et l'éducation.

En Thaïlande du Sud, la principale ressource, dont dépend une vaste partie de la population, est le tourisme. Dans n'importe quelle station balnéaire, il suffit de regarder autour de soi pour voir la masse d'emplois qu'il génère et comprendre que des familles entières survivent grâce aux vacanciers. C'est cette population qui pâtit le plus des troubles politiques.

Deux couleurs divisent la Thaïlande : les "chemises jaunes" représentent l'élite dirigeante basée à Bangkok, tandis que les "chemises rouges", issues principalement des campagnes du Nord et du Nord-Est, soutiennent l'ancien Premier ministre Thaksin Shinawatra, renversé par l'armée en 2006. De mi-mars à mai 2010, des milliers de "chemises rouges" ont occupé le centre de Bangkok, appelant à la démission du nouveau Premier ministre, Abhisit Vejjajiva, et dénonçant un système à deux vitesses. Après deux mois marqués par des confrontations violentes, les derniers manifestants ont finalement été dispersés par l'armée. La situation s'est apaisée et le calme est revenu. Mais le processus de cicatrisation s'annonce long et difficile.

Dans l'extrême sud, des tensions entre bouddhistes et musulmans agitent les provinces de Narathiwat, de Pattani, de Yala et de Songkhla, à majorité musulmane. Les incidents graves se multiplient depuis 2004. Il est important de se renseigner sur les endroits que vous voulez visiter et d'avoir une connaissance de la situation locale.

Cela dit, pour la plupart des voyageurs, les îles et les plages de Thaïlande apparaîtront à des années-lumière de tout cela. Les Thaïlandais sont d'une gentillesse et d'un enthousiasme à toute épreuve ; même quand les temps sont durs, ils gardent la faculté admirable de voir la vie du bon côté. La plupart du temps, il fait bon vivre dans le pays. Et, comme dans vos rêves, la mer est bleue, le sable blanc et les sourires chaleureux...

Les troubles qui agitent l'extrême sud ne doivent pas vous dissuader de visiter d'autres parties de la péninsule. Néanmoins, il est conseillé de vous renseigner sur l'évolution de la situation, en consultant par exemple les conseils aux voyageurs du ministère des Affaires étrangères (www.diplomatie.gouv.fr). Pour plus de renseignements sur le Sud, voir le chapitre *Histoire* p. 35 et l'encadré p. 266.

QUELQUES CHIFFRES

Population : 64 632 000 habitants

Religion : bouddhistes 94,6%, musulmans 4,6%

PIB : 8 400 $US/habitant

Salaire quotidien minimum : 148-203 B

Inflation : 5,8%

Tentatives de coups d'État depuis 1932 : 19

Longueur du littoral : 3 219 km

Nombre de chemises jaunes portées le lundi : environ 15 millions

Nombre de 7-Eleven : près de 5 250 (en hausse)

Mise en route

Paradis des voyageurs, la Thaïlande est une destination accessible et bon marché. Si votre programme est suffisamment souple, et en dehors de la très haute saison des fêtes de fin d'année, vous pourrez improviser en cours de route. Évidemment, si vous visez un établissement en particulier, mieux vaut réserver sur Internet.

Il n'y a pas de vaccin obligatoire pour la Thaïlande, les formalités d'entrée sur le territoire sont simples, et on peut accéder, à moindres frais, à la majeure partie du pays grâce à un réseau de vols charters, de bus longue distance confortables et de trains. Les restaurants et les hébergements ne manquent pas. Enfin, vous pourrez profiter de l'extraordinaire beauté de la nature sans vous ruiner et garder un peu d'argent à dépenser dans les magasins avant de rentrer.

QUAND PARTIR

La meilleure période pour se rendre sur les côtes de Thaïlande correspond à la haute saison touristique, qui va de novembre à avril. Les tarifs des hébergements atteignent alors leur plus haut niveau, mais tous les établissements sont ouverts, il fait généralement sec et les températures sont raisonnables. Les semaines les plus chargées (et les plus coûteuses) sont celles entre la mi-décembre et fin janvier. Pendant l'année, certaines fêtes donnent lieu à d'autres pics de fréquentation ; c'est notamment le cas des semaines qui encadrent Songkran (Nouvel An thaïlandais ; 13-15 avril).

Pour une présentation synthétique de la météo, reportez-vous aux diagrammes p. 409. Vous pourrez aussi consulter la carte météo interactive de Travelfish (www.travelfish.org/weather_fish.php), qui présente des statistiques sur les précipitations moyennes et le nombre de jours de pluie par mois – idéal pour choisir la plage la plus ensoleillée à votre arrivée !

Le reste de l'année (mai-octobre) est marqué par la saison des pluies, durant laquelle la mousson du sud-ouest inonde le pays et les touristes se font rares – c'est donc la saison basse pour les professionnels du tourisme. Les prix des hébergements dégringolent et, la concurrence aidant, on trouve des offres intéressantes dans tous les domaines – transports, nourriture, excursions et même confection de vêtements sur mesure et massages. À cette époque de l'année, certains des *resorts* et des îles les plus petits ou les plus difficiles d'accès ferment complètement, tandis que les liaisons en ferry sont suspendues ou réduites. Les mers déchaînées bouleversent aussi les horaires. Pour les plongeurs, la visibilité diminue fortement lors de la saison des pluies.

N'OUBLIEZ PAS...

- Votre passeport et de vous renseigner sur les visas. Lors de nos recherches, les Français, les Belges, les Suisses et les Canadiens n'avaient pas besoin de visa pour un séjour touristique de courte durée (reportez-vous p. 415 pour plus de détails).
- De consulter les conseils aux voyageurs officiels (voir p. 411).
- Une copie de votre police d'assurance voyage (p. 407).
- Des bouchons d'oreilles – pour les bruyants *long-tail boats*.
- Des vêtements couvrant les bras et les jambes, pour visiter les temples, ne pas avoir froid dans les bus et les trains climatisés, ou vous rendre à des dîners chic.
- Une carte bancaire et des espèces, à conserver séparément (p. 406).
- De sortir de vos valises toutes les choses inutiles, pour vous alléger le corps et l'esprit.
- D'aiguiser votre sens de l'humour : vous êtes en vacances, profitez-en !

Si la saison des pluies porte bien son nom, elle ne touche toutefois pas tout le sud de la Thaïlande de manière uniforme. Bien souvent, il ne pleut pas pendant quelques jours, ou seulement sous la forme d'averses courtes et intenses en milieu d'après-midi, ce qui ne suffit pas à gâcher le voyage. Mais tout dépend de votre destination. Par exemple, en septembre, il tombe à Phuket 200 mm de pluie de moins qu'à Ko Chang, et trois fois plus qu'à Ko Samui. Vous pourrez observer les variations et spécificités locales en consultant la carte météo de Travelfish (www.travelfish.org/weather_fish.php). De novembre à janvier, le sud du pays reçoit également la pluie de la mousson du nord-ouest. Pour optimiser vos chances d'ensoleillement, préférez la période de décembre à mars et la côte du golfe plutôt que celle d'Andaman – qui est davantage touchée par la mousson du nord-ouest, et généralement plus humide toute l'année.

Entre novembre et mars, les températures oscillent entre 22 et 30°C à travers le pays, en étant souvent plus proches des 30°C. Puis elles augmentent entre mars et mai, où elles culminent presque toujours au-dessus de 30°C. Le Sud affiche habituellement quelques degrés de moins pendant la mousson.

QUELQUES PRIX

Dîner dans un restaurant : 80-1 000 B

Chambre au bord de la plage : 300-30 000 B

Cours de plongée pour la certification Open Water : 8 000-15 000 B

Trajet en bateau entre Surat Thani et Ko Samui : 200 B

Train-couchettes climatisé de 2e classe de Bangkok à Surat Thani : 758 B

COÛT DE LA VIE

La Thaïlande est une destination peu onéreuse selon des standards occidentaux. Il est possible d'y vivre assez confortablement avec 1 000 B (30 $US) par jour – voire moins si vous dormez dans des pensions bon marché, mangez sur des étals de rue ou dans des restaurants locaux et voyagez en train ou en bus public. Attention cependant : la moindre bière peut faire grimper votre budget. L'hébergement en pension va de 350 à 1 000 B par jour sur la plupart des plages.

Pour un peu plus de confort (bungalows climatisés, transferts en avion, dîners romantiques, promenades en bateau et location de motos sur les îles), comptez environ 1 700 B (50 $US) par jour.

Les établissements chic coûtent plus cher. On peut toutefois obtenir une belle chambre pour 1 700-3 400 B, selon la saison. La catégorie moyenne supérieure, avec ses prestations diverses (soins, plongée, cocktails…), se développe ; prévoyez autour de 3 400 B (100 $US) par jour au minimum. Tout en haut de l'échelle, les prix s'envolent et ne connaissent pas de limites. Les *resorts* de luxe facturent à partir de 5 000 B la nuitée – comptez bien plus pour fréquenter les restaurants, bars et spas sur place. À Bangkok, les prix sont en moyenne supérieurs de 20 à 30%.

Les enfants peuvent généralement dormir gratuitement dans la chambre de leurs parents. Ils bénéficient de tarifs réduits dans les musées et les trains, sur les vols intérieurs, ainsi que pour des circuits et activités.

TOURISME RESPONSABLE

La clé du tourisme responsable, en Thaïlande comme ailleurs, c'est d'être réfléchi. Évaluez l'impact de vos actes avant d'agir, et vous ferez certainement les choses bien – pour vous, pour le pays et pour ses habitants.

Le respect de l'environnement repose sur le bon sens – ne pas jeter de déchets sur terre ou dans l'eau, ne pas changer de serviette de toilette tous les jours, réutiliser les bouteilles et tout ce qui permet d'éviter une consommation excessive… Mais le choix des prestataires pour des activités comme la plongée, la randonnée et l'escalade a également de l'importance. Vous trouverez p. 471 une liste d'adresses conseillées.

Achetez de préférence vos souvenirs auprès d'artisans, en évitant les coraux et les autres produits d'origine animale. Quand vous marchandez, commencez par proposer un prix bas, sans pour autant oublier qu'une bonne affaire doit profiter aux *deux* parties (voir l'encadré p. 403).

COUPS DE CŒUR

FILMS

Les films suivants constitueront une première approche du royaume. Pour plus de détails sur le cinéma thaïlandais, voir p. 49.

- *L'Homme au pistolet d'or* (1973) – James Bond déjoue le complot de Scaramanga, après une course-poursuite en *long-tail boat* dans Bangkok et une épreuve de force dans le repaire idyllique du méchant (qui se visite depuis comme l'"île de James Bond", p. 302).
- *Bangkok Dangerous* (1999) – Film esthétique des frères Pang, primé au Festival international du film de Toronto en 2000. L'histoire d'un tueur professionnel sourd confronté à une crise de conscience après avoir trouvé l'amour de manière inattendue. Un remake avec Nicolas Cage est sorti en 2008.
- *La Plage* (2000) – Du grand spectacle hollywoodien adapté du roman d'Alex Garland, tourné en grande partie à Ko Phi Phi. Ce film aurait transformé les plages de Thaïlande en attirant un nombre croissant de voyageurs de passage.
- *Blisfully Yours* (2002), *Tropical Malady* (2004) et *Oncle Boonmee, celui qui se souvient de ses vies antérieures* (2010) d'Apichatpong Weerasethakul, chef de file du cinéma thaïlandais d'avant-garde. Tous les trois ont été primés à Cannes – le troisième a reçu la Palme d'or en 2010.
- *OK Baytong* (2003), de Nonzee Nimibutr – Un moine pénètre dans le monde moderne pour s'occuper de sa nièce orpheline. Situé dans le sud de la Thaïlande, le film aborde le thème de la violence entre bouddhistes et musulmans.

RESORTS

Il en existe de toutes sortes et pour toutes les bourses. Reportez-vous également aux encadrés sur Phuket (p. 333), Ko Samui (p. 215), Ko Phi Phi (p. 363) et Hua Hin (p. 193).

- **Retraite dans la jungle** – L'Anantara (p. 218) sur Ko Samui et le Golden Buddha Beach Resort (p. 292) sur Ko Phra Thong.
- **Chic et bohème** – Le Library (p. 216) et le Zazen (p. 218) sur Ko Samui, le Putahracsa (p. 192) à Hua Hin et l'Indigo Pearl (p. 334) à Phuket.
- **Luxe moderne** – Le Zeavola (p. 368) sur Ko Phi Phi, le Vijitt (p. 319) ou l'Amanpuri Resort (p. 339) à Phuket et le Sala Samui (p. 217) sur Ko Samui.
- **Plage privée** – Le Four Seasons Koh Samui (p. 220) ou le Sila Evason Hideaway (p. 217) sur Ko Samui, le Chedi (p. 331) à Phuket, le Paradise Ko Yao (p. 303) sur Ko Yao Noi et le Ko Jum Resort (p. 378).
- **Bon rapport qualité/prix** – Le Ko Kood Beach Resort (p. 175) sur Ko Kut (Ko Kood), le Jungle Club (p. 215) ou l'Hacienda (p. 218), sur Ko Samui, et le Casa 104 (p. 315) à Phuket-ville.

AVENTURES

Vous en avez assez de paresser dans un hamac ? Les activités ne manquent pas !

- **Escalade** – Les impressionnantes parois calcaires de Railay (p. 359).
- **Plongée** – Des coraux ? Des épaves ? Des requins-baleines ? À vous de choisir parmi certains des plus beaux sites de plongée d'Asie (voir l'encadré p. 338).
- **Randonnée** – L'une des plus anciennes forêts tropicales au monde, dans le parc national de Khao Sok (p. 292).
- **Kayak de mer** – Les lagons perdus, les falaises et les plages dorées des 42 îles du parc national maritime d'Ang Thong (p. 258).
- **Snorkeling** – Rien ne vaut le golfe de Thaïlande et la mer d'Andaman, ou les récifs autour de Ko Phi Phi (p. 362), inégalés.

La façon la plus agréable et la plus "responsable" de voyager est de loger chez l'habitant, ce qui est possible sur de nombreuses îles, surtout les plus petites. Cette solution permet non seulement d'apporter de l'argent directement à la communauté, mais aussi de goûter à la "vraie Thaïlande", dont on parle souvent, mais que l'on approche rarement.

LIVRES À EMPORTER

La plupart des ouvrages traduits sur la Thaïlande sont focalisés sur Bangkok. Quelques-uns effectuent toutefois des incursions dans le Sud.

Les amateurs de romans d'aventure apprécieront *Le Pont de la rivière Kwaï* (1952 ; Pocket, 2004), de Pierre Boulle.

Le Bouddha derrière la palissade (Actes Sud, 1992), de Cees Nooteboom, est le récit intimiste d'un voyage à Bangkok.

Très approprié pour des vacances thaïlandaises, *La Plage* (LGF, 1999), d'Alex Garland, raconte l'histoire d'un jeune baroudeur anglais qui découvre *la* plage, un eldorado mythique situé sur une île paradisiaque, où une nouvelle communauté a vu le jour.

Café Lovely (Buchet-Chastel, 2005) est un recueil de nouvelles ayant pour cadre la Thaïlande d'aujourd'hui. L'auteur, Rattawut Lapcharoensap, un Américain élevé à Bangkok, met en scène des personnages issus d'une Thaïlande méconnue des étrangers, celle des inégalités sociales et économiques.

Bangkok 8 (10/18, 2009), de John Burdett, est un roman policier dont le héros, un inspecteur thaïlandais formé à la pensée occidentale, donne le fil conducteur pour mieux comprendre le bouddhisme thaïlandais. Dans *Bangkok Tattoo* (10/18, 2009), Al-Qaïda et les musulmans du sud du pays semblent impliqués dans l'assassinat d'un agent de la CIA. *Bangkok Psycho* (Presses de la Cité, 2009), troisième volet des aventures de l'inspecteur Jitpleecheep, plonge dans les bas-fonds de la capitale thaïlandaise.

Plateforme (Flammarion, 2001), de Michel Houellebecq, est l'exploration politiquement incorrecte du tourisme sexuel international, et notamment thaïlandais.

SITES INTERNET

Les sites consacrés à la Thaïlande et à la culture du pays ne manquent pas sur Internet. En voici quelques-uns :

Ambassade de France en Thaïlande (www.ambafrance-th.org). Le site de l'ambassade de France propose quantité de renseignements administratifs et culturels, ainsi qu'une veille sur la situation sanitaire et politique dans les diverses régions du pays.

Bangkok-Thaïlande.org (www.bangkok-thailande.org). Toutes sortes de rubriques pour découvrir et comprendre Bangkok.

Franco-Thaï (www.franco-thai.com). Une présentation générale et illustrée de la Thaïlande – renseignements pratiques, revue de presse, forum, réservations (hébergement et transport)…

Gavroche Thaïlande (www.gavroche-thailande.com). Un magazine francophone consacré à la Thaïlande, mais aussi au Laos, au Vietnam, au Cambodge et à la Birmanie.

Le Petit Journal (www.lepetitjournal.com/bangkok). Le média des francophones à Bangkok.

Office national du tourisme de Thaïlande (www.tourismethaifr.com). Un guide des régions, des conseils pour organiser son voyage, des infos pratiques, une newsletter et bien davantage.

Thaïlande-guide (www.thailande-guide.com). Plus de 1 000 photos et 200 pages d'informations pour mieux préparer son voyage, ainsi qu'un dictionnaire français-thaï de plus de 4 000 mots.

Thai Students Online (www.thaistudents.com). Ce site en anglais conçu par des étudiants offre une mine de renseignements sur la culture et le mode de vie thaïlandais ; c'est le site non commercial le plus important de Thaïlande.

Lonely Planet (www.lonelyplanet.fr). Une présentation synthétique de la Thaïlande dans la rubrique *Destinations*, un forum, et une newsletter pour vous tenir informé de l'actualité du voyage.

Itinéraires

LES GRANDS CLASSIQUES

D'ÎLE EN ÎLE POUR LA PREMIÈRE FOIS...

Deux à trois semaines / de Bangkok à Bangkok

Commencez par **Bangkok** (p. 74), puis mettez le cap au sud sur **Chumphon** (p. 201), point d'embarquement vers les tranquilles îles de **Ko Tao** (p. 243), paradis des amateurs de plongée et de snorkeling, et de **Ko Pha-Ngan** (p. 227), réputée pour sa fête de la Pleine Lune. De toutes les îles du golfe de Thaïlande, Ko Pha-Ngan est l'une des plus variées : **Hat Rin** (p. 233) attire les jeunes avec ses nuits endiablées, les trentenaires se réfugient plus au nord et les familles s'installent sur de paisibles baies où les bambins peuvent patauger à loisir.

Après le farniente, direction Surat Thani, puis la splendide côte d'Andaman, célèbre pour ses falaises calcaires. À **Krabi** (p. 347), montez dans un minibus et explorez les plages alentour ou, pour les amateurs d'escalade, filez jusqu'à **Railay** (p. 357), à l'assaut des fameuses falaises karstiques surplombant les flots. Pour d'autres plages, poussez jusqu'à **Ko Lanta** (p. 370) et à **Ko Phi Phi** (p. 362), petit paradis terrestre, avant de revenir à Krabi.

Pour changer du sable, randonnez dans le **parc national de Khao Sok** (p. 292), ou dans celui de **Khao Sam Roi Yot** (p. 196), plus proche de Bangkok. De retour dans la capitale, profitez une dernière fois de son effervescence, sans oublier de dénicher de jolis souvenirs.

Suivez le parcours classique de tous les amateurs de plages, en passant de chaque côté de la péninsule, du golfe de Thaïlande à la côte d'Andaman (un périple de 1 400 km aller-retour).

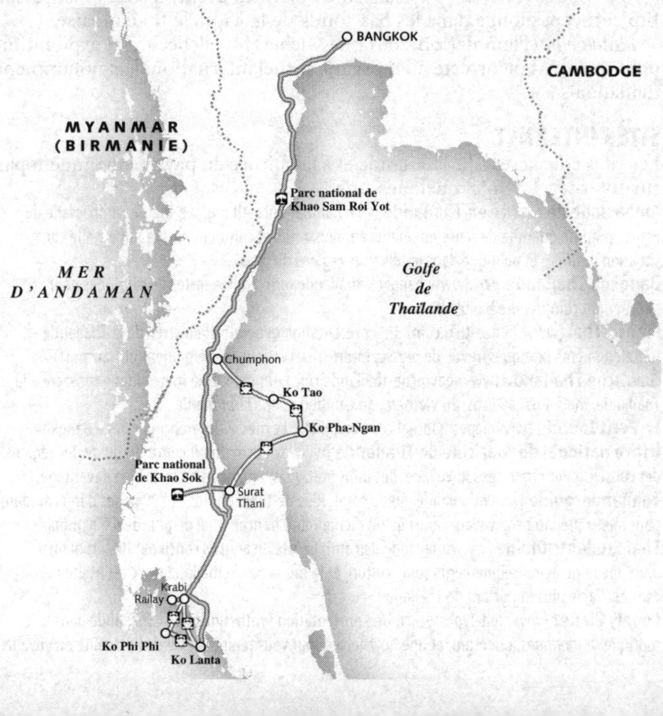

VOYAGE EXTRAORDINAIRE DANS UN HAMAC

Un mois / de Bangkok à Bangkok

Plus qu'un séjour classique en bord de mer, ce périple d'un mois vous fera découvrir à loisir le sud de la Thaïlande, ses îles, ses plages, ses parcs tropicaux et sa cuisine. En route vers le sud depuis **Bangkok** (p. 74), faites halte à **Cha-am** (p. 185) pour vous relaxer sur la plage à la mode thaïlandaise (pas un *faràng* en vue ici), puis rejoignez Chumphon, pour rallier les îles jumelles de **Ko Tao** (p. 243) et de **Ko Pha-Ngan** (p. 227).

Après quelques plongées mémorables, revenez sur la terre ferme et entamez un vrai périple de plage en plage, de **Surat Thani** (p. 259) à **Nakhon Si Thammarat** (p. 263). Ensuite, direction **Hat Yai** (p. 270), porte du "Grand Sud", puis la côte ouest et la ville musulmane assoupie de **Satun** (p. 390), point de départ vers les îles à la beauté sauvage du **parc national maritime de Ko Tarutao** (p. 395).

Remontez au nord, vers **Trang** (p. 379), et rejoignez le parc national de Hat Chao Mai, ponctué de plages idylliques – notamment sur la merveilleuse île de **Ko Kradan** (p. 386) et celle de **Ko Libong** (p. 388), où des espèces menacées (tels les dugongs) et des oiseaux exotiques peuplent les mangroves. Passez d'un complexe hôtelier à l'autre, d'île en île, de **Ko Lanta** (p. 370) à **Ko Jum** (p. 378) et à **Ko Phi Phi** (p. 362), plus isolées et fort prisées pour leur extraordinaire beauté, sans oublier les plages de **Krabi** (p. 347), au sable étincelant. Puis direction **Phuket** (p. 305), puissante locomotive de l'industrie touristique du pays, avant de poursuivre au nord vers le paradis de **Hat Khao Lak** (p. 294). Là, partez en croisière de plongée ou de snorkeling jusqu'aux **îles Similan** (p. 297) ou aux **îles Surin** (p. 290). De retour sur la terre ferme, terminez ce périple par Bangkok, ses boutiques et ses soirées animées.

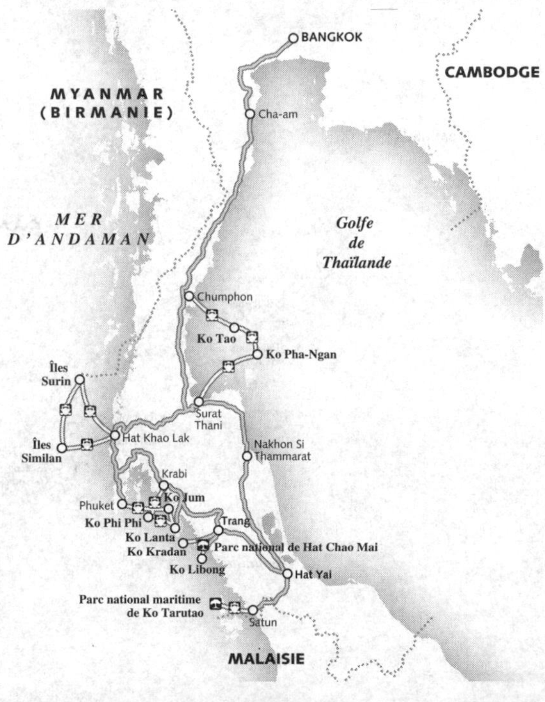

Prenez le temps d'explorer l'incroyable éventail de plages, d'îles et de parcs nationaux de toute beauté qu'offre la Thaïlande – au-dessus et au-dessous du niveau de la mer (un voyage de 1 800 km aller-retour).

AU FIL DE LA CÔTE EST

De sept à dix jours... ou plus / de Bangkok à Bangkok

Les magnifiques îles du sud de la Thaïlande attirent les touristes comme un aimant. Si vous n'avez pas le temps de les rejoindre (ou si vous êtes en route pour le Cambodge), cet itinéraire, qui longe la côte orientale du golfe de Thaïlande, est à la fois plus accessible et relativement moins fréquenté. De **Bangkok** (p. 74), gagnez directement **Ban Phe** (p. 151), port d'embarquement pour l'île et le **parc national de Ko Samet** (p. 152), lieu de villégiature décontracté qu'affectionnent les habitants de Bangkok.

Continuez par la côte jusqu'à la paisible ville de **Trat** (p. 158), ou allez directement à Laem Ngop, d'où part le bateau pour l'archipel de Ko Chang. Là, parmi de nombreuses îles, vous aurez le choix en matière de confort et d'isolement. Dominée par la forêt tropicale, **Ko Chang** (p. 161), la plus grande et la plus développée de toutes, offre quantité de distractions : **treks à dos d'éléphant** (p. 167), **randonnées guidées** (p. 167) dans l'intérieur au relief accidenté, plongée sous-marine... Pour des plages plus reculées encore, mettez le cap sur l'île de **Ko Mak** (p. 176) ou sur celle de **Ko Kut** (ou Ko Kood, p. 174), couverte par la jungle. Et si ces refuges merveilleux ne sont pas encore assez sauvages à votre goût, embarquez pour **Ko Kham** ou **Ko Rayang** (p. 178), bordées de magnifiques récifs coralliens, ou pour **Ko Rang** (p. 178), classée parc national, où vous serez assuré de vivre comme un aventurier.

Si jamais vous rentrez à Bangkok, vous pouvez envisager une halte à **Pattaya** (p. 133), qui offre beaucoup à voir et à faire, malgré son côté tapageur et décadent – il vous faudra un certain courage après votre expérience de Robinson.

Le temps vous fait défaut, vous êtes retenu dans la capitale ? À moins d'une demi-journée de Bangkok, vous pourrez étaler votre drap de plage sur du sable soyeux ou, en comptant quelques heures de plus, vous échapper jusqu'à l'archipel de Ko Chang, relativement moins visité (500-600 km aller-retour).

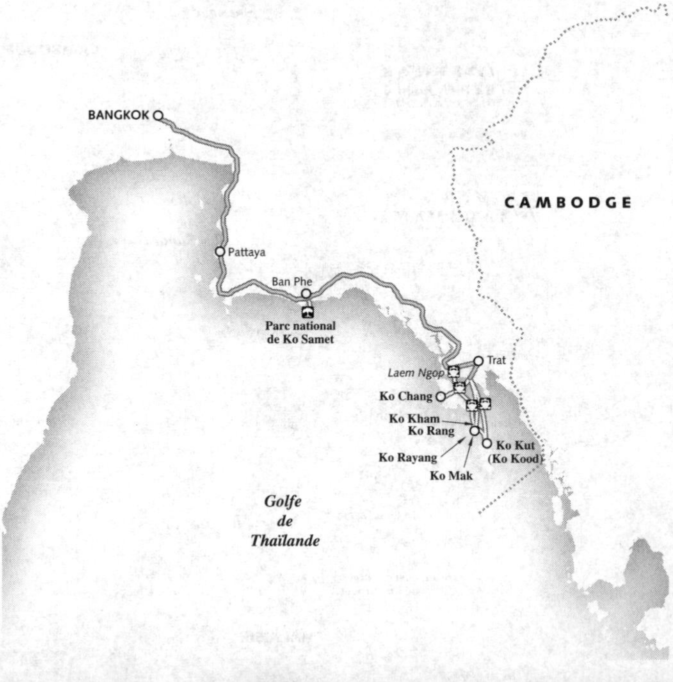

HORS DES SENTIERS BATTUS

RÊVE DE LUNE DE MIEL

Si vous ne disposez que d'une semaine, passez la première nuit dans un hôtel de charme à **Bangkok** (p. 104), puis envolez-vous pour **Ko Samui** (p. 207) ou **Phuket** (p. 305), deux îles aux longues plages voluptueuses, dotées de coins tranquilles pour se relaxer.

Préférez, aux plages trop fréquentées de Samui, celle plus romantique de **Bo Phut** (p. 210). Et ne manquez pas l'occasion d'un massage et d'une revitalisation complète dans un **complexe thermal** (p. 212). Une fois débarrassé du stress, partez pour un circuit à la découverte des beautés naturelles du **parc national maritime d'Ang Thong** (p. 258), tout proche.

Phuket, l'île la plus célèbre de Thaïlande, a plus à offrir que ses complexes hôteliers tape-à-l'œil et sa plage hypercommerciale de Patong. Optez pour une grève isolée, idyllique, telle celle de **Hat Mai Khao** (p. 334). Une fois installé, intéressez-vous à la culture de **Phuket-ville** (p. 311), port datant de l'époque du commerce des épices, marqué par les influences chinoise, indienne et portugaise – n'oubliez pas ses restaurants. Côté action, la mer d'Andaman (p. 307) se prête à la plongée et au snorkeling et le **parc national de Sirinat** (p. 333), à l'exploration des plages.

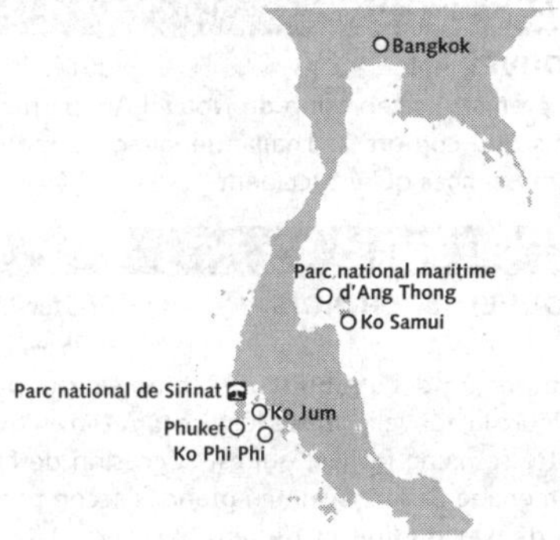

Avec deux semaines devant vous, vous pourrez vous partager entre deux îles. De Phuket, rejoignez l'étonnante **Ko Phi Phi** (p. 363). Trop de civilisation à votre goût ? Alors isolez-vous sur la paisible **Ko Jum** (p. 378).

L'ANTIHAMAC

Si vous préférez escalader des falaises calcaires ou plonger dans un royaume sous-marin inconnu, plutôt que de vous relaxer dans un hamac, vous avez choisi la bonne destination. L'île de **Ko Tao** (p. 243) est idéale pour passer un certificat de plongée, et les plus beaux sites de Thaïlande pour la plongée, le snorkeling ou l'escalade s'égrènent le long de la côte d'Andaman. De **Bangkok** (p. 74), prenez l'avion jusqu'à **Trang** (p. 379), d'où vous gagnerez de superbes îles peu connues, comme celle de **Ko Ngai** (p. 384). Les eaux près de Kradan attirent des tortues et des poissons-scorpions, tandis que l'île est couverte par une jungle luxuriante. Pour un changement de décor, sous l'eau et au-dessus, prenez le bateau pour **Ko Phi Phi** (p. 363).

Vous brûlez maintenant d'échanger vos palmes contre un baudrier ? Direction **Krabi** (p. 347) et, non loin de là, le spectaculaire site de **Railay** (p. 358), à l'assaut de pitons karstiques. Puis, en apothéose, vous voguerez vers de fabuleux sites de plongée ou de snorkeling, à bord d'un bateau de croisière. Il vous attend à **Phuket** (p. 305) ou à **Hat Khao Lak** (p. 294), prêt à hisser les voiles pour l'archipel des **îles Similan** (p. 297) – partager les frais de cette escapade avec d'autres plongeurs est une bonne idée. Et si vous disposez d'assez de temps, terminez votre voyage par les **îles Surin** (p. 290), royaume des raies mantas.

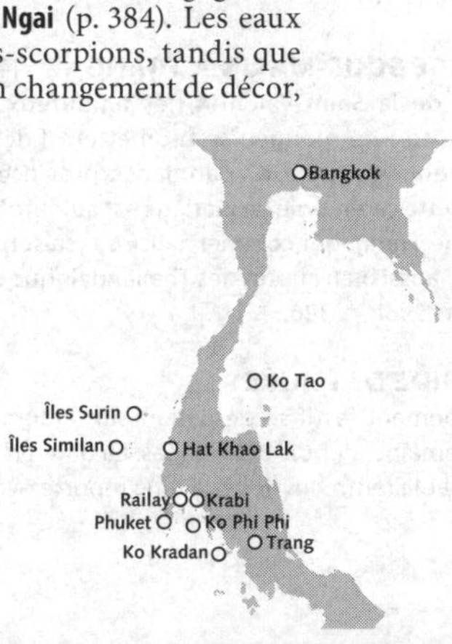

Fêtes et festivals

La Thaïlande possède des fêtes et des festivals passionnants. Beaucoup, d'ordre religieux, sont organisés autour du *wat* local ou de la mosquée. Les célébrations séculières sont en nombre croissant, allant du festival de jazz aux mariages sous-marins. Les dates de la plupart des événements varient d'une année sur l'autre ; pour plus d'informations, reportez-vous p. 415.

JANVIER

NOUVEL AN — 30 déc-1er jan

La première célébration du Nouvel An, parmi les trois que compte la Thaïlande, avec les mêmes réjouissances qu'en Occident.

FÉVRIER-MARS

NOUVEL AN CHINOIS — 3-5 fév 2011, 23-25 jan 2012

L'importante communauté chinoise du pays célèbre la nouvelle année lunaire (*đrùđ jin* en thaï). Cette semaine festive, qui est l'occasion de faire le ménage de la maison en grand, s'accompagne de danses du lion et de feux d'artifice. Elle est particulièrement animée dans le quartier chinois de Bangkok et dans la vieille ville de Phuket.

FÊTE DE PHRA NAKHON KHIRI — Début fév

Célèbre fête des temples à Phetchaburi, avec des représentations de théâtre et de danse classique, et un concours de beauté pour les veuves de la ville ; voir p. 181.

MARIAGE SOUS-MARIN À TRANG — 14 fév

Le jour de la Saint-Valentin, les amoureux en combinaison de plongée se promettent fidélité sous l'eau au large de Ko Kradan, dans la province de Trang. Cette cérémonie de mariage est aujourd'hui l'atout de Trang, qui commercialise sa "saison de l'amour" aussi bien auprès des Thaïlandais que des étrangers ; voir p. 386.

GAY PRIDE DE PHUKET

Un événement festif se déroulant sur 4 jours en fin de semaine, depuis des années. La date en est très variable (entre février et avril) ; reportez-vous p. 328.

MAGHA PUJA (MAH·KÁ BOU·CHAH) — 18 fév 2011, 8 mars 2012

À la pleine lune du 3e mois lunaire, cette fête commémore dans tout le pays le prêche du Bouddha devant 1 250 moines illuminés, venus l'écouter "sans invitation préalable". Elle s'achève dans chaque temple (*wat*) par une procession aux flambeaux autour de la chapelle principale.

FESTIVAL DE JAZZ DE BANGKOK — Mars

Auparavant, ce grand festival réunissant des artistes étrangers et thaïlandais avait lieu en décembre, dans le parc de Dusit. Avant les événements du printemps 2010, il avait été transféré dans le centre commercial Central World et se déroulait en mars ; consultez le site www.bangkokjazzfestival.com.

AVRIL

JOURS DES CHAKRI — 6 avr

Dans toute la Thaïlande, on célèbre l'anniversaire de la fondation de la dynastie royale des Chakri.

SONGKRAN — 13-15 avr

Le Nouvel An thaïlandais est la fête la plus importante du calendrier. De nombreux habitants, alors en congés, rentrent dans leur famille pour observer les rites traditionnels. Des statues du Bouddha sont "baignées", et les moines et les anciens reçoivent les salutations respectueuses des plus jeunes, qui les aspergent d'eau. Les touristes font aussi les frais de cette joyeuse bataille ; habillez-vous en conséquence ! Des "spectacles" sont organisés à Bangkok dans Th Khao San et à Patpong, où, armé d'un pistolet à eau gros calibre, vous pourrez vous défouler. Ailleurs, vous serez tout aussi trempé. Il paraîtrait incongru de s'en offusquer.

MAI-JUIN

RÉGATE — Début mai

À Hat Chao Mai (p. 383), près de Trang, est programmée chaque année une régate de voiliers traditionnels en bois, accompagnée de représentations musicales et théâtrales.

VISAKHA PUJA (WÍ·SĂH·KÀ BOU·CHAH)

17 mai 2011, 4 juin 2012

La pleine lune du 6e mois lunaire commémore la naissance, l'illumination et le *parinibbana* (trépas) du Bouddha. Les activités se concentrent dans les *wat*, avec processions aux flambeaux, sermons et psalmodies.

FESTIVAL DE JAZZ DE HUA HIN Mi-juin

Le meilleur festival de jazz de Thaïlande a lieu chaque année à Hua Hin , voir p. 188.

JUILLET-AOÛT

ASALHA PUJA (AH·SĂHN·HÀ BOU·CHAH)

15 juil 2011, 2 août 2012

La pleine lune du 8e mois lunaire commémore le premier prêche du Bouddha, délivré le jour de son illumination. Dans les temples theravada, on célèbre cette fête par une procession aux flambeaux.

KHAO PHANSA (KÔW PAN·SĂH)

16 juil 2011, 3 août 2012

Le jour qui suit l'Asalha Puja marque le début du carême bouddhique. Alors que commence une retraite de 3 mois pour tous les moines du pays, la tradition veut que les jeunes garçons entrent au monastère le temps de la saison des pluies. C'est l'occasion d'assister à une ordination bouddhique.

SEPTEMBRE-OCTOBRE

FÊTE VÉGÉTARIENNE

Durant 9 jours, au début du 9e mois lunaire (entre septembre et octobre), de pieux bouddhistes chinois abandonnent la viande ; certains s'imposent de terribles mortifications. Ce rite est observé avec vigueur à Phuket, à Trang et à Bangkok, et dans une moindre mesure à Krabi et à Phang-Nga ; voir p. 314.

OK PHANSA 12 oct 2011, 29 oct 2012

La fin du carême bouddhique, le jour de la pleine lune du 11e mois lunaire, donne lieu à de grandes réjouissances dans tout le pays. On célèbre la retraite de 3 mois qu'entreprit le Bouddha au Paradis pour parler à sa mère.

NOVEMBRE

BANGKOK PRIDE Mi-nov

Organisé habituellement à la mi-novembre par des entreprises de Bangkok et des associations pour les gays, les lesbiennes, les bisexuels et les transsexuels, ce festival d'une semaine s'accompagne de parades, de soirées, de remises de prix et de force paillettes et boas en plume. Ne manquez pas la foire intitulée "Pink in the Park", au premier jour des festivités dans le parc Lumphini ; consultez le site www.bangkokpride.org.

LOI KRATHONG 21 nov 2010, 10 nov 2011, 28 nov 2012

La nuit de la pleine lune du 12e mois lunaire, les Thaïlandais déposent, sur la Mae Nam Chao Phraya à Bangkok et sur tous les lacs, canaux et rivières du pays, des paniers en forme de lotus ou des petits bateaux (*gràtong*) en feuilles de bananier contenant des fleurs, de l'encens, des bougies et une pièce de monnaie – n'utilisez pas ceux en polystyrène. La cérémonie, qui remonte au temps de Sukhothai, est destinée à remercier les esprits de l'eau pour leurs bienfaits tout en symbolisant l'abandon des rancunes et des souillures.

DÉCEMBRE

ANNIVERSAIRE DU ROI 5 déc

La Thaïlande fête par des processions officielles et des manifestations culturelles la naissance de son roi. À Bangkok, les réjouissances se concentrent autour du Grand Palais et dans le quartier du palais de Dusit.

CONCERT IN THE PARK Mi-déc à mi-fév

Le Bangkok Symphony Orchestra donne des concerts gratuits dans le parc Lumphini chaque dimanche (à partir de 17h30) de mi-décembre à mi-février. Renseignements sur www.bangkoksymphony.org/concertinpark.html.

Histoire

COMMUNAUTÉS PRÉHISTORIQUES

L'une des principales interrogations de l'histoire thaïlandaise porte sur l'origine des premiers Thaïlandais et leur évolution jusqu'à aujourd'hui. Selon les premières études, leurs ancêtres auraient quitté le sud de la Chine au XIIIe siècle pour le fertile Sud-Est asiatique. D'autres spécialistes voudraient inclure dans l'histoire du pays la vie et l'héritage des peuples qui ont précédé ces "nouveaux" arrivants. Les fossiles d'*Homo erectus* récemment découverts dans la province de Lampang, dans le nord du pays, datent d'au moins 500 000 ans. Le plus important site préhistorique thaïlandais, situé à Ban Chiang, dans la province d'Udon Thani (Nord-Est), atteste que la poterie, les outils en bronze et la culture du riz existaient déjà entre 4000 et 2500 ans av. J.-C.

L'homme de Lampang fournit la première preuve de l'existence de l'*Homo erectus* en Asie en dehors de l'Indonésie et de la Chine.

L'ARRIVÉE DES THAÏS

Les populations qui ont jeté les fondements de l'identité thaïlandaise arrivèrent dans les régions de l'actuelle Thaïlande il y a environ un millénaire.

Durant le premier millénaire, ces immigrants venus de Chine méridionale, appelés "Thaïs", s'installèrent par vagues successives au cœur du Sud-Est asiatique. Ils parlaient des langues monosyllabiques et tonales de la famille linguistique taï-kadai, considérée comme le groupe ethnolinguistique le plus important d'Asie du Sud-Est. Ils établirent des villages d'agriculteurs, de chasseurs et de commerçants à petite échelle. Leurs réseaux communautaires étaient fondés sur le schéma traditionnel du *meuang* (ville ou principauté) regroupant plusieurs villages interdépendants sous la direction d'un seigneur. Ces *meuang* furent les structures fondatrices de l'État thaï.

À la fin du premier millénaire, de nombreux Thaïs vivaient déjà sur le territoire de la Thaïlande. Ils avaient rencontré, chassé ou assimilé les populations môn-khmères, ou coexistaient avec elles. D'autres groupes de Taï-Kadai se scindèrent et se dispersèrent à travers le Sud-Est asiatique : au Laos (les Lao) et au Myanmar (les Chan) notamment. Aux IXe et Xe siècles, les empires du sud de la Chine (Nanzhao), du Vietnam (Champa) et du Cambodge (Angkor) prospéraient, tandis que les Thaïs étaient encore dénués d'une administration centralisée.

Histoire de la Thaïlande (Que sais-je ? n°1095, PUF, 1997), de Xavier Galland, est un ouvrage synthétique et complet sur l'histoire du pays jusqu'à la fin du XXe siècle. Aujourd'hui épuisé, il est consultable en bibliothèque.

L'EXPANSION DES ROYAUMES THAÏS

Dvaravati, Angkor et Srivijaya

Avant l'arrivée des Thaïs, la plaine centrale de Thaïlande était briguée par les Môn et les Khmers, le Nord-Est par les Khmers et le Sud par les Malais.

CHRONOLOGIE

4000-2500 av. J.-C.

Dans le nord-est de la Thaïlande, les communautés préhistoriques développent la poterie, la riziculture et le travail du bronze.

VIe-XIe siècle

Le centre du pays abrite de riches cités-États Dvaravati ; la civilisation urbaine est alors fondée sur la culture môn et le bouddhisme theravada.

VIIIe-XIIIe siècle

La Thaïlande du Sud est gouvernée par l'empire maritime de Srivijaya.

Du VIe au IXe siècle, le centre et le nord-est du pays virent apparaître une culture bouddhique particulière associée aux Môn et au nom de Dvaravati. Les pièces de monnaie portant l'inscription "seigneur de Dvaravati" découvertes à Nakhon Pathom laissent penser que c'est là que se trouvait le centre du royaume. Il s'agissait probablement d'un regroupement libre de cités-États partageant la même culture môn et bouddhique, comme Ku Bua (Ratburi), Srimahosot (Prachinburi), Nakhon Ratchasima et U Thong, et rayonnant depuis Nakhon Pathom. Les objets découverts sur les sites Dvaravati et leur cartographie révèlent l'existence de plusieurs routes marchandes terrestres : vers le Myanmar à l'ouest, le Cambodge à l'est, Chiang Mai et le Laos au nord, ainsi que vers le nord-est et le plateau de Khorat.

La civilisation urbaine de Dvaravati légua à la Thaïlande son art et son architecture, ainsi que des inscriptions gravées en langue môn. Les influences indiennes se reconnaissent dans plusieurs aspects (noms de ville, croyances religieuses et culture matérielle). L'émergence de l'État et des civilisations dans l'ancien Sud-Est asiatique, jadis qualifiée d'"indianisation", est aujourd'hui présentée comme une "localisation" au lieu d'une absorption pure et simple de la culture indienne.

> L'historien français Georges Cœdès suggéra que l'"indianisation" fut une expérience commune aux premiers États d'Asie du Sud-Est.

Au XIe siècle, l'influence de ces cités-États déclina rapidement du fait de l'expansion de l'Empire khmer vers l'ouest, le centre et le nord-est du pays. Lavo (Lopburi), Sukhothai et Phimai (Nakhon Ratchasima) étaient alors des centres administratifs régionaux khmers. Entre ces villes et la capitale, Angkor, des routes et des temples khmers facilitaient les déplacements et symbolisaient le pouvoir impérial. Les éléments khmers – le brahmanisme, le bouddhisme theravada et mahayana – caractérisent les productions culturelles de cette période de l'histoire thaïlandaise. À Angkor Wat, des bas-reliefs du début du XIIe siècle représentent des mercenaires thaïs au sein des armées khmères. Les Khmers les appelaient "Syam", un terme à l'origine du nom de Sayam ou Siam, qui désignera plus tard le royaume thaï.

Entre le VIIIe et le XIIIe siècle, la Thaïlande du Sud fut gouvernée par l'empire maritime de Srivijaya, qui contrôlait le commerce entre la mer de Chine méridionale et l'océan Indien. Chaiya (près de Surat Thani) en était le centre régional. Une différenciation culturelle décisive eut lieu sous l'empire de Srivijaya : la cité-État de Tambralinga (Nakhon Si Thammarat) adopta le bouddhisme, tandis que ses homologues malaises, au sud, se convertirent à l'islam. Au XVe siècle, une frontière religieuse définitive partageait déjà la péninsule entre le continent bouddhiste et la Malaisie occidentale musulmane.

> Srivijaya fut le plus important empire commerçant du Sud-Est asiatique dans l'Antiquité. Il aurait eu pour centre Palembang, à Sumatra.

Du XIIe au XVIe siècle, pendant que ces vastes empires déclinaient progressivement, les populations thaïes de l'intérieur créèrent de nouveaux États. Les régimes bouddhistes de Lanna et de Sukhothai devinrent le centre du monde thaï, avant d'être rapidement rejoints par Ayuthaya.

Xe siècle
Arrivée des peuples "thaïs" dans ce qu'on appellera la Thaïlande.

1238
Union de plusieurs communautés thaïes pour former Sukhothai, le premier royaume thaï, et résister ainsi au pouvoir khmer.

1283
Le roi Ramkhamhaeng de Sukhothai invente la première écriture thaïe.

Le royaume de Lanna

Le royaume de Lanna fut fondé par le roi Mangrai qui fit de Chiang Mai (qui signifie "ville nouvelle") sa capitale en 1292. Le souverain s'imposa grâce à la formation d'une identité thaïe commune et aux relations établies avec les grands dirigeants thaïs voisins, notamment le roi Ngam Muang de Phayao et le roi Ramkhamhaeng de Sukhothai. Il promulgua un texte juridique humain et modéré intitulé *Les Jugements du roi Mangrai*.

Dans la seconde moitié du XIVᵉ siècle, le roi érudit Kü Na favorisa le bouddhisme theravada d'origine cinghalaise. Le Lanna devint le centre culturel des Thaïs du Nord (Tai Yuan) ; le long règne du roi Tilok, au XVᵉ siècle, renforça encore son hégémonie. Dans les années 1520, l'important patronage royal du bouddhisme produisit une célèbre chronique en pali, le *Jinakalamali*, sur la vie du Bouddha et la diffusion du bouddhisme. Le Lanna fut néanmoins la proie d'intrigues dynastiques et de nombreuses guerres, notamment contre les royaumes de Sukhothai et d'Ayuthaya. Au milieu du XVIᵉ siècle, le royaume était devenu la victime des luttes de pouvoir entre le Laos et Ayuthaya.

Certains spécialistes estiment que l'inscription de Ramkhamhaeng est un faux réalisé au XIXᵉ siècle pour soutenir la thèse selon laquelle la région de Sukhothai faisait historiquement partie du Siam.

Le royaume de Sukhothai

Au milieu du XIIIᵉ siècle, les seigneurs thaïs Pha Muang et Bang Klang Hao unirent leurs forces pour éliminer le principal bastion khmer dans la région de Sukhothai. Avec le consentement de Pha Muang, Bang Klang Hao fut couronné roi sous le nom de Sri Indraditya. Sous la direction de son fils Ramkhamhaeng, le royaume de Sukhothai devint une puissance régionale dotée de territoires dépendants à l'est (Phitsanulok et Vientiane), au sud (Nakhon Sawan, Chainat, Suphanburi, Ratburi, Phetburi et Nakhon Si Thammarat), à l'ouest (Pegu et Martaban) et au nord (Phrae, Nan et Luang Prabang). Ces territoires ne furent pas tous conquis par la force. Les régions annexées au sud furent le résultat de mariages ou de liens de parenté entre Ramkhamhaeng et les familles des rois locaux. Le thaï siamois devint

L'INSCRIPTION GRAVÉE DE RAMKHAMHAENG

Sur une pierre gravée datée de 1292, le roi Ramkhamhaeng dépeint son royaume comme un lieu idyllique et libre de contraintes, et se présente sous les traits d'un patriarche bienveillant :

> "À l'époque du roi Ramkhamhaeng, cette terre de Sukhothai est prospère. L'eau regorge de poissons et les champs sont remplis de riz [...] ; quiconque veut faire le commerce des éléphants est libre de le faire ; quiconque veut vendre des chevaux est libre de le faire ; [...] et si un roturier de cette terre a un grief [...], c'est très simple : il va frapper la cloche que le roi a suspendue là-bas ; le roi Ramkhamhaeng [...] entend son appel ; il vient et interroge l'homme, examine son cas et le règle avec justice."
>
> *Traduit en anglais par AB Griswold et Prasert Na Nagara,* Journal of the Siam Society *(juillet 1971)*

1292 — Chiang Mai devient la capitale du Lanna.

1351 — Fondation légendaire du royaume d'Ayuthaya.

1518 — Ayuthaya conclut son premier traité avec une nation occidentale, un accord de commerce amical avec le Portugal.

progressivement la langue de l'élite. Le roi aurait inventé, en 1283, une variante d'écriture et une version ancienne de la langue thaïe moderne. Le Sukhothai fut un centre important du bouddhisme theravada en Asie du Sud-Est, comme le révèlent les œuvres d'art et un texte bouddhique déterminant, le *Traiphum Phra Ruang*, rédigé par le roi Li Thai en 1339. Mais, après la mort de ce dernier, l'empire de Ramkhamhaeng se désintégra.

Traiphum Phra Ruang (Les Trois Mondes du roi Ruang) dépeint la cosmologie bouddhique et conforte l'idée d'une hiérarchie sociale fondée sur le mérite religieux, ce qui a permis de justifier la monarchie de Sukhothai.

La longue période d'Ayuthaya

Au milieu du XIVe siècle, une nouvelle puissance, le royaume d'Ayuthaya, s'imposa dans le bassin du Chao Phraya. Ses voisins de l'époque l'appelaient souvent Siam. Son fondateur légendaire, le roi U Thong (r. 1350-1369), était d'origine obscure. S'il était probablement issu de Phetchaburi ou d'une lignée chinoise, les sources indiquent qu'il était allié par le mariage avec les puissantes maisons de Suphanburi et de Lopburi.

L'essor d'Ayuthaya s'établit sur la capacité de son monarque à recruter une main-d'œuvre indispensable et à tirer profit des échanges internationaux. Sa richesse et ses liens commerciaux permirent au royaume – dont la capitale fortifiée se trouvait sur une petite île – d'accéder à l'armement et attirèrent les mercenaires portugais.

Avec les 36 rois et les cinq dynasties qui se sont succédé pendant 416 ans, la politique intérieure du royaume fut marquée par la violence. Plus le pouvoir du roi sur ses sujets, ses terres et ses ressources était absolu, plus la situation au sommet de l'État était explosive. Les victimes royales des manigances à la cour étaient enveloppées dans un drap et frappées à mort avec une massue en bois de santal (un bois rare et luxueux), afin d'empêcher leur sang sacré d'imprégner la terre.

Pour renforcer notablement le système administratif du royaume, le roi Trailok (r. 1448-1488) promulgua des lois sur la hiérarchie civile d'une part et sur les hiérarchies militaire et provinciale d'autre part. Les deux textes clarifièrent la structure administrative avec de longues listes de postes officiels associés à des titres et à des rangs spécifiques. Ils définirent également la place et la position des individus dans la société d'Ayuthaya. Le statut social de chaque habitant était mesuré en unités numériques appelées *sàk·dì·nah* – correspondant à la surface de terre (virtuellement) en sa possession. Les amendes et les châtiments étaient proportionnels au *sàk·dì·nah* de chacun. La société distinguait principalement la royauté, la noblesse et les roturiers. Ces derniers étaient des *prai* (hommes libres) ou des *tâht* (esclaves). Les hommes libres étaient affectés à un contremaître royal ou noble. Chaque année, durant 6 mois, ils devaient travailler pour l'élite dirigeante, que ce soit à leur service personnel, dans les travaux publics ou dans l'armée. En dépit d'une hiérarchie clairement définie, il existait une certaine mobilité sociale en fonction des capacités personnelles, des relations (notamment le mariage) et de la faveur royale.

Les armes à feu furent probablement introduites en Asie du Sud-Est entre le XIIIe et le XVe siècle, par les Chinois et les Arabes, puis par les Portugais.

1569

Ayuthaya est vaincu par la Birmanie.

1688

La mort du roi Naraï provoque la "révolution du palais", la chute fatale du Grec Constantin Phaulkon et l'expulsion des Français.

1767

Reddition désastreuse d'Ayuthaya face aux Birmans.

Le premier *Traité sur les guerres victorieuses* du Siam fut écrit pour guider les armées du roi Ramathibodi II en 1498. En 2008, on découvrit à Phetchabun la version authentique d'un traité datant du début de la période de Bangkok.

La sphère d'influence d'Ayuthaya fut renforcée par le biais des villes frontalières de Khorat à l'est, de Kanchanaburi à l'ouest, de Phitsanulok au nord et de Nakhon Si Thammarat au sud. Après avoir vaincu Angkor en 1431-1432, l'élite d'Ayuthaya adopta les coutumes de la cour khmère, sa langue honorifique et ses conceptions de la royauté. Bien que le souverain ait pris le titre de *devaraja* (roi divin) khmer au lieu de celui de *dhammaraja* (roi vertueux) en usage au Sukhothai, le royaume demeura tributaire de l'empire de Chine, qui lui accorda en échange de sa soumission rituelle de généreux cadeaux et des privilèges commerciaux enviables. Le royaume siamois avait lui aussi ses États vassaux, qu'il obligea, par la menace, à fournir soldats et tributs. C'était le cas des royaumes de Songkhla, du Cambodge et de Pattani. Leur soumission était symboliquement exprimée par des arbres d'or et d'argent d'une remarquable finesse.

Cette période fut une "ère commerçante" pour l'Asie du Sud-Est. Centre économique et politique de la région, Ayuthaya tirait ses richesses du commerce maritime. Elle était à la fois la capitale royale et le port principal. Le système fluvial desservait également l'intérieur des terres ; qu'il empruntât la voie terrestre ou maritime, le commerce avec l'étranger était d'un grand intérêt pour le royaume. En dehors du riz, les principales exportations d'Ayuthaya provenaient des forêts. L'administration créa le ministère Phra Khlang pour gérer les affaires et le commerce avec l'étranger. Le ministère détenait le monopole sur une sélection de biens exportés et importés, pour lesquels il fixait les taxes et les prix. À partir du XVIIe siècle, l'économie commerciale d'Ayuthaya se développa.

Au XVIIe siècle, les peaux animales étaient massivement exportées vers le Japon, au rythme d'environ 100 000 pièces par an.

La présence historique de nombreux étrangers à Ayuthaya est toujours perceptible dans les vestiges des anciennes communautés étrangères (japonaise, hollandaise et française), sur les rives qui entourent l'île, et visible sur les vieilles cartes (chinoises, maures et anglaises). Les visiteurs étrangers mentionnèrent dans leurs rapports les marchés et la cour cosmopolites d'Ayuthaya. Les résidents étrangers avaient leur propre administration, mais leurs dirigeants étaient absorbés par la bureaucratie siamoise, ce qui les rendait toujours plus dépendants des faveurs royales. Les Occidentaux étaient alors terrifiés par la loi siamoise et ses terribles châtiments corporels. En 1664, les Hollandais furent les premiers à demander et à obtenir des droits d'extraterritorialité qui leur permirent de se soustraire à la juridiction siamoise.

Les meilleurs récits européens sur le royaume d'Ayuthaya, au XVIIe siècle, sont ceux de Jeremias van Vliet, de Simon de la Loubère, de Nicolas Gervaise et d'Engelbert Kaempfer.

En Europe, la littérature de voyage contemporaine a largement évoqué l'incroyable prospérité commerciale du royaume. Cet étalage de richesse faisait partie de la propagande royale, visible aujourd'hui encore sur les sites historiques d'Ayuthaya.

Les visées expansionnistes des Birmans mirent à mal la splendeur d'Ayuthaya. En 1669, la ville tomba aux mains du grand roi birman Bayinnaung. Elle reprit son indépendance sous le règne de Naresuan.

1768-1782

Le roi Taksin règne depuis sa nouvelle capitale à Thonburi.

1782

Mort du roi Taksin et fondation de la dynastie des Chakri, avec Bangkok comme capitale.

1805

Codification des lois des Trois Sceaux.

LE MONDE DU ROI NARAÏ

La curiosité du roi Naraï pour le monde s'exprima, dans les années 1680, par une volonté d'échanger des ambassades avec les grands dirigeants de Perse, de France, du Portugal et du Vatican. Les ambassades siamoises en France soulevèrent un vif intérêt. Le roi Naraï était désireux de découvrir – et d'acquérir – les biens, la culture et les idées de l'étranger. En conséquence, sa cour commanda une grande diversité de produits : longues-vues, sabliers, papier, noyers, fromage, vins, fontaines en marbre... Avant de rejoindre les jésuites français pour observer l'éclipse depuis son palais de Lopburi, le monarque siamois aurait reçu de nombreux cadeaux, dont un globe offert par Louis XIV.

Dans les années 1680, Naraï recourut aux services de l'aventurier grec Constantin Phaulkon. Mais, alors qu'il servait le roi en assumant la fonction d'intermédiaire entre les Siamois et les Occidentaux, Phaulkon abusa de son pouvoir de ministre haut placé et de favori de la cour.

À la mort du roi, qui n'avait pas d'héritier, Phaulkon se retrouva du côté des perdants. Il fut victime des intrigues de la cour siamoise lors de la "révolution du palais de 1688", dans laquelle il joua un rôle important. Plusieurs écrivains contemporains se sont inspirés de son ascension et de sa chute, parmi lesquels Axel Alywen – dans *Le Faucon du Siam* (Anne Carrière, 1996), *L'Envol du faucon* (Anne Carrière, 1997) et *Le Dernier Vol du faucon* (Anne Carrière, 1998).

Dans les années 1760, la jeune et ambitieuse dynastie birmane de Kongbaung poussa à nouveau vers l'est pour écraser son rival politique et commercial. Les troupes birmanes assiégèrent Ayuthaya pendant un an, avant de la détruire en 1767. La capitale fut ravagée, ses bâtiments détruits et ses habitants massacrés. La région alentour fut désertée et resta inhabitée. La violence de cet événement historique fut si terrifiante que de nombreux Thaïlandais considèrent aujourd'hui encore les Birmans comme des agresseurs et des ennemis impitoyables.

Le roi Naresuan est un véritable héros national et un personnage culte, notamment pour l'armée thaïlandaise. Sa légende a inspiré au réalisateur Chatrichalerm Yukol sa trilogie *King Naresuan*.

L'ÈRE DE BANGKOK

Le renouveau

La lignée des rois fut ainsi interrompue. Un ancien général, Taksin, s'empara du pouvoir. Après avoir vaincu les autres prétendants au trône, dont un frère du dernier roi d'Ayuthaya, le nouveau monarque installa sa capitale à Thonburi, une ville située en aval et dotée d'un fort construit par les Français, plus facile à défendre et plus accessible au commerce. Alors qu'il consolidait son pouvoir, le roi Taksin, fils d'un immigrant chinois et d'une Thaïlandaise, encouragea fortement les échanges avec la Chine. Vers la fin de sa quinzième année sur le trône, le roi montra des signes de faiblesse mentale et s'attaqua aux moines bouddhistes. En 1782, deux de ses généraux en chef fomentèrent un coup d'État et le firent exécuter. L'un d'eux, Chao Phraya Chakri, fut couronné sous le nom de Yot Fa (Rama Ier ; r. 1782-1809) et fonda la dynastie des Chakri. Le nouveau monarque déplaça la capitale de l'autre côté du Chao Phraya, à Bangkok. Ce nouveau lieu fut appelé "Rattanakosin" (bijou d'Indra) ou plus souvent "Krungthep" (cité des Anges).

Louis XIV et le Siam (Fayard, 1991), de Dirk Van der Cruysse, est fondé sur des documents français et thaïs.

1851-1868

Règne du roi Mongkut (Rama IV), déclin de l'influence chinoise et montée de l'influence occidentale.

1855

Le traité de Bowring, conclu entre le Siam et l'Angleterre, stimule l'économie de marché siamoise et accorde des droits d'extraterritorialité aux sujets britanniques.

1868-1910

Règne du roi Chulalongkorn (Rama V) : modernisation et impérialisme européen.

Le *Journal du voyage de Siam fait en 1685 et 1686* (Olizane, 2006) est le journal de l'abbé François-Timoléon de Choisy, parti au Siam pour convertir le roi Naraï au christianisme et acquérir des privilèges commerciaux.

Durant les 70 ans qui séparèrent les règnes de Taksin et de Nangklao (Rama III ; r. 1824-1851), les monarques se concentrèrent sur la restauration de l'unité siamoise et la renaissance des modèles d'Ayuthaya. Les connaissances et les pratiques qui avaient survécu furent maintenues ou incorporées dans de nouvelles lois, des manuels de pratique gouvernementale, des textes religieux et historiques, et dans la littérature. Parallèlement, les rois abandonnèrent leurs positions défensives pour agrandir leur territoire par la guerre, étendant leur influence dans toutes les directions. Ayant détruit les capitales du Laos et du Cambodge, le Siam contint l'agression birmane et asservit Chiang Mai, qui avait également subi les attaques birmanes. Les populations vaincues furent déplacées et jouèrent un rôle important dans l'accroissement de la production rizicole au Siam, dont l'essentiel était exporté vers la Chine. Le roi Nangklao était très désireux de commercer avec les Chinois et s'intéressait à leur culture. Au contraire des rois d'Ayuthaya qui vénéraient le dieu hindou Vishnu, les monarques Chakri se firent les défenseurs du bouddhisme. Ils compilèrent et traduisirent en thaï les grands textes bouddhiques et construisirent de nombreux temples royaux. Cette époque fut marquée par l'apparition d'un ordre social nouveau et d'une économie de marché.

Les lois des Trois Sceaux promulguées sous le premier règne de l'ère de Bangkok étaient en partie fondées sur les textes juridiques ayant subsisté depuis Ayuthaya. Elles établirent le modèle juridique du début de la période de Bangkok.

Modernisation et occidentalisation

L'élite siamoise admirait la Chine, mais cette fascination s'évanouit dans les années 1850 lorsque le Siam s'ouvrit à l'Occident. Elle adopta alors certains aspects de la modernisation occidentale – connaissances scientifiques, systèmes bureaucratique, militaire et juridique, éducation, transports...

Avant de monter sur le trône, le roi Mongkut (Rama IV ; r. 1851-1868), fondateur de l'ordre monastique Thammayut, fut moine pendant 27 ans. Il eut le temps d'apprendre le pali, le sanskrit, le latin et l'anglais. Il étudia également les sciences occidentales. Sous le règne de Rama III, un missionnaire américain, James Low, avait introduit la première presse au Siam. L'impression de documents en langue thaïe progressa encore quand son compatriote Dan Bradley publia dans les années 1840 à 1860 le premier journal thaïlandais, le *Bangkok Recorder*, qui traitait des actualités locales et étrangères, ainsi que

LES FEMMES THAÏLANDAISES DANS L'HISTOIRE

Les étrangers qui visitèrent le Siam pendant la période d'Ayuthaya remarquèrent que les femmes assumaient l'essentiel des activités, y compris dans le domaine du commerce. Ce n'est pourtant qu'en 1868 que le roi Mongkut (Rama IV) abolit le droit des maris de vendre leur épouse ou ses enfants. L'ancienne disposition, disait-on, traitait les femmes comme "un simple buffle d'eau". Un document du milieu du XIXe siècle, intitulé *Suphasit Son Ying* ("Dictons pour les femmes"), reconnaissait que les femmes de la classe aisée voulaient avoir un rôle dans le choix de leur mari et contribuaient aux affaires familiales. Les "Dictons" leur prodiguaient des conseils sur ces points.

1874

Un édit abolit l'esclavage.

1890

La première voie ferrée du Siam relie Bangkok à Nakhon Ratchasima.

1892

Nouvelle administration avec un gouvernement doté de 12 ministères, dont certains deviendront les ministères de la Défense, de l'Intérieur, de la Justice et de l'Éducation.

de divers sujets, tels que la science, la politique et la religion. Le roi Mongkut et plusieurs membres de l'élite y étaient abonnés.

Un débat durable hérité du règne de Rama III porta sur l'économie, l'ordre social et la gestion de l'influence occidentale. Les réformateurs estimaient qu'un commerce plus important avec l'Occident, une main-d'œuvre plus libre et un meilleur accès aux nouvelles technologies entraîneraient une croissance économique. Alors qu'il méprisait le christianisme, le roi Mongkut était réellement fasciné par le progrès matériel occidental. L'un de ses conseillers, Chaophraya Thiphakorawong, écrivit une collection d'essais intitulée *Sadaeng Kitjanukit,* dans laquelle il encourageait les enfants à apprendre les sciences de l'Occident tout en rejetant le christianisme.

Anna et le Roi (2000), un film d'Andy Tennant avec Jodie Foster, est l'histoire d'une Britannique engagée comme préceptrice pour instruire les nombreux enfants du roi Mongkut.

Sous le règne de Rama IV, le Siam conclut des traités avec les puissances occidentales. En 1855, celui de Bowring contraignit le royaume à entrer dans le système de marché mondial. La cour siamoise dut abandonner ses monopoles royaux et accorder des droits extraterritoriaux aux sujets britanniques, puis aux autres puissances occidentales.

Le fils de Mongkut, le roi Chulalongkorn (Rama V ; r. 1868-1910), poursuivit son œuvre de réforme en abolissant l'ancien ordre politique et en adoptant le modèle de l'État-nation. Il abolit l'esclavage et les corvées. À la suite d'un afflux d'immigrants chinois et de paysans frontaliers, et compte tenu de l'extraterritorialité accordée aux citoyens occidentaux, le contrôle de la main-d'œuvre devint subitement difficile. Chulalongkorn supervisa la création d'une bureaucratie salariée, d'une force de police et d'une armée active. Ses réformes permirent d'uniformiser le code juridique, les tribunaux et les services fiscaux. Avec le renforcement de la colonisation paysanne aux frontières, l'agriculture des principales régions du Siam profita de nouvelles techniques d'irrigation. Des écoles furent créées sur le modèle européen, tandis que le service militaire universel et l'impôt faisaient de tous des sujets du roi.

Le sucre fut la principale denrée exportée par le Siam jusque dans les années 1870 ; il fut alors remplacé par le riz.

Pour "civiliser" son pays, Chulalongkorn s'appuya beaucoup sur des conseillers étrangers, en majorité britanniques. À la cour, l'essentiel du

CHULALONGKORN, LE ROI VOYAGEUR

Alors qu'il était encore enfant, le roi Chulalongkorn voyagea pour observer les colonies de Singapour, de Java, de Malaisie occidentale, de Birmanie et d'Inde, afin de choisir "quels pourraient être les modèles sûrs pour la prospérité future du Siam". En 1897, quatre ans après l'"incident de Paknam" avec les Français, il se rendit en Europe afin de montrer que le Siam était un pays civilisé qui méritait d'être traité comme une puissance. Sa seconde visite, en 1907, est relatée dans *Klai Ban* ("Loin des siens"), une compilation de lettres qu'il écrivit pendant son voyage à sa sœur restée au Siam. Cette correspondance offre une présentation perspicace de l'Europe du début du XXe siècle. Une traduction collective en trois langues (dont le français) de certaines lettres est parue aux éditions de la Chulalongkorn University en 1997.

1893

Le blocus français du Chao Phraya ("incident de Paknam") accentue la menace colonialiste.

1909

Un traité anglo-siamois délimite les frontières du Siam.

1913

Le gouvernement du roi Vajiravudh promulgue les lois sur la nationalité et le nom de famille.

protocole en vigueur depuis des siècles fut abandonné et remplacé par des pratiques occidentales. L'architecture et la décoration des espaces officiels, comme les nouvelles salles du trône, furent confiées à des artistes italiens. Défiant les anciennes traditions, le roi se montra en public, se laissa photographié, représenté par des peintres et des sculpteurs, et permit que son portrait figurât sur les pièces de monnaie, les timbres et les cartes postales (le roi Mongkut fut le premier monarque siamois à apparaître devant les photographes et la population).

Lors de l'"incident de Paknam", en 1893, le Siam engagea une action militaire contre les Français après que ceux-ci eurent annexé son territoire sur la rive orientale du Mékong. La France envoya deux canonnières sur le Chao Phraya afin d'en obtenir la concession. L'incident aboutit à un traité franco-siamois qui délimita précisément la frontière entre le Siam et l'Indochine française, le long du Mékong.

Le roi Chulalongkorn annexa le Lanna, Khorat et Phuket. En 1893, il créa un ministère de l'Intérieur pour superviser les provinces et fit construire des liaisons ferrées vers les villes éloignées. Le Siam fut néanmoins contraint de céder des territoires à l'Indochine française (le Laos en 1893 et le Cambodge en 1907) et à la Malaisie britannique (trois États malais en 1909). Le Siam devint un pays aux contours géographiques définis dans un sens moderne. En 1902, il se dénommait non plus Siam mais Prathet Thai (le pays des Thaïs) ou Ratcha-anachak Thai (le royaume des Thaïs). À partir de 1913, tous ceux qui vivaient à l'intérieur de ses frontières furent appelés "Thaïlandais".

Face aux menaces impérialistes et à la confusion intérieure, la modernisation occidentale apparut comme une réponse logique aux yeux de l'élite siamoise. Mais la création d'un Parlement représentait une avancée trop importante pour le roi Chulalongkorn et son successeur immédiat.

Le roi Vajiravudh (Rama VI ; r. 1910-1925), éduqué en Angleterre, poursuivit les réformes et rendit notamment l'école obligatoire. Il aligna le calendrier thaïlandais sur le modèle occidental et promut un nationalisme teinté de royalisme. En 1917, le nouveau drapeau tricolore (rouge, blanc et bleu pour la nation, la religion et le roi) fut dessiné pour le contingent thaïlandais envoyé combattre en Europe aux côtés des Alliés. Les Thaïlandais durent adopter des noms de famille. Craignant que les Chinois du Siam ne participent à la vie politique chinoise et inquiété par la diffusion des idées républicaines et révolutionnaires, le gouvernement thaïlandais adopta en 1913 la loi sur la nationalité qui autorisait les descendants des immigrants chinois à devenir des citoyens thaïlandais.

LA THAÏLANDE DÉMOCRATIQUE

La révolution de 1932

Le Parti du peuple fut fondé par un groupe d'étudiants (dont Phibul et Pridi) réunis à Paris dans les années 1920 et partageant la même vision d'une Thaïlande démocratique inspirée des modèles occidentaux.

En 1932, un groupe de jeunes officiers et de bureaucrates, qui se faisait appeler Khana Ratsadon (Parti du peuple), organisa un coup d'État victorieux. Cette révolution sans effusion de sang instaura une monarchie constitutionnelle et fit du Siam un État démocratique doté d'un Parlement. Les leaders du mouvement étaient inspirés par les idéaux démocratiques découverts pendant leurs études en Europe. Après l'abdication et l'exil volontaire du roi Prajathipok (Rama VII ; r. 1925-1935) au Royaume-Uni en 1935, le nouveau gouvernement démocratique appela sur le trône son neveu alors

1916

Création de la première université thaïlandaise, l'université Chulalongkorn.

1917

Le Siam envoie des troupes aux côtés des Alliés pendant la Première Guerre mondiale.

1932

Une révolution menée sans effusion de sang par de jeunes militaires et fonctionnaires met fin à la monarchie absolue.

âgé de 10 ans, Ananda Mahidol, sous le titre de Rama VIII. Étant parvenu à évincer les réactionnaires royalistes, le Parti du peuple fut après le coup d'État la proie de luttes internes. La faction militaire était dirigée par le général Phibul Songkhram ; les civils, par Pridi Phanomyong.

L'un des dirigeants civils de la révolution de 1932 fut donc Pridi Phanomyong (1900-1983), un avocat formé en France, également chef de file du Seri Thai, mouvement de libération antijaponais, et Premier ministre de Thaïlande. Sa participation aux réformes démocratiques s'appuya sur des mesures constitutionnelles et des tentatives de restrictions légales de l'intervention militaire dans la politique thaïlandaise. Pridi Phanomyong soutenait la nationalisation des terres et du travail, l'industrialisation par l'État et la protection de la main-d'œuvre. En 1934, il créa l'université Thammasat. Il fut attaqué pour ses idées "communistes" ; son intervention directe dans la politique thaïlandaise prit fin au milieu des années 1950. En 2000, il fut désigné comme l'une des grandes personnalités du XXe siècle par l'Unesco.

Phibul sortit victorieux de l'affrontement par la force. Son régime, qui coïncida avec la Seconde Guerre mondiale, était marqué par de forts penchants nationalistes focalisés sur la "nation" et le "caractère thaï ". En 1939, Phibul changea le nom du pays en Thaïlande, la terre des Thaïs, le "peuple libre".

Lors de l'invasion japonaise en Asie du Sud-Est, pendant la Seconde Guerre mondiale, le gouvernement Phibul se rangea du côté des Japonais dans l'espoir d'accroître son pouvoir de négociation dans le domaine de la politique internationale et de récupérer les territoires aux mains des Français. La Thaïlande comptait déclarer la guerre aux États-Unis et au Royaume-Uni, mais le Seri Thai, mené par Pridi, contraignit Phibul à démissionner. Seni Pramoj, ambassadeur de Thaïlande à Washington et membre du Seri Thai, refusa de remettre la déclaration de guerre officielle, épargnant à la Thaïlande les graves conséquences qu'aurait entraînée la défaite.

En 1950, la Thaïlande fut le premier pays asiatique à fournir des troupes d'appui aux États-Unis pendant la guerre de Corée. En 1954, elle entra dans l'Organisation du traité de l'Asie du Sud-Est (OTASE), une organisation internationale de défense commune dirigée par les États-Unis.

Les gouvernements démocratiques d'après guerre furent de courte durée. Le gouvernement de Pridi vota la Constitution de 1946, qui instaura une législature entièrement élue. Cette même année, le jeune roi Ananda Mahidol fut assassiné dans des circonstances restées indéterminées. Son frère cadet fut nommé roi, sous le nom de Bhumibol (Rama IX). En 1947, une partie de l'armée qui se sentait menacée par l'approche libérale et socialiste du régime le renversa et envoya Pridi en exil. Phibul devint le chef d'un nouveau gouvernement plus radical et anticommuniste.

Le régime militaire et la guerre froide

En 1957, le général Sarit Thanarat s'empara du pouvoir et instaura une véritable dictature militaire : il abolit la Constitution ; le Parlement fut dissous et tous les partis politiques interdits. Dans les années 1950, le gouvernement américain, cherchant à contenir la progression du communisme en Asie du Sud-Est, apporta son soutien économique et militaire au régime de Sarit.

1934

La polygamie, importante tradition thaïlandaise, est interdite.

1939

Le nom du pays, Siam, est officiellement remplacé par celui de Thaïlande.

1941

Les forces japonaises entrent en Thaïlande.

Sarit favorisa l'élargissement du rôle royal, considérant le roi comme une "autorité unificatrice" de la nation. Le roi Bhumibol et la reine Sirikit firent des visites officielles à l'étranger, véhiculant l'image d'un pays à la fois traditionnel et modernisé. En Thaïlande, ils travaillèrent au développement rural. Créée en 1969, la Royal Project Foundation devait permettre d'éradiquer la culture de l'opium par les ethnies montagnardes du Nord et d'encourager un développement durable par l'utilisation rationnelle des terres et des forêts.

De 1963 à 1973, le régime militaire fut perpétué par les généraux Thanom Kittikachorn et Praphat Charusathien, qui accueillirent les troupes américaines sur le sol thaïlandais pendant la guerre du Vietnam. Un mélange explosif de capitalisme, d'impérialisme américain, de dictature militaire et d'idéologie marxiste souleva l'opposition des intellectuels, des étudiants, des paysans et des ouvriers. En 1973, plus d'un demi-million de personnes manifestèrent à Bangkok et dans les chefs-lieux de province pour exiger l'adoption d'une Constitution. La dispersion sanglante des manifestants à Bangkok, le 14 octobre, conduisit à l'effondrement du régime militaire.

Au cours des années suivantes, la société thaïlandaise vit s'aggraver la polarisation entre la droite et la gauche, représentée par les militaires et l'extrême droite d'un côté, et le mouvement des étudiants de gauche de l'autre. Les forces anticommunistes se déchaînèrent le 6 octobre 1976, conduisant au massacre des étudiants de l'université Thammasat – les affrontements firent officiellement 46 victimes, mais le bilan pourrait avoir été beaucoup plus lourd en réalité. De nombreux étudiants et intellectuels rejoignirent alors les insurgés communistes armés dans la jungle.

Le développement économique et ses conséquences

Durant le dernier quart du XXe siècle, la société thaïlandaise connut des transformations importantes, sous l'effet d'un essor économique fulgurant. Les indicateurs du développement – accroissement du consumérisme et de l'individualisme, etc. – s'accompagnèrent de nouveaux problèmes : effondrement des communautés rurales, exploitation des ouvriers et augmentation de la prostitution. La croissance économique eut également des conséquences sur la politique thaïlandaise.

Prem Tinsulanonda est toujours le président du Conseil privé du roi Bhumibol.

Dans les années 1980, le gouvernement du général Prem Tinsulanonda fut marqué par une période de stabilité politique et économique. Tinsulanonda parvint à démanteler l'insurrection communiste par une action militaire et des amnisties. La nouvelle génération d'hommes d'affaires et de politiciens, désireuse de privilégier la croissance économique, commença à critiquer les militaires, leurs budgets et leur intervention dans la sphère politique. Puis, en 1988, Chatichai Choonhavan succéda à Tinsulanonda. Son parti, le Chat Thai, possédait des liens étroits avec les nouveaux hommes d'affaires de province, doté d'une forte influence sur l'électorat local. Les ministères de la Défense, de l'Intérieur et des Finances furent dès lors confiés à des dirigeants

1942

Le Parti communiste thaïlandais (CPT) est rétabli.

1945

Fin de la Seconde Guerre mondiale ; la Thaïlande est obligée de rendre les territoires pris au Laos, au Cambodge et à la Malaisie occidentale.

1946

Accession au trône du roi Bhumibol Adulyadej (Rama IX) ; la Thaïlande entre à l'ONU.

politiques élus, et non aux habituels technocrates et généraux. Le gouvernement tenta de transférer le pouvoir vers le Conseil des ministres et le monde des affaires. Enfin, abandonnant l'esprit de la guerre froide, la politique régionale de la Thaïlande fut marquée par la volonté de transformer les "champs de bataille en places de marché".

Ce renforcement de la "politique de l'argent" provoqua un certain mécontentement, notamment au sein de la classe moyenne urbaine. En 1985, Chamlong Srimuang, un ancien soldat, fut élu maire de Bangkok. Il promit de mettre fin à la corruption ; son parti, le Phalang Tham (Pouvoir moral), se présenta aux élections nationales.

Chamlong Srimuang est un fervent bouddhiste affilié à l'ordre antimatérialiste et anticonsumériste Santi Asoke.

En février 1991, un coup d'État renversa le gouvernement de Chatichai, déconsidéré par ses excès et notamment par son célèbre "conseil-buffet", responsable d'une rotation lucrative des meilleurs postes ministériels. Alors que les militaires tentaient de protéger leur position privilégiée dans l'État, le coup de force reçut l'assentiment du milieu des affaires de Bangkok et des Thaïlandais instruits, révoltés par la politique de l'argent des hommes d'affaires et politiciens de province. Anand Panyarachun, un ancien diplomate passé dans les affaires, fut nommé Premier ministre et lança des réformes économiques libérales. Mais la corruption des généraux ne tarda pas à soulever les critiques. Lors des élections de mars 1992, le parti promilitaire, qui incluait d'anciens membres du Chat Thai, obtint la majorité des sièges et prépara la formation d'un gouvernement ; jusqu'à ce que leur candidat au poste de Premier ministre soit accusé de trafic de stupéfiants. Le général Suchinda Kraprayoon, meneur du coup d'État, prit alors la tête du gouvernement.

La situation fut jugée tout à fait inacceptable pour la classe moyenne de Bangkok. Le 17 mai 1992, environ 200 000 manifestants défilèrent dans la capitale derrière Chamlong Srimuang. Ces membres de la nouvelle classe urbaine instruite, reconnaissables à leur téléphone portable, furent surnommés la "foule aux mobiles". Pendant trois nuits de violence, ils subirent les assauts des soldats armés de la faction militaire, alors que la presse thaïlandaise et internationale couvrait les événements. Dans la nuit du 20 mai, le roi Bhumibol convoqua Chamlong et Suchinda et leur ordonna d'arrêter les violences. Anand Panyarachun prit la tête d'un gouvernement provisoire.

Après les événements de "Mai noir", les activistes démocrates exigèrent une réforme constitutionnelle, un équilibre du pouvoir entre l'État et la société civile, la fin du contrôle militaire sur les médias électroniques et une décentralisation démocratique. Pendant l'essentiel des années 1990, le Parti démocrate, majoritaire au Parlement, incarna les espoirs des milieux d'affaires et de la classe moyenne des villes de voir la Thaïlande s'adapter à la mondialisation de l'économie. Son principal soutien lui vint de la population urbaine du sud du pays, celle des vieux ports et d'une économie orientée vers le tourisme et les exportations (caoutchouc, étain et pêche). À l'autre bout du spectre politique, les anciens promilitaires disposaient de bases dans la

Le Parti démocrate (Phak Prachathipat), créé en 1946, est le plus ancien parti politique de Thaïlande.

1957

Le coup d'État de Sarit Thanarat inaugure une longue période de régime militaire qui durera jusqu'en 1973.

1965

Le Thaïlande accueille des bases militaires américaines pendant la guerre du Vietnam.

1967

La Thaïlande fonde l'Association des nations du Sud-Est asiatique (ASEAN).

Le Charoen Pokphand (CP) Group, fondé dans les années 1920 par la famille Chearavanont, est le plus gros conglomérat et la plus importante société multinationale de Thaïlande. Il a des intérêts dans l'agro-industrie, le commerce de détail, les franchises 7-Eleven et les télécommunications.

plaine centrale et dans les nouvelles villes du Nord-Est agricole désireuses de s'attribuer une part du budget national destiné aux provinces.

Le gouvernement démocrate de Chuan Leekpai revint vers le système traditionnel de compromis entre bureaucrates et politiciens. Il peina à faire passer des réformes, tandis que la population locale protestait contre la diminution des ressources naturelles, aggravée par l'exploitation des terres par les agences étatiques à des fins bureaucratiques et privées. Les démocrates perdirent leur popularité ; les deux gouvernements suivants, dirigés par le Chat Thai et le Parti des aspirations nouvelles, ne purent quant à eux protéger la Thaïlande des effets dévastateurs de la crise économique qui balaya l'Asie en 1997.

De 1985 à 1996, la croissance économique du pays avait connu une moyenne annuelle supérieure à 9%. Mais, en 1997, l'économie thaïlandaise, déjà ralentie par le poids de la dette extérieure, subit en plus les conséquences du surinvestissement dans l'immobilier. Le gouvernement, qui ne parvint pas à défendre le baht contre la spéculation internationale, le laissa flotter. La chute du baht entraîna une dévaluation du marché boursier et une baisse des prix des autres actifs. À la hausse fulgurante de la dette du secteur privé s'ajoutèrent les vagues de licenciements et les tragédies personnelles. Tandis que la crise se répandait dans toute l'Asie, le Fonds monétaire international (FMI) lança un programme d'aide de plus de 17 milliards de dollars pour stabiliser la devise thaïlandaise, sous conditions de réformes financières et juridiques et de libéralisation économique.

La crise et ses conséquences ramenèrent les démocrates au pouvoir. Mais ceux-ci perdirent rapidement le soutien de leur base, à la suite de l'aggravation de la situation économique au cours des trois années qui suivirent. Les milieux d'affaires et la classe moyenne urbaine exprimèrent avec virulence leur ressentiment envers ces hommes politiques considérés comme incompétents, ainsi qu'envers la mauvaise gestion du gouvernement et les mesures du FMI jugées injustes (notamment la libéralisation imposée et l'ouverture forcée des entreprises thaïlandaises au capital étranger). De nouvelles perspectives s'annoncèrent avec la promesse d'une Constitution, destinée à créer un système politique meilleur. Cette "Constitution du peuple", adoptée le 27 septembre 1997, garantit les droits de l'homme et la liberté d'expression, et accorda plus de pouvoir à la société civile pour lutter contre la corruption.

Pendant la crise de 1997, la devise thaïlandaise dégringola en quelques mois, passant de 25 B à 56 B pour 1 $US.

Déçus par les effets de la mondialisation, les porte-parole des circonscriptions régionales et les habitants des campagnes commencèrent à dominer le débat portant sur le modèle de développement du pays – et notamment sur les mesures qui permettraient à la société rurale de réintégrer les nombreux chômeurs revenant dans leur région d'origine. En décembre 1997, dans son discours d'anniversaire, le roi Bhumibol insista sur l'autosuffisance : "L'important est d'avoir assez pour manger et vivre, et d'avoir une économie qui fournisse de quoi manger et vivre [...]. Il nous faut faire un pas en arrière pour pouvoir aller de l'avant."

1973

Étudiants, ouvriers et agriculteurs s'unissent pour renverser la dictature militaire ; mise en place d'un gouvernement démocratique.

1976

Répression violente du mouvement étudiant.

1979

Après 3 ans de régime militaire, des élections ont lieu et le Parlement est restauré.

Thaksinocratie

En 2000, tandis que la crise économique commençait à s'atténuer, la Thaïlande se trouva confrontée au besoin d'adopter rapidement un nouvel axe de développement. Depuis quelque temps, les hommes d'affaires s'étaient imposés comme la force politique dominante. En 1998, Thaksin Shinawatra, milliardaire du secteur des télécommunications et ancien officier de police, profita de la montée du nationalisme suscité par la crise économique asiatique pour fonder le parti du Thai Rak Thai (TRT ou "les Thaïlandais aiment les Thaïlandais"). Il s'attaqua à deux grands secteurs de la société profondément touchés par la crise : le milieu des affaires et la campagne. Grâce à ses promesses, le TRT obtint le soutien du monde des affaires, et notamment du CP Group et de la Bangkok Bank. Le programme du parti comprenait le renforcement des pouvoirs des communautés et le développement de sa base rurale – par l'allégement des dettes agricoles et la mise en place de fonds d'investissement dans les villages et de soins de santé abordables. Ce qui valut à Thaksin une réputation de populiste.

Thaksin devint Premier ministre en 2001, après avoir obtenu une majorité quasi absolue lors des élections nationales. Il put stabiliser son administration grâce à cette majorité décisive et à des dispositions constitutionnelles visant à renforcer les pouvoirs du chef du gouvernement. Bien plus que ses prédécesseurs, Thaksin s'appuya sur les télécommunications pour communiquer avec son électorat et s'assura le contrôle des informations écrites et télévisées. Il réalisa rapidement les promesses de sa campagne concernant les pouvoirs communautaires et le développement rural. En 2005, jouissant d'une immense popularité auprès du peuple, il obtint une majorité incontestée aux élections nationales.

Thaksin fut le premier chef du gouvernement de l'histoire thaïlandaise à achever un mandat de 4 ans.

À partir de 2003, Thaksin fut critiqué, en Thaïlande comme à l'étranger, pour sa "guerre contre la drogue". Ses mesures furent considérées comme un moyen de bousculer les groupes influents, suspectés de liens avec le trafic de drogue, qui dominaient la politique et les élections au niveau local. Selon des groupes de défense des droits de l'homme, cette "guerre" fit plus de 2 700 morts, dont beaucoup furent les victimes d'exécutions extrajudiciaires perpétrées par la police thaïlandaise.

Les troubles dans le Sud

En 2001, dans les provinces méridionales de Pattani, de Narathiwat et de Yala, des activistes musulmans commencèrent à s'attaquer aux bâtiments de l'État et à viser des fonctionnaires. Jusqu'à leur conquête par les rois de la dynastie des Chakri, ces trois provinces faisaient partie du royaume malais historique de Pattani. Aujourd'hui encore, la plupart des habitants sont des musulmans parlant un dialecte malais appelé yawi.

À la suite des réformes administratives du roi Chulalongkorn, les trois provinces passèrent sous le contrôle de l'administration centralisée, qui

1980-1988

Le gouvernement de Prem Tinsulanonda lutte contre le mouvement d'insurrection communiste et y met fin par la voie politique.

1988

Chatichai Choonhavan devient le premier chef du gouvernement élu depuis 1976.

1991-1992

Le général Suchinda tente de s'emparer du pouvoir ; le roi Bhumibol intervient pour mettre fin à l'agitation civile après les manifestations de "Mai noir".

remplaça l'élite dirigeante locale par des gouverneurs et des bureaucrates de Bangkok. Pendant la Seconde Guerre mondiale, le régime ultranationaliste du général Phibul Songkhram entreprit d'imposer une politique nationaliste, impliquant la transformation d'une société multiethnique en une nation bouddhiste unifiée et homogène. Dans les années 1940, cette politique enflamma la résistance dans ces provinces du Sud et donna naissance à un mouvement séparatiste puissant, défenseur de l'indépendance de Pattani. L'administration du général Prem Tinsulanonda abolit la politique d'assimilation forcée dans les années 1980 et 1990. Prem promit de défendre les droits culturels et les libertés religieuses des musulmans, offrit aux insurgés une amnistie générale et instaura un plan de développement économique. Aujourd'hui, les provinces de Pattani, de Narathiwat et de Yala n'en restent pas moins parmi les moins développées du pays, sur un plan tant économique qu'éducatif.

Le site officiel de la famille royale : http://kanchanapisek.or.th

Dans les années 1990, le gouvernement de Chuan Leekpai s'engagea à adopter, de 1999 à 2003, une politique de "développement pour la sécurité". Mais le régime de Thaksin décida en revanche de renforcer le contrôle central sur les provinces méridionales, dans une tentative voilée de briser la domination traditionnelle du Parti démocrate dans le Sud. De fait, les mesures adoptées parvinrent effectivement à affaiblir les relations entre l'élite locale, les électeurs du Sud et les démocrates qui les avaient représentés au Parlement. Mais c'était sans prendre en considération la culture musulmane, très fortement ancrée dans les provinces méridionales. En 2002, l'Administration des provinces de la frontière sud fut dissoute. Après la disparition de ce bureau mixte civil et militaire existant de longue date, les autorités remirent la sécurité de la région entre les mains de la police. L'ancienne plate-forme de dialogue entre le gouvernement et les musulmans du Sud fut ainsi remplacée par une structure policière provinciale plus puissante, exécrée par les communautés locales. En 2004, niant la volonté séparatiste des rebelles, Thaksin décrivit l'insurrection comme une tentative insidieuse de sape de l'industrie touristique. Cette même année fut marquée par un regain de violence. Des insurgés attaquèrent un dépôt de l'armée dans la province de Narathiwat, tuant quatre soldats et s'emparant de centaines d'armes. La loi martiale fut immédiatement promulguée dans les trois provinces. En avril, après plusieurs attaques simultanées contre des postes de police, l'armée lança une attaque meurtrière contre des insurgés réfugiés dans l'ancienne mosquée de Krue Se, faisant 32 victimes. Puis, en octobre, à Tak Bai, des centaines d'habitants furent arrêtées au cours d'une manifestation pour la libération de séparatistes présumés ; 78 d'entre eux moururent étouffés dans des camions bondés, alors qu'ils étaient transportés vers un camp de l'armée pour être interrogés. Les responsables des événements ne reçurent que des peines légères, le gouvernement de Thaksin n'exprimant quant à lui que de maigres remords.

En 2002, Thaksin Shinawatra affirma : "Il n'y a pas de séparatisme, pas de terroristes idéologiques, juste des bandits ordinaires."

Depuis le coup d'État de 2006 (voir ci-après), et en dépit d'une présence renforcée des policiers et des militaires depuis 2007, les meurtres et les attentats à la bombe restent quotidiens. Ils se propagent désormais plus au

1995

Premier service Internet accessible au public – fourni par des entreprises d'État.

1997

La Thaïlande subit les conséquences de la crise économique asiatique ; adoption de la "Constitution du peuple".

2001

Thaksin Shinawatra, le magnat des télécommunications, devient Premier ministre.

nord, jusqu'à Hat Yai, dans la province de Songkhla. Le conflit a fait près de 4 000 morts depuis 2004.

En 2009, l'administration d'Abhisit Vejjajiva a lancé un plan de plus d'un milliard de dollars pour stimuler l'économie de l'extrême sud. Début 2010, le Premier ministre a même proclamé sa volonté de décréter l'amnistie. Cependant, il est improbable qu'une solution rapide vienne mettre un terme à la violence en Thaïlande du Sud. Pour l'heure, l'identité et les objectifs des insurgés restent vagues et la population, qui doute du gouvernement central, critique ouvertement la présence militaire massive.

Une carte française de 1907 plaçait le temple de Phra Wihan (sans la région qui l'entoure) au Cambodge. En 2008, ce dernier a voulu intégrer la zone contestée autour du temple dans le futur site du patrimoine mondial.

La crise politique de 2006-2010

En 2006, le Premier ministre Thaksin Shinawatra fut accusé de conflit d'intérêts, notamment après la vente, par la famille Shinawatra, d'actions au gouvernement singapourien pour un bénéfice de 73 milliards de bahts (1,88 milliard de dollars) – non taxés en vertu d'une nouvelle loi sur les télécommunications exemptant les individus de l'impôt sur les plus-values. Ces montages, combinés à une série de procès intentés contre les opposants du Premier ministre, suscitèrent une vaste campagne anti-Thaksin. L'appel aux urnes de ce dernier pour s'assurer le soutien de l'électorat entraîna un boycott des démocrates, qui aboutit à l'annulation du scrutin.

En juin, les Thaïlandais suspendirent brièvement leurs querelles politiques pour célébrer la 60e année de règne du roi Bhumibol, le plus ancien monarque en exercice dans le monde. Mais, le 19 septembre 2006, les militaires, menés par le général Sonthi Boonyaratglin, renversèrent le gouvernement dans le calme et contraignirent Thaksin à l'exil. L'armée prit les rênes du pays pour un an, et le général à la retraite Surayud Chulanont fut nommé Premier ministre par intérim. L'année suivante, la Cour constitutionnelle décida de dissoudre le TRT pour fraude électorale, interdisant à 111 cadres du parti toute activité politique pendant 5 ans. Une nouvelle Constitution fut approuvée de justesse par référendum. En décembre, le gouvernement provisoire organisa des élections générales qui ramenèrent le pays vers un régime civil.

En janvier 2008, le nouveau Parti du pouvoir du peuple (PPP), proche de Thaksin, remporta un nombre significatif de sièges au Parlement, sans toutefois obtenir de majorité absolue. Il forma alors une coalition ouverte avec plusieurs autres partis. Le Parlement choisit comme Premier ministre Samak Sundaravej, vétéran de la politique et proche allié de Thaksin.

Sans surprise, Samak fut considéré par ses opposants comme une marionnette de Thaksin. Peu après le début de son mandat, il devint la cible d'une série de protestations à grande échelle menées par l'Alliance populaire pour la démocratie (PAD) et les "chemises jaunes" – royalistes et représentants de l'élite dirigeante basés à Bangkok, qui avaient appelé à la démission de Thaksin lors du coup d'État de 2006. En août 2008, des milliers de partisans du PAD occupèrent la Maison du gouvernement. De violents affrontements

2003

De faux articles de presse affirmant qu'une actrice thaïlandaise a accusé le Cambodge d'avoir volé Angkor Wat à la Thaïlande provoquent la colère des habitants de Phnom Penh ; l'ambassade thaïlandaise est incendiée.

2004

La violence séparatiste s'accroît dans le Sud. Un terrible tsunami dévaste la côte d'Andaman, tuant 5 000 personnes et paralysant les industries du tourisme et de la pêche.

2006

Le pays célèbre la 60e année de règne du roi Bhumibol. Les manifestations contre Thaksin Shinawatra sont suivies du coup d'État de septembre, qui renverse son gouvernement.

s'ensuivirent, opposant le PAD au Front uni pour la démocratie et contre la dictature (UDD), mouvement d'opposition des "chemises rouges" pro-Thaksin, issues principalement des campagnes du Nord et du Nord-Est.

En septembre 2008, la Cour suprême de Thaïlande jugea à l'unanimité que la participation rétribuée de Samak Sundaravej à une émission culinaire diffusée à la télévision constituait un conflit d'intérêts, et exigea sa démission. Pas moins de trois Premiers ministres se succédèrent jusqu'à la fin de l'année.

L'occupation de la Maison du gouvernement par la PAD se poursuivit pendant près de quatre mois. Le 25 novembre, un groupe de chemises jaunes prit d'assaut les deux aéroports de Bangkok, pénétra dans les terminaux de passagers et s'empara des tours de contrôle. Il fut rejoint dans l'aéroport de Suvarnabhumi par des milliers de sympathisants de la PAD, qui entraînèrent l'arrêt de tous les vols et le blocage de 230 000 passagers des lignes nationales et internationales. La situation ne trouva une issue que le 2 décembre, lorsque la Cour suprême bannit le successeur de Samak de la politique et ordonna la dissolution de son parti et des deux partis de coalition. Le siège de l'aéroport, organisé au plus fort de la saison touristique, eut un impact très fort sur l'économie du pays. Les événements de 2008 contribuèrent également à polariser une grande partie de la Thaïlande autour de deux partis : la PAD formée par les classes moyenne et supérieure prédominantes dans les villes (dont sont issues les chemises jaunes) et l'UDD soutenu par une vaste classe ouvrière et rurale (dont viennent les chemises rouges).

Le 7 octobre 2008, les manifestants de l'Alliance populaire pour la démocratie (PAD) encerclèrent le Parlement pendant une séance pour exiger la démission du Premier ministre Somchai Wongsawat, considéré comme un proche de Thaksin. L'affrontement avec la police fit plusieurs morts dans le camp de la PAD et de nombreux blessés de chaque côté.

Au cours de l'année 2009, les chemises rouges multiplièrent les manifestations antigouvernementales. Celles-ci dégénérèrent à deux reprises, à Pattaya et à Bangkok. Puis, en février 2010, dans un jugement très attendu, la Cour suprême de Thaïlande confisqua une partie de la fortune de l'ex-Premier ministre Thaksin Shinawatra, qui aurait été acquise illégalement durant ses mandats. En mars, des dizaines de milliers de chemises rouges se rassemblèrent à Bangkok pour réclamer la démission d'Abhisit Vejjajiva, Premier ministre depuis décembre 2008, et dénoncer un système à deux vitesses. En mai, Abhisit proposa une feuille de route pour mettre un terme au conflit, mais, après un premier accord de principe, les chemises rouges firent finalement dérailler le plan de sortie de crise. Après avoir occupé plusieurs quartiers, les manifestants finirent par se barricader dans un périmètre allant du parc Lumphini au quartier commerçant près de Siam Square. Le 19 mai au matin, le gouvernement décida d'employer la force pour les disperser.

Les événements du printemps 2010 firent plus de 80 victimes et laissèrent certains monuments de Bangkok en ruine. Ils paralysèrent les activités liées au tourisme et au commerce pendant de longues semaines. Si la capitale retrouva rapidement son calme, les plaies seront longues à cicatriser, tant les divisions sont profondes entre certaines couches de la population. En juillet 2010, malgré le retour au calme, l'état d'urgence fut prolongé de 90 jours à Bangkok et dans plusieurs provinces du pays.

2007

Les élections démocratiques organisées en décembre réinstaurent un régime civil dans le pays ; Samak est nommé Premier ministre en janvier 2008.

2008

En novembre, des milliers de chemises jaunes de l'Alliance populaire pour la Démocratie (PAD), engagées contre Thaksin, occupent les deux aéroports de Bangkok.

2010

Au printemps, de violents affrontements opposant les chemises rouges aux forces gouvernementales font plus de 80 victimes et laissent certains quartiers de Bangkok en ruine.

Culture et société

IDENTITÉ RÉGIONALE

L'équilibre de la société thaïlandaise repose en grande partie sur un système de valeurs mettant en avant la religion, la monarchie et la tradition. Le fait que la Thaïlande soit le seul pays d'Asie du Sud-Est à n'avoir jamais été colonisé par une puissance étrangère a renforcé d'autant ces trois piliers fondateurs, source de fierté pour les Thaïlandais. Le pays n'en est pas pour autant homogène : dans le Sud, on trouve une identité culturelle forte entretenant des liens étroits avec la culture musulmane de la Malaisie voisine.

Avant l'établissement des frontières politiques actuelles, qui divisèrent la péninsule malaise en deux pays, villes-États, sultanats et villages appartenaient à l'empire de Srivijaya, basé en Indonésie, et partageaient la même langue et les mêmes coutumes, tout en rivalisant pour prendre le contrôle des routes de navigation marchande. Beaucoup de villes thaïlandaises et de noms de lieu du sud du pays sont frappés au coin de la langue bahasa. De même, certaines traditions villageoises sont d'emblée familières à un habitant de Sumatra et totalement inconnues pour un Thaïlandais du Nord. La culture chinoise est également très prégnante dans le Sud, comme en témoignent les nombreux temples et pagodes. Ce mélange d'influences culturelles thaïlandaises et "étrangères" est caractéristique du sud du pays.

Le *wâi* – geste de joindre les mains devant soi en collant les paumes l'une contre l'autre – est l'équivalent de notre poignée de mains.

Sauver la face et le sourire thaïlandais

Transcendant toutes les religions, l'idée de "sauver la face" est une notion fondamentale en Thaïlande. Il s'agit d'éviter toute confrontation et de ne mettre personne dans l'embarras, ni soi ni les autres. C'est pourquoi les Thaïlandais n'abordent pas de sujets négatifs dans les conversations quotidiennes, et évitent généralement de se mêler de trop près des affaires des autres, à moins que ceux-ci ne se plaignent ou leur demandent de l'aide. Cette attitude explique en partie le fameux sourire thaïlandais – la meilleure réaction possible, quelle que soit la situation. Contester les prix ou se mettre en colère en marchandant ferait perdre la face à toutes les parties – et est donc à proscrire. Toutefois, les Thaïlandais n'hésitent pas à

Il n'existe aucune méthode de translittération du thaï universellement acceptée. Certains mots et noms de lieu ont donc plusieurs orthographes.

LA LANGUE DU SUD

Le dialecte méridional de la langue thaïe, appelé *pah·săh đâi*, est connu pour son tempo rapide et la tendance de ceux qui le parlent à manger des syllabes, voire des mots entiers. Il comporte un vocabulaire riche avec des expressions spécifiques au Sud. Comme le thaï standard, ce dialecte est tonal. Mais il possède son propre système de tons, difficile à percevoir même par les locuteurs d'autres dialectes thaïs. Il existe de plus à l'intérieur de la Thaïlande du Sud des différences de vocabulaire et de prononciation entre un natif de Trang et un *kon korn* (natif de Nakhon Si Thammarat), que seuls reconnaissent les habitants.

Les gens de la région seront ravis si vous utilisez ces quelques mots en dialecte du Sud.

- *Bái dĕe mái* — Comment allez-vous ?
- *Mâi préu* — Pas de problème.
- *Káap káap* — Vite !
- *rôy jang hóo* — Délicieux
- *ai nŏo* — Enfant
- *Pan préu/Wâh préu* — Que se passe-t-il ?
- *Mâh dâir* — Venez ici.
- *núk* — C'est amusant.
- *ai bŏw* — Homme

Les Thaïlandais suivent le calendrier lunaire et célèbrent le Nouvel An à la mi-avril.

mettre de côté leur déférence habituelle dans une situation potentiellement *sàn·ùk* – un terme qui signifie "divertissant". C'est d'ailleurs le seul moment où ils agissent de la sorte. Et pour cause : ils adorent plaisanter, à tel point que le côté *sàn·ùk* de toute chose est souvent considéré comme nécessaire à son accomplissement.

MODE DE VIE

La vie ordinaire d'un Thaïlandais du Sud compte deux déclinaisons : rurale et citadine.

Les gens de la campagne vivent principalement de la culture du caoutchouc ou de la pêche, mais l'élevage et la riziculture sont aussi très présents. Ceux qui récoltent le liquide laiteux produit par les hévéas vivent dans de petits villages de l'intérieur des terres, que l'on reconnaît à leurs rangées d'arbres et aux bandes de latex séchant à l'air libre. Les villages de pêcheurs sont établis aussi près de la côte que possible, de sorte que les habitants puissent surveiller les marées et leurs bateaux. Les villages musulmans traditionnels sont construits directement sur l'eau. Ce sont des rangées de maisons sur pilotis reliées entre elles. Les eaux de la mer d'Andaman étant réputées calmes, les habitants ne redoutaient pas la colère de l'océan jusqu'au tsunami de 2004 qui a ébranlé leur confiance.

La Thaïlande des Thaïlandais (Liana Levi, 2007), de Massimo Morello, invite les lecteurs à découvrir les Thaïlandais et leur mode de vie.

Dans les villes, l'ambiance est semblable aux autres zones urbaines du reste du pays (animées et modernes), à ceci près que la présence des marchands chinois et indiens donne une identité bien spécifique aux cités du Sud. Les bourgs marchands, où les bateaux de pêche aux couleurs vives viennent décharger leurs prises, sont de grands centres du commerce.

Famille

L'importance de la famille dans la société thaïlandaise saute aux yeux du visiteur. De nombreux commerces de toutes sortes sont des affaires familiales, et il est très courant de voir trois générations tenir une pension ou cohabiter. Les personnes âgées améliorent leur quotidien en vendant des bonbons aux enfants du quartier, en louant des motos aux touristes ou en se livrant à mille autres petites activités. Si le tourisme a considérablement modifié le mode de vie insulaire traditionnel, les emplois qu'il génère aident à retenir les jeunes tentés d'aller chercher du travail sur le continent.

En 1913, le roi Rama VI a introduit le concept des surnoms en Thaïlande. Il s'en est lui-même attribué beaucoup. De nos jours, chaque Thaïlandais a un surnom, qui peut être un mot thaï comme *Nóy* ("petit") ou *Nŏo* ("souris"), ou un mot anglais tel que *Chief* ("chef") ou *Ice* ("glace").

Ce sens exacerbé de la famille se retrouve jusque dans la façon de s'adresser à autrui. Au sein d'une même génération, on s'adresse toujours à quelqu'un comme si c'était un parent, plus âgé (*pêe*) ou plus jeune (*nórng*), sans tenir aucun compte de l'absence de lien de parenté. Les Thaïlandais étendent parfois cette coutume à l'anglais, en appelant les gens dont ils parlent "*sister*" ou "*brother*". L'étranger s'étonne alors de l'incroyable étendue de la famille thaïlandaise…

ÉCONOMIE

Grâce au tourisme, à la pêche, à l'élevage de crevettes et à la culture du caoutchouc, le Sud est la région la plus prospère du pays. La plupart des saigneurs de caoutchouc le sont de père (et de mère) en fil(le)s. L'élevage de crevettes et de poissons est en revanche une industrie relativement récente, créée au titre d'un programme de développement économique pour les communautés rurales distancées par les grandes pêcheries. L'entreprise s'est révélée profitable, puisque la Thaïlande est l'un des pays leaders en matière d'exportation de crevettes d'élevage. Toutefois, jusqu'à récemment, la pisciculture manquait cruellement de cadre légal, ce qui a entraîné de nombreux problèmes environnementaux – pollution de l'eau et destruction des mangroves notamment.

ÉTIQUETTE

Si les Thaïlandais se montrent souvent compréhensifs et hospitaliers, il n'en existe pas moins des règles de comportement à respecter.

Dans les temples

- Portez des vêtements décents. Les shorts et les hauts sans manches sont interdits, pour les hommes comme pour les femmes.
- Ôtez vos chaussures chaque fois que vous pénétrez dans un lieu abritant une statue ou une représentation du Bouddha.
- Les femmes ne doivent pas toucher les moines ni leurs effets personnels. Pour éviter de les frôler par inadvertance, ne vous asseyez pas à côté d'eux dans les bus et laissez-les passer en premier dans les rues bondées.
- Si vous vous asseyez devant une statue du Bouddha, faites en sorte que vos pieds ne pointent pas dans sa direction : les pieds sont considérés comme la partie la moins noble du corps, et les pointer vers quelqu'un constitue une grave offense.

Au jour le jour

- Évitez toute remarque sur le roi, la reine ou les membres de la famille royale.
- Manipulez les objets à l'effigie du roi avec respect, y compris les pièces de monnaie et les billets de banque.
- Levez-vous respectueusement en entendant l'hymne royal joué dans les salles de cinéma avant la projection, et l'hymne national souvent diffusé par des haut-parleurs à 8h et à 18h.
- On rend généralement le salut (le *wâi* – mains jointes devant soi, les paumes collées l'une contre l'autre) à un adulte, mais pas aux enfants. Les domestiques font exception à la règle.
- Un sourire accompagné d'un "*sà·wàt·di kráp*" (pour les hommes) ou d'un "*sà·wàt·di kâ*" (pour les femmes) est une forme de salut standard convenant à toutes les classes d'âge.
- Ne manifestez pas de colère ou de rage ; cela fait perdre la face à toutes les personnes présentes. Même le fait de parler fort, quelle que soit la situation, est jugé grossier par les Thaïlandais cultivés.
- La tête étant considérée comme la partie la plus noble du corps, il ne faut jamais la toucher ou ébouriffer les cheveux de quelqu'un. Pour la même raison, ne vous asseyez pas sur les coussins servant d'oreillers et ne posez jamais un chapeau par terre.
- N'enjambez pas les gens, même s'ils sont couchés par terre. Mieux vaut les contourner ou leur demander de se déplacer.
- Si vous tendez un objet à quelqu'un, servez-vous de votre main droite et placez la main gauche sur le coude droit – cela fait partie des bonnes manières.
- Faites attention à votre allure. Les Thaïlandais sont soucieux de l'apparence extérieure et sont parfois très agacés par l'aspect négligé des étrangers. Soignez particulièrement votre look si vous devez faire des démarches administratives.
- Si vous êtes invité chez quelqu'un, apportez un petit présent, boisson ou nourriture, mais pas de fleurs – elles sont réservées aux actes de dévotion.

À la plage

- Pas de nudité à la plage. Les Thaïlandais sont très pudiques et tous – à l'exception peut-être des habitants de Bangkok, plus libérés – se baignent entièrement vêtus.
- Les hommes doivent porter une chemise en quittant la plage, faute de quoi ils seront considérés comme étant au bas de l'échelle sociale.

Le tourisme est sans conteste l'industrie dont l'impact sur l'économie de la région a été le plus fort, transformant nombre de petits villages en entreprises bilingues. Des femmes qui, sans cela, vendraient des produits sur les marchés, ont appris les techniques traditionnelles de massage, et arpentent désormais les plages à la recherche de clients. Quantité de petites entreprises ont été taillées sur mesure pour les touristes : au bord des artères longeant le front de mer, une foule de boutiques proposent ainsi des crèmes solaires et des cartes postales plutôt que de l'alcool de riz et du poisson grillé ; les marchands ambulants vendent des sarongs et des tatouages au henné plutôt que des plumeaux (en plumes véritables) et des balais en paille ; et les pêcheurs abandonnent parfois leurs filets pour de plus grosses prises – les excursions de snorkeling pour touristes.

Lorsque les Thaïlandais parlent des membres de la famille royale ou s'adressent à eux, ils ont recours à un vocabulaire spécifique appelé *râh·chá·sàp* (ou *rachasap*).

À travers tout le pays, la classe moyenne augmente au fil des décennies, comblant ainsi le fossé entre les riches et les pauvres. La Thaïlande ne souffre pas de pauvreté au sens classique du terme – même le Thaïlandais le plus démuni a un toit et de quoi manger. Les gens en bas de l'échelle sociale n'ont en revanche pas les moyens d'offrir une éducation digne de ce nom à leurs enfants, d'acheter des biens matériels ou de consacrer de l'argent à leur santé. Quelques chiffres seront plus parlants : le revenu moyen annuel avoisine 2 000 $US, mais nombreux sont ceux, dans les zones rurales, qui ne gagnent que 570 $US par an.

POPULATION

Un Thaïlandais sur 10 vit et travaille à Bangkok.

Plus d'un tiers des Thaïlandais vit en zone urbaine. Avec près de 8 millions d'habitants (soit plus de 10% de la population), Bangkok est bien sûr la plus grande ville du royaume. Les quatre autres cités les plus peuplées se trouvent dans le nord et le nord-est du pays. La population de la plupart des autres agglomérations est bien inférieure à 100 000 habitants.
Environ 75% des sujets du royaume appartiennent à l'ethnie thaïe, en majorité d'obédience bouddhiste. Ils sont répartis en plusieurs groupes parlant chacun son propre dialecte. Les Thaïlandais d'ascendance chinoise représentent 14% de la population et sont, pour l'essentiel, des commerçants. Les musulmans d'origine malaise (4%) forment la deuxième minorité ethnique du pays. Ils résident pour la plupart dans les provinces méridionales de Songkhla, de Yala, de Pattani et de Narathiwat. Les 10,5% restants

TOURISME SEXUEL : LUTTER CONTRE L'EXPLOITATION DES ENFANTS

La Thaïlande est malheureusement une destination très courue pour le tourisme sexuel impliquant des enfants. Plusieurs facteurs socio-économiques concourent à rendre les enfants vulnérables à de tels abus, et certains individus n'hésitent pas à en profiter.

Les abus sexuels ont des conséquences irrémédiables sur leurs victimes, et le tourisme sexuel visant les enfants est considéré comme un crime et une violation des droits de l'enfant. La Thaïlande dispose d'un arsenal législatif strict lui permettant de poursuivre les coupables. La législation extraterritoriale de nombreux pays les autorise également à poursuivre leurs propres ressortissants sur le sol national pour de tels délits.

Chacun à son échelle peut contribuer à enrayer le fléau du tourisme sexuel, par exemple en signalant les comportements suspects. Ne pratiquez pas la politique de l'autruche ! Un simple geste peut faire beaucoup pour protéger les enfants de nouveaux abus.

Sur place, vous pouvez contacter une ligne téléphonique spécialisée en composant le ☎ 1300.

L'**ECPAT** (End Child Prostitution & Trafficking ; ☎ à Bangkok 0 2215 3388 ; www.ecpat.net), qui lutte activement contre l'exploitation sexuelle des enfants en Thaïlande et à l'étranger, compte plus de 70 organismes affiliés de par le monde. Son siège se trouve à Bangkok.

se composent de petits groupes ne parlant pas le thaï : Vietnamiens, Khmers, Môn et Moken *(chow lair, ou chao leh* ; nomades des mers ; voir l'encadré ci-dessous). Une modeste communauté d'Européens et d'autres non-Asiatiques vit à Bangkok, à Phuket et à Chiang Mai.

Après la mort du Bouddha, son corps aurait été dispersé en 84 000 reliques, dont beaucoup seraient conservées dans divers édifices religieux à travers toute la Thaïlande.

RELIGION

Bouddhisme

Environ 95% de la population thaïlandaise pratique le bouddhisme theravada. Les intellectuels désignent parfois leur religion comme le bouddhisme lankavamsa (de lignée cinghalaise), car le bouddhisme est venu de Sri Lanka à l'époque du royaume de Sukhothai (XIIIe-XVe siècle). Avant l'arrivée des moines cinghalais au XIIIe siècle, une forme indienne de theravada existait dans le royaume de Dvaravati (VIe-Xe siècle), tandis que le bouddhisme mahayana tantrique était connu dans certaines poches du Nord-Est sous contrôle khmer aux Xe et XIe siècles.

Depuis la période du Sukhothai, la Thaïlande est le seul pays à avoir conservé une tradition canonique ininterrompue et une lignée "pure" d'ordinations. Ironie du sort, quand la lignée des ordinations s'interrompit à Sri Lanka durant le XVIIIe siècle sous la persécution des Hollandais, c'est la Thaïlande qui restaura alors la *sangha* (la communauté monastique bouddhiste).

La doctrine theravada insiste sur les trois aspects principaux de l'existence : la *dukkha* (satisfaction impossible), l'*anicca* (nature éphémère de toute chose) et l'*anatta* (non-substantialité de la réalité). Ces trois concepts, développés par Siddharta Gautama au VIe siècle av. J.-C., s'opposaient à la croyance hindoue en un moi éternel et bienheureux (*paramatman*). Le bouddhisme fut donc dès l'origine considéré comme une hérésie par la religion brahmanique indienne. Devenu ascète, le prince Gautama se

Tout Thaïlandais bouddhiste de plus de 20 ans est censé devenir moine pour une période qui peut aller de quelques jours à plusieurs mois.

CHOW LAIR

Le sud de la Thaïlande abrite l'une des plus petites minorités ethniques du pays, les *chow lair* (ou *chao leh*), littéralement "peuple de la mer". Également appelés Moken (*môr gaang*), ou nomades des mers, les *chow lair* sont une ethnie d'origine malaise que l'on retrouve sur toute la côte de la mer d'Andaman, de Bornéo au Myanmar (Birmanie). Les communautés *chow lair* qui subsistent sont constituées de chasseurs-cueilleurs qui vivent de la mer, pour l'essentiel. C'est l'un des rares groupes humains reconnus comme vivant le plus clair de son temps en mer, bien que ces dernières années beaucoup de membres se soient installés dans des campements de misère sur des îles. Peut-être en raison d'une habitude acquise au fil des siècles, de nombreux *chow lair* savent retenir leur souffle très longtemps et ont une étonnante faculté à voir sous l'eau. Lors du tsunami de 2004, presque aucun *chow lair* n'a perdu la vie. Les contes et légendes transmis de génération en génération les ayant alertés des dangers d'une mer se retirant brusquement, ils ont su se mettre à l'abri.

Jusqu'à récemment, les *chow lair* n'intéressaient personne. Or, voilà que leurs îles sont devenues une richesse pour le tourisme. Les entrepreneurs ont acheté de grandes bandes de plage, les forçant à déménager sur des îles plus petites, de moindre valeur. Ces pressions causeront peu à peu, cela est inéluctable, la disparition de la culture *chow lair*. Beaucoup de ces nomades des mers vivent aujourd'hui en transportant les touristes d'île en île ou en pêchant des poissons et des fruits de mer pour les buffets des complexes hôteliers. Une survivance de la vie traditionnelle des *chow lair* que l'on peut encore découvrir est la cérémonie du "bateau flottant", qui a lieu deux fois par an, en mai et en novembre, et durant laquelle une maquette élaborée de bateau est lancée à l'eau, emportant au large tous les maléfices.

Jacques Ivanoff, ethnologue, spécialiste des populations marines de la région et chercheur au CNRS, a consacré aux *chow lair* un ouvrage intitulé *Les Naufragés de l'histoire* (Indes Savantes, 2004).

LA VIE DU BOUDDHA *Didier Férat*

Qu'elle soit mythique ou qu'elle repose sur une vérité historique, la vie du Bouddha est indissociable des principes du bouddhisme. Son nom de naissance est Siddharta Gautama, mais plusieurs noms lui sont attribués dans la littérature bouddhiste : *Sakyamuni*, *Bhagavat*, *Jinna*, *Tathagata* et finalement Bouddha, qui signifie "l'Éveillé".

Le découpage des épisodes de son existence adopté ici correspond aux scènes que vous verrez le plus souvent reproduites dans les temples thaïlandais.

LA PRÉMONITION

Avant son arrivée sur terre, le Bouddha séjournait dans le paradis de Tusita. Sa mère, la reine Maya, eut la prémonition de sa naissance et rêva qu'il entrait en elle, assis sur un petit éléphant blanc venant du ciel.

LA NAISSANCE

Siddharta Gautama naquit vers 560 av. J.-C. dans le parc de Lumbini (alors en Inde), sur les versants de l'Himalaya, au sud de l'actuel Népal. Appuyée sur une branche de figuier, la reine vit sortir l'enfant de sa manche droite, sans qu'elle n'éprouve aucune souffrance. Il effectua ses premiers pas en marchant sur sept lotus. Dans le ciel, neuf dragons le réchauffèrent de leur souffle.

LES ANNÉES DE JEUNESSE

La mère de Siddharta mourut une semaine après sa naissance. Il fut élevé par sa tante, Mahaprajapati. Issu du clan des Sakya, son père, le roi Shuddhodana, régnait sur la ville de Kapilavastu. Il tint à préserver son fils de toute vision de la souffrance humaine. Confiné dans son palais, Siddharta fit rapidement preuve d'une grande intelligence et développa des qualités extraordinaires. Il épousa sa cousine, Yashodara.

LA RÉVÉLATION

À 29 ans, Siddharta se rendit compte que la réalité du monde lui était cachée. En sortant du palais, il fit quatre rencontres décisives : celles d'un malade, d'un mort et d'un mendiant, figures de la souffrance humaine, puis celle d'un moine mendiant, qui lui fit entrevoir la voie à suivre. Apprenant que son épouse venait de mettre au monde un fils digne d'assurer la lignée royale, le prince décida de s'enfuir du palais pour choisir l'ascèse. Accompagné de son fidèle écuyer, Chandaka, il enfourcha son cheval blanc, Kanthaka, et gagna la forêt. Là, il échangea ses habits contre un vêtement d'écorce et renvoya son valet et son cheval, qui mourut de chagrin.

La Voix du Bouddha, d'André Bareau (1996 ; Philippe Lebaud), est un ouvrage de référence sur la vie et l'enseignement du Bouddha.

Une grande partie de l'art et de la culture thaïlandais, notamment la littérature et la danse, tout comme la langue dans une certaine mesure, sont originaires d'Inde et ont été véhiculés par le bouddhisme.

soumit à de longues années d'austérité avant de comprendre que ce n'était pas le moyen de mettre un terme à la souffrance. Connu ensuite sous le nom du Bouddha, "l'Illuminé" ou "l'Éveillé", il enseignait les "quatre nobles vérités" qui avaient le pouvoir de libérer tout être humain capable d'en prendre conscience.

La finalité du bouddhisme theravada est le *nibbana* (nirvana en sanskrit) qui, au sens littéral, signifie l'extinction de toute cupidité et donc de toute douleur. C'est aussi la fin du cycle des renaissances (de moment à moment et de vie à vie) qui constitue l'existence.

En fait, la plupart des bouddhistes thaïlandais aspirent plutôt à une renaissance dans une existence meilleure qu'au but supraterrestre du *nibbana*. En nourrissant les moines, en faisant des dons aux temples et en accomplissant fidèlement leurs devoirs religieux au *wat* local (temple, monastère), ils espèrent améliorer leur sort et acquérir suffisamment de mérite (*puñña* en pali, *bun* en thaï) pour empêcher, ou au moins diminuer, les renaissances successives. Le concept de renaissance est presque universellement accepté en Thaïlande, même par les non-bouddhistes, et la théorie bouddhique du karma est bien traduite par le proverbe : *tham dii, dâi dii ; tham chûa, dâi chûa* ("les bonnes actions mènent à de bons résultats ; les mauvaises actions à de mauvais résultats").

LA PÉRIODE BRAHMANIQUE

Durant 7 ans, Siddharta vécut auprès des brahmanes, prêtres pratiquant le jeûne et la mortification – en Inde, les brahmanes étaient les représentants de l'hindouisme, détenteurs du "savoir" (*veda* en sanskrit). Ils dormaient sur un lit de ronces et se nourrissaient peu. À bout de forces, Siddharta comprit que cette voie était sans issue, tout comme celle de la luxure et du désir, qu'il avait suivie dans sa jeunesse. Il prit conscience de l'importance de la Voie moyenne.

L'ILLUMINATION

Siddharta prit place sous l'arbre de la connaissance, un figuier, et commença à méditer afin d'atteindre la vérité absolue, "l'Illumination". Furieux de le voir s'échapper ainsi de son monde, Mara, le dieu du Péché et de la Mort, lança son armée contre lui. Après sa défaite, il envoya ses filles pour tenter de le séduire. En vain : Siddharta les transforma en vieilles femmes.

Au terme de cette période méditative, Siddharta parvint à la connaissance des Quatre Vérités universelles : la souffrance de l'homme, l'origine de cette souffrance, la suppression de cette souffrance et le moyen de parvenir à cette suppression. Il était devenu le Bouddha, "l'Illuminé", "l'Éveillé".

Le Bouddha resta 7 jours sous l'arbre. Les dieux l'adorèrent et prirent soin de lui. Le dieu Brahma descendit sur terre pour le saluer et l'implora d'apporter la bonne parole aux hommes.

LE DISCOURS DE BÉNARÈS

Pour répondre à ce souhait, le Bouddha prit le chemin de Bénarès où, dans le parc des Gazelles, il délivra pour la première fois sa parole : il faut supprimer le désir pour supprimer la souffrance, et la Voie moyenne permet d'échapper à la vie charnelle, cause de cette souffrance, mais aussi à son extrême, la vie ascétique. Il fit tourner la roue de la Loi devant cinq moines, anciens témoins de son ascèse qui s'étaient détournés de lui quand il avait renoncé aux privations. Ils adhérèrent à ses paroles et constituèrent le premier ordre bouddhiste.

Ainsi furent fondés les trois éléments sacrés du bouddhisme : le Bouddha, sa doctrine (*dhamma*) et la communauté (*sangha*). Le Bouddha consacra le reste de sa vie à convertir les êtres humains qui croisèrent son chemin, parmi lesquels son fils, Rahula.

LA MORT ET LE NIRVANA

Le Bouddha mourut à l'âge de 80 ans, entouré de ses disciples. Il leur demanda de ne pas pleurer et de penser à sa doctrine, selon laquelle tout ce qui naît meurt, et les exhorta à suivre ses conseils pour atteindre l'éveil. Il s'éleva petit à petit et atteignit alors le nirvana, un état qui marque la fin du cycle des réincarnations. Son corps fut brûlé et ses restes, conservés dans des stupas.

Le tiratana (Trois Joyaux), hautement respecté par les bouddhistes thaïlandais, comprend le Bouddha, le *dhamma* (les enseignements) et la *sangha* (la communauté religieuse). Le Bouddha, sous une multitude de formes, trône sur une étagère, dans la plus rustique gargote de rue comme dans les bars luxueux des grands hôtels de Bangkok. Le *dhamma* est psalmodié matin et soir dans tous les *wat* et enseigné à tous les citoyens à l'école primaire. La *sangha* est incarnée par les moines à robe orange que l'on verra, le matin de bonne heure, accomplir leur tournée d'aumône.

Le chiffre 9 est supposé porter bonheur, car, en thaï, sa prononciation ressemble à celle du mot "progrès".

Le bouddhisme thaïlandais ne connaît ni "sabbat" ni jour consacré aux dévotions. Les fidèles fréquentent le temple selon leurs envies ou leurs besoins, mais plus souvent pendant les *wan phrá* ("excellents jours"), période faste qui revient tous les 7 ou 8 jours, selon la lune. Ces visites pieuses s'organisent autour d'activités diverses, telles que les offrandes traditionnelles aux différents autels (boutons de fleurs de lotus, cierges et encens) et reliquaires des défunts situés dans le *wat*, ou les offrandes de nourriture à la *sangha* (moines, religieuses et résidents laïcs, les bonzes étant toujours servis en premier). Les fidèles peuvent aussi méditer (individuellement ou en groupe), écouter les moines psalmodier des *sutta* (discours du Bouddha) ou assister au *thêt* (prêche du *dharma*) prononcé par le moine supérieur ou un autre dignitaire religieux.

Le Siam (Les Belles Lettres, 2004), de Michel Jacq-Hergoualc'h, analyse la culture du pays à la fin du XVIIe siècle, qui marqua son apogée.

MOINES ET NONNES

Socialement, il est du devoir de tout homme de passer une brève période de sa vie comme moine (*bhikkhu* en pali ; *phrá* ou *phrá phíksù* en thaï), de préférence après la fin de ses études et avant d'entamer sa carrière et de se marier. Les hommes ou les garçons de moins de 20 ans peuvent devenir novices (*samanera* en pali, *naen* en thaï), ce qui n'est pas rare, car une famille acquiert beaucoup de mérite quand un de ses fils prend la robe et la sébile. Traditionnellement, les novices passaient 3 mois au *wat*, pendant le carême bouddhique, qui commence en juillet et coïncide avec la saison des pluies. De nos jours, ils n'y séjournent plus qu'une semaine. La Thaïlande abrite 32 000 monastères et 460 000 moines, dont beaucoup le resteront leur vie entière.

Les moines résidant en ville s'attachent surtout à l'étude des textes bouddhiques, alors que ceux vivant dans les forêts tendent à pratiquer davantage la méditation.

Autrefois, le bouddhisme indien comptait un ordre monastique distinct pour les religieuses. Baptisées *bhikkhuni*, elles prononçaient plus de vœux que les moines (311 contre 227). Fondée en Inde, la *bhikkhuni sangha* fut introduite à Sri Lanka par Sanghamitta Theri, fille du roi Ashoka, environ deux siècles après le Bouddha. La tradition s'est éteinte au XIIIe siècle, à la suite de l'invasion hindoue des Chola. Par la suite, des moines originaires du Siam parcoururent Sri Lanka pour rétablir la *sangha* des moines ; mais comme l'ordination de religieuses n'existait pas en Thaïlande, la *bhikkhuni sangha* srilankaise ne fut rétablie que très récemment.

En Thaïlande, l'équivalent moderne de cet ordre est représenté par les *mâe chii* ("mère-moine"), femmes menant une existence monastique en qualité d'*atthasila* – "nonnes aux 8 préceptes". Leurs homologues religieux masculins les dépassent largement en nombre (le rapport est de 46 moines pour 1 religieuse). Les nonnes ont le crâne rasé, portent des robes blanches et prononcent leurs vœux lors d'une cérémonie d'ordination semblable à celle des moines. De manière générale, il est moins "prestigieux" pour une femme que pour un homme d'entrer dans les ordres. Si les fidèles mettent un point d'honneur à offrir de nouvelles robes et des objets décoratifs aux moines, ils se montrent moins empressés envers les nonnes. Les religieuses officiant rarement lors des cérémonies au nom des laïques, il apparaît donc moins avantageux de leur faire des cadeaux.

Les Thaïlandais pensent que se faire couper les cheveux le mercredi porte malheur. C'est pourquoi les barbiers et les coiffeurs ferment ce jour-là.

En outre, les Thaïlandais mesurent fréquemment l'acquis spirituel au nombre de préceptes observés. Les *mâe chii*, qui n'en observent que huit, ont donc, à leurs yeux, sensiblement moins de mérite que les moines.

Un mouvement récent en faveur de l'ordination de *bhikkhuni* à Sri Lanka a néanmoins impulsé des changements. En 2002, pour la première fois, une femme a été ordonnée en Thaïlande.

Islam

La Thaïlande compte 1,6 million de musulmans (environ 4% de la population), regroupés dans le sud du pays. La plupart des Thaïlandais musulmans sont d'origine malaise et pratiquent en grande majorité une version modérée de l'islam sunnite, mâtinée d'animisme préislamique.

Nombre de musulmans des régions les plus méridionales ont pour langue maternelle le yawi, un dialecte du malais.

Depuis une dizaine d'années, le regain d'influence de l'islam a renforcé les pratiques musulmanes, et avec elles la suspicion d'éventuelles influences extérieures. En raison d'une interprétation plus puriste de l'islam, de nombreuses pratiques populaires ont disparu des rites quotidiens de dévotion. Les habitants de la région considèrent que le gouvernement et

LE CHOC DES CULTURES

Le bouddhisme étant réputé pour son pacifisme et son esprit de conciliation, on s'explique mal les tensions agitant actuellement les régions à majorité musulmane du sud du pays (provinces de Narathiwat, de Pattani, de Yala et de Songkhla). Comment se fait-il que la culture et les croyances religieuses des musulmans thaïlandais entrent en conflit avec l'administration bouddhiste ?

L'islam édicte des règles de vie très concrètes auxquelles tout bon musulman doit se conformer. Elles vont des prières quotidiennes à la préparation des repas, en passant par l'éducation des enfants. Dernièrement, les préceptes du Coran n'ont pas trouvé d'écho dans certaines décisions politiques du gouvernement. Ainsi, plusieurs projets de développement économique, qui partaient pourtant d'une bonne intention, ont profondément offensé les musulmans. Par exemple, la décision de financer des bourses scolaires par les revenus générés par la loterie nationale a été refusée par la communauté sous prétexte que le jeu est un péché pour l'islam. Les prêts à intérêts accordés aux villages en difficulté vont également à l'encontre des préceptes coraniques.

Autre pierre d'achoppement dans la compréhension interculturelle : les *pondok* (ou madrasas) sont des écoles coraniques où les jeunes garçons étudient le Coran avant de rentrer au village en ayant acquis un solide bagage religieux. Les *pondok* sont essentiels à la vie musulmane, toutefois, ne s'étant pas modernisés, ils sont de plus en plus souvent soupçonnés d'inculquer un islam militant, voire intégriste. Dans les années 1970, le gouvernement les a contraints à enseigner des matières séculières – un geste interprété comme une volonté de porter atteinte à la foi musulmane.

Récemment, le ministère de l'Éducation s'est montré plus sensible à l'importance du *pondok* dans la tradition musulmane, tout en continuant à promouvoir l'enseignement de la langue thaïe, ainsi que d'autres matières susceptibles de soulager les difficultés économiques de la région. Cette volonté s'est accompagnée de politiques plus conciliantes, ainsi que d'une représentation officielle des musulmans et d'un financement accrus. Cependant, le scepticisme de l'un à l'égard des traditions de l'autre perdure, ce qui laisse supposer que les tensions entre bouddhistes et musulmans ne sont pas près de s'éteindre.

Pour des précisions concernant ces tensions dans le sud du pays, voir p. 35.

le système éducatif, majoritairement bouddhistes, se montrent intolérants à l'égard de leur mode de vie (voir l'encadré ci-dessus). Les écoles et infrastructures du Sud, à majorité musulmane, sont insuffisamment financées. Et la frustration à l'encontre du gouvernement de Bangkok prend quelquefois le visage d'une lutte religieuse plutôt que politique.

Si l'on trouve des mosquées dans tout le sud de la Thaïlande, rares sont celles qui présentent un intérêt architectural et la plupart sont interdites aux femmes. Lors de la visite d'une mosquée, pensez à vous couvrir la tête et à ôter vos chaussures.

Autres religions

Un très petit nombre d'individus (0,5% des habitants), essentiellement des membres des peuples montagnards évangélisés par les missionnaires et des immigrants vietnamiens, se rattache au christianisme. Une population de taille similaire se partage entre confucianisme, taoïsme, bouddhisme mahayana et hindouisme. On trouve de nombreux temples et sanctuaires chinois dans le sud du pays et dans le quartier chinois de Bangkok (Chinatown). La capitale compte également un grand temple hindou coloré.

ARTS

L'essentiel de l'énergie créatrice de la Thaïlande s'est traditionnellement exprimé dans les arts religieux et cérémoniel. Peinture, sculpture, musique et théâtre jouent encore un rôle majeur dans les rites, et l'art religieux reste très dynamique.

Littérature

De tous les classiques de la littérature thaïlandaise, le *Ramakian* est le plus célèbre. Il a profondément marqué la culture nationale. Ce texte est inspiré de l'épopée hindoue du *Ramayana*, apportée en Asie du Sud-Est par des négociants indiens, et introduite en Thaïlande par les Khmers il y a environ 900 ans. Si les thèmes centraux de la source indienne restent inchangés, les Thaïlandais ont ajouté de nombreux détails biographiques à la description des personnages maléfiques que sont Ravana (appelé Thótsàkan ou "homme aux dix cous" dans le *Ramakian*) et son épouse Montho. Hanuman, le chaste dieu singe, s'est quant à lui transformé en un véritable coureur de jupons. La romancière Sri Daoruang a adapté le *Ramakian* au Bangkok d'aujourd'hui dans *Married to the Demon King* (2004).

Destinée à un public d'adolescents, la bande dessinée *Apai Quest* (en 3 tomes chez Milan, 2007) s'inspire de l'œuvre du poète Sunthornphou (Sunthorn Phu, 1786-1855).

Le *Phra Aphaimani*, poème épique de 30 000 vers composé par le poète Sunthorn Phu (1786-1855), a pour cadre l'île de Ko Samet. Comme de nombreux textes épiques antérieurs, ce classique conte l'histoire d'un prince exilé qui doit accomplir une odyssée d'amour et de guerre avant de revenir victorieux dans son royaume.

La plupart des œuvres de fiction thaïlandaises (contemporaines ou plus anciennes) ne sont pas encore disponibles en français et en anglais. Pourtant, la littérature thaïlandaise existe bel et bien ! Vous pourrez notamment la découvrir sur le site Internet ThaiFiction (www.thaifiction.com), sur lequel le traducteur Marcel Barang propose une sélection de romans et de nouvelles, traduit par lui en français ou en anglais.

En langue thaïe, les pronoms personnels varient en fonction de la relation que l'on entretient avec son interlocuteur.

L'ancien Premier ministre Kukrit Pramoj (1911-1995) est un auteur respecté – son recueil de nouvelles *Plusieurs vies* (*Lai Chiwit*) est paru en français (L'Asiathèque, 2003) et son roman inspiré du règne de Rama V, *Si Phandin* (*Four Reigns*), est disponible en anglais.

Écrivain contemporain réputé, Pira Sudham est né en 1942 dans une famille pauvre du nord-est du pays. *Terre de mousson* (1988 ; Picquier, 1998, indisponible), un roman largement autobiographique, exprime les tensions entre la tradition et la modernité. On trouvera également en français *Enfances thaïlandaises* (1983 ; Fayard, 1990).

Trois Autres Thaïlande (GOPE, 2009), d'Étienne Rosse, ancien chroniqueur pour le quotidien *The Nation*, dévoile des facettes méconnues du pays à travers une galerie de portraits inspirée de faits réels. Bien loin des clichés.

Chart Korbjitti (né en 1954) a remporté à deux reprises le SEA Write Award, prestigieux prix littéraire attribué aux écrivains et aux poètes d'Asie du Sud-Est : une fois en 1982 pour *La Chute de Fak* (Seuil, 2003), roman qui explore le thème de l'individu affrontant la collectivité avec l'histoire d'un jeune villageois, accusé à tort d'avoir couché avec la veuve de son père, et qui sombre dans l'alcoolisme ; et une deuxième fois en 1994 pour *Sonne l'heure* (Seuil, 2002).

S. P. Somtow, romancier, réalisateur et compositeur de musique classique né en 1952, s'est notamment illustré dans les genres de la science-fiction et de l'horreur. Considéré par certains comme le "Salinger thaïlandais", il a aussi signé *Jasmine Nights* (1995), roman initiatique semi-autobiographique encensé dans le monde entier, mêlant les valeurs traditionnelles à la culture populaire thaïlandaise contemporaine.

En tête de file des écrivains postmodernes, Prabda Yoon, né en 1973, a remporté en 2002 le S. E. A. Write Award avec son recueil de nouvelles intitulé *Probability* (2000). Son œuvre n'est pas encore traduite. Prabda Yoon est également l'auteur du scénario de *Last Life in the Universe* (2004), réalisé par Pen-ek Ratanaruang, ainsi que de *Vagues invisibles* (2006), du même cinéaste. En 2004, le ministère de la Culture thaïlandais lui a commandé une pièce sur le tsunami de 2004, qui est aujourd'hui montrée gratuitement sur la côte d'Andaman. Il s'agit de *Where We Feel: A Tsunami Memoir by an Outsider*.

On pourra également découvrir Saneh Sangsuk, né en 1957, et dont *L'Ombre blanche* (Seuil, 2000), *Venin* (Points, 2005) et *Une histoire vieille comme la pluie* (Seuil, 2004) ont tous été traduits par Marcel Barang. Grâce au même traducteur, *L'Empailleur de rêve* (L'Aube, 1998), de Nikom Rayawa, est disponible en français.

Cinéma

La Thaïlande est considérée comme l'un des pionniers du cinéma asiatique. Elle possède aujourd'hui une industrie cinématographique florissante, qui produit d'excellents films, dans des genres très différents. *La Légende de Suriyothai* (2003), de Chatrichalerm Yukol, une épopée retraçant l'histoire d'une princesse guerrière du XVIe siècle, est à ce jour le film le plus cher jamais tourné en Thaïlande – et aussi le plus rentable. Quant aux films d'action comme *Ong Bak : Thai Warrior* et sa suite *Tom Yum Goong*, réalisés par Prachya Pinkaew, ils sont parvenus à détourner les spectateurs thaïlandais des productions hollywoodiennes.

Le Cinéma thaïlandais (livre + DVD, Asiexpo Association, 2006) réunit des textes de spécialistes.

La Thaïlande s'est imposée au fil des ans dans les festivals de cinéma internationaux, grâce à plusieurs films d'art et d'essai encensés par la critique. Les œuvres grinçantes et satiriques de Pen-ek Ratanaruang – dont *Fun Bar Karaoke* en 1997, *6ixty9ine* en 1999, et *Last Life in the Universe* en 2003 – ont suscité un réel engouement chez les cinéphiles. Avec trois films primés au Festival de Cannes – *Blisfully Yours* (*Sud sanaenah*), prix Un certain regard 2002 ; *Tropical Malady* (*Sud pralad*), prix du Jury 2004 ; et *Oncle Boonmee, celui qui se souvient de ses vies antérieures* (*Lung Boonmee raluek chat*), Palme d'or 2010 –, Apichatpong Weerasethakul est le chef de file du cinéma d'avant-garde. On citera également Wisit Sasanatieng, dont *Les Larmes du tigre noir* figurait dans la sélection Un certain regard en 2001, Ekachai Uekrongtham (*Beautiful Boxer*, 2004 ; *Pleasure Factory*, en sélection officielle à Cannes en 2007), Nonzee Nimibutr (*Dang Bireley and the Young Gangsters*, 1997), entre autres réalisateurs talentueux.

Le troisième sexe thaïlandais, les *gà·teu·i* (souvent orthographié *kàthoey* ; transsexuels ou travestis), est à l'honneur dans *The Iron Ladies*, film de Youngyooth Thongkonthun inspiré de l'histoire vraie d'une équipe de volley-ball sortie victorieuse du championnat national, et dont tous les joueurs étaient des *gà·teu·i*.

Le gouvernement thaïlandais s'emploie activement à faire du pays un lieu de tournage pour les films étrangers. *La Plage* (2000) est le film le plus célèbre tourné sur place ces dernières années. Adapté du roman d'Alex Garland (LGF, 1999), il a été tourné à Maya Bay sur Ko Phi Phi, dans la province de Phuket,

LE CINÉMA THAÏLANDAIS VU PAR UN CRITIQUE *Kong Rithdee*

Je voudrais que ces grands cinémas qui se dressaient majestueusement dans presque toutes les rues de Bangkok soient toujours là. Mais ils ont disparu. Désormais, on doit se contenter de multiplexes sans âme ni caractère. Les cinémas thaïlandais d'aujourd'hui ne diffèrent guère de ceux de l'Occident. Ils ont même des fauteuils plus confortables – et les billets y sont bien moins chers.

Les films d'horreur thaïlandais sont réputés pour être inventifs et faire vraiment peur : il est évident qu'ils sont réalisés par des gens qui croient aux fantômes ! Quelques réalisateurs de films d'art et d'essai ont acquis une notoriété internationale et repoussé les frontières du cinéma thaïlandais. J'aime les œuvres d'Apichatpong Weerasethakul, de Pen-ek Ratanaruang et de Wisit Sasanatieng. Mes films préférés sont *Black Silk* de Ratana Pestonji, *Tropical Malady* d'Apichatpong Weerasethakul et *Monrak Transistor* de Pen-ek Ratanaruang.

Les films thaïlandais sont projetés dans les cinémas avec des sous-titres en anglais, qui sont en général de qualité. En revanche, l'humour thaïlandais – les jeux de mots et les allusions culturelles –, intraduisible, est difficile à comprendre par quelqu'un qui n'est pas familier du pays.

Je ne conseillerais pas la plupart des films étrangers tournés en Thaïlande. Ils ne rendent pas justice au pays, et ont plutôt tendance à exotiser les lieux et les gens. C'est notamment le cas de *La Plage* et de *Bangkok Dangerous*.

Kong Rithdee vit à Bangkok, où il est critique de cinéma pour le Bangkok Post.

Le Pont de la rivière Kwaï (1957), film de David Lean adapté du roman de Pierre Boulle (1952), retrace l'histoire de la construction d'une voie ferrée entre la Thaïlande et la Birmanie, par des soldats alliés prisonniers des Japonais pendant la Seconde Guerre mondiale.

et dans la jungle près de Krabi et du parc national Khao Yai. Une controverse est née du fait que le tournage aurait contribué à dégrader l'environnement à Maya Bay, où fut également tourné *L'Île aux pirates* (1995), de Renny Harlin. La Thaïlande a également servi de décor à *L'Homme au pistolet d'or* (1974) de la série des James Bond, tourné à Ao Nang Bay, à *Voyage au bout de l'enfer* (1978) de Michael Cimino, à *La Déchirure* (1984) de Roland Joffré, et à *Good Morning Vietnam* (1987) de Barry Levinson.

Musique

Le visiteur pourra être dérouté par la musique thaïlandaise traditionnelle : l'octave comporte en effet des intervalles différents de ceux de l'octave européenne. Les gammes thaïlandaises furent transcrites pour la première fois par le compositeur germano-thaïlandais Phra Chen Duriyanga (Peter Feit), qui composa l'hymne national en 1932.

L'orchestre classique, le *Ƀì·pâht* (ou *pi phat*), compte de 5 à 20 musiciens. Instrument à cordes le plus populaire, le *ja·kêh* (ou *jakhe*), sorte de luth étroit que l'on pose sur le sol pour en jouer à l'horizontale, est probablement la version thaïlandaise du sitar indien. Parmi les instruments à vent en bois, on trouve le *khlùi*, flûte toute simple, et le *Ƀì* (ou *pi*), sorte de hautbois à l'anche en roseau inspiré du *shennai* indien. Vous entendrez jouer du *Ƀì* si vous assistez à un match de boxe. Le *saw*, instrument à trois cordes sans frettes, rappelle le *shamisen* japonais. Le *ránât èk* est un xylophone en bambou dont on joue avec des mailloches en bois.

L'instrument sans doute le plus familier aux oreilles occidentales est le *khǐm*, que l'on entend en fond sonore dans les restaurants thaïlandais du monde entier. Cet instrument à cordes frappées, de la famille des cithares, se joue avec deux baguettes légères en bambou. Le *kórng wong yài* consiste quant à lui en un ensemble de gongs accordés et disposés en demi-cercle sur un portant en bois. Le *đà·pohn* (ou *ta phon*), tambourin double, marque le tempo.

La scène musicale contemporaine est très dynamique et variée. Le *lôok tûng* est sans conteste le genre le plus populaire. Équivalent de la musique country américaine, il s'adresse principalement aux classes laborieuses. Les années 1970 ont vu naître un nouveau genre musical, le *pleng pêu·a cheewít* (ou *pleng phua cheewit*, littéralement "musique pour la vie"), inspiré du rock engagé qui se jouait aux États-Unis et en Europe. Les trois plus grandes icônes de la musique thaïlandaise contemporaine sont le groupe de rock Carabao – et son chanteur leader, Yuengyong Ophakun, plus connu sous le nom d'Aed Carabao – ; la pop-star Thongchai "Bird" MacIntyre, et la reine du *lôok tûng*, Pumpuang Duangchan, disparue en 1995.

Pour un aperçu de la musique thaïlandaise, du classique à la pop, rendez-vous sur www.seasite.niu.edu/thai/music (en anglais, rubrique *music*).

Aujourd'hui, il existe des centaines de groupes visant un public jeune, des boys-bands (ou girls-bands) aux groupes de hard-rock, dont la musique, facile à entonner, est tout aussi difficile à oublier !

Les années 1990 ont vu l'émergence d'une scène pop alternative – connue sous le nom de *pleng tâidin* (musique underground) – à Bangkok. Modern Dog, qui s'inspire de la pop anglaise, est célèbre pour avoir popularisé la musique thaïlandaise indépendante. Son succès a ouvert la voie à d'autres groupes de la même veine tels Apartment KhunPa, Futon, Chou Chou et Calories Blah Blah. Parmi les groupes de rock qui remplissent régulièrement les stades, citons Loso, Big Ass, Potato et Bodyslam.

Architecture

L'architecture traditionnelle est majoritairement religieuse. Les temples, comme le bouddhisme thaïlandais, mélangent sans état d'âme diverses influences étrangères – du stupa en forme de cône hérité de l'Empire khmer au stupa en forme de cloche venu de Sri Lanka. Si leurs ornementations sont d'inspiration étrangère, tous les temples comportent une toiture prenant la forme du *naga* (serpent mythique) qui protégeait le Bouddha pendant ses séances de méditation, et que l'on considère comme un symbole de vie. Les tuiles vertes et dorées imitent les écailles du serpent, tandis que les avant-toits représentent sa tête.

On peut voir des demeures traditionnelles en teck dans tout le nord du pays, mais aussi dans la capitale, où la plus belle est incontestablement le palais Vimanmek (p. 96). Il s'agirait du plus grand édifice en teck doré du monde. Ces maisons sont construites sur pilotis, afin d'éviter les dégâts causés par les inondations, d'aménager un espace où entreposer des affaires ou même d'installer le bétail. Toute la structure est assemblée au moyen de chevilles en bois et coiffée d'avant-toits dont les flancs incurvés rejoignent des pignons typiques à chaque extrémité de l'habitation. Les toitures sont traditionnellement couvertes de tuiles vernissées ou de bardeaux en bois.

On trouve de superbes cages en bois abritant des tourterelles dans les rues de nombreuses villes du Sud. Il existe même des concours de chant de tourterelle.

Dans le Sud, les maisons, généralement plus simples, sont construites de préférence avec du bambou (troncs et fibres tressées). On y voit aussi des maisons de style malais, dont les fondations font office de pilotis en surélevant la partie habitable.

Ces cent dernières années, l'architecture thaïlandaise a subi l'influence de cultures du monde entier. Dans le Sud, on voit encore énormément de *hôrng tăa·ou* (boutiques) sino-portugais – constructions en dur de style chinois dont le rez-de-chaussée sert de commerce et l'étage supérieur d'habitation. La principale ville de Phuket, Phuket-ville (p. 311), en compte un certain nombre. Depuis la Seconde Guerre mondiale, le fonctionnalisme inspiré du Bauhaus européen prédomine, avec pour résultat des bâtiments évoquant d'immenses boîtes à œufs dressées à la verticale.

Les architectes se sont remis aux expériences novatrices durant le boom de la construction du milieu des années 1980, pour donner naissance à des créations originales comme le Robot Building de Sumet Jumsai (édifice en forme de robot abritant la Bank of Asia dans Th Sathon Tai à Bangkok), ou l'Elephant Building près de Th Phaholyothin, dans le nord de Bangkok.

Peinture

À l'exception des grottes renfermant des œuvres d'art rupestre, datant de la préhistoire ou d'époques plus tardives, découvertes dans le sud du pays, la Thaïlande ne compte guère de peintures anciennes, en partie à cause de l'invasion birmane dévastatrice de 1767. Dans leur grande majorité, les peintures existantes sont religieuses, et se présentent généralement sous la forme de fresques dans les temples, illustrant les vies du Bouddha.

À partir du boom des années 1980, la sculpture et la peinture séculières ont connu une reconnaissance internationale grandissante, une poignée d'artistes inspirés par l'impressionnisme s'étant taillé une réputation enviée. Par la suite, les artistes de l'école Fireball (Boule de feu), comme Manit Sriwanichpoom, se sont illustrés par un art engagé et des installations multimédias. Puis, ces dernières années, les artistes thaïlandais se sont de nouveau éloignés des influences traditionnelles et de l'engagement politique pour se tourner vers l'art contemporain. Leurs thèmes sont plus personnels, tels que l'exploration du corps féminin chez Pinaree Sanpitak, ou l'identité chez Maitree Siriboon. Pour des renseignements sur les musées et les galeries de Bangkok, reportez-vous p. 93.

Théâtre et danse

Le théâtre traditionnel compte quatre genres d'expression dramatique différents : le *khŏn*, drame dansé classique avec des masques et réservé à la royauté, donne à voir des scènes du *Ramakian* ; le *lákhon* désigne des pièces dansées populaires ; le *lígair* (ou *likay*), genre de pièces populaires en partie improvisées, souvent paillardes, mêle danse, comédie, mélodrame et musique ; enfin, le *hùn lŏo·ang* (*lákhon lék*) désigne le théâtre traditionnel de marionnettes mettant en scène des légendes religieuses et des contes folkloriques.

On peut se familiariser avec ces différents genres à Bangkok, à l'occasion de dîners-spectacles pour touristes ou de vraies représentations. Il existe aussi des formes théâtrales spécifiques au Sud, antérieures à l'arrivée de l'islam sur la péninsule malaise. La plus célèbre, le *má·noh·rah* (ou *manora*), est aussi la plus ancienne forme de théâtre dansé. On y raconte l'histoire du prince Suthon qui partit secourir Mánohraa, princesse *gin·ná·ri* (femme-oiseau) victime d'un enlèvement. Comme dans le *lígair*, les acteurs lancent des répliques improvisées, humoristiques et rimées. La province de Trang compte aussi une forme typique de *lígair*, dont l'intrigue met en scène des négociants indiens emmenant leurs épouses thaïlandaises en visite en Inde.

Le théâtre d'ombres, également présent en Indonésie et en Malaisie, est une autre forme théâtrale ancienne du Sud. Les marionnettes plates, en cuir de buffle, sont manipulées entre un écran de tissu et une source de lumière. Aujourd'hui, Nakhon Si Thammarat, qui accueille des festivals spécialisés, est la capitale du théâtre d'ombres. Dans ce domaine, il existe deux traditions distinctes : dans le *năng tàlung*, un seul marionnettiste manipule les personnages pour raconter des histoires tirées du *Ramakian*, tandis que le *năng yài* (littéralement "gros cuir") fait appel à des marionnettes bien plus grandes, manipulées par plusieurs personnes – un art qui est malheureusement en train de s'éteindre. Ces deux types de marionnettes sont vendus comme souvenirs pour les touristes.

Cuisine thaïlandaise

La gastronomie fait partie des points forts de la Thaïlande. Vous constaterez vite que les habitants sont aussi enthousiastes que les visiteurs à propos de leur cuisine et qu'ils passent beaucoup de temps à manger et à grignoter. Rien de surprenant : même dans une ville de taille moyenne, la variété des aliments est immense, et un séjour dans les provinces méridionales repoussera encore davantage les limites de votre horizon culinaire (voir l'encadré p. 57). Ailleurs, une telle abondance affecterait les silhouettes. Mais la cuisine thaïlandaise, avec ses ingrédients frais et sa prédilection pour les goûts relevés, mise sur la qualité gustative plutôt que sur la quantité.

Pour devenir un Thaïlandais d'adoption, plongez-vous sans hésiter dans ce labyrinthe de saveurs. Pour vous guider, nous avons établi une liste des principaux ingrédients et plats que vous êtes susceptible de rencontrer.

Le Livre de la cuisine thaïe (Rouergue, 2004), de David Thomson, est considéré comme la référence en matière de cuisine thaïlandaise.

SPÉCIALITÉS LOCALES

Riz

Comme en Chine, le riz occupe une telle place dans la culture gastronomique locale que "manger" se dit "*kin khâo*", ce qui signifie littéralement "manger du riz", et que l'on salue souvent par la formule *"Kin khâo láew rĕu yang ?"* (Avez-vous mangé du riz ?). Se nourrir, c'est manger du riz, et pour ceux qui sont attachés aux traditions, un repas sans riz est une aberration.

La Thaïlande se classe parmi les premiers exportateurs mondiaux de riz depuis les années 1960. Parmi les nombreuses variétés cultivées, la meilleure est le *khâo hăwm málí* (riz au jasmin), au long grain parfumé, qui excite tant de convoitises qu'il fait l'objet de contrebande vers les pays voisins.

Tous les plats courants, tels les curries, les sautés ou les soupes, sont accompagnés de riz, et comportent *kàp khâo* ("sur riz") dans leur appellation. Le riz sauté, que l'on trouve dans tout le pays, est nommé *khâo phàt* ; le *khâo mòk* (*biryani*), souvent au poulet, est un plat typiquement malayo-musulman.

Si vous partagez un repas avec des amis thaïlandais, sachez que laisser un peu de riz dans votre assiette signifie que vous n'avez plus faim. En revanche, si votre assiette est vide, on s'empressera de vous resservir.

Nouilles

Les nouilles ont été empruntées à la gastronomie chinoise. Il en existe quatre grandes sortes. Les plus consommées sont les *kŭaytĭaw*, confectionnées à partir de farine de riz et d'eau, que l'on fait cuire à la vapeur en larges plaques fines. Elles sont ensuite pliées et découpées en nouilles de tailles diverses – par exemple, les *sên lék* (fines) et les *sên yài* (larges).

Le plat le plus simple, que l'on trouve partout, est le *kŭaytĭaw náam*, des nouilles dans un bol de bouillon de poulet ou de bœuf, contenant des morceaux de viande et divers légumes, le tout garni de *phàk chii* (feuilles de coriandre). Ce plat se consomme à toute heure du jour, avant le travail, après les courses ou avant de sortir le soir. Entre deux repas, c'est le parfait en-cas. Le *kŭaytĭaw phàt* se prépare en faisant sauter des nouilles dans un wok avec de la viande émincée. Les amateurs de sensations fortes auront plaisir à goûter le *kŭaytĭaw phàt khîi mao* (nouilles sautées de l'ivrogne). Il s'agit d'un plat épicé prisé au dîner ou en fin de soirée, composé de larges nouilles de riz, de feuilles de basilic frais et de poulet ou de porc, le tout assaisonné et relevé de fines tranches de piments frais.

Le plat le plus connu des touristes est le *kŭaytĭaw phàt thai* (*phàt thai* en abrégé), de fines nouilles de riz sautées avec des crevettes sèches ou fraîches, des germes de haricot, du tofu, un œuf et un assaisonnement. Sur le bord de l'assiette, cacahuètes pilées, piment en poudre, demi-citrons et petits oignons blancs permettent de l'accommoder à sa convenance.

Envie de varier votre alimentation ? Pour vous initier à la cuisine thaïlandaise, procurez-vous l'ouvrage intitulé *Cuisine thaï pour débutants*, publié aux éditions Marabout (2006).

Spécialité du sud de la Thaïlande, les *khà·nŏm jin* sont des nouilles blanches faites à partir d'une pâte de riz que l'on plonge dans l'eau bouillante après l'avoir passée au tamis. Elles sont nappées de curry de poisson épicé et accompagnées d'une sélection de légumes frais et saumurés.

Citons enfin les *wún-sên* (littéralement, "vermicelles de gelée"), des nouilles claires à base de fécule de mungo (variété de haricot) et d'eau, qui ne sont utilisées que pour trois plats : le *yam wún-sên*, une salade de vermicelles épicée avec jus de citron, morceaux de *phrík khîi nŭu* (piment "crotte de souris") frais, champignons, crevettes séchées ou fraîches, porc haché et assaisonnements divers ; le *wún-sên òp pou*, des vermicelles cuits au four avec du crabe et un assaisonnement, dans un pot en argile couvert ;

À LA TABLE DES VOYAGEURS *Austin Bush*

Tout a commencé quand j'ai commandé un riz sauté à la mode de Hat Yao, un étrange mélange de riz, de poulet et de ketchup, enveloppé dans une omelette. J'ai mangé toutes sortes de plats thaïlandais dans presque toutes les régions du pays, mais jamais rien de la sorte. Je n'avais jamais vu non plus de curry vert comme celui qu'on me servit le lendemain : clair comme une soupe, sans vigueur et regorgeant de carottes, de chou-fleur et de pommes de terre. En me penchant à nouveau sur la carte, je me suis aperçu… qu'elle contenait une longue liste de plats qu'on ne trouvait qu'ici, à Hat Yao, sur l'île de Ko Pha-Ngan. Ce genre de cuisine, caractérisée par des interprétations à peine reconnaissables de spécialités locales et étrangères, des saveurs fades, un côté végétarien très prononcé, des ingrédients mystérieux et des origines encore plus obscures, est ce que j'appelle "la nourriture pour voyageurs".

Le simple fait qu'elle existe conduit à cette question : pourquoi aurait-on besoin d'une cuisine dite "réconfortante" quand on est sur la route ? Le voyage n'est-il pas synonyme de découvertes ? Admettons qu'un estomac délicat puisse avoir envie de retrouver des saveurs familières… Un Italien sujet aux indigestions pourra alors commander des spaghettis carbonara, mais sans doute pas du poulet frit mayonnaise, des falafels au poulet méconnaissables ou du chou-fleur au fromage. Or, ces plats semblent bien être la norme plutôt que l'exception.

Les petits-déjeuners des globe-trotteurs ne partagent absolument rien avec la cuisine locale. Les Anglais, avec leur "Full English Breakfast", semblent dominer la région, tandis que les Suisses, avec leur müesli (souvent de simples flocons d'avoine mélangés à des corn flakes), ont laissé une influence palpable, faute d'être savoureuse. Tout aussi répandu, l'"American Breakfast" – du café instantané, du pain plus léger que l'air, des hot-dog chauds et des œufs au plat huileux – ne contribue guère à promouvoir la nourriture américaine, et n'est certainement pas un bon moyen de commencer la journée.

Même si vous vous efforcez de rester "local", la nourriture pour voyageurs de style thaïlandais est souvent tout aussi bizarre – voire même plus – que ces plats quasi occidentaux. L'authentique cuisine du sud de la Thaïlande, riche en poissons et fruits de mer, est une des plus savoureuses du pays, si ce n'est du monde. Malheureusement, les cuisines des pensions de Hat Yao servent constamment des salades thaïlandaises fades, des sautés aux légumes flasques, des curries sans peps et très peu de poisson – chose étrange puisque la mer est partout.

Sur Ko Yao, si la vraie cuisine thaïlandaise vous manque, regardez où mange le personnel de votre pension – en général, à l'écart des principaux coins touristiques. Vous pouvez aussi commander un riz sauté américain : du riz sauté avec du ketchup, des rondelles de hot-dog et des raisins secs, le tout surmonté d'un œuf au plat. Le riz américain, servi partout en Thaïlande, est très apprécié par les enfants et les étudiants. Et c'est finalement le seul plat qui soit vraiment thaïlandais au menu des restaurants de Ko Yao !

et le *kaeng jèut,* une soupe chinoise avec du porc haché, du tofu et quelques légumes. Vous trouverez tous ces plats dans les petits restaurants et parfois sur les étals des marchés de nuit. Dans le menu thaïlandais, les *wún-sên* sont un peu comme nos entrées.

Curries

Le curry thaïlandais est en général frais et léger en saveur, pimenté mais non sans douceur. Le mot désignant le curry est *kaeng*, terme qui s'applique en réalité à toute composition abondamment liquide. Le curry rouge est le *kaeng phèt* (littéralement, "curry épicé"), qui doit sa couleur à son ingrédient de base, la pâte de piments rouges. Le curry vert (*kaeng khǐaw wǎan*), à base de piments verts, est légèrement plus doux que le rouge. Beaucoup de curries concoctés spécialement pour les Occidentaux ont tendance à être trop doux, perdant ainsi la subtilité de l'âcre et du salé.

Les curries et les soupes sont généralement servis à la louche sur une assiette de riz, et non consommés directement dans un bol.

Tous les *kaeng* épicés sont réalisés avec des produits frais – et non en poudre – qui sont pilés, hachés et broyés au mortier pour obtenir une pâte épaisse, aromatisée et âcre. On utilise en général les ingrédients suivants : piment séché, galanga (racine de souchet, appelée aussi poivre thaïlandais), citronnelle, citron kaffir (zeste, feuilles, ou les deux), échalote, ail, pâte de crevette et sel.

La plupart des *kaeng* sont cuisinés dans une poêle avec de la crème de noix de coco. Le chef incorpore les ingrédients au fur et à mesure, en mouillant avec du lait de coco, afin de réduire la sauce et de rehausser la saveur du plat. Certaines recettes sans lait de coco donnent un *kaeng* particulièrement relevé, le *kaeng pàa* (curry de la forêt).

Salades piquantes et acidulées

Plus rares dans la cuisine thaïlandaise servie en dehors du pays, les *yam*, terme traduit en général par "salade", sont préparés à partir de fruits de mer, de nouilles ou de viande, relevés d'un jus de citron vert, de piments et d'herbes fraîches. Les Thaïlandais les dégustent seuls, sans riz, en entrée ou en début de soirée.

Malgré son importance dans la gastronomie thaïlandaise moderne, le piment en est un ingrédient relativement récent. Il fut apporté par des marchands portugais il y a environ 400 ans.

Les légumes crus, ou parfois légèrement cuits, qui entrent dans la composition des *yam*, sont la seule forme de crudités que vous consommerez en Thaïlande. Des herbes aromatiques – menthe, citronnelle, feuilles de kaffir et céleri chinois – leur donnent une saveur dynamique. Et, bien sûr, il y a le piment. Un procédé bien connu de la cuisine thaïlandaise consiste à contrebalancer le piquant de cet ingrédient de feu par les légumes frais, une technique habilement employée dans la composition des *yam.* Le plus relevé de tous est le *yam phrík chíi fáa* (*yam* au piment fort) ; le *yam wún-sên* (vermicelles de haricots aux crevettes, porc haché, feuilles de coriandre, jus de citron et piments frais finement coupés) en est la version la plus douce.

Sautés et fritures

Les plats sautés (*phàt*) ont été introduits en Thaïlande par les Chinois. Des recettes sino-thaïlandaises sont servies dans de modestes restaurants de plein air tenus par des familles d'origine chinoise. On peut ainsi citer le *néua phàt nám-man hǒy* (bœuf à la sauce d'huître) ou le *kài phàt mét mámûang hǐm-má-phaan* (poulet émincé sauté avec du piment séché et des noix de cajou).

L'éventail de la cuisine thaïlandaise ne serait pas si riche sans l'impressionnant répertoire des fritures. On trouve parmi ces en-cas, habituellement préparés par les vendeurs de rue, des *klûay thôat* (bananes frites) et des *pàw-pía* (nems). Quelques rares mets sont couverts de panure avant d'être frits ; c'est le cas des *kài thôat,* beignets de poulet servis avec une sauce épicée.

Le wok et la technique des plats sautés ont probablement été introduits en Thaïlande par les Chinois.

LA SAUCE DE POISSON

La sauce de poisson, appelée *nám plaa* en thaï, s'impose comme un ingrédient incontournable dans la plupart des recettes thaïlandaises.

Liquide obtenu à partir de poisson salé et fermenté, ce condiment se présente sous différents aspects selon la région. Dans le nord-est de la Thaïlande, on lui préfère une purée épaisse et pâteuse à base de poisson d'eau douce fermenté, nommée *plaa ráa* et parfois accompagnée de riz. Ailleurs, là où les gens ont accès à la mer, elle prend la forme d'un liquide clair extrait d'anchois salés. Dans les deux cas, la préparation est très âcre, généralement salée, et n'a pas vraiment le goût du poisson. C'est l'équivalent du sel sur les tables occidentales.

Soupes

Il existe deux grands types de soupes thaïlandaises. Les *kaeng jèut* (soupes douces) n'incorporent que de la sauce de soja ou de poisson et du poivre noir dans l'assaisonnement. On les consomme rarement seuls ; le plus souvent, ils équilibrent un repas plus important ou une simple friture de poisson. Même s'il en existe une grande diversité, ils font appel à des ingrédients communs, comme le *wún-sên* (vermicelle de fécule de mungo), le *tâo hôu* (tofu), le *hŭa chai tháo* (radis blanc) et le *mŏu sàp* (porc haché).

Le *tôm yam* est une soupe âcre et épicée préparée à base de produits de la mer ou de poulet. Bien qu'il ressemble à une soupe ordinaire, que les néophytes ne se méprennent pas : il s'agit d'un plat relevé. Citronnelle, galanga et zeste de kaffir ne participent qu'à son bouquet, ne les consommez pas. La présentation peut aussi induire en erreur. Le *tôm yam* est habituellement servi dans un grand bol de métal, posé sur la flamme d'un petit réchaud. La manière la plus polie de s'y attaquer est de pêcher à la cuillère, en même temps qu'un peu de bouillon, les morceaux solides (viande, fruits de mer ou champignons). Ils iront d'abord dans le petit bol qui est devant vous, dans lequel vous pouvez boire le bouillon, mais pas les manger, car ils doivent d'abord être déposés sur l'assiette de riz. Ce procédé peut paraître une pure perte de temps, mais le *tôm yam* a son rituel auquel on ne saurait déroger. L'accompagner de riz est aussi une manière d'atténuer le feu que lui donne la pâte de piments à la crème de crevettes, appelée *phrík khîi nŭu* lorsque les piments sont frais, et *nám phrík phăo* lorsqu'ils sont en poudre.

Tout n'est pas comestible dans un bol de *tôm yam*. À l'instar des feuilles de laurier, les ingrédients qui ont la texture de l'écorce servent uniquement à parfumer.

Fruits

Pays tropical, la Thaïlande offre un vaste choix de fruits particulièrement délicieux. Les vendeurs ambulants proposent partout, en toute saison, des *má-práo* (noix de coco), des *fà-ràng* (goyaves), des *khà-nŏun* (jaques), des *má-khăam* (tamarins), des *sôm* (oranges), des *málákoa* (papayes), des *sôm oh* (pamplemousses), des *taeng moh* (pastèques) et des *sàppàrót* (ananas), qu'ils vous tendront avec un mélange de sucre, de sel et de piments hachés.

Vous trouverez des fruits encore plus exotiques sur les marchés locaux. Parmi les fruits de saison, goûtez notamment les *mang-khóut* (mangoustans, d'avril à septembre), les *má-môu·ang* (mangues, plusieurs variétés et saisons), les *ngóa* (ramboutans, de juillet à septembre) et les *nóy náa* (pommes cannelles, de juillet à octobre).

Dans le sud de la Thaïlande, les repas sont souvent accompagnés d'un plateau d'herbes et de légumes frais, offert gracieusement, et d'une sauce relevée à la pâte de crevettes.

Desserts

Les menus en anglais comportent une partie "Desserts", bien que ni le concept ni le terme n'aient leur équivalent dans la culture thaïlandaise. L'expression la plus proche, *khŏang wăan*, signifie "douceur" et fait référence aux aliments à saveur sucrée. Certains ingrédients utilisés – farine de riz, tapioca, fécule de haricot mungo, grains de maïs, taro bouilli –, malgré le

SAVEURS DU SUD

Amateurs de saveurs douces, prenez garde : la cuisine du Sud est incontestablement la plus épicée dans un pays où toutes les cuisines régionales sont déjà très relevées ; elle a aussi tendance à être très salée. Les fruits de mer, bien sûr, tiennent une place de choix. Il peut s'agir de poisson frais grillé ou ajouté à une soupe, ou encore de poissons et crevettes saumurés ou fermentés, servis sous la forme de sauces ou de condiments. Deux des principales cultures du Sud, la noix de coco et la noix de cajou, entrent dans la composition de nombreux plats. Les légumes ne sont pas en reste : la quasi-totalité des repas sont accompagnés d'un plateau d'herbes et de légumes frais, ainsi que d'une sauce épicée à base de pâte de crevettes, de piments, d'ail et de citron. Parmi les légumes locaux à goûter, citons le *sà-tor* (un légume vert amer similaire au haricot), le *lôuk ni·ang* (un haricot rond vert foncé) et le *mét ri·ang* (semblable à de grands germes de soja vert foncé).

Parmi les plats qui pourront vous être proposés, citons les suivants :

- *Kaeng tai plaa* – un curry de poisson intensément épicé et salé qui contient du *tai plaa* (estomac de poisson salé) ; bien meilleur qu'on ne l'imagine.
- *Khà-nŏm jin nám yaa* – ce plat de nouilles de riz fermentées, nappé d'une sauce très pimentée similaire au curry, est toujours accompagné d'un plateau d'herbes et de légumes frais.
- *Khâo yam* – très appréciée au petit-déjeuner, cette spécialité se compose de riz recouvert d'herbes ciselées, de germes de soja, de crevettes séchées, de noix de coco grillée et de poudre de piment rouge, le tout servi avec une sauce aigre-douce à base de poisson.
- *Kaeng sôm* – appelée *gaang lĕu·ang* (curry jaune) dans le centre de la Thaïlande, cette soupe aigre épicée doit sa couleur à l'usage copieux de curcuma, une racine couramment utilisée dans la cuisine du Sud.
- *Ngóp* – sorte de curry grillé, ce plat est une pâte au lait de coco, aux herbes et aux fruits de mer, enveloppée dans une feuille de bananier et grillée jusqu'à ce qu'elle devienne ferme.
- *Kài trôat hàat yài* – le célèbre poulet frit de Hat Yai tire son goût puissant d'une marinade contenant des épices séchées.

sucre qui les entoure, ne riment pas forcément avec desserts pour le palais occidental. On trouve aussi beaucoup de noix de coco râpée, de lait de coco et de fruits, ainsi que des graines de lotus et des châtaignes d'eau par exemple. La plupart des desserts traditionnels sont confectionnés à partir d'anciennes recettes très élaborées, notamment le *fŏy thoang*, un mets à base de jaune d'œuf d'origine portugaise, qui imite des fils d'or.

Les *kà·nŏm* s'apparentent aux pâtisseries européennes. Les plus appréciés sont les bouchées enrobées de feuilles de bananier ou de pandanus, comme celles renfermant du riz gluant cuit à la vapeur de lait de coco.

BOISSONS

Café et thé

Les Thaïlandais sont de grands consommateurs de café. De l'arabica et du robusta de bonne qualité sont cultivés sur place, dans les régions montagneuses du Nord et du Sud. La méthode traditionnelle de filtrage consiste à faire couler de l'eau chaude dans un sac en tissu rempli de café moulu. On obtient ainsi le *kaa-fae trŏung* ("café sac") ou le *kaa·fae boh·raan* (café traditionnel). L'habituel *kaa-fae trŏung* est servi sucré avec du lait concentré. Si vous ne voulez ni l'un ni l'autre, précisez *ko-píi or* (café noir) suivi de *mâi sài nám taan* (sans sucre).

On trouve du thé (*chaa*) noir, importé ou d'origine thaïlandaise, sur les étals qui proposent du café. Le *chaa thai* tient sa couleur rouge-orange des graines de tamarin pilées ajoutées après séchage. Le *chaa róan* (thé chaud) et le *chaa yen* (thé glacé) sont pratiquement toujours adoucis avec du lait

CAFÉ – À LA MODE DU SUD

Dans la plupart des villes du Sud, vous verrez de nombreux cafés à l'ancienne, appelés *ráan ko-píi*. Le temps semble suspendu dans ces boutiques, presque exclusivement tenues par des Thaïlandais d'origine chinoise : en général, le cadre et la carte n'ont pas changé depuis des décennies. Parmi leurs caractéristiques : des tables avec plateau de marbre, des tasses et couverts anciens, et une clientèle presque exclusivement masculine qui paraît faire partie des meubles. La ville de Trang (p. 379) possède certains des *ráan ko-píi* les plus typiques du pays.

Si les grains de café utilisés dans les *ráan ko-píi* viennent parfois de l'étranger, ils sont en revanche torréfiés en Thaïlande. Bien que d'un noir de jais, ils donnent une boisson qui manque souvent de corps. Cela peut être dû à la méthode de préparation qui consiste à verser de l'eau chaude dans un morceau de tissu rempli de café moulu. L'habituel *ko-píi* est servi avec une dose de lait concentré sucré et une ou plusieurs cuillerées de sucre, dans de petits verres. Si vous n'êtes pas amateur de sucre, commandez un *ko-píi or* (café noir) ou demandez simplement qu'on ne mette pas de sucre. Tous les cafés chauds sont servis avec une tasse de thé vert léger à boire après.

Les *ráan ko-píi* sont également parfaits pour manger sur le pouce. Les plus traditionnels disposent, à l'entrée, un plateau de brioches chinoises à la vapeur ou de douceurs, tels le riz gluant enveloppé dans une feuille de bananier ou des pâtisseries.

concentré et du sucre. Le *chaa má-nao* (thé au citron) est servi sans lait, avec un soupçon de citron pressé. Le thé à la chinoise est appelé *náam chaa*.

Best of Thaï. Recettes de Mmmmh ! (Marabout, 2009) regroupe des recettes de cuisine thaïlandaises, les techniques et les ingrédients de base, ainsi que toutes sortes de conseils pratiques.

Boissons aux fruits

Partout en Thaïlande, vous trouverez des boissons aux fruits. La plupart des *náam phŏn-lá-mái* (jus de fruits) sont servis sur un lit de glaçons, avec une pincée de sucre et de sel. De nombreux étrangers font la grimace à la vue du sel. Ils ont tort : dans les régions tropicales, le sel aide à mieux supporter la chaleur. Le *náam ôy* (jus de canne à sucre), qui compte parmi les boissons préférées des habitants, est idéal avec un curry. Également très bon, le jus tiré du palmier à sucre, appelé *náam taan sòt*, est plein de vitamines.

Bière et alcools

Des slogans publicitaires comme *pràthêht rao, bia rao* (Notre pays, notre bière) font de la marque Singha (prononcez *sĭng* et non "sing-ha") le must de la bière thaïlandaise. C'est une bière à 6° dont les ventes représentent 50% de parts sur le marché intérieur. La Singha est disponible en bouteilles, en canettes et à la pression. La Chang, qui soutient la comparaison au niveau du goût, fait 7°. Il existe d'autres marques de bière, telle la Leo, au taux d'alcool supérieur pour le même prix. La Heineken et la Singapore's Tiger, brassées en Thaïlande, sont également très appréciées. Dans certaines villes, vous trouverez de la Lao. La Phuket est la seule bière locale fabriquée artisanalement.

Pour des informations et des appréciations sur les grandes marques de bière asiatiques, consultez le site www.beerasia.blogspot.com (en anglais).

Le whisky de riz, plus abordable que la bière, est une boisson très prisée des ouvriers. Souvent mélangé à de l'alcool de canne lors de sa distillation, il titre 35° et n'est pas sans rappeler le rhum par son goût prononcé et sucré. Légèrement plus cher, le rhum thaïlandais de marque Sang Som se consomme aujourd'hui davantage.

ÉTABLISSEMENTS

La langue thaïe regroupe tous les restaurants, petits ou grands, sous une seule et même appellation : *ráan aa-hăan* ("boutique de nourriture"). Le décor peut se limiter à quelques publicités pour de la bière et à un petit autel, ou se composer de détails bien plus incongrus, comme une image pâlie des Alpes suisses. L'éclairage au néon – économique et dégageant moins de chaleur – est le plus répandu. Les restaurants sont généralement spécialisés dans un seul type de cuisine, locale ou régionale.

Plus génériques, les *ráan aa-hăan taam sàng* (boutiques de plats sur commande) peuvent préparer presque n'importe quelle recette thaïlandaise au choix – plat de riz ou de nouilles, voire un repas plus élaboré. La plupart des mets thaïlandais sont proposés – *tôm yam* (soupes âcres et épicées), *yam* (salades), *phàt* (plats sautés)... Vous reconnaîtrez ce type d'établissement aux ingrédients crus présentés à l'entrée.

Les Thaïlandais font partie des plus gros consommateurs d'ail du monde.

Dans les restaurants plus chic, vous trouverez une carte (souvent avec des traductions anglaises hasardeuses), des nappes, la climatisation et l'"ambiance" chère aux Occidentaux. Le Thaïlandais moyen préférant commander ses plats favoris sans se référer à une carte, ces établissements plus coûteux attirent exclusivement une clientèle huppée recherchant les saveurs internationales.

En-cas

Les marchés de nuit figurent parmi les endroits les plus simples et les plus agréables pour se restaurer en Thaïlande. Ils vont des petits groupes de tables et de chaises en métal au bord d'une rue aux vastes ensembles occupant plusieurs pâtés de maisons. Tous ont en commun leur concentration de *rót khěn* (chariots ambulants), sortes de cuisines mobiles que leurs propriétaires installent à un emplacement qu'ils jugent idéal, par exemple à un croisement.

L'INFLUENCE MUSULMANE

Les musulmans, qui seraient arrivés dans le sud de la Thaïlande à la fin du XIVe siècle, ont importé d'Inde et du Moyen-Orient une cuisine à base de viande et d'épices séchées. Près de 700 ans plus tard, cette influence culinaire reste perceptible. Tandis que certains plats musulmans comme le *roti*, un pain frit similaire au *paratha* indien, ont peu changé (voire pas du tout), d'autres, comme le *gaang mát·sà·màn*, mêlent de manière unique les styles et les ingrédients thaïlandais et indiens/moyen-orientaux. Plus récemment, d'autres recettes musulmanes sont entrées par la Malaisie, au sud.

Parmi les plats musulmans typiques, citons :

- *Khâo mòk* – le *biryani*, plat répandu dans tout le monde musulman, est également présent en Thaïlande. Ici, il est habituellement au poulet et accompagné d'une sauce aigre-douce, ainsi que d'un bol de bouillon de volaille.
- *Sà·té* (*satay*) – ces brochettes de viande grillée sont probablement arrivées en Thaïlande via la Malaisie. La sauce salée aux cacahuètes dans laquelle on les trempe est souvent associée à tort à la cuisine thaïlandaise.
- *Má·tà·bà* – appelé *murtabak* en Malaisie et en Indonésie, ce *roti* est fourré d'une farce salée (ou parfois sucrée), puis frit pour le rendre croustillant.
- *Súp hăang wou·a* – cette soupe de queue de bœuf, probablement d'origine malaise, est plus riche et souvent plus aigre que le *tôm yam* thaïlandais "bouddhiste".
- *Sà·làt kàak* – littéralement, "salade musulmane" (*kàak* est un terme légèrement péjoratif pour désigner les personnes ou les choses d'origine indienne et/ou musulmane), ce plat contient des feuilles de laitue pommée, des morceaux de tofu solide, du concombre, des œufs durs et des tomates, le tout nappé d'une sauce à la cacahuète légèrement sucrée.
- *Kaeng mát·sà·màn* – le "curry musulman" est un plat riche à base de lait de coco qui, contrairement à la plupart des curries thaïlandais, tire une grande partie de sa saveur d'épices séchées. Comme pour beaucoup de plats thaïlandais musulmans, le goût sucré prédomine.

On distingue deux types de marché de nuit : le *tà·làat yen* (marché du soir) commence juste avant le coucher du soleil et reste ouvert jusqu'à 21h ou 22h (parfois plus tard dans les grandes villes) ; le *tà·làat tôh rôung* démarre son activité vers 23h et se poursuit jusqu'au lever du soleil. Les marchés de nuit ont lieu généralement devant les marchés de jour, à côté des gares routières et ferroviaires ou à des carrefours très passants.

VÉGÉTARIENS

Les restaurants végétariens en Thaïlande sont sur www.happycow.net.

Le végétarisme et le végétalisme fondés sur une interprétation stricte du bouddhisme ont été rendus populaires par l'ex-gouverneur de Bangkok, Chamlong Srimuang, qui a lui-même inspiré une chaîne d'établissements végétariens (*ráan aa-hǎan mangsàwírát*) à but non lucratif. À Bangkok et dans plusieurs capitales provinciales, ces restaurants de style buffet très peu chers proposent des plats 100% végétaliens, c'est-à-dire sans viande, volaille, poisson, laitage ou œuf.

En thaï, "je suis végétarien" se dit "*phǒm kin jeh*" (pour les hommes) ou "*dì-chǎn kin jeh*" (pour les femmes). Traduit librement, cela signifie "je mange seulement végétarien", en excluant donc les œufs et les produits laitiers.

À TABLE

Il n'existe pas d'horaires stricts pour les repas, même si les restaurants se remplissent pour la pause de la mi-journée, entre 12h et 13h. De même, les mets ne sont pas réservés à un moment précis de la journée. On peut manger de tout dès le matin – que ce soit doux, salé ou pimenté.

Les manières de table, à l'instar des autres domaines de la culture thaïlandaise, apparaissent plutôt décontractées et informelles. Toutefois, ne vous y trompez pas, des règles implicites s'appliquent. Partager un repas est un acte social important, qui procure non seulement l'occasion de bavarder avec des amis, mais aussi le plaisir de goûter à différents plats. Plus on est d'amis, plus on pourra exercer ses papilles. Les Thaïlandais n'aiment pas manger seuls – en solo, ils se contentent d'un riz sauté, l'équivalent de notre restauration rapide.

Les plats de riz se mangent avec une fourchette (à utiliser comme un couteau) et une cuillère (à manier comme une fourchette). Les soupes de nouilles et les *phàt thai* sont les seuls plats pour lesquels on emploie des baguettes.

Que ce soit à la maison ou au restaurant, un repas thaïlandais est toujours servi comme en famille, c'est-à-dire dans des plats communs. Ils arrivent sur la table dans le désordre, dès qu'ils sont prêts, ce qui a le don d'agacer les Occidentaux, qui ne comprennent pas que le cuisinier, lui, présume que les convives seront heureux de partager le premier plat réalisé. Les Thaïlandais attachent particulièrement de l'importance à l'harmonie des textures et des saveurs. Traditionnellement, on commande un curry, un poisson à la vapeur ou frit, un sauté de légumes et une soupe, en prenant soin d'équilibrer le chaud et le froid, l'aigre et le doux, le salé et le nature. En société, les Thaïlandais commandent en abondance – plus il reste de nourriture dans les plats, plus l'hôte apparaît généreux.

Quand on mange en famille, tous les plats sont déposés sur la table et chacun se sert dans ces plats sans les faire circuler. Vous pouvez tendre le bras devant quelqu'un pour atteindre le plat, mais ne vous en emparez jamais, c'est impoli. Si vous êtes trop loin, passez votre assiette à quelqu'un de mieux placé que vous pour la remplir. Les Thaïlandais, qui sont des hôtes attentionnés, vous le proposeront d'eux-mêmes, et, dans l'assiette de leur honorable invité ou de l'incompréhensible *faràng* (étranger), ils déposeront le meilleur morceau du poisson.

Au moment de vous servir dans le plat commun, il convient de ne prendre dans votre assiette qu'une cuillerée à la fois. La remplir de tous les mets proposés serait considéré comme de la gloutonnerie. On trouve parfois des cuillères de service. Sinon, servez-vous de votre propre cuillère.

COURS DE CUISINE

Un cours d'une journée s'organise généralement comme suit : choix des ingrédients sur un marché, puis préparation de pâtes de curry, de soupes, de curries, de salades et de douceurs. Parmi les écoles de cuisine les plus réputées de Bangkok et du sud de la Thaïlande, citons :

Baipai Thai Cooking School (p. 100). Bangkok.
Blue Elephant Cooking School (p. 100). Bangkok.
KATI Culinary (p. 169). Ko Chang.
Khao Cooking School (p. 100). Bangkok.
Koh Chang Thai Cooking School (p. 169). Ko Chang.
Krabi Thai Cookery School (p. 355). Ao Nang, Krabi.
Pum Restaurant & Cooking School (p. 365). Ko Phi Phi.
Pum Thai Cooking School (p. 309). Hat Patong, Phuket.
Same Same Lodge Thai Cooking School (p. 229). Ko Pha-Ngan.
Samui Institute of Thai Culinary Arts (p. 213). Hat Chaweng, Ko Samui.
Sarojin (p. 294). Hat Bang Sak et Khao Lak.
Silom Thai Cooking School (p. 100). Bangkok.
Time for Lime (p. 373). Ko Lanta.

GLOSSAIRE CULINAIRE

Vous trouverez p. 452 quelques expressions utiles pour commander.

Pour décrypter la carte

ah·hăhn tá·lair	อาหารทะเล	**fruits de mer**
kôung thôrt	กุ้งทอด	crevettes sautées
plaa jĭi·an	ปลาเจี๋ยน	poisson entier cuit avec du gingembre, des oignons et de la sauce de soja
plaa mèuk phàt phèt	ปลาหมึกผัดเผ็ด	calamar frit épicé
plaa prĭi·ao wăan	ปลาเปรี้ยวหวาน	poisson aigre-doux
plaa thôrt	ปลาทอด	poisson frit croustillant
kaeng	แกง	**curries**
kaeng kà·rìi kài	แกงกะหรี่ไก่	curry indien doux au poulet
kaeng khĭi·ao wăan plaa/kài/néu·a	แกงเขียวหวานปลา/ไก่/เนื้อ	curry vert au poisson/poulet/bœuf
kaeng mát-sà-màn kài/néu·a	แกงมัสมั่นไก่/เนื้อ	curry musulman au poulet/bœuf et aux pommes de terre
kaeng phèt kài/ néu·a/mŏu	แกงเผ็ดไก่/เนื้อ/หมู	curry rouge au poulet/bœuf/porc
kaeng phá-naeng	แกงพะแนง	curry de Penang (curry rouge au basilic)
khâo	ข้าว	**riz**
khâo man kài	ข้าวมันไก่	poulet de Hainan désossé et coupé en morceaux au riz
khâo mŏu daeng	ข้าวหมูแดง	porc rouge au riz
khâo nâa kài	ข้าวหน้าไก่	poulet en sauce sur riz
khâo nâa pèt	ข้าวหน้าเป็ด	canard rôti sur riz
khâo phàt mŏu/ kài/kôung	ข้าวผัดหมู/ไก่/กุ้ง	riz sauté au(x) porc/poulet/crevettes
kŭ·ay tĭ·aw/bà-mìi	ก๋วยเตี๋ยว/บะหมี่	**nouilles**
bà-mìi náam/hâeng	บะหมี่น้ำ/แห้ง	nouilles de blé aux légumes et à la viande servies avec/sans bouillon
kŭ·ay tĭ·aw náam/hâeng	ก๋วยเตี๋ยวน้ำ/แห้ง	nouilles de riz aux légumes et à la viande servies avec/sans bouillon

phàt si·íu	ผัดซีอิ๊ว	nouilles sautées à la sauce de soja
phàt thai	ผัดไทย	fines nouilles de riz sautées avec du tofu, des légumes, des œufs et des cacahuètes
sóup	ซุป	**soupes**
kaeng jèut	แกงจืด	soupe peu épicée aux légumes et au porc
khâo tôm plaa/kài/kôung	ข้าวต้มปลา/ไก่/กุ้ง	soupe de riz au(x) poisson/ poulet/crevettes
tôm khàa kài	ต้มข่าไก่	soupe au poulet, à la racine de galanga et à la noix de coco
tôm yam kôung	ต้มยำกุ้ง	soupe aux crevettes, à la citronnelle et aux champignons
aa-hăan èun	อาหารอื่น	**autres plats**
kài phàt bai kà-phao	ไก่ผัดใบกะเพรา	poulet sauté au basilic
kài phàt mét má-môu·ang	ไก่ผัดเม็ดมะม่วง	poulet sauté aux noix de cajou
kài thôrt	ไก่ทอด	poulet sauté
khài ji·aew	ไข่เจียว	omelette nature
khài yát sâi	ไข่ยัดไส้	omelette aux légumes et au porc
khà-nŏm jin náam yaa	ขนมจีนน้ำยา	nouilles au curry de poisson
kîi·ao kròrp	เกี๊ยวกรอบ	*wonton* (raviolis, bouchées) frits
lâap kài/néu·a	ลาบไก่/เนื้อ	salade de poulet/bœuf épicée
néu·a phàt nám man hŏy	เนื้อผัดน้ำมันหอย	bœuf à la sauce aux huîtres
pò-píi·a	เปาะเปี๊ยะ	rouleaux de printemps
phàt phàk rou·am	ผัดผักรวม	mélange de légumes sautés
sà·té (satay)	สะเต๊ะ	brochettes de viande cuites au barbecue
sôm tam	ส้มตำ	salade de papaye verte épicée
thôrt man plaa	ทอดมันปลา	gâteaux de poisson frits à la sauce au concombre
yam néu·a	ยำเนื้อ	salade de bœuf grillé aigre et épicée
yam wún sên	ยำวุ้นเส้น	salade de vermicelles
néu·a láe aa-hăan thá-leh	เนื้อและอาหารทะเล	**viandes et fruits de mer**
néu·a	เนื้อ	bœuf
kài	ไก่	poulet
pou	ปู	crabe
pèt	เป็ด	canard
plaa	ปลา	poisson
mŏu	หมู	porc
aa-hăan thá-leh	อาหารทะเล	fruits de mer
kôung	กุ้ง	crevettes
plaa mèuk	ปลาหมึก	calamar
phàk	ผัก	**légumes**
má-rá jin	มะระจีน	melon amer
kà-làm pli	กะหล่ำปลี	chou
dòrk kà-làm	ดอกกะหล่ำ	chou-fleur
taeng kwaa	แตงกวา	concombre
má-khĕu·a	มะเขือ	aubergine
krà-thi·am	กระเทียม	ail
phàk kàat	ผักกาด	laitue

thòu·a fàk yao	ถั่วฝักยาว	haricot-kilomètre
krà-jée·ap	กระเจี๊ยบ	gombo
hŭu·a hŏrm	หัวหอม	oignon
thòu·a lí-sŏng	ถั่วลิสง	cacahuète
man fà-ràng	มันฝรั่ง	pomme de terre
fák thoang	ฟักทอง	potiron
phèu·ak	เผือก	taro
má-khĕu·a thêt	มะเขือเทศ	tomate
phŏn-lá-mái	ผลไม้	**fruits**
klôu·ay	กล้วย	banane
má-práo	มะพร้าว	noix de coco
nóy-nàa	น้อยหน่า	pomme cannelle
thóu-ri·an	ทุเรียน	durian
fà-ràng	ฝรั่ง	goyave
khà-nŏun	ขนุน	jaque
má-nao	มะนาว	citron
má-môu·ang	มะม่วง	mangue
mang-khóut	มังคุด	mangoustan
sôm	ส้ม	orange
má-lá-koa	มะละกอ	papaye
sàp-pà-rót	สับปะรด	ananas
sôm oh	ส้มโอ	pamplemousse
ngóa	เงาะ	ramboutan
má-khăam	มะขาม	tamarin
taeng moh	แตงโม	pastèque
khŏang wăan	ของหวาน	**desserts**
klôu·ay bòu·at chi	กล้วยบวชชี	banane au lait de coco
săng-khà-yăa má-práo	สังขยามะพร้าว	flan à la noix de coco
môr kaeng	หม้อแกง	crème à l'œuf
klôu·ay khàek	กล้วยแขก	banane frite à l'indienne
khâo nĭi·o daeng	ข้าวเหนียวแดง	riz gluant à la crème de coco
săng-khà-yăa	สังขยา	flan thaïlandais
tà-kôh	ตะโก้	gelée thaïlandaise à la crème de coco
krêu·ang dèum	เครื่องดื่ม	**boissons**
bi·a	เบียร์	bière
khòu·at	ขวด	bouteille
náam deum	น้ำขวด	eau en bouteille
náam chaa	น้ำชา	thé chinois
kaa-fae thŭng (ko-píi)	กาแฟถุง(โกปี้)	café filtre (café noir)
kaa-fae róan	กาแฟร้อน	café au lait et au sucre
kâe·ou	แก้ว	verre
náam khăeng	น้ำแข็ง	glaçon
oh-líi·ang	โอเลี้ยง	café glacé sucré, sans lait
nom jèut	นมจืด	lait
náam plào	น้ำเปล่า	eau plate
náam soh-daa	น้ำโซดา	eau gazeuse
chaa róan	ชาร้อน	thé au lait et au sucre
chaa dam róan	ชาดำร้อน	thé noir
wai	ไวน์	vin

Environnement

GÉOGRAPHIE ET GÉOLOGIE

L'*Atlas de Thaïlande* (Documentation française, 2006), sous la direction de Doryane Kermel-Torrès, réunit 70 planches de cartes commentées, couvrant un large éventail de thèmes.

La forme étrange de la Thaïlande – large et épanouie au nord, s'étrécissant en un bras long et mince au sud – a souvent été comparée à celle d'un éléphant. Approximativement de la même superficie que la France (environ 517 000 km^2), le pays s'étend le long d'un axe nord-sud sur 1 650 km et bénéficie de climats très variés, avec notamment des moussons venues du sud-ouest et du nord-ouest. Au nord, le terrain s'élève en de hautes montagnes boisées, tandis que le sud consiste en une longue crête de collines calcaires couvertes de forêt tropicale.

Délimitée à l'est par les eaux peu profondes du golfe de Thaïlande et à l'ouest par la mer d'Andaman, qui fait partie de l'océan Indien, la Thaïlande compte l'un des plus fascinants littoraux au monde : formations calcaires délicatement sculptées par le temps et l'érosion surplombant l'eau, et récifs coralliens d'une extraordinaire beauté. Des centaines d'îles tropicales de toutes formes et tailles ponctuent la côte, du banc de sable plat disparaissant sous les mangroves aux imposantes formations karstiques qui dominent des eaux azur et des plages de sable blanc. Les deux côtes comptent d'immenses récifs coralliens, notamment autour des îles granitiques Surin (p. 290) et Similan (p. 297), dans la mer d'Andaman. On en trouve d'autres, ainsi que les îles calcaires les plus spectaculaires du pays, à Ao Phang Nga (p. 299), près de Phuket. La côte ouest présente un intérêt tout particulier pour les amateurs de plongée en raison de la pureté cristalline de ses eaux peuplées d'une faune et d'une flore d'une incroyable richesse.

Le fameux sable blanc des plages thaïlandaises est constitué de minuscules particules de corail digérées puis rejetées par les poissons…

FAUNE ET FLORE

Étant donné la diversité de son climat et de sa topographie, il n'est pas étonnant que la Thaïlande abrite une faune et une flore aussi incroyablement variées. Plus surprenant en revanche, le pays conserve une assez bonne qualité environnementale, surtout si l'on songe au développement intensif et impitoyable qui a été entrepris dans ses moindres recoins. Cela dit, des problèmes existent ; et la survie des espèces menacées et des écosystèmes marins (p. 72) constitue un sujet particulièrement préoccupant.

TOUT EST CORAIL !

À travers tout le pays, de spectaculaires formations calcaires dominent la terre comme la mer. Il s'agit en réalité des restes fossilisés de coquillages et de récifs coralliens. Leur quasi-omniprésence est la preuve que l'essentiel de la région se trouvait sous l'eau il y a plus de 200 millions d'années. Poussées vers le ciel par les forces antagonistes de deux plaques tectoniques entrées en collision il y a 30 millions d'années, elles sont depuis exposées à la pluie et aux vagues. En dissolvant le carbonate de calcium du calcaire, ces dernières ont créé des tours et des grottes aux formes étranges et de toutes dimensions. Parfois, le plafond d'une grotte calcaire s'effondre, formant un *hôrng* (aussi orthographié *hong*), anfractuosité cachée qui laisse entrer la lumière du soleil ou l'eau de mer.

Si la Thaïlande est le site d'un récif fossilisé massif, c'est aussi l'un des meilleurs endroits du monde pour voir des coraux vivants (plus de 250 espèces de corail peuplent la seule côte d'Andaman). Anciens ou plus récents, les récifs sont composés des déchets rejetés par de minuscules organismes marins qui extraient le carbonate de calcium de l'eau de mer pour se construire des abris minéraux. Les récifs coralliens biologiquement complexes constituent un habitat diversifié abritant d'innombrables créatures marines. Pour en savoir plus sur les problèmes écologiques liés à la dégradation du corail, voir p. 72.

Animaux

Les animaux peuplant les côtes et les îles thaïlandaises doivent s'adapter aux mouvements des marées et au mélange d'eau douce et d'eau saumâtre. Plutôt que de traquer les éléphants et les tigres, tâchez de repérer des animaux moins imposants, tels l'étrange gobie marcheur, qui se déplace sur les vasières une fois la mer retirée, ou le lézard moniteur aquatique, un animal impressionnant de 3,50 m qui grimpe aux arbres et nage avec une aisance confondante dans sa quête de petites proies.

Quiconque croiserait un éléphant blanc doit impérativement le signaler au Bureau of the Royal Household, afin que le roi puisse décider si, oui ou non, l'animal remplit les critères qui caractérisent un éléphant blanc royal.

Parions que vous apercevrez de superbes spécimens d'oiseaux, tant la vie ornithologique est riche et abondante – la Thaïlande abrite 10% des espèces ornithologiques du monde. On rencontre notamment le chevalier guignette et le gravelot sur les vasières, ainsi que le héron et l'aigrette dans les marais. Dans le ciel, observez le milan sacré au plumage chocolat et blanc, ou scrutez les branches basses à la recherche de l'un des nombreux martins-pêcheurs aux couleurs vives. Vous verrez aussi sans doute une troupe bruyante de macaques mangeurs de crabe, qu'il ne faudra pas s'étonner de voir s'éloigner du rivage à la nage. Avec un peu de chance, une civette palmée, drôle de créature au pelage marbré ressemblant à un chat, acceptera de se montrer ; un serow (ou capricorne de Sumatra), farouche antilope asiatique qui n'hésite pas à bondir entre les failles inaccessibles des falaises calcaires, fera peut-être de même.

Les eaux bordant les deux côtés de la péninsule thaïlandaise sont peuplées de centaines d'espèces de coraux. Les récifs constituent un habitat idéal pour d'innombrables espèces de poissons, de crustacés et de minuscules invertébrés. On y trouve l'un des plus petits poissons du monde (le gobie, de 10 mm), mais aussi le plus grand (le requin-baleine avec ses 18 m de longueur), et d'autres habitants caractéristiques tels le poisson-clown, le poisson-perroquet, la girelle, le scalaire, le baliste et le poisson-lion. Dans les profondeurs se croisent des espèces plus imposantes – mérous, barracudas, requins, raies mantas, marlins et thons. On peut aussi apercevoir des tortues, des baleines et des dauphins.

ESPÈCES EN DANGER

La Thaïlande est signataire de la Convention sur le commerce international des espèces de faune et de flore sauvages menacées d'extinction (CITES). Pour autant, l'application des interdictions liées au commerce pâtit d'un laxisme notoire – il suffit de se promener entre les stands d'animaux du marché du week-end de Chatuchak à Bangkok (p. 120) pour constater que les lois sont enfreintes en toute impunité – on peut même voir des peaux de tigre en vente à Bangkok, comme ce fut le cas récemment sur un trottoir près du Grand Palais. À cause de la disparition des habitats naturels, de la pollution et du braconnage, un nombre terrifiant de mammifères, de reptiles, de poissons et d'oiseaux sont menacés. Même les populations d'espèces jadis courantes déclinent à une vitesse alarmante. Les espèces rares de mammifères, d'oiseaux, de reptiles, d'insectes, de coquillages et de poissons tropicaux font l'objet d'un trafic juteux en direction de collectionneurs du monde entier, ou sont tout simplement tuées pour faire des souvenirs destinés aux touristes.

Le crocodile marin (plus de 6 m de longueur pour une tonne) était l'un des prédateurs les plus redoutables de Thaïlande. On estime que l'espèce s'est éteinte dans le royaume.

Nombre d'espèces marines sont menacées, notamment le requin-baleine, dont la présence se fait toutefois plus fréquente depuis peu dans les eaux thaïlandaises, et la tortue marine, littéralement massacrée pour ses œufs, sa chair et sa carapace. Beaucoup d'autres espèces de requins, chassées pour leurs ailerons dont on fait des soupes, sont menacées d'extinction.

Espèce rare, le dugong (aussi appelé lamantin ou vache marine), que l'on pensait autrefois disparu de Thaïlande, survit cependant en quelques endroits, principalement dans la province de Trang, dans le sud du pays. Toutefois, la disparition de son habitat naturel et la pollution occasionnée par les bateaux de tourisme le mettent chaque jour un peu plus en danger.

Le gouvernement thaïlandais prend peu à peu conscience de la nécessité de préserver l'environnement, peut-être grâce aux efforts et à la volonté de la reine Sirikit. Nombre de zoos du royaume sont désormais dotés de programmes de reproduction et de préservation. Les organismes écologistes, tel le Centre de réadaptation pour les gibbons (Gibbon Rehabilitation Centre, p. 335) de Phuket, font œuvre de pédagogie auprès du public, l'informant sur les espèces indigènes. Ces organismes sont à l'initiative de plusieurs projets de sauvetage et de réintroduction des animaux dans la nature.

En cas de danger, le poisson-lion déploie ses nageoires multicolores en une impressionnante crinière et prévient ainsi son ennemi qu'il ne faut pas le toucher – c'est un poisson venimeux.

Plantes

Grâce à deux moussons annuelles, le Sud est une région à la végétation luxuriante. La majorité des forêts éloignées de la côte sont des forêts tropicales humides, composées d'arbres au feuillage persistant. En revanche, au bord de l'eau et sur les formations calcaires, les arbres sont rabougris en raison du manque d'eau douce et de leur exposition à des minéraux durs.

Les plus beaux arbres du littoral sont bien sûr les multiples espèces de palmiers, dont certaines n'existent nulle part ailleurs. Tous sont dotés de petites feuilles résistantes, dont la forme caractéristique d'éventail ou de plume leur permet de dissiper la chaleur et de retenir l'eau. Le sagoutier à la silhouette élégante se distingue sur les falaises calcaires, où ce "cocotier des montagnes" (*ƀlông*) pousse à même les crevasses. Plante ornementale convoitée par les collectionneurs, il est en train de disparaître de son milieu naturel.

La Thaïlande compte aussi près de 75 sortes de mangroves, dont la végétation pousse sur des sols à haute teneur en sels. Les racines des arbres, hautes et découvertes, qui donnent l'impression que ceux-ci se dressent sur la pointe des pieds, permettent à la mangrove d'assurer sa fonction écologique essentielle de rétention des sédiments et des nutriments. Par ailleurs, la mangrove sert de zone tampon en protégeant la côte de l'érosion massive des moussons. Cet habitat naturel sert d'incubateur aux œufs et aux petits d'innombrables espèces marines. Pourtant, la Thaïlande a détruit au moins 50% de ses mangroves pour laisser place aux élevages de crevettes et aux grands complexes hôteliers.

Les palmiers existent depuis plus de 100 millions d'années et divers types de palmes sont utilisés dans l'habitat traditionnel.

PARCS NATIONAUX

Les parcs nationaux thaïlandais attirent les amoureux de la plage. Très fréquentées, les îles de Ko Chang et de Ko Samet sont proches du continent, le long de la côte orientale du golfe de Thaïlande. Le parc maritime national de Ko Tarutao est reculé et ne se prête pas à des vacances placées sous le signe d'un authentique retour à la nature. Ao Phang Nga, au nord de Phuket, est en bonne place pour obtenir le prix du parc le plus photogénique : les falaises calcaires jaillissent des eaux aigue-marine, tandis que les racines noueuses des mangroves s'accrochent à la boue épaisse des vasières. Les sites de plongée des parcs nationaux des îles Similan et Surin, au large de la côte d'Andaman, sont parmi les plus beaux du monde.

Cent douze parcs nationaux et 44 réserves naturelles couvrent environ 13% du territoire thaïlandais – un chiffre honorable par rapport à la moyenne mondiale. Parmi les zones protégées, 18 parcs englobent des îles et des mangroves. Les parcs et les réserves abritent plus de 850 espèces d'oiseaux endémiques et migrateurs, ainsi qu'un nombre toujours plus réduit de tigres,

PARCS NATIONAUX

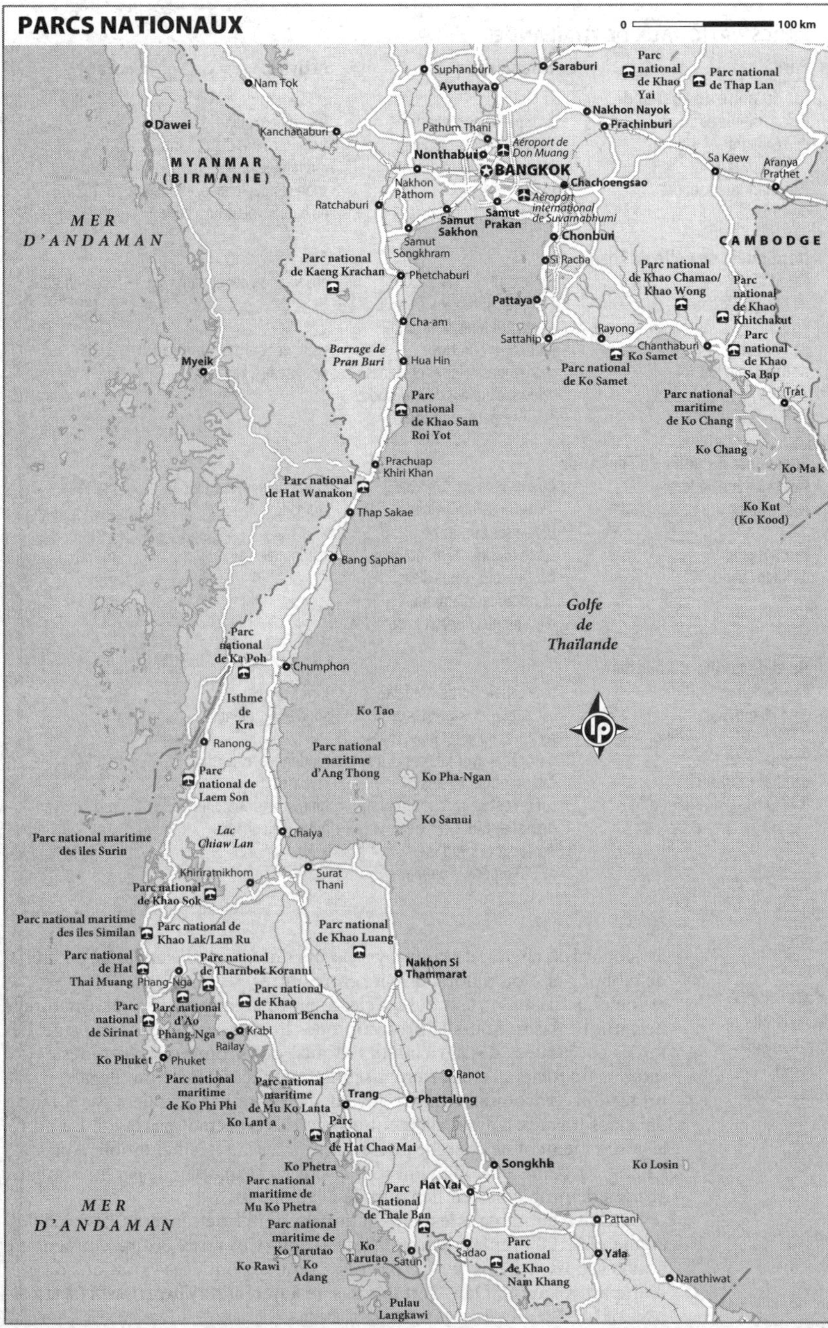

PARCS NATIONAUX DE THAÏLANDE

Parc	Caractéristiques	Activités	Page
Est du golfe de Thaïlande			
Parc maritime national de Ko Chang	archipel d'îles couvertes de forêt vierge, cascades, plages et récifs coralliens	snorkeling, plongée, trekking à dos d'éléphant, randonnée	p. 163
Parc maritime national de Ko Samet	plages, récifs coralliens côtiers	snorkeling, plongée, excursions en bateau, planche à voile	p. 152
Nord-ouest du golfe de Thaïlande			
Parc national de Kaeng Krachan	sur le continent ; cascades et forêts, nombreux oiseaux et mammifères de la jungle	observation des oiseaux	voir l'encadré p. 185
Parc national de Khao Sam Roi Yot	parc côtier ; grottes, montagnes, falaises et plages ; serows, dauphins de l'Irrawaddy et 300 espèces d'oiseaux	visite des grottes, observation des oiseaux, kayak	p. 196
Sud-ouest du golfe de Thaïlande			
Parc maritime national d'Ang Thong	40 superbes îles tropicales, récifs coralliens, lagons et falaises calcaires	kayak de mer, randonnée, snorkeling	p. 258
Parc national de Khao Luang	sur le continent ; montagnes boisées, pics, cours d'eau et cascades ; mammifères de la jungle, oiseaux et orchidées	randonnée	p. 266
Nord de la côte d'Andaman			
Parc national d'Ao Phang Nga	baie côtière bordée de falaises calcaires, îles et grottes, récifs coralliens et mangroves	kayak de mer, snorkeling, plongée	p. 301
Parc national de Khao Lak/Lam Ru	parc côtier avec falaises et plages, calaos, singes et ours	randonnée, excursions en bateau	p. 294
Parc national de Khao Sok	sur le continent ; forêt tropicale dense, cascades et rivières ; tigres, singes, *rafflesia* et 180 espèces d'oiseaux	randonnée, randonnée à dos d'éléphant, *tubing* (bouée)	p. 292

de léopards tachetés, de koupreys (bœufs sauvages), d'éléphants, de tapirs, de gibbons et d'ours noirs d'Asie, entre autres.

Pour découvrir les espèces d'oiseaux visibles en Thaïlande, consultez le site Internet www.oiseaux.net.

Malheureusement, le statut officiel de parc national ou de réserve naturelle ne garantit pas toujours la protection des habitats et de la vie sauvage. Les forces conjuguées des agriculteurs locaux, des promoteurs fortunés et des intérêts financiers l'emportent aisément, de façon légale ou illégale, sur la protection environnementale. Souvent, des îles qui ne devraient pas se lancer dans des travaux d'aménagement urbain ne respectent pas la loi. En outre, le gouvernement ne cherche guère à renforcer la réglementation. Ainsi, Ko Chang, Ko Samet et Ko Phi Phi sont de curieux exemples de parcs nationaux affligés de problèmes en lien avec le développement.

Le droit d'entrée dans les parcs nationaux pour les étrangers s'élève à 200 B/ adulte et à 100 B/enfant de moins de 14 ans. Ces tarifs ont récemment été doublés, puis redéfinis au cas par cas, ce qui explique les variations de prix d'un parc à l'autre. Dans certains cas, le **Royal Forestry Department** (carte p. 80 ; ☎ 0 2561 4292/3 ; www.forest.go.th, www.thaiforestbooking.com ; 61 Th Phahonyothin, Chatuchak,

Parc	Caractéristiques	Activités	Page
Nord de la côte d'Andaman (suite)			
Parc national de Laem Son	parc côtier et maritime, 100 km de mangroves ; oiseaux de la jungle et migrateurs	observation des oiseaux, excursions en bateau	p. 286
Parc maritime national des îles Similan	îles granitiques, récifs coralliens, oiseaux marins, grottes	snorkeling, plongée sous-marine	p. 297
Parc national de Sirinat	parc côtier aux plages frangées de filaos ; tortues et récifs coralliens	marche, snorkeling, plongée	p. 333
Parc maritime national des îles Surin	îles granitiques, récifs coralliens, requins-baleines et raies mantas	snorkeling, plongée	p. 290
Sud de la côte d'Andaman			
Parc national de Hat Chao Mai	parc côtier avec plages de sable, mangroves, lagons et îles de corail ; dugongs et oiseaux de mangrove	kayak de mer, snorkeling, plongée	p. 383
Parc national de Khao Phanom Bencha	sur le continent ; jungle montagneuse avec chutes d'eau ; singes	randonnée	voir l'encadré p. 350
Parc maritime national de Ko Phi Phi	archipel avec plages, lagons et falaises, récifs coralliens ; requins-baleines	kayak de mer, snorkeling, plongée	p. 362
Parc maritime national de Ko Tarutao	archipel d'îles reculées couvertes de jungle et plages tropicales ; singes, mammifères de la jungle et oiseaux	snorkeling, randonnée, plongée	p. 395
Parc maritime national de Mu Ko Lanta	archipel avec plages superbes ; récifs coralliens et requins de récif	kayak de mer, randonnée à dos d'éléphant, randonnée, snorkeling, plongée	p. 371
Parc maritime national de Mu Ko Phetra	archipel peu fréquenté ; dugongs, oiseaux et récifs coralliens	kayak de mer, snorkeling	voir l'encadré p. 398
Parc national de Tharnbok Korannee	parc côtier avec forêts de mangrove et grottes de calcaire et oiseaux marins ; singes, orchidées	kayak de mer	p. 352

Bangkok 10900) propose un hébergement ; réservez à l'avance, car c'est une solution très prisée par les Thaïlandais. La saison sèche est la meilleure période pour visiter les parcs quels qu'ils soient, notamment les parcs maritimes (la visibilité sous l'eau est parfois restreinte à la saison des pluies).

Pour des suggestions sur les destinations et établissements axés sur l'écotourisme, consultez www.thailand.com/travel/eco/eco.htm.

ÉCOLOGIE

La Thaïlande est plus prospère, plus développée et jouit d'un niveau d'éducation supérieur à ses voisins, aussi la prise de conscience écologique y est-elle plus élevée qu'au Cambodge et au Myanmar. Mais celle-ci reste souvent limitée, et bien que les choses évoluent progressivement, elle génère sans doute moins de grands mouvements qu'en Europe ou en Amérique du Nord par exemple.

Les problèmes "simples" – pollution, urbanisation massive et manque de planification adéquate – sautent aux yeux du visiteur. L'environnement a souffert de la rapide modernisation du pays, réalisée principalement sur des vues à court terme. Peu de Thaïlandais considèrent comme un problème l'abattage de la mangrove pour construire des élevages de crevettes, ou le fait d'aller chercher l'énergie nécessaire à leur développement au Laos (barrages) et au Myanmar (gaz naturel).

Au regard des nombreuses lois aux intentions louables qui ont été votées, on pourrait penser que la Thaïlande se tourne vers une réelle prise de conscience écologique. Toutefois, à l'issue d'une conférence des Nations unies en 2008, il est apparu que la corruption et le manque de détermination entravent sérieusement les efforts menés pour appliquer les lois de protection de la nature.

Dans un contexte de profonde fracture politique et d'une succession de gouvernements prêts à de nombreuses concessions pour se maintenir au pouvoir, la volonté politique de faire appliquer les lois sur l'environnement est faible. Et, malheureusement, le manque de stabilité effraie aussi les investisseurs.

Environnement terrestre

En termes de dégâts environnementaux, l'Asie l'"emporte" surtout sur l'Occident principalement dans le domaine du déboisement, même si, selon les estimations actuelles, la Thaïlande conserverait encore environ 25% de ses forêts – un chiffre bien plus remarquable que les 5% affichés par le Royaume-Uni par exemple. La National Forest Policy (politique nationale pour les forêts), lancée en 1985, préconisait le maintien d'une couverture forestière équivalant à 40% du territoire. En 1989, l'interdiction totale de l'exploitation forestière constitua une avancée notable. Une loi impose la préservation de 25% du territoire thaïlandais en "forêts protégées". Mais l'interdiction de l'exploitation du bois a simplement déplacé le problème : on cherche les ressources naturelles ailleurs. Par ailleurs, l'abattage illégal perdure dans le pays, bien qu'à une échelle relativement réduite. En revanche, depuis l'interdiction de 1989, il bat son plein dans les pays voisins, au Cambodge et surtout au Myanmar ; quantité de cargaisons de bois passent frauduleusement la frontière.

Bien que la Thaïlande soit signataire de la CITES, toutes sortes d'animaux font encore l'objet d'un trafic illégal et sont exportés vivants ; pour satisfaire les besoins de la médecine chinoise traditionnelle, certains membres spécifiques sont également vendus. Si les tigres sont officiellement protégés, le royaume reste le plus grand exportateur mondial d'organes de tigre vers la Chine (le pénis et les os sont censés avoir des effets thérapeutiques et aphrodisiaques). D'autres espèces sont chassées (souvent illégalement) pour fabriquer des souvenirs destinés aux touristes. C'est notamment le cas des éléphants, des mygales, des insectes géants, des papillons de la jungle et, sur la côte, des palourdes, des coquillages et du poisson-lune.

Le gouvernement a sévi contre les restaurants proposant de l'*ah·hăhn Ъàh* (nourriture de la jungle), c'est-à-dire des espèces menacées comme le cerf aboyeur, l'ours, le pangolin, le gibbon, la civette et le gaur. Les employés des parcs nationaux, sous-payés et mal formés, sont censés s'opposer aux braconniers armés et aux mercenaires financés par de riches et puissants parrains.

Dans certains cas, le tourisme a eu un impact positif. On lui doit de fait en grande partie l'expansion des parcs nationaux. Dans le parc national de Khao Yai, tous les hôtels et infrastructures de golf ont été supprimés de sorte à réduire les dégâts environnementaux. À la suite des pressions du gouvernement et du secteur privé sur la pêche, le dynamitage du corail a quant à lui été éradiqué dans les îles Similan et Surin, afin de préserver l'environnement pour les touristes.

Mais le tourisme a aussi des effets pervers. Le développement massif des infrastructures aux abords des parcs nationaux, et parfois même à l'intérieur, s'est fait au détriment de la nature. Des bungalows, des hôtels de luxe et des bars de plage ont été construits à la hâte, tandis que des navettes maritimes touristiques étaient mises en place. Dans les parcs nationaux de Ko Phi Phi (p. 362) et de Ko Samet (p. 152), les intérêts financiers l'ont à l'évidence emporté sur l'écologie. Dans ces deux régions, l'urbanisation a débuté dans des zones réservées aux *chow lair* (ou *chao leh*, nomades des mers, voir l'encadré p. 43). Ko Lipe, dans le parc maritime national de Ko Tarutao (p. 395), et Ko Muk, dans le parc national de Hat Chao Mai (p. 383), semblent suivre cet exemple.

Les déchets et les eaux usées posent de plus en plus de problèmes dans les zones peuplées, surtout dans les zones très touristiques, où l'afflux de visiteurs pèse sur les infrastructures locales. Un bon point cependant : le vote de l'Environmental Act en 1992, loi qui définit des critères de qualité environnementale, désigne des zones protégées et de contrôle de la pollution, et organise le financement du nettoyage par l'État. Pattaya a fait construire sa première usine de traitement des eaux usées en 2000, et on note une nette amélioration depuis.

Les Thaïlandais, en général, rechignent à s'engager dans des campagnes écologiques à grande échelle. L'homme de la rue se montre toutefois de plus en plus concerné, surtout lorsque le problème le touche directement. Des communautés locales manifestent depuis des années contre la construction de barrages, sans succès cependant. L'impact négatif qu'a eu le tournage du film *La Plage* sur une plage très fréquentée du parc national de Ko Phi Phi a entraîné des manifestations dans tout le pays. Le tournage de l'émission télévisée nord-américaine *Survivor* (équivalent de *Koh Lanta*) dans le parc maritime national de Ko Tarutao a suscité le même genre de réactions. Quant à la construction d'un pipeline jusqu'à Songkhla en 2002, elle a déclenché une incroyable opposition populaire chez les villageois.

TOURISME RESPONSABLE

Que peut faire le voyageur pour minimiser l'impact du tourisme sur l'environnement ? Si de nombreux problèmes écologiques dépendent de la bonne application des lois, chacun peut tout de même agir à son niveau.

- Limitez la quantité de vos détritus, par exemple en achetant de l'eau dans des bouteilles de verre consignées, disponibles dans certains restaurants. Vous pouvez aussi réutiliser les bouteilles en plastique en les remplissant lorsque l'eau potable est fournie dans des récipients consignés.
- Refusez les pailles et les sacs en plastique que l'on donne systématiquement lors de l'achat d'une boisson en Thaïlande.
- Ne jetez pas de mégots dans l'eau ou sur la plage.
- Tâchez de constituer un groupe avec d'autres voyageurs pour aller faire du snorkeling afin de réduire la consommation de carburant.
- Évitez les restaurants servant des plats à base d'animaux sauvages, voire menacés – soupe aux nids d'hirondelle, soupe d'ailerons de requins… Vous pouvez signaler les contrevenants à la Tourist Authority of Thailand (TAT) ou au Royal Forest Department.
- Pendant une excursion en bateau ou sur les îles – et même pendant une sortie de plongée –, récupérez les détritus que vous trouverez afin de les jeter à la poubelle sur le continent.
- N'achetez jamais de souvenirs fabriqués à partir d'espèces animales ou végétales rares – ivoire, insectes géants, coquillages, écaille de tortue ou dents de requins notamment.

Un groupe de moines bouddhistes écologistes, connu sous le nom de Thai Ecology Monks, a courageusement donné l'exemple en soutenant pacifiquement les communautés locales dans leur lutte contre les projets de développement surdimensionnés. Un de ces projets consistait à sauver les arbres aux abords de la réserve naturelle des éléphants de Chiang Mai par l'ordination bouddhique.

Écosystèmes marins

Les vasières, écosystèmes fragiles, sont peuplées d'innombrables poissons et crustacés. À marée basse, il est courant de voir de nombreux villageois fouiller la vase pour recueillir de quoi manger.

Les récifs coralliens thaïlandais, y compris ceux de la côte d'Andaman – de Ranong au nord de Phuket –, et ceux des îles Surin et Similan sont d'une extrême diversité. Quelque 600 espèces de poissons de récifs, de tortues marines menacées et d'autres animaux rares peuplent le littoral.

Le tsunami de 2004 a gravement endommagé environ 13% des récifs coralliens de la mer d'Andaman. Toutefois, les dégâts occasionnés furent moindres que ce qui avait tout d'abord été craint – et finalement relativement faibles comparés à la dégradation constante générée par toute société industrialisée. On estime qu'environ 25% des récifs coralliens thaïlandais ont été détruits par la pollution industrielle et que la perte annuelle de coraux sains risque de se poursuivre à un rythme soutenu. Aux environs de Phuket, prisée pour la plongée, des récifs coralliens morts sont visibles sur la côte nord. La plus grande menace résulte de la sédimentation due au développement côtier (nouveaux complexes hôteliers, routes et habitations). En effet, la haute teneur en sédiments de l'eau nuit à la croissance des coraux. Autres problèmes courants : la pollution provoquée par les bateaux de tourisme au mouillage et autres activités aquatiques, les déchets et les égouts déversés directement dans la mer, sans oublier les divers produits rejetés par les activités agricoles et industrielles. Même lorsque les nageurs urinent dans l'eau, ils portent atteinte aux coraux, des organismes particulièrement délicats.

Les îles disséminées le long de la côte d'Andaman sont l'un des rares endroits au monde où l'on peut voir des coraux vivants pousser à la lisière de falaises calcaires qui étaient jadis elles-mêmes des récifs coralliens.

La prise de conscience écologiste suscitée par le tsunami a mis en lumière l'importance des forêts de mangrove et leur rôle de zone tampon contre la fureur des éléments. Auparavant, on considérait que les mangroves ne servaient à rien. On les éliminait donc de façon indiscriminée. On estime ainsi qu'environ 80% des forêts de mangrove bordant le littoral du golfe de Thaïlande et 20% de celles de la côte d'Andaman ont été détruites pour laisser la place à de petits élevages marins, aux infrastructures touristiques, ou pour alimenter l'industrie du charbon de bois. Les élevages de crevettes représentent la plus grande menace, la Thaïlande étant le premier producteur mondial de crevettes tigrées. Les fermes d'élevage, très polluantes, s'implantent dans un milieu naturel de marais de mangrove et entraînent un coût exorbitant, tant pour l'environnement que pour la population autochtone. Mais elles génèrent de tels profits (la production annuelle est passée de 900 à 277 000 tonnes ces dix dernières années) que toute tentative de protestation est peu relayée. Ainsi les grandes exploitations continuent-elles d'opérer au mépris des lois pourtant en vigueur.

Les industries de pêche intensive de Thaïlande et des pays voisins, fréquemment surnommées “mines à ciel ouvert de la mer”, contribuent grandement à la détérioration de la santé de l'océan. Les prises ont baissé de 33% dans la région du Pacifique asiatique ces 25 dernières années, et la partie septentrionale du golfe de Thaïlande est quasi vide de poissons. L'essentiel du produit de la pêche est envoyé sur les marchés étrangers et ne bénéficie que rarement aux Thaïlandais eux-mêmes. Les poissons et fruits de mer vendus dans le pays proviennent des élevages.

Apporter sa pierre à l'édifice

Si l'étendue des problèmes écologiques peut effrayer, le voyageur peut néanmoins œuvrer à minimiser l'impact de son séjour, ou même avoir un effet positif. La façon dont vous dépensez votre argent influe grandement sur l'économie du royaume et sur celle des petites entreprises individuelles. N'hésitez pas à poser des questions directes et à changer d'endroit si les réponses ne vous satisfont pas. Par exemple, plusieurs grands complexes hôteliers dépourvus de routes d'accès transportent leurs clients dans des tracteurs qui traversent les vasières – détruisant ainsi ces écosystèmes fragiles. Au moment de réserver, renseignez-vous sur le transport jusqu'à l'hôtel. Parmi les innombrables boutiques de plongée dans la région, certaines s'efforcent de minimiser l'impact de leurs clients sur les récifs coralliens ; mais quand une entreprise entraîne des débutants au-dessus de coraux vivants plutôt qu'en piscine pour l'obtention d'un brevet, il est certain que l'écosystème local sera irrémédiablement endommagé. D'une manière générale, ne touchez pas aux coraux, ne les foulez pas aux pieds, surveillez vos gestes de sorte à ne pas les frôler par inadvertance, et ne perturbez pas les animaux marins – si vous voyez un poisson-lune échoué sur la plage, il est sans doute mort parce qu'un plongeur l'a touché jusqu'à ce qu'il enfle.

De plus en plus d'agences de tourisme étrangères insistent désormais pour que les tour-opérateurs thaïlandais mettent en place de vraies pratiques de protection de l'environnement avant de signer des contrats avec eux.

Vous pouvez agir positivement en prenant contact avec les nombreux organismes tournés vers l'écologie du royaume. En vous renseignant et en vous organisant avant le départ, vous trouverez sans doute celui qui vous conviendra le mieux. En voici une petite sélection.

La **Wild Animal Rescue Foundation of Thailand** (carte p. 80 ; WAR ; ☎ 0 2712 9715 ; www.warthai.org ; 65/13e ét., Soi 55, Th Sukhumvit, Bangkok 10110) est l'un des organismes phares travaillant à la protection de la nature. Il gère actuellement quatre réserves naturelles faisant appel à des bénévoles qui réintroduisent les animaux sauvages dans leur milieu naturel.

La **Bird Conservation Society of Thailand** (carte p. 80 ; ☎ 0 2691 4816 ; www.bcst.or.th/index.php?lang=en), spécialisée dans la protection des oiseaux, fournit quantité d'informations sur les oiseaux de Thaïlande, sous des formes multiples : comptes-rendus de missions sur le terrain, observation d'oiseaux rares, festivals spécialisés, recensement des populations, forum sur Internet…

Orientée sur le développement social, la **Sanithirakoses-Nagapateepa Foundation** (www.sulak-sivaraksa.org) a été lancée en 1995 par Sulak Sivaraksa, lauréat du prix Nobel alternatif. Cette fondation chapeaute de nombreux organismes tournés vers la préservation de l'environnement, le développement durable et la justice sociale en Thaïlande, dont la Foundation for Children, le Forum of the Poor, le Thai-Tibet Centre et Pun Pun, ferme bio et centre de développement durable. Ces organismes offrent d'innombrables possibilités de travailler pour les communautés locales et de s'impliquer aux côtés des Thaïlandais. Ils ont également lancé un mouvement d'éducation alternatif du nom de Spirit in Education Movement (SEM) qui propose un enseignement ancré dans la spiritualité et axé sur l'écologie, véritable contrepoids à l'enseignement classique.

Les étudiants du Dulwich International College à Phuket ont collecté 5 tonnes de déchets sur la plage en une seule journée ; aidez-les en ramassant les ordures chaque fois que c'est possible.

Citons aussi :

Thailand Environment Institute (☎ 0 2503 3333 ; www.tei.or.th)
Wildlife Friends of Thailand (☎ 0 3245 8135 ; www.wfft.org)
WWF Thailand (☎ 0 2524 6168 ; www.wwfthai.org)

Bangkok

À la différence des îles et des plages de Thaïlande, célèbres pour leur nonchalance, Bangkok est l'effervescence incarnée. Mégalopole à l'apparence chaotique et tentaculaire, polluée et surpeuplée, elle suscite toutes sortes de sentiments et d'impressions, sauf l'ennui.

D'emblée, le visiteur est littéralement happé par la ville : le bruit, les rues noires de monde, le mouvement. Parions ainsi que vous vous fondrez d'abord dans la foule – près de 8 millions de personnes pour la plus grande ville de la région. Où que se pose le regard, dans les rues et sur les canaux, le monde est partout : banlieusards, écoliers courant sous le soleil, vendeurs concoctant des mets appétissants sur leurs petits fourneaux ambulants, moines se promenant à côté de jeunes fashionistas dans les centres commerciaux climatisés… Que l'on visite l'un des célèbres temples de la ville, que l'on circule à bord d'un *túk-túk* (triporteur motorisé) ou que l'on se promène simplement dans la rue, l'inattendu est toujours au rendez-vous. La preuve… Ne venez-vous pas de croiser à l'instant un éléphant, un feu arrière accroché à la queue ?

Si vous avez opté pour le farniente sur une plage déserte, Bangkok vous semblera de prime abord un simple point de transit planté de tours en béton plutôt que de palmiers. Mais, une fois rassasié des plaisirs de la plage, vous apprécierez d'autant plus l'atmosphère enfiévrée, la sophistication et les facilités qu'offre la capitale. Alliant une riche histoire à des aspects très contemporains, la Cité des Anges, royaume de la gastronomie (parmi les meilleures du monde) et temple du shopping, est sans conteste l'une des villes d'Asie à l'énergie la plus contagieuse.

À NE PAS MANQUER

- Le **Wat Pho** (p. 94), célèbre pour son bouddha couché, puis un massage dans son école réputée
- La **maison de Jim Thompson** (p. 97), exemple d'architecture et d'art thaïlandais traditionnels préservés
- Le **marché du week-end de Chatuchak** (p. 120), pour faire le plein de souvenirs
- Le **coucher du soleil en haut d'un gratte-ciel** (p. 116), avec une vue imprenable sur la ville
- Les **mets thaïlandais** (p. 111), à déguster dans la rue ou les grands restaurants de cette cité asiatique réputée pour sa gastronomie

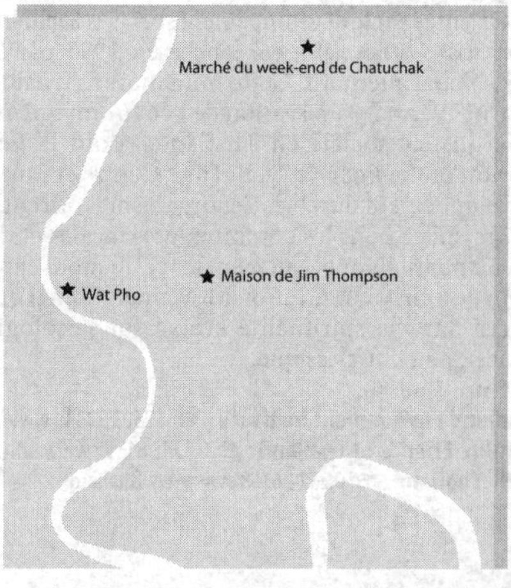

■ SAISON SÈCHE : MI-NOVEMBRE À MI-MAI

■ SAISON HUMIDE : MI-MAI À MI-NOVEMBRE

HISTOIRE

En tant que capitale, Bangkok est une invention assez récente. À la suite du sac d'Ayuthaya perpétré par les Birmans (p. 26), le roi Taksin choisit d'établir sa capitale à Thonburi, sur la rive occidentale du Mae Nam (fleuve) Chao Phraya. Mais, en 1782, le roi Rama Ier (Phraphutthayotfa Chulalok ; r. 1782-1809), ayant fondé la dynastie des Chakri (p. 27), déplaça la capitale de l'autre côté du fleuve, sur le site du modeste village de Bang Makok (l'actuelle Bangkok).

Les reliques bouddhiques d'Ayuthaya, de Thonburi et de Sukhothai furent elles aussi déplacées dans de nouveaux sanctuaires – des temples à la hauteur imposante – et la cité se déploya autour de la résidence royale de Ko Ratanakosin. Sous les règnes de Rama IV (Mongkut ; 1851-1868) et de son fils, Rama V (Chulalongkorn ; 1868-1910), Bangkok et le pays se modernisèrent, adoptant les modes de vie et les styles architecturaux de l'Occident. Les Européens arrivèrent en masse pour négocier des contrats et accroître leur influence dans la région.

L'année 1932 vit la fin de la monarchie absolue et les débuts d'une période de grande instabilité politique. Depuis, Bangkok a connu 19 tentatives de coups d'État, dont la moitié a conduit à un changement de gouvernement. En septembre 2006, le controversé Premier ministre Thaksin Shinawatra a été destitué sans effusion de sang, après des mois de défilés et de marches de protestation dans les rues de la capitale. Au printemps 2010, la capitale a été le théâtre de violents affrontements opposant les chemises rouges pro-Thaksin aux forces gouvernementales ; reportez-vous à l'encadré page suivante.

Dans les années 1970, Bangkok, devenue un lieu de plaisir et de débauche pour les troupes américaines qui combattaient au Vietnam, acquit la réputation de "ville du péché". Les années 1980 et 1990 furent marquées par la croissance rapide de l'économie thaïlandaise, et des gratte-ciel de Bangkok. Mais la crise du marché boursier de 1997 vint freiner le développement économique de la capitale, du pays, voire de toute la région.

Après des années mouvementées, Bangkok a aujourd'hui tout d'une métropole asiatique moderne, à défaut d'avoir acquis le statut de "cité mondiale" auquel elle aspire. Les grands projets, tels le Skytrain (métro aérien), le Metro (métro souterrain) et l'aéroport international de Suvarnabhumi, ont contribué à décongestionner la ville et à la rendre plus plaisante. L'agrandissement du réseau du Metro et du Skytrain se poursuit.

UN NOM COMPLIQUÉ

Le nom de Bangkok vient de Bang Makok, qui signifie "lieu des olivettes", du nom d'un village qui existait ici avant l'établissement de la capitale sur le site en 1782. Le nom complet officiel est "Krungthep mahanakhon amon rattanakosin mahintara ayuthaya mahadilok popnopparat ratchathani burirom udomratchaniwet mahasathan amonpiman avatansathit sakkathattiya visnukamprasit", que les Thaïlandais abrègent – qui s'en étonnerait ? – en Krung Thep (Cité des Anges). Il est écrit sur un immense panneau à l'extérieur de l'hôtel de ville (carte p. 84).

ORIENTATION

Jungle urbaine tentaculaire, Bangkok est une cité assez intimidante de prime abord. Les gratte-ciel, qui ponctuent l'horizon à perte de vue, n'aident pas à discerner un centre-ville. La capitale compte pourtant plusieurs quartiers (ou districts) bien distincts. Par commodité, on peut la diviser en deux grandes parties : le vieux Bangkok, qui regroupe la majorité des palais royaux et des temples anciens, et la "ville nouvelle", où dominent les gratte-ciel, les centres commerciaux et un nombre croissant d'hôtels de luxe.

Le vieux Bangkok se tient à cheval sur le Mae Nam Chao Phraya ; l'ancien quartier du palais royal, Ko Ratanakosin, occupe une île artificielle sur la rive orientale du fleuve, tandis que l'ancienne capitale de Thonburi fait désormais office de faubourg sur la rive occidentale. Au nord du district royal, toujours sur Ko Ratanakosin, se trouve Banglamphu, l'un des plus anciens quartiers de la ville, où vivait jadis la cour. Aujourd'hui devenu le repaire favori des voyageurs à petit budget, il compte de plus en plus de bars et d'espaces artistiques indépendants qui attirent autant la jeunesse bangkokienne que les voyageurs. Dusit, le nouveau quartier royal, s'étend au nord-est de Ko Ratanakosin. Le district en bord de fleuve, au sud de Ko Ratanakosin, regroupe le quartier indien de Phahurat et Chinatown, près de la principale gare ferroviaire, Hualamphong.

Entourant la vieille ville et s'étendant à 20 km à la ronde, le reste de la ville est une création moderne en béton, consistant en d'immenses artères qu'enjambent d'impressionnants ponts aériens. Pour se repérer dans cette partie de la Cité des Anges, mieux vaut se référer à ses rues principales. Th Charoen Krung part de Chinatown vers le sud en longeant la rive est du Mae Nam Chao Phraya. De là courent vers l'est Th Surawong (Surwongse) et Th Silom, bordées d'hôtels, de restaurants, de centres commerciaux et d'établissements sordides, puis Th Sathon, où se côtoient hôtels, ambassades et consulats.

En se rendant au nord de Silom via Th Phayathai ou Th Ratchadamri, on atteint Th Phra Ram I, ainsi que les quartiers

LA SITUATION À BANGKOK

Les violents affrontements qui ont opposé les "chemises rouges" aux forces gouvernementales au printemps 2010 ont provoqué la mort de plus de 80 personnes et laissé certaines parties de Bangkok en ruine. Les choses s'étaient considérablement apaisées à l'heure où nous mettions sous presse.

Les événements

Le conflit actuel trouve son origine en 2006, quand le Premier ministre Thaksin Shinawatra dut abandonner son poste à la suite d'un coup d'État conduit sans effusion de sang. En 2009, les supporters de Thaksin, issus en majorité de la classe ouvrière et du monde rural, organisèrent une série de manifestations antigouvernementales. Certaines provoquèrent des flambées de violence.

En mars 2010, des troupes composées de chemises rouges pro-Thaksin et de manifestants antigouvernementaux occupèrent certains quartiers de Bangkok pour appeler le Premier ministre Abhisit Vejjajiva à la démission. Les manifestants, qui furent jusqu'à plusieurs milliers, finirent par se barricader dans un périmètre allant du parc Lumphini au quartier commerçant près de Siam Square, paralysant ainsi les activités liées au tourisme et au commerce.

Le 19 mai au matin, après plus de deux mois marqués par une alternance de confrontations violentes et de quasi-compromis, le gouvernement décida d'employer la force pour disperser les manifestants.

Les conditions de sécurité

Au début de l'été 2010, les conditions de sécurité étaient satisfaisantes dans la très grande majorité des quartiers de Bangkok. Les activités commerciales dans le centre de la ville restaient affectées par la fermeture ou la destruction de plusieurs centres commerciaux. En revanche, le marché du week-end de Chatuchak avait toujours lieu. La fermeture de grandes artères perturbait la circulation, rendant les déplacements dans la ville encore plus compliqués qu'en temps normal. Les taxis constituaient alors la solution la plus pratique pour se déplacer en ville.

Les aéroports de Don Muang et de Suvarnabhumi n'ont pas suspendu leur activité du fait des événements, même si leur desserte a pu être gênée à certaines périodes.

Si vous arrivez en Thaïlande par l'aéroport de Suvarnabhumi et souhaitez éviter Bangkok, sachez qu'il existe des liaisons directes vers diverses destinations du pays depuis le terminal des bus de l'aéroport.

Pour des informations à jour

Gardez à l'esprit que la situation est susceptible d'évoluer à tout moment. En conséquence, il est indispensable de vous renseigner avant votre départ, en consultant notamment les conseils aux voyageurs du **ministère des Affaires étrangères français** (www.diplomatie.gouv.fr), ainsi que le site de l'**ambassade de France en Thaïlande** (www.ambafrance-th.org). Vous pourrez trouver des informations utiles sur le forum du site Internet de **Lonely Planet** (www.lonelyplanet.fr).

Reportez-vous également au chapitre *Histoire*, p. 37.

commerçants de Siam Square et de Th Ploenchit. Plus à l'est, Th Sukhumvit regroupe des hôtels et des restaurants ; cette artère, à l'ambiance louche et sordide en son début, devient plus sophistiquée et onéreuse à l'est de Soi 21 (Soi Asoke).

L'aéroport international de Suvarnabhumi est à environ 30 km à l'est du centre-ville. Le vieil aéroport de Don Muang, à 25 km au nord, accueille des vols intérieurs à destination des îles et des plages.

Cartes

Dès votre entrée sur le territoire thaïlandais – à l'instant où vous franchirez l'immigration –, vous verrez les premiers plans gratuits. Vous en trouverez partout en Thaïlande, et ils devraient vous être utiles, à moins que vous ne décidiez d'explorer le pays en sortant des sentiers battus.

Toutefois, plusieurs cartes valent aussi bien leur prix. Souvent imitée mais jamais égalée, la *Nancy Chandler's Map of Bangkok* (www.nancychandler.net ; 250 B), une carte en couleurs dessinée à la main, comporte des plans dépliants très utiles de Chinatown, de Th Sukhumvit et du marché du week-end de Chatuchak. Pour vous repérer parmi les bus urbains, procurez-vous la *Bangkok Bus Map* (150 B) publiée par Roadway.

Le *Bangkok City Atlas (*250 B) de Thinknet est un bon investissement pour qui veut s'éloigner du centre de Bangkok.

RENSEIGNEMENTS

Accès Internet

Bangkok compte des centaines de cybercafés et de *hotspots* où vous pourrez accéder au Wi-Fi gratuitement ou moyennant le prix d'un café. Les cybercafés ouvrant et fermant du jour au lendemain, nous n'avons pas répertorié d'adresses spécifiques. Les tarifs sont généralement très bon marché – et homogènes dans un quartier donné. Vous trouverez les tarifs les plus avantageux (minimum 40 B/heure) dans Th Khao San et alentour ; partout ailleurs, le tarif est en principe de 60 à 120 B/heure. Dans la plupart des cybercafés, on peut aussi transférer et imprimer des photos numériques – il est plus rare de pouvoir les graver sur CD. Vous trouverez des cybercafés indépendants ou des pensions disposant d'ordinateurs dans Th Sukhumvit et Th Silom, et dans les grands centres commerciaux.

Presque tous les hôtels répertoriés dans ce chapitre proposent l'accès à Internet, qu'il s'agisse d'une connexion Wi-Fi dans la chambre ou d'un ordinateur installé dans un coin de la réception. Les tarifs varient : l'accès peut être gratuit (dans nombre d'établissements de catégorie moyenne) ou atteindre des sommes exorbitantes (dans certains établissements de catégorie supérieure). Renseignez-vous avant de réserver. De plus en plus de cafés, dont ceux de la chaîne Gloria Jean, proposent le Wi-Fi gratuit (ils sont indiqués dans ce guide par le symbole 📶).

Agences de voyages

Les agences de voyages sont nombreuses à Bangkok, surtout dans les zones touristiques comme Th Khao San. On trouve facilement des billets d'avion à bon prix, les meilleures affaires étant à dénicher auprès d'Air Asia. La plupart des agences vendent des billets et des circuits organisés. Toutefois, les agents peu scrupuleux étant légion, restez vigilant. Il n'y a généralement pas de problème pour les billets d'avion, mais sachez qu'une escroquerie se cache souvent derrière les billets incroyablement bon marché ; pour plus de détails, voir p. 411. En principe, mieux vaut acheter les billets de bus longue distance et les billets de train directement dans les gares.

Argent

On trouve des distributeurs de billets (DAB) partout dans Bangkok. Ceux des banques acceptent les principales cartes internationales ; beaucoup fonctionnent aussi avec les cartes Cirrus et Plus. Dans les endroits touristiques, tel le quartier commerçant de Siam Square et Th Khao San, des petits comptoirs de change sont souvent placés devant les banques ; généralement ouverts tous les jours de 9h ou 10h jusqu'à 20h, ils acceptent les principales devises (espèces et chèques de voyage).

Immigration

Pour tout ce qui concerne les demandes et les prorogations de visa, adressez-vous au **bureau de l'immigration** (carte p. 80 ; ☎ 0 2141 9889 ; centre d'appel 1178 ; Bldg (bât.) B, Government Center, Soi 7, Th Chaeng Watthana, Thung Hong Song, Laksi ; 🕒 8h30-12h et 13h-16h30 lun-ven). En principe, vous devrez fournir 2 photos d'identité ; voir p. 415 pour plus de précisions.

BANGKOK EN ...

Deux jours

En deux jours, vous avez le temps d'aller admirer le **Grand Palais** et le **Wat Phra Kaew** (p. 94), ainsi que le **Wat Pho** (p. 94), qui abrite le plus grand bouddha couché de Thaïlande, et le **Wat Arun** (p. 95). Si vous souffrez du décalage horaire le deuxième jour, levez-vous tôt et rejoignez le **parc Lumphini** (p. 97), où les habitants pratiquent le tai-chi. Ensuite, échappez à la touffeur de la capitale en vous réfugiant dans les centres commerciaux de Th Phra Ram I et de Th Ploenchit. Ne manquez pas de vous joindre à la foule des Thaïlandais qui visitent le **sanctuaire d'Erawan** (p. 97). L'après-midi, la **maison de Jim Thompson** (p. 97) vous donnera un aperçu de l'architecture thaïlandaise traditionnelle. Profitez ensuite du coucher du soleil dans l'un des **bars en terrasse en haut des gratte-ciel** (p. 116), avant de dénicher un lieu pour dîner bien mieux et pour moins cher.

Quatre jours

Vous pourrez visiter tranquillement le **musée du Siam** (p. 94), vous perdre dans le **marché aux amulettes** (p. 102) et vous **promener à pied dans Chinatown** (p. 98). N'hésitez pas à pousser jusqu'à Dusit pour découvrir le **palais-musée Vimanmek** (p. 96), entièrement construit en teck doré, et repartez à bord d'un *long-tail boat* ou d'un ferry. À la nuit tombée, rendez-vous dans Th Sukhumvit pour apprécier le Bangkok moderne dans un restaurant ou un club tendance, comme le **Bed Supperclub** (p. 116). Si vous êtes en ville pendant le week-end, prévoyez un passage par le **marché du week-end de Chatuchak** (p. 120).

Librairies

De nombreuses librairies vendent des livres récents en anglais – moins couramment dans d'autres langues. Quasi tous les grands centres commerciaux comptent des enseignes d'**Asia Books** (www.asiabook.com), de **Kinokuniya** (www.kinokuniya.com), de **Bookazine** et/ou de **B2S** (www.b2s.co.th). Dans les quartiers touristiques, on trouve également des librairies d'occasion ; celles de Th Khao San proposent le choix le plus varié du pays (quoiqu'à des prix pas forcément intéressants). Parmi les adresses à recommander, citons :

Asia Books (www.asiabook.com) Soi 15 (carte p. 92 ; 221 Th Sukhumvit, Soi 15) ; Siam Discovery Center (carte p. 90 ; 4e ét., Siam Discovery Center, Th Phra Ram I)

Dasa Book Café (carte p. 92 ; ☎ 0 2661 2993 ; entre Soi 26 et 28, Th Sukhumvit)

Kinokuniya (☎ 0 2255 9834) Emporium (carte p. 92 ; 3e ét., 622 Th Sukhumvit) ; Siam Paragon (carte p. 90 ; 4e ét., Siam Paragon, Th Phra Ram I)

Librairie Shaman (carte p. 84 ; ☎ 0 2629 0418 ; rdc, Dang Derm Hotel, 68-70 Th Khao San et Soi Susie). Quantité de livres d'occasion.

Médias

Des journaux anglophones paraissent à Bangkok. Le *Bangkok Post* (www.bangkokpost.com) est le principal quotidien comportant des articles sur l'actualité nationale et internationale, et des rubriques culture, loisirs, sorties et spectacles. Dans l'édition du vendredi, le supplément *Guru* recense les programmations musicales et autres événements artistiques à venir. Le *Nation* (www.nationmultimedia.com) est un journal économique dont la publication s'accompagne d'un journal gratuit, le *Daily Xpress*. L'*International Herald Tribune* et les grands magazines internationaux sont disponibles partout.

Offices du tourisme

Il existe à Bangkok deux organismes chargés du tourisme : la Tourism Authority of Thailand (TAT) donne des renseignements sur le pays, tandis que la Bangkok Tourist Division fournit des informations sur la ville. Ni l'une ni l'autre n'organisent de voyage. Des agents de voyages près de la gare ferroviaire et dans des quartiers touristiques se réclament de la TAT pour appâter le chaland et prélever une commission. Pour vous y retrouver, observez la ponctuation : T.A.T. pour les agences et TAT pour l'organisme officiel.

Pour vous informer sur les nouveaux restaurants, les *happy-hour*, les concerts et les soirées DJ, reportez-vous à deux publications de qualité : *BK Magazine* (www.bkmagazine.

com), hebdomadaire gratuit agréablement irrévérencieux, et *Bangkok 101* (www.bangkok101.com), mensuel comportant photos et critiques – sites, restaurants, night-clubs et théâtres – ; ce dernier coûte 100 B.

Bangkok Tourist Division (carte p. 84 ; ☎ 0 2225 7612-4 ; www.bangkoktourist.com ; 17 Th Phra Athit ; 🕑 8h-19h lun-ven, 9h-17h sam-dim). Immédiatement au sud du Saphan Phra Pin Klao, cet excellent organisme fournit quantité de brochures et de dépliants gratuits. Les kiosques verts, repérables à leur enseigne représentant un cornac sur un éléphant, que l'on trouve partout en ville, sont moins pratiques mais disposent de plans de la ville.

Bureaux de la TAT (☎ assistance 8h-20h 1672 ; www.tourismthailand.org) Banglamphu (carte p. 84 ; ☎ 0 2283 1555 ; angle Th Ratchadamnoen Nok et Th Chakrapatdipong ; 🕑 8h30-16h30) ; siège (carte p. 92 ; ☎ 0 2250 5500 ; 1600 Th Phetchaburi Tat Mai ; 🕑 8h30-16h30 lun-ven) ; aéroport international de Suvarnabhumi (☎ 0 2134 4077 ; 2e ét., près des portes 1 et 10 ; 🕑 8h-22h). La succursale de Banglamphu se trouve en face du stade de boxe.

Poste

La **poste principale** (carte p. 88 ; Th Charoen Krung ; 🕑 8h-20h lun-ven, 8h-13h sam-dim), de style Art déco, dispose d'un service de poste restante et d'emballage de colis dans son bâtiment principal. N'envoyez ni argent ni objets de valeur par courrier simple. Venez à pied depuis la station de Skytrain Saphan Taksin ou prenez un ferry Chao Phraya Express pour Tha Si Phraya.

Il existe d'autres **bureaux de poste** (🕑 8h-17h lun-ven, 9h-12h sam) dans Th Sipsahm Hang, en face du Wat Bowonniwet (carte p. 84), et dans la ruelle tout de suite au nord de Th Ratchadamnoen Klang, juste à l'est de Th Tanao (carte p. 84).

Services médicaux

Bangkok s'impose comme le grand centre médical de la région et les meilleurs hôpitaux de la ville sont devenus des destinations de “tourisme médical”. On y traite aussi les urgences médicales et dentaires.

Bangkok Hospital (carte p. 80 ; ☎ 0 2310 3000 ; www.bangkokhospital.com ; 2 Soi 47, Th Phetburi Tat Mai, Bangkapi)

BNH Hospital (carte p. 88 ; ☎ 0 2686 2700 ; www.bnhhospital.com ; 9 Th Convent, Silom)

Bumrungrad International Hospital (carte p. 92 ; ☎ 0 2667 1 000 ; www.bumrungrad.com ; 33 Soi 3, Th Sukhumvit)

Samitivej Sukhumvit Hospital (carte p. 80 ; ☎ 0 2711 8181 ; www.samitivej.co.th ; 133 Soi 49, Th Sukhumvit)

Téléphone

De nombreux cybercafés disposent d'ordinateurs équipés du logiciel Skype ou d'autres du même type – le moyen le plus économique pour des appels internationaux ; voir p. 423 pour plus de renseignements. D'autres disposent souvent de lignes téléphoniques que l'on peut utiliser à des tarifs compétitifs (environ 10 B/min au minimum pour l'Europe et l'Amérique du Nord). Le service de Pages jaunes en ligne *Yellow Pages* (www.yellowpages.co.th) peut se révéler utile. Pour plus de précisions sur les téléphones portables, voir p. 424. Si vous avez besoin d'un nouveau téléphone portable, rendez-vous au 4e étage du MBK (centre commercial Mahboonkrong), où le choix est immense. Le personnel sait notamment débloquer les appareils. Si nécessaire, passez par les opérateurs officiels (à leurs tarifs) :

Communications Authority of Thailand (CAT ; carte p. 88 ; ☎ 0 2614 1 000 ; Th Charoen Krung ; 🕑 8h-20h). Petit centre téléphonique d'appels internationaux climatisé, devant la poste principale.

Telephone Organization of Thailand (TOT ; carte p. 90 ; ☎ 0 2251 1111 ; Th Ploenchit). Pour les appels longue distance.

Toilettes

Vous trouverez des toilettes publiques dans les hôtels, les fast-foods et les centres commerciaux (où on vous demandera peut-être 1-2 B). Certains grands magasins plus récents sont équipés de toilettes accessibles aux personnes à mobilité réduite. À Bangkok, les toilettes à la turque ont quasi disparu au profit des W-C à l'occidentale avec siège.

Urgences

Si vous avez besoin d'une ambulance, appelez l'un des hôpitaux répertoriés dans la rubrique *Services médicaux* (ci-contre).

Police (☎ 191). Les agents ne sont généralement pas anglophones.

Police touristique (☎ 1155 ; 🕑 24h/24). Unité de police anglophone s'occupant des délits impliquant des touristes, y compris les escroqueries aux pierres précieuses ; peut aussi jouer le rôle d'interprète auprès de la police.

Pompiers (☎ 199)

(Suite à la page 93)

AGGLOMÉRATION DE BANGKOK

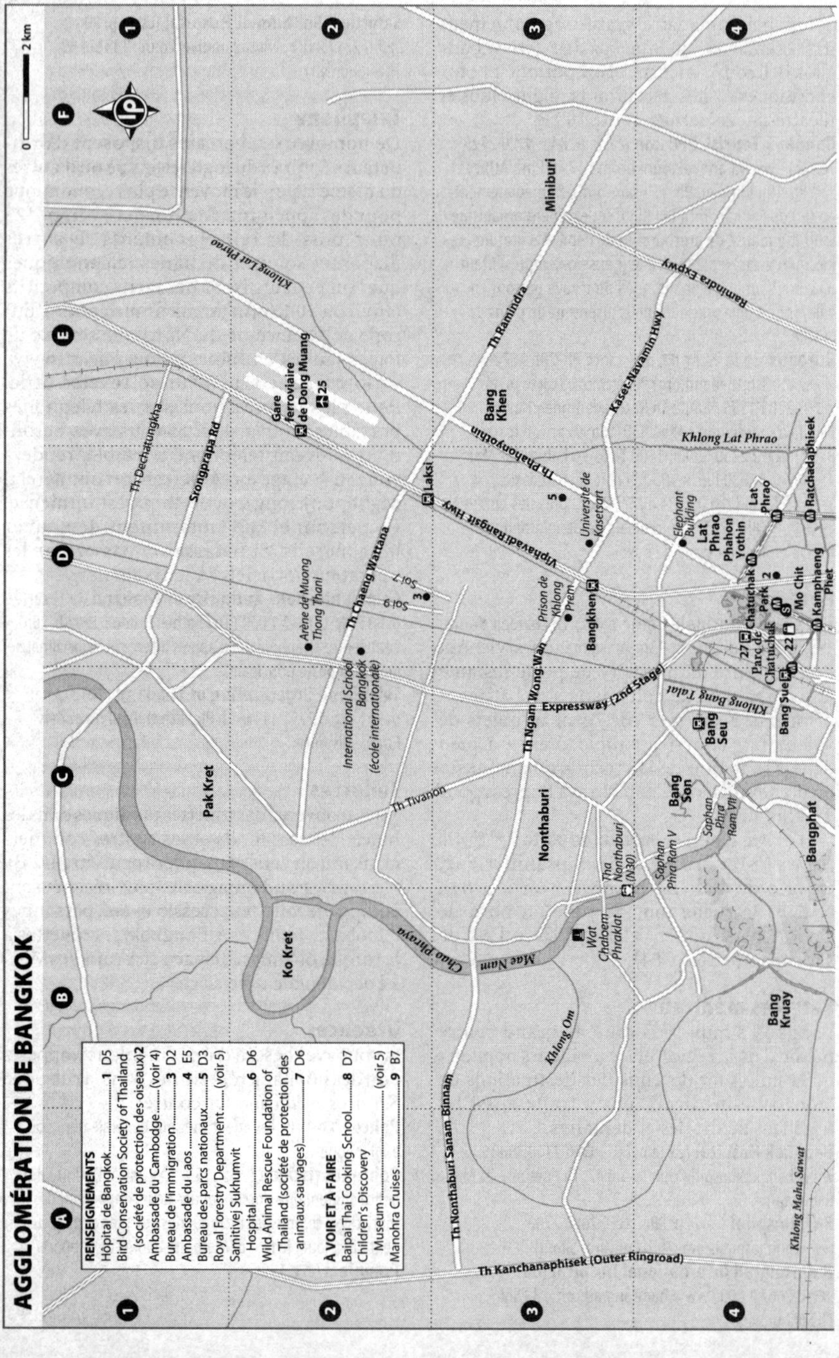

OÙ SE LOGER
72 Ekamai 10 D6
HI Sukhumvit 11 D6
Kantary House Ramkamhaeng 12 F5
Napa Place Bed & Breakfast 13 D6
Refill Now! 14 E6
OÙ SE RESTAURER
Ana's Garden 15 D6
Boon Tong Kiat Singapore Hainanese Chicken Rice 16 D6
Face (voir 11)
OÙ PRENDRE UN VERRE
Cosmic Café (voir 17)
Royal City Avenue (RCA) 17 D5
OÙ SORTIR
808 (voir 17)
House 18 D5
Mambo Cabaret 19 D7
Nang Len 20 D6
Tawan Daeng German Brewhouse 21 D7
Zeta (voir 17)
ACHATS
Marché du week-end de Chatuchak 22 D4
Forchong 23 D6
TRANSPORTS
Budget 24 D5
Aéroport de Don Muang 25 E2
Terminal Est des bus 26 D6
Terminal Nord et Nord-Est des bus 27 D4
Phetburi Car Rent 28 D6
Terminal Sud des bus 29 B5
Skytrain et stations
Métro et stations
Voir carte Centre de Bangkok (p. 82)
Vers Nakhon Pathom (32 km)
Vers l'aéroport international de Suvarnabhumi (6 km)
Vers Samut Prakan (3 km)
Th Sri Nakharin
Bang Kapi
Th Lat Phrao
Khlong Saen Saeb
Complexe sportif de Hua Mark
Université de Ramkhamhaeng
Hua Mak
Th Phetchaburi Tat Mai
Khlong Prakhanong
Centre commercial Seacon
Parc royal Rama IX
Ramkhamhaeng
Khlong Tan
Soi 77
Phra Khanong
Wat Thammamongkhon
Soi 101
Soi 103 (Soi Udom Suk)
Bang Chak
On Nut
Punnawithi
Bangna
En construction (ouverture prévue en 2011)
Soi 71
Ekamai
Sutthisan
Huay Khwang
Thailand Cultural Centre
Th Ratchadaphisek
Th Phra Ram IX
Th Sukhumvit
Phrom Phong
Thong Lo
Soi 38
Soi 36
Port
Khlong Toey
Th Rama IV
Mae Nam Chao Phraya
Th Padiphat
Saphan Khwai
Th Din Daeng
Terminal City Air de Tat Mai
Th Withayu
Th Yen Akat
Wat Chong Nonsi
Th Chan
Th Rama III
Samsen
Soi Ari
Phaya Thai
Ratchathewi
Th Phra Ram I
Parc Lumphini
Pathumwan
Th Silom
Trok Chan
Si Yan
Th Sukhothai
Th Ratchawithi
Th Ram VI
Thewet
Parc Chitlada
Banglamphu
Chinatown
Gare ferroviaire de Hualamphong
Thanon Tok
Chalerm Mahanakhon Expwy
Phra Pradaeng
Th Charan Sanitwong
Bangkok Noi
Ko Ratanakosin
Wat Arun
Wong Wian Yai
Thonburi
Bangkok Yai
S1 Wat Sawetachat
S2 Wat Warachanyawas
Tha Ratchasingkhon
S4 Ratburana
Ratburana
Th Taksin
Th Suksawat
Th Ratchawithi
Taling Chan
Wat Suwannaram
Khlong Bangkok Yai
Wat Pak Nam
Khlong Sanam Chai
Th Phuttamonthon 1
Khlong Phasi Charoen
Dao Khanong
Khlong Dao Khanong
Bang Khun Thian
Th Phetkasem
Th Boromaratchachonanee

CENTRE DE BANGKOK

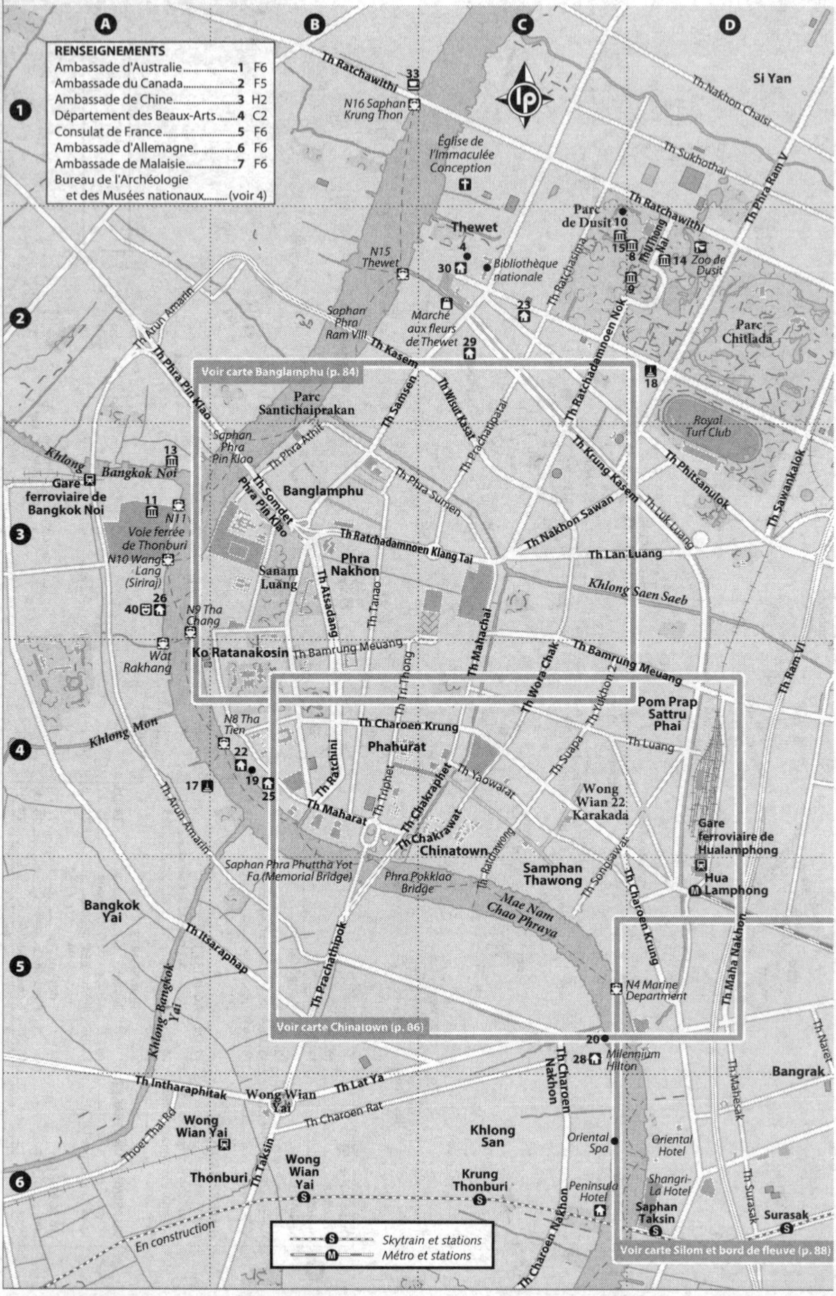

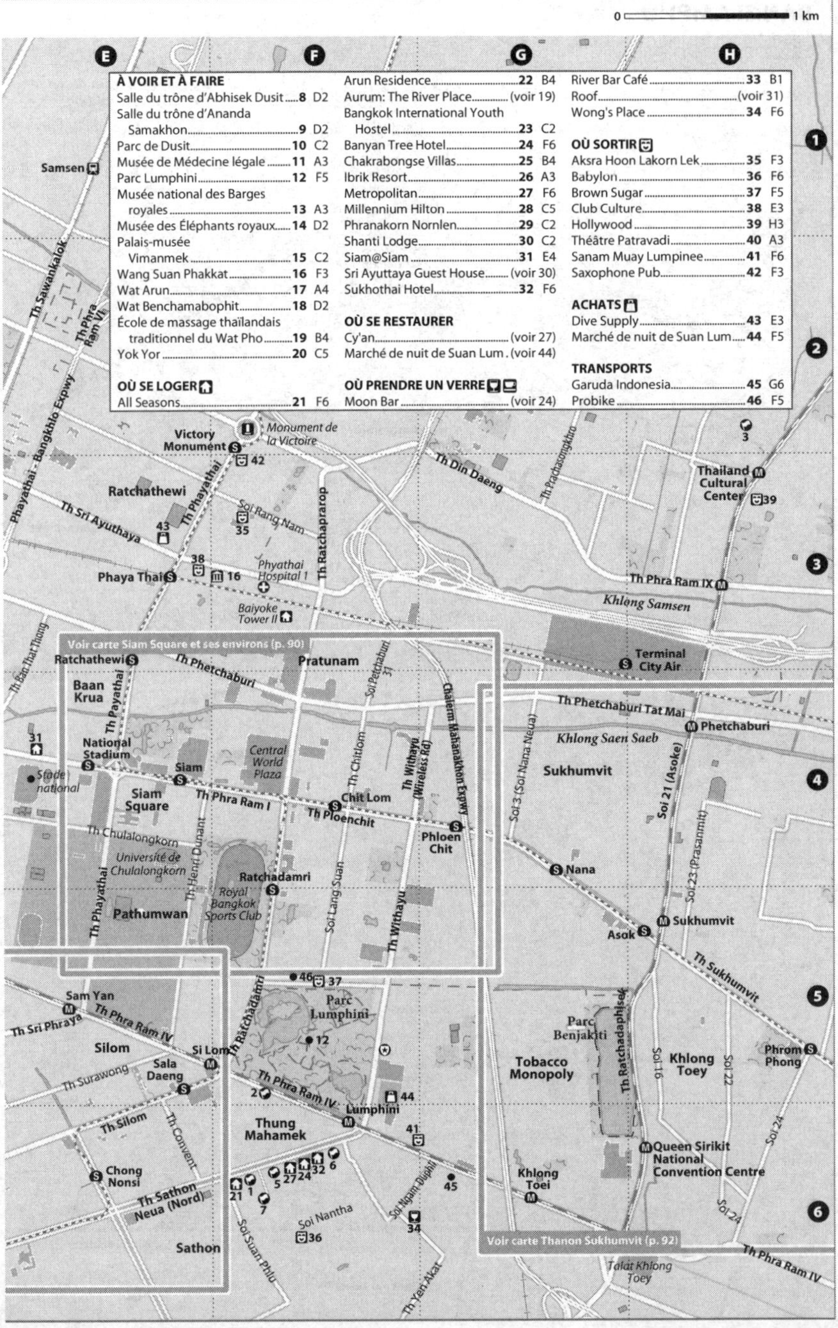
0 1 km
E
F
G
H
1
2
3
4
5
6
À VOIR ET À FAIRE
Salle du trône d'Abhisek Dusit 8 D2
Salle du trône d'Ananda Samakhon 9 D2
Parc de Dusit 10 C2
Musée de Médecine légale 11 A3
Parc Lumphini 12 F5
Musée national des Barges royales 13 A3
Musée des Éléphants royaux 14 D2
Palais-musée Vimanmek 15 C2
Wang Suan Phakkat 16 F3
Wat Arun 17 A4
Wat Benchamabophit 18 D2
École de massage thaïlandais traditionnel du Wat Pho 19 B4
Yok Yor 20 C5
OÙ SE LOGER
All Seasons 21 F6
Arun Residence 22 B4
Aurum: The River Place (voir 19)
Bangkok International Youth Hostel 23 C2
Banyan Tree Hotel 24 F6
Chakrabongse Villas 25 B4
Ibrik Resort 26 A3
Metropolitan 27 F6
Millennium Hilton 28 C5
Phranakorn Nornlen 29 C2
Shanti Lodge 30 C2
Siam@Siam 31 E4
Sri Ayuttaya Guest House (voir 30)
Sukhothai Hotel 32 F6
OÙ SE RESTAURER
Cy'an (voir 27)
Marché de nuit de Suan Lum (voir 44)
OÙ PRENDRE UN VERRE
Moon Bar (voir 24)
River Bar Café 33 B1
Roof (voir 31)
Wong's Place 34 F6
OÙ SORTIR
Aksra Hoon Lakorn Lek 35 F3
Babylon 36 F6
Brown Sugar 37 F5
Club Culture 38 E3
Hollywood 39 H3
Théâtre Patravadi 40 A3
Sanam Muay Lumpinee 41 F6
Saxophone Pub 42 F3
ACHATS
Dive Supply 43 E3
Marché de nuit de Suan Lum 44 F5
TRANSPORTS
Garuda Indonesia 45 G6
Probike 46 F5
Samsen
Th Sawankalok
Th Phra Ram VI
Phayathai - Bangkhlo Expwy
Victory Monument
Monument de la Victoire
Ratchathewi
Th Phayathai
Th Sri Ayuthaya
Soi Rang Nam
Th Ratchaprarop
Th Din Daeng
Th Prachasongkhro
Thailand Cultural Center
Phaya Thai
Phyathai Hospital 1
Baiyoke Tower II
Th Phra Ram IX
Khlong Samsen
Terminal City Air
Voir carte Siam Square et ses environs (p. 90)
Th Ban That Thong
Ratchathewi
Th Phetchaburi
Pratunam
Soi Petchaburi 31
Chalerm Mahanakhon Expwy
Baan Krua
Th Phetchaburi Tat Mai
Phetchaburi
National Stadium
Central World Plaza
Th Chitlom
Th Withayu (Wireless Rd)
Soi 3 (Soi Nana Neua)
Khlong Saen Saeb
Sukhumvit
Soi 21 (Asoke)
Stade national
Siam
Siam Square
Th Phra Ram I
Chit Lom
Th Ploenchit
Phloen Chit
Soi 23 (Prasanmit)
Th Chulalongkorn
Université de Chulalongkorn
Th Henri Dunant
Royal Bangkok Sports Club
Ratchadamri
Soi Lang Suan
Th Withayu
Nana
Pathumwan
Th Phayathai
Sukhumvit
Asok
Th Sukhumvit
Sam Yan
Th Sri Phraya
Th Phra Ram IV
Th Ratchadamri
Parc Lumphini
Parc Benjakiti
Th Ratchadaphisek
Soi 16
Khlong Toey
Soi 22
Phrom Phong
Silom
Si Lom
Sala Daeng
Th Surawong
Th Silom
Th Convent
Tobacco Monopoly
Thung Mahamek
Lumphini
Queen Sirikit National Convention Centre
Soi 24
Chong Nonsi
Th Sathon Neua (Nord)
Soi Suan Phlu
Soi Nantha
Soi Ngam Duphli
Khlong Toei
Sathon
Th Yen Akat
Voir carte Thanon Sukhumvit (p. 92)
Talat Khlong Toey
Th Phra Ram IV

BANGLAMPHU

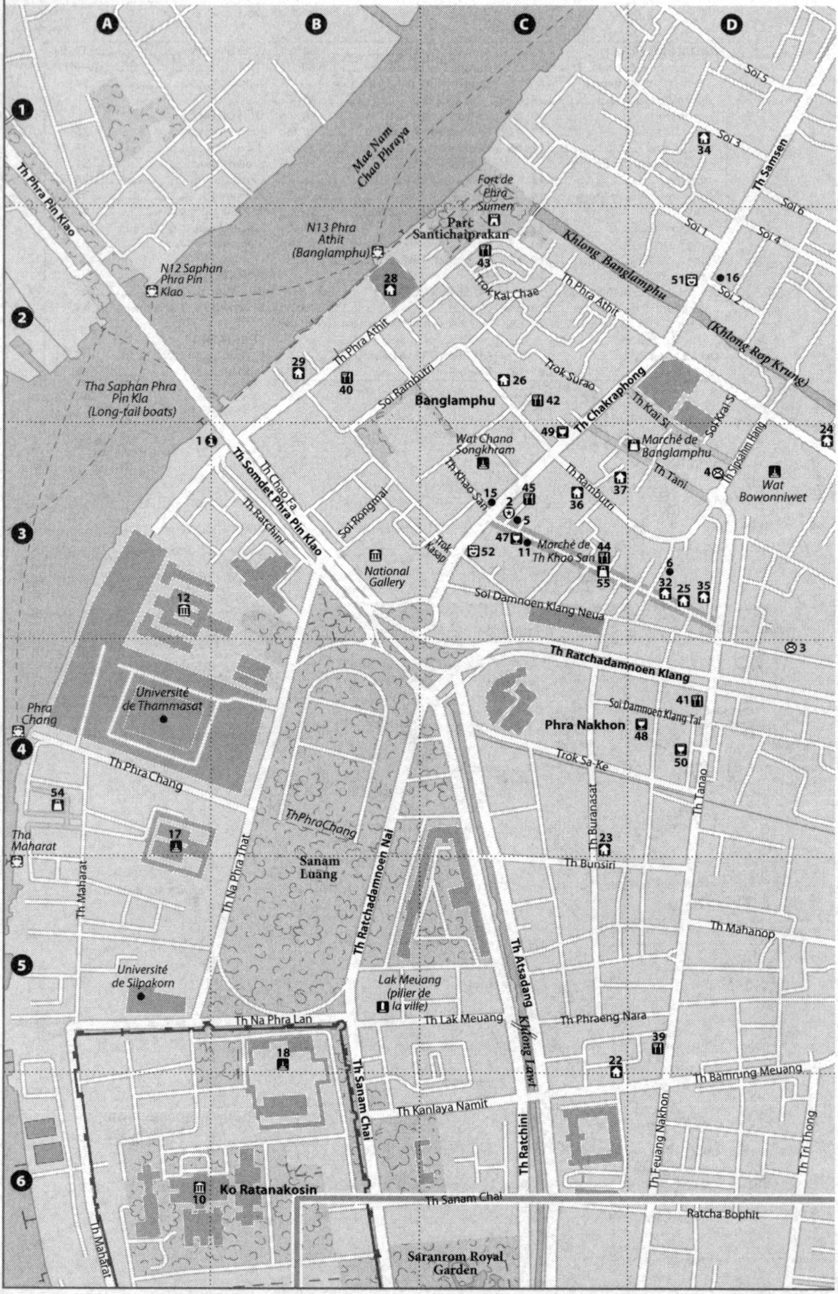
A
B
C
D
1
2
3
4
5
6
Mae Nam Chao Phraya
Fort de Phra Sumen
Parc Santichaiprakan
N13 Phra Athit (Banglamphu)
N12 Saphan Phra Pin Klao
Th Phra Pin Klao
Tha Saphan Phra Pin Kla (Long-tail boats)
Th Phra Athit
Trok Kai Chae
Khlong Banglamphu
(Khlong Rop Krung)
Th Samsen
Soi 5
Soi 3
Soi 6
Soi 1
Soi 4
Soi 2
Trok Surao
Th Chakraphong
Soi Rambutri
Banglamphu
Th Krai Si
Soi Krai Si
Wat Chana Songkhram
Marché de Banglamphu
Th Sipsahm Hang
Th Tani
Wat Bowonniwet
Th Khao San
Th Rambutri
Th Somdet Phra Pin Klao
Th Chao Fa
Th Ratchini
Soi Rongmai
Trok Kasap
Marché de Th Khao San
National Gallery
Soi Damnoen Klang Neua
Th Ratchadamnoen Klang
Soi Damnoen Klang Tai
Phra Nakhon
Trok Sa-Ke
Université de Thammasat
Phra Chang
Th Phra Chang
ThPhraChang
Tha Maharat
Th Maharat
Th Na Phra That
Sanam Luang
Th Ratchadamnoen Nai
Th Buranasat
Th Bunsiri
Th Tanao
Th Mahanop
Th Atsadang
Université de Silpakorn
Lak Meuang (pilier de la ville)
Th Na Phra Lan
Th Lak Meuang
Th Phraeng Nara
Khlong Lawt
Th Sanam Chai
Th Bamrung Meuang
Th Kanlaya Namit
Th Ratchini
Th Feuang Nakhon
Th Tri Thong
Ko Ratanakosin
Th Sanam Chai
Ratcha Bophit
Th Maharat
Saranrom Royal Garden
1
2
3
4
5
6
10
11
12
15
16
17
18
22
23
24
25
26
28
29
32
34
35
36
37
39
40
41
42
43
44
45
47
48
49
50
51
52
54
55

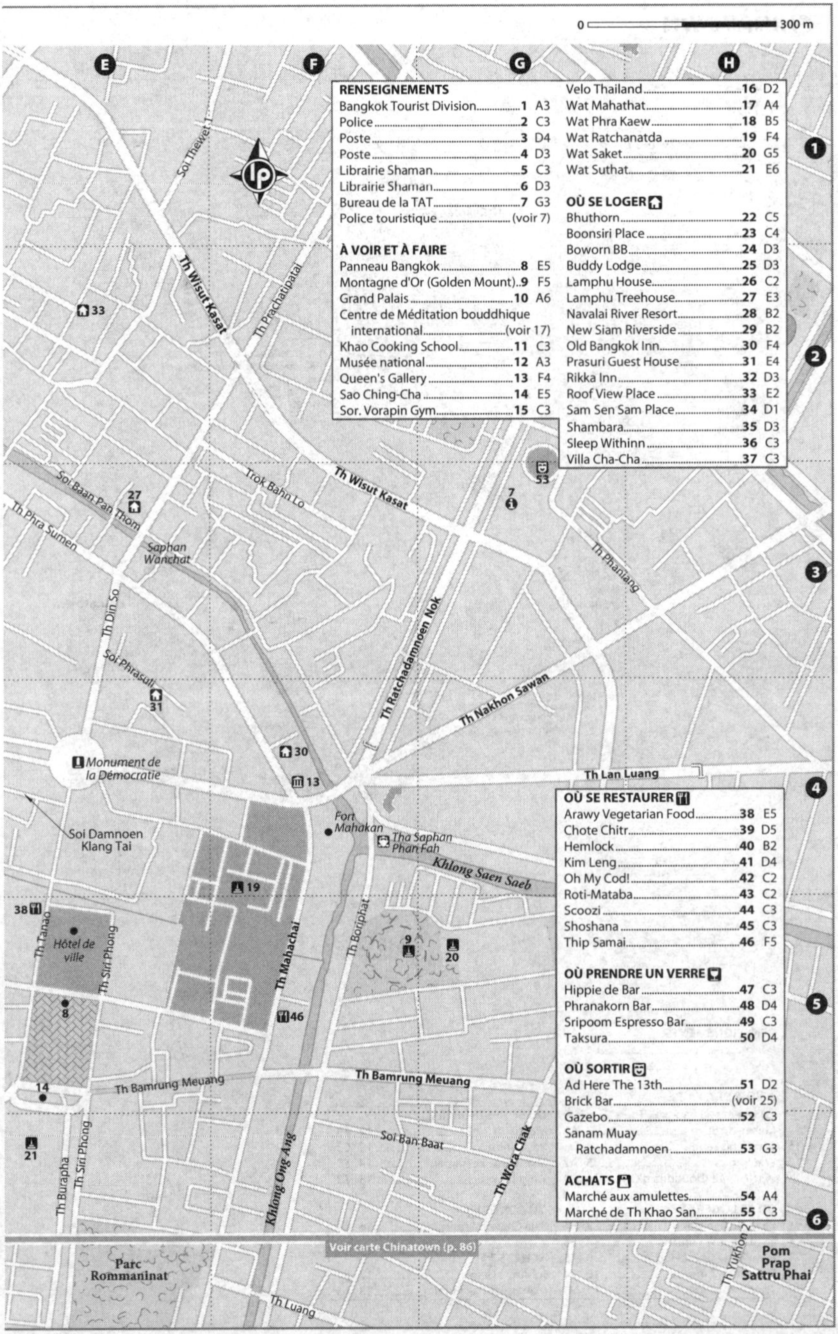
0 300 m
E
F
G
H
1
2
3
4
5
6
RENSEIGNEMENTS
Bangkok Tourist Division 1 A3
Police 2 C3
Poste 3 D4
Poste 4 D3
Librairie Shaman 5 C3
Librairie Shaman 6 D3
Bureau de la TAT 7 G3
Police touristique (voir 7)
À VOIR ET À FAIRE
Panneau Bangkok 8 E5
Montagne d'Or (Golden Mount) 9 F5
Grand Palais 10 A6
Centre de Méditation bouddhique international (voir 17)
Khao Cooking School 11 C3
Musée national 12 A3
Queen's Gallery 13 F4
Sao Ching-Cha 14 E5
Sor. Vorapin Gym 15 C3
Velo Thailand 16 D2
Wat Mahathat 17 A4
Wat Phra Kaew 18 B5
Wat Ratchanatda 19 F4
Wat Saket 20 G5
Wat Suthat 21 E6
OÙ SE LOGER
Bhuthorn 22 C5
Boonsiri Place 23 C4
Boworn BB 24 D3
Buddy Lodge 25 D3
Lamphu House 26 C2
Lamphu Treehouse 27 E3
Navalai River Resort 28 B2
New Siam Riverside 29 B2
Old Bangkok Inn 30 F4
Prasuri Guest House 31 E4
Rikka Inn 32 D3
Roof View Place 33 E2
Sam Sen Sam Place 34 D1
Shambara 35 D3
Sleep Withinn 36 C3
Villa Cha-Cha 37 C3
OÙ SE RESTAURER
Arawy Vegetarian Food 38 E5
Chote Chitr 39 D5
Hemlock 40 B2
Kim Leng 41 D4
Oh My Cod! 42 C2
Roti-Mataba 43 C2
Scoozi 44 C3
Shoshana 45 C3
Thip Samai 46 F5
OÙ PRENDRE UN VERRE
Hippie de Bar 47 C3
Phranakorn Bar 48 D4
Sripoom Espresso Bar 49 C3
Taksura 50 D4
OÙ SORTIR
Ad Here The 13th 51 D2
Brick Bar (voir 25)
Gazebo 52 C3
Sanam Muay Ratchadamnoen 53 G3
ACHATS
Marché aux amulettes 54 A4
Marché de Th Khao San 55 C3
Soi Thewet 1
Th Wisut Kasat
Th Prachatipatai
Trok Bahn Lo
Soi Baan Pan Thom
Th Phra Sumen
Saphan Wanchat
Th Din So
Soi Phrasuti
Th Ratchadamnoen Nok
Th Nakhon Sawan
Th Phaniang
Th Lan Luang
Monument de la Démocratie
Soi Damnoen Klang Tai
Fort Mahakan
Tha Saphan Phan Fah
Khlong Saen Saeb
Th Tanao
Hôtel de ville
Th Siri Phong
Th Mahachai
Th Boriphat
Th Bamrung Meuang
Soi Ban Baat
Th Wora Chak
Khlong Ong Ang
Th Burapha
Th Yukhon 2
Pom Prap Sattru Phai
Parc Rommaninat
Th Luang
Voir carte Chinatown (p. 86)

CHINATOWN

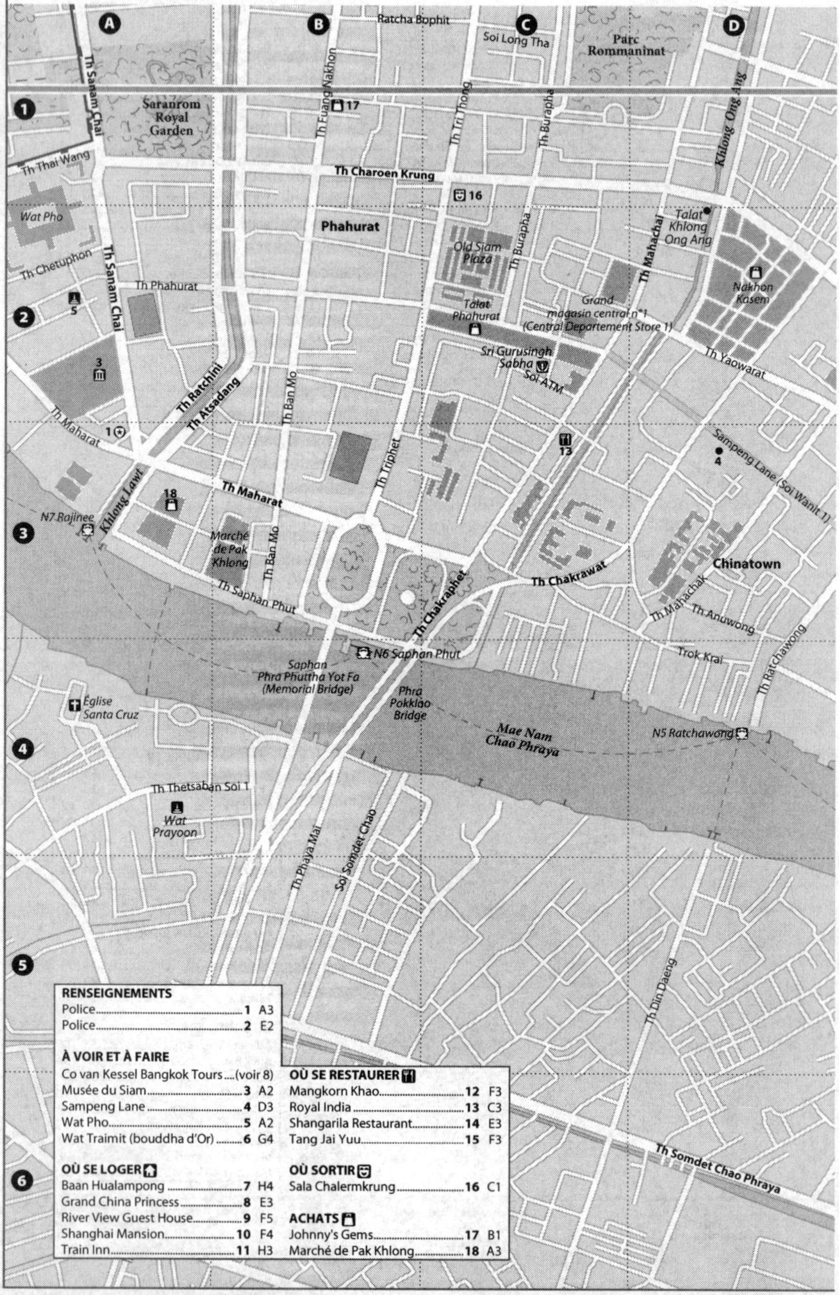

RENSEIGNEMENTS

Police	1	A3
Police	2	E2

À VOIR ET À FAIRE

Co van Kessel Bangkok Tours	(voir 8)	
Musée du Siam	3	A2
Sampeng Lane	4	D3
Wat Pho	5	A2
Wat Traimit (bouddha d'Or)	6	G4

OÙ SE LOGER

Baan Hualampong	7	H4
Grand China Princess	8	E3
River View Guest House	9	F5
Shanghai Mansion	10	F4
Train Inn	11	H3

OÙ SE RESTAURER

Mangkorn Khao	12	F3
Royal India	13	C3
Shangarila Restaurant	14	E3
Tang Jai Yuu	15	F3

OÙ SORTIR

Sala Chalermkrung	16	C1

ACHATS

Johnny's Gems	17	B1
Marché de Pak Khlong	18	A3

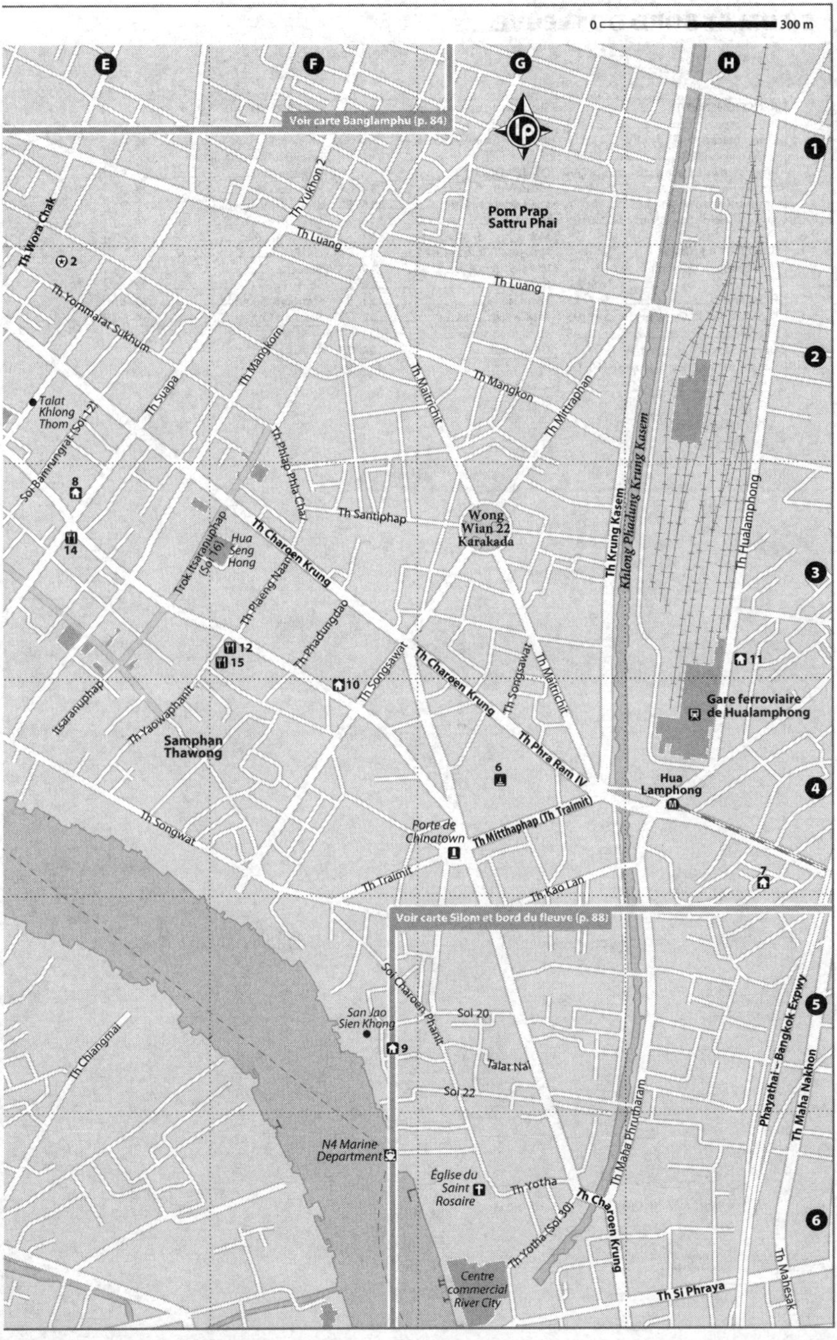
0
300 m
E
F
G
H
1
2
3
4
5
6
Voir carte Banglamphu (p. 84)
Pom Prap
Sattru Phai
Th Wora Chak
Th Yukhon 2
Th Luang
Th Luang
Th Yommarat Sukhum
Th Suapa
Th Mangkorn
Th Maitrichit
Th Mangkon
Th Mittraphan
Khlong Phadung Krung Kasem
Th Krung Kasem
Th Hualamphong
Talat Khlong Thom
Soi Bamrungrat (Soi 12)
Th Phlap Phla Chai
Th Santiphap
Wong Wian 22 Karakada
Trok Itsaranuphap (Soi 16)
Hua Seng Hong
Th Charoen Krung
Th Plaeng Naam
Th Phadungdao
Th Songsawat
Th Charoen Krung
Th Songsawat
Th Maitrichit
Th Phra Ram IV
Gare ferroviaire de Hualamphong
Itsaranuphap
Th Yaowaphanit
Samphan Thawong
Hua Lamphong
Porte de Chinatown
Th Mitthaphap (Th Traimit)
Th Songwat
Th Traimit
Th Kao Lan
Voir carte Silom et bord du fleuve (p. 88)
Soi Charoen Phanit
San Jao Sien Khong
Sol 20
Talat Noi
Soi 22
Th Chiangmai
Th Maha Phruttharam
Phayathai – Bangkok Expwy
Th Maha Nakhon
N4 Marine Department
Église du Saint Rosaire
Th Yotha
Th Charoen Krung
Th Yotha (Soi 30)
Centre commercial River City
Th Si Phraya
Th Mahesak
2
6
7
8
9
10
11
12
14
15

SILOM ET BORD DU FLEUVE

RENSEIGNEMENTS
BNH Hospital 1 H4
Communications Authority of Thailand (CAT) 2 B3
Ambassade de France 3 A4
Poste principale 4 B3
Ambassade du Myanmar 5 E6
Ambassade de Singapour 6 G5

À VOIR ET À FAIRE
Blue Elephant Cooking School .... (voir 25)
H Gallery 7 E5
Kathmandu Photo Gallery 8 D5
Loy Nava 9 A3
Queen Saovabha Memorial Institute (ferme aux serpents) 10 G2
Ruen-Nuad Massage & Yoga 11 H4
Silom Thai Cooking School 12 E5
Sri Mariamman 13 D4
Wan Fah Cruises (croisières) .... (voir 9)

OÙ SE LOGER
HQ Hostel 14 G4
La Résidence Hotel 15 E3
Lub*D 16 E3
Mandarin Oriental 17 A4
New Road Guesthouse 18 B4
P&R Residence 19 A3
Rose Hotel 20 F2
Swan Hotel 21 B4
Take A Nap 22 G2
Triple Two Silom 23 D4
Urban Age 24 G3

OÙ SE RESTAURER
Blue Elephant 25 D6
Chennai Kitchen 26 D5
Home Cuisine Islamic Restaurant 27 A4
Kalapapruek 28 D5
Khrua Aroy Aroy 29 D4
Le Bouchon 30 G3
Le Normandie .... (voir 17)
Lord Jim .... (voir 17)
Scoozi 31 F3
Soi 10 Food Courts 32 F3
Somboon Seafood 33 E3
Somtam Convent 34 G3

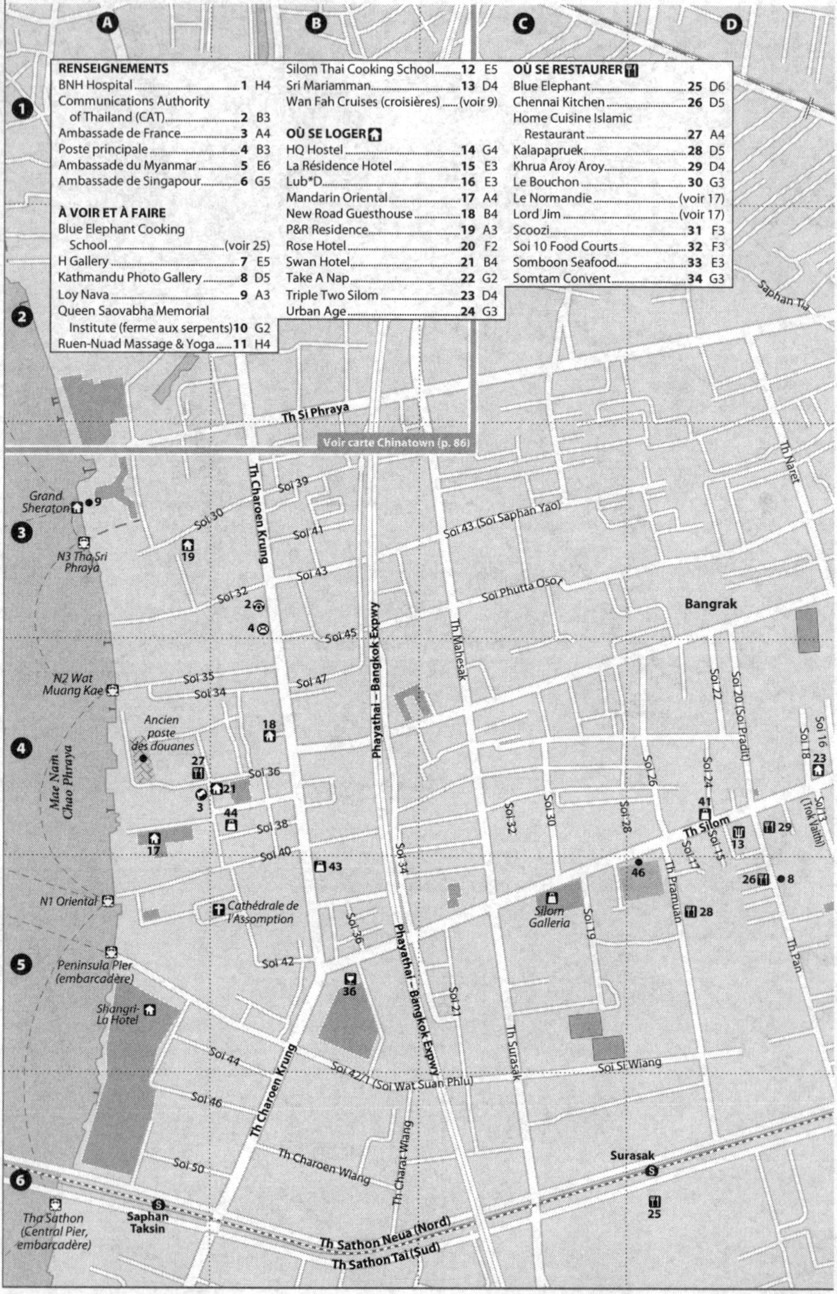

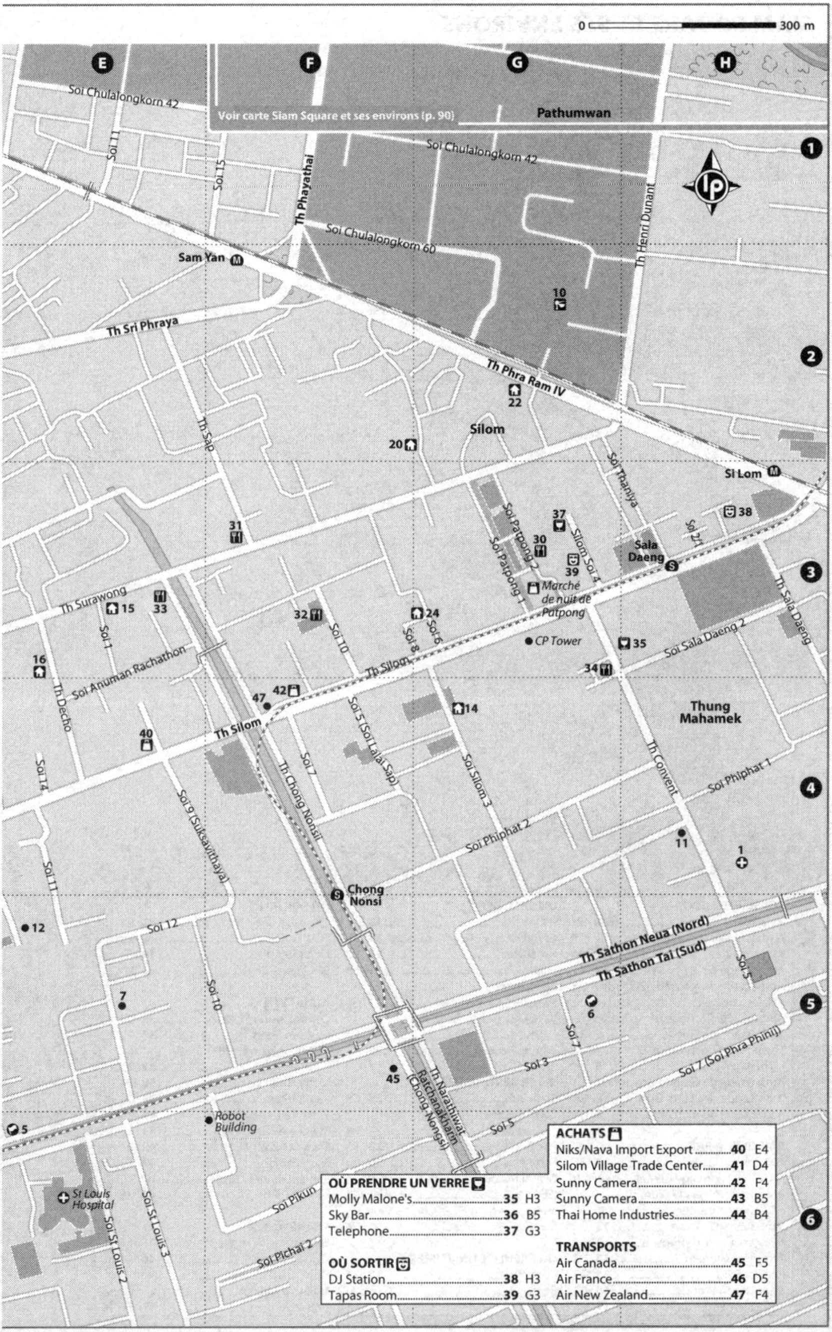

OÙ PRENDRE UN VERRE

Molly Malone's	35	H3
Sky Bar	36	B5
Telephone	37	G3

OÙ SORTIR

DJ Station	38	H3
Tapas Room	39	G3

ACHATS

Niks/Nava Import Export	40	E4
Silom Village Trade Center	41	D4
Sunny Camera	42	F4
Sunny Camera	43	B5
Thai Home Industries	44	B4

TRANSPORTS

Air Canada	45	F5
Air France	46	D5
Air New Zealand	47	F4

SIAM SQUARE ET SES ENVIRONS

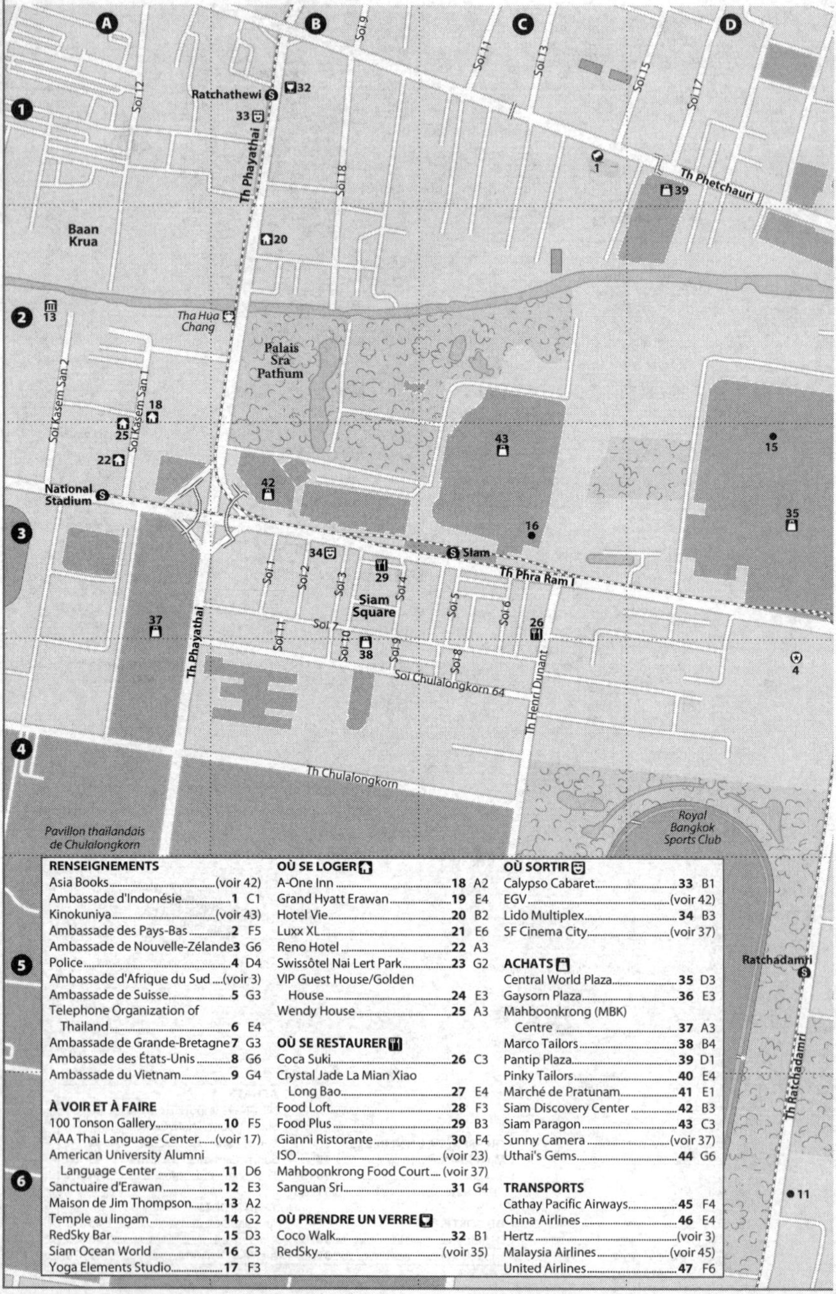

RENSEIGNEMENTS
- Asia Books .... (voir 42)
- Ambassade d'Indonésie **1** C1
- Kinokuniya .... (voir 43)
- Ambassade des Pays-Bas **2** F5
- Ambassade de Nouvelle-Zélande **3** G6
- Police **4** D4
- Ambassade d'Afrique du Sud ....(voir 3)
- Ambassade de Suisse **5** G3
- Telephone Organization of Thailand **6** E4
- Ambassade de Grande-Bretagne **7** G3
- Ambassade des États-Unis **8** G6
- Ambassade du Vietnam **9** G4

À VOIR ET À FAIRE
- 100 Tonson Gallery **10** F5
- AAA Thai Language Center......(voir 17)
- American University Alumni Language Center **11** D6
- Sanctuaire d'Erawan **12** E3
- Maison de Jim Thompson **13** A2
- Temple au lingam **14** G2
- RedSky Bar **15** D3
- Siam Ocean World **16** C3
- Yoga Elements Studio **17** F3

OÙ SE LOGER
- A-One Inn **18** A2
- Grand Hyatt Erawan **19** E4
- Hotel Vie **20** B2
- Luxx XL **21** E6
- Reno Hotel **22** A3
- Swissôtel Nai Lert Park **23** G2
- VIP Guest House/Golden House **24** E3
- Wendy House **25** A3

OÙ SE RESTAURER
- Coca Suki **26** C3
- Crystal Jade La Mian Xiao Long Bao **27** E4
- Food Loft **28** F3
- Food Plus **29** B3
- Gianni Ristorante **30** F4
- ISO .... (voir 23)
- Mahboonkrong Food Court.... (voir 37)
- Sanguan Sri **31** G4

OÙ PRENDRE UN VERRE
- Coco Walk **32** B1
- RedSky .... (voir 35)

OÙ SORTIR
- Calypso Cabaret **33** B1
- EGV .... (voir 42)
- Lido Multiplex **34** B3
- SF Cinema City .... (voir 37)

ACHATS
- Central World Plaza **35** D3
- Gaysorn Plaza **36** E3
- Mahboonkrong (MBK) Centre **37** A3
- Marco Tailors **38** B4
- Pantip Plaza **39** D1
- Pinky Tailors **40** E4
- Marché de Pratunam **41** E1
- Siam Discovery Center **42** B3
- Siam Paragon **43** C3
- Sunny Camera .... (voir 37)
- Uthai's Gems **44** G6

TRANSPORTS
- Cathay Pacific Airways **45** F4
- China Airlines **46** E4
- Hertz .... (voir 3)
- Malaysia Airlines .... (voir 45)
- United Airlines **47** F6

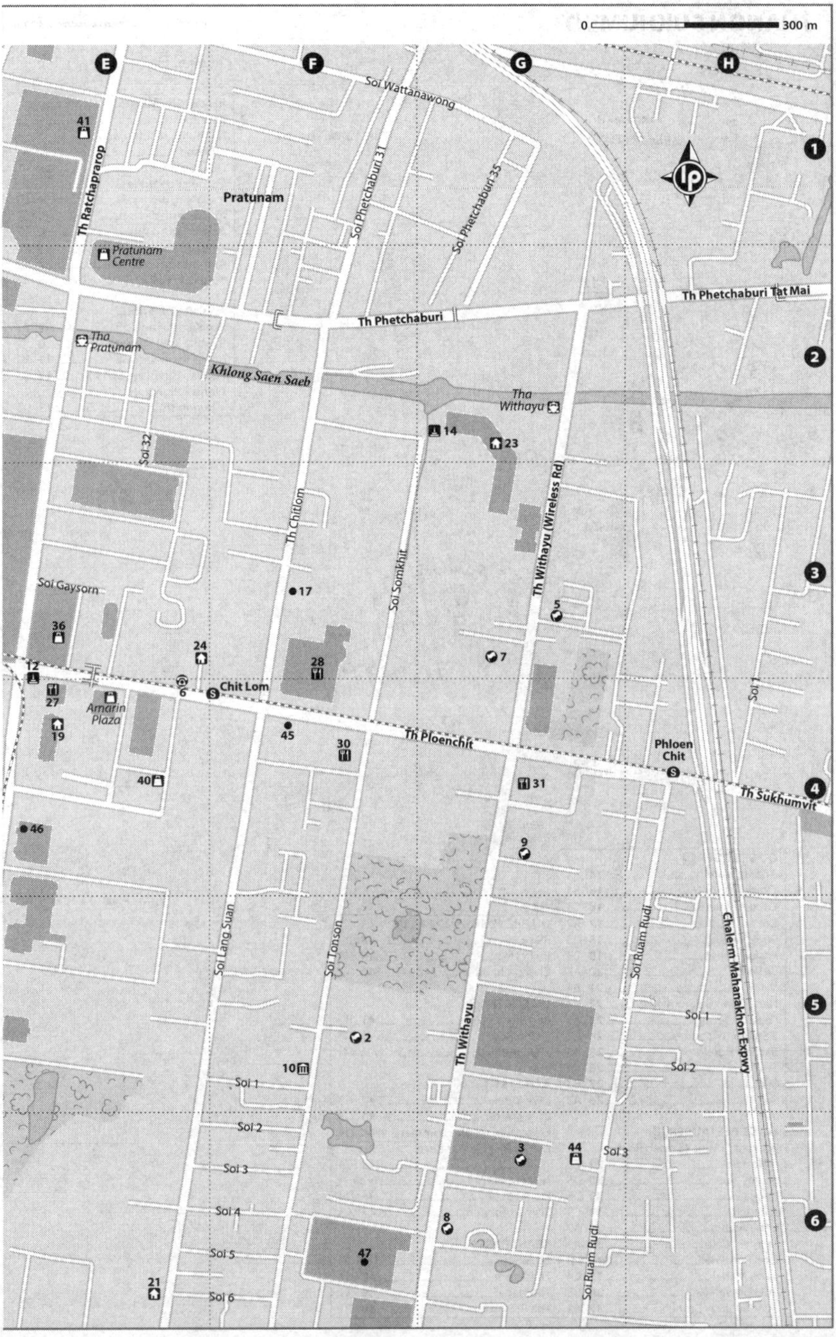
0
300 m
E
F
G
H
1
2
3
4
5
6
Soi Wattanawong
Th Ratchaprarop
Pratunam
Soi Phetchaburi 31
Soi Phetchaburi 35
Pratunam Centre
Th Phetchaburi Tat Mai
Th Phetchaburi
Tha Pratunam
Khlong Saen Saeb
Tha Withayu
14
23
Soi 32
Th Chitlom
Soi Somkhit
Th Withayu (Wireless Rd)
Soi Gaysorn
17
5
7
36
24
28
12
27
Amarin Plaza
6
Chit Lom
19
45
30
Th Ploenchit
Phloen Chit
Soi 1
Th Sukhumvit
40
31
46
9
Soi Lang Suan
Soi Tonson
Soi Ruam Rudi
Chalerm Mahanakhon Expwy
Th Withayu
2
10
Soi 1
Soi 2
Soi 3
Soi 4
Soi 5
Soi 6
3
44
8
47
21

THANON SUKHUMVIT

0 — 400 m

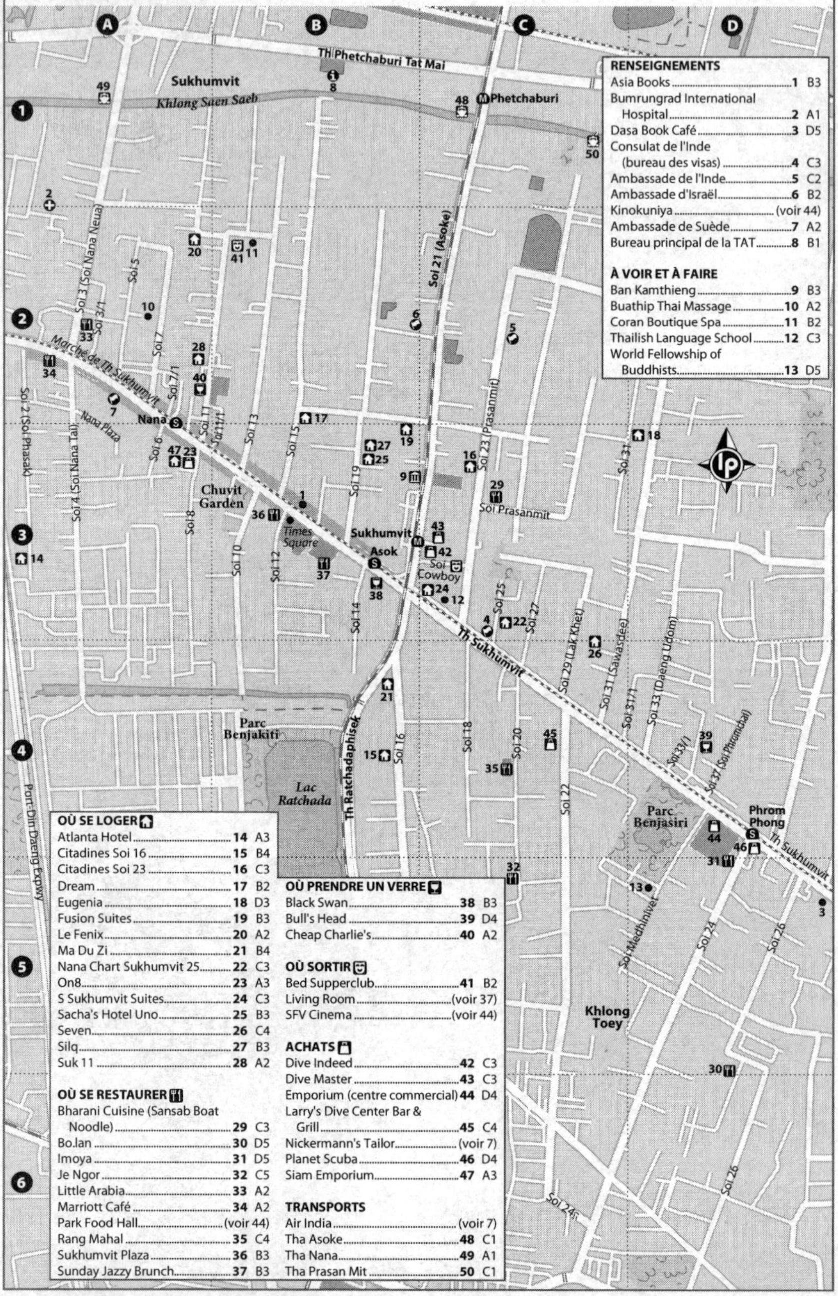

(Suite de la page 79)

DÉSAGRÉMENTS ET DANGERS

Comme on peut s'y attendre dans une ville de près de 8 millions d'habitants, Bangkok compte son lot d'escrocs professionnels, dont beaucoup prennent les touristes pour cible privilégiée. La plupart des escroqueries mettent en scène des rabatteurs qui tentent d'attirer les étrangers dans des boutiques de pierres précieuses ou chez des tailleurs (ce pour quoi ils touchent une commission répercutée sur votre facture...). Pour plus de précisions, voir ci-dessous.

Les chauffeurs de taxi et de *túk-túk* sont les artistes de l'arnaque les plus connus. Ils proposent aux étrangers des "soldes de pierres précieuses" ou les attirent dans des magasins de souvenirs. L'offre d'un court trajet avec arrêt dans une boutique de pierres a pour unique but de vous délester de votre argent – voir p. 121 pour plus de détails sur l'achat des pierres précieuses.

Méfiez-vous des personnes en tenue très correcte qui vous abordent en vous demandant d'où vous venez et où vous allez. Votre supposé "nouvel ami" thaïlandais – homme ou femme – est certainement un escroc. Parmi leurs terrains de chasse de prédilection, citons notamment le sanctuaire d'Erawan, Th Khao San, le Grand Palais et le Wat Pho, ainsi que les environs de Siam Square, de Th Khao San et de Th Sukhumvit.

À VOIR

Les îles et les plages de Thaïlande ne comptant guère de sites traditionnels et historiques, cela vaut la peine de profiter d'un séjour à Bangkok pour en visiter quelques-uns. La capitale abrite en effet certains *wat* (temples) et palais parmi les plus beaux du pays, dont beaucoup sont concentrés à Ko Ratanakosin, à Thonburi et à Dusit, trois quartiers qui jouxtent Banglamphu – réputé pour ses hôtels. Sachez que certains sites royaux ou religieux, notamment le Grand Palais et les palais du parc Dusit, ne sont accessibles qu'aux personnes ayant les jambes et les épaules couvertes ; voir l'encadré p. 41.

Ko Ratanakosin et Thonburi

En flânant dans ces deux quartiers du vieux Bangkok, vous pourrez découvrir nombre de *wat* séculaires et de *shophouses* (locaux commerciaux surmontés d'une maison de marchand) pleins de cachet, tout en jouissant d'une jolie vue sur le fleuve.

GARE AUX ESCROQUERIES

Si vous disposez d'un budget conséquent, vous trouverez peut-être ennuyeux de rester sur vos gardes pour des sommes finalement négligeables. Pourtant, acquitter le tarif le plus juste possible et favoriser les échanges commerciaux honnêtes ne peut que bénéficier aux autres voyageurs – et à l'ensemble du pays. Pour contribuer à enrayer le cycle des escroqueries, opposez un refus catégorique. Pour plus de détails concernant les arnaques aux pierres précieuses, voir p. 413.

- Fermé aujourd'hui – Ignorez tout "gentil" Thaïlandais vous informant qu'un site est fermé pour cause de fête religieuse ou de nettoyage. C'est généralement un moyen de vous attirer vers une boutique de pierres précieuses douteuse.
- Trajets en *túk-túk* pour 10 B – Si vous vous laissez avoir à ce petit jeu-là, vous pouvez dire adieu à votre programme de la journée. Ces "visites guidées" feront l'impasse sur les sites d'intérêt et le chauffeur vous amènera voir les tailleurs et vendeurs de pierres précieuses qui le rémunèrent, et se volatilisent du jour au lendemain.
- Course en taxi au forfait – Déclinez fermement toute course proposée à un tarif forfaitaire (entre 100 et 150 B dans la ville), souvent trois fois supérieur au tarif au compteur. En vous éloignant des zones touristiques, vous aurez plus de chance de trouver un chauffeur honnête. S'il a "oublié" de mettre le compteur en marche, dites simplement "*meter, kráp/kâ*".
- Bus touristiques pour le Sud – Durant le long trajet en direction du Sud, les voleurs bien organisés ont tout le temps de se glisser dans les soutes des bus et de fouiller les bagages (ils forcent les cadenas pour les refermer ensuite) à la recherche de cartes de crédit, d'appareils électroniques et même d'articles de toilette. Pour éviter cette escroquerie, classique dans les bus, gardez avec vous tout ce qui a de la valeur. Voir p. 433 pour plus de détails.

WAT PHRA KAEW (KAEO) ET GRAND PALAIS

วัดพระแก้ว/พระมหาราชวัง

Les deux monuments les plus célèbres du pays, le **Wat Phra Kaew (Kaeo)** (temple du Bouddha d'Émeraude) et le **Grand Palais** (carte p. 84 ; ☎ 0 2222 6889 ; Th Na Phra Lan ; entrée aux 2 sites et au parc Dusit 350 B ; 🕑 8h30-16h, dernière entrée 15h30), occupent le même site – un vaste parc entouré d'un mur d'enceinte – au sud de Sanam Luang. Le temple impressionne par ses *chedi* dorés (stupas de style thaïlandais), ses statues ornementées représentant des créatures mythiques et ses omniprésentes incrustations en or.

Installé dans le principal *bòht* (sanctuaire central) du temple, le Bouddha d'Émeraude (Phra Kaew) – qui, en réalité, est en jade néphrite – date au moins du XVe siècle. Cette statue, haute de 66 cm seulement, a souvent été l'enjeu de luttes sanglantes. Après avoir passé plus de 200 ans au Laos, le bouddha a été récupéré par la Thaïlande en 1778 et n'a plus quitté Bangkok depuis. La statue dispose de trois vêtements que le roi en personne (ou le prince) change au cours d'une cérémonie solennelle marquant le changement de saison.

Au-delà du Wat Phra Kaew, le circuit touristique passe par l'**Amarindra Hall**, l'ancien palais de justice aujourd'hui réservé aux cérémonies du couronnement, puis par le **Chakri Mahaprasat** (grande salle des Chakri, plus souvent désigné sous le nom de "Grand Palace Hall"), imposant palais composé de trois ailes, mélange de style Renaissance italienne et d'architecture thaïlandaise traditionnelle. Il aboutit au **Dusit Hall**, de styles thaïlandais et Ratanakosin plus classiques, qui, après avoir accueilli les audiences royales, fut ensuite réservé aux obsèques des monarques.

Pour engager un guide, renseignez-vous à la billetterie ; ignorez toute autre personne qui vous proposerait ses services. Un audioguide pour une visite de 2 heures coûte 200 B. Le meilleur moyen de gagner le Wat Phra Kaew et le Grand Palais consiste à effectuer un court trajet à pied (au départ de Banglamphu vers le sud) via Sanam Luang, ou à prendre un ferry Chao Phraya Express pour Tha Chang. Depuis le quartier de Siam Square (devant le MBK, Th Phra Ram I), prenez le bus n°47.

WAT PHO

วัดโพธิ์(วัดพระเชตุพน)

Le plus grand et le plus ancien temple de Bangkok, le **Wat Pho** (Wat Phra Chetuphon ; carte p. 86 ; ☎ 0 2622 3533 ; www.watpho.com ; Th Sanam Chai ; 50 B ; 🕑 8h-18h), fondé au XVIe siècle, est un peu moins touristique que le Wat Phra Kaew. Profitez-en pour aller admirer son extraordinaire **bouddha couché**, statue dorée à la feuille de 46 m de longueur et de 15 m de hauteur – la plus grande de Thaïlande – dotée de pieds longs de 3 m ornés de fantastiques incrustations en nacre.

Le vaste ensemble du Wat Pho compte plusieurs temples abritant d'immenses statues du Bouddha en or et des dizaines de *chedi* couverts de mosaïques aux couleurs vives. L'intérieur du sanctuaire principal, **Phra Uposatha**, est tout aussi impressionnant que le temple du Bouddha d'Émeraude. D'immenses statues de héros de la mythologie chinoise gardent les portes dans l'enceinte du complexe, notamment des personnages vêtus à l'européenne censés représenter Marco Polo.

Le Wat Pho est aussi le centre national d'enseignement et de préservation de la médecine thaïlandaise traditionnelle, qui inclut le massage. Pour plus de précisions, voir p. 98. Si vous empruntez le ferry Chao Phraya Express, descendez à Tha Tien, le quai le plus proche du Wat Pho.

MUSÉE NATIONAL

พิพิธภัณฑสถานแห่งชาติ

Parmi les plus grands musées d'Asie du Sud-Est, le **Musée national** (carte p. 84 ; ☎ 0 2224 1402 ; www.thailandmuseum.com ; Th Na Phra That ; 50 B ; 🕑 9h-16h mer-dim) accueille une vaste collection d'antiquités et d'objets cérémoniels. L'aile consacrée à l'Histoire présente une chronologie succincte des événements et des personnages marquants de la préhistoire et des époques glorieuses de Sukhothai, d'Ayuthaya et de Bangkok. Ne manquez pas le pilier couvert d'inscriptions du roi Ramkamhaeng (censé être la plus ancienne trace d'écriture thaïe), le trône du roi Taksin et la section consacrée à Rama V. D'excellentes visites guidées, gratuites, ont lieu en français ou en anglais les mercredi et jeudi (départ de la billetterie à 9h30).

MUSÉE DU SIAM

สถาบันพิพิธภัณฑ์การเรียนรู้แห่งชาติ

Installé dans un édifice du XIXe siècle de style européen qui abritait jadis le ministère du Commerce, le nouveau **musée du Siam** (carte p. 86 ; ☎ 0 2225 2777 ; www.ndmi.or.th ; 4 Th Sanam Chai ; adulte 100 B, gratuit pour les moins de 15 ans ; 🕑 10h-18h mar-dim) explore les origines et la culture du peuple thaï de manière attrayante et en multimédia. Dans chaque pièce, un détecteur de mouvement active une présentation vidéo. À noter : le jeu de combat interactif prenant pour cadre la période d'Ayuthaya et la salle consacrée aux jouets traditionnels.

WAT ARUN

วัดอรุณฯ

Cet étonnant **wat** (temple de l'Aube ; carte p. 82 ; ☎ 0 2891 1149 ; www.watarun.org ; Th Arun Amarin ; 50 B ; ⏲ 8h-18h) est composé de quatre stupas entourant un *Brang* (ou *prang* tour de style khmer) très élancé, tous ornementés de céramiques chinoises et de coquillages. Venez tôt le matin ou en fin d'après-midi pour éviter la foule. Des ferrys (3 B/pers) traversent le fleuve, reliant Tha Tien (N8) à Tha Thai Wang, tout proche, toutes les quelques minutes.

MUSÉE NATIONAL DES BARGES ROYALES

เรือพระที่นั่ง

Situé à Thonburi, sur la rive occidentale du Chao Phraya, ce passionnant **musée** (carte p. 82 ; ☎ 0 2424 0004 ; Khlong Bangkok Noi ; 100 B, appareil photo/caméra 100/200 B ; ⏲ 9h30-17h) sert de cale sèche aux barges royales, toujours utilisées à l'occasion d'importantes cérémonies officielles. Baptisée Suphannahong (Cygne doré), la barge personnelle du roi, très ornementée et taillée dans une pièce de bois unique, est la plus grande pirogue au monde, avec 45 m de longueur. Elle a plus de 200 ans. Pour venir, prenez le ferry (3 B) à Tha Saphan Phra Pin Khao (N12), puis suivez les pancartes. La plupart des circuits en *long-tail boat* s'arrêtent ici.

Banglamphu et Dusit

L'ancien quartier résidentiel de Banglamphu, au nord du quartier royal de Ko Ratanakosin, conserve une atmosphère authentique, sauf dans Th Khao San et ses alentours, qui forment un quartier cosmopolite regroupant des pensions, des hôtels, des restaurants et des bars, animé de jour comme de nuit – si vous préférez la fête aux visites, c'est ici qu'il faudra poser vos bagages. Plus au nord, Dusit, l'actuel quartier royal, compte plusieurs sites de l'ère victorienne.

WAT SAKET ET LA MONTAGNE D'OR

วัดสระเกศ

La colline artificielle de la **montagne d'Or** (Golden Mount, carte p. 84 ; ☎ 0 2621 0576 ; près de Th Boriphat ; entrée au sommet 10 B ; ⏲ 8h-17h) et le **Wat Saket** voisin jouissent d'une très belle vue sur la vieille ville. Si vous êtes amateur de couchers du soleil, grimpez jusqu'ici juste avant la fermeture et vous tomberez à coup sûr sous le charme de Bangkok ! Le Wat Saket est accessible à pied depuis Banglamphu en empruntant Th Ratchadamnoen Klang. Si vous venez des quartiers est de la ville, prenez le *klong boat* (souvent orthographié *khlong* ; bateau-taxi de canal) jusqu'à son terminus ouest, à Tha Saphan Phan Fah.

WAT RATCHANATDA

วัดราชนัดดา

Incroyable mélange de styles architecturaux, le **Wat Ratchanatda** (carte p. 84 ; ☎ 0 2224 8807 ; 2 Th Mahachai ; entrée libre ; ⏲ 8h-17h) n'est jamais aussi beau qu'à la nuit tombée, lorsque les

THANŎN KHAO SAN

Près de 30 ans après que les habitants de Khao San Rd, comme on l'appelle, ont commencé à transformer leurs demeures en pensions bon marché pour les routards – surnommés en plaisantant par les Thaïlandais *faràng kêe ngók* ("étrangers radins") –, le quartier de Banglamphu est devenu un repaire de touristes qui n'a pas son pareil dans le monde. À toute heure du jour et de la nuit, Th Khao San est envahie d'étrangers du monde entier qui se mêlent à une foule interlope de mendiants, de marchands ambulants, de travestis et d'artistes de rue. Il faut envisager cette incroyable artère bordée de stands de coiffure (pour les tresses), de piercing, de CD piratés, de bijoux hippies, d'artisanat, de contrefaçons de vêtements de marque, de cuisine thaïlandaise, de bière fraîche, de grenouilles en bois coassantes, entre autres choses, comme une sorte de théâtre du voyage indépendant, où l'on est à la fois acteur et spectateur.

Selon certains, Th Khao San fait écran à la Thaïlande authentique. De fait, nombre de touristes quittent Bangkok en ayant seulement fait un tour dans cette rue, mais cette réputation s'avère assez injuste. Banglamphu est aujourd'hui le quartier de prédilection de la jeunesse de Bangkok pour sortir et faire la fête, ce qui lui donne l'ingrédient typiquement thaïlandais qui lui a longtemps fait défaut.

37 flèches du Loha Prasat (palais de Métal) sont toutes illuminées. Ce temple peu décoré mérite également le détour en journée pour son marché aux amulettes qui s'étend à l'extérieur. On l'atteint facilement à pied depuis Banglamphu ou depuis le quai du *klong* (canal) Saen Saeb, à Tha Saphan Phan Fah.

WAT SUTHAT
วัดสุทัศน์

Sa remarquable statue du Bouddha, ses fresques murales colorées et sa relative tranquillité font du **Wat Suthat** (carte p. 84 ; ☎ 0 2224 9845 ; Th Bamrung Meuang ; 20 B ; ⏰ 8h30-16h30) le plus ravissant des *wat* bouddhiques de Bangkok. Le site est surtout connu pour son *wí hăhn*, ou grande salle, le plus grand de Thaïlande, qui abrite un Phra Si Sakayamuni (8 m de hauteur). Celui-ci constitue le plus gros bronze de style Sukhothai parvenu jusqu'à nous. Face à l'entrée nord, le **Sao Ching-Cha** (Balançoire géante) est une grande balançoire rouge qui servait jadis lors de rituels brahmaniques. Le Wat Suthat est facilement accessible à pied depuis Banglamphu ; on peut aussi prendre le *klong boat* pour Tha Saphan Phan Fah et terminer à pied.

PARC DUSIT
สวนดุสิต

Le parc Dusit (carte p. 82) est l'ancien domaine du palais de Rama V (roi Chulalongkorn) qui, très impressionné par son voyage en Europe au tournant du siècle dernier, y puisa l'inspiration pour sa conception. Au cœur du parc, la **salle du trône d'Ananda Samakhon** (150 B ; ⏰ 9h-17h) fut construite en marbre de Carrare au début du XXe siècle dans un style classique européen. Elle accueille une collection d'objets décoratifs thaïlandais artisanaux remarquables, mais les fresques aux plafonds, qui marient les styles oriental et occidental, demeurent le principal attrait du lieu.

Parmi les autres édifices, le **palais-musée Vimanmek** (Phra Thii Nang Wimanmek ; ☎ 0 2628 6300-9 ; Th Ratchawithi ; 100 B ou gratuit avec billet pour le Grand Palais ; ⏰ 9h30-16h) serait le plus grand édifice en teck doré au monde. Abritant un véritable trésor royal, il aurait été construit sans le moindre clou, et entièrement ajusté au moyen de minuscules chevilles en bois. Les visites guidées obligatoires (en anglais, environ 1 heure) ont lieu toutes les 30 min de 9h30 à 15h. Des spectacles gratuits de danse traditionnelle thaïe ont lieu dans un pavillon situé sur le côté du palais à 10h30 et à 14h.

Non loin, la **salle du trône d'Abhisek Dusit** (Phra Thii Nang Aphisek Dusit) est un édifice plus petit mais encore plus ornementé, au style mauresque très marqué. La façade est superbe, et le musée à l'intérieur renferme des objets d'artisanat régional. Plusieurs autres bâtiments servent d'espace d'exposition au trésor royal. Le **musée des Éléphants royaux**, près de l'entrée de Th U Thong Nai, donne à voir deux grandes étables qui abritaient autrefois trois éléphants blancs.

Ce site appartenant à la Couronne, une tenue correcte est exigée ; voir l'encadré p. 41.

WAT BENCHAMABOPHIT
วัดเบญจมบพิตร(วัดเบญจะ)

Contemporain de la salle du trône d'Ananda Samakhon et construit lui aussi en marbre blanc de Carrare, ce **wat** (temple de Marbre ; carte p. 82 ; angle Th Sri Ayuthaya et Th Phra Ram V ; 20 B ; ⏰ 8h-17h), remarquable, offre un mélange unique de styles classique européen et bouddhique thaïlandais. La cour située derrière le *bòht* comporte 53 statues du Bouddha représentant les *mudra* (postures) et les styles propres à l'histoire thaïlandaise. L'endroit est idéal pour en apprendre davantage sur l'iconographie bouddhique. L'enceinte du temple se prête à une agréable promenade.

Chinatown

Le quartier chinois (carte p. 86) de Bangkok s'articule autour de Th Yaowarat, une artère effervescente regroupant des boutiques d'orfèvrerie, des officines d'herbes médicinales et des restaurants immenses, tous flanqués d'énormes enseignes néon en caractères chinois. Le quartier invite à flâner sur les marchés bondés et dans de vieux *soi* (ruelles) pittoresques bordés de *shophouses* et d'étals de nourriture alléchants. Les vieux marchés de **Sampeng Lane** (carte p. 86 ; Soi Wanit 1 ; entre Th Ratchawong et Th Chakwarat) et de **Talat Mai** (Trok Itsaranuphap) sont les plus intéressants (et les plus surpeuplés). Une matinée dans le Trok Itsaranuphap tient de la bousculade perpétuelle. Pour vous orienter, reportez-vous à la promenade décrite p. 98. Alentour, vous découvrirez des dizaines de petits *wat*, dont certains de style typiquement chinois.

WAT TRAIMIT (BOUDDHA D'OR)
วัดไตรมิตร

Ce **wat** (temple du bouddha d'Or ; carte p. 86 ; ☎ 0 2225 9775 ; Th Traimit (aussi appelée Th Mitthaphap) ; 20 B ; ⏰ 8h-17h) est célèbre pour son extraordinaire bouddha en or massif pesant 5,5 tonnes (soit une valeur de 190 millions de dollars au cours actuel). Cette statue de style Sukhothai fut couverte de plâtre à l'époque d'Ayuthaya de manière à être protégée des voleurs birmans. Elle ne fut redécouverte qu'en 1955 : tandis qu'une grue la déplaçait, elle tomba et son revêtement se brisa. Évitez les groupes en venant tôt le matin ou en fin d'après-midi. Le temple est facilement accessible à pied depuis la station de métro Hualamphong – prendre la direction de Chinatown.

La ville nouvelle

Dans la partie plus récente de la ville (New Bangkok), les monuments religieux et les musées disparaissent au milieu des gratte-ciel de bureaux, des tours des hôtels et des centres commerciaux chic et tendance aussi gros qu'un petit quartier. Quelques sites historiques s'avèrent d'autant plus intéressants qu'ils côtoient ce Bangkok moderne et rutilant.

TEMPLE DE SRI MAHARIAMMAN (WAT PHRA SI MAHA UMATHEWI)

วัดพระศรีมหาอุมาเทวี

Ce **temple** (carte p. 88 ; angle Th Silom et Th Pan ; 6h-20h) hindou aux couleurs vives édifié en 1879 est un important lieu de culte pour la communauté indienne de Bangkok, ainsi que pour nombre de bouddhistes thaïlandais. Son gopura (tour typique de l'Inde du Sud) est orné de personnages du *Mahabharata*. On a le droit de pénétrer dans l'enceinte (pensez à vous déchausser), mais il est interdit de prendre des photos.

SANCTUAIRE D'ERAWAN

ศาลพระพรหม

Malgré la présence de nombreux temples, le Bangkok contemporain peut sembler peu imprégné de spiritualité. On rencontre toutefois toutes sortes de lieux sacrés au pied des gratte-ciel, le plus célèbre étant ce **sanctuaire** (Saan Phra Phrom ; carte p. 90 ; angle Th Ploenchit et Th Ratchadamri ; 6h-20h) voisin de l'Erawan Grand Hyatt. Lors de la construction de l'hôtel dans les années 1950, plusieurs accidents graves se produisirent. Ils cessèrent, dit-on, dès que le sanctuaire dédié au dieu hindou Brahma (Phra Phrom) fut érigé. Par la suite, l'hôtel prospéra ; depuis, les croyants n'ont cessé de venir prier pour que leurs vœux soient exaucés. Le site est l'objet d'une telle vénération qu'en 2006, des passants battirent à mort un déséquilibré qui s'en était pris à l'édifice. Des danseurs du sanctuaire donnent des représentations de *lá·kon gâa bon*. Vous trouverez plus de précisions sur ce sanctuaire et d'autres lieux sacrés dans l'excellent guide en anglais *Deities@Ratchaprasong*, à télécharger sur le site www.heartofbangkok.com.

MAISON DE JIM THOMPSON

บ้านจิมทอมป์สัน

Cet ensemble de **constructions traditionnelles en teck** (carte p. 90 ; ☎ 0 2216 7368 ; www.jimthompsonhouse.org ; 6 Soi Kasem San 2, Th Phra Ram I ; adulte/tarif réduit (moins de 25 ans, sur présentation d'une pièce d'identité) 100/50 B ; 9h-17h) n'aurait jamais existé sans l'Américain Jim Thompson, espion et magnat du commerce de la soie. Infatigable promoteur des arts et de la culture traditionnels thaïlandais, Thompson fit rapatrier ces maisons depuis des coins reculés du royaume, notamment du Nord, ou depuis des lieux proches comme le village musulman de Baan Krua, situé de l'autre côté du *klong* (où l'on tisse encore la soie aujourd'hui). Ces maisons furent ensuite réagencées en une résidence privée au bord du Khlong Saen Saep. Les visites guidées en français et en anglais ont lieu toutes les 20 min (photos interdites à l'intérieur). La résidence est à une courte distance à pied de la station de Skytrain National Stadium, et encore plus près de l'arrêt du *klong boat* de Hua Chang.

PARC LUMPHINI

สวนลุมพินี

Baptisé du nom de la cité natale du Bouddha au Népal, le plus grand et le plus populaire **parc public** (carte p. 82 ; 5h-20h) de Bangkok est

HORS DES SENTIERS BATTUS

Il existe en ville des sites ravissants et facilement accessibles, où vous pourrez pourtant vous retrouver presque tout seul. Si vous avez aimé la maison de Jim Thompson, sachez que Bangkok compte au moins cinq autres musées dans de vieilles maisons en teck, notamment le **Ban Kamthieng** (carte p. 92 ; ☎ 0 2661 6470 ; 131 Soi 21 (Asoke) ; 100 B ; 9h-17h mar-sam) et le **Wang Suan Phakkat** (palais de la Ferme aux laitues ; carte p. 82 ; ☎ 0 2245 4934 ; Th Sri Ayuthaya ; 100 B ; 9h-16h). On croise rarement âme qui vive dans ces deux institutions, qui abritent des collections d'art et d'artisanat thaïlandais.

GALERIES D'ART

Ces dernières années, le nombre de galeries – et d'amateurs – d'art a littéralement explosé à Bangkok. Pour connaître le programme des expositions, consultez la carte intitulée *BAM!* (Bangkok Art Map ; www.bangkokartmap.com) dans le mensuel *Bangkok 101*, le *Thailand Art & Design Guide* (www.thailandartanddesignguide.com), ou les magazines culturels annonçant les vernissages.

Parmi celles qui méritent le détour, citons la **Queen's Gallery** (carte p. 84 ; ☎ 0 2281 5360 ; 101 Th Ratchadamnoen Klang ; 20 B ; 🕒 10h-19h jeu-mar), spécialisée dans l'art contemporain "conventionnel" ; la **100 Tonson Gallery** (carte p. 90 ; ☎ 0 2684 1527 ; www.100tonsongallery.com ; 100 Soi Tonson, près de Th Ploenchit ; 🕒 11h-19h jeu-dim), considérée comme la meilleure galerie de la ville ; la **H Gallery** (carte p. 88 ; ☎ 0 2234 7556 ; www.hgallerybkk.com ; 201 Soi 12, Th Sathon ; 🕒 10h-18h mer-dim), galerie privée axée sur les jeunes artistes asiatiques ; et enfin la **Kathmandu Photo Gallery** (carte p. 88 ; ☎ 0 2234 6700 ; www.kathmandu-bkk.com ; 87 Th Pan, Th Silom ; 🕒 11h-19h mar-dim), seule galerie de la ville véritablement dévolue à la photographie.

ponctué d'allées, de pelouses et de clairières, et comporte un lac artificiel (location de pédalos). On peut y voir les habitants dans leurs moments de détente : pratique du tai-chi tôt le matin, jogging, musculation, cours d'aérobic en plein air ou loisirs en famille dans la verdure. De mi-février à avril, le parc accueille des joutes de cerfs-volants de combat. Son entrée principale se trouve dans Th Phra Ram IV, mais il existe d'autres portes dans Th Sarasin, Th Withayu et Th Ratchadamri. Le site est bien desservi par le métro (stations Lumphini et Silom) et par le Skytrain (stations Sala Daeng et Ratchadamri).

À FAIRE

Massages traditionnels

Les habitants de Bangkok voient dans le massage une thérapie préventive, et fréquentent les salons de massage plus assidûment que les salles de gym. Vous en trouverez à tous les coins de rue, des spas de luxe aux humbles petits salons de massage des pieds. Attention : un homme qui demande un "massage à l'huile" peut recevoir un traitement dont l'orthodoxie n'est pas garantie par l'école du Wat Pho… Pour un massage classique, évitez les salons où les masseuses sont jeunes et en minijupes.

Dans les petits salons, un massage des pieds coûte de 200 à 300 B et un massage complet du corps de 300 à 600 B. Dans les spas, les prix sont nettement plus élevés. Voici des adresses recommandées :

Coran Boutique Spa (carte p. 92 ; ☎ 0 2651 1588 ; www.coranbangkok.com ; 27/1-2 Soi 13, Th Sukhumvit ; 🕒 11h-22h ; massage traditionnel 1 heure 400 B). Massages exceptionnels dispensés par des diplômés de la Thai Traditional Medical Services Society voisine (qui propose aussi des cours).

Ruen-Nuad Massage & Yoga (carte p. 88 ; ☎ 0 2632 2662/3 ; 42 Th Convent, Th Silom ; 🕒 10h-22h ; massage traditionnel 1 heure 350 B). Atmosphère typique des spas et prix très raisonnables.

École de massage thaïlandais traditionnel du Wat Pho (carte p. 82 ; ☎ 0 2221 3686 ; Th Sanamchai ; 🕒 8h-18h30 ; massage 1 heure 360 B). Cette école de massage est une véritable institution en Thaïlande, et possède également deux pavillons climatisés à côté de la porte est du Wat Pho.

PROMENADE À PIED

Malgré les embouteillages et la pollution, une promenade à pied reste le meilleur moyen de découvrir Bangkok. Et dans certains cas – notamment dans les ruelles étouffantes et encombrées de Chinatown –, le seul. Un conseil pour cet itinéraire : partez dès après le déjeuner de sorte à terminer par un verre au soleil couchant. N'oubliez pas que les ferrys fluviaux ne circulent plus après 19h.

Au départ de l'embarcadère du ferry à Tha Saphan Phut (Memorial Bridge Pier), longez Th Chakraphet en direction du nord et engagez-vous dans **Phahurat (1)**, aussi appelé "Little India". Tournez à droite dans l'étroit **Trok Huae Med (2)**, un marché essentiellement indien s'étendant à l'est jusqu'à **Sampeng Lane (3)**, indiqué Soi Wanit 1 – le marché d'origine de Chinatown, en activité depuis 1782, où l'on vend surtout aujourd'hui des articles comme les stylos Hello Kitty et les animaux en peluche.

Prenez à gauche dans Th Mahachak, parcourez 30 m, puis prenez encore à gauche le passage couvert menant à de ravissants **shophouses chinois (4)** en stuc jaune – une oasis de calme dans l'effervescence du marché. Revenez dans Sampeng Lane et poussez à l'est – parmi les vendeurs ambulants – jusqu'à

Th Mangkon, où vous verrez deux des plus anciens bâtiments commerciaux de Bangkok, plus que centenaires : la **Bangkok Bank (5)** et la boutique de vente d'or **Tang To Kang (6)**.

Tournez à gauche (direction nord) dans Th Mangkun et remontez jusqu'à Th Yaowarat, artère principale de Chinatown. Une fois dépassées les célèbres boutiques d'orfèvres de la rue, prenez à droite. Au bout d'une centaine de mètres, traversez Th Yaowarat pour vous retrouver au milieu de la foule dense du **Talat Mai** (**7** ; alias Trok Itsaranuphap) ; vous saurez que vous êtes au bon endroit en voyant les gens s'engager un à un dans la ruelle. Là, environ à mi-chemin, le **Talat Leng-Buai-la (8)**, qui fut autrefois le marché aux fruits et légumes du centre, propose des marchandises essentiellement chinoises : noix de cajou fraîches, graines de lotus et *shitakés* (champignons). Lorsque vous vous en extirperez enfin, vous déboucherez dans Th Charoen Krung. Traversez la rue pour vous engager dans Soi Charoen Krung 21 et découvrir le **Wat Mangkon Kamalawat (9)**, l'un des temples les plus grands et les plus animés de Chinatown.

Revenez dans Th Charoen Krung, tournez à gauche (en direction de l'est), puis à droite dans **Th Plaeng Naam (10)**. Cette rue pittoresque bordée d'échoppes, de maisons de marchands et d'étals de nourriture est l'endroit idéal pour une pause repas (les deux cuisines donnant sur la rue à l'extrémité nord méritent une mention). Tournez à gauche dans **Th Yaowarat (11)**, puis, après avoir dépassé quelques édifices de style Art déco, prenez à gauche à hauteur de l'Odeon Circle (rond-point sur lequel est érigée une porte de style typiquement chinois) pour vous engager dans Th Traimit

PRATIQUE

Départ : Tha Saphan Phut (Memorial Bridge, ferry fluvial N6)

Arrivée : Tha Marine Department (ferry fluvial N4) ou station Hualamphong (métro)

Distance : 4 km

Durée : 3 heures

Pause repas : cuisine de rue dans Th Plaeng Naam

PROMENADE À PIED

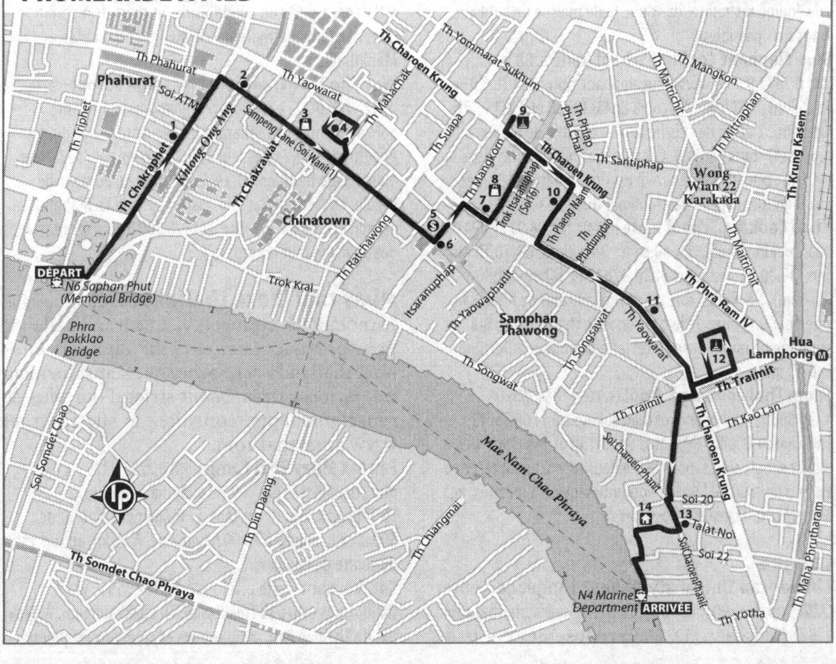

(aussi appelée Th Mitthaphap) et rejoindre le **Wat Traimit** et le **bouddha d'Or** (**12** ; p. 96). Rebroussez chemin jusqu'à l'Odeon Circle, traversez, puis dépassez les ateliers d'usinage de Soi Yaowarat 1 pour rallier Soi Charoen Phanit et le pittoresque quartier du **Talat Noi** (**13**). À ce stade, vous aurez bien mérité de prendre un verre. Suivez alors les panneaux jusqu'à la **River View Guest House** (**14** ; p. 106), dont le bar-restaurant, installé au 8e étage, propose de la bière bon marché et jouit d'une vue splendide au soleil couchant. Pour regagner votre hôtel, empruntez, au choix, le ferry ou le métro.

COURS

Des cours, plus ou moins longs, permettent de découvrir la langue et la gastronomie du pays.

Cuisine

Nombre d'hôtels de luxe organisent des cours de cuisine thaïlandaise. Il existe aussi des écoles privées plus abordables.

Baipai Thai Cooking School (carte p. 80 ; ☎ 0 2294 9029 ; www.baipai.com ; 150/12 Soi Naksuwan, Th Nonsee ; 1 800 B ; ⏲ cours 9h30-13h30 et 13h30-17h30 mar-dim). Les 2 cours quotidiens (4 plats/cours) sont dispensés par une équipe restreinte, dans une belle maison de banlieue. Transferts possibles.

Blue Elephant Cooking School (carte p. 88 ; ☎ 0 2673 9353 ; www.blueelephant.com ; 233 Th Sathon Tai, Silom ; 2 800 B ; ⏲ cours 8h45-12h30 et 13h15-17h lun-sam). L'école de cuisine la plus réputée de Bangkok propose 2 cours par jour. Celui du matin inclut une visite au marché ; celui de l'après-midi est une initiation détaillée aux ingrédients de la gastronomie thaïlandaise.

Khao Cooking School (carte p. 84 ; ☎ 08 9111 0947 ; khaocookingschool@gmail.com ; D&D Plaza, 68-70 Th Khao San ; 1 500 B ; ⏲ cours 8h30-12h30 et 14h30-18h30 lun-sam). Nouvelle école de cuisine au cœur de Khao San, créée par un ponte de la gastronomie thaïlandaise, qui enseigne de nombreuses recettes authentiques. Derrière le D&D Inn.

Silom Thai Cooking School (carte p. 88 ; ☎ 08 4726 5669 ; www.bangkokthaicooking.com ; 68 Soi 13, Th Silom ; 1 000 B ; ⏲ cours 9h30-13h et 14h-18h). Des locaux simplissimes, pour le meilleur rapport qualité/prix : visite d'un marché local et apprentissage de 6 recettes, en 3 heures 30. Transferts possibles.

Langue

L'**American University Alumni Language Center** (AUA ; carte p. 90 ; ☎ 0 2252 8170 ; www.auathai.com ; 179 Th Ratchadamri ; 102 B/h) propose des cours de thaï intensifs, en continu de 7h à 20h, du lundi au vendredi. On vient quand on veut, sans rendez-vous.

AAA Thai Language Center (carte p. 90 ; ☎ 0 2655 5629 ; www.aaathai.com ; 6e ét., 29 Vanissa Bldg, Th Chitlom, Pathumwan). Bon rapport qualité/prix. Réputation méritée.

Thailish Language School (carte p. 92 ; ☎ 0 2258 6846 ; www.thailanguageschool.com ; 427 Th Sukhumvit, entre Soi 21 et Soi 23). Petite école proposant des cours particuliers ou en petits groupes, surtout axés sur la conversation.

Méditation et massage

La plupart des centres d'étude bouddhiques de Bangkok pratiquent surtout la méditation *vipassana* (clairvoyance). **Dharma Thai** (www.dhammathai.org) fournit une liste des *wat* et des centres de méditation les plus en vue. Vous pourrez aussi vous renseigner auprès du **World Fellowship of Buddhists** (WFB ; carte p. 92 ; ☎ 0 2661 1284 ; www.wfb-hq.org ; 616 Benjasiri Park, Soi Medhinivet, Soi 24, Th Sukhumvit).

Centre de méditation bouddhique international (International Buddhist Meditation Center ; carte p. 84 ; ☎ 0 2623 6326 ; www.mcu.ac.th/IBMC/ ; section vipassana salle 106, Mahachula Bldg, Wat Mahathat, Th Pra Chan). Conférences régulières en anglais autour des différents aspects du bouddhisme, et cours de méditation dans ce centre international de méditation du Wat Mahathat.

Wat Pho Thai Traditional Massage School (carte p. 82 ; ☎ 0 2221 3686 ; www.watpomassage.com ; Soi Phenphat 1, Th Maharat). L'école de massage du Wat Pho est, de loin, le meilleur établissement pour se former au massage traditionnel. Les cours ont lieu au siège de l'école, en face du Wat Pho, juste à côté de Th Maharat. La session de 30 heures coûte 6 500/8 500 B pour les massages des pieds/de tout le corps.

Muay thai (boxe thaïlandaise)

De nombreux étrangers viennent en Thaïlande pour pratiquer le *mou·ay tai* (ou *muay thai* ; boxe thaïlandaise). Sachez que l'entraînement est parfois *extrêmement* strict. Pour plus de renseignements, consultez le site Internet www.muaythai.com.

Fairtex Muay Thai Camp (☎ 0 2755 3329 ; www.muaythaifairtex.com ; 99/8 Soi Buthamanusorn, Th Theparak, Samut Prakan). Entraînement à partir de 500 B/cours, jusqu'à 7 700 B/semaine. À 25 km au sud-est du centre de Bangkok.

Sor. Vorapin (carte p. 84 ; ☎ 0 2282 3551 ; www.thaiboxings.com ; 13 Trok Kasap, Th Chakkaphong). À deux pas de Th Khao San, programmes adaptés aux étrangers.

Des entraînements plus intenses se déroulent dans un autre lieu en dehors de la ville. Comptez 500 B/demi-journée, 2 500 B/semaine et 9 000 B/mois.

AVEC DES ENFANTS

Bangkok a tout pour plaire aux enfants. Les centres commerciaux disposent en général de multiples distractions pouvant satisfaire les bambins de tous âges, du shopping pour les adolescents aux manèges pour les tout-petits. Les parents trouveront toutes sortes d'idées et d'informations utiles sur le site Internet www.bambiweb.org.

Queen Saovabha Memorial Institute (ferme aux serpents)

สถานเสาวภา

Les amateurs de frissons ne seront pas déçus par cette **ferme aux serpents** (carte p. 88 ; ☎ 0 2252 0161 ; 1871 Th Phra Ram IV, Lumphini ; adulte/enfant 200/50 B ; ⌚ 9h30-15h30 lun-ven, 9h30-13h sam-dim), qui fournit les hôpitaux thaïlandais en contrepoison. On peut assister à l'extraction du venin (mortel) des serpents à 11h tous les jours, ou se faire glisser l'un de ces animaux autour du cou du lundi au vendredi à 14h30.

Children's Discovery Museum

พิพิธพัณฑ์เด็ก

Le meilleur **musée pour enfants** (carte p. 80 ; ☎ 0 2618 6509 ; Queen Sirikit Park, Th Kamphaeng Phet 4 ; adulte/enfant 70/50 B ; ⌚ 9h-17h mar-ven, 10h-18h sam-dim) de la ville se situe en face du vaste marché du week-end de Chatuchak. Grâce aux expositions interactives, adultes et enfants se divertissent ensemble, notamment en appuyant sur les boutons de la machine à fabriquer des bulles géantes. Pour venir, suivez les panneaux depuis la station de Skytrain Mo Chit.

Théâtre Aksra

โรงละครโจหลุยส

L'ancien théâtre de marionnettes de Joe Louis a déménagé et commence une nouvelle vie sous la forme du moderne **Aksra Hoon Lakorn Lek** (carte p. 82 ; ☎ 0 2677 8888 poste 5604 ; www.aksratheatre.com ; King Power Complex, 8/1 Th Rang Nam, Ratchathewi ; billet 800 B ; ⌚ spectacles 19h mar-ven, 13h et 19h sam-dim). Nombreuses représentations, la plus impressionnante étant celle du *Ramakian*, qui nécessite trois marionnettistes pour faire prendre aux marionnettes des postures troublantes d'humanité.

Siam Ocean World

สยามโอเชี่ยนเวิร์ล

Le plus grand aquarium d'Asie du Sud-Est, le **Siam Ocean World** (carte p. 90 ; ☎ 0 2687 2000 ; www.siamoceanworld.com ; sous-sol, Siam Paragon, Th Phra Ram 1 ; adulte/enfant 0,80-1,20 m 850/650 B ; ⌚ 10h-20h) abrite des centaines d'espèces de poissons, des crustacés et même des pingouins. Ne manquez pas le bassin principal percé d'un tunnel permettant de se promener parmi les raies et les requins. Si possible, programmez la visite pour qu'elle coïncide avec les repas des requins (13h et 16h) et des pingouins (12h30 et 16h30).

CIRCUITS ORGANISÉS

La plupart des prestataires se concentrent sur les sites les plus importants, le fleuve et les excursions à la journée jusqu'à Ayuthaya.

Circuits en long-tail boat

Il est possible d'affréter des *long-tail boats*, symbole de Bangkok, pour naviguer sur le *klong* à Thonburi, notamment sur le Khlong Bangkok Yai et le Khlong Bangkok Noi. On trouve des pilotes à Tha Chang (carte p. 84), à Tha Saphan Phut (carte p. 86), à Tha Oriental (carte p. 88) et à Tha Sri Phraya (carte p. 88). La location coûte environ 800 B/heure (plus on est près d'un hôtel cher, plus les prix augmentent) ; négociez.

Circuits à vélo

La circulation et la chaleur humide propres à Bangkok rebuteront certains. Pourtant, des agences proposent des circuits techniquement inaccessibles autrement qu'à vélo. On découvre ainsi Chinatown et Ko Ratanakosin sous un autre jour, mais le plus intéressant reste Thonburi, de l'autre côté du fleuve, et plus particulièrement **Bang Kachao** (carte p. 80), le "poumon de Bangkok", une vaste étendue de mangroves, de plantations de bananiers et de cocotiers à quelques kilomètres de l'effervescence du centre-ville. Voici quelques agences recommandées :

ABC Amazing Bangkok Cyclists (carte p. 92 ; ☎ 0 2665 6364 ; www.realasia.net ; 10/5-7 Soi 26, Th Sukhumvit ; circuits à partir de 1 000 B)

Bangkok Bike Rides (☎ 0 2712 5305 ; www.bangkokbikerides.com ; circuits à partir de 1 000 B)

Co van Kessel Bangkok Tours (carte p. 86 ; ☎ 0 2688 9933 ; www.covankessel.com ; Mezzanine, hôtel Grand China Princess, 215 Th Yaowarat, Chinatown ; circuits à partir de 950 B ; ⌚ 6h-19h)

BANGKOK INSOLITE

Bangkok est insolite en soi. Mais si vous souhaitez aller au-delà des premières sensations d'étrangeté, voici une liste de sites des plus inhabituels (pour Th Khao San, voir p. 95).

Le **marché aux amulettes** (carte p. 84 ; Th Phra Chan) donne à voir le versant commercial du bouddhisme, mélange d'animisme et d'antiquités. Les amulettes les plus courantes sont de petites plaques en céramique, fabriquées dans d'importants monastères bouddhiques, mais l'on trouve aussi de minuscules statuettes du Bouddha, des symboles phalliques (lingams), des fragments d'os et d'autres objets auxquels on prête des pouvoirs. Si vous avez envie de vous offrir une amulette, plusieurs stands proposent de les sertir en pendentif moyennant environ 30 B.

Le site religieux le plus étonnant de Bangkok est peut-être le **temple au lingam** (Saan Jao Mae Thap Thim ; carte p. 90 ; Soi Somkhit, Th Withayu), qui est niché derrière le Swissôtel Nai Lert Park. Ce sanctuaire abrite un phallus haut de 3 m et des centaines de représentations de cet organe, en bois et en pierre. Les femmes qui souhaitent avoir un enfant viennent y prier.

Le **musée de la Médecine légale** (Forensic Medicine Museum ; carte p. 82 ; ☎ 0 2419 7000 ; 2e ét., Forensic Medecine Bldg, Siriraj Hospital ; 40 B ; 9h-16h lun-sam) présente notamment quelques-uns des cas de meurtres les plus abominables commis à Bangkok, preuves à l'appui. Pour rejoindre le musée, prenez le ferry à Tha Chang (N9) ou à Tha Phra Chan à destination de Tha Wang Lang (Siriraj, N10).

Velo Thailand (carte p. 84 ; ☎ 08 9201 7782 ; www.velothailand.com ; 88 Soi 2, Th Samsen, Banglamphu ; circuits à partir de 1 000 B ; 10h-21h)

Dîners-croisières

Les dîners-croisières sur le Chao Phraya remportent un immense succès. Qu'elles s'effectuent à bord de barges à riz séculaires ou de bateaux modernes aux néons étincelants, elles permettent d'admirer Bangkok illuminée, et notamment les sites incontournables tels le Wat Arun, le Grand Palais et le Saphan Phra Ram IX. Les bateaux les plus grands disposent souvent de pistes de danse et l'animation est assurée par des musiciens – une expérience peut-être moins romantique que ce que vous pourriez imaginer.

Loy Nava (carte p. 88 ; ☎ 0 2437 4932 ; www.loynava.com ; menu 1 766 B ; 18h-20h et 20h10-22h). Deux croisières au départ de l'embarcadère du centre commercial River City à bord d'une ancienne barge à riz.

La barge reconvertie de **Manohra Cruises** (carte p. 80 ; ☎ 0 2477 0770 ; www.manohracruises.com ; Bangkok Marriott Resort & Spa ; croisière cocktail 900 B, dîner-croisière 1 250-1 990 B ; croisière cocktail 18h-19h, dîner-croisière 19h30-22h) part de l'embarcadère du Bangkok Marriott Resort & Spa, avec escales à Tha Sathon (carte p. 88), Saphan Taksin et Tha Oriental (carte p. 88).

Wan Fah Cruises (carte p. 88 ; ☎ 0 2222 8679 ; www.wanfah.in.Th ; 1 200 B ; 19h-21h). Croisières à bord d'une barge à riz chinoise au départ de Tha Sri Phraya (l'embarcadère près du centre commercial River City).

Le célèbre restaurant **Yok Yor** (carte p. 82 ; ☎ 0 2439 3477 ; www.yokyor.co.Th ; dîner 300-550 B, supp 140 B ; 20h-22h) se démarque avec ses dîners-croisières au départ de Thonburi, en face du River City. Préférable aux croisières proposées par les hôtels.

Autres circuits organisés

Pour une visite sur mesure en compagnie d'un guide expérimenté, adressez-vous à **Bangkok Private Tours** (www.bangkokprivatetours.com), une agence de plus en plus réputée, notamment pour ses circuits gastronomiques.

FÊTES ET FESTIVALS

Outre les fêtes nationales (voir p. 415), Bangkok possède des manifestations qui lui sont propres.

Bangkok Jazz Festival (mars ; www.bangkokjazzfestival.com). Artistes nationaux et étrangers.

Fête du Cerf-Volant (mars). Combats de cerfs-volants dans les parcs publics de Bangkok et à Sanam Luang.

Fête royale des Labours (mai). Cérémonie des labours présidée par le roi (ou, plus récemment, le prince), à Sanam Luang, pour annoncer la récolte du riz.

Festival international du film de Bangkok (dates variables, généralement entre juillet et septembre ; www.bangkokfilm.org). Dans les cinémas de la ville.

Courses de Swan-Boats (bateaux cygnes, en septembre). Au milieu du mois, sur le Chao Phraya, près de Saphan Rama IX.

Fête végétarienne (septembre/octobre). Dans Soi 20, Th Charoen Krung ; profusion de plats végétariens à Chinatown.

Fête du Gras (novembre). Manifestation musicale annuelle ; une radio alternative accueille les musiciens thaïlandais qui montent.

OÙ SE LOGER

Bangkok compte plus de 400 hôtels et pensions, allant de l'établissement pour voyageur indépendant sans le sou à l'hôtel de luxe ultrachic. Ils sont disséminés dans toute la ville, mais tendent à se regrouper par quartier, selon leur standing.

Banglamphu et Th Khao San attirent les voyageurs en solo, et bien peu résistent à cet appel. De fait, le quartier s'avère très pratique car proche du fleuve, ainsi que des musées et des monuments de la vieille ville. Loin au nord (si l'on s'y rend à pied), Thewet, à l'atmosphère paisible, permet de visiter facilement les palais de Dusit ; on y trouve quelques bonnes pensions. Plus au sud, Chinatown est un quartier très vivant, souvent négligé, offrant quelques adresses correctes. Non loin, Hualamphong abrite de bons établissements pour petits budgets, près de la gare ferroviaire.

Les berges du fleuve au sud de Chinatown sont occupées par plusieurs grands hôtels ultraluxueux offrant une vue splendide. Th Silom et, plus récemment, Th Sathon accueillent des établissements de catégorie moyenne, récents et chic, ainsi que quelques opulents hôtels assez insolites. Aux alentours de Siam Square, on trouve plusieurs hôtels haut de gamme, ainsi qu'une poignée d'adresses bon marché. Th Sukhumvit, où se côtoient selon les *soi* (ruelles) le sordide et l'élégant, est le quartier des nouveaux hôtels de charme, des hôtels de catégorie moyenne pour touristes, mais aussi des établissements pour budgets serrés et de catégorie supérieure. Pour plus de renseignements sur l'hébergement en Thaïlande, voir p. 417.

Ko Ratanakosin et Thonburi

Les plus anciens quartiers de Bangkok font une base idéale pour visiter les principaux sites historiques. Il est vivement conseillé de réserver bien à l'avance.

Bhuthorn (carte p 84 ; ☎ 0 2622 2270 ; thebhuthorn.com ; 96-98 Th Phraeng Phuthon, San Chao Phor Seua ; d à partir de 2 800 B ; ⊠ 💻 📶). Un magnifique B&B installé dans un *shophouse* bicentenaire, sur une petite place tranquille du vieux Bangkok. Chambres décorées d'objets anciens offrant tout le confort moderne. Wi-Fi gratuit. Service impeccable. Réservation recommandée.

Arun Residence (carte p. 82 ; ☎ 0 2221 9158 ; www.arunresidence.com ; 36-38 Soi Pratu Nokyang, en retrait de Th Maharat, Ko Ratanakosin ; d 3 500-5 500 B ; ⊠ 💻 📶). Près du Wat Pho, une retraite romantique au décor des années 1950 surplombant le fleuve.

TARIFS DES CHAMBRES D'HÔTEL

Bangkok souffre évidemment du "syndrome de la capitale", au sens où les tarifs des chambres d'hôtel sont considérablement plus élevés que partout ailleurs dans le pays. Nous avons classé les établissements de la ville en 3 catégories :

Petits budgets : moins de 1 000 B
Catégorie moyenne : de 1 000 à 4 500 B
Catégorie supérieure : plus de 4 500 B

Ces tarifs s'entendent sans réservation spécifique. Sachez qu'on peut obtenir des rabais (parfois très) conséquents en réservant en ligne ou par téléphone ; voir p. 418 pour plus de précisions.

Dans la catégorie **petits budgets**, l'époque des chambres à 50 B à Banglamphu est révolue. Toutefois, les budgets très serrés trouveront encore un lit en dortoir avec sdb commune moyennant 150 à 400 B. Les doubles plus confortables et élégantes coûtent 800 B et au-delà, le prix augmentant en fonction des dimensions et de l'emplacement.

C'est dans la **catégorie moyenne** que vous bénéficierez des rabais les plus intéressants, à condition de réserver. Des chambres dont les tarifs sont affichés jusqu'à 4 500 B reviennent alors souvent à 2 500-3 000 B. Les établissements plus modestes pratiquent des tarifs plus bas (la modestie correspondant ici à la décoration). Voilà pourquoi les établissements plus anciens sont souvent assez bon marché et les hôtels plus tendance, plus onéreux. Si votre budget correspond à la fourchette basse de la catégorie moyenne, sachez qu'on trouve de très jolies chambres pour 1 500-2 500 B.

De plus en plus nombreux à Bangkok, les hôtels de **catégorie supérieure** facturent un minimum de 4 500 B la chambre, voire bien plus. Les plus onéreux demandent au minimum 10 000 B. Dans la plupart des luxueux hôtels design et de charme, et dans la grande majorité des hôtels de chaînes internationales, on peut néanmoins compter sur 6 000 à 9 000 B, avant rabais via Internet.

LES MEILLEURS HÔTELS DE CHARME

On assiste à Bangkok à une véritable explosion des hôtels de charme, alliant une ambiance feutrée, un luxe discret et une décoration soignée.

Voici nos adresses favorites :

Si l'argent n'est pas un problème

Dream (p. 111). Un rêve bleuté.
Eugenia (p. 111). Style "explorateur chic".
Ma Du Zi (p. 111). Chef-d'œuvre de design.
Sukhothai Hotel (p. 109). Style thaï classique contemporain.

Sans trop grever le budget

72 Ekamai (p. 110). Rétro et branché.
Bhuthorn (p. 103). Ambiance de village dans la vieille ville.
Phranakorn Nornlen (p. 106). Tourné vers l'écologie.
Refill Now! (p. 110). Le concept d'auberge de jeunesse revisité.
Shanghai Mansion (p. 106). Kaléidoscope de la Chine d'antan.

Aussi appréciable pour son restaurant et son bar sur le toit que pour ses 6 chambres joliment décorées, dont 3 avec terrasse privative.

Aurum : The River Place (carte p. 82 ; ☎ 0 2622 2248 ; www.aurum-bangkok.com ; Soi Pansuk, en retrait de Th Maharat, Ko Ratanakosin ; lits jum/d petit-déj inclus 3 600/4 100 B ;). Au bout d'une rangée de vieux entrepôts chinois, au bord du fleuve, ce bel hôtel confortable compte 12 belles chambres meublées avec goût.

Ibrik Resort (carte p. 82 ; ☎ 0 2848 9220 ; www.ibrikresort.com ; 256 Soi Wat Rakhang, Th Arun Amarin, Thonburi ; d 4 000 B ;). Dans une maison en bois blanc donnant sur le fleuve côté Thonburi, l'Ibrik compte 3 chambres du plus bel effet, avec soieries et lits à baldaquin. Un hôtel de charme très intime. Pas de vue pour la chambre Moonlight.

Chakrabongse Villas (carte p. 82 ; ☎ 0 2222 1290 ; www.thaivillas.com ; 396 Th Maharat ; Ko Ratanakosin ; villas 4 500-25 000 B ;). L'ancien domaine du prince Chakrabongse Bhuvana Th (XIXe siècle) a été transformé en un établissement de charme magnifique, regroupant 7 villas, toutes disposées dans les jardins – la résidence du prince reste une habitation privée. Le pavillon où l'on sert le dîner au bord du fleuve est extrêmement romantique (repas préparés à la demande). Un ravissement…

Banglamphu

L'époque où Th Khao San (p. 95) ne concentrait que des hébergements très bon marché semble révolue. Tout comme les hippies ont cédé la place aux couples de voyageurs indépendants plus argentés, les minuscules chambres avec ventilateur ont été remplacées par d'autres plus spacieuses, climatisées et pourvues de sdb, dont le tarif minimum s'élève à 500 B. Presque tous les établissements disposent d'un restaurant servant une cuisine au goût des papilles des *faràng* (étrangers) et proposent des projections de films tous les soirs.

Des pensions plus calmes et un nombre croissant d'hôtels de catégorie moyenne se sont installés dans un rayon de 1 km autour de Th Khao San. Les voyageurs plus expérimentés leur accordent leur préférence. De décembre à février, la compétition pour dénicher une chambre est rude et beaucoup d'hôtels affichent complet dès 10h. Il est possible de réserver, à condition de payer à l'avance.

Pour venir en transports en commun, prenez un bus public, un ferry Chao Phraya Express pour Tha Phra Athit (Tha Banglamphu, N13) ou le bus Airport Express depuis Suvarnabhumi.

PETITS BUDGETS

On dénombre près d'une centaine de pensions et d'hôtels à Banglamphu. Si certains ne sont pas répertoriés ici, cela ne signifie pas qu'ils ne le méritent pas. Regardez autour de vous et jugez par vous-même, sans oublier que les meilleurs établissements (et les moins chers) ne sont en principe pas dans Th Khao San, et que cette rue peut s'avérer bruyante. Allez plutôt faire un tour dans Soi Rambutri, ruelle qui contourne le Wat Chana Songkhram à l'ouest de Th Khao San, ou encore dans le *soi* proche de Th Samsen au nord du Khlong Banglamphu et, si vous cherchez des prix imbattables, dans la ruelle parallèle située entre Th Khao San et Th Ratchadamnoen Klang – vous y dénicherez une poignée de pensions en bois à l'ancienne proposant des chambres avec ventilateur et sdb commune (250-500 B), ou avec ventilateur et sdb privative (400-750 B).

Shambara (carte p. 84 ; ☎ 0 2282 7968 ; www.shambarabangkok.com ; 138 Th Khao San ; ch 300-600 B ;). Juste à côté de Th Khao San, cette maison en bois centenaire comporte 9 chambres minuscules se partageant 2 douches et des toilettes propres. Ambiance sympathique. Réservation recommandée.

Lamphu House (carte p. 84 ; ☎ 0 2629 5861 ; www.lamphuhouse.com ; 75-77 Soi Rambutri, Th Chakraphong ; d 400-740 B ;). Ambiance décontractée pour cet établissement à l'emplacement relativement calme et en retrait, abritant des chambres élégamment décorées. Chambres moins chères disponibles (ventilateur et sdb communes).

Sam Sen Sam Place (carte p. 84 ; ☎ 0 2628 7067 ; www.samsensam.com ; 48 Soi 3, Th Samsen ; ch 500-2 100 B ;). Pension accueillante au nord de Th Khao San. Chambres aux couleurs pimpantes, de différentes tailles, toutes avec parquet ciré et mobilier en teck. Sdb communes pour les plus petites.

Roof View Place (carte p. 84 ; ☎ 0 2280 1272 ; Soi 6, Th Samsen ; s 580 B, d 680-780 B ;). Les chambres blanches, à la jolie décoration dépouillée, justifient les 10 min de marche nécessaires pour rejoindre Th Khao San. Cuisine à disposition. Personnel jeune et sympathique.

Rikka Inn (carte p. 84 ; ☎ 0 2282 7511 ; www.rikkainn.com ; 259 Th Khao San ; ch 600-950 B ;). Excellent rapport qualité/prix pour cet établissement avec piscine sur le toit, chambres petites mais impeccables, et emplacement central dans Th Khao San.

Villa Cha-Cha (carte p. 84 ; ☎ 0 2280 1025 ; www.villachacha.com ; 36 Th Tani ; ch 800-2 750 B ;). En retrait de Th Rambutri, et très appréciée pour sa piscine et son atmosphère, cette belle villa compte 74 grandes chambres confortables.

Citons aussi :

Prasuri Guest House (carte p. 84 ; ☎ 0 2280 1428 ; prasuri_gh_bkk@hotmail.com ; Soi Phrasuli ; s 220-380 B, d 280-420 B ;). Pension toute simple, peut-être un peu vieillotte, tenue par une famille.

Boworn BB (carte p. 84 ; ☎ 0 2629 1073 ; www.bowornbb.com ; 335 Th Phra Sumen ; ch 700-800 B ;). Chambres quelconques impeccables. Atmosphère familiale autour de la réceptio[illegible] du jardin sur le toit-terrasse.

CATÉGORIE MOYENNE

Les établissements de cette catégorie poussent comme des champignons à Banglamphu.

Sleep Withinn (carte p. 84 ; ☎ 0 2280 3070 ; www.sleepwithinn.com ; 76 Th Rambutri ; ch 1 100-1 800 B ;). Nouvel établissement pour les voyageurs en solo, comprenant 50 petites chambres de style zen, ainsi qu'une piscine sur le toit. Excellent rapport qualité/prix. Déjà très apprécié. Réductions en ligne.

New Siam Riverside (carte p. 84 ; ☎ 0 2629 3535 ; www.newsiam.net ; 21 Th Phra Athit ; d avec petit-déj 1 390-2 490 B ;). Quatrième membre de l'empire New Siam, cet hôtel de 104 chambres, au bord du fleuve, comporte une piscine et des chambres vaguement stylées. Les meilleures sont celles avec vue (à partir de 1 890 B). Le New Siam II et le New Siam III sont également très courus.

Boonsiri Place (carte p. 84 ; ☎ 0 2622 1551 ; www.boonsiriplace.com ; 55 Th Buranasat ; d 1 500-1 900 B ;). Dans le quartier historique au sud de Th Khao San, un agréable hôtel moderne, doté de 48 chambres assez spacieuses. Bon rapport qualité/prix et tranquillité.

Lamphu Treehouse (carte p. 84 ; ☎ 0 2282 0991 ; www.lamphutreehotel.com ; Soi Baan Pan Thom, 155 Wanchat Bridge, Th Prachatipatai ; s/d 1 500/2 100 B ;). Accessible via un sentier longeant un *klong* à quelques minutes au nord-est de Th Khao San, le Lamphu est prisé pour sa piscine et ses (40) chambres confortables et pimpantes.

♡ **Navalai River Resort** (carte p. 84 ; ☎ 0 2280 9955 ; www.navalai.com ; 45/1 Th Phra Athit ; d à partir de 2 100 B ;). Un magnifique hôtel de charme donnant sur le Mae Nam Chao Phraya et Th Phra Athit. Parmi les 74 grandes chambres, celles avec vue sur le fleuve (chambres River Breeze) valent bien le supplément. Piscine sur le toit et restaurant au bord de l'eau. Réservation recommandée.

Old Bangkok Inn (carte p. 84 ; ☎ 0 2629 1787 ; www.oldbangkokinn.com ; 609 Th Phra Sumen ; d 3 190-3 990 B, f 5 590 B ;). Niché au milieu de vieux *shophouses*, un hôtel de charme de 10 chambres alliant l'élégance traditionnelle au confort moderne. Beaucoup de cachet, cadre historique et service chaleureux.

Buddy Lodge (carte p. 84 ; ☎ 0 2629 4477 ; www.buddylodge.com ; 265 Th Khao San ; ch 4 000-5 000 B ;). Leader de l'embourgeoisement de Th Khao San, cet hôtel superbe compte 76 chambres spacieuses à la décoration tropicale. Piscine sur le toit-terrasse. Emplacement central et animé Remises importantes en ligne. McDonald's dans le hall.

Thewet et Dusit

Au nord de Banglamphu près de la Bibliothèque nationale, quelques établissements bon marché, tenus par des familles, et installés là bien avant l'engouement pour Th Khao San, ont conservé une atmosphère authentique : ici, pas de discothèques, et côté restauration rapide, il faut se rabattre sur le marché voisin. Thewet attire particulièrement les voyageurs impénitents lassés de Th Khao San. Ces lieux, ainsi que le Phranakorn Nornlen (de catégorie moyenne et soucieux d'écologie), permettent d'aller à pied (le trajet est un peu long) à Th Khao San, Ko Ratanakosin et Dusit, mais sont moins pratiques pour accéder aux autres quartiers. Pour venir, prenez un ferry Chao Phraya Express (descendre à Tha Thewet, N15) ou les bus publics nos 3, 30 et 53 dans Th Samsen.

Bangkok International Youth Hostel (carte p. 82 ; ☎ 0 2282 0950 ; www.hihostels.com ; 25/2 Th Phitsanulok, Dusit ; dort 170 B, ch 450-1 100 B ;). Relativement mal située, cette auberge de jeunesse a bénéficié de 3 ans de rénovation – les chambres et dortoirs les plus anciens restent un peu vieillots. Son grand atout : des bénévoles thaïlandais proposent des circuits gratuits afin d'améliorer leur anglais. 50 B de remise pour les membres HI. Wi-Fi gratuit.

Shanti Lodge (carte p. 82 ; ☎ 0 2281 2497 ; www.shantilodge.com ; 37 Th Sri Ayuthaya, Thewet ; dort 350 B, s 400-850 B, d 500-950 B ;). Un établissement stylé comptant un choix varié de chambres – modestes ou, dans la nouvelle aile en béton, décorées de fresques murales et dotées de sdb. Café-restaurant au rdc, fréquenté par une clientèle décontractée.

Sri Ayuttaya Guest House (carte p. 82 ; ☎ 0 2282 5942 ; Th Sri Ayuthaya ; s 350 B, d 650-750 B ;). L'ambiance n'est pas aussi conviviale qu'au Shanti Lodge, voisin, mais l'établissement reste d'une qualité supérieure à nombre de ceux de Th Khao San. Agréables chambres, d'un rapport qualité/prix correct.

Phranakorn Nornlen (carte p. 82 ; ☎ 0 2628 8188-90 ; www.phranakorn-nornlen.com ; 46 Soi Thewet 1, Th Krung Kasem, Thewet ; s/d 1 800/2 200 B ;). Tout le monde adore cet hôtel de charme un peu rustique installé dans un édifice en bois reconverti, au milieu d'un jardin. Ici, écologie et souci de l'environnement sont à l'honneur. On y sert un délicieux petit-déjeuner bio, et le personnel, très amène, vous encouragera gentiment à dépenser votre argent dans les restaurants et marchés locaux pour favoriser leur développement. Recommandé.

Chinatown et Hualamphong

À Chinatown, quartier surpeuplé et bruyant à l'ambiance frénétique, les hôtels sont pour la plupart des établissements très impersonnels. Toutefois, les choses commencent à changer et certaines petites adresses bon marché des alentours de la gare de Hualamphong, ainsi qu'un hôtel de charme original ont pas mal de cachet. La plupart des hôtels de Chinatown sont de catégorie moyenne ; nous avons listé les meilleurs.

Mieux vaut éviter les hôtels très bon marché et très délabrés situés juste à côté de la gare de Hualamphong, dans Th Rong Muang (appelée aussi Th Hualamphong), pour leur préférer l'un de ceux cités ci-dessous.

Baan Hualampong (carte p. 86 ; ☎ 0 2639 8054 ; www.baanhualampong.com ; 336/20-21 Soi Charlong Krung, Th Rama IV ; dort 220 B, s 290 B, d 520-900 B ;). À une courte distance à pied de la gare de Hualamphong, une pension à l'ancienne appréciée pour son ambiance à la fois familiale et "routarde". Le propriétaire est une véritable mine de renseignements.

River View Guest House (carte p. 86 ; ☎ 0 2234 5429 ; www.riverviewbkk.com ; 768 Soi Phanurangsi, Th Songwat ; ch 250-950 B ;). La vue est magnifique depuis les chambres des étages supérieurs et le bar-restaurant sur le toit-terrasse. Chambres spacieuses et simples ; celles avec climatisation coûtent plus cher. Situé dans un quartier authentique, l'hôtel est difficile à localiser. Depuis l'arrêt du ferry Maritime Department, reportez-vous à notre carte.

Train Inn (carte p. 86 ; ☎ 08 1819 5544 ; www.thetraininn.com ; 428 Th Hualamphong ; ch 450-900 B ;). Un hôtel impeccable, sûr et assez insolite (de la couleur partout). La propriétaire, Jana, contribue à l'ambiance, détendue et amicale. Les 41 chambres sont dans le style des auberges de jeunesse ; demandez à en voir plusieurs.

Shanghai Mansion (carte p. 86 ; ☎ 0 2221 2121 ; www.shanghaimansion.com ; 479 Th Yaowarat ; ch 3 200-6 400 B ;). Ravissant hôtel de charme évoquant le Shanghai des années 1930, au milieu de l'effervescence de Th Yaowarat. Les 55 chambres, de style chinois, aux murs peints de couleurs vives, comportent des lits à baldaquin et des lanternes en papier de soie. Connexion Wi-Fi dans tout l'établissement, le meilleur de Chinatown – et parmi les meilleurs de la capitale.

Grand China Princess (carte p. 86 ; ☎ 0 2224 9977 ; www.grandchina.com ; 215 Th Yaowarat ; ch 4 200-4 800 B ;). Cet hôtel du centre de Chinatown, apprécié des groupes en voyage organisé, a une taille démesurée. Mais ses chambres, quelconques, sont confortables et jouissent d'une très belle vue. Importantes remises en ligne.

Siam Square et ses environs

Avec ses immenses centres commerciaux climatisés, ce quartier est le temple du shopping. Avis aux amateurs. Plusieurs hôtels de grandes chaînes internationales sont installés dans Th Ploenchit, Th Withayu et alentour, et une poignée d'établissements de catégorie moyenne sont disséminés dans le quartier. Les petits budgets logeront dans Soi Kasem San 1. Le quartier est accessible en Skytrain, ou par bateau via le Khlong Saen Saep.

PETITS BUDGETS ET CATÉGORIE MOYENNE

Si vous préférez consacrer vos bahts au shopping plutôt qu'à l'hébergement, élisez domicile dans Soi Kasem San 1. Ce *soi* se terminant par une impasse est tout à côté de Th Phra Ram I, juste avant le croisement avec Th Phayathai, à 5 min à pied de Siam Square et de la maison de Jim Thompson.

A-One Inn (carte p. 90 ; ☎ 0 2215 3029 ; www.aoneinn.com ; 25/13-15 Soi Kasem San 1, Th Phra Ram I ; d 600-700 B ;). Établissement familial sympathique de 25 chambres douillettes (douche chaude et TV), offrant le meilleur rapport qualité/prix du quartier.

Wendy House (carte p. 90 ; ☎ 0 2214 1149-50 ; www.wendyguesthouse.com ; Soi Kasem San 1 ; Th Phra Ram I ; s/d/lits jum 1 000/1 100/1 200 B ;). Petite adresse pour routards, très gaie, comportant 38 petites chambres (toutes non-fumeurs) impeccables, avec sdb carrelées. Le personnel de la réception – un espace convivial – est très sympathique. Petit-déjeuner et Wi-Fi gratuits.

Reno Hotel (carte p. 90 ; ☎ 0 2215 0026 ; www.renohotel.co.th ; 40 Soi Kasem San 1, Th Phra Ram I ; d 1 200-1 600 B ;). Cet hôtel déjà en activité à l'époque de la guerre du Vietnam a parfaitement négocié son entrée dans le nouveau millénaire : il conserve quelques touches rétro (la piscine par exemple), mais la réception et le café ont été modernisés avec originalité. Les 70 chambres sont assez simples (les meilleures donnent sur la piscine). Personnel parfois peu amène.

VIP Guest House/Golden House (carte p. 90 ; ☎ 0 2252 9535-8 ; www.goldenhouses.net ; 1025/5-9 Th Ploenchit ; ch à partir de 1 650 B ;). Avec 27 chambres propres, calmes et pimpantes pour la plupart, une bonne option de catégorie moyenne.

Luxx XL (carte p. 90 ; ☎ 0 2684 1111 ; staywithluxx.com ; 82/3 Soi Lang Suan, Lumphini ; d à partir de 2 600 B ;). Hôtel de charme récent, très design, où le teck prédomine. Il comporte 50 chambres allant du studio de 33 m² aux suites 3 fois plus grandes. TV à écran plat, lecteurs DVD et Wi-Fi gratuit. Les prix avoisinant le "XL", pensez à réserver en ligne.

Hotel Vie (carte p. 90 ; ☎ 0 2309 3939 ; www.viehotelbangkok.com ; 39-40 Th Phayathai ; ch à partir de 3 500 B ;). Nouvel hôtel haut de gamme, très attrayant, abritant 154 chambres immenses, fort bien agencées, et offrant un service ultraprofessionnel. Excellent rapport qualité/prix (à l'exception du Wi-Fi dans les chambres, facturé 17 B/min).

CATÉGORIE SUPÉRIEURE

Ces établissements se concentrent dans ce quartier central et commerçant, où l'on trouve aussi d'autres hôtels de luxe.

Swissôtel Nai Lert Park (carte p. 90 ; ☎ 0 2253 0123 ; www.nailertpark.swissotel.com ; 2 Th Withayu (Wireless Rd) ; d à partir de 5 600 B ;). Bel hôtel des années 1980, bien entretenu, à l'exception des chambres standard, datées et trop chères. Immense parc privé avec piscine arborée. Internet dans les chambres (749 B/jour).

Siam@Siam (carte p. 82 ; ☎ 0 2217 3000 ; www.siamatsiam.com ; 865 Th Phra Ram I ; d à partir de 5 700 B ;). Établissement très haut de gamme poussant le design industriel à l'extrême. Ses 203 chambres, réparties du 14ᵉ au 25ᵉ étage, offrent une vue impressionnante sur la ville. Petit-déjeuner et Wi-Fi inclus.

Grand Hyatt Erawan (carte p. 90 ; ☎ 0 2254 1234 ; www.bangkok.grand.hyatt.com ; 494 Th Ratchadamri ; d à partir de 7 700 B ;). Dès la réception, de style néoclassique, ornée d'arbres tropicaux, le ton est donné : on entre dans l'un des hôtels les plus réputés de Bangkok ; 320 chambres spacieuses et bien conçues. Wi-Fi en sus.

Au bord du fleuve

Le quartier en bord de fleuve, le long de Th Charoen Krung, abrite plusieurs hôtels haut de gamme et quelques établissements moins coûteux. Pour rejoindre les hôtels de luxe, vous pouvez prendre le Skytrain jusqu'à Saphan Taksin et terminer à pied, ou profiter de la navette gratuite (ferry) des établissements. Pour rallier Chinatown et Ko Ratanakosin, il suffit de prendre un ferry.

New Road Guesthouse (carte p. 88 ; ☎ 0 2630 6994-98 ; www.jysk-rejsebureau.dk ; 1216/1 Th Charoen Krung ; dort 130-220 B, d 800-1 300 B, f 2 500 B ;). Pension de gérance danoise, aux tarifs économiques pour le quartier. Grand choix de chambres, parties communes conviviales et bar (ouvert uniquement le soir). L'office du tourisme JYSK, sur place, propose des circuits de qualité. Un bon choix.

Swan Hotel (carte p. 88 ; ☎ 0 2235 9271-73 ; www.swanhotelbkk.com ; 31 Soi 36, Th Charoen Krung, Bangrak ; s 800-1 200 B, d 900-2 000 B ;). Caché à l'ombre des arbres, à deux pas du fleuve. Les

67 petites chambres bien équipées, décorées avec goût, sont aménagées autour de la piscine et du jardin – véritable attrait du lieu. Bon rapport qualité/prix pour le secteur.

P&R Residence (carte p. 88 ; 0 2639 6091-93 ; pandrresidence@gmail.com ; 34 Soi 30, Th Charoen Krung, Bangrak ; ch 900-1 200 B ;). Adresse de catégorie moyenne, confortable et propre, aux tarifs corrects, située dans un agréable quartier ancien de la ville.

Millennium Hilton (carte p. 82 ; 0 2442 2000 ; bangkok.hilton.com ; 123 Th Charoen Nakhon, Klongsan ; d à partir de 6 500 B ;). Hôtel récent (une magnifique tour) au bord du fleuve, affichant en principe des tarifs moins élevés que ses voisins. Ambiance assez décontractée, et 543 chambres toutes dotées d'une vue superbe. The Beach (transats au bord de la piscine) et le ThreeSixty (jazz et vue sur la ville) sont des atouts supplémentaires. Un ferry privé relie l'hôtel au centre commercial River City et à la station de Skytrain Saphan Thaksin.

Mandarin Oriental (carte p. 88 ; 0 2659 9000 ; www.mandarinoriental.com/bangkok ; 48 Soi Oriental, Th Charoen Krung ; ch à partir de 420 $US ;). Cet hôtel classique – en quelque sorte la réponse de Bangkok au Raffles de Singapour ou au Peninsula de Hong Kong – est aussi le plus raffiné d'Asie du Sud-Est. L'"Author's Wing" ("aile de l'auteur"), d'origine, a conservé tout son charme de style colonial. Depuis, deux nouvelles ailes spacieuses ont été ajoutées. Plusieurs restaurants gastronomiques, dont le Normandie (p. 114). L'hôtel propose également un dîner-spectacle, et dispose d'une école de cuisine, ainsi que d'un spa.

Silom et Lumphino

L'infâme Soi Patpong est à deux pas, mais les établissements douteux s'y cantonnent ; on peut donc facilement les éviter.

PETITS BUDGETS ET CATÉGORIE MOYENNE

Ce quartier compte de plus en plus d'"auberges de jeunesse de charme" et de nombreux établissements de catégorie moyenne d'un bon rapport qualité/prix, visant pour la plupart une clientèle familiale.

Urban Age (carte p. 88 ; 0 2634 2680 ; www.guesthouse-bangkok.com ; 130/6 Soi 8, Th Silom ; dort/d 250/800 B ;). Version New Age de l'hôtel bon marché typique de Bangkok, avec de petites chambres agréables et des sdb communes. Les gérantes sont très sympathiques. Dortoirs répartis sur 6 étages (sans ascenseur).

Lub*D (carte p. 88 ; 0 2634 7999 ; www.lubd.com ; 4 Th Decho, Th Surawong ; dort/d 550/1 800 B ;). Une sorte d'"auberge de jeunesse de charme", au style industriel chic, comptant 4 étages de dortoirs (dont une aile réservée aux femmes) et de chambres (avec et sans sdb). Accès Internet gratuit, bar-réception donnant sur la rue. Établissement très sécurisé.

Rose Hotel (carte p. 88 ; 0 2266 8268-72 ; www.rosehotelbkk.com ; 118 Th Surawong, Silom ; ch à partir de 1 950 B ;). Après une rénovation bien méritée, cet hôtel offre l'un des meilleurs rapports qualité/prix à Bangkok : 70 chambres spacieuses, petite salle de sport, sauna et restaurant thaïlandais, le tout dans un vieil édifice en teck donnant sur une piscine.

L'ESSOR DES HÔTELS DE CATÉGORIE MOYENNE

Th Sukhumvit ne manque pas d'hôtels de charme d'un excellent rapport qualité/prix. La plupart ont revêtu la "parure zen", si appréciée dans cette catégorie – faux parquets dans de jolies petites chambres, avec linge de lit blanc, soieries, TV à écran plat, petites sdb avec douche pluie, le tout dans des tons terre. Concurrence féroce, surtout en ligne. Voici de bonnes adresses, ouvertes en 2009.

Citadines Soi 16 (carte p. 92 ; 0 2663 8777 ; www.citadines.com ; 38 Soi 16, Th Sukhumvit ; d à partir de 1 950 B ;). Chambres claires, bien équipées et suites à un lit. Piscine sur le toit et bon service. Une valeur sûre.

Silq (carte p. 92 ; 0 2252 6800 ; www.silqbkk.com ; 54 Soi 19, Th Sukhumvit ; d à partir de 2 500 B ;). Agréable établissement ; les chambres claires paraissent plus grandes qu'elles ne le sont en réalité.

Sacha's Hotel Uno (carte p. 92 ; 0 2651 2180 ; www.sachas.hotel-uno.com ; 28/19 Soi 19, Th Sukhumvit ; d à partir de 2 500 B ;). Tout le nécessaire pour y travailler. Les chambres *deluxe*, dans le bâtiment principal, présentent le meilleur rapport qualité/prix.

S Sukhumvit Suites (carte p. 92 ; 0 2661 7252 ; www.ssukhumvitsuites.com ; 403 Th Sukhumvit ; d 2 600-3 600 B ;). À deux pas du Skytrain. Chambres un peu moins bien tenues que chez la concurrence.

On8 (carte p. 92 ; 0 2254 8866 ; www.on8bangkok.com ; 162 Th Sukhumvit ; d 2 900-3 200 B ;). Établissement très design dans le quartier de Nana. Petites chambres confortables, sans vue.

HÉBERGEMENT À L'AÉROPORT

Si votre vol arrive tard ou part tôt, mieux vaut prévoir un hôtel proche de l'aéroport international de Suvarnabhumi. Cela dit, les taxis sont bon marché et, tôt le matin, la circulation est bonne.

Refill Now! (p. 110). Adresse bon marché la plus proche de l'aéroport.

Kantary House Ramkamhaeng (carte p. 80 ; ☎ 0 2374 5544 ; www.kantarygroup.com ; 14 Soi 42, Th Ramkamhaeng, Bangkapi ; s/lits jum à partir de 2 100/2 250 B ;). Spacieux studios et appartements, récents et bien équipés ; très bon rapport qualité/prix.

Novotel Suvarnabhumi Airport Hotel (☎ 0 2131 1111 ; www.novotel.com ; ch à partir de 5 000 B ;). Plus de 600 luxueuses chambres, dans l'aéroport. Importantes remises en ligne.

All Seasons (carte p. 82 ; ☎ 0 2343 6333 ; www.allseasons-sathorn.com ; 31 Th Sathon Tai ; ch 2 000-2 500 B ;). Hôtel fraîchement rénové, avec 78 chambres spacieuses, hautes de plafond et très bien équipées (bureau, Wi-Fi gratuit et TV câblée), à l'atmosphère contemporaine. Les *superior* et les *deluxe*, d'un excellent rapport qualité/prix, sont aussi les plus belles. Attention : l'hôtel ne se trouve pas dans l'enceinte du complexe hôtelier All Seasons Place.

La Résidence (carte p. 88 ; ☎ 0 2233 3301 ; www.laresidencebangkok.com ; 173/8-9 Th Surawong ; d/ste 2 400/3 400 B ;). Ravissant hôtel de charme comportant 26 chambres à la décoration personnalisée (tendance "chic décontracté"). Très bon rapport qualité/prix. Studio sur le toit avec jardin privatif (3 700 B). Personnel très dévoué.

Autres adresses dans le quartier :

Take a Nap (carte p. 88 ; ☎ 0 2637 0015 ; www.takeanaphotel.com ; 920-926 Phra Ram 4 ; dort 380-750 B, s 1 000 B, d 1 300-1 500 B ;). Petites chambres à la décoration murale pop-art, certaines parfois un peu bruyantes. Wi-Fi peu fiable.

HQ Hostel (carte p. 88 ; ☎ 0 2233 1598 ; www.hqhostel.com ; 5/3-4 Soi 3 (Soi Phiphat), Th Silom ; dort 380-750 B, d 1 500 B ;). Auberge de style industriel abritant des dortoirs de 4 à 10 lits et quelques doubles, dans un édifice étroit de plusieurs étages, en retrait de Silom. Parties communes conviviales.

CATÉGORIE SUPÉRIEURE

Nombre d'hôtels parmi les plus luxueux et raffinés de Bangkok sont regroupés dans ce quartier.

Triple Two Silom (carte p. 88 ; ☎ 0 2627 2222 ; www.tripletwosilom.com ; 222 Th Silom ; ch/ste 6 000/7 000 B ;). Ancien centre commercial sans intérêt transformé en hôtel de charme de 75 chambres, au style typiquement asiatique. Chambres spacieuses et bien équipées (bureau avec Wi-Fi et ADSL). Grosses remises en ligne.

Banyan Tree Hotel (carte p. 82 ; ☎ 0 2679 1200 ; www.banyantree.com ; Thai Wah II Bldg, 21/100 Th Sathon Tai ; d à partir de 10 500 B ;). Hôtel ultramoderne installé dans une haute tour élancée. Grandes chambres magnifiquement agencées, spa haut de gamme et direction très professionnelle. Superbe Moon Bar et restaurant Vertigo (p. 116) sur le toit-terrasse.

Sukhothai Hotel (carte p. 82 ; ☎ 0 2344 8888 ; www.sukhothai.com ; 13/3 Th Sathon Tai ; ch à partir de 12 900 B ;). L'architecte Ed Tuttle a allié ici les éléments architecturaux thaïlandais classiques – toiture en aile, parquet et vaste jardin orné de stupas en brique de style Sukhothai – à un minimalisme contemporain. Le résultat est très réussi.

D'autres adresses d'hôtels de luxe dans le quartier :

Metropolitan (carte p. 82 ; ☎ 0 2625 3322 ; www.metropolitan.como.bz ; 27 Th Sathon Tai ; d 290-360 $US ;). Chic urbain ultra-cool, excellent restaurant (le Cy'an, p. 114) et chambres onéreuses.

Le Méridien Bangkok (carte p. 88 ; ☎ 0 2232 8888 ; www.lemeridien.com/bangkoksurawong ; 40/5 Th Surawong ; ch à partir de 6 500 B ;). Nouvel hôtel ultradesign à la frontière du quartier louche de Patpong, abritant 282 chambres dans une tour de verre de 24 étages. Service irréprochable. Wi-Fi à 650 B/jour.

Thanon Sukhumvit

Après le boom immobilier de ce début de XXIe siècle, Th Sukhumvit est devenu *le* quartier des hôtels de catégorie moyenne à Bangkok. Ces nouveaux établissements sont, pour la plupart, des hôtels design et de charme, de catégories moyenne et supérieure, même si l'on trouve une poignée d'adresses pour petits budgets correcte. La compétition étant rude, surtout dans la catégorie moyenne, on peut dénicher de très intéressantes offres promotionnelles en ligne.

PETITS BUDGETS

HI Sukhumvit (carte p. 80 ; ☎ 0 2391 9338 ; www.hisukhumvit.com ; 23 Soi 38, Th Sukhumvit ; dort 338 B, s 600 B, d 900-1 150 B). À l'est, près de la gare routière d'Ekamai (terminal Est), cette auberge se démarque par ses dortoirs et ses chambres propres, sans fioritures, et son accueil très chaleureux (clientèle familiale). Le toit-terrasse et le marché de nuit voisin sont des atouts supplémentaires.

Nana Chart Sukhumvit 25 (carte p. 92 ; ☎ 0 2259 4900 ; www.thailandhostel.com ; Soi 25, Th Sukhumvit ; dort/s/d 390/1 200/1 500 B). Bon rapport qualité/prix pour le quartier dans cette auberge HI, malgré un côté un peu froid et un personnel peu dévoué. Chambres et dortoirs spacieux, propres et bien équipés. Les tarifs indiqués valent pour les non-affiliés à HI. Devenir membre (200 B/pers) permet de faire des économies (100/300/500 B par dort/simple/double).

Suk 11 (carte p. 92 ; ☎ 0 2253 5927-28 ; www.suk11.com ; ruelle en retrait de Soi 11, Th Sukhumvit ; s 500-650 B, d 700-900 B). Figure dominante de la culture "voyage sac au dos", cet hôtel offre une ambiance décontractée et conviviale. La petite entrée, gardée par un jardin, ouvre sur un hall lambrissé donnant accès à 80 chambres à l'étage (avec ou sans sdb).

Refill Now! (carte p. 80 ; ☎ 0 2713 2044 ; www.refillnow.co.th ; 191 Soi Pridi Banhom Yong 42, Soi 71, Th Sukhumvit ; dort/s/d 525/1 085/1 470 B). Le Refill promet "du style et de l'élégance à prix doux", avec des chambres blanches impeccables et des dortoirs (certains réservés aux femmes) dotés de lits superposés séparés par des paravents. Un peu cher au vu des sdb communes et de la situation peu pratique, mais l'ambiance branchée et sans prétention l'a rendu populaire. À 20 min de l'aéroport en taxi ; sinon, comptez 15 min par le City Link (SARL ; station Ramkamhaeng) avant de terminer en taxi (50 B). Vous pouvez aussi prendre un taxi ou un moto-taxi depuis la station de Skytrain Phra Kanong jusqu'au bout de Soi 71, tournez à droite dans Soi 42, puis à gauche. Mieux encore, prenez un *klong boat* jusqu'à Khlorng (Khlong) Tong et finissez à pied.

Atlanta Hotel (carte p. 92 ; ☎ 0 2252 1650 ; fax 0 2656 8123 ; 78 Soi 2, Th Sukhumvit ; s 642-800 B, d 856-1 020 B). Premier hôtel de Sukhumvit, l'Atlanta ramène aux années 1950, notamment avec son majestueux escalier desservant 5 étages (pas d'ascenseur). Chambres fonctionnelles (évitez celles du dernier étage) d'un rapport qualité/prix correct.

CATÉGORIE MOYENNE

Voir aussi l'encadré p. 108 pour plus d'options.

Citadines Soi 23 (carte p. 92 ; ☎ 0 2204 4777 ; www.citadines.com ; 37 Soi 23, Th Sukhumvit ; d à partir de 1 900 B). Le meilleur des quatre "Apart Hotels" Citadines de Sukhumvit comprend un studio (28 m²) bien conçu, ainsi qu'un appartement (45 m²) d'une chambre. Kitchenette, salon et chambre (séparée par une cloison dans le studio). Prix imbattables pour les familles. Piscine sur le toit et café-restaurant (le Minibar Royal).

Le Fenix (carte p. 92 ; ☎ 0 2305 4000 ; www.lefenix-sukhumvit.com ; 33 Soi 11, Th Sukhumvit ; ch 2 500 B). Éclaireur du groupe Accor sur le marché des hôtels de charme chic et tendance, cet hôtel de 147 chambres, à l'extrémité de Soi 11, vise une clientèle touristique de jeunes et de fêtards. Rapport qualité/prix correct mais chambres petites, toutes équipées de deux matelas simples posés sur un sommier double.

Fusion Suites (carte p. 92 ; ☎ 0 2665 2644 ; www.fusionbangkok.com ; 143/61-62 Soi 21, Th Sukhumvit ; d 2 600-4 600 B). Hôtel de charme au style "fusion" sur 7 étages. Ses 35 chambres – tons sombres, sol en béton ciré, tapis persans, meubles indiens, canapés en cuir, iconographies bouddhiques – offrent tout un attirail de gadgets high-tech : station iPod, table de commande multimédia, Wi-Fi gratuit, lecteur DVD et TV à écran plat. Les *deluxe* sont un must.

72 Ekamai (carte p. 80 ; ☎ 0 2714 7327 ; www.72ekamai.com ; 72 Soi 63 (Soi Ekamai), Th Sukhumvit ; ch à partir de 2 750 B). Établissement sophistiqué, de style rétro chic, qui a parfaitement sa place dans le quartier tendance d'Ekamai. Les immenses studios et suites d'une chambre (de 30 à 60 m²) mélangent poupées à l'effigie des Beatles, TV à écran plat et Wi-Fi gratuit. Piscine et bar-restaurant (plats thaïlandais et indiens). Concerts le soir, du lundi au samedi.

Napa Place Bed & Breakfast (carte p. 80 ; ☎ 0 2661 5525 ; www.napaplace.com ; 11/3 Yaek 2, Soi 36, Th Sukhumvit ; d 2 750-4 800 B). Cet accueillant B&B plaît aux familles pour ses 12 chambres spacieuses (de 36 à 67m²), comme les parties communes, son côté sûr et son buffet du petit-déjeuner inclus. Internet par le câble gratuit également. Excellent rapport qualité/prix. Dans un *soi* calme près de la station de Skytrain Thong Lo.

Seven (carte p. 92 ; ☎ 0 2662 0951 ; www.sleepatseven.com ; 3/15 Soi 31, Th Sukhumvit ; ch 3 100-6 000 B).

Six chambres, sept couleurs. Conçues par les designers du Ministry of Sound (célèbre discothèque londonienne), les 6 chambres et la réception de cet hôtel traduisent le concept thaïlandais associant une couleur à chaque jour (jaune le lundi par exemple ; le roi étant né un lundi, le personnel est en jaune ce jour-là). Chambres bien aménagées avec Wi-Fi, téléphones portables et iPod en accès libre pendant le séjour. Parfait pour la jeunesse branchée, en couple ou célibataire.

CATÉGORIE SUPÉRIEURE

Eugenia (carte p. 92 ; 0 2259 9017 ; www.theeugenia.com ; 267 Soi 31, Th Sukhumvit ; ch 6 600-8 500 B ;). Hôtel de charme conçu sur le modèle des demeures coloniales africaines et du sous-continent indien, évoquant Livingstone, Hemingway et le Raj. Douze chambres décorées d'œuvres d'art, de livres, de mobilier ancien, et d'animaux empaillés (vieilles baignoires en cuivre martelé). Plutôt petites, notamment les suites Siam, mais on y vient pour le cachet. Renseignez-vous sur le transfert depuis l'aéroport en voiture d'époque.

Dream (carte p. 92 ; 0 2254 8500 ; www.dreambkk.com ; 10 Soi 15, Th Sukhumvit ; ch à partir de 250 $US ;). Hôtel de charme ou design, au choix, installé dans 2 bâtiments attenants où règnent le cuir crème, les miroirs et les motifs bleu et argent. Le Flava, bar-restaurant très sélect, est décoré d'un tigre blanc à rayures bleues. Le bleu est d'ailleurs partout : les 195 chambres sont éclairées d'une lumière bleutée (censée favoriser le sommeil). Remises importantes généralement proposées en ligne.

Ma Du Zi (carte p. 92 ; 0 2615 6400 ; www.maduzihotel.com ; angle Th Ratchadaphisek et Sukhumvit Soi 16 ; ch à partir de 8 900 B ;). Hôtel de luxe de 41 chambres, véritable chef-d'œuvre de design. Équipements, décoration dépouillée extrêmement élégante et service sont de haute volée. Chambres immenses et tarifs en conséquence… Excellent restaurant français, sur réservation uniquement.

OÙ SE RESTAURER

La vénération thaïlandaise pour la gastronomie n'est jamais plus frappante qu'à Bangkok. Certains quartiers sont le royaume de la restauration : aux côtés des restaurants, on trouve quantité d'étals et de marchands de rue. On croirait aisément qu'on vit ici pour manger – et non l'inverse. Ce qui n'est peut-être pas tout à fait faux…

Pourtant, nombreux sont les voyageurs qui vont de repas médiocre en repas médiocre, en fréquentant notamment les cuisines des pensions et les restaurants touristiques, plus attachés à inventer une atmosphère à l'occidentale qu'à servir des plats de qualité. Pour éviter les déceptions, écartez-vous des sentiers battus et partez à la découverte des petits restaurants et des étals de rue. Profitez-en : presque toutes les cuisines régionales sont représentées à Bangkok.

En principe, les restaurants ouvrent de 10h à 23h tous les jours. Toutefois, beaucoup d'établissements de catégorie moyenne ferment entre 14h30 et 18h.

Banglamphu

En dehors de Th Khao San, véritable enclave *faràng* (pour les étrangers), Banglamphu compte quelques-unes des meilleures tables thaïlandaises de la ville. En raison de l'affluence des touristes étrangers, les restaurants à l'occidentale et végétariens bon marché sont aussi légion.

Arawy Vegetarian Food (carte p. 84 ; 152 Th Din So ; plats 20-50 B). Excellent petit restaurant végétarien proposant tous les classiques thaïlandais, à base de substituts de viande.

Thip Samai (carte p. 84 ; 0 2221 6280 ; 313 Th Mahachai ; plats 25-120 B ; dîner). À moins de 5 min en *túk-túk* de Th Khao San, ce restaurant prépare un *phàt tai* (plat de nouilles de riz) légendaire. Pour changer, goûtez à la délicieuse version aux œufs ou au *phàt tai* frit avec des *man gûng* (grosses crevettes).

Kim Leng (carte p. 84 ; 0 2622 2062 ; 158-160 Th Tanao ; plats 40-80 B ; déj et dîner lun-sam). Restaurant typiquement bangkokien proposant un mélange de saveurs douces et épicées. Deux valeurs sûres : le *hòr mòk* (curry vapeur) et le *nám príк gà·bì* (légumes et poisson frit à tremper dans une pâte de crevettes).

Roti-Mataba (carte p. 84 ; 0 2282 2119 ; 136 Th Phra Athit ; plats 50-90 B ; mar-dim). Un établissement classique prisé pour ses plats d'influences thaïlandaise et musulmane – *roti*, *gaang mát·sà·màn* (curry arabe), excellent curry de poisson aigre, *má·tà·bà* (sorte de crêpe indienne farcie)… Toute petite salle climatisée à l'étage, avec juste assez de places pour les inconditionnels.

Chote Chitr (carte p. 84 ; 0 2221 4082 ; 146 Th Phraeng Phuton ; plats 60-150 B ; déj et dîner). Six tables et deux cuisiniers talentueux pour le Chote Chitr (prononcez *chôht jìt*), qui régale ses hôtes de

LA FOLIE DES FOOD COURTS

Tout centre commercial de Bangkok qui se respecte comporte un *food court* (espace de restauration avec plusieurs fast-foods). Il n'y a pas si longtemps, c'était le lieu de ralliement de la classe ouvrière : nourriture bon marché, décor quelconque et self-service. Récemment, les *food courts* ont changé de standing, le cadre, la cuisine et le service ayant évolué en conséquence. Comptez de 30 à 150 B pour un repas dans l'un des espaces de restauration suivants :

Food Loft (carte p. 90 ; 7e ét., Central Chidlom, 1027 Th Ploenchit ; déj et dîner). Nouveau concept de *food court* où vous devrez faire votre choix parmi des plats thaïlandais, chinois, vietnamiens, indiens et italiens, préparés par le personnel de certains des meilleurs restaurants de Bangkok. À l'entrée, le client reçoit une carte de crédit provisoire avant d'être conduit à une table. Il doit ensuite se relever pour commander, mais les plats sont servis à table. On paie en sortant.

Mahboonkrong Food Court (carte p. 90 ; 6e ét., centre commercial Mahboonkrong (MBK), angle Th Phra Ram I et Th Phayathai ; déj et dîner). Véritable plongée au cœur de la gastronomie thaïlandaise, le MBK's Food Court compte des dizaines d'échoppes vendant des plats des quatre coins du pays. Excellent kiosque végétarien (kiosque C8), dont les "faux" champignons à la viande sont presque meilleurs que les vrais, et stand très correct de nourriture *isan* (du nord-est du pays ; C22).

Park Food Hall (carte p. 92 ; 5e ét., centre commercial Emporium, 622 Th Sukhumvit, angle Soi 24 ; déj et dîner). Le Park Food Hall rassemble les vendeurs de cuisine internationale les plus appréciés à Bangkok. L'Emporium Food Hall, au même étage, propose une cuisine meilleur marché, surtout sino-thaïlandaise – probablement le repas avec vue le moins cher de la ville. On paie en achetant des coupons à l'entrée. Incontournable pour les amateurs de *food courts*.

mets du centre du royaume. Les *mèe gròrp*, nouilles frites croustillantes sucrées et épicées préparées à l'ancienne, sont fameuses.

Hemlock (carte p. 84 ; ☎ 0 2282 7507 ; 56 Th Phra Athit ; plats 64-140 B ; dîner lun-sam). Une cuisine thaïlandaise sublime, à déguster dans un cadre élégant. Outre les classiques, tel le *gaang pá·naang gài* (curry de Penang au poulet), on peut aussi goûter à des spécialités anciennes introuvables ailleurs. Menu végétarien.

Oh My Cod! (carte p. 84 ; ☎ 0 2282 6553 ; 95d, Rambuttri Village Inn, Soi Rambutri ; plats 70-200 B). *Fish and chips* frits à la perfection, petit-déjeuner servi toute la journée et tables installées dans une cour ensoleillée.

Shoshana (carte p. 84 ; ☎ 0 2282 9948 ; 86 Th Chakraphong ; plats 90-150 B). Assiettes savoureuses et copieuses de frites-falafels-houmous.

Chinatown

Il n'y a curieusement que fort peu de vrais restaurants à Chinatown. Quelques-uns sont toutefois spécialisés dans la soupe aux ailerons de requin ou aux nids d'hirondelle, et les *dim sum*. Le soir, le quartier est envahi de marchands ambulants servant une cuisine de rue parmi les meilleures de Bangkok. Les produits de la mer sont d'un excellent rapport qualité/prix : on peut se régaler de *gûng pow* (crevettes grillées) pour une somme modique.

Chinatown se transforme en haut lieu de la gastronomie pendant la fête végétarienne, en septembre ou octobre : chaque restaurant propose alors des spécialités végétariennes.

En journée, dans le quartier voisin de Phahurat, où se concentre la communauté indienne de Bangkok, quantité d'échoppes servent des mets indiens typiques, et notamment des *chapattis* frais et du *chai* (thé).

Mangkorn Khao (carte p. 86 ; angle Th Yaowarat et Th Yaowaphanit ; repas 25-40 B ; dîner mar-dim). Étal de rue très populaire, le Mangkawn Khao (Dragon blanc) est réputé pour ses *bà·mèe* (nouilles de blé chinoises) et ses wontons (*gée·o*), servis avec de généreuses tranches de lard grillé.

Royal India (carte p. 86 ; ☎ 0 2221 6565 ; 392/1 Th Chakraphet ; plats 100-250 B ; déj et dîner). Table légendaire spécialisée dans la cuisine d'Inde du Nord, qui continue d'attirer les gourmets du coin malgré son cadre quelconque. Tous les pains et les curries sont délicieux, de même que les desserts maison, du Penjab.

Tang Jai Yuu (carte p. 86 ; ☎ 0 2224 2167 ; 85-89 Th Yaowaphanit ; plats 100-300 B ; déj et dîner). Institution de Chinatown, ce restaurant propose des plats typiques de Chaozhou (dans la province du Guandong, dans le sud de la Chine) et des spécialités aux influences sino- thaïlandaises, avec une prédilection pour les produits de la mer. Choisissez dans l'aquarium un poisson que les cuisiniers experts vous prépareront.

Shangarila Restaurant (carte p. 86 ; ☎ 0 2224 5933 ; 306 Th Yaowarat ; plats 220-500 B ; déj et dîner). Canard rôti, porc rouge et produits de la mer cuits à la vapeur dominent la carte, dans ce vaste restaurant chinois. Offrez-vous, au choix, des *dim sum* au déjeuner ou du canard laqué pékinois au dîner.

Siam Square et Thanon Ploenchit

Dans ce quartier commerçant, nombre d'échoppes permettent de manger sur le pouce, à côté d'adresses plus chic.

Food Plus (carte p. 90 ; ruelle entre Soi 3 et Soi 4, Siam Sq ; plats 30-70 B ; 6h-18h). Minuscule ruelle où se côtoient plusieurs *ráhn kôw gaang* (stands vendant du riz et du curry). Exquises saveurs authentiques, à moins de 100 B.

Sanguan Sri (carte p. 90 ; ☎ 0 2252 7637 ; 59/1 Th Withayu, Th Ploenchit ; plats 60-150 B ; déj lun-sam). Ce restaurant peut se permettre de rester *cheu·i* (démodé), du simple fait de sa réputation. Joignez-vous au cortège d'employés de bureau et goûtez l'excellent *gaang pèt Ƀèt yaang*, curry rouge au canard grillé sur lit de nouilles *kà·nŏm jin* d'une blancheur de neige.

Coca Suki (carte p. 90 ; ☎ 0 2251 6337 ; 416/3-8 Th Henri Dunant, Siam Sq ; plats 60-200 B ; 11h-23h). Le *sù gêe*, bouillon dans lequel on vient tremper des ingrédients crus, est très apprécié par les familles thaïlandaises. Le Coca est un des plus anciens restaurants à l'avoir servi et cette adresse reflète la tentative de modernisation de la chaîne.

Crystal Jade La Mian Xiao Long Bao (carte p. 90 ; ☎ 0 2250 7990 ; Urban Kitchen, sous-sol, Erawan Bangkok, 494 Th Ploenchit ; plats 160-400 B ; déj et dîner). Le nom à rallonge de cette chaîne singapourienne rappelle les spécialités du restaurant – nouilles de blé (*la mian*) et raviolis à la vapeur de Shanghai (*xiao long pao*).

Gianni Ristorante (carte p. 90 ; ☎ 0 2252 1619 ; 34/1 Soi Tonson ; plats 338-990B ; déj et dîner). Élégante table, relevant presque à elle seule le niveau des établissements italiens de Bangkok, avec des saucisses maison, des raviolis au homard et des jarrets d'agneau braisés. Très belle carte des vins.

Silom et Lumphini

Le quartier des affaires compte des dizaines de tables haut de gamme, ainsi que des établissements de restauration rapide où déjeunent les employés de bureau.

Pour de la cuisine indienne et musulmane, rien ne vaut Th Charoen Krung et l'extrémité de Th Silom donnant sur le fleuve, près de Th Charoen Krung.

PETITS BUDGETS

Khrua Aroy Aroy (carte p. 88 ; ☎ 0 2635 2365 ; Th Pan, Th Silom ; plats 30-70 B). Petit restaurant proposant d'authentiques curries du Sud – les meilleurs du coin – et d'intéressantes formules du jour. Le Khrua Aroy Aroy ("délicieuse délicieuse cuisine") porte bien son nom.

Somtam Convent (carte p. 88 ; ☎ 0 2634 2839 ; 2/4-5 Th Convent, Silom ; plats 30-120 B ; déj et dîner). La cuisine du nord-est du pays est souvent reléguée aux étals à l'hygiène douteuse en bord de route. Mais, ici, on pourra découvrir les merveilleux *lâhp, sôm·đam* (salades de papaye) et autres délices isan en toute sécurité.

AUX BUFFETS DES HÔTELS

Le brunch dominical est une véritable institution à Bangkok. Presque tous les grands hôtels de la ville proposent des buffets gargantuesques – en semaine également. Il est généralement nécessaire de réserver.

ISO (carte p. 90 ; ☎ 0 2253 0123 ; Swissôtel Nai Lert Park, 2 Th Withayu ; 5 B/min ; déj lun-ven). Pour 5 B la minute, ce buffet attire les mangeurs les plus rapides de Bangkok !

Lord Jim (carte p. 88 ; ☎ 0 2655 9900 ; Mandarin Oriental, Soi 38, Th Charoen Krung ; 1 500 B ; déj). À défaut d'une chambre, offrez-vous ce buffet de fruits de mer, à déguster au bord du fleuve.

Marriott Café (carte p. 92 ; ☎ 0 2656 7700 ; rdc, JW Marriott, 4 Soi 2, Th Sukhumvit ; 919 B ; déj). Buffet quotidien abondant : huîtres fraîches, fruits de mer, pâtes et plats internationaux.

Rang Mahal (carte p. 92 ; ☎ 0 2261 7100 ; 26e ét., Rembrandt Hotel, 19 Soi 20, Th Sukhumvit ; 848 B ; déj dim). Une des tables les plus appréciées par les expatriés, perchée au dernier étage du Rembrandt Hotel. Vue somptueuse et superbe buffet indien.

Sunday Jazzy Brunch (carte p. 92 ; ☎ 0 2649 8353 ; 1er ét., Sheraton Grande Sukhumvit, 250 Th Sukhumvit ; 1 850 B ; déj dim). Toute la carte du restaurant de l'hôtel est proposée lors de ce brunch dominical – à déguster sur fond de jazz.

Home Cuisine Islamic Restaurant (carte p. 88 ; ☎ 0 2234 7911 ; 196-198 Soi 36, Th Charoen Krung ; plats 45-130 B ; déj et dîner, fermé dim midi). Établissement aux allures de bungalow proposant une cuisine thaïlando-musulmane aux accents indiens. Dans l'agréable patio, goûtez au délicieux curry de poisson accompagné de quelques *roti* feuilletés.

Chennai Kitchen (carte p. 88 ; ☎ 0 2234 1266 ; 10 Th Pan, Th Silom ; plats 50-150 B ; déj et dîner). Minuscule restaurant proche du temple hindou, servant une cuisine végétarienne d'Inde du Sud. Le *thali* sur feuille de bananier offre un assortiment très complet.

Kalapapruek (carte p. 88 ; ☎ 0 2236 4335 ; 27 Th Pramuan ; plats 60-120 B). Petite chaîne de restaurants thaïlandais bien implantée en ville ; l'établissement d'origine reste le meilleur. Menus variés avec spécialités d'à peu près toutes les régions du pays, plats du jour et, parfois, des plats de saison.

Marché de nuit de Suan Lum (marché de nuit de Suan Lum ; carte p. 82 ; Th Phra Ram IV ; repas 60-120 B ; dîner). Prenez place (de préférence aussi loin que possible de la scène), commandez un demi de bière *hefeweizen* et un plat de beignets de crabes à carapace molle, et profitez de l'ambiance d'une soirée thaïlandaise typique. Le bruit court que le marché de nuit de Suan Lum doit être démoli.

Quantité de petits stands de nourriture bon marché, notamment ceux de **Soi 10** (carte p. 88 ; Soi 10, Th Silom), apparaissent dans Th Silom à l'heure du déjeuner pour sustenter les employés de bureau.

CATÉGORIES MOYENNE ET SUPÉRIEURE

Scoozi Silom (carte p. 88 ; ☎ 0 2234 6999 ; 174 Th Surawong, Silom ; plats 150-350 B ; déj et dîner) ; Th Khao San (carte p. 84 ; ☎ 0 2280 5280 ; 201 Soi Sunset). Pizzeria tendance où l'on assiste à la confection de sa pizza en direct (cuite dans un four à bois venant d'Italie). L'empire Scoozi possède aussi une enseigne dans Th Khao San.

Somboon Seafood (carte p. 88 ; ☎ 0 2233 3104 ; angle Th Surawong et Th Narathiwat Ratchanakharin ; plats 150-400 B ; dîner). Comme dans tout bon restaurant de fruits de mer thaïlandais, il faut venir entre amis et s'offrir un immense plateau de *kôw pàt Ƀoo* (riz sauté au crabe).

Le Bouchon (carte p. 88 ; ☎ 0 2234 9109 ; Soi Patpong 2, Th Silom ; plats 180-830 B ; déj et dîner). Accueillant bistro au centre de l'un des quartiers les plus bigarrés de Bangkok, et bonne adresse pour manger français. Menu de classiques, inscrits à la craie sur un tableau présenté à chaque table. Personnel souriant.

Blue Elephant (carte p. 88 ; ☎ 0 2673 9353 ; 233 Th Sathon Tai, Silom ; plats 180-880 B ; déj et dîner). La gastronomie thaïlandaise royale est à l'honneur dans ce restaurant installé dans un magnifique édifice de style colonial sino-portugais. Service parfait. École de cuisine réputée (p. 100) sur place.

Cy'an (carte p. 82 ; ☎ 0 2625 3333 ; Metropolitan Hotel, 27 Th Sathon Tai, Silom ; repas 9 plats 3 100 B). Combinaison des saveurs méditerranéennes et marocaines, poissons et fruits de mer d'excellente qualité, ambiance chic et feutrée. L'une des tables les plus sélectes de la ville.

Le Normandie (carte p. 88 ; ☎ 0 2236 0400 ; Mandarin Oriental, Soi 38, Th Charoen Krung ; repas 4/6 plats 3 800/4 400 B ; déj et dîner, fermé dim midi). Élégant établissement, tout en verre, surplombant le Chao Phraya, et véritable archétype de la tradition culinaire française (chefs étoilés au Michelin et ingrédients des quatre coins du monde). Réservation impérative et tenue correcte exigée.

Thanon Sukhumvit

S'étendant à l'est jusqu'aux limites de la ville, Th Sukhumvit attire aussi bien une clientèle d'affaires que touristique. On y vient pour manger à l'occidentale, puisque la majorité des expatriés et immigrants vivent dans le quartier.

PETITS BUDGETS

Bharani Cuisine (Sansab Boat Noodle) (carte p. 92 ; ☎ 0 2664 4454 ; Soi 23, Th Sukhumvit ; plats 35-200 B ; déj et dîner). Confortable restaurant thaïlandais offrant tout un choix de mets, du ragoût de langue de bœuf au riz sauté avec beignets de crevettes. Cependant, on y vient surtout pour les excellentes "nouilles bateau", ainsi appelées car vendues jadis sur les bateaux sillonnant les *klong* d'Ayuthaya.

Imoya (carte p. 92 ; ☎ 0 2663 5185 ; 3e ét., Terminal Shop Cabin, 2/17-19 Soi 24, Th Sukhumvit ; plats 40-150 B ; dîner). Un vrai dépaysement que cette petite table japonaise bien cachée, avec de vieilles enseignes, des boiseries et un mur de bouteilles de saké. Même les tarifs (cuisine plus que correcte) n'ont pas été mis au goût du jour.

Boon Tong Kiat Singapore Hainanese Chicken Rice (carte p. 80 ; ☎ 0 2390 2508 ; 440/5 et 396 Soi 55, Th Sukhumvit ; plats 60-100 B ; déj et dîner). Modeste établissement proposant le supposé plat national de Singapour, traité avec révérence. Carte encyclopédique au mur, déclinant mille variantes de riz au poulet, spécialité aussi simple que délicieuse.

CATÉGORIE MOYENNE

Je Ngor (carte p. 92 ; ☎ 0 2258 8008 ; 68/2 Soi 20, Th Sukhumvit ; plats 100-500 B ; ⏲ déj et dîner). Portions très copieuses de savoureux mets sino-thaïlandais, à déguster dans une vaste salle de style banquet. Menu relativement restreint où dominent les poissons et les fruits de mer, avec des raretés comme le *sôm·đam Ъou dorng* (salade de papaye au crabe) et le riz aux olives cuit au four.

Sukhumvit Plaza (carte p. 92 ; angle Soi 12 et Th Sukhumvit ; ⏲ déj et dîner). Connu à Bangkok sous le nom de "Koreantown", ce centre commercial sur plusieurs étages reste le meilleur pour une cuisine typique de Séoul. Les habitants du quartier ne jurent que par Arirang (☎ 0 2653 0177 ; plats 120-350 B), mais on trouve quelques autres tables moins chères.

Ana's Garden (carte p. 80 ; ☎ 0 2391 1762 ; 67 Soi 55, Th Sukhumvit ; plats 150-250 B ; ⏲ dîner). Le luxuriant jardin d'Ana, avec palmiers et fontaines, fait presque oublier la jungle urbaine voisine. Très bon *yam tòo·a plou* (salade épicée de haricots ailés).

Little Arabia (carte p. 92 ; Soi 3/1, Th Sukhumvit). Concentrant quantité de restaurants du Moyen-Orient, ce quartier offre une délicieuse alternative aux sempiternels nouilles et plats de riz. On s'y régale de galettes au sésame, d'houmous ou de falafels.

CATÉGORIE SUPÉRIEURE

Face (carte p. 80 ; ☎ 0 2713 6048 ; 29 Soi 38, Th Sukhumvit ; plats 280-1 750 B ; ⏲ dîner). Élégant complexe gastronomique regroupant trois très bons restaurants : le Lan Na Thai (cuisine thaïlandaise axée sur les plats régionaux), l'Hazara (saveurs exotiques de la frontière de l'Inde du Nord) et le Misaki (cuisine japonaise).

♡ **Bo.lan** (carte p. 92 ; ☎ 0 2260 2962 ; 42 Soi Rongnarong Phichai Songkhram, Soi 26, Th Sukhumvit ; menu 1 500 B ; ⏲ dîner mar-ven, déj et dîner sam-dim). Restaurant haut de gamme ouvert par deux anciens chefs du Nahm, table londonienne étoilée au Michelin. Bo et Dylan ("Bo.Lan" signifie également "ancien") ont une approche érudite de la gastronomie thaïlandaise. En résulte d'excellents menus combinant des plats régionaux savoureux, qui valent bien les prix annoncés.

OÙ PRENDRE UN VERRE

Les "bars à filles", qui prospèrent depuis 30 ans, ne sont pas, loin de là, les seuls endroits où sortir. Comme toutes les grandes villes cosmopolites, Bangkok compte toutes sortes d'établissements où faire la fête, du plus chic au plus sordide.

La vie nocturne y a cependant connu un sérieux coup d'arrêt en 2004, lorsque le gouvernement Thaksin a imposé un "couvre-feu" aux habitants qui devaient désormais se coucher à une heure respectable. Le lent retour à la grande époque d'avant 2004 a été freiné en 2008 par un nouvel accès de sévérité.

Mais à toute chose malheur est bon : Th Khao San, ancien repaire des touristes étrangers sans le sou, est devenue, sous l'effet d'une sorte de renaissance haut de gamme, très prisée de la clientèle locale. Quant à la RCA (Royal City Avenue ; carte p. 80), ancien quartier de discothèques traditionnellement associé à la jeunesse thaïlandaise, c'est désormais le lieu de divertissement préféré de tous, quel que soit l'âge ou la nationalité.

Cheap Charlie's (carte p. 92 ; Soi 11, Th Sukhumvit). Une cabane en bois décorée de crânes de buffle et de roues de chariot offrant une bouffée d'oxygène appréciée dans l'atmosphère branchée de Th Sukhumvit. Nombreuse clientèle d'étrangers qui se moquent de boire leur Singha dans un cadre un peu kitsch.

Coco Walk (carte p. 90 ; 87/70 Th Phayathai). Ensemble de pubs, bars et salles de concert très apprécié par les étudiants et autres habitants.

Cosmic Café (carte p. 80 ; ☎ 08 1605 9469 ; Zone C Royal City Ave (RCA), en retrait de Th Phra Ram IX). À mi-chemin d'un pub et d'une salle de concert. Soit un endroit agréable pour prendre un verre, écouter de la musique live et se mêler aux Thaïlandais.

Hippie de Bar (carte p. 84 ; ☎ 0 2629 3508 ; 46 Th Khao San ; ⏲ 15h-2h). Bonne musique et bonne ambiance dans ce bar de Th Khao San très fréquenté par les habitants. Plusieurs niveaux, à l'intérieur et à l'extérieur.

Phranakorn Bar (carte p. 84 ; ☎ 0 2282 7507 ; 58/2 Soi Damnoen Klang Tai). Étudiants et artistes dans l'âme donnent vie à ce lieu à la décoration éclectique, abritant une galerie d'art et une terrasse sur le toit qui domine le vieux Bangkok.

River Bar Café (carte p. 82 ; ☎ 0 2879 1747 ; 405/1 Soi Chao Phraya, Th Rachawithi). Avec un emplacement idyllique au bord du fleuve, une bonne cuisine et des concerts, le River Bar a tous les ingrédients nécessaires à une vraie soirée à Bangkok.

UN VERRE EN HAUTEUR

Depuis quelques années, Bangkok est réputée pour ses bars et ses restaurants installés au faîte des gratte-ciel. Bien souvent, une simple barrière d'un mètre de hauteur vous sépare de couchers du soleil surréalistes sur Bangkok ou le Chao Phraya, quelques dizaines d'étages plus bas. Peu de villes s'enorgueillissent d'offrir de tels cadres pour prendre un verre.

Nombre de ces bars se doublent d'un restaurant où les prix, comme les étages, sont élevés. Mieux vaut donc opter pour un simple apéritif au soleil couchant et dîner ailleurs. Sachez aussi que ces établissements exigent pour la plupart une tenue correcte.

Moon Bar (carte p. 82 ; ☎ 0 2679 1200 ; Banyan Tree Hotel, 21/100 Th Sathon Tai). Perché au 61e étage, loin du tumulte de la rue, le Moon Bar domine pratiquement toute la ville.

RedSky (p. 90 ; ☎ 0 2100 1234 ; 55e ét., Centara Grand, Central World Plaza). Le restaurant en terrasse le plus récent et le plus haut de gamme de Bangkok, offrant une vue exceptionnelle depuis le 55e étage.

Roof (p. 82 ; ☎ 0 2217 3070 ; 25e ét., Siam@Siam, 865 Th Phra Ram I). Belle vue sur le centre de Bangkok, excellente carte des vins et champagnes, et sommelier attitré pour les Martini.

Sky Bar (carte p. 88 ; ☎ 0 2624 9555 ; 63e ét., State Tower, 1055 Th Silom). L'escalier de l'entrée donne au restaurant Sirocco de faux airs de Hollywood. Le Sky Bar adjacent, comme posé au bord du vide, donnerait presque le vertige.

♥ **Sripoom Espresso Bar** (carte p. 84 ; ☎ 0 2281 4445 ; 95 Th Chakraphong). Minuscule bar à la décoration industrielle qui sert parmi les meilleurs cocktails du secteur. Musique très variée et console Wii à l'étage.

Taksura (carte p. 84 ; ☎ 0 2622 0708 ; 156/1 Th Tanao). Aucun panneau n'indique cette demeure presque centenaire semblant à l'abandon, en plein cœur du vieux Bangkok. Profitez de la terrasse et accompagnez vos boissons d'en-cas épicés, comme les Thaïlandais.

Wong's Place (carte p. 82 ; 27/3 Soi Sri Bumphen, en retrait de Soi Ngam Duphli, Th Phra Ram IV). Retour à l'époque des routards du début des années 1980 ; on peut se rendre au Wong's en première intention ou après avoir fait la tournée des bars, mais, en tout cas, n'arrivez pas avant minuit.

Chaque quartier d'expatriés a son pub irlandais, avec TV à grand écran diffusant des matchs, Guinness et climatisation de rigueur : le **Molly Malone's** (carte p. 88 ; ☎ 0 2266 7160 ; 1/5-6 Th Convent) à Silom ; le **Bull's Head** (carte p. 92 ; ☎ 0 2259 4444 ; 595/10-11 Soi 33/1, Th Sukhumvit) et le **Black Swan** (carte p. 92 ; ☎ 0 2626 0257 ; 326/8-9 Th Sukhumvit) dans Th Sukhumvit.

OÙ SORTIR

Bangkok est une grande métropole. À ce titre, elle a de quoi satisfaire les passionnés de culture, comme les noctambules invétérés. Pour connaître le programme des manifestations, consultez les rubriques consacrées aux sorties et aux spectacles des quotidiens *Bangkok Post* et *Nation*, de l'excellent hebdomadaire *BK* (www.bkmagazine.com) et du mensuel *Bangkok 101* (www.bangkok101.com).

Clubs et discothèques

L'inconstance est la caractéristique première de la scène des discothèques de la ville : les établissements qui attirent des milliers de clients par soir pourront bien n'être plus qu'un vague souvenir dans un an. Des adresses classiques existent cependant dans les *soi* proches de Sukhumvit, de Silom, de Ratchadapisek et de RCA (Royal City Ave), qui s'imposent comme les quartiers "où sortir", car les établissements y ferment à 2h. Vous devrez présenter une pièce d'identité prouvant que vous avez plus de 20 ans – et ce même si vos cheveux grisonnent ! Le droit d'entrée, qui peut atteindre 700 B, comprend en principe une boisson. La plupart des établissements ne s'animent pas avant minuit.

Pour vous faire une idée du programme, consultez les rubriques consacrées aux sorties et aux spectacles dans la presse – *BK*, *Guru* (le supplément du vendredi du *Bangkok Post*), ainsi que l'excellent magazine en ligne *Bangkok Recorder's* (www.bangkokrecorder.com).

808 (carte p. 80 ; ☎ 08 4323 9998 ; www.808bangkok.com ; Block C, Royal City Ave (RCA), en retrait de Th Phra Ram IX). Le 808 accueille des DJ de renom et organise des soirées toujours bondées. Autres discothèques sur RCA : le Slim/Fix et Route 61.

Bed Supperclub (carte p. 92 ; ☎ 0 2651 3537 ; www.bedsupperclub.com ; 26 Soi 11, Th Sukhumvit ; 500-700 B). Le Bed tient la vedette depuis plusieurs années déjà. Mieux vaut venir tôt si l'on veut y dîner. Pour les danseurs invétérés, soirée hip-hop très courue le mardi.

Club Culture (carte p. 82 ; ☎ 08 9497 8422 ; www.club-culture-bkk.com ; Th Sri Ayuthaya ; 250 B). Ce Club accueille moult événements (DJ, concerts – house, techno, electro, dub...) où tout le monde se presse, dans un bel édifice thaïlandais, immense, des années 1960. Le lieu le plus thaïlandais de Bangkok !

Hollywood (carte p. 82 ; Soi 8, Th Ratchadaphisek). Éclairé aux néons, le Hollywood est connu pour son ambiance rétro et ses soirées ponctuées de spectacles, avec whisky à gogo.

Nang Len (carte p. 80 ; ☎ 0 2711 6564 ; 217 Soi 63 (Ekamai), Th Sukhumvit). Nang Len (littéralement, "traîner à ne rien faire") est une véritable boîte de sardines dans Th Ekamai, dont le succès laisse perplexe. Au programme : musique live et clientèle d'étudiants. Arrivez avant 22h si vous voulez réussir à entrer.

Tapas Room (carte p. 88 ; ☎ 0 2234 4737 ; www.tapasroom.net ; 114/17-18 Soi 4, Th Silom ; 100 B). Discothèque installée de longue date, qui rassemble tous les horizons. Bondée du jeudi au samedi soir grâce au mélange de DJ et de joueurs de percussions.

Musique live

La scène musicale de Bangkok s'avère fort variée : jazz international dans les grands hôtels, blues dans les petits pubs insolites, pop thaïlandaise dans les clubs, ou musique traditionnelle dans certains bars.

♥ **Ad Here The 13th** (carte p. 84 , 13 Th Samsen). Un tout petit club de quartier, où écouter une musique chaleureuse jouée par un groupe talentueux, tous les soirs à 21h30. Lieu bruyant ou intime suivant les soirs.

Brick Bar (carte p. 84 ; ☎ 0 2629 4477 ; sous-sol, Buddy Lodge, 265 Th Khao San ; 100 B). Bar en sous-sol qui accueille chaque soir Teddy Ska, l'un des groupes les plus énergiques de Bangkok.

Brown Sugar (carte p. 82 ; ☎ 0 2250 1825 ; 231/19-20 Th Sarasin). Ce pub douillet, le plus ancien en activité parmi ceux de Th Sarasin, au nord du parc Lumphini, rassemble musiciens et amateurs de jazz dans un cadre intime.

Gazebo (carte p. 84 ; ☎ 0 2629 0705 ; 3e ét., 44 Th Chakrapong). Véritable oasis surplombant Th Khao San, ce bar au thème moyen-oriental plaît aux routards et à une clientèle locale. Au programme : groupes jouant des reprises et serveurs de chicha coiffés de fez. Peut-être parce qu'il est en hauteur, l'établissement se montre assez laxiste avec les horaires de fermeture stricts en vigueur.

Living Room (carte p. 92 ; ☎ 02 649 8888 ; niv. 1, Sheraton Grande Sukhumvit, 250 Th Sukhumvit). Chaque soir, ce bar d'hôtel en apparence quelconque se transforme en l'un des meilleurs clubs de jazz de la ville, et attire une clientèle enthousiaste d'habitués. Renseignez-vous pour connaître la tête d'affiche.

Saxophone Pub (carte p. 82 ; ☎ 0 2246 5472 ; 3/8 Th Phayathai). Cette institution de la musique live – jazz, blues... – mérite amplement de venir depuis Banglamphu.

BANGKOK VUE PAR UN ÉTUDIANT

"Je suis étudiant en comptabilité à l'université de Chulalongkorn. Les études ne sont pas trop difficiles ; en fait, je mets surtout un coup de collier pour les examens. J'ai des exercices quotidiens dans certaines matières, mais je n'ai que fort peu de devoirs à faire le soir.

D'après l'expérience de mes amis étrangers en échanges universitaires, je dirais que la vie estudiantine en Thaïlande est assez différente de la leur. Ici, la majorité des étudiants ne travaillent pas et vivent chez leurs parents, dépendant donc financièrement d'eux. Seuls les étudiants venant d'autres provinces du pays optent pour les dortoirs ou les chambres universitaires, qui sont assez bon marché. Autre différence : nous portons un uniforme – ce qui ne me dérange pas ; de plus on est plus vite prêt pour les cours. Toutefois, il est regrettable que l'on ne puisse pas entrer sur le campus lorsqu'on a oublié sa ceinture, par exemple.

Quand il n'y a pas cours, mes amis et moi nous retrouvons vers Siam Square ou Th Chitlom. Quand nous sortons le soir, nous allons généralement en discothèque dans Ekamai, Thong Lor ou RCA. Nous sortons le plus souvent en groupe ; la société thaïlandaise a un esprit plus collectif que dans d'autres pays. Même draguer se fait en groupe, sauf vers la fin où, si la fille est à l'aise, on passe alors au tête-à-tête !

Une fois diplômé, je pense rester chez mes parents. C'est comme ça en Thaïlande. On ne part que lorsqu'on se marie. Je suis heureux avec eux, ils me laissent de plus en plus de liberté à mesure que je grandis et, lorsque j'aurai un travail, je pourrai enfin gagner et dépenser mon propre argent !"

Peach Likhitsuwan, 21 ans, étudiant à l'université de Chulalongkorn, Bangkok.

BANGKOK GAY ET LESBIEN

On n'imagine guère une ville plus accueillante pour la communauté homosexuelle masculine. Celle de Bangkok évolue ouvertement, en toute liberté, dans les lieux de sortie nocturnes – bars, discothèques et cabarets de *gà·teu·i* (également orthographié *kàthoey* ; *ladyboys*, travestis ou transsexuels). En revanche, les établissements pour les lesbiennes (*torm·di*) thaïlandaises ne sont ni si visibles ni si cloisonnés.

L'*Utopia Guide to Thailand,* publié par Utopia, répertorie les établissements visant une clientèle gay dans 18 villes thaïlandaises, dont Bangkok. Vous trouverez d'autres informations et manifestations sur www.fridae.com. Visiter Bangkok à la mi-novembre est d'autant plus agréable que le petit **Pride Festival** (www.bangkokpride.org) de la ville bat alors son plein. Au programme de la semaine : dîners, croisières, sorties en discothèque et concours en tout genre.

Nous recommandons les bars, clubs, discothèques et saunas suivants :

Babylon (carte p. 82 ; ☎ 0 2679 7984 ; 34 Soi Nantha, en retrait de Soi 1, Th Sathon ; 260 B ; ⌚ 10h30-22h30). Premier sauna de luxe à Bangkok, très apprécié des touristes, dont beaucoup viennent de Singapour et de Hong Kong.

DJ Station (carte p. 88 ; ☎ 0 2266 4029 ; 8/6-8 Soi 2, Th Silom ; 200 B ; ⌚ 22h30-tard). Très prisé par une clientèle jeune, et l'une des adresses gays les plus connues de la ville. *Dance* à plein volume, flamboyantes soirées déguisées et cabaret *gà·teu·i* à 23h.

Ratchada Soi 8 (carte p. 80 ; ☎ 08 9231 0996 ; 76/4 Soi 8, Th Ratchadaphisek ; ⌚ 20h-1h). Toujours bondé. La limite d'âge semble être de 25 ans. Spectacle classique de "*coyote boys*" (jeunes hommes minces en bottes et slip).

Telephone (carte p. 78 ; ☎ 0 2234 3279 ; 114/11-13 Soi 4, Th Silom ; ⌚ 18h-1h). Le plus ancien bar-restaurant gay de Bangkok reste encore le meilleur endroit pour observer cette perpétuelle Gay Pride que constitue Soi 4.

Zeta (carte p. 80 ; ☎ 0 2211 1060 ; 29 Royal City Ave (RCA), en retrait de Th Phra Ram IX ; ⌚ 20h-2h). Club lesbien ultra-populaire, du côté tranquille de RCA, rempli de jeunes *torm-di* le week-end. Pour les femmes uniquement.

Tawan Daeng German Brewhouse (carte p. 80 ; ☎ 0 2678 1114 ; 462/61 Th Narathiwat Ratchanakharin, angle Th Phra Ram III). Cette version thaïlandaise d'une brasserie bavaroise grande comme un hangar affiche complet tous les soirs. Au programme évidemment : musique live et bière fraîche.

Cabarets

Bangkok est célèbre pour ses cabarets de *gà·teu·i* (travestis ou transsexuels). Les spectacles se résument en général à des numéros de play-back et de danse.

Calypso Cabaret (carte p. 90 ; ☎ 0 2653 3960-2 ; 1er ét., Asia Hotel, 296 Th Phayathai ; 900-1 550 B ; ⌚ spectacles 20h15 et 21h45). Le cabaret de *gà·teu·i* le plus populaire de Bangkok, à mi-chemin du Moulin-Rouge et de Broadway.

Mambo Cabaret (carte p. 80 ; ☎ 0 2294 7381; www.mambocabaret.com ; 59/28 Th Yannawa Tat Mai ; 800-1 000 B ; ⌚ spectacles 19h15, 20h30 et 22h). Moins rutilant que le Calypso, mais le spectacle reste amusant.

Cinémas

Les salles de cinéma clinquantes de Bangkok, reflets du goût de la ville pour l'excès, méritent la visite à elles seules, et pas seulement pour les films. Les places VIP (seulement 500 B) donnent droit à des sièges réglables (certains avec massage électrique) et au service. La plupart des salles se trouvent dans les grands centres commerciaux voisins de Th Phra Ram I et de Th Ploenchit. On y projette généralement les superproductions hollywoodiennes en anglais et des productions locales (parfois sous-titrées en anglais). Les centres culturels organisent des séances de projection pour les expatriés ; plusieurs festivals ont également lieu chaque année.

Les séances commencent par l'hymne royal ; tous les spectateurs doivent se lever respectueusement.

Pour les horaires et la programmation, consultez le *Bangkok Post* ou www.movieseer.com ; des critiques de films thaïlandais sont disponibles sur www.thaicinema.org.

EGV Cinema (carte p. 90 ; ☎ 0 2129 4635-36 ; www.egv.com ; Siam Discovery Center, angle Th Phra Ram I et Th Phayathai). Le cinéma le plus chic de Bangkok. Films internationaux et thaïlandais en anglais.

SF Cinema City (carte p. 90 ; ☎ 0 2268 8888 ; www.sfcinemacity.com ; 7e ét., centre commercial Mahboonkrong (MBK), Th Phra Ram I). Confortables places VIP, superproductions internationales en anglais et films thaïlandais sous-titrés en anglais.

Lido Multiplex (carte p. 90 ; ☎ 0 2251 1265 ; Siam Sq, Soi 2). Cinéma rétro projetant des films européens, des films d'art et d'essai et des superproductions américaines.

SFV Cinema (carte p. 92 ; ☎ 0 2260 9333 ; www.sfcinemacity.com ; centre commercial Emporium, Th Sukhumvit). Pratique si on loge dans un hôtel de Sukhumvit.

House (carte p. 80 ; ☎ 0 2641 5177 ; www.houserama.com ; 3e ét., UMB Cinema, RCA, Th Phra Ram IX). Films d'auteurs et d'avant-garde.

Go-go bars

Bangkok est célèbre pour ses sulfureux go-go bars, et les étrangers solitaires s'y pressent en nombre pour profiter du laxisme de la Thaïlande en matière d'amour mercantile.

La plupart des touristes vont au moins une fois dans les Soi Patpong 1 et Soi Patpong 2, entre Th Silom et Th Surawong, pour le spectacle. Ils y restent le temps de jeter un coup d'œil au marché des contrefaçons et de boire une bière dans les bars proposant des *sex shows* "touristiques".

Aujourd'hui, l'industrie du sexe s'est déplacée dans les rues proches de Th Sukhumvit, dont Soi Cowboy (Soi 23) et Nana Plaza (Soi 4), ainsi que dans la longue portion d'établissements de "divertissement" de Th Ratchadaphisek, lesquels s'adressent à une clientèle asiatique.

Sport

BOXE THAÏLANDAISE (MUAY THAI)

Des combats de *mou·ay tai* (souvent écrit *muay thai*) ont lieu dans deux stades de boxe du centre de Bangkok. Les tarifs varient en fonction de la place choisie, celles à côté du ring (où s'installent les VIP) étant les plus onéreuses. Les voyageurs indépendants optent le plus souvent pour les places de 2e classe, tandis que les vrais passionnés se rassemblent dans les gradins de 3e classe. Lors de certains matchs, des escrocs tentent de convaincre les touristes d'acheter une place de 1re classe (près du ring). Ne croyez pas ceux qui prétendent qu'il n'y a plus de places bon marché – sauf les vendeurs aux guichets !

Sanam Muay Lumpinee (carte p. 82 ; ☎ 0 2252 8765 ; Th Phra Ram IV ; 1 000-2 000 B ; ⏲ combats 18h30 mar, ven-sam). Grand stade populaire proche du parc Lumphini.

Sanam Muay Ratchadamnoen (carte p. 84 ; ☎ 0 2281 4205 ; 1 Th Ratchadamnoen Nok ; 1 000-2 000 B ; ⏲ combats 18h dim, lun et mer, 17h jeu). Les meilleurs boxeurs se rencontrent ici le jeudi soir.

Théâtre

Plusieurs salles accueillent des représentations de théâtre thaïlandais moderne et classique, dont des spectacles traditionnels de *lá·kon* et de *kŏhn* (drame dansé avec des masques, fondé sur l'épopée du *Ramayana* – *Ramakian* en thaï) et des pièces contemporaines. Nous avons sélectionné les adresses suivantes :

Théâtre Patravadi (carte p. 82 ; ☎ 0 2412 7287 ; www.patravaditheatre.com ; 69/1 Soi Wat Rakhang, Thonburi ; 500 B ; ⏲ spectacles variés, se renseigner). Ce théâtre est le seul à représenter l'avant-garde de la danse à Bangkok. C'est aussi la salle de prédilection du Fringe Festival (festival international de théâtre et de danse) qui se tient en janvier ou février.

Sala Chalermkrung (carte p. 86 ; ☎ 0 2222 0434 ; www.salachalermkrung.com ; 66 Th Charoen Krung, Chinatown ; 1 000-2 000 B ; ⏲ spectacles 19h30 ven-sam). Cet ancien cinéma de style Art déco datant de 1933 est l'une des rares salles où l'on puisse encore assister à des représentations de *kŏhn*.

ACHATS

À Bangkok, la carte de crédit est sollicitée en permanence : pas un coin de rue qui ne soit occupé par un vendeur, un marchand ambulant ou un étal dressé de façon improvisée. La ville compte aussi l'un des plus grands marchés en plein air au monde et le plus grand centre commercial d'Asie du Sud-Est. Il y en a pour tous les goûts, l'authentique et le toc se côtoyant joyeusement. Si les brochures touristiques braquent avec insistance les projecteurs sur les grands magasins de luxe, dans ce domaine, Bangkok est encore un peu à la traîne derrière Singapour et Hong Kong. Vous trouverez les meilleures affaires et les articles les plus originaux sur les marchés.

Appareils photo et électronique

Contrairement à une idée répandue, il n'est pas intéressant d'investir dans les gadgets électroniques à Bangkok. En raison des taxes d'importation, leur prix se révélera probablement plus élevé que dans votre pays d'origine. En outre, le choix est sans comparaison avec Tokyo ou Hong Kong. La ville excelle en revanche dans le recyclage des périphériques d'ordinateur par exemple.

Pantip Plaza (carte p. 90 ; 604 Th Phetburi). La meilleure adresse en la matière : 5 étages de magasins d'informatique, et des dizaines de stands vendant des ordinateurs et des périphériques (équipés de logiciels authentiques ou ouvertement piratés). IT City (☎ 0 2656 5030), au 5e étage, est un grand magasin fiable où l'on a l'habitude de remplir des formulaires de détaxe pour les touristes.

Niks/Nava Import Export (carte p. 88 ; ☎ 0 2235 2929 ; www.niksthailand.com ; 166 Th Silom ; ⌚ 8h-0-15h30 lun-ven). Le plus grand importateur d'appareils photo du pays vend tous types de matériel professionnel, notamment de marque Nikon, Mamiya et Rollei. C'est aussi la meilleure adresse pour faire réparer son Nikon.

Sunny Camera Mahboonkrong (carte p. 90 ; ☎ 0 2620 9293 ; 3e ét., centre commercial Mahboonkrong) ; Silom (carte p. 88 ; ☎ 0 2236 8365 ; 144/23 Th Silom ; ⌚ 10h-18h lun-sam) ; Th Charoen Krung (carte p. 88 ; ☎ 0 2235 2123 ; 1267-1267/1 Th Chareon Krung). Pour les amateurs de la marque Nikon.

Artisanat

L'artisanat est d'un excellent rapport qualité/prix. Commencez par faire un tour au marché du week-end de Chatuchak (ci-dessous), puis au marché de nuit de Suan Lum (Suan Lum Night Bazaar ; ci-contre). Les marchés de rue de Th Khao San, de Th Sukhumvit et de Th Silom sont bien approvisionnés.

Quelques bonnes adresses :

Silom Village Trade Center (carte p. 88 ; ☎ 0 2234 4448 ; 286 Th Silom). Cet ensemble de maisons en teck a été transformé en marché artisanal. Il comporte aussi des restaurants en plein air corrects et accueille tous les soirs des représentations de danse.

Thai Home Industries (carte p. 88 ; ☎ 0 2234 1736 ; 35 Soi Oriental ; ⌚ lun-sam). Flâner dans cet édifice aux allures de temple donne l'impression de visiter un grenier abandonné empli de trésors asiatiques. Malgré l'arrangement disparate des objets et le manque d'ordre (sans compter la poussière), l'expérience est mille fois plus intéressante que dans les habituelles boutiques de souvenirs.

Marchés

Dans chaque quartier touristique, les marchés (de jour et de nuit) donnent la possibilité d'acheter des souvenirs 24h/24 ou presque. Il est coutume de marchander. Les prix du marché de Th Khao San (carte p. 84) sont beaucoup plus raisonnables que ceux pratiqués sur les marchés plus haut de gamme de Patpong, de Th Silom et de Th Sukhumvit.

Marché du week-end de Chatuchak (Jatujak Market ; carte p. 80 ; ☎ 0 2272 4440 ; Th Phahonyothin ; ⌚ 9h-18h sam-dim). Ce marché gigantesque est un peu le père de tous les marchés de Thaïlande : des milliers de commerçants y vendent de tout, des lapins vivants aux objets artisanaux.

Près de 200 000 personnes le visitent tous les samedi et dimanche, et les pickpockets y sévissent. Aussi, surveillez vos affaires de près. Nombreux sont ceux qui profitent de la visite pour manger dans l'un des excellents restaurants ou se sustenter sur les étals de nourriture. Comme il est assez facile de se perdre entre les rangées interminables d'échoppes, un plan peut s'avérer utile. La *Nancy Chandler's Map of Bangkok* comporte une excellente section sur Chatuchak. Pour venir, le meilleur moyen consiste à prendre le Skytrain jusqu'à Mo Chit ou le métro jusqu'à Kamphaeng Phet.

Marché de nuit de Suan Lum (Suan Lum Night Bazaar ; carte p. 82 ; Th Phra Ram IV ; ⌚ 19h-24h). Si vous n'êtes pas à Bangkok en fin de semaine, Suan Lum offre une excellente alternative à Chatuchak. Cet immense marché de nuit, financé par l'État, réunit des milliers de stands de souvenirs (contemporains et un peu chers) et d'objets artisanaux, ainsi que quelques antiquités.

Marché de Pak Khlong (carte p. 86 ; en retrait de Th Maharat, près de Tha Saphan Phut et du Memorial Bridge) ; ⌚ 21h-tard). Le marché aux fleurs (vente en gros) est fascinant pour ses fleurs en tout genre et pour ce qui s'y passe. Tâchez de repérer les *pou·ang mah·lai* (guirlandes de fleurs) que l'on donne en offrande aux bouddhas sacrés.

Marché de Pratunam (carte p. 90 ; angle Th Phetchaburi et Th Ratchaprarop). Véritable jungle où prédominent les marchés et les boutiques de vêtements, s'étendant au nord de Th Phetchaburi, Pratunam est sans doute l'endroit le moins cher pour refaire sa garde-robe.

Matériel de plongée

La plupart des boutiques spécialisées se situent aux alentours de Th Sukhumvit.

Dive Indeed (carte p. 92 ; ☎ 0 2665 7471 ; www.diveindeed.com ; 14/2 Soi 21, Th Sukhumvit)

Dive Master (carte p. 92 ; ☎ 0 2259 3191 ; www.divemaster.net ; 16 Asoke Court, Soi 23, Th Sukhumvit)

Dive Supply (carte p. 82 ; ☎ 0 2354 4815 ; www.divesupply.com ; 457/4 Th Sri Ayuthaya)

Larry's Dive Center, Bar & Grill (carte p. 92 ; ☎ 0 2663 4563 ; www.larrysdive.com ; 8 Soi 22, Th Sukhumvit)

Planet Scuba (carte p. 92 ; ☎ 0 2261 4412/3 ; www.planetscuba.net ; 666 Th Sukhumvit)

Objets religieux

Th Bamrung Muang, près du Wat Suthat, est bordée d'une multitude de commerces vendant d'imposants bouddhas en bronze et autres objets votifs servant au culte bouddhiste. Voir l'encadré p. 102 concernant l'exportation.

L'ACHAT DE BOUDDHAS

Le gouvernement thaïlandais exerce un contrôle strict sur l'exportation de statues du Bouddha et d'antiquités. On peut exporter des reproductions d'antiquités et des statues du Bouddha contemporaines, mais uniquement avec une autorisation. Contactez le **département des Beaux-Arts** (Department of Fine Arts ; carte p. 72 ; ☎ 0 2221 4443) pour plus de renseignements. Si vous essayez de quitter le pays avec une statue pour laquelle vous n'avez pas de document officiel, elle sera confisquée par la douane.

Pour faire emplette d'amulettes traditionnelles, rendez-vous au marché aux amulettes bouddhiques (voir l'encadré p. 102), ainsi qu'au Wat Mahathat (carte p. 84) et au Wat Ratchanatda (p. 95).

Pierres précieuses et bijoux

Bangkok est une plaque tournante du commerce des pierres précieuses, mais les non-spécialistes devront se montrer très vigilants, car les escroqueries sont nombreuses. Des pierres défectueuses, voire de la verroterie, sont vendues au prix des gemmes de premier choix et nombre de boutiques paient des commissions aux chauffeurs de *túk-túk* et autres rabatteurs pour que ceux-ci leur amènent des clients ou attirent ces derniers en leur parlant de prétendus "soldes" (voir p. 413). Autre arnaque très en vogue : les commerçants tentent de convaincre les clients d'acheter des pierres en grosse quantité pour les revendre à prix d'or chez eux. Pour éviter les ennuis, voici deux adresses réputées de longue date :

Johnny's Gems (carte p. 86 ; ☎ 0 2224 4065 ; 199 Th Fuang Nakhon ; ⏲ lun-sam). Une enseigne fiable, appréciée depuis longtemps par les expatriés.

Uthai's Gems (carte p. 90 ; ☎ 0 2253 8582 ; 28/7 Soi Ruam Rudi, Th Ploenchit ; ⏲ lun-sam). Quarante années d'activité, des tarifs fixes, de bonnes prestations (dont la détaxe). Une autre adresse sérieuse et prisée par les expatriés.

Vêtements

Les vêtements sont vendus à côté des produits alimentaires sur les marchés thaïlandais, mais ils sont souvent trop petits pour la plupart des étrangers ; les marchés du week-end de Pratunam et de Chatuchak (voir p. 120) font exception à la règle, en proposant des tailles et des styles de vêtements adaptés aux Occidentaux.

Bangkok est une destination de choix pour se faire faire un costume sur mesure,

CHOISIR LE BON TAILLEUR

Rien de plus facile que de se faire faire des vêtements sur mesure à Bangkok, à des prix défiant toute concurrence. Cependant, mieux vaut savoir où aller pour ne pas être déçu. Voici la règle d'or : on obtient ce pour quoi l'on paie. Si un costume, deux pantalons, deux chemises et une cravate, avec un sarong en soie en cadeau, vous coûtent 169 $US (proposition courante à Bangkok, et dans les îles), vous en aurez seulement pour votre argent.

Sachez précisément ce que vous voulez avant d'entrer dans une boutique : costume droit, croisé, nombre de boutons, style de pantalon, de jupe. Sinon, apportez vos tenues favorites et faites-en faire des copies. Comptez une semaine pour récupérer votre commande. Jupes et pantalons peuvent être faits en 48 heures, voire moins, mais les tailleurs sérieux demandent généralement 2 à 5 jours pour un costume – méfiez-vous de ceux qui proposeront de traiter votre commande en moins de 24 heures.

Voici quelques adresses réputées :

Forchong (carte p. 80 ; ☎ 0 2258 7823 ; 919 Soi 49, Th Sukhumvit ; ⏲ 9h-21h lun-sam, 9h-16h dim). Tailleur renommé de longue date et recommandé par des habitants.

Marco Tailors (carte p. 90 ; ☎ 0 2251 7633 ; 430/33 Soi 7, Siam Sq ; ⏲ 10h-17h lun-ven). Tailleur réputé pour son sérieux, spécialisé dans les costumes pour homme. Grand choix de laines et de cotons dont les banquiers raffolent.

Nickermann's Tailor (carte p. 92 ; ☎ 0 2252 6682 ; sous-sol, Landmark Hotel, 138 Th Sukhumvit ; ⏲ 10h-21h). Boutique très appréciée des femmes actives pour ses tailleurs cintrés et ses robes de soirée.

Pinky Tailors (carte p. 90 ; ☎ 0 2252 9680 ; 888/40 Mahatun Plaza Arcade, Th Ploenchit ; ⏲ 10h-19h30 lun-sam). Spécialiste de la veste de costume depuis 35 ans. Derrière le Mahatun Building.

Siam Emporium (carte p. 92 ; ☎ 0 2251 9617 ; Soi 8, Th Sukhumvit ; ⏲ 10h-20h30). Tailleur fiable et discret.

même si les couturiers peu scrupuleux sont nombreux. Voir l'encadré p. 121 pour les bonnes adresses.

Central World Plaza (carte p. 90 ; ☎ 0 2635 1111 ; angle Th Phra Ram I et Th Ratchadamri, Ploenchit). Sept étages consacrés au plaisir pur du shopping. Mention spéciale pour la Section F présentant des marques nationales tendance, telles Playground!, MOF, Qconceptstore et Flynow III. Une partie du centre a été incendiée après l'intervention militaire contre les chemises rouges en mai 2010, mais les activités commerciales ont rapidement repris leur cours.

Gaysorn Plaza (carte p. 90 ; ☎ 0 2656 1149 ; angle Th Ploenchit et Th Ratchadamri). Ambiance haute couture pour cette vitrine de la mode. La zone "Urban Street Chic" (2e ét.) met en valeur les créateurs locaux.

Centre commercial Mahboonkrong (MBK) (carte p. 90 ; ☎ 0 2620-9111 ; angle Th Phra Ram I et Th Phayathai). Toute l'énergie d'un marché thaïlandais est concentrée dans le MBK, centre commercial le plus populaire de Bangkok. Ici, on trouve de tout, et le 6e étage compte l'un des meilleurs *food courts* de la ville (espace de restauration, voir p. 112).

Siam Discovery Center (carte p. 90 ; ☎ 0 2658 1000-19 ; Th Phra Ram I). Vêtements, meubles et livres sont partout dans les allées du Siam Discovery. Curieusement, ce grand magasin est aussi une adresse de choix pour le matériel de camping et de plein air. Au 3e étage, vous trouverez les enseignes Pro Cam-Fis, Equinox Shop et North Face.

DEPUIS/VERS BANGKOK

Avion

Bangkok dispose de deux grands aéroports. Ouvert fin 2006, l'**aéroport international de Suvarnabhumi** (☎ 0 2132 1888 ; www2.airportthai.co.th), immense construction en verre et béton à 30 km à l'est du centre de Bangkok, fait office d'aéroport international. Suvarnabhumi (prononcez "*sù·wan·ná·poum*") fonctionne assez efficacement. Le site non officiel www.bangkokairportonline.com comporte des informations en temps réel sur les arrivées et les départs.

L'**aéroport de Don Muang** (carte p. 80 ; ☎ 0 2535 1111 ; www2.airportthai.co.th), à 25 km au nord du centre-ville, qui avait momentanément cessé son activité, accueille aujourd'hui des vols intérieurs des compagnies Nok Air et One Two Go. Tous les vols d'Air Asia et de Thai Airways passent par Suvarnabhumi.

Pour des renseignements sur les hôtels proches des aéroports, reportez-vous à la p. 109 ; concernant le transport jusqu'aux aéroports, voir p. 124. Les bureaux de nombreuses compagnies aériennes sont indiqués sur les plans de la ville dans ce chapitre.

Bus

Un vaste réseau de bus publics et privés rayonne depuis Bangkok pour quadriller tout le royaume. Il existe divers types de bus (voir p. 431). Les bus publics ordinaires et climatisés sont gérés par Baw Khaw Saw, compagnie d'État qui possède trois terminaux dans Bangkok.

Dans tous les bus, et notamment ceux qui transportent les touristes vers les plages et les îles du Sud, gardez vos objets de valeur sur vous ; des escroqueries fréquentes sont présentées p. 433.

BUS PRIVÉS

Les meilleurs bus privés partent des gares routières publiques (voir p. 123) ; achetez vos billets aux guichets des terminaux plutôt que via les agences de voyages. Les bus partant de Banglamphu sont assez confortables, mais le risque de vols y est plus élevé.

Pour de plus amples précisions sur le transport en bus, reportez-vous à la p. 431 et aux chapitres régionaux.

BUS PUBLICS

Voici les trois gares routières publiques de Bangkok :

Terminal Est (Ekamai ; carte p. 80 ; ☎ renseignements 0 2391 8097, ☎ réservations 0 2391 6846 ; Soi 40, Th Sukhumvit). Bus pour les villes de l'est du golfe de Thaïlande (ou situées à proximité), telles Pattaya, Rayong, Chanthaburi et Trat. La station de Skytrain Ekamai est juste à côté du terminal.

Terminal Nord et Nord-Est (Mo Chit ; carte p. 80 ; ☎ bureau Nord 0 2936 2852 poste 311/442, bureau Nord-Est 0 2936 2852 poste 611/448 ; Th Phahonyothin). Ce terminal se trouve au nord du parc de Chatuchak (et du marché du week-end). Tous les bus à destination du Nord et du Nord-Est partent de là. De la station de Skytrain Mo Chit, vous pouvez prendre le bus n°3 (ce bus se prend aussi dans Th Phra Athit à Banglamphu).

Terminal Sud (Sai Tai Mai ; carte p. 80 ; ☎ 0 2435 1 200 ; angle Th Boromaratchachonanee et Th Phuttamonthon 1, Chim Phli). En face du Saphan Phra Pinklao dans la lointaine banlieue ouest, ce nouveau terminal parfaitement bien organisé est le point de départ des bus pour toutes les destinations du Sud – entre autres Phuket, Surat Thani, Krabi, Hat Yai – et des bus pour Kanchanaburi et l'ouest de la Thaïlande. Pour venir, prenez le bus n°503 dans Th Phra Athit.

Vitesse et confort varient grandement entre les bus, et les prix indiqués ici, ainsi que dans les chapitres régionaux, le montrent bien. En d'autres termes, plus le prix est élevé, plus la rapidité, la ponctualité et le confort sont au rendez-vous. Les prix indiqués ici concernent les bus d'État climatisés partant du terminal Sud. Les compagnies privées desservent aussi la plupart de ces itinéraires à des tarifs plus onéreux.

Destination	Prix	Durée	Fréquence
Chumphon	209-500 B	7 heures	7/j
Hat Yai	535-1 070 B	14 heures	9/j
Hua Hin	99-171 B	3 heures 30	ttes les 30 min de 5h à 18h
Ko Samui	338-700 B	15 heures	6-8/j
Ko Pha-Ngan	850-1 400 B	8-12 heures	6-8/j
Krabi	357-700 B	12 heures	5/j
Nakhon Si Thammarat	350-700 B	12-13 heures	7/j de 6h à 8h et de 17h30 à 22h
Pattaya	100-140 B	2 heures	ttes les 30 min
Phetchaburi	86-120 B	2-2 heures 30	ttes les 20 min de 9h20 à 18h
Phuket	375-1 120 B	13-15 heures	11/j
Ranong	220-665 B	10 heures	6/j
Satun	425-1 200 B	14 heures	6/j
Songkhla	563-1 126 B	15 heures	3-5/j
Surat Thani	289-700 B	11 heures	7/j
Trang	367-1 050 B	14 heures	6/j

L'est du golfe de Thaïlande est desservi par des bus longue distance partant du terminal Est. Rayong et Ban Phe servent de correspondance pour Ko Samet et Chanthaburi ; la correspondance pour Ko Chang est assurée via Laem Ngop ou Trat.

Destination	Prix	Durée	Fréquence
Ban Phe	152 B	3 heures 30	ttes les heures de 5h à 20h
Chanthaburi	194 B	4 heures 30	ttes les heures de 4h30 à 24h
Pattaya	117 B	2 heures	ttes les 40 min de 5h à 23h
Rayong	152 B	3 heures 30	ttes les 30 min de 5h à 23h30
Trat	250 B	5-6 heures	ttes les heures de 5h à 23h30

Train

Située dans le centre, au sud-est de Chinatown, la **gare ferroviaire de Hualamphong** (carte p. 86 ; ☎ 0 2220 4334, renseignements et réservations 1690 ; www.railway.co.th ; Th Phra Ram IV) est le principal nœud ferroviaire de Bangkok – et de la Thaïlande. Vous passerez par là pour gagner le Sud. Les trains ordinaires, rapides et express se rendent à Hua Hin, à Surat Thani, à Trang, à Nakhon Si Thammarat et à Hat Yai, puis poursuivent jusqu'en Malaisie. Pour plus de détails sur les déplacements en train, voir p. 433.

Les trains qui desservent, irrégulièrement, l'ouest du pays (y compris Kanchanaburi) partent de la **gare ferroviaire de Bangkok Noi** (carte p. 82 ; Thonburi), en face de Banglamphu (de l'autre côté du fleuve).

COMMENT CIRCULER

Circuler dans Bangkok peut paraître impossible. Pourtant, malgré des embouteillages fréquents, les transports en commun ne sont pas aussi terribles qu'on veut bien le dire. Le Skytrain, le métro, les ferrys fluviaux, les bateaux-taxis (*klong boats*), ainsi qu'une flotte de plus de 70 000 taxis, propres et bon marché, facilitent les déplacements. Évidemment, les trains, les ferrys et les *klong boats* sont plus rapides aux heures de pointe (7h30-10h et 17h-19h30), alors que les taxis restent pratiques à certaines heures. Le réseau de trains urbains est en perpétuel développement. Avec des accès plus rapides vers un nombre croissant de quartiers et moins de voitures sur la route, tout le système devrait mieux fonctionner à l'avenir.

Depuis/vers l'aéroport

Pour plus d'informations sur les transports depuis/vers Suvarnabhumi, voir l'encadré p. 124. Les liaisons sont moins fréquentes avec Don Muang.

AÉROPORT DE DON MUANG

Des taxis et des bus desservent l'aéroport de Don Muang. Les taxis sont plus rapides et plus confortables, et leurs tarifs restent très abordables la plupart du temps – environ 200-350 B selon la circulation et la destination. Ils stationnent devant le hall des arrivées. Une taxe d'aéroport (50 B) et les péages pour les voies express s'ajoutent au prix de la course. Il n'y a plus de navette express vers/depuis Don Muang. On trouve en revanche des bus climatisés réguliers, et notamment :

Bus n°29 Terminal Nord, monument de la Victoire, Siam Square et gare ferroviaire de Hualamphong.
Bus n°510 Monument de la Victoire, terminal Sud.
Bus n°513 Th Sukhumvit, terminal Est.

Si vous prévoyez d'arriver à Bangkok en avion et d'attraper le premier train pour le Sud, vous pouvez rejoindre la gare ferroviaire de Don Muang (reliée à l'aéroport par le Skybridge) et y prendre un train pour la gare de Hualamphong, d'où s'effectuent des départs vers le Sud.

Bateau

Si nombre des *klong* (canaux) de Bangkok ont été bouchés et pavés, on peut encore circuler sur le fleuve Chao Phraya et les canaux adjacents. Voir p. 126 pour des renseignements sur les ferrys fluviaux.

BATEAUX TOURISTIQUES

Plusieurs lignes touristiques sillonnent le fleuve, les plus régulières circulants entre Phra Athit et Sathorn, toutes les 30 min entre 9h30 et 15h. Un pass à la journée (trajets illimités) coûte 150 B. Vous retrouverez tous les itinéraires détaillés (avec horaires et tarifs) dans les cartes dépliantes parfois disponibles aux embarcadères des ferrys (demandez-en une) ou à bord.

Des dizaines de ferrys effectuent également chaque jour la traversée du fleuve (départ toutes les 2-3 min environ, 3 B) ; ils fonctionnent jusque tard le soir.

DEPUIS/VERS L'AÉROPORT DE SUVARNABHUMI

Bus de l'aéroport

L'Airport Express suit 4 itinéraires très pratiques entre Suvarnabhumi et Bangkok. Il circule de 5h (ou 7h lorsqu'il vient de la ville) à minuit pour un tarif fixe de 150 B – un taxi pour 2 personnes reviendra au même jusqu'au centre de Bangkok, mais se révélera en revanche plus cher pour des destinations plus lointaines, comme Banglamphu. Le comptoir de l'Airport Express se trouve près de l'entrée n°8 au niveau 1. Les bus desservent les stations de Skytrain, les grands hôtels, ainsi que les principaux sites et quartiers.

AE-1 pour Silom (par la voie express). Dessert Pratunam, le centre commercial Central World, la station de Skytrain Ratchadamri, le parc Lumphini, la station de Skytrain Saladaeng, Patpong, le Plaza Hotel et d'autres grands hôtels.
AE-2 pour Banglamphu (par la voie express). Dessert Th Phetchaburi Soi 30, l'Amari Watergate Hotel, le monument de la Démocratie (Democracy Monument), le Royal Hotel, Th Phra Athit, Th Phra Sumen et Th Khao San.
AE-3 pour Sukhumvit. Dessert Soi 52, le terminal Est (Ekamai), la station de Skytrain Thong Lo, Sukhumvit Soi 38, 34, 24, 20, 18, la station de Skytrain Asoke/de MRT Sukhumvit, Sukhumvit Soi 10 et 6, Central Chidlom, Central World, Soi Nana.
AE-4 pour la gare de Hualamphong. Dessert les stations de Skytrain du monument de la Victoire (Victory Monument), de Phayathai, de Siam, ainsi que Siam Square, le centre commercial MBK, l'université de Chulalongkorn.

Bus locaux

Un peu plus lents, les bus locaux sont le moyen de transport le moins cher en ville. Comme les bus interurbains qui vont jusqu'à Pattaya, ou plus loin, les bus locaux démarrent du **centre de transports publics** (Public Transportation Center ; ☎ 0 2132 1888), que dessert une navette gratuite (24h/24) au départ du niveau 1 de l'aéroport.

Plusieurs autres bus locaux climatisés desservent Suvarnabhumi moyennant 35 B au maximum. Départs toutes les 15-20 min, sauf indication contraire. Voici les plus pratiques :

Bus n°551, Siam Paragon (🕓 24h/24). Via le monument de la Victoire. Option la moins chère pour rejoindre Th Khao San et Banglamphu ; descendre au monument de la Victoire, prendre le bus n°503 ou le n°509, puis descendre au monument de la Démocratie.
Bus n°552, Klong Toei (🕓 24h/24). Via Sukumvit 101 et la station de Skytrain On Nut.
Bus n°554 et n°555, aéroport de Don Muang (🕓 5h-24h)
Bus n°556, terminal Sud (🕓 toutes les heures 5h-22h). Via le monument de la Démocratie et l'université de Thammasat.

Les bus interurbains à destination de Pattaya (106 B), de Rayong (155 B) et de Trat (248 B) s'arrêtent au moins 6 fois/jour au centre de transports publics. Les bus à destination de Laem Ngob (250 B),

BATEAUX-TAXIS DES CANAUX (KLONG BOATS)

Les bateaux-taxis circulant sur le Khlong Banglamphu, puis sur le Khlong Saen Saep (de Banglamphu à Ramkhamhaeng), sont un moyen simple et pratique, au départ de Banglamphu, pour gagner la maison de Jim Thompson, les centres commerciaux de Siam Square (descendre à Tha Hua Chang pour les deux destinations) et d'autres sites plus à l'est le long de Th Sukhumvit – changement d'embarcation obligatoire à Tha Pratunam. Ces bateaux sont surtout empruntés par les banlieusards qui viennent travailler tous les jours dans la capitale, et ne s'arrêtent que quelques secondes à chaque quai – soyez réactif, on ne vous attendra pas ! Comptez 8-18 B.

Moto-taxi

Les motos-taxis ont deux fonctions principales. Ils font partie du réseau de transports en commun et circulent entre les angles des grandes artères, comme Th Sukhumvit, et l'extrémité des *soi* (souvent assez éloignés) qui partent de ces artères. Les conducteurs, vêtus de vestes numérotées aux couleurs vives, se rassemblent à l'une ou l'autre des extrémités de leur *soi*. Ils demandent en principe 10-20 B pour la course (sans casque à moins de le réclamer expressément).

Ensuite, les motos-taxis servent aussi à échapper aux embouteillages. Une fois la destination annoncée au conducteur, il suffit de négocier le tarif de la course (de 20 B pour un court trajet à 150 B pour traverser

pour prendre le ferry pour Ko Chang, partent entre 7h10 et 10h ; d'autres, pour Pattaya, partent directement du niveau 1 de l'aéroport.

Minibus

Si vous allez de Banglamphu à l'aéroport, les hôtels et pensions pourront vous réserver un minibus climatisé, qui viendra vous chercher sur place (environ 140 B/pers).

Suvarnabhumi Airport Rail Link (SARL ou City Link)

Après des années de retard, le nouveau SARL (City Link, ou réseau ferré urbain) fonctionne enfin, depuis 2010, entre le niveau inférieur de l'aéroport et le nouvel et immense terminal City Air, au cœur de Bangkok, près de Soi Asoke (Sukhumvit Soi 21) et de Th Phetchaburi. Similaire au Skytrain, il comprend une ligne express (ligne rose), qui met 15 min et coûte 150 B aller, et une ligne normale (ligne rouge) qui dessert 5 autres stations, met 27 min et coûte seulement 45 B. La ligne express parcourt les 28,6 km à 160 km/h. Les 2 lignes ont une correspondance avec la ligne bleue du métro (MRT) à Phetchaburi ; la ligne rouge, plus lente, continue jusqu'à la station de Skytrain (BTS) Phaya Thai BTS.

Ces lignes sont surtout utiles pour les voyageurs seuls logeant à proximité du terminal City Air. Sauf en cas d'embouteillages (le vendredi en fin de journée par exemple), un taxi assure en effet le même trajet en 35 min environ pour 250 B.

Lors de la rédaction de ce guide, la mise en place d'un service d'enregistrement en ville était prévue pour fin 2010. Il devrait s'avérer très pratique.

Taxi et limousine

Méfiez-vous des rabatteurs et des panneaux jaunes affichant "Limousines", qui ne sont en fait que des voitures ou des 4x4 proposés pour 600 à 3 500 B selon le modèle et la distance. Faites directement la queue (rapide) pour les taxis, à l'extérieur des portes 3 et 10. Les chauffeurs doivent utiliser le compteur ; insistez pour qu'ils le fassent si ce n'est pas le cas – attention à ceux qui essaient de gonfler le prix. Il existe une taxe d'aéroport (50 B) et vous devrez rembourser les frais de péage (jusqu'à 60 B) au chauffeur (qui vous demandera généralement si vous voulez prendre les voies à péage). Selon la circulation, un taxi coûte 200-250 B pour Asoke, 300-350 B pour Silom et 350-425 B pour Banglamphu. Les prix s'entendent par véhicule et non par personne. Faites de la monnaie à l'aéroport, car vous en aurez besoin.

Il est possible d'affréter un taxi pour Pattaya (1 300 B), Chonburi (1 000 B) et Trat (3 500 B), entre autres destinations.

la ville), d'enfiler un casque (les conducteurs insistent pour que leurs passagers en portent un sur les longs trajets) et de croiser les doigts pour que tout se passe bien. On trouve des conducteurs responsables et d'autres totalement kamikazes. En général, tout trajet à moto-taxi implique à un moment donné de rouler du mauvais côté de la route et de se faire de belles frayeurs.

Taxi

Les taxis de Bangkok affichent l'un des meilleurs rapports qualité/prix au monde. La plupart sont neufs, climatisés et équipés de ceintures de sécurité à l'avant (moins communément à l'arrière). On peut les héler n'importe où dans le centre-ville. Comptez 35 B de prise en charge pour les 2 premiers kilomètres, 4,50 B pour chacun des 10 km suivants, 5 B/km de 13 à 20 km, 5,50 B/km pour toute distance supérieure à 20 km, ainsi qu'un petit supplément en cas de circulation au ralenti pour cause d'embouteillage. Les péages autoroutiers (25 à 70 B selon le lieu de départ) sont à la charge du passager.

Taxi Radio (☎ 1681 ; www.taxiradio.co.th) et d'autres services de réservation par téléphone fonctionnent à la demande 24h/24 pour 20 B supplémentaires.

Il arrive que des taxis refusent d'aller à certains endroits aux heures de pointe (matin et après-midi) ou, dans certains lieux touristiques, qu'ils ne mettent pas le compteur en marche. Une seule solution : prenez-en un autre !

On peut louer un taxi à la journée, moyennant 1 500-2 000 B, en fonction du nombre d'heures de conduite estimé, ou encore pour des excursions à Pattaya (1 500 B), à Ayuthaya (800 B), à Hua Hin (2 300 B) et à Phetchaburi (1 700 B), entre autres ; consultez les tarifs sur www.taxiradio.co.th. Si vous oubliez quelque chose dans un taxi, le mieux pour le récupérer (chances très minces) est d'appeler le ☎ 1644.

Túk-túk

Les *túk-túk* (semblables à des rickshaws motorisés) servent à effectuer de courts trajets ne nécessitant pas le recours à un taxi, pour les Thaïlandais en tout cas. Pour les étrangers, prendre au moins une fois un *túk-túk*, symbole de Bangkok, est une expérience presque obligée – malgré le prix des courses excessif et les toits trop bas, qui entravent la visibilité. Sachez que les chauffeurs de *túk-túk* font fréquemment des "détours" par des boutiques de pierres précieuses et de soieries, ou des salons de massage qui les rémunèrent dans ce but précis. Sur le chemin des temples, vous rencontrerez des habitants très serviables qui tenteront de vous conduire vers des destinations encore plus "incontournables". Pour plus de détails, voir p. 411. En tout cas, un conseil : méfiance absolue face aux tarifs trop beaux pour être vrais.

En général, la course est toujours surfacturée aux étrangers – peu d'expatriés empruntent les *túk-túk*. On vous réclamera d'emblée 100 B, voire plus, même pour un très court trajet. Marchandez (jusqu'à environ 40 B), et circulez de préférence le soir, afin que la pollution ne gâche pas trop l'expérience. Une fois votre curiosité satisfaite, parions que vous vous rabattrez naturellement sur les taxis (pour le prix, la propreté, la climatisation et la tranquillité).

Transports publics

BUS

Les bus publics de Bangkok constituent un moyen peu cher – mais pas toujours confortable – de circuler en ville. Ils sont gérés par la **Bangkok Mass Transit Authority** (☎ 0 2246 4262 ; www.bmta.co.th), dont le site Internet fournit des renseignements sur tous les itinéraires desservis. Comptez un minimum de 10-12 B pour un bus climatisé, le tarif augmentant en fonction de la distance parcourue. Dans un bus ordinaire (avec ventilateur), prévoyez un minimum de 7-8 B. La plupart des bus circulent entre 5h et 22h ou 23h, sauf les bus "de nuit" qui roulent à partir de 3h ou 4h et jusqu'en milieu de matinée.

La *Bangkok Bus Map*, publiée par Roadway et disponible chez Asia Books (p. 78), est le plan le plus à jour. Prévoyez de la monnaie et faites attention à vos effets personnels. Les voleurs à la tire et les pickpockets sévissent communément dans les bus ordinaires, notamment aux alentours de la gare ferroviaire de Hualamphong.

FERRYS FLUVIAUX

La **Chao Phraya Express Boat Co** (☎ 0 2623 6001 ; www.chaophrayaboat.co.th) gère les principaux transports en ferry sur le Chao Phraya. L'embarcadère central (connu sous le nom de Sathorn, Saphan Taksin ou parfois Central Pier) communique avec la station de Skytrain de

Saphan Taksin. Chaque quai est numéroté en partant de Sathorn, et les ferrys marquent 4 arrêts en direction du sud, à destination du Wat Ratchasingkhon (S4) ; ils sont rarement empruntés par les touristes. La liaison aller-retour avec Nonthaburi (N30) et Pak Kred (N33), dans le nord de Bangkok, est bien plus pratique ; les quais et leurs numéros sont indiqués sur les cartes de ce chapitre. Les tarifs, bon marché, vont de 9 à 30 B selon la ligne et la distance parcourue. Il existe 4 lignes distinctes, signalées par des drapeaux de couleurs différentes sur le toit des bateaux. Faites bien attention à ces couleurs – pour ne pas partir en direction de Nonthaburi pour rien.

Green-Yellow Express (drapeau vert-jaune). À destination de Nonthaburi. Arrêts aux quais N3, N5, N10, N12, N15, N22, N24, N30, N32, N33. Toutes les 15 min de 6h15h à 8h05, et toutes les 20 min de 16h05 à 18h05.

Ligne locale (sans drapeau). Dessert tous les arrêts ; toutes les 20 min de 6h20 à 8h20 et de 15h à 17h30.

Orange Express. Arrêt aux quais S3, Sathorn (Central), N1, N3, N4, N5, N6, N8, N9, N10, N12, N13, N15, N18, N21, N22, N24, N30. Ligne la plus fréquemment empruntée, départ toutes les 10 à 20 min jusqu'à 19h. Prix unique 13 B.

Yellow Express (drapeau jaune). Arrêt aux quais S4, Sathorn (Central), N3, N5, N10, N12, N15, N22, N24, N30. Départ toutes les 5 à 20 min selon l'heure. Dernier bateau à 20h.

MÉTRO (SOUTERRAIN)

La première ligne du métro souterrain de Bangkok, gérée par la **Metropolitan Rapid Transit Authority** (MRTA ; www.mrta.co.th), est appelée par les Thaïlandais *rót fai đâi din* ou "Metro". Les plans de métro montrent une série de lignes parcourant plus de 150 km, mais, pour l'instant, la ligne bleue ne couvre que 20 km et 18 stations, reliant la gare ferroviaire de Hualamphong, au nord, à Bang Sue. Comptez de 15 à 40 B ; des tarifs enfant et réduits sont disponibles aux guichets. Les rames circulent toutes les 7 min de 6h à minuit, plus fréquemment aux heures de pointe (6h-9h et 16h30-19h30).

Le métro est plus utile aux résidents qu'aux visiteurs, à moins qu'ils ne logent dans le quartier sud de Sukhumvit. Les stations suivantes (du nord au sud) sont néanmoins pratiques : Kamphaeng Phet et Bang Sue pour le marché du week-end de Chatuchak ; Thailand Cultural Centre (centre culturel de Thaïlande) ; Sukhumvit, reliée à la station de Skytrain Asoke ; Khlong Toei pour le marché ; Lumphini Park (parc Lumphini) ; Silom (avec accès à la station de Skytrain Sala Daeng) ; et gare ferroviaire de Hualamphong et Chinatown à l'extrémité sud de la ligne.

SKYTRAIN (AÉRIEN ; BTS)

Le **BTS Skytrain** (☎ renseignements touristiques 0 2617 7340 ; www.bts.co.th) permet de survoler les embouteillages cauchemardesques de Bangkok dans le confort d'une ambiance climatisée. Le "BTS", ou *rót fai fáh* (littéralement, "train aérien"), offre des liaisons rapides, efficaces et relativement bon marché (les rames sont bondées aux heures de pointe). Les tarifs vont de 15 à 40 B, et les rames circulent de 6h à minuit. Les distributeurs automatiques de billets acceptent (lorsqu'ils fonctionnent) les pièces de monnaie et les billets de banque. On peut choisir un pass d'une journée (120 B), mais les cartes prépayées rechargeables (130 B, dont 100 B pour le transport et 30 B de dépôt de garantie pour la carte) sont d'une utilisation plus souple. Il existe actuellement 2 lignes de Skytrain, très bien indiquées sur les cartes touristiques gratuites disponibles dans les stations.

Ligne de Si Lom

Partant du Stade national (National stadium) dans Th Phra Ram I, dans le centre-ville, cette ligne passe par la station Siam, bifurque vers la partie est de Th Silom et l'extrémité ouest de Th Sathon, traverse le Mae Nam Chao Phraya au niveau de Saphan Taksin, puis aboutit à Wongwian Yai. La station Saphan Taksin, au bord du fleuve, près du croisement de Th Charoen Krung et de Th Sathon, est très pratique, puisqu'elle permet la correspondance avec les ferrys (p. 126).

Ligne de Sukhumvit

Lors de la rédaction de ce guide, l'extrémité sud de cette ligne était On Nut, dans le lointain Soi 81 de Th Sukhumvit. Cinq nouvelles stations sont en cours de construction ; d'ici à 2011, la ligne devrait aller jusqu'à Bearing, au niveau du Soi 107 de Th Sukhumvit. En attendant, elle va vers le nord en partant d'On Nut, puis vers l'ouest en longeant Th Sukhumvit avant de croiser le métro à Asoke. Elle s'enfonce dans le quartier commerçant et passe par la station Siam, où elle croise cette fois la ligne de Silom. De là, elle bifurque vers le nord jusqu'à Mo Chit, près du marché du week-end de Chatuchak.

Voiture

Il est déconseillé de louer une voiture à Bangkok : il est impossible de se garer, les embouteillages sont éprouvants, et le code de la route et son interprétation sont autant de mystères. En outre, les taxis sont partout et bon marché. Au cas où vous voudriez tout de même vous lancer, sachez que toutes les grandes agences de location ont des bureaux à Bangkok et à l'aéroport de Suvarnabhumi. Comptez un minimum de 1 300 B/jour pour une petite voiture ; un siège enfant revient à 200 B/jour. Vous devrez présenter un passeport et un permis de conduire national (accompagné de sa traduction en anglais si nécessaire) ou international. La plupart des agences proposent aussi la location avec chauffeur (à partir de quelque 600 B/jour, de 8h à 18h). Cela procure du travail aux habitants et vous évite d'avoir à endurer le stress de la conduite (circuler, trouver une place de stationnement, ou traiter avec les policiers trop zélés).

Quelques agences fiables :

Avis (carte p. 90 ; ☎ 0 2255 5300 ; www.avisthailand.com ; 2/12 Th Withayu)

Budget (carte p. 80 ; ☎ 0 2203 9200, 0 2203 0225 ; www.budget.co.th ; 19/23 Bldg (bât.) A, Royal City Ave, Th Phetburi Tat Mai)

Hertz (carte p. 90 ; ☎ 0 2654 1105 ; www.hertz.com ; M Thai Tower, All Seasons Pl, 87 Th Withayu)

Phetburi Car Rent (carte p. 80 ; ☎ 0 2318 8888 ; 2371 Th Petchaburi)

Est du golfe de Thaïlande

L'est du golfe de Thaïlande offre une véritable mosaïque de paysages et d'ambiances, faite de forêts tropicales impénétrables, de mangroves et de plages désertes ponctuant un littoral sauvage, sans oublier Pattaya, ville balnéaire sulfureuse s'il en est.

Ko Si Chang, île la plus proche de Bangkok, constitue un point de départ idéal pour un séjour reposant dans un village de pêcheurs, face à la mer parsemée de supertankers. À quelques heures de là, Pattaya s'offre comme l'antithèse de Ko Si Chang. Noyée sous le béton et envahie par les bus de touristes, elle est le royaume des filles courtes vêtues perchées sur de hauts talons. La journée, les sites à visiter, les excursions aventure et les activités sportives décoiffantes ne manquent pas, alors que la nuit permet toutes sortes de divertissements au gré des néons phosphorescents. Pour plus de calme, rien ne vaut le sable blanc soyeux de l'île de Ko Samet, où l'on peut faire la fête le soir et reprendre tranquillement la lecture de son livre sur une plage isolée le jour.

Cependant, le joyau incontesté de cette partie du golfe de Thaïlande est l'archipel de Ko Chang, où les plages et la jungle rivalisent de beauté. Randonnées dans l'immense forêt tropicale de Ko Chang, plages paisibles sur Ko Mak ou petites criques reculées sur Ko Kut (Ko Kood), chacun choisira selon ses envies. Pour plus de solitude encore, une poignée d'autres îles magnifiques ne demandent qu'à être explorées. Et, de cette région, il est facile de rejoindre la frontière cambodgienne en continuant à descendre la côte.

À NE PAS MANQUER

- Une randonnée dans les terres, au plus profond de la forêt tropicale, pour découvrir les chutes d'eau reculées dans les montagnes de **Ko Chang** (p. 163)
- Le spectacle du sable fin et des eaux turquoise, depuis un bungalow sur **Ko Kut** (p. 174)
- Les cabarets de travestis de **Pattaya** (p. 133) et les rues chaudes de la ville, en soirée
- La découverte des plages de **Ko Mak** (p. 176), à vélo, puis une sortie de snorkeling pour se rafraîchir
- L'authenticité des villages de pêcheurs de **Ko Si Chang** (p. 132), et les nouilles à déguster au bord de la route !

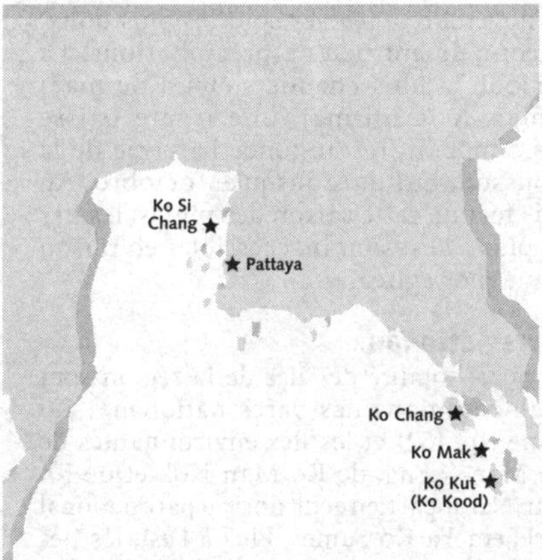

■ SAISON SÈCHE : NOVEMBRE-AVRIL

■ SAISON HUMIDE : MAI-OCTOBRE

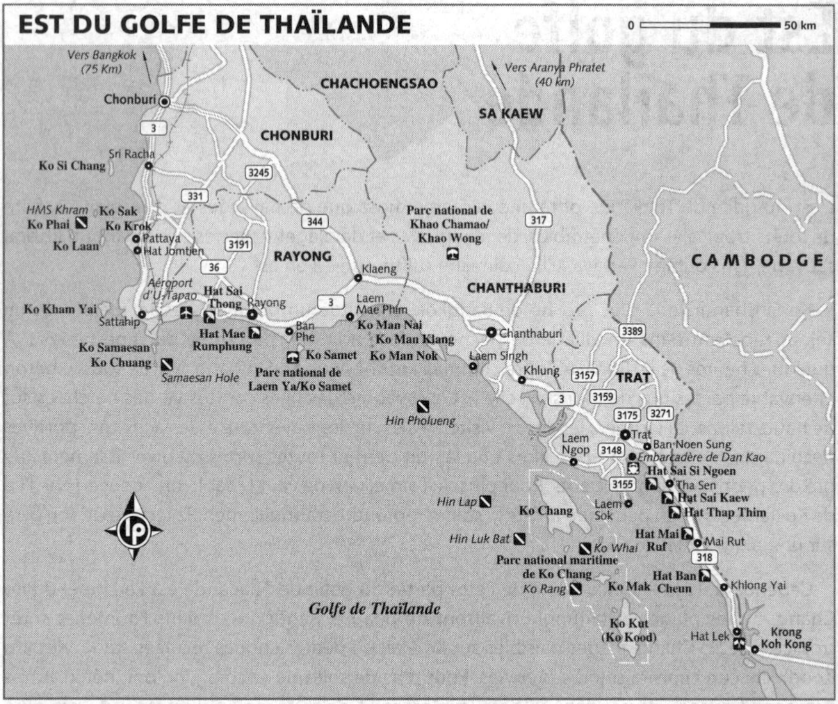

Climat

L'est du golfe de Thaïlande connaît trois saisons, ou trois formes de chaleur. Les mois de novembre à février sont les plus doux, et connaissent peu de précipitations. La période la plus chaude s'étend de mars à mai. À la mi-mai, une légère baisse des températures annonce l'arrivée de la mousson, qui dure jusqu'en octobre. Au plus fort de cette saison des pluies, les îles les plus à l'est sont inaccessibles en raison d'une mer agitée.

Parcs nationaux

La quasi-totalité des îles de la région sont englobées dans des parcs nationaux. Ko Samet (p. 152) et les îles environnantes de Ko Man Klang, de Ko Man Nok et de Ko Man Nai appartiennent ainsi au parc national de Laem Ya/Ko Samet. Plus à l'est, les îles de Ko Chang, de Ko Mak et de Ko Kut (ou Ko Kood) font quant à elle partie du parc national maritime de Ko Chang (p. 163), lequel couvre également une multitude de petites zones.

SRI RACHA

ศรีราชา

141 400 habitants

À deux heures de bus de Bangkok (40 min depuis l'aéroport international de Suvarnabhumi), Sri Racha (ou Si Racha) semble à première vue une ville thaïlandaise moderne assez quelconque. Toutefois, son front de mer est une véritable cité flottante, dédale de pontons et de bâtiments sur pilotis reliés les uns aux autres, où sont établis des hôtels, des restaurants et des marchés. Si les bateaux attendant de mouiller dans le port voisin de Laem Chabang constellent l'horizon, ils sont assez éloignés pour ne pas gâcher l'illusion de la subsistance des jours passés.

Renseignements

Ice Net (Th Jermjompol ; Internet 20 B/h ; ⏲ 24h/24). À quelques minutes à pied de l'embarcadère.

Krung Thai Bank (angle Th Surasak 1 et Th Jermjompol)

Poste (Th Jermjompol)

Samitivej Sriracha Hospital (☎ 0 3832 4111 ; Th Jermjompol Soi 8)

À voir et à faire

En semaine, vers 18h, un important groupe d'amateurs d'aérobic se réunit dans le **Health Park** (parc de santé), près de la jetée, pour ne former qu'un seul corps, coloré et parfaitement coordonné – spectacle surréaliste. Hormis les pontons branlants du front de mer, l'attrait du centre de Sri Racha est **Ko Loi**, petite île rocheuse reliée à la terre par une jetée. Là se dresse un **temple bouddhique chinois** (aube-crépuscule) et l'on découvre, dans une atmosphère bon enfant, des étals de nourriture et des étangs peuplés de tortues de mer.

À 9 km au sud-est du centre-ville, le **zoo des tigres de Sriracha** (Tiger Zoo ; ☎ 0 3829 6556-8 ; www.tigerzoo.com ; 341 Moo 3, Nongkham ; adulte/enfant 250/150 B ; 8h-18h) est célèbre pour son enclos de 250 tigres, intégrés au remarquable programme d'élevage du zoo. Les visiteurs peuvent y approcher les petits de près.

La plupart des visiteurs du zoo préfèrent loger à Pattaya et venir pour la journée.

Où se loger et se restaurer

En général, peu de voyageurs s'arrêtent à Sri Racha pour la nuit, car Pattaya, station balnéaire par excellence, n'est qu'à 27 km. La ville compte cependant quelques bons hôtels. Comme la plupart des cités côtières thaïlandaises, elle est réputée pour ses fruits de mer ; quelques tables mémorables se cachent au cœur du labyrinthe des cabanes flottantes. Vous pourrez aussi vous restaurer à peu de frais sur le marché de nuit, situé dans Th Sri Racha Nakorn 3 (à partir de 17 h).

Sriwichai Hotel (☎ 0 3832 5024 ; 37 Th Cheimjomphom ; ch 250-400 B). Le meilleur des hôtels sur pilotis, comptant un large choix de chambres rustiques. Des passerelles grinçantes bordées de plantes grasses desservent les parties communes et les chambres (lits durs et toilettes à la turque).

Seaview Sriratcha Hotel (☎ 0 3831 9000 ; Th Jermjompol ; ch 990-1 900 B ;). Un établissement récent, sorte de petit nid douillet sur le front de mer. Beaucoup de chambres ont vue sur la mer, mais celles côté rue souffrent parfois du bruit de la circulation. Le personnel parle anglais. Petit-déjeuner inclus.

Tam Show (Th Jermjompol ; plats 80-200 B ; déj et dîner ;). Restaurant idéal pour admirer le coucher du soleil – et observer les adeptes de l'aérobic dans le Health Park, à deux pas

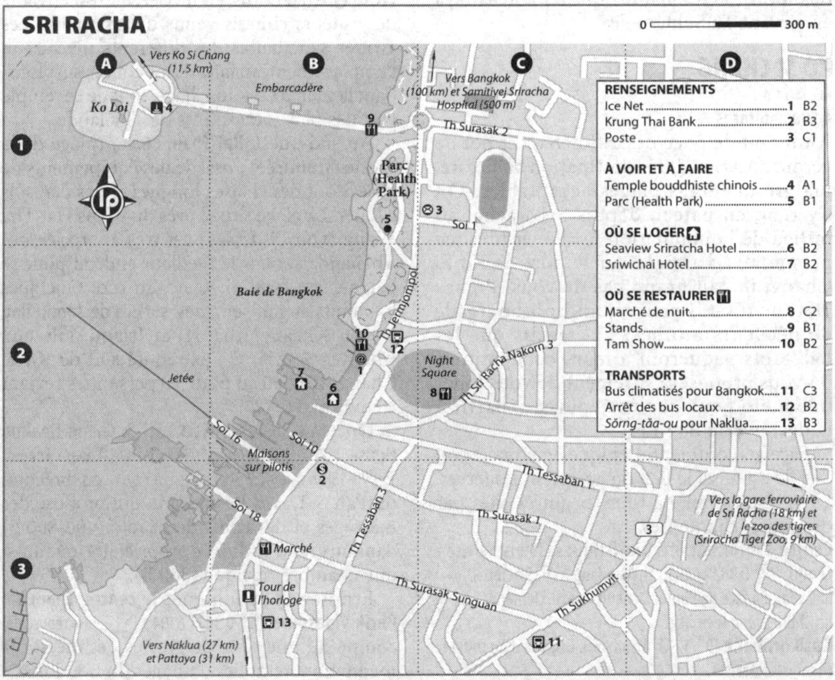

de l'embarcadère. Nombreuses spécialités thaïlandaises, dont une excellente salade de fruits *sôm đam* (salade de papaye verte épicée avec d'autres fruits, surmontée de cacahuètes).

Depuis/vers Sri Racha

Les bus à destination de Sri Racha (ordinaire/climatisé 84/106 B, 2 heures) partent toutes les demi-heures d'Ekamai (terminal Est), à Bangkok, et 5 fois/jour de la gare routière de l'aéroport international de Suvarnabhumi (76 B, 40 min). Les bus directs ordinaires s'arrêtent près de l'embarcadère des bateaux pour Ko Si Chang, tandis que les bus en transit et les bus climatisés font halte dans Th Sukhumvit (Hwy 3). Des *túk-túk* (triporteurs motorisés) vont à l'embarcadère pour 60 B.

Toute la journée, non loin de la tour de l'horloge de Sri Racha, des *sŏrng·tăa·ou* (ou *săwngthăew* ; petites camionnettes) se rendent à Naklua (Pattaya Nord ; 40 B, 30 min). Une fois à Naklua, vous trouverez aisément un autre *sŏrng·tăa·ou* pour rallier le centre de Pattaya (10-15 B). Vous pouvez aussi opter pour un bus local (30 B, 30 min) qui rejoint Pattaya en suivant Th Sukhumvit.

KO SI CHANG

เกาะสีชัง

4 500 habitants

À un saut de puce de Sri Racha, cet îlot de verdure n'a rien d'une destination balnéaire, malgré quelques plages acceptables. On s'y rend en bateau depuis Sri Racha, au milieu de la population locale, et presque personne, à l'arrivée sur le port de Ko Si Chang, ne fait grand cas de vous. Prenez alors un *túk-túk* pour rejoindre la bourgade de pêcheurs animée. Là, tandis que les habitants vaqueront à leurs occupations, on vous proposera sûrement de vous louer une moto pour que vous puissiez partir à la découverte de l'île.

Face au continent, l'unique agglomération de l'île est aussi le lieu où accostent les ferrys. Le village est relié à tous les autres sites par des routes cahoteuses.

Centre d'informations touristiques (Tourist Service Centre ; ☎ 0 3821 6201 ; Th Atsadang ; ⌚ 9h-16h30 lun-ven). En face de l'hôtel Sichang Palace. Demandez la brochure *Island Welcome*.

Kasikornbank (99/12 Th Atsadang). Dispose d'un DAB et change les devises.

À voir et à faire

À la pointe ouest de l'île (à 2 km de l'embarcadère), le **palais Hat Tha Wang** (Th Chakra Pong ; ⌚ 9h-17h) fut autrefois la résidence d'été de quelques souverains thaïlandais, dont Rama V (roi Chulalongkorn). Des travaux furent entrepris pour construire un véritable palais dans les années 1890, mais ils furent interrompus lorsque les Français occupèrent brièvement l'île en 1893. La salle du trône principale (magnifique structure en teck doré appelée Vimanmek) fut ensuite transportée à Bangkok en 1910 (voir p. 96).

Aujourd'hui, plusieurs bâtiments restaurés parsèment les jolis jardins et accueillent quelques expositions intéressantes. On peut facilement passer 2 heures à explorer les lieux, en remontant vers le vieux **Pra Chedi** (stupa) blanc du **Wat Asadanghainmit**, à l'ombre d'un arbre de la Bodhi (bouture de celui du Bouddha Gaya, en Inde) ou plus loin encore jusqu'au **point de vue de Khaw Noi** pour admirer la mer constellée de gros navires.

Le site le plus remarquable de Ko Si Chang est toutefois le **San Jao Phaw Khao Yai** (⌚ aube-crépuscule), un temple chinois ornementé. Au Nouvel An chinois, en février, l'île est envahie de visiteurs chinois venus du continent. Les grottes sanctuaires, les différents niveaux et l'emplacement, au faîte d'une colline surplombant la mer, à l'est du village, font de ce temple l'un des plus intéressants de Thaïlande.

Au sud-ouest, **Hat Tham Phang** (plage de la grotte effondrée) possède des équipements de base, dont des chaises longues et des parasols à louer. La plage située près du palais Hat Tha Wang (voir ci-dessus) est très appréciée des Thaïlandais, mais le meilleur endroit pour se baigner est Hat Sai Kaew, au sud. Quelques habitants organisent des **sorties de snorkeling** à Koh Khaang Khao (Bat Island, l'île aux Chauves-Souris), à l'extrémité sud de Ko Si Chang. Un bateau pour 10 personnes revient à environ 2 500 B.

On peut se ressourcer au **Si Chang Healing House** (☎ 0 3821 6467 ; 167 Mu 3 Th Makhaam Thaew ; ⌚ 9h-18h mar-jeu), à 50 m sur la route en direction du Pan & David Restaurant, qui propose des massages et des soins de beauté (400-800 B) dans un grand jardin. Le propriétaire loue aussi une chambre rustique (300 B).

Ermitage bouddhique, le **centre Tham Yai Phrik Vipassana** (☎ 0 3821 6104 ; ⌚ aube-crépuscule) comprend une série de grottes destinées à la méditation, remplies d'images du Bouddha…

et de volées de chauves-souris. Des moines viennent de tout le pays pour profiter de l'environnement paisible, propice à la méditation. Les étrangers sont les bienvenus (téléphoner à l'avance), à condition qu'ils se conforment aux règles strictes de la vie monastique. Qu'on y passe une heure ou un mois, il convient de faire un don de juste valeur.

Où se loger et se restaurer

La plupart des hébergements proposent aussi le couvert à leurs hôtes et aux personnes extérieures, et de nombreuses échoppes vendent des mets locaux bon marché.

Tiewpai Bungalows (☎ 08 1947 0573 ; www.tiewpai.com ; Th Atsadang ; ch 200-800 B ;). Central, cet établissement simple et bien tenu situé sur un site ombragé est la meilleure option de la ville pour les touristes. Les chambres les moins chères ont des sdb communes ; les autres disposent d'un agréable coin salon.

Sichang View Resort (☎ 0 3821 6210 ; ch 600-1 400 B ;). Vous devrez trouver un moyen de locomotion pour accéder à ce complexe hôtelier apprécié pour ses chambres sobres, disséminées dans un jardin luxuriant perché sur une falaise, à deux pas d'un belvédère dominant une zone de pêche. Suivez la route qui monte la colline et dépassez le temple chinois : le Sichang View est à 1,5 km sur la droite.

Sichang Palace (☎ 0 3821 6276 ; www.sichangpalace.com ; Th Atsadang 81 ; ch 1 200-1 400 B ;). Cet hôtel à l'extérieur un peu kitsch abrite de confortables chambres carrelées, agrémentées de petits balcons. Toutes, même les standard, offrent une vue sur la mer. En basse saison, n'hésitez pas à demander une réduction.

Pan & David Restaurant (☎ 0 3821 6629 ; 167 Moo 3, Th Makhaam Thaew ; plats 100-400 B ; petit-déj, déj et dîner jeu-mar). Poulet fermier, glace maison (goûtez celle au sirop d'érable et aux noix de pécan), café piston, carte des vins et excellents plats thaïlandais. Le menu est parfait !

Depuis/vers Ko Si Chang

La liaison en bateau entre Ko Si Chang (60 B, 40 min) et Sri Racha est assurée toutes les heures, de 7h à 20h. Une fois sur l'île, des motos-taxis vous emmènent n'importe où pour 20-40 B. Un tour complet de l'île en *túk-túk* 4 places revient à environ 250 B/jour. Il est possible de louer des motos au Tiewpai-Park Resort (250 B/jour) et des vélos (120-150 B/jour) en différents points de Th Atsadang.

PATTAYA

พัทยา

117 000 habitants

Bienvenue à Pattaya, "cité pécheresse" à laquelle on aurait ajouté des couleurs de carnaval, une superbe plage et des bus de touristes en voyage organisé. Malgré les efforts répétés de ses défenseurs pour effacer son passé sulfureux, peuplé de marins de passage et de femmes de petite vertu, sa réputation de ville de débauche lui colle toujours à la peau et la prostitution reste aujourd'hui encore le principal moteur de son économie. En gardant bien cela en tête, une visite peut être amusante.

Ici, la clientèle est assurément internationale. En marchant dans Walking St, vous découvrirez ainsi un café "Espace francophone", puis une boutique de plongée avec une enseigne écrite en russe. Vous pourrez déguster une authentique pizza italienne, puis prendre une bière dans un pub allemand ou irlandais, avant d'aller dans un bar réputé pour ses plats chinois. Des tailleurs indiens vous inviteront à entrer dans leur atelier, alors que vous vous faufilerez entre des hommes étrangers accompagnés de jeunes Thaïlandaises. Les visiteurs, plus âgés que dans la plus kitsch Patong, autre lieu de débauche, ont ici 45 ans et plus, et sont plutôt à la recherche d'un nouvel amour. En ce sens, Pattaya inspire une mélancolie qu'il est difficile de ne pas voir sur les visages bouffis par la bière d'hommes esseulés et sur les jolis sourires des Thaïlandaises.

Mais, à Pattaya, ceux qui se lèvent assez tôt profitent aussi d'un nombre incroyable d'activités praticables en journée, sorte de contrepoint à la vie nocturne. Vous pourrez louer du matériel dans une boutique de plongée pour explorer les récifs et les épaves au large de la baie ou aller visiter l'un des nombreux sites disséminés dans les environs de la ville.

Il est bien loin le temps où ce tranquille village de pêcheurs commença à se transformer, pendant la guerre du Vietnam, lorsque les GI en mal d'amour y vinrent en quête de divertissements et de femmes. Depuis, cette métropole touristique est devenue l'incarnation même du développement effréné.

Orientation

PATTAYA

Hat Pattaya, la plage de Pattaya, déroule son sable blanc le long de la courbe d'Ao Pattaya, la baie du même nom. Thanon Hat Pattaya (connue localement sous

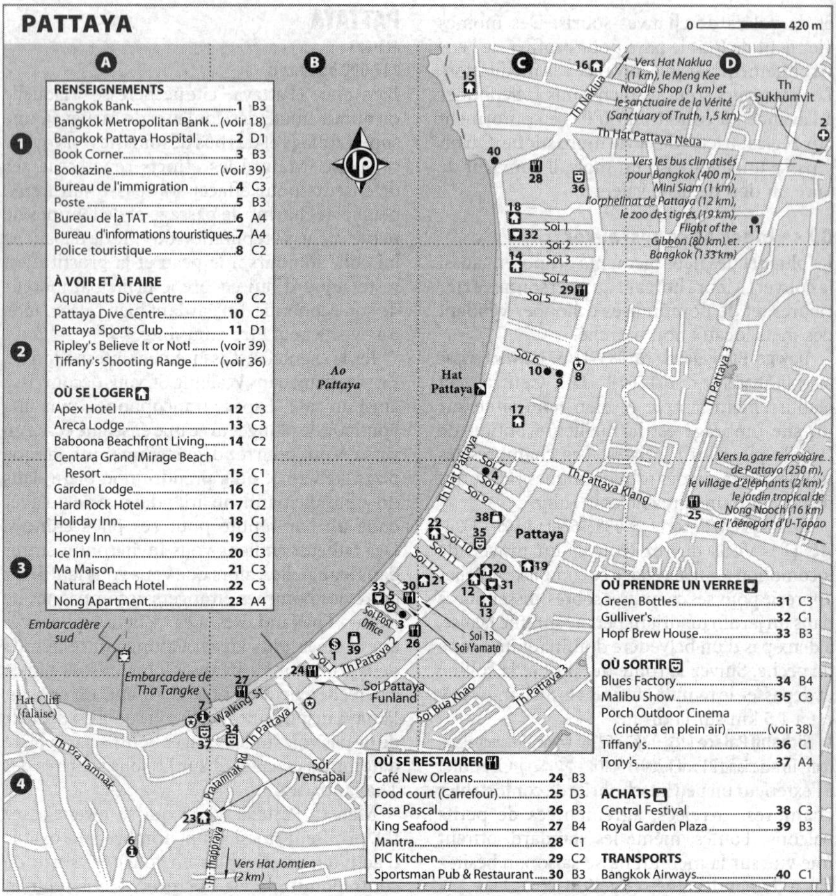

le nom de Beach Rd) s'étend le long du front de mer, bordée d'hôtels, de centres commerciaux et de *gogo bars*. À l'extrémité sud de Th Pattaya, Walking St est une zone semi-piétonne investie par les restaurants et les night-clubs. Les allées situées entre Th Hat Pattaya et Th Pattaya 2 ont chacune un caractère propre : Soi 3, cœur du quartier homosexuel de la ville, est surnommé "Boyztown" ; Soi 6, ou "Soi Sex", est la zone où le commerce du sexe à bas prix revêt son aspect le plus glauque, dans des arrière-boutiques dépourvues d'enseignes lumineuses clignotantes où officient des prostituées déguisées en écolières. Les choses s'arrangent plus au nord à partir de Soi 3, quartier nettement plus engageant, plus jeune, branché et apprécié par les familles. Enfin, Hat Naklua, plage plus petite à 1 km au nord de Pattaya, est encore plus paisible.

HAT JOMTIEN

Pour un peu plus de tranquillité, mettez le cap sur Hat Jomtien, qui déploie sa jolie plage longue de 6 km, aux eaux plus propres. À son extrémité nord, Dongtan, zone exclusivement piétonne, luxuriante et ombragée, est très appréciée par la communauté gay. La partie centrale de Hat Jomtien reste la plus fréquentée, son extrémité sud étant nettement plus calme. Hat Jomtien s'étend à 5 km au sud de Hat Pattaya, soit une course de 20-40 B en *sŏrng·tăa·ou*. On retrouve ici aussi le commerce des charmes, mais de manière moins flagrante qu'à Pattaya.

Renseignements

ACCÈS INTERNET

Vous trouverez des cybercafés dans les environs de Soi Praisani (alias Soi Post Office), dans le centre commercial Royal Garden Plaza et le long de Th Pattaya 2. À Hat Jomtien, il en ouvre régulièrement dans Th Hat Jomtien.

ARGENT

Des banques équipées de distributeurs automatiques de billets (DAB) sont disséminées dans tout Pattaya et Hat Jomtien. La plupart ont des guichets de change ouverts jusqu'à 20h environ.

Bangkok Bank (carte p. 134 ; ☎ 0 3822 2370 ; Th Hat Pattaya ; 🕑 9h30-19h lun-ven)

Bangkok Metropolitan Bank (carte p. 134 ; ☎ 0 3842 8418 ; Th Hat Pattaya ; 🕑 8h30-15h30 lun-ven)

IMMIGRATION

Bureau de l'immigration (carte p. 134 ; ☎ 0 3825 2751 ; Soi 8, Th Pattaya Klang). Pour les prorogations de visas.

LIBRAIRIES

Book Corner (carte p. 134 ; Soi Post Office ; 🕑 10h-22h). Romans et guides de voyage en anglais.

Bookazine (carte p. 134 ; 1er ét., Royal Garden Plaza, Th Hat Pattaya ; 🕑 11h-23h). Guides de voyage, romans et magazines. Autre librairie à Hat Jomtien (carte p. 136).

MÉDIAS

L'hebdomadaire *Pattaya Mail* (www.pattaya-mail.com) publie des articles sur des sujets politiques, économiques et environnementaux dans la région.

OFFICES DU TOURISME

Le bimensuel *What's On Pattaya*, qui contient plusieurs plans, s'avère utile. Outre le bureau de la TAT, un petit bureau d'informations touristiques se trouve près de la guérite de police, dans Walking St.

Bureau de la TAT (carte p. 134 ; ☎ 1672, 0 3842 8750 ; tatchon@tat.or.th ; 609 Moo 10, Th Pra Tamnak ; 🕑 8h30-16h30). À l'extrémité nord-ouest du parc Rama IX. Nombreuses brochures.

Pattaya Call Centre (☎ 1337, 0 3841 0393). Fournit des informations essentielles sur les hébergements, les curiosités, les restaurants et le shopping.

POSTE

Poste (carte p. 134 ; ☎ 0 3842 9341 ; Soi Post Office)

SERVICES MÉDICAUX

Bangkok Pattaya Hospital (carte p. 134 ; ☎ 0 3825 9911, urgences 1719 ; 301 Moo 6, Th Sukhumvit, Naklua ; 🕑 24h/24). Premier centre de soins de Pattaya. Chambre hyperbare pour les accidents de décompression.

SITE INTERNET

Pattaya At Night (www.pattaya-at-night.com)

URGENCES

Police touristique (carte p. 134 ; ☎ 0 3842 9371, urgences 1155 ; tourist@police.go.th ; Th Pattaya 2). Le bureau principal se trouve dans l'artère principale, encombrée, de Pattaya. Des guérites de police sont installées le long des plages de Pattaya et de Hat Jomtien.

Désagréments et dangers

Soyez vigilant en vous promenant le soir sur Hat Pattaya, car on y déplore des *ladyboys* (travestis ou transsexuels) cherchant surtout à dépouiller les hommes ivres, situation à laquelle la police reste indifférente. Tard dans la nuit, l'atmosphère peut s'échauffer un peu, et si la ville n'est pas dangereuse, il y a parfois

PATTAYA, UN LIEU POUR TOUTE LA FAMILLE ?

Tout en marchant lentement dans Walking St, une mère tient son fils ébahi par la main, alors que le père traîne derrière sa fille qui a l'air perdue. Un *ladyboy* (*gà·teu·i*, travesti ou transsexuel) très court vêtu les suit du regard, cigarette à la main, alors que les innombrables filles des bars se disputant les Occidentaux ivres ne les aperçoivent même pas. Est-ce là le genre de vacances auxquelles pensaient ces parents en réservant leur voyage ? Si Pattaya a beaucoup à offrir aux familles, du très amusant village d'éléphants au zoo des tigres (voir p. 131), sachez que l'industrie du sexe y est ouvertement affichée et que les enfants n'ont sans doute pas leur place dans certains lieux.

Si vous désirez vraiment visiter Pattaya en famille, mieux vaut rester au nord ou à Naklua dans un complexe indépendant, ou encore à Hat Jomtien où l'ambiance est plus tempérée. Sinon, la Thaïlande ne manque pas de choix en matière de somptueux complexes balnéaires.

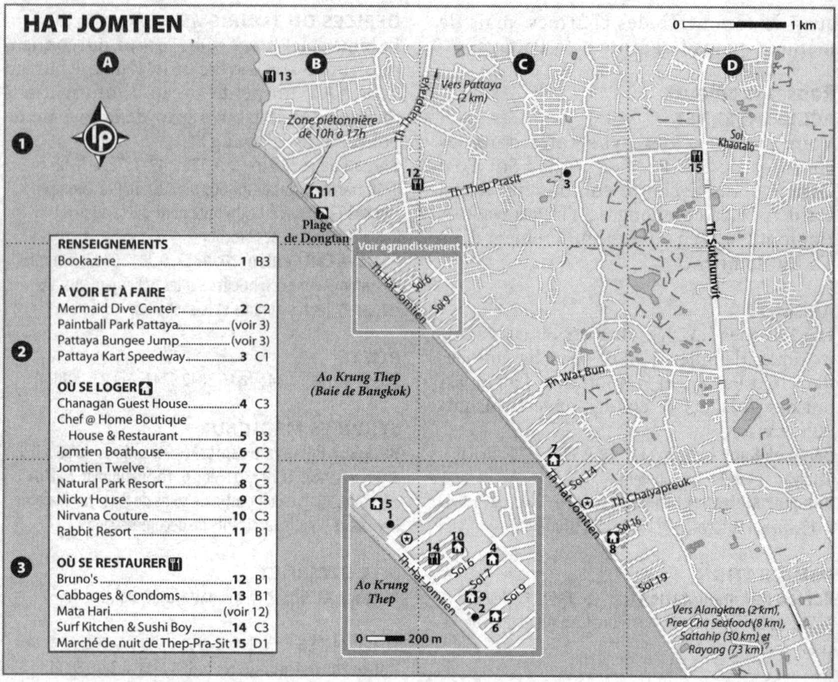

des rixes entre Occidentaux saouls. Dans ce genre de cas, éloignez-vous vite, car la police arrive alors rapidement.

À voir

Il y a beaucoup à faire à Pattaya, et vous pourriez même ne pas trouver le temps de vous faire dorer sur la plage !

Si vous deviez ne visiter qu'un seul site, choisissez le **sanctuaire de la Vérité** (Sanctuary of Truth ; hors carte p. 134 ; ☎ 0 3836 7229 ; www.sanctuaryoftruth.com ; 206/2 Moo 5, Naklua ; 500 B ; 🕗 8h-17h). Bien qu'il ne s'agisse pas d'un temple à proprement parler, cet étonnant palais en teck représente l'ordre de l'univers tel qu'il est vu dans la philosophie asiatique. Incroyable et chaotique forteresse, il est impressionnant.

Au sud de Pattaya, le **jardin tropical de Nong Nooch** (Nong Nooch Tropical Garden ; hors carte p. 134 ; ☎ 0 3842 9321 ; 163 Th Sukhumvit, Sattahip ; 400 B ; 🕗 9h-crépuscule) est un site apprécié. Sur le domaine bien entretenu, 4 spectacles d'éléphants et de danses thaïlandaises ont lieu tous les jours (entre 9h et 15h45). À 2,5 km de la ville, le **village d'éléphants de Pattaya** (hors carte p. 134 ; ☎ 0 3824 9818 ; www.elephant-village-pattaya.com ; 🕗 selon les heures des spectacles et des promenades) est une réserve à but non lucratif pour les vieux éléphants domestiqués. À 14h30, un spectacle (adulte/enfant 500/400 B) illustre les techniques de dressage ; des promenades à dos d'éléphant sont proposées tous les jours (adulte/enfant 2 000/1 300 B).

De nombreux touristes visitent également le **zoo des tigres**, situé non loin, à Sri Racha, (voir p. 131).

Dans le centre commercial Royal Garden Plaza, le **Ripley's Believe It or Not!** (carte p. 134 ; ☎ 0 871 0294 ; 580 B ; 🕗 11h-23h) abrite un musée de l'étrange où sont exposées des curiosités du monde entier. Également à voir : un simulateur 4-D, un labyrinthe et une maison hantée.

À 1,5 km à l'est de Pattaya, **Mini Siam** (hors carte p. 134 ; ☎ 0 3872 7333 ; 387 Moo 6, Th Sukhumvit ; adulte/enfant 250/120 B ; 🕗 7h-22h) est un ensemble de modèles réduits des sites anciens et célèbres de Thaïlande.

À faire

Parmi les nombreuses activités de plein air proposées, citons, entre autres, le **bowling**, le

(Suite du texte en page 145)

LE PARADIS EN TROIS DIMENSIONS

Plages idylliques, couchers du soleil inoubliables, splendeurs sous-marines… Bienvenue en Thaïlande ! Lorsque vous serez las de vous prélasser sur de vastes étendues de sable blanc frangées de palmiers, abandonnez votre hamac pour aller explorer les parcs nationaux, royaumes d'innombrables espèces animales et végétales, des requins-baleines aux fleurs tropicales géantes. Sinon, partez à la découverte de la gastronomie locale et de sa propre interprétation des saveurs épicées de la Thaïlande. Vous rêvez déjà ? Vous verrez : c'est encore mieux en vrai !

AUSTIN BUSH

Plages idylliques

Ce n'est vraiment pas juste : il y a plus de 200 pays sur la planète et la Thaïlande a réussi à s'accaparer un nombre disproportionné de plages de toute beauté. Et celles-ci sont tout, sauf ordinaires. Vous vous rêvez en Robinson ? Attendez-vous à découvrir de parfaites dunes de sable soyeux et de spectaculaires roches calcaires se dressant hors d'une eau incroyablement limpide.

❶ Hat Phra Nang, Railay

Une beauté à couper le souffle. Sable blanc et doré comme le miel, falaises et grottes calcaires, eau émeraude et *long-tail boats* colorés. Soit un petit coin de paradis envahi en haute saison (p. 358).

❷ Hat Khao Lak

Cette plage de sable doré, parsemée de gros rochers, semble s'étirer à perte de vue. Au programme : farniente et magnifiques couchers du soleil (p. 294). Les îles Surin et Similan sont aisément accessibles, tout comme les parcs nationaux dans les terres.

❸ Ko Tao

Rejoignez la côte ouest de l'île pour trouver des bars de plage éclairés aux flambeaux, ou évadez-vous vers la côte est pour une retraite isolée (p. 243) – vous n'y trouverez rien… mais y serez riche de tout !

❹ Ko Mak et Ko Kut (Ko Kood)

Sur la tranquille Ko Mak, vous pourrez installer votre hamac sur une plage déserte, ou sur la suivante, tout aussi belle et immaculée (p. 176). Non loin, Ko Kut, plus luxuriante, possède aussi une superbe étendue de sable blond (p. 174).

❺ Ko Ngai

Lézardez sur l'étroite plage d'une blancheur extrême, baignez-vous dans des eaux peu profondes au fond sablonneux, puis franchissez le récif pour trouver des eaux cristallines, des coraux et une multitude de poissons (p. 384). En direction de Krabi et du continent, au loin, des îles karstiques parsèment l'horizon.

❻ Ao Bang Thao

Une plage de sable blanc longue de 8 km, avec une mer calme en haute saison et des vagues propices au surf en basse saison. Ne vous laissez pas intimider par le luxueux Laguna Complex : sur cette plage décontractée et animée, chacun trouve son bonheur (p. 332).

❼ Ko Pha-Ngan

Chaque mois, à la pleine lune, des pèlerins rendent hommage aux dieux de la fête par le biais de danses aux faux airs de transes et de peintures corporelles fluorescentes… Joignez-vous aux légions de noctambules sur la fameuse Sunrise Beach pour la célébration la plus débridée (p. 227). Vous pourrez ensuite reprendre vos esprits sur les paisibles grèves à l'autre bout de l'île.

Cuisine du sud de la Thaïlande

Vous pensiez connaître la cuisine thaïlandaise ? Détrompez-vous ! Un voyage dans le sud du pays marquera d'un nouveau tampon votre passeport culinaire. Avec des influences palpables de Chine et de Malaisie, des fruits de mer frais en abondance et une obsession pour les saveurs puissantes, la gastronomie des îles et des plages de Thaïlande est aussi dynamique que variée. Pour ne pas dire intense.

1

❶ Cuisine thaïlandaise musulmane
Du *satay* au *biryani*, la minorité musulmane de Thaïlande fait des merveilles (voir p. 59). Si la viande est souvent à l'honneur, les végétariens pourront se rabattre sur le *sà·làt kàak*, une salade composée de laitue, de tomates, de concombres et de gros morceaux de tofu, nappée d'une sauce sucrée à la cacahuète.

❷ Kôw Yam
Vous voulez goûter le plat le moins cher et le plus délicieux ? Pour une bouchée de pain, dégustez une assiette de *kôw yam*, riz cuit à la vapeur avec des fleurs violettes recouvert de noix de coco grillée, d'herbes émincées et d'une sauce au poisson sucrée et épicée.

❸ Marchés de nuit
Les marchés de nuit du sud de la Thaïlande comptent parmi les meilleurs du pays. Ceux de Songkhla (p. 267), Satun (p. 391) et Trang (p. 381) invitent à déguster des mets authentiques du Sud, tels les *kà·nŏm jin* (nouilles au curry) et des desserts locaux.

❹ Poulet frit façon Hat Yai
Célèbre dans tout le royaume, le poulet frit de Hat Yai doit sa saveur particulière à une marinade aux épices séchées. La volaille est de texture sèche et de couleur rouge (p. 271).

❺ Ráhn goh·Ƃêe et mŏo yâhng
Outre des *ráhn goh·Ƃêe* (ou *ráhn ko-píi* ; cafés) pittoresques demeurés intacts depuis des décennies, la ville de Trang possède un marché de nuit remarquable (p. 381). Sa recette fétiche : le *mŏo yâhng* (porc grillé croustillant).

❻ Bang Po Seafood
L'authentique cuisine de Ko Samui n'est pas toujours facile à trouver. Pour ne pas être déçu, rendez-vous au Bang Po Seafood (p. 223). Très fréquentée, cette cabane de bord de mer sert des spécialités locales : salade d'œufs d'oursins ou poisson volant grillé dans une croûte de curcuma.

❼ Roti
Le vrai *roti* n'a rien à voir avec celui qui figure sur les menus touristiques. Servi dans la rue et parfumé au lait concentré sucré, ou accompagné d'un bol de curry, il fait partie des saveurs typiques du Sud.

Parcs nationaux et réserves naturelles

Les extraordinaires parcs nationaux et réserves naturelles figurent parmi les joyaux du sud de la Thaïlande. Leur diversité est immense, des îles lointaines entourées de coraux vierges aux mangroves désertes. Les territoires les plus courus subissent l'impact écologique du grand nombre de visiteurs. Tâchez de les préserver.

❶ Parcs nationaux maritimes des îles Surin et Similan

À 60 km au large, ces minuscules îles sont renommées pour leurs splendides fonds sous-marins. Certes, les requins-baleines se montrent peu. Mais vous verrez des tortues de mer, des myriades de coraux et des poissons multicolores (voir p. 290 et 297).

❷ Parc national maritime d'Ang Thong

Poche de nature intacte, le parc national maritime d'Ang Thong se compose d'un chapelet d'îlots qui s'égrènent sur l'eau azur, tel un collier d'émeraudes (p. 258).

❸ Parc national d'Ao Phang-Nga

En bateau à moteur ou à la rame, frayez-vous un chemin dans ce dédale d'îles calcaires accidentées pour aller voir des peintures rupestres, un village de pêcheurs sur pilotis ou le repaire de Scaramanga sur l'île de James Bond. Le site est très fréquenté (p. 301).

❹ Parc national de Khao Sok

Peut-être la plus ancienne forêt tropicale de la planète, Khao Sok est une jungle humide et luxuriante remplie d'animaux, de cascades et d'une étrange flore, dont la plus grande fleur du monde (p. 292).

❺ Parc national de Khao Sam Roi Yot

Khao Sam Roi Yot, ou "terre des 300 pics", doit son nom à ses rochers calcaires massifs qui semblent s'étendre à l'infini. En progressant entre les temples cachés au fond du parc, essayez de ne pas faire de bruit : vous entendrez peut-être les semnopithèques obscurs se balançant dans les branches (p. 196).

❻ Parc national de Laem Son

Ce parc riche en mangroves (p. 286) offre une version ancienne et paisible de la Thaïlande. Si l'île de Ko Phayam possède une belle plage à l'ambiance reggae, l'île de Ko Chang tourne encore plus au ralenti. Les conditions de snorkeling ne sont pas exceptionnelles, mais les plongeurs peuvent toujours aller aux îles Surin.

❼ Parc national maritime de Ko Phi Phi

Ko Phi Phi est la plus belle réserve de Thaïlande. Son sable fin, ses falaises calcaires et ses eaux turquoise en font un lieu idéal pour pratiquer la plongée, s'adonner à l'escalade ou se détendre sur la plage. Vous côtoierez toutefois de nombreux voyageurs de tous les continents (p. 362).

Coucher du soleil sur Big Buddha Beach (p. 207), Ko Samui
BILL WASSMAN

EXCURSION AU PARC NATIONAL DE KHAO CHAMAO/KHAO WONG

อุทยานแห่งชาติเขาชะเมา-เขาวง

Le **parc national de Khao Chamao/Khao Wong** (☎ 0 3889 4378 ; reserve@dnp.go.th ; 400 B ; 🕑 8h30-16h30), qui s'étend sur 85 km², est connu pour ses montagnes calcaires, ses hautes falaises, ses grottes (plus de 80), ses cascades et sa forêt dense où se cachent des éléphants, des ours, des gaurs, des gibbons et des cerfs. Il est parcouru par des sentiers agréables. Il se situe à l'intérieur des terres depuis Ban Phe, à 17 km au nord du Km 274, près de la Hwy 3. Pour vous y rendre, prenez un *sŏrng·tăa·ou* (40 B) de Ban Phe jusqu'au Km 274, puis un autre (20 B) jusqu'au parc.

On peut passer la nuit dans un camping (50 B/pers) ou louer un bungalow pour 2 personnes (600-800 B). Pour réserver, écrivez à reserve@dnp.go.th ou appelez le ☎ 0 2562 0760.

(Suite du texte de la page 136)

billard, le **tir à l'arc**, le **tir à l'arme à feu**, le **softball**, l'**équitation** et le **tennis**. La plupart peuvent être pratiquées au **Pattaya Sports Club** (carte p. 134 ; ☎ 0 3836 1167 ; www.pattayasports.org ; 3/197 Th Pattaya 3) ou organisées par les hôtels.

Il est possible de s'entraîner au tir au **Tiffany's Shooting Range** (carte p. 134 ; ☎ 0 3842 9642 ; rdc, Tiffany's, Th Pattaya 2 ; 250 B plus munitions ; 🕑 9h-22h). **Pattaya Bungee Jump** (carte p. 136 ; ☎ 0 3830 1209 ; Soi 9, Th Thep Prasit ; saut 1 500 B ; 🕑 9h-18h) propose un saut à l'élastique de 56 m. Non loin, le **Paintball Park Pattaya** (carte p. 136 ; ☎ 0 3830 0608 ; www.paintballpark-pattaya.com ; 248/10 Moo 12, Th Thep Prasit ; à partir de 500 B les 50 balles ; 🕑 10h-18h) permet de se défouler sur ses amis à coups de balles de peinture. Le **Pattaya Kart Speedway** (carte p. 136 ; ☎ 0 3842 2044 ; 248/2 Soi 9, Th Thep Prasit ; à partir de 250 B ; 🕑 9h-18h) s'adresse aux amateurs de vitesse, qui piloteront des karts sur une impressionnante boucle de 1 km.

À 50 min en voiture de Pattaya, le **Flight of the Gibbon** (hors carte p. 134 ; ☎ 0 8997 05511 ; www.treetopasia.com ; circuit à la journée à partir de 2 300 B) reste l'attraction sans doute la plus appréciée de la région. Vous prendrez une navette pour vous rendre sur le plus grand circuit d'aventure en forêt tropicale du monde, qui comprend notamment 3 km de tyroliennes, un gigantesque parc animalier et un "saut de Tarzan", le tout sur 480 ha de nature préservée.

Au large de Pattaya, quelques îles valent la peine d'effectuer la courte traversée pour s'éloigner de la ville le temps d'un après-midi. **Ko Laan** (à 45 min) est assez fréquentée – nombre de visiteurs font une excursion en bateau à fond transparent pour y admirer le récif corallien. **Ko Sak** et **Ko Phai** possèdent des plages de sable fin, et **Ko Krok** est un site de plongée réputé. Les billets pour le ferry (20-85 B) s'achètent au grand embarcadère de South Pattaya.

PLONGÉE ET SNORKELING

Avec ses 20 sites de plongée disséminés le long de la côte, Pattaya est un bon endroit pour pratiquer la plongée si vous n'avez pas le temps de descendre plus au sud. On distingue trois grandes zones de plongée dans la région : les îles proches, les îles lointaines et Samaesan.

Les **îles proches** étant victimes de la pêche intensive et du trafic maritime, la visibilité peut y être mauvaise. Près de Ko Laan, les débutants apprécieront Ko Sak et Ko Krok. Dans de bonnes conditions, vous aurez presque partout une visibilité de 3 à 9 m, voire de 5 à 12 m dans les sites les plus éloignés.

Les **îles lointaines**, à environ 1 heure 30 de la ville, comportent des récifs coralliens colorés. L'un des plus visités est le récif artificiel créé par l'épave du HMS *Khram*.

Quant à **Samaesan**, petit village de pêcheurs au sud de Pattaya, il offre certains des plus remarquables spots de plongée de la région. Les épaves du *Petchburi Bremen* et du *Hardeep* ont engendré des récifs artificiels superbes à explorer. L'un des sites les plus notables est un ancien dépôt de munitions de la marine américaine appelé Samaesan Hole. Cette sortie pour plongeurs confirmés descend jusqu'à 87 m et longe une pente douce couverte de coraux où vous pourrez apercevoir des barracudas et de grosses raies. Par beau temps, la visibilité, très bonne, peut atteindre 20 m.

Une excursion avec deux plongées coûte environ 4 000 B (bateau, équipement, service d'un guide sous-marin et déjeuner compris). Les amateurs de snorkeling peuvent s'y joindre moyennant environ 1 400 B. Pour obtenir un brevet PADI Open Water (3 à 4 jours), comptez 13 000-15 000 B, cours et équipement inclus. Les tarifs sont nettement plus bas sur Ko Tao (voir p. 246).

La ville compte plusieurs clubs de plongée, dont ceux cités ci-dessous. Le mieux est de les contacter par téléphone ou via votre hôtel.

Adventure Divers (☎ 0 3836 4453 ; www.pattayadivers.com ; 391/77-78 Th Thappraya)
Aquanauts Dive Centre (carte p. 134 ; ☎ 0 3836 1724 ; www.aquanautsdive.com ; Soi 6, Th Pattaya 1). Organise également des sorties de snorkeling et des promenades en bateau (1 000 B).
Mermaid's Dive Center (carte p. 136 ; ☎ 0 3830 3333 ; www.mermaiddive.com ; Soi White House, Hat Jomtien)
Pattaya Dive Centre (carte p. 134 ; ☎ 0 3871 0918 ; www.divecentrepattaya.com ; 219/3 Moo 10, Soi 6, Th Pattaya 1)

AUTRES SPORTS NAUTIQUES

Pattaya et Hat Jomtien possèdent les meilleures installations de loisirs nautiques du pays. Les opérateurs s'alignent le long des principales artères bordant les plages, rivalisant pour attirer la clientèle. Le **ski nautique** revient à environ 1 000 B/heure, équipement, bateau et pilote compris. Un tour en **parachute ascensionnel** (10 à 15 min) coûte environ 500 B. En matière de **pêche**, les tarifs pour la location du bateau, les services d'un guide et le matériel sont raisonnables. Hat Jomtien est parfaite pour la **planche à voile** (600 B/heure) – les risques de collision avec des adeptes du parachute ascensionnel ou du Jet-Ski y sont réduits.

BÉNÉVOLAT

L'**orphelinat de Pattaya** (☎ 0 3824 1373 ; volunteer@redemptorists.or.th), très bien administré, a toujours besoin de bénévoles pour s'occuper de la cinquantaine d'enfants de moins de 3 ans et travailler dans le centre d'accueil pour enfants des rues. Les bénévoles doivent généralement s'engager pour au moins 6 mois, mais des séjours plus courts peuvent être envisagés (décision au cas par cas). Gîte et couvert fournis.

Où se loger

En raison de la proximité de Bangkok, la fréquentation augmente généralement le week-end et les prix grimpent en conséquence. Ceux qui veulent faire la fête séjourneront à Pattaya ; les autres préféreront Hat Jomtien, avec sa superbe plage et son atmosphère plus tranquille.

PATTAYA ET NAKLUA

Petits budgets

Toutes les options bon marché de Pattaya souffrent du bruit de la circulation et sont éloignées des plages ; celles proposées à Hat Jomtien offrent un bien meilleur rapport qualité/prix.

Apex Hotel (carte p. 134 ; ☎ 0 3842 8281 ; www.apexhotelpattaya.com ; 216/2 Soi 11 ; ch 550-600 B ; ❄ 🏊). L'Apex a probablement été construit à la va-vite, et cela se voit. Les chambres les moins chères sont attribuées selon le principe du "premier arrivé, premier servi". Les autres valent les 50 B supplémentaires, car elles sont bien tenues, dotées d'un sol en faux marbre, de la climatisation et de la TV câblée.

Ice Inn (carte p. 134 ; ☎ 0 3872 0671 ; www.iceinnpattaya.com ; 528/2-3 Th Pattaya 2 ; ch 580 B ; ❄ 💻). Meilleure adresse pour les budgets serrés de Pattaya, même si cela ne veut pas dire grand-chose. Les chambres carrelées, propres et équipées de grands réfrigérateurs, entourent une cour intérieure. Personnel décontracté. Cybercafé.

Honey Inn (carte p. 134 ; ☎ 0 3842 9133 ; 529/2 Soi 11 Th Pattaya 2 ; ch 600-800 B ; ❄ 💻). Chambres propres et claires, avec des terrasses dominant une rue un brin louche. Proche des lieux de sortie nocturne, sans pour autant souffrir de leur proximité.

Catégorie moyenne

Garden Lodge (carte p. 134 ; ☎ 0 3842 9109, fax 0 3842 1221 ; Th Naklua ; ch 850-1 300 B ; ❄ 🏊). On échappe ici au tumulte de Pattaya, dans l'un des meilleurs établissements de cette catégorie, situé à Naklua. Jardin agrémenté de pavillons verdoyants et de bassins poissonneux. Le bureau des excursions à la réception propose un large choix de sorties à la journée.

Natural Beach Hotel (carte p. 134 ; ☎ 0 3842 9239 ; www.naturalbeach.com ; 216 Moo 10, Soi 11 ; ch à partir de 950 B ; ❄ 🏊). Ambiance décontractée et calme, et joli jardin entourant la piscine, le tout à deux pas de la plage et des rues très fréquentées. Les chambres sont spacieuses et propres, bien que quelconques.

Ma Maison (carte p. 134 ; ☎ 0 3871 0433 ; www.mamaison-hotel.com ; 386 Moo 10, Soi 13 ; ch 1 200-1 500 B ; ❄ 🏊). Une ambiance un peu plus personnelle que la plupart des autres hébergements de la ville. Rangées de pots de fleurs et objets accrochés aux murs (éventails déployés, vieux outils agricoles). Chambres disposées autour de la piscine, sorte d'oasis attirant les clients fatigués par une soirée au milieu du scintillement des néons. Réservation recommandée.

Nong Apartment (carte p. 134 ; ☎ 0 3871 3371 ; www.pattayavacation.com ; 373/5-6 Moo 10, Soi Yensabai ; app 1 200-2 400 B ; ❄ 💻). Une excellente affaire pour les petits groupes, les familles et ceux qui souhaitent séjourner quelque temps en ville. Les logements, de style appartement, entourent une longue cour rectangulaire agrémentée d'un amas verdoyant d'immenses plantes en pots. Les clients peuvent se retirer dans leur patio privé ou se détendre dans les espaces communs, couverts de tableaux de navires de la marine américaine.

Areca Lodge (carte p. 134 ; ☎ 0 3841 0123 ; www.arecalodge.com ; 198/23 Mu 9, Soi Diana Inn, Tha Pattaya 2 ; ch petit-déj inclus à partir de 1 300 B ;). Les chambres stylées aux grandes fenêtres, les deux piscines et l'excellent service sont dignes d'un établissement haut de gamme – le prix en moins. Cela se sait et l'Areca affiche presque toujours complet (nombreux golfeurs quinquagénaires accompagnés de leurs belles Thaïlandaises). Les prix augmentent d'environ 50% en décembre et janvier.

Baboona Beachfront Living (carte p. 134 ; ☎ 0 848 8720 ; www.baboonabeach.com ; entre Soi 3-4, 119/3 Moo 9, Th Hat Pattaya ; ch 1 600-2 400 B ;). Située à l'extrémité nord, propre et branchée, de Pattaya, sur la route bordant la plage, cet établissement récent est dans sa catégorie le plus chic en ville. Chambres aux tons très tendance, avec sol en damier noir et blanc. Les plus chères jouissent d'une magnifique vue sur la mer.

Catégorie supérieure

Très appréciée par les touristes en voyages organisés et les participants à des congrès divers, Pattaya compte, sans surprise, nombre d'hébergements haut de gamme – où vous devrez prévoir des suppléments de 10% pour le service et de 7% pour la TVA. Les chambres sont souvent moins chères (jusqu'à 50%) via une agence de voyages de Bangkok ou en ligne.

Holiday Inn (carte p. 134 ; ☎ 0 3872 5555 ; www.holidayinn.com ; 463/68 Th Pattaya Soi 1 ; ch à partir de 3 600 B ;). Hôtel flambant neuf, dans une tour, adapté aux familles. Toutes les chambres, dans les tons bleu et gris, ont vue sur la mer. Dans les suites *executive*, les baignoires placées contre les vitres offrent des vues vertigineuses. Deux piscines, dont une pour les enfants, et un spa. Service particulièrement agréable.

Hard Rock Hotel (carte p. 134 ; ☎ 0 3842 8755 ; www.hardrockhotels.net/pattaya ; 429 Moo 9, Th Hat Pattaya ; ch 6 500-45 000 B ;). Une adresse fort sympathique pour passer des vacances à Pattaya. Le personnel, souriant, assure un service irréprochable. Le décor est soigné (guitares suspendues, immenses peintures murales sur le thème de la musique et têtes de lit représentant une légende du rock dans le style d'Andy Warhol). Garderie Lil' Rock pour les enfants, que l'on emmène sur le mur d'escalade de l'hôtel, à la piscine (trampoline flottant) et au centre d'artisanat. Si vous dormez à l'un des étages supérieurs, vous aurez accès au King Club, un salon privé où sont servis des apéritifs à volonté en début de soirée.

Centara Grand Mirage Beach Resort (carte p. 134 ; ☎ 0 3830 1234 ; www.centarahotelsresorts.com ; 277 Moo 5, Naklua ; ch 9 000-12 500 B, ste 20 000-90 000 B ;). Un magnifique cinq-étoiles, avec un grand jardin agrémenté d'une enfilade de piscines et de toboggans aquatiques qui serpentent entre d'immenses totems ornés de tigres et d'éléphants, des ponts suspendus, etc. L'entrée se fait par une majestueuse arche au toit de chaume, les ascenseurs sont recouverts d'une imitation de peau de crocodile et les murs derrière la réception sont cachés par d'innombrables plantes tropicales. Les chambres, spacieuses et confortables, sont décorées de fresques murales en sable, et dotées de vieux bureaux – le tout dans des tons sable, kaki et orange. Toutes ont vue sur la mer. Petite plage privée. Service excellent.

HAT JOMTIEN

Petits budgets

Les pensions d'un bon rapport qualité/prix ne manquent pas aux abords de Soi 3 et de Soi 4.

Chanagan Guest House (carte p. 136 ; ☎ 08 9834 3561 ; Soi 6, Th Hat Jomtien ; ch 500-600 B ;). Une pension paisible, à l'ancienne, avec plus de caractère que la plupart des autres. Chambres sommaires, aux couleurs vives, toutes avec eau chaude, TV câblée et climatisation. Clientèle mélangée de Thaïlandais et d'étrangers.

Nicky House (carte p. 136 ; ☎ 0 3823 2000 ; nickyhouse@hotmail.com ; angle Soi 7 et Th Hat Jomtien ; d 650-850 B, qua 1 000-1 200 B ;). Grandes chambres carrelées bien tenues, avec un soupçon de style zen. Celles avec vue sur la mer disposent de terrasses surplombant la plage. Personnel chaleureux. Cybercafé.

Catégorie moyenne

Chef@Home Boutique House & Restaurant (carte p. 136 ; ☎ 0 3823 1986 ; www.chefathomepattaya.com ; 75/10-11 Th Hat Jomtien ; ch petit-déj inclus 1 000-1 200 B ;). Difficile de résister à l'attrait du restaurant au rdc et de ne pas s'asseoir au milieu des frangipaniers (plats occidentaux et thaïlandais 100-150 B). Les confortables chambres, un peu sombres, valent aussi le détour – papiers peints variés, belles photographies et tableaux. Service sympathique.

Nirvana Couture (carte p. 136 ; ☎ 0 3823 1926 ; www.nirvanacouture.com ; Th Hat Jomtien Soi 4 ; ch 1 100-1 500 B ;). Géré par les propriétaires du très chic Nirvana, sur Ko Chang (p. 172), le Nirvana Couture, plus modeste, s'avère tout aussi élégant. La décoration est très rock'n'roll, avec des photos de Dylan, des White Stripes et de Blondie. Chambres confortables mais dépourvues de fenêtres.

Jomtien Twelve (carte p. 136 ; ☎ 0 3875 6865 ; www.thejomtientwelve.com ; 240/13 Moo 12, Th Hat Jomtien ; ch 1 100-1 400 B ;). Le Jomtien Twelve se donne des airs d'hôtel de charme : sa façade incorpore du teck dans une architecture contemporaine et le hall d'entrée est tout ce qu'il y a de plus branché. Les chambres, bien tenues (surtout les sdb), sont plus sobres.

Jomtien Boathouse (carte p. 136 ; ☎ 0 3875 6143 ; www.jomtien-boathouse.com ; 380/5-6 Th Hat Jomtien ; ch 1 200-1 400 B ;). Le hall d'entrée évoque la demeure d'un vieux loup de mer, avec des poissons naturalisés et des maquettes de frégates en bois. "Le pont" réunit une terrasse pour les bains de soleil et un pub chaleureux servant des mets copieux. À l'étage, les chambres, simples, sont propres et confortables ; optez pour celles donnant sur la plage, car celles avec vue sur le jardin ont des fenêtres minuscules.

Natural Park Resort (carte p. 136 ; ☎ 0 3823 1561 ; www.naturalparkresort.com ; 412 Th Hat Jomtien ; ch 2 500 B, ste à partir de 4 000 B ;). Domaine luxuriant ponctué de petits bâtiments hôteliers, le Natural Park tire le niveau du boulevard longeant la plage de Jomtien vers le haut. La piscine a de faux airs de lagon, avec sa petite île couronnée de deux palmiers en plein milieu. Les chambres, charmantes, sont décorées de poutres en teck, de fauteuils en osier et de panneaux coulissants japonais.

Catégorie supérieure

Rabbit Resort (carte p. 136 ; ☎ 0 3830 3303 ; www.rabbitresort.com ; Th Hat Dongtan 4 ; ch 4 900-6 000 B ;). Situé sur une magnifique propriété abondamment boisée, ce *resort*, tenu par une famille, change agréablement des chaînes hôtelières quelconques installées à proximité. Chambres et jolis bungalows décorés de meubles de style thaïlandais et de tissus rustiques cousus à la main. Plage privée et piscine séparée pour les enfants. À deux pas de la zone piétonne, dans la partie nord de Hat Jomtien.

Où se restaurer

Même si la scène gastronomique est dominée par la cuisine occidentale, préparée par des maisons renommées établies de longue date, Pattaya est également un lieu idéal pour s'aventurer hors des sentiers battus et découvrir les adresses locales. De fantastiques étals de fruits de mer servent des plats délicieux à des prix inférieurs à ceux des habituels attrape-touristes.

PATTAYA

Carrefour Food Court (carte p. 134 ; Th Pattaya Klang ; ⌚ 11h-22h). En l'absence d'un marché de nuit digne de ce nom, rabattez-vous sur ce *food court* (espace de restauration) situé sous le supermarché Carrefour. La cuisine thaïlandaise est authentique et épicée (plats à partir de 30 B).

Sportsman Pub & Restaurant (carte p. 134 ; Soi 13 Th Hat Pattaya ; petit-déj 70-180 B ; ⌚ 7h-2h). Petit-déjeuner anglais (œufs au bacon...), tourtes au déjeuner et retransmissions d'événements sportifs en soirée.

King Seafood (carte p. 134 ; ☎ 0 3842 9459 ; king_seafood@hotmail.com ; 94 Walking St ; plats 80-300 B ; ⌚ déj et dîner). Une institution de Walking St, pour les amateurs de fruits de mer, pourvue d'une immense carte.

Café New Orleans (carte p. 134 ; ☎ 0 3871 0805 ; www.cafeneworleans.info ; Soi Pattaya Funland ; plats 150-750 B ; ⌚ 15h-24h). Le Café New Orleans incarne le caractère unique de Bourbon St, qui mêle l'ambiance des bayous au baroque, à deux pas des quartiers chauds de Pattaya. La carte est à l'avenant, avec des steaks et des soupes à l'oignon créoles.

PIC Kitchen (carte p. 134 ; ☎ 0 3842 8374 ; 10 Soi 5, Th Pattaya 2 ; plats 160-550 B ; ⌚ déj et dîner). L'intérieur en teck, agréable et raffiné, est parfait pour se détendre, avec ses coussins et ses tables basses en bois. Toutefois, l'endroit vaut surtout pour sa cuisine thaïlandaise, excellente. Jazz à l'étage, au Jazz Pit.

Casa Pascal (carte p. 134 ; ☎ 0 3872 3660 ; www.restaurant-pattaya.com ; 485/4 Moo 10, Th Pattaya 2 ; plats 350-1 500 B ; ⌚ déj et dîner lun-sam, déj dim). Une table chic installée au milieu d'une colonnade de larges piliers en bois. Brunch dominical à volonté (899 B), avec plats chauds et autres délices, comme les langoustes ou le tartare de bœuf. Plats français, italiens et thaïlandais raffinés au menu.

♥ **Mantra** (carte p. 134 ; ☎ 0 3842 9591 ; www.mantra-pattaya.com ; Th Hat Pattaya Neua ; plats environ

1 200 B ; dîner tlj, brunch dim ;). Notre adresse préférée à Pattaya : un gigantesque établissement tout en élégance, jusque dans les moindres détails de son décor recherché. L'intérieur combine des éléments arabes et asiatiques rehaussés par des touches noir de jais et rouge vermeil. Le restaurant dispose de 7 cuisines, chacune spécialisée dans un type de mets particulier : comptoir à sushis, fours indiens, stand de pâtes fraîches… Le menu découverte (plusieurs plats ; 1 500 B/pers) commence par des rouleaux de printemps et finit avec une mangue cuite accompagnée d'un riz infusé à la vanille et d'une glace à la noix de coco.

HAT JOMTIEN

Marché de nuit de Thep-Pra-Sit (carte p. 136 ; Th Sukhumvit ; plats à partir de 20 B ; 18h-22h ven-dim). Les prix bas et la petite taille des portions font de ce marché de nuit populaire l'endroit idéal pour goûter des spécialités locales. Veillez simplement à bien choisir. Pour y aller, hélez un taxi ou un *sŏrng·tăa·ou*.

Surf Kitchen & Sushi Boy (carte p. 136 ; ☎ 0 3823 1710 ; Th Hat Jomtien ; plats 75-250 B ; petit-déj, déj et dîner). Établissement avec terrasse ombragée, qui comprend 2 restaurants en 1. La cuisine thaïlandaise du Surf Kitchen est authentique et les plats occidentaux, tout aussi bons. Vous pourrez également commander des sushis ultrafrais (à partir de 69 B) sur la carte du Sushi Boy.

Cabbages & Condoms (carte p. 136 ; ☎ 0 3825 0035 ; www.cabbagesandcondoms.co.th ; 366/11 Moo 12, Th Phratamnak 4 ; plats 100-300 B ; petit-déj, déj et dîner). Ce restaurant au nom provocant (choux et préservatifs), caché au bord de la plage isolée du Birds & Bees Resort, jouit d'une des plus belles vues du coin. De jolies lampes, fabriquées avec des filets de pêche et des noix de coco, nimbent d'un halo romantique les dîneurs.

Bruno's (carte p. 136 ; ☎ 0 3836 4600 ; 306/63 Chateau Dale Plaza, Th Thappraya ; plats déj 100-200 B, plats dîner 360-390 B, pâtes 210-280 B ; déj et dîner). Sa cave à vins attenante fait du Bruno's une adresse incontournable pour qui aime déguster un bon cru en mangeant. Le déjeuner est une bonne affaire : la brigade de cuisiniers expérimentés prépare de succulents steaks et fruits de mer à moins de 200 B.

Mata Hari (carte p. 136 ; ☎ 0 3825 9799 ; 482/57 Moo 12, Th Thappraya ; plats 200-600 B ; dîner mar-dim). Depuis plus de 40 ans, on sert ici de la haute cuisine aux visiteurs et à une clientèle d'expatriés fidèles. Axée sur la cuisine européenne, la carte présente tout de même quelques mets exotiques pour tenter les gourmets.

Où prendre un verre

La vie nocturne de Pattaya, en perpétuelle mutation, ne se limite plus aux *gogo bars*. Au cœur de l'animation nocturne, Walking St enivre les sens avec sa musique trance, ses corps déhanchés et ses néons annonçant tous les fétichismes imaginables. En bas de la rue, la zone regroupant les Soi 1, 2 et 3, surnommée "Pattayaland", se compose d'un alignement de bars où résonnent les derniers tubes pop. La plupart des établissements du quartier ne manquent pas d'imagination pour alimenter, d'une façon ou d'une autre, les réseaux de prostitution.

Hopf Brew House (carte p. 134 ; ☎ 0 3871 0650 ; Th Hat Pattaya 219 ; 15h-1h dim-ven, 16h-2h sam ;). Authentique et un peu triste avec son décor de bois sombre, cette brasserie est un paradis pour les amateurs de bières. Pils et bière blanche brassées sur place. À accompagner d'énormes pizzas cuites au feu de bois et de schnitzels à peine plus petits.

Green Bottles (carte p. 134 ; ☎ 0 3842 9675 ; 216/6-20 Th Pattaya 2). Ambiance douillette et rétro (vous pouvez demander à l'orchestre de jouer vos chansons préférées) dans ce pub fondé en 1988, l'un des plus traditionnels de Pattaya.

UN VERRE POUR LA DEMOISELLE ?

En se promenant dans Pattaya, on peut se demander comment autant de filles dans les bars arrivent à gagner leur vie avec un nombre toujours fluctuant de visiteurs masculins. En vérité, nombre d'entre elles touchent un petit salaire du bar où elles traînent et se font payer dans la mesure où elles "rapportent" environ 30 consommations par mois. Ainsi, messieurs, si vous vous asseyez dans un bar, on vous harcèlera sans doute pour que vous offriez un verre à votre voisine. C'est comme cela que ces jeunes filles se font une partie, voire l'intégralité, de leur revenu. Selon ce qu'elles prennent, une consommation peut coûter jusqu'à 160 B, mais tourne en général autour de 90-100 B.

EST DU GOLFE DE THAÏLANDE

Gulliver's (carte p. 134 ; ☎ 0 3871 0641 ; Th Hat Pattaya ; ⌚ 11h30-14h). À l'extrémité nord de Pattaya, le très élégant Gulliver dispose de tables de billard, d'une impressionnante carte internationale de boissons et d'un grand patio, à deux pas de la plage.

Où sortir

Sillonner les rues de Pattaya reste le meilleur moyen de découvrir combien cette ville est extravagante, car vous y verrez de tout – des spectacles de natation synchronisée masculins aux bars faits de glace. Tout dépend de la programmation et de la mode du moment.

CLUBS ET CABARETS

Visiter un cabaret de travestis est devenu un incontournable à Pattaya. Les spectacles sont réellement artistiques et des plus drôles.

Malibu Show (carte p. 134 ; ☎ 0 3842 8667 ; Th Pattaya 2, Soi 9-10 ; ⌚ spectacles 21h45 et 23h45). Si vous ne pouvez pas vous offrir un spectacle dans un grand cabaret, cette toute petite scène fera l'affaire. Représentation chaque soir ; entrée gratuite si vous prenez un verre.

Blues Factory (carte p. 134 ; ☎ 0 3830 0180 ; www.thebluesfactorypattaya.com ; Soi Lucky Star). Le meilleur endroit pour écouter de la musique live, avec au moins deux groupes par soir. Ambiance agréable (personne pour vous importuner), à deux pas du battage branché de Walking St.

♥ **Tiffany's** (carte p. 134 ; ☎ 0 3842 1700-5 ; www.tiffany-show.co.th ; 464 Moo 9, Th Pattaya 2 ; place VIP 800 B, place standard 700 B ; ⌚ spectacles 18h, 19h30 et 21h, plus 22h30 les jours fériés). Ici, les costumes sont l'expression même du glamour à paillettes et la gestuelle féminine a été étudiée et répétée à la perfection. Photos en compagnie des charmantes "dames" après le spectacle.

Tony's (carte p. 134 ; ☎ 0 3842 5795 ; www.tonydisco.com ; 139/15 Walking St ; gratuit ; ⌚ 20h30-2h30). Au programme de ce gigantesque club dirigé par Tony, un homme d'affaires fortuné : une discothèque éclairée aux néons où retentit une musique assourdissante, des tables de billard et un boxeur thaïlandais !

AUTRES ADRESSES

Porch Outdoor Cinema (carte p. 134 ; dernier étage, Central Festival, Th Pattaya 2, Soi 9-10 ; billets 500 B). Venez voir les dernières superproductions assis dans un grand fauteuil confortable, un cocktail à la main. La terrasse ouverte offre une belle vue sur Pattaya. Projection de 4 films par jour ; boisson et snack compris avec l'entrée.

Alangkarn (hors carte p. 134 ; ☎ 0 3826 6000 ; www.alangkarnthailand.com ; 1 000 B ; ⌚ selon les spectacles). À quelques kilomètres au sud-est de Pattaya, ce grand théâtre présente une série de spectacles extravagants – costumes élaborés, éléphants dansants et pyrotechnie. À l'étage, le centre commercial **Central Festival** (carte p. 134 ; Th Pattaya 2, Soi 9-10), flambant neuf, abrite un cinéma de plusieurs salles.

Depuis/vers Pattaya

AVION

Bangkok Airways (carte p. 134 ; ☎ 0 3841 2382 ; www.bangkokair.com ; 179/85-212, Mu 5, North Pattaya Rd ; ⌚ 8h30-16h30 lun-ven, jusqu'à 12h sam) relie quotidiennement l'**aéroport d'U-Taphao** (hors carte p. 134 ; ☎ 0 3824 5599), à environ 33 km au sud de Pattaya, à Ko Samui et à Phuket (aller à partir de 2 000 B).

BUS

Des bus climatisés desservent Pattaya au départ des terminaux Est (Ekamai ; toutes les 30 min 9h30-23h) et Nord (Mo Chit ; toutes les 30 min 6h-21h) de Bangkok (100-140 B, 2 heures), ainsi que depuis la gare routière de l'aéroport de Suvarnabhumi (124 B, 1 heure 30, toutes les 2 heures 7h-21h). En sens inverse, les bus à destination d'Ekamai et de Mo Chit partent entre 16h30 et 21h ; on en trouve d'autres pour la gare routière de l'aéroport de Suvarnabhumi entre 8h et 20h. À Pattaya, l'arrêt des bus climatisés se trouve dans Th Hat Pattaya Neua, à proximité de l'intersection de Th Sukhumvit. Une fois à la plus importante gare routière de Pattaya, des *sŏrng·tăa·ou* rouges pourront vous conduire à la principale route qui longe la plage (30-40 B/pers). Attention, la plupart des bus reliant Ekamai à Hat Jomtien sont des 2e classe. Il est souvent plus rapide de prendre un bus de 1re classe jusqu'au nord de Pattaya, puis de sauter dans un *sŏrng·tăa·ou* jusqu'à Hat Jomtien.

Plusieurs hôtels et agences de voyages assurent des liaisons en minibus avec Bangkok ou, plus à l'est, avec Ko Samet et Ko Chang. Comptez un minimum de 200 B.

Une ligne de bus directs assure la liaison entre le terminal des arrivées de l'aéroport de Suvarnabhumi de Bangkok et Pattaya et Hat Jomtien (150-250 B, 2 heures).

Pour Sri Racha (40 B, 30 min), les bus s'arrêtent à deux pas de l'angle de Th Sukhumvit et de Th Pattaya Neua. De là, hélez un bus pour

Rayong (60-90 B, 1 heure 30). Sinon, prenez un *sŏrng·tăa·ou* blanc sur le marché de Naklua à destination de Sri Racha (30 B, 30 min).

TRAIN

Chaque jour, du lundi au vendredi, un train lent assure la liaison entre Pattaya et la gare de Hualamphong de Bangkok (3e classe 45 B, 3 heures 45). Vérifiez les horaires à la **gare ferroviaire de Pattaya** (hors carte p. 134 ; ☎ 0 3842 9285), près de Th Sukhumvit, au nord de Th Hat Pattaya Neua.

Comment circuler

SŎRNG·TĂA·OU

Des *sŏrng·tăa·ou* sillonnent Th Hat Pattaya et Th Pattaya 2. Vous paierez 10 B pour vous rendre n'importe où entre Naklua et Pattaya sud, 20 B si vous allez de Pattaya à Jomtien (ou vice versa). La location d'un *sŏrng·tăa·ou* pour Hat Jomtien ne devrait pas dépasser 40 B.

Des lecteurs ayant emprunté un *sŏrng·tăa·ou* à 10 B avec des Thaïlandais se sont plaints d'avoir dû finalement payer 20-50 B. Convenez d'un prix à l'avance. Ne montez pas dans un *sŏrng·tăa·ou* qui attend, sans passagers, sur le bord de la route : le chauffeur vous demandera sans doute de payer pour toutes les places.

VOITURE, JEEP ET MOTO

La location d'une Jeep revient à quelque 2 500 B/jour, celle d'une voiture débutant à 1 500 B. En basse saison, il est possible de trouver des 4x4 Suzuki pour seulement 1 000 B. Les motos se louent habituellement 200-350 B/jour. Des agences sont installées dans Th Hat Pattaya et Th Pattaya 2.

RAYONG ET SES ENVIRONS

อ.เมืองระยอง

106 700 habitants

La grande majorité des voyageurs se rendant dans la province de Rayong, à 200 km au sud-est de Bangkok, ont pour destination les plages ensoleillées de Ko Samet (p. 152). En général, ils n'ont nul besoin de s'arrêter dans la capitale régionale, puisque des bus réguliers relient Bangkok à Ban Phe, port des ferrys pour Ko Samet. Hormis la gare routière, la ville a peu à offrir.

Malgré son monopole sur les ferrys, la pittoresque bourgade de pêcheurs de **Ban Phe** a su conserver ses dimensions modestes. Si vous avez décidé de tracer votre propre route touristique, sachez que cette petite agglomération côtière est également le point de départ vers plusieurs plages moins connues de la région. La province possède plus de 100 km de littoral, mais le manque d'infrastructures touristiques et de transports a permis à la majeure partie des plages d'échapper au tourisme. De Ban Phe, des *sŏrng·tăa·ou* longent la côte jusqu'aux "cités balnéaires" (pour ainsi dire) de **Laem Charoen**, de **Laem Mae Phim**, de **Hat Sai Thong** et de **Hat Mae Ramphung**. Les ferrys au départ des environs de Ban Phe desservent des complexes hôteliers privés sur les îles reculées de **Ko Man Klang** et de **Ko Man Nok** (voir l'encadré, p. 155). Réservation vivement recommandée.

Renseignements

Bureau de la TAT (☎ 0 3865 5420 ; tatyong@tat.or.th ; 153/4 Th Sukhumvit ; 🕑 8h30-16h30). À 7 km à l'est de Rayong sur la Hwy 3. Vaut le détour si vous êtes motorisé.

Krung Thai Bank (Th Sukhumvit 144/53-55). Une des nombreuses banques de Th Sukhumvit, artère principale de Rayong. Bureau de change et DAB.

Où se loger et se restaurer

RAYONG

Si vous êtes bloqué à Rayong, vous trouverez des hébergements près de la gare routière. Néanmoins, la plupart des hôtels de qualité sont à une courte distance en taxi. Le terminal des bus se trouvant dans l'enceinte d'un grand marché, il est aisé de se restaurer à proximité.

Rayong President Hotel (☎ 0 3862 2771 ; www.rayongpresident.com ; 16/8 Th Phochanakon ; ch petit-déj inclus à partir de 550 B ; ❄). À mi-chemin de la gare routière et du Wat Khod Thimtaram, ce vaste hôtel blanc permet de se reposer en toute quiétude.

BAN PHE

Christie's Guesthouse (☎ 0 3865 1975 ; 280/92 Soi 1 ; ch 500 B ; ❄). Grandes chambres propres, eau chaude, TV câblée et lecteurs DVD font de cet établissement (très bien situé en face de l'embarcadère) une excellente affaire. Copieux petit-déjeuner occidental (à partir de 160 B) ou déjeuner à emporter sur le ferry.

M@c Garden (☎ 0 3865 1150 ; 280/153 Th Ban Phe Mu 2 ; ch 700 B ; ❄ 💻). Établissement récent disposant de jolis bungalows en teck (1 200 B) et de chambres plus petites, simples et propres.

Comment s'y rendre et circuler

Pour des renseignements sur les ferrys entre Ban Phe et Ko Samet, voir p. 157. Pour vous

EST DU GOLFE DE THAÏLANDE

rendre à Ko Samet depuis Bangkok, prenez l'un des bus directs pour Ban Phe (138-160 B, 3 heures, 1/heure) qui partent de la gare d'Ekamai (terminal Est) entre 5h et 20h. Les bus climatisés pour Rayong (146 B, 2 heures 30, toutes les 30 min) démarrent de cette même gare entre 4h et 22h et de la gare routière de l'aéroport de Suvarnabhumi (155 B, 2 heures, toutes les heures) entre 8h30 et 18h30. Un *sŏrng·tăa·ou* entre la gare routière de Rayong et Ban Phe revient à 25 B. À Rayong, un réseau de bus très complet dessert les villes plus à l'est, comme Chanthaburi et Trat.

À 50 m à l'ouest de l'embarcadère de Ban Phe, 4 bus desservent chaque jour Bangkok à partir de 12h30. Des bus plus lents, mais plus fréquents, démarrent en face de l'embarcadère de Nuan Tip, à 100 m à l'est des quais de Ban Phe.

Des minibus relient l'embarcadère de Ban Phe à diverses destinations, comme Pattaya (250 B), Trat (250 B) et Ko Chang (250 B, billet de bateau non compris). Vous pouvez réserver votre place dans ces véhicules à Ban Phe ou auprès de certains complexes hôteliers et agences de voyages de Ko Samet.

KO SAMET
เกาะเสม็ด

De toutes les retraites balnéaires du royaume, cette petite île compte le plus grand nombre de jours d'ensoleillement, ce qui donne le feu vert aux visiteurs étrangers et thaïlandais presque toute l'année. Pour ceux qui préfèrent des vacances animées, les plages du nord-est, plus fréquentées, voient se dérouler, le week-end, des fêtes qui durent toute la nuit. Pour plus de calme, mieux vaut réserver une chambre au sud ou sur la côte ouest. En semaine, la vie insulaire est moins survoltée, ce qui permet de découvrir ce qui attirait tant les routards il y a quelques décennies. En allant un peu plus au sud, de magnifiques baies encore épargnées par le développement effréné offrent une ambiance beaucoup plus décontractée.

Officiellement, Ko Samet a le statut de parc national, mais, le long du littoral nord-est, il est parfois difficile de comprendre à quoi sert le droit d'entrée demandé. L'écosystème de l'île étant mis à rude épreuve, il est essentiel que les visiteurs participent à sa conservation, notamment en économisant l'eau.

Orientation

Sur cette île longue de 8 km, l'essentiel de l'activité se concentre sur la moitié nord du littoral est. Les bateaux accostent à Na Dan, unique village de l'île, relié à la côte est par un tronçon de route bordé de 7-Eleven, de cybercafés, de stands de nouilles et de bars. Au bout de cette route se dresse une grande porte où les *faràng* (étrangers) doivent payer l'entrée.

Du fait de sa taille réduite, Ko Samet se parcourt aisément à pied. Un réseau de pistes difficilement praticables donne accès à la rive ouest et à la plupart des baies du sud, tandis que des sentiers serpentent sur les rochers et promontoires qui séparent les plages.

Renseignements

Le droit d'entrée du parc national de Ko Samet s'élève à 200/100 B par adulte/enfant, à acquitter auprès du bureau principal des parcs nationaux. Un *sŏrng·tăa·ou* depuis l'embarcadère vous déposera à la porte du parc. Conservez bien votre billet, pour un éventuel contrôle.

Il y a plusieurs DAB sur Ko Samet, dont un à l'embarcadère et deux non loin du bureau des parcs nationaux.

On trouve plusieurs cybercafés sur la route entre Na Dan et Hat Sai Kaew, le meilleur étant le Miss You Café (p. 157).

Ailleurs sur l'île, vous pourrez lire vos e-mails au Jep's Bungalows (p. 155) et au Naga Bungalows (p. 155) à Ao Hin Hok, ainsi que dans quelques autres enseignes le long d'Ao Wong Deuan. Toutes demandent 2 B/min.

Un téléphone satellite, qui permet de passer des appels à l'international, est situé à l'extérieur du centre d'information des visiteurs des parcs nationaux.

Bureau principal des parcs nationaux (entre Na Dan et Hat Sai Kaew). Autre bureau à Ao Wong Deuan.

Centre médical de Ko Samet (Health Centre ; ☎ 0 3861 1123 ; ⌚ 8h30-21h lun-ven, jusqu'à 16h30 sam-dim). Sur la route principale entre Na Dan et Hat Sai Kaew. Des numéros de téléphones portables à appeler en cas d'urgence en dehors des heures d'ouverture sont affichés.

Police (☎ 1155). Sur la route principale entre Na Dan et Hat Sai Kaew. Antenne de la police à Ao Wong Deuan.

Poste. Le Naga Bungalows, à Ao Hin Khok, fait office de poste de l'île. Également : prêt et vente de livres d'occasion.

Samed Travel Service (☎ 08 1664 8563 ; ⌚ 8h30-17h). En face du terminal des ferrys ; réservation de billets pour tous les modes de transport (train compris) et de chambres d'hôtel.

KO SAMET

RENSEIGNEMENTS
DAB....1 C2
DAB....2 C2
Centre médical de Ko Samet....3 C2
Bureau principal des parcs nationaux....4 C2
Police....5 C2
Poste....6 C2
Samed Travel Service....7 C2

À VOIR ET À FAIRE
Ao Prao Divers....(voir 11)
Ao Prao Divers....(voir 21)
Jimmy's Tour....8 C2
Ploy Scuba Diving....9 C2

OÙ SE LOGER
Ao Nuan....10 B3
Ao Prao Resort....11 B2
Baan Puu Paan....12 B1
Blue Sky....13 B4
Candlelight Beach....14 B4
Jep's Bungalows....15 C3
Lima Coco Resort....16 B2
Lung Dam Apache....17 B4
Lungwang Wonderland Resort....18 B3
Naga Bungalows....19 C2
PJ House....20 B4
Saikaew Villa....21 C2
Samed Villa....22 B3
Samet Ville Resort....23 B5
Silver Sand....24 B3
Sinsamut....(voir 21)
Tok's....25 C2
Tonhard Bungalow....26 B4
Tubtim Resort....27 B3
Viking Holiday Resort....28 B4
Vongduern Villa....29 B4

OÙ SE RESTAURER
Baywatch Bar....30 B4
Jep's....(voir 15)
Miss You Café....31 C2
Naga Bar....(voir 19)
Rabeang Bar....32 C2
Silver Sand Bar....(voir 24)

OÙ PRENDRE UN VERRE
Tok's Little Bar....(voir 25)

Désagréments et dangers

Ko Samet était par le passé un foyer de paludisme. Bien que le centre médical prétende avoir aujourd'hui résolu le problème, l'île reste infestée de moustiques – couvrez-vous et utilisez un maximum de répulsifs.

Faites attention sur la route qui part de la plage et passe devant le Sea Breeze Bungalows, à Ao Phai, car des voyageurs nous ont rapporté avoir été dévalisés dans le secteur.

Des escroqueries ont également eu lieu sur le continent, dans lesquelles des voyageurs ont dû débourser environ 800 B/personne pour prendre un hors-bord. Sachez qu'un aller en hors-bord coûte partout entre 1 500 et 2 000 B *au total*, quel que soit le nombre de passagers. Plus de précisions sur les tarifs et les horaires p. 157.

À voir et à faire

On peut louer des planches à voile, des *boogie boards*, des chambres à air et du matériel de snorkeling sur les plages de Hat Sai Kaew, d'Ao Hin Khok et d'Ao Phai. Autour de Ko Samet, le meilleur site de plongée est celui de **Hin Pholeung** (carte p. 130), à mi-chemin de l'île et de Ko Chang. Isolé et très à l'écart du trafic maritime destructeur, il est marqué par deux pics rocheux sous-marins et jouit d'une excellente visibilité (jusqu'à 30 m). On y observe une faune marine très variée.

Ploy Scuba Diving (☎ 0 3864 4212 ; www.ployscuba.com), à Hat Sai Kaew, et **Ao Prao Divers** (☎ 0 3864 4100-3 ; aopraodivers@hotmail.com), respectivement installés à l'Ao Prao Resort et à la Saikaew Villa, sont deux sociétés réputées pour la plongée.

Naga Bungalows (p. 155) propose des cours de *mou·ay tai* (ou *muay thai* ; boxe thaïlandaise) sur son ring de boxe au bord de la plage. Un cours, très populaire, s'adresse spécifiquement aux femmes.

Outre Ko Samet, le parc national de Laem Ya/Ko Samet comprend plusieurs autres îles, dont **Ko Man Klang**, **Ko Man Nok** et **Ko Man Nai**. Sur ces dernières comme sur Ko Samet, le statut officiel de parc n'a pas empêché le développement immobilier. Ko Man Nai abrite la **réserve de protection des tortues de mer** de Rayong (Turtle Conservation Centre ; ☎ 0 3861 6096 ; 9h-16h), site de nidification pour cette espèce menacée. Renseignez-vous au Christie's Bar & Restaurant (rattaché à la Christie's Guesthouse ; p. 151) sur les visites au départ de Ban Phe ou joignez-vous à l'un des circuits en bateau au départ de Ko Samet. Sachez par ailleurs que la réserve accueille des travailleurs bénévoles – contactez **Starfish Ventures** (www.starfishventures.co.uk).

Circuits organisés

L'île compte une multitude de petits tour-opérateurs portant des noms amusants comme "Happy Fun Safe Tour". Généralement d'une durée de 3 heures, la plupart des excursions mettent au programme du snorkeling, un déjeuner, un peu de détente sur une plage et la visite de la réserve voisine de protection des tortues de mer (ci-dessus).

Jimmy's Tours (☎ 08 9832 1617/27) propose une grande variété de circuits sur Ko Samet et les îles voisines. Une croisière de 6 heures (10h-16h) vers les îlots alentour, incluant la réserve de protection des tortues de mer de Ko Man Nai, coûte 1 500 B/pers (10 personnes au minimum). Jimmy's Tours possède des guichets de réservation à l'Ao Phrao Resort et au SaiKaew Beach Resort.

Où se loger

Ko Samet étant une destination prisée pour le week-end, les prix grimpent en flèche le vendredi et le samedi (et culminent lors des week-ends prolongés). Il est également fréquent de voir les tarifs s'envoler à mesure que le taux de remplissage augmente. Ainsi, un bungalow peut passer de 500 B le vendredi matin à 800 B à la fin de la journée. La plupart des complexes de bungalows disposent d'un restaurant et/ou d'un bar. Ils peuvent également vous aider à trouver un bateau vers le continent ou à organiser bon nombre des activités proposées sur l'île.

HAT SAI KAEW

Longue de 800 m, la charmante plage de Hat Sai Kaew (Diamond Sand, "sable de diamant") est la plus fréquentée de l'île. Elle est bordée de restaurants et de bars qui, tous les soirs, font briller le front de mer de mille feux. Les Bangkokiens adorent cet endroit – attendez-vous à une cacophonie de Jet-Ski et de karaoké le week-end.

Saikaew Villa (☎ 0 3864 4144 ; ch 500-1 550 B ;). Grandes et petites chambres, avec ventilateur ou climatisation, dans un endroit soigné, à l'atmosphère de camp de vacances. Si l'intimité n'est pas la spécialité de la maison, la nourriture, les boissons et les activités le sont.

Sinsamut (☎ 0 3864 4207 ; www.sinsamut-kohsamed.com ; ch 900-1 500 B ;). Chambres claires et colorées, bien qu'un peu défraîchies, avec des murs

RETRAITE INSULAIRE

Si vous recherchez la tranquillité et que Ko Samet ne vous convient pas, vous pouvez séjourner sur certaines des petites îles avoisinantes. Il en est ainsi de **Ko Man Klang** et de **Ko Man Nok**, deux îles isolées où des forfaits séjour haut de gamme sont proposés, pension complète et transport en bateau inclus. Pour réserver, téléphonez aux agences de Bangkok.

À Ban Phe, les transports publics permettent de gagner les embarcadères pour Ko Man Klang et Ko Man Nok. Le week-end et les jours fériés, on trouve parfois des *sŏrng·tăa·ou* ; le reste du temps, on peut louer un véhicule au départ du marché (environ 100 B aller) et s'entendre avec le chauffeur pour le retour.

Ko Nok Island Resort (☎ à Bangkok 0 2860 3025 ; www.munnorkislandresort.com ; forfaits 3 800-4 400 B/pers ; ❄). Un élégant complexe hôtelier sur Ko Man Nok, qui propose un forfait de 1 nuit/2 jours dans différents types de villas. L'île se trouve à 15 km de Pak Nam Prasae (53 km à l'est de Ban Phe).

Raya Island Resort (☎ à Bangkok 0 2316 6717 ; forfaits 1 nuit/2 jours 1 800-3 000 B/pers ; ❄ 🖳). Un établissement confortable et très calme qui dispose de 15 bungalows, à 8 km de Laem Mae Phim (27 km à l'est de Ban Phe), sur Ko Man Klang.

de brique et des galets dans les sdb. Celles avec ventilateur ont des douches avec eau froide, tandis que celles avec climatisation ont l'eau chaude, la TV et un réfrigérateur.

AO HIN KHOK

Cette jolie étendue de sable jalonnée d'arbres et de rochers est le point de ralliement des routards sur l'île. Bien que l'ambiance prenne lentement le chemin du haut de gamme, les voyageurs indépendants y trouveront encore leur compte pour s'amuser, surtout la nuit.

Naga Bungalows (☎ 0 3864 4035 ; ch 300-600 B ; 🖳). Ici, l'esprit routard de Ko Samet est toujours vivant. Les bungalows simples avec ventilateur sont installés dans la forêt à flanc de colline, et des films sont projetés tous les soirs dans le superbe restaurant. Sue, une expatriée qui gère la poste, la bibliothèque et l'association de bienfaisance (demandez comment vous rendre utile), s'avère une excellente source d'informations sur l'île.

Tok's (☎ 0 3864 4072 ; ch 300-1 500 B ; ❄). Dans le même style, mais différent (Tok's loue des chambres climatisées). Prévoyez une lampe de poche pour aborder la pente raide qui mène aux bungalows rudimentaires, surtout si vous avez participé aux jeux à boire organisés régulièrement... Il y a aussi quelques bungalows rénovés sur la plage.

Jep's Bungalows (☎ 0 3864 4112 ; www.jepbungalow.com ; ch 600-2 600 B ; ❄ 🖳). Pionnier de l'évolution d'Ao Hin Khok et établi de longue date, cet établissement loue des chambres allant du bungalow délabré (avec ventilateur) aux chambres avec climatisation et TV satellite. L'accueil laisse un peu à désirer, mais l'endroit reste convenable.

AO PHAI

Située derrière le promontoire, Ao Phai est une autre baie de sable blanc, parfaite pour nager. Un peu plus haut de gamme qu'Ao Hin Khok, elle est tout aussi fréquentée.

Silver Sand (☎ 08 6530 2417 ; bung 800-4 200 B ; ❄ 🖳). Un domaine verdoyant parfaitement entretenu, où sont disséminés de confortables bungalows avec terrasse. Le soir, l'animation du bar secoue un peu l'ensemble.

Samed Villa (☎ 0 3864 4094 ; www.samedvilla.com ; ch petit-déj inclus 1 800-2 800 B ; ❄ 🖳). En travaux lors de notre passage, cet établissement était déjà le plus beau du secteur. Impeccables et douillets, les bungalows bordent la plage jusqu'à la pointe rocheuse et ombragée battue par les vagues. Des chaises longues invitent à paresser sous les arbres.

AO PHUTSA ET AO NUAN

À Ao Phutsa, l'isolement de l'île se traduit par des plages désertes. On peut nager jusqu'au petit quai flottant du Tubtim Resort.

Tubtim Resort (☎ 0 3864 4025 ; www.tubtimresort.com ; Ao Phutsa ; ch 600-2 500 B ; ❄). Un choix de bungalows modernes et élégants, répartis sur une colline escarpée qui monte de la plage à la jungle. Moyennant 200 B de plus, vous logerez dans l'un des bungalows rénovés (ventilateur, sdb étincelantes et meubles vernis), qui offrent un meilleur confort que les huttes moins onéreuses. Le restaurant sert des mets extraordinaires à moins de 3 m des vagues.

Ao Nuan (bung 700-1 200 B). Les simples bungalows en bois sont disséminés dans la végétation au bord d'une petite plage. Rempli de livres et de jeux de société, l'excellent restaurant propose de délicieux plats maison. Pas de téléphone, donc pas de réservation possible.

AO CHO (AO LUNGWANG)

À 5 min à pied d'Ao Nuan, après le promontoire, cette baie est également accessible par la route au départ de Hat Sai Kaew. Vous pouvez aussi vous rendre en bateau de Ban Phe à Ao Wong Deuan et marcher.

Lungwang Wonderland Resort (☎ 0 3864 4162 ; ch 500-3 000 B ; ❄). Les chambres climatisées sont hors de prix, mais les bungalows simples (recouverts de tuiles aux couleurs vives) sont corrects. Location de kayak pour 200 B/heure. De faux airs de camp de vacances thaïlandais.

AO WONG DEUAN

Cette baie en demi-lune est animée d'une ambiance décontractée la nuit, mais le son des Jet-Ski et des vedettes rythme la journée. Des ferrys (80 B aller) assurent la liaison avec Ban Phe. La fréquence des bateaux augmente le week-end.

PJ House (☎ 0 3864 4182 ; ch 500 B ; ❄). À côté du Baywatch Bar, un petit établissement basique proposant des chambres avec climatisation à 500 B. Billard.

Blue Sky (☎ 08 1509 0547 ; ch 600-850 B ; ❄). L'une des dernières adresses pour les budgets serrés sur Ao Wong Deuan, le Blue Sky loue des bungalows simples sur un promontoire rocheux. Le restaurant est réputé pour ses fruits de mer.

Vongduern Villa (☎ 0 3864 4260 ; www.vongduernvilla.com ; ch 1 200-3 500 B ; ❄). Des bungalows éparpillés le long de la partie sud de la baie, près de la plage, ou adossés à la colline, avec une meilleure vue. Le Beach Front Bar est un lieu convivial pour boire des cocktails en soirée, mais on peut préférer l'atmosphère plus feutrée du Rock Front Restaurant.

AO THIAN (CANDLELIGHT BEACH)

Aussi appelée Candlelight Beach (la plage aux Bougies), Ao Thian se compose de bandes sablonneuses d'où émergent des affleurements rocheux. Pour vous y rendre, prenez un ferry pour Ao Wong Deuan, puis marchez vers le sud en passant le cap. De là, on rejoint rapidement la partie ouest de l'île à pied (cherchez le sentier balisé près de Tonhard Bungalows).

Candlelight Beach (☎ 08 1762 9387 ; bung 700-1 300 B ; ❄). Sur la plage, ces bungalows de bois avec ventilateur et climatisation donnent une ambiance très "nature".

Tonhard Bungalow (☎ 08 1435 8900 ; ch 700-1 500 B ; ❄). Situé à l'extrémité sud de Candlelight Beach, sur une partie boisée et sablonneuse de la plage, cet établissement paisible et accueillant possède des bungalows tous différents.

Lung Dam Apache (☎ 08 1659 8056 ; bung 850-1 200 B ; ❄). Cet étrange ensemble de bungalows (certains avec véranda privée et fenêtres panoramiques) semble avoir été apporté par les flots.

Viking Holiday Resort (☎ 0 3864 4353 ; ch à partir de 2 000 B ; ❄). Neuf chambres spacieuses et luxueuses, à réserver à l'avance.

AO WAI

La partie sud de l'île est encore pratiquement intacte, à l'exception de quelques hôtels qui se partagent ses kilomètres de côtes. Magnifique, Ao Wai se trouve à environ 1 km d'Ao Thian ; on peut facilement l'atteindre depuis Ban Phe en louant une vedette (1 500 B/2 pers).

Samet Ville Resort (☎ 0 3865 1682 ; www.sametvilleresort.com ; ch petit-déj inclus 2 000-6 000 B ; ❄). Caché à l'abri d'une forêt, ce *resort* isolé offre un cadre romantique. Nombre d'activités nautiques sont proposées, dont du kayak. Le soir venu, vous dégusterez des cocktails sur fond musical au bar de la plage. Choix de chambres (avec climatisation ou ventilateur), pour tous les budgets.

CÔTE OUEST (HAT AO PHRAO)

Ao Prao, qui donne sur l'ouest, jouit de fabuleux couchers du soleil et compte quelques hôtels chics. Le transfert en vedette depuis le continent est inclus dans les prix suivants.

Lima Coco Resort (☎ 0 2938 1811 ; www.limacoco.com ; ch 2 600-7 000 B ; ❄). Chambres blanchies à la chaux, claires et sortant un peu du lot.

Ao Prao Resort (☎ 0 2437 7849 ; www.samedresorts.com ; ch à partir de 6 300 B ; ❄ 💻). Premier hôtel de luxe ouvert sur l'île dans les années 1990, il vieillit bien avec ses bungalows privatifs installés sur la colline jusqu'à une magnifique plage. Les hauts plafonds donnent une impression d'espace et le restaurant est délicieux.

AO NOI NA

Au nord-ouest de Na Dan, la plage d'Ao Noi n'a rien d'exceptionnel, mais on y profite d'un calme relaxant dans quelques établissements corrects.

Baan Puu Paan (☎ 0 3864 4095 ; ch 700-1 200 B ; ❄). Adresse louant quelques huttes indépendantes au-dessus de l'océan, au bout d'une jetée. Apportez de la lecture ; l'endroit est idéal pour s'évader.

Où se restaurer et prendre un verre

La majorité des lieux d'hébergements disposent de restaurants se transformant en bars au coucher du soleil. Si la nourriture n'a rien d'exceptionnel, elle offre un bon rapport qualité/prix (spécialités thaïlandaises et occidentales pour 80-130 B). Hat Sai Kaew, Ao Hin Khok, Ao Phai et Ao Wong Deuan offrent le plus grand choix, mais même les hôtels reculés permettent de se restaurer correctement. Le soir, des barbecues sont organisés sur la plage, surtout le long d'Ao Hin Khok et d'Ao Phai.

Côté boissons, nombre de bars proposent des promotions "pile ou face" : lancez la pièce pour savoir si vous payez votre verre ! Ao Wong Deuan est légèrement plus haut de gamme.

Pour manger à très bon marché, rien ne vaut les étals qui s'installent en fin d'après-midi sur la route entre Na Dan et Hat Sai Kaew.

Rabeang Bar (Na Dan ; plats 30-100 B ; petit-déj, déj et dîner). À côté du teminal des ferrys, juste au-dessus de l'eau, cet établissement permet de se restaurer en attendant le bateau.

Miss You Café (café 40-90 B ; petit-déj, déj et dîner ;). À deux pas du bureau principal des parcs nationaux, on peut choisir ici entre 13 sortes de café et presque autant de gâteaux et de glaces. Wi-Fi.

Jep's (0 3864 4112 ; Ao Hin Khok ; plats 40-150 B ; petit-déj, déj et dîner). Cuisines thaïlandaise, indienne, mexicaine, japonaise et européenne, au choix, à déguster les pieds dans le sable. Organise des barbecues sur la plage.

Naga Bar (0 3864 4035 ; Ao Hin Khok ; plats 60-150 B). Carte gigantesque : menus fixes thaïlandais (pour goûter à tout), tourtes, véritable café et spécialités juste sorties du four. Un bar se trouve de l'autre côté de la rue, à côté du ring de *mou·ay tai* (boxe).

Tok's Little Bar (0 3864 4072 ; Ao Hin Khok ; plats 60-150 B). Décor de bric et de broc et jeux à boire : impossible de confondre avec un bar à cocktails sophistiqué.

Silver Sand Bar (0 6530 2417 ; Ao Phai ; plats 60-180 B ; petit-déj, déj et dîner). Outre le menu habituel, d'excellentes crêpes, un bar à jus de fruits et des films en soirée. Après quoi on boit des cocktails autour d'un feu sur la plage. Pour les fringales nocturnes, le bar à burgers veille au grain.

Baywatch Bar (08 1826 7834 ; Ao Wong Deuan ; brochettes 190-290 B ; petit-déj, déj et dîner). Terrasses décontractées avec parasols asiatiques, et poufs en forme de poire le soir sur le sable. Une foule sympathique vient y déguster des cocktails corsés en soirée.

Depuis/vers Ko Samet

Des ferrys (aller/aller-retour 50/100 B, 40 min) partent toutes les heures de 7h à 17h du quai de Saphan Nuan Tip de Ban Phe (en face du 7-Eleven), où s'arrêtent les bus et les *sŏrng·tăa·ou*. Les billets sont en vente auprès du petit **office du tourisme** (03889 6155 ; 7h-17h), directement sur l'embarcadère. Les ferrys rentrent à Ban Phe par l'embarcadère de Na Dan, toutes les heures entre 7h et 17h (achetez votre billet sur le quai). En dépit de ce qu'on vous dira, il est inutile d'acheter un aller-retour.

Depuis Ban Phe, 2 ferrys (9h et 12h) vont également à Ao Wong Deuan (aller/aller-retour 70/110 B, 1 heure). Le retour se fait à 8h30 et 12h. En saison haute, les bateaux desservent d'autres baies s'il y a assez de passagers. Vous pouvez également louer une vedette pour rejoindre n'importe quelle plage de l'île. Cela coûte assez cher (1 200 B pour Na Dan, 1 600 B pour Ao Wai), mais le prix vaut jusqu'à 10 passagers – une bonne solution si vous êtes nombreux.

Ignorez les rabatteurs autour du terminal des ferrys, car ils prennent une marge sur les billets de bateau et vous pousseront à réserver un logement à un prix élevé. Allez directement à la billetterie.

Si vous devez quitter l'île rapidement, vous pouvez louer une vedette par l'intermédiaire de votre hôtel ou auprès de **Jimmy's Tours** (08 9832 1627). Les tarifs débutent à 1 200 B au départ de Na Dan.

Comment circuler

De taille réduite, Ko Samet se parcourt aisément à pied. Il faut seulement 15 min de marche pour se rendre de Na Dan à Hat Sai Kaew. Si vous allez plus loin ou si vous êtes chargé, prenez l'un des *sŏrng·tăa·ou* qui attendent près de l'embarcadère, à l'arrivée des bateaux, et peuvent vous conduire dans toute l'île. Les tarifs des courses au départ de Na Dan sont affichés à l'arrêt principal, à côté du 7-Eleven. Vous ne devriez pas payer plus de 20 B pour Hat Sai Kaew, 30 B pour descendre jusqu'au milieu de l'île, et 40 B pour atteindre les plages du sud. Si le véhicule n'est pas plein, le conducteur ne partira pas ou demandera aux passagers de payer pour tout le véhicule (200-500 B).

Il est possible de louer des motos et des VTT dans la plupart des villages de bungalows de l'île. Comptez environ 300 B/jour ou 100 B/heure. Les routes étant *très* cahoteuses et non goudronnées, vous préférerez peut-être marcher ou louer un VTT (100 B/heure).

CHANTHABURI ET SES ENVIRONS

จันทบุรี

488 397 habitants

La ville de Chanthaburi est connue comme le centre du commerce des pierres précieuses en Asie du Sud-Est. Le vendredi et le samedi toute la journée, ainsi que le dimanche matin, les négociants en pierres envahissent les boutiques le long de Th Si Chan et de Th Thetsaban 4. Si les connaisseurs peuvent décrocher de bonnes affaires, les novices rentreront probablement chez eux avec un sac de cailloux sans valeur. Quoi qu'il en soit, n'omettez pas de vous rendre aux étals de nourriture installés autour de ce chaos commercial, et d'y goûter les fameuses *gŏo·ay·đĕe·o sên* (nouilles) de Chanthaburi.

En prenant un taxi ou un bus local au départ de Chanthaburi, vous pourrez rejoindre les paisibles petites localités provinciales du littoral. Les touristes ignorent souvent ces plages coralliennes désertes et ces villages de pêcheurs somnolents en filant tout droit vers des cités balnéaires plus animées. Le district de **Tha Mai** possède les plus belles plages des environs. La plus charmante est **Hat Chao Lao**, qui est bordée de restaurants de délicieux fruits de mer. Des lecteurs ont également apprécié l'ambiance décontractée de la petite ville de **Khlung**, située au bord d'un lagon. La péninsule déchiquetée de Laem Singh, qui compte une plage pittoresque, se targue surtout d'être la destination touristique la plus prisée de la région, de par la présence de l'**Oasis Sea World** (☎ 0 3936 3238 ; Laem Singh ; 400 B), où les dauphins sont la principale attraction. Le prix d'entrée inclut la possibilité de se baigner avec ces adorables créatures et d'aider les dresseurs à les nourrir et à les diriger dans leurs numéros. Des visites sont organisées par la plupart des tour-opérateurs situés entre Pattaya et Ko Chang.

Où se loger

À Chanthaburi, les hébergements peuvent être pris d'assaut. Essayez de réserver, surtout pour le week-end, lorsque les négociants en pierres précieuses sont en ville.

River Guest House (☎ 0 3932 8211 ; Th Si Chan 3/5-8 ; ch petit-déj inclus 150-350 B ; ❄ 💻). Les véritables joyaux de Chanthaburi sont les chambres propres, taupe et beige, et la salle commune décontractée au bord de la rivière de cet établissement accueillant. La nationale est un peu bruyante, mais la climatisation devrait couvrir le bruit. Les chambres les moins chères ont une sdb commune.

Le Village de Napoleon (☎ 0 3944 4575 ; www.napoleonvillage.net ; Laem Singh ; ch à partir de 1 500 B ; ❄ 💻 🏊). Sur le paisible cap de Laem Singh, à 30 km de Chanthaburi, cet hôtel de 5 chambres est équipé comme un complexe hôtelier de luxe. Passez la journée au bord de la piscine en savourant un cocktail, dégustez une succulente cuisine internationale pour le dîner, et détendez-vous le soir en regardant des vieux films dans la salle de cinéma.

Depuis/vers Chanthaburi

Des bus relient Chanthaburi (200 B, 4 heures 30) au terminal Est des bus de Bangkok, toutes les 30 min dans la journée, moins souvent la nuit. Des bus desservent également Rayong (90 B, 2 heures 30, 5/jour) et Trat (67 B, 1 heure 30, 1/heure).

TRAT ET SES ENVIRONS

อ.เมืองตราด

21 590 habitants

Avec ses vieilles ruelles, ses marchés, ses cafés et ses librairies, Trat est une charmante capitale provinciale, antidote parfait à trop de journées passées sur la plage. Sa rue principale, Th Sukhumvit, est une artère bruyante où hurlent les klaxons des *sŏrng·tăa·ou*. Il suffit cependant de pénétrer dans une ruelle adjacente pour apprécier la douceur de la vie au bord du canal. L'architecture de la ville est une étonnante mosaïque de styles : des allées piétonnes cachées sont bordées de maisons en teck centenaires, tandis que des couleurs vives donnent un peu de gaieté aux bâtiments cubiques des grands magasins situés à proximité. Si vous décidez de dormir sur place, vous trouverez certains des hébergements les moins chers de toute la Thaïlande.

Le marché couvert, sous le centre commercial municipal en retrait de Th Sukhumvit, vaut le détour, tout comme le vieux marché de jour proche de Th Tat, et un autre marché de jour dans les environs. Ce dernier devient le soir un excellent marché de nuit. Ne quittez pas la ville sans avoir acheté du *nám·man lĕu·ang* (huile jaune) typique de Trat, un breuvage à base d'herbes infusées proposé comme remède pour tous les maux, de l'arthrite aux douleurs d'estomac.

Renseignements

Bangkok Trat Hospital (☎ 0 3953 2735 ; Th Sukhumvit ; 🕐 24h/24). Le meilleur centre de soins de la région.

Koh Chang TT Travel (☎ 0 3953 1420 ; 109 Th Ratanuson ; 🕐 8h30-17h). Excellente agence pour les transports, terrestres, aériens ou maritimes.

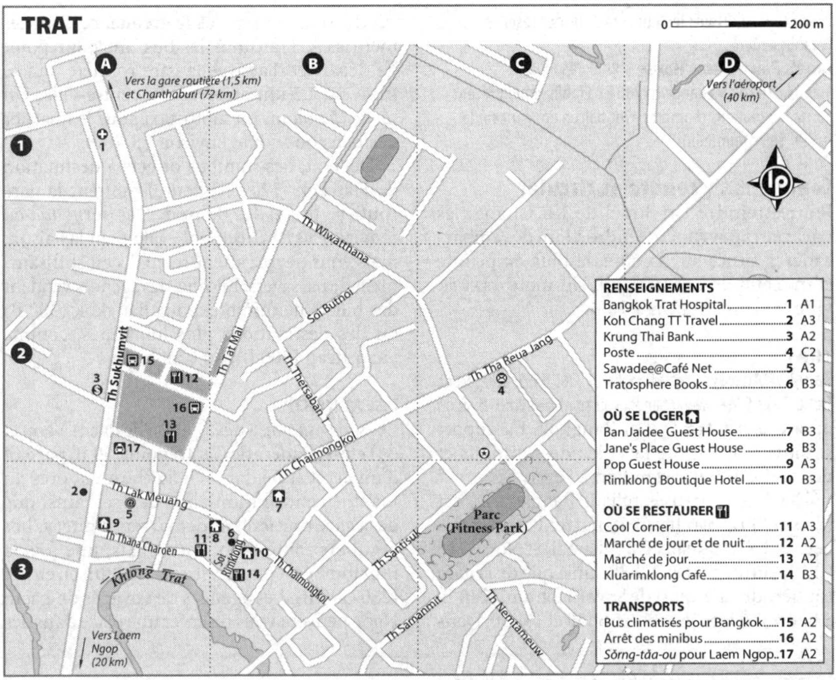

Krung Thai Bank (Th Sukhumvit, Trat). Dispose d'un DAB et change les devises.

Poste (Th Tha Reua Jang)

Sawadee@Café Net (☎ 0 3952 0075 ; Th Lak Meuang ; 1 B/min ; 🕒 10h-22h). Internet et Skype.

Tratosphere Books (Soi Rimklong 23 ; 🕒 8h-22h). Livres d'occasion en anglais et dans presque toutes les autres langues. Serge, le propriétaire, est une bonne source d'information et vend du *nám·man lĕu·ang*.

Où se loger et se restaurer

Trat compte un petit groupe de pensions charmantes et ultra-économiques. Promenez-vous dans les ruelles tranquilles autour de Th Lak Meuang et choisissez celle qui vous plaît le plus. Avec tous les marchés de la ville, vous ne serez jamais bien loin d'un succulent repas à prix doux.

Des bungalows sont également disponibles aux embarcadères de Laem Ngop et de Laem Sok. Il est toutefois très improbable d'avoir à passer la nuit là-bas, puisque Trat, à seulement 20 km, offre des hébergements bien meilleurs, aisément accessible en ferry.

Ban Jaidee Guest House (☎ 0 3952 0678 ; 6 Th Chaimongkol ; ch 150-200 B). Cette charmante maison de style thaïlandais, dont le nom signifie "bon cœur", constitue l'une des meilleures affaires de Trat. Les chambres sont simples (sdb commune) et l'établissement, décoré de plantes verdoyantes.

Rimklong Boutique Hotel (☎ 08 1861 7181 ; 194 Th Rakmuang ; rimklong2008@hotmail.com ; ch 800 B ; ❄ 📶). Seul véritable établissement de catégorie moyenne dans la région, le Rimklong abrite 3 immenses chambres (au rdc) impeccables, qui disposent de l'eau chaude. Bar à expresso sur place. Non loin du Kluarimklong Café (Soi Rimklong), géré par les mêmes personnes sympathiques.

Cool Corner (☎ 08 4159 2030 ; 49-51 Th Thana Charoen ; plats 50-150 B ; 🕒 petit-déj, déj et dîner). Le bâtiment d'origine ayant brûlé en 2008, le Cool Corner a bougé. Morn, le propriétaire/artiste branché, offre de la bonne musique, d'excellents plats et un petit-déjeuner fameux.

Autres adresses :

Pop Guest House (☎ 0 3951 2392 ; popson1958@hotmail.com ; 1/1 Th Thana Charoen ; ch 150-600 B ; ❄ 💻). Plus de 40 chambres confortables réparties sur 4 petites propriétés bien tenues. Le propriétaire, qui a un très bon sens des affaires, ne manquera pas de vous choyer. Certains lecteurs ont émis des réserves sur l'établissement.

Jane's Place Guest House (☎ 0 3951 1827 ; 140-142 Th Lak Meuang ; ch 200 B). Établissement récent abritant 3 grandes chambres avec balcon donnant sur le jardin. Sdb commune.

Comment s'y rendre et circuler

Pour atteindre l'archipel de Ko Chang, les voyageurs devront se rendre à l'un des embarcadères situés sur la côte, le plus emprunté étant celui de Laem Ngop. Un moto-taxi en ville revient environ à 20 B.

TRAT

Bangkok Airways (☎ à Bangkok 0 2265 5555, aéroport de Trat 0 3952 5767 ; www.bangkokair.com) assure 3 vols quotidiens entre Trat et Bangkok. L'aéroport se situe à 40 km de la ville ; des minibus et des taxis (400 B) attendent à l'arrivée.

Des bus climatisés reliant Bangkok à Trat (223-300 B, 5-6 heures) partent toutes les heures des terminaux Est (Ekamai) et Nord (Mo Chit), entre 8h30 et 22h30, ainsi que de la gare routière de l'aéroport de Suvarnabhumi (248 B, 5 heures) 6 fois/jour entre 6h30 et 18h30. Dans l'autre sens, le prix et la fréquence sont les mêmes. À Trat, tous les bus ont pour point de départ et d'arrivée la gare routière, qui se trouve à 1,5 km au nord du centre-ville. Un *sŏrng·tăa·ou* ou un moto-taxi pour le quartier des pensions coûte environ 25-40 B.

De Trat, des minibus directs à destination de Hat Lek (120 B, 1 heure) quittent la gare routière toutes les 45 min. Des *sŏrng·tăa·ou* (environ 50 B) effectuent également la liaison, mais vous devrez attendre qu'il y ait suffisamment de passagers. En ville, des agences vendent des billets de minibus pour Bangkok (300 B) ou des destinations plus lointaines, comme Siem Reap (800 B), au Cambodge.

LAEM NGOP

Les *sŏrng·tăa·ou* à destination de Laem Ngop et de l'embarcadère de Centrepoint (50 B) partent d'un arrêt situé dans Th Sukhumvit, près du marché central municipal de Trat, ainsi que de la gare routière. Ils démarrent à intervalles réguliers toute la journée, mais, une fois la nuit tombée, vous devrez en louer un en entier (250-300 B). Les agences de voyages de Laem Ngop peuvent vous réserver une place dans des

DIRECTION ANGKOR, AU CAMBODGE

Si vous venez de la côte est du golfe, pour rejoindre Sihanoukville ou suivre le superbe trajet jusqu'à Phnom Penh, passez la frontière entre la Thaïlande et le Cambodge à Hat Lek (voir p. 161). Mais pour aller à Siem Reap et aux temples d'Angkor, il est plus simple de prendre un bus depuis Chanthaburi à destination de Sa Kaew (137 B, 3 heures), puis de continuer jusqu'à Aranya Prathet (35 B, 40 min). De là, vous prendrez un *túk-túk* (60 B, 10 min) jusqu'à la frontière, où vous pourrez passer et rejoindre la ville de Poipet, au Cambodge. Ce poste-frontière est ouvert entre 7h et 20h, mais Poipet n'étant pas des plus agréables le soir, essayez d'y arriver avant le crépuscule.

Attention aux arnaques. Certains chauffeurs de *túk-túk* vous emmèneront dans un faux "consulat cambodgien" où l'on vous dira de remplir des formulaires pour obtenir un visa et de payer 1 200 B. Dans ce cas, prenez vos affaires et partez. Les visas cambodgiens sont délivrés au Cambodge, pas en Thaïlande. Des voyageurs nous ont fait savoir qu'on leur avait demandé de changer des dollars américains en riels. Il s'agit là encore d'une arnaque. Dirigez-vous tout droit vers les services d'immigration thaïlandais pour faire viser votre sortie et allez ensuite au bureau cambodgien des visas. On vous délivrera un visa pour 1 000 B ou 20 $US. Si vous n'avez pas de photo d'identité, il vous en coûtera 100 B de plus. Une autre option consiste à prendre un visa d'un mois (25 $US) en ligne sur www.mfaic.gv.kh. Comptez 3 jours ouvrés pour l'obtenir – cela vous évitera de devoir traverser la zone des arnaques.

Une fois à Poipet, après avoir passé le poste-frontière, continuez sans vous arrêter, car la ville, qui possède la réputation la plus déplorable du Cambodge, n'a aucun intérêt. Évitez de vous faire embarquer dans la navette "gratuite" pour touristes à destination du "terminal international des touristes", à moins de vouloir payer le prix fort pour atteindre les villes principales : Phnom Penh (15 $US, 7 heures), Siem Reap (10 $US, 2 heures) et Battambang (9 $US, 2 heures). Mieux vaut marcher jusqu'au guichet de la compagnie de bus pour avoir de bons prix. La grande majorité des bus part très tôt (avant 8h), mais on peut aussi s'arranger avec un taxi. Comptez alors 30 $US pour Siem Reap (153 km), trajet qui devrait prendre moins de 2 heures avec une voiture correcte.

Pour plus de renseignements sur les visas thaïlandais, voir p. 415.

DIRECTION LES ÎLES ET PLAGES DU CAMBODGE ET PHNOM PENH

Hat Lek est désormais beaucoup plus facile d'accès grâce aux bateaux directs depuis/vers l'archipel de Ko Chang (voir ci-dessous). C'est là qu'il faut passer la frontière si vous souhaitez aller à Sihanoukville ou à Phnom Penh. Pour ce qui est de Siem Reap, mieux vaut traverser à Aranya Prathet (voir l'encadré page précédente). Le poste-frontière de Hat Lek ouvre de 7h à 20h tous les jours. Sachez qu'il est fréquenté le vendredi (attente prévisible), lorsque de nombreux Cambodgiens vont en Thaïlande pour le marché hebdomadaire. Des motos et des minibus partent de Hat Lek pour la frontière (50-60 B).

Une fois au Cambodge, vous pourrez prendre une moto avec chauffeur (100 B, plus 11 B de péage) ou un taxi (200 B, plus 44 B de péage) à destination de Krong Koh Kong. Les routes permettent d'aller facilement et rapidement de Krong Koh Kong à Phnom Penh ou à Sihanoukville. Des bus pour Sihanoukville (7-13 $US, 4 heures) et Phnom Penh (5-8 $US, 5 heures) partent généralement avant 9h30 ; les taxis partagés pour ces deux destinations (10 $US) circulent depuis la gare routière/station de taxis. Les lignes de bateaux rapides qui desservent Krong Koh Kong et Sihanoukville sont suspendues depuis un certain temps ; elles pourraient rouvrir d'ici peu.

Vous pourrez généralement vous procurer un visa à la frontière pour 1 200 B (le dollar US n'est plus la devise privilégiée), soit 200 B plus cher qu'un visa cambodgien obtenu à d'autres postes-frontière – après des heures de marchandage, vous l'obtiendrez peut-être à 1 000 B. Il revient moins cher de se faire délivrer un visa cambodgien à Bangkok. Sinon, optez pour la version électronique, valable un mois (25 $US), sur le site www.mfaic.gv.kh ; comptez alors 3 jours ouvrés pour le recevoir. Quantité d'agences de voyages à Trat et à Ko Chang se feront un plaisir d'organiser votre voyage moyennant quelques centaines de bahts supplémentaires, sans garantie d'éviter les arnaques. Voir p. 415 pour plus de renseignements sur les visas thaïlandais.

Il y a pire que de rester coincé à Krong Koh Kong. Malgré des airs de ville-frontière mal famée, l'endroit est agréable à explorer, et l'on peut partir à la découverte de montagnes, d'estuaires et d'îles. Si vous désirez y séjourner, le **Dugout Hotel** (☎ 016-650325 ; thedugouthotel@yahoo.com ; St 3 ; ch avec ventil/clim 300/400 B ; ❄) est un établissement propre et calme, en plein centre.

bus directs vers les principales destinations de la côte est (à un prix raisonnable).

DE TRAT AU CAMBODGE

Un fin chapelet de plages de sable borde l'étroite langue de terre qui sépare la ville de Trat de la frontière cambodgienne. **Hat Sai Si Ngoen** (Silver Sand Beach) se situe juste au nord du Km 41, sur la Hwy 3. Non loin, au Km 42, vous découvrirez **Hat Sai Kaew** (Crystal Sand Beach), puis **Hat Thap Thim** (Sapphire Beach), au Km 48. Aucune de ces plages ne se montre tout à fait à la hauteur de son nom évocateur. La plage la plus prometteuse est **Hat Ban Cheun**, longue bande de sable immaculée située non loin du Km 63.

Dans la petite ville de Khlong Yai, les voyageurs revenant du Cambodge peuvent s'arrêter au **bureau de l'immigration** (☎ 0 3958 8108) pour faire tamponner leur passeport. Le petit poste-frontière de **Hat Lek** est le point de départ des bateaux en partance pour Krong Koh Kong, au Cambodge. Pour plus de détails sur l'entrée au Cambodge, voir l'encadré ci-dessus.

ARCHIPEL DE KO CHANG

อุทยานแห่งชาติเกาะช้าง

Composé de près de cinquante îles, cet archipel superbe (qui doit son nom à sa plus grande île) est subdivisé en plusieurs parcs maritimes et sous-régions administratives. Seuls quelque 2 500 habitants sont disséminés sur les poches de jungle luxuriante.

Joyau du sud-est de la Thaïlande, Ko Chang possède des plages paradisiaques et une forêt qui émerveillera les visiteurs. D'autres îles, qui se sont récemment lancées dans le tourisme, sont en passe de se métamorphoser en destinations tropicales idylliques. Ko Mak et Ko Kut (Ko Kood) comprennent des dizaines d'hébergements, assez isolés – chaque complexe hôtelier occupant généralement seul l'une des innombrables baies. Même les îles de moindre taille, comme Ko Whai, Ko Rayang, Ko Kham et Ko Kradat, ont leur lot de *resorts* installés le long des plages de sable blond.

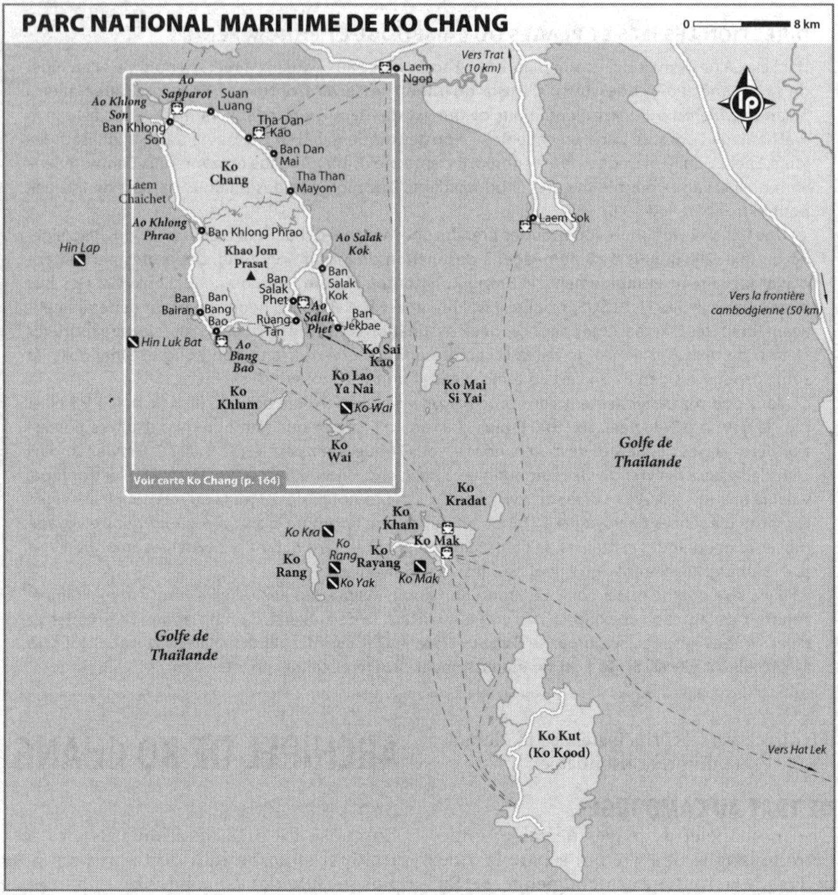

Plongée et snorkeling

Les reliefs sous-marins au large de la pointe sud de Ko Chang, qui s'étendent sur 32 km jusqu'à Ko Kut, offrent aux plongeurs des possibilités inexploitées en Thaïlande. Deux d'entre eux, **Hin Luk Bat** et **Hin Lap**, incrustés de corail sur une profondeur de 18-20 m, sont peuplés de bancs de poissons. **Hin Phrai Nam** et **Hin Gadeng** (entre Ko Whai et Ko Rang), formés par de spectaculaires pointes rocheuses, sont recouverts de coraux visibles jusqu'à 28 m de profondeur. Au sud-ouest d'Ao Salak Phet (Ko Chang), les récifs de **Ko Whai** présentent une extrême diversité de coraux durs et mous très colorés, entre 6 et 15 m.

Les meilleurs sites de plongée de la région sont situés aux alentours de **Ko Rang**. La visibilité y est meilleure que près de Ko Chang – en moyenne entre 10 et 20 m. Certains habitants se plaignent du nombre grandissant d'amateurs de snorkeling qui dégradent le corail, soit en marchant dessus, soit en y jetant l'ancre. Dans le même secteur, **Ko Yak** et **Ko Laun** sont deux sites peu profonds, parfaits pour les plongeurs débutants. On peut faire le tour de ces petits îlots rocheux dont les eaux regorgent de coraux, de bancs de poissons, de poissons-globes, de murènes, de barracudas, de raies et, à l'occasion, de tortues. **Hin Kuak Maa** (aussi connu sous le nom de récif des Trois-Doigts ; Three Finger Reef) est sans doute le site le plus intéressant, avec une falaise incrustée de coraux qui plonge de 2 à 14 m de profondeur et attire une abondante faune marine.

HORAIRES DES LIGNES INTER-ÎLES DANS L'ARCHIPEL DE KO CHANG

Tous ces bateaux circulent en haute saison, généralement entre novembre et juillet. Le nombre de services diminue de façon conséquente par mauvais temps ou lorsqu'il n'y a pas assez de passagers. Les ferrys ne font escale sur les plus petites îles que sur demande express des passagers ; aussi faut-il prévenir le capitaine de votre point de chute. Les bateaux sont gérés par les compagnies **Bang Bao Boat** (☎ 08 7054 4300 ; Bang Bao) et **Interisland Hopper** (☎ 08 1865 0610 ; Bang Bao).

Les prix indiqués ici correspondent aux trajets entre Bang Bao (Ko Chang) et Ko Kut (Ko Kood) ; ils sont inférieurs pour les traversées entre les îles. Les tarifs des bateaux rapides incluent le service de navette assuré depuis les hôtels.

Ces horaires restent indicatifs et peuvent être modifiés. Renseignez-vous auprès des hôtels et des offices du tourisme locaux.

De Bang Bao (Ko Chang) à Ko Kut :

Destination	Départ (ferry)	Prix (ferry)	Départ (bateau rapide)	Prix (bateau rapide)
Bang Bao (Ko Chang)	8h50	–	11h50	–
Ko Whai	10h	300 B	12h15	400 B
Ko Kham	10h40	400 B	12h30	600 B
Ko Rayang	10h50	400 B	12h40	600 B
Ko Mak	11h	400 B	13h	600 B
Ko Kut	14h	700 B	14h	900 B

De Ko Kut à Bang Bao (Ko Chang) :

Destination	Départ (ferry)	Prix (ferry)	Départ (bateau rapide)	Prix (bateau rapide)
Ko Kut	9h	–	9h	–
Ko Mak	11h50	300 B	10h	600 B
Ko Rayang	12h	400 B	10h20	600 B
Ko Kham	12h10	400 B	10h30	600 B
Ko Whai	13h	400 B	10h45	600 B
Bang Bao (Ko Chang)	14h	700 B	11h	900 B

La plupart des clubs de plongée sont établis sur Ko Chang, la plus grande île de l'archipel (voir p. 167).

Circuits organisés

La meilleure façon d'explorer ce royaume du silence consiste à faire une croisière de plusieurs jours. **JYSK Sea Safari** (☎ 0 2630 9371 ; www.jysktravel.com ; sortie de 3 jours 8 900 B) embarque les participants sur un authentique bateau de pêche pour une aventure de 3 jours dans l'archipel avec des kayaks de mer et du matériel de snorkeling. Ce n'est pas une croisière d'agrément : il n'y a qu'une sdb et tout le monde dort sur le pont. En revanche, c'est une façon extraordinaire de découvrir la vie en mer et de profiter des majestueux panoramas. Vous pourrez décider de l'endroit où vous souhaitez terminer votre périple. JSYK gère également la New Road Guesthouse à Bangkok (p. 107).

Comment s'y rendre et circuler

Les liaisons vers Ko Chang sont assurées toute l'année, mais les ferrys pour les autres îles ne sont que saisonniers. Reportez-vous aux rubriques *Comment s'y rendre et circuler* de chaque île pour plus de renseignements sur les transports depuis/vers le continent.

KO CHANG

เกาะช้าง

Si Ko Chang est dans la ligne de mire des promoteurs, les forêts tropicales impénétrables et les mangroves sauvages tiennent bon et font contrepoids aux constructions qui bordent la côte ouest.

Le paysage accidenté de Ko Chang cache une nature sauvage parmi les mieux préservées d'Asie du Sud-Est. L'intérieur, montagneux, abrite un monde perdu ponctué de cascades et peuplé d'une faune abondante, avec notamment des reptiles exotiques et des oiseaux colorés. Une fois sorti de cette jungle, vous atteindrez des points de vue isolés qui surplombent des plages idéales pour les Robinson en puissance.

En matière d'activités, on peut faire sur Ko Chang des randonnées parmi les plus belles de toutes les îles de Thaïlande, de la longue

KO CHANG

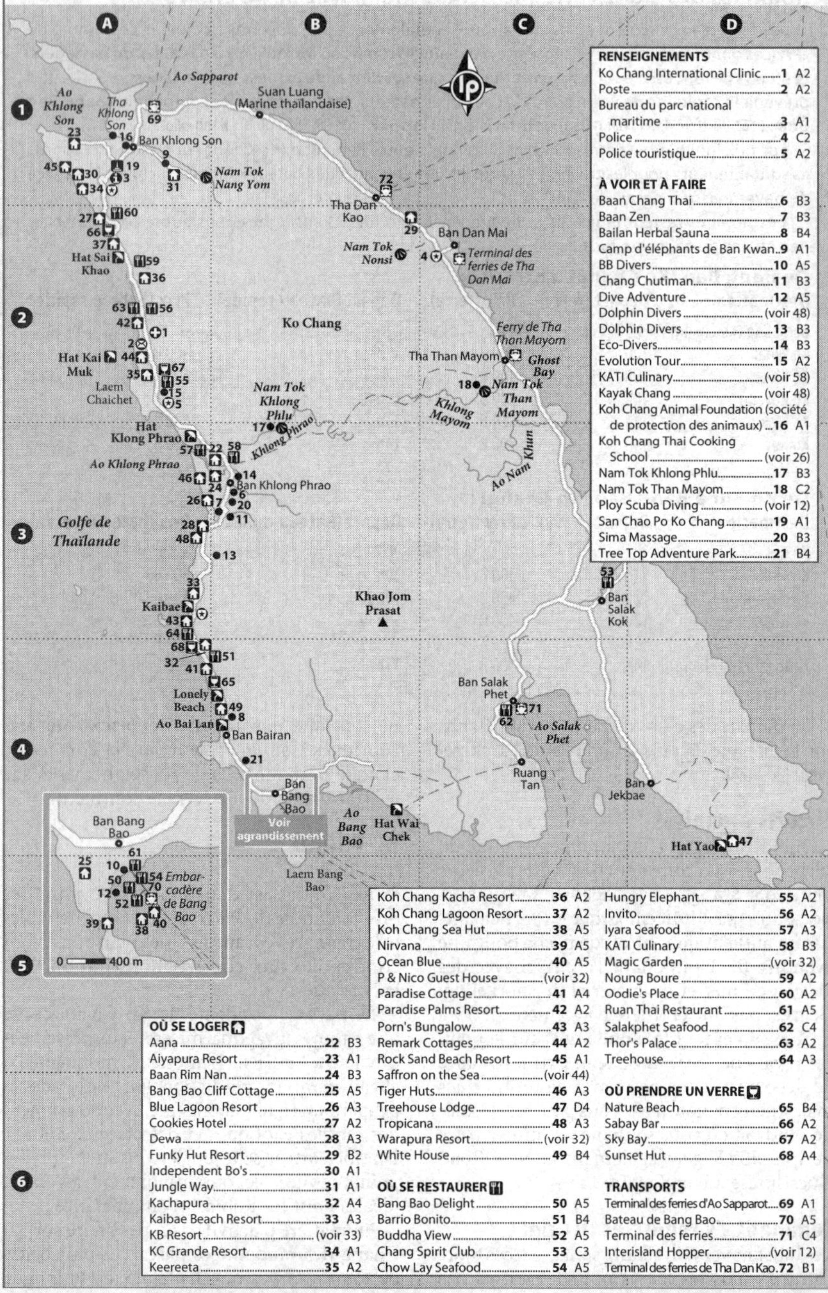

RENSEIGNEMENTS
- Ko Chang International Clinic 1 A2
- Poste 2 A2
- Bureau du parc national maritime 3 A1
- Police 4 C2
- Police touristique 5 A2

À VOIR ET À FAIRE
- Baan Chang Thai 6 B3
- Baan Zen 7 B3
- Bailan Herbal Sauna 8 B4
- Camp d'éléphants de Ban Kwan 9 A1
- BB Divers 10 A5
- Chang Chutiman 11 B3
- Dive Adventure 12 A5
- Dolphin Divers ...... (voir 48)
- Dolphin Divers 13 B3
- Eco-Divers 14 B3
- Evolution Tour 15 A2
- KATI Culinary ...... (voir 58)
- Kayak Chang ...... (voir 48)
- Koh Chang Animal Foundation (société de protection des animaux) 16 A1
- Koh Chang Thai Cooking School ...... (voir 26)
- Nam Tok Khlong Phlu 17 B3
- Nam Tok Than Mayom 18 C2
- Ploy Scuba Diving ...... (voir 12)
- San Chao Po Ko Chang 19 A1
- Sima Massage 20 B3
- Tree Top Adventure Park 21 B4

OÙ SE LOGER
- Aana 22 B3
- Aiyapura Resort 23 A1
- Baan Rim Nan 24 B3
- Bang Bao Cliff Cottage 25 A5
- Blue Lagoon Resort 26 A3
- Cookies Hotel 27 A2
- Dewa 28 A3
- Funky Hut Resort 29 B2
- Independent Bo's 30 A1
- Jungle Way 31 A1
- Kachapura 32 A4
- Kaibae Beach Resort 33 A3
- KB Resort ...... (voir 33)
- KC Grande Resort 34 A1
- Keereeta 35 A2
- Koh Chang Kacha Resort 36 A2
- Koh Chang Lagoon Resort 37 A2
- Koh Chang Sea Hut 38 A5
- Nirvana 39 A5
- Ocean Blue 40 A5
- P & Nico Guest House ...... (voir 32)
- Paradise Cottage 41 A4
- Paradise Palms Resort 42 A2
- Porn's Bungalow 43 A3
- Remark Cottages 44 A2
- Rock Sand Beach Resort 45 A1
- Saffron on the Sea ...... (voir 44)
- Tiger Huts 46 A3
- Treehouse Lodge 47 D4
- Tropicana 48 A3
- Warapura Resort ...... (voir 32)
- White House 49 B4

OÙ SE RESTAURER
- Bang Bao Delight 50 A5
- Barrio Bonito 51 B4
- Buddha View 52 A5
- Chang Spirit Club 53 C3
- Chow Lay Seafood 54 A5
- Hungry Elephant 55 A2
- Invito 56 A2
- Iyara Seafood 57 A3
- KATI Culinary 58 B3
- Magic Garden ...... (voir 32)
- Noung Boure 59 A2
- Oodie's Place 60 A2
- Ruan Thai Restaurant 61 A5
- Salakphet Seafood 62 C4
- Thor's Palace 63 A2
- Treehouse 64 A3

OÙ PRENDRE UN VERRE
- Nature Beach 65 B4
- Sabay Bar 66 A2
- Sky Bay 67 A2
- Sunset Hut 68 A4

TRANSPORTS
- Terminal des ferries d'Ao Sapparot 69 A1
- Bateau de Bang Bao 70 A5
- Terminal des ferries 71 C4
- Interisland Hopper ...... (voir 12)
- Terminal des ferries de Tha Dan Kao 72 B1

EST DU GOLFE DE THAÏLANDE

traversée de l'île aux escapades d'une journée permettant de se rafraîchir dans les chutes d'eau. *Chang* signifiant "éléphant" en thaï, et l'île compte plusieurs camps d'éléphants proposant des promenades sur le dos de ces dociles mastodontes, voire une petite baignade. Si les possibilités de plongée n'égalent en rien celles plus au sud, elles sont cependant superbes ; vous trouverez en outre quantité de petites îles entre lesquelles faire du kayak et nombre de rivières à explorer. Sinon, vous pourrez vous laisser tenter par la pêche en haute mer ou la pêche au calamar, vous promener à moto, ou encore prendre des cours de cuisine… Les activités ne manquent pas.

Chaque saison touristique voit bien sûr surgir de nouvelles constructions, mais la grande île de Ko Chang a encore de belles années devant elle.

Orientation

La plupart des constructions de Ko Chang se trouvent sur le littoral ouest, tandis que le reste de l'île reste essentiellement couvert de forêt tropicale humide. Les bateaux en provenance du continent arrivent à l'embarcadère nord d'Ao Sapparot ; ceux à destination du reste de l'archipel partent de Bang Bao.

Si vous prévoyez de quitter la route principale pour vous aventurer à l'intérieur des terres, vous devrez vous acquitter du droit d'entrée (400 B) à l'un des quatre bureaux du parc. Gardez votre reçu pour ne pas avoir à payer deux fois.

Renseignements

ACCÈS INTERNET

Il est assez facile de trouver un accès Internet tout le long de la côte ouest. Comptez 1-2 B/min.

ARGENT

Des banques avec DAB et des bureaux de change se succèdent le long de Hat Sai Khao, et vous trouverez des DAB sur toutes les plages de la côte ouest.

OFFICES DU TOURISME

Le site Internet www.iamkohchang.com, très complet, est l'œuvre d'un Britannique vivant sur l'île.

Bureau principal du parc maritime national (☎ 0 3955 5080 ; 🕑 8h30-16h30 lun-ven). Sur la route principale, entre Khlong Son et Hat Sai Khao. Malgré la barrière de la langue, le sympathique personnel fait de son mieux pour fournir autant de renseignements que possible. Les campeurs peuvent réserver un site dans la brousse, derrière le bureau, à Nam Tok Than Mayom, ou sur l'île isolée de Ko Rang (p. 178). Le droit d'entrée au parc (400 B) peut être versé auprès des différents bureaux du parc.

POSTE

Poste de Ko Chang (☎ 0 3955 1240 ; 🕑 8h30-15h30). À l'extrémité sud de Hat Sai Khao.

SERVICES MÉDICAUX

Ko Chang International Clinic (☎ 0 3955 1555, urgences 1719 ; Hat Sai Khao ; 🕑 24h/24 en haute saison). Affiliée au Bangkok Hospital Group. Peut s'occuper de la plupart des urgences sans gravité et organiser des évacuations.

URGENCES

Bureau de la police touristique (☎ 0 3965 1351, urgences 1155). À Ban Khlong Phrao. Petites guérites de police à l'extrémité nord de Hat Sai Khao et entre Khlong Phrao et Hat Kaibae.

Police (☎ 0 3958 6191, 0 3952 1657). À Ban Dan Mai.

Désagréments et dangers

Le principal danger sur Ko Chang est sans doute sa "rocade" périphérique, étroite, raide et souvent glissante. Comme le dit assez froidement un propriétaire de pension : "Beaucoup de touristes se tuent à moto. J'aurais envie de leur dire de porter au moins quelques vêtements pour être un peu protégés s'ils tombent." Les tronçons les plus dangereux sont celui, extrêmement abrupt, entre Hat Sai Khao et Khlong Son, plus au nord, et un autre près de Bang Bao, dans le sud. Ces deux zones sont à éviter le soir ou après la pluie (même légère). En général, la route circulaire est mal éclairée la nuit et ses nombreux virages en épingle à cheveux peuvent être particulièrement difficiles à négocier.

Pendant la mousson, les plages de la côte ouest sont souvent bordées de panneaux prévenant de l'existence de contre-courants et de courants sous-marins dangereux. Mieux vaut tenir compte de ces avertissements, car plusieurs cas de noyades ont été déplorés ces dernières années.

Le paludisme sévit toujours à Ko Chang, même si la zone est considérée comme étant à faible risque. La meilleure protection consiste à utiliser en abondance un répulsif au lever et au coucher du soleil, et à se doter d'une moustiquaire. Vous trouverez d'autres conseils dans le chapitre *Santé*, p. 441.

LES PLAGES DE KO CHANG

Ko Chang est une île immense – la deuxième de Thaïlande par sa superficie après Phuket – et votre séjour sera différent suivant la plage que vous choisirez. Nombre de visiteurs arrivent en bateau et pensent qu'un *sŏrng·tăa·ou* les déposera sur la plage principale. Mais, comme il n'y en a pas vraiment, mieux vaut décider de l'endroit où vous allez résider à l'avance. Les plages suivantes sont listées du nord au sud :

- **Ao Khlong Son** abrite le plus grand village de l'île. Il s'agit d'une adorable baie, proche de sentiers de randonnée, des camps d'éléphants et d'un embarcadère de ferry. Les amateurs de plages iront plutôt ailleurs – à moins de loger dans le très chic Aiyapura Resort.
- **Hat Sai Khao (White Sands Beach)**. La "plage de sable blanc" est la plus longue de l'île. Elle offre un grand choix de bungalows, de bars et de restaurants. De belles boutiques longent la rue principale, majoritairement bétonnée, et l'on compte aussi des établissements de catégorie moyenne très confortables, ainsi qu'une zone tranquille destinée aux voyageurs en solo, uniquement accessible à pied, sur la section nord de la plage. Si la majeure partie de Hat Sai Khao se compose de magnifiques étendues de sable blanc, le tronçon sud, Ko Muk, n'en a presque aucune.
- **Hat Khlong Phrao**. Petite, calme et romantique, avec une fabuleuse vue sur les couchers du soleil et les chapelets d'îles karstiques. De luxueux complexes hôteliers y fleurissent, mais on y trouve encore quelques établissements pour budgets serrés (peu) et de catégorie moyenne. Endroit rêvé pour faire du kayak en remontant le Khlong Phrao ou vers les îles voisines.
- **Hat Kaibae** est similaire à Hat Khlong Phrao en termes de panoramas mais reste plus appréciée par les familles. Les abords de la route principale rassemblent quantité d'échoppes.
- **Lonely Beach**, repaire favori des routards, vibrant de musique jusqu'au bout de la nuit, est tout sauf solitaire (*lonely* en anglais). La majorité des hébergements, situés en retrait de la plage, abritent les fêtards.
- **Bang Bao** est une sorte de village flottant centré sur un embarcadère, jalonné de boutiques, de petits restaurants de fruits de mer parmi les meilleurs de l'île et d'hébergements. Le cap, à deux pas de l'embarcadère, dévoile de superbes vues sur la mer, de belles falaises rocheuses et quelques petites plages tranquilles.
- **Hat Yao** a la préférence des Robinson. Sa plage est sans doute la plus belle de l'île et, lorsqu'on y est, on ne peut plus en repartir.

La police locale mène régulièrement des opérations antidrogue dans certains villages de bungalows. Les personnes en possession de narcotiques s'exposent à de lourdes amendes et à une peine de prison.

À voir et à faire

En franchissant le sommet entre Khlong Son et Hat Sai Khao, vous remarquerez peut-être que les chauffeurs klaxonnent. Ils rendent hommage à l'esprit protecteur de Ko Chang qui habite le **San Chao Po Ko Chang**, un temple chinois coloré. Un long escalier orné de statues d'éléphants conduit à l'entrée. Un petit panneau en thaï explique que les femmes en période de menstruation ne sont pas admises à l'intérieur.

La côte est se compose principalement de forêts de mangroves et de plantations. Dans les terres, vous pourrez admirer plusieurs magnifiques **cascades**, dont celle de Than Mayom (voir p. 168). La portion de littoral au sud de Than Mayom est surnommée **Ghost Bay** ("baie du Fantôme"). Selon la croyance populaire, l'esprit d'une femme hante la plage le soir et regarde vers la mer.

Plus loin, les cabanes rustiques de **Ban Salak Kok** sont cachées au milieu d'une épaisse forêt de mangroves. Visitez les quais branlants et explorez la rivière tortueuse en kayak (voir p. 168). Tout près, les habitants cultivent l'hévéa, le durian, le mangoustanier, les ananas et les noix de coco. En route, vous croiserez également plusieurs **fermes de crevettes**.

Ao Salak Phet abrite un autre village de pêcheurs et son embarcadère. Montez dans l'imposant **phare** pour une vue panoramique, et faites un saut à la **ferme piscicole** du Salakphet

Seafood (p. 173) pour observer le chaos à l'heure où l'on nourrit les poissons.

PLONGÉE ET SNORKELING

Bien que les meilleurs sites de Thaïlande se trouvent le long des côtes d'Andaman et du sud du golfe, les eaux autour de Ko Chang abritent des récifs relativement intacts. Sur place, certains passionnés vous affirmeront qu'on peut plonger toute l'année. Néanmoins, la plupart des clubs fonctionnent avec une équipe réduite pendant la mousson, car la visibilité est alors mauvaise et la mer peut devenir très agitée, voire impraticable. La meilleure période pour la plongée s'étend de décembre à mars. Reportez-vous p. 167 pour des informations détaillées sur la plongée dans l'archipel de Ko Chang.

Les tarifs des plongées étant assez standardisés sur toute l'île, inutile de perdre du temps à chercher la meilleure offre. Vous pouvez, toutefois, demander à l'agence choisie si elle peut vous faire bénéficier de réductions sur les hébergements. Des sociétés appâtent en effet leurs clients en leur proposant des logements à des prix très intéressants. Des remises supplémentaires sont accordées si vous apportez votre matériel. Les sorties comprennent généralement deux plongées guidées, le transport, l'équipement et la nourriture, le tout pour 2 500-3 000 B. Le brevet PADI Open Water (dispensé en plusieurs langues) revient à 13 500-15 000 B/pers. Méfiez-vous des clubs de plongée qui offrent trop de réductions – la sécurité est primordiale et un club qui fait miroiter des offres inhabituellement intéressantes n'est probablement pas très fiable.

Les sociétés suivantes (et nombre d'agences de voyages) organisent également des sorties de snorkeling autour de Ko Chang (500-550 B) et de Ko Rang (650-700 B). Le prix inclut le matériel et le déjeuner. Evolution Tour (p. 168) propose des sorties de snorkeling d'une journée.

> **CACHEZ CE SEIN...**
>
> Les bains de soleil seins nus ne sont pas seulement réprouvés par les Thaïlandais : ils sont interdits dans tous les parcs nationaux du pays, notamment dans le parc national maritime de Ko Chang et sur toutes les plages de Ko Chang, de Ko Kut, de Ko Mak, de Ko Whai, etc.

BB Divers (☎ 0 3955 8040, 08 6129 2305 ; www.bbdivers.com). À Bang Bao, à l'extrémité sud de Lonely Beach. Possède une piscine.

Dive Adventure (☎ 08 1762 6482 ; www.thedivekochang.com). Également à Bang Bao. Loue des bateaux avec capitaine à partir de 8 000 B/jour.

Dolphin Divers (☎ 08 7028 1627 ; www.scubadivingkohchang.com). À Khlong Phrao. Possède également un petit bureau de réservation à l'Amari Resort. Propose une variété d'autres sports nautiques – surf, kayak, wakeboard...

Eco-Divers (☎ 0 3955 7296 ; www.ecodivers.fr). Bureau principal à Khlong Phrao. Agences sur la plupart des autres plages de la côte ouest.

Ploy Scuba Diving (☎ 0 3955 8033 ; www.ployscuba.com). Possède une boutique sur la quasi-totalité des plages de Ko Chang. Bureau principal à Bang Bao.

RANDONNÉE À DOS D'ÉLÉPHANT

L'île, dont le nom, "*chang*", signifie "éléphant", compte 3 sociétés offrant aux voyageurs la possibilité de se familiariser avec les dociles mastodontes.

Le **camp d'éléphants de Ban Kwan** (☎ 08 9815 9566, 08 1919 3995 ; changtone@yahoo.com ; sortie de 40/90 min 500/900 B ; 🕑 8h30-16h30), situé dans les terres, à 2 km de Ban Khlong Son, accueille de vieux pachydermes domestiqués et les aide à finir leurs jours près de la nature. Une "expérience" très instructive de 1 heure 30 inclut nourrissage, bain et randonnée à dos d'éléphant. Elle donne l'occasion de découvrir la vie des animaux dans un environnement sauvage.

Chang Chutiman (☎ 08 9939 6676, 08 7135 7424 ; randonnée de 1/2 heure 500/900 B ; 🕑 8h-17h) et **Baan Chang Thai** (☎ 0 3955 1474 ; randonnée de 1/2 heure 500/900 B), tous deux à Khlong Phrao, offrent des prestations similaires à celles de Ban Kwan dans un cadre moins impressionnant.

Les transferts sont compris dans les tarifs indiqués ici, mais il faut réserver. La plupart des hôtels peuvent organiser ces randonnées du jour au lendemain.

RANDONNÉE

Si vous avez passé un peu trop de temps à lézarder sur les plages, allez vous dégourdir les jambes dans la jungle de Ko Chang, paysage époustouflant de reliefs escarpés, de végétation luxuriante et de cascades bouillonnantes.

Considérée par beaucoup comme la cascade la plus impressionnante de Ko Chang, **Nam Tok Khlong Phlu** (droit d'entrée au parc 400 B ; 🕑 8h-17h) est facilement accessible depuis les complexes hôteliers de Khlong Phrao, sur la côte ouest.

PRÉSERVONS L'ESPRIT DE KO CHANG

Pittaya Homkrailas est le fondateur du **Chang Spirit Project** (www.changspirit.net ; pour les activités proposées, voir p. 169), un projet d'écotourisme pionnier visant à aider la population locale de Salak Kok, sur la côte est de Ko Chang. L'organisation s'occupe également du **camp d'éléphants de Ban Kwan** (page précédente).

Voici en quelques mots la vision de Pittaya :

"Ce que je souhaite faire sur Ko Chang, c'est prendre soin des gens et de la nature. La vie ici est magnifique et paisible ; je ne veux pas que cela change.

Bien sûr, l'idée de l'écotourisme ne date pas d'hier sur Ko Chang ; depuis longtemps, tout le monde s'est toujours accordé à dire que la nature y est exceptionnelle, tout comme les villages. Mais cette philosophie s'est peu à peu altérée du fait de l'arrivée des touristes, des investisseurs, etc. Tout le monde n'a pas la même vision de Ko Chang et je pense qu'il nous faut trouver un terrain d'entente. Reste à savoir si Ko Chang peut se distinguer des autres îles du pays. Je crois que oui.

Il y a quatre ans, j'ai créé à Salak Kok le projet pilote Chang Spirit Project. Mon but est d'aider à la survie de ce village de pêcheurs et de préserver le fragile écosystème de la plus grande mangrove de l'île. Ici, les touristes, les villageois et les autorités locales peuvent vivre en harmonie, en respectant la nature. Le fait que les villageois ont un but commun et travaillent dans le même sens contribue à leur bonne entente. S'ils préservent leur mode de subsistance ancestral (pêche et vergers), ils accueillent désormais les touristes, qui aident aussi la communauté. Le projet a recours à la seule énergie humaine ; il minimise la pollution et participe au développement durable ; 5% des profits vont à la protection de la mangrove. De leur côté, les autorités peuvent nous épauler par des financements, d'autant plus que quand les villageois ne font qu'un, ils sont plus faciles à atteindre.

Essayons de vivre heureux ensemble !"

Située au milieu d'une magnifique forêt tropicale, à 600 m à pied le long d'un sentier verdoyant bien balisé, cette chute se jette dans une piscine naturelle qui invite à se rafraîchir après une longue journée de marche.

Autre chute étonnante, **Nam Tok Than Mayom** (droit d'entrée au parc 400 B ; 8h-17h) se rejoint à pied depuis Tha Than Mayom ou Ban Dan Mai, sur la côte est. La vue du sommet est splendide. Non loin, vous pourrez voir des pierres où sont gravées les initiales de Rama V, Rama VI et Rama VII.

Un grand nombre de guides indépendants proposent de belles randonnées d'une journée (environ 500 B, selon l'équipement nécessaire et la longueur des trajets en voiture). Si vous décidez de partir seul à l'aventure (ce qui n'est pas particulièrement recommandé), évitez la zone montagneuse entre Bang Bao et Ao Salak Phet, à moins d'être un randonneur chevronné doté d'un bon sens de l'orientation. Si vous ne vous perdez pas, cette randonnée dure 4-6 heures et vous conduira peut-être à **Hat Wai Chek**, une plage isolée. Si vous vous perdez, essayez de trouver un cours d'eau et suivez le courant – vous parviendrez généralement à la mer ou à un village. Ensuite, vous pourrez longer la côte ou demander votre chemin.

Si vous prévoyez d'effectuer plusieurs randonnées, conservez bien le reçu du droit d'entrée au parc, car celui-ci n'est payable qu'une seule fois. Les sociétés suivantes offrent des circuits tout compris. Votre hôtel pourra certainement vous réserver des excursions similaires.

Evolution Tour (☎ 0 3955 1058 ; www.evolutiontour.com ; Khlong Phrao). Immense choix de randonnées et de circuits en bateau. Offre aussi des sorties de snorkeling.

Jungle Way (☎ 08 9223 4795 ; www.jungleway.com). Excursions de 1 et 2 jours (800-1 000 B) à l'intérieur des terres, dont une randonnée sportive dans la péninsule de Chang Noi ; réservez par l'intermédiaire de votre hôtel.

Trekkers of Koh Chang (☎ 08 1578 7513). Promenades ornithologiques d'une journée (1 200-1 400 B) ; réservez via votre hôtel.

KAYAK

Pour faire du kayak de mer, le mieux est de vous adresser à **Kayak Chang** (☎ 08 7673 1753 ; www.kayakchang.com ; Amari Resort), une structure créée récemment par un Britannique. Les cours varient de l'initiation de 2 heures (900 B) aux excursions de 8 jours (25 000 B) et les groupes ne dépassent jamais 6 personnes. Au programme : découverte de plages secrètes, de sites de snorkeling et d'îles désertes.

Pour une expérience plus locale, préférez le **Chang Spirit Project** (voir l'encadré ci-contre) et la **Salak Kok Kayak Station** (☎ 08 1919 3995 ; Ban Salak Kok ; location 1 heure 100 B, circuit de 90 min 900 B), installés dans un village sur pilotis traditionnel dans le sud-ouest de l'île, qui louent des kayaks pour découvrir les baies où poussent les mangroves. Il y a aussi des "dîners-croisières" (3 heures, voir p. 173).

La plupart des pensions louent des kayaks (100 B/heure et 300-500 B/jour).

AUTRES SPORTS

Certaines pensions louent des bateaux gonflables, des planches à voile, des masques et des tubas, ainsi que des *boogie boards*. On peut aussi louer des VTT (150 B/jour) à différents endroits sur l'île, surtout à Hat Sai Khao et à Hat Kaibae.

Le **Tree Top Adventure Park** (☎ 08 4310 7600 ; www.treetopadventurepark.com ; 900 B ; 🕒 9h-17h, dernière entrée à 15h), près d'Ao Bai Lan, réserve une passionnante course d'obstacles au faîte des arbres. Le prix comprend 2 heures d'acrobaties dans les branches et le transfert depuis/vers votre hôtel.

Des sorties de **pêche en haute mer** (5-7 heures 1 200 B), en journée ou le soir, sont proposées par presque tous les hôtels et agences de voyages, et à l'embarcadère de Bang Bao. Toutes incluent un repas, sous forme de buffet. Il est également possible de participer à des sorties de **pêche aux calamars** (🕒 18h-24h ; 450 B) en soirée. Adressez-vous aux agences implantées à l'embarcadère de Bang Bao.

SPA ET YOGA

Avec la prolifération des complexes hôteliers haut de gamme, le nombre de spas a également augmenté. Aujourd'hui, toutes les plages de la côte ouest possèdent des établissements où vous serez choyé.

Si vous êtes amateur de yoga, de reiki, de massage aux bambous et/ou de méditation, rendez-vous au **Baan Zen** (☎ 08 6530 9354 ; www.baanzen.com), à Khlong Phrao. Tenue par un sympathique couple de Français, cette maison en teck est installée au bord d'un lagon tranquille à proximité de l'océan. Réservation indispensable pour les cours particuliers (2-4 pers au maximum), sous la houlette d'un instructeur de yoga Sivananda expérimenté.

Si l'humidité naturelle ne suffit pas à purifier vos pores, offrez-vous une séance de sauna aromatique au **Bailan Herbal Sauna** (☎ 0 6252 4744 ; www.bailan-kohchang.com ; Ao Bai Lan ; 200 B ; 🕒 15h-21h). Vous y transpirerez dans la vapeur d'une variété d'herbes, dont le combava et la citronnelle. Des masques de boue et des gommages au sel sont également proposés dans un jardin luxuriant.

Considéré par certains comme le meilleur salon de massage de l'île, **Sima Massage** (☎ 08 1489 5171 ; Ao Khlong Phrao ; massage 250 B/h ; 🕒 8h-22h) est l'adresse de prédilection des habitants pour soigner les blessures sportives ou se délasser. Laissez-vous tenter par le traitement corporel après-soleil (600 B). Sur la route, non loin de l'école de cuisine KATI (ci-dessous).

Cours

KATI Culinary (☎ 0 3955 7252, 08 9028 9969 ; kati_culinary@hotmail.com ; cours déj 1 000 B ; 🕒 10h30-15h) et **Koh Chang Thai Cooking School** (☎ 08 1940 0649 ; infocookingschool@yahoo.com ; Blue Lagoon Resort ; cours de l'après-midi 1 000 B) dispensent des cours de cuisine. Sympathiques et amusants, ils comprennent le transport, un livre de cuisine et, bien sûr, le repas.

Bénévolat

Si Ko Chang compte moins d'animaux errants que le reste de la Thaïlande, c'est en raison des efforts fournis par la **Koh Chang Animal Foundation** (☎ 08 9042 2347 ; www.kohchanganimalfoundation.org ; Ban Khlong Son). Entièrement financée par des dons, la fondation propose des services vétérinaires gratuits, ainsi qu'un refuge et des soins aux animaux errants de l'île. La participation de vétérinaires et d'aides vétérinaires en voyage est bienvenue, et la fondation apprécie également les visites d'une journée de toutes les personnes qui veulent aider à baigner et à socialiser les animaux maltraités.

Où se loger

À chaque saison, Ko Chang voit se multiplier le nombre de ses hébergements. Les prix ont augmenté et, même si quelques adresses bon marché demeurent, l'inflation est supérieure à celle observée sur des îles similaires, comme Ko Tao et Ko Pha-Ngan.

En basse saison, les ferrys cessent habituellement de desservir les embarcadères de Ko Chang, hormis ceux d'Ao Sapparot et de Tha Dan Kao, et plusieurs complexes touristiques reculés ferment leurs portes. Les établissements qui restent ouverts baissent souvent leurs tarifs d'environ 25%.

Voir l'encadré p. 166 pour plus d'informations sur les différentes plages.

BAN KHLONG SON

À la pointe nord de l'île, le plus grand village, Ban Khlong Son, possède un réseau d'embarcadères, un *wat*, une école, plusieurs échoppes de nouilles et un DAB.

Jungle Way (☎ 08 9223 4795 ; www.jungleway.com ; bungalows 200-400 B). Des bungalows sur pilotis et un restaurant original avec des plates-formes d'observation de la faune, cachés dans la jungle non loin du camp d'éléphants de Ban Kwan. La plage est loin, mais on peut en revanche faire de la randonnée et louer des VTT (80 B/jour). Personnel sympathique.

Aiyapura Resort (☎ 0 3955 5111 ; www.aiyapura.com ; bung 4 000-14 000 B ; ❄ 💻 🏊). Pour être traité comme un prince ou une princesse. Perché seul au sommet d'un promontoire escarpé, ce vaste complexe hôtelier comprend de très jolis bungalows nichés au milieu de cocotiers et d'arbres fruitiers. Parmi les installations, une longue piste de jogging, un spa dernier cri, une gigantesque piscine et un restaurant sur la plage. Personnel incroyablement accueillant.

HAT SAI KHAO (WHITE SANDS BEACH)

Si vous arrivez depuis Trat, la plage animée de Hat Sai Khao sera votre premier arrêt après avoir franchi le promontoire. La partie sud, moins attirante, est appelée Hat Kai Muk (Pearl Beach, la plage aux Perles).

Au nord de la plage, et accessible uniquement à pied, se trouve une enclave prisée des routards. Pour vous y rendre, bifurquez au niveau du 7-Eleven, face au KC Grande. En arrivant à la plage, prenez à droite et continuez sur quelques centaines de mètres.

♡ **Independent Bo's** (☎ 0 3955 1165 ; ch 300-750 B). Une adresse colorée, en hauteur, dans la jungle. Les bungalows, originaux et impeccables, sont tous différents. Les moins chers sont loin, plus haut, dans la jungle. Pas de réservation par téléphone.

Rock Sand Beach Resort (☎ 08 4781 0550 ; www.rocksand-resort.com ; ch à partir de 500 B ; ❄). Juste après le Bo's, le Rock Sand, quelconque, s'avère toutefois plus confortable que les autres hébergements bon marché. Bungalows simples, avec ventilateur et sdb commune, ou chambres plus chères, climatisées, donnant sur la mer. Restaurant au-dessus des eaux azuréennes.

Koh Chang Lagoon Resort (☎ 0 3955 1201 ; www.kohchanglagoonresort.com ; ch 1 200-1 600 B ; ❄). Réparties dans 3 bâtiments, les chambres impeccables, avec parquet et belle sdb, offrent un très bon rapport qualité/prix. Les plus jolies se trouvent du côté de la plage – délimitée par des rochers en ciment poli et accessible par des allées bordées de plantes grimpantes. Quelques huttes de massages sur la plage, à l'ombre d'une végétation luxuriante.

Koh Chang Kacha Resort (☎ 0 3955 1224 ; www.kohchangkacha.com ; ch 1 400-1 600 B ; ❄ 🏊). L'un des meilleurs complexes hôteliers de catégorie moyenne de cette plage. Il comprend 2 zones distinctes : la première, dans un jardin tropical le long d'une petite plage de sable blanc, abrite des bungalows et des villas de style balinais ; la deuxième, de l'autre côté de la route, se compose de belles chambres dans un bâtiment flambant neuf. Chacune dispose d'une piscine. Apprécié par les familles.

Remark Cottages (☎ 0 3955 1261 ; www.remarkcottage.com ; bung 2 000-3 300 B ; ❄). Un jardin verdoyant dissimule 15 bungalows de style balinais, en retrait d'une petite plage rocheuse. Détendez-vous dans la piscine en bois du spa ou au cours d'une séance de jets hydromassants.

Autres bonnes adresses :

Saffron on the Sea (☎ 0 3955 1253 ; ch à partir de 1 200 B ; ❄). Niché dans une crique de galets. Mise sur l'exception et le charme.

Paradise Palms Resort (☎ 08 9094 6023 ; www.paradisepalmsresort.net ; d/f 1 400/2 500 B ; ❄). Charmant *resort* tenu par une famille, le premier construit dans les parages. Bungalows rénovés posés sur les plus jolies parties de la plage. Motos disponibles gratuitement.

Cookies Hotel (☎ 0 3955 1107 ; www.kohchangcookieshotel.com ; ch 1 500-4 000 B ; ❄ 💻 🏊). Deux bâtiments en forme de fer à cheval, le premier le long de la plage, le second bordant la forêt de l'autre côté de la route. Excellente affaire, même si l'endroit semble destiné aux touristes en voyage organisé.

Keereeta (☎ 0 3955 1304 ; www.keereeta.com ; ch 2 500 B ; ❄ 🏊). Loin de la plage, mais de jolies chambres à la belle décoration balinaise. Cour intérieure avec piscine.

KC Grande Resort (☎ 0 3955 1199 ; www.kckohchang.com ; ch et bung à partir de 7 000 B ; ❄). Complexe de plus de 60 chambres situé sur la plus belle partie de la plage. Un peu trop cher, à moins de dénicher une promotion en ligne.

AO KHLONG PHRAO

À environ 4 km au sud de Hat Sai Khao, Ao Khlong Phrao est en passe de devenir la destination de luxe de l'île. Il y reste encore toutefois quelques établissements abordables.

Blue Lagoon Resort (☎ 08 1940 0649 ; www.kohchangcookery.com ; ch 600-1 200 B ; ❄). Les bungalows chaulés avec terrasses privées surplombent un lagon, tandis que ceux plus en retrait, climatisés et sur 2 niveaux, sont nichés à l'ombre d'un bosquet. Une passerelle en bois mène à la plage. Cours de cuisine thaïlandaise (voir p. 169).

Baan Rim Nam (08 7005 8575 ; www.iamkohchang.com ; ch à partir de 1 100 B ;). Tenue par des gens adorables, cette ancienne maison de pêcheurs, transformée en pension, se dresse au-dessus d'une rivière dans la mangrove. Des kayaks (gratuits) permettent d'explorer la rivière en amont, de redescendre jusqu'à la plage (moins de 5 min) ou de rallier les îles au large. Chambres douillettes impeccables. L'estuaire maintient partout une température relativement fraîche.

Dewa (0 3955 7339 ; www.thedewakohchang.com ; ch et bung 4 400-12 600 B ;). Ces jolies structures de ciment gris poli coiffées d'un toit de chaume associent les styles contemporain et "éco-chic", qui se retrouvent dans le décor intérieur : les chambres sont pourvues de méridiennes en velours et de lambris en teck. Le soir, le restaurant déborde sur la plage.

Tropicana (0 2642 4420 ; www.kohchangtropicana.net ; ch 4 900-8 800 B ;). Un petit joyau au bord de la plage, caché au milieu de jardins luxuriants. Tous les bâtiments, qui marient ciment, bambou et chaume, sont décorés d'éléments originaux, comme l'escalier en colimaçon et les jolis meubles thaïlandais en bois. Une piscine à débordement domine la plage, et un petit cours d'eau traverse la propriété, sillonnée de sentiers de bois. Service charmant.

Autres établissements :

Tiger Huts (08 1762 3710 ; bung 300-600 B). Le long d'une plage de sable, 40 huttes de chaume, avec sdb privative ou commune. Simples mais bien situées.

Aana (0 3955 1539 ; www.aanaresort.com ; ch à partir de 7 000 B ;). Avec ses structures arrondies, ses murs chaulés et son emplacement au bord de la rivière, l'Aana est unique en son genre. Belles chambres romantiques, certaines avec spa.

KAIBAE

Porn's Bungalow (08 9251 9233 ; www.pornsbungalows-kohchang.com ; huttes 300-800 B). Dernier bastion du paradis des routards, apprécié pour ses huttes rustiques bon marché. La clientèle éclectique, de tous âges et pays, prend ici le temps de vivre en jouant au billard. Espace détente à plusieurs niveaux, pour admirer le soleil couchant qui disparaît derrière quatre îles aux contours déchiquetés. Excellent restaurant.

Kaibae Beach Resort (0 3955 7132 ; www.kaibaebeach.com ; ch 900-1 500 B ;). D'impeccables bungalows en bois (ventilateur) sont disposés sur une jolie plage de sable blanc. D'autres, plus récents, en béton, se cachent au bord d'une rivière. Barbecue tous les soirs au restaurant en plein air.

KB Resort (0 3955 7125, 08 1862 8103 ; www.kbresort.com ; bung 1 150-5 000 B ;). Un superbe emplacement – plage bordée de palmiers et pelouse –, avec vue sur des îles au large, pour ce *resort* apprécié par les familles, malgré des prix un peu élevés. Bungalows spacieux et confortables (sans chichis). La piscine n'a rien d'exceptionnel.

LONELY BEACH (HAT THA NAM) ET AO BAI LAN

Ancienne chasse gardée des baroudeurs, Lonely Beach se fait plus chic à mesure que s'installent des complexes plus haut de gamme. Les meilleurs hébergements (que nous présentons ici) sont surtout situés dans les terres, mais on trouve aussi bon nombre de huttes en bambou assez mal entretenues sur la plage – à partir de 350 B/nuitée.

La petite Ao Bai Lan, juste au sud de Lonely Beach, demeure *très* calme.

P & Nico Guest House (08 4362 6673 ; Hat Tha Nam ; bung 200-400 B). Petites huttes proprettes en bleu et jaune idéales pour une nuit au calme, et pourtant proches des bars et des restaurants. Sdb privatives avec eau chaude.

Paradise Cottage (0 3955 8122, 08 1773 9337 ; bung avec ventil/clim 300-500/1 000 B ;). Malgré une rénovation récente, la direction a décidé de conserver quelques bungalows basiques pour "ne pas décevoir les anciens clients". Toutefois, l'ensemble est relativement luxueux – impeccables bungalows modernes en béton ciré (sdb, eau chaude) d'un bon rapport qualité/prix. Belvédères privatifs pour se détendre en écoutant du jazz. Les rochers sur la plage n'empêchent en rien la baignade.

Kachapura (0 3955 8020 ; www.kachapura.com ; bung avec ventil/clim 500/1 000 B ;). Les bungalows munis d'immenses fenêtres, de lits "zen" et de sdb semi-extérieures avec eau chaude sont fort agréables et restent bon marché. Des allées en bois relient les différents groupes de bungalows entre eux et sillonnent la propriété, très fleurie.

White House (08 1409 8307 ; www.whitehousekohchang.com ; ch 1 600-2 000 B ;). Des bungalows éclatant de blancheur entourent une petite piscine dans cet établissement de taille moyenne d'Ao Bai Lan. Grands lits et sdb à baignoire encastrée au carrelage d'un blanc immaculé. Moins chères, les chambres d'hôtel sont en retrait de la plage et de la piscine, mais aussi du bruit du restaurant.

Warapura Resort (☎ 08 9122 9888 ; warapura@gmail.com ; ch petit-déj inclus 1 700-3 300 B ;). L'ambiance de Lonely Beach, avec un peu de luxe en plus. Soit des bâtiments aux toitures plates, à la mexicaine, abritant des chambres aux grandes baies vitrées offrant plus de modernité que n'importe où sur Ko Chang dans cette gamme de prix. Tout tourne autour du blanc et du minimalisme, sans rien perdre en confort. Personnel très agréable. Piscine et restaurant éclairé aux chandelles. À deux pas des soirées de Lonely Beach.

BANG BAO

Bang Bao Cliff Cottage (☎ 08 5904 6706 ; www.cliff-cottage.com ; bung 300 B ;). Huttes rustiques en bois (moustiquaires, lits durs et sdb communes), au sommet d'une colline avec une vue splendide sur la mer au crépuscule et sur Bang Bao à l'aube. Un lieu paradisiaque pour les voyageurs en solo en quête de simplicité et de calme. Zones de baignades faciles d'accès le long du littoral rocailleux et petites plages retirées à quelques minutes à pied.

Ocean Blue (☎ 08 1889 2348 ; www.oceanbluethailand.com ; ch avec ventil/clim 600/1 200 B ;). Les chambres simples avec ventilateur jalonnent le passage au plancher poli de cette maison traditionnelle sur ponton. Les toilettes se résument à un seau et les douches sont froides, mais les chambres sont propres et vous entendrez le bruit des vagues sous vos pas. Personnel jeune et excentrique.

Koh Chang Sea Hut (☎ 08 1285 0570 ; www.kohchang-seahut.com ; ch petit-déj inclus 2 500 B ;). Reliées par un réseau complexe de fines planches, les "huttes" (plus chic qu'elles n'y paraissent) évoquent des bouées octogonales qui danseraient sur l'eau. L'océan ondule sous le sol des bungalows et la brise marine s'engouffre par les volets en bois. Navette gratuite en bateau ou kayaks disponibles pour rejoindre la plage.

Nirvana (☎ 0 3955 8061 ; www.nirvanakohchang.com ; ch 3 500-9 950 B ;). Le complexe hôtelier haut de gamme de Ko Chang est retiré sur une presqu'île, et parfaitement camouflé dans la végétation luxuriante. Les bungalows ont été conçus dans le style balinais ; chacun est meublé de façon différente dans des tons terre rehaussés de détails asiatiques. L'excellent restaurant, le Tantra, permet de dîner au-dessus de l'eau.

CÔTE EST

Cette partie de l'île est moins construite que la côte ouest, principalement en raison du manque de plages.

Treehouse Lodge (☎ 08 1847 8215 ; www.tree-house.org ; Hat Yao ; huttes 300 B). Une ambiance rustique et bohème qui attire les voyageurs au budget serré dans un coin de paradis perdu. La direction a changé, et les avis sont jusqu'ici positifs. Et, quoi qu'il advienne, il restera toujours cette magnifique plage tranquille.

Funky Hut Resort (☎ 0 3958 6177 ; www.funkyhut-thailand.com ; Ao Dan Kao ; ch 1 600-1 850 B ;). Les nouveaux propriétaires ont rénové et partiellement réagencé les bungalows, indiscutablement plus confortables (même si moins originaux) que les précédents. Tous sont très spacieux et offrent un bon rapport qualité/prix. En téléphonant à l'avance, les chaleureux hôtes viendront vous chercher à la descente du ferry.

Où se restaurer et prendre un verre

La quasi-totalité des hôtels de Ko Chang possèdent un restaurant. Quelques établissements indépendants gagnent aussi en popularité et l'île compte plusieurs tables exceptionnelles.

WHITE SANDS BEACH (HAT SAI KHAO)

Noung Boure (plats à partir de 40 B ; petit-déj, déj et dîner). Restaurant partiellement en plein air où l'on sert des mets typiquement thaïlandais. Excellent poisson au citron cuit à la vapeur (300 B pour 2 pers) ; le menu affiche quantité de fruits de mer et de nouilles.

Thor's Palace (plats 70-170 B ; petit-déj, déj et dîner). Au bord de la plage, on se régale ici d'une excellente cuisine, sur fond de musique entraînante, au milieu de bibelots en tout genre.

Hungry Elephant (plats 120-300 B ; 10h-22h). Ce petit restaurant de bord de route propose parmi les meilleurs plats français de Hat Kai Muk – moules au beurre d'ail (120 B) et filet de bœuf aux échalotes et au vin rouge (280 B), accompagné d'un vin rouge italien.

Oodie's Place (☎ 0 3955 1193 ; pizzas 170-260 B ; dîner). Tous les soirs, après le film, M. Oodie prend sa guitare et joue pour ses clients. Sur les tables, des plats français, des spécialités thaïlandaises ou un "Mongolian barbecue", le tout accompagné de bière.

Invito (☎ 0 3955 1326 ; plats 320-490 B ; déj et dîner). Dans une charmante maison en teck, on vient déguster des pizzas cuites au feu de bois, des pâtes fraîches, du bœuf braisé et des desserts alléchants. Le *ristorante* préféré de tout le monde sur l'île. Service de livraison.

Débordante d'activité, la plage de Sai Khao possède une scène nocturne animée par rapport au reste de l'île. Le **Sabay Bar** (☎ 0 3955 1098) se distingue par son excellente ambiance le soir et par son cortège d'orchestres philippins talentueux la journée. Vers Khlong Phrao, le **Sky Bay** (☎ 0 3955 1319) est un pub apprécié où une figure d'éléphant en plastique salue les clients à l'entrée.

KHLONG PHRAO

KATI Culinary (☎ 0 3955 7252, 08 9028 9969 ; plats 40-120 B ; 🕑 dîner). Une hutte de branchages baignée d'un éclairage chaleureux, où résonne parfois la voix de Serge Gainsbourg. Plats aux ingrédients on ne peut plus frais. En accompagnement, l'indispensable riz est servi sous toutes sortes de jolies formes (dont des cœurs). Si votre repas vous a plu, inscrivez-vous aux cours de cuisine thaïlandaise de KATI.

Iyara Seafood (☎ 0 3955 1353, 08 1751 0058 ; plats à partir de 100 B ; 🕑 10h-22h). Iyara n'est pas un restaurant de fruits de mer comme les autres : après avoir dîné dans le charmant *săh·lah* (ou *sala ;* salle ouverte sur les côtés) de bambou, les clients sont invités à sortir en kayak sur le lagon adjacent pour observer les lucioles.

LONELY BEACH (HAT THA NAM)

Treehouse (☎ 08 1847 8215 ; plats 30-80 B ; 🕑 petit-déj, déj et dîner). Une fois installé sur l'un des immenses coussins, vous ne voudrez plus repartir. Enjambez d'abord les innombrables tongs colorées laissées à l'entrée et regardez où vous marchez pendant que vous cherchez votre place – après de longues années d'utilisation, le plancher est usé et irrégulier.

Magic Garden (☎ 0 3955 8027 ; plats 60-120 B ; 🕑 dîner). La pagode du Magic Garden est certainement le meilleur endroit sur Lonely Beach pour se détendre et regarder tranquillement un film. Vous devrez vous lever pour aller chercher à manger. Séduits par les oreillers moelleux, beaucoup de gens s'endorment.

Barrio Bonito (🕑 petit-déj, déj et dîner). Tenu par un couple franco-mexicain, cet élégant restaurant avec ventilateurs sert d'excellentes spécialités mexicaines : fajitas de poulet (180 B), crevettes roses flambées à la tequila avec sauce à la crème, au persil et à la coriandre (250 B) ou copieux petit-déjeuner mexicain (150 B). Bar, petite piscine et accès Internet gratuit.

Pour continuer la soirée après le dîner, rapprochez-vous de la plage, où des DJ sont aux platines au Om Bar et à la Sunset Hut, ou allez au Nature Beach, une discothèque branchée.

BANG BAO

Bang Bao Delight (🕑 7h-22h). Pâtes fraîches, expresso, délicieux petits-déjeuners, déjeuners légers, Wi-Fi gratuit et accès Internet à petit prix (1 B/min).

Buddha View (☎ 08 9936 1848 ; www.thebuddhaview.com ; plats 80-250 B ; 🕑 petit-déj, déj et dîner). Plus chic et international, et moins axé sur les fruits de mer, le Buddha View invite à se détendre devant les vagues au coucher du soleil, un cocktail à la main, autour d'une assiette de pâtes ou d'un bon steak. Fleurs de la jungle en pot et mobilier en bambou.

L'embarcadère de Bang Bao est jalonné d'excellents restaurants de fruits de mer où l'on choisit dans des aquariums ce que l'on veut manger. Citons notamment le **Ruan Thai Restaurant** (☎ 08 9833 5117 ; plats 100-300 B ; 🕑 petit-déj, déj et dîner) et le **Chow Lay Seafood** (☎ 0 3955 5081, 08 1917 9084 ; www.chowlayseafood.com ; plats 100-300 B ; 🕑 petit-déj, déj et dîner).

CÔTE EST

Salakphet Seafood (☎ 08 1429 9983 ; www.kohchang-salakphet.com ; Ao Salak Phet ; plats 40-300 B ; 🕑 petit-déj, déj et dîner). Ce restaurant isolé a connu son moment de gloire lorsque le Premier ministre thaïlandais s'y est arrêté pour manger et a déclaré la cuisine "délicieuse". Depuis, d'autres célébrités sont venues goûter les fruits de mer et ont posé pour l'incontournable photo-souvenir. Le Salakphet possède également une vaste ferme piscicole dont les filets immergés grouillent d'énormes créatures.

Chang Spirit Club (☎ 08 1919 3995 ; menu 1 200 B ; 🕑 dîner). Basé dans le village de pêcheurs de Salak Kok, le Chang Spirit Club promet un dîner romantique au coucher du soleil à bord d'un catamaran en bois. Des fruits de mer sont servis pendant que l'équipage, discret, navigue entre les mangroves. Pour plus de renseignements sur le Chang Spirit Project, voir l'encadré p. 168.

Depuis/vers Ko Chang

Les liaisons entre le continent et Ko Chang sont assurées toute l'année. Tous les jours, de 7h à 19h, des ferrys circulent à peu près toutes les heures entre Tha Ko Chang Centrepoint, à

4 km de Laem Ngop, et Tha Dan Kao, sur Ko Chang (100 B, 45 min). Ils prennent aussi à leur bord des véhicules : chaque place passager donne le droit de transporter gratuitement sa voiture ou sa moto. La course en *sŏrng·tăa·ou* de Trat à Tha Ko Chang Centrepoint coûte environ 60 B/pers.

Il est également possible de rejoindre Ko Chang par le ferry pour véhicules (80/100 B par pers/voiture, 30 min) qui part toutes les heures de Tha Thammachat et accoste à Ao Sapparot. C'est souvent le seul bateau disponible lorsque la mer est forte.

Une nouvelle ligne de bus relie l'aéroport de Suvarnabhumi (Bangkok) à Ko Chang (environ 6 heures) pour 308 B, billet de bateau compris. Lors de nos recherches, il n'y avait qu'un bus par jour (départ à 7h30), mais d'autres étaient prévus. Le bus qui effectue le trajet inverse (depuis Ko Chang) démarre à 13h30.

Pour des renseignements sur les transports vers les autres îles de l'archipel, voir les rubriques correspondantes.

Comment circuler

Sur la côte ouest, un grand nombre d'établissements louent des motos (environ 250 B/ jour). Il est également possible de trouver des Jeep (2 000 B/jour en haute saison). Voir p. 165 pour des recommandations sur la sécurité.

Les *sŏrng·tăa·ou* qui viennent à la rencontre des bateaux à Tha Dan Kao et à Ao Sapparot facturent 50-120 B/pers, selon la destination sur la côte ouest. Pour rejoindre la côte est, comptez 60-150 B.

KO KUT (KO KOOD)

เกาะกูด

Grande île bordée de somptueuses plages de sable blanc ponctuées, çà et là, de quelques petits villages de pêcheurs, aux forêts tropicales et aux chutes d'eau cachées au plus profond des terres, Ko Kut (ou Ko Kood) n'a pas son pareil. Malgré sa facilité d'accès et l'accueil chaleureux que réservent ses habitants, elle reste très peu développée et seuls les touristes les plus téméraires semblent en avoir perçu l'attrait. Une fois sur place, ils ont le choix parmi une vingtaine de complexes hôteliers disposant en grande majorité de leur plage privée, où l'on se sent loin de tout et de tous. Un petit paradis paisible, dont il faut profiter… avant qu'il ne change.

Orientation

La quasi-totalité des complexes hôteliers sont établis le long des plages ouest de Ko Kut. Une piste longe la côte ouest, reliant les villages de Ban Khlong Hin Dam et de Ban Khlong Chao, puis bifurque vers le nord-est avant d'aboutir à Ao Salat, de l'autre côté de l'île.

Renseignements

Il n'y a ni banque ni DAB sur Ko Kut et les cartes de crédit sont rarement acceptées. Certains gérants de villages de bungalows acceptent de changer de petites sommes de devises étrangères, mais mieux vaut retirer les espèces dont vous aurez besoin pour votre séjour avant de venir.

Si la plupart des complexes hôteliers sont équipés d'un ou deux ordinateurs destinés à leurs clients, ceux-ci n'offrent généralement qu'une connexion peu fiable. L'île est en revanche très bien couverte pour la téléphonie mobile.

À voir

Pour ceux qui recherchent une étendue de sable isolée, n'importe quelle plage fera l'affaire.

L'île compte deux chutes d'eau qui peuvent être prétextes à de courtes randonnées. La plus grande et la plus fréquentée (surtout le week-end) est **Nam Tok Khlong Chao**, qui est agrémentée d'une vaste piscine naturelle où l'on peut plonger. On peut rapidement en atteindre la base par une minirandonnée dans la jungle, ou s'y rendre en kayak en remontant le Khlong Chao. La seconde, plus au nord, **Nam Tok Khlong Yai Ki**, plus petite, est également dotée d'une grande piscine où se rafraîchir.

Ao Salat et **Ao Yai**, deux baies de la côte est, abritent quelques villages de pêcheurs tout à fait authentiques. En début de soirée, les visiteurs peuvent acheter la prise du jour ramenée par les bateaux.

Le Ngamkho Resort (voir p. 175) loue des VTT (150 B/jour). Le **vélo** constitue en effet un moyen agréable de découvrir l'île vallonnée, malgré les pistes poussiéreuses.

À faire

Aves ses eaux cristallines et ses criques paisibles, Ko Kut est le paradis du **snorkeling** et du **kayak**. La plupart des établissements hôteliers louent de l'équipement.

Ploy Scuba Diving, à côté de l'Away Resort, ainsi que Paradise Divers, installé au Ko Kood

Beach Resort, organisent des sorties au départ d'Ao Salat et de Ban Khlong Chao. Pour des renseignements détaillés sur la **plongée** aux alentours de Ko Kut et des autres îles de l'archipel de Ko Chang, voir p. 162. La plupart des complexes de bungalows louent du matériel de **snorkeling** (100-200 B) et proposent des **sorties de snorkeling** comprenant la visite d'une ferme perlière (qui se résume à une visite de la boutique !).

Vous pourrez également découvrir l'île en louant un *sŏrng·tăa·ou* avec un chauffeur qui parle thaïlandais (1 200 B/jour). Il saura où vous guider.

Où se loger et se restaurer

Si les séjours "tout compris" dominent le marché touristique de Ko Kut, il n'est pas impossible de s'y rendre de manière indépendante. Si vous arrivez en solo sans avoir effectué de réservation, descendez du bateau à l'embarcadère de Ban Khlong Chao et marchez jusqu'au village, où vous trouverez une poignée de petites pensions et de chambres à louer (à partir de 400 B). Où que vous séjourniez, les plages sont toujours proches, et magnifiques.

L'île est vaste et les complexes hôteliers ont le luxe d'être très éloignés les uns des autres, mieux vaut donc réserver. Les sociétés de bateaux rapides vous déposeront habituellement à votre hébergement. Les tarifs chutent d'environ 30% hors saison – dans les établissements qui restent ouverts.

Hormis quelques restaurants locaux de ci de là, seuls les complexes hôteliers servent à manger sur Ko Kut, où la cuisine est généralement bonne.

♥ **Ngamkho Resort** (☎ 08 1825 7076, 08 4653 4644 ; www.kohkood-ngamkho.com ; Ao Ngam Kho ; bung 650 B). Un excellent choix dans la catégorie petits budgets avec de petites huttes en bambou raffinées, dotées d'une terrasse (hammac) et d'une sdb privative en brique. Atmosphère détendue (propriétaire chaleureux). Plage parfaite.

Away Resort (Bai Kood Shambala ; ☎ 08 1835 4517, 08 7147 7055, à Bangkok 0 2696 8239 ; www.awayresorts.com ; Ban Klong Chao ; tentes safari 1 800 B, bung à partir de 3 000 B ; ❄ 💻). Dominant les étendues de sable à l'embouchure du Khlong Chao, voici l'un des plus beaux *resorts* de l'île, composé de bungalows modernes perdus au milieu des palmiers. En haut de la colline, des tentes de style safari vous attendent à l'ombre des arbres. Le restaurant en plein air sert une excellente cuisine. En outre, il y a ici plus de choses à faire que n'importe où sur l'île.

Beach Natural Resort (☎ 08 6009 9420, à Bangkok 0 2222 9969 ; www.thebeachkohkood.com ; Ao Bang Bao ; bung petit-déj inclus 2 200-3 400 B ; ❄ 💻). Des bungalows de style balinais soigneusement décorés se cachent dans une végétation luxuriante d'hibiscus, d'orchidées et de broméliacées, qui descend jusqu'à une plage de galets. Une magnifique étendue de sable blanc s'étire à quelques minutes à pied.

♥ **Koh Kood Beach Resort** (☎ à Bangkok 0 2630 9371 ; www.kohkoodbeachresort.com ; Ao Bang Bao ; ch 3 200-3 700 B, f 9 600 B ; ❄ 💻 🏊). Sur un domaine en pente parfaitement entretenu, à l'ombre d'immenses palmiers, vous aurez le choix entre des bungalows de style balinais aux toits de chaume inclinés et d'autres de style thaïlandais avec des Jacuzzi privés en plein air. Chose rare sur l'île, l'endroit possède une piscine et un centre de plongée (équipement de snorkeling gratuit). Excellente cuisine aussi ; la qualité du service n'a pas d'équivalent.

Shantaa (☎ 08 1817 9648 ; www.shantaakohkood.com ; Ao Yai Kee ; bung petit-déj inclus 4 500-5 900 B ; ❄). D'élégants bungalows posés au sommet d'une falaise baignée de soleil, et l'une des options les plus chic de l'île. Tout y est luxueux, et en particulier les sdb : quelques marches de pierre conduisent à un jardin privé, agrémenté de deux douches extérieures dans la végétation ou d'une baignoire (produits de toilette naturels). Chaîne stéréo, lits king-size, plage privée et absence bienvenue de TV.

Lors de notre passage, le **Soneva Kiri Resort** (www.sixsenses.com/soneva-kiri) était encore en construction. Lorsqu'il ouvrira ses portes, ce sera le plus grand complexe de l'île, et aussi le plus clinquant.

Parmi les autres adresses de qualité :

Mangrove Bungalows (☎ 08 5279 0278 ; www.kohkoodmangrove.com ; Baan Khlong Chao ; bung petit-déj inclus 800-1 500 B ; ❄). Situé au bord du Khlong Chao mangé par la mangrove, ces bungalows impeccables ont un plancher en bois poli et des douches chaudes. Kayaks à disposition pour remonter la rivière.

Siam Beach (☎ 08 1945 5789, 08 1899 6200 ; sb_koh kood@yahoo.com ; Ao Bang Bao ; d 800-1 500 B, f 1 200-2 000 B ; ❄ 💻). Parmi les endroits les plus conviviaux de l'île. Choix entre de jolis petits bungalows blancs et d'autres en béton, un peu moins charmants, pouvant accueillir les familles. Jardin et sable un peu clairsemés, mais nombreuses activités et superbes coins pour la baignade.

Dusita (☎ 0 3951 2902 ; bung avec ventil d/tr/qua 900/1 400/1 800 B, bung avec clim d/tr/qua 1 400/1 900/2 400 B ; ❄). Service agréable et plage paisible à deux pas. Grand choix de chambres disposées sur une pelouse au milieu des cocotiers.

Comment s'y rendre et circuler

Pour plus de renseignements sur les ferrys reliant les îles de l'archipel de Ko Chang entre elles, et notamment Ko Chang et Ko Mak, voir p. 163. Pour rallier Ko Kut (600 B, 1 heure 15), des bateaux rapides partent tous les jours à 13h de Tha Laem Sok (sur le continent), à 22 km (45 min) au sud-est de Trat. Dans le sens inverse, les bateaux quittent Ko Kut à 9h30 et 13h. Un ferry part du même embarcadère à 12h, et y revient, depuis Ko Kut, à 13h (350 B, 2 heures 15). Les taxis collectifs assurant la navette entre Laem Sok et Trat sont compris dans le prix.

Depuis Tha Dan Kao, à 5 km à l'est de Trat (à ne pas confondre avec Tha Dan Kao de Ko Chang), un bateau rapide part tous les jours à 9h en haute saison (550 B, 1 heure 15). Il quitte Ko Kut pour le continent à 13h.

L'**Ao Thai Marine Express** (☎ Ko Kut 08 1863 3525, Hat Lek 08 0092 3408 ; aller 1 250 B ; ⌚ mer, ven et dim) assure des liaisons en bateau depuis/vers Hat Lek, à la frontière cambodgienne, et Ko Kut via Ko Mak. Départ de Ko Kut à 13h ; arrivée à Hat Lek à 14h. De Hat Lek, les bateaux partent à 16h pour atteindre Ko Kut à 17h. Voir p. 161 pour plus de renseignements sur le passage de la frontière à Hat Lek.

Sur l'île, les transports sont rares, aussi vaut-il mieux louer une moto ou un VTT. Les motos sont facilement disponibles, moyennant 300-500 B/24 heures.

KO MAK

เกาะหมาก

Île à la topographie plate bordée de palmiers, Ko Mak est aujourd'hui presque entièrement vouée au tourisme, sans pour autant en donner l'impression. La majeure partie de l'île, recouverte de forêt tropicale humide ou de plantations de cocotiers et de caoutchouc, laisse intactes de nombreuses plages facilement accessibles à moto, voire à pied. Une fois comblé par le calme de la nature, on peut y profiter de soirées enjouées dans les bars de plage. Attention : Ko Mak est le genre d'endroit que l'on ne veut plus quitter.

Orientation et renseignements

En forme de croix, Ko Mak a vu son développement touristique se concentrer le long de sa branche ouest, au sud à partir de la plage de Hat Khao, et au nord, mais beaucoup moins, à partir d'Ao Suan Yai. La côte est de l'île, où se trouve une petite localité habitée par une cinquantaine de familles, reste relativement calme malgré la présence du principal embarcadère, à Ao Nid.

Il n'y a ni banque ni DAB sur Ko Mak. Pensez à retirer suffisamment de bahts avant votre arrivée. La plupart des hébergements disposent d'un ou deux ordinateurs connectés à Internet.

Ball's Café (☎ 08 1925 6591 ; embarcadère d'Ao Nid ; 1 B/min ; ⌚ 9h-18h). Accès Internet. Possibilité de réserver des hébergement et des circuits.

Centre de santé de Ko Mak (Health Centre ; ☎ 08 9403 5986 ; sur la route qui traverse l'île, près de l'embarcadère d'Ao Nid ; ⌚ 8h30-16h30). Prend en charge les premiers soins en cas d'urgence et de maladie.

Police (☎ 0 3952 5741). Proche du centre de santé.

À faire

Grâce à un relief doux et à un bon réseau de pistes, Ko Mak constitue un terrain idéal pour les **cyclistes**. Près du centre de santé, **Chan Chao** (☎ 08 9728 0703) loue des vélos robustes (50/100 B par heure/jour) et propose des itinéraires (cartes). Beaucoup de pensions louent également des petites reines, tout comme le Ko Mak Cococape (voir p. 177), qui affiche des prix similaires.

La plupart des pensions peuvent organiser des sorties de **snorkeling** et de **plongée**. Dans ce domaine, **Kok Mak Divers** (☎ 08 3297 7724 ; sur la route derrière Island Huts) a bonne réputation et participe activement à des projets de protection des récifs coralliens. Comptez 600 B pour du snorkeling (déjeuner et transport compris) et 2 300 B pour une sortie de plongée. Pour plus de renseignements sur la plongée autour de Ko Mak et des autres îles de l'archipel de Ko Chang, voir p. 161. La plupart des complexes hôteliers louent du matériel de **snorkeling** (100-200 B).

Où se loger et se restaurer

Ko Mak compte de nombreux endroits pour se loger et vivre au rythme reposant de la vie insulaire. Les prix mentionnés valent pour la haute saison. Ils chutent parfois de 50% hors saison – quand les établissements restent ouverts.

L'île entière, y compris les gérants des hébergements, se rassemble sur l'embarcadère pour accueillir le bateau quotidien en provenance du continent, même s'il arrive que les bateaux rapides reliant les îles entre elles déposent leurs passagers à Monkey Island. N'ayez crainte, vous ne serez pas oublié.

Les restaurants de Ko Mak sont le plus souvent rattachés à des villages de bungalows. Quelques établissements indépendants affichent des prix légèrement inférieurs à ceux pratiqués dans les complexes hôteliers. Des échoppes de nourriture sont regroupées près de Tha Maka Thanee, où les habitants et les touristes viennent déguster des nouilles et des fruits de mer.

Island Hut (08 7139 5537 ; Hat Khao ; huttes 100-400 B). Les huttes (toutes avec sdb privative) faites de branchages et de chaume, les balancelles au-dessus de l'eau et les hamacs donnent à cet endroit sans prétention une atmosphère agréable. Les adorables propriétaires, dont la famille habite l'île depuis plusieurs générations, vous donneront l'impression de faire partie des leurs. Le jardin descend jusqu'à la plage ombragée.

Monkey Island (08 9501 6030 ; www.monkeyislandkohmak.com ; Hat Khao ; bung 300-3 000 B ;). Adresse très appréciée des voyageurs en solo, où l'offre varie du simple abri en bambou avec sdb commune à la villa de luxe en bois, avec baies vitrées et terrasse extérieure. Concerts le soir, animés par le joyeux propriétaire des lieux, coiffé de dreadlocks et plus reggae que techno.

Baan Koh Maak (0 3952 4028 ; www.baan-koh-mak.com ; Hat Khao ; bung 700-1 400 B ;). Vous reconnaîtrez l'adresse à ses bungalows originaux et colorés. La clôture de piquets blancs classiques et les teintes vertes et fuchsia forment un mélange détonnant. Matelas plus moelleux que la moyenne dans cette catégorie. À côté, le Koh Mak Cottages, qui propose de simples bungalows avec ventilateur (550 B), est géré par la même direction.

Ko Mak Cococape (08 1937 9024 ; www.kohmakcocape.com ; Ao Suan Yai ; ch 1 000-10 000 B ;). Tenu par un couple d'architectes de Bangkok, cet immense établissement affiche un certain raffinement, avec ses bungalows chic associant bois durs, chaume, ciment chaulé et bambou. Il y a aussi des huttes moins chères en bambou (ventilateur, sdb commune), perchées au-dessus de l'eau ; les options les plus chères disposent d'immenses espaces avec coussins et hamacs, et de sdb tout aussi grandes. Longues étendues désertes de plage de part et d'autre du complexe et magnifique vue sur la baie parsemée d'îlots vert foncé.

Lazy Day the Resort (08 9433 0970 ; www.lazydaytheresort.com ; Hat Khao ; bung 2 200-2 700 B ;). À l'extrémité la plus calme et propre de Hat Khao, ces immenses bungalows blancs aux grandes baies vitrées, à l'intérieur de style contemporain design très confortable, sont agrémentés de grandes terrasses. Ils sont posés au milieu de cocotiers et de pelouses, avec vue sur le coucher du soleil. En retrait de la plage, entouré d'arbres et de bassins, le restaurant offre un très bon service. Excellente adresse.

Cinnamon Art Resort & Spa (08 5906 5042 ; www.cinnamonartresort.com ; Laem Son ; ch 3 500-5 000 B ;). Isolé sur une magnifique plage au nord-est de Ko Mak, un nouveau complexe hôtelier construit dans le respect de l'environnement. Malgré un design peu tendance (huttes rondes au toit de chaume), l'ensemble est très confortable et le service, extraordinaire. Piscine à débordement au bord de la baie.

Quelques autres établissements :

Buri Huts (08 9752 5285 ; www.kohmakburihut.com ; Baan Lang ; bung 500-1 300 B ;). Sur la côte est de l'île. Ici, des huttes cylindriques de style africain sont installées sur un terrain en escaliers au-dessus de l'eau. Transats au bord de la piscine.

Koh Mak Resort (0 3950 1013 ; www.kohmaak.com ; Ao Suan Yai ; bung 1 400-6 600 B ;). Un complexe hôtelier qui s'étend le long d'une somptueuse plage interminable. Bungalows haut de gamme flambant neufs, de style japonisant, avec beaucoup de verre, et bungalows plus classiques, en béton, sur une bonne partie de la plage. Trois restaurants et un centre de plongée.

Makathanee (08 7600 0374 ; www.makathaneekohmak.com ; Hat Khao ; bung 3 000 B, ch 3 000-4 800 B ;). Très beaux bungalows confortables de style colonial, sur la plage. Seul défaut : le gros hôtel en béton situé juste derrière !

Makathanee (08 7600 0374 ; www.makathanee.com ; bung 2 500 B). Un havre de paix, plus récent, qui propose des bungalows de style thaïlandais.

Comment s'y rendre et circuler

Plusieurs compagnies de bateaux rapides assurent des navettes fréquentes entre Ko Mak et le continent. Le plus simple consiste à réserver un billet par l'intermédiaire de votre pension. Panan Speedboat assure un trajet depuis l'embarcadère du Ko Mak Resort sur la côte nord-ouest de l'île, à 8h et 13h, et depuis Tha Laem Ngop (sur le continent) à 10h et 16h (450 B, 1 heure). Le bateau de Leelawadee Speedboat part du Makathanee Resort (ci-dessus) à 8h, 9h, 10h30 et 13h30, et de Laem Ngop à 10h30, 12h, 14h et 16h (450 B, 1 heure 15). Un ferry lent (via Ko Whai), part de l'embarcadère d'Ao Nid de Ko Mak à 8h pour Tha Laem Ngop ; en sens inverse, il part du continent à 15h (300 B, 3 heures). Par ailleurs, tous les bateaux effectuant la traversée Laem Sok-Ko Kut s'arrêtent à Ko Mak, tout comme ceux assurant la liaison avec Hat Lek, à la frontière cambodgienne (voir p. 161).

Reportez-vous p. 163 pour les horaires des bateaux reliant les différentes îles de l'archipel, notamment Ko Chang et Ko Kut.

Une fois sur l'île, qui est assez petite, vous pourrez vous déplacer à vélo (voir p. 176), ou bien à pied. Louer une moto vous coûtera 60-80 B/heure ou 300-450 B/jour.

ÎLES VOISINES

D'autres îles plus petites offrent isolement, eaux turquoise et hébergements. La plupart des bateaux rapides s'y arrêtent sur demande. Attention, les bateaux ne circulent pas entre juin et octobre, période à laquelle la plupart des établissements sont fermés. Voir p. 163 pour les horaires des bateaux reliant les îles de l'archipel entre elles.

Outre les îles mentionnées ci-après, des hébergements sont proposés sur les petits îlots de **Ko Kradat** (☎ 08 9099 7917, à Bangkok 0 2368 2675), de **Ko Lao Ya Nai** (☎ 0 3951 2818), de **Ko Mai Si Yai** (☎ 08 7077 2018) et de **Ko Sai Kao** (☎ 08 1929 8669).

Ko Whai

เกาะหวาย

Ko Whai est une île minuscule et peu développée, dotée de magnifiques récifs coralliens. BB Divers (p. 167) possède une antenne sur place et peut fournir du matériel de plongée. Pour rejoindre le continent, un ferry quotidien (300 B, 2 heures 30) relie Ko Whai à Laem Ngop. Il part de Ko Whai à 8h et quitte Laem Ngop à 15h en sens inverse.

On trouve désormais plusieurs endroits où loger, tous le long de la côte nord. Très fréquentés l'après-midi par les visiteurs venus pour la journée, les lieux sont paisibles le soir.

Koh Wai Paradise (☎ 08 1762 2548 ; bung à partir de 250 B). Une adresse appréciée, pourvue de bungalows rustiques en bois sur la plage, tenue par une famille chaleureuse qui parle anglais. Vous devrez certainement partager le récif corallien juste en face avec des amateurs de snorkeling venus pour la journée ; d'autres plages sont accessibles à pied à proximité.

Citons aussi le **Good Feeling** (☎ 08 8503 3410 ; bung 300 B), un ensemble de huttes basiques avec toit de chaume et sdb communes, ainsi que le **Grand Mer** (bung 400 B), qui dispose de 6 huttes le long d'un croissant de plage et d'un petit restaurant, sur la partie nord de l'île.

Koh Wai Pakarang (☎ 08 4113 8946 ; www.kohwai-pakarang.com ; bung 800-2 500 B ; ❄ 💻). Impeccables bungalows en béton climatisés, situés sur une belle plage près de l'embarcadère. Centre d'information sur le corail, ferme de tortues. Restaurant-bar sur place.

Koh Wai Beach Resort (☎ 08 1306 4053 ; www.kohwaibeachresort.com ; ch petit-déj inclus 2 500-3 500 B ; ❄ 💻). Établissement le plus récent et le plus clinquant de Ko Whai, situé à l'écart, sur la côte sud-est de l'île. Sur la plage, les chambres qui font face à la mer sont réparties dans des constructions en béton séparées par des murs de galets ; les maisons thaïlandaises en teck, plus sombres, jouissent de terrasses. Toutes ont les mêmes équipements modernes, de l'eau chaude à la TV câblée.

Ko Kham et Ko Rayang

เกาะขาม/เกาะรายาง

À 1 km au large de Ko Mak, les petites îles de Ko Kham et de Ko Rayang semblent danser sur l'eau comme deux pommes vertes. Des tresses de lave durcie suggèrent la présence d'une ancienne activité volcanique. Aujourd'hui, ces îles paisibles offrent des panoramas turquoise, des plages propices à la baignade et des récifs de corail éclatants. Elles sont aisément accessibles en vedette depuis Ko Mak. Pendant la haute saison, des ferrys de passagers y accostent tous les jours.

Le **Ko Kham Resort** (☎ 08 1303 1229 ; bung 400-2 000 B) est si proche de Ko Mak que vous pourrez quasi y aller en kayak depuis Ao Suan Yai. Vous y profiterez de soirées calmes sous les étoiles. L'après-midi, en revanche, les snorkelers en visite pour la journée ont tendance à envahir les lieux. Véritable havre de paix, le **Rayang Island Resort** (☎ 08 3118 0011, 0 3955 5082 ; www.rayang-island.com ; bung à partir de 1 700 B) dispose de 15 bungalows rénovés, à 1 ou 2 chambres. Aucun excursionniste en vue par ici : l'endroit est merveilleusement calme.

Ko Rang

เกาะรัง

Ko Rang est la plus grande terre émergée d'un chapelet d'îles appelé Mu Ko Rang (archipel de Ko Rang). Ce site possède l'un des plus beaux récifs de corail de la région, ainsi qu'une longue étendue de sable, **Hat San Chao**. Il n'y a aucun hôtel sur l'île, mais les campeurs sont autorisés à y planter leur tente, à condition de se déclarer au préalable auprès du **bureau du parc national** (☎ 0 3955 5080 ; 🕒 8h30-16h30 lun-ven), à Ko Chang. Un droit d'entrée (400 B/pers) est demandé pour accéder au parc maritime. Des toilettes rudimentaires et l'eau courante ont été installées. Les visiteurs doivent apporter leurs provisions.

Nord-ouest du golfe de Thaïlande

Contrairement aux vacanciers thaïlandais qui apprécient cette partie du golfe de Thaïlande, les touristes étrangers continuent à l'ignorer. Cet isthme étroit reliant le continent asiatique à la péninsule malaise a pourtant beaucoup à offrir. Ses stations balnéaires et ses dunes de sable jonchées de coquillages en font l'endroit rêvé pour fuir la pollution de Bangkok.

La plupart des voyageurs se contentent d'apercevoir la région à travers la fenêtre d'un bus ou d'un train roulant à vive allure vers les lieux paradisiaques du sud du royaume. Ceux qui y feront halte goûteront, quant à eux, au charme de vacances inoubliables, bercées par la tradition.

La paisible Phetchaburi invite à passer un après-midi à visiter les temples. À Cha-am, l'effervescence du week-end est l'occasion d'apprendre les paroles du dernier tube de pop-rock thaïlandais joué à plein volume sur la plage. D'innombrables pensions et *resorts* jalonnent l'artère du front de mer, tout comme à Hua Hin, villégiature favorite de la famille royale, plus au sud.

Les à-pics vertigineux du parc national de Khao Sam Roi Yot méritent le coup d'œil, et le parc charmera les inconditionnels de la vie sauvage. Enfin, à la pointe la plus méridionale de la région, Chumphon est la porte officielle du sud de la Thaïlande et le point de passage obligé sur l'itinéraire de ceux qui se rendent à Ko Tao, île réputée pour la plongée.

Si, dans ces contrées, circuler entre les grandes villes est un jeu d'enfant, visiter la campagne demande un peu d'ingéniosité et mettra vos talents de voyageur indépendant à l'épreuve.

À NE PAS MANQUER

- Les stands de rue et les cabanes secrètes au bord de la mer, dans la charmante ville de **Hua Hin** (p. 188)
- Les singes à fourrure du **parc national de Khao Sam Roi Yot** (p. 196), à guetter dans le bruissement des feuilles
- Les parasols sur la plage de **Cha-am** (p. 185)
- Les temples en ruine de **Phetchaburi** (page suivante)
- Les oiseaux rares du **parc national de Kaeng Krachan** (p. 185), à observer avec des jumelles

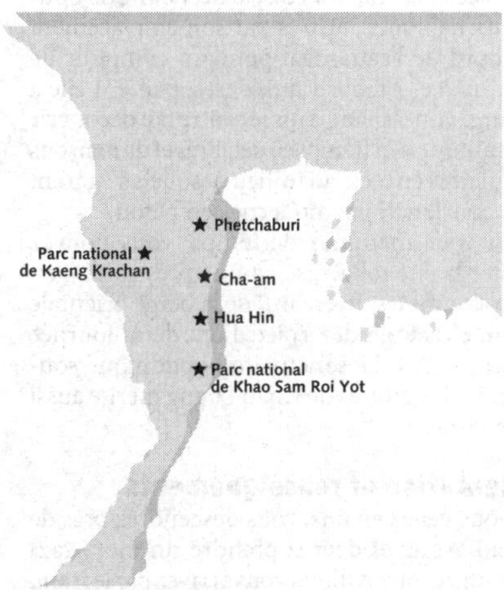

- SAISON SÈCHE : NOVEMBRE-MAI
- SAISON HUMIDE : JUIN-OCTOBRE

Climat

La côte du nord-ouest du golfe bénéficie du même climat que le centre de la Thaïlande. Les températures atteignent leur maximum à la saison chaude, de mars à mai, les pluies de mousson leur succédant de juin à octobre. La période s'étendant de novembre à février, dite saison "fraîche", est idéale, car, si la température avoisine 32°C l'après-midi toute l'année, les soirées sont plus fraîches et les précipitations rares.

Parcs nationaux

Kaeng Krachan (p. 185), le plus grand parc national du pays, couvre près de la moitié de la province de Phetchaburi. Cette vaste étendue de jungle est réputée pour ses magnifiques chutes d'eau, dont celles de Pala-U, et ses innombrables oiseaux. Offrant une vue splendide sur le golfe et les falaises calcaires, les ondulantes collines de Khao Sam Roi Yot (p. 196) sont prisées par les amateurs d'ornithologie.

PHETCHABURI (PHETBURI)

อ.เมืองเพชรบุรี

47 200 habitants

Contrairement à d'autres lieux de culte, Phetchaburi (aussi appelée Phetburi) étonne par l'absence de touristes. Comme pétrifiés par le temps, des dizaines de temples reflétant les prouesses des prospères empires de jadis contemplent la vie quotidienne qui s'écoule à un rythme nonchalant. Fondée par les Khmers au XIe siècle, la ville n'a cessé d'accueillir de nouveaux habitants, attirés par son emplacement au bord de l'eau, idéal pour un comptoir de commerce. Aujourd'hui, c'est à peine si elle a changé : une balade dans le centre fait découvrir quantité de *wat* (temples) délabrés et de maisons séculaires en teck, au milieu desquels s'égarent des constructions modernes en béton.

Si vous manquez de temps, vous pouvez visiter la cité religieuse en un après-midi – en découvrant les divers *wat* de la berge orientale via une visite guidée à pied d'une demi-journée (voir p. 183). Le sanctuaire bouddhique souterrain des grottes de Khao Luang mérite aussi une visite.

Orientation et renseignements

Si vous venez en bus, vous descendrez près de Khao Wang et devrez prendre un moto-taxi jusqu'au centre-ville. Si vous arrivez par le train, suivez la rue au sud-est de la voie ferrée jusqu'à Th Ratchadamnoen, puis tournez à droite et

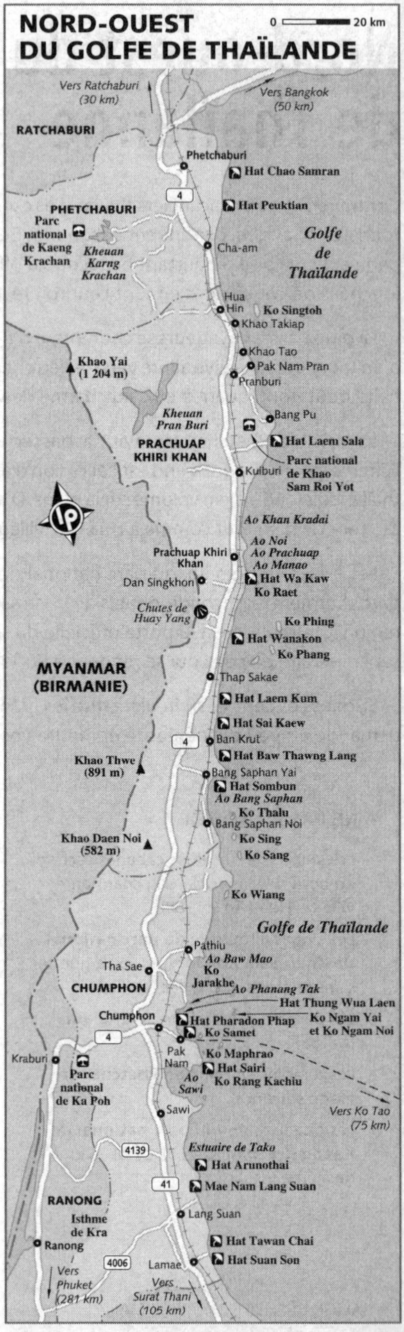

longez le boulevard principal jusqu'au second grand carrefour (Th Chisa-In). Le centre-ville est étendu et l'ombre se fait rare les jours ensoleillés. Protégez-vous avec de l'écran solaire et prenez de l'eau si vous visitez les temples.

Il y a 3 banques à l'angle de Th Phongsuriya et de Th Panichjaroen.

Bureau de la TAT (☎ 0 3240 2220 ; Th Ratwithi ; 🕑 8h30-16h30). Installé dans un bâtiment semblable à un *wat*, cet office du tourisme ne propose pas énormément de brochures, mais son personnel, souriant, vous indiquera le chemin des temples, ainsi que des adresses où loger et se restaurer à petits prix.

Police (☎ 0 3242 5500 ; Th Ratwithi). Près du croisement avec Th Ratchadamnoen.

Poste (angle Th Ratwithi et Th Damnoen Kasem). Centre téléphonique à l'étage.

À voir et à faire

S'élevant à l'ouest de la ville, la colline de **Khao Wang** est parsemée de *wat* et surmontée par le palais du roi Mongkut Rama IV, le **Phra Nakhon Khiri** (Cité sacrée de la colline ; ☎ 0 3240 1006 ; 40 B ; 🕑 9h-16h), qui date de 1860. On peut grimper la pente raide en empruntant des chemins pavés ou gagner le versant ouest de la colline pour prendre le funiculaire menant au sommet (adulte aller 40 B). La vue est superbe, surtout au soleil couchant. Partout sur la colline, d'innombrables singes cherchent à attirer l'attention du promeneur. La brochure d'information en vente à la billetterie (5 B) comprend un plan des jardins du palais.

À 5 km au nord de Phetchaburi, le sanctuaire troglodytique de **Khao Luang** (don apprécié ;

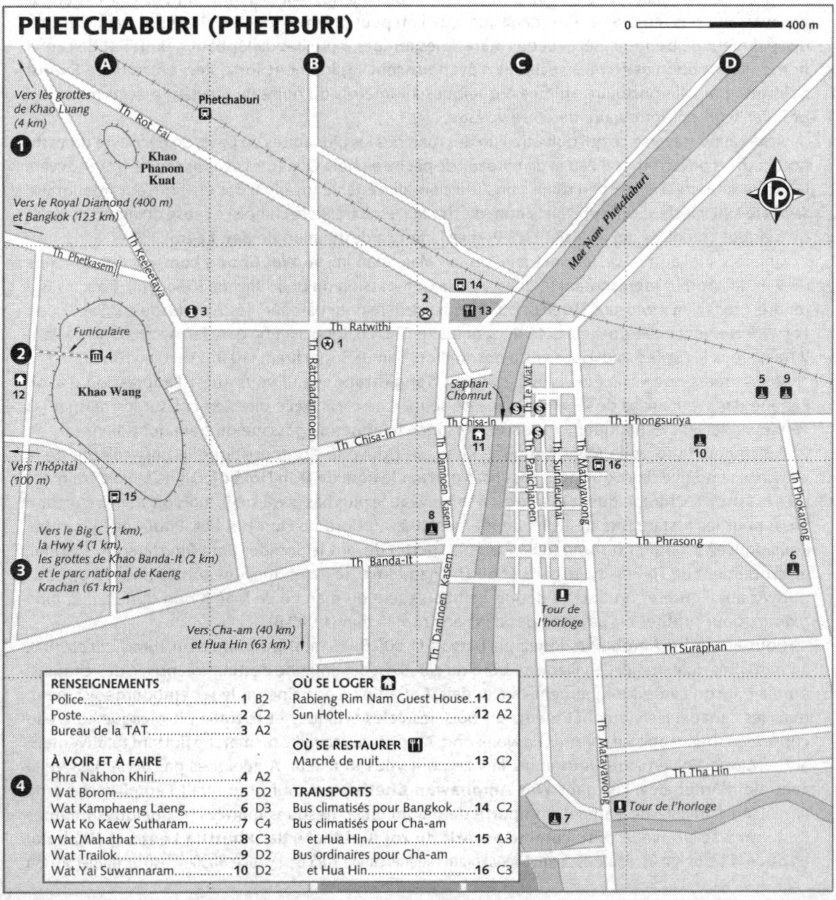

(🕑 8h-18h) est réputé pour ses grottes où trônent des bouddhas anciens représentés dans diverses postures, qui furent pour la plupart installés par Rama IV (roi Mongkut). Mieux vaut venir vers 17h, lorsque la lumière du soleil déclinant filtre à travers le plafond et nimbe les statues d'un halo vaporeux. On peut se promener dans de multiples salles ornées de rochers à forme humaine et de rangées de stalactites.

Autre sanctuaire troglodytique, plus magique encore que Khao Luang, les grottes de **Khao Banda-It** (don apprécié ; 🕑 9h-16h) se situent à 2 km à l'ouest de la ville. Des guides anglophones accompagnent les visiteurs. Un *săhm·lór* (aussi

EXCURSION À AMPHAWA

Le village pittoresque d'Amphawa, situé au bord du canal dans la province de Samut Songkhram, à moins de 100 km de Bangkok, constitue une superbe excursion en descendant la côte du nord-ouest du golfe.

Votre aventure démarre dans Thonburi, à Bangkok, à la **gare ferroviaire de Wong Wian Yai**. Juste après le rond-point (Wong Wian Yai) se trouve un marché alimentaire plutôt ordinaire qui cache le terminal sans prétention de cette ligne de banlieue, plus connue en anglais sous le nom de Mahachai Shortline. Prenez l'un des trains qui partent toutes les heures (10 B) pour Samut Sakhon.

Après 15 min seulement, la ville dense cède la place à des villages où l'on peut voir l'intérieur des maisons, des temples et des magasins, que l'on peut presque toucher depuis le train. Ensuite, des palmiers, de petites rizières et des marécages remplis d'oreilles d'éléphant géantes et de canna bordent la route. Les fermes reculées s'évanouissent rapidement lorsqu'on entre dans **Samut Sakhon**, une ville portuaire animée à quelques kilomètres du golfe de Thaïlande et terminus du premier segment ferroviaire de votre voyage.

Après avoir traversé ce qui doit être l'un des marchés les plus agités du pays, on découvre un vaste port couvert de jacinthes d'eau et de bateaux de pêche en bois. Quelques canons rouillés tournés vers la rivière subsistent du fort en ruine, construit pour protéger le royaume des envahisseurs maritimes. Avant le XVIIe siècle, la ville portait le nom de Tha Jiin (embarcadère chinois) à cause du grand nombre de jonques chinoises qui arrivaient ici. Prenez le ferry à destination de **Ban Laem** (3 B).

Une fois sur l'autre rive, le sanctuaire de Jao Mae Kuan Im, au **Wat Chong Lom**, est une fontaine de 9 m de hauteur représentant la déesse de la Compassion du bouddhisme (Guanyin). Pour vous y rendre, prenez un moto-taxi (10 B) depuis l'embarcadère pour parcourir les 2 km jusqu'au Wat Chong Lom. Idéalement située, juste à côté du sanctuaire, Tha Chalong est une gare ferroviaire d'où partent 2 trains tous les après-midi pour votre destination, Samut Songkhram (10 B, 13h30 et 16h40).

Vous saurez que vous êtes arrivé à **Samut Songkhram** quand vous aurez l'impression d'avoir échoué dans le marché de la ville. En réalité, le marché est installé directement sur les rails, et les vendeurs doivent frénétiquement retirer leurs marchandises au passage du train quotidien.

À l'embouchure de la Mae Nam Mae Klong se trouve le site touristique le plus célèbre de la province : une rive de coquillages fossilisés portant le nom de **Don Hoi Lot**. On ne la voit vraiment qu'à la saison sèche, lorsque la rivière est à son niveau le plus bas (avril-mai), mais on vient beaucoup aussi pour les restaurants de fruits de mer installés au bord de Don Hoi Lot. Pour vous y rendre, vous pouvez prendre un *sŏrng·tăa·ou* (camionnette) devant le Somdet Phra Phuttalertla Hospital, au croisement de Th Prasitwatthana et de Th Thamnimit ; le trajet dure environ 15 min (10 B). Vous pouvez aussi affréter un bateau depuis l'embarcadère du marché de Mae Klong (*tâh đà·làht mâa glorng*), pour profiter du paysage pendant environ 45 min (1 000 B).

Pour atteindre **Amphawa**, louez un bateau (1 000 B, 45 min) ou prenez un *sŏrng·tăa·ou* (8 B, 15 min) près du marché. Ce village au bord du canal est devenu une destination prisée des citadins, attirés par son cadre typiquement thaïlandais. Cet afflux a entraîné un léger embourgeoisement, mais les canaux, les vieux bâtiments en bois, les cafés typiques et le trafic pittoresque sur l'eau conservent beaucoup de charme. Le week-end, Amphawa accueille un marché flottant relativement authentique. En semaine, vous aurez la ville pour vous tout seul. À quelques pas de la passerelle centrale d'Amphawa, l'élégant **Wat Amphawan Chetiyaram**, qui occuperait l'emplacement de la maison familiale de Rama II, comporte de magnifiques fresques murales. À quelques minutes du temple se trouve le **parc commémoratif du roi Buddhalertla (Phuttha Loet La) Naphalai** (☎ 0 3475 1376 ; Km 63, Route 35, Samut Songkhram ; adulte/enfant 20/5 B ; 🕑 parc 8h30-17h30 tlj, musée 9h-18h orthographié *săamláw* ; cyclo-pousse) entre le centre-ville et l'un ou l'autre site coûte environ 55 B ; à moto-taxi, comptez 40 B.

Promenade à pied

La somnolente Phetchaburi est réputée dans tout le pays pour ses nombreux *wat*. La promenade suivante inclut certains des vestiges les plus exceptionnels des anciens empires.

Après avoir franchi la Mae Nam Phetchaburi (rivière de Phetchaburi), longez Th Phongsuriya sur 300 m jusqu'à atteindre un grand temple sur la droite. Il s'agit du **Wat Yai Suwannaram (1)**, construit au XVIIe siècle et rénové sous Rama V

mer-dim), un musée installé dans une série de maisons thaïlandaises traditionnelles du centre sur 1,5 ha de terrain paysager. Dédié à Rama II, le musée contient une bibliothèque de livres rares et des antiquités du royaume de Siam du début du XIXe siècle.

La nuit, des *long-tail boats* sillonnent les eaux endormies d'Amphawa pour observer la danse des *hìng hôy* (lucioles), pareilles à des étoiles. Plusieurs opérateurs proposent des excursions, dont **Niphaa** (☎ 08 1422 0726), une agence expérimentée et bien équipée implantée à l'embouchure du canal, près de la passerelle.

Où se loger et se restaurer

Amphawa accueille de nombreux habitants de Bangkok le week-end et il semblerait que presque toutes les maisons ont ouvert leurs portes pour loger les touristes. Les chambres chez l'habitant vont du simple matelas sur le sol avec une moustiquaire à des chambres d'hôtes plus cossues.

Le **Baan Song Thai Plai Pong Pang** (☎ 0 3476 7333 ; Amphawa ; ch 850 B) organise des séjours basiques chez l'habitant et a été reconnu pour son excellence en matière d'écotourisme. Le **Baan Torsang Ampawa** (☎ 0 3475 1390 ; www.bantorsang.com ; 23 Moo 8 Th Suanluang ; ch 1 000-1 500 B) et le **Thanicha Boutique Resort** (☎ 0 3472 5511 ; www.thanicha.com ; 261 Amphawa Samut Songkhram ; ch 800-1 200 B) sont deux nouvelles options de catégorie moyenne. Un peu plus haut de gamme, le **Baan Ku Pu** (☎ 0 3472 5920 ; Th Rim Khlong, Amphawa ; ch 1 600-4 000 B ; ❄) propose des bungalows en bois, et le **Baan Tai Had Resort** (☎ 0 3476 7220 ; www.baantaihad.com ; 1 Moo 2, Th Tai Had, Samut Songkhram ; ch 1 600-5 600 B ; ❄ 🏊), un nouveau complexe en bord de rivière, offre une foule d'activités.

Dans l'imposant terminal des ferrys, le restaurant de fruits de mer **Tarua Restaurant** (☎ 0 3441 1084 ; terminal des ferrys, 859 Th Sethakit, Samut Sakhon ; plats 60-200 B) offre une vue sur le port et un menu en anglais.

Le **Khrua Chom Ao** (☎ 0 85190 5677 ; Samut Sakhon ; plats 60-200 B), un restaurant de fruits de mer en plein air, domine le golfe et possède une clientèle locale fidèle. Il se situe à quelques minutes de marche du Wat Chong Lom, en bas de la route longeant le temple en face de la statue de la déesse chinoise Kuan Im (Guanyin).

Si vous êtes en ville le week-end, prenez un repas sur l'amusant **marché flottant d'Amphawa** (*dà·làht nám am·pá·wah* ; ☎ 0 3475 2847 ; plats 20-40 B ; ⏰ 12h-21h ven-dim), où le *phàt thai* et d'autres plats à base de nouilles sont servis directement sur les bateaux.

Depuis/vers Amphawa

Des trains partent de la gare de Wong Wian Yai dans Thonburi (carte p. 80) à destination de Samut Sakhon environ toutes les heures à partir de 5h30. Il faut partir avant 8h30 pour rejoindre Samut Songkhram en train.

Samut Songkhram est le terminus sud de la Mahachai Shortline. De Ban Laem, 4 départs pour Samut Songkhram sont programmés (10 B, 1 heure, environ 7h30, 10h10, 13h30 et 16h40) ; 4 liaisons sont également assurées en sens inverse (6h20, 9h, 11h30 et 15h30).

Entre Bangkok et Amphawa, des bus (70 B) partent toutes les 40 min depuis le terminal Sud de la gare routière de Thonburi (carte p. 80). Il existe aussi des bus réguliers depuis Samut Sakhon (60 B) et Samut Songkhram (65 B). Sinon, vous pouvez prendre l'un des bus depuis/vers Damnoen Saduak (80 B) qui sillonnent la grande route près d'Amphawa.

Pour une visite plus aisée du marché flottant d'Amphawa, vous pouvez participer au Suburban Lifestyle Tour, une excursion de 4 jours proposée par **Visit Beyond** (☎ 0 2630 9371 ; www.visitbeyond.com). Ce circuit explore les sites touristiques moins connus autour de Bangkok, dont Amphawa.

PRATIQUE

Départ Wat Yai Suwannaram
Arrivée Wat Mahathat
Distance 2,7 km
Durée 1 heure 30

PROMENADE À PIED DANS PHETCHABURI (PHETBURI)

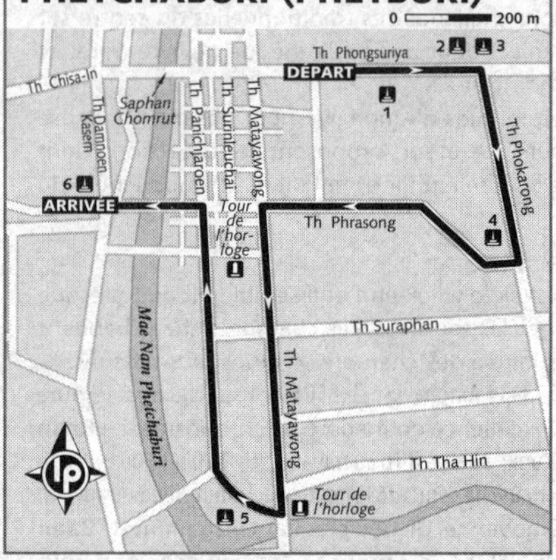

(r. 1868-1910). Selon la légende, la fissure visible sur les portes en bois finement sculptées daterait de l'attaque des Birmans contre Ayuthaya. Le *bòht* (sanctuaire central) principal est entouré d'un cloître abritant de sombres représentations du Bouddha. Les fresques des années 1730 qui ornent le *bòht* sont bien conservées. Près de ce dernier, au bord d'une mare verdâtre, se dresse un superbe *hŏr đrai* (bibliothèque contenant le *Tripitaka*, le canon bouddhique) ancien.

Le **Wat Borom (2)** et le **Wat Trailok (3)** se tiennent côte à côte en face du Wat Yai Suwannaram dans Th Phongsuriya, un peu plus à l'est. Ils n'ont rien d'exceptionnel, mais renferment toutefois des salles monastiques caractéristiques et de longs "dortoirs" en bois sur pilotis qui méritent le coup d'œil.

Au sud des deux *wat*, dans Th Phokarong, se trouve le **Wat Kamphaeng Laeng (4)**, charmant site khmer du XIIIe siècle. Il compte cinq *Ђrahng* (ou *prang*, tours de style khmer) ; une partie du *gampaang laang* (mur en latérite) d'origine est encore debout. Le *Ђrahng* de devant renferme une empreinte du pied du Bouddha. Les deux autres abritent des images dédiées à des *lŏo·ang pôr* (moines vénérés) célèbres ; deux ont été restaurés. Pour les petits creux, un restaurant correct propose un assortiment standard de spécialités thaïlandaises.

Rebroussez chemin dans Th Phrasong en direction du centre-ville, et tournez à gauche dans Th Matayawong. Environ 800 m plus loin, tournez à droite à la tour de l'horloge et cherchez les panneaux indiquant le **Wat Ko Kaew Sutharam (Wat Ko ; 5)**, qui date de l'époque d'Ayuthaya. Le *bòht* arbore des fresques murales du début du XVIIIe siècle qui comptent parmi les plus belles du pays. Un panneau représente ce qui semble être un prêtre jésuite portant la toge des moines bouddhistes, tandis qu'un autre montre d'autres étrangers se convertissant au bouddhisme. Il y a également une vaste salle monastique en bois sur pilotis – semblable à celles du Wat Borom et du Wat Trailok mais en bien meilleur état.

Devant le Wat Ko, suivez Th Panichjaroen en direction du centre de Phetchaburi et tournez à gauche dans Th Phrasong ; vous atteindrez rapidement le **Wat Mahathat (6)**. Son grand *Ђrahng* blanc est visible de loin – une adaptation typique de la fin de la période d'Ayuthaya et du début de la période Ratanakosin des *Ђrahng* de Lopburi et de Phimai.

S'il vous reste du temps, continuez dans Th Phrasong, tournez à gauche dans Th Ratchadamneon, puis tout de suite à droite dans Th Banda-It, et encore à droite dans Th Keeleetaya. Vous arriverez à l'escalier pavé menant au sommet de Khao Wang (carte p. 181), qui offre une vue superbe sur tous les temples que vous viendrez de visiter.

Fêtes et festivals

La **fête de Phra Nakhon Khiri** se concentre à Khao Wang et dans les temples anciens de la ville. Au programme des festivités : un spectacle de son et lumière au palais de Phra Nakhon Khiri, ainsi que des représentations de *lá·kon chah-đri* (théâtre dansé classique), de *lí·gair Ђàh* (théâtre dansé populaire) et de drames historiques de style contemporain. Les veuves de Phetchaburi participent à un concours de beauté.

Où se loger et se restaurer

Halte fort prisée pour ses temples, Phetchaburi compte étonnamment peu d'établissements offrant le gîte ou le couvert. Les touristes occidentaux n'ont pas encore marqué l'endroit de leur empreinte, aussi faut-il dénicher la plupart des restaurants dans le chaos urbain. Le lundi, le marché de nuit permet de se régaler à peu de frais.

EXCURSION AU PARC NATIONAL DE KAENG KRACHAN

Le plus grand parc national de Thaïlande et le site de la superbe Nam Tok Pala-U (cascade), **Kaeng Krachan** (adulte/enfant 200/100 B) est facilement accessible depuis Phetchaburi. On y trouve des grottes à explorer, des montagnes et un lac immense. En outre, les possibilités d'observer les oiseaux sont excellentes (voir l'encadré p. 199) dans la forêt sempervirente qui couvre toute l'étendue du parc. Kaeng Krachan offre aussi de superbes treks et c'est l'un des rares endroits où l'on peut apercevoir des éléphants en liberté. Pour venir en voiture, empruntez la Hwy 4 vers le sud sur environ 20 km au départ de Phetchaburi. Au croisement de Kern Pet, tournez à droite et continuez sur 38 km jusqu'à Pet Dam, puis sur encore 3 km jusqu'au bureau du parc. Autre solution : organiser un circuit à Hua Hin (voir p. 191). À Phetchaburi, contactez la Rabieng Rim Nam Guest House (ci-dessous), qui organise des excursions à la journée (2 000 B/pers, minimum 4 pers, ou 6 000 B pour 2 pers) et des visites sur 2 jours, avec la nuit dans des bungalows rustiques (2 400 B/pers, minimum 4 pers).

La ville est connue pour sa gastronomie, et notamment pour le *kôw châa pét·bù·ri* (riz froid accompagné de douceurs) et le fameux *môr gaang* (crème aux œufs).

Rabieng Rim Nam Guest House (☎ 0 3242 5707 ; 1 Chisa-In ; s/d 120/240 B). Grande bâtisse en teck au bord de l'eau. Si les chambres rudimentaires (des "placards" en bois avec matelas) ne vous font pas bonne impression, le propriétaire vous indiquera le Jomklow Hotel, de l'autre côté du pont, qui affiche les mêmes tarifs. Mais ne vous donnez pas la peine d'y aller : l'endroit ressemble à une prison. Le restaurant du Rabieng (petit-déjeuner, déjeuner et dîner), au bord de la rivière, propose un large choix de spécialités thaïlandaises, dont un excellent *yam* (salade épicée). Service de blanchisserie (5 B/pièce), location de motos (250 B/jour) et circuits dans le parc national de Kaeng Krachan (p. 185).

Sun Hotel (☎ 0 3240 0000 ; 43/33 Soi Phetkasem 1 ; ch 800-1 500 B, ste 1 700 B ; ❄). Situé en face du funiculaire pour le Phra Nakhon Khiri, le Sun s'essaie à la sophistication d'un hôtel de charme. Les chambres sont immenses et la réception, en plein air, se double d'un restaurant très apprécié par les clients thaïlandais. Le personnel, professionnel, assure le service en chambre moyennant 5 B supplémentaires. Fréquents rabais sur le prix des chambres.

Royal Diamond (☎ 0 3241 1061 ; www.royaldiamond-hotel.com ; 555 Moo 1, Th Phetkasem ; ch 1 200-2 000 B ; ❄). Un hôtel un peu excentré offrant un bon choix de chambres confortables – "standard" d'un bon rapport qualité/prix (spacieuses, moquettées et meilleur marché). Le bar-karaoké attenant détonne un peu dans la paisible Phetchaburi.

Depuis/vers Phetchaburi

Les bus arrivant en ville marquent plusieurs haltes en fonction des demandes des passagers. La plupart s'arrêtent devant le Big C (centre commercial sur plusieurs niveaux) et un grand hôpital couleur citron vert. Mieux vaut descendre près de l'hôpital (à l'ouest de Khao Wang), plus proche des sites de la ville. La gare routière des bus climatisés depuis/vers le terminal Sud de Bangkok (120 B, 2 heures 30) se trouve en face du marché de nuit. Comptez environ 1 B/km pour rejoindre les destinations voisines, telles Cha-am (35 B, 40 min) et Hua Hin (50 B, 1 heure 10).

Le train est moins pratique que le bus, à moins de prendre en compte le temps nécessaire pour rejoindre les gares routières de Bangkok ou en partir. Depuis/vers la gare ferroviaire de Hualamphong à Bangkok, les trains sont fréquents. Les tarifs varient en fonction du train et de la classe (2e classe environ 200 B, 3e classe environ 100 B, 3 heures).

Comment circuler

Les *săhm·lór* et les motos-taxis vont partout dans le centre moyennant 30 B ; vous pouvez également les louer à la journée (à partir de 300 B). En ville, la course en *sŏrng·tăa·ou* (camionnette) coûte 10-20 B. La Rabieng Rim Nam Guest House loue des motos (250 B/jour).

CHA-AM

อำเภอชะอำ

65 500 habitants

Le paisible village de pêcheurs de Hua Hin s'est transformé en une station balnéaire cosmopolite après avoir été choisi comme villégiature par le roi Rama IV. La petite agglomération de Cha-am, 25 km plus haut sur la côte, a quant à elle échappé à un destin similaire. Cette étendue sablonneuse plantée de filaos et de parasols, qui accueille surtout des Thaïlandais

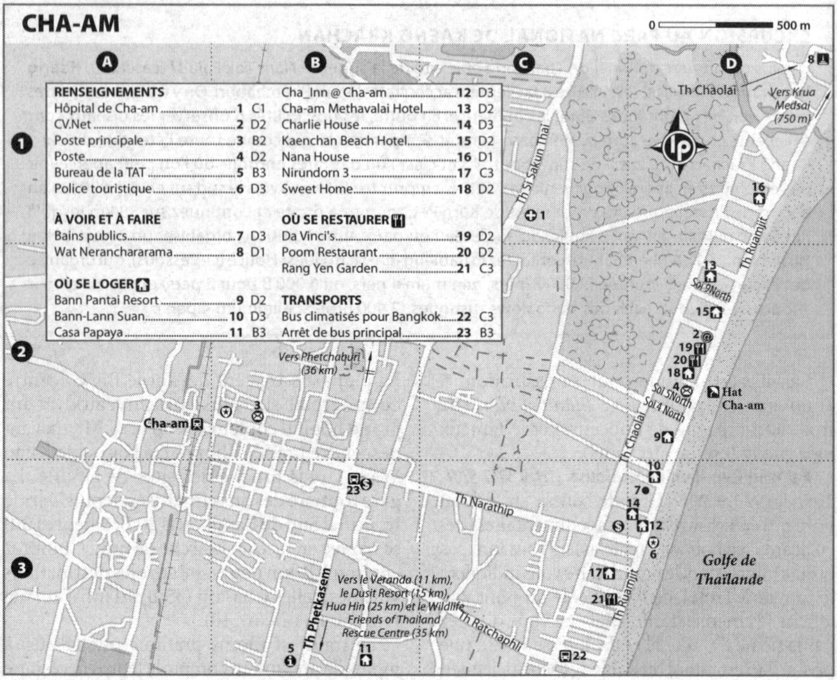

le week-end, offre une excellente alternative aux cités balnéaires situées plus au sud : les tarifs sont moins élevés et la gastronomie est préparée au goût des papilles thaïlandaises. En outre, vous aurez l'occasion d'y mettre en pratique vos talents de marchandage.

Chaque week-end voit arriver par bus entiers des gens bien déterminés à faire la fête, à pique-niquer à l'ombre de l'un des innombrables parasols et à passer la journée à s'amuser sur la plage. En semaine, Cha-am est quasi déserte, et l'on y profite alors de meilleurs tarifs dans les hébergements et de plus de tranquillité sur la plage.

Cha-am est devenue une destination prisée par les touristes scandinaves en voyage organisé, au point que d'innombrables restaurants et pensions arborent désormais les drapeaux des pays scandinaves.

Orientation

Du côté ouest de Th Phetkasem (Phetkasem Hwy ou simplement "highway") sont rassemblés la poste principale, la gare ferroviaire, le commissariat et les bâtiments administratifs. À environ 2 km de la gare ferroviaire, Th Ruamjit, l'artère qui longe la plage, est flanquée d'innombrables hôtels, restaurants, stands de souvenirs et bains publics.

Renseignements

Nombre de banques et de DAB sont situés aux intersections de Th Phetkasem et de Th Narathip, et de Th Narathip avec Th Ruamjit.

Bureau de la TAT (☎ 0 3247 1005 ; tatphet@tat.or.th ; 500/51 Th Phetkasem ; 🕒 8h30-16h30). Personnel anglophone ; renseignements sur Cha-am, Phetchaburi, Hua Hin et Prachuap Khiri Khan.

CV.Net (Th Ruamjit ; 40 B/h ; 🕒 9h-22h). Cybercafé de l'artère principale.

Hôpital de Cha-am (☎ 0 3247 1808 ; Th Leapkhlong). Au nord-ouest de la plage.

Police touristique (☎ 0 3251 5995, urgences 1155 ; angle Th Ruamjit et Th Narathip)

Poste (Th Ruamjit). Petit bureau donnant sur la partie la plus fréquentée de la plage. La poste principale est près de la gare ferroviaire.

À voir et à faire

Le superbe **Wat Nerancharar ama**, dans Th Chaolai, est orné d'une statue représentant un bouddha à six bras, chaque main couvrant un orifice corporel, en une attitude de négation symbolique des sens.

La pittoresque Cha-am est pour l'essentiel le fief des touristes thaïlandais, qui passent leurs vacances sur la plage, à l'abri de parasols géants. Comme eux, vous pouvez louer un transat, puis, à la fin de la journée, suivre le cortège jusqu'à l'un des établissements de **bains publics** bordant la grand-rue (5-10 B).

Bénévolat

Si vous aimez les animaux et ne craignez pas le travail physique, apportez votre soutien au **Wildlife Friends of Thailand Rescue Centre** (☎ 0 3245 8135 ; centre de sauvetage des animaux www.wfft.org, bénévolat www.wildlifevolunteer.org), à 35 km au nord-ouest de Cha-am. Ce centre gère une ménagerie d'animaux de spectacle sauvés des mains de propriétaires peu scrupuleux. Au programme de la journée : repas des ours malais, construction d'enclos pour les macaques et de refuges pour les gibbons… Comptez 140 $US/semaine, avec le gîte et le couvert. Les bénévoles sont censés séjourner 2 ou 3 mois.

Où se loger

Les options d'hébergement vont de la pension dans une vieille maison dans le style des cahutes à l'hôtel de charme aux allures futuristes. Dans le centre-ville, les nombreux établissements donnant sur le bord de mer auraient, pour la plupart, bien besoin d'être rénovés (les exceptions figurent ci-dessous). Réservez pour le week-end, et attendez-vous à voir les prix grimper ou baisser sans raison apparente.

PETITS BUDGETS

Nirundorn 3 (☎ 0 3247 1038, 0 3243 3450 ; 247/7 Th Ruamjit ; ch 600-1 000 B ;). Charmant établissement doté de cottages propres à la décoration soignée. Choisissez de préférence une chambre à l'étage pour jouir d'une meilleure vue.

Charlie House (☎ 0 3243 3799 ; Soi 1 North, 241/60-61 Th Ruamjit ; ch à partir de 650 B ;). Cet établissement accueillant séduit par ses couleurs et sa chaleur. À ne pas confondre avec le Charlie Place ou le Charlie TV (tous deux dans le même *soi*).

Nana House (☎ 0 3243 3632, 0 3247 1357 ; www.nanahouse.net ; 203/3-4 Th Ruamjit ; ch 700-800 B ;). Vous trouverez ici les meilleures chambres à petits prix de la ville. L'établissement occupe désormais plusieurs bâtisses à l'extrémité nord de la plage, toutes confortables et impeccables.

Bann-Lann Suan (☎ 0 3243 3171, 0 3247 1893 ; 261/2 Th Ruamjit ; ch 800-1 500 B ;). Une adresse tendance et l'option la plus élégante parmi celles de sa catégorie sur l'artère du front de mer. N'oubliez pas de fermer les rideaux le soir, car les chambres se font face par-delà une étroite bande de jungle synthétique.

Cha_Inn@Cha-am (☎ 0 3247 1879 ; www.cha-inn.com ; 274/34 Th Ruamjit ; ch à partir 900 B ;). L'une des adresses les plus récentes et les plus soignées de Cha-am, moderne et minimaliste. Dans les chambres, tapis de bambou sur le sol en ciment, œuvres d'art sur les murs et jolies vérandas. Pour une nuit paisible.

CATÉGORIE MOYENNE

Sweet Home (☎ 0 3241 1039 ; 279/1 Th Ruamjit ; bung 1 500 B ;). Ici, tous les bungalows sont en teck. Malgré des sdb sommaires, l'ensemble possède un charme rustique agréable – tables de pique-nique installées devant chaque bungalow.

Kaenchan Beach Hotel (☎ 0 3247 0777 ; 241/4 Th Ruamjit ; bung 1 500 B, ch 2 150-3 300 B, ste 5 700 B ;). Les vacanciers thaïlandais et les expatriés apprécient cette tour couleur mandarine, pour ses spacieuses chambres ornées de mobilier en cerisier laqué, aux fenêtres donnant sur la mer. Ceux qui acceptent de se passer de la vue peuvent loger dans des bungalows à l'arrière. Le petit-déjeuner, compris, est une interprétation thaïlandaise du classique buffet occidental. En arrivant à l'improviste, on obtient parfois jusqu'à 50% de remise, même pendant les week-ends les plus chargés de l'année.

CATÉGORIE SUPÉRIEURE

Les adresses de cette catégorie abondent à Cha-am. Toutefois, les hôtels les plus opulents sont situés à plusieurs kilomètres au sud. La plupart des établissements les plus chers proposent des navettes depuis/vers Hua Hin.

Casa Papaya (☎ 0 3247 0678 ; www.casapapayathai.com ; 810/4 Th Phetkasem ; ch à partir 3 000 B ;). Superbe établissement sur la plage, à 6 km au sud en direction de Hua Hin. Les bungalows du front de mer avec vue sur la mer sont dotés de toits-terrasses, de lits king-size et de sdb aux couleurs sublimes.

Cha-am Methavalai Hotel (☎ 0 3243 3250-3 ; www.methavalai.com ; 220 Th Ruamjit ; ch 3 200-4 200 B, ste 6 500-10 400 B ;). Sans rivaliser avec l'armada d'élégants hôtels de charme qui poussent comme des champignons sur la côte "royale", cet établissement plus ancien ne manque pas de cachet. Des cascades de fleurs jaillissent des balcons blancs, et des cottages de style thaïlandais sont nichés dans le parc bien entretenu.

Bann Pantai Resort (☎ 0 3243 3111 ; www.bannpantai.com ; Th Ruamjit ; ch 4 000-8 000 B ;). Adresse la plus séduisante du cœur de Cha-am, sorte de village chic et tendance semblant tout droit sorti des pages d'un magazine. Les chambres sont disposées au bord d'une splendide piscine à débordement aux eaux turquoise.

Dusit Resort (☎ 0 3252 0009 ; http://huahin.dusit.com ; 1349 Th Phetkasem ; ch 7 000-8 000 B, ste 14 000-58 000 B ;). Ce superbe complexe hôtelier de style colonial n'est pas à Hua Hin, mais bien sûr la commune de Cha-am, à plusieurs kilomètres au sud de la ville. Dusit est l'un des noms les plus respectés du tourisme thaïlandais de luxe, et cet établissement, installé au bord de la plage, est probablement son enseigne-phare. Centre de remise en forme, minigolf, équitation, piscine, tennis, terrains de squash et de polo.

Veranda (☎ 0 3270 9000-99 ; www.verandaresortandspa.com ; 737/12 Th Mung Talay ; ch 8 400-9 800 B, ste 19 800 B, villas 35 000-45 000 B ;). Élégante adresse de style futuriste, décorée dans des tons sobres. Une oasis de luxe où l'on peut voir les membres de la jet-set lézarder autour de la piscine.

Où se restaurer

L'artère longeant la plage compte quantité d'adresses, certaines affiliées à des hôtels, ainsi que des étals de nourriture.

Rang Yen Garden (☎ 0 3247 1267 ; 259/40 Th Ruamjit ; plats 50-180 B ; déj et dîner nov-avr). Ravissant restaurant aux faux airs de patio servant les classiques thaïlandais, à savourer sous les étoiles en soirée. Ouvert seulement en haute saison.

Krua Medsai (☎ 08 1763 6070, 0 3243 0196 ; plats 60-280 B ; dîner). Fantastique table locale qui figure rarement au programme des touristes visitant Cha-am en raison de sa situation, au nord de la station balnéaire. Nous conseillons le succulent *bou nim* (crabe à carapace molle) et le *đôm yam gûng* (soupe de crevettes à la citronnelle), avec de la noix de coco. Pour venir, longez l'artère du front de mer vers le nord jusqu'aux derniers hôtels. Franchissez un petit pont : quelques centaines de mètres plus loin, un grand panneau bleu indique le restaurant, du côté droit de la route.

Poom Restaurant (☎ 0 3247 1036 ; 274/1 Th Ruamjit ; plats 100-200 B ; déj et dîner). Le restaurant favori des Thaïlandais en week-end à Cha-am : énormément d'espace et de longues tables. Les tarifs sont plus élevés que dans les établissements similaires, mais les portions sont impressionnantes et, si l'on en croit le menu, très fourni, tout est cuisiné "comme on l'aime". Nous avons aimé tout ce que nous avons commandé…

Da Vinci's (☎ 0 3247 1871 ; 274/5 Th Ruamjit ; plats 120-400 B ; déj et dîner). Décoration mêlant les styles européen et asiatique (lampes anciennes et palmiers) pour ce restaurant dans un patio, l'adresse la plus chic de Cha-am. Le cadre reflète largement le menu. Choix de plats étrangers disponible.

Depuis/vers Cha-am

Tous les hôtels de luxe, et certains de la catégorie moyenne, organisent des navettes à destination de Hua Hin, moyennant 300-450 B l'aller.

Les bus, ordinaires et climatisés, s'arrêtent dans le centre-ville, sur Th Phetkasem. Certains bus climatisés depuis/vers Bangkok vont jusqu'à la plage, marquant un arrêt dans Th Chaolai, à quelques centaines de mètres au sud du croisement avec Th Narathip.

Des bus fréquents circulent entre Cha-am et Bangkok (environ 150 B, 3 heures), Phetchaburi (35 B, 40 min) et Hua Hin (25 B, 30 min).

La gare ferroviaire se trouve dans Th Narathip, à l'ouest de Th Phetkasem (30 B à moto-taxi depuis/vers la plage). À Bangkok, 3 gares ferroviaires offrent des liaisons quotidiennes avec Cha-am : Hualamphong (15h50), Sam Sen (9h27) et Thonburi (7h15, 13h30 et 19h05). Le billet coûte 60-180 B et le trajet prend environ 4 heures. Cha-am ne figure pas sur la table des horaires des trains en anglais – renseignez-vous au guichet à Bangkok pour être sûr que le train s'arrête à Cha-am.

Comment circuler

La plage se situe à une courte distance du centre-ville à moto-taxi (30 B) ou en taxi collectif (10 B). En ville, la course à moto-taxi coûte 30 B.

On peut louer des vélos et des motos dans Th Ruamjit. Comptez environ 300 B/jour pour une moto, et 20 B/heure ou 100 B/jour pour un vélo rose fuchsia – idéal pour se déplacer en ville.

HUA HIN

อำเภอหัวหิน

49 800 habitants

L'humble village de pêcheurs de Hua Hin est devenu la figure de proue des lieux de villégiature les plus populaires de Thaïlande en 1922, lorsque le roi Rama VI choisit le site pour y faire construire son vaste palais d'été.

Aujourd'hui encore, ses descendants viennent dans cette forteresse en teck. Les promoteurs occidentaux ont emboîté le pas au monarque, en érigeant des gratte-ciel et des *resorts*.

Les constructions ont empiété sur le domaine foncier public, obstruant la vue depuis la route côtière de Th Naresdamri. Les "bars à filles" commencent à faire leur apparition et, même s'ils sont relégués à quelques petites ruelles, ils offrent peut-être un aperçu de l'avenir. De nombreux touristes préfèrent les villes voisines de Cha-am (p. 185) et de Pranburi (p. 195), plus tranquilles et permettant de mieux profiter de la plage. Les tempéraments aventureux iront, quant à eux, explorer le parc national de Khao Sam Roi Yot (p. 196).

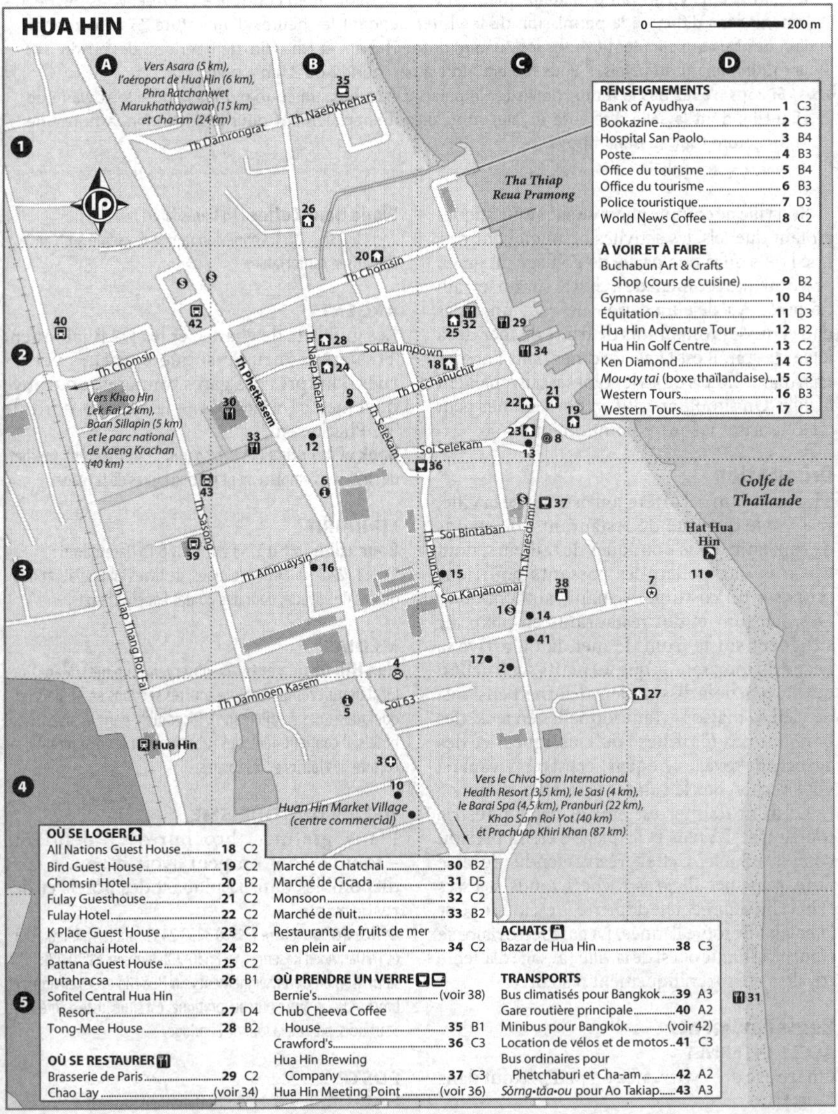

EXCURSION AU PALAIS D'ÉTÉ

À mi-chemin de Cha-am et de Hua Hin se dresse le **Phra Ratchaniwet Marukhathayawan** (☎ 0 247 2482 ; Th Phetkasem ; don apprécié ; 🕒 8h30-16h lun-ven, jusqu'à 17h sam-dim), le palais d'été édifié sous le règne de Rama VI. Les bâtiments à un ou deux étages, en teck doré, sont reliés entre eux par des passerelles couvertes ; tous sont construits sur pilotis. Cette conception, alliée à la hauteur des toits couverts de tuiles et aux grandes fenêtres à persiennes, garantit une circulation d'air maximale – qui fait cruellement défaut à l'architecture thaïlandaise moderne. Le palais est à présent entouré par le Camp Rama VI, un camp militaire, mais, en vous présentant au contrôle à l'entrée, vous devriez obtenir sans difficulté la permission de le visiter pendant les heures d'ouverture. Si vous prenez l'un des bus qui circulent (toutes les 30 min) entre Cha-am et Hua Hin, demandez à descendre sur la route menant au palais. Il vous restera alors à parcourir 2 ou 3 km à pied.

Si vous n'avez pas le temps de visiter le palais d'été, jetez un coup d'œil à la gare ferroviaire de Hua Hin, dont la salle d'attente royale, conçue tout spécialement pour le souverain, arbore une architecture tout aussi flamboyante.

Si la ville ne compte guère de sites touristiques en tant que tels, les activités ne manquent pas, que l'on s'offre une partie de golf sur un green privé ou une promenade à cheval sur un terrain de polo. Au déjeuner, rien ne vaut un repas dans l'un des restaurants de fruits de mer de la jetée ; le soir, il est facile de dîner dans l'un des charmants hôtels de style colonial qui émaillent la ville. Un simple apéritif en bord de mer peut ici s'éterniser jusqu'au point du jour…

Orientation

Th Naresdamri, l'artère touristique de la ville, rassemble quantité de restaurants, de stands de souvenirs et de boutiques de tailleurs, dont certains interpellent les passants pour leur proposer un costume Armani "authentique". Des pensions et des restaurants en plein air s'alignent sur le front de mer, là où arrive la pêche du jour, tandis que les petits *soi* (ruelles) qui partent de là dissimulent d'autres pensions, de vieilles maisons traditionnelles en teck, des bars animés ("à filles" ou classiques) et des agences de voyages. Le quartier est très vivant : si vous recherchez le calme, séjournez ailleurs.

Le front de mer est envahi par l'industrie touristique. La plus belle plage s'étend près du complexe Sofitel. Cette agréable étendue de sable doré, ponctuée de gros rochers ronds et lisses (Hua Hin signifie "tête de pierre"), est idéale pour la baignade, toute l'année. La gare ferroviaire se trouve à la limite ouest de la ville ; sa salle d'attente royale a été magnifiquement restaurée.

Renseignements

ACCÈS INTERNET

On trouve des cybercafés un peu partout dans Hua Hin.

World News Coffee (Th Naresdamri ; 40 B/h ; 🕒 8h-23h ; ⌘). Connexion rapide dans une ambiance climatisée confortable.

ARGENT

Les guichets de change et les DAB jalonnent Th Naresdamri, ainsi que plusieurs petites rues. Plus près des gares routières, on trouve quelques banques, dans la section nord de Th Phetkasem.

Bank of Ayudhya (Th Naresdamri ; 🕒 10h-20h). Guichet de change à l'emplacement pratique, près de la plage.

LIBRAIRIE

Bookazine (☎ 0 3253 2071 ; 166 Th Naresdamri ; 🕒 9h-22h). Quantité de plans, de livres en anglais et de guides de voyage, dont des guides Lonely Planet.

MÉDIAS

Hua Hin Observer (www.observergroup.net). Magazine local gratuit comportant de courtes sections en anglais (et quelques-unes en allemand). Disponible dans la plupart des hôtels, il contient quelques rubriques sur les restaurants, la culture, les loisirs et les sorties.

OFFICE DU TOURISME

Plans gratuits, brochures et dépliants – tout ce dont on peut avoir besoin – sont disponibles dans la plupart des hôtels et des restaurants.

Office du tourisme (☎ 0 3253 2433 ; angle Th Phetkasem et Th Damnoen Kasem ; 🕒 8h30-20h lun-ven, 8h30-17h sam). Nombreux renseignements sur Hua Hin et ses environs et brochures. Un autre bureau, pratique, est situé juste à côté du Starbucks, près de la tour de l'horloge.

POSTE

Poste (☎ 0 3251 1350 ; Th Damnoen Kasem)

SERVICES MÉDICAUX

San Paolo Hospital (☎ 0 3253 2576 ; 222 Th Phetkasem). Soins de base et urgences.

SITE INTERNET

Hua Hin After Dark (www.huahinafterdark.com). Bonne source de renseignements pour les noctambules.

URGENCES

Police touristique (☎ 0 3251 5995 ; urgences 1155 ; Th Damnoen Kasem)

À voir

Bien qu'il n'y ait pas grand-chose à voir à Hua Hin, plusieurs sites autour du centre urbain méritent un bref coup d'œil. Pour une jolie vue sur la ville et sur la mer, faites la randonnée de 2 km jusqu'à **Khao Hin Lek Fai**, aussi appelé Khao Radar. Le paysage est particulièrement sublime au crépuscule.

Pour un aperçu de la communauté artistique florissante de Hua Hin, visitez **Baan Sillapin** (☎ 0 3253 4830 ; 81 Moo 14 ; 🕑 10h-17h, mar-dim), à environ 5 km à l'ouest de la ville (3 km après Khao Radar). Cette retraite abrite les œuvres de Tawee Kesa-Ngam, président du Hua Hin Artist Group. Des cours sont proposés, notamment pour les enfants.

À 30 km à l'ouest de Hua Hin, **Hua Hin Hills** (☎ 0 3252 6351 ; www.huahinhillsvineyard.com) prouve que des vignes verdoyantes peuvent prospérer sous le climat tropical de la Thaïlande. Couvrant 200 *râi* (32 ha), ce domaine caché comprend un *săh·lah* (salle ouverte sur les côtés) à l'architecture élaborée où les visiteurs peuvent en apprendre davantage sur la viticulture. Des dégustations sont aussi proposées au "Sala", le restaurant du site.

Plus loin, dans le parc national de Kraeng Krachan, l'époustouflante **Nam Tok Pala-U** – une cascade sur 11 niveaux – sera la récompense parfaite des esprits les plus intrépides.

Activités et cours

Appréciée de longue date par les golfeurs thaïlandais (roturiers ou membres de la famille royale), Hua Hin séduit depuis quelque temps les joueurs étrangers. Plusieurs agences en ville louent du matériel et organisent des sorties sur ce thème. Le **Hua Hin Golf Centre** (☎ 0 3253 1096 ; www.huahingolf.com ; Th Naresdamri ; 🕑 12h-22h), en face du Hilton, propose des circuits sur mesure sur n'importe lequel des terrains de la région, et s'occupe de l'hébergement, de l'équipement, du caddy et du transport.

L'**équitation** (450 B/h) sur la plage est une activité très courante. Vous trouverez des chevaux et leurs propriétaires sur la grève, au bout de Th Damnoen Kasem.

Des matchs de **boxe thaïlandaise** (mou·ay tai ; ☎ 0 3251 5269 ; 8/1 Th Phunsuk ; entrée 300 B) ont lieu tous les mardi et vendredi à 21h. Les boxeurs sont amateurs, mais le spectacle n'en est pas moins garanti. Si la boxe vous inspire au point de vous donner envie de participer à un combat, rendez-vous au **gymnase** (Th Phetkasem) au sud de la ville (au sud de l'hôpital et du marché), où sont organisés des cours (300 B). L'accès au gymnase coûte 180 B/jour.

Pour un vrai moment de détente, le **Barai Spa** (☎ 0 3251 1234 ; www.thebarai.com ; 91 Th Khao Takiap), implanté dans le Hyatt Hotel, à quelques kilomètres au sud du centre-ville, est l'endroit rêvé. Ce superbe spa dernier cri, à la décoration design unique, organise régulièrement des visites guidées gratuites du lieu.

Et si vous souhaitez pouvoir refaire chez vous les plats succulents que vous aurez dégustés en Thaïlande, le **Buchabun Art & Crafts Shop** (☎ 0 1572 3805 ; www.siambeing.com/restaurant/cookingcourse ; 22 Th Dechanuchit) propose des cours de cuisine d'une demi-journée (1 000 B, visite du marché et livre de recettes inclus) dispensés par Ratthreeya Buchabun. Ils n'ont lieu que si plusieurs participants sont inscrits.

Circuits organisés

Les nombreuses agences de voyages de Hua Hin proposent presque toutes des excursions à la journée vers des destinations proches, comme Phetchaburi (p. 180), et les parcs nationaux de Khao Sam Roi Yot (p. 196) et de Kaeng Krachan (p. 185). Il faut parfois attendre un jour ou deux pour que le nombre de touristes requis soit atteint.

Hua Hin Adventure Tour (☎ 0 3253 0314 ; www.huahinadventuretour.com ; Th Naep Khehat ; 🕑 8h30-19h). Excursions en kayak dans le parc national de Khao Sam Roi Yot (1 900 B), entre autres. Les circuits comprennent le transfert depuis l'hôtel.

Ken Diamond (☎ 0 3251 3863 ; www.travel-huahin.com ; 4/34 Th Naresdamri). Agence proposant des dizaines d'excursions vers des destinations voisines (cascades, parcs nationaux, sites de plongée et de snorkeling notamment) ; s'occupe également de la location de voitures.

Western Tours (☎ 0 3253 3303 ; www.westerntourshuahin.com ; 11 Th Damnoen Kasem). Circuits organisés vers les sites dignes d'intérêt des environs, sorties de golf (location de matériel comprise), réservation d'hôtels et de billets de bus, et renseignements sur les transports locaux. Agence agréée par Thai Airways. Autre enseigne dans Th Amnuaysin.

Festival

Le **Hua Hin Jazz Festival** (http://jazzfestivalhuahin.com ; mi-juin), qui a lieu tous les ans près de la plage, accueille les meilleurs talents thaïlandais.

Où se loger

En matière d'hébergement, on a affaire aux deux extrêmes de l'éventail des prix avec, d'un côté, d'excellentes adresses bon marché pour les voyageurs au budget serré et, de l'autre, certains des plus beaux hôtels de charme du pays. Cha-am et Pranburi, respectivement à quelque 20 km au nord et au sud, comptent aussi d'excellentes adresses.

La proximité de Hua Hin avec Bangkok explique que les prix s'envolent parfois le week-end (surtout pendant les vacances). En semaine, ils sont moins élevés.

Bien que les "bars à filles" soient moins omniprésents à Hua Hin qu'à Pattaya ou à Patong, les voyageurs devront se méfier de la prostitution en plein essor, surtout au moment de choisir leur hébergement. Certains logements des catégories petits budgets et moyenne (surtout dans le quartier de Th Chomsin) cachent derrière des façades attrayantes des individus louches. Il est conseillé de faire preuve de vigilance et de s'en tenir à la liste d'établissements ci-dessous.

PETITS BUDGETS

All Nations Guest House (☎ 0 3251 2747 ; 10-10/1 Th Dechanuchit ; d avec sdb commune 350-500 B). Une adresse toute simple. Rabais possible de 50% pour les voyageurs en solo.

Pattana Guest House (☎ 0 3251 3393 ; huahinpattana@hotmail.com ; 52 Th Naresdamri ; ch 350-600 B). Il est très facile de manquer l'étroit *soi* qui mène à cet établissement charmant, en teck, décoré d'objets hétéroclites. Les chambres sont petites, mais bon marché.

Bird Guest House (☎ 0 3251 1630 ; birdguesthousehuahin@hotmail.com ; 31/2 Th Naresdamri ; ch 400-600 B ;). Si elle n'est plus ce qu'elle était, cette pension reste correcte pour qui recherche le charme d'une agréable cabane rustique sur la jetée. Moins grande que les autres pensions du quartier, elle est plus familiale et plus décontractée.

Tong-Mee House (☎ 0 3253 0725 ; 1 Soi Raumpown ; ch 550 B ;). Un petit bijou caché dans un paisible *soi* résidentiel. Si les chambres sont cosy (comprendre "petites"), elles comportent de beaux parquets cirés et des sdb d'une propreté irréprochable. Charmant petit café et bibliothèque. Accueil des plus souriants.

Pananchai Hotel (☎ 0 3251 1707, 0 3251 1633 ; 71 Th Naep Khehat ; d petit-déj inclus 650 B ;). Petit hôtel (minuscule comptoir de réception, vieil ascenseur branlant et très exigu). Les chambres comportent de petites fenêtres et sont décorées de motifs floraux aux couleurs fanées.

K Place Guest House (☎ 0 3251 1396 ; kplaceus@yahoo.com ; 116 Th Naresdamri ; ch 800-1 000 B ;). Située en plein cœur de l'action, dans Th Naresdamri, tout en étant en retrait derrière un petit marché, cette pension loue des chambres spacieuses d'un bon rapport qualité/prix. Dommage que certaines n'aient pas de fenêtre.

CATÉGORIE MOYENNE

Fulay Guesthouse (☎ 0 3251 3145 ; www.fulay-huahin.com ; 110/1 Th Naresdamri ; ch 750-1 500 B ;). Cette pension, l'une des meilleures de la jetée, compte de jolies chambres peintes de bleu et de blanc, décorées sur le thème marin. On s'endort en écoutant le bruit des vagues…

Fulay Hotel (☎ 0 3251 3670, 0 3251 3145 ; fishshop@hotmail.com ; 110/1 Th Naresdamri ; ch 850-1 500 B ;). En face de la Fulay Guesthouse, cet hôtel étroit à la façade en teck se tient au cœur de l'animation. Bon rapport qualité/prix. Beau restaurant romantique au rdc.

Chomsin Hotel (☎ 0 3251 5348 ; www.chomsinhuahin.com ; 130/4 Th Chomsin ; ch 900-1 500 B ;). Une adresse accueillante venue s'ajouter aux hôtels à bas prix de Hua Hin. Chambres rutilantes, parquets cirés, sdb modernes et grandes fenêtres.

All Seasons Guesthouse (☎ 0 3251 5151 ; Soi 63, 77/18-19 Th Phetkasem ; ch 1 000-1 300 B ;). Les chambres spacieuses, inondées de lumière et dotées de grandes sdb, sont dignes d'un hôtel de luxe. Le sympathique propriétaire britannique loue des lecteurs de DVD. Les 7 chambres affichent rapidement complet : mieux vaut téléphoner.

CATÉGORIE SUPÉRIEURE

Putahracsa (☎ 0 3253 1470 ; www.putahracsa.com ; 22/65 Th Naep Khehat ; 4 500-11 000 B ;). Comment dit-on "très luxueux" en thaï ? "*Putahracsa*". Ce superbe complexe hôtelier se compose de divers pavillons cubiques installés sur une pelouse verdoyante en bord de mer. La conception est sobre et élégante, le teck se mariant à la blancheur des murs. On tombe immédiatement sous le charme.

UN TRAIN DE VIE ROYAL

Le roi Rama IV a choisi Hua Hin comme résidence d'été en 1922. Aujourd'hui, le simple touriste peut à son tour trouver son propre petit palais royal en séjournant dans l'un des luxueux complexes hôteliers du secteur. Certes, le budget s'en trouvera écorné, mais la dépense est justifiée.

- **Chiva-Som International Health Resort** (p. 193 ; Hua Hin)
- **Evasons** (p. 195 ; Pranburi)
- **Veranda** (p. 188 ; Cha-am)
- **Putahracsa** (p. 192 ; Hua Hin)
- **Asara** (ci-dessous ; Hua Hin)

Sofitel Centara Grand Resort and Villas (Hua Hin Railway Hotel ; ☎ 0 3251 2021-38 ; www.accorhotels.com/asia ; 1 Th Damnoen Kasem ; ch à partir de 4 943 B, ste à partir de 12 578 B ;). En 1922, les chemins de fer de Thaïlande (alors Royal Thai Railway, ou "chemins de fer royaux de Thaïlande") étendirent le réseau national jusqu'à Hua Hin afin de faciliter l'accès au palais d'été du roi. Cette villégiature suscita un engouement chez les classes populaires ; le Hua Hin Railway Hotel, gracieuse bâtisse de style colonial en bord de mer, fut construit l'année suivante. Désormais propriété du groupe Accor, c'est un domaine magnifique avec une vue splendide sur l'eau, 3 piscines, un parc vallonné et un spa de premier choix. Réductions (jusqu'à 40%) parfois accordées en semaine et hors saison.

Dune (☎ 0 3251 5051 ; www.dunehuahin.com ; 5/5 Th Naep Kaehat ; ch petit-déj inclus 5 900-15 800 B ;). Ce petit hôtel comporte 5 suites de luxe chic et design. Musique douce et transats faits de tissus artisanaux. Juste après le centre-ville, près de Soi 45, entre la ville et l'aéroport.

Asara (☎ 0 3254 7555 ; www.asaravillaandsuite.com ; 35 Hua Hin Soi 5 ; ch à partir de 9 500 B ;). Un superbe établissement à 5 km au nord du centre-ville, qui consiste en un village de villas modernes. La propriété, autour d'une lagune, jouit d'une vue imprenable sur l'océan. Piscines privées, 2 restaurants et grand spa proposant de luxueuses formules. Personnel aimable et souriant.

Chiva-Som International Health Resort (☎ 0 3253 6536 ; www.chivasom.com ; 73/4 Th Phetkasem ; ch 460-1 600 $US ;). Au bord d'une grande plage privée, ce complexe hôtelier est le refuge des célébrités et des hommes d'affaires. Chiva-Som signifie "havre de vie" en thaï-sanskrit. Les 200 employés s'appliquent à remettre les clients en forme, en mêlant les techniques occidentales et orientales : diététique, step, aquagym, massages thaïlandais et suédois. Les tarifs s'entendent en pension complète – consultations bien-être et médicales, massages en spa et autres activités comprises. Possibilité de choisir des forfaits plus longs (jusqu'à un mois) et des formules spéciales "détox" ou "régime et remise en forme".

Où se restaurer

Les produits de la mer règnent en maîtres sur la gastronomie de Hua Hin, et les délices de la mer fraîchement pêchés sont partout en ville. On peut se régaler d'en-cas à base de poissons et de fruits de mer sur la plage toute la journée – le crabe préparé et la bière fraîche peuvent même être commandés depuis les transats… Le *Ɓlah săm·li* (poisson-castor), le *Ɓlah grà·pong* (perche), le *Ɓlah mèuk* (calamar), les *hŏy má·laang pôo* (moules) et le *Ɓou* (crabe) figurent parmi les meilleures spécialités du cru. Les restaurants de fruits de mer en plein air bordant Th Naresdamri, au croisement avec Th Dechanuchit, côté port, proposent le choix le plus varié.

Marché de nuit (environ 17h-24h). Après avoir goûté aux produits de la mer, venez ici pour un assortiment de spécialités à la vapeur. La rue piétonne s'anime tous les soirs, bien que les week-ends soient plus vivants lorsque les Thaïlandais viennent échapper à l'agitation de Bangkok. De nombreux stands vendent de la nourriture – mieux vaut s'en tenir à la cuisine de rue, la plupart des restaurants attenants ciblant les touristes et proposant des plats médiocres.

Marché de Cicada (15h-24h sam). Ce marché plus récent se situe près du Hyatt Regency. Orienté vers les arts du spectacle et l'artisanat, il compte aussi plusieurs stands de nourriture qui proposent une cuisine locale authentique. Une extension des horaires est envisagée.

Marché de Chatchai (Th Dechanuchit). Pittoresque et peu coûteux, ce marché est l'un des attraits majeurs de Hua Hin. Des marchands se rassemblent tous les soirs dans le centre-ville (à côté de Th Phetkasem) et cuisinent de mille et une façons les produits frais de la mer pour des hordes de Thaïlandais affamés. Ne partez pas sans goûter au célèbre *roti Hua Hin* (10 B) servi ici, un délicieux en-cas à base de pâte à beignet et fourré de sucreries (fraises, crème aux œufs ou raisins secs).

Chao Lay (☎ 0 3251 3436 ; 15 Th Naresdamri ; plats 60-400 B ; ⏲ déj et dîner). Sans doute le meilleur restaurant de la jetée, dont les 2 étages se remplissent rapidement. À l'avant de l'établissement, un véritable marché aux poissons attend que vous choisissiez ce que vous comptez déguster.

Baan Itsara (☎ 0 3253 0574 ; 7 Th Naebkhehars ; plats 90-400 B ; ⏲ déj et dîner). Considérée par certains comme l'un des meilleurs restaurants de fruits de mer de la ville, cette adresse, à quelques minutes à pied au nord du centre-ville, dispose de tables au bord de l'océan, ainsi que d'une petite carte de vins importés.

Monsoon (☎ 0 3253 1062 ; 62 Th Naresdamri ; plats 100-250 B, menu 390 B ; ⏲ déj et dîner). Ce beau restaurant a de faux airs de gare ferroviaire de l'Indochine de jadis. Les larges sièges en cuir semblent tout droit sortis d'un lodge de luxe. Au menu : thés importés, et mélange de cuisines régionale et étrangère. Seul bémol : la majoration de 50 B pour l'eau…

Brasserie de Paris (☎ 0 3253 0637 ; 3 Th Naresdamri ; plats 180-500 B ; ⏲ petit-déj, déj et dîner). Un chef français officie dans un cadre lumineux et aéré – jolie vue sur la mer depuis l'étage. Le crabe local est la spécialité des lieux.

Sasi (☎ 0 3253 6606 ; 83/159 Nhongkae ; menus 350-450 B ; ⏲ dîner). Disposé en cercle dans un espace dévolu aux représentations en plein air, le Sasi propose un spectacle sophistiqué de danse thaïe et de théâtre pendant le dîner.

Où prendre un verre

On trouve d'innombrables bars pour *faràng* (étrangers) dans le bazar de Hua Hin et dans le petit *soi* proche de Th Naresdamri et de Th Damnoen Kasem. Certains évoquent davantage des bars à hôtesses, et quelques-uns sont des bars sportifs équipés de grands écrans diffusant des matchs internationaux.

Hua Hin Brewing Company (Th Naresdamri). Ce labyrinthe évoquant un village de pêcheurs est l'un des lieux les plus courus du secteur. Il attire une clientèle d'expatriés, de touristes et de "dames de la nuit", et accueille souvent des concerts. L'ambiance n'est pas que louche. Preuve en est : l'un des hôtels les plus chic de la ville est situé juste à côté.

Bernie's (Hua Hin Bazaar, Th Damnoen Kasem). Bar des sports tenu par un Britannique fou de golf, mine de renseignements en la matière.

Hua Hin Meeting Point (☎ 0 3253 1132 ; 3 Th Phunsuk). Sa situation en angle assure l'animation du lieu. On y sert des repas, mais la clientèle vient également nombreuse pour prendre simplement un verre. Les tables sont disposées autour d'un bar blanc moderne et élégant (salle climatisée) et dans un patio pourvu d'un écran géant.

Crawford's (☎ 0 3251 1517 ; 5 Th Phunsuk). Ce pub irlandais sur 2 niveaux (climatisés) au décor lambrissé importe tout de sa terre natale. Ambiance conviviale (clientèle d'expatriés). Retransmissions sportives certains jours, sur l'un des nombreux écrans TV.

Chub Cheeva Coffee House (☎ 0 3251 33380 ; 2/8 Th Nahb Kahat). Merveilleusement excentrique, le Chub Cheeva occupe une pelouse jonchée de vieux meubles de jardin. Les milk-shakes aux fruits, le café et les délicieuses glaces sont proposés toute la journée, mais mieux vaut venir en fin d'après-midi pour boire un verre au coucher du soleil.

Depuis/vers Hua Hin

SGA (☎ à Hua Hin 0 3252 2300, à Bangkok 0 2134 3233 ; www.sga.aero) assure des liaisons en avion à 12 places 2 fois/jour (aller environ 3 000 B, 40 min, 12h et 17h30) entre l'aéroport de Suvarnabhumi de Bangkok et Hua Hin.

Des bus climatisés circulent fréquemment depuis/vers le terminal Sud de Bangkok (171 B, 3 heures 30, toutes les 30 min). Ils partent de Th Sasong (devant le Siripetchkasem Hotel). Des minibus climatisés partent pour Bangkok (180 B) toutes les 30 min depuis le panneau Yamaha, installé près du croisement entre Th Chomsin et Th Phetkasen.

De la gare routière principale, publique, située dans Th Liap Thang Rot Fai, des bus climatisés desservent de nombreuses destinations dans tout le pays. Ignorez les rabatteurs et adressez-vous au guichet. Au moins un bus climatisé rallie chaque jour les villes suivantes : Phetchaburi (80 B, 1 heure 30), Cha-am (40 B, 30 min), Prachuap Khiri Khan (80 B, 1 heure 30), Chumphon (160 B, 4 heures), Phuket (378 B, 8 heures), Krabi (389 B, 8 heures), Koh Samui (320 B, 9 heures) et Songkhla (457 B, 11 heures). Des bus ordinaires partent fréquemment pour Phetchaburi (50 B, 1 heure 30) et Cha-am (25 B, 30 min) depuis un arrêt proche du croisement entre Th Chomsin et Th Phetkasem.

De nombreux trains relient Hua Hin à la gare ferroviaire de Hualamphong à Bangkok (2e classe 292-382 B, 3e classe 234-294 B, 4 heures) et à d'autres gares situées sur la ligne ferroviaire sud.

La compagnie de ferrys Lomprayah propose des billets combinés bus/bateau vers Ko Pha-Ngan (tous les jours, 9h et 24h) ; reportez-vous

p. 243 pour plus de détails. Si vous arrivez à Hua Hin depuis les îles, on vous déposera généralement sur le bord de la grande route, près du Huan Hin Market Village, au sud du centre-ville dans Th Phetkasem.

Comment circuler

L'aéroport est à 6 km au nord de la ville ; comptez environ 150 B en taxi.

Des bus locaux (10 B) et des *sŏrng·tăa·ou* (10 B) partent de l'intersection entre Th Sasong et Th Dechanuchit, à destination d'Ao Takiap et des complexes hôteliers au sud de Hua Hin.

Même si les prix des trajets en *săhm·lór* dans Hua Hin ont été fixés par la municipalité, il est généralement nécessaire de marchander. Quelques exemples de tarifs : 20 B de la gare ferroviaire à la plage ; 30-40 B (selon le volume de vos bagages) du terminal des bus climatisés (Th Sasong) à Th Naresdamri ; et 20 B du marché de Chatchai à Tha Thiap Reua Pramong. La plupart des chauffeurs vous réclameront au moins le double.

On peut louer des motos et des vélos à plusieurs endroits dans Th Damnoen Kasem, près du Sofitel Central Hua Hin Resort. Le tarif des motos est raisonnable : 200-250 B/jour pour un engin de 100 à 125 cm^3. De temps à autre, des motos plus puissantes (400-750 cm^3) sont disponibles moyennant 600-700 B/jour. On trouve des voitures et des 4x4 à louer dans la plupart des agences de voyages, et notamment chez Ken Diamond (p. 191) et Western Tours (p. 192). Comptez environ 1 300-1 500 B pour un petit 4x4. La location d'un vélo coûte 50-100 B/jour.

PRANBURI

ปราณบุรี

75 000 habitants

Pranburi, à 35 km au sud de Hua Hin, est en train de devenir une destination de choix pour les voyageurs aisés visitant la côte royale. Entouré de plantations d'ananas et de sable brun, la ville a déjà séduit les cinéastes par son isolement et les merveilles de la nature.

Pranburi est située en retrait de l'océan. Côté plage, le coin s'appelle Pak Nam Pran. Une longue route sablonneuse serpente le long de la côte et trace un chemin entre les complexes hôteliers et le bord de mer. Pour une perspective intéressante sur la culture locale de la pêche, offrez-vous une paisible **excursion en bateau** (☎ 08 3849 7061 ; bateau 6 pers 1 000 B), qui permet d'observer les bateaux de pêche à la traîne amarrés près de temples cachés. Le bateau part de Ban Pranburi.

Renseignements

Hôpital de Pranburi (☎ 0 3262 1757, 0 3262 1767)
Police touristique (☎ 0 3251 5995, urgences 1155)

Où se loger et se restaurer

La région gagnant en popularité, de nombreux hôtels, notamment de charme, voient le jour. On trouve quelques restaurants et bars le long de la principale rue bordant la plage, mais, pour l'essentiel, les touristes prennent leurs repas dans les excellents restaurants des établissements hôteliers.

Palm Beach Pranburi (☎ 0 3263 1966 ; www.palmbeachpranburi.com ; 494 Moo 2 ; ch à partir de 1 500 B ;). Nouveau *boutique hotel* sur le sable, le Palm Beach est une option fiable, avec des chambres impeccables affichant des touches thaïlandaises subtiles, ainsi qu'un agréable patio au bord de la piscine.

Lawana Beach Resort (☎ 0 3263 2222 ; www.lawanapranburi.com ; 5/1 Moo 1 ; bung 2 800-12 000 B ;). Ce complexe hôtelier tentaculaire de cottages en chaume et palme (dont certains avec piscine privative !) se situe sur un ruban sablonneux sur la rivière Pranburi.

Huaplee Lazy Beach (☎ 0 3263 0555 ; www.huapleelazybeach.com ; 163 Moo 4 ; ch 3 300-7 000 B ;). Des chambres inondées de soleil s'alignent sur une minuscule pelouse au bord de la mer. L'intérieur fait la part belle au blanc avec, çà et là, une petite touche de bleu pour une ambiance méditerranéenne. Le mobilier artisanal et la décoration hétéroclite ajoutent au cachet.

Evasons (☎ 0 3262 2111 ; www.sixsenses.com/evason-hua-hin ; 9 Moo 5, Pak Nam Pran ; ch et bung 5 750-16 000 B ;). Ce superbe complexe se compose de 2 propriétés, l'une avec un hébergement de style hôtel, l'autre avec des villas privées, pourvues pour certaines de magnifiques piscines. Le personnel est aimable et souriant. Possibilité de pratiquer diverses activités (vélo, randonnée, plongée et autres sports nautiques). Les 2 spas du domaine proposent un grand choix de soins dans un cadre verdoyant. Le complexe comporte un service consacré à la gestion de l'environnement, dont la priorité est de limiter l'impact du tourisme et de la pêche.

Aleenta (☎ 0 2508 5333 ; www.aleenta.com ; 183 Moo 4 ; ch 8 000-20 000 B ;). Les villas et les suites sont installées dans une sorte de forteresse en adobe et en chaume. Les chambres allient le confort moderne aux tissus naturels.

Depuis/vers Pranburi

Deux **services de minibus** (☎ 08 6007 4742, 08 5242 5268) circulent entre Bangkok et Pranburi (220 B). Au téléphone, vous aurez peut-être du mal à comprendre et à vous faire comprendre, car les standardistes parlent à peine anglais. L'arrêt à Pranburi se situe devant l'unique 7-Eleven de la ville. À Bangkok, prévoyez de descendre à hauteur du monument de la Victoire (Victory Monument). Mieux vaut réserver, car les navettes affichent rapidement complet. Si vous voulez rallier une ville située entre Pranburi et Bangkok, informez simplement le chauffeur de votre destination. En taxi, comptez 400 B depuis Hua Hin, et 500 B depuis l'aéroport de Hua Hin.

PARC NATIONAL DE KHAO SAM ROI YOT

อุทยานแห่งชาติเขาสามร้อยยอด

Il était une fois un navire marchand en bois qui naviguait le long de la côte… Parvenu dans la région, il subit une avarie et sombra rapidement. Par miracle, les 300 passagers à bord réussirent à nager jusqu'au rivage. Par la suite, la région prit le nom de Khao Sam Roi Rot, qui signifie à peu près "terre des 300 rescapés". Au fil des récits de cet événement fondateur, ce nom s'est peu à peu transformé. Le souvenir du bateau disparu a cédé la place aux merveilles naturelles de la région, et notamment à ses très hauts pics. Les "*rot*" ("rescapés") devinrent des "*yot*" et, aujourd'hui, on désigne ce petit coin de jungle et de montagne du nom de "terre des 300 pics".

Ce paradis tropical s'est vu octroyer en 1996 le statut de parc national. Ses superbes vallons, grottes et sentiers sont donc désormais à l'abri des promoteurs immobiliers. Un écosystème d'une grande richesse accueille des entelles, des cerfs aboyeurs (cerfs muntjac), des mangoustes de Java, des loutres et des civettes palmistes. C'est une destination de choix pour les amateurs d'ornithologie, puisque plus de 300 espèces d'oiseaux migrateurs investissent chaque année les étangs et les mangroves (voir l'encadré p. 199).

On peut aussi voir des macaques mangeurs de crabes, des loris paresseux, des pangolins de Malaisie, des chats viverrins, des serows (ou capricornes de Sumatra) et des lézards moniteurs. Malheureusement, comme souvent en Thaïlande, l'industrie (en l'espèce les élevages de crevettes) empiète sur l'habitat et menace la diversité de la faune.

Renseignements

Le parc comprend trois bureaux administratifs (Hat Laem Sala, Ban Rong Jai et Ban Khao Daeng) et trois centres d'information des visiteurs (Hat Laem Sala, Hat Sam Phraya et Ban Khao Daeng), où vous pourrez vous renseigner sur la région. Un centre d'étude de l'environnement est implanté au bout d'une route de 1,5 km partant de Ban Rong Jai en direction du nord. Il existe deux postes de contrôle : l'un sur la route qui va vers le sud depuis Pranburi ; l'autre sur la route à l'est de la Hwy 4. Vous devrez y payer l'entrée (adulte/moins de 14 ans 400/200 B) ou, si vous avez quitté le parc et souhaitez y retourner, montrer le billet prouvant que vous avez déjà acquitté la somme demandée.

À voir et à faire

RANDONNÉE

On atteint le **point de vue de Khao Daeng** via un sentier bien balisé qui part à 500 m de Ban Khao Daeng. Les 45 min de montée sont amplement justifiées : d'en haut, la vue, à couper le souffle, embrasse tout le parc, des falaises calcaires à la côte. Si vous avez le temps ou si vous visitez le parc à pied, faites la randonnée jusqu'au **Khao Krachom** (605 m), pour profiter d'un point de vue complètement différent.

PLAGES

Les deux plages du parc possèdent de multiples infrastructures – stands de restauration, aires de pique-nique, toilettes…

Hat Laem Sala, plage de sable encadrée sur trois côtés par des collines calcaires et des filaos, compte un petit centre d'information des visiteurs, un restaurant, des bungalows et une aire de camping. Le sentier menant à Tham Phraya Nakhon part d'ici. De Bang Pu, on peut rejoindre la plage en bateau (250 B aller-retour, 10 pers au maximum) ou par un sentier escarpé (20 min de marche).

Hat Sam Phraya, autre plage de sable longue de 1 km (restaurant et toilettes), s'étend à 5 km au sud de Hat Laem Sala.

GROTTES

Les trois principales grottes du parc méritent toutes le détour.

Tham Phraya Nakhon, sans doute la grotte la plus photographiée de Thaïlande, est accessible en bateau et à pied. En bateau, comptez 30 min aller-retour et, à pied, 30 min aller et 30 min retour, via un chemin rocheux escarpé de 430 m

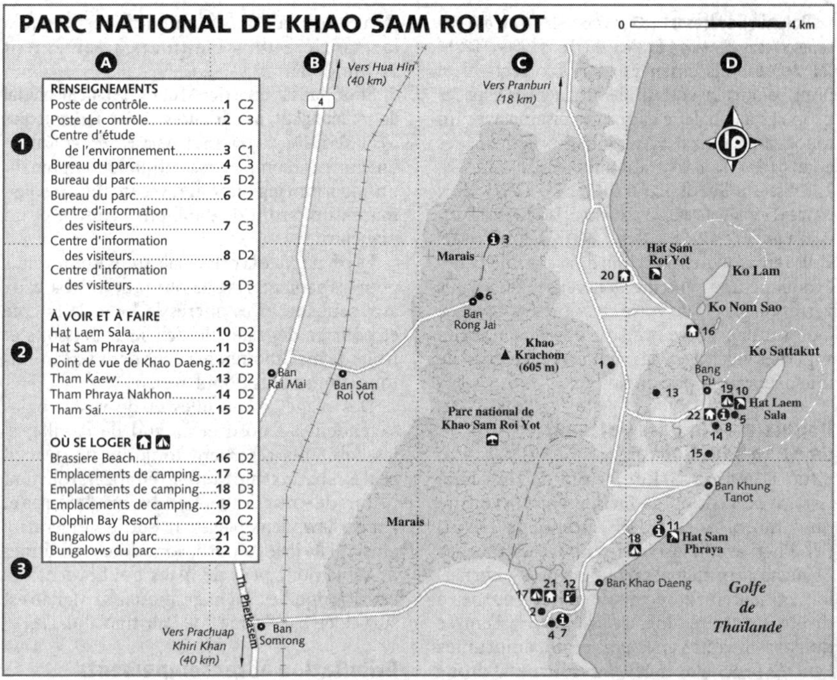

partant de Hat Laem Sala. La grotte se compose de deux grandes cavités que le soleil matinal inonde de lumière – un spectacle magique. L'une d'elles est un *săh·lah* (salle ouverte sur les côtés) construit pour le roi Chulalongkorn (Rama V) qui y faisait halte entre Bangkok et Nakhon Si Thammarat. Ne manquez pas le "Pagoda Rock" (rocher pagode) couvert de talismans colorés, ni le "Crocodile Rock" (rocher crocodile), qui ressemble en réalité à un alligator.

Tham Kaew, à 2 km de l'embranchement qui mène à Bang Pu, comporte une série de cavernes reliées par d'étroits boyaux. On entre dans la première au moyen d'une échelle. Les stalactites et autres formations calcaires sont piquetées de cristaux de calcite évoquant des incrustations en diamant (d'où le nom du site, "grotte aux bijoux"). Mieux vaut visiter Tham Kaew avec un guide du parc, car le parcours est dangereux. Vous pourrez en engager un à Bang Pu.

Tham Sai s'ouvre à flanc de colline près de Ban Khung Tanot, à 2,3 km de la route principale reliant les plages de Laem Sala et de Sam Phraya. On peut louer pour une somme modique une lampe torche dans un abri près de l'entrée de la grotte. Un sentier de 280 m grimpe à flanc de colline jusqu'à la grotte, constituée d'une seule grande caverne. À l'intérieur, prenez garde aux brusques dénivellations.

Où se loger et se restaurer

Au sortir du poste de contrôle du nord, les routes bifurquent en direction d'une longue baie sablonneuse et de Hat Sam Roi Yot. Là, plusieurs complexes privés proposent un hébergement de catégorie moyenne à supérieure le long d'une immense plage de sable immaculé. La baie est censée être le lieu de reproduction d'un banc de dauphins.

Vous pourrez planter votre tente près du point de vue de Khao Daeng, à Hat Laem Sala ou à Hat Sam Phraya, trois lieux où des restaurants basiques servent une nourriture correcte moyennant 30-120 B.

Forestry Department (☎ à Bangkok 0 2562 0760 ; empl tente/pers 30 B, bung 5-6 pers 1 200-1 400 B, 6-9 pers 1 600-2 200 B). Location de bungalows à toit métallique à Hat Laem Sala et au centre d'information des visiteurs près du point de vue de Khao Daeng. Également : location de tentes 2 places moyennant 150 B/nuitée.

Dolphin Bay Resort (☎ 0 3255 9333 ; www.dolphinbayresort.com ; 227 Moo 4, Phu Noi ; ch et bung 1 290-11 000 B ;). Établissement aux tarifs corrects, idéal pour séjourner en famille. Immenses espaces propices à la balade et grande piscine avec un toboggan. Choix d'excursions aux îles voisines et aux pics du parc national.

Brassiere Beach (☎ 0 3263 0555, 0 2511 1397 ; brassierebeach@hotmail.com ; 210 Moo 5, Tambol Samroiyod ; villas à partir de 4 275 B ;). Dès l'arrivée, vous remarquerez, non loin de la côte, deux îles évoquant une poitrine généreuse. Puis vous verrez que la clé de votre chambre est attachée à un soutien-gorge miniature… Chacune des superbes villas de style méditerranéen possède une décoration personnalisée.

Depuis/vers le parc national de Khao Sam Roi Yot

Situé à environ 40 km au sud de Hua Hin, le parc se visite plus facilement en voiture ou à moto. À Hua Hin, prenez la Hwy 4 (Th Phetkasem) jusqu'à Pranburi. Là, tournez à gauche au principal carrefour ; puis 4 km plus loin, à hauteur du poste de police, tournez à droite. Il restera alors 19 km jusqu'à l'entrée du parc. Si vous venez par le sud, empruntez l'entrée proche de la Hwy 4 : tournez à droite au Km 286,5.

Si vous n'êtes pas motorisé, prenez un bus ou un train jusqu'à Pranburi (possible depuis Bangkok et Hua Hin, ainsi que depuis d'autres villes de la région). À Pranburi, empruntez un *sŏrng·tăa·ou* (50 B, toutes les 30 min en journée) pour Bang Pu, petit village à l'intérieur du parc, à deux pas de la plage de Hat Laem Sala.

On peut aussi louer des taxis pour 350 B, et des motos-taxis pour 300 B pour aller de Pranburi au parc. Précisez bien que vous souhaitez rejoindre l'*ù·tá·yahn hàang châht* (parc national) et non Ban Sam Roi Yot.

PRACHUAP KHIRI KHAN ET SES ENVIRONS

อ.เมืองประจวบคีรีขันธ์

La ville de Prachuap Khiri Khan est le centre administratif de la province du même nom. Cette petite bourgade, qui n'offre guère de sites dignes d'intérêt, est agréable pour se reposer et grignoter un morceau. Si vous êtes en manque d'exercice, vous pourrez toujours grimper les 418 marches menant au **Wat Thammikaram**, temple aux flèches dorées édifié par le roi Rama IV. En chemin, vous serez diverti par des hordes de singes. D'en haut, la vue s'étend à l'ouest jusqu'à la frontière du Myanmar, à seulement 11 km de là.

Situé dans le quartier Muang, le **parc mémorial du roi Mongkut, des Sciences et des Technologies** (☎ 0 3266 1104 ; www.nfe.go.th/waghor ; 9h-16h) est un immense complexe scientifique comprenant un aquarium gigantesque avec un tunnel sous-marin, un jardin de papillons apaisant et un planétarium.

La pêche reste la principale source de revenus pour les habitants : vous verrez de jolis bateaux aux couleurs vives ancrés le long de la côte et pourrez déguster de délicieux poissons et fruits de mer, moins chers que dans les stations touristiques plus populaires.

Des plages tranquilles et de vastes baies s'étendent au nord et au sud de la ville, et les habitants réservent toujours un accueil chaleureux aux rares *faràng* (étrangers) qui font l'effort de sortir des sentiers battus. **Ao Manao** et **Hat Wa Kaw**, deux plages au sud de Prachuap, ainsi qu'**Ao Noi**, au nord, sont dotées de dunes de sable ponctuées de filaos qui bordent des eaux tranquilles. La magnifique Ao Manao est surveillée par l'armée de l'air thaïlandaise.

Orientation et renseignements

La ville de Prachuap Khiri Khan s'étend le long d'Ao Prachuap (longue de 8 km). Si la baie n'est pas idéale pour la baignade, l'esplanade qui court sur le front de mer se prête merveilleusement à une balade, notamment tôt le matin et au crépuscule.

Bangkok Bank (angle Th Maitri Ngam et Th Sarachip)
Cybercafés (Th Sarachip ; 30 B/h ; 8h-22h). Deux cybercafés sans enseigne, côte à côte.
Kasikorn Bank (Th Phitak Chat)
Police (☎ 0 3261 1148 ; Th Kong Kiat). À l'ouest de Th Sarachip.
Poste (angle Th Maitri Ngam et Th Suseuk). Juste à côté d'un centre téléphonique avec accès à Internet.
Office du tourisme (☎ 0 3261 1491 ; Th Chai Thaleh). À l'extrémité nord de la ville. Le personnel, qui parle bien anglais, fournit des informations détaillées sur la ville.

Où se loger

L'hébergement à Prachuap Khiri Khan laisse vraiment à désirer, abstraction faite d'une poignée d'établissements passables et de quelques-uns plus plaisants situés à quelques kilomètres au nord et au sud de la ville, notamment à Ao Manao.

Yuttichai Hotel (☎ 0 3261 1055 ; 115 Th Kong Kiat ; ch à partir de 150 B). Grandes chambres correctes, d'une propreté irréprochable, un peu vieillottes, avec ventilateur. Personnel aimable, fournissant volontiers des renseignements. Matelas assez durs.

Happy Inn (☎ 0 3260 2082 ; 149-151 Th Suanson ; bung à partir de 400 B). À 1 km du nord de la ville, le Happy Inn propose de simples bungalows (sans eau chaude) qui se font face le long d'un chemin pavé. Le point fort est l'espace de repos, dominant l'eau bordée de palétuviers.

Hadthong Hotel (☎ 0 3260 1050-6 ; www.hadthong.com ; 21 Th Suseuk ; ch 700-1 600 B ;). Sur la plage, cet établissement à la réception lumineuse et spacieuse est la meilleure adresse de la ville. Certaines chambres ont vue sur le mont Khao Chong Krajok, d'autres sur la mer.

Baan Forty (☎ 0 3266 1437 ; www.baanforty.com ; 555 Th Prachuap-Khlong Wan ; bung à partir de 800 B ;). Le long d'Ao Khlong Wan, au sud de la ville, ce complexe hôtelier en béton dispose d'une bande de sable privée. Le propriétaire accueillant organise des excursions et loue des vélos et des motos.

Prachuap Beach Hotel (☎ 0 3260 1288 ; 123 Th Suseuk ; ch à partir de 900 B ;). Cet établissement agréable, le plus récent de Prachuap Khiri Khan, possède des murs de couleurs vives et offre des draps blancs impeccables. Optez pour une chambre avec vue sur la mer, celle sur la montagne n'ayant rien de sensationnel.

Où se restaurer et prendre un verre

Prachuap Khiri Khan est, à juste titre, réputée pour ses produits de la mer. Entre autres spécialités locales, ne manquez pas le *ɓlah săm·li dàat di·o* : un poisson-castor coupé dans le sens de la longueur, séché une demi-journée au soleil, puis sauté au wok. On l'accompagne souvent d'une salade de mangues. Un marché se tient toute la journée dans Th Maitri Ngam (tous les jours à partir de 6h).

Phloen Samut Restaurant (☎ 0 3261 1115 ; 44 Th Chai Thaleh ; plats 50-120 B ; 10h-22h). L'un des restaurants de fruits de mer de la promenade – vue sur la mer et vaste choix. Service un peu lent.

4K (☎ 0 3260 1412 ; plats à partir de 180 B ; dîner). Au nord de la ville, sur la commune de Kuiburi, le 4K (qui se prononce "fork") donne un peu de piment au complexe tape-à-l'œil. Le décor minimaliste et le bar rouge étincelant apportent à cette adresse une ambiance jet-set. Côté carte : une foule de plats étrangers préparés à partir d'ingrédients locaux.

MC Club Thailand (Th Chai Thaleh ; 12h-tard). Décoré sans enthousiasme sur le thème de la moto, ce bar est un bon point de départ pour une grande soirée en ville. Pendant la haute saison, le club s'installe sur la promenade près de la plage.

Depuis/vers Prachuap Khiri Khan

Les liaisons en bus climatisé sont fréquentes depuis/vers Bangkok (environ 200-250 B,

LE PARADIS DES OISEAUX

Les parcs nationaux de Kaeng Krachan et de Khao Sam Roi Yot se disputent le titre de meilleur lieu d'observation des oiseaux du pays. Nous laisserons les ornithologues trancher, mais nul doute que ces deux sites de renommée mondiale ont de quoi réjouir les spécialistes comme les amateurs.

Le **parc national de Kaeng Krachan** est si vaste qu'il reste largement inexploré. Jusqu'à présent, on a recensé plus de 250 espèces d'oiseaux dans les forêts tropicales sempervirentes de ce véritable trésor national. Les meilleurs points d'observation se situent dans la partie nord du parc, notamment aux alentours de Huai Nam Yen. Avec un peu de patience, on a toutes les chances d'apercevoir l'aigle à ventre roux, le faucon aldrovandin, le calao festonné, l'eurylaime de Gould, l'eurylaime de Horsfield, le colombar de Seimund, le malcoha rouverdin, le barbu géant, le garrulaxe à gorge blanche, l'actinodure à tête blanche, le fauconnet moineau, le kétoupa brun, l'éperonnier chinquis, le pic à oreillons rouges, la témia de Swinhoe, le pomatorhin à long bec, la brève bleue, le pouillot à sourcils blancs et le gobemouche narcisse.

Dans le **parc national de Khao Sam Roi Yot**, les meilleurs points d'observation sont les abords des marais, près du centre d'étude sur la nature. Le parc s'étend au point d'intersection des routes migratoires est-asiatique et australienne, et l'on y a recensé plus de 300 espèces d'oiseaux migrateurs. Il est possible d'y voir, entre autres volatiles, le blongios de Chine, le blongios cannelle, la talève sultane, le râle d'eau, la marouette brune, le jacana bronzé, le héron cendré, le tantale indien, le canard siffleur, l'aigle pomarin et l'ibis à tête noire. Le parc renferme le plus grand marais d'eau douce du pays, ainsi que des mangroves et des vasières. C'est l'un des trois seuls sites de nidification du héron pourpré du pays.

LA FRONTIÈRE DE DAN SINGKHON

Au sud-ouest de Prachuap Khiri Khan, près de la partie la plus étroite de la Thaïlande (12 km entre la côte et la frontière), le village de Dan Singkhon est un ancien site militaire, qui constitue aujourd'hui une destination intéressante pour passer une demi-journée loin du sable. Le meilleur moment pour le visiter est le samedi matin. Les marchands traversent alors la frontière depuis le Myanmar pour vendre leurs marchandises : des bijoux, de l'artisanat, et surtout des orchidées. Mais c'est pendant le Songkran (13-15 avril) que le secteur prend vraiment vie, lorsque les habitants des deux pays organisent des festivals de danse.

N'oubliez pas : si vous comptez traverser la frontière vers le Myanmar, vous aurez besoin de votre passeport.

5 heures), Hua Hin (environ 80-100 B, 1 heure 30), Cha-am (environ 90 B, 2 heures 30) et Phetchaburi (environ 100 B, 3 heures) ; départ de Th Phitak Chat, près du centre. Pour les destinations du Sud, telles Phuket et Krabi, parcourez 2 km à pied en direction du nord-ouest jusqu'au poste de police situé au bord de la nationale pour prendre l'un des bus de passage (un moto-taxi vous y conduira pour 40 B). Les bus ordinaires (lents) pour Hua Hin (60 B), Bang Krut (50 B), Bang Saphan (50 B) et Chumphon (155 B, 3 heures 30) partent de l'angle sud-est de Th Thetsaban Bamrung et de Th Phitak Chat.

De nombreux trains circulent depuis/vers Bangkok (2e classe 317-357 B, 3e classe 250 B, 6 heures). D'autres desservent Ban Krut (1 heure) et Bang Saphan Yai (1 heure 30).

Comment circuler

Prachuap est suffisamment petite pour que l'on puisse s'y déplacer à pied. Une course à moto-taxi en ville revient à 30 B – 50 B pour Ao Noi et 40 B pour Ao Manao. Les motos ne peuvent pénétrer dans Ao Manao que si le conducteur et le passager portent un casque.

Devant le Hadthong Hotel, on loue des motos (200 B/jour), excellent mode de transport pour explorer les plages des environs, les routes étant en très bon état. Vous trouverez des vélos en face de la poste (100 B/jour).

BAN KRUT ET BANG SAPHAN YAI

หาดบ้านกรูด/บางสะพานใหญ่

Entre les centres administratifs très animés de Prachuap Khiri Khan et de Chumphon, l'ambiance s'avère plus calme. De nombreuses plantations et rizières s'étendent entre le littoral et la frontière du Myanmar, et la région compte même une mine d'or. Les longues plages de sable, très fréquentées par les touristes thaïlandais le week-end, sont quasi désertes en semaine – on n'y voit que quelques *long-tail boats*, bateaux typiques de l'Asie du Sud-Est.

La route qui longe Hat Ban Krut, principale plage de la ville, facilite l'accès motorisé aux 10 km de plage mais trouble la tranquillité des lieux. Coiffant un promontoire au nord, le **Wat Tan Sai** déploie ses flèches dorées à la manière d'un château de conte de fées. D'en haut, la vue est fantastique. Juste après, **Hat Sai Kaew** est une plage plus isolée, et donc plus calme.

Bang Saphan Yai, à 20 km au sud de Ban Krut, est en plein essor : des hébergements se dressent le long de la plage entre Bang Saphan Yai et Bang Saphan Noi, 15 km plus au sud. Les îles jalonnant le littoral en direction du sud, notamment **Ko Thalu** et **Ko Sing**, sont propices au **snorkeling** et à la **plongée** de fin janvier à mi-mai. Le Coral Hotel à Bang Saphan Yai y organise des sorties de plongée d'une demi-journée, ainsi que des excursions sur pratiquement tous les sites de la région.

Où se loger et se restaurer

On trouve quantité d'établissements de catégorie moyenne à Ban Krut et à Bang Saphan Yai, mais aucun de type cinq étoiles. Les adresses pour les petits budgets sont rares. Si vous savez à l'avance où vous comptez loger, mieux vaut réserver. Les transports publics étant un peu aléatoires, votre hôtel pourra certainement organiser votre transfert. Presque tous les établissements en bord de plage sont pourvus d'un restaurant.

BAN KRUT

Banito Beach Resort (☎ 0 2964 2175 ; www.banitobeach.com ; bung 1 300-9 000 B ; ❄ 🏊). Dans ce complexe évoquant les Caraïbes, les bungalows s'alignent au bord d'une longue rue reliant l'océan à une grande piscine étrangement placée tout au fond du domaine. Jetez un coup d'œil aux chambres avant de vous décider, certaines ayant été rénovées plus récemment que d'autres.

Rachavadee Resort (☎ 0 3269 5155 ; www.rachavadee.com ; bung 1 800-4 800 B ; ❄). Cadre serein et rustique pour ces bungalows aux toits très hauts. Transfert en bus gratuit.

Baan Klang Aow Beach Resort (☎ 0 3269 5123 ; bung 1 800-5 200 B ; ❄ 💻 🏊). Plus au sud sur la même plage que le Suan Bankrut (ci-après), des bungalows à une ou deux chambres cachés dans des clairières verdoyantes et dotés de spacieuses vérandas. Pour vous ouvrir l'appétit, profitez des vélos, des kayaks et des deux piscines avant de manger au restaurant du complexe.

Suan Bankrut Beach Resort (☎ 0 3269 5217 ; www.suanbankrut.com ; bung 2 200-6 400 B ; ❄). Charmants bungalows au toit de chaume nichés à l'ombre des palmiers.

BANG SAPHAN YAI

Vanveena Hotel (☎ 0 3269 1251 ; www.vanveena.com ; ch 270-1 500 B ; ❄). Chambres spartiates, pour un hôtel bordant la plage – charmant restaurant en bambou sur le sable.

Western Hotel (☎ 0 3269 1015 ; ch 600-1 500 B ; ❄). Si les bungalows qui bordent Bang Saphan Yai affichent complet, repliez-vous sur cet hôtel à la décoration de style soviétique peu engageante, qui propose des chambres assez propres pour un tarif économique.

Coral Hotel (☎ 0 3269 1667 ; www.coral-hotel.com ; 171 Moo 9 ; ch 1 525 B, bung 1 210-4 410 B ; ❄ 🏊). Au milieu des cocotiers, un hôtel chic donnant sur la plage, tenu par des Français. Grande piscine et très bon restaurant ; TV, réfrigérateur et eau chaude dans les chambres. Sports nautiques et excursions dans les environs. Bungalows pour les familles (4 pers).

Sailom Resort (☎ 0 3269 1003 ; www.sailombangsaphan.com ; ch 1 900-4 900 B ; ❄ 🏊). Terrain soigné, piscine immense, décor asiatique élégant : ce nouvel établissement a certainement réveillé la somnolente Bang Saphan Yai.

Comment s'y rendre et circuler

De Chumphon, les liaisons pour Ban Krut et Bang Saphan sont nombreuses (départ de Chumphon tous les jours à 8h, 9h30, 11h45, 13h, 16h, 18h, 19h et 20h ; 70 B). Pour quitter l'une ou l'autre ville, vous devrez attendre au bord de la grande route (Th Phetkasem) qu'un bus passe. Les bus (dans les deux sens) s'arrêtent généralement devant le Rama Inn, un hôtel blanc situé au cœur de Bang Saphan Yai. Vous pourrez aussi organiser votre transport auprès de votre logement. Les villes sont situées sur la principale ligne ferroviaire entre Bangkok et le Sud. Vous devrez prendre un moto-taxi pour accéder à la plage.

À Bang Saphan Yai, un **marchand de motos** (☎ 0 3269 1059) loue des motos à boîte de vitesse automatique ou manuelle (respectivement 250 et 300 B). Vous le repérerez aux scooters alignés devant. Par ailleurs, le transport peut se révéler problématique, même si la plupart des complexes hôteliers vous mettent en relation avec des loueurs de vélos.

En réservant votre transport, ne confondez pas Bang Saphan Yai avec Bang Saphan Noi, situé 15 km plus au sud.

CHUMPHON

อ.เมืองชุมพร

81 700 habitants

Chumphon n'est pas une destination touristique, bien que les touristes y passent

PÊCHE À LA BELLE ÉTOILE

Après que les torrides rayons du soleil équatorial ont plongé dans l'océan, les étoiles apparaissent une à une dans le ciel et un étrange rassemblement de lumières vertes se matérialise à l'horizon, pareil à une flottille d'ovnis illuminant le ciel nocturne de ses puissants faisceaux lumineux. Il s'agit en fait des pêcheurs de poulpe, que vous verrez probablement à l'œuvre dans tout le pays.

Le poulpe se pêche à la nuit tombée. Les lanternes utilisées par les pêcheurs imitent la lumière du jour et servent à attirer à la surface de l'eau le plancton et les petits poissons qui se nourrissent habituellement en journée. Le poulpe, très friand de ces petites créatures, les suit jusque dans les filets tendus par les pêcheurs. La lumière des torches est si puissante qu'elle apparaît sur des photos satellites prises à 800 km de la Terre.

La surpêche est un problème de plus en plus grave en Thaïlande, au point que le gouvernement a tenté d'imposer des quotas, au grand dam des pêcheurs. Pour autant, la pêche au poulpe restant une industrie très importante, on apercevra sans doute encore longtemps ces galaxies de lumières flottantes.

en nombre, soit pour rallier Ko Tao, soit pour regagner Bangkok après un séjour sur les îles. Cela explique l'atmosphère de ville frontière qui s'en dégage, impression renforcée par la grande arche jaune clair proche de la gare ferroviaire, qui souhaite la bienvenue aux touristes en route pour le sud du pays. Cette ville assoupie, qui fait office de carrefour des communications, est l'une des rares cités thaïlandaises comptant plus d'agences de voyages que de supérettes 7-Eleven.

Renseignements

Les dizaines d'agences de voyages disséminées en ville s'occupent des réservations de tous types (transport, hébergement et cours de plongée à Ko Tao). La plupart proposent l'accès à Internet pour 40 B/heure, et une connexion Wi-Fi gratuite aux détenteurs d'ordinateurs portables. On trouve quantité de banques et de DAB.

Chumphon Tourist Services Centre (office du tourisme ; Th Sala Daeng ; 8h30-16h30 lun-sam). D'une manière générale, les agences de voyages fournissent des renseignements plus intéressants.

Hôpital de Chumphon (☎ 0 7750 3672 ; Th Phisit Phayaban). L'hôpital principal.

Kiat Travel (☎ 0 7750 2127 ; 115 Th Tha Taphao). L'une des meilleures agences de voyages. Le personnel, aimable et très bien renseigné, se fait un plaisir de répondre à toutes les questions.

New Infinity Travel (☎ 0 7757 0176 ; new_infinity@hotmail.com ; 68/2 Th Tha Taphao). L'équipe de l'agence, très serviable et sympathique, fournit quantité de renseignements. Choix de livres d'occasion.

Poste (☎ 0 7751 1012 ; Th Poramin Mankha). Dans la partie est de la ville.

Fêtes

Au mois de mars, la **Fête de la mer de Chumphon** s'accompagne d'expositions culturelles et folkloriques, d'une compétition de planche à voile à Hat Thung Wua Laen et d'un marathon. En octobre, la **fête du Bouddha et course nautique de Lang Suan** dure 5 jours ; elle comprend une procession de bateaux-temples et une course nautique sur la Mae Nam Lang Suan.

Où se loger

La ville étant un point de passage vers d'autres destinations, l'hébergement est plutôt

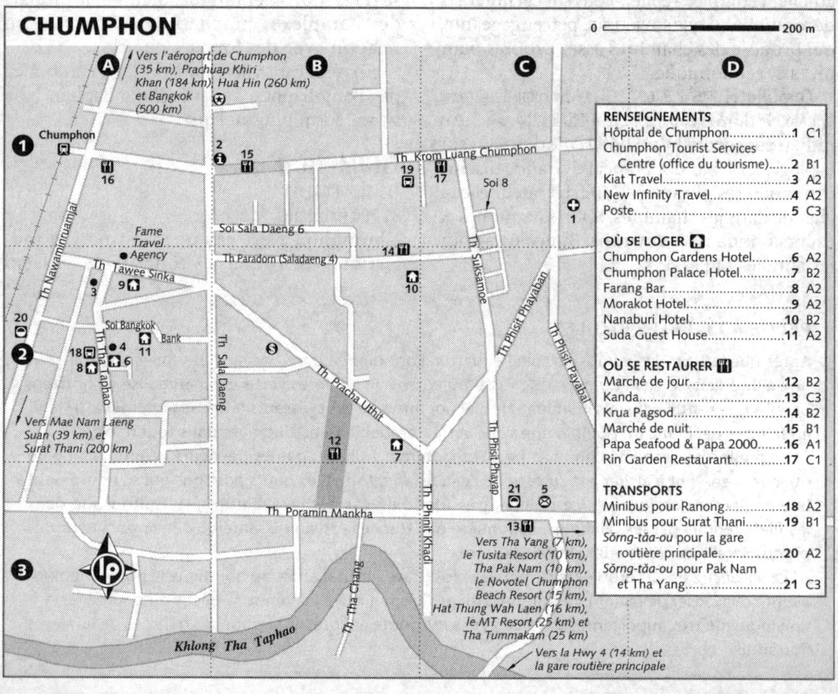

fonctionnel. Il existe toutefois une poignée de complexes plus luxueux situés à quelques kilomètres sur la côte.

CENTRE-VILLE

Farang Bar (☎ 0 7750 1003 ; farangbar@yahoo.com ; 69/36 Th Tha Taphao ; ch 150 B). Si les chambres économiques auraient bien besoin d'être rénovées, le personnel sympathique crée une bonne ambiance d'établissement pour baroudeurs et fournit toutes sortes de renseignements précieux. Douche à 20 B.

Suda Guest House (☎ 0 7750 4366 ; 8 Soi Bangkok Bank ; ch 200-500 B ;). Une fantastique trouvaille en plein chaos urbain que cette petite pension accueillante affichant des tarifs bon marché. La propriétaire, Suda, entretient ses chambres avec soin. Il est préférable de réserver – si c'est complet, on vous conseillera une autre chambre d'hôtes correcte dans la même rue.

Chumphon Palace Hotel (☎ 0 7757 1715-22 ; 328/15 Th Pracha Uthit ; ch 440-2 250 B ;). Tâchez de repérer l'enseigne pourpre mentionnant le mot “Hotel”, et vous découvrirez le Chumphon Palace Hotel, à la façade rose, près de l'artère principale. Chambres immaculées à l'étage.

Morakot Hotel (☎ 0 7750 3628-32 ; fax 0 7757 0196 ; Th Tawee Sinka ; ch 450-1 300 B ;). Chambres impeccables (très belle vue dans certaines), dans un grand bâtiment vert. La réception se situe derrière un marchand de motos (location à 150 B/jour).

Chumphon Gardens Hotel (☎ 0 7750 6888 ; 66/1 Th Tha Taphao ; ch 540-700 B, ste 2 000 B ;). Le favori de la clientèle d'affaires de passage. Si la réception est un peu terne, les chambres sont impeccables.

Nanaburi Hotel (☎ 0 7750 3888 ; 355/9 Th Paradorn ; ch petit-déj inclus 700-2 200 B ;). Nouvel établissement, le Nanaburi est une très bonne affaire. Les chambres soignées sont décorées en noir et blanc.

BORD DE MER

MT Resort (☎ 0 7755 8153 ; www.mtresort-chumphon.com ; Hat Tummakam Noi ; bung petit-déj inclus 1 500 B ;). Très beau cadre, juste à côté de l'embarcadère du catamaran Lomprayah, pour cet hôtel qui change du centre-ville gris. Kayaks gratuits permettant de naviguer près des îles et dans les mangroves voisines. Téléphonez pour organiser votre transport, ou prenez un taxi (environ 300 B). Un endroit idéal pour attendre le bateau pour Ko Tao.

Chumphon Samet Island Resort (☎ 08 9795 8680 ; http://chumphonsamedisland.inspiredyou.net ; Ko Samet ; ch et bung à partir de 1 000 B ;). À ne pas confondre avec le Ko Samet, près de Bangkok, ce lieu paisible est le seul hébergement disponible sur l'île déserte située près des embarcadères. Les bungalows et les chambres de style motel, simples, ont vue sur la mer par-delà des palmiers. Pour atteindre l'île, allez à Hat Paradon Pharb et prenez un *long-tail boat* (traversée de 15 min).

Novotel Chumphon Beach Resort (☎ 0 7752 9529 ; info@novotel-chumphon.com ; 110 Moo 4, Hat Paradonpab ; ch à partir de 4 500 B ;). Ce luxueux Novotel a apporté un souffle nouveau à la paisible côte proche de Chumphon. Idéal pour transformer une escale en véritable petit séjour.

Tusita Resort (☎ 0 7757 9073 ; www.tusitaresort.com ; 259/9 Moo 1, Paktako, Tungtako ; bung 7 600-23 000 B ;). Un complexe hôtelier de style indien, parfait pour faire une pause avant de partir vers les îles, avec de grands *săh·lah* (salles ouvertes sur les côtés) en teck plantés sur le sable et des bungalows nichés dans un patchwork de cocotiers et de lianes. À 10 km du centre-ville – prenez un taxi pour le carrefour de Kaao Pii (30-45 B) puis téléphonez au complexe pour qu'on vienne vous chercher (gratuitement). Attention : en l'absence de cabines publiques, vous devrez utiliser votre téléphone portable (ou en emprunter un).

Où se restaurer

Krua Pagsod (☎ 0 7757 1731 ; 110/32 Th Paradorn ; plats 50-200 B ; déj et dîner). Ravissant restaurant moderne, climatisé, proposant entre autres de délicieux plats végétariens.

Papa Seafood & Papa 2000 (☎ 0 1569 6161, 0 7751 1972 ; 188/181 Th Krom Luang Chumphon ; plats 80-200 B ; déj et dîner). Un grand restaurant-patio en plein centre, où savourer des produits de la mer grillés, ainsi que des steaks, sous la lumière scintillante de guirlandes. Au fur et à mesure que la soirée avance, l'établissement se remplit d'une clientèle locale qui vient prendre quelques bières avant de se rendre à la discothèque adjacente, le Papa 2000.

Le **Rin Garden Restaurant** (☎ 0 7751 1531 ; Th Krom Luang Chumphon ; déj et dîner) et le **Kanda** (☎ 0 751 1707 ; Th Poramin Mankha ; déj et dîner) sont deux restaurants locaux réputés. Un bon moyen de sortir des sentiers battus.

Le **marché de nuit** (Th Krom Luang Chumphon) réserve de plus ou moins bonnes surprises selon les jours (et le temps). Lorsqu'il est animé, il offre un spectacle très distrayant. La nourriture n'a rien d'exceptionnel, mais les prix sont imbattables. Un marché de jour s'installe entre Th Pracha Uthit et Th Poramin Mankha.

Depuis/vers Chumphon

Les agences de voyages de Bangkok et de tout le sud de la Thaïlande vendent des offres combinées bus/bateau Lomprayah et Seatran Discovery, au départ de Bangkok et à destination de Ko Tao, de Ko Samui et de Ko Pha-Ngan, via Chumphon. On peut aussi choisir de combiner le train et le bateau pour rallier ces îles. À l'arrivée à Chumphon en venant de Ko Tao, la navette Lomprayah dépose les passagers devant la Fame Travel Agency ou New Infinity Travel, selon les jours.

BATEAU

La petite île de Ko Tao (p. 243), au nord de Ko Samui et de Ko Pha-Ngan, est accessible en bateau depuis l'un des trois embarcadères au sud de la ville. La liaison va jusqu'à Ko Samui et à Ko Pha-Ngan.

Le catamaran *Lomprayah Express* (350 B, 1 heure 30) part de Tha Tummakam (à 25 km de la ville) à 7h et 13h, et revient de Ko Tao à 10h15 et 14h45. Le transport entre Chumphon et Tha Tummakam est compris dans le prix du billet. Le *Songsrem Express* (300 B, 3 heures) quitte Tha Yang (à 7 km de la ville) à 7h, et rentre de Ko Tao à 14h30. La plupart des agences de voyages assurent gratuitement le transfert jusqu'à cet embarcadère.

Le bateau de minuit (300 B), qui part de Tha Pak Nam (à 10 km de la ville), arrive à Ko Tao à 6h. Le bateau repart de Ko Tao à 23h et arrive à Tha Pak Nam au petit matin. Évitez cette option s'il menace de pleuvoir, étant donné que certains bateaux fuient et que vous risqueriez de terminer trempé et gelé. Un taxi collectif jusqu'à Tha Pak Nam coûte 50 B. Les *sŏrng·tăa·ou* pour Tha Pak Nam et Tha Yang reviennent à 15 B.

BUS

La gare routière principale est mal située, en bordure de la route nationale, à 16 km de Chumphon – vous devrez prendre un bus local ou un *sŏrng·tăa·ou* depuis Th Nawaminruamjai (20 B) pour l'atteindre. Si vous arrivez de Bangkok, mieux vaut prendre le train. Plusieurs bus relient quotidiennement Bangkok à Chumphon : un bus VIP (500 B, 7 heures, départ 21h30), 3 bus climatisés classiques (environ 350 B, 7 heures) et 3 bus de 2e classe (250 B). Au départ de Bangkok, tous les bus partent du terminal Sud. Plusieurs compagnies privées rallient Bangkok moyennant environ 400 B ; les billets sont disponibles dans toutes les agences de voyages (on viendra vous chercher gratuitement à votre hôtel).

Pour les bus publics, comptez environ 1 B/km – billets en vente dans les agences de voyages. Parmi les destinations desservies, citons Hua Hin (230 B, 5 heures), Bang Saphan (100 B, 2 heures), Prachuap Khiri Khan (160 B, 3 heures 30), Ranong (130 B, 3 heures), Surat Thani (170 B, 3 heures 30), Krabi (270 B, 8 heures), Phuket (320 B, 8 heures) et Hat Yai (310 B, 10 heures).

MINIBUS

Des minibus climatisés circulent toutes les heures depuis/vers Ranong (100-200 B, 3 heures). Ils partent d'un arrêt situé dans Th Tha Taphao. Les minibus depuis/vers Surat Thani (150-200 B, 3 heures 30) circulent toute la journée (départ toutes les 30 min d'un arrêt proche de Th Krom Luang Chumphon).

TRAIN

Plusieurs trains quotidiens circulent sur la ligne ferroviaire sud depuis/vers Bangkok. Si vous prenez le train en milieu d'après-midi, vous arriverez à Chumphon juste à temps pour trouver une chambre et passer la nuit sur place. Les trains qui partent en début de soirée arrivent aux petites heures du matin. Pourtant, vous risquez de rater la correspondance pour Ko Tao et de devoir attendre à Chumphon le ferry de l'après-midi. Dans ce cas, repérez une agence de voyages dotée de sièges confortables et d'assez d'espace pour entreposer vos bagages.

Les trains depuis/vers les villes situées le long de la ligne ferroviaire sud arrivent et partent plusieurs fois par jour. Des trains de 3e classe se rendent à Prachuap Khiri Khan (40 B, 3 heures), à Surat Thani (45 B, 3 heures) et à Hat Yai (90 B, 12 heures). Les trains rapides et express à destination du Sud (les seuls avec des 1re et 2e classes) sont beaucoup moins fréquents ; réserver une place à partir de Chumphon peut être difficile en haute saison (de novembre à avril).

Comment circuler

Une course en ville à moto-taxi coûte 20 B. La plupart des agences de voyages louent des motos, de même que le Morakot Hotel (p. 203), dont la réception est envahie de dizaines de vélos.

Sud-ouest du golfe de Thaïlande

Cette magnifique côte possède trois îles spectaculaires que certains disent sœurs : Ko Samui, Ko Pha-Ngan et Ko Tao. Leur sable fin et leurs eaux émeraude attirent chaque année des millions de touristes. Ko Samui, l'aînée, prend vos vacances très au sérieux. Ses luxueux complexes hôteliers sont gérés avec une précision d'horlogerie et les maîtres d'hôtel s'empressent de satisfaire les moindres caprices de la clientèle. Ko Pha-Ngan, la deuxième, est l'enfant prodigue, plus enclin aux longs après-midi passés dans les hamacs à se remettre des fêtes nocturnes. La petite dernière, Ko Tao, débordante d'énergie, ravit les amateurs de sensations, dans les profondeurs comme juste sous la surface de l'eau.

Un archipel d'îlots minuscules sépare ces trois destinations des plages plus calmes de la côte. Connu comme le parc national maritime d'Ang Thong, ce royaume de verts et de bleus réserve des merveilles. Plus au sud sur la côte découpée vient la paisible Songkhla, où le bruit de la mer et l'appel à la prière du muezzin se mêlent dans la toile urbaine.

Les provinces de l'extrême sud (Yala, Pattani, Narathiwat et Songkhla) connaissent une situation politique instable. Les violences sont quotidiennes et, bien que les touristes ne soient pas la cible de cette explosion de violence, il est formellement déconseillé d'y voyager. Renseignez-vous sur la situation avant votre départ. Même si les choses ne se sont pas apaisées, lisez tout de même ce chapitre jusqu'à la fin pour découvrir les nombreux visages du "pays du sourire". Là, des villes ensommeillées baignées par les arômes des marchés aux épices frémissent de l'histoire de royaumes vieux de 2 000 ans…

À NE PAS MANQUER

- Les poissons colorés des fonds sous-marins féeriques au large de **Ko Tao** (p. 243)
- Le blond soyeux des plages secrètes du **parc national maritime d'Ang Thong** (p. 258)
- Une sieste dans un hamac les doigts de pied dans l'eau sur une plage paisible de **Ko Pha-Ngan** (p. 227)
- Un massage cinq étoiles sur **Ko Samui** (p. 207)
- La folie des nuits de la **fête de la Pleine Lune** (Full Moon Party ; p. 230) à Hat Rin, sur Ko Pha-Ngan

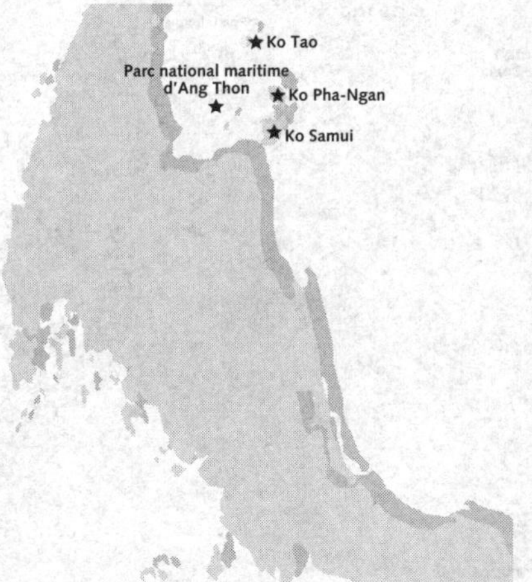

- SAISON SÈCHE : DÉCEMBRE-AVRIL
- SAISON HUMIDE : MAI-NOVEMBRE

SUD-OUEST DU GOLFE DE THAÏLANDE

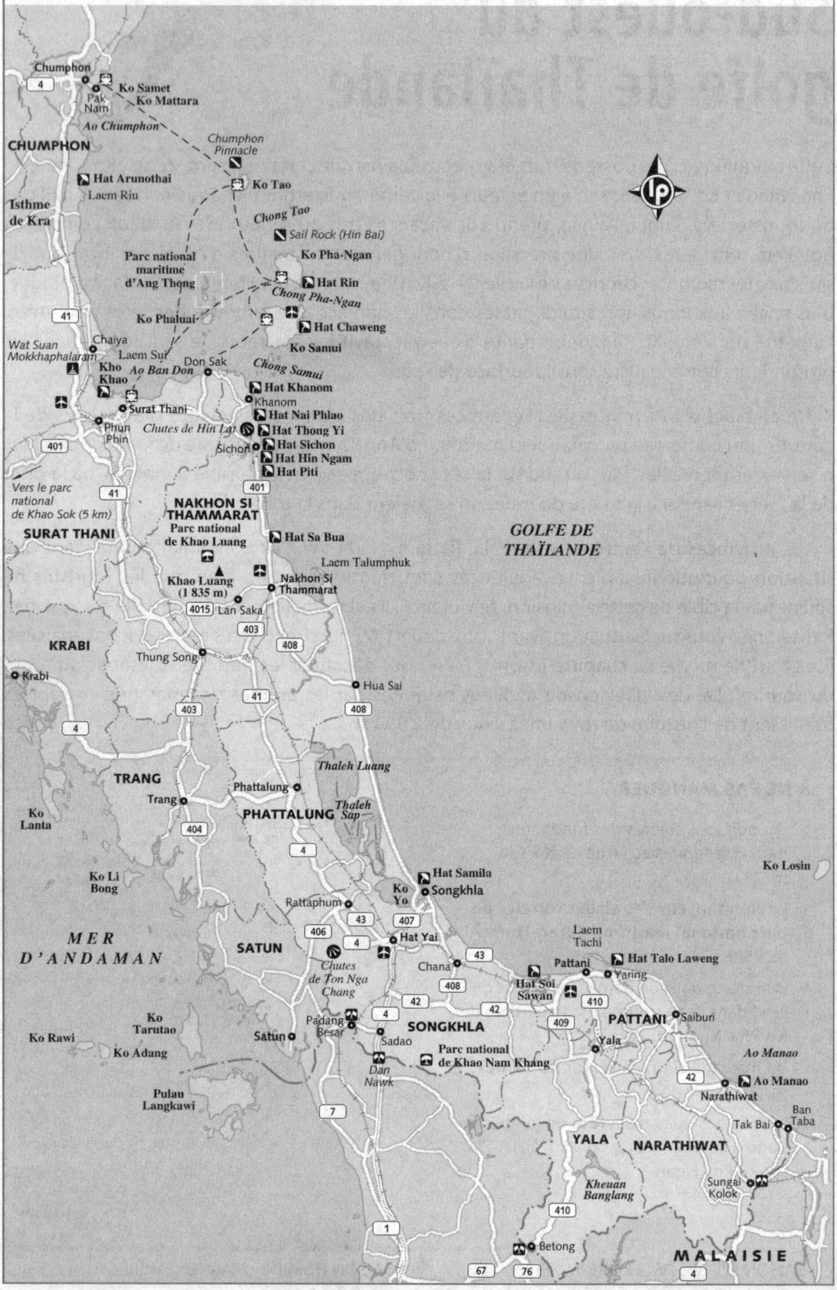

Climat
C'est de février à fin juin, dans la chaleur de la saison sèche, qu'il faut visiter les îles du golfe de Thaïlande. De juillet à octobre, pendant la mousson du sud-ouest, il pleut par intermittence. D'octobre à janvier, lors de la mousson du nord-est, des vents violents peuvent survenir. Toutefois, le temps est aussi souvent ensoleillé pendant le mois d'octobre, qui permet en outre d'échapper à la foule. Novembre est arrosé par les pluies qui tombent sur la côte est de la Malaisie.

Parcs nationaux
La région comprend quelques superbes parcs nationaux. Le parc maritime d'Ang Thong (p. 258), qui a fourni au film *La Plage* (de Danny Boyle, 2000) sa grève idéale – même si la plupart des scènes ont été tournées à Ko Phi Phi Leh, p. 369 –, est un archipel de 40 petites îles aux pitons calcaires tourmentés. Le parc national de Khao Luang (p. 266) est réputé pour ses beaux sentiers de montagne à travers la forêt, ses chutes d'eau et ses vergers. Il abrite des animaux rares, dont le léopard tacheté et le tigre.

Depuis/vers les îles du golfe de Thaïlande
Il est aisé de descendre vers la partie sud du golfe : rien de plus facile que de sauter dans un bus ou un train à Bangkok, puis de prendre le ferry pour les îles. Plusieurs vols quotidiens relient Bangkok, Phuket et Pattaya à Ko Samui. Le voyage en bus ou en train à partir de Bangkok (souvent de nuit) est généralement peu onéreux et bien organisé.

Comment circuler
De nombreux bateaux partent de Surat Thani pour rallier Ko Samui, Ko Pha-Ngan et Ko Tao, tandis que des bus et des trains relient la ville aux destinations plus méridionales. On peut aussi accéder aux îles depuis le port de Chumphon (p. 201), plus haut.

ÎLES DU GOLFE DE THAÏLANDE

KO SAMUI
เกาะสมุย

39 681 habitants

À première vue, Ko Samui évoque un immense terrain de golf flottant dans le golfe de Thaïlande. Les greens y sont méticuleusement entretenus, les bunkers de sable y sont légion, et on compte même un ou deux obstacles d'eau. Des hommes mûrs aux visages cramoisis en polo blanc s'activent, tandis que leurs laquais transportent leur équipement. Pourtant, Samui est loin de se résumer à un vaste *country club* – on y trouve aussi des rues effervescentes aux étals chargés de produits frais, des soirées jet-set, des temples bouddhiques bien cachés et des huttes pour voyageurs désargentés plantées sur de paisibles rubans de sable.

Tel un génie, Ko Samui exauce les souhaits de chacun. Vous rêvez d'une vue sur la mer, de massages quotidiens et des services d'un majordome… Optez pour une villa privée avec piscine. Vous ressentez le besoin de vous purifier ? Il vous suffira de prendre place sur un tapis de yoga, avant de poursuivre par une séance d'hydrothérapie. Vous penchez plutôt pour les fêtes débridées ? Alors, rejoignez les foules en transe sur les plages où le whisky coule à flots.

L'île, véritable machine à rêves, offre aussi aux visiteurs intéressés un aperçu de la vie locale. Les négociants chinois venus de Hainan furent les premiers habitants de Samui ; ils ont donné naissance à une petite communauté dont la culture singulière se révèle aux curieux.

Orientation
Ko Samui est une grande île – la route qui longe la côte fait presque 100 km. Le littoral est de tous côtés ponctué de plages pittoresques. Les plus fréquentées sont Hat Chaweng (carte p. 211) et Hat Lamai (carte p. 213), toutes deux sur la façade est.

Les plages de la côte nord, dont Choeng Mon, Mae Nam, Bo Phut (carte p. 219), Bang Po et Hat Bang Rak (Big Buddha Beach), attirent de plus en plus d'estivants. Les prix restent toutefois raisonnables et il est encore possible de trouver des petits coins tranquilles. Néanmoins, pour une expérience plus paisible, mieux vaut opter pour les plages de la côte sud et de la côte ouest au sud de Na Thon.

Renseignements
ACCÈS INTERNET
Les cybercafés ne manquent pas, même sur les plages les moins fréquentées (1-2 B/min). De nombreux restaurants offrent le Wi-Fi gratuitement.

ARGENT

Il est facile de changer de l'argent sur les côtes est et nord, ainsi qu'à Na Thon. Quantité de banques et de bureaux de change fonctionnent tous les jours. On trouve aussi des DAB tous les 200 m. On ne paie pas ici de frais pour utiliser sa carte bancaire – comme c'est le cas à Ko Tao.

IMMIGRATION

Si vous désirez proroger votre visa, sachez que la procédure n'est pas des plus simples. Par ailleurs, les personnes demeurant sur le territoire thaïlandais au-delà du délai légal sont passibles d'une amende de 500 B/jour de retard. Le **bureau de l'immigration** (carte p. 209 ; ☎ 0 7742 1069 ; 🕑 8h30-12h et 13h-16h30 lun-ven) de Ko Samui est implanté à 2 km au sud de Na Thon. Lors de notre passage, des dizaines de touristes faisaient la queue pour finalement se voir refuser (ce qui fut notre cas) toute prorogation, et ce sans raison particulière. Les mauvais jours, il faut un après-midi entier pour accomplir les démarches. Pour de plus amples détails sur les visas, reportez-vous à la rubrique *Formalités et visas* du *Carnet pratique*, p. 415.

LIBRAIRIES

Si vous êtes en manque de lecture, vous trouverez des livres de poche mais peut-être pas en français. Les hôtels ont souvent quelques titres en vente ou une étagère pour les échanges.

Bookazine (carte p. 211 ; ☎ 0 7741 3616 ; Hat Chaweng ; 🕑 10h-23h). Chaîne distribuant les parutions grand public, dont des guides de Lonely Planet.

MÉDIAS ET CARTES

La Siam Map Company publie plusieurs brochures trimestrielles, dont le *Spa Guide* (pour les spa), le *Dining Guide* (pour les restaurants) et un annuaire qui recense des milliers de prestataires et d'hôtels de l'île. Gratuite et bien conçue, la carte intitulée *Samui Guide Map* est disponible partout sur l'île. Consultez aussi la brochure *Samui Navigator*. **Essential** (www.essential-samui.com) est un petit livret au format poche qui fait la promotion des activités que l'on peut pratiquer à Samui. Le *Samui Guide* ressemble plus à un magazine qu'à un guide et indique les restaurants et curiosités.

OFFICE DU TOURISME

Bureau de la TAT (carte p. 209 ; ☎ 0 7742 0504 ; Na Thon ; 🕑 8h30-16h30). Au nord de Na Thon ; accueil souriant, nombreuses brochures, cartes et plans – les mêmes renseignements sont fournis par toutes les agences de voyages de l'île.

POSTE

Dans plusieurs endroits de l'île, des agences postales privées s'occupent du courrier, mais vous pouvez aussi confier vos plis à la réception de votre hébergement.

Poste principale (carte p. 209 ; Na Thon). Près du bureau de la TAT ; le service n'est pas toujours fiable.

LES ÎLES DU GOLFE DE THAÏLANDE EN...

Une semaine

Une semaine pour explorer ces îles idylliques, c'est certes bien court… mais néanmoins fantastique. Commencez par l'une des plages paisibles des côtes nord ou est de Ko Pha-Ngan, où vous vivrez comme un heureux naufragé. Puis passez la seconde moitié de la semaine à faire la fête à Hat Rin, à profiter de la volupté d'un spa à Ko Samui ou à pratiquer la plongée à Ko Tao.

Deux semaines

Commencez par Ko Tao en consacrant 3 jours et demi à l'obtention de votre brevet de plongée Open Water (si vous l'avez déjà, inscrivez-vous à de passionnantes plongées). Puis cap sur Ko Pha-Ngan et l'ambiance festive de Hat Rin. Sautez dans un *long-tail boat* pour rejoindre une crique secrète et suivre un programme de méditation. Il sera ensuite temps de découvrir Ko Samui : Bo Phut avec ses hôtels de charme, et Chaweng ou Choeng Mon avec leurs plages survoltées. S'il vous reste du temps, passez une journée au parc national maritime d'Ang Thong.

Un mois

Suivez l'itinéraire de deux semaines à un rythme plus décontracté. D'autres plages vous attendent sur les trois îles propices au farniente. Ne manquez pas la fête de la Pleine Lune (Full Moon Party) sur Sunrise Beach à Hat Rin (Ko Pha-Ngan).

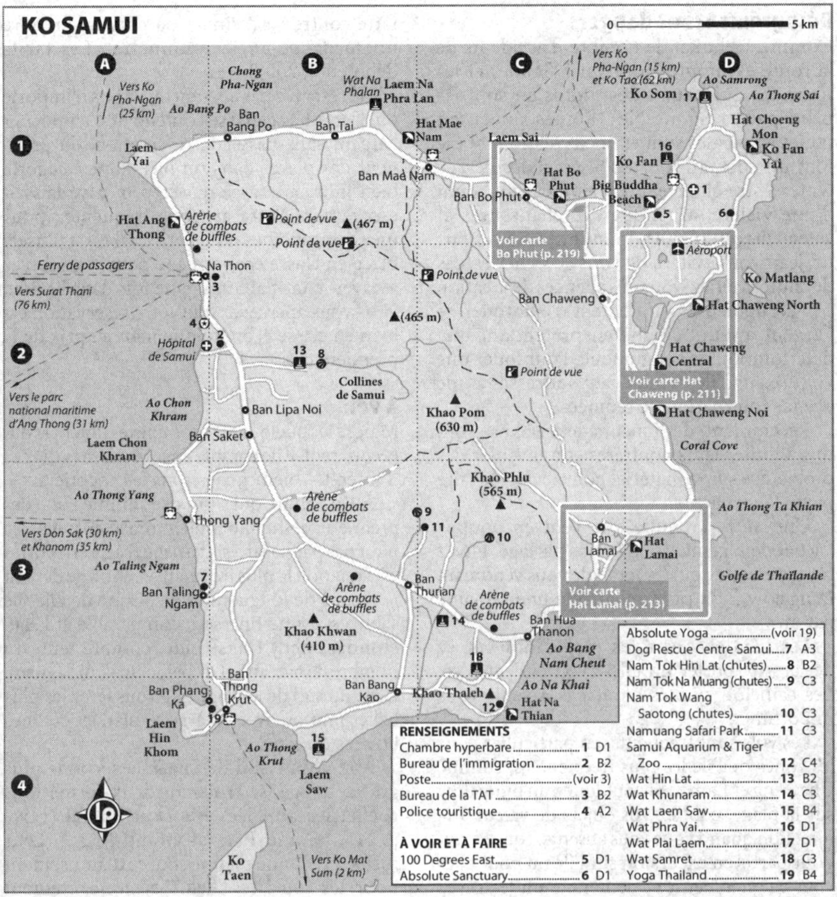

SERVICES MÉDICAUX

Ko Samui compte quatre hôpitaux privés, tous proches du supermarché Tesco-Lotus, sur la côte est. L'hôpital public situé près de Na Thon a bénéficié de sérieuses améliorations ces dernières années, même si le service n'est encore pas pleinement satisfaisant, faute de moyens.

Bandon International Hospital (carte p. 219 ; ☎ 0 7742 5840, urgences 0 7742 5748)

Bangkok Samui Hospital (carte p. 211 ; ☎ 0 7742 9500, urgences 0 7742 9555). Le premier endroit où vous devrez vous adresser et ce, quels que soient les symptômes.

Chambre hyperbare (carte p. 209 ; ☎ 0 7742 7427 ; Hat Bang Rak, Big Buddha Beach). Regroupe les spécialistes des problèmes de santé liés à la plongée.

Samui International Hospital (carte p. 211 ; ☎ 0 7742 2272 ; www.sih.co.th ; Hat Chaweng). Ambulances 24h/24, paiement possible par carte de crédit. Proche de l'Amari Resort à Chaweng.

SITES INTERNET

Plusieurs sites Internet répertorient les centres de plongée, les hébergements et les circuits. Ils indiquent aussi les horaires des transports réguliers.

Sawadee.com (www.samui.sawadee.com)

Tourism Association of Koh Samui (www.samuitourism.com)

URGENCES

Police touristique (carte p. 209 ; ☎ 0 7742 1281, urgences 1155). Bureau au sud de Na Thon.

Désagréments et dangers

Comme à Phuket, le nombre d'accidents de la route est impressionnant à Samui, et les touristes qui louent des motos en sont les principaux responsables. Routes sinueuses, pluies tropicales subites et circulation rapide font un cocktail mortel. Si vous décidez de tenter votre chance, portez un casque muni d'une visière, ainsi que des chaussures et vêtements offrant un minimum de protection ; un jean vous évitera de vous écorcher en cas de chute. Méfiez-vous des agences de location peu scrupuleuses qui tentent d'extorquer de l'argent à leurs clients en prétendant une détérioration de l'engin loué. Pour louer une voiture sur l'île, mieux vaut s'adresser à une agence internationale réputée.

Récemment, des loueurs de Jet-Ski se sont mis à imiter leurs confrères et à inventer des problèmes sur le matériel pour tenter de faire payer leurs clients.

Une autre arnaque a le vent en poupe : l'achat de logements en temps partagé. Fuyez toute personne qui tenterait de vous vendre un bungalow à un prix imbattable une semaine par an.

Les vendeurs sur les plages doivent se déclarer et porter un gilet avec leur numéro. Les camelots pirates n'ont pas à venir vous importuner.

Les vols sont fréquents, en particulier dans les zones de l'île les plus fréquentées, comme Chaweng et Lamai. Si vous louez un bungalow sur la plage, confiez vos objets de valeur à la direction quand vous vous absentez, que ce soit pour partir en excursion sur l'île ou pour aller vous baigner. Pensez à demander un reçu avec la liste des objets confiés au personnel.

Ne laissez jamais votre passeport en guise de caution. Si une société a besoin d'une pièce d'identité, présentez votre permis de conduire ou votre carte d'identité mais pas votre passeport – des escrocs pourraient tenter d'en obtenir une rançon ou s'en servir à des fins malhonnêtes.

TRANSPORTS

Il y a plus de 400 taxis licenciés sur Samui ; la concurrence est donc féroce. Contrairement à leurs collègues de Bangkok, les chauffeurs refusent d'utiliser leur compteur. Il faut donc *toujours* convenir du prix de la course avant de monter dans une voiture. Une course qui coûterait 35 B à Bangkok vaut ici plutôt 350 B. Il n'y a malheureusement pas grand-chose à faire contre cela, sinon marcher ou prendre un *sŏrng·tăa·ou* (camionnette). Les tarifs débutent à 200 B.

Ne réservez pas de train ou de bus n'importe où. Certains agents se contentent d'empocher l'argent sans passer la réservation, ou prennent des places dans un bus d'une catégorie bien inférieure à ce que le prix payé laissait escompter. Autre arnaque fréquente : pour un avion, on vous affirmera qu'il n'y a plus de place en classe économique pour vous forcer à payer le tarif affaires. Une fois dans l'avion, vous vous apercevez que votre réservation est bien en classe économique mais au prix de la première classe.

À voir

Malgré les quelque 500 complexes hôteliers qui la couvrent, l'île compte encore des sites dignes d'intérêt – bien cachés sous les cocotiers.

À Ko Samui, qui s'impose comme l'une des premières destinations du littoral thaïlandais, ce n'est pas par hasard si **Chaweng** (carte ci-contre) est la station la plus fréquentée : sa plage détient le record de longueur et de beauté de l'île. Le sable est d'une finesse incomparable et l'eau, étonnamment translucide, compte tenu du nombre de bateaux et de baigneurs qui l'agitent. C'est du sud de la plage que vous ferez les plus belles photos, avec en arrière-plan les collines boisées du nord.

À la pointe sud de **Lamai**, la seconde plus grande plage, se trouvent deux formations rocheuses appelées **Hin-Ta** et **Hin-Yai** (carte p. 213 ; Grand-Père et Grand-Mère). Leur forme phallique est une source d'amusement pour les touristes. **Hua Thanon**, légèrement en retrait, est un village musulman dynamique. Sa flottille de bateaux de pêche au mouillage, dont les proues remontent haut au-dessus de l'eau, offre une galerie de motifs complexes.

Les **plages nord** ont un sable moins fin et sont moins remarquables que celles de la côte est, mais l'ambiance y est détendue et la vue sur Ko Pha-Ngan est à couper le souffle. **Bo Phut** (carte p. 219) et son charmant "village de pêcheurs", une enfilade de petits magasins chinois transformés en un complexe hôtelier dernier cri avec hôtel de charme, savent retenir les visiteurs.

La plupart vont passer une journée sur les plages sauvages du **parc maritime d'Ang Thong** (p. 258), qui est peut-être le plus bel archipel de Thaïlande.

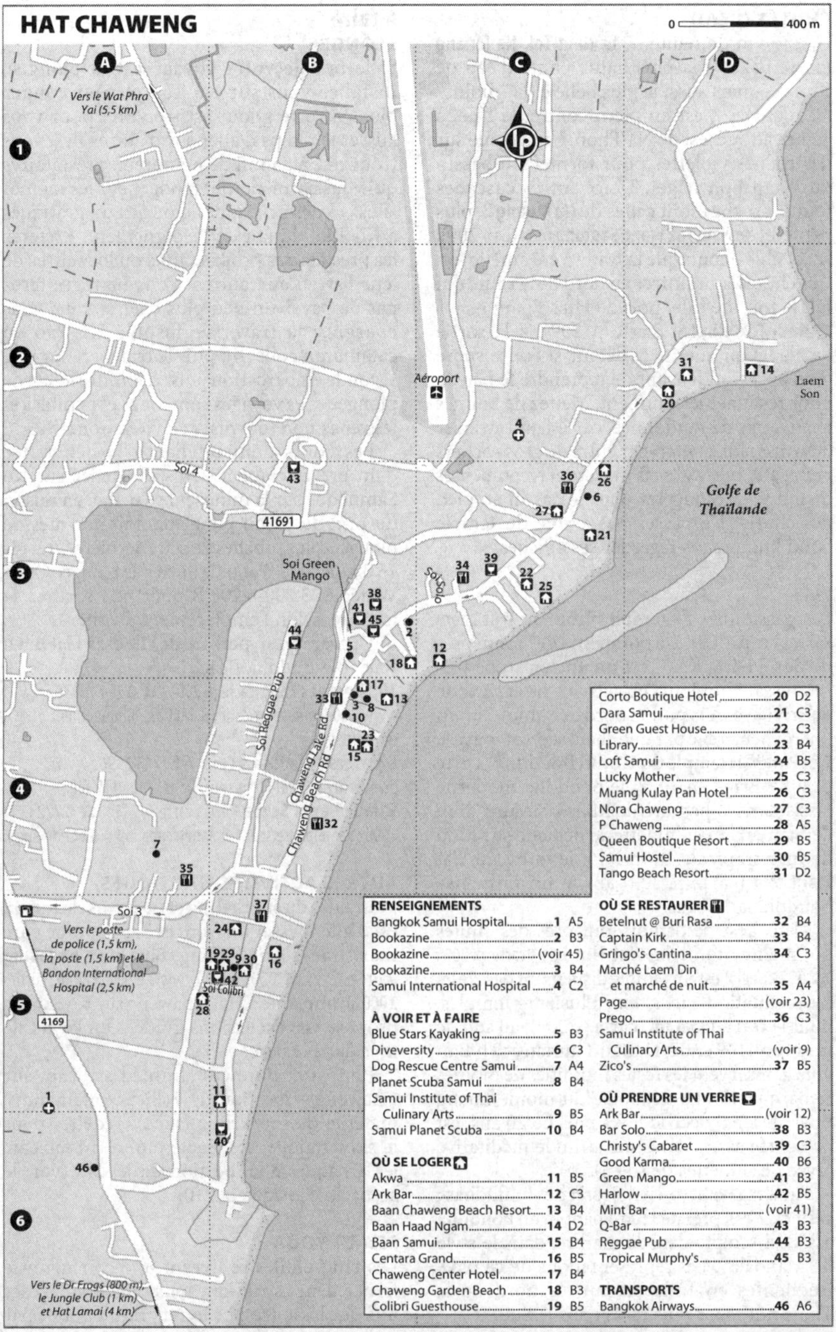
HAT CHAWENG
0 400 m
Vers le Wat Phra Yai (5,5 km)
Aéroport
Laem Son
Golfe de Thaïlande
Soi 4
41691
Soi Green Mango
Soi Solo
Soi Reggae Pub
Chaweng Lake Rd
Chaweng Beach Rd
Soi 3
Vers le poste de police (1,5 km), la poste (1,5 km) et le Bandon International Hospital (2,5 km)
Soi Colibri
4169
Vers le Dr Frogs (800 m), le Jungle Club (1 km) et Hat Lamai (4 km)
RENSEIGNEMENTS
Bangkok Samui Hospital 1 A5
Bookazine 2 B3
Bookazine (voir 45)
Bookazine 3 B4
Samui International Hospital 4 C2
À VOIR ET À FAIRE
Blue Stars Kayaking 5 B3
Diveversity 6 C3
Dog Rescue Centre Samui 7 A4
Planet Scuba Samui 8 B4
Samui Institute of Thai Culinary Arts 9 B5
Samui Planet Scuba 10 B4
OÙ SE LOGER
Akwa 11 B5
Ark Bar 12 C3
Baan Chaweng Beach Resort 13 B4
Baan Haad Ngam 14 D2
Baan Samui 15 B4
Centara Grand 16 B5
Chaweng Center Hotel 17 B4
Chaweng Garden Beach 18 B3
Colibri Guesthouse 19 B5
Corto Boutique Hotel 20 D2
Dara Samui 21 C3
Green Guest House 22 C3
Library 23 B4
Loft Samui 24 B5
Lucky Mother 25 C3
Muang Kulay Pan Hotel 26 C3
Nora Chaweng 27 C3
P Chaweng 28 A5
Queen Boutique Resort 29 B5
Samui Hostel 30 B5
Tango Beach Resort 31 D2
OÙ SE RESTAURER
Betelnut @ Buri Rasa 32 B4
Captain Kirk 33 B4
Gringo's Cantina 34 C3
Marché Laem Din et marché de nuit 35 A4
Page (voir 23)
Prego 36 C3
Samui Institute of Thai Culinary Arts (voir 9)
Zico's 37 B5
OÙ PRENDRE UN VERRE
Ark Bar (voir 12)
Bar Solo 38 B3
Christy's Cabaret 39 C3
Good Karma 40 B6
Green Mango 41 B3
Harlow 42 B5
Mint Bar (voir 41)
Q-Bar 43 B3
Reggae Pub 44 B3
Tropical Murphy's 45 B3
TRANSPORTS
Bangkok Airways 46 A6

CHUTES D'EAU

Avec 30 m de hauteur, la **Nam Tok Na Muang** (carte p. 209), la plus haute chute d'eau de Samui – mais aussi la plus belle et la "moins" fréquentée –, est en plein centre de l'île, à 12 km au sud-est de Na Thon. L'eau coule sur des roches violettes pour former un bassin où il fait bon nager. Deux autres cascades toutes proches sont celles de **Na Muang 2**, plus petite, et de **Nam Tok Wang Saotong** (carte p. 209), accessible depuis que la route a été améliorée. Ces chutes sont situées au nord de la route qui fait le tour de l'île, près de Hua Thanon.

Nam Tok Hin Lat (carte p. 209), à la sortie de Na Thon, mérite le détour si l'on dispose d'un après-midi avant de reprendre le bateau pour regagner le continent. Mettez de bonnes chaussures de randonnée, car il faut traverser des ruisseaux et marcher entre de gros rochers pour l'atteindre. Vos efforts seront récompensés quand vous plongerez dans le bassin au pied des chutes. Ne passez pas à côté du temple bouddhique sans regarder ses affiches.

WAT

Les passionnés de temples iront au **Wat Laem Sor** (carte p. 209), à la pointe sud de Samui près de Ban Phang Ka. C'est un ancien stupa très intéressant, toujours en activité, de la période de Srivijaya. À la pointe nord de Samui, sur un îlot rocheux relié par une chaussée, se trouve le **Wat Phra Yai** (temple du Grand Bouddha ; carte p. 209). Érigé en 1972, le bouddha moderne (assis dans la posture de Mara) mesure 15 m de hauteur. Sa silhouette se détache sur fond de mer tropicale. Non loin, le nouveau **Wat Plai Laem** (carte p. 209) abrite un immense bouddha à 18 bras.

Dans l'est de Samui, tout près des chutes du même nom, le **Wat Hin Lat** (carte p. 209 ; ☎ 0 7742 3146) est un temple dispensant des cours de méditation *vipassana*. Plusieurs temples, dont le **Wat Khunaram** (carte p. 209), au sud de la Route 4169 entre Th Ban Thurian et Th Ban Hua, conservent les restes momifiés de moines remarquables. La dépouille du moine Luang Phaw Daeng, décédé il y a plus de 20 ans, est présentée assise dans une attitude méditative (avec des lunettes de soleil).

Au **Wat Samret** (ou hall secret des Bouddhas ; carte p. 209), près de Hua Thanon, un bouddha assis est sculpté dans le marbre, dans le style de Mandalay. Les représentations de ce type, fréquentes en Inde et dans le nord de la Thaïlande, sont plus rares dans le Sud.

À faire

PLONGÉE

Si le but de votre voyage est la plongée, installez-vous sur Ko Tao et n'en bougez plus. Si votre séjour est trop bref pour vous laisser le temps d'aller sur d'autres îles, vous trouverez à Samui de nombreux prestataires qui vous emmèneront plonger sur les mêmes sites – à des prix supérieurs à ceux pratiqués à Ko Tao, du fait de l'éloignement. Préférez les prestataires propriétaires ou locataires de leur bateau aux autres. Vous ne regretterez pas de payer un peu plus cher si vous vous épargnez la traversée jusqu'à Ko Tao en catamaran collectif, puis le transfert sur une seconde embarcation pour rejoindre le site de plongée. Ces voyages sont longs et pénibles et les repas non fournis – à éviter, donc.

Les cours donnant lieu à la délivrance d'un brevet coûtent 2 fois plus cher sur Ko Samui que sur la minuscule Ko Tao, en raison du prix du gasoil pour atteindre les sites de plongée, plus proches de cette dernière. Prévoir 16 000-22 000 B pour le brevet de plongée Open Water et 3 200-6 200 B pour une sortie à la journée, selon l'emplacement du site.

La chambre hyperbare de l'île est à Hat Bang Rak (Big Buddha Beach).

100 Degrees East (carte p. 209 ; ☎ 0 7742 5936 ; www.100degreeseast.com ; Bang Rak). Chaudement recommandé.

Diveversity (carte p. 211 ; ☎ 0 7741 3196 ; www.diveversity.nl ; Hat Chaweng). Dans l'Amari Hotel.

Samui Planet Scuba (SIDS ; carte p. 211 ; ☎ 0 7723 1606 ; samuiplanetscuba@planetscuba.net ; Hat Chaweng)

AUTRES ACTIVITÉS NAUTIQUES

Pour faire du snorkeling et du kayak, le mieux est d'aller passer une journée au superbe parc maritime d'Ang Thong. **Blue Stars Kayaking** (carte p. 211 ; ☎ 0 7741 3231 ; www.bluestars.info ; sorties 2 000 B), implanté à Hat Chaweng sur Ko Samui, propose des excursions guidées en kayak de mer dans le parc.

Pour un bonheur immédiat, cap sur Chaweng – location de voiliers, catamarans, matériel de snorkeling (tuba), vedettes pour le ski nautique, etc. Seule ombre au tableau, les arnaques à la location de Jet-Ski (voir le scénario classique p. 210).

SPA ET YOGA

Les cinq-étoiles se livrant une concurrence féroce, leurs spas sont tous plus luxueux les uns que les autres. Le livret gratuit publié par

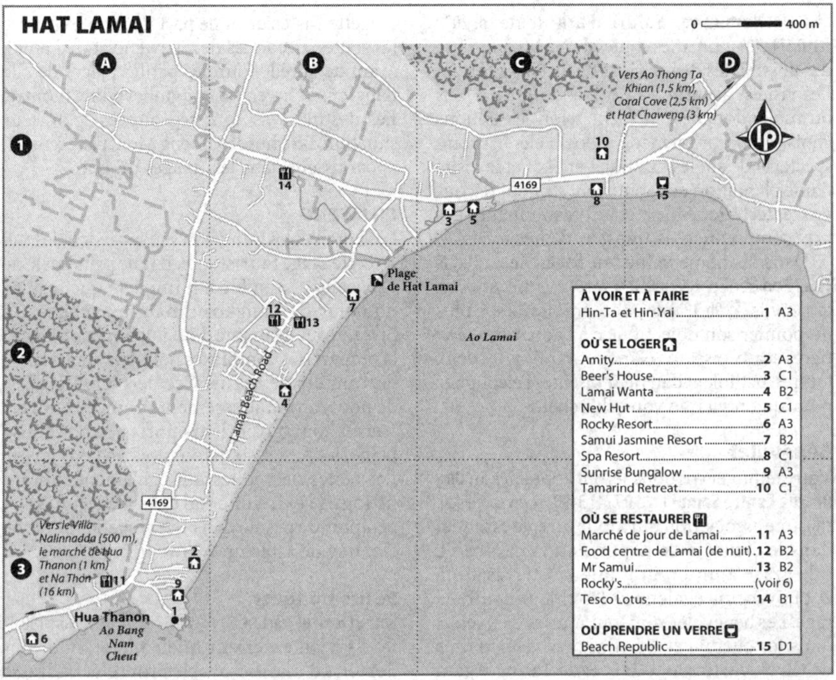

la Siam Map Company, le *Spa Guide* (www.siamspaguide.com), fournit une liste détaillée des établissements les plus cotés de l'île. Les adresses suivantes affiliées à des complexes hôteliers sont parmi les retraites les plus confortables de l'île (du monde ?) pour qui veut se faire dorloter.

Pour des soins exclusifs, essayez le spa de l'Anantara (p. 218), le Hideaway Spa du Sila Evason Resort (p. 217) ou le centre de bien-être du Tamarind Retreat (p. 216).

Absolute Sanctuary (carte p. 209 ; ☎ 0 7760 1190 ; www.absoluteyogasamui.com) est un centre de bien-être proposant des programmes "détox" et différents types de yoga. Essayez le Yoga Thailand (p. 221), dernier en vogue en matière de relaxation et de remise en forme.

Le Spa Resort (p. 216), à Lamai, est le premier centre de remise en forme de l'île. Il est réputé pour son programme de purification par le jeûne.

Cours

Pour apprendre la cuisine thaïlandaise, inscrivez-vous au **Samui Institute of Thai Culinary Arts** (SITCA ; carte p. 211 ; ☎ 0 7741 3434 ; www.sitca.net ; Hat Chaweng). Cet organisme dispense chaque jour des cours de cuisine thaïlandaise et des cours pour apprendre à sculpter les fruits et les légumes et à les transformer en un décor floral sophistiqué – un art autrefois réservé à l'aristocratie. Les cours commencent à 11h pour la préparation du déjeuner, et à 16h pour celle du dîner (1 950 B pour un cours de 3 heures pendant lequel on cuisine 2 ou 3 plats). On vous indiquera également comment vous procurer les ingrédients dans votre pays. La séance se termine par la dégustation du repas, où vous pourrez convier une personne. Des DVD (en vente) vous permettront de réviser par la suite.

Avec des enfants

Quand les bains de mer et les châteaux de sable ne suffisent plus à occuper les bambins, il est temps d'aller découvrir les autres activités offertes sur l'île.

À Choeng Mon, le **"football golf"** (☎ 08 9771 7498) est un nouveau jeu où l'on marque en envoyant sa balle dans un gros trou. Les enfants adorent (300 B), d'autant plus qu'à la fin de chaque partie un rafraîchissement leur est offert.

Le **Namuang Safari Park** (carte p. 209 ; ☎ 0 7742 4098), près des chutes de Na Muang, offre des possibilités de safaris et de forfaits à foison. Les visites "aventure" (à partir de 900 B), plus ou moins longues, incluent selon les options choisies une promenade à dos d'éléphant, un spectacle de singes, un trajet en 4x4 et la visite d'une plantation de caoutchoucs – pour découvrir les techniques de récolte (passionnant). Les prix comprennent le transfert depuis l'hôtel.

Dans la même veine, au **Samui Aquarium & Tiger Zoo** (carte p. 209 ; ☎ 0 7742 4017 ; orchid@sawadee.com ; 350 B ; 9h-18h), le photographe ne sait plus où pointer son objectif face à l'aquarium, aux tigres et aux oiseaux. Nancy et Woody, les deux loutres, batifolent dans leur piscine. Téléphonez pour qu'on vienne vous chercher.

Bénévolat

Votre temps et vos dons seront appréciés au **Dog Rescue Centre Samui** (☎ 0 7741 3490 ; www.samuidog.org), une association qui a joué un rôle essentiel dans le contrôle de la population canine de l'île grâce à un programme de stérilisation, et qui vaccine également les chiens contre la rage. Les bénévoles sont toujours les bienvenus dans les chenils et les cliniques vétérinaires de Chaweng (carte p. 211) et de Taling Ngam (carte p. 209).

Voir p. 407 pour de plus amples renseignements sur le bénévolat en Thaïlande.

Où se loger

Décoder le jargon hôtelier de Samui s'apparente à tenter de déchiffrer une langue morte : "superior", "standard", "deluxe", "deluxe superior", "superior standard"… Difficile de s'y retrouver. L'offre étant aussi abondante que diverse, la liste suivante est donc loin d'être exhaustive.

Si vous avez vraiment décidé de casser votre tirelire, vous aurez le choix entre de nombreux complexes hôteliers haut de gamme qui offrent des bungalows extravagants, des spas de luxe, des piscines à débordement et des restaurants gastronomiques. Bo Phut, au nord, se distingue par ses établissements de charme très chic à la portée d'une bourse moyenne. Si les voyageurs au budget serré devront chercher un peu plus, il existe aussi des adresses adaptées à leur bourse, installées ici et là au bord des plages.

La location d'une villa est une pratique qui tend à se généraliser. Des agences spécialisées placent des encarts dans les brochures touristiques distribuées sur l'île.

Cette vaste rubrique part de la côte est avec les stations vedettes de Chaweng et de Lamai, avant de faire le tour des petites plages de l'île dans le sens inverse des aiguilles d'une montre. Les destinations sont regroupées selon leur situation. Bo Phut et Choeng Mon, par exemple, apparaissent dans les "plages du nord".

CHAWENG

Les hôtels et les bungalows se succèdent le long de cette plage touristique. La rue principale de Chaweng ressemble à n'importe quelle allée du cœur de Bangkok ; malgré le chaos, on profite tout de même d'un joli bout de plage et la plupart des complexes hôteliers sont à l'abri du tumulte de la rue. Ces dernières années, de nouveaux établissements pour les budgets "serrés" ont ouvert leurs portes au bord de la plage (les prix restent toutefois un peu élevés). Les zones décrépites ont également subi un lifting. À l'extrémité sud de la plage, un étroit promontoire isole de l'effervescence la petite étendue de sable de Chaweng Noi.

Petits budgets

Samui Hostel (carte p. 211 ; ☎ 08 9874 3737 ; dort 180 B ;). Un extérieur quelconque, pour des dortoirs d'une incroyable propreté. L'adresse idéale pour les voyageurs en solo dont le budget est compté. À noter : les couples trouveront des chambres doubles à environ 400 B à Chaweng.

Green Guest House (carte p. 211 ; ☎ 0 7742 2611 ; ch 400-1 000 B ;). Si vous voulez vraiment économiser, vous ne trouverez pas meilleur marché. Mais ne cherchez pas l'ambiance.

P Chaweng (carte p. 211 ; ☎ 0 7723 0684 ; ch 400-600 B, ste 1 000 B ;). Un établissement assez éloigné de la plage, aux chambres vastes et très propres (faites abstraction du mobilier un peu défraîchi). Demandez à ne pas donner sur la rue – les chambres semblent trop faciles d'accès depuis l'extérieur.

Lucky Mother (carte p. 211 ; ☎ 0 7723 0931 ; ch et bung 500-1 500 B ;). Les bonnes vieilles paillotes d'avant le boom touristique, ici en voie de disparition, n'ont rien perdu de leur charme spartiate. Les chambres d'hôtel modernes ont l'eau chaude et la climatisation – mais donnent pour la plupart sur le parking. Des lecteurs ont émis des réserves sur l'établissement.

Loft Samui (carte p. 211 ; ☎ 0 7741 3420 ; www.theloftsamui.com ; ch à partir de 590 B ;). Cette nouvelle construction de Chaweng, qui se distingue notamment par un habillage d'adobe, propose un confort moderne au meilleur prix dans des chambres standard.

Jungle Club (carte p. 211 ; ☎ 0 1894 2327 ; bung 600-2 900 B ;). La route est dangereuse, mais la beauté du panorama invite à la braver. Cette retraite isolée dans les hauteurs séduit les touristes locaux et étrangers. Le charme du retour à la nature, avec une merveilleuse piscine et un *săh·lah*, véritable salon ouvert sur les côtés, idéal pour une sieste. Question qualité/prix, le Jungle Club est de loin la meilleure option de Ko Samui. Demandez qu'on vienne vous chercher. Un taxi depuis la route principale coûte 50 B – 100 B du centre de Chaweng et 400 B de l'aéroport.

Akwa (carte p. 211 ; ☎ 08 4660 0551 ; www.akwaguesthouse.com ; ch à partir de 700 B ;). Charmant établissement de style B&B proposant quelques chambres originales aux couleurs vives. Les étagères regorgent de DVD et des BD décorent les murs.

Colibri Guesthouse (carte p. 211 ; ☎ 0 7723 0574 ; colibri@samart.co.th ; ch à partir de 700 B ;). Un peu plus confortable que son voisin le P Chaweng, le Colibri propose d'agréables chambres carrelées avec des sdb fraîchement rénovées. La vue étant très limitée, inutile de demander un balcon.

Queen Boutique Resort (carte p. 211 ; ☎ 0 7741 3148 ; queensamui@yahoo.com ; ch à partir de 800-1 200 B ;). Le Queen offre des chambres de charme à la portée des voyageurs au budget limité – préférez celles qui sont carrelées, le lino usé altérant le charme des autres. Personnel revêche.

Catégorie moyenne

Chaweng Center Hotel (carte p. 211 ; ☎ 0 7741 3747 ; chawengcenter@hotmail.com ; ch 1 200 B ;). Si la vue sur le McDonald en face n'a rien d'idyllique, les chambres de cet hôtel central bon marché sont pimpantes et d'un chic minimaliste.

Chaweng Garden Beach (carte p. 211 ; ☎ 0 7796 0394 ; www.chawenggardensamui.com ; ch à partir de 1 600 B ;). Fréquenté par des voyageurs au budget serré et aux goûts raffinés, ce vaste complexe dispose d'une grande variété de chambres où vous serez servi par un personnel très souriant.

Baan Samui (carte p. 211 ; ☎ 0 7723 0965 ; www.see2sea.com ; ch à partir de 2 400 B ;). Contrastant avec l'austère hôtel Library juste à côté, ce complexe hôtelier s'organise autour d'appartements colorés au bord de la plage.

Nora Chaweng (carte p. 211 ; ☎ 0 7791 3666 ; www.norachawenghotel.com ; ch à partir de 2 600 B ;). Ce complexe hôtelier tout récent

> **LES MEILLEURS HÔTELS DE SAMUI**
>
> Le choix est si grand sur l'île que se décider peut tourner au casse-tête. Pour vous aider, voici nos adresses favorites :
>
> **Hôtels de luxe**
> - **Library** (p. 216)
> - **Sala Samui Resort & Spa** (p. 217)
> - **Sila Evason Hideaway** (p. 217)
>
> **Petits budgets**
> - **Jungle Club** (ci-contre)
> - **L'Hacienda** (p. 218)
> - **Lodge** (p. 218)
>
> **Catégorie familiale**
> - **Centara Grand** (p. 216)
> - **Ibis Bo Phut** (p. 218)
>
> **Escapades romantiques**
> - **Anantara** (p. 218)
> - **Zazen** (p. 218)

n'est pas sur la plage mais au cœur de l'animation de Chaweng. Aux chambres design s'ajoutent une piscine et un petit spa agréables.

Tango Beach Resort (carte p. 211 ; ☎ 0 7742 2470 ; www.tangobeachsamui.com ; ch petit-déj inclus 2 650-6 250 B ;). Excellente option dans cette catégorie, ce nouveau complexe hôtelier réunit des bungalows disposés le long d'une promenade en teck qui serpente jusqu'à la plage.

Ark Bar (carte p. 211 ; ☎ 0 7742 2047 ; www.ark-bar.com ; bung 3 000 B ;). Ce complexe fréquenté depuis toujours par une clientèle variée – fêtards, hippies, adolescents et personnes d'âge mûr – propose des chambres beaucoup plus sophistiquées qu'auparavant.

Catégorie supérieure

Baan Chaweng Beach Resort (carte p. 211 ; ☎ 0 7742 2403 ; www.baanchawengbeachresort.com ; bung 4 000-7 000 B ;). Les amateurs de luxe à prix modéré apprécieront ce nouvel établissement. Les tons pêche et poire des chambres impeccables mettent le mobilier en teck en valeur, créant une ambiance à la fois moderne et traditionnelle.

Muang Kulay Pan Hotel (carte p. 211 ; ☎ 0 7723 0849-51 ; www.kulaypan.com ; ch petit-déj inclus 4 725-13 540 B ;). Bien que l'architecte parle de fusion des esthétiques zen et thaïlandaise, le résultat nous semble indéfinissable. Le jardin côté mer présente un négligé des plus étudiés, qui ajoute à la sensation de chaos dans ce village original.

Baan Haad Ngam (carte p. 211 ; 0 7723 1500, 0 7723 1520 ; www.baanhaadngam.com ; bung 6 400-14 000 B ;). Le teck et sa patine naturelle sont proscrits au Baan Haad Ngam, où tout est peint en vert à l'extérieur. Un excellent choix, à condition d'en avoir les moyens.

Dara Samui (carte p. 211 ; 0 7723 1323 ; www.darasamui.com ; ch et bung à partir de 8 160 B ;). Le Dara peut sembler un peu étouffant, mais il offre des chambres élégantes et une piscine tout droit sortie d'un roman de Kipling.

Centara Grand (carte p. 211 ; 0 7723 0500 ; www.centralhotelsresorts.com ; ch 8 900-19 500 B ;). En plein cœur de Chaweng, le Centara est un immense complexe soigné parmi les palmiers, loin du tohu-bohu régnant dans les rues. Les chambres sont implantées dans un bâtiment qui rappelle par sa décoration les hôtels européens. Les parents pourront profiter du spa ou de l'un des 4 restaurants, après avoir confié leurs enfants à l'une des baby-sitters de l'hôtel. Labyrinthe de piscines.

Library (carte p. 211 ; 0 7742 2407 ; www.thelibrary.name ; bung 9 000-12 000 B ;). Drôle d'idée d'appeler un hôtel "bibliothèque" (*library* en anglais). Certes, les chambres sont ici des "pages" où trône un ordinateur dernier cri, mais l'atmosphère du lieu est loin d'être studieuse. Pour autant, des statues grandeur nature représentent des lecteurs et, s'ils vous inspirent, la bibliothèque de l'hôtel vous fournira quantité de beaux livres pour parfaire votre culture artistique. Au mur, des œuvres monochromes luisent la nuit – vous pourrez régler les teintes selon votre humeur. Vaste piscine rectangulaire au carrelage rouge vif.

LAMAI

Jadis, les connaisseurs affirmaient que Chaweng n'était plus à la mode et qu'il fallait aller à Lamai. Lamai n'est plus aujourd'hui que le quartier général (non officiel) des bars à filles sur Samui. Au sud de Lamai, Hua Thanon est une petite plage plus calme où sont installés quelques superbes hôtels.

Petits budgets et catégorie moyenne

New Hut (carte p. 213 ; 0 7723 0437 ; newhut@hotmail.com ; Lamai nord ; huttes 200-500 B). Cet établissement est une rareté. Ses petites huttes traditionnelles sur la plage sont charmantes et bon marché. Les bâtiments d'accueil en bois, dont le restaurant, sont recouverts d'une épaisse couche de peinture noire.

Beer's House (carte p. 213 ; 0 7723 0467 ; Lamai nord ; bung 200-550 B). De minuscules bungalows s'alignent à l'ombre au bord de la plage. Tous n'ont pas de sdb, mais ils offrent un vaste espace où suspendre son hamac pour paresser. Les sdb sont dotées de carrelage neuf. Les lumières mettent un peu de temps à s'allumer – attendez avant d'appeler la réception à l'aide.

Amity (carte p. 213 ; 0 7742 4084 ; Lamai sud ; bung 350-1 500 B ;). Propose d'attrayants bungalows modernes et quelques survivants sans sdb d'une époque révolue. Nous avons aimé les huttes à 700 B. Les maisonnettes climatisées sont une heureuse option supplémentaire.

Sunrise Bungalow (carte p. 213 ; 0 7742 4433 ; www.sunrisebungalow.com ; Lamai sud ; bung 400-1 300 B ;). À quelques pas des formations rocheuses appelées Hin Ta et Hin Yai, le Sunrise invite à poser son sac à dos et à se reposer sans trop dépenser. Le propriétaire est issu d'une famille installée sur Samui depuis six générations.

Spa Resort (carte p. 213 ; 0 7723 0855 ; www.spasamui.com ; Lamai nord ; bung 900-3 500 B ;). Ce spa propose une vaste gamme de soins – massage, AquaDetox, hypnothérapie, yoga... – ouverts à tous, et nul ne semble déplorer le standard peu élevé de l'hébergement – en comparaison de ce qui est généralement proposé sur l'île. Les sdb laissent un peu à désirer. L'établissement affiche souvent complet, aussi vaut-il mieux réserver (par e-mail).

Lamai Wanta (carte p. 213 ; 0 7742 4550, 0 7742 4218 ; www.lamaiwanta.com ; Lamai centre ; ch et bung 1 600-3 400 B ;). La piscine a un air rétro avec ses céramiques beige et bleu, mais les chambres et les bungalows, repeints en blanc, sont au goût du jour. À l'intérieur, les chambres sont minimalistes, voire spartiates.

Catégorie supérieure

Tamarind Retreat (carte p. 213 ; 0 7723 0571 ; www.tamarindretreat.com ; Lamai nord ; villas 3 500-11 600 B ;). Bien cachées au fond d'une paisible cocoteraie, un peu loin de la plage, les villas du Tamarind ont toutes un style différent. Ici des blocs de granit aux murs et sur le sol ; là des bassins ou des sdb à ciel ouvert. Séjour de 7 nuits au minimum (3 en basse saison). Le prix comprend le transfert depuis l'aéroport. Réservation impérative.

Samui Jasmine Resort (carte p. 213 ; 0 7723 2446 ; www.samuijasmineresort.com ; Lamai centre ; ch et bung 3 800-5 000 B ;). Très agréable, le Samui

Jasmine s'étend le long de la plage de Lamai. N'hésitez pas à prendre les chambres les moins chères : la plupart ont une magnifique vue sur l'océan et la piscine cristalline. La décoration fait la part belle au teck.

Rocky Resort (carte p. 213 ; ☎ 0 7741 8367 ; www.rockyresort.com ; Hua Thanon ; ch 4 200-14 000 B ;). Notre établissement préféré à Lamai (implanté en réalité juste au sud de Lamai). Le Rocky arbore un raffinement sans prétention. Rien de guindé ici, mais des chambres avec vue sur l'océan, au superbe mobilier contemporain qui reprend les motifs locaux. La piscine creusée entre les rochers évoque la plage proche. En basse saison, les prix défient toute concurrence.

Villa Nalinnadda (carte p. 213 ; ☎ 0 7723 3131 ; Hua Thanon ; bung 6 000-6 500 B ;). Les murs extérieurs sont habillés d'adobe, dont les ondulations s'inspirent des vagues de la piscine à remous rectangulaire. Sept suites, plus ou moins grandes et de formes variées, ouvrent sur l'océan, offrant un isolement romantique, dans une atmosphère conviviale.

PLAGES DU NORD

Les plages au nord de Ko Samui offrent des hébergements variés. Choeng Mon rassemble les complexes hôteliers les plus luxueux qui soient, tandis que Mae Nam et Bang Po restent fidèles à leur clientèle de baroudeurs purs et durs. Bo Phut, entre les deux, est la plus belle de toutes les plages de Samui.

Choeng Mon et ses environs

Bien que cette bande de terre découpée porte le nom de Plai Lam, on l'appelle souvent Choeng Mon, nom de la plus grande plage de la zone. Choeng Mon est la destination de prédilection des plus riches.

Ô Soleil (☎ 0 7742 5232 ; ch et bung à partir de 400 B ;). L'une des propriétés au bord de la plage parmi les moins chères de l'île. Des bungalows et des chambres accolées, très simples, s'étendent vers l'intérieur. Gare à vos affaires.

White House (☎ 0 7724 7921 ; 0 7724 5318 ; www.hotelthewhitehouse.com ; ch 5 000-6 600 B ;). Inutile d'aller à Angkor : on se croirait ici dans la capitale d'un ancien empire, au plus profond de la jungle. Des fougères tropicales poussent dans les moindres fissures des temples de grès et des statues de divinités se cachent dans l'épais feuillage.

Sala Samui (☎ 0 7724 5888 ; www.salasamui.com ; bung 360-1 100 $US ;). Les prix sont en dollars et non en bahts, ce qui est révélateur. Le décorateur a créé un environnement exquis en jouant sur les contrastes du blanc et du teck, le tout rehaussé par les touches turquoise des piscines privées de chaque villa.

Tongsai Bay (☎ 0 7724 5480-5500 ; www.tongsaibay.co.th ; ste 11 000-30 000 B ;). Ce petit bijou isolé est l'endroit idéal pour se faire dorloter. Les bungalows, plaisamment distribués sur une vaste propriété bien entretenue, forment un vrai petit village. La clientèle se déplace en voiturette de golf, pour rejoindre les salles de restauration, les espaces de massage, etc. Toutes les suites en duplex ont des espaces réservés à la sieste, une somptueuse décoration romantique et d'immenses terrasses donnant sur des vues splendides. Emplacement surprenant pour les baignoires. Piscines d'eau douce et salée, courts de tennis, spa, pâtisserie et plusieurs restaurants.

Sila Evason Hideaway (☎ 0 7724 5678 ; www.sixsenses.com/hideaway-samui/index.php ; bung à partir de 18 000 B ;). Ce paradis de bambou bien caché est l'endroit idéal pour se ruiner une fois dans sa vie. Sur un promontoire découpé, le Sila Evason mêle opulence et charme rustique. La plupart des villas disposent de leur propre piscine, pour accueillir vos plongeons quand vos yeux pourront se détacher du spectacle de la baie en contrebas. Les sdb, en partie à ciel ouvert, invitent à redéfinir l'expression "bain de minuit". Les voiturettes de golf beiges épargnent la fatigue de la marche entre les chambres et les divers bâtiments dispersés sur la propriété, parmi lesquels deux spas d'exception et deux excellents restaurants.

Bang Rak (Big Buddha Beach)

L'immense bouddha doré qui siège sur la presqu'île de Ko Fan donne son nom au lieu, surnommé plage du Grand Bouddha. Les complexes hôteliers sont ici moins chers qu'ailleurs en raison de la proximité de l'aéroport.

Samui Mermaid (☎ 0 7742 7547 ; www.samui-mermaid.info ; ch 400-2 500 B ;). Les voyageurs au budget serré auront l'impression d'être dans un complexe pour riches : deux grandes piscines, d'innombrables transats, deux restaurants animés et la TV câblée dans toutes les chambres. La piste d'atterrissage de l'aéroport de Samui n'est qu'à quelques kilomètres – on entend donc les avions. Transfert gratuit depuis/vers l'aéroport.

Shambala (☎ 0 7742 5330 ; www.samui-shambala.com ; bung 600-1 000 B ;). Si les autres établissements s'adressent plutôt à une clientèle huppée, l'ambiance est ici plus détendue. Les gros coussins invitent à la détente, et la terrasse en bois aux bains de soleil. Les bungalows sont clairs et spacieux. Le personnel prodigue sourires et bons conseils.

Ocean 11 (0 7741 7118 ; www.o11s.com ; bung 1 900-3 200 B ;). Au bord d'une plage relativement calme, offrez-vous, à un prix très raisonnable, une petite tranche de luxe et une retraite douillette dans un décor rappelant la Méditerranée.

Prana (0 7724 6362 ; www.pranaresorts.com ; ch 5 600-8 000 B ;). Superbe établissement branché, conçu spécialement pour les végétariens. Les superbes chambres ne sont séparées de l'océan que par la piscine à débordement.

Bo Phut

Si la plage n'est peut-être pas la plus sublime de Samui, c'est en revanche à Bo Phut que se trouve l'offre la plus séduisante de l'île en matière d'hébergements. Une succession de complexes hôteliers de charme part du centre du village de pêcheurs et s'étend vers le sable.

Khuntai (carte p. 219 ; 0 7724 5118 ; 08 6686 2960 ; ch 400-850 B ;). Les chambres correctes les moins chères de l'île sont dans cette pension orange, à quelques rues de la plage, juste à l'extérieur du village de pêcheurs. Les chambres à l'étage ont une terrasse – baignée de soleil l'après-midi.

L'Hacienda (carte p. 219 ; 0 7724 5943 ; www.samui-hacienda.com ; ch 1 000-3 000 B ;). Le carrelage en terre cuite et les ouvertures arrondies en façade donnent au lieu de faux airs de mission espagnole. Le thème est le même dans les 8 chambres, dont la décoration n'en est pas moins personnalisée – sdb aux murs incrustés de galets ou lampe de bambou translucide. Piscine sur le toit avec vue panoramique.

Lodge (carte p. 219 ; 0 7742 5337 ; ch 1 350-1 900 B ;). Autre option de choix à Bo Phut, le Lodge s'apparente à un pavillon de chasse colonial avec ses murs pastel et ses poutres de bois. Toutes les chambres sont ornées de tapisseries et ont un balcon donnant sur la plage. Les "*pent huts*" du dernier étage sont spacieuses. Réservation indispensable.

Ibis Bo Phut (carte p. 219 ; 0 7791 4800 ; www.ibishotel.com/fr/hotel-6688-ibis-samui-bophut/index.shtml ; ch à partir de 1 600 B ;). Flambant neuf, l'Ibis est le plus vaste complexe de l'île. Les familles apprécieront les lits superposés et les grandes pelouses pour jouer avec les enfants. Si vous recherchez le côté traditionnel thaïlandais, vous vous trompez d'adresse.

Red House (carte p. 219 ; 0 7742 5686 ; www.design-visio.com ; ch 2 000 B ;). Vous devrez traverser un magasin de chaussures évoquant une maison close chinoise pour arriver au petit bureau de la réception à l'arrière. Les 4 chambres à l'étage sont décorées avec autant d'emphase. Des motifs orientaux égaient les murs, et les lits à baldaquin sont agrémentés de belles guirlandes rubis et vert chartreuse. Le toit, avec ses transats disposés au milieu des plantes en pots, constitue une retraite de choix.

B1 Villa Spa (carte p. 219 ; 0 7742 7268 ; www.b1villa.com ; ste 3 500-5 000 B ;). Une auberge pleine de caractère sur la plage du village de pêcheurs. Toutes les chambres sont personnalisées et ornées d'œuvres d'art. Les espaces à l'étage portent les noms d'étoiles de la ceinture d'Orion.

Zazen (carte p. 219 ; 0 7742 5085 ; www.samui-zazen.com ; ch 5 300-12 800 B ;). Cette adresse jadis si simple est devenue le *nec plus ultra* en matière d'hôtel de charme sur Samui. La rencontre du minimalisme asiatique et du rococo contemporain se traduit par un mur écarlate, des déesses en terre cuite, un zeste de feng shui et d'innombrables touches de bon goût. Les clients se détendent au bord de la piscine dans des transats confortables à l'ombre des parasols. Les prix sont assez dissuasifs quand on arrive sans réservation ; mieux vaut s'y prendre à l'avance.

Anantara (carte p. 219 ; 0 7742 8300 ; www.anantara.com ; ch 7 000-15 000 B ;). Le rêve fantasmatique d'un lointain royaume oriental semble se réaliser quand on franchit l'entrée en forme de palanquin qui donne accès à l'Anantara. Des statues de cuivre et d'argile à l'effigie de créatures grimaçantes de la forêt peuplent cette immense propriété où les clients prennent le thé dans des pagodes à ciel ouvert, nagent dans une piscine aux faux airs de lagon ou vont se faire dorloter au spa. Les chambres n'ont rien à envier à celles des hôtels de luxe, avec leur cloison amovible dans les sdb. Toutefois, vu leur prix, elles paraissent un peu étriquées.

Mae Nam

Mae Nam n'est pas la plus belle plage, mais les hébergements y sont moins chers qu'ailleurs.

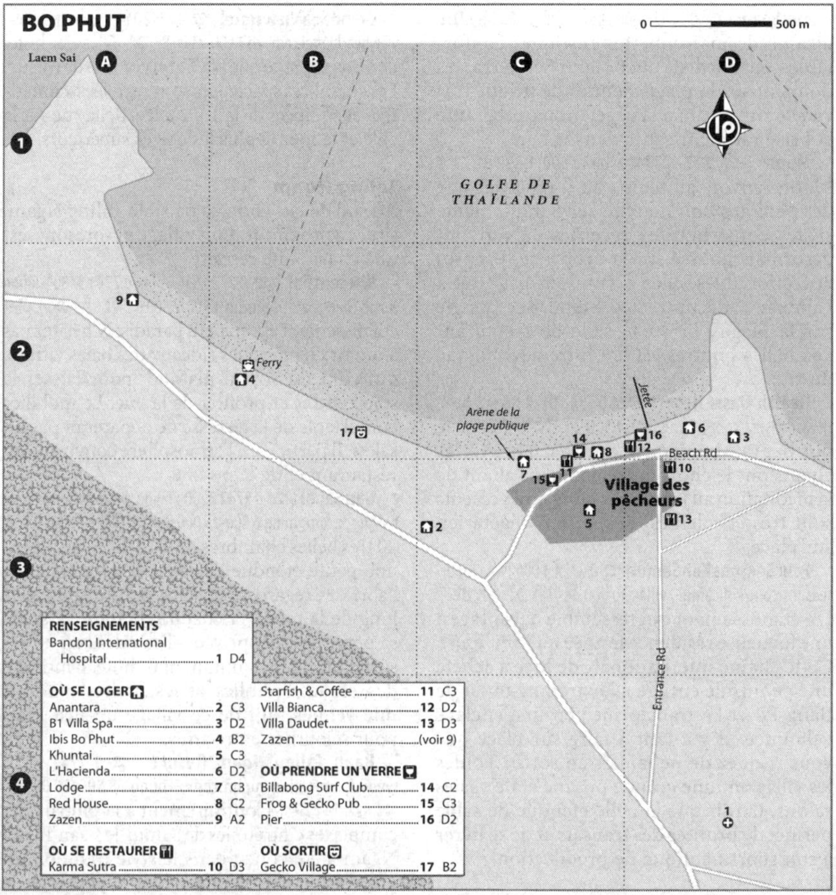

Shangrilah (☎ 0 7742 5189 ; bung 300-2 000 B ; ❄). Le paradis des voyageurs au budget serré, avec des huttes en bon état, parmi les moins chères de l'île.

Coco Palm Resort (☎ 0 7742 5095 ; bung 1 200 B ; ❄). Des bungalows en rotin et une piscine rectangulaire au bord de la plage. Le prix est justifié, compte tenu de l'atmosphère de *resort*.

Maenam Resort (☎ 0 7742 5116 ; www.maenamresort.com ; bung 1 200-2 700 B ; ❄ 💻). Plusieurs rangées de cabanes en écorce de palmier, entourées de leur jardin de jungle et aménagées avec un mélange d'osier et de mobilier en bois. Prix en fonction de l'éloignement de la plage. Pour les familles, les suites sont une excellente affaire.

Harry's (☎ 0 7742 5447 ; www.harryssamui.com ; bung 1 200-3 000 B ; ❄ 🏊). En entrant au Harry's, on croirait pénétrer dans un temple sacré. Des meubles en teck poli donnent le ton dans le hall de réception, et le toit dresse ses pointes vers le ciel. Dans le jardin verdoyant, les bungalows, en dur, mignons et confortables, ne reprennent pas l'architecture du premier bâtiment.

Sea Fan (☎ 0 7742 5204 ; www.seafanresort.com ; ch 2 200-2 700 B ; ❄ 🏊). De vastes bungalows en bois au toit de chaume, reliés par des promenades en planches. La flore abondante et colorée rend ce domaine très agréable. Belle piscine au bord de la plage avec une partie pour les enfants.

Bang Po

Cette petite enclave offre un bon choix de bungalows économiques.

Sunbeam (☎ 0 7742 0600 ; bung 500-1 000 B). Une dizaine de maisonnettes rustiques confortables en bord de mer, dont les terrasses donnent sur la plage. Sentier de brique traversant un jardin à la végétation exubérante et brise rafraîchissante dans le bar.

Moon (☎ 0 7724 7740 ; bung 600-1 800 B). Le Moon renvoie au temps où il n'y avait que des paillotes bon marché sur Samui, même si des constructions récentes en dur ont désormais poussé sur la propriété. Propres et confortables, elles ne nuisent pas trop à l'ambiance décontractée – tendance "jungle sur la plage". La vaste salle de restaurant aux belles poutres est le centre névralgique du site.

Health Oasis Resort (☎ 0 7742 0124 ; www.healthoasisresort.com ; bung 800-4 500 B ;). Pour se purifier ou simplement faire peau neuve, les clients ont le choix entre des soins allant de la méditation au jeûne. Les bungalows récents sont très ensoleillés. Restaurant végétarien sur place.

Four Seasons Koh Samui (☎ 0 7724 3 000 ; www.fourseasons.com/kohsamui ; villas 30 000 B ;). Un établissement qui ressemble davantage à une luxueuse résidence fermée qu'à un *resort*. Cette chaîne internationale de luxe a acheté une péninsule entière à l'extrémité ouest de Bang Po et l'a transformée en une enclave vallonnée. Il y a tant à faire sur place que vous risquez de ne jamais en sortir. Toutes les villas ont une grande piscine et de vastes salons, tandis que la belle étendue de sable permet de profiter des transats et de se livrer à son sport nautique de prédilection.

CÔTE OUEST

Fréquentée par les touristes thaïlandais, la côte occidentale de Samui, certes moins photogénique, offre une échappatoire bienvenue à l'animation un tantinet tapageuse de la côte orientale.

Na Thon

Dominée par l'embarcadère des ferrys, la principale ville de l'île présente peu d'intérêt. Il n'y a donc aucune raison d'y séjourner. Si vous y êtes contraint, voici tout de même quelques adresses.

Jinta Hotel (☎ 0 7742 0630, 0 7723 6369 ; www.jintasamui.com ; ch 500-650 B ;). Avec ses murs blancs et son lino, cet établissement un peu froid est très bien pour le prix. TV satellite dans toutes les chambres.

Grand Sea View Hotel (☎ 0 7742 0441 ; www.grandseaviewbeachhotel.com ; ch 1 000-2 000 B ;). Cet hôtel de 5 étages est ce que Na Thon compte de mieux. Les chambres spacieuses sont carrelées, climatisées et équipées de la TV câblée. Belle vue sur la ville et la mer depuis les étages supérieurs.

Taling Ngam

Au sud de Na Thon, la paisible Taling Ngam, située à proximité d'un village pittoresque, est une charmante retraite.

Wiesenthal (☎ 0 7723 5165 ; fax 0 7741 5480 ; Taling Ngam ; bung petit-déj inclus 1 500-2 500 B ;). Cet établissement est un petit paradis. N'hésitez pas à ouvrir en grand les rideaux des baies vitrées, qui vont du sol au plafond, pour laisser le soleil entrer et profiter de la vue. Le mobilier confortable de la terrasse ne déparerait pas un salon. Il participe à l'atmosphère conviviale du restaurant et de la piscine.

Ban Sabai (☎ 0 7742 8200 ; Taling Ngam ; www.bansabaisunset.com ; bung 6 800-25 000 B ;). Les 20 très belles chambres du Ban Sabai occupent une petite étendue de sable et de palmiers à l'abri des regards. Les villas sont disposées le long de la plage, et chaque chambre possède sa petite cascade privée – l'eau des baignoires sort d'un robinet imitant une chute. L'intimité des espaces publics et les petites maisons mitoyennes font de ce village un lieu idéal pour séjourner entre amis.

Baan Taling Ngam Resort (☎ 0 7742 9100 ; www.baan-taling-ngam.com ; bung 8 500-16 000 B ;). Contrairement à la plupart des complexes cinq étoiles de Samui, le Baan Taling Ngam a été conçu dans le style traditionnel. Les meubles thaïlandais sont superbes et le service, impeccable. L'établissement n'est pas directement sur la plage, mais une navette est à la disposition des hôtes. Liaison gratuite également avec l'aéroport et le ferry.

CÔTE SUD

Le littoral sud de Ko Samui est découpé par des avancées rocheuses et de petites anses sablonneuses. Les options suivantes, d'un très bon rapport qualité/prix, sont parmi nos complexes hôteliers préférés sur l'île.

Easy Time (☎ 0 7792 0110 ; www.easytimesamui.com ; Phang Ka ; ch à partir de 1 300 B ;). À bonne distance de la foule, ce petit paradis, niché au centre de la péninsule autour d'une paisible piscine, est l'endroit idéal pour se reposer. Les villas en duplex et le restaurant chic créent une ambiance élégante, sans prétention.

Elements (☎ 0 7791 4678 ; www.elements-koh-samui.com ; Phang Ka ; ch à partir de 4 400 B ;). Sur une plage solitaire frangée de palmiers, Elements apporte un souffle rafraîchissant aux hôtels de charme modernes. Dans de petits immeubles, les chambres présentent chacune un attrayant mélange d'éléments thaïlandais et occidentaux. Des villas se cachent au fil du sentier qui descend jusqu'au restaurant aux couleurs chaudes et à l'espace de repos au bord de l'océan.

Yoga Thailand (☎ 0 7792 0090 ; www.yoga-thailand.com ; Phang Ka ; retraites à partir de 650 € ;). À l'écart des chemins qui longent le littoral sud, le Yoga Thailand inaugure une nouvelle ère des vacances thérapeutiques avec des équipements à la pointe du progrès et une équipe dévouée. Vous serez logé dans un confortable appartement dans un bâtiment en haut de la rue, tandis que les salles de yoga, les centres de bien-être et le café lumineux sont paisiblement installés sur la plage.

Où se restaurer

Après le choix de l'hôtel vient celui du restaurant. Les indécis n'ont pas fini d'hésiter, car Samui en compte un grand nombre, qui propose aussi bien des sauterelles grillées que du caviar Beluga.

Influencé par la Thaïlande continentale, Samui ne manque pas de *kôw gaang*, des échoppes de riz et de curry, souvent de simples huttes proposant leurs curries du Sud dans de grands pots en métal. Les clients descendent de moto, puis soulèvent les couvercles pour passer en revue le contenu aux couleurs vives et choisir leur déjeuner. Les *kôw gaang* bordant la Ring Rd (Rd 4169) proposent leur savoureuse cuisine jusqu'à 1h du matin. Un attroupement de motos est en général bon signe.

Les grandes tables sont encore plus nombreuses et, bien que les restaurants italiens dominent, les visiteurs n'auront aucun mal à trouver d'autres saveurs. Attirés par des salaires élevés et le climat remarquable, des grands chefs du monde entier aiment venir travailler sur l'île.

CHAWENG

L'artère principale accueille les inévitables fast-foods, ainsi que des bars et des brasseries mêlant les cuisines locale et internationale. Fuyez ! L'ambiance est bien plus festive sur la plage, où les gérants des bungalows installent de grandes tables sur le sable et allument des lampions à la nuit venue.

Marché Laem Din et marché de nuit (carte p. 211 ; plats à partir de 30 B ; 4h-18h, marché de nuit 18h-2h). Laem Din, le marché de jour, est très animé. Les fruits, légumes et viandes de ses nombreux étals fournissent les cuisines de l'île. Achetez un kilo d'oranges vertes (sucrées) ou déambulez en essayant de reconnaître les ingrédients de votre dernier curry. Pour le dîner, venez au marché de nuit voisin goûter au poulet grillé et aux curries à la mode du Sud.

Gringo's Cantina (carte p. 211 ; ☎ 0 7741 3267 ; plats 140-280 B ; 14h-24h). Cet établissement sert des classiques tex-mex arrosés de sangria ou de margaritas bien frappées. Les *chimichangas* (*burritos* frits) sont excellents. Hamburgers, pizzas et plats végétariens également disponibles.

Captain Kirk (carte p. 211 ; ☎ 08 1270 5376 ; plats 140-480 B ; dîner). Montez sur ce magnifique jardin en terrasse et découvrez une longue carte de plats internationaux. Comment résister à l'appel des canapés en bambou et de leurs coussins pour siroter un cocktail après le repas ?

Page (carte p. 211 ; ☎ 0 7742 2767 ; plats 180-850 B ; petit-déj, déj et dîner). Faute de s'offrir un séjour au très chic Library (p. 216), on peut profiter de l'ambiance en mangeant dans son restaurant sur la plage. Tout y est évidemment trop cher, mais le lieu est idéal pour qui veut passer pour un people ou une star. L'ambiance est plus décontractée le midi, et le déjeuner moins onéreux que le dîner – où l'on profite des jeux de lumière qui éclairent les soirées.

Prego (carte p. 211 ; ☎ 0 7742 2015 ; www.prego-samui.com ; plats 200-700 B ; dîner). Découvrez la gastronomie italienne dans une salle au marbre rafraîchissant et à la géométrie moderne. Les réservations se prennent pour 19h ou 21h.

Dr Frogs (carte p. 211 ; ☎ 0 7741 3797 ; plats 380-790 B ; déj et dîner). Perché sur un promontoire rocheux, le Dr Frogs allie une vue extraordinaire sur l'océan à d'exquises saveurs internationales (surtout italiennes et thaïlandaises). Les steaks et les pâtés de crabes délicieux, ainsi que l'accueil chaleureux, en font un de nos favoris.

Betelnut@Buri Rasa (carte p. 211 ; ☎ 0 7741 3370 ; plats 600-800 B ; dîner). La cuisine fusion peut être déroutante et souvent décevante. Pas ici. Le chef, Jeffrey Lords, qui a étudié la cuisine en Europe mais a surtout travaillé à San Francisco, vous surprendra par son menu pan-pacifique mariant curry et soupe de poisson, papaye et pancetta.

Zico's (carte p. 211 ; ☎ 0 7723 1560 ; menu 790 B ; 18h-tard). Vous voilà transporté au Brésil dans cette *churrascaria* où la viande est à l'honneur. Ambiance carnaval garantie, avec danseuses (dé)vêtues de plumes de paon.

Samui Institute of Thai Culinary Arts (SITCA ; carte p. 211 ; ☎ 0 7741 3434 ; cours 1 950 B ; déj et dîner lun-sam). Plutôt que de vous contenter de déguster un repas traditionnel thaïlandais, cuisinez-le vous-même ! Voir p. 213.

LAMAI

Seconde plage de Samui par sa fréquentation, Lamai surprend par le petit nombre de restaurants corrects, comparé à sa voisine Chaweng. Ouvert récemment, le **Tesco Lotus** est idéal pour trouver les ingrédients d'un pique-nique sur la plage. La plupart des visiteurs dînent toutefois dans leur hôtel.

Marché de jour de Lamai (carte p. 213 ; plats à partir de 30 B ; 6h-20h). Le marché de Lamai, ruche bourdonnante d'activité, propose tous les articles d'épicerie et des plats à emporter. Dans la partie couverte, achetez des fruits ou observez les vendeurs qui râpent les noix de coco pour faire du lait. Un vendeur de glace à la noix de coco maison s'installe juste à côté de la station d'essence.

Marché de Hua Thanon (carte p. 213 ; ☎ 0 7742 4630 ; plats à partir de 30 B ; 6h-18h). Ce marché de village un peu au sud de Lamai est une fenêtre ouverte sur les habitudes culinaires du sud de la Thaïlande. Les vendeurs chassent les mouches attirées par la viande fraîche et les ménagères chargent des bottes de légumes sur le porte-bagages de leurs motos, déjà occupé par leur bébé. Sur la route du marché s'alignent des boutiques proposant de la cuisine musulmane – poulet *biryani*, curries relevés, riz à la noix de coco grillée avec pousses de soja, citronnelle et crevettes séchées…

Food centre de Lamai – de nuit (carte p. 213 ; ☎ 0 7742 4630 ; plats à partir de 30 B ; dîner). La nourriture est servie dans une ambiance de cirque dans ce centre, situé près d'un 7-Eleven. Les étals proposent les classiques thaïlandais avant que les hôtesses des bars à filles voisins montent le son pour annoncer le début de danses lascives ou de quelques rounds de *mou·ay tai* (ou *muay thai* ; boxe thaïlandaise).

Mr Samui (carte p. 213 ; ☎ 0 7742 4630 ; plats 100-180 B ; déj et dîner). Entrez dans le magasin Baan Soi Gemstones (signalé par une enseigne "Illy" installée devant) et traversez un déballage d'objets digne d'un vide-grenier pour arriver aux tables et aux coussins. Vous dégusterez un excellent curry *massaman* aux cacahuètes dans un décor chinois flamboyant, au milieu de chandeliers dégoulinants et de coussins ornés de motifs géométriques (tout est à vendre).

Rocky's (carte p. 213 ; ☎ 0 7741 8367 ; plats 300-800 B ; déj et dîner). Voici sans conteste le meilleur restaurant de Lamai. Les plats soignés servis au Rocky vous paraîtront donnés, si vous convertissez par exemple les prix en euros. La spécialité, le filet de bœuf au bleu, évoquera peut-être des saveurs familières à vos papilles. Le mardi soir est consacré à la cuisine locale et le menu fait alors découvrir les meilleurs mets thaïlandais.

PLAGES DU NORD

Certains des établissements les plus sélects de Samui sont sur la côte nord. À Boho Bo Phut, plusieurs restaurants chic s'adressent à la clientèle bobo des hôtels de charme.

Choeng Mon et Big Buddha Beach (Bang Rak)

BBC (☎ 0 7742 5264 ; plats 60-200 B ; Big Buddha Beach ; petit-déj, déj et dîner). BBC signifie ici Big Buddha Café. Une clientèle d'expatriés déguste les plats internationaux dans le patio en admirant la vue sur l'océan.

Elephant & Castle (☎ 0 7743 0394 ; Big Buddha Beach ; plats 80-250 B ; déj et dîner). Le repaire des Britanniques en mal du pays, et la réplique exacte d'un pub londonien. On y sert des pintes de bière et des *steak and kidney pies*, comme en Angleterre.

Dining On The Rocks (☎ 0 7724 5678 ; reservations-samui@sixsenses.com ; Choeng Mon ; menus à partir de 2 200 B ; dîner). Dans l'adresse la plus chic de Samui, on dîne dans 9 vérandas, qui s'étagent au-dessus du golfe. Après le coucher du soleil (et un verre de vin), on pourrait croire que l'on flotte sur un radeau, au milieu d'une mer éclairée par les étoiles. Chacun des plats du menu fixe (qui en comprend 6) est une création des chefs, qui se plaisent à jouer avec les goûts, les textures et les températures. Réservez longtemps à l'avance pour obtenir la "table 99", réservée aux amoureux, installée sur une terrasse privée. Une adresse bien cachée dans le Sila Evason Hideaway (p. 217).

Bo Phut

Starfish & Coffee (carte p. 219 ; ☎ 0 7742 7201 ; plats 130-180 B ; petit-déj, déj et dîner). Des cafés, les spécialités thaïlandaises habituelles en soirée et le coucher du soleil sur les rochers de Ko Pha-Ngan.

Karma Sutra (carte p. 219 ; plats 130-260 B ; petit-déj, déj et dîner). Une profusion de coussins et de voiles violets pose le décor de ce charmant petit resto au cœur du village de pêcheurs de Bo Phut. Au menu, des plats internationaux et thaïlandais inscrits sur des ardoises colorées. Karma Sutra est aussi une boutique de vêtements.

Villa Daudet (carte p. 219 ; plats à partir de 130-380 B ; déj et dîner lun-sam). Une bonne adresse que la Villa Daudet, tenue par un Français. Dans un joli jardin aux entrelacs fleuris, l'établissement est décoré de peintures sur le thème des éléphants.

Villa Bianca (carte p. 219 ; ☎ 0 7724 5041, 08 9873 5867 ; plats à partir de 200 B ; déj et dîner). Superbe petit coin authentiquement italien, la Villa Bianca est un océan de nappes blanches et de confortables sièges en osier.

Zazen (carte p. 219 ; ☎ 0 7742 5085 ; plats 550-850 B, menus à partir de 1 300 B ; déj et dîner). Le chef présente sa cuisine comme "organique et orgasmique". Tous les ingrédients d'une soirée romantique sont réunis : vue sur l'océan, chandelles et musique douce. Réservation recommandée.

Mae Nam et Bang Po

Angela's Bakery (☎ 0 7742 7396 ; Mae Nam ; plats 80-200 B ; petit-déj et déj). Derrière son rideau de plantes en cascade, cette boulangerie sent bon le pain et la générosité. Au pays du riz, les sandwichs et les gâteaux d'Angela ont conquis beaucoup d'Occidentaux.

Ko-Seng (☎ 0 7742 5365 ; Mae Nam ; plats 100-300 B ; dîner). Dissimulé dans une petite allée proche du temple chinois de Mae Nam, le secret le mieux gardé de Ko Samui change agréablement des restaurants qui prêtent plus d'attention à la décoration qu'au contenu des assiettes. Dans cette bonne adresse, les plats de crabes à carapace molle et les bouquets dodus à peine frits à la sauce au poivre partent comme des petits pains.

Bang Po Seafood (☎ 0 7742 0010 ; Bang Po ; plats à partir de 100 B ; dîner). Un repas chez Bang Po Seafood initiera vos papilles à la cuisine locale. C'est l'un des rares restaurants à servir la vraie cuisine traditionnelle de Ko Samui, à base d'œufs d'oursins, de jeunes pieuvres, d'eau de mer, de noix de coco et de curcuma.

CÔTE OUEST

Tranquille, la côte occidentale de Samui est aussi celle où l'on savoure les meilleurs produits de la mer. Il y a un immense **marché de jour** (Th Thawi Ratchaphakdi) à Na Thon, où vous pourrez faire le plein d'en-cas avant d'embarquer sur le ferry.

Big John Seafood (☎ 0 7742 3025 ; Thong Yang ; plats 60-300 B ; petit-déj, déj et dîner). Le menu de Big John a des airs d'encyclopédie du monde marin. Les poissons et les fruits de mer sont pêchés tous les jours au large des côtes. Soirées mémorables – le programme des divertissements commence vers 18h, au coucher du soleil.

♡ **About Art & Craft Café** (☎ 08 9724 9673 ; Na Thon ; plats 80-180 B ; petit-déj et déj). Même si tout le monde semble pressé à Na Thon, prenez le temps de vous poser dans cette oasis artistique. Ce lieu vous propose un mélange original de plats diététiques, de café gourmand, et d'art et d'artisanat (œuvres de la propriétaire et de ses amis). Décontracté et chaleureux, c'est aussi le rendez-vous des artistes et des bohémiens, de plus en plus rares à Samui.

♡ **Five Islands** (☎ 0 7741 5359, 08 1447 5371 ; www.thefiveislands.com ; Taling Ngam ; plats 150-500 B, circuits 5 000-6 500 B ; déj et dîner). Five Islands est la halte gastronomique de l'île. Avant le repas, vous ferez un tour sur l'eau turquoise à bord d'un *long-tail boat*, pour aller voir les Five Sister Islands et tout apprendre sur la récolte des nids entrant dans la composition de la fameuse soupe chinoise aux nids d'hirondelle. La tâche est périlleuse mais rémunératrice – un kilo coûte environ 100 000 B dans les restaurants de Hong Kong. La croisière d'avant le déjeuner part à 10h, celle du soir à 15h. On peut venir manger sans faire la balade, et inversement.

Où prendre un verre et sortir

La tumultueuse Chaweng est sans conteste *la* ville festive de Samui devant Lamai et Bo Phut, les autres plages étant plus tranquilles. L'action, quand il y en a, se cantonne dans les bars des complexes hôteliers.

CHAWENG ET LAMAI

Il est facile de faire la fête à Chaweng : presque tous les établissements restent ouverts jusqu'à 2h, voire toute la nuit. **Soi Green Mango** est la ruelle des bars à filles. **Soi Colibri** et **Soi Reggae Pub** ne sont pas en reste.

Ark Bar (carte p. 211 ; ☎ 0 7742 2047 ; www.ark-bar.com ; Hat Chaweng). Le mercredi, le lieu idéal pour une nuit échevelée. Le bar multicolore est décoré de lampions. Les clients s'installent sur des coussins pyramidaux éparpillés sur la plage, et la fête commence dès 16h.

Good Karma (carte p. 211 ; ☎ 08 7741 3857 ; Hat Chaweng). Ouvert toute la journée, ce bar-salon branché à la faveur du beau monde thaïlandais qui apprécie ses lits de repos à baldaquin et son bassin caché.

Harlow (carte p. 211 ; ☎ 08 3692 7911, 08 4744 9207 ; Hat Chaweng). Ce minuscule bar très fréquenté offre l'ambiance d'un lieu exclusif.

Bar Solo (carte p. 211 ; ☎ 0 7741 4012 ; Hat Chaweng). Anticipant la mode à venir, le Bar Solo a transformé son bar à bière en plein air en un lieu au décor cubiste, proposant une liste de cocktails changeant de l'attrape-touriste habituel. Les boissons à prix modique en soirée attirent ceux qui se préparent à une longue nuit dans les dancings de Soi Solo et de Soi Green Mango.

Q-Bar (carte p. 211 ; ☎ 08 1956 2742 ; www.qbarsamui.com ; Hat Chaweng). Dominant le lac de Chaweng,

LA VIE DE POP, TRANSSEXUEL

Pop, 45 ans, est ce que les Thaïlandais appellent un *gà·teu·i,* ou transsexuel. La population transsexuelle de ce pays est le sujet de nombreux débats et conversations, surtout parmi les touristes. Derrière la tolérance du bouddhisme thaïlandais se cache une réalité plus cruelle : pour un *gà·teu·i,* la vie est un défi permanent, sa seule chance d'une carrière lucrative résidant dans l'industrie du divertissement ou du sexe. Nous avons passé une journée avec Pop pour nous rendre compte de ce qu'était vraiment la vie quotidienne d'un membre du "troisième sexe" en Thaïlande.

Je commencerai par la question que se posent de nombreux touristes : pourquoi y a-t-il tant de gà·teu·i en Thaïlande ? Ah, mais c'est comme me demander pourquoi je suis transsexuel ! Je n'en ai aucune idée. Je n'ai pas demandé à me sentir comme cela. Il est plus important de se demander pourquoi il y a tant de transsexuels dans les spectacles de cabaret ou l'industrie du sexe. Je voudrais préciser que le terme *gà·teu·i*, "personne avec deux sexes", est une appellation familière, le terme de *phuying kham pet* étant plus poli. De plus, *gà·teu·i* s'applique en réalité aux hommes qui conservent un pénis mais s'habillent en femme ; pour ma part, je ne suis plus techniquement un *gà·teu·i*.

La plupart des touristes pensent qu'il y a énormément de transsexuels en Thaïlande, mais c'est juste parce que ceux-ci sont dans les endroits touristiques. Certains veulent devenir danseurs de cabaret, comme des femmes, mais beaucoup n'y pensent pas. Simplement, ce genre de travail est le seul qu'on leur laisse exercer, pour un salaire de misère. La scène donne l'impression que les transsexuels vivent comme à Hollywood, c'est faux. La plupart n'ont pas la chance d'avoir un travail respecté par la communauté. Nous ne sommes pas autorisés à devenir médecins, par exemple, et la plupart des entreprises n'acceptent pas d'avoir des employés transsexuels, car elles refusent d'être associées à l'image véhiculée par les *gà·teu·i*. Et puisque beaucoup d'entre nous ne peuvent pas travailler, ils ne vont même plus à l'école, ce qui crée un vide immense. On voit beaucoup de *gà·teu·i* abandonner l'école très jeune parce qu'ils savent qu'ils n'ont pas d'avenir dans un métier respectable. Les transsexuels travaillent dans l'industrie du sexe parce qu'on ne leur donne pas la chance de gagner correctement leur vie ailleurs. Je me sens comme un citoyen de seconde zone : on ne nous permet même pas d'utiliser les toilettes hommes ou femmes ! Dans mon ancien lieu de travail, il fallait que je grimpe 14 étages pour accéder aux toilettes réservées aux transsexuels ! De plus, la loi thaïlandaise stipule que ma carte d'identité et mon passeport doivent toujours porter la mention "M" (pour *male*), une femme devant par définition être capable d'avoir des enfants. Or, il m'est difficile de quitter le pays avec un passeport "masculin" quand je ressemble à une femme. La sécurité ne me laisserait jamais passer, soupçonnant mon passeport d'être un faux.

Quand avez-vous pris conscience du fait que vous étiez transsexuel ? J'ai réalisé que j'étais différent à 6 ans environ. Je voulais toujours m'habiller comme ma sœur et cela me contrariait que mes parents me forcent à m'habiller en garçon. Je ne me sentais pas bien en garçon. J'étais bien dans les habits de ma sœur.

Comment reconnaît-on dans la rue un transsexuel d'une femme ? C'est parfois très difficile… un transsexuel pouvant être plus beau qu'une femme ! On ne peut pas vraiment savoir, à moins de lui demander sa carte d'identité. Aujourd'hui, les opérations sont de plus en plus réussies, mais elles sont chères – dans mon cas 150 000 B ! Mon pénis a été "coupé", ma pomme d'Adam effacée, j'ai des implants mammaires, et mon nez est parfait (je n'aimais pas l'ancien de toute façon). Il existe d'autres interventions : implants de hanches en silicone, réduction de la mâchoire, rabotage des pommettes ou du menton pour les rendre plus ronds… Mais, avant l'opération, vous devez vous soumettre à une évaluation psychologique. L'opération a été très douloureuse. J'ai passé 7 jours à le salon à l'étage ouvre juste avant le coucher du soleil pour servir des cocktails très chic, à déguster avec vue sur le sud de Chaweng : montagnes, mer et ciel. Après 22h, si l'on veut s'amuser toute la nuit, on descend au club en sous-sol, où les DJ chauffent la piste avec de la techno. Comptez 200-300 B pour vous y rendre en taxi.

Tropical Murphy's (carte p. 211 ; ☎ 0 7741 3614 ; Hat Chaweng ; plats 50-300 B). Le Tropical Murphy sert des plats pas vraiment locaux : *steak and kidney pie* (tourte à la viande de bœuf et aux rognons), *fish and chips*, côtes d'agneau et *Irish stew* (ragoût irlandais). Le soir, la musique s'impose et en fait le pub irlandais le plus animé de Samui.

l'hôpital et il m'a fallu 2 mois pour m'en remettre complètement. C'est plus facile pour les patients plus jeunes ; moi, j'avais 40 ans.

Pourquoi ne vous êtes-vous pas fait opérer plus tôt ? Je n'ai pas "changé" parce que je ne voulais pas perdre mon travail, je savais qu'après l'opération ce serait inéluctable. J'enseignais l'informatique à l'université et il est interdit à un professeur d'université d'être transsexuel. J'ai aussi attendu la mort de mon père, pensant que ma "transition" serait alors plus facile pour ma famille.

Comment votre famille a-t-elle pris cette transition ? Eh bien, contrairement à ce que pensent certains touristes, aucune famille ne *désire* particulièrement avoir un enfant transsexuel, même quand elle n'a que des garçons. Certains de mes amis ne parlent plus à leur famille. Ma mère a toujours été d'un grand réconfort. Un mois avant mon opération, elle m'a dit : "Tu seras toujours mon enfant, mais ne mens jamais sur qui tu es, accepte-toi." J'ai deux fils adoptifs déjà grands ; après ma transformation, ils m'ont apporté des cadeaux à la fête des Mères et non plus à la fête des Pères. C'était très touchant de leur part. Mon père, en revanche, n'a jamais été de mon côté. Quand il a su que je couchais avec des hommes, il... disons qu'il a pratiqué le *mou·ay tai* (boxe thaïlandaise) sur moi.

Quelle a été la première chose qui vous est venue à l'esprit après l'opération ? Comment vivez-vous depuis ? Je me suis réveillé avec un grand sourire. La vie est belle. Je suis heureux d'être à l'extérieur ce que je suis à l'intérieur – je ne suis plus triste chaque fois que je me regarde sous la ceinture ! Trouver un travail après mon opération n'a pas été facile. J'ai écrit sur mon CV "transsexuel opéré" pour ne pas créer la surprise le jour de l'entretien, mais je n'ai jamais eu de réponse. Ou, plutôt, une entreprise m'a convoqué, mais pour me poser des questions déplacées sur ma vie privée. Cela m'a démoralisé. J'ai finalement trouvé une entreprise où les gens comme moi sont les bienvenus. Je suis formateur en logiciels hôteliers, ce qui signifie que je visite de nombreux hôtels de Thaïlande pour former les réceptionnistes à l'informatique. J'adore ce job.

Maintenant que mon opération est passée, je dois prendre des hormones féminines régulièrement, et ce jusqu'à ma mort. Je prends deux pilules par semaine ; certains transsexuels devenus femmes se font faire une injection par mois (mais je déteste les piqûres). Certains réagissent mal aux hormones au début. J'ai des amis qui ont eu des boutons et ont énormément grossi. Il faut souvent du temps pour trouver le bon dosage. En plus des hormones, je dois faire certaines... opérations de maintenance... pour que mes nouveaux organes fonctionnent. C'est comme quand vous vous faites percer les oreilles, il faut porter des boucles, sinon... Ma tante, qui a déménagé aux États-Unis, m'a demandé si je ne voulais pas la rejoindre, mais je suis heureux en Thaïlande. Même si les transsexuels n'ont pas vraiment de droits, je ne suis pas convaincu que ce soit vraiment mieux ailleurs.

Dernière question, quelle est l'idée la plus fausse qui soit sur les gà·teu·i ? Il est facile de répondre. L'idée fausse la plus répandue est que nous sommes tous des prostitués et des menteurs. Comme tous les êtres humains, nous ne recherchons que l'amour. C'est vrai que beaucoup essaient de tromper les autres, mais c'est parce qu'ils ont peur d'être rejetés. S'ils mentent, c'est parce qu'ils veulent être désespérément de vraies femmes, mais ne le seront jamais. Je le sais, et c'est la raison pour laquelle je ne mens pas. Je me sens à l'aise avec moi-même et je voudrais que tout le monde soit comme moi.

Propos recueillis par Brandon Presser.

Green Mango (carte p. 211 ; ☎ 0 7742 2661 ; Hat Chaweng). Le lieu est si connu qu'il a donné son nom à l'allée (*soi*). Vaste et bruyant à souhait, c'est le rendez-vous des étrangers à Samui. Au menu, lumières éblouissantes, des boissons chères et des corps évoluant sur de la dance.

Reggae Pub (carte p. 211 ; ☎ 0 7742 2331 ; Hat Chaweng). Ambiances diverses, avec *dance floor* en plein air animé par des DJ étrangers. Bars, billards et scène pour les groupes, sur 2 niveaux.

Mint Bar (carte p. 211 ; ☎ 08 7089 8726 ; Hat Chaweng). L'ambiance dans cette allée dédiée à la fête est trop plaisante pour que la foule s'enferme par une nuit ordinaire dans ce club chic. Mais le Mint sait l'attirer avec des soirées exceptionnelles assurées par des poids lourds du milieu des DJ. Consultez le programme.

Christy's Cabaret (carte p. 211 ; ☎ 08 1894 0356 ; Hat Chaweng). Le spectacle gratuit de *gà·teu·i* (travestis ou transsexuels) à partir de 23h attire une clientèle des deux sexes. Des rabatteurs s'emploient à faire entrer le client.

Beach Republic (carte p. 211 ; ☎ 0 7745 8100 ; Hat Lamai). Reconnaissable à ses auvents en chaume, le Beach Republic est très accueillant – piscine, fauteuils confortables et liste interminable de cocktails.

PLAGES NORD ET OUEST

Billabong Surf Club (carte p. 219 ; ☎ 0 7743 0144 ; Bo Phut). Le domaine des amateurs de football australien… Belle vue sur Ko Pha-Ngan ; généreuses assiettes de travers de porc et de côtelettes à accompagner de bière à la pression.

Frog & Gecko Pub (carte p. 219 ; ☎ 0 7742 5248 ; Bo Phut). Un établissement fréquenté par les Britanniques, célèbre pour ses jeux du mercredi soir en anglais (pour les grosses têtes) et une musique éclectique. Sport en direct sur l'écran géant.

Pier (carte p. 219 ; ☎ 0 7743 0681 ; Bo Phut ; plats 200-390 B ; déj et dîner). Cette élégante boîte noire, contrastant avec les étroites maisons des Chinois de Bo Phut, est l'adresse la plus branchée du village de pêcheurs. Terrasses à plusieurs niveaux, bar animé et innombrables sièges ultraconfortables pour regarder les petits bateaux de pêche qui rentrent au port.

Gecko Village (carte p. 219 ; ☎ 0 7724 5554 ; Bo Phut). Les amateurs d'electro ne manqueront pas le Gecko Village. Ce complexe avec bar de plage use de ses relations à Londres pour attirer les plus grands DJ étrangers dans ce paradis de Samui. Son réveillon de la Saint-Sylvestre et ses fêtes du dimanche sont entrés dans la légende.

Nikki Beach (☎ 0 7791 4500 ; Lipa Noi). Cette chaîne de boîtes de nuit renommée a apporté son savoir-faire international jusque sur la lointaine côte ouest de Ko Samui. Attendez-vous à une soirée exquise : grande cuisine, décor chic et jetsetters à gogo.

Depuis/vers Ko Samui

AVION

L'aéroport de Samui est situé près de Big Buddha Beach, dans le nord-est de l'île. **Bangkok Airways** (www.bangkokair.com) opère des vols environ toutes les 30 min entre Samui et Bangkok (à partir de 3 000 B, 1 heure-1 heure 30). **Thai Airways International** (THAI ; ☎ à Bangkok 0 2134 5403 ; www.thaiair.com) propose la même liaison 2 fois/jour (à partir de 5 000 B). À Bangkok, les 2 compagnies empruntent généralement l'aéroport de Suvarnabhumi.

Vous trouverez une **agence de la Bangkok Airways** (carte p. 211 ; ☎ 0 7742 0512-9) à Chaweng et une autre à l'**aéroport** (☎ 0 7742 5011). Les premiers vols (6h) et les derniers (22h) sont les moins chers.

Bangkok Air relie aussi Samui à Phuket (2 000-3 000 B, 1 heure, 3/jour) et à Pattaya (3 000 B, 1 heure, 3/jour). Des vols internationaux desservent directement Samui depuis Singapour (4 200-5 400 B, 3 heures, tlj) et Hong Kong (12 000-16 000 B, 4 heures, 5 jours/semaine).

En haute saison, réservez votre vol très longtemps à l'avance. Si les vols pour Samui sont complets, vous devrez passer par Surat Thani et finir le trajet en ferry. Les vols pour Surat Thani sont généralement moins chers qu'un vol direct, mais ils sont bien moins pratiques (voir p. 261).

BATEAU

Il n'est pas simple de s'y retrouver avec les ferrys. Les prix et les horaires changent en permanence, et les ports reliant Samui au continent sont multiples. Votre port d'entrée et de sortie dépendra de l'embarcation en partance quand vous arriverez à Surat Thani (vous n'aurez sûrement pas envie d'attendre dans la ville). Sur le continent, les 4 principaux embarcadères sont Tha Thong (au centre de Surat), Don Sak, Ao Ban Don et Khanom, les deux premiers étant les plus usités. Sur Samui, les 3 ports les plus empruntés sont Na Thon, Mae Nam et Hat Bang Rak (Big Buddha Beach). La qualité est très inégale au sein d'une même compagnie : certains rafiots rouillés sont en bout de course, tandis que les dernières acquisitions, plus modernes, sont équipées d'écrans TV. Si vous prenez les ferrys rapides, vous bénéficierez généralement de transferts en taxi gratuits.

Les traversées entre Samui et Surat Thani sont fréquentes. Fiable, la compagnie Seatran assure un départ toutes les heures. Le passage coûte environ 230 B et prend de 1 à 5 heures, selon le bateau. Certaines traversées permettent d'attraper le train à la gare de Phun Phin (supplément de 100-140 B). Plus lent, le ferry de nuit pour Samui (250 B) part du centre de Surat Thani à 23h et arrive à Na Thon vers 5h. Il en repart à 21h pour revenir à son point de départ à 3h. Gare à vos affaires.

Il y a une douzaine de traversées par jour entre Samui et Ko Pha-Ngan. Les ferrys partent des embarcadères de Na Thon, de Mae Nam et de Big Buddha (20 min-1 heure, 220-450 B). Ko Pha-Ngan compte 2 embarcadères – à Hat Rin et à Thong Sala. Les bateaux qui partent de Big Buddha vont à Hat Rin, les autres rejoignant Thong Sala. Les ferrys au départ de Mae Nam remontent la côte est de Ko Pha-Ngan. Depuis les mêmes embarcadères, il y a aussi chaque jour environ 6 liaisons assurées entre Samui et Ko Tao (1 heure 15-2 heures 30, 350-600 B).

Les ferrys (véhicules acceptés) au départ de Don Sak et de Khanom appareillent à Thong Yang, à 10 km au sud de Na Thon. Il n'existe pas de ferry transportant les véhicules entre Samui et Ko Pha-Ngan ou Ko Tao.

BUS ET TRAIN

Pour se rendre à Ko Samui, il est plus pratique d'associer bus et ferry que train et ferry – cela évite de devoir changer à Phun Phin, petite localité proche de Surat Thani. Toutefois, les trains sont bien plus confortables et spacieux, ce qui est appréciable quand on voyage de nuit. Si vous optez pour le train, descendez à Chumphon et continuez avec le catamaran *Lomprayah Express* qui vous amènera à Samui. Voir p. 261 pour plus de détails.

Comment circuler

Concernant les désagréments et les dangers liés aux déplacements sur l'île, reportez-vous p. 210. Il est possible de louer des deux-roues, avec ou sans moteur, presque partout sur l'île (200 B/jour). Négociez le tarif pour les locations prolongées.

Le sport favori de certains chauffeurs de *sŏrng·tăa·ou* étant d'arnaquer le client, mieux vaut se renseigner sur les prix du moment (les tarifs sont saisonniers). Les *sŏrng·tăa·ou* ne circulent que de jour ; prévoyez environ 30 B pour un trajet sur une côte et un maximum de 75 B pour faire la moitié du tour de l'île. Comptez environ 20 B pour une course de 5 min à moto-taxi.

DEPUIS/VERS L'AÉROPORT

Les taxis de Samui sont assez imprévisibles et les tarifs dépendent de l'humeur du chauffeur. Demandez à la réception de votre hôtel s'il y a une navette gratuite pour l'aéroport ; dans le cas contraire, prenez le **Samui Shuttle** (www.samuishuttle.com). Les taxis exigent en général 300 à 500 B pour le trajet. Certaines agences de voyages de Chaweng proposent des minibus à un tarif moindre.

KO PHA-NGAN

เกาะพงัน

12 100 habitants

Dans la famille des îles du sud du golfe de Thaïlande, Ko Pha-Ngan flotte dans des eaux cristallines entre Ko Samui, le grand frère très axé sur le commerce, et Ko Tao, le petit frère courageux qui consacre son énergie aux centres de plongée. Ko Pha-Ngan est d'un caractère plus indolent qui séduit les voyageurs à dreadlocks ou tatoués d'un caractère chinois symbolisant la sérénité, ainsi que les amateurs de nuits blanches et de fêtes en bikini au bord de la piscine.

Mais, comme tous les adolescents, cette île se cherche. Doit-elle persister dans son côté extraverti ou laisser son côté plus secret – les fabuleuses plages désertes du nord – l'emporter ?

Le caractère bohème et la réputation sulfureuse de Pha-Ngan vont sans doute perdurer pendant encore des années, même si l'île se tourne déjà vers une clientèle haut de gamme. Chaque année, de vieilles huttes sont remplacées par de pimpants bâtiments modernes en adobe. À Hat Rin, vous aurez du mal à dénicher une chambre sur Sunrise Beach, site de la fameuse fête de la Pleine Lune (Full Moon Party ; p. 230), pour moins de 1 000 B. Bientôt, les expressions anglaises, "*infinity pool*" (piscine à débordement) et "*personal butler*" (majordome) entreront dans le dictionnaire local, pour supplanter peut-être les "*another whisky bucket please*"

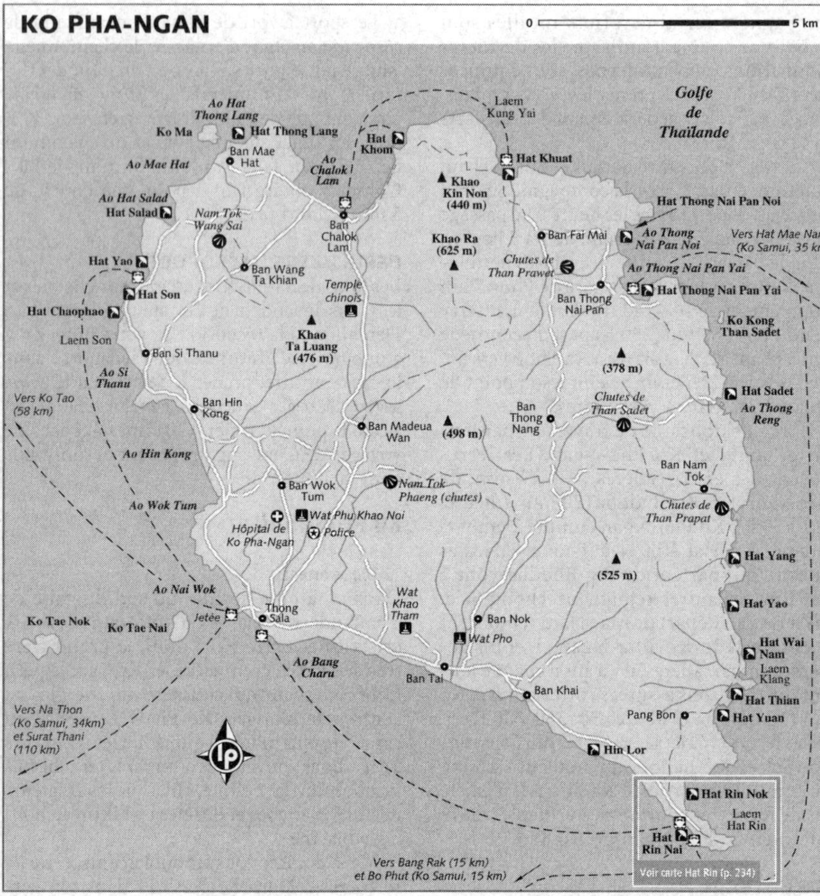

("un autre seau de whisky, s'il vous plaît"). Pas d'affolement pour autant, la belle jungle intérieure garde son mystère et il reste de nombreuses baies où accrocher son hamac en regardant la mer qui monte.

Orientation

Ko Pha-Ngan est la cinquième île de Thaïlande par sa superficie (193 km²). Thong Sala en est le centre administratif et Hat Rin, la capitale de la fête. Le village de pêcheurs de Chalok Lam, au nord, est en passe de devenir un grand centre commercial.

La plupart des visiteurs séjournent sur la langue de terre appelée Hat Rin. Ce cap montagneux flanqué de plages est le site de la célèbre fête de la Pleine Lune, qui fait chaque mois le plein de fêtards (p. 230). Pour une description plus détaillée des lieux, voir p. 233. Le reste de l'île est beaucoup plus calme, même si le développement se traduit par un accroissement de la population sur les côtes ouest et sud. Quelques belles plages du littoral nord, dotées d'infrastructures modernes, conservent pourtant leur ambiance tranquille de bout du monde. La côte est, presque délaissée, n'en offre pas moins de fantastiques adresses.

Environ la moitié de la population de Ko Pha-Ngan vit dans le petit port de Thong Sala (ou alentour) ; c'est de là que partent et arrivent les ferrys reliant l'île à Ko Tao, à Surat Thani et à Ko Samui. Les ferrys pour Samui partent aussi de Hat Rin.

Renseignements

ACCÈS INTERNET

Hat Rin et Thong Sala sont les principaux points d'accès à Internet, mais il est également possible de se connecter sur toutes les plages en phase de développement. Comptez en moyenne 2 B/min, avec un minimum de 10-20 B et des réductions au-delà de 1 heure. Les sites affichant un tarif de 1 B/min possèdent souvent une connexion lente.

ARGENT

Thong Sala est la "capitale financière" de Ko Pha-Ngan. En témoigne le nombre de banques, de bureaux de change et d'agences de la Western Union. Hat Rin compte de nombreux DAB, surtout près de la jetée. Vous en trouverez aussi sur la côte ouest, à Chalok Lam, et autour de Thong Nai Pan.

LAVERIES

Les lieux où vous pourrez confier vos vêtements à laver ne manquent pas. Les prix tournent autour de 30-40 B/kg – pas plus de 60 B pour un service rapide.

LIBRAIRIE

D's Books & Café (carte p. 234 ; ☎ 08 4667 7730). Un peu à l'écart de la rue principale, D's est presque la copie conforme du café-librairie à succès de Ko Phi Phi. Dans la cour ombragée, sirotez un café glacé tout en savourant un bon livre.

OFFICES DU TOURISME

La TAT ne possède pas de bureau à Ko Pha-Ngan. Les touristes s'en remettent aux brochures et aux renseignements donnés par les agences de voyages. La plupart sont regroupées à Hat Rin et à Thong Sala. Les agents touchent une petite commission sur chaque prestation, mais la concurrence maintient une relative stabilité des prix. Choisissez-en un de bonne réputation, car des fraudeurs sévissent à Ko Pha-Ngan, surtout depuis que l'île n'a plus de police touristique.

Plusieurs minimagazines fournissent également les informations indispensables : hébergements, restaurants, activités et fêtes de la Pleine Lune. Notre préféré est **Phangan Info** (www.phangan.info).

Le chaleureux **Backpacker's Information Centre** (centre d'information pour les voyageurs ; carte p. 234 ; ☎ 0 737 5535 ; www.backpackersthailand.com ; Hat Rin) est une bonne source d'informations sur les transports et les circuits (sports nautiques, plongée à bord d'un voilier, treks dans la jungle…). Ce n'est pas un centre destiné uniquement aux voyageurs, mais également une agence de voyages dirigée par un expatrié dispensant des conseils de qualité – ce dernier gère aussi Crystal Dive, la boutique de plongée adjacente.

POSTE

La **poste principale** (Thong Sala ; 🕓 8h30-16h30 lun-ven, 9h-12h sam) offre un service fiable. Un autre bureau plus petit se trouve sur la jetée de Hat Rin (horaires identiques).

SERVICES MÉDICAUX

Mieux vaut se méfier des services médicaux offerts à Ko Pha-Ngan. Les prix sont variables et beaucoup de praticiens, sous-qualifiés. De plus, de nombreuses cliniques exigent qu'on règle avant traitement des frais d'admission (environ 3 000 B). Des arnaques médicales pratiquées dans l'île sont présentées à la page suivante. Pour les problèmes graves et les maux de dents, allez de préférence à Ko Samui.

Hôpital de Ko Pha-Ngan (carte p. 228 ; ☎ 0 7737 7034 ; Thong Sala ; 🕓 24h/24). À environ 25 km au nord de Thong Sala ; urgences 24h/24.

SITES INTERNET

Backpacker's Thailand (www.backpackersthailand.com). Le site du sympathique Backpacker's Information Centre donne des renseignements utiles sur l'actualité de l'île, les transports, les sports nautiques et la fête de la Pleine Lune.

Full Moon Party (www.fullmoonpartykohphangan.com). Tout sur l'omniprésente fête de la Pleine Lune – horaires, liste d'hôtels, artistes invités et clips vidéo.

Phangan Info (www.phangan.info). Version en ligne de la brochure bien documentée sur l'île distribuée dans tous les bungalows et sur la jetée de Thong Sala.

URGENCES

Poste de police principal (carte p. 228 ; ☎ 0 7737 7114, 191). À environ 2 km au nord de Thong Sala. Le poste de police de Hat Rin (près de l'école de Hat Rin) ne dresse pas de procès-verbal ; rendez-vous dans celui de Thong Sala. La police locale est connue pour réclamer 200 B pour faire son travail. Ne payez surtout pas ce qui doit être gratuit. Sachez aussi que si vous êtes arrêté, vous avez le droit de téléphoner à votre ambassade et que vous n'avez pas à accepter l'"interprète" qu'on vous propose.

Désagréments et dangers

Vous rapporterez peut-être de Ko Pha-Ngan vos meilleurs souvenirs de vacances. À condition de veiller à ne pas vous faire avoir et d'éviter les situations qui pourraient gâcher le bonheur d'être en pleine jungle sur une île parfois trop ardente. Pour des informations concernant la fête de la Pleine Lune, consultez l'encadré ci-dessous. Mais n'oubliez pas de lire aussi ce qui suit.

MOTO ET JET-SKI

Collisions fatales, blessures graves et fractures – tout le monde semble avoir vu ou connu l'horreur d'un accident de moto. En fait, il y a plus d'accidents de deux-roues à Ko Pha-Ngan que de bobos dus aux débordements de la fête de la Pleine Lune. Le réseau routier, en partie bitumé, reste un dédale de ruelles et de pistes bordées de profondes ornières. L'île est très vallonnée, et les routes goudronnées elles-mêmes ne sont pas faciles à négocier. La forte côte menant à Hat Rin en est la parfaite illustration. Trop de gens se blessent (et doivent verser des sommes énormes pour les dégâts matériels) simplement parce qu'ils n'ont pas eu le bon sens d'héler un taxi.

Les hôpitaux et les cliniques de l'île offrent une commission aux habitants qui leur amènent un touriste blessé. Les infirmières (pas toujours expérimentées) ont recours à des équipements et à des procédures facturés à des prix astronomiques. Les blessures sont aujourd'hui si nombreuses sur l'île que les habitants ferment leurs agences de voyages pour ouvrir des pharmacies !

Le risque physique n'est pas aussi grand en Jet-Ski, mais attention aux loueurs qui pratiquent l'extorsion, de plus en plus répandue sur l'île, pour "dommages" sur l'engin – cela peut atteindre 50 000 B ! Nous vous déconseillons de louer des Jet-Ski. D'ailleurs, plusieurs prestataires réputés n'en proposent plus.

DROGUE ET ALCOOL

Vous paressez sur la plage quand, soudain, quelqu'un s'approche et vous propose une herbe locale. Refusez. Les peines concernant l'usage des stupéfiants sont très lourdes en Thaïlande (reportez-vous p. 411). Le vendeur

LES DIX COMMANDEMENTS DE LA PLEINE LUNE

Nul ne sait exactement comment la folie de la Full Moon Party a commencé. Le bruit court que cela remonterait à 1987 ou 1988, et qu'il s'agissait à l'origine d'une fête d'adieu aux îles. Maintenant, tous les mois, des milliers de pieds foulent le sable imprégné de fuel de Sunrise Beach pour un marathon de la transe alimenté par l'adrénaline et quelques autres substances. La foule compte jusqu'à 40 000 danseurs en haute saison, 5 000 en basse saison.

Si votre séjour ne coïncide pas avec la pleine lune, vous pourrez quand même goûter à la fête et vous enduire de peinture fluo. Les gens du coin organisent maintenant une fête de la lune noire à Ban Khai, une fête de la demi-lune à Ban Tai et une *moon-set party* à Hat Chaophao.

Certains disent que la fête commence à perdre de son insouciance, surtout depuis que les autorités essaient de faire payer 100 B à l'entrée. Malgré tout, la nuit de la Pleine lune reste une joyeuse expérience, à condition de respecter les dix commandements suivants :

- Arrivez à Hat Rin au moins 3 jours à l'avance pour vous assurer un hébergement (voir p. 233).
- Vérifiez la date de la pleine lune – la fête est repoussée quand elle coïncide avec une fête bouddhique.
- Ne laissez jamais aucun objet de valeur dans votre bungalow.
- Rassasiez-vous de bon poulet frit à Chicken Corner avant le coup d'envoi.
- Portez de bonnes chaussures : une estafilade sous le pied pourrait s'infecter.
- Ornez votre corps de motifs à la peinture fluo.
- Rendez-vous au Magic Mountain ou au Rock pour profiter d'une vue extraordinaire sur la fête en contrebas.
- N'acceptez aucune substance illicite, n'allez pas nager si vous avez bu.
- Ne vous isolez pas (surtout si vous êtes une femme), restez en contact avec vos amis, et ne rentrez pas seul(e).
- Amusez-vous jusqu'au lever du soleil.

risque de baisser ses prix et de finir par vous proposer de presque vous offrir sa marchandise. Sachez que, si vous acceptez, il vous dénoncera ni une ni deux à la police, et vous vous retrouverez dans la prison locale. Pour en sortir et éviter un long procès, vous devrez payer une amende considérable. Ce type de scénario est très courant à Ko Pha-Ngan.

Autre chose importante à savoir : aucune police d'assurance ne couvre les frais médicaux liés à la consommation de drogue. Les incidents dus à l'usage de stupéfiants ne sont pas rares. Des fêtards ont sombré dans une longue période de délire après avoir absorbé certaines substances.

L'alcool ne mène pas derrière les barreaux, mais sa consommation à l'excès est le principal problème sur l'île (surtout à Hat Rin). Vendu dans des seaux, il est si bon marché que, à moins que votre barman n'ait ouvert une bouteille devant vous, vous pouvez être sûr que vous buvez du gin ou du whisky de la plus basse qualité. Si la plupart des voyageurs ne se plaignent que de gueules de bois carabinées (dues en partie au climat tropical humide), certains nous ont déclaré avoir sombré dans une amnésie totale, qui n'est pas sans rappeler les effets du GHB (plus connu sous le nom de "drogue du violeur"). La consommation excessive d'alcool est responsable de quantité d'accidents, tout à fait évitables. Chaque mois, il y a des morts (par noyade ou accidents de moto) et les libations de la pleine lune sont loin d'être les seules en cause.

FEUX D'ARTIFICE

Les feux d'artifice qui illuminent de nombreuses plages de Thaïlande ont pris une proportion problématique à Hat Rin. Ces dernières années, des bars de plage ont commencé à y faire participer les touristes, un jeu populaire consistant à sauter au-dessus de mèches enflammées. Les brûlures sévères ne sont pas rares et ne cicatrisent pas sous le climat tropical. Ne vous laissez pas tenter par un seau de cocktail gratuit. Ces jeux sont dangereux.

FEMMES SEULES

Les voyageuses doivent redoubler de prudence, en particulier les soirs de rave. Les viols consécutifs à l'abus d'alcool ou de drogue ne sont pas rares, et pas seulement durant la fête de la Pleine Lune. Les chauffeurs de motos-taxis ne sont pas toujours très respectueux. Des passagères ont porté plainte, ayant été victimes de mains baladeuses ou d'abus plus graves.

À voir

Cette grande île et sa jungle recèlent quantité de sites naturels à découvrir : des montagnes, des cascades et, surtout, des plages parmi les plus belles de Thaïlande.

PLAGES ET CASCADES

L'intérieur de l'île compte de nombreuses **cascades**, dont quatre coulent toute l'année. À **Than Sadet**, des rochers sont gravés des armoiries royales de Rama V, de Rama VII et de Rama IX. Le roi Rama V aimait tant ce site secret qu'il y fit plus d'une dizaine de visites entre 1888 et 1909. Les eaux de la Khlong Than Sadet, aujourd'hui considérées comme sacrées, sont utilisées lors des cérémonies royales. Près de la côte est également, **Than Prawet** est une succession de chutes qui s'enfoncent vers les terres sur environ 2 km.

Dans le centre de l'île, les chutes de **Nam Tok Phaeng**, englobées dans un parc national, sont protégées. On y accède par une marche courte mais difficile. Les plus intrépides continueront vers le nord jusqu'à **Khao Ra**, le plus haut sommet de l'île, qui culmine à 625 m. Ceux qui ont une bonne vue, ou des jumelles, observeront chemin faisant des crocodiles, des singes, des serpents, des cerfs et des sangliers. Du sommet, le **panorama** est spectaculaire ; par temps clair, on voit jusqu'à Ko Tao. La randonnée n'est pas très ardue, mais il est facile de se perdre. Il est donc conseillé de louer les services d'un guide à Ban Madeua Wan (près des chutes). Les guides locaux se signalent par des panneaux devant leur maison. S'ils sont chez eux, ils vous emmèneront au sommet pour 500 B. Ils ne parlent généralement que le thaï.

Les stupéfiantes **plages** de Pha-Ngan sont incontournables, mais il convient d'être très prudent si l'on y va à pied. Le sentier "Green Dot", qui relie Hat Rin à Hat Yuan, est envahi par la végétation, de même que des tronçons entiers de la route entre Chalok Lam et Hat Khuat (Bottle Beach). Il est préférable de prendre un bateau-taxi.

Hat Khuat, aussi baptisée Bottle Beach, est une destination incontournable qui attire de nombreux vacanciers venus pour la journée nager ou plonger. Certains passent la nuit dans un bungalow sur la plage. Ceux qui cherchent plus d'intimité préféreront les plages isolées de la côte est : **Hat Yuan**, **Hat Thian** et **Hat Sadet**, ou la minuscule **Ao Thong Reng**. Pour un maximum d'émerveillement, prévoyez une journée dans le merveilleux **parc maritime d'Ang Thong** (p. 258).

WAT

N'oubliez pas de vous habiller correctement pour aller visiter l'un des 20 *wat* de Ko Pha-Ngan. La plupart des temples sont ouverts dans la journée.

Le plus ancien temple de l'île est le **Wat Phu Khao Noi**, proche de l'hôpital de Thong Sala. Le site est ouvert aux visiteurs dans la journée et les moines sont présents le matin. Le **Wat Pho**, près de Ban Tai, a un sauna (50 B ; ☎ 15h-18h) où brûlent des herbes parfumées – notamment de la citronnelle. Le **temple chinois** porterait chance à ses visiteurs. Il fut construit il y a une vingtaine d'années, après le passage d'une femme qui eut la vision du Bouddha lui enjoignant de construire un phare pour l'île. Le **Wat Khao Tham**, près de Ban Tai, se situe au sommet d'une colline. Il est habité par des nonnes. Un panneau d'affichage dans le temple donne le programme d'une retraite en méditation encadrée par un couple américano-australien. Pour plus d'informations, écrivez à l'avance au Wat Khao Tham, PO Box 8, Ko Pha-Ngan, Surat Thani 84280.

À faire

PLONGÉE ET SNORKELING

Ko Tao, destination des purs et durs, n'étant qu'à quelques kilomètres, la plongée à Ko Pha-Ngan est plus un loisir qu'un sport (elle est moins axée sur les brevets). Une chute récente des prix (pour la certification Open Water) a rendu Ko Pha-Ngan très compétitive par rapport à sa voisine. En outre, les groupes sont plus petits, la demande étant moins grande. Il y a plusieurs récifs autour de Pha-Ngan, comme autour des autres îles de l'archipel de Samui. Les amateurs de snorkeling vont à **Ko Ma**, petite île au nord-ouest, reliée à Ko Pha-Ngan par une charmante langue de sable. On trouve aussi des récifs rocheux intéressants sur la face orientale de l'île.

Mais le grand attrait de Ko Pha-Ngan en la matière est sans doute la proximité de **Sail Rock** (Hin Bai), qui est peut-être le plus beau spot du golfe de Thaïlande – il attire en outre des requins-baleines. Ce piton rocheux se dresse à 14 km au nord de l'île. Il suffit de descendre entre 10 et 30 m pour voir des coraux et des poissons tropicaux en abondance. On peut aussi emprunter un passage vertical entre les roches appelé "cheminée".

Certains prestataires de Ko Tao vont parfois à Sail Rock, mais beaucoup préfèrent des récifs plus adaptés aux débutants et les eaux peuplées de requins de Chumphon Pinnacle. Au départ de Ko Pha-Ngan, les sorties les plus populaires sont celles à la journée incluant 3 sites (Chumphon Pinnacle, Sail Rock et un autre site de choix ; voir p. 249), au tarif de 3 650-3 800 B, déjeuner compris. Pour une excursion avec 2 plongées à Sail Rock, comptez 2 350-2 500 B.

Voici une liste des meilleurs centres de plongée de l'île :

Haad Yao Divers (☎ 08 6279 3085 ; www.haadyaodivers.com). Établi en 1997, ce centre a acquis une excellente réputation pour la qualité de ses services et le maintien de normes de sécurité équivalentes au standard européen.

Lotus Diving (☎ 0 7737 4142 ; www.lotusdiving.net). On ne peut que recommander cet exceptionnel centre de plongée employant des instructeurs hors pair, qui possède 2 magnifiques bateaux (chose rare à Ko Pha-Ngan). Réservation au bureau de la compagnie à Chalok Lam, ou au Backpacker's Information Centre (p. 229).

Reefers (☎ 08 6471 4045, 08 7894 0637 ; www.reefersdiving.com). Une nouvelle école de plongée basée à Shiralea (p. 237). Propriétaires très sympathiques, comme les instructeurs (très professionnels). Recommandée.

Sail Rock Divers (☎ 0 7737 4321 ; www.sailrockdiversresort.com). Les clients apprécient le personnel responsable et chaleureux, les cours dans des salles climatisées et la petite piscine pour barboter.

AUTRES ACTIVITÉS NAUTIQUES

Les employés du Backpacker's Information Centre (p. 229) dispensent les meilleurs conseils en la matière.

Jamie transmet sa sagesse infinie de *wake-boarder* au **Wake Up** (☎ 08 7283 6755, 08 0039 6353 ; www.wakeupwakeboarding.com ; 🕑 jan-oct), une petite école de sports nautiques basée à Chalok Lam. Les 15 min de glisse reviennent à 1 500 B (ou 500 B pour 2 tours de la baie), ce qui est peu pour un cours particulier. Également possibles : séances de kitesurf, de wake-skating et de ski nautique, et tours de l'île à la journée (2 000 B/ pers ; 6 personnes au maximum).

Au Holiday Beach Resort d'Ao Bang Charu, le **Cuttlebone Kiteboarding Centre** (☎ 08 1940 1902 ; www.cuttlebone.net ; 🕑 nov-avr) propose des leçons particulières à ceux qui veulent s'adonner à ce sport difficile qu'est le kitesurf. Pascal, le propriétaire et moniteur vedette, fait tout pour que ses étudiants "s'envolent".

Il est déconseillé de louer des Jet-Ski (voir p. 230).

YOGA ET BIEN-ÊTRE

Les personnes expérimentées en yoga iront à Ko Samui, les autres apprécieront le Sanctuary (p. 240), sur la côte est.

Des stands de massages, peu chers, sont installés le long de la côte ouest et autour de Hat Rin. Mais, avant même d'en trouver un, vous entendrez des habitants cherchant du travail crier "massaaaaaaaaaaaaage". Comptez environ 300 B/heure. Méfiez-vous des spas autour de Hat Rin qui promettent des "*happy endings*", leur conception du massage étant très large.

Circuits

Le très populaire **Eco Nature Tour** (☎ 08 4850 6273) propose un "best of" de l'île, qui comprend un trek à dos d'éléphant, du snorkeling, une visite du temple chinois (vue magnifique) et Nam Tok Phaeng. Ce circuit d'une journée (1 400 B) part à 9h et revient vers 15h. Eco Nature Tour organise aussi des excursions en bateau d'une demi-journée à un tarif similaire. Réservez auprès du bureau de la compagnie à Thong Sala ou au Backpacker's Information Centre (p. 229). **Pha-Ngan Safari** (☎ 0 7737 4159, 08 1895 3783) propose un circuit identique pour 1 900 B.

Les randonnées d'une journée avec snorkeling au parc maritime d'Ang Thong (p. 258) partent généralement de Ko Samui. Depuis peu, certaines agences de voyages les proposent aussi depuis Ko Pha-Ngan. **Grand Sea Discovery** (☎ 0 7742 7001 ; www.grandseatours.com ; journée 2 100 B) organise des excursions au parc maritime, avec snorkeling, kayak et buffet au déjeuner. Renseignez-vous auprès de votre hôtel pour d'autres excursions en bateau (les compagnies apparaissent et disparaissent au gré des fluctuations du prix du fuel). Le parc maritime est fermé d'octobre à Noël.

Pour les autres circuits en bateau autour de l'île, comptez environ 700 B la demi-journée. Renseignez-vous auprès du Backpacker's Information Centre à Hat Rin (p. 229).

Où se loger

La longue tradition d'accueil de Ko Pha-Ngan ne se dément pas et les voyageurs aguerris y sont toujours chez eux. Depuis peu toutefois, l'île a pris un tournant et commence à viser une clientèle plus aisée. Les villages de vacances démolissent leurs vieilles huttes en bambou pour construire des bungalows plus chic destinés à satisfaire les vacanciers qui ne font que passer – toujours plus nombreux. Dans d'autres parties de l'île, on déboise pour édifier des complexes hôteliers cinq étoiles dignes de Samui. Mais il faudra encore quelques années pour que le style de vie des routards disparaisse. À l'heure actuelle, Ko Pha-Ngan offre des hébergements adaptés à tous les budgets, du plus serré au plus confortable.

Comparé au reste de l'île, Hat Rin reçoit un nombre disproportionné de visiteurs, puisque les raveurs arrivent par bateaux entiers sur la péninsule pour les légendaires fêtes de la plage du Soleil levant (Sunrise Beach) ; la plupart dorment toute la journée. Malgré quelques bouteilles vides sur la plage, le cadre conserve toute sa beauté.

Le côté sud de Sunrise Beach commence à sentir le kérosène à cause des feux de joie des fêtards ; mieux vaut aller bronzer à l'extrémité nord de la plage.

Pha-Ngan accueille aussi des amoureux de la solitude qui rêvent de plages vierges. Sachez que les plus belles sont sur les côtes nord et est.

La rubrique *Où se loger* identifie cinq zones géographiques distinctes : Hat Rin, la côte sud, l'ouest, les plages du nord et la côte est, plus paisible.

HAT RIN

L'étroite péninsule de Hat Rin se partage en trois zones. Hat Rin Nok (Sunrise Beach) est l'épicentre des festivités. Hat Rin Nai (Sunset Beach), au bout du minuscule promontoire, est l'étendue de sable la moins spectaculaire ; Hat Seekantang (ou Hat Leela), au sud de Hat Rin Nai, est une plage plus petite et plus privée. Ces trois grèves sont reliées par Ban Hat Rin (Hat Rin ville), qui se présente comme une succession de restaurants et de bars.

Les prix indiqués ne valent pas pour les soirs de fête. Ils grimpent en flèche au moment de la pleine lune, et il faut alors réserver pour plusieurs jours au minimum. Si vous voulez arriver le jour ou la veille de l'événement, réservez une chambre à l'avance – sinon, vous dormirez sur la plage. Vous pouvez aussi séjourner à Samui et prendre une navette rapide (à partir de 550 B, toutes les heures) pour rejoindre la fête.

Petits budgets

Sea Garden (carte p. 234 ; ☎ 0 7737 5281 ; www.seagarden-resort.com ; Ban Hat Rin ; ch 200-1 500 B ; ❄) réunit une grande variété de bungalows et de chambres de style motel, pour toutes les bourses (visitez avant de vous décider). Si

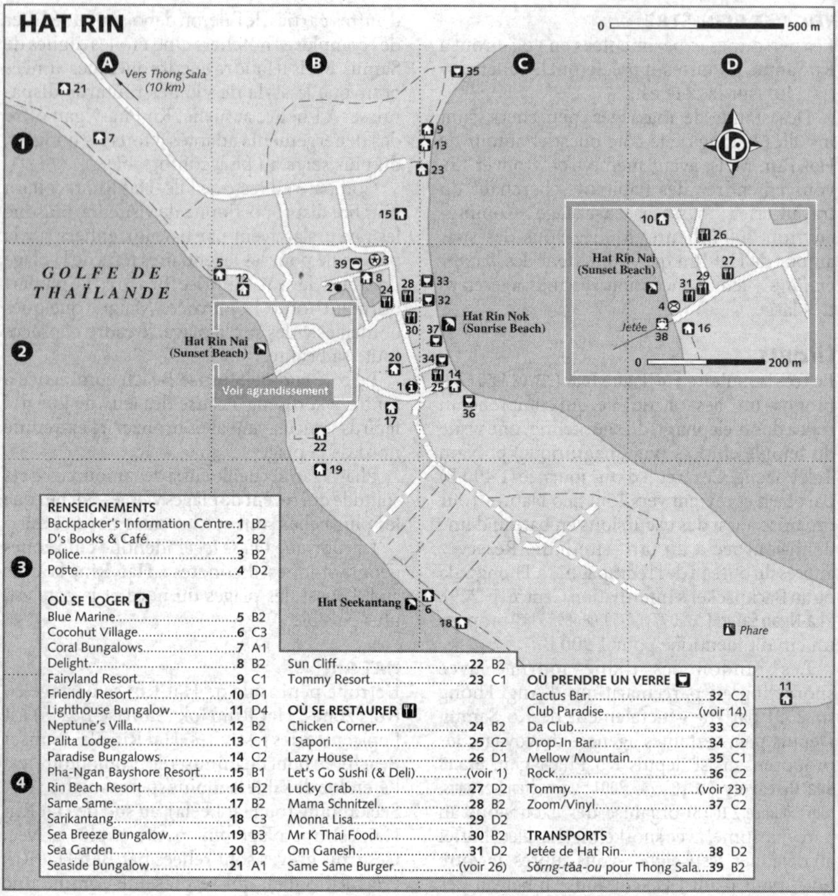

vous n'êtes là que pour la fête de la Pleine Lune, l'une des chambres-placards devrait faire l'affaire, mais n'y laissez rien traîner de précieux.

Paradise Bungalows (carte p. 234 ; ☎ 0 7737 5244 ; Hat Rin Nok ; bung 250-1 200 B ;). La fête est née dans ces petits bungalows qui ne paient pas de mine. L'endroit évoque maintenant davantage une décharge qu'un complexe touristique. De nouvelles extensions (dont un bizarre toit ouvrant) n'ont rien arrangé. Un paradis perdu.

Sun Cliff (carte p. 234 ; ☎ 0 7737 5134 ; Hat Rin Nai ; bung 250-2 000 B ;). Perché sur une éminence au milieu des palmiers, le Sun Cliff domine l'océan, baigné par le soleil tropical, dans une végétation luxuriante ponctuée d'énormes rochers. Chaque bungalow est unique.

Seaside Bungalow (carte p. 234 ; ☎ 08 6940 3410, 08 7266 7567 ; Hat Rin Nai ; bung 300-600 B ;). Une clientèle fidèle revient régulièrement se plonger dans l'atmosphère détendue du Seaside et profiter des boissons bon marché, des tables de billard gratuites et des agréables bungalows en bois bordant Sunset Beach. À 500 B climatisation comprise, il n'y a pas moins cher sur l'île.

Lighthouse Bungalow (carte p. 234 ; ☎ 0 7737 5075 ; Hat Seekantang ; bung 350-800 B). Cachées tout au bout de Hat Rin, ces humbles huttes bénéficient de l'ombre des palmiers poussant sur le terrain en pente. Pour accéder à cette paisible retraite, il faut traverser le Leela Beach Bungalows (sans s'arrêter), puis prendre une allée de caillebotis qui dessine une courbe sur la gauche (vers le sud-est) pour contourner les rochers battus par l'océan.

Same Same (carte p. 234 ; ☎ 0 7737 5200 ; www.same-same.com ; Ban Hat Rin ; ch 500-800 B ;). Si les Scandinaves apprécient toujours le Same Same, où la fête bat son plein à la pleine lune, l'établissement n'est pourtant plus que l'ombre de lui-même. Au-dessus, les chambres de motel sans chichis n'ont pas bonne presse.

Coral Bungalows (carte p. 234 ; ☎ 0 7737 5023 ; www.coralhaadrin.com ; Hat Rin Nai ; bung 500-800 B ;). Les voyageurs au budget serré connaissent bien le Coral Bungalows. De jour, les adorateurs du soleil font du transat. La nuit venue, le Coral, tel un loup-garou, se métamorphose et devient le théâtre d'une fête vulgaire trop arrosée à la vodka-Red Bull.

Sarikantang (carte p. 234 ; ☎ 0 7737 5055, 08 1444 1322 ; www.sarikantang.com ; Hat Seekantang ; bung 500-3 500 B ;). Au Sarikantang, qui signifie "paradis", les maisonnettes crème, avec leurs poteaux et linteaux en teck, sont réparties entre les palmiers et des statuettes ailées un peu défraîchies. Les chambres semblent tout droit sorties d'un magazine de décoration.

Sea Breeze Bungalow (carte p. 234 ; ☎ 0 7737 5162 ; Ban Hat Rin ; bung 500-8 000 B ;). Le Sea Breeze plaît beaucoup à nos lecteurs, que nous ne contredirons pas ! Le labyrinthe de petites maisonnettes dans les collines est un lieu des plus accueillants pour accrocher son hamac. Plusieurs bungalows, haut perchés sur pilotis, offrent une vue spectaculaire de Hat Rin et de l'océan.

Neptune's Villa (carte p. 234 ; ☎ 0 7737 5251 ; Hat Rin Nai ; ch à partir de 600 B ;). Apprécié depuis longtemps par les voyageurs, le Neptune ne cesse de s'étendre. Hébergement de qualité variable, dans plusieurs bâtiments de style motel.

Blue Marine (carte p. 234 ; ☎ 0 7737 5079 ; Hat Rin Nai ; bung 600-1 200 B ;). Les toitures d'un bleu étincelant attirent les globe-trotters en quête de bons plans, qui s'installent dans un intérieur bien entretenu. Demandez un bungalow en dur près de la plage.

Cocohut Village (carte p. 234 ; ☎ 0 7737 5368 ; www.cocohut.com ; Hat Seekantang ; ch 600 B, bung 1 900-10 000 B ;). Ce village est si sympathique qu'on en oublierait presque le brouhaha de Sunrise Beach. Les globe-trotters et les vacanciers israéliens l'ont adopté malgré les sanitaires collectifs aux faux airs de piscine municipale. Les options les plus chères – villas sur la falaise et bungalows en bord de mer – sont parmi les meilleurs rapports qualité/prix de Hat Rin.

Delight (carte p. 234 ; ☎ 0 7737 5527 ; www.delightresort.com ; Ban Hat Rin ; ch 700-2 000 B ;). Caché derrière le grand panneau jaune Kodak, au centre de Hat Rin, Delight propose quelques-unes des plus belles chambres d'hôtel du secteur. Immaculées et d'un design subtil (fresques murales), elles sont plantées entre une attrayante piscine et un lagon paisible semé de nymphéas.

Friendly Resort (carte p. 234 ; ☎ 0 7737 5167 ; Hat Rin Nai ; friendly_resort@hotmail.com ; ch à partir de 800 B ;). Surplombant la jetée, Friendly offre différents hébergements autour d'une petite piscine centrale.

Catégories moyenne et supérieure

Pha-Ngan Bayshore Resort (carte p. 234 ; ☎ 0 7737 5227, 0 7737 5224 ; www.phanganbayshore.com ; Hat Rin Nok ; ch 800-5 000 B ;). Désormais rénové, ce complexe hôtelier est aujourd'hui en mesure d'accueillir le flux de vacanciers qui ne font que passer à Hat Rin. La vaste vue sur la mer depuis les chambres et la gigantesque piscine en font l'une des meilleures adresses de Sunrise Beach.

Rin Beach Resort (carte p. 234 ; ☎ 0 7737 5112 ; www.rinbeachresort.com ; Hat Rin Nai ; bung 1 000-3 000 B ;). Des amphores géantes d'où sortent de vigoureux jets d'eau attendent les voyageurs fatigués à leur sortie du ferry. Les chambres pimpantes et lumineuses sont ornées de touches de merisier sombre et de peintures colorées représentant des sutras. L'immense piscine en forme de fleur est un vrai piège pour les adeptes du bronzage.

Fairyland Resort (carte p. 234 ; ☎ 0 7737 5076, 08 5057 1709 ; www.haadrinfairyland.com ; Hat Rin Nok ; bung à partir de 1 400 B ;). Ce village doté de beaux bungalows livre une concurrence féroce aux complexes hôteliers plus anciens de Sunrise Beach. Suivant la période, il est possible d'obtenir une réduction de 60% en se présentant à la réception. Demandez à un client déjà installé quels sont les prix avant de prendre une chambre.

Palita Lodge (carte p. 234 ; ☎ 0 7737 5172 ; www.palitalodge.com ; Hat Rin Nok ; bung 1 500-4 500 B ;). Au cœur de l'action, le Palita est le serviteur des réjouissances qui agitent la Sunrise Beach de Hat Rin. Des bungalows spacieux en dur (bois et design moderne) s'alignent sur l'étendue sableuse où poussent quelques arbustes. Séjour d'une semaine au minimum quand vient la pleine lune.

Tommy Resort (carte p. 234 ; ☎ 0 7737 5215 ; www.phangantommyresort.com ; Hat Rin Nok ; ch 1 800-2 200 B ;

). Une adresse à la mode au centre de Hat Rin, avec une ambiance à mi-chemin de l'hôtel de charme et du repaire de voyageurs. La piscine rectangulaire est une agréable surprise sur cette île où tous les bassins semblent avoir été moulés en forme de haricot.

PLAGES DU SUD

Les hébergements de la côte sud offrent le meilleur rapport qualité/prix de Ko Pha-Ngan. On y aperçoit au loin le parc maritime d'Ang Thong – en revanche, les plages du sud ne sont pas baignées par des eaux cristallines. Le tronçon concerné ci-après part du port de Thong Sala et suit la côte est en direction de Hat Rin.

Thong Sala

Il n'y a aucune raison de dormir à Thong Sala, si ce n'est la peur de rater le premier ferry du matin ou, en cas de problème de santé, la proximité d'un médecin.

Bua Kao Inn (0 7723 7226 ; buakao@samart.co.th ; s et d à partir de 450-850 B ;). Si, pour changer des plages, vous recherchez une atmosphère urbaine, le Bua Kao fera l'affaire. Les lits sont douillets et les chambres, bien tenues (certaines sentent un peu le tabac froid). Les conversations des expatriés animent le restaurant.

Pha-Ngan Chai Hotel (0 7737 7068, 0 7737 7286 ; ch 700-1 200 B ;). Imaginez l'architecture soviétique transposée sur une plage et vous repérerez cette énorme verrue en débarquant à Thong Sala. L'emplacement est l'unique atout de cet hôtel – pas de plage où se baigner à proximité, vous devrez prendre un taxi.

Ban Tai

À Ban Tai, les eaux manquent de profondeur et de transparence, surtout en basse saison. Toutefois, comparés au reste de l'île, les hébergements ne sont pas onéreux. En outre, Hat Rin n'est pas trop loin.

Chokana (0 7723 8085 ; bung 400-1 200 B ;). Les bungalows en bois sont gigantesques, et la propriétaire veille jalousement au bien-être de ses hôtes (qui semblent tous des habitués). Intérieurs personnalisés, avec des éléments en bois sculpté et des mosaïques.

Coco Garden (0 7737 7721, 08 6073 1147 ; www.cocogardens.com ; bung 500-1 000 B ;). La meilleure option pour les budgets serrés de la côte sud fait concurrence aux complexes hôteliers voisins avec ses jardins impeccables et ses bungalows (presque trop) pimpants.

Holiday Resort (0 7737 7468 ; www.holidaybeachresort.net ; bung 800-1 700 B ;). Les propriétaires n'ont guère la main verte, mais les bungalows sont bien tenus. Les meilleurs (avec climatisation et TV), tout près de l'eau, sont à 900 B. Bar d'ambiance inondé de bleu et de vert fluo, quelques filets de volley et une vieille table de billard plantée à 5 m seulement des vagues.

Phangan Great Bay Resort (0 7723 8659 ; fax 0 7723 8697 ; bung 1 250-2 000 B ;). Vous aurez le choix entre des chambres de motel dans un édifice mauve et des bungalows confortables aux couleurs vives (orange et vert). Curieuse piscine et télévision dans le restaurant (pour regarder des films).

Milky Bay Resort (0 7723 8566 ; www.milkybaythailand.com ; bung 1 400-5 000 B ;). Les murs d'un blanc laiteux émaillés de grosses pierres noires ont quelque chose de… bovin. Ils dessinent un chemin qui va des bungalows, lumineux et recouverts de palmes, à la mer.

B52 (www.b52-beach-resort-phangan.info ; bung à partir de 1 800 B ;). Trouvez-vous une cabane romantique dans ce village de huttes de style thaïlandais. La rusticité est de mise : toit recouvert de palmes, soutenu par des troncs d'arbres tropicaux, et sol en ciment poli.

Ban Khai

Comme à Ban Tai, les plages sont quelconques, mais les chambres sont bon marché et on voit au loin le parc maritime d'Ang Thong.

Lee's Garden (08 5916 3852 ; bung 250-600 B). Toutes simples mais douillettes, les huttes de bois rappellent agréablement l'époque où Pha-Ngan attirait des voyageurs capables de vivre sans eau chaude ni climatisation.

Boom's Cafe Bungalows (0 7723 8318 ; www.boomscafe.com ; bung 300-1 000 B ;). Séjourner au Boom, c'est comme être chez l'habitant. Les propriétaires vous accueillent en ami. Il n'y a pas de piscine, mais les vagues viennent mourir à votre porte. À l'extrémité est de Ban Khai, près de Hat Rin.

Mac Bay (0 7723 8443 ; bung 500-1 500 B ;). Site de la fête de la Lune noire, le Mac Bay occupe une bande de sable de Ban Khai où même les bungalows les moins chers sont impeccables. À l'heure de l'apéritif, allez vous asseoir à l'ombre sur le sable pour regarder le soleil descendre sur les îles du parc maritime d'Ang Thong.

Morning Star (0 7737 7756 ; morningstarkpn@yahoo.com ; bung 1 190-2 490 B ;). Cet ensemble de maisonnettes en bois et en béton est très confortable. Le mobilier de certaines chambres se distingue par la qualité de son ornementation, tandis que la décoration de certaines autres joue avec les bois sombres. Une dizaine de transats blancs en bois sont disposés autour de la jolie piscine.

PLAGES DE LA CÔTE OUEST

La côte ouest s'est beaucoup développée depuis l'amélioration de la route entre Thong Sala et Chalok Lam. L'atmosphère plaisante se situe à mi-chemin de la tranquillité de la côte est et de la convivialité festive de Hat Rin.

D'Ao Nai Wok à Si Thanu

Des complexes hôteliers, proches de Thong Sala, ponctuent la côte entrelacée de mangroves. Si les belles plages sont rares, les prix sont attrayants, et les couchers du soleil inoubliables.

Loy Fa (☎ 0 7737 7319 ; loyfabungalow@yahoo.com ; Ao Srithanu ; bung 300-800 B). Avec la gentillesse de son personnel parlant français, ses charmants jardins et ses huttes qui veillent sur l'océan, le Loy Fa remporte tous les suffrages. Des bungalows modernes occupent un promontoire qui descend vers une belle plage intimiste au sable couleur cendre.

Cookies Bungalows (☎ 0 7737 7499 ; cookies_bungalow@hotmail.com ; Ao Plaay Laem ; bung 300-1 000 B ;). Les bungalows en bambou couverts de palmes du Cookies nous ramènent au bon vieux temps de Pha-Ngan.

Pimmada (☎ 0 7737 7325 ; Ao Plaay Laem ; bung 400-800 B ;). Voisin du Cookies, le Pimmada est un cran plus confortable. Les bungalows sont plus récents et la piscine, carrelée d'un camaïeu de verts irrésistible.

Beck's Resort (☎ 0 7737 7140 ; Ao Plaay Laem ; bung 500-800 B ;). À 10 min de Thong Sala, cet ensemble de bungalows blancs et pimpants est l'option idéale si vous voulez économiser sur le taxi.

Sea Scene (☎ 0 7737 7516 ; www.seascene.com ; Ao Plaay Laem ; bung 500-1 700 B ;). Dans les bungalows familiaux du Sea Scene, éparpillés dans la mangrove, vous serez aux premières loges pour un merveilleux coucher du soleil sur le parc maritime d'Ang Thong, dans le lointain.

Chills Resort (☎ 08 9875 2100 ; www.chillsresort.com ; Ao Srithanu ; ch à partir de 1 000 B ;). Sur une superbe plage déserte, les délicieuses chambres du Chills, simples et modernes, offrent une vue paisible sur l'océan et laissent entrer le soleil et la brise marine. La piscine, protégée des vagues par de grands rochers naturels, est l'endroit idéal pour un cocktail au coucher du soleil.

Grand Sea Resort (☎ 0 7737 7777 ; www.grandsea-resort.com ; Ao Nai Wok ; bung 1 200-3 000 B ;). À la fois en bord de mer et près de Thong Sala, le Grand Sea est un bon choix. Les bungalows en bois évoquent les maisons des esprits thaïlandais.

Hat Chaophao

Comme à Hat Yao plus haut sur la côte, l'anse de Hat Chaophao est bordée de villages de bungalows. Un peu plus au sud, vous trouverez un lac intérieur et, en cas de crise de gourmandise nocturne aiguë, un 7-Eleven.

Sunset Cove (☎ 0 7734 9211 ; www.thaisunsetcove.com ; Hat Chaophao ; bung 1 500-3 350 B ;). L'ordonnancement symétrique de ces bungalows de charme sous les arbres est très zen. Les hébergements sur la plage sont des plus chic, avec leurs ouvertures rectangulaires et leurs baignoires en forme de barriques.

Pha-Ngan Paragon (☎ 08 4728 6064 ; www.phanganparagon.com ; bung 2 500-13 000 B ;). Sept chambres bien cachées font du Paragon une bonne adresse, dont la décoration s'inspire des styles anciens khmer, indien et local, sans renoncer au confort moderne. La "chambre royale" mérite une mention : il semblerait que le lit à baldaquin ait été importé du Cachemire.

Hat Yao et Hat Son

L'un des sites les plus fréquentés de la côte ouest, Hat Yao se distingue par une belle plage propice à la baignade, de nombreux complexes hôteliers, un DAB et quelques petits magasins et épiceries.

Ibiza (☎ 0 7734 9121 ; Hat Yao ; bung 150-1 300 B ;). Ibiza donne un avant goût de l'ambiance jeune de Hat Rin, sur la côte ouest. Les bungalows sont basiques, mais le jardin central est agréable et les tarifs attirent les voyageurs au budget serré. Personnel serviable.

Tantawan Bungalows (☎ 0 7734 9108 ; www.tantawanbungalow.com ; Hat Son ; bung 450-550 B ;). Accroché haut dans la jungle, comme une cabane dans un arbre, le petit Tantawan offre une vue fantastique sur la mer depuis ses bungalows rustiques. La piscine trapézoïdale invite à se baigner et les petits porches de bambou, à contempler le coucher du soleil. Le restaurant sert une délicieuse cuisine thaïlandaise et française.

Shiralea (☎ 08 0719 9256 ; www.shiralea.com ; Hat Yao ; bung 500 B ;). Bien que ces bungalows tout neufs autour de la piscine ne soient pas sur la plage (à 100 m), vous trouverez difficilement meilleure option sur l'île. À côté du Reefers (p. 232), une école de plongée très professionnelle qui propose des activités sans pareilles.

High Life (☎ 077349114 ; www.highlifebungalow.com ; Hat Yao ; bung 500-2 000 B ;). Cet établissement offre une spectaculaire vue sur l'océan depuis la piscine. Les 25 bungalows, de formes et de superficies variées, sont perchés sur un promontoire granitique surplombant une mer d'un bleu céruléen. Frais de réservation (200 B).

Haad Son Resort (☎ 0 7734 9104 ; www.haadson.info ; Hat Son ; bung 1 000-8 000 B ;). L'appellation "complexe" revêt tout son sens. Tant de sentiers serpentent sur ce vaste site que nous suggérons de faire comme le Petit Poucet pour retrouver sa chambre. Autant ne pas en prendre une parmi les plus chic, qui n'offrent guère plus que les standard, simples mais proches de tous les équipements.

Haad Yao Bay View Resort (☎ 0 7734 9193, 0 7734 9141 ; www.haadyao-bayviewresort.com ; Hat Yao ; ch et bung 1 500-5 000 B ;). Rénové en 2008, cet ensemble de bungalows et de chambres d'hôtel a des airs de mirage tropical sur la pointe nord de Hat Yao. Des vacanciers bronzent autour d'une belle piscine turquoise. D'autres préfèrent rester dans leur suite privée au beau parquet ciré et lit en rotin.

Haad Yao See Through Boutique Resort (☎ 0 7734 9315 ; www.haadyao.net ; Hat Yao ; ch à partir de 1 750 B ;). Cet établissement a surgi le long d'une étroite bande de terre. Les chambres se distinguent par une belle palette de jaunes, de verts et de rouges, mais l'imposant bloc de béton qui forme l'extérieur évoque plus un chantier qu'un hôtel de charme.

Hat Salad

Hat Salad, l'une des plus belles plages de l'île, réunit une succession d'hébergements de qualité.

Cookies Salad (☎ 0 7734 9125, 08 3181 7125 ; www.cookies-phangan.com ; bung 1 200-2 400 B). Les charmants bungalows balinais sont construits autour d'une piscine sur 2 niveaux. Les toits irréguliers et le feuillage tropical dense donnent un faux air de rusticité à l'ensemble, qui dispose de tout le confort moderne.

Green Papaya (☎ 0 7737 4182 ; www.greenpapayaresort.com ; bung 4 000-7 500 B ;). Les bungalows de bois poli qui se détachent sur la plage de Hat Salad sont supérieurs aux autres, mais la qualité a un prix.

Ao Mae Hat

La pointe nord-ouest de l'île offre une vue merveilleuse sur l'océan. La petite île de Ko Ma est reliée à Pha-Ngan par une étonnante langue de sable.

Royal Orchid (☎ 0 7737 4182 ; royal_orchid_maehaad@hotmail.com ; bung 300-800 B ;). Les jolis bungalows pour les petits budgets, alignés face à face au fil d'un parterre fleuri, ont pour la plupart vue sur la plage et le banc de sable idyllique qui s'étend jusqu'à l'île de Ko Ma.

Pha-Ngan Utopia Resort (☎ 0 7737 4093 ; www.phanganutopia.com ; bung 1 500-3 000 B ;). Une retraite idyllique dans la jungle, perchée bien au-dessus de l'eau. Nos chambres favorites sont celles des villas à 2 niveaux qui suivent la pente de la montagne ; le niveau inférieur est occupé par un immense Jacuzzi.

PLAGES DU NORD

De Chalok Lam à Thong Nai Pan, la côte nord offre le spectacle d'une jungle sauvage dissimulant des plages isolées qui vous subjugueront – voici la plus belle côte de l'île.

Ao Chalok Lam (Chaloklum) et Hat Khom

Le tout petit village de pêcheurs de Chalok Lam, unique à Ko Pha-Ngan, est constitué de minuscules cabanes et de huttes sans confort. Vous trouverez quelques restaurants et épiceries dans le village, ainsi qu'une laverie, un cybercafé et un loueur de motos. Les *sŏrng·tăa·ou* (camionnettes) demandent environ 100 B/pers pour Thong Sala. De Chalok Lam, on peut rejoindre Hat Khom par une piste de terre, ou en bateau-taxi (50-100 B).

Coral Bay (☎ 0 7737 4245 ; Hat Khom ; bung 150-600 B). Perchés sur le petit promontoire qui sépare Chalok Lam de Hat Khom, les bungalows bon marché et classiques du Coral Bay semblent isolés. On y accède toutefois facilement par la route ou en bateau-taxi depuis le centre de Chalok Lam.

Fanta (☎ 0 7737 4132 ; fantaphangan@yahoo.com ; Chalok Lam ; bung 300-700 B). Le Fanta, à ne pas confondre avec le Fantasea voisin, est situé à l'extrémité est de Chalok Lam. Plantées sur une belle portion de sable, ses rangées de bungalows (avec toits de palmes et vieux bois) rappellent les jours heureux de Pha-Ngan.

Malibu (☎ 0 7737 4013 ; Chalok Lam ; bung 300-1 300 B ;). L'atmosphère fait la différence au Malibu. La hutte du débit de boissons, installée sur un banc de sable privé, attire toutes sortes de clients. Les huttes premiers prix sont spartiates ; les nouvelles en dur sont confortables, mais onéreuses.

Mandalai (☎ 0 7737 4316 ; www.mymandalai.com ; Chalok Lam ; ch 2 750-5 600 B ;). Comme une ville blanche se profilant dans le désert d'Arabie, ce petit hôtel de charme domine un village de cabanes de pêcheurs. Les baies vitrées permettent d'admirer les embarcations orangées flottant dans la baie. Un petit bassin est dissimulé dans un cloître intérieur.

Bottle Beach (Hat Khuat)

Cette dune isolée connue des étrangers sous le nom de Bottle Beach s'est fait une réputation de retraite décontractée qui lui attire une clientèle constante. Les hébergements affichent vite complet en haute saison, aussi vaut-il mieux arriver tôt en prenant un bateau-taxi à Chalok Lam (50-120 B, selon le nombre de passagers).

Bottle Beach II (☎ 0 7744 5156 ; bung 350-400 B). À l'extrémité est de la plage, les voyageurs désargentés vivront ici leurs rêves de Robinson.

Smile (☎ 08 1956 3133 ; smilebeach@hotmail.com ; bung 400-700 B). À la pointe ouest de la plage, le Smile propose toute une gamme de huttes à flanc de colline. Les bungalows à 2 niveaux (700 B) ont notre préférence.

Haad Khuad Resort (☎ 0 7744 5153 ; ch 1 800-2 200 B ;). Ce petit hôtel, certes plus cher que les autres adresses de Bottle Beach, vaut cependant la peine. Les chambres, d'une propreté irréprochable, ont toutes d'immenses baies vitrées donnant sur la baie céruléenne.

Thong Nai Pan

Thong Nai Pan se compose de deux baies arrondies séparées par un mince promontoire : Ao Thong Nai Pan Yai (*yài* signifie "grand"), la partie sud, et Ao Thong Nai Pan Noi (*noi* signifie "petit"). Depuis quelques années, ces plages, ô combien plus paisibles que Hat Rin, sont de plus en plus fréquentées. Pour le transport, reportez-vous p. 242.

Dolphin (bung 500-1 400 B ;). Les bobos se rêvent ici en babas frustres sans renoncer à leur confort, tandis que les néo-hippies apprécient tout simplement le charme du lieu. Tous passent des après-midi de farniente sur les coussins des petites pagodes disséminées dans la jungle. Pas de réservation.

Starlight (☎ 0 7744 5026 ; bung à partir de 500 B ;). Si le Dolphin est complet, ces bungalows en dur sont un bon choix – ils partent du rivage pour se perdre dans la canopée des fougères arborescentes. Réception au supermarché voisin.

Havana (☎ 0 7744 5162 ; www.phanganhavana.com ; ch 3 000-4 500 B, ste 7 000-8 000 B ;). L'une des rares nouveautés de Thong Nai Pan, le Havana dispose d'appartements organisés autour d'une ravissante piscine. Les chambres sont ornées de fresques murales psychédéliques inspirées par l'océan.

Ra Sa Nan Da (☎ 0 7723 9555 ; www.rasananda.com ; villas à partir de 10 000 B ;). Comme représentant l'avenir de Ko Pha-Ngan, le Ra Sa Nan Da a posé sa rangée de villas cinq étoiles (avec petite piscine privée pour beaucoup) sur une fabuleuse langue de sable. Bien pensé, le design mêle le modernisme au style traditionnel des *săh·lah* (salon ouvert sur les côtés). Le service est loin d'être à la hauteur d'un établissement de cette catégorie.

PLAGES DE LA CÔTE EST

Voici le dernier refuge des naufragés dans l'âme et des ermites en puissance. La plupart des plages isolées ne sont accessibles que par la mer, et des bateaux-taxis attendent les passagers à Thong Sala et à Hat Rin. Certaines grèves sont toutefois desservies par le ferry qui relie Thong Nai Pan à Mae Nam, sur Ko Samui (voir p. 242).

Than Sadet et Thong Reng

Accessibles en 4x4 ou à bord de bateaux-taxis colorés, les paisibles plages de Than Sadet et de Thong Reng sont les retraites les plus secrètes de l'île.

Treehouse (treehouse.kp@googlemail.com ; Thong Reng ; bung à partir de 200 B). Adresse légendaire des voyageurs sur la grande île de Ko Chang, le Treehouse vient de déménager au bord des eaux tranquilles de Thong Reng. Depuis Than Sadet, suivez les fleurs en plastique qui mènent par la colline jusqu'aux bungalows très basiques peints de couleurs vives.

Plaa's (☎ 0 7744 5191 ; Than Sedet ; bung 600 B ;). Les charmants bungalows du village de Plaa s'accrochent au cap qui surplombe la baie au nord de Than Sadet.

Mai Pen Rai (☎ 0 7744 5090 ; www.thansadet.com ; Than Sedet ; bung 600 B ;). "*Mai pen rai*" exprime en thaï le message éternel du tube de Bobby Mc Ferrin *Don't worry, be happy*. Comment s'en étonner devant cette baie dont la simple vue remplit de bonheur ? Les bungalows, qui se mélangent sur le promontoire boisé à ceux du Plaa, arborent des cloisons en paille tissée et des toits en auvent.

Hat Thian

À vol d'oiseau, Hat Thian est très proche de Hat Rin. Mais il n'y a pas de route. Le chemin est long, et il est facile de se perdre. Les bateaux-taxis font le trajet depuis Hat Rin pour environ 150 B.

Sanctuary (☎ 08 1271 3614 ; www.thesanctuarythailand.com ; dort 120 B, bung 400-2 900 B). Dans cette enclave, qui se veut le sanctuaire du bien-être et de l'harmonie naturelle, vous pourrez pratiquer le yoga ou faire une cure "détox". Les splendides huttes de branchages s'éparpillent en épousant le paysage qui leur sert d'écrin. Difficile de repartir.

Beam Bungalows (☎ 0 7927 2854, 08 6947 3205 ; bung 300-500 B). En retrait de la plage, le Beam se dissimule derrière une cocoteraie. Des hamacs se balancent devant les charmantes huttes en bois, dont les baies vitrées donnent sur l'océan, visible entre les feuilles ondoyantes des arbres.

Hat Yuan

Hat Yuan, qui possède quelques ensembles de bungalows, reste agréablement isolée. Il n'y a pas de route reliant cette petite plage à Hat Rin par la côte.

Barcelona (☎ 0 7737 5113 ; bung 200-600 B). Les robustes cabanes en bois sur pilotis, de couleur naturelle ou crème, semblent gravir la colline, derrière une palmeraie. Belle vue ; personnel jovial.

Où se restaurer

Ko Pha-Ngan n'est pas une halte gastronomique, d'autant que la plupart des vacanciers préfèrent paresser et manger au restaurant de leur village d'adoption. Les plus aventureux iront à la découverte des restaurants de Thong Sala et de la côte sud.

HAT RIN

Si c'est là que se concentrent les restaurants et les bars de l'île, inutile de s'attendre à de la grande cuisine. Le carrefour du **Chicken Corner** regroupe des échoppes servant à toute heure des en-cas, dont **Mr K Thai Food** (carte p. 234 ; Ban Hat Rin ; plats 30-80 B) et **Mama Schnitzel** (carte p. 234 ; Ban Hat Rin ; plats 40-100 B).

Let's Go Sushi (& Deli) (carte p. 234 ; ☎ 0 7773 5535 ; Ban Hat Rin ; en-cas/sandwichs/assortiment de sushis à partir de 40/80/120 B ; 12h-22h ; Wi-Fi). Enfin une adresse qui respecte les touristes à Hat Rin ! Ce nouvel établissement sert des sushis et des sashimis extra-frais, des sandwichs maison et des *smoothies* aux fruits de saison. Et comme tous ces mets sains sont aussi à emporter, on peut les déguster sur la plage au bout de la rue. Wi-Fi.

Om Ganesh (carte p. 234 ; ☎ 0 7737 5123 ; Hat Rin Nai ; plats 70-190 B ; petit-déj, déj et dîner). Des curries, du riz *biryani*, des *roti* et des lassis, qui ont tous le même goût selon les expatriés. Menu pour 2 à 350 B.

Lazy House (carte p. 234 ; ☎ 0 7737 5432 ; Hat Rin Nai ; plats 90-270 B ; déj et dîner). La "Maison paresseuse" est l'un des endroits les plus sympathiques de Hat Rin pour manger un hachis Parmentier devant un film...

Lucky Crab (carte p. 234 ; Hat Rin Nai ; plats 100-400 B ; déj et dîner). Les amateurs de crabe et autres produits de la mer seront gâtés. Les prises du jour sont présentées sur un lit de glace dans un *long-tail boat* miniature. Choisissez la vôtre et installez-vous à l'une des tables disposées entre de beaux meubles en pierre et des plantes suspendues.

Same Same Burger (carte p. 234 ; ☎ 0 7737 5200 ; www.same-same.com ; Hat Rin Nai ; burgers 180-230 B ; déj et dîner). Cet établissement, tenu par l'équipe qui gère l'hôtel bon marché du même nom, sert des hamburgers (relativement chers).

Monna Lisa (carte p. 234 ; ☎ 08 0696 7378 ; Hat Rin Nai ; pizzas et pâtes à partir de 200 B ; petit-déj, déj et dîner). Ce restaurant assez récent, géré par de sympathiques Italiens, vous réserve la meilleure pizza de Hat Rin. La pizza aux champignons et au jambon est à tomber par terre, tout comme les pâtes maison aux truffes !

I Sapori (carte p. 234 ; ☎ 08 2800 5951 ; Hat Rin Nok ; pizzas et pâtes à partir de 200 B ; petit-déj, déj et dîner). Derrière le Drop In Bar dans Soi Sea Garden, ce nouvel italien sert également de délicieuses pizzas.

PLAGES DU SUD

Marché de nuit (Thong Sala ; plats 25-180 B ; 18h30-22h30). Des odeurs de cuisine qui flottent dans l'air et des habitants attablés qui se régalent... Si vous voulez connaître la culture locale et goûter aux spécialités du cru, ne manquez pas le marché de Thong Sala. Le meilleur étal pour bien manger à prix doux se trouve à l'angle droit du marché, sous une large bannière blanche. Son voisin propose de délicieux produits de la mer, dont du vivaneau rouge servi sur un lit de grosses nouilles. Pour le dessert, les crêpes à la banane et les *smoothies* aux fruits abondent.

Boom's Cafe (☎ 0 7723 8318 ; www.boomscafe.com ; Hin Lor ; plats 30-100 B ; ⏰ petit-déj, déj et dîner). Ce petit restaurant familial caché entre des rochers sert de délicieux repas authentiques. En un rien de temps, la patronne vous préparera une assiette ultra-appétissante – avec le sourire.

Ando Loco (☎ 08 6780 7200 ; Ban Tai ; plats à partir de 59 B ; ⏰ dîner). On se croirait dans un vieux dessin animé d'Hanna-Barbera – les cactus en papier mâché n'y sont pas pour rien. Sirotez une margarita jumbo, puis allez vérifier si vous tenez le coup en faisant un volley sur la plage. Fermé en basse saison (septembre-décembre environ).

A's Coffee Shop & Restaurant (☎ 0 7737 7226 ; Thong Sala ; plats 80-260 B ; ⏰ petit-déj, déj et dîner, lun-sam). Dans Soi Krung Thai Bank, l'endroit parfait pour passer quelques heures en attendant le ferry. Cuisine de pub britannique.

Vantana Restaurant (☎ 0 7723 8813 ; plats 80-150 B ; Thong Sala ; ⏰ petit-déj, déj et dîner). Avec sa terrasse sur Soi Krung Thai Bank, le Vantana offre entre autres spécialités britanniques un gargantuesque Sunday Brunch (260 B).

Maew Hot Pan BBQ (☎ 08 1970 4077 ; Ban Tai ; buffet 110 B ; ⏰ dîner). Le meilleur restaurant de fondue de l'île, avec de la viande, des légumes et des œufs de caille (spécialité locale) à volonté. Facile à trouver : dans la rue principale de Ban Tai, près du 7-Eleven, côté océan.

Kaito (☎ 0 7737 7738 ; Thong Sala ; plats à partir de 130 B ; ⏰ 15h-21h jeu-lun). Les produits arrivent ici directement du Japon, et vous pourrez accompagner votre salade d'algues et votre *tonkatsu* (porc pané) d'une bière nippone. L'étage, avec ses coussins, est confortable, tandis que la salle du bas a une ambiance plus populaire, avec mangas et autres livres.

♥ **Mason's Arms** (☎ 08 5884 7271 ; Thong Sala ; plats à partir de 160 B ; ⏰ 10h30-23h30). Une construction bizarre émerge des palmiers ondoyants… Voici un cottage anglais de style Tudor, qui semblerait plus à sa place à Stratford-upon-Avon que dans cette jungle humide. Bien sûr, on se régale ici de *fish and chips*.

Pizza Chiara (☎ 0 7737 7626 ; Thong Sala ; pizzas 180-320 B ; ⏰ déj et dîner). Comme le confirment les jolies nappes à carreaux, l'établissement est un authentique restaurant italien. Optez pour une pizza Cecco, généreusement garnie de jambon, de salami, de champignons et de fromage *cotto*.

AUTRES PLAGES

Tantawan (☎ 0 7734 9108 ; www.tantawanbungalow.com ; Hat Son ; plats 60-200 B ; ⏰ déj et dîner). Cette coquette hutte en teck, cachée sous la végétation luxuriante, est éclairée par des chandeliers sculptés dans des coraux pêche et des coquillages kaki. De savoureux mets locaux et français se dégustent sur des coussins géométriques.

Cookies Salad (☎ 0 7734 9125, 08 3181 7125 ; Hat Salad ; plats à partir de 100 B ; ⏰ petit-déj, déj et dîner). Si vous êtes sur la côte ouest, faites l'effort de dénicher ce petit restaurant convivial, perché sur une falaise au sud de Hat Salad. Il propose un assortiment incroyable de délicieux mets thaïlandais. Ne manquez pas non plus le curry de Penang, et les *smoothies* très originaux (dont le *Nutella swirl*, assez riche !).

♥ **Sanctuary** (☎ 08 1271 3614 ; Hat Thian ; plats à partir de 130 B). Oubliez tout ce que vous savez sur la nourriture diététique : le restaurant du Sanctuary vous prouvera qu'elle peut être délicieuse. Vous profiterez d'un beau choix de plats – des *pakoras* indiens aux croustillants rouleaux de printemps vietnamiens –, accompagné d'une excellente sélection musicale. Et pour faire passer le tout… laissez-vous tenter par un jus de blé d'un joli vert.

Cucina Italiana (Jenny's ; ☎ 08 3640 1797 ; Chalok Lam ; pizza 180 B ; ⏰ dîner). Le chef, un Italien passionné par son métier, attire une clientèle fidèle. Le jeudi et le dimanche, c'est garniture à gogo sur votre pizza (180 B).

Ra Sa Nan Da The Bistro@The Beach (☎ 0 7723 9555 ; Thong Nai Pan ; plats 120-400 B ; wifi). La cave à vin aux faux airs de vaisseau spatial est un atout de poids pour ce séduisant restaurant de plage, le plus clinquant de Pha-Ngan. Le large éventail de cuisine internationale permet de changer des plats à base de riz servis dans les huttes en bambou.

Où prendre un verre

Tous les mois, la pleine lune ramène son flot de fêtards qui viennent danser jusqu'à la transe, hurler et s'enduire de peinture fluo. Ceux dont la soif n'est jamais étanchée et les jongleurs de feu convergent vers Sunrise Beach (Hat Rin Nok), et la fête bat son plein jusqu'à ce que le soleil ait chassé la lune.

Récemment, d'autres sites ont vu le jour un peu partout sur l'île, invitant à faire la fête avec un peu plus de retenue. Les plus modérés salueront cette évolution.

HAT RIN

Hat Rin est le cœur de la fête de la Pleine Lune, où l'ambiance peut être électrique. Quand la lune ne vient pas éclairer la nuit, les fêtards se donnent rendez-vous du côté sud de l'île. Voir p. 230 pour plus de détails. Les bars suivants s'alignent du sud au nord sur Sunrise Beach, à Hat Rin.

Rock (carte p. 234 ; ☎ 0 7737 5244). Vue panoramique sur la fête.

Club Paradise (carte p. 234 ; ☎ 0 7737 5244). Le Paradise exploite à fond sa réputation de créateur de folles nuits de la pleine lune.

Drop-In Bar (carte p. 234 ; ☎ 0 7737 5374). Cette cabane à danser diffuse à tue-tête les grands succès des hit-parades que nous aimons tous en secret. Même sans la lune, c'est la fiesta.

Zoom/Vinyl (carte p. 234). *Trance* à crever les tympans.

Cactus Bar (carte p. 234 ; ☎ 0 7737 5308). En plein centre de Hat Rin Nok, le Cactus mélange de bons vieux airs connus de tous, du hip-hop et du R&B.

Da Club (carte p. 234). Nouveau venu sur le sable. La *trance* y secoue les murs couverts de graffitis.

Tommy (carte p. 234 ; ☎ 0 7737 5215). Un des plus grands bars de Hat Rin. Il attire les foules avec son éclairage noir et sa sono assourdissante qui crache de la *trance*. Les boissons sont servies à un long bar en arc.

Mellow Mountain (carte p. 234 ; ☎ 0 7737 5347). Sur les hauteurs au nord de Hat Rin Nok, ce repaire psychédélique offre une vision fascinante sur la foule en délire plus bas.

AUTRES PLAGES

Eagle Pub (☎ 08 4839 7143 ; Hat Yao). À l'extrémité sud de Hat Yao, ce débit de boissons est construit sur la roche. Les coussins verts de son patio conservent l'empreinte fluorescente de ceux qui y ont échoué après une *caipirinha* de trop.

Flip Flop Pharmacy (Thong Nai Pan). Ce bar à ciel ouvert sur le sable de Thong Nai Pan est le rendez-vous préféré du secteur.

Amsterdam (☎ 0 7723 8447 ; Ao Plaay Laem). Près de Hat Chaophao, sur la côte ouest, l'Amsterdam attire les touristes et les habitants de l'île désireux de décompresser au coucher du soleil.

Pirates Bar (☎ 08 4728 6064 ; Hat Chaophao). Dans cette réplique d'un bateau de pirates bâtie sur les falaises, assis sur le pont à marée haute, il suffit de quelques verres pour se croire en pleine mer. Vous pouvez y venir pour prendre le rythme 3 jours avant la grande fête.

Sheesha Bar (☎ 0 7737 4161 ; Chalok Lam). Antithèse des bouges de Hat Rin, le Sheesha Bar déverse sa musique d'ascenseur dans les oreilles d'amateurs de cocktails raffinés. Le savant mélange de grès beige et de dalles d'acajou s'accorde bien avec la façade du Mandalai Hotel juste en face, qui appartient à la même famille.

Depuis/vers Ko Pha-Ngan

Les prix et les heures de départ des ferrys changent constamment. Entre octobre et décembre, les liaisons sont suspendues quand la houle est trop forte. Méfiez-vous des agences de voyages de Bangkok qui vendent de faux billets 1re classe bateau/train ou bateau/bus. Si votre but est d'obtenir un visa (ou d'aller en Malaisie), vous pouvez acheter un billet spécial bateau/bus auprès du Backpacker's Information Centre (p. 229) – 1 150 B pour Penang (Butterworth), 1 850 B pour Kuala Lumpur et 1 850 B pour Singapour.

BANGKOK, HUA HIN ET CHUMPHON

Les compagnies Lomprayah et Seatran Discovery proposent des forfaits bus/bateau au départ de Bangkok via Chumphon. Il est aussi assez simple de prendre un train de Bangkok jusqu'à Chumphon et de continuer en ferry (c'est à peu près le même prix et le train est plus confortable si vous prenez une couchette). La liaison Ko Pha-Ngan-Bangkok (ou Hua Hin) par les ferrys de Lomprayah et de Seatran coûte 1 300 B – 850 B si l'on débarque à Chumphon. Par Songserm, elle est un peu moins rapide et moins confortable (850 B). Le bus d'État dessert également Bangkok (1 100 B ou 1 400 B pour le bus VIP). Pour des renseignements complémentaires sur le trajet via Chumphon, voir p. 201. Les passagers à destination de Bangkok peuvent choisir de descendre à Hua Hin.

KO SAMUI

Il existe une dizaine de liaisons quotidiennes entre Ko Pha-Ngan et Ko Samui (220-450 B). Les bateaux, qui mettent de 30 min à 1 heure, circulent tout au long de la journée, de 7h à 18h. Ils partent de Thong Sala ou de Hat Rin sur Ko Pha-Ngan et arrivent à Na Thon, à Mae Nam ou à Bang Rak sur Ko Samui. Si vous savez où vous voulez descendre, dites-le en achetant le billet.

Le ferry *Haad Rin Queen* relie Ko Samui à Hat Rin et à Big Buddha Beach (220 B) ; il quitte l'embarcadère de Mae Nam à 12h, et remonte la côte est de Ko Pha-Ngan en s'arrêtant à Hat Thian, à Than Sadet et à Thong Nai Pan. Dans l'autre sens, il part de Thong Nai Pan à 9h.

SUD-OUEST DU GOLFE DE THAÏLANDE

Aucun ferry ne transporte les véhicules entre Ko Pha-Ngan et Ko Samui. Les personnes en voiture devront repasser par le continent.

Lors de la rédaction de ce guide, la mise en place d'un service régulier par bateau rapide entre Ko Pha-Ngnan et Ko Samui était évoquée ; il réduirait la traversée à 15 min.

KO TAO

Les ferrys de Lomprayah pour Ko Tao (450 B) partent de Thong Sala sur Ko Pha-Ngan à 8h30 et 13h, pour arriver à 9h45 et 14h15. Les ferrys Seatran (450 B) quittent chaque jour Thong Sala à 8h30 et 14h. De Hat Rin, des taxis partent pour Thong Sala 1 heure avant le départ du bateau. Le ferry de Songserm (350 B) démarre de Ko Pha-Ngan à 12h30 et arrive à 14h30.

SURAT THANI ET LA CÔTE D'ANDAMAN

On peut acheter un billet combinant le bateau et le bus dans toutes les agences de voyages ; il suffit de préciser sa destination, l'agence faisant le reste. Pour se rendre sur la côte d'Andaman, la plupart des voyageurs passent par Surat Thani. Les ferrys Raja Car Ferry, Songserm et Seatran assurent 6 liaisons/jour entre Ko Pha-Ngan et Krabi (650 B), au départ de Thong Sala, entre 7h et 20h. Chaque nuit, selon la météo, un bateau part de Surat à 23h. Dans l'autre sens, les bateaux quittent Ko Pha-Ngan à 22h. Comptez environ 850 B pour la liaison taxi/bateau/bus de Hat Rin à Ko Lanta, 780 B pour Khao Lak, 1 050 B pour Ko Phi Phi, 1 000 B pour la province de Satun, et 2 050 B pour la petite île de Ko Lipe. Consultez le site du **Backpacker's Information Centre** (www.backpackersthailand.com) pour les horaires de départ vers d'autres destinations de la côte d'Andaman.

Comment circuler

Reportez-vous p. 230 pour connaître les dangers liés aux deux-roues. Il est possible de louer une moto partout sur l'île (150-250 B/jour). Ne démarrez jamais sans avoir mis un casque. La loi l'exige à Ko Pha-Ngan et les policiers commencent à la faire respecter. Si vous envisagez d'emprunter les chemins de terre, louez absolument une moto dans le genre de la Honda MTX125 (les scooters sans vitesses ne sauraient convenir). Nous vous déconseillons de louer un vélo, sauf si vous grimpez les cols du Tour de France sans problème. Prévoyez 1 200 B/jour pour louer une voiture.

Certaines plages ne sont accessibles que par la mer. C'est le cas de Bottle Beach et de plusieurs tronçons de la côte est. Si vous trouvez des sentiers, n'oubliez pas qu'ils sont probablement envahis par la végétation et que les suivre sans guide est imprudent.

Les minibus et les *sŏrng·tăa·ou* sillonnent les routes principales de l'île. Les prix doublent après le coucher du soleil. Demandez à la réception de votre hébergement s'il offre un transfert gratuit quand vous quittez l'île. La course entre Thong Sala et Hat Rin coûte 100 B – 150 B pour les plages plus éloignées.

Des *long-tail boats* partent de Thong Sala, de Chalok Lam et de Hat Rin, et vont jusqu'à Hat Khuat (Bottle Beach) et à Ao Thong Nai Pan. Un trajet court coûte 50 B ; prévoyez jusqu'à 300 B pour les plus longs. Si vous affrétez un bateau pour caboter de plage en plage, comptez environ 150 B pour 15 min.

KO TAO

เกาะเต่า

1 382 habitants

Dans le golfe de Thaïlande, il y a d'abord eu Ko Samui, puis Ko Pha-Ngan. Aujourd'hui, c'est à Ko Tao et à ses eaux turquoise que l'on rend un véritable culte. Des milliers de visiteurs tombent sous le charme, certains n'en repartant jamais. Mais quelle est donc la raison d'un tel engouement ? C'est simple : Ko Tao n'a beau mesurer que 21 km², elle offre de quoi satisfaire tous les goûts, sans modération. Les passionnés de plongée s'amusent dans son éblouissant terrain de jeux corallien avec les requins et les raies. Les randonneurs et les ermites en puissance se transforment en Robinson dans les jungles de la côte. Et, quand la solitude pèse, on rejoint la fête qui fait rage jusqu'au petit matin dans les bars.

Des années ont passé depuis que les premiers voyageurs ont abordé cette île sauvage, où ils plantèrent le drapeau au nom de tous les voyageurs indépendants qui se respectent. Mais ne vous inquiétez pas. Il n'est pas trop tard pour rejoindre la tribu. Ko Tao a encore de belles années devant elle avant que les multinationales de l'hôtellerie viennent raser les huttes et que les visiteurs commencent à parler des actions en Bourse plutôt que des créatures rencontrées lors de leur dernière plongée.

Orientation

"Le Rocher", comme on l'appelle, est beaucoup plus petit que les îles voisines de Ko

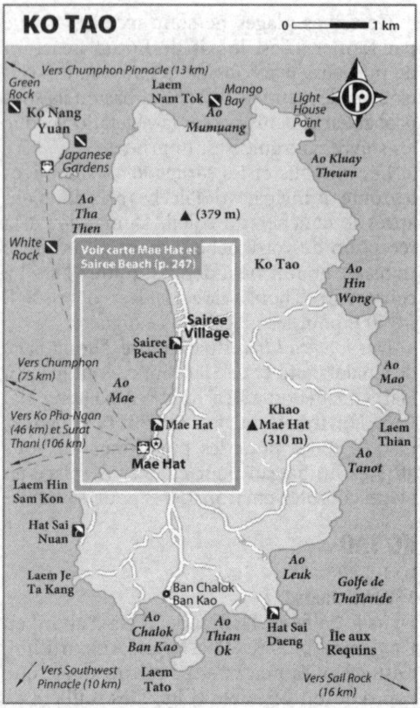

Pha-Ngan et de Ko Samui, mais pareillement parsemé de collines ondoyantes couvertes de jungle et de belles plages sablonneuses. Les ferrys appareillent à Mae Hat, sur la côte ouest, un port qui fournit aux touristes tout ce dont ils ont besoin : agences de voyages, hébergements, spécialistes de la plongée, restaurants, cybercafés et loueurs de motos.

L'agglomération la plus importante est Sairee Beach (appelée parfois Hat Sai Ri), à 2 km en remontant la côte, qui offre les mêmes commodités que Mae Hat, à plus grande échelle. Puis vient Chalok Ban Kao, sur la côte boueuse du sud.

Comparées à l'animation qui règne sur la côte ouest, les côtes est et nord sont encore très sauvages, avec leurs quelques petits villages de bungalows dans chaque baie. Une route goudronnée relie la côte ouest à Tanote Bay (Ao Tanot), la baie la plus fréquentée du côté est. Pour circuler sur les autres routes défoncées, un 4x4 est nécessaire.

Le seul site historique digne d'intérêt de l'île est un gros rocher portant les initiales du roi Rama V, souvenir de sa visite de 1899.

Renseignements

ACCÈS INTERNET

Comptez en général 2 B/min, avec un minimum de 20 B et une réduction au-delà de 1 heure. Certains sites donnant des renseignements touristiques ne s'ouvrent pas dans les cybercafés affiliés à des agences de voyages, qui en bloquent l'accès. Si vous voyagez avec votre ordinateur, les centres de plongée importants ont une connexion Wi-Fi.

ARGENT

Tous les 7-Eleven de l'île ont un DAB qui fonctionne 24h/24. D'autres distributeurs sont installés près des quais du ferry à Mae Hat. On trouve aussi un guichet de change à l'embarcadère de Mae Hat, et un autre près de Choppers à Sairee. Plusieurs banques sont ouvertes de 9h à 16h en semaine, près de la poste de Mae Hat, au bout de la ville, au bord de la route principale de l'île. Presque toutes les écoles de plongée acceptent les cartes de crédit, avec des frais sur la transaction s'élevant de 3 à 4%.

LAVERIES

Après quelques plongées, on a souvent envie de nettoyer sa combinaison. Les complexes hôteliers et quelques restaurants proposent un service de blanchisserie (40 B/kg). Demandez à votre moniteur où il fait nettoyer ses affaires pour éviter de choisir un endroit où certains articles tendent à se perdre.

MÉDIAS

La publication intitulée *Koh Tao Info* donne la liste de nombreuses entreprises de l'île et des indications sur l'histoire, la culture et les questions de société. *Sabai Jai*, titre plus récent au format de poche, est dédié aux questions d'environnement.

OFFICE DU TOURISME

La TAT ne possède pas de bureau sur Ko Tao. La plupart des centres de plongée et toutes les agences de voyages locales vous aideront à réserver transports et hébergements, moyennant une petite commission.

POSTE

Poste (carte p. 247 ; ☎ 0 7745 6170 ; 9h-17h lun-ven, 9h-12h sam). À 10-15 min à pied de la jetée, à l'angle de la rue principale de Ko Tao en direction de l'intérieur de l'île et du "Mae Hat Boulevard".

SERVICES MÉDICAUX

Les plongeurs doivent signer une décharge pour pouvoir explorer les fonds sous-marins. Si vous avez le moindre problème de santé susceptible d'entraîner des difficultés sous l'eau (même un asthme léger), il vous faudra un certificat médical. Si vous n'êtes pas sûr d'être en condition pour plonger, il vaut mieux consulter un médecin avant de partir, car il n'y a pas d'hôpital sur l'île et les docteurs sont rares. Vérifiez aussi que votre assurance vous couvre pour la plongée. Il existe plusieurs cliniques et mini-hôpitaux entre Mae Hat et Sairee, où l'on peut "consulter" (vraiment entre guillemets) pour 300 B. Pour les problèmes graves, il est préférable d'aller à Ko Samui. Si vous plongez, demandez à votre centre de vous indiquer le service médical le plus fiable.

Diver's Safety Support (centre de secours ; carte p. 247 ; ☎ 08 1083 0533 ; kohtao@sssnetwork.com ; Mae Hat ; ⌚ appels 24h/24) possède un caisson hyperbare de premiers secours et procède à des évacuations.

SITES INTERNET

Koh Tao.com (www.kohtao.com). Nombreuses informations pratiques, dont les horaires de ferry.

Koh Tao Community (www.kohtao-community.com). Forum offrant des renseignements d'ordre général sur l'île.

Koh Tao Online (www.kohtaoonline.com). Version en ligne de la brochure *Koh Tao Info*.

URGENCES

Police (carte p. 247 ; ☎ 0 7745 6631). Entre Mae Hat et Sairee Beach, sur le tronçon de route plein d'ornières qui longe la côte.

Désagréments et dangers

Rien de plus frustrant que de devoir renoncer à un cours de plongée parce qu'on vient de s'écorcher les genoux en tombant de moto. En dehors de la voie entre Sairee Beach et Chalok Ban Kao, les routes sont très mauvaises sur Ko Tao. Les mobylettes et les motos sont certes pratiques pour se déplacer, mais si vous n'êtes pas un pilote confirmé, ce n'est vraiment pas l'endroit pour vous y essayer. L'île est un véritable parcours de cross, avec des collines qui surgissent soudain juste devant vous, des tas de sable et des passages gravillonnés. Et même les plus chanceux qui s'en sortent indemnes peuvent être la proie d'arnaqueurs qui leur demandent des frais exorbitants en liquide en prétextant des dégâts matériels quand ils rendent l'engin loué.

Comme les autres îles de Thaïlande qui connaissent une croissance rapide du tourisme, Ko Tao a vu l'arrivée de cabarets louches et du commerce du corps, et le développement des activités liées aux stupéfiants et des vols. Mettez votre portefeuille en sûreté, surtout avant de partir sur un bateau de plongée. Des travestis se prostituent maintenant sur l'artère principale de Sairee Beach.

Les voyageurs doivent aussi savoir que la dengue transmise par les moustiques (et une autre fièvre moins grave) représente une menace réelle et sérieuse – nous en avons fait les frais lors d'un récent voyage. Le virus se propage rapidement en raison de la densité de la population dans les zones touristiques et de la petite taille de l'île. Reportez-vous p. 445 pour plus de détails.

À voir

Les **plages** de Ko Tao valent le détour. Les couchers du soleil de Sairee Beach sont flamboyants. Toutefois, pour dénicher l'anse secrète dont vous rêviez, vous devrez traverser la jungle et gagner les côtes est et nord, plus sauvages. Prenez la piste qui part de Sairee vers l'est jusqu'à la montée de **Hin Wong**, magnifique anse arrondie. Vous n'y trouverez pas de plage, mais l'eau, d'une transparence incroyable, permet d'observer les immenses bancs de sardines si sombres qu'on croit d'abord apercevoir une marée noire en les voyant évoluer. Des centaines d'épais cocotiers s'inclinent vers l'anse comme s'ils voulaient s'y abreuver. Ponctuée de rochers, la baie d'**Ao Tanot** (Tanote Bay) mêle comme par magie la jungle et la mer, quoiqu'elle soit un peu plus développée. **Ao Leuk**, plus au sud, offre sa paix aux visiteurs. **Ao Thian Ok** (Shark Bay, baie des Requins) est aussi magnifique mais porte un nom trompeur : les requins ne fréquentent pas la baie !

À la pointe nord, **Ao Mamuang** (Mango Bay, la baie des Mangues) est un délice pour les plongeurs novices. Elle n'est pas profonde et il fait bon y nager. Le paysage de forêt où pointent les toits de rares bungalows constitue une merveilleuse toile de fond du plus beau vert qui soit. Quand il fait beau, l'endroit est accessible en *sŏrng·tăa·ou* ou en bateau-taxi.

Au large de la côte nord-ouest de l'île, les trois cônes spectaculaires de **Ko Nang Yuan** sont reliés par une remarquable langue de sable beige. Les ferrys partant de Mae Hat et les bateaux-taxis du nord de Sairee s'arrêtent régulièrement sur Ko Nang Yuan. Vous devrez acquitter un droit d'accès de 100 B pour aller sur l'île.

À faire

PLONGÉE

Vous n'avez jamais plongé ? Ko Tao est l'endroit rêvé pour débuter. Plus de brevets y sont décernés que n'importe où dans le monde. Les baies peu profondes qui festonnent l'île sont idéales pour une première plongée. Sur le littoral, plus de 40 écoles sont prêtes à vous équiper et à vous initier au cours d'un stage de 3 jours et demi, qui se terminera par l'obtention du brevet Open Water. Oui, vous êtes en vacances et cela demande un effort… Mais sachez que la compétition est si acharnée entre les centres de plongée que vous n'obtiendrez jamais des brevets à un prix si bas ailleurs. De plus, la concurrence pousse aussi à des niveaux de qualité très élevés.

Compte tenu du nombre de superbes récifs, de la transparence et de la douceur de l'eau (à température de votre bain), il n'est pas surprenant que ce véritable terrain de jeu sous-marin soit très réputé auprès des débutants. Les meilleurs sites sont des pics sous-marins répartis dans un rayon de 20 km autour de l'île (voir p. 249), bien que les plongeurs avertis leur préfèrent souvent les fabuleux spots de la côte d'Andaman. La faune sous-marine compte des mérous, des murènes, des cochers, des barracudas, des balistes, des scalaires, des poissons-clowns, des raies pastenagues et des requins de récif, et il n'est pas rare de voir un puissant requin-baleine.

Les armées de rabatteurs qui attendent au débarcadère sur la jetée de Mae Hat tentent de vous amener à séjourner dans le centre qui les commissionne en vous promettant un prix spécial – certains vous abordant même dès la traversée. Comme il y a plus de 40 centres de plongée sur l'île, il vaut mieux arriver avec les noms de quelques bonnes écoles en tête. Si votre temps n'est pas compté, reposez-vous quelques jours sur l'île avant de décider. Vous rencontrerez certainement nombre de plongeurs et de moniteurs qui se feront un plaisir de vous conseiller. N'oubliez pas que le succès de votre expérience, surtout si vous débutez, va grandement dépendre de votre relation avec votre instructeur. Renseignez-vous sur le nombre de personnes dans les groupes, et vérifiez l'état du matériel et les conditions sur les sites que vous irez voir.

Les prix étant pour la plupart les mêmes sur toute l'île, il est inutile de faire le tour des écoles pour comparer. Le brevet Open Water de la **PADI** (www.padi.com) coûte 9 800 B ; celui de la **SSI** (www.ssithailand.com) un peu moins (9 000 B), car vous ne payez pas le matériel pédagogique qui est fourni. Le brevet avancé coûte 8 500 B, le cours de sauvetage 9 500 B et la formation d'instructeur 25 000 B. Les plongées "loisir" sont à 1 000 B par descente, ou 7 000 B les 10. Les prix comprennent le matériel, le bateau, les services de l'instructeur/guide et un en-cas. Les plongeurs ayant leur propre matériel bénéficient généralement d'une réduction. Il vaut mieux se méfier des centres offrant des rabais trop importants. Ne jouez pas avec la sécurité. Si l'offre est trop alléchante, c'est probablement parce que le centre fait des économies qui peuvent vous coûter cher.

La plupart des centres de plongée fonctionnent avec des villages proposant un hébergement peu onéreux, voire gratuit. Il y a beaucoup de monde et souvent pas un lit de libre en décembre, janvier, juin, juillet et août. Tous les mois après la pleine lune, les fêtards d'hier venus de Ko Pha-Ngan, tout proche, affluent pour découvrir d'autres sensations. Si vous voulez venir vous désintoxiquer par la plongée, achetez votre billet de ferry avant le début des festivités, car les bateaux se remplissent vite.

Voici une liste de centres sérieux sur l'île, soutenant activement le programme Save Koh Tao (p. 250).

Ban's Diving School (carte p. 247 ; ☎ 0 7745 6466 ; www.amazingkohtao.com ; Sairee Beach). Entreprise aux rouages bien huilés qui ne cesse de grandir. Ban délivre probablement le plus grand nombre de brevets par an dans le monde et sa rénovation récente en a fait un centre cinq étoiles. Pour les cours théoriques, les participants sont souvent nombreux, mais chacun bénéficie d'un suivi raisonnablement personnalisé sous l'eau. Les instructeurs venant du monde entier, il y en a sûrement qui parlent français. Le village de vacances associé a la cote parmi les fêtards (voir p. 251).

Big Blue Diving (carte p. 247 ; ☎ 0 7745 6415 ; 0 7745 6772 ; www.bigbluediving.com ; Sairee Beach). Cette école, d'une taille moyenne idéale, s'est fait une bonne réputation grâce à son ambiance conviviale et à sa grande qualité. Les plongeurs peuvent trouver un logement à prix modique dans le complexe (p. 251).

Buddha View (☎ 0 7745 6074 ; www.buddhaview-diving.com ; Chalok Ban Kao). Autre gros centre de Ko Tao, Buddha View propose des stages de formation au tarif habituel et des stages plus pointus pour les descentes

MAE HAT ET SAIREE BEACH

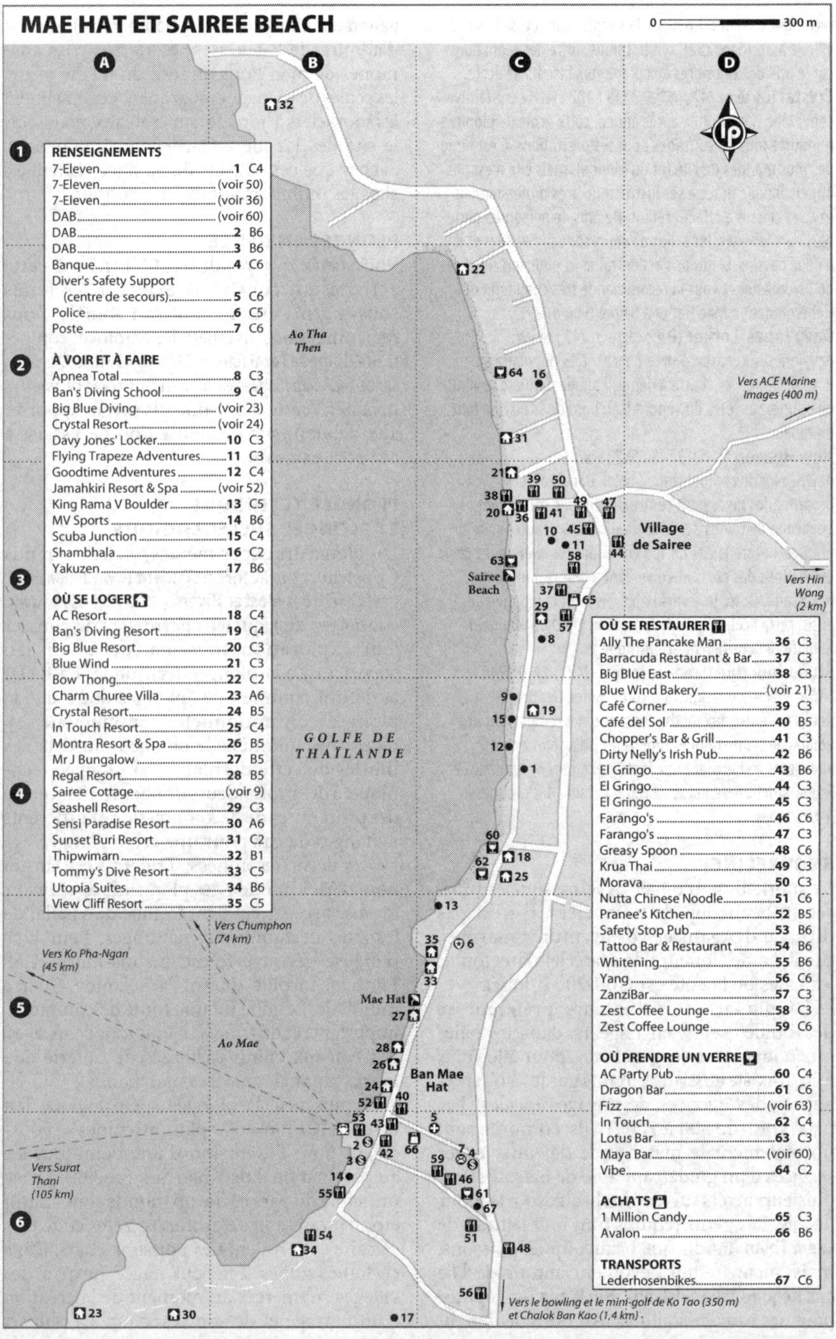

techniques allant au-delà de la simple plongée de loisir. Le village associé (p. 252), sympathique, offre des réductions sur le prix des chambres aux plongeurs inscrits à l'école.

Crystal (carte p. 247 ; ☎ 0 7745 6107 ; www.crystaldive.com ; Mae Hat). Année après année, cette école de plongée remporte tous les suffrages pour ses prestations. C'est l'une des plus grandes de l'île (et du monde), mais elle n'est pas impersonnelle grâce à ses instructeurs très professionnels et à ses classes à effectif réduit. De plus, le personnel parle plusieurs langues, les salles de cours sont climatisées et il y a deux bassins. L'auteur s'est entraîné ici pour son certificat de Divemaster et vous la recommande très chaudement ! Hébergement à Mae Hat et à Sairee (voir p. 251).

Davy Jones' Locker (DJL ; carte p. 247 ; www.davyjoneslocker.asia ; Sairee Beach). Très populaire au nord de Sairee, ce centre a depuis l'année dernière le vent en poupe. Ses fêtes du vendredi au bord de la piscine font un tabac.

New Heaven (☎ 0 7745 6587 ; www.newheavendiveschool.com ; Chalok Ban Kao). Les propriétaires de ce petit centre de plongée consacrent beaucoup de temps à la préservation des beautés sous-marines naturelles de Ko Tao en faisant régulièrement des inspections des récifs et en veillant à leur restauration, si nécessaire. Outre les cours habituels pour la plongée de loisir, cette école offre une formation CPAD de plongeurs habilités à la recherche scientifique.

Scuba Junction (Scuba J ; carte p. 247 ; ☎ 0 7745 6164 ; www.scuba-junction.com ; Sairee Beach). Un nouveau centre aux méthodes modernes, employant une équipe de sympathiques moniteurs qu'apprécient les voyageurs recherchant une instruction plus personnalisée. Scuba Junction s'engage à limiter la taille des groupes à 4 personnes.

SNORKELING

Le snorkeling, plongée avec masque et tuba, séduit beaucoup de vacanciers. Il n'est pas difficile d'organiser vos aventures marines, car il y a des loueurs de matériel dans toutes les baies de la côte est (100-200 B/jour).

La plupart des amateurs préfèrent se débrouiller seuls, en nageant dans les baies ou en louant un *long-tail boat* pour aller plus loin. Il existe aussi des circuits guidés à réserver auprès des agences de voyages locales. Les prix vont de 500 à 700 B (ils comprennent normalement le matériel, le déjeuner et les services d'un guide/capitaine de bateau), avec plusieurs arrêts sur les plus beaux spots autour de l'île. Les petits requins font tout l'attrait de **Laem Thian**, tandis que beaucoup de poissons, mais aucun requin, évoluent autour de l'**île aux Requins (Shark Island)**. **Hin Wong** est réputée pour ses eaux cristallines. Au nord, le lieu dit **panorama du phare (Light House Point)** permet d'admirer le kaléidoscope offert par les anémones de mer. Pour un tarif du même ordre, les écoles de plongée embarquent généralement les snorkelers à bord de leurs bateaux, mais seuls le site des Japanese Gardens est intéressant. Sachez que ces bateaux de plongée visitent les sites les moins profonds l'après-midi.

PLONGÉE EN APNÉE

Pour ceux qui voudraient s'initier à cette activité qui consiste à explorer les fonds sous-marins en retenant son souffle, nous recommandons vivement les employés compétents d'**Apnea Total** (carte p. 247 ; ☎ 08 7183 2321 ; www.apnea-total.com ; Sairee Beach), qui ont reçu plusieurs prix dans cette discipline. Ils savent apporter aux débutants la décontraction nécessaire à ce sport exigeant.

PLONGÉE TECHNIQUE ET PLONGÉE SPÉLÉOLOGIQUE

Les plongeurs expérimentés, ou les apprentis Cousteau, contacteront **Trident** (www.techthailand.com), affilié à **Master Divers** (☎ 0 7745 6314 ; www.master-divers.com), qui leur permettra de pousser leur exploration sous-marine au niveau supérieur de la plongée technique. La PADI la définit comme une "plongée autre que la plongée conventionnelle commerciale, ou récréative, qui mène le plongeur au-delà des limites de cette dernière". La plongée technique, à des profondeurs de plus de 40 m, exige des procédures de décompression et différents mélanges de gaz pour une seule plongée.

Ces dernières années, Trident s'est fait un nom dans le monde des plongeurs après avoir localisé avec succès dans le golfe de Thaïlande les sites de nombreux naufrages. Leur plus fameuse découverte est le sous-marin USS *Lagarto*, torpillé durant la Seconde Guerre mondiale. Le golfe fut une route de commerce importante et on trouve chaque jour des épaves, des bateaux chinois chargés de poterie aux *marus* japonais (navires marchands).

Depuis peu, la plongée spéléologique fait fureur à Ko Tao, et les plus intrépides se bousculent pour l'excursion d'une demi-journée au parc national de Khao Sok (p. 292). Le lac principal du parc cache un monde sous-marin étonnant, rempli de grottes secrètes et de pics calcaires, où rôdent des poissons-chats. Dans certaines zones, on peut nager jusqu'à des villages submergés au moment de la création d'un barrage et de son réservoir. La plupart

LES MEILLEURS SITES DE PLONGÉE

En général, ce ne sont pas les plongeurs qui décident du site. Chaque école de plongée choisit quelques sites pour la journée, en fonction du temps et de l'état de la mer. Les plongées en eau profonde dans des sites tels que Chumphon Pinnacle ont toujours lieu le matin. L'après-midi, les bateaux se rendent sur des sites moins profonds comme les Japanese Gardens. Pour une plongée exceptionnelle à la recherche des requins-baleines de Sail Rock, il faut se joindre à un circuit partant chaque jour de Ko Pha-Ngan.

- **Chumphon Pinnacle** (profondeur maximale 36 m). À 13 km à l'ouest de Ko Tao, la base de ces quatre pics est tapissée d'anémones de mer colorées. Des bancs de carangues géantes, de thons et de gros requins des récifs évoluent ici. Des requins-baleines y font quelques apparitions.
- **Green Rock** (profondeur maximale 25 m). Véritable gymnase sous-marin, ces grottes et cavités communiquent par des passages étroits. Des raies, des mérous et des balistes fréquentent ces eaux, idéales pour la plongée de nuit.
- **Japanese Gardens** (profondeur maximale 12 m). Entre Ko Tao et Ko Nang Yuan, un site facile parfait pour les débutants. Les coraux sont éblouissants et l'on peut observer des tortues, des raies et des tétrodons.
- **Mango Bay** (profondeur maximale 16 m). Ce sera peut-être votre site pour une première plongée. Des poissons de récifs évoluent tranquillement entre les débutants qui s'exercent sur le fond sableux.
- **Sail Rock** (profondeur maximale 34 m). Proche de Ko Pha-Ngan, ce site se distingue par son imposante cheminée dotée d'un passage vertical. On y découvre d'énormes poissons pélagiques tels que les barracudas et les thazards. C'est aussi le meilleur site pour observer des requins-baleines en Asie du Sud-Est.
- **Southwest Pinnacle** (profondeur maximale 33 m). Sa petite série de pics est le royaume d'énormes mérous et barracudas que visitent parfois des requins-baleines et des requins-léopards.
- **White Rock** (profondeur maximale 29 m). Cet autre site prisé pour la plongée de nuit offre des coraux colorés peuplés de poissons-anges, de poissons-clowns et de balistes territoriaux.

des circuits partent de Ko Tao avec le bateau de l'après-midi et reviennent par le bateau de l'après-midi du lendemain. On peut passer la nuit dans le parc ou à proximité.

Un samedi, passez à Buddha View (p. 246) pour une présentation gratuite sur la plongée technique, ou prenez la mer le mercredi avec l'équipe de Trident pour une plongée sur un site de naufrage. Si vous ne plongez pas avec Buddha View ou Master Divers, votre propre école de plongée peut organiser de telles sorties.

PHOTOGRAPHIE ET VIDÉO SOUS-MARINES

Si vous possédez déjà de nombreux brevets PADI, pourquoi ne pas essayer la photographie sous-marine ? Vous pouvez louer un appareil et même suivre des cours. Beaucoup d'écoles de plongée engagent des vidéastes professionnels pour filmer leurs clients lors de l'obtention de leur brevet Open Water. Vous pourrez, après un stage de formation, devenir l'un d'eux et gagner ainsi un peu d'argent. Votre organisateur de plongée peut vous mettre en contact avec plusieurs équipes de vidéastes sur l'île. Nous recommandons **ACE Marine Images** (☎ 0 7745 7054 ; www.acemarineimages.com ; Sairee Beach), l'un des plus gros producteurs de films dans le domaine en Thaïlande. Leur stage interactif de 8 plongées (30 000 B) comprend un brevet de plongeur indépendant et des cours particuliers dans le studio de montage. **Deep Down Productions** (☎ 08 7133 4102 ; www.deepdown-productions.com) et **Oceans Below** (☎ 08 6060 1863 ; www.oceansbelow.net) proposent des cours et des stages un peu moins chers.

AUTRES SPORTS NAUTIQUES

Si la plongée ne vous attire pas, des activités tout aussi passionnantes sont à faire en surface.

Nombre d'écoles de plongée, dont Buddha View (p. 246) et **Black Tip Divers** (☎ 0 7745 6204 ; www.black-tip.com ; Chalok Ban Kao), proposent du kitesurf et de la voile. La sympathique équipe de **MV Sports** (☎ 0 7745 6065), à Mae Hat, se fera un plaisir de vous tracter avec un hors-bord sur, au choix, des skis, un wakeboard ou, pourquoi pas, une combinaison de sumo gonflable.

SPAS

À trop regarder les requins, on a mal au dos. Alors laissez-vous chouchouter. Sachez toutefois que le massage peut être dangereux juste après une plongée, car il entraîne la propagation des résidus de nitrogène dans le corps.

Jamahkiri Resort & Spa (carte p. 247 ; ☎ 0 7745 6400/1 ; www.jamahkiri.com), au sommet d'un haut pic de la côte est, propose des enveloppements à l'*aloe vera* (idéal pour les coups de soleil), des massages et des soins du visage. Appelez pour une navette gratuite ou présentez-vous directement à leur comptoir en bois proche de la jetée de Mae Hat.

Yakuzen (☎ 0 7745 6229, 08 4837 3385 ; Mae Hat ; 🕑 17h-22h jeu-mar). Ces bains japonais offrent une autre forme de relaxation à Mae Hat (1 heure, 700 B).

YOGA

L'unique espace pour pratiquer le yoga sur Ko Tao est **Shambhala** (carte p. 247 ; ☎ 08 4440 6755), un très beau *săh·lah* en bois dans la propriété sylvestre de Blue Wind, sur Sairee Beach. Les cours de 2 heures, menés par Kester (un énergique yogi), coûtent 300 B.

AUTRES ACTIVITÉS

Bien que la plupart des activités sur Ko Tao soient tournées vers la mer, la chaleureuse équipe de **Goodtime Adventures** (carte p. 247 ; ☎ 08 7275 3604 ; www.gtadventures.com ; Sairee Beach, 🕑 12h-tard) propose une vaste gamme d'activités sur terre qui font monter l'adrénaline : randonnée dans la jungle intérieure, varappe sur les pitons rocheux (1 000 B), escalade et descente en rappel (2 000 B), ou saut vertigineux à partir d'une falaise.

La nouvelle folie à Ko Tao est le trapèze avec le très populaire **Flying Trapeze Adventures** (FTA ; carte p. 247 ; ☎ 08 0696 9269 ; www.flyingtrapezeadventures.com ; Sairee Beach ; 🕑 14h-22h). Découvrez si vous êtes un bon porteur durant une leçon de groupe (950 B ; réduction pour plusieurs leçons). Tous les cours sont filmés (DVD, 550 B). Si vous êtes en groupe, réservez par e-mail, sinon par téléphone. Les participants doivent avoir au moins 6 ans. Pour un aperçu, regardez "trapeze ko tao" sur YouTube.

Ko Tao Bowling & Mini Golf (☎ 0 7745 6316 ; 🕑 12h-24h), sur la grande route entre Mae Hat et Chalok Ban, compte plusieurs pistes artisanales où les employés remettent les quilles en place après chaque tir (300 B/heure). Le minigolf vous fait faire le tour du monde en 18 trous – vous mettrez vos balles dans Stonehenge ou leur ferez traverser le Golden Gate.

Bénévolat

L'association **Save Koh Tao** (0 7745 7045 ; www.marineconservationkohtao.com), créée par l'école de plongée New Heaven, a pour objectif de préserver la nature de l'île et de promouvoir un tourisme responsable. Il n'existe pas de programme de bénévolat défini, mais des actions sur terre et sur mer requièrent toujours de l'aide. Save Koh Tao mène plusieurs projets à grande échelle, dont Biorock – construction d'un récif artificiel au large du promontoire situé à l'extrémité nord de Sairee Beach.

Secret Garden (www.secretgarden-kohtao.com) offre des opportunités de travail aux voyageurs qui s'intéressent aux programmes de préservation ou d'éducation. Les premiers comprennent le nettoyage des plages, la prévention de l'érosion et la protection du milieu marin. Le site vous renseignera sur le bénévolat.

Régulièrement, le **nettoyage des plages** attire un grand nombre de volontaires. Contactez Crystal (p. 248) à Mae Hat, Big Blue (p. 246) à Sairee Beach, New Heaven (p. 248) à Chalok Ban Kao et Black Tip (p. 250) à Tanote Bay.

Reportez-vous p. 407 pour plus d'informations sur le bénévolat en Thaïlande.

Où se loger

Si vous venez plonger sur Ko Tao, l'école de votre choix vous fera obtenir une substantielle remise sur l'hébergement, pourvu que vous alliez dans un établissement avec lequel elle travaille. Certaines écoles gèrent leur propre village de bungalows. Vous n'aurez droit à la remise promise que les jours où vous plongez. Donc si vous prenez un forfait et décidez de ne pas plonger une journée, vous paierez plein tarif pour cette nuit-là. Il est important de bien dormir entre deux descentes, aussi demandez à voir les chambres ou le bungalow avant de vous engager. Certains sont très délabrés.

De nombreux hébergements sont entièrement indépendants de la plongée. Les anses retirées du littoral est de Ko Tao recèlent de charmantes retraites qui permettent de se couper du monde. D'ailleurs, elles ne sont pas faciles d'accès, en raison de l'état des routes. Il est préférable de s'organiser pour qu'on vienne vous chercher en bateau sur la jetée.

Sachez que Ko Tao n'est pas Ko Samui. La norme n'est pas aux cinq étoiles et au service impeccable… Du moins pas encore.

SAIREE BEACH

Sairee est la portion de l'île la plus développée. Centres de plongée, bungalows, agences de voyages, supérettes et cybercafés s'y étendent sur une longue bande littorale. La route étroite pavée de briques jaunes longe la plage (attention aux deux-roues).

Blue Wind (carte p. 247 ; 0 7745 6116, 0 7745 6015 ; bluewind_wa@yahoo.com ; bung 300-900 B ;). Caché parmi les hébergements somptueux, le Blue Wind change agréablement des complexes de Sairee Beach uniquement tournés vers la plongée. Les huttes en bambou ponctuent un sentier derrière la boulangerie de la plage. Il y a aussi de beaux bungalows carrelés et climatisés, avec TV et douche chaude.

Big Blue Resort (carte p. 247 ; 0 7745 6050 ; www.bigbluediving.com ; ch 400-1 000 B ;). Ce village entièrement tourné vers la plongée a de faux airs de camp de vacances pour adolescents. Tout le monde est sous l'eau dans la journée et mange ensemble le soir en regardant des jongleurs faire tournoyer leurs bolas enflammés. Ni les bungalows avec ventilateur ni les chambres climatisées n'ont de vue.

Sairee Cottage (carte p. 247 ; 0 7745 6126, 0 7745 6374 ; saireecottage@hotmail.com ; bung 400-1 500 B ;). Des bungalows climatisés peints dans toutes les couleurs de fuchsia. Les prix sont si bas qu'il faut arriver tôt pour s'assurer une maisonnette en brique avec vue sur une petite colline.

AC Resort (carte p. 247 ; 0 7745 6197 ; www.phoenix-divers.com ; bung à partir de 400 B ;). Un grand panneau à moitié caché par une chute artificielle accueille les estivants au village de la fête. Vieilles paillotes pour les voyageurs purs et durs, et maisonnettes climatisées avec des lits énormes et des sdb minuscules. Les plongeurs bénéficient d'une remise de 30 à 40% en fonction de la durée du séjour.

Ban's Diving Resort (carte p. 247 ; 0 7745 6466, 0 7745 6061 ; www.amazingkohtao.com ; ch à partir de 400 B ;). Axé sur la plongée et la fête, ce village décline toutes les catégories d'hébergement, de la hutte à la belle villa à flanc de colline. On se remet des émotions des plongées sur la superbe plage privée ou autour des 2 piscines dans ce qui reste de jungle entre deux constructions aux faux airs de motel. Les soirées s'écoulent au Fish Bowl, entre cuisine internationale et boissons variées.

Seashell Resort (carte p. 247 ; 0 7745 6299 ; www.seashell-resort.com ; bung 450-3 800 B ;). On voit l'océan depuis le porche de certains bungalows – chose exceptionnelle à Sairee –, tandis que les autres occupent un beau jardin coloré planté de palmiers. Ouvert à tous, plongeurs ou non.

In Touch Resort (carte p. 247 ; 0 7745 6514 ; bung 500-1 200 B ;). Des bungalows mêlant le bambou et le bois sombre, et des chambres climatisées de forme ronde, sur le thème des cavernes.

Bow Thong (carte p. 247 ; 0 7745 6266 ; bung à partir de 600 B ;). Dans le coin huppé au nord de la soyeuse Sairee Beach, Bow Thong propose des bungalows proches des vagues à des prix raisonnables. Affilié à aucune école de plongée.

Sunset Buri Resort (carte p. 247 ; 0 7745 6266 ; bung 700-2 500 B ;). Le long sentier menant à la plage est émaillé de très beaux bungalows blancs (aux toitures imitant celles des temples), éclairés par d'immenses fenêtres. La piscine et les transats disséminés dans le village remportent tous les suffrages.

Thipwimarn (carte p. 247 ; 0 7745 6409 ; www.thipwimarnresort.com ; bung à partir de 3 000 B ;). Au nord de Sairee et de l'effervescence qui y règne, ce village occupe un paisible domaine surplombant des eaux cristallines. Le restaurant circulaire offre une vue extraordinaire. D'attrayants bungalows reliés par des escaliers sont répartis à flanc de colline, entre rochers et verdure.

MAE HAT

Tous les ferrys accostent au débarcadère situé sur la jetée du village animé de Mae Hat. Les hébergements les plus sympathiques bordent la plage, dans les deux directions.

Au nord de la jetée

Mr J Bungalow (carte p. 247 ; 0 7745 6066, 0 7745 6349 ; bung 250-1 000 B). L'excentrique Mr J. tisse une toile philosophique autour de ses hôtes tout en veillant au confort de ses bungalows très corrects.

View Cliff Resort (carte p. 247 ; 0 7745 6353 ; www.viewcliff.com ; bung à partir de 400 B, ch 1 500 B ;). Une rangée de jolis bungalows à étage fait la liaison entre la rue étroite et la côte rocheuse. Les pelouses sont si impeccables qu'on se croirait sur un green, et les balcons arrondis invitent à contempler la mer turquoise.

Tommy's Dive Resort (carte p. 247 ; ☎ 0 7745 6039 ; bung 700-2 500 B). Les terrasses de ce motel dessinent des courbes en épousant la pente. Prenez le temps de visiter les chambres à 700 B d'où l'on aperçoit la mer – elles offrent ici le meilleur rapport qualité/prix. L'emplacement, entre Mae Hat et Sairee, est un plus.

Crystal Resort (carte p. 247 ; ☎ 0 7745 6107 ; www.crystaldive.com ; bung 800-1 500 B ;). Le Crystal donne la priorité à ses plongeurs, avec des bungalows et des chambres dont le prix baisse si vous vous inscrivez à un cours. On peut profiter de l'agréable piscine – quand elle n'est pas prise par une classe de plongeurs débutants.

Regal Resort (carte p. 247 ; ☎ 0 7745 6007 ; www.kohtaoregal.com ; ch à partir de 2 000 B ;). Au bord de la plage de Mae Hat, ce gigantesque hôtel abrite la plus belle piscine de l'île. Juste en retrait de la jetée, une option parfaite pour les voyageurs qui apprécient la climatisation et une belle vue sur l'océan depuis leur balcon.

Montra Resort & Spa (carte p. 247 ; ☎ 0 7745 7057 ; www.kohtaomontra.com ; ch à partir de 3 500 B ;). Planté depuis peu littéralement sur la jetée de Mae Hat, le Montra vous réserve toutes les commodités modernes d'une option haut de gamme. Comparée aux humbles bungalows voisins, la structure en impose.

Au sud de la jetée

Utopia Suites (carte p. 247 ; ☎ 0 7745 6729, 0 7745 6672 ; ch/ste à partir de 600/2 000 B, 1 mois à partir de 20 000 B). Dans le charmant village de pêcheurs, près de la jetée, ces appartements au bord de la plage sont parfaits pour les familles ou les petits groupes. Réductions pour les séjours prolongés.

Sensi Paradise Resort (carte p. 247 ; ☎ 0 7745 6244 ; www.sensiparadise.com ; bung 2 500-9 000 B ;). Les geckos sont un peu envahissants dans les sdb, mais si la communion avec la nature vous séduit, vous adorerez ces maisonnettes haut de gamme. La gentillesse des gardiens et le charme des *săh·lah* (salons ouverts sur les côtés) sont des plus.

Charm Churee Villa (carte p. 247 ; ☎ 0 7745 6393 ; www.charmchureevilla.com ; bung 3 200-12 200 B ;). De hauts palmiers dissimulent de somptueuses villas à la splendeur asiatique. Des escaliers taillés dans la roche descendent au milieu des arbres, révélant des huttes en teck aux côtés de rochers gris. Les villas jouissent d'une vue dégagée sur l'océan indigo ; charmant !

Les adresses suivantes se trouvent plus au sud, à un court trajet en taxi ou en bateau-taxi.

Sai Thong Resort (☎ 0 7745 6868 ; Hat Sai Nuan ; bung 300-2 500 B ;). Sai Thong se dresse sur le sable de Hat Sai Nuan. Là, des hamacs colorés sont tendus devant des bungalows en bois et en cloisons tissées, d'où l'on regarde les palmiers. Les pensionnaires profitent de la terrasse ensoleillée du restaurant, tout aussi apprécié par les habitants.

Tao Thong Villa (☎ 0 7745 6078 ; Ao Sai Nuan ; bung à partir de 500 B). Ceux qui recherchent un séjour tranquille apprécieront ces bungalows ordinaires à la vue… extraordinaire. Tao Thong est à cheval sur deux minuscules plages d'un cap découpé, à mi-chemin de Mae Hat et de Chalok Ban Kao. Parfait pour passer l'après-midi en ermite et faire trempette.

CHALOK BAN KAO

Ao Chalok, à 1,7 km au sud de Mae Hat, est le troisième centre touristique de Ko Tao. Il semble pourtant plus peuplé que Sairee et Mae Hat, car sa plage est plus petite. Celle-ci n'est d'ailleurs pas extraordinaire ; elle est souvent couverte de vase à marée basse.

Buddha View Dive Resort (☎ 0 7745 6074 ; www.buddhaview-diving.com ; ch 300-1 500 B ;). Comme les autres grandes écoles de plongée sur l'île, Buddha View offre des réductions à ses plongeurs et une ambiance conviviale. Pour un séjour prolongé, demandez à être logé au “Divers Village” de l'autre côté de la rue ; la chambre basique y est à 4 000 B/mois.

Tropicana (☎ 0 7745 6167 ; www.koh-tao-tropicana-resort.com ; ch à partir de 400 B). Le Tropicana a placé la barre très haut pour la catégorie petits budgets. Les chambres occupent des bâtiments bas, posés dans un jardin aux faux airs de campus. On aperçoit parfois l'océan entre les frondes en éventail des palmiers.

JP Resort (☎ 0 7745 6099 ; bung à partir de 400 B). Une bonne adresse pas chère, aux chambres colorées, sur une petite parcelle de jungle face à la mer, de l'autre côté de la rue. Les chambres ensoleillées ont des sols en lino pastel. Plusieurs sdb, carrelées, ont été refaites récemment.

Freedom Beach (☎ 0 7745 6596 ; bung 400-1 500 B ;). À la pointe est d'Ao Chalok, tranquille sur sa propre plage, le Freedom est un repaire de globe-trotters, qui propose une gamme d'hébergements en adéquation avec les humbles moyens de chacun. Les bungalows (de la cabane en bois à celle plus solide avec climatisation) relient le plaisant bar de plage au restaurant haut perché sur la falaise.

Viewpoint Resort (☎ 0 7745 6666 ; www.kohtao-viewpoint.com ; bung 800-1 300 B). Les maisonnettes sont simples, lumineuses et propres. Certaines donnent partiellement sur la mer, les autres étant installées dans un splendide jardin sur la colline, où les cigales berceront vos nuits.

Catégories moyenne et supérieure

New Heaven Resort (☎ 0 7745 6422 ; newheavenresort@yahoo.co.th ; ch et bung 1 200-3 900 B). Après Chalok Ban Kao, les cabanes colorées du New Heaven surplombent des eaux d'une transparence incroyable. Un raidillon taillé dans la pierre, le long de la paroi rocheuse broussailleuse, révèle une vue époustouflante.

Ko Tao Resort (☎ 0 7745 6133 ; www.kotaoresort.com ; ch et bung 1 600-3 000 B ;). L'établissement offre tout ce que l'on attend d'un village de vacances. Rien ne manque aux chambres, et du matériel est à disposition pour les sports nautiques. Les bars servent d'inoubliables cocktails fruités.

Chintakiri Resort (☎ 0 7745 6133 ; www.chintakiri.com ; ch et bung 2 900-4 000 B ;). Haut perché au-dessus du golfe et dominant Chalok Ban Kao, ce complexe hôtelier récent compte parmi les plus luxueux de Ko Tao – signe que l'île s'embourgeoise peu à peu. Les chambres aux murs blancs et bois laqués sont disséminées dans la jungle.

PLAGES DE LA CÔTE EST

La côte orientale, si sereine, est sans doute celle qui, dans la région, comblera le mieux vos désirs d'évasion. Les plages sont silencieuses et, comme par magie, on n'est jamais à plus de 10 min du confort de la civilisation. Les sites de cette côte sont répertoriés du nord au sud.

Hin Wong

Le sable cède ici la place aux rochers, baignés par des eaux cristallines. La route conduisant à Hin Wong est en partie goudronnée. Prudence en deux roues ! Entre les trous de sable et les côtes très raides, il est facile de faire une chute.

Hin Wong Bungalows (☎ 0 7745 6006, 08 1229 4810 ; bung à partir de 300 B). D'agréables huttes en bois sont dispersées sur un vaste terrain à la végétation tropicale exubérante. Un quai branlant part derrière le chaleureux restaurant et s'enfonce dans la baie lumineuse. Il fait bon s'asseoir sur les vieilles planches, les pieds dans l'océan, pour contempler les bancs de sardines noires dans les eaux d'un bleu céruléen.

View Rock (☎ 0 7745 6548/9 ; viewrock@hotmail.com ; bung 300-400 B). En arrivant à Hin Wong par la piste qui descend, suivez les panneaux qui mènent au nord (à gauche) de Hin Wong Bungalows. À View Rock, il y a la vue et les rochers ! Les cabanes en bois, qui évoquent un authentique village de pêcheurs, sont construites sur la paroi escarpée et permettent d'admirer la baie.

Laem Thian

Laem Thian est un joli cap, pourvu d'une étroite bande de sable.

Laem Thian (☎ 0 7745 6477 ; ch et bung 400-1 500 B ;). Dans une jungle foisonnante loin de toute civilisation, ce petit *resort* parsemé d'énormes rochers est la seule enseigne de Laem Thian. Les chambres récentes sont mieux que les bungalows – à condition de faire abstraction de la façade très laide. Les routes sont difficiles ; téléphonez pour qu'on vienne vous chercher.

Tanote Bay (Ao Tanot)

Tanote Bay, plus peuplée que d'autres criques de l'est, n'en reste pas moins paisible et très pittoresque. De ce côté, il s'agit de la seule baie accessible par une route correcte. Des taxis à prix réduit (environ 100 B) font la navette entre Tanote Bay et Mae Hat ; demandez à votre hébergement les horaires et les tarifs.

Poseidon (☎ 0 7745 6735 ; poseidonkohtao@hotmail.com ; bung à partir de 300 B). L'établissement perpétue la tradition des bungalows en bambou pour les budgets serrés, avec une dizaine de huttes éparpillées près de la plage.

Bamboo Huts (☎ 0 7745 6531 ; bung 300-500 B). D'autres bungalows bon marché, sur d'énormes rochers au milieu de Tanote Bay. Le restaurant convivial (plats thaïlandais et occidentaux) est un plus.

Diamond Beach (☎ 0 7745 6591 ; bung 300-1 100 B ;). Parmi les différents bungalows plantés à même le sable dans la baie, les plus simples sont très abordables.

Black Tip Dive Resort (☎ 0 7745 6488 ; www.blacktip-kohtao.com ; bung 600-2 800 B ;). Boutique spécialisée qui se double d'un centre de plongée et de sports nautiques, Black Tip gère aussi quelques très jolis bungalows en bois couverts de palmes. Le curieux édifice en pisé blanc orné de protubérances géométriques bizarres abrite l'école de plongée. Réduction de 50% sur le prix des chambres pour une inscription aux cours, et de 25% pour les plongeurs "ludiques".

Ao Leuk et Ao Thian Ok

Les pistes conduisant à Ao Leuk et à Ao Thian Ok sont pentues, défoncées et pleines d'ornières. Ne vous lancez pas en deux roues, à moins d'être un conducteur vraiment chevronné. Les deux baies sont d'une étonnante sérénité.

Ao Leuk Bungalows (☎ 0 7745 6692 ; bung 400-1 500 B). Ao Leuk décline toute la palette des hébergements, de la paillote délabrée aux logements récents adaptés à un séjour en famille. La nuit venue, les flammes des torches et le chant des cigales sont le son et lumière des lieux.

Jamahkiri Resort & Spa (☎ 0 7745 6400 ; www.jamahkiri.com ; bung 6 900-13 900 B). Des décors d'arabesques, des masques en bois, des statues de dieux à plusieurs bras et des singes qui hurlent dans le lointain… Le thème de la jungle est ici exploité à fond ! Les nombreux escaliers en pierre peuvent finir par devenir éprouvants, mais le luxueux spa de la propriété vous fera sans doute oublier la fatigue.

CÔTE NORD

Mango Bay, une baie rocheuse isolée, accueille une superbe adresse sur fond de lianes et de collines semées de rochers.

Mango Bay Grand Resort (☎ 0 7745 6097 ; www.mangobaygrandresortkohtaothailand.com ; bung 1 400-3 000 B ; ❄). De spacieuses villas d'acajou aux toits bordeaux, haut perchées sur leurs pilotis, dominant les blocs de roche grise qui entourent la baie ; et d'étroits sentiers bordés de mosaïques reliant les bungalows bien espacés, serpentant entre les buissons tropicaux.

KO NANG YUAN

Le petit village de Ko Nang Yuan est situé un peu en retrait de la côte de Ko Tao. Il est desservi par le catamaran Lomprayah, et par les bateaux-taxis qui partent de Mae Hat et de Sairee.

Ko Nangyuan Dive Resort (☎ 0 7745 6088, 0 7745 6093 ; www.nangyuan.com ; bung 1 500-7 000 B ; ❄). Bien que le droit d'accès de 100 B (auquel s'ajoutent 100 B pour le bateau-taxi dans chaque sens) soit un peu dissuasif, Nangyuan Dive Resort n'en reste pas moins un village plein de charme. Ses bungalows en bois et aluminium se répartissent sur les trois cônes des minuscules îlots reliés par une ravissante langue de sable beige. Le village se targue d'avoir le meilleur restaurant de l'île, mais n'oublions pas que c'est le seul…

Où se restaurer

La petite Ko Tao peine à concurrencer l'immense Samui dans le domaine de la table. Toutefois, la plupart des complexes et des centres de plongée ont un restaurant, et les indépendants se multiplient très rapidement à Sairee Beach et à Mae Hat. Les origines diverses des plongeurs ont donné naissance à une large offre culinaire – mexicaine, française, italienne, indienne, japonaise… Pour trouver la meilleure cuisine thaïlandaise de l'île, préférez les petits restaurants sans enseigne, au bord des routes.

SAIREE BEACH

Ally the Pancake Man (carte p. 247 ; crêpes à partir de 20-40 B ; 🕑 déj et dîner). Arrêtez-vous au 7-Eleven à côté du Big Blue Resort et vous trouverez Ally The Pancake Man, qui fait sauter ses délicieuses crêpes, idéales pour un petit creux – surtout la banane-chocolat.

Café Corner (carte p. 247 ; en-cas et plats 30-120 B ; 🕑 petit-déj et déj). Le pain au chocolat ne déshonorerait pas une pâtisserie parisienne. Les clients savourent leurs desserts, attablés à un comptoir en Inox devant un écran plasma dernier cri. Vers 17h, c'est le moment de venir faire ses provisions pour le petit-déjeuner du lendemain : tout est alors à moitié prix (les invendus sont jetés à la fermeture).

Blue Wind Bakery (carte p. 247 ; ☎ 0 7745 6116 ; plats 50-120 B ; 🕑 petit-déj, déj et dîner). Les meilleurs plats locaux, des desserts occidentaux et des jus de fruits frais vous attendent dans cette cabane de plage. Dégustez des *smoothies* et des viennoiseries sur des coussins.

Krua Thai (carte p. 247 ; ☎ 08 7892 9970 ; plats 50-120 B ; 🕑 déj et dîner). Apprécié par les touristes qui préfèrent leurs plats relevés "à la *faràng*" plutôt qu'à la thaïlandaise, le Krua Thai propose un large éventail de classiques.

Chopper's Bar & Grill (carte p. 247 ; ☎ 0 7745 6641 ; plats 60-200 B ; 🕑 petit-déj, déj et dîner). Sur 2 étages, le Chopper est très fréquenté. Les plongeurs et autres touristes viennent pour la bière, la musique live, le sport sur écran géant, les billards et le petit cinéma. Le vendredi soir, c'est 2 boissons pour le prix d'une et plats à demi-tarif – ce qui attire les foules. Les conversations, qui portent sur les merveilles sous-marines vues dans la journée, s'interrompent le temps d'un "hourra" saluant les buts marqués.

Big Blue East (carte p. 247 ; ☎ 0 7745 6416 ; plats 70-250 B ; 🕑 6h-23h). Le restaurant animé du Big Blue Resort, à 2 m de la mer, sert un grand choix de plats thaïlandais et internationaux (bonnes pizzas). Les plongeurs arrivent au coucher du soleil pour s'esclaffer sur les maladresses de la journée retransmises à l'écran.

El Gringo (carte p. 247 ; ☎ 0 7745 6323 ; plats 80-150 B ; ⌚ 9h-23h). Ce restaurant prétendument mexicain, installé à Sairee Beach et à Mae Hat, propose des *burritos* d'une authenticité discutable. On peut se faire livrer.

ZanziBar (carte p. 247 ; ☎ 0 7745 6452 ; sandwichs 90-140 B ; ⌚ petit-déj, déj et dîner). Des sandwichs élaborés, avec des condiments aux noms imprononçables entre deux tranches de pain complet.

Barracuda Restaurant & Bar (carte p. 247 ; ☎ 08 0146 3267 ; plats 180-400 B ; ⌚ déj et dîner). Dernier en date sur la scène culinaire toujours en expansion de Ko Tao, le Barracuda propose des poissons et d'autres spécialités gourmandes. Le patron, excellent chef fort expérimenté, s'efforce de n'utiliser que des ingrédients locaux.

Morava (carte p. 247 ; ☎ 0 7745 6270 ; plats 200-350 B ; ⌚ petit-déj, déj et dîner). Avec un cadre aussi sophistiqué que sa cuisine, ce restaurant de Sairee ne fait qu'une bouchée de ses concurrents. Au menu raffiné : tranches d'agneau bien tendres et sashimis d'une fraîcheur absolue, entre autres.

MAE HAT

Yang (carte p. 247 ; ☎ 0 7745 6226 ; plats 30-70 B ; ⌚ petit-déj, déj et dîner). Cuisine locale à petits prix.

Nutta Chinese Noodle (carte p. 247 ; plats 30-90 B ; ⌚ dîner). Venez dans cette échoppe goûter le "*number three*" : trois morceaux de porc différents servis sur un lit de riz, accompagnés d'une soupe à verser sur la viande. Savoureux et économique !

Pranee's Kitchen (carte p. 247 ; plats 50-120 B ; ⌚ 7h-22h ; 📶). Réputé de longue date à Mae Hat, le Pranee sert d'excellents curries et d'autres plats locaux dans un pavillon ouvert où l'on s'assoit à des tables en bois. TV et films en anglais à partir de 18h.

Safety Stop Pub (carte p. 247 ; ☎ 0 7745 6209 ; plats 60-250 B ; ⌚ 19h-tard ; 📶). Paradis pour les Anglais en mal du pays, ce pub au bord de la jetée a de faux airs de *beer-garden* tropical. Le dimanche, c'est grillades à volonté.

Farango's (carte p. 247 ; ☎ 0 7745 6205 ; plats 80-230 B ; ⌚ 11h-22h). Le premier restaurant *faràng* (étranger) ouvert à Ko Tao est connu pour ses pizzas et autres plats italiens. Livraison gratuite. Seconde enseigne aux abords du village de Sairee.

Tattoo Bar & Restaurant (carte p. 247 ; ☎ 08 9291 9416 ; hamburger 150 B). À 30 m au sud du Whitening, à la lisière du village de pêcheurs, Tattoo offre une ambiance douillette et décontractée, avec TV. Les énormes hamburgers australiens, les tourtes à la viande maison et les *sausage rolls* (feuilletés à la saucisse) calment les fringales.

Dirty Nelly's Irish Pub (carte p. 247 ; ☎ 0 7745 6569 ; plats 180-250 B). Aucun doute, le Dirty Nelly est vraiment un pub irlandais. Bières à la pression, billards, sport sur écran géant, cuisine copieuse et grand barbecue le week-end.

Zest Coffee Lounge (carte p. 247 ; ☎ 0 7745 6178 ; plats 70-190 B ; ⌚ 6h-18h ; 📶). Zest invite à savourer en terrasse un expresso (le meilleur de l'île), un sandwich à la *ciabatta* ou des gâteaux accompagnés d'un café. Une autre enseigne est implantée à Sairee, mais celle-ci a notre préférence.

♡ **Café del Sol** (carte p. 247 ; ☎ 0 7745 6578 ; plats 70-250 B ; ⌚ 8h-23h ; 💻 📶). Même les plus difficiles trouveront un plat à leur goût dans la longue carte de "*world cuisine*". À deux pas de la jetée, c'est pour nous le meilleur endroit de l'île pour le petit-déjeuner. Le "*Del Sol breakfast*" (salade de fruits, yaourt et café) accompagné d'une omelette aux épinards est un régal. Au déjeuner et au dîner : hamburgers au poivre, pâtes maison, etc.

Greasy Spoon (carte p. 247 ; ☎ 08 6272 1499 ; petit-déj anglais 120 B ; ⌚ 7h-18h). Aucun cachet à la "Cuillère graisseuse", mais un petit-déjeuner anglais qui tient bien au corps avec œufs, saucisses, légumes et frites (la spécialité).

♡ **Whitening** (carte p. 247 ; ☎ 0 7745 6199 ; plats 160-300 B ; ⌚ dîner). À mi-chemin du bar de plage et du restaurant branché, le Whitening plaît autant aux gastronomes qu'aux amateurs de bière, les premiers appréciant ses créations culinaires locales et internationales et les seconds, son cadre décontracté. L'adresse la plus chic de l'île, pour une occasion spéciale, à des prix raisonnables.

CHALOK BAN KAO

Tukta Thai Food (☎ 0 7745 6109 ; plats 40-180 B ; ⌚ petit-déj, déj et dîner). Sur la route principale en arrivant à Chalok Ban Kao, une bonne adresse pour la cuisine locale.

New Heaven Restaurant (☎ 0 7745 6462 ; déj plats 60-180 B, dîner plats 60-350 B ; ⌚ déj et dîner). La vue sur la baie des Requins (Shark Bay – Ao Thian Ok) vous emmène au paradis, surtout quand la lune veille déjà en plein après-midi. Les eaux turquoise sont si transparentes que le récif est bien visible depuis les tables, où l'on profite d'un menu très international. Gros coussins pour faire la sieste.

Où prendre un verre et sortir

Après la plongée, la grande activité des visiteurs à Ko Tao consiste à boire des verres. Pour ce faire, les adresses ne manquent pas. Les trois plus grands centres de plongée de l'île ont chacun leur bar : le **Fish Bowl** (carte p. 247), le **Crystal Bar** (carte p. 247) et le **Buddha On The Beach**, qui attirent des essaims de voyageurs et d'expatriés, pas tous plongeurs. Des flyers annonçant les prochaines fêtes fleurissent sur les arbres et les murs de la côte ouest (aux 2 magasins 7-Eleven de Sairee en particulier). Guettez les affiches annonçant les "*jungle parties*", fêtes organisées dans la jungle au centre de l'île. Le **Club H20** et le **Castle** sont passés à la vitesse supérieure en invitant des DJ de renommée internationale dans des espaces dédiés à des soirées pouvant accueillir jusqu'à une centaine de participants. Les marées jouent un rôle essentiel dans les nuits de l'île. Quand la marée est haute, Sairee Beach est plus calme car la plage est alors réduite.

Outre les adresses ci-après, vous en trouverez plusieurs autres à la rubrique *Où se restaurer* (p. 254), tels le Dirty Nelly's, le Choppers et le Safety Stop Pub, qui sont aussi des endroits agréables pour prendre une bière après avoir plongé.

Fizz (carte p. 247 ; ☎ 08 7887 9495 ; Sairee Beach). Étendu sur des coussins assez grands pour servir de matelas, on sirote des cocktails sophistiqués en écoutant Moby ou Enya se mêler au ressac. Restez dîner : les steaks de thon (200 B) sont exceptionnels.

Lotus Bar (carte p. 247 ; ☎ 0 7745 6358 ; Sairee Beach). Le Lotus, à côté du Fizz, est l'endroit où tout le monde se retrouve à la pointe nord de Sairee. Des jongleurs musclés font tournoyer leurs bâtons enflammés et les verres sont si énormes qu'on pourrait s'y noyer.

Dragon Bar (carte p. 247 ; ☎ 0 7745 6423 ; Mae Hat). Ce bar attire ceux qui sont à la recherche de cadres novateurs et design. L'éclairage est tamisé. Et les cocktails ont la réputation d'être les meilleurs de l'île.

Vibe (carte p. 247 ; Sairee Beach). Le bar le plus chic de Sairee pour un cocktail au coucher du soleil, avec le plus vaste choix de musique de l'île, et le meilleur.

À la pointe sud de Sairee Beach, ces 3 établissements se relaient pour que la fête ne s'arrête jamais.

AC Party Pub (carte p. 247 ; ☎ 0 7745 6197)
In Touch (carte p. 247 ; ☎ 0 7745 6514)
Maya Bar (carte p. 247 ; ☎ 0 7745 6195)

LA LANGUE DES SIGNES LOCALE

Les visiteurs étrangers sont si nombreux que l'anglais est parlé presque partout. Cependant, les habitants de cette île où tout tourne autour de la plongée introduisent souvent dans la conversation la langue des signes de la plongée, surtout dans les bars.

Voici quelques gestes de base :

- **Ça va**. De votre poing fermé, tapez-vous deux fois la tête.
- **Cool**. Joignez index et pouce pour former un O.
- **J'ai fini/je suis prêt**. Raidissez votre main comme au karaté et agitez-la plusieurs fois à la perpendiculaire de votre cou.

Achats

La plupart des articles sont bon marché comparés aux prix occidentaux, excepté le matériel de plongée, qu'il vaut mieux acheter dans votre pays ou sur Internet. Sur Ko Tao, vous paierez en effet les mêmes tarifs de base que chez vous, auxquels s'ajouteront l'envoi, ainsi qu'une commission sur chaque article.

Si vous avez du mal à vous débarrasser du sel dans vos cheveux, **Avalon** (Mae Hat ; 🕒 10h-19h lun-sam) propose des shampooings et des savons bio, fabriqués localement.

Les gourmands visiteront dans Sairee Plaza **1 Million Candy** (carte p. 247 ; ☎ 08 7272 9758 ; bonbons à partir de 20 B ; 🕒 16h-20h lun-sam).

Depuis/vers Ko Tao

Les prix et les horaires changent en permanence. Entre octobre et décembre, certains ferrys sont annulés en raison de la houle. Attention aux agences de voyages à Bangkok qui vendent de faux billets de 1re classe bateau/train. Quand la mer est agitée, si vous êtes sujet au mal de mer, préférez le ferry de Seatran au catamaran de Lomprayah. Les catamarans suivent la houle alors que les ferrys traversent les courants. Pour aller à Ko Tao depuis Ko Pha-Ngan, achetez vos billets de bateau *plusieurs* jours à l'avance en janvier, février, mars, juillet et août, surtout pour la période après la pleine lune.

BANGKOK, HUA HIN ET CHUMPHON
Les forfaits bus/bateau au départ de Bangkok (tels ceux de la Lomprayah) coûtent 900 B ; ils sont disponibles dans toutes les agences de la capitale et du Sud. Attention aux escroqueries : nombre d'agences réservent un siège dans un bus ordinaire au prix d'une 1re classe. Dans le bus, gardez vos objets de valeur avec vous, car des voleurs font parfois les soutes. Chumphon, terminus du bus, est aussi le port d'embarquement. Dans le sens Ko Tao-Bangkok, vous pourrez choisir de descendre à Hua Hin pour le même prix.

Pour un voyage de nuit, le train-couchette est beaucoup plus confortable que le bus. On peut aussi prendre le bateau jusqu'à Chumphon, puis, du centre-ville, continuer en train vers Bangkok (ou toute autre ville dans la partie supérieure du golfe) ; cette option est valable dans les deux sens.

De Ko Tao, le catamaran rapide part pour Chumphon à 10h15 et 14h45 (350 B, 1 heure 30), le ferry Seatran à 16h (350 B, 2 heures) et le bateau rapide Songserm à 14h30 (300 B, 3 heures, même traversée). Les départs sont moins nombreux en cas de forte houle.

Il y a aussi un ferry de nuit depuis Chumphon (300 B) qui arrive tôt le matin à Ko Tao ; il en repart à 23h. Si la pluie est annoncée, renoncez à ce voyage. Certains bateaux prennent l'eau, et une fois mouillé vous grelotterez.

Des formules combinant bateau et train-couchette reviennent entre 950 et 1 350 B (en fonction du temps et de la présence d'un ventilateur ou de la climatisation).

Reportez-vous p. 231 pour plus de détails.

KO PHA-NGAN
Le catamaran de Lomprayah fait la navette 2 fois/jour (350 B), quittant Ko Tao à 9h30 et 15h pour arriver à Ko Pha-Ngan vers 10h50 et 16h10. Seatran Discovery propose le même service en ferry. Le Songserm Express part aussi chaque jour à 10h, avec arrivée à Ko Phan-Ngan à 11h30. Le transfert depuis/vers l'hôtel est compris dans le prix. Reportez-vous p. 243 pour les horaires depuis Ko Pha-Ngan.

KO SAMUI
Le catamaran de Lomprayah assure 2 services/jour (500 B) : départ de Ko Tao à 9h30 et 15h, arrivée à Samui vers 11h30 et 16h40. Le ferry de Seatran Discovery propose le même service. Le Songserm Express part à 10h et arrive à Samui à 12h45. Le transfert depuis/vers l'hôtel est compris dans le tarif.

SURAT THANI ET LA CÔTE D'ANDAMAN
Si vous descendez sur la côte d'Andaman, et que vous ne voulez pas faire halte à Ko Pha-Ngan ou à Ko Samui, vous avez le choix entre deux itinéraires. Le premier, le plus utilisé, passe par Surat Thani : on prend d'abord le bateau pour cette ville (le Songserm ou le ferry de nuit, sinon il faut changer) et, de là, le bus. Le ferry de nuit (550 B ; 9 heures) lève l'ancre de Ko Tao à 20h30. À Surat Thani, le départ par le bus quotidien pour le Songserm Express est à 8h, avec arrivée à Ko Tao à 14h30. De Ko Tao, le départ est à 10h avec arrivée à Surat Thani à 16h30.

La seconde option consiste à prendre le ferry jusqu'à Chumphon sur le continent, puis à changer pour un bus ou un train à destination des provinces plus au sud.

Vous trouverez tous ces forfaits bateau/bus en vente dans les agences de voyages. Indiquez simplement votre destination à l'agent, qui se chargera d'organiser la liaison.

Comment circuler

Les *sŏrng·tăa·ou*, les pick-up et les motos se bousculent autour de la jetée de Mae Hat à l'arrivée des passagers. La course jusqu'à Sairee Beach ou Chalock Ban Kao coûte 100 B pour une personne seule, et 50 B/pers pour les groupes de 2 personnes ou plus. Les trajets entre Sairee et Chalok Ban Kao coûtent 80 B/pers, ou 150 B pour les voyageurs solitaires. Ces prix sont fixes, inutile de tenter de négocier. Les taxis partent quand ils sont pleins – à moins que vous n'acceptiez de payer un supplément de 200 à 300 B. Prévoyez le double pour la côte est. Les chauffeurs augmentent les prix quand la pluie rend la route plus difficilement praticable. Si vous savez où vous allez loger, mieux vaut téléphoner à l'avance pour qu'on vienne vous chercher. De nombreuses écoles de plongée proposent le transfert gratuit à leurs clients.

Il est dangereux de louer un deux-roues (voir p. 245) si l'on s'éloigne des routes principales. Les tarifs de location commencent à 150 B/jour pour un scooter, et à 350 B pour une moto plus puissante (réduction pour une semaine ou un mois). Vous pourrez contacter **Lederhosenbikes** (carte p. 247 ; ☎ 08 1752 8994 ; www.lederhosenbikes.com ; Mae Hat ; 🕒 8h30-18h lun-sam). Ne louez ni quads ni Jet-Ski – ce n'est pas sûr.

Les bateaux-taxis partent de Mae Hat, de Chalok Ban Kao et du nord de Sairee Beach (près du Vibe Bar). Le passage pour Ko Nang Yuan coûte au moins 100 B. Les *long-tail boats* peuvent être affrétés pour environ 1 500 B/jour, en fonction du nombre de passagers.

PARC NATIONAL MARITIME D'ANG THONG

อุทยานแห่งชาติหมู่เกาะอ่างทอง

Tel un collier d'émeraude, les 42 petites îles couvertes de jungle du parc national maritime d'Ang Thong se répandent dans une mer céruléenne. Dressant ses falaises de calcaire, chacune est un royaume vierge qui recèle des lagons secrets et des plages de la belle couleur pêche. Assurément, Alex Garland devait penser à ces îles de rêve quand il écrivit son roman culte *La Plage* (dont a été tiré le film).

La période la plus propice pour visiter ce royaume éthéré de verts et de bleus se situe entre février et avril. Le parc est presque toujours fermé d'octobre à Noël en raison de la violence de la houle pendant la mousson.

À voir

Toutes les excursions passent par le bureau du parc implanté sur **Ko Wua Talap**, la plus vaste île de l'archipel. Sur place, un **point de vue** dévoile une perspective inoubliable sur les îles voisines aux formes découpées extraordinaires. Le sentier qui y mène est ardu et il faut en général 1 heure pour gravir les 450 m. Il est recommandé de porter de bonnes chaussures de randonnée. Faites attention où vous mettez les pieds sur ce sol calcaire. Un second sentier mène à **Tham Bua Bok**, une caverne ornée de stalagmites et de stalactites en forme de lotus.

L'**Emerald Sea** (mer d'Émeraude ou mer Intérieure) de **Ko Mae Ko** attire de nombreux visiteurs. Ce grand lac turquoise limpide, au milieu de l'île, fait 250 m sur 350 m. Il est strictement interdit de s'y baigner. À proximité, une succession de marches conduisent à un panorama spectaculaire.

Les arches en pierre naturelles de **Ko Samsao** et de **Ko Tai Plao** apparaissent durant les grandes marées. La mer étant peu profonde (10 m au maximum) autour du chapelet d'îles, les récifs coralliens n'ont pas pu se développer avec la même ampleur qu'ailleurs, sauf dans certaines zones protégées du sud-ouest et du nord-est. Un récif de corail peu profond près de Ko Tai Plao et de Ko Samsao attend cependant les plongeurs avec leur tuba – il n'est pas exceptionnel. Il y a aussi plusieurs grottes et jardins de coraux colorés, parfaits pour les plongeurs débutants, où l'on rencontre des serpents de mer et des tortues. Des plages soyeuses ourlent **Ko Tai Plao**, **Ko Wuakantang** et **Ko Hintap**.

Circuits organisés

Le plus pratique pour visiter Ang Thong est de s'inscrire à l'une des nombreuses excursions au départ de Ko Samui et de Ko Pha-Ngan. Les forfaits comprennent généralement le déjeuner, l'équipement de snorkeling, les transferts depuis/vers votre hôtel, du kayak et (si tout va bien) les services d'un guide compétent. Les complexes hôteliers luxueux, et même parfois ceux des catégories moyenne et petits budgets, emmènent leurs clients dans leur propre bateau. Sinon, la réception vous recommandera une agence généraliste. Les centres de plongée de Ko Samui et de Ko Pha-Ngan proposent des sorties de plongée dans le parc. Le paysage sous-marin d'Ang Thong n'est pas aussi remarquable que celui de Ko Tao.

Les opérateurs apparaissent et disparaissent au gré des fluctuations du prix du fuel. Reportez-vous p. 212 et p. 233 pour plus de détails.

Où se loger

Ang Thong ne compte aucun *resort*. Toutefois, le parc national dispose de 5 bungalows sur Ko Wua Talap, pouvant accueillir chacun de 2 à 8 personnes. Le camping est autorisé dans certaines zones, mais, comme pour les bungalows, vous devrez réserver en vous adressant au **service des parcs nationaux** (☎ 0 7728 6025, 0 7728 0222 ; www.dnp.go.th ; bung 500-1 400 B). Possibilité de réserver en ligne à condition de confirmer sous 48 heures en envoyant un acompte. Le site explique la procédure à suivre.

Depuis/vers le parc national maritime d'Ang Thong et ses environs

Le moyen le plus simple d'accéder au parc est de se joindre à une visite partant de Ko Samui ou de Ko Pha-Ngan (à 28 km et 32 km). L'archipel se situe entre Samui et l'embarcadère principal de Don Sak sur le continent, mais les ferrys des lignes régulières ne s'y arrêtent pas. Sur la jetée de Na Thon, à Ko Samui, un guichet touristique accueille ceux tentés par le voyage, qu'organisent également les tour-opérateurs de Samui et de Ko Pha-Ngan. Il est aussi possible d'affréter un bateau privé, mais cela est onéreux, en raison du prix du fuel.

DANS LES TERRES

L'intérieur des terres présente peu d'intérêt. La plupart des voyageurs le traversent en allant de la côte du golfe de Thaïlande à celle de la mer d'Andaman.

SURAT THANI ET SES ENVIRONS

อ.เมืองสุราษฎร์ธานี

126 900 habitants

Surat Thani, la "cité des gens bons" en thaï, fut la capitale du royaume antique de Srivijaya. Aujourd'hui, c'est devenu un lieu de passage incontournable pour la circulation des gens et des marchandises par voie terrestre et maritime, vers les îles de Ko Samui, de Ko Pha-Ngan et de Ko Tao.

Renseignements

Le grand nombre de touristes transitant par la ville stimule l'imagination des agents de voyages véreux jamais à court d'idées pour inventer une nouvelle arnaque. Les vols dans les soutes à bagages sont également fréquents. Les cadenas ne sont d'aucune utilité : gardez avec vous tout ce qui a de la valeur. Bien sûr, il n'y a pas que des escrocs, mais posez tout de même beaucoup de questions, demandez des justificatifs et fiez-vous à votre instinct. Les voyageurs se croisent à Surat Thani : l'occasion d'échanger les bonnes adresses et de se renseigner sur l'endroit où l'on va.

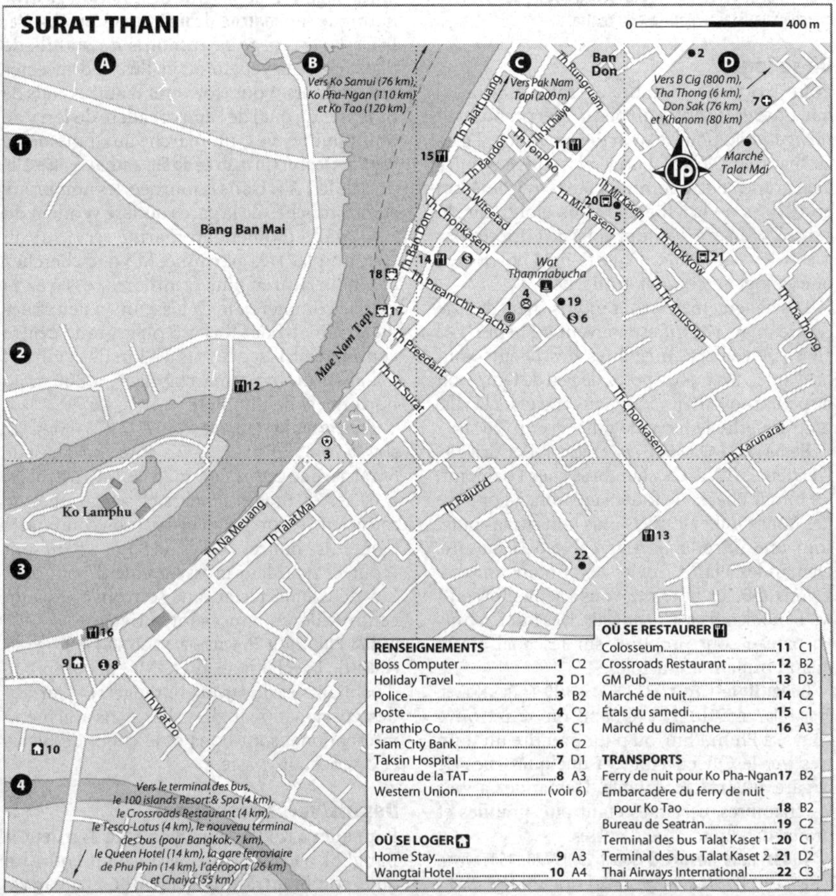

On trouve de nombreuses banques sur Th Na Meuang dans le centre-ville. Dans les "faubourgs", vous trouverez des DAB au Tesco-Lotus.

Bureau de la TAT (☎ 0 7728 8817 ; tatsurat@samart.co.th ; 5 Th Talat Mai ; ⏲ 8h30-16h30). Sympathique bureau au sud-ouest de la ville. Le personnel, qui parle anglais, distribue de nombreuses brochures et cartes.

Boss Computer (20 B/h ; ⏲ 9h-24h). Connexion Internet la moins chère, près de la poste.

Poste (☎ 0 7727 2013, 0 7728 1966 ; Th Talat Mai ; ⏲ 8h30-16h30 lun-ven, 8h30-12h30 sam). Face au Wat Thammabucha. Le centre d'artisanat local One Tambon One People (OTOP) est à l'intérieur.

Siam City Bank (Th Chonkasem). Bureau de la Western Union.

Taksin Hospital (☎ 0 7727 3239 ; Th Talat Mai). Des 3 hôpitaux de Surat, c'est le plus sérieux. Juste derrière le marché Talat Mai au nord-est du centre.

Où se loger

Pour avoir une chambre agréable à Surat, il faut quitter le centre un peu gris et prendre un *sŏrng·tăa·ou* pour le quartier Phangna. Dites au chauffeur "Tesco-Lotus" et il vous conduira à un grand centre commercial à environ 4 km en dehors de la ville. En vous éloignant du centre, prenez à droite et vous ne tarderez pas à voir les panneaux d'au moins 4 hôtels peu onéreux et au confort moderne.

Les hébergements sont moins chers dans le centre, mais le tarif est souvent à l'heure. Les allées et venues constantes des clients sont bruyantes. Si vous disposez de peu de temps, ou de petits moyens, il vaut mieux traverser la ville pour prendre le ferry de nuit (voir p. 261).

Home Stay (☎ 08 6475 7747 ; Khlong Roi Sai ; ch 100 B). Derrière la TAT, ces chambres chez l'habitant, les moins chères de toute la région, à l'opposé des hôtels impersonnels plus loin sur la route, sont une introduction agréable à la culture. Demandez à la TAT de réserver pour vous, ou si vous appelez, adressez-vous à Mme Bow ou à M. Panook qui parlent anglais. Des minicircuits en bateau sont proposés sur le canal à 19h quand brillent les lucioles.

Queen Hotel (☎ 0 7731 1003 ; 916/10-13 Th Sri Sawat, Phun Phin ; ch 500 B ; ❄). Quand on se retrouve coincé à Phun Phin, ou pour prendre un train très tôt, le Queen Hotel, à quelques rues de la gare, est très acceptable. Demandez à voir les chambres, certaines étant plus grandes et moins décrépites que d'autres.

100 Islands Resort & Spa (☎ 0 7720 1150 ; www.roikoh.com ; 19/6 Moo 3, Bypass Rd ; ch à partir de 590 B ; ❄ 💻 🏊). En face du centre commercial Tesco-Lotus, le 100 Islands est ce qui se fait de mieux en Thaïlande à moins de 600 B. Ce palace en teck se situe en bord de route, mais il faut voir l'intérieur. Ses chambres impeccables ouvrent sur une piscine aux airs de lagon et un jardin à la végétation exubérante.

Wangtai Hotel (☎ 0 7728 3020 ; www.wangtaisurat.com ; 1 Th Talat Mai ; ch 790-2 000 B ; ❄ 💻 🏊). Face au bureau de la TAT, le Wangtai se veut un hôtel d'affaires. Les réceptionnistes sont très polis et les chasseurs en queue-de-pie s'affairent dans le grand hall. Le mobilier des chambres est quelconque ; la vue sur la ville, depuis les étages supérieurs, est en revanche agréable.

Où se restaurer et prendre un verre

Surat Thani n'est pas une destination gastronomique. Le **marché de nuit** (appelé Sarn Chao Ma ; Th Ton Pho) regorge néanmoins de stands de plats frits, à la vapeur ou grillés, et d'insectes croustillants. Vous trouverez d'autres étals de nuit près du quai de l'embarcadère du ferry de nuit pour les îles, un marché aux poissons à **Pak Nam Tapi** et un **marché du dimanche** (⏲ 16h-21h) près de la TAT. Dans la journée, les nombreux stands proches de la gare routière vendent du *kôw gài òp* (poulet cuit mariné servi sur du riz), un plat très parfumé. Si vous cherchez des nourritures plus familières, essayez la galerie commerciale Colosseum, à deux rues du terminal Talat Kaset 1, ou le grand centre commercial Tesco-Lotus à 4 km de la ville. Il y a aussi un hypermarché Big C à 800 m au nord-ouest de l'hôpital.

Crossroads Restaurant (☎ 0 7722 1525 ; Bypass Rd ; plats 50-200 B ; ⏲ 11h-1h). À 2 km au sud-ouest de Surat, face au centre commercial, le Crossroads, avec ses éclairages tamisés et ses groupes de musiciens, surprend un peu par son côté *bluesy*. Goûtez les huîtres : celles de Surat Thani sont réputées pour leur grosseur et leur petit prix. Un deuxième restaurant se trouve près du centre-ville, en remontant la rivière.

GM Pub (30/16 Th Karunarat ; plats 40-140 B ; ⏲ déj et dîner). La clientèle du GM est composée d'habitants et de *faràng* (étrangers) – surtout des enseignants anglais. Les plats du menu international sont bons et le choix de bières et de cocktails, vaste.

Depuis/vers Surat Thani

Pour aller à Ko Pha-Ngan ou à Ko Tao depuis Bangkok ou Hua Hin, mieux vaut prendre un billet combiné train/bateau ou bus/bateau via

Chumphon que de passer par Surat. Le voyage sera moins long et plus confortable. Depuis/vers Ko Samui, vous passerez certainement par Surat Thani. Si vous avez besoin d'une agence de voyages fiable, adressez-vous à **Holiday Travel** (Th Na Meuang) ou à **Pranthip Co** (Th Talat Mai), où l'on parle anglais.

AVION

Les vols Bangkok-Surat Thani sont moins chers que les Bangkok-Samui, mais sachez qu'il faut du temps pour atteindre les îles du golfe depuis l'aéroport. Pour retourner à Bangkok, vous devrez quitter votre bungalow en bord de mer la veille du départ et passer la nuit à Surat. Deux navettes quotidiennes de la **Thai Airways International** (THAI ; ☎ 0 7727 2610 ; 3/27-28 Th Karunarat) relient Surat Thani à Bangkok pour environ 3 000 B (1 heure 10). Reportez-vous p. 226 pour les vols directs vers Samui.

BATEAU

En haute saison, on trouve généralement des liaisons bus/bateau pour Ko Samui et Ko Pha-Ngan qui partent directement de la gare ferroviaire de Phun Phin. Ces services ne coûtent pas plus cher que ceux réservés à Surat Thani et ils évitent de perdre du temps à attendre. Plusieurs compagnies de ferrys et de vedettes relient Surat Thani à Ko Tao, à Ko Pha-Ngan et à Ko Samui. La plupart des bateaux, dont ceux des compagnies Raja et Seatran, circulent depuis Don Sak (à 1 heure environ de Surat ; le transfert en bus est compris dans le prix du billet), sauf le ferry Songserm qui part du centre de Surat. Gare à la compagnie Raja si votre temps est compté : la traversée dure théoriquement 1 heure 30 vers Ko Samui et 2 heures vers Ko Pha-Ngan, mais le capitaine coupe souvent de moitié la puissance des moteurs et le trajet peut alors durer 5 heures. Reportez-vous à la rubrique *Depuis/vers* de votre destination pour de plus amples détails.

Du centre de Surat, il y a des ferrys de nuit pour Ko Tao (550 B, 8 heures, 22h), Ko Pha-Ngan (350 B, 7 heures, 22h) et Ko Samui (200 B, 6 heures, 23h). Ce sont des navires marchands, pas des bateaux de croisière ; il faut donc prévoir son repas et sa boisson et surveiller ses bagages. Si des passagers thaïlandais ont pris les couchettes qui vous sont attribuées, il est préférable de s'installer sur celles qui sont libres plutôt que de leur demander de changer.

BUS ET MINIBUS

Les nombreux bus et minibus constituent le moyen le plus pratique de voyager dans le Sud. Ils circulent depuis les terminaux Talat Kaset 1 et Talat Kaset 2. Le premier, du côté nord de Th Talat Mai (l'artère principale), offre une liaison rapide pour Nakhon, ainsi qu'un bus pour Phun Phin. Pranthip Co, l'une des agences les plus fiables de la ville, y possède un bureau. Talat Kaset 2, sur le côté sud de Th Talat Mai, est relié à Hat Yai (220 B) et, par minibus, à Nakhon, à Trang, à Khanom (120 B) et à Krabi (180 B). Les bus pour la côte d'Andaman (souvent à destination de Phuket ; 250 B) partent toutes les heures de 7h à 15h30, et s'arrêtent à Takua Pa (150 B) – pour ceux qui veulent poursuivre jusqu'au parc national de Khao Sok. Le "nouveau" terminal des bus (qui a déjà quelques années, mais est toujours appelé ainsi par les habitants), à 7 km au sud de la ville sur la route de Phun Phin, offre des liaisons avec Bangkok (à partir de 500 B).

TRAIN

Les trains s'arrêtent à Phun Phin, localité située à 14 km à l'ouest de Surat. De Phun Phin, des bus partent pour Phuket, Phang-Nga et Krabi, parfois via Takua Pa, une ville carrefour plus à l'ouest – pour le parc national de Khao Sok. Il y a davantage de départs depuis Surat, mais vérifiez bien les horaires depuis Phun Phin avant d'aller jusqu'à Surat ; vous vous épargnerez peut-être le lent trajet entre les deux villes si vous trouvez quelque chose qui vous convient. Reportez-vous p. 262 pour de plus amples détails.

Pour un voyage de jour, optez pour des wagons express, et de nuit pour des couchettes climatisées. Les trains marqués d'un chiffre impair voyagent de Bangkok vers le Sud, ceux portant un chiffre pair circulant dans l'autre sens. Les trains via Surat s'arrêtent à Chumphon et à Hua Hin avant d'atteindre la capitale. Dans l'autre sens, ils passent par Trang, Hat Yai et Sungai Kolok, avant de franchir la frontière. Comptez 578 B pour une place en 2e classe dans un train "special express", 1 179/758 B pour une couchette supérieure en 1re/2e classe, et 1 379/848 B pour une couchette inférieure en 1re/2e classe. Les trains partant de Bangkok en début de soirée arrivent le matin. On peut acheter ses billets en ligne (n'oubliez pas de cliquer sur "EN" dans l'angle à droite du site), dans une agence de voyages ou à la gare.

La consigne de la gare de Phun Phin est ouverte 24h/24 (environ 20 B/jour). Le guichet délivrant les billets à l'avance ouvre de 6h à 18h tous les jours (il ferme environ 1 heure pour le déjeuner sur le créneau 11h-13h30).

Comment circuler

Les véhicules climatisés desservant l'aéroport de Surat Thani coûtent 70 B/pers et déposent leurs passagers à leurs hôtels.

En ville, les *sŏrng·tăa·ou* (camionnettes) coûtent de 10 à 30 B (15 B pour le Tesco-Lotus depuis le centre), et les *săhm·lór* (ou *săamláw* ; triporteurs) de 20 à 40 B.

Les bus orange ventilés partent de la gare de Phun Phin toutes les 10 min pour Surat Thani (15 B, 25 min). En taxi, le même trajet coûte 200 B pour un maximum de 4 personnes – 100 B/pers dans un taxi collectif. Les prix des trajets sont affichés au nord de la gare, au niveau de la passerelle métallique.

CHAIYA

ไชยา

12 500 habitants

Il est difficile de croire que Chaiya, ville assoupie à 60 km au nord de Surat Thani, fut jadis le siège du grand empire de Srivijaya. La plupart des étrangers qui la visitent aujourd'hui sont sur le chemin des stages de méditation organisés par le monastère de Suan Mokkhaphalaram.

Entouré d'une forêt luxuriante, le **Wat Suan Mokkhaphalaram** (wát Suanmokkh ; www.suanmokkh.org), dont le nom signifie "jardin de la libération", facture 1 500 B pour un programme de 10 jours qui comprend le gîte, le couvert et les cours. Les retraites en anglais commencent le premier jour de chaque mois, l'inscription se faisant la veille au soir. Les enseignements philosophiques de ce temple, fondé par Ajahn Buddhadasa Bhikkhu, moine le plus célèbre de Thaïlande, sont de nature œcuménique, mélangeant des éléments zen, taoïstes et chrétiens au traditionnel bouddhisme theravada.

Pour atteindre le temple, situé à 7 km de Chaiya, prenez depuis Surat un train de 3e classe pour Phun Phin (10-20 B, 1 heure) ou un *sŏrng·tăa·ou* (40-50 B, 45 min) au terminal des bus Talat Kaset 2. Si vous arrivez par le train de Bangkok, vous pouvez descendre avant Surat Thani à la petite gare de Chaiya, d'où un moto-taxi vous mènera au temple pour 40 B.

AO KHANOM

อ่าวขนอม

À mi-chemin de Surat Thani et de Nakhon Si Thammarat, Khanom est une bourgade paisible au bord du golfe et de ses eaux bleues. Les touristes, attirés par les îles couvertes de jungle à proximité, négligent cette région pourtant magnifique. Khanom ne décevra pas les amateurs de plages tranquilles.

Renseignements

Le poste de police et l'hôpital sont au sud de Ban Khanom, au niveau de l'intersection pour Kho Khao Beach. Vous trouverez un 7-Eleven (avec un DAB) au cœur de Ban Khanom.

À voir

Les **dauphins roses**, à la peau d'une étonnante nuance rosée, sont des dauphins albinos extrêmement rares, qui ne se rencontrent qu'à Khanom. Il suffit d'aller sur l'ancienne jetée du ferry ou sur celle de la centrale électrique pour les voir.

La région est également riche en sites géologiques, dont des **grottes** et des **chutes**. La plus haute cascade, **Samet Chun**, se déverse dans des bassins tièdes où il fait bon se rafraîchir en admirant la côte. Pour y aller, prenez la route au sud de Ban Khanom et tournez à gauche au panneau bleu indiquant Samet Chun. Continuez sur 2 km et, après avoir traversé un petit ruisseau, prenez la prochaine à droite, puis commencez à monter sur la piste. Après environ 15 min de marche, vous devriez entendre le bruit de l'eau ; cherchez alors un petit chemin sur la droite. Très belle, la **chute de Hin Lat** est la moins haute et la plus accessible. On peut nager dans les bassins au pied de la cascade et s'abriter dans des huttes. La chute est au sud de Nai Phlao.

Il y a également deux très belles grottes le long de la route principale (Hwy 4014) entre Khanom et Don Sak. Dans celle de **Khao Wang Thong**, un sentier lumineux tient lieu de fil d'Ariane pour guider les visiteurs dans les différentes salles et les passages étroits. Un portail métallique ferme l'entrée ; arrêtez-vous à la petite maison au pied de la colline pour demander la clé et faire un don. Quittez la route principale et prenez à droite la Rd 4142 pour atteindre les **grottes de Khao Krot**, composées de deux grandes salles non éclairées. Prévoyez une lampe torche.

Sur cette partie de littoral très découpée, le **mont Dat Fa**, à environ 5 km à l'ouest de la côte sur la Hwy 4014, offre un magnifique panorama.

Où se loger et se restaurer

Depuis quelques années, l'aménagement des plages de Khanom est envisagé comme une alternative tranquille aux îles toutes proches. Des réalisations d'envergure sont en projet, et certains promoteurs voient dans Khanom une destination de vacances idéale pour le personnel des plates-formes pétrolières du golfe. Pour l'heure, les hébergements ne manquent pas et il est inutile de réserver. Il vaut même mieux visiter quelques adresses avant de se décider. Nombre de complexes reçoivent très peu de clients, si bien que leurs équipements (chasse d'eau…) ne fonctionnent pas toujours au mieux. La jungle envahissante apporte aussi de l'humidité. Aux grands hôtels, préférez les bungalows sur la plage.

Pour se restaurer pour pas cher, **Kho Khao Beach** propose des grillades en tout genre et des plats locaux comme le *mŏu nám đòk* (salade de porc épicée) et le *sôm đam* (salade épicée à la papaye) au bout de la Route 4232. Le mercredi et le dimanche, un marché a lieu près du poste de police.

Suchada Villa (☎ 0 7552 8459 ; bung 800 B ;). Au bord de la route principale, les bungalows aux couleurs vives de Suchada attirent le regard. Chambres propres et plutôt mignonnes.

Talkoo Beach Resort (☎ 0 7552 8397, 08 3692 2711 ; bung 1 470 B ;). Cet adorable village de coquettes maisonnettes blanches recèle des aménagements surprenants, comme les lavabos creusés dans des troncs d'arbres. La meilleure option des alentours.

Racha Kiri (☎ 0 7552 7847 ; www.rachakiri.com ; bung 3 500-12 500 B ;). Très haut de gamme, le Khanom est une superbe propriété sur laquelle sont construites de grandes villas. Les prix dissuadent ; cela permet certes d'échapper à la foule, mais, en basse saison, le complexe fait un peu figure de village fantôme.

One More Beer (☎ 08 1396 4447 ;). Tenu par des expatriés, l'endroit est apprécié pour sa bonne cuisine internationale. Pour changer de la papaye verte, demandez une salade épicée au *yordt ma plao* (cœur de palmier).

Depuis/vers Ao Khanom

De Surat Thani, tous les bus pour Nakhon peuvent s'arrêter au carrefour de Ban Khanom, où des motos-taxis attendent les passagers pour les emmener en ville (60 B). Vous trouverez aussi des taxis collectifs pour Khanom (85 B) au départ de la station de Nakhon Si Thammarat. Depuis la ville de Khanom, on peut rejoindre les plages à moto-taxi (environ 60 B). On compte 3 arrêts de bus différents dans les parages. Demandez au chauffeur de vous laisser près du marché aux fruits ou de l'hôpital, qui sont proches de la plage. One More Beer (sur la gauche) loue des motos pour 300 B/jour.

NAKHON SI THAMMARAT

อ.เมืองนครศรีธรรมราช

118 100 habitants

Si elle déborde de vie, Nakhon Si Thammarat (Nakhon en abrégé) ne sera jamais élue la plus belle ville du pays. Pour autant, les voyageurs qui s'arrêtent dans cette cité historique sont récompensés par sa richesse culturelle, avec notamment certains des plus importants *wat* du royaume. Il y a des siècles, la voie de communication terrestre qui reliait le port de Nakhon Si Thammarat sur la côte est à celui de Trang à l'ouest constituait un axe commercial essentiel entre la Thaïlande et le reste du monde. Son influence cosmopolite est toujours perceptible de nos jours, autant dans les recettes de cuisine locales que dans les temples et musées de la ville.

Orientation

L'essentiel de l'activité commerciale de Nahkon (hôtels, banques et restaurants) se concentre dans la partie nord du centre-ville. Les touristes visitent le quartier historique et son Wat Mahatat, au sud des vestiges des murs de la vieille ville. Des *sŏrng·tăa·ou* bon marché sillonnent dans les deux sens la principale rue commerçante, Th Ratchadamnoen.

Renseignements

Plusieurs banques avec DAB sont implantées dans Th Ratchadamnoen, au nord du centre.

Bovorn Bazaar (Th Ratchadamnoen). Galerie marchande comptant plusieurs cybercafés.

Bureau de la TAT (☎ 0 7534 6515). Dans un bâtiment de 1926, à l'extrémité nord de Sanam Na Meuang. Diverses brochures utiles (en anglais) sont disponibles. Le centre d'artisanat local OTOP se trouve une rue plus loin, sur le côté ouest du parc Sanam Na Meuang.

Poste (Th Ratchadamnoen ; 8h30-16h30)

Police (☎ 1155 ; Th Ratchadamnoen). En face de la poste.

À voir

L'enceinte du plus important *wat* du sud de la Thaïlande, le **Wat Phra Mahathat Woramahawihaan** (appelé simplement "Mahathat"), rassemble

JATUKHAM ET RAMMATHEP

Quiconque a passé 24 heures en Thaïlande a certainement vu une amulette à l'effigie de Jatukham et Rammathep portée en pendentif. Il y en a partout.

Ces porte-bonheur ont aussi un pouvoir protecteur, c'est du moins ce que croient ceux qui les portent. Leur origine est un peu mystérieuse, mais la légende veut que Jatukham et Rammathep seraient les représentations de deux princes de Srivajaya qui enterrèrent des reliques sous le Wat Mahathat, il y a quelque 1 000 ans à Nakhon.

Un policier thaïlandais fut le premier à porter l'amulette, ce qui lui valut la notoriété. Il croyait dur comme fer que de bons esprits venaient de l'aider à résoudre une affaire de meurtre particulièrement ardue. Il voulut que d'autres bénéficient de la force du talisman, mais il fallut attendre sa mort en 2006 pour que les figurines commencent à se vendre comme des petits pains. Des milliers de personnes, dont le prince héritier, assistèrent aux funérailles du policier qui marquèrent le début du succès des amulettes.

Les talismans, qui sont commandés au temple Mahathat, ont provoqué un véritable boom économique dans le sud de la Thaïlande ces dernières années. La première amulette vendue à Nakhon en 1987 coûtait 39 B. Aujourd'hui, ce commerce spécifique génère chaque semaine plus de 100 millions de bahts de chiffre d'affaires dans la ville. Ces pendentifs ronds suscitent une telle convoitise qu'une femme fut piétinée dans l'enceinte du temple lors d'une grande vente promotionnelle qui avait fait l'objet d'une énorme publicité.

Tous les jours, des camions munis de haut-parleurs déversant une musique tonitruante sillonnent les principales routes de Nakhon en annonçant de nouvelles cargaisons. La puissance des basses fait trembler le sol sous le temple et, sous l'effet des vibrations répétées… la flèche du Wat Mahathat s'est inclinée.

77 *chedi* (stupas), et un imposant *chedi* haut de 77 m couronné d'une flèche en or. Selon la légende, il y a plus de mille ans, la reine Hem Chala et le prince Thanakuman auraient apporté à Nakhon des reliques du Bouddha et bâti une petite pagode pour les abriter. Depuis, le temple aurait grandi jusqu'à devenir cet ensemble impressionnant. Les foules s'y rassemblent pour acheter des amulettes de Jatukham (voir ci-dessus). Les moines attachés à Mahathat vivent de l'autre côté de la rue, dans le **Wat Na Phra Boromathat**.

À l'époque où le royaume de Tampaling (ou Tambralinga) commerçait avec les marchands des États indiens, arabes, dvaravati et champa, la région entourant Nakhon devint un centre éclectique d'art et d'artisanat. Beaucoup d'objets réalisés alors sont exposés derrière la façade défraîchie du **Musée national** (Th Ratchadamnoen ; 30 B ; 9h-16h mer-dim).

Les marionnettes des théâtres d'ombres de Nakhon sont aussi dignes d'intérêt. Elles sont traditionnellement de deux types : *năng đà·lung* et *năng yài*. Les premières, hautes de presque 1 m, comportent des appendices mobiles articulés (dont le sexe) comme leurs consœurs malaisiennes et indonésiennes. Les secondes, caractéristiques de la Thaïlande, sont presque de taille humaine et n'ont pas d'éléments mobiles. Toutes sont découpées avec art dans des peaux de buffle. Aujourd'hui rares, les spectacles de marionnettes ont essentiellement lieu pendant les festivals.

Fêtes et festivals

Chaque année à la mi-octobre, **Chak Phra Pak Tai**, une fête typique du sud de la Thaïlande, se déroule à Nakhon Si Thammarat, ainsi qu'à Songkhla et à Surat Thani. À Nakhon Si, centrée autour du Wat Phra Mahathat, elle s'accompagne de spectacles de marionnettes *năng đà·lung* et de *lá·kon* (théâtre classique), et d'une procession d'images du Bouddha dans la ville destinée à récolter des dons pour les temples locaux.

Au troisième mois lunaire (février-mars), **Hae Phaa Khun That** est une fête très colorée au cours de laquelle on habille le *chedi* principal du Wat Phra Mahathat d'une longue étoffe peinte d'un *jataka* (récit des vies antérieures du Bouddha).

Où se loger

Les possibilités d'hébergement de qualité se limitent à quelques établissements.

Thai Hotel (☎ 0 7534 1509 ; fax 0 7534 4858 ; 1375 Th Ratchadamnoen ; ch avec ventil 220-270 B, ch avec clim 340-450 B, ste 750 B ;). L'endroit le plus central où dormir en ville. Cherchez une petite enseigne (où est en fait inscrit "Thai Hotet" en thaï) pointant vers une rue transversale animée. Les cloisons sont minces ; les chambres climatisées, d'un bon rapport qualité/prix, ont toutes une TV. Les étages supérieurs offrent une vue intéressante sur l'animation urbaine.

Nakorn Garden Inn (☎ 0 7532 3777 ; 1/4 Th Pak Nakhon ; ch 445 B ;). Sorte de motel offrant une alternative agréable aux habituels cubes de béton. Les chambres, dans des constructions de brique écarlate disposées autour d'un jardin sablonneux, sont toutes identiques, avec TV et réfrigérateur. Essayez d'en obtenir une bien ensoleillée.

Grand Park Hotel (☎ 0 7531 7666-73 ; fax 0 7531 7674 ; 1204/79 Th Pak Nakhon ; ch 700-1 700 B ;). Le Grand Park dispose de chambres modernes très correctes avec TV et réfrigérateur, sans luxe ni décoration ostentatoire. Réparties sur 7 étages, elles ont pour certaines une vue panoramique sur la ville. Les clients peuvent paresser dans le spacieux salon de réception-restaurant.

Twin Lotus Hotel (☎ 0 7532 3777 ; www.twinlotus-hotel.net ; 97/8 Th Phattanakan Khukhwang ; ch 1 100-3 000 B ;). S'il commence à accuser le poids des ans, le Twin Lotus est toujours un bon endroit pour s'offrir un peu de confort en visitant Nakhon. La salle de sport est bien équipée. Ce monstre de 16 étages est à plusieurs kilomètres au sud-est du centre.

Où se restaurer et prendre un verre

Nakhon est un bon endroit pour découvrir les particularités de la cuisine du Sud. En soirée, les stands de produits musulmans vendent de délicieux *kôw mòk* (*biryani* de poulet), des *má·đà·bà* (*murđabag*, crêpe farcie indienne), ainsi que des *roti* savoureux. Les lieux gourmands abondent aux alentours du Bovorn Bazaar sur Th Ratchadamnoen.

Pour une folle soirée de danse, allez jusqu'au sud de la ville au Twin Lotus Hotel où vous attend le très prisé **Venice Pub**. Mais si vous préférez grignoter tranquillement de la cuisine de pub accompagnée de bière, ce sera au **Bar 60** (ou Bar Hok Sip), près de l'angle de Th Ratchadamnoen et de Th Phra Ngoen.

Hao Coffee (☎ 0 7534 6563 ; Bovorn Bazaar ; plats 30-60 B ; petit-déj et déj). Petits-déjeuners satisfaisants servis avec un excellent café.

Rock 99 (☎ 0 7531 7999 ; 1180/807 Bavorn Bazaar ; plats 40-100 B ; dîner). Le rendez-vous préféré des *faràng* de Nakhon, qui y trouvent un bon choix de plats internationaux – salades de tacos, sandwichs au steak, pizzas, frites… Concerts les mercredi, vendredi et samedi.

Khrua Nakhon (☎ 0 7531 7197 ; Bovorn Bazaar ; plats 60-200 B ; petit-déj et déj). Voisin du Hao Coffee, le Khrua propose un excellent choix de plats traditionnels de la ville. Essayez le plateau de dégustation, qui rassemble 5 types de curries (dont une mémorable sauce de poisson épicée), ou le *khâo yam* (salade de riz locale). Autre enseigne dans le centre commercial Robinson Ocean.

Krua Talay (Th Pak Nakhon ; plats 40-300 B ; déj et dîner). Près du marché de Kukwang, le Krua Talay est incontournable pour les produits de la mer. Un peu plus cher que les autres restaurants non touristiques de la ville, il justifie largement la dépense, selon les habitants.

Country Home (☎ 08 1968 0762 ; 119/7 Th Ratchadamnoen). Ce grand bar en plein air a de faux airs de Far West. Les amateurs de bière s'y entassent tous les soirs pour écouter des musiciens.

Depuis/vers Nakhon

Plusieurs petites compagnies aériennes (ainsi que Thai Airways) assurent quotidiennement la liaison Bangkok-Nakhon. Il y a en moyenne 6 vols/jour (1 heure), à environ 3 500 B.

Deux trains partant de Bangkok desservent Nakhon (via Hua Hin, Chumphon et Surat Thani) et vont jusqu'à Hat Yai et à Sungai Kolok. Ils circulent la nuit (12 heures) et démarrent à 17h35 et à 19h15. Comptez environ 600 B en 2e classe.

Des bus partent de Bangkok entre 6h et 8h et entre 17h30 et 22h (environ 7/jour, 1re/2e classe environ 700/600 B, 12-13 heures). Les bus ordinaires vers Bangkok partent du terminal des bus ; quelques autocars privés circulent depuis les agences de la Th Jamroenwithi, qui se chargent des réservations et de l'émission des billets.

Les arrêts de minibus (qui partent dès qu'ils sont pleins) se repèrent aux petits bureaux installés dans les rues du centre – il n'y a pas toujours de minibus ou de passagers attendant à proximité. Le mieux est de demander alentour, car chaque destination a son point de départ spécifique. Les minibus pour Krabi et Don Sak partent du même endroit : attention à ne pas vous tromper. Les arrêts sont disséminés dans Th Jamroenwithi, Th Wakhit et Th Yommarat. De nombreux minibus vont à Krabi (180-240 B, 2 heures 30), à Phuket (175-275 B, 5 heures), à Surat Thani (100 B, 1 heure), à Khanom (85 B, 1 heure) et à Hat Yai (environ 120 B, 3 heures).

Comment circuler

Les *sŏrng·tăa·ou* longent Th Ratchadamnoen et Th Si Thammasok en suivant un axe nord-sud pour 10 B (un peu plus la nuit). Les trajets à moto-taxi coûtent de 20 à 50 B selon la distance.

PARC NATIONAL DE KHAO LUANG

อุทยานแห่งชาติเขาหลวง

Connu pour la beauté de ses montagnes et de ses sentiers forestiers, pour la fraîcheur de ses rivières, et pour ses chutes et ses vergers, le **parc national de Khao Luang** (☎ 0 7530 9644-7 ; adulte/enfant 400/200 B) s'étend au pied du pic de Khao Luang (1 835 m) couvert de forêt vierge. Des ruisseaux et des rivières prennent leurs sources dans ses hauteurs où coulent des cascades impressionnantes. La région forme un habitat idéal pour de nombreuses espèces d'oiseaux et les amateurs d'ornithologie trouveront leur bonheur, tout comme les amoureux des fleurs. Plus de 300 espèces d'orchidées poussent dans le parc. Plusieurs n'existent nulle part ailleurs dans le monde.

Les bungalows du parc se louent entre 600 et 1 000 B/nuit pour 6 à 12 lits. Le camping est autorisé le long du sentier qui monte jusqu'au sommet. Depuis Nakhon Si Thammarat, vous devrez prendre un *sŏrng·tăa·ou* (25 B) jusqu'au village de Khiriwong, au pied du Khao Luang. L'entrée du parc et les bureaux du Royal Forest Department sont à 33 km du centre de Nakhon sur la Route 4015, un ruban asphalté qui gravit un dénivelé de près de 400 m en 2,5 km jusqu'au bureau, puis encore 450 m jusqu'au parking situé plus haut.

EXTRÊME SUD

Culturellement parlant, l'extrême sud de la Thaïlande a plus en commun avec la Malaisie voisine. La langue, la religion et la cuisine des provinces de Pattani, de Narathiwat et d'une grande partie de Songkhla procurent un fascinant contraste avec les régions bouddhiques du Nord où l'on parle le thaï. Malheureusement, en raison d'un long conflit violent (voir p. 35), découvrir cette fascinante culture, sans parler des nombreuses plages vierges de la région, est, au moment où nous écrivons ces lignes, dangereux. Nous conseillons à tous ceux

PRUDENCE DANS L'EXTRÊME SUD *Austin Bush*

Quand j'ai annoncé à des amis thaïlandais que j'allais dans l'extrême sud de la Thaïlande pour la rédaction de ce guide, ils m'ont regardé complètement effarés avant de me demander pourquoi. Depuis 2004, les provinces de Pattani, de Narathiwat et certaines parties de Songkhla sont le théâtre d'une insurrection violente qui a fait près de 4 000 victimes (pour les raisons historiques de cette insurrection, voir le chapitre *Histoire* p. 35). À ce jour, les touristes ne sont pas la cible des attentats, mais durant la semaine que j'ai passée dans la région il y a eu plusieurs incidents graves, certains faisant des morts dans les provinces que j'avais visitées. Je n'en ai pas été le témoin et il ne m'est rien arrivé de tout le voyage, mais les barrages sur la route et les contrôles par des policiers lourdement armés étaient un rappel constant que j'étais en territoire potentiellement dangereux.

Bien qu'il n'y ait aucun moyen fiable d'éviter le danger, quand j'étais à Pattani et à Narathiwat, je m'efforçais de ne pas voyager tôt le matin ou tard le soir, quand sont commis les attentats les plus graves. Cela ne m'a guère gêné ; la plupart des restaurants du Sud fermant tôt et la vie nocturne se résumant à peu de chose, j'étais souvent au lit très tôt. Aux marchés du matin, toujours fréquentés en dépit d'attentats sanglants qui s'y perpétuent depuis 2004, j'évitais les motos à l'arrêt, souvent utilisées pour le déclenchement à distance de bombes.

Si la situation m'a semblé très préoccupante, la vie continue plus ou moins normalement pour la grande majorité des habitants de la région. Du point de vue du voyageur, le plus grand inconvénient de ce conflit est de ne pas pouvoir découvrir les superbes plages vierges qui abondent dans la région. Louer une moto pour circuler est très risqué, car de nombreuses localités rurales sont contrôlées par des milices armées. Les voyageurs se retrouvent donc limités aux centres urbains et bien que ces villes offrent un aperçu intéressant de la culture musulmane thaïlandaise, et malheureusement aujourd'hui de la vie en temps de conflit, aucun site exceptionnel n'y retient l'attention.

À l'heure où nous mettions sous presse, le ministère des Affaires étrangères français (www.diplomatie.gouv.fr), notamment, déconseillait formellement les voyages dans les provinces de Narathiwat, de Pattani, de Yala et de Songkhla.

qui souhaiteraient visiter l'extrême sud de la Thaïlande, quel que soit l'endroit, de bien se renseigner sur la situation avant le départ (reportez-vous à l'encadré page précédente).

SONGKHLA ET SES ENVIRONS

สงขลา

87 822 habitants

Contrairement à beaucoup de centres urbains du sud de la Thaïlande, Songkhla offre suffisamment d'intérêt pour retenir les visiteurs plusieurs jours. Entourée de plusieurs plages agréables, la cité possède des parcs luxuriants et un joli centre historique. Des brises marines généreuses lui assurent un climat agréablement tempéré toute l'année. La cuisine de produits de la mer est variée et de qualité, et les deux marchés de nuit sont très animés. Rappelons toutefois que le ministère des Affaires étrangères français (www.diplomatie.gouv.fr), notamment, déconseillait formellement les voyages dans la province de Songkhla à l'heure où nous mettions sous presse.

Renseignements

Vous trouverez des banques partout dans la ville.

Click Me ! (angle Th Phetchakhiri et Th Saiburi ; 15 B/h ; 🕑 8h-22h). Internet.

Consulat d'Indonésie (☎ 0 7431 1544 ; Th Sadao)

Consulat de Malaisie (☎ 0 7431 1062 ; 4 Th Sukhum)

Librairie Corner (☎ 0 7431 2577 ; angle Th Saiburi et Th Phetchakhiri ; 🕑 7h-19h30). Quelques ouvrages en anglais ; romans, cartes, revues et guides Lonely Planet.

Police (☎ 0 7432 1868 ; Th Laeng Phra Ram). Au nord du centre-ville.

Poste (Th Wichianchom). En face du marché, appels téléphoniques internationaux à l'étage.

À voir et à faire

KO YO

เกาะยอ

Aujourd'hui reliée à la terre par des ponts, cette île au milieu de Thale Sap, célèbre pour ses cotonnades, constitue un but d'excursion pour la journée très apprécié. Le marché en bord de route vend des tissus et des vêtements à des prix très intéressants.

Si vous visitez Ko Yo, ne manquez pas le **musée du Folklore Thaksin** (☎ 0 7459 1618 ; 100 B ; 🕑 8h30-16h30), qui promeut et diffuse la culture régionale. Dans les pavillons reproduisant l'architecture des maisons thaïlandaises du Sud sont exposés des œuvres d'art, de l'artisanat et des ustensiles domestiques traditionnels de la région.

De nombreux *sŏrng·tăa·ou* vont à Ko Yo au départ de Th Ramwithi à Songkhla (15 B, 20 min). Pour vous arrêter au petit marché, demandez le *nâh đà·làht* (c'est juste devant) et pour le musée, le *pí·pí·tá·pan*.

MUSÉE NATIONAL

พิพิธภัณฑสถานแห่งชาติ

Le bâtiment de 1878 qui héberge aujourd'hui le **Musée national** (☎ 0 7431 1728 ; Th Wichianchom ; 150 B ; 🕑 9h-16h mer-dim, fermé jours fériés) fut construit à l'origine dans le style chinois pour servir de résidence à un dignitaire de l'époque. Sans conteste le musée national le plus pittoresque de Thaïlande, il rassemble des objets d'art de toutes les périodes, surtout celle de Srivijaya. On y voit aussi des céramiques thaïlandaises et chinoises et de magnifiques meubles chinois, propriétés de l'aristocratie locale chinoise.

PLAGES

Les habitants s'attachent à entretenir la bande de sable blanc longeant **Hat Samila**, qui est aujourd'hui une plage agréable pour se promener. Une **sirène de bronze** pressant l'eau de ses longs cheveux en hommage à Mae Thorani (déesse de la Terre pour les hindous et les bouddhistes) trône sur des rochers à l'extrémité nord de la grève, non loin des **sculptures de chat et de rat**, qui tiennent leur nom des îles Ko Yo et Ko Losin. À la pointe nord de Laem Songkhla, une **statue de naga** arrose irrévérencieusement l'océan.

À quelques kilomètres au sud de Hat Samila, **Kao Seng** est un petit village musulman de pêcheurs où les touristes viennent faire leurs photos de bateaux de pêche aux couleurs vives. Des *sŏrng·tăa·ou* font régulièrement le trajet entre Songkhla (près du point de départ pour Ko Yo) et Kao Seng (10 B).

WAT MATCHIMAWAT (WAT KLANG)

Ce grand ensemble de temples incarne l'architecture sino-thaïlandaise du XVIIIe siècle typique de Songkhla. Les murs du *bòht* (sanctuaire central ou chapelle) contigu sont ornés des plus belles fresques du sud de la Thaïlande, dont certaines dépeignant la vie de Songkhla au XIXe siècle. Les portes du *bòht* sont souvent fermées. Adressez-vous à l'un des moines attachés au lieu pour voir l'intérieur.

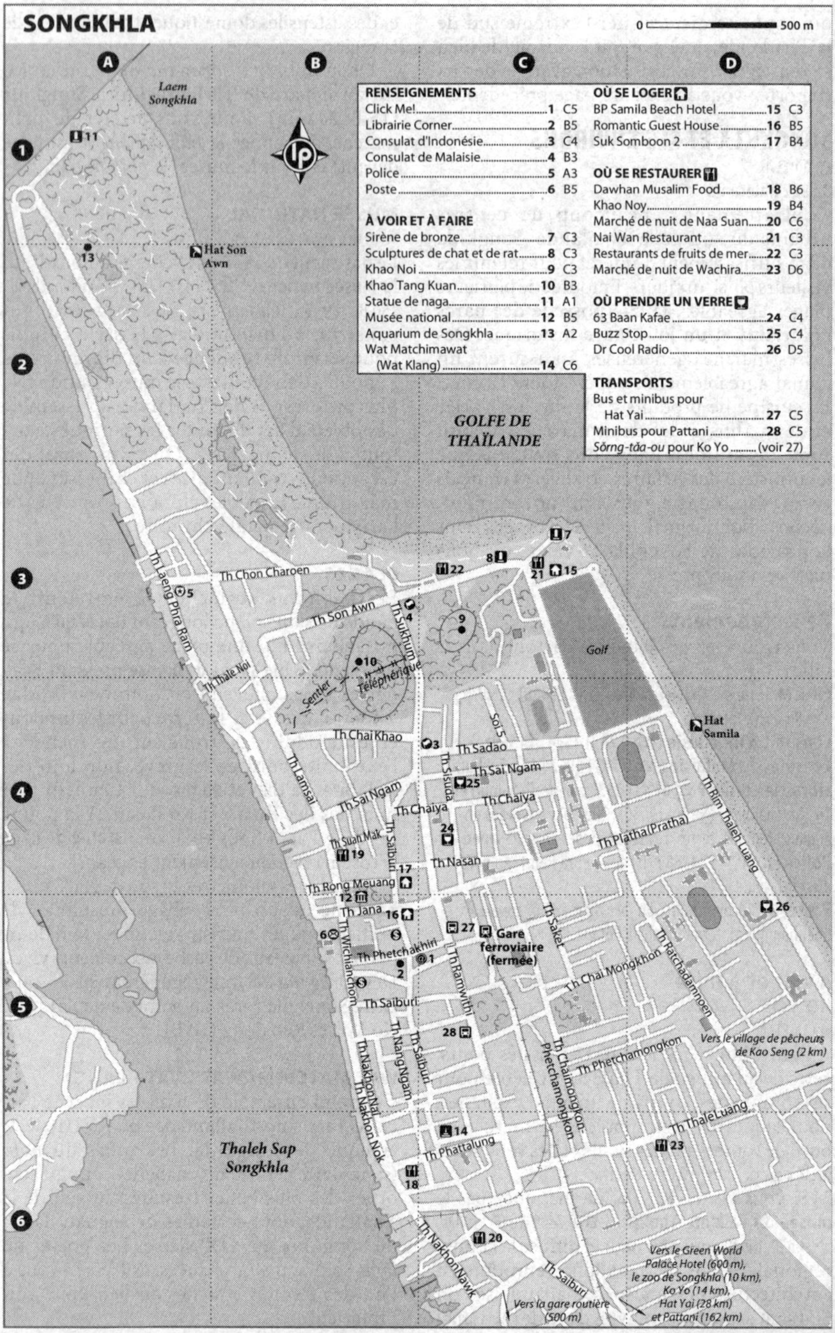
SONGKHLA
0 500 m
A B C D
1 2 3 4 5 6
RENSEIGNEMENTS
Click Me! 1 C5
Librairie Corner 2 B5
Consulat d'Indonésie 3 C4
Consulat de Malaisie 4 B3
Police 5 A3
Poste 6 B5
À VOIR ET À FAIRE
Sirène de bronze 7 C3
Sculptures de chat et de rat 8 C3
Khao Noi 9 C3
Khao Tang Kuan 10 B3
Statue de naga 11 A1
Musée national 12 B5
Aquarium de Songkhla 13 A2
Wat Matchimawat (Wat Klang) 14 C6
OÙ SE LOGER
BP Samila Beach Hotel 15 C3
Romantic Guest House 16 B5
Suk Somboon 2 17 B4
OÙ SE RESTAURER
Dawhan Musalim Food 18 B6
Khao Noy 19 B4
Marché de nuit de Naa Suan 20 C6
Nai Wan Restaurant 21 C3
Restaurants de fruits de mer 22 C3
Marché de nuit de Wachira 23 D6
OÙ PRENDRE UN VERRE
63 Baan Kafae 24 C4
Buzz Stop 25 C4
Dr Cool Radio 26 D5
TRANSPORTS
Bus et minibus pour Hat Yai 27 C5
Minibus pour Pattani 28 C5
Sŏrng-tăa-ou pour Ko Yo (voir 27)
Laem Songkhla
Hat Son Awn
GOLFE DE THAÏLANDE
Thaleh Sap Songkhla
Golf
Hat Samila
Gare ferroviaire (fermée)
Sentier
Téléphérique
Th Chon Charoen
Th Son Awn
Th Sukhum
Th Laeng Phra Ram
Th Thale Noi
Th Chai Khao
Th Lamsai
Soi 5
Th Sadao
Th Sisuda
Th Sai Ngam
Th Chaiya
Th Suan Mak
Th Saiburi
Th Nasan
Th Rong Meuang
Th Jana
Th Phetchakhiri
Th Wichianchom
Th Ramwithi
Th Saket
Th Platha (Pratha)
Th Rim Thaleh Luang
Th Chai Mongkhon
Th Ratchadamnoen
Th Nang Ngam
Th Nakhon Nai
Th Nakhon Nok
Th Chaimongkon-Phetchamongkon
Th Phetchamongkon
Th Thale Luang
Th Phattalung
Th Nakhon Nawk
Vers le village de pêcheurs de Kao Seng (2 km)
Vers la gare routière (500 m)
Vers le Green World Palace Hotel (600 m), le zoo de Songkhla (10 km), Ko Yo (14 km), Hat Yai (28 km) et Pattani (162 km)

À VOIR ÉGALEMENT

Une communauté chinoise occupe depuis longtemps les alentours de Th Nang Ngam, bordée de vieilles maisons thaïlandaises étranges et de plusieurs temples chinois multicolores.

Au nord du centre, les deux collines boisées de **Khao Tang Kuan** et de **Khao Noi** sont surnommées Monkey Mountain (montagne des Singes), car les singes y pullulent. Un **funiculaire** (aller-retour 30 B ; 8h30-16h30) gravit la face est de Khao Tang Kuan. Au sommet, des camelots vendent des sachets de gourmandises pour les singes.

Les enfants seront ravis de pouvoir caresser des bébés tigres au **zoo de Songkhla** (0 7433 6038 ; Khao Rup Chang ; adulte/enfant 50/15 B ; 7h30-17h) ou de découvrir les poissons-clowns dans le nouvel **aquarium** (0 7432 2787 ; Laem Songkhla ; www.songkhlaaquarium.com ; adulte/enfant 150/80 B ; 9h-17h mer-lun).

Où se loger

Suk Somboon 2 (0 7431 3809-10 ; fax 0 7432 1406 ; 14 Th Saiburi ; ch 200-450 B ;). Cet ensemble se compose de 2 bâtiments adjacents, un neuf et l'autre ancien. Les agréables petites chambres de la partie récente sont parmi les plus mignonnes de la ville dans cette gamme de prix. Les autres sont basiques.

Romantic Guest House (08 1599 2914 ; 10/1-3 Th Platha ; ch 250-380 B ;). Les logements, grands et aérés, ont tous la TV et de solides lits en bambou. Toutes les chambres climatisées partagent une sdb. Motos à louer (250 B/jour).

Green World Palace Hotel (0 7443 7900-8 ; fax 0 7443 7899 ; 99 Th Samakisuk 2 ; ch 900-1 050 B ;). En voyant les chandeliers, l'escalier en spirale du salon de la réception et la piscine avec panorama du 5e étage, on se dit qu'on va payer très cher. Il n'en est rien, et les chambres immaculées, dont les plus chères sont suréquipées, sont très appréciées. Au sud de la ville.

BP Samila Beach Hotel (0 7444 0222 ; www.bphotelsgroup.com ; 8 Th Ratchadamnoen ; ch 1 440-1 500 B ;). Cet hôtel du front de mer est l'hébergement le plus chic de Songkhla. Il met à la disposition de ses clients tous les services et équipements nécessaires : téléphones reliés à l'international, réfrigérateur, TV satellite… Vue sur la mer ou la montagne.

Où se restaurer

Deux marchés de nuit sympathiques offrent l'occasion de faire des expériences gustatives. Celui de **Wachira** (Th Thale Luang) doit son nom à l'école située en face. Il rassemble un bon kilomètre d'étals vendant de tout, des nouilles aux curries. L'influence musulmane est manifeste dans l'autre, que les habitants appellent **Naa Suan** (Th Saiburi).

Les poissons et crustacés de Ko Yo sont parmi les meilleurs de la région. Plusieurs excellents restaurants peu onéreux sont spécialisés dans les produits de la mer près de la plage, sur Th Som Awm.

Khao Noy (0 7431 1805 ; 14/22 Th Wichianchom ; plats 30-50 B ; petit-déj et déj, jeu-mar). La plus réputée des *ráhn kôw gaang* (boutiques de curries) de Songkhla. Incroyable variété de curries, soupes, beignets et salades du Sud. Cherchez la vitrine aux plateaux en Inox chargés de nourriture juste au sud du Chokdee Inn bleu ciel.

Nai Wan Restaurant (0 7431 1295 ; Th Ratchadamnoen ; plats 35-200 B ; déj et dîner). Une enseigne apprécié pour ses plats de crabe – prévoyez de quoi vous nettoyer les doigts ! Autres crustacés, salades thaïlandaises, soupes et quelques entrées végétariennes également au menu. Près du BP Samila Beach Hotel. Pas de panneau en lettres romanes.

Dawhan Musalim Food (0 7431 5637 ; 140 Th Phattalung ; plats 40-60 B ; déj et dîner). Recommandé par les habitants, le Dawhan est situé dans le grand immeuble rose (pas d'enseigne en lettres romanes). Il propose une petite sélection de soupes thaïlandaises musulmanes, de fritures et de curries savoureux et un poulet *biryani* très apprécié. Si vous n'y trouvez pas votre bonheur, il y a plusieurs autres restaurants musulmans du même style sur ce tronçon de Th Phattalung.

Où prendre un verre

Divers bars et restaurants sont rassemblés dans (et autour de) l'animée Th Sisuda. Le **Buzz Stop** (0 7444 0231 ; 24 Th Sisuda ; 9h-1h), bar irlandais quasi authentique, propose un grand choix de bières d'importation et un menu (cher) de cuisine de pub. Le **63 Baan Kafae** (08 6956 8066 ; Th Sisuda ; 10h-1h) est un jardin en plein air où les habitants grignotent des en-cas épicés en buvant de la bière à des tables basses.

Le long de Hat Samila, presque tous les restaurants-bars font face à la plage. Le **Dr Cool Radio** (0 7431 2758 ; Th Rim Thaleh Luang) offre une jolie vue sur la mer. Il est rempli presque tous les soirs d'étudiants venus écouter les tubes programmés par des DJ du cru.

Depuis/vers Songkhla

BUS ET MINIBUS

La gare routière est à 500 m au sud du centre-ville. Trois bus de 2e classe vont quotidiennement à Bangkok (563 B) via Nakhon Si Thammarat (125 B), Surat Thani (197 B) et Chumphon (312 B), entre autres. Un bus VIP part pour Bangkok à 17h (1 126 B).

Les bus (19 B) et minibus (30 B) pour Hat Yai mettent environ 40 min et partent de Th Ramwithi.

Les minibus pour Pattani (90 B) partent entre 6h et 17h plus au sud dans Th Ramwithi.

Comment circuler

Des *sŏrng·tăa·ou* circulent en ville et vont à Ko Yo pour 15 B. Les trajets urbains à moto-taxi coûtent autour de 30 B le jour et le double la nuit.

HAT YAI

หาดใหญ่

193 732 habitants

Hat Yai signifie "grande plage", mais vous ne trouverez pas le moindre bras de mer dans cette monstruosité débordante d'activités. La cité est plutôt un nœud des transports desservant pratiquement toutes les destinations de la région. Si vous allez sur une île ou une plage de l'extrême sud, vous y passerez sans doute à un moment ou à un autre.

Renseignements

ACCÈS INTERNET

Patcharin Tour (106/1-2 Th Niphat Uthit 2 ; 20 B/h ; 9h-22h) et **Sahachai Travel** (49 Th Thamnoonvithi ; 20 B/h ; 8h-21h) offrent des connexions à Internet et d'autres services informatiques. Un **cybercafé** (20 B/h ; 8h-21h) se trouve aussi au 2e étage de l'Oriental Hotel.

AGENCES DE VOYAGES

Il existe d'innombrables agences de voyages à Hat Yai, mais **Cathay Tour** (☎ 08 9466 2491, 0 7423 2202 ; cathay_ontours@hotmail.com ; 93/1 Th Niphat Uthit 2 ; 7h30-19h) se distingue par son personnel très accueillant et sa gamme complète de services – réservation de billets et de circuits, visas, etc.

ARGENT

Hat Yai regorge de banques. Plusieurs bureaux de change restent ouverts jusque tard sur Th Niphat Uthit 2 et 3 près du carrefour de Th Thamnoonvithi. Les banques refusent les ringgits malais, mais beaucoup d'hôtels des catégories moyenne et supérieure ont des guichets de change qui les acceptent.

IMMIGRATION

Bureau de l'immigration (☎ 0 7425 7019 ; Th Phetkasem). Près du pont de chemin de fer, il s'occupe des prorogations de visa.

OFFICE DU TOURISME

Des brochures et des plans sont disponibles dans de nombreux hôtels de la ville.

Bureau de la TAT (☎ 0 7424 3747 ; tatsgkhla@tat.or.th ; 1/1 Soi 2, Th Niphat Uthit 3 ; 7h30-19h). Le personnel efficace parle très bien anglais et dispose d'informations sur la région.

AU DÉPART DE HAT YAI : PASSER LA FRONTIÈRE POUR OBTENIR UN VISA

La frontière avec la Malaisie est à 60 km au sud de Hat Yai, et nombre de voyageurs viennent simplement pour prolonger leur visa thaïlandais.

Pour faire tamponner son passeport, il faut aller à Padang Besar, ville malaise la plus proche de la frontière. Le bus coûte 39 B (2 heures, départ toutes les 25 min de 5h30 à 19h) et le minibus 50 B (1 heure 30, départ toutes les heures de 6h à 19h). Il est aussi possible de prendre le train, mais les liaisons sont plus lentes et moins fréquentes. Le **service de l'immigration** (☎ 0 7452 1020) ouvre de 5h à 21h tous les jours du côté thaïlandais.

Il y a un autre poste-frontière à Dan Nawk, au sud de Sadao. Il est accessible en minibus (55 B, 1 heure 30, départ de 6h à 18h). Toutefois, cet itinéraire est rarement choisi par ceux qui font l'aller-retour dans la journée. Le **service de l'immigration** (☎ 0 7430 1107) ouvre de 5h à 23h tous les jours du côté thaïlandais.

Pour obtenir un visa ayant une durée de validité plus longue, il faut se rendre au consulat thaïlandais situé à Georgetown, sur Penang Island (reliée à la ville de Butterworth sur le continent). Des bus privés assurent la liaison Hat Yai-Butterworth (250 B, 4 heures). Les trains entre Hat Yai et Butterworth sont plus lents et moins fréquents.

POSTE

Poste principale (1 Th Niphat Songkhrao). Un bureau plus pratique se trouve à deux rues au nord-est de la gare ferroviaire, dans Th Rattakan.

SERVICES MÉDICAUX

Bangkok Hatyai Hospital (☎ 0 7436 5780-9 ; bhhimc@bgh.co.th ; 75 Soi 15 Th Pechkasam). Au nord-est du centre, l'un des meilleurs centres de soins du sud de la Thaïlande. Le personnel parle anglais.

TÉLÉPHONE

Services téléphoniques (Th Niphat Songkhrao ; 7h-23h). Mitoyen de la poste principale.

URGENCES

Police touristique (☎ 0 7424 6733 ; Th Niphat Uthit 3 ; 24h/24). Près du bureau de la TAT.

À voir

CORRIDA

Moins sanglants que ceux d'Espagne, les **combats de buffles** (☎ 0 7438 8753 ; tickets 300-600 B ; 10h-15h) se résument ici à deux mâles tête à tête se poussant, et le véritable sport réside dans les paris. Les combats ont lieu le premier samedi du mois ou le second si le premier est un *wan prá* (jour de prière pour les bouddhistes correspondant à la pleine lune ou à la nouvelle lune). Ils peuvent avoir lieu en différents endroits, mais se déroulaient récemment au **stade Noen Khum Thong**, à l'ouest de la ville en direction de l'aéroport (20/80 B en *sŏrng·tăa·ou*/*túk-túk*).

WAT HAT YAI NAI

วัดหาดใหญ่ใน

À environ 15 km à l'ouest de la ville, sur Th Phetkasem, ce *wat* renferme un bouddha couché de 35 m (Phra Phut Mahatamongkon). Le socle de la statue accueille un petit musée original et un mausolée avec une boutique de souvenirs. Pour y aller, enfourchez un moto-taxi (50 B) ou montez dans un *sŏrng·tăa·ou* près du carrefour de Th Niphat Uthit l et de Th Phetkasem, et descendez après avoir passé la rivière. Comptez environ 12 B.

Où se loger

Des dizaines d'hôtels sont accessibles à pied depuis la gare.

Cathay Guest House (☎ 0 7424 3815 ; fax 0 7435 4104 ; 93/1 Th Niphat Uthit 2 ; ch 160-250 B). Le personnel, prodigue en renseignements et en bons conseils, fait oublier la vétusté des chambres. Une adresse pas chère, très fréquentée.

Ladda Guest House (☎ 0 7422 0233 ; 13-15 Th Thamnoonvithi ; ch 250-450 B ;). Des chambres aussi propres qu'au Louise Guest House (ci-après), à un prix similaire.

Louise Guest House (☎ 0 7422 0966 ; 21-23 Th Thamnoonvithi ; ch 300-500 B ;). Les nombreux portraits de la famille royale thaïlandaise sur les murs et la disposition évoquant un appartement donnent au lieu une ambiance familiale.

OH (Oriental Hotel ; ☎ 0 7423 0142 ; fax 0 7435 4826 ; 135 Th Niphat Uthit 3 ; ch 500-550 B ;). Chambres avec TV (non câblée), eau chaude, réfrigérateur et tapis psychédéliques. Pas de bureau, mais un cybercafé et une situation centrale idéale.

Mayflower Grande Hotel (☎ 0 7423 4888 ; mayflower-grande@hotmail.com ; 150 Th Saeng Chan ; ch 890-1 190 B ;). Parquets de bois clair, baies vitrées et design minimaliste dans les chambres. Le Wi-Fi gratuit et la cafétéria chic plaisent beaucoup.

Regency Hotel (☎ 0 7435 3333-47 ; www.theregencyhatyai.com ; 23 Th Prachathipat ; ch 898-1 398 B ;). Les chambres de l'aile la plus ancienne, plus petites et moins chères, ont un très beau mobilier en bois. Les chambres à l'étage de la nouvelle aile ouvrent sur un paysage merveilleux.

Où se restaurer

Hat Yai est le paradis gourmand du sud de la Thaïlande. On y mange des *roti* musulmans, des curries, des nouilles chinoises, des *dim sum* (bouchées chinoises) et des plats de la mer.

Le **marché de nuit** (Th Montri 1) réunit de nombreux étals de cuisine locale qui vendent le fameux poulet frit à la mode de Hat Yai et les *kà·nŏm jin* (nouilles de riz fraîches au curry), ainsi que quelques stands de poissons grillés.

Sur Th Niyomrat, entre les Niphat Uthit 1 et 2 et à partir de **Tamrab Muslim**, une série de petits restaurants musulmans ouvrent tous les jours de 7h à 21h. Un repas y coûte entre 20 et 60 B.

Num Heng Vegetarian (☎ 0 7435 1032 ; 99/3-4 Th Prachathipatai ; plats 20-30 B ; petit-déj, déj et dîner). Les végétariens seront heureux de manger dans cet établissement accueillant servant des plats appétissants.

Poulet frit de Daycha (☎ 08 1098 3751 ; Th Chi-Uthit ; plats 30-50 B ; déj et dîner). Pour les habitants, c'est ici que l'on mange les meilleurs poulets frits à la mode de Hat Yai. La volaille relevée se déguste sur un riz parfumé jaune ou avec une assiette de *sôm·đam* (ou *sôm·tam*, salade de papaye verte).

Koh Tii Ochaa (☎ 0 7423 4243 ; 134-136 Th Niphat Uthit 3 ; plats 30-80 B ; petit-déj et déj). Tous vos

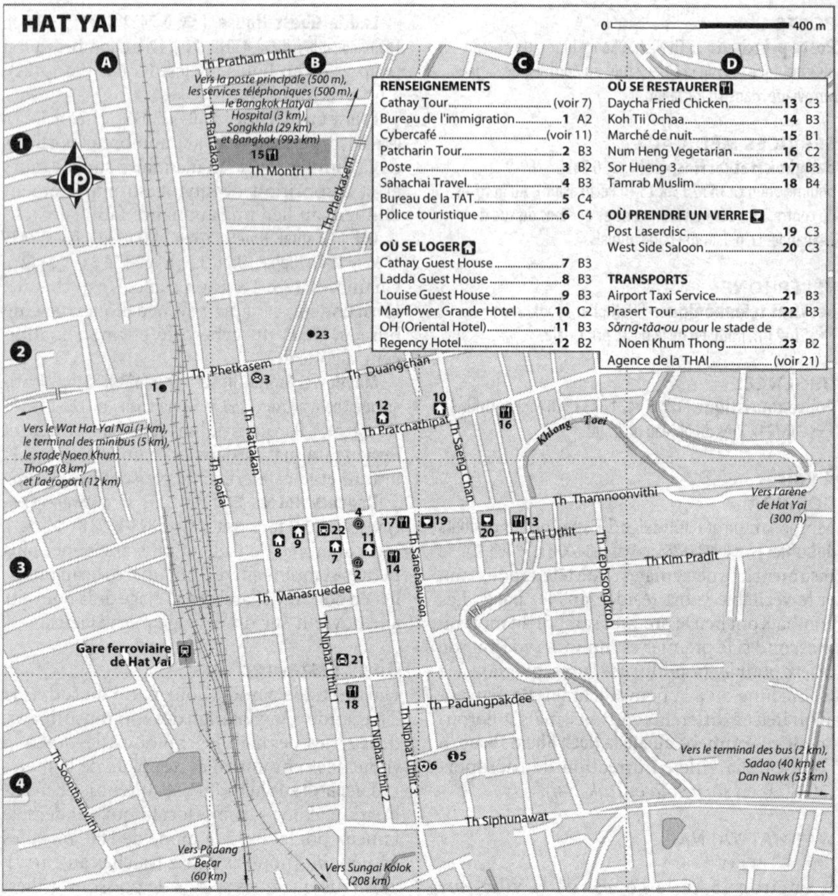

plats chinois favoris – et quelques autres dont vous ignoriez l'existence, comme l'excellent *bà·gùt·đĕh*, des côtes de porc servies dans un bouillon foncé odorant.

Sor Hueng 3 (☎ 08 1896 3455 ; 79/16 Th Thamnoonvithi ; plats 30-120 B ; 🕑 16h-3h). Légende locale, ce restaurant, qui a essaimé dans toute la ville, est connu pour ses innombrables plats sino-thaïlandais et du sud de la Thaïlande. Pour commander, il suffit de pointer du doigt ce qui vous fait envie ; vous pouvez aussi choisir un plat fraîchement sauté sur la grande carte.

Où prendre un verre et sortir

Les bars et les pubs animés ne manquent pas sur Th Thamnoonvithi.

Post Laserdisc (☎ 0 7423 2027 ; 82/83 Th Thamnoonvithi ; 🕑 13h-1h30). Ce pub ouvert depuis longtemps se distingue de la concurrence en ne revendiquant aucun thème. La musique live est agréable et le *happy-hour*, généreux.

West Side Saloon (☎ 0 7435 4833 ; 135/5 Th Thamnoonvithi ; 🕑 18h-24h). Ce "saloon" attire une clientèle thaïlandaise, malaise et *faràng* qui apprécie le côté pub de la salle sombre. Les tables sont disposées devant une scène où des musiciens jouent à partir de 20h30.

Depuis/vers Hat Yai

AVION

Thai Airways International (THAI ; ☎ 0 7423 0445 ; 182 Th Niphat Uthit 1) propose 8 vols/jour entre Hat Yai et Bangkok (1 915-4 290 B, 1 heure 30).

Presque toutes les compagnies *low cost* assurent désormais des liaisons avec Bangkok :

Air Asia (☎ 0 2515 9999 ; www.airasia.com). 8 vols quotidiens depuis/vers Bangkok (1 410-1 910 B).

Nok Air (☎ 0 2900 9955 ; www.nokair.com). 8 vols quotidiens depuis/vers l'aéroport de Don Meuang à Bangkok (1 655-3 265 B).

One-Two-Go (☎ de Bangkok 1126, d'ailleurs 1141 poste 1126 ; www.fly12go.com ; New World Hotel, Th 152-156 Niphat Uthit 2). 2 vols quotidiens depuis/vers l'aéroport de Don Meuang à Bangkok (1 600 B).

BUS ET MINIBUS

La plupart des bus interrégionaux et les minibus desservant le Sud partent du terminal des bus situé à 2 km au sud-est du centre-ville, tandis que les minibus pour le Nord partent presque tous du terminal des minibus de Talat Kaset, à 5 km à l'ouest de la ville – accessible en *túk-túk* depuis le centre (60 B). Les destinations au départ de Hat Yai sont indiquées dans l'encadré ci-dessous.

Prasert Tour (☎ 0 7435 4050 ; Th Niphat Uthit 1) offre des minibus pour Surat Thani (240 B, 4 heures 30, 8h-17h). **Cathay Tour** (☎ 0 7423 2202 ; 93/1 Th Niphat Uthit 2) peut également assurer la liaison en minibus avec de nombreuses villes du Sud.

TRAIN

Chaque jour, 4 trains de nuit circulent depuis/vers Bangkok (au moins 16 heures). Voici quelques prix, donnés à titre indicatif : 339 B pour une place assise en 3e classe, 455/675 B (ventilateur/climatisation) pour une place assise en 2e classe, 605/945 B pour une couchette inférieure en 2e classe et 1 394-1 594 B pour une couchette en 1re classe. Il y a 7 trains quotidiens pour Sungai Kolok (43-286 B) par la côte est, et 2 trains quotidiens vers l'ouest à destination de Butterworth (180-332 B) et de Padang Besar (57-272 B), en Malaisie.

À la gare, le guichet de réservation et la consigne ouvrent tous les jours de 7h à 17h.

Comment circuler

Les taxis collectifs de l'**Airport Taxi Service** (☎ 0 7423 8452 ; 182 Th Niphat Uthit 1) desservent l'aéroport 4 fois/jour (6h45, 9h30, 13h45 et 18h ; 80 B/pers). Un taxi particulier demandera environ 280 B pour la même course.

Les *sŏrng·tăa·ou* qui vont et viennent sur Th Phetkasem prennent 10 B/pers. Les *túk-túk* et les motos-taxis demandent de 20 à 40 B/pers pour une course en ville.

BUS AU DÉPART DE HAT YAI

Destination	Type de bus	Tarif	Durée
Bangkok	climatisé	535-688 B	14 heures
	VIP	1 070 B	14 heures
Ko Samui	climatisé	420 B	8 heures
Krabi	climatisé	169-218 B	5 heures
	VIP	535 B	5 heures
Nakhon Si Thammarat	ordinaire	90 B	3 heures
	climatisé	140 B	3 heures
Narathiwat	minibus	150 B	3 heures
Padang Besar	ordinaire	39 B	2 heures
	minibus	50 B	1 heure 30
Pattani	minibus	100 B	2 heures 30
Phuket	climatisé	267-346 B	8 heures
Sadao	minibus	45 B	1 heure
Satun	climatisé	65 B	2 heures
	minibus	70 B	1 heure 30
Songkhla	ordinaire	19 B	1 heure
	minibus	30 B	1 heure
Sungai Kolok	minibus	180 B	4 heures
Surat Thani	climatisé	200-240 B	5 heures
Trang	ordinaire	80 B	3 heures
	climatisé	100 B	2 heures 30
	minibus	150 B	2 heures 30

PATTANI

อ.เมืองปัตตานี

44 800 habitants

La ville, qui n'a pas grand-chose à montrer pour témoigner de la richesse de son histoire, intéresse surtout les touristes pour l'accès qu'elle offre à de superbes plages. Malheureusement, du fait d'une situation politique tendue (voir l'encadré p. 266), il est devenu dangereux pour le voyageur indépendant de se rendre sur ces grèves.

Renseignements

Plusieurs banques sont regroupées au sud-est de Th Pipit, au niveau de l'intersection avec Th Naklua Yarang.

Cybercafé (angle Th Peeda Talattewiwat 2 et Soi Thepiweat 2 ; 20 B/h)

Pattani Hospital (☎ 0 7333 5134-6 ; Th Nong Jik)

Police (☎ 0 7334 8555 ; Th Pattani Phirom). En plein centre.

Poste principale (Th Pipit). L'agence CAT voisine offre un service de téléphone à l'international de 7h à 22h tous les jours.

À voir

Dans Th Ruedi, des vestiges de l'architecture sino-portugaise, autrefois si présente dans le sud de la Thaïlande, sont ce qui reste du vieux Pattani.

PLAGES

Malgré le conflit, la population locale continue de fréquenter quelques plages. **Laem Tachi**, un cap sableux qui s'avance au nord d'Ao Pattani, est accessible en bateau-taxi depuis le port de Pattani. **Hat Talo Kapo**, à 14 km à l'est de Pattani près de Yaring Amphoe, est une jolie plage servant de mouillage aux *gow·lŏw*, les embarcations traditionnelles des pêcheurs du sud de la Thaïlande. Bien qu'administrativement rattaché à la province de Songkhla, le **Thepa District**, à 35 km au nord-ouest de Pattani, est la station balnéaire la plus développée de la région. Quelques complexes hôteliers déjà anciens accueillent de nombreux Thaïlandais des classes moyennes. À **Hat Soi Sawan**, à proximité de la limite sépa-

L'ISLAM DANS LE SUD DE LA THAÏLANDE

Représentant environ 4% de la population, les musulmans forment la plus grande minorité religieuse du pays, où ils vivent aux côtés des bouddhistes theravada. Des quelque 3 000 mosquées de Thaïlande, dont plus de 200 sont situées à Bangkok, 99% sont liées à l'islam sunnite (guidé par un imam, chargé de faire respecter le consensus dans la communauté musulmane), et 1% à la minorité chiite (qui confie l'autorité religieuse et politique à des descendants du prophète Mahomet).

L'islam a été introduit dans le sud du pays entre 1200 et 1500 par des commerçants et des érudits indiens et arabes. Aujourd'hui encore, la majorité des musulmans thaïlandais vivent dans le Sud, essentiellement dans les régions de Pattani, de Narathiwat, de Satun et de Yala. Ils se considèrent comme les descendants de l'ancien royaume islamique de Pattani, dont le territoire était à cheval sur la Thaïlande et la Malaisie actuelles. Le Sud est donc proche du pays voisin par son héritage culturel. D'ailleurs, la plupart des musulmans du sud de la Thaïlande sont du même groupe ethnique que les Malais et parlent malais ou yawi (dialecte malais qui s'écrit en caractères arabes) et thaï.

Ces différences culturelles, exacerbées par une histoire perçue comme une suite de discriminations religieuses et culturelles, ont fait naître un sentiment d'aliénation par rapport à la majorité bouddhiste chez quelques musulmans radicaux du Sud (voir l'encadré, p. 47). Certains parlent de faire sécession et ils sont une poignée à être passés à l'acte les armes à la main (voir le chapitre *Histoire*, p. 35).

La communauté musulmane thaïlandaise adhère aux mêmes règles que l'islam partout ailleurs. L'alcool et le porc sont interdits. Dans les communautés les plus intégristes, les groupes de voyageurs comprenant des hommes et des femmes sont séparés à leur arrivée. Les femmes et les hommes occupent des chambres distinctes et ne se retrouvent qu'au départ.

Comme pour visiter un *wat*, on entre dans une mosquées pieds nus, mais épaules et jambes couvertes. Les femmes veilleront à s'habiller avec des vêtements dissimulant le corps (ni hauts sans manches ni jupes courtes). À moins d'y être invité, évitez d'entrer dans la salle de prières d'une mosquée, car c'est un espace sacré réservé aux musulmans. N'apportez pas d'appareil photo et éteignez vos téléphones portables.

Le vendredi est le jour férié consacré aux obligations religieuses, particulièrement nombreuses entre 11h et 14h. La plupart des restaurants sont alors fermés.

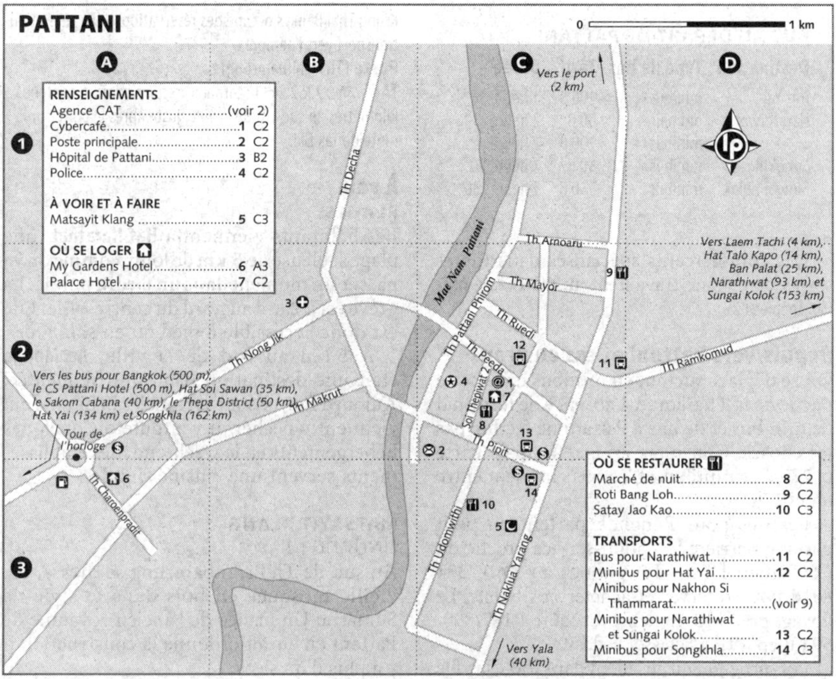

rant les provinces de Songkhla et de Pattani, plusieurs familles ont ouvert des restaurants dans des paillotes sur la plage, fréquentés par une clientèle locale le week-end.

À la plage ou alentour, veillez à avoir une tenue vestimentaire correcte.

MOSQUÉES

Le **Matsayit Klang** (Th Naklua Yarang), un édifice traditionnel de couleur verte, est la seconde mosquée de Thaïlande par sa taille – et probablement la première du sud du pays. Sa construction date des années 1960.

Où se loger et se restaurer

My Gardens Hotel (☎ 0 7333 1055-8 ; fax 0 7333 6217 ; 8/28 Th Charoenpradit ; ch 200-800 B ; ❄). Apprécié de la clientèle d'affaires, My Gardens offre un bon rapport qualité/prix. Bien tenues et confortables, les chambres ont la TV satellite, une sdb avec eau chaude et un réfrigérateur.

Palace Hotel (☎ 0 7334 9171 ; 10-12 Soi Thepiwat 2 ; ch 250-500 B ; ❄). Malgré son emplacement dans un *soi* peu avenant du marché, les chambres, notamment celles des étages inférieurs avec clim, sont propres et confortables.

Sakom Cabana (☎ 0 7431 8065 ; 136 Moo 4, Tambon Sakom ; ch 600-800 B ; ❄). Au Thepa District, à 40 km de Pattani, ce village possède de jolis bungalows en bois à étage. Proche de la plage, dans une propriété bien entretenue.

CS Pattani Hotel (☎ 0 7333 5093/4 ; cspatani@cscoms.com ; 299 Muu 4 Th Nong Jik ; ch 1 500-5 500 B ; ❄ 💻 🏊). Voici le complexe hôtelier le plus chic de Pattani : un vestibule de style colonial, 2 piscines, un excellent restaurant, un sauna et bain de vapeur… Le petit-déjeuner est compris. Renseignez-vous sur les offres promotionnelles. À 3 km au sud-ouest de la ville.

Roti Bang Loh (☎ 0 81096 9555 ; Th Naklua Yarang ; plats 15-20 B ; 🕑 6h-9h et 12h-20h). Ce vendeur de délicieux *roti* est connu dans toute la ville pour les prix qu'il a remportés. Si vous vous débrouillez en thaï ou en yawi, demandez-lui de vous les montrer, il sera intarissable !

Satay Jao Kao (☎ 0 89737 5417 ; 37/20 Th Udomwithi ; plats 20-30 B ; 🕑 10h-18h). Ce restaurant à ciel ouvert est apprécié pour son bœuf *satay* servi avec des cubes de riz et une sauce sucrée. D'autres restaurants situés sur ce tronçon de Th Udomwithi sont chaudement recommandés par les amateurs de cuisine musulmane.

BUS AU DÉPART DE PATTANI

Destination	Type de bus	Tarif	Durée
Hat Yai	minibus	100 B	1 heure 30
Narathiwat	ordinaire	60 B	2 heures 30
	minibus	100 B	2 heures
Songkhla	minibus	90 B	1 heure 30
Sungai Kolok	minibus	130 B	2 heures 30

Des commerçants spécialisés dans toutes sortes de cuisine travaillent au **marché de nuit** (Soi Thepiwat 2).

Depuis/vers Pattani et ses environs

On se déplace surtout en minibus dans cette partie de la Thaïlande. L'absence de terminal de minibus et de bus à Pattani ne facilite pas les choses. Consultez les arrêts sur la carte p. 275. Les minibus et les bus circulent entre 6h et 17h.

Les bus pour Bangkok partent du petit parking derrière la station-service proche du CS Pattani Hotel. Téléphonez au ☎ 0 7334 8816 pour réserver et acheter vos billets. Le voyage prend 15-16 heures et coûte 1 187/890/594 B en VIP/1re classe/2e classe.

Les *sŏrng·tăa·ou* circulent dans toute la ville (10 B/pers).

NARATHIWAT

อ.เมืองนราธิวาส

44 200 habitants

Sur les berges du Bang Nara, Narathiwat est probablement la plus grande ville musulmane de Thaïlande. Certains des bâtiments sino-portugais qui bordent le fleuve ont plus d'un siècle et on trouve d'agréables plages à la sortie de la ville. Il est dommage que la violence prévalant dans cette partie du pays (voir l'encadré, p. 266) ait pour l'instant quasi mis un terme au peu de tourisme dont bénéficiait la région. Renseignez-vous sur la situation avant de vous y aventurer.

Renseignements

Plusieurs banques sont installées dans le centre-ville.

Agence CAT (Th Pichitbamrung ; 8h30-22h lun-ven, 9h-17h sam-dim). Même immeuble que la poste.

Cybercafés (9h-22h). On les trouve près de la tour de l'horloge, dans Th Puphapugdee et Th Worakhamphiphit. Ils facturent en général 15 B/heure.

Phanwiphaa (☎ 0 7351 1161 ; Th Puphapugdee ; 8h-17h). Cette agence, en face de la grande banque Krung Thai Bank, s'occupe des réservations aériennes et du transport vers l'aéroport.

Poste (Th Pichitbamrung)

TAT (☎ 0 7352 2411 ; tatnara@cscoms.com). À quelques kilomètres au sud-est de la ville, juste après le pont, sur la route de Tak Bai.

À voir

PLAGES

Les habitants viennent à **Hat Narathat**, une plage sableuse de 5 km de long, comme on va passer un moment dans un jardin public. La grève est à 2 km au nord du centre-ville. Elle est donc accessible à pied ou en *săhm·lór*.

À 5 km au sud de la ville, **Ao Manao** était une destination balnéaire fréquentée. Aujourd'hui, ce sont surtout les habitants qui viennent y pêcher. Il y a toutefois quelques hébergements et, le week-end, des établissements servent une cuisine simple.

MATSAYIT KLANG

มัสยิดกลาง

Au sud de Th Pichitbamrung se dresse une vieille mosquée en bois dans le style de Sumatra. Un prince de l'ancien royaume de Pattani en aurait ordonné la construction il y a plus d'un siècle.

Où se loger et se restaurer

La plupart des hébergements sont sur (et à proximité de) Th Phupha Phakdi – les panneaux indiquent "Puphapugdee" –, le long du Bang Nara.

Ao Manao Resort (☎ 0 7354 2193 ; bung 300 B ;). À 5 km au sud-est de la ville, ce *resort* consiste en des maisons en dur, propres, dans un petit domaine. La course à moto-taxi coûte 40 B.

Ocean Blue Mansion (☎ 0 7351 1109 ; 297 Th Puphapugdee ; ch 350-1 500 B ;). Cet hôtel/appartement assez récent est le seul à bénéficier de la vue sur le fleuve. Grand réfrigérateur et TV dans les chambres.

Tanyong Hotel (☎ 0 7351 1477-79 ; fax 0 7351 1834 ; 16/1 Th Sophaphisai ; ch 650-750 B ;). Il y a quelques décennies, c'était sans conteste le meilleur hôtel de Narathiwat. Aujourd'hui, il est un peu cher pour la prestation offerte.

Imperial Narathiwat (☎ 0 7351 5041 ; narathiwat@imperialhotels.com ; 228 Th Pichitbamrung ; ch 1 200-2 200 B ;). C'est le plus bel établissement de Narathiwat, avec tout ce que l'on peut attendre d'un cinq-étoiles. Excellent rapport qualité/prix avec une réduction.

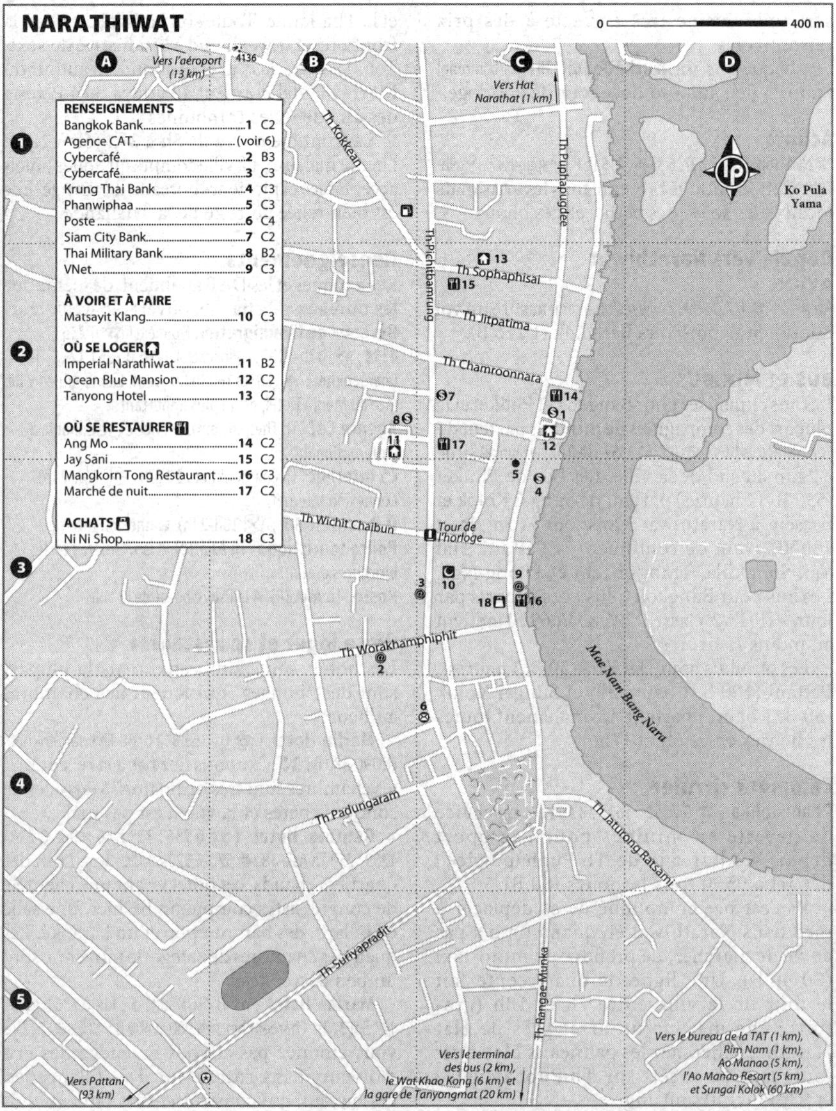

Jay Sani (☎ 0 89657 1546 ; 50/1 Th Sophaphisai ; plats 30-60 B ; ⏲ petit-déj, déj et dîner). Le rendez-vous de la clientèle locale, séduite par une cuisine musulmano-thaïlandaise. Indiquez le curry ou les légumes sautés de votre choix. Et, en entrée, ne ratez pas l'excellent *súp néua* (bouillon de bœuf). Vous verrez : vous ne le regretterez pas !

Ang Mo (angle Th Puphapugdee et Th Chamroonnara ; plats 30-80 B ; ⏲ déj et dîner). Ce restaurant chinois qui ne désemplit pas est délicieux et pas cher. Il a accueilli des proches de la famille royale.

Mangkorn Tong Restaurant (☎ 0 7351 1835 ; 433 Th Puphapugdee ; plats 60-160 B ; ⏲ déj et dîner). Ce petit restaurant de fruits de mer et de poisson, doté d'une salle flottante à l'arrière, sert une cuisine très correcte à des prix raisonnables.

Chaque soir, un **marché de nuit** (Th Pichitbamrung) animé a lieu au nord de la tour de l'horloge.

Achats

Ni Ni Shop (☎ 0 89736 3346 ; 436 Th Puphapugdee ; ⌚ 9h-20h). Cette boutique présente tous les artisanats locaux, des soies, des batiks et des bijoux.

Depuis/vers Narathiwat

AVION

Air Asia (☎ 0 2515 9999 ; www.airasia.com) assure un vol quotidien depuis/vers Bangkok (1 226 B).

BUS ET MINIBUS

Les bus climatisés pour Bangkok et Phuket et la plupart des compagnies de minibus partent du **terminal des bus** (☎ 0 7351 1552 ; Th Rangae Munka) situé à 2 km au sud de la ville. Les bus de Phuket (530 B, 12 heures) partent de Sungai Kolok et passent à Narathiwat 3 fois/jour (à 7h, 9h et 18h30) avant de continuer via Pattani, Hat Yai, Songkhla, Trang, Krabi et Phang-Nga. Les bus pour Bangkok (plusieurs départs par jour, VIP/1re/2e classe 1 296/833/669 B) mettent au moins 15 heures.

Les minibus pour Hat Yai (150 B, 3 heures), Pattani (100 B, 1 heure 30) et Sungai Kolok (80 B, 1 heure) partent normalement toutes les heures entre 5h et 17h.

Comment circuler

Phanwiphaa (☎ 0 7351 1161) assure un service de navette en minibus pour l'aéroport depuis ses bureaux de Th Puphapugdee ; départ à 9h30 tous les jours (80 B).

Il n'est pas compliqué de se déplacer à pied dans Narathiwat et, quand on n'a pas envie de marcher, de prendre un moto-taxi (20-40 B). Une ligne de bus récente fait le tour de la ville entre 7h et 18h (gratuit) ; elle marque un arrêt près de Hat Narathat. Cherchez les panneaux bleu clair indiquant les arrêts sur Th Puphapugdee et Th Phichitbamrung.

SUNGAI KOLOK

สุไหงโกลก

40 500 habitants

Si Narathiwat est officiellement la capitale provinciale, elle paraît bien petite comparée à Sungai Kolok, plus grande et plus bruyante. Cette ville frontière sans âme est le principal point de passage de la côte sud entre la Malaisie et la Thaïlande. Toute son activité est liée à la frontière, et le week-end à l'industrie du sexe. Tous les soirs, les bars qui abondent autour du Marina Hotel donnent à Pattaya ou à Patong des airs de villes tranquilles.

La frontière ouvre de 5h à 21h (6h à 22h à l'heure malaise). La ville compte quelques hôtels acceptables et plusieurs bureaux de change. Elle est bien reliée au reste de la Thaïlande.

Renseignements

Les banques et les DAB abondent, de même que les bureaux de change, ouverts le week-end.

Bureaux de l'immigration Frontière (☎ 0 7361 4114 ; ⌚ 17h-21h) ; Sungai Kolok (☎ 0 7361 1231 ; Th Charoenkhet ; ⌚ 8h30-16h30 lun-ven). Le bureau en ville, face au Merlin Hotel, est le plus important.

Agence CAT (Th Thetpathom). Service de téléphonie à l'international.

CS Internet (Th Charoenkhet ; 20 B/h ; ⌚ 10h-21h). Connexion Internet.

D.D.com (10 B/h ; ⌚ 10h-21h). Connexion Internet.

Police touristique (Th Asia 18). À la frontière ; cartes et brochures gratuites.

Poste (Th Asia 18). À la lisière ouest de la ville.

Où se loger et se restaurer

Les hôtels sont nombreux, mais la plupart sont des "bouges" qui louent des chambres à l'heure.

Merlin Hotel (☎ 0 7361 8111 ; 68 Th Charoenkhet ; ch 390-580 B ; ❄). Ne vous fiez pas à la réception : les chambres sont très ordinaires. Mais elles ne sont pas chères et la vue n'est pas mal.

Genting Hotel (☎ 0 7361 3231-40 ; fax 0 7361 1259 ; 250 Th Asia 18 ; ch 570-1 520 B ; ❄ 🏊). Loin des quartiers chauds, cet hôtel visant une clientèle de congressistes compte un barbier, une salle de billard, des bars, un pub et un karaoké. Les quelques chambres de catégorie moyenne sont un peu décrépites.

Marina Hotel (☎ 0 7361 3881-5 ; fax 0 7361 3385 ; 173 Soi 3, Th Charoenkhet ; ch 980-2 400 B ; ❄ 🏊). Ne vous étonnez pas si vous entendez des cris d'oiseaux dans l'ascenseur. Des salanganes, ces oiseaux qui construisent les fameux nids d'hirondelle, y font leurs nids. En plein centre du quartier chaud, le Marina réunit plusieurs bars et clubs et un restaurant.

Malgré le brassage des cultures et le tourisme, Sungai Kolok n'est pas une halte gastronomique. C'est encore au petit marché de nuit, à côté du bureau de l'immigration, que l'on mange le mieux et le moins cher, surtout sur le stand central où tout est écrit en chinois.

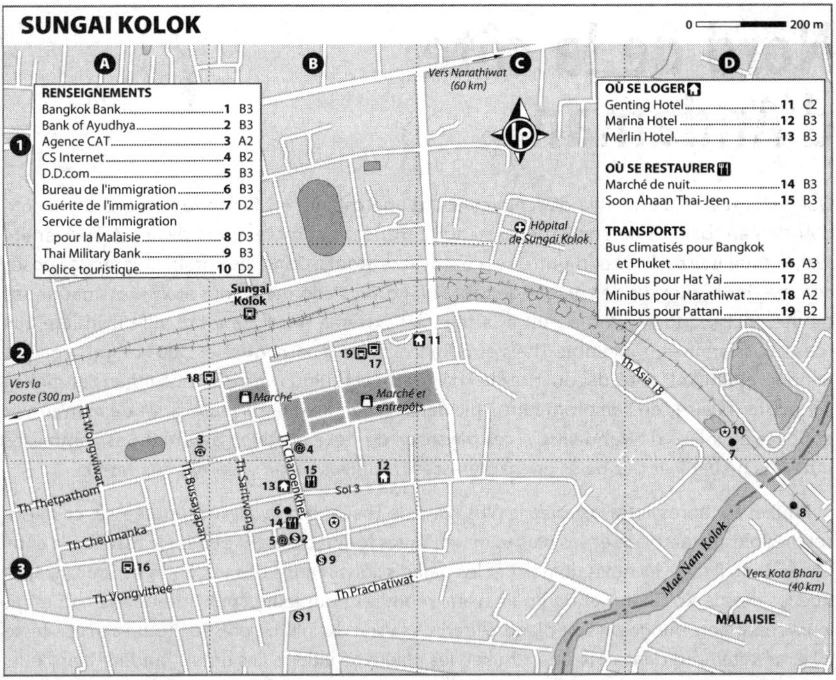

Soon Ahaan Thai-Jeen (thaï-chinois ; ☎ 0 7341 8207 ; angle Th Charoenkhet et Soi 3 ; plats 20-60 B ; petit-déj et déj). Ce petit espace rassemble surtout des enseignes chinoises.

Depuis/vers Sungai Kolok

BUS ET MINIBUS

Le **terminal des bus** (☎ 0 7361 2045) se situe à l'ouest du centre-ville. Chaque jour, 3 bus climatisés vont à Bangkok (18 heures) : un VIP (1 369 B, 12h), un de 1re classe (880 B, 13h) et un de 2e classe (706 B , 8h30). Les bus pour Phuket (556 B) sont à 6h, 8h et 17h30 ; ils passent par Krabi (428 B).

Les minibus pour Narathiwat (80 B) partent toutes les 30 min de Th Asia 18, face à la gare. Ceux pour Pattani (130 B) et Hat Yai (180 B) partent toutes les heures entre 5h et 19h, devant le Genting Hotel.

TRAIN

De Bangkok à la gare de Sungai Kolok, le rapide de 13h et le *special express* de 15h10 mettent au moins 20 heures (180-893 B). Dans l'autre sens, de la **gare de Sungai Kolok** (☎ 0 7461 4060) à Bangkok, le rapide part à 11h30 et le *special express* à 14h20. Comptez 370 B pour une place assise en 3e classe (très inconfortable malgré le ventilateur), 607 B en 2e classe (avec ventilateur), 677/917 B pour une couchette inférieure en 2e classe (ventilateur/climatisation), et 1 753 B en 1re classe. Des trains partent tous les jours pour Phun Phin, Nakhon Si Thammarat et Hat Yai.

Comment circuler

La frontière est à 1 km à l'est du centre de Sungai Kolok ou de la gare. En ville, on se déplace à moto-taxi. La course entre le centre et la frontière revient à 30 B.

De Rantau Panjang (côté malaisien), un taxi collectif pour Kota Bharu coûte environ 8 ringgits/personne – comptez 40 ringgits pour louer la voiture en entier. Le trajet prend 1 heure.

Nord de la côte d'Andaman

Que vous rêviez d'une villa d'architecte ou d'une cabane en bambou, le nord de la côte d'Andaman, baigné de somptueuses eaux turquoise, comblera vos désirs. À l'extrémité sud, la province de Phuket montre ses chatoyants atours. Dans ses hôtels cinq étoiles posés comme des bijoux sur des plages de sable blanc, on s'adonne le jour aux sports nautiques ou aux plaisirs du spa, et la nuit à la fête. À l'extrême nord, Ranong, ville frontière aux rues poussiéreuses, rassemble Thaïs et Birmans. Si vous parcourez les 300 km qui séparent Ranong et Phuket, vous découvrirez le charme de la région : villages musulmans et moken sur pilotis, falaises de karst tombant à pic dans la mer, luxuriants marécages de mangroves et belles envolées d'hirondelles. À ces paysages de carte postale s'ajoutent des complexes hôteliers luxueux et des baies enchanteresses troublées par le vacarme des Jet-Ski.

Phuket est, après Pattaya, le lieu le plus visité de Thaïlande : sa cuisine réputée, ses cabarets, son hédonisme ambiant et ses plages magnifiques font facilement oublier le reste de la côte. Cependant, il faut découvrir le nord et les paradis sous-marins des îles Surin et Similan, ainsi que les îles de Ko Chang et de Ko Phayam, réputées pour leur esprit "retour à la nature" et leurs charmants bungalows de plage. Durant la saison des pluies, presque toute activité cesse à l'extrémité nord de la côte et, à Phuket, les plages se vident. Les hôtels bradent alors leurs séjours et les vagues sont idéales pour le surf.

À NE PAS MANQUER

- Une croisière de plongée dans les **parcs nationaux maritimes des îles Similan** (p. 297) et **Surin** (p. 290), à la recherche des rares requins-baleines
- Les jolies plages, les vues sublimes et la culture thaïlando-musulmane de **Ko Yao** (p. 302)
- Les galeries d'art, les restaurants et les bars dans le vieux quartier de **Phuket-ville** (p. 311)
- Une sortie en kayak de mer dans la superbe baie d'**Ao Phang-Nga** (p. 299)
- La vie débridée dans les bars et sur les plages de **Hat Patong** (p. 325)
- L'exploration des îles de **Ko Chang** (p. 284) et de **Ko Phayam** (p. 287), couvertes de jungle

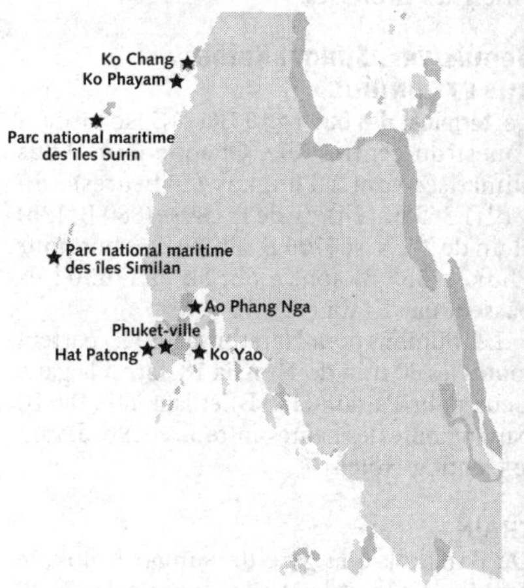

SAISON SÈCHE : NOVEMBRE-AVRIL

SAISON HUMIDE : MAI-OCTOBRE

NORD DE LA CÔTE D'ANDAMAN

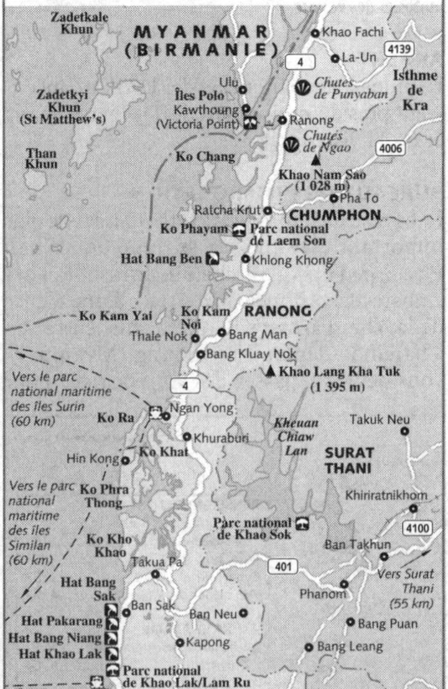

Climat

La côte d'Andaman est plus humide que la côte sud du golfe de Thaïlande. La basse saison, qui correspond aux plus fortes pluies de mousson, s'y étend de mai à octobre. Durant cette période, la mer est agitée et les liaisons en bateau avec certaines îles, tels les archipels des Surin et des Similan, sont suspendues. Sur la partie nord de l'isthme, la Thaïlande se rétrécit, et si le mauvais temps s'installe sur la côte d'Andaman, vous pouvez toujours aller chercher le soleil sur la côte est.

Parcs nationaux

Les parcs nationaux comptent parmi les sites les plus visités dans le nord de la côte d'Andaman. Les eaux turquoise et les îles virginales du parc national d'Ao Phang-Nga (p. 301) attirent nombre de visiteurs à la journée. De fait, on comprend aisément pourquoi Scaramanga (le méchant dans *L'Homme au pistolet d'or*) avait décidé de bâtir son repaire ici. Les amateurs de plongée et de snorkeling envahissent les parcs nationaux maritimes des îles Surin (p. 290) et Similan (p. 297), deux merveilles du monde sous-marin. La plupart y viennent en croisière, de 2 jours à une semaine.

Même la province de Phuket, très urbanisée, abrite son lot de parcs, comme la réserve naturelle royale de Khao Phra Taew (p. 335), qui protège une zone de forêt tropicale au cœur de la jungle de béton, et le parc national de Sirinat (p. 333), territoire littoral parmi les plus sauvages de l'île.

À l'extrême nord de la région s'étend le parc national de Laem Son (p. 286), riche en forêts de mangroves et en sublimes plages désertes où viennent pondre des tortues.

RANONG ET SES ENVIRONS

อ.เมืองระนอง

27 772 habitants

Sur la rive orientale de l'estuaire boueux de Pak Chan, à une encablure de bateau du Myanmar (Birmanie), la ville de Ranong est la moins attirante des capitales provinciales de la côte d'Andaman. À la fois délabrée et frénétique, elle a tout de la cité frontalière typique (on adore ou on déteste), où la population – un mélange de Thaïs et de Birmans – travaille en sous-main pour le commerce international. Pendant des années, la ville a été un point de passage pour régler des formalités de visa, mais les touristes ne bénéficiant maintenant que d'un renouvellement de visa de 15 jours lorsqu'ils traversent la frontière terrestre ou maritime, il est (beaucoup) moins utile d'emprunter cet itinéraire – à moins d'être un expatrié souhaitant une prorogation de visa pour un long séjour. Cela dit, avec ses sources chaudes, sa délicieuse cuisine locale et son accès facile aux somptueuses îles de Ko Chang et de Ko Phayam, Ranong mérite qu'on s'y attarde un jour ou deux.

Renseignements

ACCÈS INTERNET

Cybercafé (225 Th Ruangrat ; 20 B/h ; 10h-24h)

AGENCES DE VOYAGES

De nombreuses agences de voyages sont établies dans Th Ruangrat. Elles s'occupent des formalités de visa, vendent des billets de bus et de bateau, réservent des hébergements sur les îles voisines de Ko Chang et de Ko Phayam, et organisent des excursions d'une journée à Kawthoung (Myanmar).

Pon's Place (0 7782 3344 ; www.ponplace-ranong.com ; Th Ruangrat ; 7h30-24h). Loue également des motos et des voitures.

ARGENT

La plupart des banques et des DAB se concentrent près du croisement de Th Tha Meuang et de Th Ruangrat.

BUREAUX DE L'IMMIGRATION

Le bureau de l'immigration thaïlandais le plus important est situé sur la route de Saphan Plaa, à peu près à mi-chemin de la ville et des embarcadères principaux, en face d'une agence de la Thai Farmer's Bank. Si vous entrez en Thaïlande depuis Kawthoung (Myanmar), vous devrez y passer dès votre arrivée pour

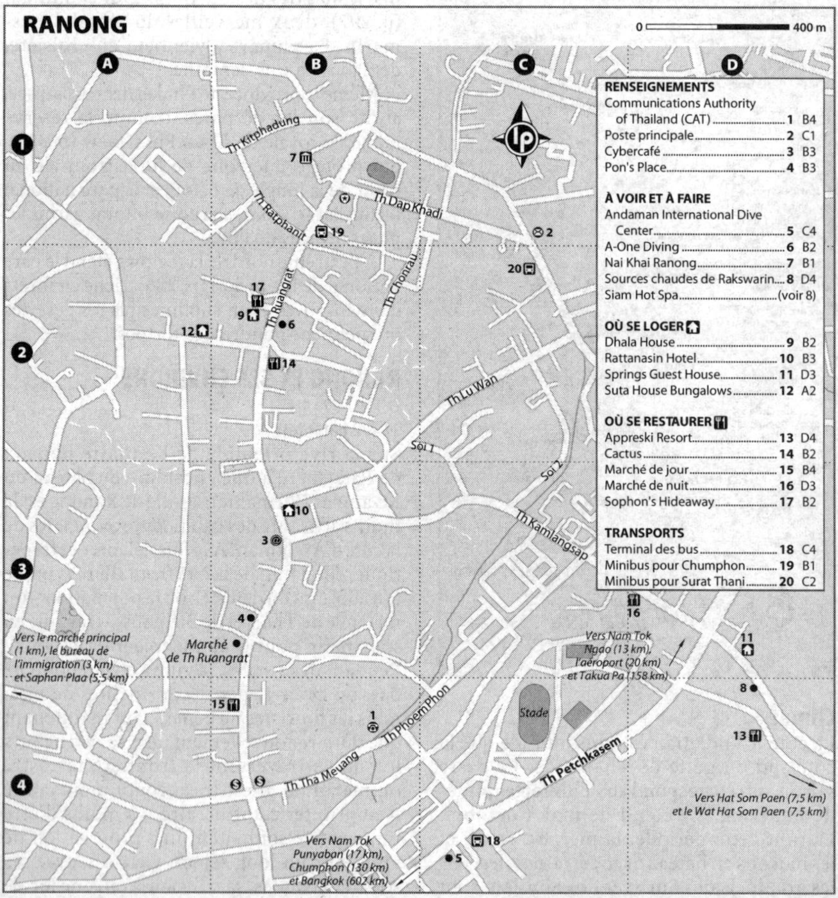

faire tamponner votre passeport avec un visa, mais vous n'obtiendrez toujours que 15 jours de prorogation.

Un autre bureau de l'immigration, plus petit, se trouve à proximité de l'embarcadère de Tha Saphan Plaa. Si vous prévoyez un simple aller-retour à Kawthoung dans la journée, vous pourrez vous contenter de vous rendre dans ce bureau.

Pour plus de détails sur le renouvellement des visas pour la Thaïlande ou sur les excursions à Victoria Point (Myanmar), voir l'encadré p. 285.

POSTE

Poste principale (Th Chonrau ; 🕑 9h-16h lun-ven, 9h-12h sam)

TÉLÉPHONE

Agence CAT (Communications Authority of Thailand ; Th Tha Meuang ; 🕑 24h/24)

À voir et à faire

SOURCES CHAUDES

บ่อน้ำร้อน

Si Ranong n'a pas la sophistication des stations thermales habituelles, ses sources chaudes restent renommées. Pour en profiter, rendez-vous aux **sources chaudes Rakswarin** (Th Petchkasem ; entrée libre ; 🕑 8h-17h), non loin du Wat Tapotaram, qui alimentent des piscines dont la température est suffisante pour faire bouillir des œufs (65°C). Les noms thaïs des trois sources signifient Source Père, Source Mère et Bébé Source. L'eau, considérée comme sacrée, aurait des pouvoirs curatifs miraculeux.

On se baigne ici dans les piscines extérieures au-dessus de la rivière brunâtre et on peut aussi s'allonger sur la grande dalle de béton chauffée.

Le **Siam Hot Spa** (☎ 0 7781 3551 ; www.siamhotspa-ranong.com ; 73/3 Th Petchkasem), en face des sources publiques, propose des bains minéraux plus aseptisés. Faites trempette dans le Jacuzzi (600 B) ou dans des baignoires classiques (300 B), et offrez-vous un gommage au sel (550 B) ou un massage (200 B).

WAT HAT SOM PAEN

วัดหาดสมแเพียร

À quelque 7 km en amont des sources, le village de **Hat Som Paen** est une ancienne cité minière (étain). Au **Wat Hat Som Paen**, les visiteurs du temple nourrissent de fruits les énormes *blah plou ang* (carpes noires) qui évoluent dans le ruisseau. Les fidèles voient dans ces poissons une sorte d'ange (*tair·wá·dah*), qu'on ne saurait toucher ni manger.

NAI KHAI RANONG

ในค่ายระนอง

Le **Nai Khai Ranong** (Th Ruangrat ; entrée libre ; 🕑 9h-16h30) est l'ancienne résidence de Koh Su Chiang, un Chinois du Fujian, qui devint gouverneur de la ville de Ranong sous le règne de Rama V. À la lisière nord de la ville, la demeure est aujourd'hui une maison clanique (où se réunissent tous les Chinois qui portent le même nom de famille) et un sanctuaire religieux.

Des trois bâtiments originaux, il en reste un, rempli de souvenirs des jours glorieux que connut la famille Koh. La grande porte et une partie du mur d'enceinte sont d'époque.

CHUTES D'EAU

La province de Ranong compte plusieurs chutes d'eau réputées. **Nam Tok Ngao** et **Nam Tok Punyaban**, à 13 km au sud et à 15 km au nord de Ranong, sont facilement accessibles depuis la Hwy 4. Prenez un *sŏrng·tăa·ou* (camionnette avec deux banquettes à l'arrière, utilisée comme bus/taxi) dans l'une des deux directions et demandez à descendre à la *nám đòk* (cascade).

PLONGÉE

Des croisières partent de Ranong vers des sites remarquables, réputés dans le monde entier : les Burma Banks, et les îles Surin et Similan. Adressez-vous à **A-One-Diving** (☎ 0 7783 2984 ; www.a-one-diving.com ; 256 Th Ruangrat), spécialisé dans des offres de 4 jours/4 nuits (environ 15 900 B). Sinon, l'**Andaman International Dive Center** (☎ 0 7783 4824 ; www.aidcdive.com ; Th Petchkasem), situé à la gare routière, propose des croisières d'une semaine en direction du Myanmar, ainsi que des séjours de 3 jours en Thaïlande.

Où se loger

N'attendez pas trop des hôtels de Ranong, qui n'offrent pour la plupart que des infrastructures rudimentaires. Cependant, les gérants de ces établissements peuvent vous aider à organiser une excursion pour renouveler votre visa.

Les hôtels des environs de Th Petchkasem (Hwy 4) sont desservis par le *sŏrng·tăa·ou* n°2.

Springs Guest House (☎ 0 7781 2818 ; Th Kamlangsap ; ch avec sdb commune 250 B). Chambres de style rétro (sdb communes), à l'embouchure des gorges de Ranong.

Rattanasin Hotel (☎ 0 7781 1242 ; 226 Th Ruangrat ; ch 250-350 B ;). Installé dans un grand immeuble, le Rattanasin possède un charme un brin sinistre mais indéniable, avec ses escaliers raides en bois, ses sols en béton rouges et ses volets chinois à l'ancienne. Chambres spacieuses et lumineuses. Celles avec ventilateur sont d'un bon rapport qualité/prix.

Suta House Bungalows (☎ 0 7783 2707 ; Th Ruangrat ; ch 390-420 B ;). Une option parmi les plus confortables de la ville, en plein centre, en retrait de la route. Soit un ensemble de bungalows simples, entourés de fleurs. Lits durs ; douches chaudes.

Dhala House (☎ 0 7781 2959 ; 323/5 Th Ruangrat ; ch 400-500 B ;). Charmants bungalows aux sols carrelés et sdb en galets, bordant un jardin, en retrait de la grande rue. La direction sera ravie de vous organiser un départ tardif si vous êtes là pour renouveler votre visa.

Où se restaurer et prendre un verre

Appreski Resort (☎ 08 7817 7033 ; 129/6 Moo 1, Th Petchkasem ; sandwichs 45 B ; petit-déj, déj et dîner). Installé dans les gorges de Ranong et séparé des sources chaudes par la rivière, ce restaurant a bâti sa réputation sur ses tartines à la danoise, garnies de fromage importé, de pâté de foie ou de gravlax fumé sur place.

Cactus (Th Ruangrat ; plats à partir de 69 B ; dîner). D'accord, le Cactus a l'air ringard, avec ses nuées de dames aux longues jambes en shorts et talons aiguilles, servant des tablées de types louches portant des lunettes de soleil la nuit. Et il y a même une machine à karaoké. Cela dit, sachez que la cuisine est ici exceptionnelle – et exceptionnellement épicée. Le *đôm yam gûng* (soupe de crevettes à la citronnelle et aux champignons) est le meilleur que nous ayons goûté, tout comme le poulet aux noix de cajou et les calamars. Service rapide et impeccable.

Sophon's Hideaway (☎ 0 7783 2730 ; Th Ruangrat ; plats 80-250 B ; 10h-24h ;). Le refuge favori des expatriés : accès Internet, billard gratuit, four à pizzas, bar bien fourni, petites fontaines et mobilier en rotin.

Sur Th Kamlangsap, près de la Hwy 4, un marché de nuit propose de succulents plats thaïlandais à petits prix. Le marché de jour de Th Ruangrat offre des repas thaïlandais et birmans bon marché.

Depuis/vers Ranong

BUS

La gare routière se trouve dans Th Petchkasem, à 1 km de la ville, mais certains bus pour Bangkok s'arrêtent au marché principal. Le *sŏrng·tăa·ou* n°2 (bleu) dessert également la gare routière.

Destination	Type de bus	Prix	Durée
Bangkok	VIP	665 B	10 heures
	1re classe	428 B	
	2e classe	357 B	
	ordinaire	220 B	
Chumphon	2e classe	100 B	3 heures
Hat Yai	2e classe	410 B	5 heures
Khuraburi	climatisé	100 B	1 heure 30
Khao Lak	climatisé	170 B	3 heures 30
Krabi	climatisé	300 B	6 heures
Phang-Nga	ordinaire	250 B	5 heures
Phuket	climatisé	240 B	5-6 heures
Takuapa	climatisé	140 B	3 heures
Surat Thani	1re classe	180 B	4-5 heures
	2e classe	100 B	

Des minibus rallient Surat Thani (250 B, 3 heures 30, 4/jour) et Chumphon (120 B, 3 heures, toutes les heures 6h-17h) ; consultez la carte pour connaître les points de départ.

Comment circuler

Des motos-taxis vous conduiront presque partout en ville pour 20 B, aux hôtels de Th Petchkasem pour 25 B et jusqu'à l'embarcadère pour prendre un bateau à destination de Ko Chang, de Ko Phayam ou du Myanmar pour 50 B. Pon's Place (p. 282) peut vous aider à louer une moto ou une voiture.

KO CHANG

เกาะช้าง

Cette petite île peu développée et peu visitée est à des lieues – au sens littéral et figuré – de son homonyme beaucoup plus populaire de la province de Trat. La capitale de l'île, un minuscule village où accostent les bateaux à la saison sèche, est agréable à explorer. Et vous pourrez aussi parcourir les sentiers qui sillonnent l'île. Des aigles de mer, des milans d'Andaman et des calaos nichent ici ; avec un peu de chance, vous les verrez peut-être voler au-dessus des mangroves et de la jungle de la côte est. Sur la côte ouest, la vaste plage d'**Ao Yai** possède au sud un magnifique sable marbré noir et blanc, qui assombrit l'eau claire. Un court sentier mène à **Ao Tadeng**, une autre plage marbrée de l'autre côté du promontoire, parsemée de rochers – le meilleur endroit de l'île pour admirer le coucher du soleil. Les inconditionnels du sable blanc seront aux anges à l'extrémité nord d'Ao Yai.

Il n'y a ni banques ni voitures sur Ko Chang, mais l'Internet est arrivé au **Cashew Resort** (Ao Yai ; 2 B/min).

Les propriétaires de bungalows organisent des **circuits en bateau** vers Ko Phayam et les îles voisines moyennant environ 200 B/pers (déjeuner compris, 6 pers au minimum). Des excursions de plongée sont aussi proposées. **Aladdin Dive Safari** (☎ 0 7782 0472 ; www.aladdindive-cruise.de) offre des cours de préparation au brevet PADI et différentes croisières de plongée de plusieurs jours. Comptez 28 500 B pour une croisière de 5 jours au Myanmar, et 20 400 B pour un circuit de 4 jours aux îles Surin et Similan.

Des sentiers partent au sud du village à l'intérieur de l'île pour rejoindre le bureau du parc national, sur la côte est. Il s'agit de la meilleure portion de jungle intacte de l'île ; ailleurs, la jungle a cédé la place à des plantations d'anacardiers et d'hévéas.

Où se loger et se restaurer

La majorité des établissements disposent de bungalows en bambou rudimentaires et n'ouvrent que de novembre à avril. Certains ont un accès limité à l'électricité, d'autres (peu) ont recours aux énergies solaire et éolienne.

Ao Yai, la plage principale, concentre presque toutes les possibilités d'hébergement. Ao Tadaeng, au sud, reliée par un court sentier à Ao Yai, en compte quelques autres. On peut s'isoler davantage en optant pour les plages du nord et de l'extrémité sud de l'île.

Crocodile Bungalow (☎ 08 0533 4138 ; Ao Yai ; bung 200-350 B). Magnifiques bungalows en bambou perchés sur le promontoire sud d'Ao Yai, et vue superbe sur la baie. Côté restauration, le Crocodile propose, entre autres, des yaourts maison, des pains, des cookies, du bon expresso et une sélection de mets végétariens et de fruits de mer.

RENOUVELER SON VISA À VICTORIA POINT

Appelé Victoria Point par les Britanniques, ce petit port poussiéreux et délabré situé à la pointe du Myanmar est nommé Ko Song (seconde île) par les Thaïlandais. Son nom birman, Kawthoung, est sans doute une déformation de ce nom thaï. Si la plupart des étrangers ne viennent ici que pour renouveler leur visa, l'endroit constitue une agréable destination pour une excursion d'une journée.

La pêche et le commerce avec la Thaïlande sont les principales activités du port, mais Kawthoung est aussi connu pour être le berceau de certains des meilleurs kick-boxeurs du Myanmar. Les îles alentour sont habitées par des communautés de *chow lair* (nomades des mers).

Le moyen le plus simple pour renouveler son visa est d'opter pour l'un des "circuits visa" (à partir de 800 B/pers coût du visa inclus) proposés par les agences de voyages de Ranong, mais vous pouvez aussi vous débrouiller seul.

Lorsque la frontière thaïlando-birmane est ouverte, des bateaux à destination de Kawthoung partent de l'embarcadère de Saphan Plaa (pont Pla ; hors carte p. 282), à 5 km environ du centre de Ranong. Prenez le *sŏrng·tăa·ou* (camionnette) n°2 à Ranong (20 B) jusqu'à l'embarcadère, où des capitaines de *long-tail boats* vous mèneront au guichet de l'immigration, puis à leur bateau (aller/aller-retour 100/200 B par pers). En négociant, faites-vous bien préciser s'il s'agit du tarif par personne ou par traversée, de l'aller ou de l'aller-retour. Au poste de contrôle, vous devrez indiquer que vous venez pour la journée et payer 10 $US (en billets, que vous pouvez obtenir auprès des rabatteurs du port pour 500 B !). Il est aussi possible de passer la nuit dans l'un des hôtels sommaires de Victoria Point. Si vous possédez un visa pour le Myanmar, vous pourrez rester dans le pays jusqu'à 28 jours.

Si vous traversez la frontière pour renouveler votre visa thaïlandais, les formalités prendront au moins 2 heures. N'oubliez pas que le Myanmar retarde de 30 min par rapport à la Thaïlande. Des voyageurs se sont fait piéger par ce décalage : ils ont passé l'immigration birmane avant la fermeture mais ont trouvé porte close au **bureau de l'immigration thaïlandais** (⌚ 8h30-16h30). Pensez à bien vérifier les horaires de ce bureau avant de traverser la frontière, car si vous n'obtenez pas votre tampon au retour, vous devrez retourner au Myanmar le lendemain.

Hornbill Bungalow (☎ 0 7787 0240 ; Ao Hornbill ; bung 200-250 B). Un vrai petit coin de paradis que ces jolis bungalows en bois, très confortables, posés sur une plage dorée isolée face à une crique couleur de jade.

Koh Chang Resort (☎ 08 1896 1839, 08 3969 4022 ; kohchangandaman.com ; Ao Yai ; bung 200-900 B). Autrefois sans pareils, ces bungalows paraissent aujourd'hui un peu défraîchis. Les meilleurs, haut perchés, sont toutefois dotés de vastes terrasses avançant sur la baie.

Mama's (☎ 0 7782 0180, 08 0530 7066 ; mamasbungalows@yahoo.com ; Ao Tadaeng ; huttes 250-300 B). Nichées dans un très joli cadre – une colline rocheuse couverte d'hibiscus, au-dessus d'Ao Tadaeng –, ces huttes en bois de taille correcte ont toutes leur propre sdb, et la cuisine thaïlandaise est l'une des meilleures du coin.

Full Moon Bungalows (☎ 08 7623 6728, 08 4745 4670 ; familymoon99@hotmail.com ; Ao Yai ; bung 250-600 B). Ici, à deux pas du Sawasdee, les petits bungalows anciens en bois, tout comme les nouveaux, plus spacieux, aux couleurs pastel, débordent de bonnes vibrations. Les murs des sdb des plus récents sont décorés de motifs au pochoir. Le propriétaire habite l'île depuis 30 ans.

Sunset Bungalows (☎ 08 5655 5002 ; Ao Yai ; bung 300-400 B). Charmants bungalows en bois avec terrasses en bambou sur la meilleure portion de plage d'Ao Yai. L'agréable restaurant affiche une carte de plats savoureux. Bibliothèque bien fournie.

♡ **Sawasdee** (☎ 08 6906 0900, 08 1803 0946 ; sawadeekohchang@hotmail.com ; Ao Yai ; bung 400-600 B). Le meilleur établissement de l'île. Les nouveaux bungalows en forme de "A" sont très aérés. Et le restaurant en terrasse (bois flotté sous un énorme arbre agrémenté de lampions), aussi chic que délicieux. Propriétaires et personnel énergiques.

Little Italy (☎ 08 4851 2760 ; Ao Yai ; plats 120-200 B). La cuisine que concocte le patron à partir des recettes de sa grand-mère sicilienne est servie au milieu des arbres à 80 m du Wat Pah Ko Chang, sur la plage d'Ao Yai. Également : 2 bungalows (300-400 B) sur pilotis perchés dans les arbres, avec sdb privatives au-dessous.

Tsunami Bar (Ao Yai ; 🕑 9h-tard). Parce que toute île thaïlandaise a besoin de son bar reggae. Le *sound system* à énergie solaire fonctionne tant que les clients dansent. Le Tsunami loue aussi 2 cabanes en bambou sur pilotis (250 B), dans les arbres.

Isolée du reste de Ko Chang, et incroyablement belle, Ao Lek offre un "îlot" de solitude face à la mer turquoise. Il y a là 5 ensembles de bungalows, et si vous prévenez le personnel, on viendra vous chercher à l'arrivée du bateau faisant la navette entre Ranong et Ko Phayam. Les bateaux-taxis de Ko Chang ne s'aventurent pas si loin au sud. En matière d'hébergement, rien ne vaut le **Tommy's Garden** (☎ 08 4993 8545 ; Ao Lek ; bung 150-450 B), qui offre un choix de bungalows branlants en bois (sdb communes) et de bungalows en béton plus spacieux, carrelés (sdb privatives), avec vue sur le soleil levant.

Depuis/vers Ko Chang

À Ranong, prenez un *sŏrng·tăa·ou* (25 B) au marché de Th Ruangrat jusqu'à Tha Ko Phayam, près de Saphan Plaa. Sinon, la plupart des pensions de Ranong pourront vous réserver un taxi qui vous conduira à l'embarcadère (100 B).

De fin octobre à avril, 2 bateaux rapides rallient chaque jour Ao Yai (350 B/pers, 45 min, 10h et 14h30,). Ils repartent pour Ranong à 9h et 13h. Les trois *long-tail boats* taxis quotidiens (150 B, 9h30, 12h, 14h), aussi pratiques, coûtent moins cher. Ils desservent toutes les plages de la côte ouest et repartent à 7h30 et 13h30. Pendant la mousson, les bateaux effectuent la traversée 3 fois/semaine et accostent à l'embarcadère principal, sur la côte nord-est.

Un nouveau service de bateau-taxi reliant Ko Chang à Ko Phayam est assuré uniquement en semaine par le Koh Chang Resort (ci-contre). Les bateaux-taxis (300 B/pers, 1 heure) partent de Ko Chang à 10h du lundi au vendredi ; retour à 15h. Vous pouvez aussi louer un *long-tail boat* pour Ko Phayam par l'intermédiaire du Koh Chang Resort (1 200 B) ou du Mama's (800 B ; voir ci-contre).

PARC NATIONAL DE LAEM SON

อุทยานแห่งชาติแหลมสน

Couvrant 315 km², ce **parc national** (☎ 0 7786 1431 ; www.dnp.go.th ; adulte/enfant 200/100 B) englobe quelque 100 km du littoral de la mer d'Andaman (la plus longue portion de côte protégée du pays) et plus de 20 îles. Une grande partie de la côte est bordée de mangroves et parcourue de canaux de marée, qui abritent diverses espèces d'oiseaux, de poissons, de cervidés et de singes (dont des macaques crabiers). Des tortues de mer viennent pondre sur la plage de Hat Praphat.

La plage la plus accessible est **Hat Bang Ben**, où se situe le bureau du parc. Bordée d'immenses casuarinas, cette large bande de sable blanc, longue de 3 km, est absolument sublime. Au sud, de petites péninsules s'avancent dans l'océan comme autant de doigts, séparées par des criques isolées accessibles uniquement en *long-tail boat*. Toutes les plages sont censées permettre de se baigner en sécurité toute l'année. D'ici, vous pouvez voir plusieurs proches îles, dont Ko Kam Yai, Ko Kam Noi, Mu Ko Yipun, Ko Khang Khao et, au nord, Ko Phayam. Le personnel du parc organise des circuits en bateau vers chacune de ces îles, pour 1 500-1 800 B selon la destination. C'est sûrement le plus bel endroit pour pique-niquer au coucher du soleil dans le nord de la côte d'Andaman.

Avec de spectaculaires plages sur les côtes nord-ouest et sud-ouest, bordées de bungalows, de restaurants et de bars, ainsi qu'un intérieur boisé parcouru de routes en dur et l'un des meilleurs écolodges de la côte d'Adaman, **Ko Phayam** est une jolie petite île animée, de plus en plus appréciée. Elle abrite une riche faune, dont des cochons sauvages, des singes et des serpents, ainsi qu'une avifaune remarquable, notamment des aigles de mer, des toucans et des calaos. Elle ne compte qu'un "village", où l'on trouve l'embarcadère principal et un majestueux bouddha doré au **Wat Phayam**. Une voie pour les motos traverse Ko Phayam, venant enrichir le réseau de routes en béton et de pistes, dont certaines sont défoncées au point de devenir dangereuses. Soyez prudent si vous avez loué un vélo. Ko Phayam est aussi un point d'accès aux îles Surin, soit lors de croisières de plongée, soit avec des bateaux rapides réguliers. Pour des sorties de plongée et des formations PADI, contactez **Phayam Divers** (☎ 08 6995 2598 ; www.phayamlodge.com ; Ao Yai).

Ao Yai est une longue et large baie décontractée attirant tout le monde, des routards prenant une année sabbatique aux couples glamour, en passant par les jeunes familles et les retraités. Ao Khao Kwai est une somptueuse crique accidentée au sable doré, avec des promontoires couverts de jungle et, au large, une barrière rocheuse. C'est également une excellente plage pour nager, excepté à marée basse, lorsque la mer se retire en laissant des laisses de vase à l'extrémité sud, là où la plage est la plus douce et la plus immaculée. Il est toujours possible de nager à Ao Yai. Les meilleurs sites de snorkeling de l'île se trouvent au large de **Leam Rung**, la pointe nord d'Ao Yai.

Ko Khang Khao est réputée pour sa plage couverte de galets colorés, à son extrémité nord. Plus éloignée de l'embouchure de la Mae Nam Chan que Ko Chang, elle offre une meilleure visibilité sous-marine. L'eau de la plage de **Ko Kam Noi**, fraîche toute l'année et relativement claire, est propice à la baignade et au snorkeling (avril étant le meilleur mois de l'année pour en profiter). On trouve de nombreuses étendues herbeuses, idéales pour planter sa tente. La grande île de **Ko Kam Yai**, à 14 km au sud-ouest de Hat Bang Ben, compte une jolie plage et de superbes sites pour le snorkeling. De l'autre côté de Ko Kam Yai, à quelque 200 m, apparaît **Ko Kam Tok** (aussi appelée Ko Ao Khao Khwai). À l'instar de Ko Kam Noi, elle possède une belle plage, des coraux mous, de l'eau fraîche et un terrain de camping.

À 3 km au nord de Hat Bang Ben, de l'autre côté du canal, la plage de **Hat Laem Son**, presque toujours déserte, n'est accessible qu'à pied depuis Hat Bang Ben. Dans la direction opposée, à 50 km au sud de Hat Bang Ben, **Hat Praphat** est une longue plage bordée de casuarinas, comme Bang Ben.

Depuis Ao Khao Kwai, vous pouvez opter pour des sorties de snorkeling de 2 jours/2 nuits au **parc national maritime des îles Surin** (5 000 B/pers, tout compris). De plus en plus appréciées, elles sont dirigées par M. Gao (p. 288).

Où se loger et se restaurer

HAT BANG BEN

Sur la plage, les ensembles de bungalows légers gérés par des familles ont tendance à apparaître, puis à disparaître. Le camping est autorisé partout dans la zone des casuarinas moyennant 80 B/pers (à régler au bureau du parc qui se trouve juste après l'entrée). On peut aussi louer une tente à partir de 150 B/nuit.

Bungalows du parc national (☎ 0 2562 0760 ; reserve@dnp.go.th ; bung avec ventil 1 200 B, maisons avec clim 1 600 B ; ⊠). Faites votre choix entre les bungalows rudimentaires (avec ventilateur) et les maisons climatisées, plus spacieuses. Le restaurant sert 3 repas/jour. Le personnel du parc parle anglais.

KO PHAYAM

Les adresses présentées ci-après se trouvent à Ao Yai, ravissante étendue de sable de 3 km de longueur, à Ao Khao Kwai, plus au nord, et à Ao Hin-Khow, sur le rivage oriental balayé par le vent – un site de plus en plus apprécié par les amateurs de kitesurf.

L'électricité fonctionne souvent du coucher du soleil à 22h ou 23h. La plupart des *resorts* sont ouverts toute l'année et disposent de restaurants servant des plats thaïlandais, dont des fruits de mer grillés le soir. Certaines propriétés proposent un accès à Internet (2 B/min). Sinon, cherchez la Phayam Guesthouse, dans le village.

Mr Gao (☎ 0 7787 0222 ; www.mr-gao-phayam.com ; Ao Khao Kwai ; bung à partir de 250 B). Par rapport à leurs classiques homologues en bambou, ces bungalows en bois verni sont un cran au-dessus en termes de style et de confort. Les couples les adorent. Électricité 24h/24, cybercafé (2 B/min), location de kayaks et organisation du transport pour les îles Surin (voir p. 287) et de voyages de plusieurs jours.

Aow Yai Bungalows (☎ 0 7787 0216, 08 9819 8782 ; Ao Yai ; bung 300-600 B). Le pionnier du bungalow en bambou et chaume, de gestion franco-thaïlandaise, par qui tout a commencé il y a près de 25 ans. Aujourd'hui, il reste l'un des meilleurs établissements du genre sur l'île. Choisissez un petit bungalow dans la palmeraie, ou un modèle plus spacieux sur la plage, à l'extrémité sud d'Ao Yai. Location de matériel de snorkeling, de kayaks et de bodyboards.

Vijit (☎ 0 7783 4082 ; www.kohpayam-vijit.com ; Ao Khao Kwai ; bung 300-800 B ; 💻). Des bungalows immaculés immenses, à l'ombre des arbres, dotés de sdb intérieures/extérieures et de petites touches artistiques.

Bamboo Bungalows (☎ 0 7782 0012 ; www.bamboo-bungalows.com ; Ao Yai ; bung 350-1 500 B ; 🞹 📶). Charmante propriété sur la plage, agrémentée d'un jardin luxuriant et d'un restaurant-lounge (hamacs et balançoires en rondins à l'avant). Les bungalows vont des plus anciens en bambou aux bungalows au toit en pente assez luxueux, avec sol carrelé, ventilateur au plafond et douches extérieures à jet de pluie. Électricité 24h/24 et kayaks gratuits. Les routards au budget pas trop serré affluent.

Archanpan Bungalows (☎ 08 0719 9060 ; Ao Khao Kwai ; bung 400 B). Bungalows rustiques en bois, installés dans une palmeraie bordant une jungle peuplée de calaos, de toucans et de singes.

Jansom Bungalows (☎ 08 9587 8252 ; Ao Khao Kwai ; bung 400 B). Immenses bungalows en bois et chaume dominant une plage rocheuse (à quelques pas d'une plage de sable). Carrelage neuf dans les sdb, électricité 24h/24 et larges terrasses à l'avant. Le restaurant, qui jouit d'une vue magnifique, sert l'une des meilleures et des plus authentiques cuisines de l'île.

Frog Beach House (☎ 08 3542 7559 ; frogbeach@gmail.com ; Ao Yai ; bung 500-800 B). On aperçoit ce magnifique restaurant-lounge en bois en longeant la partie nord, plus calme, d'Ao Yai. Il y a à l'arrière une rangée de bungalows de style thaïlandais, chic et abordable, avec plancher, sdb extérieures, vasques en verre et moustiquaires.

♥ **PP Land** (☎ 08 1678 4310 ; payamppland beach.com ; Ao Hin-Khow ; bung 600 B). Superbe écolodge, au nord de l'embarcadère sur la côte venteuse. Élégants bungalows en béton fonctionnant aux énergies solaire et éolienne, dotés de terrasses surplombant la mer. Les propriétaires thaïlando-belges ont préservé une vaste étendue de jungle au sud du *resort* – si bien que l'on peut observer les oiseaux depuis le dernier étage du bon restaurant. Ils possèdent un jardin bio, produisent leur propre lessive entièrement naturelle et traitent leurs eaux usées grâce à un système de pointe. Certains parlent d'écologie ; eux la vivent. On leur pardonnera donc leur bande sonore des années 1980.

JJ's Seafood (Ao Yai ; plats 80-150 B ; 🕑 déj et dîner). L'un des rares bars et cafés sur la plage. Choisissez une table en bambou enfoncée dans le sable et savourez les délicieux plats thaïlandais et la pêche fraîche au prix du marché.

Où prendre un verre

Hippy Bar (Ao Khao Kwai ; 🕑 11h-2h nov-avr). Superbe bar de plage bricolé avec du bois flotté, des bouteilles, des coquillages et d'autres épaves. La salle ressemble à la proue d'un bateau de pirates. Orchidées et fontaines à cascades, le tout sur fond de *dub*.

River Bar (Ao Yai ; 🕑 11h-2h). Bar recommandé près de l'embouchure de la rivière sur Ao Yai. S'il y a une fête, allez-y.

Depuis/vers le parc national de Laem Son

L'embranchement pour le parc national de Laem Son se trouve à 58 km de Ranong, sur la Hwy 4 (Petchkasem Hwy), entre les bornes des Km 657 et 658. Les bus en direction du sud, au départ de Ranong, peuvent vous y déposer (demandez Hat Bang Ben). Une fois la Hwy 4 quittée, vous devrez héler un pick-up qui se dirige vers le parc. Si vous ne croisez aucun véhicule, sachez que l'entrée du parc se trouve à 10 km de la Hwy 4. La route est goudronnée ; vous n'aurez pas de difficulté à y circuler si vous êtes motorisé.

De Ranong, rejoignez l'embarcadère de Phayam, près de Saphan Plaa, en *sŏrng·tăa·ou* (25 B) depuis le marché de Th Ruangrat. Si votre groupe compte 3 personnes ou plus, il est plus sensé de prendre un chauffeur (100 B).

Des ferrys effectuent quotidiennement la traversée jusqu'à l'embarcadère principal de Ko Phayam (150 B, 1 heure 30-2 heures), à 9h et 14h. Des bateaux rapides (350 B, 45 min) partent à 10h et 14h30. Ensuite, un moto-taxi de l'embarcadère aux plages principales coûte 70 B/pers. Pour le retour vers Ranong, les bateaux partent de Ko Phayam à 9h et 13h. La location d'un *long-tail boat* jusqu'à Ko Chang coûte 1 200 B. Sinon, vous pouvez aussi prendre le bateau-taxi (300 B, 1 heure) qui quitte l'embarcadère principal du lundi au vendredi, uniquement à 15h.

Il est possible de louer des bateaux pour se rendre sur les autres îles depuis le centre d'information du parc. Comptez 1 200-1 500 B/jour.

Comment circuler

Il n'y a ni voitures ni camions sur l'île de Ko Phayam. Le transport est assuré par les motos-taxis, sur des routes adaptées à leur petit gabarit. Comptez 80 B pour rejoindre votre bungalow. Vous pouvez aussi vous déplacer à pied, bien que les distances soient assez grandes : prévoyez environ 45 min entre l'embarcadère et Ao Khao Kwai, la baie la plus proche. Les pistes reculées sont cahoteuses et accidentées, voire pire. Essayez votre vélo et ses freins avant de vous lancer. Vous trouverez des motos à louer à la **Phayam Guesthouse** (☎ 08 7071 3695 ; www.phayam-guesthouse.com ; environ 150 B/jour), dans le village, de même que dans la plupart des grands *resorts*.

KHURABURI

คุระบุรี/ตะกั่วป่า

Cette bourgade charmante (et poussiéreuse) est connue comme point d'embarquement pour les îles Surin. Pour les habitants de la région, il s'agit d'une ville de marché dont dépendent des centaines de pêcheurs de calamar vivant dans des villages en bambou sur pilotis ou dans de nouvelles subdivisions soutenues par la princesse, cachées dans les collines couleur de jade. Nombre de pêcheurs d'origine moken ont gagné l'intérieur des terres après que le tsunami du 26 décembre 2004 a détruit leurs villages en bord de mer. Si vous souhaitez découvrir le Khuraburi authentique, Andaman Discoveries (voir l'encadré ci-dessous) gère d'excellents projets de tourisme communautaire.

PROJETS TOURISTIQUES POUR LE DÉVELOPPEMENT DES COMMUNAUTÉS DE LA PROVINCE DE PHANG-NGA

Quelques années ont passé depuis le tsunami et Phang-Nga semble avoir retrouvé son visage normal, tout du moins si l'on s'en tient aux zones touristiques. Ce que la majorité des visiteurs ignorent, c'est que nombre de communautés de pêcheurs ont vu leur mode de vie bouleversé à jamais, à la suite de la perte d'un parent qui subvenait aux besoins de toute la famille, de la destruction des bateaux et des outils de pêche, ainsi qu'en raison de leur déménagement à l'intérieur des terres, dicté par la nécessité ou par la peur. La reconstruction continue, sous la forme de projets de développement communautaires, auxquels peuvent participer les voyageurs, qui auront ainsi un aperçu de la vie des habitants de la côte d'Andaman.

Andaman Discoveries (☎ 08 7917 7165 ; www.andamandiscoveries.com ; Khuraburi), anciennement Northern Andaman Tsunami Relief, organise des circuits (1-7 jours) axés sur le tourisme communautaire, dont un à Ban Talae Nok, un village de pêcheurs entouré de forêt tropicale et de mangroves, au bout d'une route donnant sur 6 km de plage déserte. Là, un séjour chez l'habitant comprend des activités culturelles et artisanales, ainsi que des sorties de pêche et de snorkeling vers des îles désertes. À cela peut s'ajouter une visite de Muang Kluang, où vous pourrez explorer la baie de Kapoe et rencontrer les habitants, qui proposent des démonstrations d'artisanat et d'agriculture durable.

Andaman Discoveries mène aussi des projets de services à la communauté : un centre de formation pour les enfants des travailleurs immigrés birmans, un orphelinat à la sortie de Khao Lak et une école pour enfants handicapés à Phuket. Il est possible d'y travailler bénévolement et, quel que soit votre choix, cette expérience sera inoubliable.

Pour accéder à Internet, faites une pause au **Good Net** (385-386 Th Pekasem ; 40 B/h ; 10h-23h), à côté de l'arrêt de bus en direction du nord. Pour des informations touristiques, adressez-vous à **Tom & Am Tour** (08 6272 0588), juste à côté. Il y a un DAB rattaché au 7-Eleven jouxtant la station-service, à l'extrémité nord de la zone commerçante, et un autre à la Krung Thai Bank (Th Pekasem).

Où se loger et se restaurer

Tararain River Hut Resort (0 7649 1789 ; bung 300-500 B ;). Les chambres un peu délabrées (avec ventilateur) ont plus de caractère, mais les nouveaux bungalows en béton (climatisés), au bord de la rivière, sont plus confortables.

Boon Piya Resort (0 7649 1969, 08 1752 5457 ; 175/1 Th Pekasem ; bung 650 B ;). Installés dans un jardin en retrait de la route principale, ces bungalows en béton, modernes, spacieux et impeccables, aux toits bleus et aux sols en granit, sont les premiers réservés. Eau chaude, TV câblée, eau en bouteille gratuite et climatisation. Service de blanchisserie. Le parking de nuit est offert si vous réservez votre transport pour les îles Surin par le complexe.

Kurarean Thai Hotel (08 4502 8475 ; www.kurareanthai.com ; ch 650 B ;). Bungalows en béton flambant neufs avec carrelage, grands lits, eau chaude, TV câblée et hauts plafonds. Responsables très accueillants. À l'écart de la grande route, mieux vaut être motorisé.

Kan-Eng Restaurant (08 9727 0254 ; plats 30-80 B). Cette cabane en parpaing et au toit en tôle, au bord de la route, est le meilleur restaurant de la ville. On y sert du *pla tod kamin* (poisson frit au curcuma), difficile à trouver ailleurs, un excellent choix de soupes et les meilleures crevettes de la côte nord.

Marché du matin (Th Pekasem ; plats 25 B ; 6h-10h). Avant de quitter la ville pour les îles Surin, allez au fabuleux marché de Khuraburi, en face du Boon Piya Resort, et mangez avec les habitants qui viennent des quatre coins de la région pour le porridge de riz au porc, les gaufres à la noix de coco et les beignets thaïlandais, à tremper dans le café (trouble) local.

Depuis/vers Khuraburi

Tous les bus à destination de Ranong ou de Phuket s'arrêtent à Khuraburi. Prenez le bus de Phuket jusqu'à Takua Pa, à 50 km au sud de Khuraburi, d'où l'on peut rallier Surat Thani (ordinaire/climatisé 80/100 B, 3 heures), Krabi (ordinaire 120 B, 4 heures) ou le parc national de Khao Sok (60-80 B, 1 heure).

L'embarcadère pour les îles Surin se trouve à 9 km au nord de la bourgade. Quiconque réservera votre place sur le bateau pour les îles organisera votre transfert gratuitement.

PARC NATIONAL MARITIME DES ÎLES SURIN (PARC NATIONAL MU KO SURIN)

อุทยานแห่งชาติหมู่เกาะสุรินทร์

À 60 km de la côte thaïlandaise, et à 5 km de la frontière maritime du Myanmar, le **parc national maritime des îles Surin** (wwwdnp.go.th ; 400 B ; mi-nov à mi-mai) est formé de cinq superbes îles granitiques couvertes d'épaisses forêts tropicales, de plages de sable étincelant s'étirant le long de baies abritées et de promontoires rocheux se jetant dans l'océan. Levez le nez et vous verrez une chaîne de montagnes couvertes de jungle se découper dans le ciel. Baissez les yeux, et vous remarquerez que les eaux abritent une faune sous-marine fantastique et que la visibilité porte souvent à 20 m. Les îles attirent également des *chow lair* (ou *chao leh*), nomades des mers qui vivent dans un village sur le rivage durant la saison de la mousson, entre mai et octobre. Dans la région, ils sont connus sous le nom de Moken, terme dérivé du mot local *ôr gaang*, qui signifie "eau salée".

Ko Surin Neua (au nord) et Ko Surin Tai (au sud) sont les plus grandes îles. Le bureau du parc et les infrastructures destinées aux visiteurs se trouvent à Ao Chong Khad et à Ao Mai Ngam, sur Ko Surin Neua, près de la jetée. La rencontre des chatoyantes eaux émeraude et du sable étincelant de blancheur est un ravissement !

Point de départ vers le parc, l'embarcadère de Khuraburi est à environ 9 km au nord de la bourgade, de même que le **bureau continental du parc** (0 7649 1378 ; 8h-17h), qui fournit de nombreux renseignements et des cartes (personnel prévenant).

À voir et à faire

PLONGÉE ET SNORKELING

Ko Surin Tai et **HQ Channel**, entre les deux îles principales, figurent parmi les sites de plongée les plus remarquables du parc. **Richelieu Rock** (un mont sous-marin à 14 km au sud-est) est aussi techniquement dans le parc, mais relativement plus éloigné. C'est également l'un des meilleurs sites de plongée de la côte d'Andaman – sinon le meilleur.

On peut parfois y observer des requins-baleines en mars et en avril. À 60 km au nord-ouest des îles Surin, les célèbres **Burma Banks**, une chaîne de monts sous-marins, font en général partie du programme des circuits de plongée organisés dans le parc. Les trois principaux plateaux sous-marins, **Silvertip**, **Roe** et **Rainbow**, réservent des plongées inoubliables, avec des champs de coraux recouvrant de hauts plateaux sous-marins, où évoluent de multiples espèces marines. Le parc ne possédant pour l'instant aucune infrastructure de plongée, vous devrez, si vous êtes intéressé, réserver votre circuit sur le continent (comptez 20 000 B environ pour une croisière de 4 jours). Pour plus de détails, reportez-vous à la rubrique *Depuis/vers le parc national maritime des îles Surin* (p. 292) et aux sections consacrées à Khao Lak (p. 295) et à Ranong (p. 283).

La faible profondeur des récifs (5-6 m) favorise également le snorkeling. Chaque jour, 2 excursions de snorkeling de 2 heures partent du bureau du parc, à 9h et 14h. Vous serez surtout en compagnie de Thaïlandais, qui ont l'habitude de nager tout habillés. Si vous cherchez une expérience de snorkeling plus calme, louez votre propre *long-tail boat* auprès du parc national (1 000 B la demi-journée) ou, encore mieux, directement auprès des Moken à **Ban Moken**. C'est à **Ao Mae Yai**, une énorme baie de Ko Surin Neua tout près de Chong Khod, que nous avons admiré les plus beaux coraux mous. La meilleure portion du récif se situe entre les bouées blanches le long de la péninsule nord. Il y a plus de poissons au large de la minuscule **Ko Pajumba**, mais les coraux ne se portent pas très bien. **Ao Suthep**, au large de Ko Surin Tai, abrite de vastes bancs de poissons irisés et des trous bleus peu profonds aux fonds laiteux.

OBSERVATION DE LA FAUNE ET RANDONNÉE

En explorant la lisière de la forêt autour du bureau du parc, vous pourrez observer des macaques crabiers, ainsi que quelque 57 espèces d'oiseaux résidentes, dont le fantastique nicobar à camail, un pigeon endémique des îles d'Andaman. Le long de la côte, vous verrez sans doute des milans sacrés (à dos rouge) et des aigrettes sacrées sur les récifs. Douze espèces de chauves-souris peuplent le parc, notamment la roussette de Malaisie qui se nourrit de fruits, appelée aussi grand renard volant.

Un **sentier de randonnée** cahoteux serpente sur 2 km le long de la côte et dans la forêt, traversant les montagnes escarpées et descendant jusqu'à la plage d'**Ao Mai Ngam**, un bon site de snorkeling, avec un camping et une cantine. À marée basse, on circule facilement entre les deux sites de camping.

AUTRES ACTIVITÉS

Les visiteurs sont les bienvenus dans le **Ban Moken** (village moken) situé à Ao Bon, sur Ko Surin Tai. Après le tsunami, les Moken se sont installés dans cette baie abritée où une importante cérémonie en hommage aux ancêtres (Loi Reua) a lieu en avril. Le parc national organise une **visite du village moken** (300 B/pers). Vous flânerez dans le village, marcherez sur les 800 m du **sentier Chok Madah** pour franchir les collines couvertes de jungle jusqu'à une plage déserte et visiterez un centre d'interprétation. Si vous avez de la chance, peut-être pourrez-vous également faire avancer à la rame un *kabang* (*houseboat* sculpté, dont les différents éléments sont liés avec des matériaux naturels). Les circuits, à réserver la veille, partent à 9h15. Vous pouvez aussi organiser le transport depuis le bureau du parc (100 B/pers). Si vous visitez le village, prenez un peu d'argent pour acheter de l'artisanat. Dans une boîte spéciale, à l'entrée du parc, vous pourrez également déposer des vêtements, qui seront redistribués aux habitants.

Où se loger et se restaurer

Simples et corrects, les lieux d'hébergement du parc se trouvent sur Ko Surin Neua. En raison de l'étroitesse des plages, le secteur peut sembler bondé quand ils affichent complet (environ 300 personnes). Réservez sur le site www.dnp.go.th ou par l'intermédiaire du **bureau continental du parc** (☎ 0 7649 1378 ; 🕑 8h-17h), à Khuraburi. La clientèle, majoritairement thaïlandaise, donne aux lieux un joyeux air de camp de vacances. Vous pourrez camper sur Ao Chong Klod et Ao Mae Ngam. La première possède la plage la plus spectaculaire ; la deuxième, qui se remplit en dernier, est plus isolée et paraît plus sauvage, avec son étroite bande de sable blanc nichée dans les mangroves. Il n'y a pas de bungalows sur Ao Mae Ngam.

Les **bungalows** (2 000 B) sont pourvus de plancher et de terrasses privatives, ainsi que de sdb (terre cuite) et de ventilateurs qui fonctionnent toute la nuit. Vous pourrez louer des **tentes** (2/4 pers 300/450 B, literie 60 B/pers), ou planter la vôtre (80 B/nuit). Un groupe électrogène fonctionne jusqu'à 22h.

Un **restaurant** (plats à partir de 80 B, menus 170-200 B) affilié au parc sert une cuisine thaïlandaise correcte.

Depuis/vers le parc national maritime des îles Surin

Un "grand bateau", qui était en cale lors de notre visite, devrait avoir repris son service avant votre passage. Quand le parc est ouvert, il part tous les jours de l'embarcadère de Khuraburi à 9h et rentre à 13h (aller-retour 1 300 B, 2 heures 30 aller). Toutefois, la plupart des tour-opérateurs utilisent désormais exclusivement des bateaux rapides (aller-retour 1 600 B, 1 heure aller), qui partent chaque matin aux alentours de 9h et acceptent les voyageurs indépendants. Le retour se fait à la date de votre choix.

Plusieurs tour-opérateurs organisent des circuits d'une journée (2 700 B repas et logement dans le parc inclus) dans le parc. Le meilleur choix en termes de sécurité, de service et de rapport qualité/prix est offert par **Barracuda Diving** (☎ 0 7649 1900 ; www.barracudadiving.com ; 179-180 Th Pekasem), qui est cogéré par le Boon Piya Resort (p. 290). Les agences de Hat Khao Lak (p. 296), de Phuket (p. 308) et de Ranong (p. 283) sont les options de réservation les plus pratiques pour les croisières de plongée. Les transferts depuis le lieu d'achat sont toujours inclus dans leurs prix.

KO PHRA THONG

เกาะพระทอง

Une légende raconte que, il y a plusieurs siècles, des pirates qui avaient leur repaire sur cette île y enterrèrent dans le sable un bouddha d'or. Ko Phra Thong, l'"île au Bouddha d'Or", n'est pas près de livrer son secret, mais les sables étincelants de ses belles plages sont bel et bien le trésor des touristes.

Sur cette île paisible, les habitants vivent toujours de la pêche (calamars, crevettes et méduses). La spécialité locale est le *gà·Ъì* (pâte de crevettes fermentée).

♥ **Golden Buddha Beach Resort** (☎ 0 1892 2208 ; www.goldenbuddharesort.com ; bung 3 300-16 800 B). Le complexe hôtelier le plus renommé de l'île attire nombre d'amateurs de yoga. L'hébergement consiste en élégantes maisons en bois qui se fondent dans la nature, toutes avec sdb en plein air, donnant à la fois sur la mer et la forêt environnante.

Aucun bateau ne dessert Ko Phra Thong, mais si vous souhaitez vous y rendre, prenez l'un des bateaux de croisière de plongée qui rallient les îles Surin depuis l'embarcadère de Khuraburi (voir p. 289), en demandant au préalable au pilote de faire un petit crochet par Ko Phra Thong (moyennant un petit pourboire). Mieux vaut toutefois contacter le Golden Buddha Beach Resort qui vous trouvera un bateau.

Les habitants du village de Tung Dap, à la pointe sud de l'île, ont demandé que les touristes ne viennent pas visiter ce secteur. Veillez à respecter leur souhait en évitant ce coin.

PARC NATIONAL DE KHAO SOK

อุทยานแห่งชาติเขาสก

Le parc national de Khao Sok, à l'intérieur des terres, n'a pas son pareil en matière de merveilles naturelles. Beaucoup pensent que cette jungle de faible altitude – le lieu le plus humide du pays – aurait plus de 160 millions d'années, ce qui en ferait l'une des plus anciennes forêts tropicales du monde. Elle se caractérise par d'impressionnantes formations calcaires et des cascades qui traversent l'épais couvert forestier d'eau de pluie et de rosée. Un réseau de sentiers sillonne le parc paisible, ce qui permet aux visiteurs d'observer de nombreux animaux.

Renseignements

Le **bureau du parc** (☎ 0 7739 5025 ; www.khaosok.com ; 400 B) et le centre d'information des visiteurs se trouvent à 1,8 km de la Route 401, près du Km 109.

Le meilleur moment pour se rendre dans le parc se situe entre décembre et avril – soit à la saison sèche. Pendant la saison des pluies (juin-octobre), les sentiers peuvent être très glissants et les inondations soudaines sont fréquentes, et parfois mortelles. D'un autre côté, les animaux quittent leurs habitats dissimulés pendant cette période, et vous aurez alors plus de chances d'observer de grands spécimens.

À voir et à faire

La vaste superficie de Khao Sok en fait l'un des derniers habitats viables pour les **grands mammifères**. Pendant les mois les plus humides, vous croiserez peut-être des ours, des sangliers, des gaurs, des tapirs, des gibbons, des cervidés, des éléphants sauvages, voire un tigre. Il y a plus de 300 espèces d'oiseaux, 38 races de chauves-souris et l'une des plus grandes fleurs du monde, la rafflésie, une fleur rare que l'on trouve en Thaïlande uniquement à Khao Sok. Cette **fleur géante**, qui peut atteindre 80 cm de diamètre, ne possède ni racines ni feuilles ; elle parasite l'intérieur des racines des lianes.

À 1 heure de route à l'est du centre d'information des visiteurs, l'immense **Kheuan Chiaw Lan** a été créé en 1982 par le barrage de schiste argileux de Ratchaprapha (Kheuan Ratchaprapha ou Kheuan Chiaw Lan). Les affleurements calcaires qui émergent de ce lac atteignent 960 m de hauteur, soit plus du triple des formations géologiques de Phang-Nga. Les plongeurs aguerris peuvent explorer les eaux couleur d'émeraude et apercevoir des stalagmites fantomatiques avec l'équipe de plongée technique de **Big Blue** (☎ 0 7745 6415 ; www.bigbluekhaosok.com), un organisme basé sur l'île de Ko Tao.

La grotte **Tham Nam Thalu** contient de surprenantes formations calcaires et un réseau de cours d'eau sous-terrains, tandis que dans la grotte **Tham Si Ru** convergent quatre galeries souterraines qui servirent d'abri aux insurgés communistes entre 1975 et 1982. Ces grottes sont accessibles à pied depuis la rive sud-ouest du lac. Vous pouvez louer un bateau auprès des pêcheurs locaux pour explorer les criques, les canaux, les grottes et les anfractuosités le long des berges du lac.

Promenades à dos d'éléphant, kayak et rafting sont des activités prisées dans le parc. Vous pouvez aussi organiser des circuits à pied depuis n'importe quelle pension – assurez-vous seulement d'avoir un guide assermenté (ils portent un badge officiel). Divers sentiers partant du centre d'information conduisent vers les chutes d'eau de **Sip-Et Chan** (4 km), de **Than Sawan** (9 km) et de **Than Kloy** (9 km), entre autres destinations.

Où se loger

La route qui mène au parc est bordée de charmants bungalows, confortables et ventilés, situés en pleine nature. Essayez d'arriver en journée, afin de vous balader sur cette portion de route et de choisir votre hébergement. Tous les *resorts* proposent des circuits et des transports dans le parc.

Jungle Huts (☎ 0 7739 5160 ; huttes 300-1 200 B). Un bon choix pour les routards, avec des excursions gratuites aux chutes d'eau et pour observer les singes.

Khao Sok Rainforest Resort (☎ 0 7739 135 ; www.krabidir.com/khaosokrainforest ; bung 400-600 B). Ces huttes sur pilotis longent les méandres de la rivière. Le programme de protection de la nature organisé en interne inclut des randonnées à faible impact sur l'environnement et des projets de reboisement.

Tree Tops River Huts (☎ 08 1958 0629 ; www.treetopsriverhuts.com ; bung 500-1 400 B). Cabanes dans les arbres assez douillettes, avec vue sur les falaises calcaires.

Our Jungle House (☎ 08 1417 0546 ; huttes 800-2 400 B). Cabanes dans les arbres et de nombreux circuits et activités (rafting, promenade à dos d'éléphant, randonnées guidées et safaris au clair de lune).

Cliff & River Jungle Resort (☎ 08 7271 8787 ; www.thecliffandriver.com ; bung 1 800 B). Ce magnifique ensemble de bungalows en bambou sur pilotis est installé au pied des falaises escarpées, à l'écart des hébergements bon marché de Khao Sok. Cuisine délicieuse.

Comment s'y rendre et circuler

Des minibus pour Khao Sok (150-200 B, 1 heure, 100 km) partent au moins 2 fois/jour de Surat Thani. Les billets peuvent être réservés auprès de la plupart des agents de voyages de Surat. Sinon, prenez un bus vers Takua Pa. Sur la côte d'Andaman, vous pourrez prendre un bus à destination de Surat Thani depuis Phuket (220 B, 3 heures), Khao Lak (150 B, 1 heure 30) ou Takua Pa (60-80 B, 1 heure). Les bus vous déposeront le long de la grande route (Route 401), à 1,8 km du centre d'information. Si les rabatteurs des pensions ne viennent pas à votre rencontre, vous devrez marcher jusqu'à l'hébergement de votre choix (entre 50 m et 2 km).

Pour explorer le lac Chiaw Lan, louez un *long-tail boat* (2 000 B/jour) à l'entrée de la digue.

HAT PAKARANG ET HAT BANG SAK

หาดปะการัง/หาดบางสัก

Les plages de Pakarang et de Bang Sak, une longue bande de sable paisible, ne cessaient d'attirer un nombre toujours croissant de touristes, jusqu'à ce que le tsunami de 2004 balaie en un instant tous les hôtels et les commerces des lieux. Dans le village de pêcheurs de calamars de **Baan Nam Kem**, qui a subi les plus grandes pertes humaines, le **parc du mémorial** (Tsunami Memorial Park) – un monument en forme de vague en granit noir et en terre cuite, à quelques pas de la plage – témoigne de cette catastrophe. Aujourd'hui encore, le sable blanc reste pratiquement désert. Avec d'épaisses mangroves, de vastes pâturages vallonnés et des plantations d'hévéas formant une large zone tampon entre la côte et la grande route, vous aurez ici l'impression d'avoir tout laissé derrière vous en arrivant.

Si vous avez toujours recherché une longue vague constante au bord d'une plage déserte avec presque aucun surfeur dans l'eau, **Hat Pakarang** est la destination de vos rêves. **Pakarang Surf Shop** (☎ 0 7648 5350 ; pakarangsurfshop.com ; Th Petchkasem), à Khao Lak, loue des planches de surf (200 B/heure), propose des cours (1 000 B, 1 heure 30) et fournit des renseignements sur les spots de surf du coin.

Où se loger et se restaurer

Seuls quelques hôtels bordent cette belle étendue de sable, ce qui en fait un havre de paix des plus romantiques.

White Sand Beach Bungalow (☎ 0 7648 7580 ; Hat Pakarang ; bung 1 500 B ; ❄). À deux pas du Sarojin, 8 bungalows rudimentaires impeccables (climatisation, grands lits et eau chaude) et une portion de sable cinq étoiles. Les touristes venus pour la journée descendent de Khao Lak jusqu'à l'attrayant restaurant sur la plage. Le soir, vous l'aurez pour vous seul.

Le Meridian (☎ 0 7642 7500 ; www.lemeridian.com ; Hat Bang Sak ; ch à partir de 6 320 B, villas à partir de 11 200 B ; ❄ 💻 📶 🏊). Un immense *resort* quatre étoiles (243 chambres et 20 villas), et le seul hébergement sur Hat Bang Sak. L'endroit n'a ni le charme ni le service du Sarojin, mais il est légèrement moins cher et certainement majestueux, s'étendant de la grande route jusqu'à la mer.

Sarojin (☎ 0 7642 7900-4 ; www.sarojin.com ; Hat Pakarang ; ch 12 500-23 250 B ; ❄ 💻 📶 🏊). Ce paisible refuge allie les styles japonais et thaïlandais moderne, et offre un service parfait dans un cadre raffiné et intime (56 chambres seulement). Le spa (soins à partir de 2 300 B), ouvert sur les cocotiers et les mangroves, est exceptionnel. Superbe piscine avec d'élégantes huttes de repos dominant l'eau cristalline ; cours de cuisine sur les rives de la rivière Takuapa, où s'ébattent des buffles d'eau ; et excursions privées de plongée et de snorkeling organisées aux îles Similan et Surin. Les enfants ne sont pas admis.

Depuis/vers Hat Bang Sak

De Khao Lak, prenez l'un des *sŏrng·tăa·ou* (15 B) qui circulent fréquemment entre 8h30 et 17h. Les bus assurant la liaison entre Takua Pa et Phuket vous y mèneront aussi, mais la nationale est loin à pied de la plupart des *resorts*. Mieux vaut prendre les transports en commun jusqu'à Khao Lak, puis louer un *sŏrng·tăa·ou* (500-700 B).

HAT KHAO LAK

หาดเขาหลัก

Juste avant d'arriver, après un virage, la vaste baie de Khao Lak, en forme de fer à cheval, apparaît, adossée à des collines de granit couvertes d'une forêt tropicale dense. Vous remarquerez les toits des *resorts* dépassant entre les cocotiers, et les touristes en train de se prélasser ou de se promener sur le sable doré, tandis que la mer turquoise caresse le rivage.

Si vous continuez sur la route principale, vous découvrirez le côté sombre de Khao Lak, sous la forme d'un cuirassé de la police (bateau 813) échoué dans un champ désert, et entouré de touristes prenant des photos. Une preuve que les blessures de Khao Lak sont profondes, même si le tourisme a repris depuis le tsunami. En dehors d'Aceh, aucun lieu n'a été si durement touché le 26 décembre 2004.

En tant que base la plus pratique pour explorer les îles Similan ou, sur le continent, les merveilleux parcs nationaux de Khao Sok et de Khao Lak/Lam Ru, rien d'étonnant à ce que Hat Khao Lak soit jalonnée, sur sa grand-route, de boutiques, de restaurants, de bars et de bureaux touristiques.

L'Internet est largement disponible, et on trouve des DAB et des banques partout.

À voir et à faire

Le secteur au sud de Hat Khao Lak fait partie du vaste **parc national de Khao Lak/Lam Ru** (☎ 0 7642 0243 ; www.dnp.go.th ; adulte/enfant 100/50 B ; 🕑 8h-16h30), d'une superficie de 125 km², qui englobe un ensemble de falaises au bord de la mer, des collines hautes de 1 000 m, des plages, des estuaires, des vallées boisées et des mangroves. Calaos, drongos, tapirs, ours noirs d'Asie, gibbons et autres singes en forment la faune. Le centre d'information des visiteurs, non loin de la Hwy 4, entre les bornes des Km 56 et 57, possède peu de cartes et de brochures, mais dispose d'un ravissant restaurant en plein air perché sur un versant ombragé surplombant la mer. Depuis le restaurant, vous pourrez emprunter un sentier nature assez facile (3 km aller-retour), qui longe le cap pour aboutir à la plage de Hat Lek, souvent déserte.

Nombre d'agences en ville organisent des randonnées guidées le long de la côte ou à l'intérieur des terres, ainsi que des excursions en *long-tail boat* jusqu'à l'estuaire du **Khlong Thap Liang**, où l'on peut apercevoir des macaques crabiers dans la mangrove. Entre Khao Lak et Bang Sak, le réseau de **chemins de sable** – dont certains mènent à des plages désertes – est très agréable à parcourir à pied ou à moto. La plupart des hôtels de la ville louent des motos pour 250 B/jour.

La route de la plage de Nanthong (en contrebas) est parallèle à la route principale. Elle offre un accès public à la meilleure plage de Khao Lak.

À 2,5 km au nord de Hat Khao Lak, **Hat Bang Niang** mérite vraiment une visite si vous êtes à la recherche de tranquillité. Vous ne pourrez pas manquer le **bateau 813**, échoué en plein champ à 1 km du rivage – témoignage du pouvoir destructeur de la nature dans la région. Non loin, vous verrez un kiosque d'information avec une chronologie du tsunami en thaï et en anglais, ainsi qu'un livre de photos en vente. Le trajet en *sŏrng·tăa·ou* depuis Khao Lak coûte seulement 50 B.

PLONGÉE ET SNORKELING

Les excursions de plongée ou de snorkeling à la journée aux îles Similan et Surin sont réputées, mais, si vous le pouvez, optez pour une croisière. Les îles se trouvant à 60 km des côtes (environ 3 heures de bateau), il sera moins fatigant d'y passer une nuit ou plusieurs, et plus plaisant de les découvrir sans la foule des excursionnistes à la journée. Tous les clubs de plongée proposent des croisières (10 000/19 000 B pour un forfait de 2/3 jours) ou des circuits d'une journée (4 900-6 500 B).

Les clubs de plongée ont aussi pensé aux adeptes du snorkeling, qui peuvent se joindre à certains circuits ou croisières de plongée avec une réduction de 40%. Sinon, des agences de voyages partout en ville organisent des excursions de snorkeling encore moins chères aux îles Similan (environ 2 700 B). Des cours pour l'obtention du brevet PADI Open Water

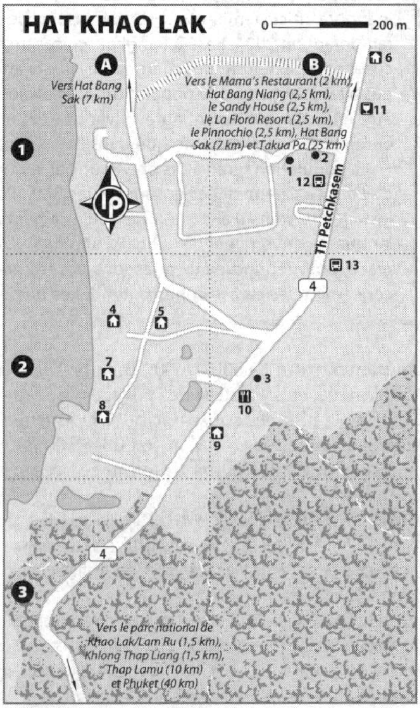

À VOIR ET À FAIRE

Big Blue	1	B1
IQ Dive	(voir 3)	
Liquid	2	B1
Wicked Diving	3	B2

OÙ SE LOGER

Greenbeach	4	A2
Khao Lak Bhandari	5	A2
Khao Lak Youth Club	6	B1
Nangthong Bay Resort	7	A2
Nangthong Beach Resort	8	A2
Walker's Inn	9	B2

OÙ SE RESTAURER

Phu Khao Lak	10	B2

OÙ PRENDRE UN VERRE

Happy Snapper	11	B1

TRANSPORTS

Arrêt de bus (vers le nord)	12	B1
Arrêt de bus (vers le sud)	13	B2

UN SYSTÈME DE DÉTECTION PRÉCOCE DES CATASTROPHES

Le matin du 26 décembre 2004, un tremblement de terre ébranla les fonds marins au large de la côte nord-ouest de l'île indonésienne de Sumatra, provoquant un tsunami qui frappa presque toutes les provinces de la côte d'Andaman, en Thaïlande, avec des vagues atteignant 10 m de hauteur dans les régions les plus touchées. La catastrophe fit des milliers de morts ; les dégâts causés aux habitations et aux commerces furent estimés à plusieurs millions de dollars. En 2005, la Thaïlande inaugura officiellement un système national de détection des catastrophes, qui lui avait cruellement fait défaut en 2004. Basé à Bangkok, ce centre emploie une équipe spécialisée dans la gestion des crises et des scientifiques chargés d'évaluer l'intensité des catastrophes naturelles et de transmettre des avertissements à la population. On considère qu'en cas de tsunami un avertissement pourrait être émis dans la demi-heure suivant sa détection par les systèmes internationaux existants, qui enregistrent l'activité sismique dans l'océan Indien.

La population serait alors prévenue par les radios et les chaînes de télévision nationales, la chaîne de l'armée Channel 5 et des messages SMS. Pour les étrangers ne parlant pas le thaï, le centre a installé des tours d'alerte sur les plages à haut risque, qui diffuseraient des messages en plusieurs langues et enverraient des signaux lumineux. Un **centre d'appels** (☎ 1860) a également été mis en place, pour répondre aux questions posées par la population et récolter tous les renseignements concernant les catastrophes potentielles ou déclarées.

coûtent partout 10 000-18 000 B, selon le spot de plongée, et il y a aussi des voyages "découverte de la plongée sous-marine" à la journée dans l'archipel des Similan (6 000-6 500 B).

Voici quelques clubs de plongée recommandés :

Big Blue (☎ 0 7648 5544 ; www.bigbluekhaolak.com). Club suédo-japonais. Ses hors-bord, ses croisières et ses moniteurs de plongée sont parmi les meilleurs à Khao Lak.

IQ Dive (☎ 0 7648 5614 ; www.iq-dive.com). Un autre prestataire réputé et responsable, proposant diverses sorties à la journée, ainsi que des croisières de plongée.

Liquid (☎ 0 7648 5068 ; www.liquid-adventure.com). Organise des excursions à la journée à bord de sa propre vedette et fait office d'agent pour les croisières de plusieurs jours au départ de Khao Lak, avec des bateaux et des itinéraires pour tous les budgets.

♡ **Wicked Diving** (☎ 0 7648 5868 ; www.wickeddiving.com). Club très bien géré et respectueux de l'environnement. Excursions de plongée et de snorkeling avec une nuit dans des bungalows au parc national, ainsi qu'un choix de croisières, dont des circuits écologiques "requins-baleines et raies mantas" (Whale Sharks & Mantas), "tortues et récifs" (Turtle & Reefs) et "requins et raies" (Sharks & Rays), organisés en coopération avec Ecocean (www.whaleshark.org). Propose aussi toutes les formations PADI.

Où se loger

Les hébergements pour routards sont majoritaires dans le centre de la ville, animé et congestionné, tandis que les *resorts* trois ou quatre étoiles dominent la côte.

PETITS BUDGETS

♡ **Khaolak Youth Club** (☎ 0 7648 5900 ; www.khaolakyouthclub.com ; dort 250 B, bung 1 200 B ; ❄ 📶). Les voyageurs au budget serré apprécieront le vaste dortoir lumineux et mixte, avec ventilateur. Bien sûr, pour d'autres, les hauts plafonds et les murs aux briques apparentes ne peuvent rivaliser avec les sdb privatives. Ils choisiront alors un charmant bungalow en bois, au charme suranné, avec climatisation et TV à écran plat.

Walker's Inn (☎ 0 7648 5668 ; Th Petchkasem ; ch 400-750 B ; ❄ 📶). Des chambres carrelées, spacieuses et rudimentaires, avec climatisation et eau chaude, au-dessus d'un pub. Balcon privatif pour certaines.

Sandy House (☎ 0 7648 6224 ; www.infothesandyhouse.com ; ch 800 B ; ❄ 💻). À l'intérieur des terres près du La Flora, à Bang Niang, et à une courte marche d'une magnifique plage, une maison couleur de corail de 3 étages (sans ascenseur) prisée pour ses chambres carrelées, équipées de grands lits, d'un miniréfrigérateur et de la TV câblée.

CATÉGORIE MOYENNE

Bungalows du parc national de Khao Lak/Lam Ru (☎ 0 2562 0760 ; reserve@dnp.go.th ; bung 800-2 000 B). Une poignée de bungalows (4 ou 6 lits) assez sommaires, dans le parc national. Le cadre ravira les amoureux de nature.

Greenbeach (☎ 0 7648 5845 ; greenbeach_th@yahoo.com ; bung 1 300-2 300 B ; ❄). Sur une superbe portion de plage, un lieu au charme familial, qui s'étend à l'arrière dans un jardin. Les bungalows en bois sont dotés de portes vitrées, de ventilateurs, de la climatisation et de terrasses ombragées. Même les chambres les moins chères ont vue sur la mer.

Nangthong Bay Resort (☎ 0 7648 5088 ; www.nangthong.com ; ch 1 500-3 000 B ;). Il s'agissait du meilleur établissement de catégorie moyenne sur la plage, jusqu'à l'ouverture du Nangthong Beach Resort. Les chambres affichent une décoration minimaliste en noir et blanc ; les moins chères, en retrait de la plage, présentent un excellent rapport qualité/prix. Cadre luxuriant, service excellent.

Nangthong Beach Resort (☎ 0 7648 5911 ; www.nangthong.com ; ch 2 000-2 200 B, bung 2 500-3 000 B ;). Le meilleur choix à Khao Lak même, avec des chambres spacieuses bien aménagées et des bungalows encore plus grands, aux sols en carreaux de céramique et meubles de bois sombre. Jardin fleuri, service impeccable et la plus belle portion de plage de la ville.

CATÉGORIE SUPÉRIEURE

Khao Lak Bhandari (☎ 0 7648 5751 ; www.khaolakbhandari.com ; chalets 4 900 B, bung 6 900 B ;). Séparés de la plage par la route, de spacieux bungalows et chalets de style thaïlandais, vieillissants mais toujours élégants, avec de hauts plafonds et des toits pentus, tous équipés de douches et de baignoires. Le spa (massages à partir de 600 B, gommages à partir de 800 B) offre le meilleur rapport qualité/prix de la région.

La Flora Resort (☎ 0 7642 8000 ; www.lafloraresort.com ; Hat Bang Niang ; ch 5 700-7 700 B, villas 9 000-10 500 B ;). Cet élégant *resort* quatre étoiles a été complètement détruit par le tsunami. Ce qu'il est impossible de deviner aujourd'hui. Les grandes villas sont dotées de piscines à débordement au bord de la plage, et les chambres au sol en marbre, pourvues de tous les équipements modernes (stations pour iPod, diffuseurs d'aromathérapie) et décorées d'art moderne.

Où se restaurer et prendre un verre

Vous découvrirez d'excellentes tables en vous aventurant en dehors des restaurants des hôtels.

Mama's Restaurant (☎ 08 4850 7417 ; Th Petchkasem ; plats 60-300 B). Personne ne prépare les fruits de mer comme Mama, toujours installée en contrebas du bateau 813. Les cakes au poisson et le barracuda sauté au curry jaune sont fameux, tout comme les calamars.

Phu Khao Lak (☎ 0 7648 5141 ; Th Petchkasem ; plats 80-240 B ; petit-déj, déj et dîner). Avec ses lampions qui se balancent et ses tables couvertes de nappes qui s'étendent sur la pelouse à l'extrémité sud de la bande de Khao Lak, il est difficile de manquer cette adresse. Et ce serait de toute façon dommage, la préparation des plats étant impeccable.

Pinocchio (☎ 0 7644 3079 ; 67/61 Th Hat Bang Niang, Hat Bang Niang ; plats 240-480 B). Un joli restaurant italien dans un jardin, éclairé à la lueur des bougies, agrémenté d'un grand four à pizza en pierre. Vins et fromages importés, délicieux pain et pizzas, pâtes maison et *gelati* (glaces).

Happy Snapper (☎ 0 7648 5500 ; Th Petchkasem). On vient dans ce bar pour les bons alcools et la musique live – un groupe s'y produit 6 soirs/semaine en haute saison, mené par le propriétaire, véritable légende de la basse.

Depuis/vers Hat Khao Lak

Les bus qui circulent sur la Hwy 4 entre Takua Pa (50 B, 45 min) et Phuket (80 B, 2 heures) s'arrêtent à Hat Khao Lak sur demande. Ils peuvent également marquer un stop près de l'hôtel Merlin et du bureau du parc national de Khao Lak/Lam Ru. En taxi, vous êtes à 1 heure de l'aéroport international de Phuket (1 200-1 500 B).

PARC NATIONAL MARITIME DES ÎLES SIMILAN (PARC NATIONAL MU KO SIMILAN)

อุทยานแห่งชาติหมู่เกาะสิมิลัน

Connu des plongeurs du monde entier, le magnifique **parc national maritime des îles Similan** (www.dnp.go.th ; 400 B ; nov-mai) se trouve à 60 km au large des côtes. Recouvertes de forêts tropicales, bordées de plages de sable blanc et entourées de récifs de corail, les neuf îles de granit sont aussi impressionnantes depuis la surface que sous l'eau.

Deux d'entre elles, Ko Miang (île n°4) et Ko Similan (île n°8), abritent des postes de garde (*ranger stations*) et des lieux d'hébergement. C'est sur Ko Miang que se trouve le bureau du parc et que se concentre l'activité touristique. Le nom "Similan" vient du malais *sembilan*, qui signifie "neuf", et bien que chaque île porte un nom, elles sont souvent désignées par leur numéro.

Des tour-opérateurs sont regroupés à l'embarcadère de Thap Lamu, à 10 km au sud de Hat Khao Lak, qui est le point de départ pour le parc. Le **bureau continental du parc** (☎ 0 7659

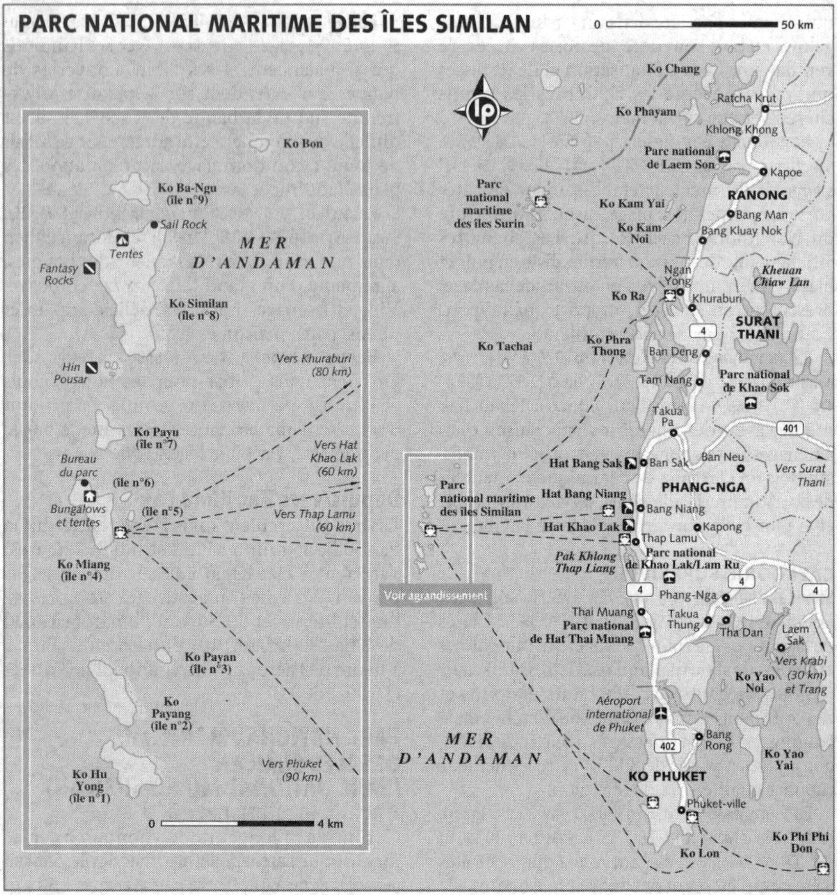

5045 ; ⏲ 8h-16h), qui se trouve 500 m avant l'embarcadère, ne fournit des informations qu'en thaï.

À voir et à faire

PLONGÉE ET SNORKELING

Les îles Similan offrent la possibilité de faire d'exceptionnelles excursions de plongée, quel que soit votre niveau, à des profondeurs allant de 2 à 30 m. Préparez-vous à découvrir des monts sous-marins à **Fantasy Rocks**, des récifs à **Ko Payu** (île n°7) et des tunnels à **Hin Pousar** (ou "tête d'éléphant"), ainsi qu'une vie sous-marine variée, allant des minuscules serpules aux coraux mous, en passant par les requins-baleines et les bancs de poissons. Chacune des six îles situées au nord de Ko Miang dispose de spots de plongée. La partie sud du parc (îles nos1, 2 et 3) est interdite aux plongeurs, car les tortues viennent y pondre. Le parc ne dispose d'aucun équipement de plongée ; vous devrez vous inscrire à un circuit pour atteindre ces sites, par exemple auprès des agences de Hat Khao Lak (p. 296) et de Phuket (p. 308) – croisière de 3 jours à partir de 13 500 B. Les meilleurs spots de plongée des Similan se trouvent autour de l'île n°9, dotée d'excellents versants de coraux, et des îles n^{os}5 et 6.

Si vous êtes amateur de snorkeling et hésitez entre les îles Surin et Similan, nous vous conseillons les Surin (p. 290), où une grande partie des coraux est proche de la surface. Cela dit, plusieurs spots autour de l'île n°4 se prêtent aussi au snorkeling (notamment dans la passe principale), ainsi que d'autres vers les îles n[os]7 et 8. Vous pouvez louer l'équipement auprès du parc (100 B/jour) ou vous adresser aux agences, qui offrent généralement des circuits d'une journée avec visite de 3 ou 4 spots différents. Nombre d'agences à Hat Khao Lak proposent des excursions de snorkeling uniquement (circuit à la journée/nuit à bord à partir de 2 700/4 900 B).

OBSERVATION DE LA FAUNE ET RANDONNÉE

La forêt qui s'étend aux abords du bureau du parc, sur Ko Miang (île n°4), parcourue par quelques sentiers, abrite une faune exceptionnelle. Le merveilleux nicobar à camail, au plumage gris-vert, y est commun. Endémique des îles d'Andaman, cet animal figure parmi les 39 espèces d'oiseaux recensées dans le parc. Dans la forêt, il est aussi courant d'apercevoir des crabes aux pattes poilues, des roussettes de Malaisie et des écureuils volants.

Le **Small Beach Track**, petit sentier de 400 m de longueur jalonné de panneaux d'information, rejoint une jolie petite baie propice au snorkeling. Quittez-le pour emprunter le **Viewpoint Trail**, un raidillon de 500 m en haut duquel se déploie un beau panorama. Une marche de 500 m à travers la forêt vous conduira au **Sunset Point**, un cap de granit lisse orienté plein ouest. Superbe au coucher du soleil.

Sur Ko Similan (île n°8), vous pourrez faire la balade de 2,5 km dans la forêt menant à un **point de vue**, ou vous lancer dans une ascension, plus courte mais raide, qui part de la plage principale vers le sommet du **Sail Rock** (alias Balance Rock).

Où se loger et se restaurer

Le parc dispose d'hébergements pour tous les budgets. Réservez sur le site www.dnp.go.th ou par l'intermédiaire du **bureau continental du parc** (☎ 0 7645 3272) sur Hat Khao Lak. Les agences de Hat Khao Lak organisent également des circuits avec une nuit (voire plus) sur place, incluant le transport, les repas et le logement dans le parc, pour à peine un peu plus que si vous y étiez allé par vos propres moyens.

À Ko Miang, vous aurez le choix entre des **bungalows** (ch 2 000 B ; ❄) avec balcon donnant sur la mer, 2 **maisons longues** (ch 1 000 B ; ❄) en bois et bambou comprenant 5 chambres dotées de ventilateurs, et des **tentes** (570 B/2 pers). Électricité de 18h à 6h.

Des tentes sont aussi disponibles sur Ko Similan et, sur les deux îles, on peut planter sa propre **tente** (80 B/nuit).

Un **restaurant** (plats 100-150 B) proche du bureau du parc sert une cuisine thaïlandaise sans prétention.

Depuis/vers le parc national maritime des îles Similan

Aucun transport public officiel ne dessert le parc, mais les voyageurs indépendants peuvent théoriquement réserver un transfert en vedette (aller-retour 1 700 B, aller 1 heure 30) auprès d'un club de snorkeling de Hat Khao Lak, bien que les prestataires préfèrent que vous participiez à la sortie de snorkeling et qu'ils découragent généralement les voyages indépendants vers les îles Similan. La plupart organiseront votre transfert au départ de Phuket ou de Hat Khao Lak. Si vous réservez par l'intermédiaire des parcs nationaux (qui utilisent les mêmes bateaux que les agences), vous devrez vous rendre par vos propres moyens jusqu'à leur bureau, puis attendre l'heure du transfert à l'embarcadère.

Les agences de Hat Khao Lak et de Phuket organisent des circuits d'une journée/2 jours (à partir de 2 700/4 900 B) et des croisières de plongée (3 jours à partir de 13 500 B), qui ne coûtent généralement guère plus que si vous gagniez les îles par vous-même, en comptant les repas, les tickets de bus, etc.

AO PHANG-NGA ET PHANG-NGA

อ่าวพังงา/อ.เมืองพังงา

11 000 habitants

S'il y avait un océan au paradis, il ressemblerait un peu à ce que l'on peut voir ici. Baie aux eaux turquoise ponctuée de rochers calcaires escarpés, de plages au sable éblouissant et de vieux villages de pêcheurs : Ao Phang Nga et sa multitude de paysages enchanteurs forment l'un des lieux les plus spectaculaires de la région. On comprend aisément pourquoi le réalisateur de *L'Homme au pistolet d'or*, un James Bond, a choisi cet endroit niché au milieu des hautes falaises pour tourner certaines scènes. L'endroit est fréquenté toute l'année par des touristes venus en vedette ou en kayak de mer. Une grande partie de la baie et certaines parties du littoral ont été incorporées dans le parc national d'Ao Phang-Nga (p. 301).

Renseignements

La ville de Phang-Nga ne possède pas d'office du tourisme, mais celui de Phuket (TAT ; p. 311) fournit des cartes et de bons renseignements sur la région.

Bureau de l'immigration (☎ 0 7641 2011 ; 🕑 8h30-16h30 lun-ven). À quelques kilomètres au sud de la ville. Prenez un moto-taxi, car il est très difficile à trouver.

Siam Commercial Bank (Hwy 4 ; 🕑 9h-16h lun-ven). Dans la rue principale. DAB et bureau de change.

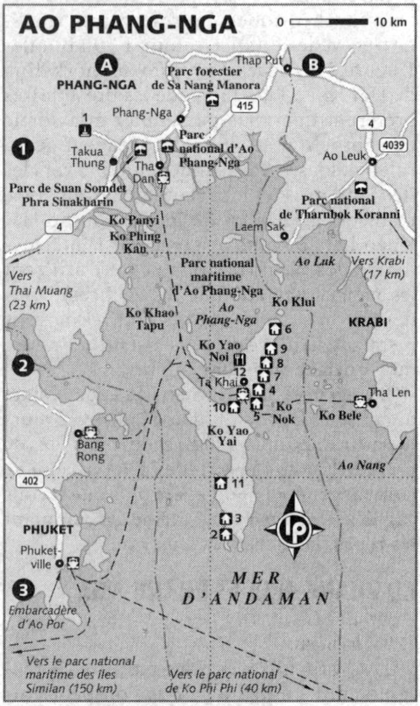

À VOIR ET À FAIRE
Wat Tham Suwankhuha 1 A1

OÙ SE LOGER
Elixir 2 B3
Fa Sai Beach Bungalow 3 B3
Ko Yao Beach Bungalows 4 B2
Lom Lae 5 B2
Paradise Hotel 6 B2
Sabai Corner Bungalows 7 B2
Six Senses Hideaway 8 B2
Suntisook Resort .... (voir 9)
Tha Khao Bungalow 9 B2
Twison Beach Resort 10 B2
Yao Yai Beach Resort 11 B3

OÙ SE RESTAURER
Pradu Seafood 12 B2

À voir et à faire

Phang-Nga est une ville de contrastes : misérable et délabrée, elle jouit d'un cadre sublime. La rue principale, assez triste et décrépite, a pour toile de fond un rideau de falaises calcaires saisissant. On y trouve une poignée d'hôtels décents pour passer la nuit. Toutefois il y a peu à voir ou à faire, à moins que votre visite ne coïncide avec la **fête végétarienne** (voir l'encadré p. 314), fin septembre ou en octobre.

À l'embarcadère de Tha Dan, à 8,5 km au sud du centre-ville, vous pourrez louer un bateau pour partir à la découverte de **grottes** à moitié immergées, d'îles aux formes étranges et de **Ko Panyi**, un village musulman sur pilotis. Des excursions pour **Ko Phing Kan** (l'"île de James Bond", voir aussi ci-dessous) sont organisées, tout comme pour le **parc national d'Ao Phang-Nga** (500 B/pers pour 2-3 heures de promenade) ; reportez-vous p. 301 pour plus de renseignements. À Takua Thung, un autre embarcadère situé 10 km plus à l'ouest de Tha Dan, des bateaux privés se louent à des prix similaires pour des excursions. Le bureau à l'intérieur du parc national d'Ao Phang-Nga (p. 301) organise aussi des circuits en bateau.

À moins d'aimer marchander avec les propriétaires des bateaux, afin de décider de votre propre itinéraire, il est plus simple et guère plus cher de participer à un circuit organisé par l'une des agences de la ville. **Sayan Tours** (☎ 0 7643 0348 ; www.sayantour.com) propose depuis des années des excursions à Ao Phang-Nga, très appréciées par les voyageurs. Les circuits (demi-journée/journée 700/1 000 B par pers) comprennent, entre autres, la visite de **Tham Lawt** (une vaste grotte immergée), de Ko Phing Kan et de Ko Panyi. Pour un supplément de 300 B, vous pourrez également faire un peu de kayak. L'agence propose aussi une **sortie de rafting** (1 600 B/pers) sur la rivière vers la cascade de Son Pat, à 25 km au sud de Phang-Nga, et des circuits pour des destinations alentour, dont le **parc forestier de Sa Nang Manora**.

Où se loger

Old Lukmuang Hotel (☎ 0 7641 2125 ; 1/2 Moo 1, Th Petchkasem, Phang Nga ; ch à partir de 200 B). Un hôtel très délabré, mais les fans de James Bond seront ravis d'apprendre qu'une partie de l'équipe de *L'Homme au pistolet d'or* a logé ici pendant le tournage !

Phang-Nga Guest House (☎ 0 7641 1358 ; Th Petchkasem, Phang Nga ; ch 250-380 B ; ❄). Rien d'exceptionnel, juste un immeuble de chambres propres, bon marché, au carrelage couleur cerise, dans le centre-ville, assez morne.

♥ **Phang-Nga Inn** (☎ 0 7641 1963 ; 2/2 Soi Lohakit, Phang Nga ; ch 400-1 500 B ; ❄). Avec ses lourds escaliers en bois et ses panneaux ouvragés, cette ancienne demeure familiale, sise dans un jardin tranquille, est un véritable petit bijou. Le personnel est attentionné. Petit restaurant sur place.

Où se restaurer

Dans la rue principale, des stands de restauration vendent de délicieux *khà·nŏm jin* (fines nouilles de blé) avec du curry de poulet, du *nám yah* (curry de poisson haché épicé) ou du *nám prík* (sauce épicée). On peut aussi acheter des *roti gaang* (pains plats frits trempés dans de la sauce curry douce, et servis avec de la confiture ou des fruits) au marché du matin, ouvert tous les jours de 5h à 10h. Les mardi, mercredi et jeudi, un petit marché de nuit se tient au sud de Soi Lohakit.

Duang's (Th Petchkasem, Phang Nga ; plats 60-200 B ; 🕑 déj et dîner). Un petit restaurant kasher qui sert des crevettes sautées au wok et du porc de toutes les façons.

♥ **Kror Son Thong** (☎ 08 4182 4684 ; 29/1 Th Rongua, Phang Nga ; plats 70-200 B ; 🕑 déj et dîner). Surplombant la rivière, au sud de la zone commerçante, cette table tend vers le gastronomique. Goûtez au *pla tod kamin* (poisson mariné et frit), à l'omelette au crabe ou au canard rôti au chou frisé. Tout est excellent.

Depuis/vers Ao Phang-Nga et Phang-Nga

Si vous entrez dans le secteur d'Ao Phang-Nga depuis Krabi par la Hwy 4, vous aurez le choix entre deux itinéraires : au sud de Thap Put, vous pourrez continuer tout droit sur la Hwy 4 ou partir à l'ouest sur la Hwy 415. Cette dernière, plus courte, est aussi plus rectiligne et ennuyeuse, alors que la Hwy 4 (seulement 5 km de plus) se transforme en une jolie route étroite et sinueuse.

La gare routière de Phang-Nga se trouve à deux pas de la rue principale, dans le Soi Bamrung Rat. Au départ de Bangkok, vous aurez le choix entre des bus VIP (889 B, 12 heures, 1/jour), de 1re classe (546 B, 12-13 heures, 2/jour) et de 2e classe (449 B, 12 heures, 3-4/jour). Voici d'autres destinations desservies par les bus :

Destination	Prix	Fréquence	Durée
Hat Yai	300 B	2/jour	6 heures
Ko Pha-Ngan	480 B	3/jour	6 heures
Ko Samui	390 B	3/jour	5 heures
Krabi	85 B	fréquent	1 heure 30
Phuket	85 B	fréquent	1 heure 30
Ranong	270 B	4/jour	5 heures
Surat Thani	150 B	fréquent	3 heures
Trang	260 B	fréquent	3 heures 30

Comment circuler

La plupart des endroits de la ville sont accessibles à pied. La course à moto-taxi revient à 20 B.

Sayan Tours (p. 300), à la gare routière, peut vous aider à louer une moto (200 B/jour). Un *sŏrng·tăa·ou* ou un moto-taxi pour Tha Dan coûte 30 B.

ENVIRONS DE PHANG-NGA

Parc national maritime d'Ao Phang-Nga

อุทยานแห่งชาติอ่าวพังงา

Créé en 1981 et couvrant 400 km², le **parc national maritime d'Ao Phang-Nga** (☎ 0 7641 1136 ; www.dnp.go.th ; 200 B ; 🕑 8h-16h) est remarquable pour ses paysages karstiques classiques : des mouvements provoqués par une faille continentale ont déplacé d'énormes blocs de calcaire et les ont disposés de manière géométrique. En s'étendant au sud d'Ao Phang-Nga, ces blocs forment plus de 40 îles aux falaises vertigineuses, dont certaines cachent des grottes accessibles à marée basse, appelées *hôrng*. La baie elle-même se compose de chenaux de largeur variable, reliés à l'origine au réseau fluvial continental. Les principaux chenaux – Khlong Ko Phanyi, Khlong Phang-Nga, Khlong Bang Toi et Khlong Bo Saen – traversent dans le sens nord-sud la plus importante forêt de mangrove primaire du pays.

Malheureusement, la beauté naturelle et les précieux écosystèmes ne bénéficient pas nécessairement de la protection que l'on pourrait attendre de la part d'un système de parc national. D'ailleurs, les touristes y sont aussi pour quelque chose, arrivant nombreux dans la baie à bord de *long-tail boats* et de bateaux rapides, surtout en haute saison. Toutefois, si vous explorez la baie au petit matin, la plage, la mer et les formations karstiques ne seront qu'à vous. Le kayak est la meilleure façon de découvrir le parc. **John Gray's Seacanoe** (☎ 0 7622 6077 ; www.johngray-seacanoe.com) – voir aussi p. 307 – est l'une des plus anciennes compagnies de kayak sur la baie, et l'une des plus respectueuses de l'environnement. Son dirigeant ne cesse de se battre pour la protection des fragiles écosystèmes des *hôrng* auprès des gardes locaux du parc national et de leurs supérieurs à Bangkok. Son circuit écologique à la journée "**Hong By Starlight**" (3 950 B/pers), fort apprécié, vous emmène, en kayak, dans les superbes lagunes luminescentes d'Ao Phang-Nga.

Site le plus touristique du parc, **Ko Phing Kan** (île penchée) est surnommée l'"île de James Bond" depuis le tournage de *L'Homme au pistolet d'or*. Elle est envahie par des marchands écoulant des coraux et des coquillages qui n'auraient jamais dû quitter la mer, ainsi que des papillons, des scorpions et des araignées encastrés dans du plastique. Mieux vaut s'aventurer plus loin, à l'écart des foules, notamment à **Ko Nok**, à mi-chemin de Phuket et de Krabi. **Ko Klui**, la grande île au nord de Ko Yao Noi, permet d'accéder avec la marée à un immense *hôrng* parfois appelé **Blue Room** (salle bleue) et à une plage de sable blanc immaculée avec de nombreux calaos et singes.

FAUNE ET FLORE

Deux types de forêts prédominent dans le parc : la forêt de broussailles, caractéristique du relief karstique, et la forêt à feuilles persistantes. L'environnement calcaire marin convient à de nombreux reptiles : varan du Bengale, lézard volant, serpent à queue plate, couleuvre aquatique, crotale des mangroves et *Calloselasma rhodostoma* (une vipère). Ouvrez l'œil pour apercevoir un *Varanus salvator*, ou varan malais. Pouvant atteindre 2,20 m, il ressemble à un crocodile lorsqu'il nage dans la mangrove.

Parmi les amphibiens de la région, citons la grenouille des marais, la grenouille des buissons et la grenouille mangeuse de crabes. Les espèces d'oiseaux les plus remarquables sont le calao casqué (pouvant atteindre 1,27 m de longueur, ce qui en fait le plus grand des 12 espèces de calaos de Thaïlande), la salangane à nid blanc (*Aerodramus fuciphagus,* dont le nid est comestible), l'orfraie, le pygargue à ventre blanc et le grand héron du Pacifique.

Plus de 200 espèces de mammifères résident dans les forêts de mangrove et dans les plus grandes îles, dont des gibbons à mains blanches, des serows (ou capricornes de Sumatra), des semnopithèques obscurs et des macaques crabiers.

ART RUPESTRE

Dans de nombreuses îles calcaires d'Ao Phang-Nga, des sculptures et des peintures rupestres préhistoriques ornent les parois et les plafonds des grottes, les abris rocheux, les falaises et les massifs. Vous en verrez à Khao Khian (mont des inscriptions), site le plus visité, à Ko Panyi, à Ko Raya, à Tham Nak et à Ko Phra At Thao. Les scènes représentées figurent des hommes, des poissons, des crabes, des crevettes, des chauves-souris, des oiseaux et des éléphants, ainsi que des bateaux et des ustensiles de pêche, et semblent faire référence à une sorte d'effort (ou de dévotion) communautaire lié à la récolte essentielle issue de la mer. Ces peintures rupestres ne se lisent pas selon un espace de référence déterminé : on peut les regarder de bas en haut, de haut en bas, ou de côté. Si la plupart sont monochromes, certaines sont en jaune orangé, bleu, gris et noir.

COMMENT S'Y RENDRE ET CIRCULER

Du centre de Phan-Nga, suivez la Hwy 4 vers le sud pendant 6 km, puis empruntez la Route 4144 sur la gauche (route de Tha Dan) ; le bureau du parc est situé à 2,6 km. Si vous n'êtes pas motorisé, prenez un *sŏrng·tăa·ou* jusqu'à Tha Dan (30 B).

On peut louer des bateaux (1 500 B, 4 pers au maximum) au bureau du parc, pour une excursion de 3 heures vers les îles environnantes.

Ko Yao

เกาะยาว

Une escapade s'impose dans les magnifiques îles de **Ko Yao Yai** (grande île longue) et de **Ko Yao Noi** (petite île longue), qui font partie du parc national maritime d'Ao Phang-Nga (p. 301). Leurs colonnes vertébrales montagneuses et leurs plages virginales, où seuls vivent des pêcheurs musulmans et leurs familles, en font l'endroit idéal pour se relaxer en s'imprégnant des merveilles de la baie. Elles permettent aussi d'accéder aux autres îles avant et après les hordes arrivant notamment de Phuket, de Railay, de Krabi et de Ko Phi Phi.

À Ko Yao Noi, la plus petite et la plus peuplée des deux îles, les habitants vivent de la pêche, de la culture de la noix de coco, ainsi que du tourisme. Sur la côte est, les baies laissent place à des laisses de vase à marée basse, et, même à marée haute, n'espérez pas des plages de sable blanc de cartes postales. Cela dit, **Hat Pa Sai** et **Hat Paradise** sont magnifiques. Venez avec un VTT (choisissez-en un dans votre *resort* à Phuket) si vous voulez explorer les nombreuses pistes de l'île, ou venez-y avec **Amazing Bike Tours** (☎ 08 7263 2031 ; www.amazingbiketoursthailand.com ; Ko Yao Noi ; sortie d'une journée 2 900 B), basé à Phuket. Vous pourrez vous ravitailler à **Ta Khai**, siège du sous-district et principale localité de Ko Yao Noi. Vous y trouverez des étals de marché, un 7-Eleven avec un DAB, et un autre DAB à l'angle de la Government Savings Bank. Des excursions de snorkeling d'une demi-journée vers trois îles (1 700 B, 6 pers au maximum) via Ao Phang-Nga peuvent facilement être organisées depuis les pensions ou en s'adressant aux capitaines des *long-tail boats* sur la plage.

Deux fois plus grande que Ko Yao Noi mais beaucoup moins développée (il y a un seul DAB sur l'île, tout au nord, près de l'embarcadère de Klong Hia, aussi vaut-il mieux arriver avec des espèces), Ko Yao Yai est plus isolée et sauvage. Ici, les villageois regardent toujours d'un air amusé les touristes arriver à vélo ou à moto. Pourtant, Phuket n'est pas loin. En explorant certaines des pistes qui serpentent dans les collines, vous apercevrez peut-être des sangliers, des écureuils volants ou de petits cerfs aboyeurs.

Hat Lo Pa Red et **Hat Tiikut** sont deux des plus belles plages de l'île – la première bordée de cocotiers, la seconde de casuarinas. Mais **Hat Chonglard**, à laquelle on accède plus facilement depuis le Twison Beach Resort, remporte la palme. Le sable blanc poudreux s'étend vers le nord en une péninsule à l'ombre des palmiers, parfaitement orientée vers les îles de calcaire à l'horizon est. Sur la côte ouest de Ko Yao Yai, **Elixir Divers** (☎ 08 7897 0076 ; www.elixirdivers.com) organise des sorties de 2 plongées à Ao Phang-Nga et au-delà. **Koh Yao Diver** (☎ 08789 575 517 ; kohyaodiver.com) propose le même type de sorties sur Ko Yao Noi.

Ko Bele, une petite île à l'est des îles jumelles de Ko Yao, possède une vaste lagune, trois plages de sable blanc, ainsi que des grottes et des récifs coralliens facilement accessibles.

Quand vous quittez la plage, veillez à vous vêtir décemment afin de respecter les coutumes de la population musulmane qui vit sur les deux îles.

OÙ SE LOGER ET SE RESTAURER

Ko Yao Noi

Sabai Corner Bungalows (☎ 0 7659 7497 ; www.sabaicornerbungalows.com ; bung 500-2 000 B). Nichés sur un promontoire rocheux, ces bungalows en bois et bambou ne manquent pas de caractère et offrent une vue magnifique. Bon restaurant.

Tha Khao Bungalow (☎ 08 1676 7726 ; www.kohyaobungalow.com ; bung 500 B). Sur Hat Tha Khao, ce petit établissement loue des bungalows en bois et chaume. Tout est bien organisé pour les hôtes : location de vélos (250 B) et de kayaks, et restaurant servant une cuisine savoureuse.

Suntisook Resort (☎ 08 9868 8639 ; www.suntisookkohyao.com ; Hat Tha Khao ; bung 700-1 500 B ; ❄). De charmants bungalows en bois, kitsch à l'intérieur, séparés par la rue d'une longue portion de plage avec une vue impressionnante. Préférez ceux avec ventilateur, moins chers, plus agréables et plus grands.

Ko Yao Beach Bungalows (☎ 08 7896 3815 ; Hat Tha Khao ; bung 1 500 B ; ❄). Le meilleur rapport qualité/prix de l'île, pour ces attrayants bungalows spacieux, carrelés, avec eau chaude et climatisation. Traversez la route pour rejoindre la plage, parfaite pour nager.

Lom Lea (☎ 0 7659 7486 ; www.lomlae.com ; bung 2 100-5 000 B). Les élégants bungalows en bois se fondant dans la nature donnent sur une plage isolée avec vue sur les îles de karst de la baie de Phang-Nga. Club de plongée, bon restaurant et quantité d'activités. Bungalows un peu rustiques pour le prix, mais le cadre et le service méritent les quelques bahts de plus.

Paradise Hotel (☎ 08 1892 4878 ; www.theparadise.biz ; Hat Paradise ; ch à partir de 7 500 B). Donnant sur une crique privée à l'extrême nord, l'établissement est accessible uniquement en *long-tail boat* ou par une mauvaise piste à travers les hévéas. Les chambres et les bungalows, construits à flanc de colline, sont posés dans un jardin fleuri. Le restaurant et la piscine sont nichés juste derrière un arc de sable doré qui disparaît dans un lagon turquoise.

Six Senses Hideaway (☎ 0 7641 8500 ; www.sixsenses.com/hideaway-yaonoi ; ch 32 000-400 000 B ; ❄ 💻 🏊). Le complexe hôtelier cinq étoiles le plus huppé de l'île et le plus tourné vers le développement durable. Soit 56 villas avec piscine (et un fabuleux spa) à flanc de collines ressemblant à un ancien village *chow lair* (*chao leh*). La vue sur les formations calcaires au loin est époustouflante. Le bar et la plage de sable blanc attirent fréquemment des fashionistas pour des séances photos.

Pradu Seafood (☎ 0 7659 7015 ; repas 150-250 B ; ⏰ déj et dîner). Où que vous logiez, venez dîner ici. Le chef, un habitant, va chercher tous les jours ses produits à moto et prépare de délicieux fruits de mer. Vous dînerez parmi les manguiers et les cocotiers, tout en contemplant le coucher du soleil sur les mangroves.

Ko Yao Yai

Fa Sai Beach Bungalows (☎ 08 1691 3616 ; bung 500 B). Bungalows sur pilotis rudimentaires (eau froide), impeccables, situés dans les mangroves au sud de Tha Lo Jak, en retrait d'une magnifique bande de sable blanc.

Twison Beach Resort (☎ 08 1737 4420 ; www.twisonbeach.com ; bung avec ventil 700 B, bung avec clim 1 500 B ;). Sûrement l'ensemble de bungalows le plus charmant de l'île. De vrais bungalows en bois avec sols polis, sdb extérieures et larges patios font face à la plus belle plage de Ko Yao Yai. Les bungalows sur la plage sont les plus grands, mais les chambres avec ventilateur sont vraiment d'un excellent rapport qualité/prix.

Yao Yai Beach Resort (☎ 08 1968 4641 ; www.yaoyairesort.com ; bung 1 500-2 400 B ;). Sur la côte ouest de l'île, de confortables bungalows situés sur la splendide plage de Loh Pared. Restaurant et ambiance conviviale paisible.

Elixir (☎ 08 7808 3838 ; www.elixirresort.com ; bung 8 000-25 500 B ;). Le premier des deux *resorts* quatre étoiles de Yao Yai (le Ko Yao Yai Village était encore en construction lors de notre passage) comprend de jolies villas de style thaïlandais aux toits pentus, disposées sur la plage et à flanc de colline. Sols en bois sombre et hauts plafonds, douches intérieures et extérieures. Plage privée, piscine, pagodes de massage, centre de plongée… et de magnifiques couchers du soleil sur Phuket.

COMMENT S'Y RENDRE ET CIRCULER

Bien que ces deux îles fassent partie de la province de Phang-Nga, on y accède plus facilement depuis Phuket ou Krabi. Pour rallier Ko Yao Noi depuis Phuket, prenez un taxi (600-800 B) depuis l'une des zones de *resorts* jusqu'à Tha Bang Rong. De là, des bateaux partent toutes les heures (*long-tail boat*/bateau rapide 40/20 min, 120/180 B) entre 7h30 et 17h40. Les bateaux rapides, qui appareillent à 9h40, 15h et 17h40, s'arrêtent sur demande à Tha Klong Hia, sur Ko Yao Yai, avant de continuer vers Ko Yao Noi. Les bateaux commencent à regagner Phuket à 6h30. Six bateaux par jour circulent aussi entre l'embarcadère de Tha Len à Krabi et les embarcadères de Tha Manok et de Tha Khao sur Ko Yao Noi. Une fois sur Ko Yao Noi, comptez 70-100 B en *túk-túk* (triporteur motorisé) pour rejoindre les *resorts*.

La meilleure façon de rejoindre Ko Yao Yai depuis Phuket est de prendre un bateau rapide ou un ferry depuis Tha Rasada près de Phuket-ville. Les ferrys partent à 8h30, 10h30 et 14h (1 heure, 100 B) ; les bateaux rapides (30 min, 150B) font le trajet à 16h et 17h. Le vendredi, les horaires changent pour s'adapter aux prières.

Pour aller de Ko Yao Noi à Ko Yao Yai, prenez un bateau-navette de Tha Manok (100-150 B, 15 min) à Tha Klong Hia. Sur les îles, vous pourrez circuler en *túk-túk* pour quelque 150 B ou louer une moto auprès de la plupart des pensions (200-250 B/jour). Avant de quitter Ko Yao Noi, il vaut mieux prévoir un transport qui vous attendra à Tha Klong Hia. Les chauffeurs ne se rassemblent pas pour attendre les bateaux à l'arrivée. Tous les *resorts* et pensions peuvent vous aider. Sinon, contactez **Yao Yai Taxi Service** (☎ 08 6267 5931, 08 9909 9057).

Parc de Suan Somdet Phra Sinakharin
สวนสมเด็จพระศรีนครินทร์

Ce **parc public** (entrée libre ; ⏰ lever-coucher de soleil) dispose de deux entrées. La plus spectaculaire passe par un immense trou dans une falaise de karst près du Phang-Nga Bay Resort Hotel, à Tha Dan. L'entrée principale se trouve à l'extrémité sud de Phang-Nga. Le parc est dominé par des falaises et des promontoires calcaires, coupés de grottes et de tunnels. Des promenades en planches relient les grottes entre elles, permettant aux visiteurs d'admirer les bassins qui s'y forment au milieu de fabuleuses ornementations calcaires. Une des plus grandes grottes, **Tham Reusi Sawan**, abrite la statue dorée d'un *reu·sĕe* (sage hindou). Une autre grotte importante porte le nom de **Tham Luk Seua** (grotte du bébé tigre).

Parc forestier de Sa Nang Manora
สวนป่าสระนางมโนราห์

Les paysages féeriques de ce **parc** (entrée libre ; ⏰ lever-coucher de soleil) peu visité sont d'une incroyable beauté : épaisse forêt tropicale, pieds de rotin, racines et rochers incrustés de mousse, chutes d'eau étagées et bassins naturels propices à la baignade. Des sentiers mènent aux différents niveaux des cascades, les traversent parfois, et semblent se prolonger indéfiniment. Vous pourrez marcher une journée dans le parc sans jamais emprunter le même chemin. Emportez suffisamment d'eau potable. L'ombre et les chutes adoucissent la température, mais l'humidité reste élevée.

Le parc doit son nom à une légende locale selon laquelle la mythique princesse Manora se baignerait dans les bassins lorsque personne ne flâne alentour. Le parc comprend quelques tables de pique-nique et un petit restaurant.

Si vous êtes motorisé, vous le rejoindrez en prenant la Hwy 4 à la sortie de Phang-Nga en direction du nord. Roulez jusqu'à la station Shell, continuez sur 3,2 km, puis tournez à gauche et descendez une route sinueuse sur 4 km. Le trajet à moto-taxi depuis Phang-Nga coûte 75 B.

Wat Tham Suwankhuha
วัดถ้ำสุวรรณคูหา

Le **Wat Tham Suwankhuha** (temple de la grotte du Paradis ; 20 B ; lever-coucher de soleil), un sanctuaire troglodytique, contient d'innombrables statues du Bouddha. Il se compose de deux grandes cavernes : la plus vaste renferme un bouddha couché de 15 m de hauteur, et ses parois sont carrelées de *lai·krahm* et de *benjarong* (des motifs colorés souvent employés pour la céramique). La seconde, plus petite, est ornée de drapeaux spirituels et d'une statue de *reu·sĕe* (sage hindou). Les sceaux royaux de plusieurs monarques, dont Rama V, Rama VII et Rama IX, sont apposés sur l'un des murs. Fermez bien les portes de votre voiture pour protéger vos provisions des singes fureteurs.

Le *wat* se trouve à 10 km au sud-ouest de Phang-Nga, au bout d'une petite route secondaire. Si vous n'êtes pas motorisé, il n'existe pas d'autre solution que de prendre un *sŏrng·tăa·ou* circulant entre Phang-Nga et Takua Thung (90 B).

PROVINCE DE PHUKET

Il est merveilleux de se réveiller à Phuket, surtout si vous vous rendez sur une plage isolée assez tôt pour assister au retour des bateaux de pêche, lorsque le soleil est juste assez haut pour danser sur la mer d'Andaman. Une scène qui se répète tout le long des deux côtes de ce grand “aimant” à touristes.

Cependant, ce sont surtout les 17 plages de la côte ouest qui attirent 5,3 millions de touristes chaque année. Des criques rocheuses de Rawai et de Hat Nai Han jusqu'à la cité balnéaire canaille de Patong, en passant par la chic Hat Surin et les magnifiques Hat Nai Hang et Hat Mai Khao, au nord d'Ao Nai Thon, le littoral de Phuket se contorsionne en autant de formes et de tailles, donnant à chaque portion de sable son propre rythme. Mais toutes ont un point commun : leur beauté est indéniable et apaisante.

Le cœur culturel de l'île bat dans le vieux Phuket, à Phuket-ville, où débarqua le peuple baba à l'époque prospère des mines d'étain il y a environ un siècle. Leur héritage consiste en un trésor sino-portugais de demeures et de *shophouses* (maisons de commerçants chinois à l'origine, constituées d'un local commercial surmonté d'une habitation), de sanctuaires vieillots en teck et de marchés locaux qui cohabitent avec de belles galeries d'art, des restaurants branchés, des cafés et des boutiques de mode chic.

En matière de cuisine, Phuket offre mille et une saveurs entre les salades et les curries thaïlandais, le superbe choix de fruits de mer frais, les mets fusion haut de gamme et les stands locaux de *roti* et de poulet. Lorsque le soleil se couche, le côté débridé de Phuket reprend le dessus : bars à hôtesses douteux, *lounges* chic, concerts de rock et boîtes de nuit superficielles accueillant des DJ étrangers.

Chacun trouvera ici, au fil des côtes, le coin de sable qui lui conviendra le mieux.

Renseignements
MÉDIAS

L'hebdomadaire en anglais *Phuket Gazette* donne de nombreux renseignements sur les activités, les événements, les restaurants et les distractions sur l'île, ainsi que les derniers potins en date. Vous pouvez le consulter en ligne à l'adresse www.phuketgazette.net.

SERVICES MÉDICAUX

Les hôpitaux locaux disposent d'équipements modernes, de services d'urgences et d'un service de consultation externe. Les deux hôpitaux cités ci-après possèdent des caissons de décompression :

Bangkok Phuket Hospital (carte p. 306 ; ☎ 0 7625 4425 ; www.phukethospital.com ; Th Yongyok Uthit). Le plus apprécié, dit-on, par la population locale.

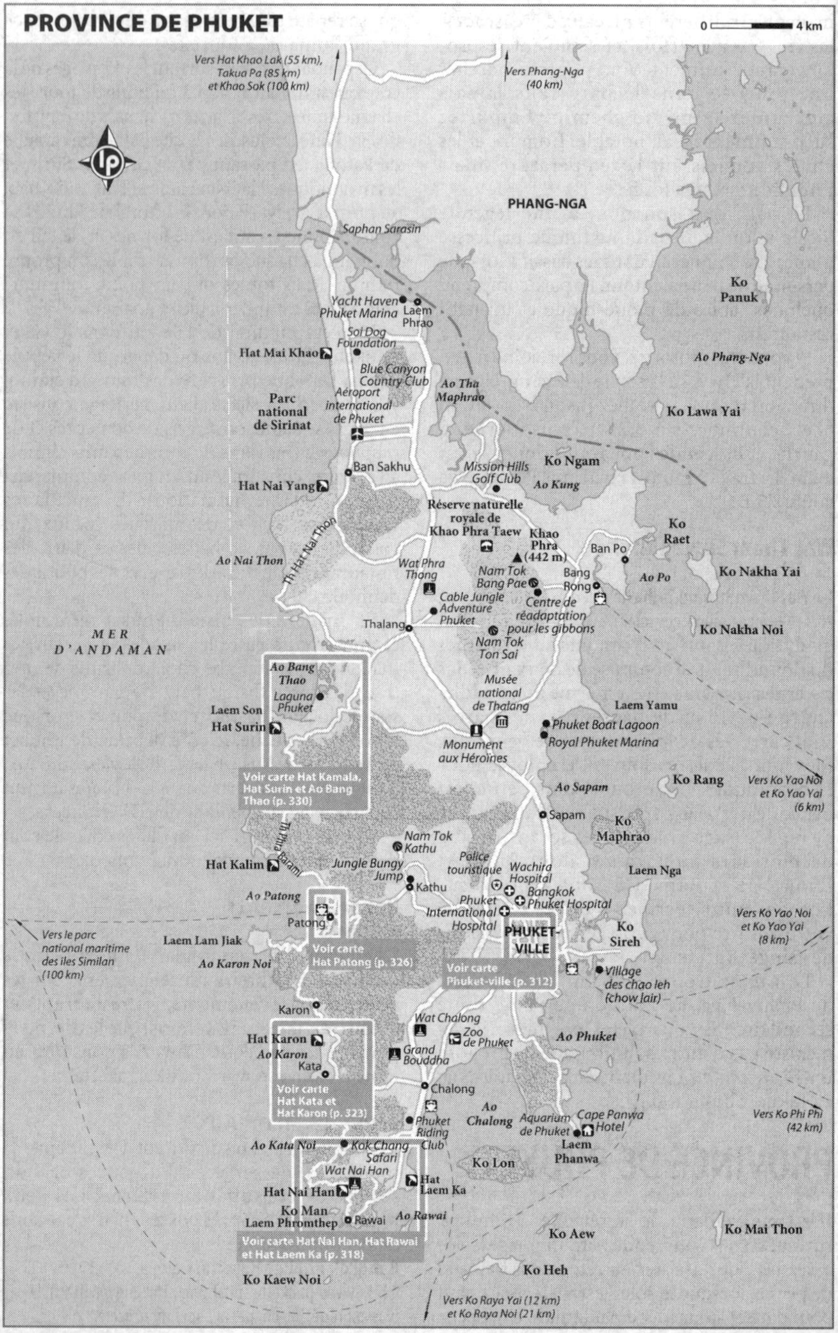
PROVINCE DE PHUKET
0
4 km
Vers Hat Khao Lak (55 km), Takua Pa (85 km) et Khao Sok (100 km)
Vers Phang-Nga (40 km)
PHANG-NGA
Saphan Sarasin
Ko Panuk
Yacht Haven Phuket Marina
Laem Phrao
Soi Dog Foundation
Hat Mai Khao
Blue Canyon Country Club
Ao Phang-Nga
Ao Tha Maphrao
Parc national de Sirinat
Aéroport international de Phuket
Ko Lawa Yai
Ban Sakhu
Mission Hills Golf Club
Ko Ngam
Hat Nai Yang
Ao Kung
Réserve naturelle royale de Khao Phra Taew
Ko Raet
Khao Phra (442 m)
Th Hat Nai Thon
Ban Po
Ao Nai Thon
Wat Phra Thong
Nam Tok Bang Pae
Bang Rong
Ao Po
Ko Nakha Yai
Cable Jungle Adventure Phuket
Centre de réadaptation pour les gibbons
Thalang
Ko Nakha Noi
MER D'ANDAMAN
Nam Tok Ton Sai
Ao Bang Thao
Laguna Phuket
Musée national de Thalang
Laem Son
Laem Yamu
Hat Surin
Phuket Boat Lagoon
Royal Phuket Marina
Monument aux Héroïnes
Voir carte Hat Kamala, Hat Surin et Ao Bang Thao (p. 330)
Ko Rang
Vers Ko Yao Noi et Ko Yao Yai (6 km)
Ao Sapam
Sapam
Ko Maphrao
Th Phra Barami
Nam Tok Kathu
Hat Kalim
Jungle Bungy Jump
Police touristique
Wachira Hospital
Laem Nga
Kathu
Bangkok Phuket Hospital
Ao Patong
Phuket International Hospital
Vers Ko Yao Noi et Ko Yao Yai (8 km)
Vers le parc national maritime des îles Similan (100 km)
Patong
PHUKET-VILLE
Ko Sireh
Laem Lam Jiak
Voir carte Hat Patong (p. 326)
Ao Karon Noi
Voir carte Phuket-ville (p. 312)
Village des chao leh (chow lair)
Karon
Wat Chalong
Hat Karon
Zoo de Phuket
Ao Phuket
Ao Karon
Grand Bouddha
Kata
Chalong
Voir carte Hat Kata et Hat Karon (p. 323)
Ao Chalong
Vers Ko Phi Phi (42 km)
Phuket Riding Club
Aquarium de Phuket
Cape Panwa Hotel
Ao Kata Noi
Kok Chang Safari
Laem Phanwa
Wat Nai Han
Ko Lon
Hat Laem Ka
Hat Nai Han
Ko Man
Ao Rawai
Laem Phromthep
Rawai
Ko Mai Thon
Voir carte Hat Nai Han, Hat Rawai et Hat Laem Ka (p. 318)
Ko Aew
Ko Heh
Ko Kaew Noi
Vers Ko Raya Yai (12 km) et Ko Raya Noi (21 km)

Phuket International Hospital (carte p. 306 ; ☎ 0 7624 9400 ; www.phuketinternationalhospital.com ; Th Chalermprakiat). Considéré comme le meilleur hôpital de l'île par les médecins étrangers.

SITES INTERNET

Jamie's Phuket (www.jamie-monk.com). Un blog amusant écrit par un expatrié résidant depuis longtemps à Phuket, avec d'excellents conseils de voyage et photos.

One Stop Phuket (www.1stopphuket.com). Guide de voyage facile à utiliser et service de référencement de réservations sur Internet.

Phuket Dot Com (www.phuket.com). Toutes sortes de renseignements, y compris sur les hébergements de l'île.

Désagréments et dangers

De mai à octobre, durant la mousson, de grandes vagues et des courants de fond rendent parfois la baignade dangereuse. Des dizaines de noyades se produisent chaque année au large des plages de Phuket, surtout à Laem Singh, à Kamala et à Karon. Des drapeaux rouges sont là pour avertir les baigneurs du danger. Si vous en voyez un flotter sur la plage, ne vous aventurez pas dans l'eau.

Méfiez-vous des Jet-Ski quand vous êtes dans l'eau. Bien que le gouverneur de Phuket ait proclamé leur utilisation illégale en 1997, l'interdiction n'est pas toujours appliquée.

Réfléchissez avant de louer une moto. Chaque année, des milliers de personnes sont blessées ou tuées sur les routes de Phuket. Des voyageurs inexpérimentés font partie des victimes. Si vous choisissez ce mode de transport, vous devez savoir conduire une moto, être habitué à la circulation et porter un casque.

Récemment, des motocyclistes se sont fait agresser en pleine nuit, notamment à coups de couteau, sur la route qui va de Patong à Hat Karon, et sur la route entre Kata et la zone Rawai-Hat Nai Han. Des agressions sexuelles contre des femmes ont aussi été signalées ; ces dernières devraient réfléchir à deux fois avant de faire du topless seules, surtout sur une plage isolée. Il peut être dangereux de circuler seule le soir ou tôt le matin.

À faire

CANOË ET KAYAK DE MER

Plusieurs prestataires installés à Phuket organisent des circuits en kayak vers la magnifique Ao Phang-Nga. Vous pourrez ainsi pénétrer dans des grottes en partie immergées (que les pêcheurs thaïlandais appellent *hôrng* – "pièce" – depuis des siècles) inaccessibles en *long-tail boat*. Les prix pour une excursion d'une journée débutent à 3 950 B/pers (repas, équipement et transfert inclus). De nombreux opérateurs proposent aussi des circuits de kayak/camping de 3 jours (à partir de 13 700 B tout compris) ou de 6 jours (à partir de 27 100 B).

John Gray's Seacanoe (hors carte p. 312 ; ☎ 0 7625 4505-7 ; www.johngray-seacanoe.com ; 124 Soi 1, Th Yaowarat). La plus ancienne compagnie sur l'île, toujours la plus réputée, et de loin celle à la plus grande sensibilité écologique. Comme toute marque de qualité en Thaïlande, son "Seacanoe" a souvent été copié. Au nord de Phuket-ville.

Paddle Asia (☎ 0 7621 6145 ; www.paddleasia.com ; 9/71 Moo 3, Th Rasdanusorn, Ban Kuku). Autre prestataire qui jouit d'une bonne réputation, axé sur les petits groupes. Propose des séjours de plusieurs jours à Ao Phang-Nga et au parc national de Khao Sok à bord de kayaks classiques.

ÉQUITATION

Phuket Riding Club (☎ 0 7628 8213 ; www.phuketridingclub.com ; 95 Th Viset, Rawai) organise des promenades de 1 heure (800 B/pers) et de 2 heures (1 500 B) dans la jungle autour de Rawai et le long des plages environnantes.

KITESURF

Ce sport en plein essor suscite aussi un grand engouement à Phuket. Les trois meilleurs spots sont Hat Nai Yang, Karon (en saison basse) et Rawai (conditions idéales pour les débutants en haute saison). Les deux écoles de kitesurf de Phuket sont affiliées à l'Organisation internationale de kitesurf (l'équivalent des PADI pour les cerfs-volants).

Kite Boarding Asia (carte p. 323 ; ☎ 08 1591 4594 ; www.kiteboardingasia.com ; cours à partir de 4 000 B). Son bureau principal est situé sur Hat Nai Yang, mais il y a un kiosque à l'extrémité sud de Hat Karon, ouvert en saison basse. Propose aussi des cours en retrait de Friendship Beach, à Rawai.

Kite Zone (carte p. 318 ; ☎ 0833 952 005 ; www.kitesurfingphuket.com ; cours pour débutants à partir de 1 100 B). Implantée à Nai Yang et à Rawai, c'est la plus jeune et la plus branchée des deux écoles, avec un superbe perchoir sur Friendship Beach. Les cours vont de 1 heure à 5 jours.

NAVIGATION DE PLAISANCE

Phuket est l'une des principales destinations de la navigation de plaisance en Asie du Sud-Est. Vous verrez toutes sortes d'embarcations ancrées le long du littoral, depuis les sloops en bois vieux de 80 ans jusqu'aux yachts les plus modernes. L'île compte quelques installations de style marina, avec amarrage à l'année.

Phuket Boat Lagoon (☎ 0 7623 9055 ; fax 0 7623 9056). À Ao Sapam, à 10 km au nord de Phuket-ville, sur la côte est. Il offre une marina abritée avec darses, postes de mouillage flottants, monte-charge de 60 à 120 tonnes, aire en dur, complexe hôtelier, laverie, café, pompe à essence, eau, et services de réparation et d'entretien.

Royal Phuket Marina (☎ 0 7637 9397 ; www.royalphuketmarina.com). La Royal Phuket Marina est située au sud du Phuket Boat Lagoon. C'est la plus luxueuse des marinas, avec des résidences flambant neuves, des restaurants haut de gamme et un palais des congrès surplombant 190 points d'amarrage.

Yacht Haven Phuket Marina (☎ 0 7620 6704 ; www.yacht-haven-phuket.com). Cette marina se trouve à Laem Phrao, à la pointe nord-est de l'île. Elle dispose de 130 points d'amarrage avec accès en eaux profondes, d'un restaurant panoramique et d'un service d'entretien.

Les démarches pour l'obtention d'un ancrage sont assez compliquées ; les marinas s'en chargeront si vous les prévenez à l'avance (service rémunéré). Comptez à partir de 17 000 B/jour la location d'un bateau coque nue en haute saison.

Pour des informations sur la location (avec ou sans équipage) de yachts, contactez :

Asia Marine (www.asia-marine.net ; Yacht Haven Phuket Marina)

Tawan Cruises (☎ 08 8194 3234 ; www.tawancruises.com)

Si vous recherchez une sortie à la voile plus abordable, adressez-vous à **Phuket Sail Tours** (☎ 08 7897 0492 ; www.phuketsailtours.com ; Ao Por), qui propose des circuits d'une journée à Ao Phang-Nga (3 000 B tout compris).

PLONGÉE ET SNORKELING

L'île de Phuket est entourée de sites renommés, parmi lesquels plusieurs petites îles au sud (Ko Hae, Ko Raya Yai, Ko Raya Noi, Hin Daeng et Hin Muang). Des croisières de plusieurs jours jusqu'aux splendides archipels des Surin et des Similan, ou jusqu'aux Burma Banks (archipel de Mergui), au large de la côte sud du Myanmar, partent aussi de Phuket.

Phuket compte plus de 100 clubs de plongée qui, pour la plupart, se contentent d'enregistrer les réservations. Les plus sérieux possèdent souvent leur propre bateau, les autres ne faisant qu'inscrire leurs clients sur des bateaux qui ne leur appartiennent pas. Renseignez-vous avant de vous décider. Le fait de bénéficier d'un label PADI cinq étoiles n'est pas forcément synonyme d'excellence, mais peut toutefois se révéler intéressant. Nombre de ces centres sont installés à Hat Patong, mais les petites cités balnéaires en comptent également. Certains des prestataires les plus importants (pas forcément les meilleurs) disposent de multiples succursales dans toute l'île. Voir aussi l'encadré ci-dessous.

Une sortie d'une journée jusqu'aux sites les plus proches coûte environ 3 500 B pour 2 plongées, équipement compris. Ceux qui ne plongent pas ou pratiquent le snorkeling

QUEL CENTRE DE PLONGÉE CHOISIR ?

Trouver le bon centre de plongée peut s'avérer compliqué. En effet, d'innombrables vitrines de centres ou de boutiques de plongée, plus attrayantes les unes que les autres, vantent les merveilles que réserve le monde sous-marin – on en compte plus d'une centaine rien qu'à Phuket. Comment être sûr de s'adresser au bon prestataire ?

Avant de choisir un centre de plongée à Phuket (ou ailleurs dans le pays), vous avez intérêt à poser quelques questions. Par exemple, depuis combien de temps le centre existe-t-il ? Combien de plongeurs doivent participer à l'excursion ? Quel est le nombre d'instructeurs prévu par rapport aux participants ? Quel type d'assurance propose le centre et que couvre-t-elle ? Le prestataire possède-t-il une autorisation de la Tourism Authority of Thailand (TAT) ? Si vous partez en circuit de plusieurs jours, y a-t-il des réserves d'oxygène à bord ? Discutez avec les employés pour savoir s'ils sont expérimentés et depuis combien d'années ils travaillent dans la région. Si vous désirez suivre une formation, demandez quel diplôme les instructeurs possèdent. Par ailleurs, il est important que les employés vous mettent en confiance et qu'ils parlent suffisamment bien votre langue pour que vous puissiez vous comprendre. Enfin, vérifiez que le matériel est en bon état et bien entretenu.

Au bout du compte, le meilleur moyen est sans doute d'opter pour un centre de plongée chaleureusement recommandé par d'autres plongeurs ayant déjà tenté l'expérience. Le bouche-à-oreille est souvent le meilleur gage de qualité, particulièrement dans le milieu de la plongée, où le sort des entreprises dépend pour beaucoup de la réputation.

peuvent participer à l'excursion moyennant un prix bien inférieur. Comptez dans les 15 000 B pour 3 jours de cours de certification PADI en eau profonde (équipement compris).

Mieux vaut souscrire une assurance plongée individuelle avant le départ, PADI ou DAN de préférence. Souvent, les polices d'assurance classiques ne couvrent pas les accidents de plongée ou les frais de décompression. Vérifiez auprès de votre assureur. Les centres de plongée proposent des contrats plus ou moins performants ; renseignez-vous.

Le **Phuket International Hospital** (carte p 306 ; ☎ 0 7624 9400) et le **Bangkok Phuket Hospital** (carte p. 306 ; ☎ 0 7625 4425) possèdent chacun un caisson de décompression.

La côte ouest de Phuket (et plus particulièrement les abords des promontoires rocheux entre les plages) est idéale pour le snorkeling. Vous pouvez louer un masque, un tuba et des palmes pour environ 250 B/jour. Comme pour la plongée sous-marine, les alentours des petites îles au large, telles Ko Raya Yai et Ko Raya Noi, offrent une meilleure visibilité et une faune plus variée.

Comme partout sur la mer d'Andaman, la meilleure période pour la plongée s'étend de décembre à mai, lorsqu'il fait beau et que la mer est calme et claire.

Les meilleurs fournisseurs d'équipements de plongée à Phuket sont :

All 4 Diving (carte p. 326 ; ☎ 0 7634 4611 ; 5/4 Th Sawatdirak, Hat Patong)

Dive Supply (☎ 0 7638 3414 ; www.divesupply.com ; 88/5 Th Patak, Chalong). Dans un nouveau local, la plus grande boutique de plongée de Phuket.

SURF

Phuket est un paradis secret pour le surf. Avec la houle des moussons, la mer forme d'impressionnants rouleaux, notamment entre juin et septembre, période à laquelle des compétitions annuelles se tiennent à Kata et à Kalim. **Phuket Surf** (www.phuketsurf.com) est basé à Kata, à l'extrémité sud de la baie, près du meilleur break qui atteint souvent les 2 m. À Hat Nai Han, les vagues peuvent mesurer jusqu'à 3 m près du club de plaisance. Attention toutefois, les courants sous-marins pouvant être très forts (et parfois mortels) sur ces deux spots.

Hat Kalim, un peu au nord de Patong, est abritée et son break constant (une vague creuse, considérée comme la meilleure de l'île) peut aussi atteindre les 3 m. Le **Phuket Boardriders Club** (www.phuketboardriders.com) y sponsorise une compétition en août. La plage la plus au nord de Kamala possède un bon *beach break* de 3 m. À Laem Singh, un peu plus haut sur la côte, face à l'Amanpuri Resort, les vagues sont très fortes et rapides – la plage est quant à elle protégée du vent par un grand promontoire.

Hat Nai Yang est dotée d'une vague douce idéale pour les "vétérans" préférant éviter les secousses. Elle se brise à plus de 200 m du bord et monte jusqu'à 3 m ; il n'y a pas de lame de fond.

Quelques boutiques de surf louent des planches :

Phuket Surf (carte p. 323 ; ☎ 08 7889 7308, 08 1684 8902 ; www.phuketsurf.com). Dans la crique sud de Hat Kata Yai, leçons de surf à partir de 1 500 B pour une demi-journée et location de planches (100/300 B par heure/jour). Consultez le site Internet pour en savoir plus sur les breaks locaux.

Phuket Surfing (carte p. 323 ; ☎ 0 7628 4183 ; www.phuketsurfing.com). Location de planche à l'heure (100-150 B). Juste devant Phuket Surf.

Circuits organisés

En plus des promenades à dos d'éléphant et des visites de l'intérieur de l'île en 4x4, on peut effectuer de belles balades à vélo. Nouveau venu, **Amazing Bike Tours** (☎ 0 7628 3436 ; www.amazingbiketoursthailand.asia ; 32/4 Moo 9, Th Chaofa, Chalong ; circuits d'une journée à partir de 1 600 B) organise des circuits à vélo d'une demi-journée, en petits groupes, dans la réserve royale de Khao Phra Taew (Khao Phra Taew Royal Wildlife & Forest Reserve), ainsi que de fabuleux circuits d'une journée aux environs de Ko Yao Noi et aux sublimes plages et cascades de Thai Muang, dans la province voisine de Phang-Nga.

Cours

Mom Tri's Boathouse (☎ 0 7633 0015 ; www.boathousephuket.com ; 2/2 Th Kata (Patak West), Hat Kata). Propose chaque week-end de passionnants cours de cuisine thaïlandaise (1 jour/week-end complet 2 000/3 000 B par pers) avec le célèbre chef Tamanoon. Voir aussi p. 322.

Phuket Thai Cookery School (☎ 0 7634 6269 ; www.phuketthaicookeryschool.com ; Ko Sireh ; 🕒 8h30-17h). Initiez-vous aux épices thaïlandaises dans cette école de cuisine réputée installée sur une partie calme du front de mer sur la côte est de Ko Sireh. Les cours (2 500-2 900 B/jour) peuvent durer jusqu'à 6 heures. Transfert depuis les hôtels, visite du marché et livre de recettes inclus.

Pum Thai Cooking School (carte p. 326 ; ☎ 0 7634 6269 ; www.pumthaifoodchain.com ;

L'ESSOR DE LA MOU•AY TAI (BOXE THAÏLANDAISE) À PHUKET

Au cours des dernières années, encouragés par la présence croissante d'étrangers et le succès du combat libre et des arts martiaux, plusieurs centres de *mou·ay tai* (ou *muay thai*, boxe thaïlandaise) destinés aux athlètes étrangers, hommes et femmes, sont apparus à Phuket. En se fondant sur le concept original de camp de *mou·ay tai*, les boxeurs résident et s'entraînent sur le site avec des professionnels aguerris.

Tout a commencé avec Pricha "Tuk" Chokkuea et son centre, le **Rawai Muay Thai** (carte p. 318 ; ☎ 08 1476 9377 ; www.rawaimuaythai.com ; 43/42 Moo 7, Th Sai Yuan). Lui et son ancien associé, Danny Avison, un triathlète basé à Phuket, ont décidé de former des touristes pour récolter des fonds et pouvoir aussi entraîner des boxeurs thaïlandais montants, déshérités, sans trop entamer leur cagnotte de combats (le modèle de fonctionnement traditionnel de la *mou·ay tai*, auquel Tuk s'est toujours opposé). Pendant des années, son centre fut le seul à la ronde. Il y en a maintenant plus d'une demi-douzaine à Rawai. Le meilleur centre récent est celui d'Avison, le **Promthep Muay Thai Camp** (☎ 08 5786 2414 ; www.promthepmuaythai.com ; 91 Moo 6, Soi Yanui). En plus de former des boxeurs, Avison propose un incroyable programme de perte de poids multisports et cross-training. Où que vous alliez, prenez garde : il ne s'agit pas d'un parc d'attractions édulcoré pour Occidentaux. Préparez-vous à transpirer, à ramper, à lutter et à saigner. Et, qui sait, peut-être même que vous remporterez un combat sous les lumières du stade de Bang-la.

204/32 Tha Rat Uthit, Hat Patong). Cette chaîne de restaurants (trois adresses en Thaïlande et deux en France) propose plusieurs cours par jour, de 1 à 6 heures (4 650 B/pers). Les cours les plus longs commencent par une visite du marché et s'achèvent par une dégustation.

Avec des enfants

Il y a beaucoup de choses à faire avec des enfants à Phuket. Bien que le pire de l'industrie du sexe se déploie sans pudeur à Patong, le reste de l'île est tout à fait décent.

En termes d'activités, vous trouverez la gamme habituelle de sports nautiques qu'offrent toutes les stations balnéaires importantes. Nombre des activités mentionnées dans les rubriques précédentes conviennent aux enfants de tous âges. Les promenades à dos d'éléphant ont toujours beaucoup de succès, les meilleurs prestataires étant regroupés sur la route Kata-Hat Nai Han. L'**aquarium de Phuket** (p. 317) et une visite du remarquable **Centre de réadaptation pour les gibbons** (p. 335), qui prend soin des gibbons, constituent aussi d'excellentes activités centrées sur les animaux.

Toutefois, le lieu le plus visité par les familles est le **Phuket Fantasea** (p. 338), un parc d'attractions extravagant (et cher) – des animaux sauvages, des personnages costumés dans des spectacles avec musique et danses, des effets spéciaux et des feux d'artifice, le tout doublé d'un dîner-buffet thaïlandais et de tours de magie (des éléphants disparaissent...).

Bénévolat

La **Soi Dog Foundation** (☎ 08 7050 8688 ; www.soidog.org) est une structure bien organisée dont le but est de stériliser, de soigner et de nourrir les chiens errants. Elle a besoin de volontaires pour distribuer la nourriture aux chiens, mais un don de votre part sera tout aussi utile au développement de ses projets. Visitez le site Internet pour plus de détails.

Depuis/vers Phuket

AVION

L'**aéroport international de Phuket** (☎ 0 7632 7230) est à 30 km au nord-ouest de la ville de Phuket. Dans la zone des départs des vols intérieurs, on trouve un bureau de poste, une librairie, des restaurants, des cafés, ainsi qu'une **consigne** (1 bagage 80 B/jour) et un **accès Internet** (100 B/15 min) au premier étage. Il y a de nombreux guichets de change, des DAB et un office du tourisme dans la zone des arrivées. Sachez qu'il faut entre 45 min et 1 heure pour rejoindre les plages du sud depuis l'aéroport.

Voici quelques compagnies aériennes assurant des vols intérieurs :

Air Asia (www.airasia.com). Dessert très bien Phuket. Outre plusieurs vols quotidiens pour Bangkok (à partir de 790 B), elle assure des vols directs internationaux vers Hong Kong (4 295 B), Chiang Mai (1 524 B), Hô Chi Minh-Ville (790 B), Kuala Lumpur (à partir de 990 B), Singapour (1 796 B) et Jakarta (1 270 B).

Bangkok Airways (carte p. 312 ; ☎ 0 7622 5033 ; www.bangkokair.com ; 58/2-3 Th Yaowarat). Vols quotidiens pour Ko Samui (1 905 B) et Bangkok (2 290 B).

Nok Air (www.nokair.com). Relie Phuket à Bangkok.
One-Two-Go (www.fly12go.com). Relie aussi Phuket à Bangkok.
THAI (carte p. 312 ; ☎ 0 7621 1195 ; www.thaiairways.com ; 78/1 Th Ranong, Phuket-ville). Jusqu'à 10 vols/jour vers Bangkok (à partir de 3 035 B), avec des correspondances depuis/vers plusieurs autres villes thaïlandaises, ainsi que des destinations internationales.

Plusieurs compagnies aériennes internationales ont un bureau à Phuket-ville :
Dragonair (carte p. 312 ; ☎ 0 7621 5734 ; Th Phang-Nga, Phuket-ville)
Malaysia Airlines (carte p. 312 ; ☎ 0 7621 6675; 1/8-9 Th Thungkha, Phuket-ville)
Silk Air (carte p. 312 ; ☎ 0 7621 3891 ; www.silkair.com ; 183/103 Th Phang-Nga, Phuket-ville)

FERRY

Durant la haute saison, plusieurs bateaux naviguent entre Ao Ton Sai, sur Ko Phi Phi, et les ports de Phuket. Les ferrys de **Chao Koh Group** (☎ 0 7624 6513) partent de Tha Rasada, près de Phuket-ville, à destination de Ko Phi Phi à 8h30 et 14h30 ; retour à 9h et 14h30 (400 B l'aller).

MINIBUS

Certaines agences de voyages de Phuket vendent des billets pour un voyage en minibus climatisé (trajet en ferry compris) jusqu'à Ko Samui et à Ko Pha-Ngan. Des minibus climatisés rallient aussi Krabi, Ranong, Trang, Surat Thani et d'autres destinations. Le lieu de départ varie : vérifiez auprès du bureau de la TAT (ci-contre) à Phuket-ville. Les minibus sont un rien plus chers que les bus, qui, eux, s'arrêtent tous dans Phuket-ville (voir p. 316).

PHUKET-VILLE

อ.เมืองภูเก็ต

63 000 habitants

Si vous aimez passer une journée ou plus à flâner dans un dédale de petites rues à la recherche de galeries d'art, de temples chinois taoïstes, de vestiges d'architecture sino-portugaise, de restaurants et de bars à des lieues du tumulte des cités touristiques, vous allez adorer Phuket-ville. Celle qui fut la première localité de l'île en est l'un des endroits les moins visités et les plus authentiques.

Au XIXe siècle, des immigrants venus du sud de la Chine pour travailler dans les mines d'étain de Phuket s'y installèrent, parmi ses ruelles et ses canaux étroits, rejoignant une communauté d'entrepreneurs venus plus tôt de la péninsule arabe, d'Inde et du Portugal pour y commercer. Une génération après, Phuket avait sa propre culture, mélangée. Les personnes ayant passé toute leur vie à Phuket-ville célèbrent ainsi son héritage chinois à travers des traditions spirituelles et une cuisine particulières, même si la ville paraît assez européenne d'un point de vue architectural.

Mais Phuket-ville n'a rien d'une cité-musée. En flânant dans la vieille ville, vous découvrirez des galeries d'art, nombre de lieux où écouter de la musique, ainsi que quantité de restaurants et de cafés chic, appréciés le soir par les personnes habitant et travaillant à Phuket.

Si votre budget est serré, sachez que la ville de Phuket dispose de certains des meilleurs lieux d'hébergement bon marché de l'île, et que vous pouvez y passer la nuit avant de partir pour Ko Phi Phi ou Lanta – le ferry circule depuis Tha Rasada, non loin. Vous pourrez aussi prendre les *sŏrng·tăa·ou* réguliers qui rallient toutes les plages de l'île (de 30 min à 1 heure 30 pour les plus lointaines ; voir p. 316 pour plus de détails).

Renseignements

On trouve nombre de cybercafés et de DAB dans les environs de Th Phuket, de Th Ranong, de Th Montri et de Th Phang-Nga.
Agence CAT de Phuket (Th Phang-Nga ; 🕒 8h-24h). Communications internationales.
Bureau de la TAT (☎ 0 7621 2213 ; www.tat.or.th ; 73-75 Th Phuket ; 🕒 8h30-16h30). Cartes, brochures, listes des prix des *sŏrng·tăa·ou* pour les différentes plages et tarifs indicatifs pour les locations de véhicules.
DHL World Wide Express (☎ 0 7625 8500 ; 61/4 Th Thepkasatri). Service postal rapide et fiable.
Police (☎ 191, 0 7622 3555 ; angle Th Phang-Nga et Th Phuket)
Poste principale (Th Montri ; 🕒 8h30-16h lun-ven, 9h-12h sam)
Southwind Books (☎ 08 9724 2136 ; 1/2/5 Th Phang-Nga ; 🕒 9h-19h lun-sam, 10h-15h dim). Des piles de livres d'occasion, avec des titres dans 18 langues.

À voir et à faire

Sur le plan touristique, Phuket se distingue par les vestiges de son **architecture sino-portugaise**, à découvrir en flânant le long des rues (Th) Thalang, Dibuk, Yaowarat, Ranong, Phang-Nga, Rasada et Krabi, ainsi que dans le Soi Romanee. Les plus beaux spécimens en sont la **Standard Chartered Bank** (Th Phang-Nga), banque

PHUKET-VILLE

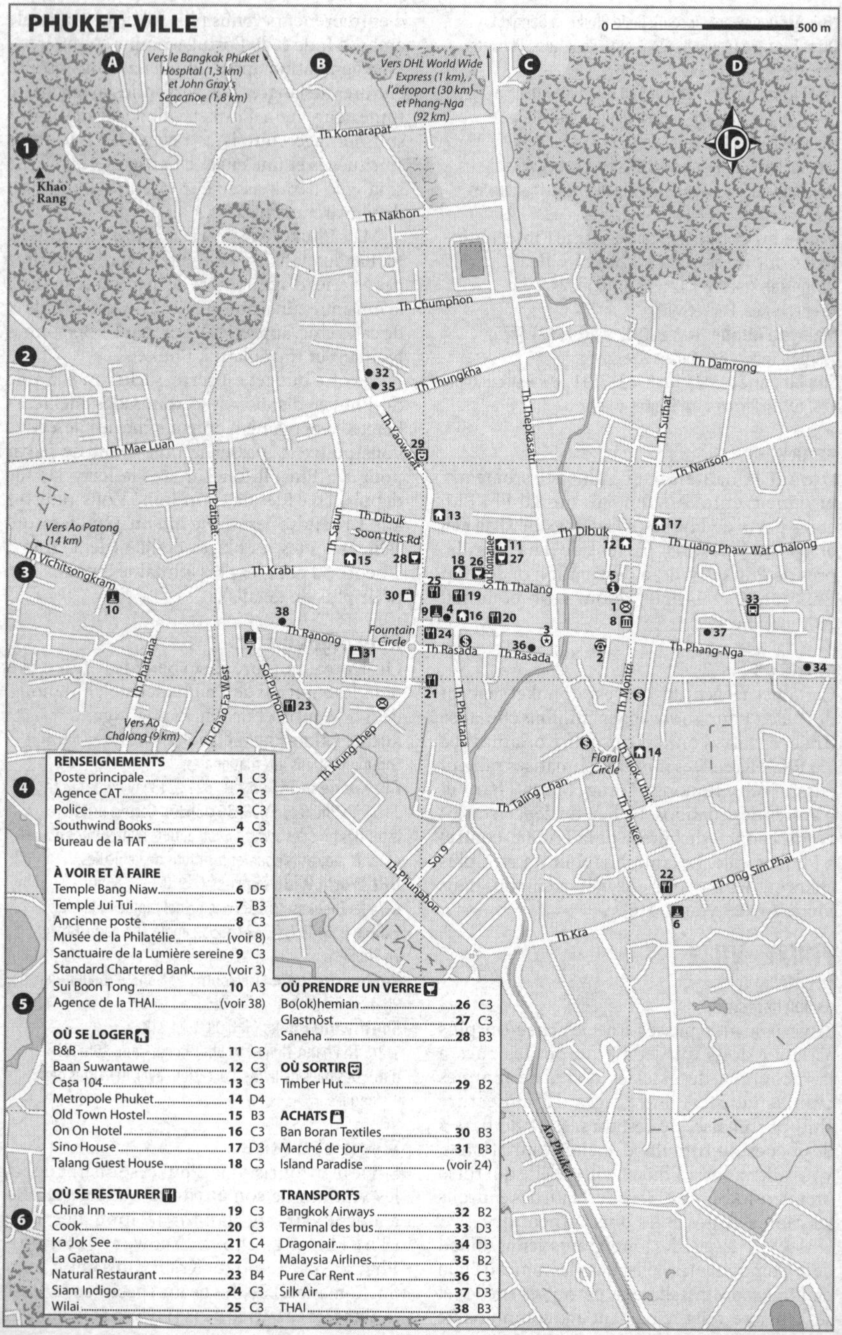

RENSEIGNEMENTS
Poste principale 1 C3
Agence CAT 2 C3
Police 3 C3
Southwind Books 4 C3
Bureau de la TAT 5 C3

À VOIR ET À FAIRE
Temple Bang Niaw 6 D5
Temple Jui Tui 7 B3
Ancienne poste 8 C3
Musée de la Philatélie .... (voir 8)
Sanctuaire de la Lumière sereine 9 C3
Standard Chartered Bank .... (voir 3)
Sui Boon Tong 10 A3
Agence de la THAI .... (voir 38)

OÙ SE LOGER
B&B 11 C3
Baan Suwantawe 12 C3
Casa 104 .... 13 C3
Metropole Phuket 14 D4
Old Town Hostel 15 B3
On On Hotel 16 C3
Sino House 17 D3
Talang Guest House 18 C3

OÙ SE RESTAURER
China Inn 19 C3
Cook 20 C3
Ka Jok See 21 C4
La Gaetana 22 D4
Natural Restaurant 23 B4
Siam Indigo 24 C3
Wilai 25 C3

OÙ PRENDRE UN VERRE
Bo(ok)hemian 26 C3
Glastnöst 27 C3
Saneha 28 B3

OÙ SORTIR
Timber Hut 29 B2

ACHATS
Ban Boran Textiles 30 B3
Marché de jour 31 B3
Island Paradise .... (voir 24)

TRANSPORTS
Bangkok Airways 32 B2
Terminal des bus 33 D3
Dragonair 34 D3
Malaysia Airlines 35 B2
Pure Car Rent 36 C3
Silk Air 37 D3
THAI 38 B3

TOP 5 DES SPAS À PHUKET

À Phuket, il semble qu'on trouve un établissement de massage à chaque coin de rue. La plupart sont des affaires familiales sans prétention, où le massage traditionnel thaïlandais revient à 250 B de l'heure et où un simple soin de pédicure et de manucure coûte la modique somme de 100 B. La qualité du service dans ces établissements varie et évolue rapidement, le taux de rotation du personnel étant élevé. Fiez-vous à votre intuition et essayez de vous renseigner auprès du personnel de votre hôtel ou de clients les ayant déjà expérimentés. De toute façon, vous ne pouvez guère vous tromper – surtout s'il y a un sauna au feu de bois et aux herbes.

Si vous souhaitez des soins à l'occidentale, rendez-vous dans l'un des nombreux complexes de spas de Phuket. Ils sont généralement affiliés à un hôtel de luxe, mais presque tous sont ouverts aux non-résidents. Ce sont le plus souvent des établissements haut de gamme, au beau design zen. Les spas dignes de ce nom offrent toute une gamme de soins, dont les tarifs varient en fonction de l'emplacement, mais il faut compter d'ordinaire 1 000 B le soin au minimum.

Voici la liste de nos cinq spas favoris :

- Le **Bua Luang Spa** (p. 334) de l'Anantara Phuket combine le meilleur des traditions de soin thaïlandaise et ayurvédique. Pourquoi ne pas commencer par un "Turmeric Body Scrub" (gommage du corps au tamarin), puis continuer par un "Thai Herbal Compress Massage" (massage thaïlandais aux compresses d'herbes) ?
- Le **Six Senses Spa** (p. 318) de l'Evason Phuket Resort est un endroit très "retour à la nature" par son cadre mais d'avant-garde dans les soins proposés. Essayez l'"Energising Journey" (3 heures, 7 600 B), qui comprend un soin raffermissant pour le corps et un massage "Energiser", suivis de shiatsu pour les pieds.
- Laissez-vous envelopper dans de l'argile blanche asiatique (2 000 B) ou des algues détoxifiantes (2 500 B), et terminez avec un "Tri Phase Stone Therapy Massage" (2 900 B) au **Sala Resort & Spa** (p. 334).
- L'un des premiers spas de Phuket, le **Hideaway Day Spa** (p. 332) jouit encore d'une excellente réputation. Affichant des tarifs plus raisonnables que ses concurrents, il propose des traitements dans un cadre paisible sur la rive d'une lagune.
- Le **Raintree Spa** de la Sino House (p. 315), à Phuket-ville, est un autre choix raisonnable et rafraîchissant. Lorsque les habitants ont envie de soins de spa (massages 500-1 000 B), c'est ici qu'ils viennent.

étrangère la plus ancienne de Thaïlande, l'**agence de la THAI** (78/1 Th Ranong) et l'**ancienne poste**, qui abrite aujourd'hui le **musée de la Philatélie de Phuket** (Th Montri ; entrée libre ; 9h30-17h30). Quant aux simples résidences, les mieux restaurées bordent Th Dibuk et Th Thalang. La **Phra Phitak Chyn Pracha** (9 Th Krabi), une magnifique demeure posée dans un jardin, tout juste restaurée, a été transformée en succursale de la très élégante chaîne de restaurants Blue Elephant.

Une poignée de temples chinois, ordinaires pour la plupart, ajoutent quelques notes de couleurs au décor. Le **sanctuaire de la Lumière sereine** (Saan Jao Sang Tham ; 8h30-12h et 13h30-17h30) est le plus remarquable, avec ses gravures murales taoïstes, son plafond voûté taché par les volutes d'encens et son autel décoré de fleurs fraîches et de bougies allumées. Situé derrière le restaurant Wilai et accessible par une ruelle étroite marquée par une arche rouge, près de Th Phang-Nga, ce sanctuaire fut construit par une famille locale en 1889.

Pour profiter d'une vue sur la ville, grimpez en haut du mont **Khao Rang** (colline de Phuket), au nord-ouest du centre-ville. La promenade est plus agréable en semaine : il y a alors moins de monde au sommet (gardez un œil sur les meutes de chiens errants). Si, comme on le dit, Phuket est une déformation du mot malais *bukit* (colline), c'est probablement de ce mont que la ville tire son nom.

Fête

La **fête végétarienne** (voir page suivante), événement le plus important de Phuket, se déroule habituellement fin septembre ou début octobre. Le bureau de la TAT de Phuket publie le programme des festivités. Si vous prévoyez

FÊTE VÉGÉTARIENNE *Celeste Brash*

Des bruits d'explosion, comme des tirs de mitrailleuses, résonnent dans les rues. L'air est presque opaque avec de la fumée d'un gris brunâtre, et des hommes et des femmes déambulent dans des rues fermées à la circulation, les joues percées par des objets pointus. Le sang de certains membres de la foule ruisselle de leurs blessures ouvertes sur le torse ou dans le dos. Non, ce n'est pas une zone de conflit, c'est la **fête végétarienne**, l'une des plus importantes fêtes traditionnelles de Phuket.

Cette fête, qui a lieu pendant les neuf premiers jours du neuvième mois lunaire du calendrier chinois – généralement entre septembre et octobre –, célèbre le début du jeûne taoïste, que respectent les plus croyants en s'abstenant alors de manger de la viande ou d'autres produits d'origine animale. Mais, ce qui est le plus visible pour les étrangers, ce sont les processions quotidiennes, qui parcourent la ville avec une foule d'enfants et de *gà·teu·i* (travestis ou transsexuels) aux vêtements élaborés, des armées entières de jeunes portant des drapeaux, et, surtout, des hommes et des femmes pratiquant d'horribles actes d'automutilation. Les commerçants du centre de Phuket élèvent des autels devant leurs boutiques, où sont offerts aux neuf dieux-empereurs neuf petites tasses de thé, de l'encens, des fruits, des bougies et des fleurs.

Parmi les participants à la procession, ceux qui jouent le rôle de médium appellent les neuf dieux à descendre sur terre. Entrés en transe, ils se percent les joues avec toutes sortes d'objets inimaginables (branches d'arbres épointées, lances...). Certains vont même jusqu'à se taillader lentement la langue avec une scie ou une lame de hache, l'acte le plus insupportable à regarder. Au fil de la procession, ces médiums s'arrêtent devant les autels dressés devant les boutiques et ramassent les fruits offerts. Ils boivent aussi le thé de l'une des neuf tasses et prennent des fleurs qu'ils accrochent à leur ceinture. Les marchands et leurs familles s'inclinent alors en joignant les deux mains, dans un geste de respect (le *wâi*) envers ces médiums, temporairement possédés par les divinités.

Le jour avançant, la principale procession s'amenuise, et l'atmosphère d'extrême ferveur s'intensifie chez les participants restants, sur fond d'explosion de pétards remplissant les rues de fumée. Irréel et déroutant ne sont pas des mots assez forts. Dans la ville de Phuket, les festivités se concentrent dans cinq temples chinois, d'abord le Jui, le plus important d'entre eux dans Th Ranong, suivi du Bang Niaw et du Sui Boon Tong. Des célébrations ont également lieu dans les temples des villes alentour, comme Kathu (où la fête est née) et Ban Tha Reua. Si vous faites une pause au point de départ de la procession assez tôt le matin, vous verrez peut-être quelqu'un d'étonnamment professionnel portant des gants de latex, en train de percer les joues des croyants – âmes sensibles, s'abstenir. D'autres cérémonies ont lieu pendant toute la fête dans les temples, comme marcher sur des charbons ardents ou grimper une échelle de couteaux. Au-delà de tout ce spectacle, des stands vendant de délicieux mets végétariens dans les petites rues sont l'occasion rêvée de goûter aux spécialités locales et d'entamer des conversations avec les habitants.

À l'occasion de cet événement, le bureau de la TAT de Phuket publie chaque année un calendrier des festivités très pratique. Cette fête a également lieu à Trang, à Krabi et dans d'autres villes du sud de la Thaïlande.

Aussi étrange que cela puisse paraître, on ne connaît aucune région en Chine qui fête de la sorte le carême taoïste. Les Chinois de la région expliquent que c'est une troupe de théâtre ayant débarqué de Chine dans la petite localité de Kathu, il y a 150 ans, qui aurait initié de telles pratiques. L'histoire raconte que la troupe tomba gravement malade parce que les membres avaient manqué d'honorer les neuf dieux-empereurs du taoïsme. Les neuf jours de pénitence qu'ils s'étaient alors imposés comprenaient des actes de mortification, une période de méditation et un régime strictement végétarien.

Pour plus d'informations, visitez le site www.phuketvegetarian.com.

d'assister aux processions, pensez à emporter des bouchons d'oreilles afin de ne pas être trop assourdi par les pétards.

Où se loger

Phuket-ville est vraiment l'endroit le moins cher de l'île où passer la nuit, avec quantité d'options bon marché. Les hôtels des catégories moyenne et supérieure se trouvent en revanche sur les plages.

PETITS BUDGETS

On On Hotel (☎ 0 7621 1154 ; 19 Th Phang-Nga ; ch 180-400 B ;) . Ce vieil hôtel délabré continue à tirer parti de son apparition dans le film *La Plage*. Malgré les murs humides, la peinture écaillée, les lits défoncés, les ventilateurs qui grincent, les toilettes à la turque et les portes à cadenas, il garde quelque chose de la Phuket d'autrefois. Nouvelles chambres (climatisées) sans caractère, mais plus propres, au rdc, à côté du café à l'ancienne.

Talang Guest House (☎ 0 7621 4225 ; talanggh@phuket.ksc.co.th ; 37 Th Thalang ; ch 280-370 B ; ❄). Ce *shophouse* (maison de commerçants chinois à l'origine, constituée d'un local commercial surmonté d'une habitation) à l'architecture classique, quelque peu décrépit, a gardé son cachet. Grandes chambres hautes de plafond avec un sol carrelé. Si vous voulez profiter de l'atmosphère du lieu, demandez la chambre du 3e étage, qui donne sur la rue.

Old Town Hostel (☎ 0 7625 8272 ; phuketoldtown-hostel.com ; 42 Th Krabi ; ch 400-550 B ; ❄). Chambres spacieuses récemment carrelées aux murs couleur lavande et sdb étincelantes. Celles situées à l'étage, climatisées, disposent de parquet, d'eau chaude et de sdb intérieures-extérieures. Personnel agréable.

B&B (☎ 08 4991 7029, 08 1538 1233 ; 22 Soi Romanee ; ch 500-650 B ; ❄). *Shophouse* transformé en pension dans le charmant Soi Romanee. La rénovation du lieu n'est pas forcément à la hauteur (un peu trop de carrelage au rdc), mais vous apprécierez les murs pastel, les hauts plafonds et les fontaines.

CATÉGORIES MOYENNE ET SUPÉRIEURE

Baan Suwantawe (☎ 0 7621 2879 ; www.baansuwantawe.co.th ; 1/10 Th Dibuk ; ch à partir de 1 200 B ; ❄ 💻 🏊). Excellente option que ces chambres de type studio au décor zen, avec parquet, coin salon et sdb carrelée. Les plus chères disposent d'une terrasse surplombant la piscine et un bassin de nénuphars.

♥ Casa 104 (☎ 0 7622 1268 ; 104 Th Yaowarat ; ch 1 200 B ; ❄ 📶). Un *shophouse* vieux de 100 ans merveilleusement restauré, dans le style du vieux Shanghai : murs couleur bordeaux, lustres, bouquets de bambou et de plumes de paon, sur fond de *swing* pour le bar du lobby. Les chambres sont plus simples mais tout aussi élégantes, avec sol en béton, douches à jets et mobilier Art nouveau. De loin la meilleure affaire de la ville.

Sino House (☎ 0 7623 2494 ; www.sinohousephuket.com ; 1 Th Montri ; ch 2 000-2 500 B ; ❄ 💻). Shanghai et le vieux Phuket se rencontrent pour composer le décor de ce bel établissement de la vieille ville. Spacieuses chambres bien aménagées, avec de splendides sdb (vasque en céramique et baignoire en forme de croissant de lune). Raintree Spa (voir p. 313) sur place. Réductions pour les séjours de longue durée (18 000 B/mois).

Metropole Phuket (☎ 0 7621 5050 ; www.metropole-phuket.com ; 1 Soi Surin, Th Montri ; ch à partir de 2 300 B ; ❄ 🏊). Immense hôtel dans une tour, tout confort. La fontaine à l'hippocampe est un peu kitsch, et les meubles années 1960 confèrent aux chambres une grâce surannée. Depuis les derniers étages, la vue sur Ao Chalong est magnifique.

Où se restaurer

La scène culinaire mérite à elle seule qu'on s'arrête à Phuket-ville. La cuisine est en effet de qualité et coûte moitié moins cher que sur les plages.

Cook (☎ 0 7625 8375 ; 101 Th Phang-Nga ; plats 60-120 B). Le chef et propriétaire (thaïlandais) est réputé pour sa cuisine fusion italo-thaïlandaise. Au menu notamment : des pizzas au poulet et curry vert, ou au curry de porc et lait de coco. Dans la vieille ville.

♥ Wilai (☎ 0 7622 2875 ; 14 Th Thalang ; plats à partir de 65 B ; 🕑 petit-déj et déj). Un petit comptoir très fréquenté au déjeuner proposant une cuisine locale de mets frits ou cuits à la vapeur. Goûtez au *phàt thai* (fines nouilles de riz sautées avec du tofu, des légumes, des œufs et des cacahuètes) ou au *mi sua* (nouilles sautées aux œufs, aux légumes et aux crevettes, avec des morceaux de bar et des calamars), et accompagnez votre plat d'un jus de chrysanthème.

China Inn (☎ 0 7635 6239 ; Th Thalang ; plats 80-250 B). Un *shophouse* où le bio rencontre la cuisine de Phuket. On y sert du curry rouge au crabe, une série de mets végétariens, des yaourts maison et des *smoothies* de fruits parfumés au miel bio. L'endroit se double d'une galerie d'artisanat, mélange de laques, de textiles, de sculptures et de vêtements importés du Myanmar et du Laos.

Siam Indigo (☎ 0 7625 6697 ; www.siamindigo.com ; 8 Th Phang-Nga ; plats 130-290 B ; 🕑 déj et dîner mer-lun). Installée dans un édifice sino-portugais vieux de 80 ans, une table chic spécialisée dans la cuisine thaïlandaise créative. Citons ainsi le *lâhp* (salade pimentée) au thon grillé, le porc haché sauté au satay et le magret de canard grillé tranché et mijoté dans un curry *massaman*.

Ka Jok See (☎ 0 7621 7903 ; kajoksee@hotmail.com ; 26 Th Takua Pa ; plats 180-480 B ; 🕑 dîner mar-dim). Retrouvez le charme du Phuket d'antan dans ce petit restaurant plein de caractère, rempli de fabuleuses babioles collectionnées par le propriétaire. Profitez d'une cuisine exquise, d'une bonne musique et, avec un peu de chance, d'un spectacle de cabaret. Vous pourrez danser toute la nuit.

La Gaetana (☎ 0 7625 0523 ; 352 Th Phuket ; plats 200-450 B ; déj lun, mar et ven, dîner mar-dim). Un restaurant des plus intimes, de 5 tables seulement – posées sur un sol en béton noir et entourées de murs colorés –, avec une cuisine ouverte dans la cour. Superbe menu italien affichant, par exemple, un carpaccio de magret de canard et un *osso-bucco*.

Où prendre un verre

Ici, vous vous divertirez comme les gens du cru, les bars, animés jusqu'à des heures tardives, étant presque exclusivement fréquentés par des Thaïlandais et des expatriés. Si vous en avez assez des soirées des *resorts*, l'ambiance vous semblera rafraîchissante – même par une nuit étouffante et sans vent.

Bo(ok)hemian (☎ 0 7625 2854 ; 61 Th Thalang ; 9h-22h ;). Un *coffee house* sans pareil, sur 2 niveaux, à la fois chaleureux et moderne. Accès Wi-Fi, vente de DVD et de livres d'occasion, café et thé raffinés, et gâteau au chocolat fameux.

Glastnöst (☎ 08 4058 0288 ; 14 Soi Romanee). Surnommé bizarrement le "Law & Notary Public Bar", l'endroit se double d'un cabinet notarial. L'ambiance est décontractée et intime, notamment lors des séances de jazz improvisées. Appelez 3 heures à l'avance pour commander un authentique dîner de Phuket pour 4 personnes, préparé par le représentant de Greenpeace en Thaïlande.

Saneha (☎ 08 1892 1001 ; Th Yaowarat ; 18h-tard). Adresse bohème chic éclairée par des lustres en coquillages. Nombreux recoins tamisés où l'on peut prendre un verre, se blottir et grignoter un en-cas, tout en profitant du crooner sur la scène.

Où sortir

Timber Hut (☎ 0 7621 1839 ; 118/1 Th Yaowarat ; entrée libre ; 18h-2h). Les Thaïlandais et les expatriés adorent cet établissement ancien sur 2 étages et s'y retrouvent autour de grandes tables en bois. Whisky à gogo, et toutes sortes de divertissements, dont des concerts et de la musique – du hard-rock à la funk et au hip-hop.

Achats

Capitale provinciale, Phuket-ville ne laissera pas les amateurs de lèche-vitrines indifférents.

Ban Boran Textiles (☎ 076 211 563 ; 51 Th Yaowarat ; 10h-19h). Minuscule boutique spécialisée dans la soie, la soie sauvage, les textiles de coton et les sarongs.

Marché de jour (Th Ranong). Près du centre-ville, ce marché date de l'époque où les pirates et les marchands indiens, chinois, malais et européens commerçaient à Phuket. Si on trouve encore des tissus en provenance d'Asie du Sud-Est, la majorité des stands vendent des produits alimentaires.

Island Paradise (0 7625 6418 ; 8 Th Phang-Nga ; 10h-21h). Située dans le même bel édifice sino-portugais que le restaurant Siam Indigo, cette adorable boutique, tendance hippie-chic, vend des vêtements de créateurs thaïlandais – robes à fleurs, jupes, chemisiers en soie –, ainsi que de magnifiques bijoux.

Comment s'y rendre et circuler

DEPUIS/VERS L'AÉROPORT

Un minibus assure le transport de l'aéroport jusqu'à Phuket-ville pour 120 B/pers, jusqu'aux plages de Patong, Kata et Karon pour 180 B. S'il n'y a pas assez de passagers pour rentabiliser le trajet, vous devrez prendre un taxi. Comptez alors 500 B entre l'aéroport et Phuket-ville, et 700-800 B jusqu'aux plages.

BUS

La **gare routière** (☎ 0 7621 1977) se situe à l'est du centre-ville, à proximité de nombreux hôtels. Parmi les destinations desservies, citons :

Destination	Type de bus	Prix	Durée
Bangkok	2e classe	375 B	15 heures
	climatisé	720 B	13-14 heures
	VIP	1 120 B	13 heures
Chumphon	climatisé	287 B	6 heures 30
Hat Yai	climatisé	600 B	6-7 heures
Ko Samui (bus/bateau)	climatisé	370 B	8 heures
Krabi	ordinaire	95 B	4 heures
	climatisé	150 B	3 heures 30
Nakhon Si Thammarat	climatisé	338 B	7 heures
Phang-Nga	ordinaire	120 B	2 heures 30
Ranong	ordinaire	209 B	6 heures
	climatisé	270 B	5 heures
Surat Thani	ordinaire	210 B	6 heures
	climatisé	240 B	5 heures
Takua Pa	climatisé	120 B	3 heures
Trang	ordinaire	215 B	6 heures
	climatisé	275 B	5 heures

MOTO

Vous pouvez louer des motos dans Th Rasada, près de Pure Car Rent, ou dans diverses boutiques proches des plages. Les tarifs varient, selon la saison, entre 200 et 300 B/jour. Quelques établissements à Patong, à Kata, à Rawai et à Karon louent de grosses cylindrées (plus de 125 cm^3).

SŎRNG·TĂA·OU ET TÚK-TÚK

De grands *sŏrng·tăa·ou* de la taille d'un bus circulent régulièrement de 7h à 17h entre Th Ranong, près du marché, et les diverses plages de l'île (25-40 B/pers). Pour plus de détails, reportez-vous aux destinations qui vous intéressent. En dehors de ces heures, vous devrez louer un *túk-túk* pour rejoindre les plages de Patong (400 B), Karon et Kata (400 B), ainsi que Rawai (300-350 B) et Kamala (450 B) – et aurez sans doute à négocier pour obtenir un prix correct. Ne croyez pas ceux qui affirment que l'office du tourisme est à 5 km, qu'un taxi est le seul moyen de rejoindre les plages ou que vous en avez besoin pour vous rendre de la gare routière au centre-ville (la gare routière se trouve quasi dans le centre-ville). Une course en *túk-túk* dans la ville devrait coûter 100-200 B – environ 30 B à moto-taxi.

VOITURE

Des agences de location de voitures bon marché bordent Th Rasada, près de **Pure Car Rent** (☎ 0 7621 1002 ; www.purecarrent.com ; 75 Th Rasada), qui est un bon choix dans le centre-ville. Les Jeep Suzuki valent environ 1 200 B/jour (assurance comprise) ; en basse saison, le tarif peut baisser jusqu'à 750 B. Demandez une réduction pour une semaine ou plus de location.

Les prix des sociétés locales sont plus intéressants que ceux des agences internationales. Ces dernières devraient cependant vous accorder des remises si vous réservez à l'avance.

KO SIREH

เกาะสิเหร่

Cette petite île, à 4 km à l'est de la capitale du district et reliée à l'île principale par un pont, est connue pour son village de *chow lair* (ou chao leh, nomades des mers) et son bouddha couché, au **Wat Sireh**, sur la colline.

Le village, qui compte la plus grande population de *chow lair* de l'ethnie Urak Lawoi en Thaïlande, ne se compose que de quelques misérables cabanes en tôle sur pilotis et d'un restaurant de fruits de mer. On ne trouve les Urak Lawoi, qui sont les plus sédentaires des trois groupes de *chow lair*, que dans l'archipel des Mergui et dans celui de Tarutao-Langkawi. Leur langue est un mélange de malais et de mon-khmer.

Une seule route fait le tour de l'île, passant devant quelques résidences, des élevages de crevettes, quantité de plantations d'hévéas et une portion de forêt tropicale intacte. Sur la côte est, il y a une plage publique appelée **Hat Teum Suk**, ainsi qu'une excellente école de cuisine, la **Phuket Thai Cookery School** (p. 309), implantée sur une partie calme du front de mer.

LAEM PHANWA

แหลมพันวา

Laem Phanwa est un magnifique cap étiré, boisé, qui s'avance dans la mer au sud de Phuket. À sa pointe, l'**aquarium de Phuket** (carte p. 306 ; ☎ 0 7639 1126 ; www.phuketaquarium.org ; adulte/enfant 100/50 B ; 🕒 8h30-16h30) abrite une riche collection de poissons tropicaux et d'autres espèces aquatiques, que l'on peut découvrir en progressant dans un tunnel-promenade.

Les plages et les criques sont protégées par des promontoires rocheux et des mangroves ; la route du littoral, sinueuse, est magnifique. Si vous voulez séjourner là, le **Panwa Hotel** (☎ 0 7639 1123 ; www.capepanwa.com ; 27 Moo 8, Th Sakdidej ; ch à partir de 4 950 B), un superbe quatre étoiles récemment rénové, est perché sur le cap, à 400 m d'une plage de sable blanc isolée.

Les restaurants de fruits de mer installés sur le front de mer offrent une vue sur les petites embarcations de plaisance et les bateaux de pêche colorés qui naviguent dans la baie.

Pour atteindre le cap, prenez la Route 4021 en direction du sud, puis bifurquez sur la 4023 juste à la sortie de Phuket-ville.

RAWAI

หาดราไวย

Il fait bon vivre sur cette côte à l'extrémité sud de Phuket, qui s'est développée rapidement, attirant des retraités, des entrepreneurs thaïlandais et des expatriés, et a vu fleurir un important secteur de services.

Outre de magnifiques plages, Rawai compte aussi de luxuriantes collines côtières qui montent en pente raide, puis dévalent vers la mer d'Andaman. C'est ici que se trouve **Laem Promthep**, le point le plus méridional de Phuket. Même si les collines ont connu un certain développement – avec des constructions çà et là reliées entre elles par quelques routes –,

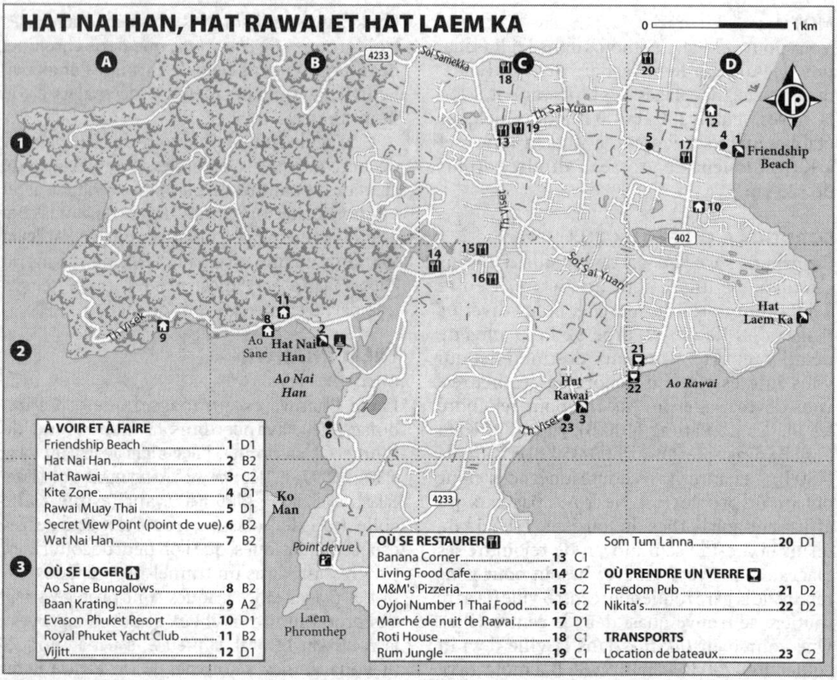

et que l'on dénombre des dizaines d'ensembles immobiliers et plus de 60 restaurants dans la région, la nature est ici omniprésente.

Avec son temple en bord de mer, le Wat Nai Ha, ses incroyables breaks de surf pendant la mousson et ses bateaux amarrés, **Hat Nai Han** remporte tous les suffrages, mais il y a aussi nombre de petites plages isolées tout aussi belles. **Hat Rawai** est un port rocheux où mouillent des *long-tail boats* et des bateaux rapides, jalonné de restaurants de fruits de mer ouverts par des habitants.

La plupart des touristes louent des résidences de vacances pour quelque temps. Ils peuvent aussi profiter de la proximité de Phuket-ville (à 15 min), de Kata (à 5 min) et de Patong (à 20 min).

Si vous prolongez votre séjour, allez au **Ganesha Yoga Shala** (☎ 08 9868 2639 ; www.ganeshayogaphuket.com ; Soi Salika ; 300 B/cours). Ce centre de yoga ashtanga (dynamique et physique) est ouvert à tous et à tous les niveaux.

Où se loger

Ao Sane Bungalows (☎ 0 7628 8306, 08 1326 1687 ; 11/2 Moo 1, Th Viset, Hat Nai Han ; bung 600 B ;). Des bungalows en bois sommaires (eau froide et ventilateur) sur une plage isolée, avec une vue imprenable sur Ao Sane et Ao Nai Han. Oui, il y a des établissements pour les routards sur la côte sud !

Baan Krating (☎ 0 7628 8264 ; www.baaankrating.com ; 11/3 Moo 1, Th Viset, Hat Nai Han ; bung à partir de 4 000 B ;). Située dans un cadre magnifique sur le luxuriant promontoire surplombant Hat Nai Han, cette propriété comprend d'attrayants bungalows climatisés, avec plafonds en bambou et œuvres d'art thaïlandaises aux murs. Une agréable retraite.

Evason Phuket Resort (☎ 0 7638 1010 ; www.sixsenses.com ; 100 Th Viset, Hat Rawai ; ch 4 992-12 935 B ;). Un hôtel magnifique et luxueux, qui se double d'un spa réputé (onéreux), le "Six Senses Spa" (voir p. 313).

Royal Phuket Yacht Club (☎ 0 7638 0200 ; www.royalphuketyachtclub.com ; 23/3 Moo 1, Th Viset, Hat Nai Han ; ch à partir de 6 800 B ;). Une destination phare pour nombre de plaisanciers transcontinentaux que ce lieu à l'élégance très vieux monde. Fabuleux bar avec ventilateurs au plafond, chambres dotées de grandes terrasses offrant une vue plongeante sur la baie, et tout le confort qui sied à un établissement de ce type. Excellent rapport qualité/prix en basse saison.

Vijitt (☎ 0 7636 3600 ; 16 Moo 2, Th Viset ; villas à partir de 7 600 B ;) Certainement la plus élégante propriété de l'île, où chaque villa *deluxe* (sol en calcaire, grandes baignoires, douches extérieures) jouit d'une vue sur la mer depuis sa terrasse privative. Superbe piscine à débordement surplombant Friendship Beach.

Où se restaurer

En plus des restaurants cités ici, une dizaine de savoureux grills de fruits de mer font rôtir des prises fraîches sur le bord de la route près de Hat Rawai.

Som Tum Lanna (☎ 0 8659 32711 ; 2/16 Th Sai Yuan ; plats 50 B ; petit-déj et déj, fermé lun). Trois plats méritent d'être mentionnés : la dorade rouge grillée et salée, le poulet grillé et le *sôm tam* (salade de papaye verte) épicé. Pour cette dernière, commandez la version douce, déjà fortement pimentée.

Banana Corner (☎ 0 7628 9045 ; www.bananacorner.net ; 43/47 Th Viset ; plats 80-150 B). De délicieux plats thaïlandais et des pagodes en chaume dans le jardin.

Roti House (81/6 Soi Samekka ; plats 35 B ; petit-déj). Si vous aimez le pain perdu, vous adorerez les *roti*, pains frits en forme de galette, appréciés par les musulmans thaïlandais le matin. On les déguste au petit-déjeuner, accompagnés d'un bol de curry doux.

Living Food Cafe (☎ 0 8167 74555 ; Th Viset ; plats 150-250 B ; fermé lun-mar). Lorsqu'un Américain de 62 ans, naturopathe, expatrié depuis longtemps, vante les vertus d'une nourriture végétarienne crue et soutient sa théorie en montrant ses récents trophées de triathlon (il a terminé le légendaire Ironman en 2008), on l'écoute. Et, de fait, ses smoothies, hamburgers, lasagnes et cookies sont sains et délicieux. Jeûnes et cures personnalisées (300 $US/jour) proposés.

M&M's Pizzeria (☎ 08 1569 0244, 08 7272 3566 ; Th Viset ; pizzas à partir de 240 B ; fermé lun). Vous ne trouverez pas mieux en matière de pizzas cuites au feu de bois. Les propriétaires et chefs italiens préparent aussi de savoureux plats de pâtes et des salades.

Oyjoi Number 1 Thai Food (☎ 08 9908 8808 ; 83/40 Moo 2, Th Viset ; plats 50-100 B). Un charmant café installé dans un coin de jardin, dans la cour avant du chef cuisinier. Le curry *panang* épicé à la crème de coco et les crevettes au tamarin – caramélisées mais pas trop – n'ont pas leurs pareils.

Rum Jungle (☎ 0 7638 8153 ; 69/8 Th Sai Yuan ; repas 300-500 B ; dîner, fermé dim). Le meilleur restaurant de la région, selon certains, dirigé par une famille et mené par un fantastique chef australien. On dîne ici dans une salle coiffée d'un toit de chaume, confiée à un personnel thaïlandais sympathique, et on se régale, au choix, de gigot d'agneau de Nouvelle-Zélande (divin), de palourdes à la vapeur ou de pâtes aux sauces maison. En fond sonore : une exceptionnelle musique du monde.

Où prendre un verre

Freedom Pub (☎ 0 7628 7402 ; Hat Rawai ; 12h-2h). Plus bar que restaurant (plats 80-200 B), avec des tables en extérieur et un billard. Des concerts s'y tiennent le week-end.

Nikita's (☎ 0 7628 8703 ; Hat Rawai ; 11h-tard). Parfait pour se détendre autour d'un café, d'un thé vert ou d'un milk-shake, en surplomb de la mer, dans un décor de bois flotté. On peut aussi choisir un bon whisky au bar, et se restaurer en commandant chez Baan Rimlay (plats 80-225 B), juste à côté.

Depuis/vers Rawai

Rawai se trouve à 18 km de Phuket-ville. Comptez 30 B pour vous y rendre depuis Fountain Circle, sur Th Ranong (à Phuket), en *sŏrng·tăa·ou*, et un minimum de 300-350 B en *túk-túk*. De Rawai à Nai Han, le trajet en *túk-túk* coûte autour de 200 B.

Vous pouvez prendre un taxi (en réalité juste des voitures louées) depuis Rawai et Hat Nai Han jusqu'à l'aéroport (700 B), Patong (500 B) et Phuket-ville (500 B).

Des *long-tail boats* et des vedettes peuvent être loués à Hat Rawai. Les destinations comprennent Ko Bon (*long-tail boat*/vedette 800/2 000 B), Coral Island (1 200/3 000 B) et Ko Kai (4 000/8 000 B) ; 6 passagers au maximum.

HAT KATA

หาดกะตะ

Agréable base pour explorer Phuket, Kata attire des visiteurs de tous âges, amateurs de surf (pendant la saison intermédiaire et la saison des pluies), de plage (elle est magnifique), de détente dans un spa et de bonne chère. La plage se divise en deux parties distinctes, séparées par un promontoire rocheux : Hat Kata Yai, au nord, et Hat Kata Noi, plus isolée, au sud. Toutes deux bénéficient d'un sable fin et doré et attirent une foule plus bohème qu'ailleurs sur l'île.

Perpendiculaire à la côte, la principale artère commerçante, Th Thai Na, abrite la majorité des restaurants et des boutiques, ainsi que quelques hébergements bon marché.

Renseignements

Vous trouverez quantité de DAB dans l'artère principale de Kata.

Poste (carte p. 323 ; 9h-16h30 lun-ven, jusqu'à 12h sam). Sur la Route 4028, à l'extrémité de Th Thai Na.

À voir et à faire

Si vous êtes bon nageur, vous pouvez rejoindre **Ko Pu**, une petite île proche de la côte, en passant près de quelques jolis récifs coralliens. Méfiez-vous des courants, respectez les drapeaux rouges et ne dépassez pas les brisants. D'avril à novembre, Hat Kata Yai et Hat Kata Noi se prêtent au **surf**. La location d'une planche coûte 100-150 B/heure et 300-600 B/jour.

Si vous cherchez une alternative au sud de Kata, très Saint-Tropez, tournez à gauche (vers l'ouest) juste avant que la route principale ne monte et ne parte vers Karon, continuez après le groupe de petits restaurants thaïlandais, et vous arriverez sur une sublime portion de plage, à l'extrémité nord, rocheuse, de Kata (Hat Kata Yai). Là, des *long-tail boats* se balancent au gré des vagues, et on peut louer des chaises longues et des parasols, ainsi que du matériel de snorkeling. On trouve aussi des boissons fraîches à deux pas.

Pour plus de chaleur, réservez un cours au **Kata Hot Yoga** (carte p. 323 ; ☎ 0 7660 5950 ; www.katahotyoga.com ; 217 Th Khoktanod ; 420 B/cours), un nouveau club de yoga bikram. La salle est chauffée pour assouplir les muscles et faciliter la sudation, et déshumidifiée pour faciliter la respiration. Les cours ont lieu 3 fois par jour.

Où se loger

Les tarifs que nous indiquons correspondent aux prix moyens pratiqués en haute saison (mai-octobre) ; en dehors de cette période, les tarifs chutent radicalement. Comme à Patong, il est difficile de trouver à se loger à moins de 1 000 B en haute saison.

PETITS BUDGETS ET CATÉGORIE MOYENNE

Les hôtels les moins chers se situent à l'écart de la plage, entre Kata Yai (au nord) et Kata Noi (au sud). Les meilleures affaires de la ville se trouvent dans Th Kata (la nouvelle route).

Fantasy Hill Bungalow (carte p. 323 ; ☎ 0 7633 0106 ; fantasyhill@hotmail.com ; 8/1 Th Patak ; ch avec ventil/clim 400/800 B). Installés dans un jardin luxuriant sur une colline, des bungalows d'un bon rapport qualité/prix – il en existe pratiquement plus de ce type sur cette plage. Rien de luxueux donc, mais mieux que la moyenne pour cette gamme de prix.

Kata Inn (carte p. 323 ; ☎ 08 4746 5151 ; www.katainn.com ; 87/4-5 Th Thai Na ; ch 800-1 200 B). Pension assez récente abritant 12 chambres impeccables bon marché, avec douches chaudes, terrasse, miniréfrigérateur et TV câblée. Souvent complet, réservez à l'avance.

Be My Guest (carte p. 323 ; ☎ 0 7633 0501 ; www.bemyguestphuket.com ; 100/62 Th Kata ; ch 1 500 B). Derrière une attrayante façade moderne à claire-voie, il y a là de confortables chambres flambant neuves, au joli sol carrelé, dotées de placards, de la TV sat et de l'eau chaude. Des réductions sont souvent proposées aux clients qui viennent sans réservation.

Kata Country Resort (carte p. 323 ; ☎ 0 7633 3210 ; www.katacountryhouse.com ; 82 Th Kata ; ch 1 600-2 600 B). Ce *resort* affiche un authentique style country kitsch des années 1960/1970 : balustrades en roues de chariot sur les terrasses, *lounge* dans le style tiki (polynésien), où résonne de la musique allant du swing à la country – le tout décoré de sculptures (des éléphants aux chefs indiens d'Amérique). Le personnel semble trouver l'endroit aussi amusant que les clients. Et nous, nous lui attribuons cinq étoiles pour son caractère !

Caffe@Caffe (carte p. 323 ; ☎ 0 7628 4005 ; www.caffeatcaffe.com ; 100/60-61 Th Kata ; ch 2 000 B). L'entrée très tendance de cet établissement sur 3 étages mène à des chambres simples et élégantes – papier peint doré aux murs, armoires en bois sombre, joli carrelage dans les sdb, TV à écran plat et terrasse privative.

Honey Resort (carte p. 323 ; ☎ 0 7633 0938 ; www.honeyresort.com ; 100/69 Th Kata ; ch 2 700-3 200 B). De spacieuses chambres refaites à neuf, décorées de panneaux de bois. Toutes sont dotées de banquette-lits, d'un dressing, d'un bureau, et de sdb avec baignoire et vasque en marbre. Wi-Fi gratuit et TV à écran plat. Tarifs promotionnels (699 B) étonnamment bas lors de notre passage, mais le Honey est abordable toute l'année.

Sugar Palm Resort (carte p. 323 ; ☎ 0 7628 4404 ; www.sugarpalmphuket.com ; 20/10 Th Kata ; ch petit-déj inclus 2 800-4 200 B ;). Ambiance chic et détendue au Sugar Palm, *resort* à mi-chemin de la Thaïlande et de Miami. Chambres dans les tons blanc, noir et mauve, au confort de rêve, qui affichent un excellent rapport qualité/prix. Toutes entourent une piscine en forme de U. La plage n'est pas loin et vous êtes au cœur de la zone de commerces et de restaurants de Kata.

CATÉGORIE SUPÉRIEURE

Sugar Palm Grand Hillside (carte p. 323 ; ☎ 0 7633 0388 ; www.sugarpalmgrand.com ; 1 Th Kkoktanod ; ch petit-déj inclus 3 350-9 900 B ;). Un bel ensemble moderne adossé à la colline – d'où une vue impressionnante sur la magnifique baie de Kata. Les chambres sont agréablement minimalistes, avec sol en béton, douches aux parois de verre, TV à écran plat et large terrasse. Le service n'a rien d'exceptionnel.

Kata Palm Resort (carte p. 323 ; ☎ 0 7628 4334 ; www.katapalmresort.com ; 60 Th Kata ; ch à partir de 5 500 B ;). Tout le faste d'un vieil établissement au riche décor thaïlandais classique. Soieries sur les lits, beau mobilier en bois, art du royaume de Siam aux murs et colonnes peintes à la main dans le hall. Promotions fréquentes sur le site Internet.

Sawasdee Village (carte p. 323 ; ☎ 0 7633 0979 ; www.phuketsawasdee.com ; 38 Th Ked Kwan ; bung 6 500-8 500 B ;). Un petit *resort* de charme et de rêve offrant le meilleur du style classique thaïlandais. Les bungalows aux toits pointus, dotés de parquet et de poutres aux plafonds, donnent sur un jardin tropical parcouru de canaux peuplés de *koi* (carpes) et de cascades. Piscine, excellent spa. Un lieu unique à tous points de vue – assez onéreux en haute saison.

Katathani Resort & Spa (carte p. 323 ; ☎ 0 7633 0124 ; www.katathani.com ; 14 Th Kata Noi ; ch à partir de 7 500 B ;). Sur Hat Kata Noi, plus calme, un luxueux *resort* installé dans une magnifique propriété. Spa, plusieurs piscines, salon de beauté et beaucoup d'espace. Excellentes promotions en basse saison si vous négociez.

Mom Tri's Boathouse (carte p. 323 ; ☎ 0 7633 0015 ; www.boathousephuket.com ; 2/2 Th Kata (Patak West) ; ch 8 000-25 000 B ;). Pour les hommes politiques, les pop stars, les artistes et les auteurs célèbres du pays, rien n'égale ce magnifique hôtel de charme. Les spacieuses chambres, sublimes, disposent pour certaines d'une grande véranda. Certains reprochent au Boathouse son service guindé et désuet, mais tous adorent son restaurant, le Boathouse Wine & Grill (p. 322), l'un des meilleurs de l'île. Cours de cuisine proposés (voir p. 309).

MOM LUANG TRIDHOSYUTH DEVAKUL, ALIAS MOM TRI

Ancien sénateur, architecte, artiste et visionnaire de Phuket

Vous souvenez-vous de votre premier voyage à Phuket ? C'était au début des années 1970. Il n'y avait que des hippies nus sur la plage. Les gibbons hurlaient dans la forêt, les cours d'eau se jetaient dans la baie et les sangliers creusaient le sable pour trouver des œufs de tortue.

Quand les choses ont-elles commencé à changer ? Au début des années 1980, peu après que nous avons construit le Club Med à Kata et le Yacht Club à Nai Han, et que nous avons persuadé Thai Airways de commencer à desservir la région. Les caisses du pays étaient vides et le nouveau Premier ministre, le général Prem, voulait promouvoir le tourisme. À l'époque, il y avait une énorme mine d'étain à Patong, donc je l'ai amené ici. Il a révoqué la concession ; c'est à partir de ce moment-là que le tourisme a vraiment commencé à Phuket.

Et le développement touristique est rapidement devenu incontrôlable ? J'ai demandé au gouvernement d'élaborer un plan directeur pour protéger le littoral, mais on m'a répondu : "Il est toujours intact, alors pourquoi s'embêter ?" Cela n'a jamais été une priorité, et vous voyez ce que cela a donné.

Comment la métamorphose de Phuket vous a-t-elle transformé ? Nous avons lancé une école internationale à Chiang Mai, qui est en passe de devenir une communauté. Nous apprenons à trois générations et à plus de 50 nationalités comment produire des aliments bio et réduire les déchets. Notre devise est "un mode de vie durable grâce à l'apprentissage tout au long de la vie". Nous voulons apprendre aux gens à vivre avec la nature.

Propos recueillis par Adam Skolnick.

Mom Tri's Villa Royale (carte p. 323 ; ☎ 0 7633 3568 ; www.villaroyalephuket.com ; ste avec petit-déj à partir de 11 500 B ;). Niché dans un coin isolé de Kata Noi, jouissant d'une vue des plus grandioses, le Villa Royale a ouvert ses portes en 2006 et a remporté les honneurs presque immédiatement. Cet établissement romantique, où l'on goûte une cuisine exquise, possède de magnifiques chambres semblant tout droit sorties des pages d'un magazine de décoration. Rendez-vous au spa adjacent ou plongez dans la piscine d'eau salée – si vous ne lui préférez pas la mer toute proche.

Où se restaurer

Certains restaurants de Kata comptent parmi les meilleurs de l'île, et les plus chers. Pour manger à peu de frais, rien ne vaut Th Thai Na, et les restaurants de fruits de mer décontractés regroupés dans Th Kata (Patak West), près du rivage.

Kwong Shop Seafood (carte p. 323 ; ☎ 08 1273 3707 ; 66 Th Thai Na ; plats 40-130 B). Un restaurant de fruits de mer sans prétention qui expose ses poissons frais à l'extérieur et affiche des photos de clients ravis sur ses murs. Pas cher et très chaleureux – une recette qui marche.

Thai Kitchen (carte p. 323 ; Th Thai Na ; repas 80 B ; 🕑 petit-déj, déj et dîner). Un café sans chichis au bord de la route apprécié par les Thaïlandais pour sa cuisine – fameux curry vert (épicé) et plats à base de nouilles sublimes.

Capannina (carte p. 323 ; ☎ 0 7628 4318 ; capannina@fastmail.fm ; 30/9 Moo 2, Th Kata ; plats 200-700 B). Les chefs de ce bistrot branché, en plein air, avec des boxes en béton et de l'huile d'olive importée sur les tables, commencent la préparation tôt. Tout ici – des pâtes aux sauces – est frais. Grand choix de raviolis, de gnocchis, de pizzas et de risottos. Réserver, l'endroit étant bondé en haute saison.

Boathouse Wine & Grill (carte p. 323 ; ☎ 0 7633 0015 ; www.boathousephuket.com ; Th Kotanod ; plats 450-950 B ; 🕑 petit-déj, déj et dîner). Le choix de la plupart des gourmets du coin. Atmosphère un peu solennelle – c'est l'endroit le plus vieux jeu de Phuket –, pour une cuisine fusion méditerranéenne fabuleuse. Belle carte des vins. Vue sur la mer sublime.

Oasis (carte p. 323 ; ☎ 0 7633 3423 ; Th Kotanod ; repas 350-600 B). Deux restaurants en un : à l'étage, un bar à tapas fusion asiatique avec des concerts de jazz, et en bas un joli restaurant avec un patio éclairé à la lueur des bougies, où l'on peut déguster un filet de barracuda en croûte d'herbes.

Où prendre un verre

La vie nocturne à Kata est plutôt tranquille.

Ska Bar (carte p. 323 ; 🕑 jusque tard). Sur la crique la plus au sud de Kata, niché dans les rochers, voici notre choix pour les apéritifs au bord de l'océan. Les serveurs thaïlandais contribuent à l'ambiance cool et rasta, et des bouées, des lampions et les drapeaux de 10 pays se balancent dans les arbres.

Ratri Jazztaurant (carte p. 323 ; ☎ 0 7633 3538 ; Kata Hill ; plats 145-346 B ; 🕑 18h-24h). Détendez-vous sur la grande terrasse à flanc de colline, écoutez du jazz live, contemplez le coucher du soleil et savourez une délicieuse cuisine thaïlandaise. *Maintenant*, vous êtes en vacances.

Comment s'y rendre et circuler

Des *sŏrng·tăa·ou* pour Kata et Karon (25 B/pers) partent fréquemment du marché de jour de Th Ranong à Phuket, entre 7h et 17h. À Kata, l'arrêt principal des *sŏrng·tăa·ou* se situe en face du Kata Beach Resort.

De Kata, des taxis desservent Phuket-ville (500 B), Patong (500 B) et Karon (150 B).

On trouve facilement des motos à louer (300 B/jour).

HAT KARON

หาดกะรน

Même avec deux *megaresorts* et quantité de touristes en voyages organisés, Hat Karon a plus de surface de sable par habitant que Patong ou Kata. À l'extrémité nord, accessible par une route défoncée où sont regroupés des étals de nourriture, la plage s'étend vers un promontoire. Il s'agit de l'endroit le plus agréable de Karon et l'eau ressemble à du verre turquoise. De là, la plage court au sud en une courbe douce avant de former un nouveau croissant doré et turquoise. En parcourant le réseau intérieur d'artères et de places, on découvre de petits restaurants servant une bonne cuisine locale, quelques enseignes scandinaves (!), ainsi que l'agréable parc de Karon, adossé à la montagne, avec son lac artificiel et sa jolie bande de sable.

Où se loger

PETITS BUDGETS ET CATÉGORIE MOYENNE

Hat Karon est bordée de lieux d'hébergements, les moins chers se trouvant bien sûr en retrait de la plage. Durant la basse saison (moins 50% en général), ou pour un séjour de plusieurs jours, n'hésitez pas à demander une réduction.

HAT KATA ET HAT KARON

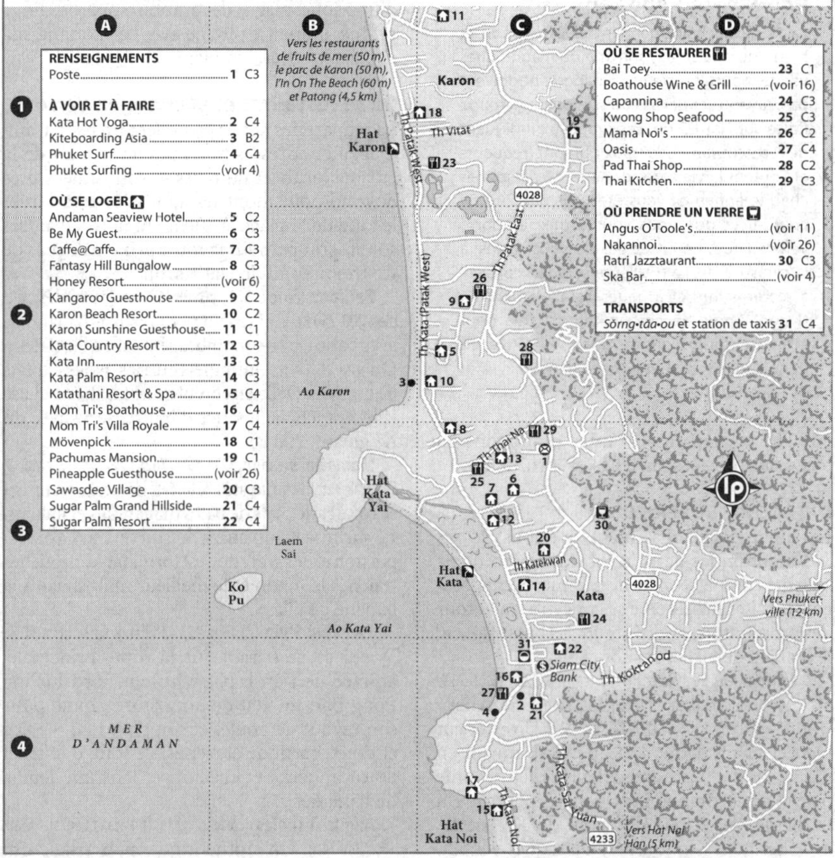

Pineapple Guesthouse (carte p. 323 ; ☎ 0 7639 6223 ; www.pineapplephuket.com ; Karon Plaza ; ch avec ventil 300-700 B, ch avec clim 450-1 000 B ;). Chambres extrêmement propres, lumineuses et carrelées, dont certaines avec climatisation et grands lits.

Kangaroo Guesthouse (carte p. 323 ; ☎ 0 7639 6517 ; 269/6-9 Karon Plaza ; ch 800 B ;). Chambres rudimentaires bien tenues, ensoleillées et carrelées avec eau chaude, climatisation et un charmant coin-repas, ainsi que des balcons donnant sur un *soi* étroit à l'ombre des palmiers.

Pachumas Mansion (carte p. 323 ; ☎ 0 7639 6737 ; 426 Th Patak ; ch 1 000 B ;). Auberge pour petits budgets, flambant neuve, au style moderne chic, située dans un joli bâtiment jaune canari sur une petite route de Karon. Toutes les chambres, dotées de la TV câblée, de l'eau chaude et de la climatisation, donnent sur de spacieuses terrasses privatives.

Karon Sunshine Guesthouse (carte p. 323 ; ☎ 0 7628 6351 ; karonsunshineguesthouse.com ; ch 1 200 B ;). Grandes chambres ensoleillées avec armoire, mobilier en rotin, eau chaude, TV par câble et œuvres d'art bouddhique aux murs. Rien de luxueux, mais très accueillant et d'un bon rapport qualité/prix.

In On The Beach (hors carte p. 323 ; ☎ 0 7639 8220 ; karon-inonthebeach.com ; 695-697 Moo 1, Th Patak ; ch 3 500 B ;). Charmante auberge donnant sur le parc de Karon. Le cadre est sublime, tout comme les chambres (sol en marbre, Wi-Fi, climatisation et ventilateur au plafond), qui donnent sur une piscine, avec

DANGER : COURANT SAGITTAL

La mer se déchaîne pendant la basse saison, et bien que cela soit synonyme de magnifiques vagues pour les surfeurs, les nageurs ne doivent pas s'aventurer dans l'eau si le drapeau rouge flotte sur Hat Karon. Les drapeaux indiquent de forts courants sagittaux qui sont fréquents et coûtent la vie à des dizaines de personnes chaque année. Si vous êtes pris dans un tel courant et que vous vous sentez emporté vers le large, ne luttez pas ou vous courez à la catastrophe. La meilleure solution consiste à rester calme et à nager parallèlement au rivage. Après un certain temps (cela peut être assez long), vous devriez vous trouver en dehors du courant et hors de danger.

vue sur la mer. Importantes réductions en basse saison – les surfeurs en profitent.

CATÉGORIE SUPÉRIEURE

La plupart des établissements que nous n'avons pas mentionnés dans la rubrique précédente sont des complexes haut de gamme récents, tout confort. Les hôtels chic se concentrent autour des promontoires nord et sud. En basse saison, les rabais de 50% sont courants.

Andaman Seaview Hotel (carte p. 323 ; ☎ 0 7639 8111 ; www.andamanphuket.com ; 1 Soi Karon, Th Kata (Patak West) ; ch à partir de 4 700 B ;). Un extérieur bleu et blanc digne de Cape Cod, un sol en marbre noir et blanc dans le hall : ce lieu déborde d'un charme suranné. Les chambres poursuivent le thème "Amérique du début du XXe siècle" avec des tables en marbre, d'antiques ventilateurs au plafond et des carreaux de sdb tendance Art déco. Celles du rdc ont accès à la piscine par la porte de derrière.

Karon Beach Resort (carte p. 323 ; ☎ 0 763 3006 ; 51 Th Kata (Patak West) ; ch à partir de 7 900 B ;). Un élégant *resort* perché à l'extrémité sud de Hat Karon, agrémenté de sculptures de style bouddhique dans les couloirs. Chambres avec moulures aux plafonds, mobilier en bois, carreaux de céramique et literie douillette, jouissant d'une vue sur la mer depuis le balcon.

Mövenpick (carte p. 323 ; ☎ 0 7639 6139 ; www.moevenpick-hotels.com ; 509 Th Kata (Patak West) ; ch à partir de 5 040 B, villas à partir de 7 650 B ;). Choisissez une villa isolée, avec piscine particulière ou douche extérieure dans la forêt tropicale, ou l'une des belles chambres en forme de cube dotées de baies vitrées dans l'hôtel ultramoderne. Emplacement exceptionnel, en face d'une jolie plage, décoration superbe, linge raffiné, immense piscine avec bar flottant, spa et bar-restaurant en plein air.

Où se restaurer et prendre un verre

La plupart des hôtels possèdent un restaurant. Quelques adresses bon marché servant de la cuisine locale et du poisson sont situées près du rond-point (dont des stands de fruits de mer le long de la plage, à 100 m au nord), d'autres sont regroupées sur la route principale près de l'extrémité sud de Hat Karon.

Bai Toey (carte p. 323 ; ☎ 08 1691 6202 ; Soi Old Phuket ; plats 200-250 B). Charmant petit bistrot thaïlandais avec patio extérieur ombragé et salle à l'intérieur. On y sert les traditionnels curries, woks et plats de nouilles. Délicieux bœuf grillé à la thaïlandaise (filet tranché à la sauce d'huître, servi avec du riz gluant, 200 B).

Mama Noi's (carte p. 323 ; ☎ 0 7628 6272 ; 291/1-2 Moo 3, Th Patak, Karon Plaza ; repas 50-80 B). Les habitués viennent se régaler de plats de pâtes thaïlandais et italiens. Le *gaeng som*, un curry du sud du pays avec du poisson et des crevettes, est formidable. Baguettes fraîches le matin et le meilleur milk-shake à la banane de l'île.

Pad Thai Shop (carte p. 323 ; Th Patak East ; plats 40 B ; petit-déj, déj et dîner). Sur la route principale, animée, derrière la plage, juste au nord du Ping Pong Bar, un étal de nourriture réputé pour son ragoût de poulet et son *phàt thai* – épicé et doux, garni de crevettes, de tofu, d'œufs et de cacahuètes, et enveloppé dans une feuille de bananier.

Angus O'Tooles (carte p. 323 ; Th Patak, Centara Mall, 10h-24h). Un authentique pub irlandais : retransmission de matchs de cricket et de rugby sur TV à écran plat ; Guinness et Kilkenny à la pression.

Nakannoi (carte p. 323 ; ☎ 08 7898 5450 ; Karon Plaza ; 17h-1h). Repaire artistique branché, avec des peintures originales aux murs, une décoration d'objets trouvés (dont de vieux vélos et motos), un bar et une scène, où le propriétaire improvise avec ses amis presque tous les soirs après 20h.

Depuis/vers Hat Karon

Reportez-vous p. 322.

HAT PATONG

หาดป่าตอง

Avec son interminable défilé de touristes brûlés par le soleil et de chasseurs de vagues affluant sur la plage, son ignorance complète de la gestion de l'aménagement, et son penchant pour transformer la crise de la cinquantaine en une véritable industrie, Patong est le royaume – involontaire – de la comédie. Mais, malgré tout ce béton et ce silicone, ces déviances sexuelles et morales, il y a quelque chose d'honnête ici. Patong est libre pour tout le monde. Elle assume ce qu'elle est, sans dissimulation, et c'est rafraîchissant.

Bien sûr, cela ne veut pas dire que vous aimerez. Mais, même si ce n'est pas le cas, si vous débarquez à Phuket, vous viendrez ici (c'est presque inévitable). Et, en arrivant, vous verrez la large plage de sable blanc et sa magnifique baie en croissant et vous comprendrez comment tout a commencé.

Les possibilités de divertissements ne manquent pas : plongée, spa, restaurants raffinés, grills de poissons dans la rue, spectacles de cabaret, rencontres de boxe thaïlandaise, boutiques d'antiquaires poussiéreuses et l'un des meilleurs centres commerciaux d'Asie.

Les plages intactes de Trai-Trang et de Freedom Beach (plage de la Liberté), au sud, sont douces et paisibles. Si vous recherchez un bout de sable plus calme, vous pouvez vous diriger vers l'extrémité nord. Ce qui est le plus insidieux dans tout cela, c'est qu'au bout de quelques jours même ceux qui détestaient Patong se mettent à l'adorer.

Renseignements

Vous trouverez sans difficulté des cybercafés, des banques disposant de DAB et des bureaux de change à Patong.

Bookazine (☎ 0 7634 5834 ; 18 Th Bangla ; 10h-23h). Livres et magazines en anglais.

Poste (Th Thawiwong ; 9h-16h30 lun-ven, jusqu'à 12h sam)

Police touristique (☎ 1699 ; Th Thawiwong)

À faire

Patong est l'un des principaux centres de plongée de l'île. Reportez-vous p. 308 pour une liste de clubs de plongée fiables ; la plupart réservent aussi des croisières vers les îles Similan et Surin.

On peut également louer à l'occasion des yachts, des voiliers et des catamarans, avec ou sans équipage (voir p. 307).

Où se loger

Il devient de plus en plus difficile de trouver à Patong un lieu d'hébergement à moins de 1 000 B/nuit, surtout de novembre à avril (les prix indiqués dans ce guide correspondent à cette période). En basse saison toutefois, les tarifs baissent de 40 à 60%.

PETITS BUDGETS

Il n'existe pas d'établissement bon marché au bord de la plage. Plusieurs pensions quelconques, avec des chambres autour de 1 200 B en haute saison, sont regroupées dans Th Rat Uthit et ses environs. Hors saison, les tarifs chutent jusqu'à 500 B dans les premiers prix.

Casa Jip (☎ 0 7634 3019 ; www.casajip.com ; 207/10 Th Rat Uthit ; ch à partir 700 B ;). Tenue par des Italiens et d'un excellent rapport qualité/prix, cette Casa abrite des chambres immenses, simples (lits confortables et touche thaïlandaise). TV par câble et service de petit-déjeuner en chambre.

Merrison Inn (☎ 0 7634 0383 ; www.merrisoninn.com ; 5/35 Th Hat Patong ; ch 850 B ;). La meilleure adresse bon marché de Patong. Sols en béton poli, sdb en mosaïque, écrans plats aux murs et grands lits, dans un décor kitsch asiatique.

Sawasdee Apartment (☎ 0 7634 1326 ; 108/15 Soi Patong Resort ; ch 1 000-1 200 B ;). Une superbe affaire : de grandes chambres propres, avec moulures, placards, TV par câble et fleurs sur la rambarde de la terrasse privative. Réductions possibles pour les longs séjours.

CATÉGORIE MOYENNE

Vous ne trouverez pas non plus de chambre en bord de mer dans cette catégorie, mais un bon standard de confort et de propreté.

First Resort Albergo (☎ 0 7634 0980 ; firsthotel@hotmail.com ; 19/12 Th Rat Uthit ; ch à partir de 1 200 B ;). Établissement fiable tenu par des Italiens, aux chambres simples impeccables, autour d'une piscine. TV ; restaurant en terrasse (pizzas et pâtes). Belle hospitalité toute méditerranéenne.

MVC Patong House (☎ 0 7634 3449 ; www.mvcpatonghouse.com ; 94/10 Th Sai Namyen ; ch à partir de 1 400 B ;). Chambres neuves, petites mais étincelantes, avec carrelage haut de gamme, mobilier en bois, TV câblée et coffres. Très bon rapport qualité/prix.

Baan Pronphateep (☎ 0 7634 3037 ; baanpronphateep.com ; 168/1 Th Thawiwong ; ch 1 500-1 900 B ;). Un agréable trois étoiles sur un terrain ombragé, niché dans un petit *soi* isolé. Les chambres, spacieuses, sont dotées d'un patio privatif.

Yorkshire Hotel (☎ 0 7634 0904 ; www.theyorkshirehotel.com ; 169/16 Soi Saen Sabai ; ch 1 800-2 300 B ;). Pension à l'ambiance britannique, qui a le charme des B&B, appréciée des voyageurs aimant retrouver leur confort à l'étranger.

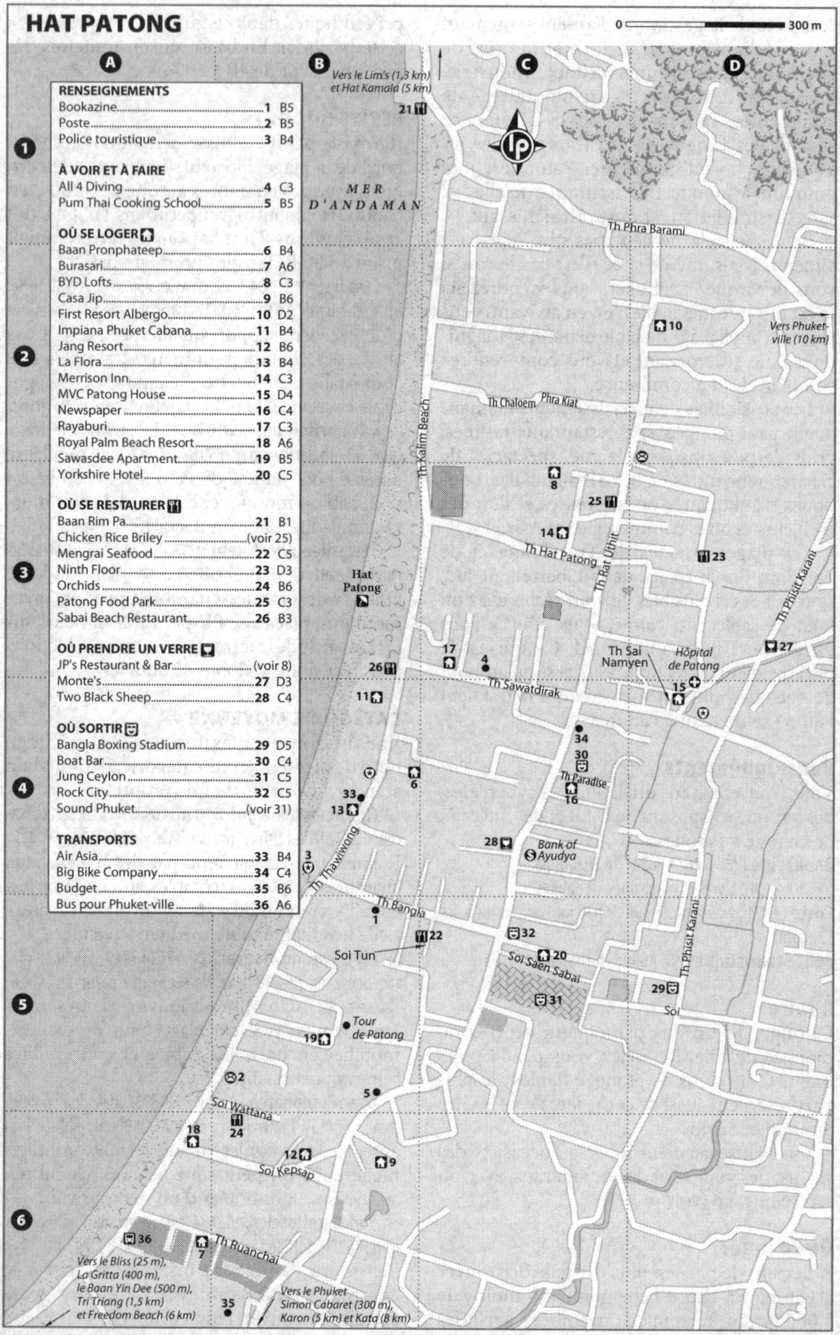
HAT PATONG
0 300 m
A B C D
1 2 3 4 5 6
RENSEIGNEMENTS
Bookazine 1 B5
Poste 2 B5
Police touristique 3 B4
À VOIR ET À FAIRE
All 4 Diving 4 C3
Pum Thai Cooking School 5 B5
OÙ SE LOGER
Baan Pronphateep 6 B4
Burasari 7 A6
BYD Lofts 8 C3
Casa Jip 9 B6
First Resort Albergo 10 D2
Impiana Phuket Cabana 11 B4
Jang Resort 12 B6
La Flora 13 B4
Merrison Inn 14 C3
MVC Patong House 15 D4
Newspaper 16 C4
Rayaburi 17 C3
Royal Palm Beach Resort 18 A6
Sawasdee Apartment 19 B5
Yorkshire Hotel 20 C5
OÙ SE RESTAURER
Baan Rim Pa 21 B1
Chicken Rice Briley (voir 25)
Mengrai Seafood 22 C5
Ninth Floor 23 D3
Orchids 24 B6
Patong Food Park 25 C3
Sabai Beach Restaurant 26 B3
OÙ PRENDRE UN VERRE
JP's Restaurant & Bar (voir 8)
Monte's 27 D3
Two Black Sheep 28 C4
OÙ SORTIR
Bangla Boxing Stadium 29 D5
Boat Bar 30 C4
Jung Ceylon 31 C5
Rock City 32 C5
Sound Phuket (voir 31)
TRANSPORTS
Air Asia 33 B4
Big Bike Company 34 C4
Budget 35 B6
Bus pour Phuket-ville 36 A6
Vers le Lim's (1,3 km) et Hat Kamala (5 km)
MER D'ANDAMAN
Th Phra Barami
Vers Phuket-ville (10 km)
Th Chaloem Phra Kiat
Th Kalim Beach
Th Hat Patong
Th Rat Uthit
Hat Patong
Th Phisit Karani
Th Sai Namyen
Hôpital de Patong
Th Sawatdirak
Th Paradise
Bank of Ayudya
Th Thawiwong
Th Bangla
Soi Tun
Soi Saen Sabai
Soi
Tour de Patong
Soi Wattana
Soi Kepsap
Th Ruanchai
Vers le Bliss (25 m), La Gritta (400 m), le Baan Yin Dee (500 m), Tri Triang (1,5 km) et Freedom Beach (6 km)
Vers le Phuket Simon Cabaret (300 m), Karon (5 km) et Kata (8 km)

Les chambres soignées sont équipées de la TV câblée et du Wi-Fi. Excellent petit-déjeuner à l'anglaise.

Rayaburi (☎ 0 7629 7111 ; www.rayaburiphuket.com ; 3/8-16 Th Sawatdirak ; ch à partir de 2 160 B ;). Tout juste ouvert lors de notre passage et affichant déjà complet, en raison de sa décoration et de ses équipements, supérieurs à ceux de ses concurrents dans la même gamme de prix. Style classique thaïlandais.

Newspaper (☎ 0 7634 6276 ; www.newspaperphuket.com ; 125/4-5 Th Paradise ; ch 2 200 B ;). L'une des auberges trois étoiles les plus sophistiquées de Patong, et la plus charmante dans cette zone de bars et de cafés chic, où les homosexuels sont les bienvenus. Chambres au beau sol carrelé, lanternes de chevet, meubles en bois sombre et belles décorations murales. Souvent complet, réservez.

Jang Resort (☎ 0 7634 3122 ; www.jangresort.com ; 210/23 Soi Kepsap ; ch 2 400 B ;). Propriété verdoyante, ponctuée de jolies maisons thaïlandaises qui abritent de spacieuses chambres confortables, décorées de boiseries.

Royal Palm Beach Resort (☎ 0 7629 2510 ; www.theroyalpalm.com ; 66/2 Th Thawiwong ; ch 3 700 B ;). Un beau complexe hôtelier contemporain à la décoration thaïlandaise de bon goût, malgré un lobby tape-à-l'œil. À quelques pas de la plage. Importantes réductions en basse saison.

CATÉGORIE SUPÉRIEURE

Burasari (☎ 0 7629 2929 ; www.burasari.com ; 18/110 Th Ruamchai ; ch 4 000-9 300 B ;). Probablement le meilleur quatre étoiles de Patong, installé sur un superbe domaine paysagé. Les chambres, au mobilier de bois blond, sont équipées de TV à écran plat, de grands lits et de touches de bambou. Personnel chaleureux et professionnel.

BYD Lofts (☎ 0 7634 3024 ; www.bydlofts.com ; 5/28 Th Rat Uthit ; app 5 180-8 750 B ;). Si le charme et le confort sont plus importants pour vous que d'être face à la plage (à une minute à pied), ne cherchez pas plus loin. Ces appartements de style urbain, tout en blanc (sol, murs et stores) et en lignes nettes, semblent virginaux comparés à l'univers un peu glauque des rues de Patong. Spa de jour, piscine sur le toit et excellent restaurant.

Impiana Phuket Cabana (☎ 0 7634 0138 ; www.impiana.com ; 41 Th Thawiwong ; ch à partir de 6 900 B ;). *Cabanas* posées sur la plus belle portion de la plage. Chambres stylées tout confort, à deux pas de l'animation.

La Flora (☎ 0 7634 4241 ; www.laflorapatong.com ; 39 Th Thawiwong ; ch à partir de 9 500 B ;). Lignes épurées et décor minimaliste, face à la plage de Patong. Les spacieuses chambres sont équipées de meubles en bois, d'une TV à écran plat et d'un lecteur de DVD ; baignoire et douche dans la sdb. Le minibar est rempli de boissons non alcoolisées offertes par la maison. Immense piscine.

Bliss (☎ 0 7629 2098 ; www.theblissphuket.com ; 40 Th Thawiwong ; ste à partir de 15 000 B ;). Un nouveau *resort*, au magnifique design contemporain, qui n'abrite que des suites de 90 m² – grand séjour, chambre principale avec parquet, deux TV à écran plat, Jacuzzi et terrasse fleurie. Piscine commune au 2e étage, Wi-Fi. Onéreux, mais les tarifs de basse saison sont intéressants.

Où se restaurer

Il y a à Patong quantité de restaurants, dont certains sont excellents. Les plus somptueux sont regroupés au-dessus des falaises, à l'extrémité nord de la ville. Dans la ville même, vous trouverez les habituels établissements pour expatriés.

Chicken Rice Briley (☎ 0 7634 4079 ; Patong Food Park, Th Rat Uthit ; plats 35-45 B ; petit-déj et déj). La seule adresse du Patong Food Park (espace de restauration) à être ouverte de jour. Tout est cuit à la vapeur et découpé, comme le filet de poulet sur lit de riz, les bols de bouillon de poulet avec de petits morceaux de viande et d'os, ou le porc rôti. Toujours rempli de clients locaux, c'est dire.

Orchids (☎ 0 7634 0462 ; 78/3-4 Th Thawiwong ; plats à partir de 80 B ; petit-déj, déj et dîner). Délicieuse cuisine thaïlandaise à bas prix. Sublimes curries et plats de nouilles, ainsi qu'un fameux *lâhp* de bœuf.

Mengrai Seafood (☎ 08 7263 7070 ; Soi Tun ; plats 120-300 B). Situé dans un *soi* sombre et étouffant près de Th Bangla, voici un merveilleux *food court* où l'on sert une cuisine locale des plus fraîches, notamment des curries aux stands situés vers l'extrémité. Spécialisé dans le poisson, les crevettes et les moules.

Sabai Beach Restaurant (☎ 08 1892 6158 ; 45 Th Thawiwong ; plats 200-400 B ; petit-déj, déj et dîner). Si vous préférez déguster vos fruits de mer grillés sur le front de mer, venez ici, choisissez votre prise et savourez-la sur une agréable portion de plage.

Baan Rim Pa (☎ 0 7634 4079 ; Th Kalim Beach ; plats 215-475 B). Succulente cuisine du cru, accompagnée d'une vue spectaculaire.

LA GAY PRIDE À PHUKET

Bien qu'il existe de grands festivals homosexuels à Bangkok et à Pattaya, le Phuket Gay Pride Festival est considéré par beaucoup comme le meilleur de Thaïlande, et peut-être même de toute l'Asie du Sud-Est.

Le premier Phuket Gay Pride Festival a eu lieu en novembre 1999. Ce n'était alors qu'une petite manifestation de la communauté homosexuelle de Patong, faisant écho aux événements du même ordre organisés dans la capitale et à Pattaya. Devant la réussite du festival, les organisateurs ont compris qu'il pouvait attirer autant de monde que les autres festivals du pays ; ils ont donc décidé de déplacer l'événement de novembre à février, mois plus sec à Phuket. La date a changé plusieurs fois, mais la fête tombe généralement entre février et avril. Quelle que soit la date, elle ne manque pas d'attirer sur l'île entière, et à Patong en particulier, des noceurs du monde entier (principalement des hommes).

Le festival dure quatre jours, autour d'un week-end. Il est rythmé par diverses manifestations, notamment un tournoi de beach-volley et, bien sûr, la grande parade de Patong avec ses chars, ses magnifiques costumes et sa foule enjouée. Ces dernières années, le festival a été l'occasion de mener des campagnes de sensibilisation sur les thèmes du sida et de la lutte contre la prostitution des enfants, ainsi que contre l'abus de substances illicites.

Le reste de l'année, c'est dans le réseau de rues qui relient le Royal Paradise Hotel à Th Rat Uthit, à Patong, que fleurit l'ambiance gay de Phuket. Le **Boat Bar** (☎ 0 7634 2206 ; www.boatbar.com ; 125/20 Th Rat Uthit), le premier lieu de sortie gay et toujours la seule boîte de nuit de ce type, est généralement animé, avec une clientèle principalement homosexuelle. Assurez-vous d'arriver avant le cabaret de minuit ! Pour être informé des prochains festivals, pour participer au spectaculaire tournoi de volley ou pour de plus amples informations sur la scène gay, consultez www.gaypatong.com.

Haute qualité et prix à l'avenant, dans une ambiance romantique (concerts de piano et éclairage aux bougies). Réservez.

Lim's (☎ 0 7634 4834 ; www.lim-thailand.com ; 28 Th Phrabaramee, Soi 7 ; plats 300-600 B ; 🕑 18h-24h). Le Lim's est perché à 500 m au-dessus de la route côtière en direction de Kamala. Belle salle-lounge moderne en ciment, servant d'écrin à une gastronomie thaïlandaise. Lorsque les célébrités arrivent à Phuket, la plupart passent au moins une soirée ici.

Ninth Floor (☎ 0 7634 4311 ; www.the9thfloor.com ; 47 Th Rat Uthit ; plats 290-1 990 B ; 🕑 dîner). Le restaurant en plein air le plus élevé de l'île, au 9e étage du bâtiment du Sky Inn Condotel. On y admire la mer de lumières s'étendre à l'horizon, tout en dégustant des mets de choix. Les steaks parfaitement préparés et tendres sont sans pareils.

Des stands de fruits de mer et de nouilles bon marché apparaissent dans toute la ville le soir – essayez les allées autour de Th Bangla, ou aventurez-vous jusqu'au **Patong Food Park** (Th Rat Uthit ; 🕑 16h-24h) au coucher du soleil.

Où prendre un verre

Le quartier des bars de Patong peut révolter certains voyageurs. Mais si vous avez envie de quelques bières sous la lumière des néons en vous donnant quelques frissons, il mérite néanmoins une visite.

L'alcool et le tourisme sexuel règnent en maîtres dans Th Bangla. Les Occidentaux au visage rougeaud, familiers des lieux, assistent à des spectacles de gogo danseuses légèrement vêtues. La musique (de la techno essentiellement) est diffusée à plein volume, et le décor est généralement grotesque, puisant dans l'imaginaire phallique. Cela dit, l'ambiance est plutôt festive.

JP's Restaurant & Bar (☎ 0 7634 3024 ; www.bydlofts.com ; 5/28 Th Hat Patong ; 🕑 10h30-23h30). Ce lounge branché intérieur-extérieur apporte une touche de style et de panache à Patong. Bar surbaissé, boxes extérieurs avec de confortables canapés, *happy-hour* (tapas offertes) à partir de 22h, et fêtes avec des DJ toutes les semaines.

La Gritta (☎ 0 7634 0106 ; www.amari.com ; 2 Th Meun-ngern ; 🕑 10h30-23h30). Un spectaculaire restaurant, moderne, qui dénote avec cette propriété autrefois superbe et aujourd'hui vieillissante. Avec des boxes sur plusieurs niveaux, d'énormes lampes diffusant une lumière tamisée et une terrasse à seulement quelques centimètres au-dessus du rivage couvert de rochers, il n'y a pas de plus bel endroit pour un cocktail au coucher du soleil.

Monte's (Th Phisit Karani ; 🕑 11h-24h). Un pub tropical : un toit de chaume, un bar en bois naturel, des dizaines d'orchidées et un écran plat pour regarder les matchs. Les habitués affluent le vendredi pour les fameuses moules à la mode belge. Grill le week-end.

Two Black Sheep (☎ 0895 921 735 ; www.two-blacksheep.net ; 172 Th Rat Uthit ; 🕑 11h-2h). Détenu par un charmant couple d'Australiens (lui est musicien et elle chef), ce pub à l'ancienne est une trouvaille. Bons plats et concerts tous les soirs : session acoustique de 20h à 22h, suivie d'un concert de Chilli Jam, le groupe de l'établissement, qui tient la scène jusqu'au dernier service. En fin de soirée, des musiciens locaux, ayant terminé leurs propres concerts, arrivent pour des bœufs improvisés. Les filles de bar sont interdites, ce qui signifie que tout reste correct.

Où sortir

Patong compte d'autres lieux de sortie que les gogo bars. Les cabarets et les matchs de boxe thaïlandaise sont aussi un peu sa spécialité.

Bangla Boxing Stadium (☎ 07282 2348 ; Th Phisit Karani ; 1 000-1 500 B ; 🕑 21h-23h30 mar, mer, ven et dim). Ancien nom, nouveau stade, même jeu : des combats de *mou·ay tai* (boxe thaïlandaise).

Phuket Simon Cabaret (☎ 0 7634 2011 ; www.phuket-simoncabaret.com ; Th Sirirach ; 700-800 B ; 🕑 spectacles 19h30 et 21h30). À 300 m au sud de la ville, ce cabaret propose tous les soirs des spectacles divertissants de travestis, dans une superbe salle de 600 places. Les costumes sont magnifiques et les artistes excellents. Souvent complet. Mieux vaut réserver.

Rock City (Th Rat Uthit ; www.rockcityphuket.com ; 🕑 21h-tard). Ce sombre antre du rock vit de la gloire des groupes rendant hommage à AC/DC, à Metallica et aux Guns N' Roses. Les mardi, vendredi et dimanche, les rockers revisitent les Red Hot Chili Peppers, les Rolling Stones, U2 et Bon Jovi en une International Rock City Party (1 000 B), avec cocktails et bières offerts avant 23h. Arrivez tôt pour profiter du rock !

Sound Phuket (☎ 0 7636 6163 ; www.soundphuket.com ; Jung Ceylon, Unit 2303, 193 Th Rat Uthit ; prix variables ; 🕑 22h-4h). Lorsque des DJ de renommée internationale viennent à Phuket ces temps-ci, ils jouent généralement dans le cadre futuriste de la boîte la plus en vue (et la moins sordide) de Patong. Si des célébrités sont aux platines, comptez jusqu'à 300 B pour entrer.

Jung Ceylon (Th Rat Uthit). Vous pouvez voir les dernières sorties hollywoodiennes dans des cinémas impeccables, de style amphithéâtre, dans le centre commercial.

Comment s'y rendre et circuler

Air Asia (☎ 0 7634 1792 ; www.airasia.com ; 39 Th Thawiwong ; 🕑 9h-21h) possède un bureau en ville.

La course en *túk-túk* dans Patong coûte 50-100 B. De nombreuses boutiques louent des motos 125 cm² et des Jeep. **Big Bike Company** (☎ 0 7634 5100 ; 106 Th Rat Uthit) possède de "vraies" motos (500-1 000 B/jour). La loi rendant le port du casque obligatoire est appliquée de manière stricte à Patong, où les barrages routiers et les points de contrôle peuvent apparaître à tout moment. La société **Budget** (☎ 0 7629 2389 ; 44 Th Thawiwong ; 🕑 9h-16h) est représentée dans le Patong Merlin Hotel.

Les *sŏrng·tăa·ou* pour Patong partent de Th Ranong, près du marché de jour, et de Fountain Circle à Phuket-ville. La course coûte 25 B. En dehors des horaires réguliers, vous pourrez en louer un à vous seul pour 400 B. Les *sŏrng·tăa·ou* déposent et prennent les voyageurs à l'extrémité sud de la plage de Patong. De là, vous pourrez opter pour un moto-taxi (20-30 B/course), héler un *túk-túk* (les prix varient fortement) ou marcher jusqu'à ce que vos pieds crient grâce.

HAT KAMALA

หาดกมลา

Hybride décontractée entre Hat Karon et Hat Surin, Kamala offre une ambiance calme et divertissante qui attire des résidents à long terme (certains semblent avoir tout juste entamé leur adolescence), des familles scandinaves et des jeunes couples. La baie entière est magnifique. Les palmiers se mêlent aux pins à son extrémité nord, rocheuse, baignée d'une eau vert émeraude, où l'on pratique le snorkeling autour d'un récif. De nouveaux *resorts* sont plantés sur les promontoires au sud, face à des *long-tail boats* se balançant sur la mer. Et, sur toute la plage, adossée à de luxuriantes collines, court une promenade jalonnée de restaurants, de *resorts* et de boutiques.

À voir et à faire

Les gens du coin, du moins les amateurs de belles plages, vous diront que **Laem Singh**, au nord de Kamala, est l'un des plus beaux caps de l'île. La plage, cernée par les falaises, n'est desservie par aucune route ; il faut garer sa voiture sur le promontoire et descendre à pied le long d'un sentier étroit et escarpé ; sinon, vous pouvez louer un *long-tail boat* (1 000 B) depuis Hat Kamala.

Le "parc à thème culturel" **Phuket Fantasea** (carte ci-dessous ; 0 7638 5000 ; www.phuket-fantasea.com ; entrée avec/sans dîner 1 900/1 500 B ; 18h-23h30 ven-mer), situé à l'est de Hat Kamal, propose un spectacle grandiose, où les couleurs et l'apparat des danses et des costumes traditionnels thaïlandais sont présentés sur fond de techniques des son et lumière modernes. Une reproduction grandeur nature d'un temple khmer rappelant Angkor Wat domine la scène. Les enfants sont captivés par le spectacle, qu'on peut juger trop touristique. Appareils photo et caméras interdits.

À Kamala, il est possible d'organiser des sorties de plongée auprès de **Scuba Quest** (carte voir ci-dessous ; 0 7627 9016 ; www.scuba-quest-phuket.com).

Où se loger et se restaurer

Clear House (carte ci-dessous ; 0 7638 5401 ; www.clearhousephuket.com ; ch 1 300 B ;). Une charmante pension de 8 chambres, chacune d'une couleur différente – super équipement ; superbe literie, TV à écran plat, Wi-Fi et grandes baignoires en galets. Un endroit où l'on se sent bien.

HAT KAMALA, HAT SURIN ET AO BANG THAO

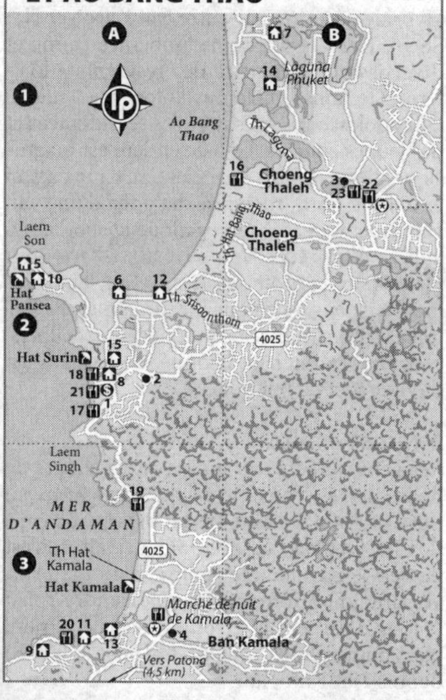

Layalina Hotel (carte ci-dessous ; 0 7638 5942 ; www.layalinahotel.com ; ch petit-déj inclus 5 500-7 700 B ;). Nous avons adoré ce petit hôtel de charme en bord de plage, surtout les suites sur 2 niveaux, avec terrasse sur le toit pour admirer le coucher du soleil sur la mer. Le décor est simple – thaïlandais, avec des couettes blanches et des meubles de bois miel. Les tarifs des chambres comprennent un massage en couple au spa de l'hôtel. Piscine très petite, mais la grande bleue est à deux pas. Un lieu intime et raffiné.

Cape Sienna Hotel (carte ci-contre ; 0 7633 7300 ; www.capesienna.com ; ch 8 500-10 130 B, bung 4 350-5 600 B ;). Un nouvel hôtel qui domine le promontoire sud et offre de magnifiques vues depuis le lobby, la piscine et les chambres. Ces dernières sont d'un niveau quatre étoiles, avec tous les équipements.

Ma Ma Fati Ma (carte ci-contre ; Hat Kamala ; plats 50-150 B ; déj et dîner). Ce petit restaurant de plage est géré par une famille très chaleureuse. La cuisine, locale, s'avère exceptionnelle. Un petit trésor.

RENSEIGNEMENTS
DAB ... 1 A2
DAB ... 2 A2

À VOIR ET À FAIRE
Hideaway Day Spa ... 3 B1
Phuket Fantasea ... 4 A3
Scuba Quest ... (voir 11)

OÙ SE LOGER
Amanpuri Resort ... 5 A2
Andaman Bangtao Bay Resort ... 6 A2
Banyan Tree Phuket ... 7 B1
Benyada Lodge ... 8 A2
Cape Sienna Hotel ... 9 A3
Chava ... (voir 15)
Chedi ... 10 A2
Clear House ... 11 A3
Dalar Resort ... 12 A2
Layalina Hotel ... 13 A3
Sheraton Grande Laguna Phuket ... 14 B1
Surin Bay Inn ... (voir 8)
Twin Palms ... 15 A2

OÙ SE RESTAURER
Babylon Beach Club ... 16 B1
Beach House ... 17 A2
Catch ... 18 A2
Chaba ... (voir 23)
Ma Ma Fati Ma ... 19 A3
Rockfish ... 20 A3
Taste ... 21 A2
Tatonka ... 22 B1
Tawai Restaurant ... 23 B1

OÙ PRENDRE UN VERRE
Stereo Lab ... (voir 17)

Rockfish (☎ 0 7627 9732 ; www.rockfishrestaurant.com ; 33/6 Th Kamala Beach ; plats 150-1 000 B ; petit-déj, déj et dîner). Perché au-dessus de l'embouchure de la rivière, avec vue sur la plage, la baie et la montagne, voici le meilleur restaurant de Kamala. Il sert des mets de choix, tel le magret de canard braisé au chou frisé, et des coquilles Saint-Jacques cuites dans du prosciutto.

Comment s'y rendre et circuler

Un *sŏrng·tăa·ou* relie régulièrement Kamala à Patong (50 B/pers) en journée, et on peut en louer un pour 250 B en soirée.

HAT SURIN

หาดสุรินทร์

Avec une large plage de sable blond, de l'eau qui va du turquoise dans les zones peu profondes au bleu intense à l'horizon, et deux promontoires luxuriants parsemés de rochers, la beauté de Surin n'en finit pas de séduire les voyageurs. On y trouve aussi de sublimes galeries d'art, des complexes cinq étoiles avec spa et d'adorables petits restaurants sur la plage. Résultat : tout le monde adore cet endroit idyllique où l'on peut nager, bronzer, savourer du poisson grillé et siroter des cocktails dans des bars de plage au chic décontracté. Un rêve.

Renseignements

Il y a un DAB sur Surin Plaza, à l'est de la plage sur la Route 4025, et la plupart des hôtels disposent d'un accès à Internet (1 B/min).

Où se loger

Hormis quelques adresses de catégorie moyenne, c'est le luxe qui prédomine ici.

Surin Bay Inn (carte p. 338 ; ☎ 0 7627 1601 ; www.surinbayinn.com ; ch 2 000-3 000 B ;). Grandes chambres très propres et accueillantes, avec coin salon en rotin, coussins en soie sur le lit et vasques en granit dans la sdb. Les plus chères ont des balcons avec vue sur la mer.

Benyada Lodge (carte p. 338 ; ☎ 0 7627 1261 ; www.benyadalodge-phuket.com ; ch 2 800-3 500 B ;). D'élégantes chambres modernes – armoires en bois noir ouvragé, sdb dallées de carreaux en terre cuite, coussins de soie éparpillés dans le coin salon – d'un très bon rapport qualité/prix. Le service est raffiné et attentionné. Profitez du coucher de soleil dans la piscine sur le toit-terrasse, qui se double d'un bar. Après le Surin Bay Inn, à quelques minutes de la plage.

Twin Palms (carte p. 338 ; ☎ 0 7631 6500 ; www.twinpalms-phuket.com ; ch 6 500-38 800 B ;). L'un des hôtels les plus merveilleux de Phuket, au classicisme contemporain. La composition de l'espace est originale, donnant un sentiment d'infini par une succession de piscines minimalistes aux lignes soulignées de délicats frangipaniers blancs. Les chambres les plus simples sont spacieuses et paisibles, avec des lits confortables et des sdb immenses. L'hôtel, proche de la plage, est réputé pour son brunch du dimanche, qui séduit les expatriés de l'île.

Chava (carte p. 338 ; ☎ 0 7637 2600 ; www.thechavaresort.com ; ch 8 000-35 000 B ;). Orné de vigne vierge tombant en cascades et agrémenté de fontaines et de piscines, ce lieu raffiné, appartenant à des particuliers, est à la fois un hôtel et une copropriété. Les grands appartements (2, 3 ou 4 chambres) sont élégamment équipés, avec réfrigérateur dans la cuisine, système audio-vidéo complet dans le salon et une autre TV à écran plat dans la chambre principale. Location à la nuit, à la semaine ou au mois ; à plusieurs, le rapport qualité/prix peut être exceptionnel.

Chedi (carte p. 338 ; ☎ 0 7662 1579 ; www.ghmhotels.com ; ch 17 000-58 000 B ;). Il était impossible de ne pas placer en tête de notre liste un hôtel qui possède l'une des plus belles plages privées de Phuket, au calme extraordinaire. Les bungalows en bois, de facture rustique, se fondent dans les feuillages de la colline et leur intérieur luxueux rend le site encore plus enchanteur. Le restaurant surplombe la plage et la piscine hexagonale surprend par sa modernité. Mieux vaut être en forme pour y séjourner, car des bungalows perchés dans les collines exigent d'emprunter une promenade en planches.

Amanpuri Resort (carte p. 338 ; ☎ 0 7632 4333 ; www.amanresorts.com ; villas 925-8 050 $US ;). L'adresse favorite des personnalités de passage à Phuket. Son luxe et sa beauté sont dignes d'un palais (l'architecte a conçu le palais d'hiver de l'ancien shah d'Iran). Avec plus de trois employés assignés à chaque hôte, le service est parfait. On séjourne dans des villas privées, où peut même officier, sur demande, un cuisinier.

Où se restaurer et prendre un verre

Une kyrielle d'excellents restaurants sont installés à Surin et alentour. Pour déguster des fruits de mer bon marché, commencez par vous diriger vers les petits établissements qui bordent la plage principale.

Beach House (carte p. 338 ; ☎ 08 9651 1064 ; plats 150-250 B). On sert ici une cuisine thaïlandaise haut de gamme à des prix raisonnables, sur une terrasse sur la plage, derrière les arbres. Cours de cuisine (1 900 B les 4 heures).

Taste (carte p. 338 ; ☎ 08 7886 6401 ; www.taste-surinbeach.com ; tapas 160-225 B). Chic citadin et rendez-vous de surfeurs, le long de la plage. Délicieuses tapas de la mer.

Catch (carte p. 338 ; ☎ 0 7631 6500 ; plats 250-450 B). Revêtez votre plus jolie robe ou un pantalon de lin pour dîner dans ce restaurant de style *cabana*, drapé de tentures, juste sur la plage. Il fait partie du Twin Palms, et bien qu'il ne soit pas contigu, il présente les mêmes attributs raffinés que l'hôtel, en termes d'ambiance et de cuisine.

Stereo Lab (carte p. 338 ; ☎ 08 9218 0162 ; www.stereo-labphuket.com ; Hat Surin ; 11h-2h). Le nouveau club le plus en vue de Phuket, lors de notre passage. Sa bande de sable est dotée de banquettes-lits et de chaises longues confortables entourant un bar extérieur et une piste de danse. L'"intérieur" blanc dispose d'un autre bar et d'une piste de danse, avec une vue imprenable sur la mer. Des DJ internationaux participent à des événements spéciaux.

Depuis/vers Hat Surin

Un *sŏrng·tăa·ou* circule régulièrement entre Phuket (Th Ranong) et Hat Surin (35 B/pers). Si vous louez un *túk-túk* ou un *sŏrng·tăa·ou* à vous seul, la course vous reviendra à 450 B.

Vous pouvez louer une voiture chez **Andaman Car Rental** (carte p. 338 ; ☎ 0 7632 4422 ; 9h-21h), en face de l'entrée du Twin Palms. Une voiture revient à environ 1 400 B/jour, au minimum.

AO BANG THAO

อ่าวบางเทา

Presque aussi grand et encore plus beau que Patong, le sublime croissant de sable blanc d'Ao Bang Thao, qui s'étend sur 8 km, est le plus disparate de la région. La moitié sud abrite quelques ensembles de bungalows trois étoiles. À l'intérieur des terres, vous découvrirez un village de pêcheurs parcouru de canaux, ainsi qu'un certain nombre d'ensembles de villas huppées. Ne soyez pas surpris de voir des buffles d'eau paître à seulement 100 m d'un gigantesque chantier de construction…

La partie centrale de la baie est occupée par le Laguna Phuket, un incroyable domaine privé abritant des *resorts* quatre ou cinq étoiles et un centre commercial vieillissant, reliés entre eux par un réseau de lagunes. Mais, dans le nord, la nature reprend ses droits et une bande de sable blanc déserte fait face à la mer, loin de l'agitation.

À l'extrémité d'une lagune, le **Hideaway Day Spa** (carte p. 338) propose des massages thaïlandais traditionnels, des enveloppements de boue et un sauna. Il possède aussi sa propre ligne de produits de beauté. Soins à partir de 1 500 B. Voir aussi p. 313.

Où se loger

Le Laguna Phuket réunit cinq complexes hôteliers très haut de gamme, un parcours de golf de 18 trous et 30 restaurants (l'immense Sheraton Grande en compte à lui seul huit). Les hôtes ont accès à tous les restaurants, installations et équipements des divers établissements. Des bus font la navette entre les hôtels, de même que des bateaux qui circulent sur les lagunes.

Andaman Bangtao Bay Resort (carte p. 338 ; ☎ 0 7627 0246 ; www.andamanbangtaobayresort.com ; bung petit-déj inclus 4 900-7 900 B ;). Chaque bungalow de cet agréable petit complexe, à l'ambiance de colonie de vacances chic, a vue sur la mer. L'architecture thaïlandaise est charmante : des coques de noix de coco se balancent aux auvents du toit et des statuettes en bois ornent les murs intérieurs… On s'attend toutefois à plus de luxe pour ce prix.

Dalar Resort (carte p. 338 ; ☎ 0 7631 4200 ; www.bangtaodalarresort.com ; ch 6 000-6 800 B ;). L'extérieur de ce *resort* tentaculaire, face à la plage, ne remportera pas de prix d'architecture. En revanche, les chambres sont plutôt agréables. La piscine est immense – et remplie d'enfants.

Sheraton Grande Laguna Phuket (carte p. 338 ; ☎ 0 7632 4101 ; www.starwoodhotels.com ; ch à partir de 7 200 B ;). Jouissant d'une tout autre atmosphère, le Sheraton du Laguna Phuket, classé parmi les cinq meilleurs complexes hôteliers de la région Asie-Pacifique, plaira à une clientèle plus active (et plus fortunée). Il possède, outre sa piscine sinueuse de 323 m de longueur, quantité d'installations sportives, un club pour enfants et 423 chambres et villas superbement aménagées.

Banyan Tree Phuket (carte p. 338 ; ☎ 0 7632 4374 ; www.banyantree.com ; villas à partir de 17 400 B ;

LES MEILLEURS COMPLEXES HÔTELIERS DE PHUKET

Version grand luxe

Amanpuri Resort (p. 331). Toujours le principal "nid" à célébrités de Phuket.

Anantara Phuket (p. 334). Luxe magnifique et beauté naturelle.

Chedi (p. 331). Pour la beauté paradisiaque du site.

Indigo Pearl (p. 334). Très tendance, alliant métal et tropiques.

Sala Resort & Spa (p. 334). Une version moderne du glamour Art déco, sur Hat Mai Khao.

Pour ne pas se ruiner

Casa 104 (p. 315). Le vieux Shanghai ressuscité.

Layalina Hotel (p. 338). Bijou de charme sur une plage paisible.

Sino House (p. 315). Le luxe, version chinoise.

). L'un des hôtels les plus chic de Phuket, et le premier à avoir introduit sur l'île des bungalows dotés d'une piscine particulière. Le Banyan Tree Phuket (dans le Laguna Phuket) est une oasis de luxe conventionnel et discret, où les hôtes logent dans des villas. Son spa est l'un des plus cotés du continent.

Où se restaurer

Quoi qu'en disent les propriétaires des grands hôtels de Bang Thao, on trouve de bons restaurants en dehors de leurs établissements. La plupart de ces tables sont situées juste devant l'accès principal du Laguna. Il existe aussi des cafés de plage plus axés sur les fruits de mer, au sud du Banyan Tree Phuket.

Babylon Beach Club (carte p. 338 ; ☎ 08 1970 5302 ; www.babylonbeachclub.com ; Hat Bang Thao ; plats 120-250 B). Accessible par une mauvaise route, le Babylon Beach Club, réputé pour sa cuisine, sert toutes les spécialités thaïlandaises, ainsi que des produits de la mer grillés et de bons hamburgers. Quatre tables avec parasols et nappes blanches sont installées à quelques mètres de la mer.

Tawai Restaurant (carte p. 338 ; ☎ 0 7632 5381 ; Moo 1, entrée du Laguna Resort ; plats 180-300 B). Un joyau en matière de gastronomie thaïlandaise, installé dans une charmante vieille maison décorée d'objets d'art traditionnels. Tous les classiques, tels le curry de canard rôti et le *lâhp* de porc. Service de navette gratuit depuis/vers les hôtels du Laguna.

Tatonka (carte p. 338 ; ☎ 0 7632 4349 ; Th Srisoonthorn ; plats 250-300 B ; dîner jeu-mar). On vient ici pour la cuisine "globe-trotter" imaginée par le chef et propriétaire, qui combine à des produits frais locaux une présentation et un savoir-faire culinaire acquis en Europe, dans le Colorado et à Hawaï. L'assortiment de style tapas comprend des mets végétariens et des plats de poissons originaux, et d'autres spécialités comme la pizza au canard laqué (220 B). Le menu dégustation (750 B/pers, 2 pers au minimum) permet de goûter un peu de tout. Réserver en haute saison.

Chaba (carte p. 338 ; ☎ 0 7627 1580 ; Moo 1, entrée du Laguna Resort ; repas 400-800 B). Cuisine thaïlandaise raffinée servie, avec style, sur la lagune juste devant les portes du Laguna. Montrez ce que vous voulez, et on vous l'apportera cuit à la vapeur, grillé ou frit.

Depuis/vers Ao Bang Thao

La course en *sŏrng·tăa·ou* de Th Ranong, à Phuket, à Ao Bang Thao coûte 25 B/pers. En *túk-túk*, comptez 600 B.

PARC NATIONAL DE SIRINAT

อุทยานแห่งชาติสิรินาถ

Englobant les plages de Nai Thon, de Nai Yang et de Mai Khao, ainsi que l'ancien parc national de Nai Yang et la réserve naturelle de Mai Khao, le **parc national de Sirinat** (☎ 0 7632 8226 ; www.dnp.go.th ; 200 B ; 8h-17h) couvre une superficie de 22 km² de terre en bordure du littoral et de 68 km² de mer. Il s'étend de la frontière ouest de la province de Phang-Nga jusqu'au sud du promontoire rocheux qui sépare Hat Nai Yang et Hat Nai Thon.

Hat Nai Thon est une charmante courbe de sable fin et doré, à laquelle on accède par une route sinueuse à travers les plantations d'hévéas et les bananeraies. Tout ce que vous trouverez ici est une plage paisible, bordant une baie turquoise propice à la baignade (sauf en pleine mousson), parsemée de *long-tail boats* se dirigeant vers le marché aux poissons de Hat Nai Yang, non loin. Des coraux s'étendent près des promontoires, à chaque extrémité de la baie. L'épave d'un navire dragueur d'étain de 50 m de longueur gît par 16 m de fond un peu plus loin, près de la petite **Ko Waew**. **Aqua Divers** (☎ 0 7620 5440 ; www.aquadivers.com ; 23/26 Th Nai Thon Beach ; plongées à partir de 1 590 B) peut organiser des sorties de plongée dans le coin.

La baie cristalline de **Hat Nai Yang** est abritée par un récif qui descend à 20 m de profondeur, ce qui en fait un bon site de snorkeling pendant la saison sèche et un fantastique spot de surf pendant la mousson. Une série de restaurants de fruits de mer et de bars de style tiki bordent la plage principale, totalement déserte vers le nord. Il est bien difficile de croire que l'aéroport est tout proche.

À environ 5 km au nord de Hat Nai Yang, **Hat Mai Khao** est la plage la plus longue de Phuket. Chaque année, entre novembre et février, des tortues de mer viennent y pondre leurs œufs. Mai Khao comprend un centre d'information des visiteurs pourvu de toilettes, de douches et de tables de pique-nique. De là, des petits sentiers serpentent parmi les filaos jusqu'à une plage escarpée. Si vous vous baignez, prenez garde au courant, puissant toute l'année. À l'exception des week-ends et des jours fériés, vous serez pratiquement seul.

Le parc national de Sirinat n'est qu'à quelques minutes de l'aéroport international de Phuket. Il constitue une destination idéale pour une première visite après un long voyage.

Où se loger et se restaurer

HAT NAI THON

Naithon Beach Resort (☎ 0 7620 5379 ; www.phuket-naithon.com ; 23/31 Moo 4, Th Hat Nai Thon ; chalets 3 300 B ; nov-mai ;). Également connu sous le nom de Woody's Paradise. De petits chalets en bois poli, avec sdb en ardoise, situés à l'extrémité sud de Hat Nai Thon, à quelques pas de la plage.

Naithonburi (☎ 0 7620 5500 ; www.naithonburi.com ; Moo 4, Th Hat Nai Thon ; ch 3 500-4 500 B). Un *megaresort* des plus sereins, qui compte 222 chambres mais ne semble jamais bondé. Les spacieuses chambres sont dotées de carrelage en terre cuite, de soieries thaïlandaises sur le lit et de balcons privés. Immense piscine entourée de chaises longues et de banquettes-lits. Le Chao Lay Bistro (plats à partir de 180 B) est le bistrot le plus tape-à-l'œil de Nai Thon.

Coconut Tree (34 Moo 4, Th Hat Nai Thon ; plats 120-300 B). Café de plage où goûter du poisson frais grillé le soir, et de succulents curries avec du riz à la noix de coco en journée. Son bar est très prisé l'après-midi.

HAT NAI YANG ET HAT MAI KHAO

Quantité de restaurants de poissons et de boutiques de tailleurs bordent la mauvaise piste à l'extrémité sud de Hat Nai Yang. Une supérette jouxte l'entrée de l'Indigo Pearl Resort.

Parc national de Sirinat (☎ 0 7632 7152 ; reserve@dnp.go.th ; empl camping 30 B, bung 1 000-2 000 B). Le parc dispose de sites de camping (apportez votre propre tente) et de grands bungalows. Allez au centre d'information des visiteurs ou réservez en ligne.

Nai Yang Beach Resort (☎ 0 7632 8300 ; www.naiyangbeachresort.com ; 65/23-24 Th Hat Nai Yang ; bung 2 500-4 300 B ;). Un complexe impeccable, calme et proche de la plage, apprécié pour son barbecue le soir. Les chambres les moins chères sont avec ventilateur ; les plus chères, assez raffinées, affichent un style thaïlandais contemporain.

Indigo Pearl (☎ 0 7632 7006 ; www.indigo-pearl.com ; ch 5 600-26 250 B ;). Le plus original et le plus branché des *resorts* haut de gamme que compte Phuket. Sa conception fait référence à l'histoire de l'étain de l'île, et le thème industriel mêlé à la végétation tropicale crée un effet spectaculaire. Étaux, balances et autres outils utilisés dans les mines sont incorporés à la décoration (tels les énormes boulons dans les toilettes pour retenir le papier) et les beaux espaces communs sont éclairés de lumières bleu indigo. Belle piscine agrémentée d'une grande cascade, posée au cœur d'un jardin luxuriant, telle une oasis.

Sala Resort & Spa (☎ 0 7633 8888 ; www.salaphuket.com ; 333 Moo 3, Tambon Maikhao ; ch à partir de 11 550 B, villas à partir de 15 750 B). Cette magnifique propriété de charme allie les influences sino-portugaises et Art déco, avec une touche de modernité. Même les chambres du 2e étage disposent de sdb extérieures. Piscine à débordement en granit noir, face à la mer, et bar doté de canapés circulaires. Spa (p. 313).

Anantara Phuket (☎ 0 7633 6100 ; www.phuket.anantara.com ; 888 Moo 3, Tumbon Mai Khao ; villas à partir de 35 000 B). L'ensemble de villas le plus récent de Phuket s'ouvre sur une lagune couverte de lotus qui s'étend jusqu'à la plage. Les luxueuses villas, avec piscine de style thaïlandais, sont reliées au lobby, aux bars, aux restaurants et à la plage par des promenades en bois qui serpentent sous les palmiers. Gère aussi le Bua Luang Spa (voir p. 313).

Mr Kobi's Bar (Nai Yang Beach ; plats à partir de 100 B ; 11h-1h). Le charmant M. Kobi possède un fantastique bar en bois sur la plage (et il parle très bien anglais). Lorsque les autres bars du coin ferment, son blender à cocktails continue à tourner ; la cuisine ne ferme que lorsque tous les clients sont partis.

Batik Seafood (88/3 Th Nai Yang Beach ; plats 150-350 B). Un joli restaurant de plage agrémenté d'un jardin, niché à l'extrémité sud, juste après l'endroit où la route se transforme en piste. Les tables sont installées dans de petits belvédères en chaume entourés d'orchidées. Spécialité de la maison : le poisson grillé, acheté sur le marché qui se tient tous les après-midi, juste au nord du restaurant.

Depuis/vers le parc national de Sirinat

Si vous venez de l'aéroport, un taxi revient à 300 B environ. Aucun *sŏrng·tăa·ou* ne dessert régulièrement le parc, mais la course en *túk-túk* depuis Phuket coûte 700 B environ.

RÉSERVE NATURELLE ROYALE DE KHAO PHRA TAEW

อุทยานสัตว์ป่าเขาพระแทว

Tout n'est pas que mer et sable. Dans le nord de l'île, cette chaîne montagneuse protège 23 km² de forêt tropicale (une forêt primitive entretenue par la mousson). Son point culminant, le **Khao Phara**, s'élève à 442 m. Le statut royal de la réserve lui vaut une meilleure protection que la plupart des autres parcs nationaux du pays. De plaisants chemins de randonnée sillonnent les collines, et deux cascades, **Nam Tok Ton Sai** et **Nam Tok Bang Pae**, méritent le détour pendant la saison des pluies, de juin à novembre ; en saison sèche, elles se résument à des filets d'eau.

Dans les années 1950, le Docteur Darr, un botaniste allemand, découvrit à Khao Phra Taew une espèce rare et unique de palmier. On ne trouve cet arbre en éventail de 3 à 5 m de hauteur, appelé palmier *langkow*, que dans le parc national de Khao Sok (p. 292).

Autrefois peuplée de tigres, d'ours, de rhinocéros et d'éléphants, la forêt abrite aujourd'hui des singes (dont des langurs), des paresseux, des civettes, des roussettes, des écureuils, des chevrotains et d'autres petits mammifères. Attention aux cobras et aux sangliers.

Près de Nam Tok Bang Pae (cascade Bang Pae), le **Centre de réadaptation pour les gibbons** (**Phuket Gibbon Rehabilitation Centre ;** carte p. 306 ; ☎ 0 7626 0492 ; www.gibbonproject.org ; don apprécié ; 9h-16h) prend soin des gibbons, qui sont élevés en captivité avant d'être réintroduits dans la jungle. Financé par des dons, le centre propose aux visiteurs d'"adopter" un animal pour 1 500 B, somme correspondant à un an de soins.

Si vous aimez les sensations fortes, enfilez un harnais au **Cable Jungle Adventure Phuket** (☎ 08 1977 4904 ; 232/17 Moo 8, Th Bansuanneramit ; 1 950 B/pers ; 9h-18h). Ce dédale de 8 câbles reliant les falaises à des arbres anciens se trouve dans les collines. Les lignes sont tendues entre 6 et 23 m au-dessus du sol, la plus longue mesurant 100 m. Chaussures fermées obligatoires.

Si vous le souhaitez, les gardiens du parc vous serviront de guides pour une randonnée dans la réserve – un service à rétribuer.

Pour aller à la réserve naturelle royale de Khao Phra Taew depuis Phuket-ville, empruntez Th Thepkasatri en direction du nord sur 20 km jusqu'au district de Thalang. À l'intersection, prenez à droite en direction de Nam Tok Ton Sai (3 km plus loin sur la route).

DISTRICT DE THALANG

อำเภอถลาง

À quelques centaines de mètres au nord-ouest du fameux **monument aux Héroïnes**, dans le district de Thalang, sur la Route 4027, et à environ 11 km au nord-ouest de Phuket-ville, le **Musée national de Thalang** (carte p. 306 ; ☎ 0 7631 1426 ; 30 B ; 8h30-16h) comprend 5 salles d'exposition consacrées à des thèmes relatifs à la Thaïlande du Sud – dont l'histoire des villes de Thalang et de Phuket, et celle de la colonisation de la côte d'Andaman et des différentes ethnies peuplant la région. La légende des "deux héroïnes" (à la mémoire desquelles s'élève le monument) qui repoussèrent, au XVIIIe siècle, une armée d'invasion birmane en persuadant les femmes de l'île de s'habiller en hommes est également relatée en détail. Une des salles est dédiée à une imposante statue de Vishnu (2,3 m de hauteur), datant du IXe siècle et trouvée à Takua Pa au début du XXe siècle.

Également dans le district de Thalang, juste au nord du carrefour près de la ville de Thalang, dans le **Wat Phra Thong** (carte p. 306 ; don apprécié ; lever-coucher de soleil), le temple du Bouddha d'Or (Phra Thong) de Phuket, une statue à moitié enfouie dans le sol ne laisse apparaître que la tête et les épaules d'un bouddha. Selon une légende locale, tous ceux qui ont essayé de la déterrer sont tombés gravement malades ou ont eu un accident. Ce temple est révéré par les Thaïlandais d'origine chinoise, qui croient que la statue est venue de Chine. Lors du Nouvel An chinois, le temple attire des pèlerins venus de Phang-Nga, de Takua Pa et de Krabi. Outre le Phra Thong, le temple compte d'autres statues du Bouddha, dont sept représentants les différents jours de la semaine, ainsi qu'un Phra Praket (un bouddha dans une pose inhabituelle, se touchant la tête avec la main droite). Chacun promet quelque chose de différent (réussite, santé, richesse, etc.) à ceux qui font des offrandes.

Certaines scènes du film *Good Morning Vietnam* (1987), de Barry Levinson, furent tournées à Thalang.

Plongée et autres activités

Récif corallien, dans le parc national maritime des îles Similan (p. 297)

WATERFRAME / ALAMY

Poissons-clowns et anémones

ERNEST MANEWAL

Les merveilleuses îles et plages de Thaïlande vous évoqueront le paradis. Tous les jours, bercé par l'ombre des cocotiers, vous pourrez paresser à loisir sur le sable, avant de profiter du flamboyant coucher du soleil jusqu'à ses dernières lueurs. Cependant, après plusieurs jours de cette relaxation suprême, il sera de plus en plus difficile de résister à cette petite voix intérieure vous poussant à l'action et à l'aventure. Et quelle chance pour vous ! La Thaïlande offre des sites de plongée parmi les plus beaux du monde, mais aussi l'occasion d'excellentes randonnées, escalades et excursions en kayak de mer.

top 5 DES SITES DE PLONGÉE

Ko Tao (p. 243). Tout tourne autour de la plongée dans cette île dont émane une énergie fantastique. Les dizaines de sites sont parfois visités par des requins-baleines dévoreurs de plancton. C'est la meilleure destination (et la moins chère) de Thaïlande pour s'initier à la plongée. Sail Rock (plus près de l'île de Ko Pha-Ngan) et Chumphon Pinnacle sont les points phares de la zone.

Khao Lak (p. 294). Point d'accès vers les archipels tropicaux des îles Surin et Similan. Explorez la myriade de spots de plongée au cours d'une croisière de plusieurs jours et ne manquez pas le Richelieu Rock – un site étonnant découvert par le commandant Cousteau.

Ko Lanta (p. 370). Un autre haut lieu de la plongée, réputé pour ses eaux cristallines et la richesse de sa vie sous-marine, dont des raies mantas et des requins-baleines. Ne manquez pas une plongée autour des pics immergés, à Hin Daeng et à Hin Muang.

Ko Phi Phi (p. 363). Cette île, revenue triomphalement sur la scène de la plongée après le tsunami, offre une profusion de récifs coralliens scintillants sous des eaux parfaitement limpides. Hin Bida et Ko Bida Nok, ou encore l'épave du *King Cruiser*, ont la faveur des plongeurs.

Ko Lipe (p. 399). La plongée ici n'est peut-être pas aussi fabuleuse qu'en d'autres secteurs du royaume, mais l'absence notable de plongeurs et l'ambiance merveilleusement décontractée en font une région à part.

PLONGÉE

“La mer, une fois qu'elle a vous jeté un sort, vous tient dans son filet merveilleux pour toujours.” Les explorateurs des profondeurs sous-marines seront d'accord avec le commandant Jacques-Yves Cousteau (1910-1997). Il avait certainement à l'esprit le “pays du sourire”, ayant lui-même découvert plusieurs des sites de plongée devenus si populaires aujourd'hui. Si vous êtes prêt à revêtir une combinaison de plongée, vous accéderez à ce magnifique royaume sous-marin qui rivalise en beauté avec les paysages paradisiaques qu'offre, à terre, ce superbe pays.

Pour des informations détaillées sur la plongée en Thaïlande, voir p. 403.

Côte d'Andaman ou golfe de Thaïlande ?

Les côtes de Thaïlande se trouvent à la jonction de deux zones océaniques : les eaux qui baignent la côte d'Andaman déferlent depuis l'ouest, tandis que les eaux du golfe de Thaïlande viennent des îles indonésiennes et de la mer de Chine méridionale. Bien que la vie sous-marine soit similaire des deux côtés de la péninsule, chaque région présente des caractéristiques intéressantes. Pour des vacances de plongée idéales en Thaïlande, mieux vaut donc combiner les deux.

Les sites de plongée les plus populaires sont des affleurements ou des pics calcaires submergés, recouverts de coraux. Entourés par des eaux profondes, ils jouent le rôle de garde-manger pour les poissons pélagiques : raies mantas, requins de récifs et requins-baleines. Les grottes, les falaises et les monts sous-marins exercent un attrait croissant, car les sites de plongée "établis" sont trop fréquentés aux yeux de nombreux plongeurs. Situées dans la zone équatoriale, les deux côtes bénéficient d'une eau agréablement tiède qui avoisine les 29°C toute l'année.

Durant la bonne saison, la mer d'Andaman offre l'assurance de plongées parmi les plus fabuleuses du Sud-Est asiatique. Et si d'aucuns affirment que le golfe de Thaïlande ne peut l'égaler, c'est en raison de l'excellente visibilité lors des quelques mois de conditions climatiques favorables. Après plusieurs évaluations post-tsunami des récifs coralliens de la mer d'Andaman, les plongeurs s'accordent à dire que les dommages on été étonnamment limités. Certains vont même jusqu'à affirmer que la mer affiche un bleu plus brillant ces dernières années. On a recensé au moins 210 espèces de coraux durs et 108 variétés de poissons de récif dans la zone baignant les provinces du Sud, où vous aurez des chances de croiser d'énormes créatures pélagiques. Des opérateurs organisent des croisières de plongée de plusieurs jours, au départ de Khao Lak et de Phuket, et à destination des tranquilles archipels des îles Surin et Similan, plus loin à l'ouest. Au sud, Ko Phi Phi, Ko Lanta et même la petite Ko Lipe sont idéales pour chausser ses palmes.

Gobie nain et plantes sous-marines MICHAEL AW

L'avantage du golfe de Thaïlande est que les conditions en mer permettent en général d'y plonger toute l'année. Décrivant un C, cette côte, deux fois plus longue que celle d'Andaman, présente des changements spectaculaires depuis la frontière de la Malaisie jusqu'à celle du Cambodge, à l'est. Ainsi, la côte sud-ouest du golfe de Thaïlande jouit des plus beaux spots de plongée, aux alentours des îles de Ko Tao et de Ko Pha-Ngan. Ko Tao est l'endroit au monde qui délivre le plus de certificats de plongée. Pattaya, à 2 heures à peine de l'effervescente Bangkok, dispose de spots mémorables, dont plusieurs sur des épaves. À l'extrémité orientale de la côte, l'archipel de Ko Chang n'est pas en reste en matière de plongées, bien que la mer agitée limite la saison de novembre à mai.

La vie sous-marine en Thaïlande

La chaîne alimentaire marine thaïlandaise est aussi colorée que complexe.

Des coraux durs et mous constituent l'habitat de poissons vivant en colonies, des petits poissons-clowns aux grands visiteurs, tels les carangues à grosse tête, les thons, les mérous, les barracudas, les raies mantas et les requins de récifs – le requin-baleine étant le plus colossal (voir l'encadré ci-contre).

SNORKELING

Le snorkeling est très apprécié. Il est facile d'organiser soi-même son séjour. Sur les deux côtes, nombre de *resorts* et de boutiques de plongée louent des palmes, des masques et des tubas pour un tarif compris entre 100 et 200 B la journée en moyenne. Quantité d'îles,

OBSERVER UN REQUIN-BALEINE

La plupart des plongeurs viennent en Thaïlande avec l'espoir de voir un requin-baleine – le plus grand poisson du monde –, dont la gueule gigantesque peut atteindre 2 m de largeur – ce qui donne une idée de la taille de son corps ! Pas de quoi s'inquiéter cependant : cette gueule munie d'un filtre absorbe surtout du plancton, du krill (petites crevettes) et d'autres organismes minuscules. Les plongeurs racontent que le requin-baleine adulte est plutôt amical. Ces paisibles créatures ont l'habitude de fréquenter les promontoires submergés et d'y rester durant plusieurs jours. Aussi, si le bruit court qu'un plongeur a vu un requin-baleine, dépêchez-vous de vous équiper et de gagner la haute mer.

Autrefois, on le voyait seulement à certaines saisons. Mais les récents changements climatiques ont perturbé ses habitudes, et on peut désormais l'observer toute l'année. Le nombre de requins-baleines a récemment fortement augmenté – en 2007, la plupart des moniteurs de plongée en voyaient en moyenne quatre par an ; ils en signalent aujourd'hui entre 20 et 40.

Un requin-baleine, près de Ko Tao (p. 243)

BRANDON

Snorkeling près de Ko Chang (p. 284)

DAVID GREEDY

dont Ko Tao (p. 243), Ko Pha-Ngan (p. 227), Ko Phi Phi (p. 363), ainsi que les îles de Trang (p. 383) et celles de l'archipel de Ko Chang, offrent des sites de snorkeling exceptionnels tout près du rivage.

Les excursions de snorkeling deviennent aussi appréciées que les sorties de plongée à la journée, et nombre d'opérateurs de plongée commencent à en proposer. Comptez entre 500 et 1 000 B pour la journée, selon l'éloignement des sites. Les excursions les plus chères utilisent des bateaux rapides et sophistiqués et un équipement de choix ; les moins chères, qui mettent l'accent sur le côté culturel et convivial, mènent leurs clients sur des sites souvent quelconques. N'hésitez pas à louer un hors-bord ou un *long-tail boat* traditionnel. En cherchant un peu, vous trouverez des récifs tranquilles.

Le snorkeling permet de découvrir une vie marine riche, bien qu'à certains endroits hypertouristiques comme Ko Phi Phi le nombre de visiteurs a des effets néfastes sur l'environnement. Plus vous vous éloignez des zones habitées, plus les récifs sont préservés. Cependant, même des îles développées réservent la surprise de coraux en bonne santé, souvent autour d'un rivage escarpé.

KAYAK DE MER

Si les régions côtières de la Thaïlande sont surtout réputées pour la plongée sous-marine, le kayak de mer est le moyen idéal de découvrir des îles isolées ou des criques secrètes inaccessibles aux plus grosses embarcations.

Le chapelet d'îles qui s'égrène entre Ko Samui et le continent, connu sous le nom de parc maritime d'Ang Thong (p. 258), ravira les mordus de kayak de mer. Ces îles, auxquelles on prête des formes humaines, se dessinent tel un collier d'émeraude dans des eaux céruléennes. Inhabitées (il y a seulement 5 bungalows gérés par les parcs maritimes), elles offrent une nature intacte et on ne peut y accoster qu'en *long-tail boat* ou en kayak. Des excursions sont organisées depuis les îles de Ko Samui (p. 212) et de Ko Pha-Ngan (p. 232), à environ 1 heure de hors-bord.

Sur la côte d'Andaman, les sorties en kayak vers des îles lointaines ou la mangrove sont très prisées des touristes séjournant à Phuket (p. 307), à Ao Nang (p. 354) ou ailleurs sur la côte.

On peut parfois louer du matériel pour partir en solo ; mais sachez que les sorties en kayak sont souvent organisées avec transferts, services d'un guide, équipement, déjeuner, et en général palmes et tuba pour le snorkeling compris.

SPÉLÉOLOGIE

La spéléologie est une activité passionnante, et les adeptes aiment descendre entre les crevasses pour admirer les stalactites. Des millions d'années de moussons ont sculpté en Thaïlande des réseaux élaborés de galeries. Participez à une excursion dans les grottes sur les îles de Ko Lanta (p. 370) ou de Ko Muk (p. 385), ou dans le parc national de Khao Sok (p. 292), ou visitez les anfractuosités de la côte de la province de Trang (p. 379), qui forment d'étroits bras fascinants révélant des sanctuaires secrets.

La dernière tendance est à l'exploration des grottes sous-marines – les plongeurs expérimentés adorent. Sur Ko Tao (p. 243), plusieurs opérateurs proposent des excursions d'un jour/une nuit vers les grottes submergées du parc national de Khao Sok.

Nombre de grottes dans le pays sont devenues des sanctuaires religieux à l'atmosphère insolite. Des expéditions à la découverte de ces grottes offrent un bon aperçu de l'histoire et des coutumes du royaume. Les grottes de Khao Sam Roi Yot (p. 196), site d'un temple royal qui scintille de tous ses ors dans le soleil, constituent un paysage fantastique, tout comme les grottes-temples de la ville de Phetchaburi (p. 180).

Kayak à Ao Phang-Nga (p. 299)

RANDONNÉE

Les côtes et les îles de Thaïlande offrent l'occasion de randonnées dévoilant une biodiversité unique. Les amateurs de photo seront ravis.

Si vous allez de la côte d'Andaman à celle du golfe de Thaïlande, prévoyez une pause dans le centre de l'isthme de Kra – une longue bande de terre séparant les deux côtes. Ce réseau de jungles intérieures s'étend sur un ruban depuis Phetchaburi, près de Bangkok, jusqu'à la Malaisie. Là, les randonneurs exploreront une forêt primitive parmi les plus anciennes du monde, abritant plus de 500 espèces d'oiseaux. Deux archipels vierges s'accrochent aux extrémités du domaine maritime thaïlandais : Ko Chang près de la frontière cambodgienne, aux dizaines d'îles splendides, et le parc national maritime de Ko Tarutao, touchant la Malaisie, et protégé par une loi stricte interdisant tout développement de ses îles, sauf une.

Pour des conseils pour une attitude responsable en randonnée, voir p. 405.

ESCALADE

Les formations rocheuses qui se dressent à la verticale dans le ciel de Thaïlande émerveillent les touristes et les mordus de varappe. Ces masses de calcaire formant des falaises et des gouffres sont la cour de récréation d'aventuriers du monde entier.

La côte d'Andaman, abrupte et découpée, abrite des sites constituant le *nec plus ultra* de l'escalade. Avec près de 500 voies équipées et une vue imprenable depuis les sommets, Railay (p. 358) est l'un des sites les plus intéressants au monde. Partez à l'assaut des parois One, Two, Three, qui comptent quelque 40 voies de niveaux 4b à 8b. Les grimpeurs chevronnés se mesureront au Thaiwand Wall, qui élève sa masse de calcaire glissante à l'extrémité sud du côté ouest de la péninsule de Hat Rai Leh. Un genre

top 5 DES RANDONNÉES

Parc national de Khao Sok (p. 292). Ce parc majestueux, qui protège la plus ancienne forêt tropicale du monde, englobe des formations calcaires et de belles cascades. On y découvre des fleurs géantes et d'étranges créatures.

Parc national de Khao Sam Roi Yot (p. 196). Un réseau de sentiers facilement accessibles quadrille cette dense jungle, qui recèle une flore abondante, où les semnopithèques bondissent sur les branches au crépuscule.

Ko Chang (p. 161). Une jungle flottante à la nature vierge se déroulant à l'infini… Les promenades à dos d'éléphant sont une excellente alternative à la randonnée.

Parc national maritime de Ko Tarutao (p. 395). Cet archipel à la beauté virginale, l'un des premiers parcs maritimes créés dans le pays, comprend 51 îles couvertes de forêt tropicale. Les passionnés feront de paisibles randonnées dans une végétation luxuriante, notamment à Ko Adang et à Ko Rawi.

Parc national de Khao Lak/Kam Ru (p. 294). Collines, falaises, estuaires et vallées boisées forment le paysage spectaculaire de ce parc national. Sa riche faune comprend notamment des tapirs, des singes et des ours.

Camp d'éléphants de Ban Kwan (p. 167), Ko Chang

DAVID GREEDY

d'escalade singulier est à la mode en Thaïlande : il s'agit du *deep water soloing* (DWS). Il est pratiqué par des grimpeurs intrépides, qui se hissent à mains nues sur les formations karstiques surplombant la mer, avec pour seul filet de sauvetage l'eau en contrebas. Les îles de Trang (p. 383) sont aussi très prisées des audacieux, tout comme Ko Phi Phi (p. 363) et Ko Tao (p. 243).

Un cours d'une demi-journée revient entre 800 et 1 000 B et une formation de 3 jours, de 5 000 à 6 000 B. Si vous êtes un grimpeur aguerri, vous pourrez louer du matériel pour environ 1 000 B par jour. Ceux qui prévoient d'apporter leur propre équipement prendront une corde de 60 m, de nombreux anneaux de sangle et dégaines, de la magnésie (les mains moites sont inévitables sous les tropiques), ainsi qu'une petite sélection de bicoins et de coinceurs pour les voies peu protégées. Les ancrages terminaux sont fixés en 2 ou 3 points, avec des mousquetons se faisant face ou des doubles boucles pour assurer une descente en rappel. Un tapis en rotin (disponible sur place, 100-150 B) protégera votre équipement du sable. Les pitons, régulièrement remplacés (sauf sur certaines voies plus éloignées), sont en général solides. Pour des raisons de sécurité, certaines parois sont parfois fermées.

Escalade sur le site de Railay (p. 359)

CHRISTOPHER GRC

Sud de la côte d'Andaman

Pour qui aime se balader d'île en île, le sud de la côte d'Andaman est une région bénie. C'est la partie la plus tranquille : même Ko Phi Phi, la star touristique, n'a rien du clinquant ni des foules de Phuket. Les îles de sable blanc sont parfaites pour se laisser vivre, se détendre et profiter des activités de plein air et des soirées conviviales dans les bars de plage.

Ceux qui recherchent la compagnie de leurs pairs apprécieront la beauté urbanisée de Ko Phi Phi ou de Ko Lanta, où l'on peut aussi bien faire la fête jusqu'à l'aube que dénicher une bande de sable tranquille. À deux pas de là, des routes moins fréquentées mènent aux îles Trang, relativement peu aménagées, et jusqu'à la province de Satun, encore plus solitaire, avec ses plages romantiques de sable blanc, de sublimes possibilités de snorkeling et les plaisirs épicés de la culture thaïlandaise du Sud. Cette région verdoyante est bordée d'un spectaculaire littoral hérissé de formations karstiques, baigné par une mer piquetée d'îles.

Les provinces de Krabi et de Trang offrent des possibilités d'escalade parmi les plus belles qui soient. Qui dit calcaire dit grottes à explorer, certaines abritant des temples, d'autres nécessitant de nombreuses contorsions pour s'y glisser.

Le secteur touristique marque une pause à la saison basse (avril-novembre) dans la majeure partie de la région, mais, même à cette période, vous pourrez accéder à la plupart des sites si vous faites preuve de détermination. Vous serez alors récompensé par des plages presque désertes et une grande sérénité.

À NE PAS MANQUER

- Des balades en *long-tail boat* à la découverte des formations monolithiques et des sublimes plages des îles de **Trang** (p. 379) ou du **parc national maritime de Ko Tarutao** (p. 395)
- Une journée à escalader les falaises calcaires émergeant des eaux émeraude de la superbe plage de **Railay** (p. 358)
- La ravissante **Ko Phi Phi** (p. 363), où on ne sait si le plus beau se trouve sous l'eau ou sur l'eau
- Le temps suspendu à **Ko Jum** (p. 378)
- Une sortie de snorkeling ou de plongée dérivante le long des récifs coralliens préservés le jour, et les bars reggae décontractés le soir sur **Ko Lipe** (p. 399)

- SAISON SÈCHE : NOVEMBRE-MARS
- SAISON HUMIDE : MAI-OCTOBRE

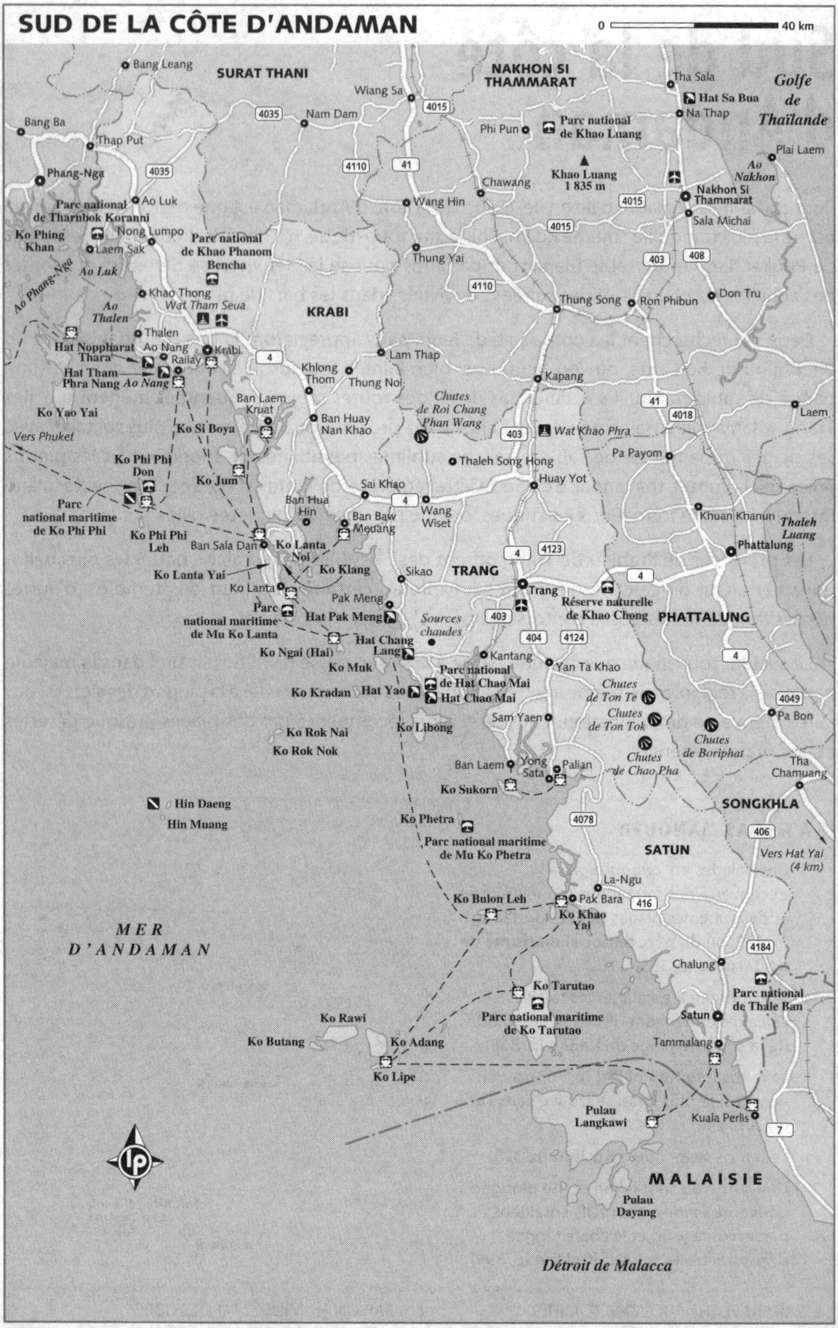
SUD DE LA CÔTE D'ANDAMAN
0
40 km
SURAT THANI
NAKHON SI THAMMARAT
Golfe de Thaïlande
Bang Leang
Wiang Sa
Tha Sala
Hat Sa Bua
Na Thap
4035
Nam Dam
4015
Parc national de Khao Luang
Phi Pun
Bang Ba
Thap Put
Plai Laem
Ao Nakhon
4110
41
Khao Luang 1 835 m
Phang-Nga
4035
Chawang
Nakhon Si Thammarat
Parc national de Tharnbok Koranni
Ao Luk
Wang Hin
4015
Sala Michai
Ko Phing Khan
Nong Lumpo
Laem Sak
Parc national de Khao Phanom Bencha
4015
Thung Yai
403
408
Ao Phang-Nga
Ao Luk
4110
Khao Thong
Wat Tham Seua
Thung Song
Ron Phibun
Don Tru
Ao Thalen
KRABI
Thalen
Hat Noppharat Thara
Ao Nang
Krabi
Railay
4
Lam Thap
Hat Tham Phra Nang
Ao Nang
Khlong Thom
Thung Noi
Kapang
Ko Yao Yai
Ban Laem Kruat
Chutes de Roi Chang Phan Wang
41
4018
Laem
Vers Phuket
Ko Si Boya
Ban Huay Nan Khao
403
Wat Khao Phra
Ko Phi Phi Don
Pa Payom
Thaleh Song Hong
Ko Jum
Sai Khao
Huay Yot
Parc national maritime de Ko Phi Phi
Ban Hua Hin
4
Ban Baw Meuang
Wang Wiset
Khuan Khanun
Thaleh Luang
Ko Phi Phi Leh
Ban Sala Dan
Ko Lanta Noi
4
4123
Phattalung
Ko Klang
Ko Lanta Yai
Sikao
TRANG
4
Ko Lanta
Trang
Réserve naturelle de Khao Chong
Parc national maritime de Mu Ko Lanta
Pak Meng
Hat Pak Meng
Sources chaudes
403
PHATTALUNG
Hat Chang Lang
404
4124
Ko Ngai (Hai)
Kantang
4
Ko Muk
Yan Ta Khao
Parc national de Hat Chao Mai
Ko Kradan
Hat Yao
Hat Chao Mai
Chutes de Ton Te
4049
Chutes de Ton Tok
Pa Bon
Ko Libong
Sam Yaen
Chutes de Boriphat
Ko Rok Nai
Ko Rok Nok
Ban Laem
Yong Sata
Palian
Chutes de Chao Pha
Tha Chamuang
Ko Sukorn
Hin Daeng
SONGKHLA
Hin Muang
Ko Phetra
4078
406
Parc national maritime de Mu Ko Phetra
SATUN
Vers Hat Yai (4 km)
La-Ngu
Ko Bulon Leh
Pak Bara
416
Ko Khao Yai
MER D'ANDAMAN
4184
Chalung
Ko Tarutao
Parc national de Thale Ban
Parc national maritime de Ko Tarutao
Satun
Ko Rawi
Ko Butang
Ko Adang
Tammalang
Ko Lipe
Pulau Langkawi
Kuala Perlis
7
MALAISIE
Pulau Dayang
Détroit de Malacca

Climat

Les conditions climatiques peuvent poser problème aux voyageurs dans la région. La côte d'Andaman reçoit plus de précipitations que les provinces du sud du golfe, les pluies étant particulièrement abondantes entre les mois de mai et d'octobre. Durant cette période, les services de bateaux vers certaines îles, comme Ko Tarutao, sont interrompus. Si le temps sur la côte d'Andaman s'avère trop déplaisant, vous pourrez toujours gagner facilement la côte sud-ouest du golfe où vous aurez plus de chances de trouver un temps ensoleillé.

Les maximales avoisinent 32°C en moyenne toute l'année, avec un fort taux d'humidité durant la saison humide.

Parcs nationaux

Le parc le plus fréquenté du sud de la côte d'Andaman est le parc national maritime de Ko Phi Phi (p. 363), pour ses plages, ses lagons, ses falaises marines abruptes et ses possibilités d'escalade. Le parc national maritime de Mu Ko Lanta (p. 371), situé au sud de l'île de Ko Lanta – de plus en plus fréquentée –, englobe des îles vierges, de beaux récifs coralliens et de longues plages de sable. Tout au sud, à la lisière de la Malaisie, le parc national maritime de Ko Tarutao (p. 395), encore tranquille (sa fréquentation commence à s'accroître), protège un groupe d'îles couvertes de jungle, des récifs coralliens et des plages tropicales immaculées.

Parmi les parcs moins connus, citons le minuscule parc national de Hat Chao Mai (p. 383), près de Trang, qui abrite des îles frangées de corail ; le montagneux parc national de Khao Phanom Bencha (reportez-vous à l'encadré, p. 350), près de la ville de Krabi, où la forêt abonde en animaux exotiques et en oiseaux rares ; le parc national maritime de Mu Ko Phetra, dans la province de Satun (voir l'encadré, p. 398), caractérisé par ses îles et sa mangrove où vivent des dugongs et des oiseaux peu communs ; le parc national de Tharnbok Koranni (p. 352), près de la ville d'Ao Luk, qui protège d'immenses mangroves ponctuées de grottes karstiques ornées de peintures rupestres ; et le parc national de Thale Ban (p. 394), à cheval sur la frontière – ce qui est idéal pour les renouvellements de visa.

PROVINCE DE KRABI

Avec ses formations karstiques d'une beauté époustouflante qui jaillissent de l'enchevêtrement de la jungle, bordent des plages aux eaux cristallines ou forment des îles aux contours noueux paraissant flotter au-dessus d'une mer verte, la province de Krabi est la plus fréquentée de la côte sud d'Andaman. Elle compte plus de 150 îles, souvent bordées de plages de rêve. Non loin de Krabi, la petite capitale de la province, s'étendent, à l'ombre d'impressionnantes falaises, des plages dont certaines semblent totalement désertes et d'autres offrent tous les agréments de la vie moderne. Il y en a vraiment pour tous les goûts dans cette province, que l'on aime faire la fête et visiter les bars de la magnifique Ko Phi Phi, vivre ses fantasmes de naufragé sur une île comme Ko Jum ou s'adonner à l'escalade à Railay.

Mais il n'y a pas que les îles et les plages. L'intérieur de la région, renommé pour ses forêts tropicales primaires, abrite une infinité d'oiseaux et d'autres animaux, de cascades, de bassins où se baigner et de grottes.

La partie continentale est très bien reliée au reste de la Thaïlande, à longueur d'année, ainsi qu'aux îles, en haute saison.

KRABI

กระบี่

30 882 habitants

À votre arrivée à Krabi-ville, comme on l'appelle affectueusement, vous remarquerez tout d'abord les formations karstiques incroyablement anguleuses dépassant des mangroves et dominant les eaux saumâtres de la Mae Nam Krabi. Après leur allure majestueuse, une curiosité moins naturelle attirera votre attention : le nombre de maisons d'hôtes et d'agences de voyages concentré dans cette petite ville compacte et originale, dans laquelle on se repère facilement. Les restaurants occidentaux sont omniprésents, tout comme les boutiques de souvenirs qui vendent toutes les mêmes bibelots. Pourtant, si l'on s'y attarde un peu, on peut découvrir une intéressante vie locale populaire et authentique. Le marché quotidien de Th Sukhon, peu fréquenté par les étrangers, regorge de délices mystérieuses, tout comme les restaurants quasi invisibles dans le centre touristique. Il est impossible de traverser la ville sans tomber en arrêt devant les statues géantes d'hommes des cavernes qui supportent les feux de signalisation au carrefour de Th Maharat et de Th Vogue.

La ville desservant une douzaine d'îles et de plages, rares sont les voyageurs qui s'y attardent ; elle offre pourtant des conditions d'hébergement incroyablement bon marché. On peut y prendre le bateau pour les îles de Ko Phi Phi et de Ko Lanta ou pour les plages d'Ao Nang et de Railay. Et, si vous y restez un peu, entreprenez une excursion de découverte de la faune dans la mangrove.

Orientation

La plupart des sites dignes d'intérêt se trouvent dans les *soi* (ruelles) qui partent de Th Utarakit, l'artère principale de Krabi. Les ferrys pour Ko Phi Phi, Ko Lanta et les autres îles partent de Khlong Chilat (embarcadère de passagers de Krabi), à 4 km au sud-ouest de la ville, alors que les *long-tail boats* pour Railay circulent depuis l'embarcadère de Khong Kha (Chao Fa) sur Th Khong Kha. Le terminal des bus se trouve au nord du centre-ville, à Talat Kao, près du croisement de Th Utarakit. L'aéroport se situe à presque 17 km au nord-est sur la Hwy 4.

Renseignements

ACCÈS INTERNET

Pratiquement tous les restaurants et agences de voyages pour les budgets serrés de Krabi offrent un accès Internet (40-60 B/heure).

World Net (angle Th Utarakit et Th Issara ; ⌚ 8h-23h). Ordinateurs rapides et personnel efficace.

AGENCES DE VOYAGES

Thamit & Krabi Holiday Travel (☎ 0 7562 2998 ; 177 Th Utarakit). Le personnel professionnel réserve des billets d'avion, de bateau et de bus, ainsi que des circuits organisés et l'hébergement sur les îles.

Thepparat Travel (☎ 0 7562 2048, 08 7454 2555 ; Th Maharat). Fabuleuse mine d'informations, avec d'excellents prix sur les circuits régionaux et les transports.

ARGENT

Le long de Th Utarakit, la Bangkok Bank, la Krung Thai Bank, la Siam City Bank et la Siam Commercial Bank changent les espèces et les chèques de voyage et sont dotées de DAB.

IMMIGRATION

Bureau de l'immigration (☎ 0 7561 1350 ; Th Chamai Anuson ; ⌚ 8h30-16h lun-ven). Au sud de la poste et du bureau des services téléphoniques. Délivre des prorogations de visas.

OFFICE DU TOURISME

Krabi Tourist Association (☎ 0 7562 2163 ; tatkrabi@tat.or.Th ; Th Utarakit). Carte gratuite de Krabi.

POSTE

Poste (Th Utarakit). Juste au sud de l'embranchement vers l'embarcadère de Khong Kha ; l'entrée, distincte, du service de poste restante se trouve sur le côté.

SERVICES MÉDICAUX

Hôpital de Krabi (☎ 0 7561 1210 ; Th Utarakit). À 1 km au nord du centre-ville.

SITE INTERNET

Krabi Directory (www.krabidir.com). Une mine d'informations sur la province de Krabi et des liens vers la plupart des services de la région s'adressant aux touristes.

TÉLÉPHONE

CAT (Communications Authority of Thailand ; Th Utarakit). À 500 m au nord du Krabi Hospital. Possibilité de passer des appels internationaux.

À voir

Krabi n'est pas très riche en sites remarquables. À la lisière de la ville, le **Wat Kaew** (Th Issara) possède d'intéressants bâtiments en teck du XIXe et du début du XXe siècle, à l'arrière de l'ensemble.

Juste au nord du centre-ville, on peut faire l'ascension de l'un des deux massifs de calcaire de **Khao Khanap Nam**, où ont été exhumés de nombreux squelettes humains – on pense qu'ils appartiennent à des personnes qui auraient jadis été piégées dans les grottes lors d'une inondation. Pour y accéder, prenez un *long-tail boat* depuis l'embarcadère de Khong Kha (environ 400 B).

En termes de volume de fruits de mer, le **marché du matin** (Th Hem ; ⌚ 5h-9h), situé dans l'immense entrepôt du Krabi Fresh Market, n'a pas son pareil : énormes seaux de crevettes, huîtres et palourdes, thons gigantesques, bancs de dorades roses et barracudas… Et ne soyez pas surpris si vous apercevez un requin au milieu du reste. C'est également ici que vous pourrez savourer un petit-déjeuner thaïlandais, comprenant au choix : du poulet ou du poisson frits, une soupe de nouilles, des travers de porc et du thé noir. Vous pouvez aussi vous contenter de beignets.

À faire

Sea Kayak Krabi (☎ 0 7562 3395, 08 9724 8579 ; www.seakayak-krabi.com ; 40 Th Ruen Rudee) propose tout un

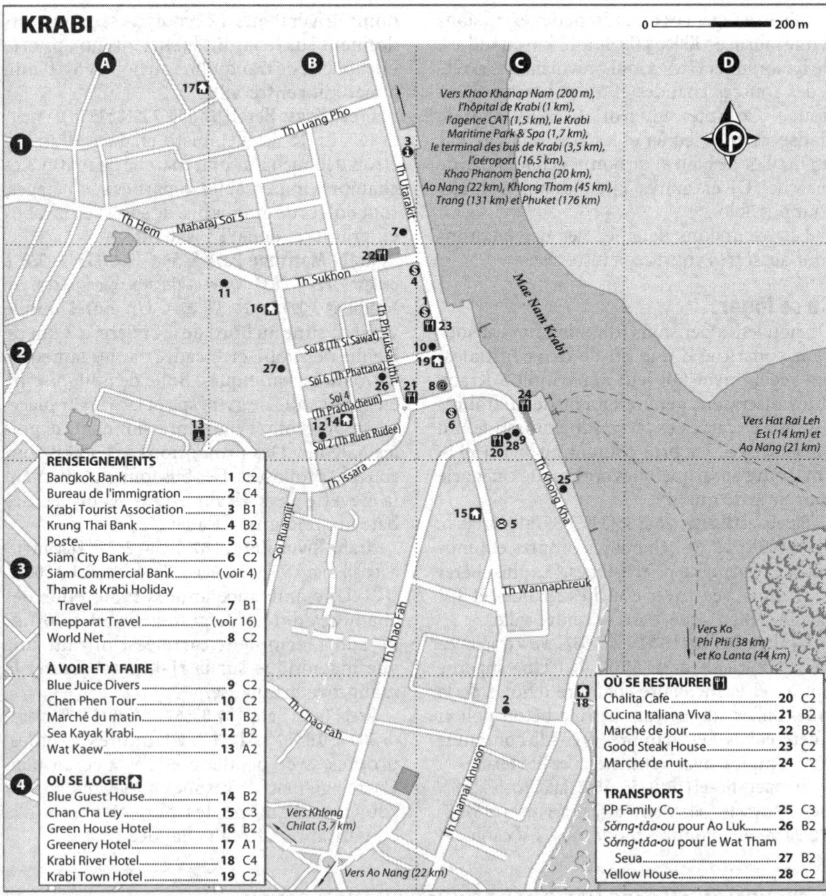

choix de circuits en kayak de mer, notamment à Ao Thalen (demi-journée/journée 900/1 500 B), un site surmonté de falaises vertigineuses ; à Ko Hong (1 800 B la journée), célèbre pour sa lagune émeraude ; et à Ban Bho Tho (demi-journée/journée 1 000/1 700 B), où des grottes marines abritent des peintures rupestres vieilles de 2 000 à 3 000 ans. Les tarifs incluent les services d'un guide, le déjeuner, des fruits et de l'eau potable.

De nombreux centres de plongée disposent de bureaux sur les îles et les plages. À l'inverse, **Blue Juice Divers** (☎ 0 7563 0679 ; www.bluejuicedivers.com ; Th Chao Fah) est installé en ville et propose deux forfaits plongée vers des îles voisines (2 900 B). Cours PADI Open Water (13 900 B) disponibles et chambre d'hôtes flambant neuve.

Pour l'escalade (voir p. 359), des bateaux relient Krabi à Railay. Pour les autres activités dans la région, voir p. 354.

Circuits organisés

À Krabi, n'importe quelle agence de voyages peut vous réserver un circuit organisé axé sur l'environnement. **Chen Phen Tour** (☎ 0 7561 2004 ; Th Utarakit) et d'autres prestataires proposent des circuits d'observation des oiseaux dans la mangrove autour de Krabi (environ 500 B/heure par bateau, l'idéal étant tôt le matin). Sinon, il est possible de louer un bateau à l'embarcadère de Khong Kha pour environ 400 B/heure. Essayez de repérer les crabes violonistes et les périophtalmes dans la vase.

Diverses agences organisent des excursions d'une journée à **Khlong Thom**, à 45 km au sud-est de Krabi sur la Hwy 4, qui prévoient des arrêts à des sources chaudes et à des bassins d'eau douce. Comptez environ 1 050 B, avec le transport, le déjeuner et les boissons (prévoir un maillot de bain et de bonnes chaussures de marche). Divers autres "circuits dans la jungle" sont possibles.

Les excursions dans les îles des environs sont aussi très courues, à juste titre.

Où se loger

De nouvelles pensions (dont le nom est souvent constitué d'une ou de deux initiales) ont récemment fait leur apparition à Krabi. Elles disposent généralement de chambres propres et carrelées, avec sdb commune. En basse saison, les prix chutent jusqu'à 150 B. On trouve aussi quelques options de catégorie moyenne de qualité.

Blue Guest House (☎ 08 3640 8553 ; 35 Th Prachacheun ; ch 300-500 B ;). Chambres propres et lumineuses, bien qu'un peu basiques. Les plus chères sont climatisées, avec douches chaudes et TV satellite. Bien situé, dans le centre-ville.

Chan Cha Lay (☎ 0 7562 0952 ; www.chanchalay.com ; 55 Th Utarakit ; ch 200-650 B ;). Une superbe option et la meilleure chambre d'hôtes de la ville. Belles sdb privatives avec béton poli et galets blancs. Les chambres avec sdb commune sont simples, avec ventilateur et lits fermes.

Greenery Hotel (☎ 0 7562 3648 ; http://krabidir.com/thegreeneryhotel/index.htm ; 167/2 Th Maharat ; ch 850 B ;). Chambres modernes, TV câblée et miniréfrigérateurs. Les couloirs semi-ouverts donnent sur le jardin luxuriant qui apporte une touche de tranquillité au lieu. À 5-10 min à pied du centre-ville.

Green House Hotel (☎ 0 7562 2960 ; 35 Th Maharat ; ch 1 200 B ;). Juste en face d'un *soi* étroit débouchant sur le marché du matin. Les chambres impeccables, réparties sur 4 étages, sont dotées de grands lits, de sols et de lavabos en granit, et de la TV satellite.

Krabi Maritime Park & Spa (☎ 0 7562 0028, à Bangkok 0 2719 0034 ; www.maritimeparkandspa.com ; ch à partir de 3 000 B ;). Un hôtel huppé vieillot, situé au bord de la rivière, à 2 km de la ville de Krabi, et encadré par les fameuses formations karstiques. Boîte de nuit, piscine élégante, salle de gym, spa et lac (!) sur place. Chambres chic et vue impressionnante depuis les balcons. Des promotions à 1 500 B sont souvent proposées. Des bus font gratuitement la navette vers Krabi et Ao Nang, et des bateaux rejoignent Railay.

Krabi River Hotel (☎ 0 7561 2321 ; krabiriver@hotmail.com ; 73/1 Th Khong Kha ; ch 700-1 000 B ;). Une ambiance années 1980, pour des chambres dotées de grands lits et assorties de sdb récemment carrelées, offrant une vue magnifique sur la rivière sombre et la mangrove brumeuse.

Krabi Town Hotel (☎ 0 7561 1956 ; 9/11 Th Phattana ; ch 300-450 B ;). Chambres exiguës, propres, avec penderie et TV à écran plat. Carrelage neuf et vasques en verre dans les sdb. Les chambres les plus chères ont la climatisation et l'eau chaude.

EXCURSION AU PARC NATIONAL DE KHAO PHANOM BENCHA

À 30 km au nord de Krabi, ce **parc** (☎ 0 7566 0716 ; adulte/moins de 14 ans 200/100 B) de 50 km² couvre une superbe forêt tropicale humide le long de la crête du Khao Phanom Bencha (1 350 m). De nombreux sentiers bien indiqués sillonnent le parc et mènent à de superbes chutes d'eau, dont la **cascade de Huay To**, sur 11 niveaux, à 500 m du bureau du parc. À proximité, les cascades de Huay Sadeh et de Khlong Haeng sont presque aussi grandioses. En pénétrant plus avant dans le parc, vous pourrez visiter **Tham Pheung**, une grotte splendide aux chatoyantes stalactites et stalagmites. De multiples sentiers serpentant à travers le parc offrent de belles randonnées.

Le parc abrite une faune abondante, mais seuls les singes sont fréquemment visibles. De nombreux ornithologues viennent ici pour observer les calaos à casque et les calaos coiffés, l'argus et la très rare brève de Gurney. Il n'est pas indispensable d'avoir les services d'un guide, puisque les sentiers sont bien indiqués. Cependant, en étant accompagné par quelqu'un de compétent, vous observerez généralement plus d'animaux et profiterez d'une expérience plus approfondie.

Aucun transport public ne dessert le parc. On y accède toutefois facilement en louant une moto à Krabi : suivez la Hwy 4 et tournez à l'embranchement signalé. Garez votre moto près du bureau du parc, sans oublier de l'attacher avec une chaîne et un cadenas. La course en *túk-túk* (cyclo-pousse à moteur) revient à environ 600 B aller-retour.

Où se restaurer

Marché de nuit (Th Khong Kha ; repas 20-50 B). L'un des endroits les plus courus et les plus agréables pour dîner reste le marché de nuit près de l'embarcadère de Khong Kha. Cuisine authentique et délicieuse : salade de papaye, nouilles sautées, *tôm yam kôung* (soupe de crevettes à la citronnelle et aux champignons), dorade grillée, énormes poêlées d'huîtres panées, préparations au *satay* et desserts lactés thaïlandais vous attendent sur les stands.

Marché de jour (Th Sukhon ; repas 20-60 B). Ce marché est encore plus authentique. Parmi les bouquets de fleurs et les étals croulant sous les fruits exotiques, des curries mijotent et les stands sont chargés de nouilles aux calamars frits, de bœuf sauté, de poisson frit, de maïs bouilli… Osez goûter !

Good Steak House (☎ 08 9724 7008 ; Th Utarakit ; repas à partir de 45 B ; 🕑 petit-déj, déj et dîner). Ce restaurant propose des steaks et des saucisses fumées, mais c'est pour ses plats sautés au wok (à partir de 45 B) qu'il mérite le détour, comme le bœuf au sésame et à la sauce aux huîtres, le poulpe au basilic thaïlandais et les crevettes à la pâte de piment. Portions un peu chiches, mais à ce prix-là, qui s'en plaindrait ?

Chalita Cafe (☎ 08 1206 6299 ; Th Chao Fah ; plats 60-180 B ; 🕑 dîner). Probablement le plus charmant restaurant thaïlandais de la ville. Des lanternes dorées et bordeaux pendent aux chevrons, de vieilles photos de Krabi en noir et blanc sont punaisées aux murs (en teck), et des airs de jazz flottent dans l'air comme une brise accueillante. Délicieux plats de fruits de mer.

Cucina Italiana Viva (☎ 07563 0517 ; 29 Th Phruksauthit ; pizzas 160-260 B). Une adresse à recommander pour ses excellentes pizzas à pâte fine, avec un grand choix de garnitures et de fromages ; *calzones*, vin italien, glaces et café. Service de livraison.

Depuis/vers Krabi

AVION

THAI Airways International (www.thaiairways.com), **Air Asia** (www.airasia.com), **Nok Air** (www.nokair.com), **Bangkok Air** (www.bangkokair.com) et **One 2 Go** (www.fly12go.com) relient Krabi à Bangkok (aller environ 1 500 B, 1 heure 15). Comparez les prix pour obtenir le meilleur tarif.

Bangkok Air dessert aussi Ko Samui (aller 2 300 B) 3 fois/semaine.

BATEAU

Les bateaux pour Ko Lanta et pour Ko Phi Phi partent de l'embarcadère de Khlong Chilat, à 4 km au sud-ouest de Krabi. Les agences de voyages assurent le transfert gratuit pour leurs clients.

La principale compagnie, **PP Family Co** (☎ 0 7561 2463 ; http://phiphifamilykrabi.com ; Th Khong Kha), possède une billetterie à côté de l'embarcadère en ville. Il y a toute l'année des bateaux pour Ko Phi Phi (400 B, 1 heure 30) à 10h et 15h.

De novembre à mai, un seul bateau part chaque jour à destination de Ko Lanta (400 B, 2 heures) ; il quitte Krabi à 11h. Il peut aussi mouiller à Ko Jum (1 heure), où des *long-tail boats* font la navette jusqu'au rivage (mais le prix reste le même : 400 B). En basse saison, on ne peut accéder à Ko Lanta qu'en minibus climatisé (300 B, 2 heures 30) – liaisons fréquentes, même en haute saison. Pour se rendre à Railay, des *long-tail boats* partent de l'embarcadère de Khong Kha, à Krabi, pour Hat Rai Leh Est entre 7h45 et 18h (150 B, 45 min). Les pilotes attendent qu'il y ait 10 personnes dans le bateau pour lever l'ancre. Pour partir avant, vous devrez payer 1 500 B pour le bateau entier.

BUS

Bus publics

Moins de rabatteurs, des horaires de départ garantis : il est moins stressant de prendre un bus public au départ du **terminal des bus de Krabi** (angle Th Utarakit et Hwy 4) situé à Talat Kao, à 4 km de Krabi, que de prendre un bus privé. Des bus publics climatisés partent pour Bangkok (700 B, 12 heures) à 7h, 16h et 17h30. Un bus VIP de 24 places pour Bangkok, très chic, (1 050 B) démarre à 17h30 tous les jours. Au départ du terminal des bus Sud de Bangkok, les bus partent à 7h30 puis entre 19h et 20h.

Parmi les autres destinations desservies par des bus publics climatisés, citons :

Destination	Prix	Durée	Fréquence
Hat Yai	218 B	5 heures	fréquent
Nakhon Si	89 B	3 heures	fréquent
Phang-Nga	100 B	2 heures	1/heure
Phuket	145 B	3 heures 30	1/heure
Ranong	270 B	6 heures	ttes les 2 heures
Surat Thani	130 B	2 heures 30	fréquent
Trang	90 B	2 heures	fréquent

MINIBUS

À Krabi, des dizaines d'agences de voyages gèrent des minibus climatisés et des bus VIP vers des destinations touristiques très courues du sud de la Thaïlande. Malheureusement, les employés n'hésitent pas à vous forcer la main et vous risquez de vous retrouver entassé dans un minibus avec d'autres voyageurs. La plupart des agences de voyages proposent aussi des billets combinés directs minibus/bateau à destination de Ko Samui (500 B, 5 heures 30) et de Ko Pha-Ngan (550 B, 7 heures 30). Destinations au départ de Krabi :

Destination	Prix	Durée
Ao Luk	60 B	1 heure
Hat Yai	350 B	3 heures
Ko Lanta	250 B	1 heure 30
Phuket	350 B	2-3 heures
Satun	550 B	5 heures
Trang	350 B	2 heures

SŎRNG·TĂA·OU

Des *sŏrng·tăa·ou* (camionnettes) relient le terminal des bus au centre de Krabi avant de continuer vers Hat Noppharat Thara (40 B), Ao Nang (60 B) et le cimetière de coquillages d'Ao Nam Mao (70 B ; voir p. 358). Le service est assuré de 6h à 18h30. En haute saison, il se poursuit jusqu'à 22h, moins fréquemment et pour 80 B. Des *sŏrng·tăa·ou* pour Ao Luk (60 B, 1 heure) partent régulièrement de l'angle de Th Phattana et de Th Phruksauthit ; le dernier démarre vers 15h.

Comment circuler

Le centre de Krabi est facile à explorer à pied, mais le terminal des bus et l'aéroport sont assez éloignés. Un taxi de l'aéroport au centre coûte 350 B. Dans le sens inverse, il revient à 300 B – les motos-taxis demandent 250 B. Les agences en ville peuvent réserver des places à bord du bus de l'aéroport pour 120 B. Un *sŏrng·tăa·ou* entre le terminal des bus et le centre de Krabi coûte 30 B.

Louer un véhicule est idéal pour explorer les environs de Krabi. La plupart des agences de voyages et des pensions de la ville peuvent vous louer une moto (environ 150 B/jour). **Yellow House** (☎ 0 7562 2809 ; Th Chao Fah) possède une rutilante flotte de motos et fournit des casques. Quelques agences de voyages donnant sur Th Utarakit louent de petits 4x4 (1 200-1 700 B/jour).

ENVIRONS DE KRABI

Wat Tham Seua

วัดถ้ำเสือ

Parmi les innombrables *wat* (temples) de Thaïlande, le **Wat Tham Seua** (temple de la grotte du Tigre), à 8 km au nord-ouest de Krabi, est unique en son genre. La principale salle (*wí·hăhn*) occupe une longue grotte calcaire. De part et d'autre, des dizaines de *gù·đì* (cellules monastiques) ont été taillées dans la falaise ou aménagées dans des anfractuosités. Une bande de singes hante souvent les lieux.

Le plus bel endroit du temple se trouve dans une petite vallée, derrière la crête où se situe le *bòht* (sanctuaire central). Passez le temple principal, en gardant la falaise sur votre gauche, jusqu'à deux escaliers raides qui mènent au sommet d'un pic karstique de 600 m. Une statue du Bouddha, un stupa doré et une vue panoramique sur les alentours (par temps dégagé, le regard porte jusqu'à la mer) récompenseront vos efforts.

Le second escalier, proche d'une grande statue de Kuan Yin (ou Guanyin, déesse de la Miséricorde du bouddhisme mahayana), franchit une faille de la corniche et descend dans une vallée couverte de hautes futaies et creusée de grottes karstiques. Entrez dans celles de gauche et cherchez l'interrupteur : le réseau de grottes est éclairé et vous pouvez passer de l'une à l'autre pour rejoindre le sentier situé de l'autre côté.

Habillez-vous correctement pour visiter le temple : portez des vêtements non moulants couvrant les jambes et les épaules.

DEPUIS/VERS LE WAT THAM SEUA

Un moto-taxi ou un *túk-túk* pour le Wat Tham Seua coûte 200 B et un taxi privé, 250 B. Sinon, prenez un *sŏrng·tăa·ou* sur Th Maharat, de Krabi au carrefour de Talat Kao (30 B), puis n'importe quel bus ou *sŏrng·tăa·ou* (20 B) qui emprunte la Hwy 4 vers l'est et Trang (ils peuvent être plutôt rares) ; il vous suffira de dire au chauffeur "Wat Tham Seua". Descendez après le petit poste de police, au niveau de la route qui part sur la gauche. Des motos-taxis attendent généralement à cet endroit et vous emmèneront au *wat* pour 25 B. Sinon, vous pourrez faire la route à pied (2 km).

PARC NATIONAL DE THARNBOK KORANNI

อุทยานแห่งชาติธารโบกขรณี

Près de la petite ville d'Ao Luk, au bout d'une magnifique route de 46 km au nord-ouest de Krabi, le **parc national de Tharnbok** (Than Bok ; adulte/moins de 14 ans 200/100 B) protège une vaste zone d'îles, de mangroves et de grottes calcaires. La plus importante, la **Tham Pi Hua Toe** (grotte du fantôme à grosse tête), est accessible en *long-tail* *boat* ou en kayak de mer depuis l'embarcadère de Ban Bho Tho, à 7 km au sud d'Ao Luk. La légende veut qu'un énorme crâne humain ait été retrouvé dans la grotte, mais l'histoire du fantôme a sans doute plus à voir avec les peintures vieilles de 2 000 à 3 000 ans qui ornent les parois de la grotte. À proximité, **Tham Lot** (la grotte tube) est également navigable en bateau. Ces deux grottes figurent sur les circuits en kayak de mer au départ de Krabi ou d'Ao Nang. Vous pouvez aussi louer un kayak de mer auprès des guides locaux qui ont grandi à l'ombre de l'embarcadère de Bho Tho. **Kayaking Bor Thor** (☎ 08 1273 9762) propose un circuit de 3 heures, comprenant le déjeuner (1 000 B, 1 500 B avec transfert depuis l'hôtel). La location d'un *long-tail boat* coûte 400 B.

Tout près de l'embarcadère de Bor Thor se trouve un délicieux restaurant de fruits de mer : **Aree's Seafood** (☎ 08 1979 6389 ; plats à partir de 40 B), qui s'étend sur un ensemble d'embarcadères grinçants et sert du poisson frais au prix du marché avec une jolie vue sur la mangrove.

Le parc compte 7 autres grottes calcaires similaires, dont **Tham Sa Yuan Thong**, à quelques kilomètres au sud-est d'Ao Luk, à l'entrée de laquelle se trouve un bassin alimenté par une source. **Ko Hong**, une île inhabitée dotée de plages superbes, de falaises couvertes de jungle et d'une magnifique lagune cachée, est aussi englobée dans le parc. Des circuits en kayak de mer et en *long-tail boat* viennent ici depuis Ao Nang.

Juste au sud d'Ao Luk, le bureau du parc est un endroit très apprécié pour le pique-nique avec ses habituels vendeurs de nouilles, de poulet frit et de *sôm·tam* (salade de papaye verte épicée). Un sentier de découverte de la nature de 1 800 m parcourt une série de ruisseaux et de bassins aux eaux émeraude reliés entre eux par de petites cascades. Le petit **centre d'information des visiteurs** (🕑 6h-18h ; entrée au parc 200 B) présente des expositions en thaï et en anglais.

Non loin, Ao Them Lem dévoile un panorama impressionnant de calcaire et de mangroves, sillonné de rues bétonnées et d'allées de sable. Les voyageurs de passage pour la journée se pressent pour prendre des *long-tail boats* jusqu'aux *hôrng* (grottes semi-immergées sur une île) voisins et aux lagons. Le reste du temps, ce village très authentique, qui compte quelques modestes complexes hôteliers, est paisible.

Discovery Resort (☎ 08 1298 9533 ; 500 Moo 1 Kao Tong ; bung 1 300 B ; ❄). De jolis bungalows aux toits pointus, presque tous flambant neufs, équipés de la TV câblée. Location de kayaks et organisation d'excursions – mangroves et formations karstiques à quelques minutes en voiture. Les spacieux **Coconut Bungalows** (☎ 08 1537 0247 ; bung 500 B), un peu défraîchis, restent propres. Ils sont installés dans une superbe plantation de cocotiers, à deux pas de la mer avec vue sur les *hôrng* et les îles au loin.

DEPUIS/VERS LE PARC NATIONAL DE THARNBOK KORANNI

Le bureau du parc se situe à 1,5 km au sud du bourg d'Ao Luk sur la Route 4039. Les bus et les *sŏrng·tăa·ou* en provenance de Krabi s'arrêtent sur la Hwy 4. Prenez un bus public pour Pha-Ngan ou Phuket et demandez à vous faire déposer à Ao Luk (80 B, 1 heure), d'où vous pourrez rejoindre le parc à pied ou à moto-taxi (15 B). Le plus facile pour accéder à Tham Pi Hua Toe et à Tham Lot reste de participer à un circuit en kayak de mer au départ de Krabi ou d'Ao Nang.

Pour aller d'Ao Luk à Ban Bho Tho par vos propres moyens, prenez un moto-taxi (70 B) ou un *sŏrng·tăa·ou* (30 B) pour Laem Sak jusqu'à l'embranchement menant à Tham Pee Hua Toe sur la Route 4039. De là, comptez environ 2 km jusqu'à Ban Bho Tho, en passant par la première route signalée sur la gauche.

Les *sŏrng·tăa·ou* en provenance de Krabi desservent aussi Ao Them Lem (60 B).

AO NANG

อ่าวนาง

12 400 habitants

Ao Nang n'a rien d'exceptionnel, mais cette ville dispose tout de même de quelques atouts, à commencer par les plages, encadrées par des promontoires de calcaire reliés par de fins rubans de sable doré. À la saison sèche, la mer brille d'un bel éclat turquoise, tandis qu'à la saison des pluies les contre-courants remuent les bas-fonds brunâtres. Si vous rêvez de plonger dans les eaux cristallines quelle que soit la saison, vous pouvez facilement réserver un voyage vers les îles voisines qui apparaissent comme des points sur l'horizon.

Ao Nang est compacte ; il est facile de s'y repérer, et avec la ruée vers la construction d'attrayantes options de milieu de gamme, les normes d'hébergement sont particulièrement élevées – on trouve en outre des promotions très avantageuses. La ville n'est pas aussi bon marché (ou authentique) que Krabi, mais beaucoup plus propre et ensoleillée. De plus, les prix y sont bien inférieurs à ceux pratiqués à Railay ou à

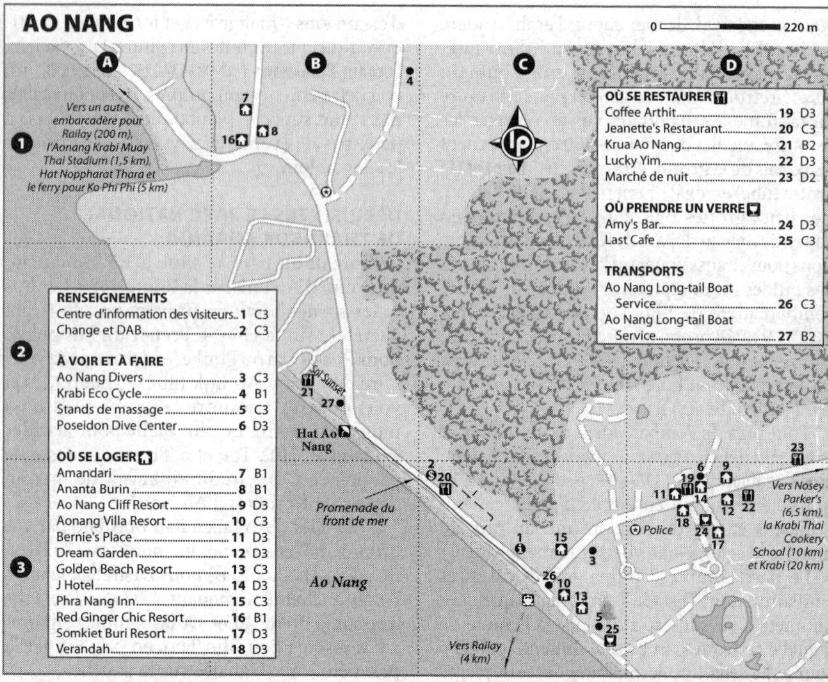

Phuket. Les activités ne manquent pas (visite de la mangrove, snorkeling), à seulement 40 min de l'aéroport de Krabi et à 20 min en *long-tail boat* de la sublime Railay. On comprend vite pourquoi cette plage attire un nombre croissant de voyageurs de toutes sortes.

Renseignements

Tous les bureaux d'information touristique du secteur sont des agences de voyages privées, comme l'**Ao Nang Visitor Center** (☎ 0 7523 8221). La plupart proposent aussi un accès Internet (environ 1 B/min) et un service d'appels internationaux. Sur la principale artère, plusieurs banques disposent de DAB et de guichets de change (ouverts de 10h à 20h).

À faire

Ao Nang offre une foule d'activités. Les moins de 12 ans paient en général moitié prix.

CYCLOTOURISME

Inscrivez-vous pour un "Tour de Krabi" auprès de **Krabi Eco Cycle** (☎ 0 7563 7250 ; www.krabiecocycle.com ; 41/2 Muu 5 ; circuit demi-journée/journée 800/1 700 B, circuit demi-journée vélo et kayak 1 000 B). Nous vous recommandons le circuit d'une journée, de 15,5 km, qui passe par des plantations d'hévéas et de palmiers à huile, des petits villages et des sources chaudes pour plonger finalement dans la fraîcheur du bien nommé "bassin émeraude". Le déjeuner est compris dans le tarif de tous les circuits, sauf dans celui de la demi-journée à vélo.

KAYAK

Au moins 7 compagnies proposent des circuits en kayak de mer dans les mangroves et jusqu'aux îles environnantes. Parmi les destinations prisées figure le magnifique lagon de Ko Hong (1 500-1 800 B), où vous pourrez pagayer à l'intérieur de l'île et découvrir des sites de cueillette de nids de salangane (très recherchés pour la soupe aux nids d'hirondelle). Il y a aussi des circuits vers les falaises vertigineuses et les mangroves d'Ao Thalane (faune nombreuse, demi-journée/journée 500/800 B), et vers les grottes marines de Ban Bho Tho (demi-journée/journée 700/900 B ; voir p. 353), ornées de peintures vieilles de 2 000 à 3 000 ans et regorgeant de formations coquillières. Les tarifs varient légèrement, mais comprennent toujours le déjeuner, des fruits, de l'eau potable, les kayaks de mer et les services des guides.

MASSAGE

Dépassez le Golden Beach Resort et traversez les voûtes de pierre pour entrer dans le paradis des amateurs de massages thaïlandais. On n'y trouve pas moins de 18 stands de massages en plein air coiffés de chaume, à l'ombre des banians. Les massages sont de très bonne qualité et coûtent seulement 100-200 B/heure.

PLONGÉE ET SNORKELING

Ao Nang compte de nombreuses écoles de plongée proposant des sorties vers 15 îles, dont Ko Si, Ko Ha, Yava Bon et Yava Son. Comptez environ 3 200 B pour 2 plongées. Avec 2 tunnels sous-marins frangés de coraux tendres et durs, Ko Mae Urai est l'un des spots les plus exceptionnels. Des sorties plus longues mènent à l'épave du *King Cruiser* (4 700 B pour 3 plongées) et à Ko Phi Phi (3 900 B pour 2 plongées). Comptez entre 14 900 et 16 000 B pour une formation PADI Open Water. **Ao Nang Divers** (☎ 0 7563 7244 ; www.aonang-divers.com) et **Poseidon Dive Center** (☎ 0 7563 7263 ; www.poseidon-diving.com) sont des écoles de plongée fiables. La plupart des centres de plongée peuvent aussi organiser des sorties de snorkeling dans la région.

RANDONNÉE À DOS D'ÉLÉPHANT

Plusieurs tour-opérateurs organisent des randonnées à dos d'éléphant dans la forêt autour d'Ao Nang. **Nosey Parker's** (☎ 08 9291 0964 ; Route 4202 ; adulte/enfant randonnée 1 heure 800/400 B, demi-journée 1 700/900 B), à 7 km d'Ao Nang, propose des randonnées dans la forêt au cours desquelles on peut observer des singes et des oiseaux tropicaux.

Cours

À 10 km environ d'Ao Nang, entre le Wat Sai Thai et Ao Nam Mao, la **Krabi Thai Cookery School** (☎ 0 7569 5133 ; www.thaicookeryschool.net ; 269 Muu 2, Ao Nang, Route 4204) propose des cours de cuisine thaïlandaise d'une demi-journée/journée à 1 000/2 200 B, transport compris.

Circuits organisés

Toute agence digne de ce nom peut vous inscrire à l'un des circuits fréquentés comprenant l'exploration de 4 ou 5 îles (environ 2 200 B), des arrêts sur Ko Poda et Ko Hua Khwan (ou "Chicken Island"), et de brèves escales sur Hat Railay et Hat Phra Nang. Le prix inclut généralement l'équipement de snorkeling ; vous devrez en revanche prévoir un en-cas ou un déjeuner à Railay. Il est possible d'affréter des bateaux (maximum 6 personnes) auprès d'**Ao Nang Long-tail Boat Service** (☎ 0 7569 5313 ; www.aonangboatco-op.com) pour aller à Ko Hong (2 500 B) et à Bamboo Island (3 800 B), ou pour effectuer le fameux circuit des cinq îles. Vous pouvez aussi réserver des sorties d'une demi-journée vers Ko Poda et Ko Hua Khwan (1 700 B, 4 heures) pour 4 personnes au maximum.

Plusieurs agences proposent des excursions à Khlong Thom qui passent par les bassins d'eau douce, les sources chaudes et le musée du Wat Khlong Thom (adulte/enfant 1 200/900 B). Des *mystery tours* ("circuits mystère") permettent de découvrir des fermes d'élevage de serpents, des villages ruraux, des bassins cristallins et des plantations d'hévéas, d'ananas, de bananiers et de papayers (adulte/enfant 1 300/600 B). Des agences proposent aussi la découverte des environs d'Ao Phang-Nga, avec des spectacles animaliers douteux.

L'**Ao Nang Visitor Center** (☎ 0 7562 8221) est l'une des agences les plus fiables de la ville.

Où se loger

Les prix de tous ces hébergements baissent de 50% en basse saison.

PETITS BUDGETS

Bernie's Place (☎ 0 7563 7093 ; ch 400-700 B ; ❄). En haute saison, cet endroit ravira les moins fortunés (chambres à 700 B au maximum). Sdb communes ; chambres spacieuses et lumineuses, avec ventilateur au plafond, et vue sur la mer pour certaines (depuis une véranda commune). Le grand bar propose des buffets à petits prix (à volonté pour 190 B).

J Hotel (☎ 0 7563 7878 ; j_hotelo@hotmail.com ; ch 400-1 500 B ; ❄ 💻). Grandes chambres claires avec bureau encastré, placards et TV satellite – certaines sentent un peu le renfermé.

Dream Garden (☎ 0 7563 7338 ; ch 500-1 200 B ; ❄ 💻). Charmantes chambres spacieuses avec carrelage, eau chaude, meubles en bois et salon à l'intérieur et à l'extérieur. La propriété est en retrait de la route, au bout d'un long sentier étroit.

CATÉGORIES MOYENNE ET SUPÉRIEURE

La plupart des hôtels d'Ao Nang entrent dans ces catégories. Nous recommandons les adresses ci-dessous, mais il en existe nombre d'autres.

Verandah (☎ 0 7563 7454 ; ch 1 800 B ;). Une valeur sûre très centrale. Les chambres sont simples, vastes et impeccables, avec sol carrelé, miniréfrigérateur, eau chaude, TV satellite et coffre-fort. Petit-déjeuner inclus et accès gratuit à la piscine du Peace Laguna Resort, à deux pas.

Somkiet Buri Resort (☎ 0 7563 7320 ; www.somkietburi.com ; ch 2 850-3 800 B ;). La jungle luxuriante regorge de fougères et d'orchidées et la promenade en bois serpente jusqu'aux 26 grandes chambres au design créatif. Les balcons donnent sur l'immense piscine au milieu ou sur un paisible plan d'eau. Excellent service.

Red Ginger Chic Resort (☎ 0 7563 7777 ; 88 Moo 3 ; ch 3 000-5 000 B ;). Moderne et coloré. Les grandes chambres dévoilent un papier peint élégant, des meubles modernes et de grands balcons donnant sur une gigantesque piscine. Jusqu'à 50% de réduction en basse saison.

Phra Nang Inn (☎ 0 7563 7130 ; www.vacationvillage.co.th ; ch petit-déj inclus à partir de 3 800 B ;). Du bois de cocotier rustique, de la peinture orange et violet, et de nombreux carreaux thaïlandais recherchés. Deux piscines ; un établissement similaire se trouve juste de l'autre côté de la route.

Amandari (☎ 0 7563 7188 ; www.amandarikrabi.com ; ch 4 000 B ;). L'une des quelques nouvelles options chic de catégorie moyenne sur le boulevard le plus récent d'Ao Nang. Chambres avec bureaux et placards intégrés, TV à écran plat, et balcon donnant sur la piscine sportive. Rapport qualité/prix exceptionnel en basse saison.

Golden Beach Resort (☎ 0 7563 7870-74 ; www.goldenbeach-resort.com ; ch 4 500-6 000 B, bung 6 000-10 000 B ;). Ce complexe tentaculaire domine les 400 m les plus au sud du front de mer d'Ao Nang. Grands blocs d'hôtels et de bungalows élégants installés dans un jardin bien entretenu autour d'une grande piscine.

Aonang Villa Resort (☎ 0 7563 7270 ; www.aonangvilla-resort.com ; ch 4 500-7 500 B ;). Établissement tape-à-l'œil visant les familles, niché en bord de mer à l'ombre d'un imposant promontoire de calcaire.

Ananta Burin (☎ 0 7566 1551 ; www.anantaburinresort.com ; 166 Moo 3 ; ch 5 000-6 000 B ;). Nouveau complexe avec une piscine au centre, comprenant de jolis éléments design. Les chambres du 1er étage donnent directement sur la piscine.

Ao Nang Cliff Resort (☎ 0 7562 6888 ; www.aonangcliffbeach.com ; ch à partir de 8 000 B ;). Chambres en contrebas, banquettes pour la journée, douches jet de pluie… Vue sur la falaise et la mer pour les chambres les mieux situées. Et saisissante piscine à l'extérieur du hall d'entrée. Chambres à 2 500 B en basse saison.

Où se restaurer

À l'extrémité ouest de la plage, une ruelle étroite, Soi Sunset, est bordée de restaurants de fruits de mer qui se ressemblent tous, avec leur maquette de bateau servant de présentoir pour la pêche du jour.

Lucky Yim (repas 35-90 B). Adresse locale un peu délabrée. Ignorez les plats occidentaux et goûtez aux spécialités savoureuses, épicées et authentiques, comme le calamar frit au basilic thaïlandais, le *tôm yam* (soupe) aux fruits de mer, et le curry *massaman* ou la salade de vermicelles. Nombreuses options végétariennes et fruits frais offerts avec l'addition.

Krua Ao Nang (☎ 0 7569 5260 ; Soi Sunset ; plats 60-400 B ; déj et dîner). L'une des meilleures (et des plus fréquentées) des nombreuses options de Soi Sunset.

Coffee Arthit (☎ 0 7563 7847 ; petit-déj à partir de 100 B ; petit-déj, déj et dîner ;). Sert d'excellents petits-déjeuners occidentaux toute la journée (du continental au végétarien, en passant par le britannique). Également de bons expressos, des *smoothies* et des milk-shakes protéinés.

Jeanette's Restaurant (☎ 08 9474 6178 ; www.jeanettekrabi.com ; plats 120-450 B ; petit-déj, déj et dîner). Menu traditionnel thaïlandais agrémenté de classiques suédois (comme l'appétissante tarte aux pommes).

Pour les petits budgets, un marché de nuit informel servant du *gài tôrt* (poulet frit), du *phàt thai* (fines nouilles de riz sautées avec du tofu, des légumes, des œufs et des cacahuètes) et d'autres spécialités s'installe le long de la route de Krabi.

Où prendre un verre et sortir

Amy's Bar (11h-2h). Ce bar marque des points avec ses écrans plats retransmettant des matchs de football en direct et ses tables de billards. L'un des quelques pubs de ce *soi* perpendiculaire à la falaise.

Aonang Krabi Muay Thai Stadium (☎ 0 7562 1042 ; 800 B, bord du ring 1 200 B). Ce lieu accueille de tumultueux combats de *mou·ay tai* (ou *muay thai* ; boxe thaïlandaise) tous les vendredis et les lundis à partir de 20h45. Un *sŏrng·tăa·ou* gratuit circule le long de la plage à Ao Nang, ramassant les parieurs avant les combats.

Last Café (11h-19h). À l'extrémité sud de Hat Ao Nang, ce café de plage sert de la bière fraîche. Venez ici pour profiter d'Ao Nang "au naturel".

Comment s'y rendre et circuler

Des *sŏrng·tăa·ou* relient régulièrement Ao Nang à Krabi (50 B, 20 min). Ils partent du terminal des bus de Krabi (10 B de plus), passent par le 7-Eleven dans Th Maharat et par l'embarcadère de Khong Kha à Krabi, continuent vers Hat Noppharat Thara et Ao Nang, pour finir au cimetière de coquillages. D'Ao Nang à Hat Noppharat Thara ou au cimetière de coquillages, le tarif est de 20 B. Les bus reliant l'aéroport et Ao Nang coûtent 200 B et partent tout au long de la journée. La course en taxi depuis l'aéroport coûte environ 800 B.

Des dizaines de loueurs de petites motos (150-200 B) jalonnent la promenade. Budget Car Hire, qui possède des bureaux dans la plupart des grands complexes hôteliers, demande environ 1 600 B/jour pour la location d'un mini 4x4.

Les bateaux d'**Ao Nang Long-tail Boat Service** (☎ 0 7569 5313 ; www.aonangboatco-op.com) pour Hat Rai Leh Ouest à Railay coûtent 100 B/personne, ou 800 B pour un affrètement privé. La traversée dure 15 min – les bateaux démarrent lorsqu'ils sont pleins, entre 8h et 16h. Par gros temps, les bateaux partent d'une crique abritée, à environ 200 m à l'ouest d'Ao Nang. Elle est accessible à moto-taxi (30 B), en *sŏrng·tăa·ou* (10 B) ou à pied.

Deux bateaux desservent Ko Phi Phi chaque jour en haute saison (450 B, 2 heures, 9h et 13h30). Les bateaux partent près de Hat Noppharat Thara (voir p. ci-contre). Le bateau du matin circule toute l'année.

Des minibus touristiques relient Ao Nang à Ko Lanta toute l'année (500 B, 2 heures).

ENVIRONS D'AO NANG

Hat Noppharat Thara

หาดนพรัตน์ธารา

Au nord d'Ao Nang, la plage dorée devient un peu plus sauvage. Elle suit sur 4 km un promontoire peu développé, jusqu'à un lagon naturel, dans lequel la mer vient se déverser (au niveau du bureau du parc national maritime de Ko Phi Phi). Ici, des dizaines de *long-tail boats* se mêlent aux bateaux de pêche et aux hors-bord, sur fond de belles formations calcaires. Le petit centre d'information présente une exposition consacrée aux écosystèmes des récifs coralliens et des mangroves (légendes en thaï et en anglais). La plage elle-même est un site de pique-nique fort fréquenté le week-end grâce à d'imposants promontoires, des îles au large, des criques couleur de jade et des rouleaux ondulant jusqu'au rivage.

OÙ SE LOGER ET SE RESTAURER

Laughing Gecko (☎ 08 1270 5028 ; www.laughinggecko99@hotmail.com ; bung 400-700 B). Un ensemble de bungalows basiques en bambou destiné aux voyageurs. Le restaurant, décoré avec goût, propose des buffets thaïlandais à volonté (150 B). Fréquentes jam-sessions acoustiques.

Bungalows d'État (Government bungalows ; ☎ 0 7563 7200 ; bung 800-1 000 B). Rustiques et bien tenus, ces bungalows en bois avec ventilateur, séparés de la plage par la rue, constituent un excellent choix bon marché. En haute saison, les prix n'augmentent pas, et mieux vaut réserver. Adressez-vous au bureau du parc national près du port. Plus aucun repas servi sur le site.

Sabai Resort (☎ 0 7563 7791 ; www.sabairesort.com ; bung 1 200-2 200 B ;). Un ensemble de bungalows couverts de tuiles avec ventilateur, dotés de patios pavés donnant sur une piscine à l'ombre des palmiers et sur un jardin fleuri. Massages. Cartes bancaires acceptées.

Sala Talay Resort & Spa (☎ 0 7581 0888 ; www.salatalay.com ; ch à partir de 5 800 B ;). Juste après le promontoire par rapport à Ao Nang, cet étonnant nouvel hôtel qui jouxte la mangrove se distingue par l'omniprésence du béton moulé, du bois et de la pierre. Chambres avec sols, murs et lavabos en béton poli, lecteurs DVD et TV à écran plat.

Autour du bureau du parc national, plusieurs restaurants servent des en-cas (poulet frit, salade de papaye…) ; quelques stands et restaurants de fruits de mer sont installés le long de la contre-allée.

DEPUIS/VERS HAT NOPPHARAT THARA

Les *sŏrng·tăa·ou* reliant Krabi et Ao Nang s'arrêtent à Hat Noppharat Thara (40 B depuis Krabi ou 10 B depuis Ao Nang).

De novembre à mai, l'*Ao Nang Princess* relie le bureau du parc national maritime de Ko Phi Phi à la ville de Ko Phi Phi (400 B, 2 heures). Le bateau part à 10h30 de la jetée du parc national et repart de Ko Phi Phi à 15h30. Il fait également escale à Hat Rai Leh Ouest, à Railay. On peut aussi prendre ce bateau pour faire une excursion d'une journée à Ko Phi Phi. Durant la même période et depuis le même embarcadère, un bateau part directement pour Phuket, à 15h30 (400 B), et pour Ko Lanta à 10h30 (280 B).

Cimetière de coquillages

สุสานหอย

À environ 9 km à l'est d'Ao Nang, à l'extrémité ouest d'Ao Nam Mao, s'étend le **cimetière de**

coquillages, encore appelé Fossile de gastéropodes ou Su-San Hoi. On y voit de gigantesques plaques formées par des millions de minuscules fossiles de coquillages vieux de 75 millions d'années. Un petit **centre d'information des visiteurs** (50 B ; 8h30-16h30) abrite des expositions sur la géologie et différents stands vendant des en-cas. Un *sŏrng·tăa·ou* depuis Ao Nang coûte 30 B.

RAILAY

ไร่เลย์

Avec ses plages couleur crème et sa somptueuse mer bleu-vert encadrées par les formations karstiques verticales caractéristiques de la province de Krabi, Railay (ou Rai Leh), dépourvue de routes, est le genre d'endroit que l'on voudrait garder pour soi. Avec Ao Nang et Krabi tout près, il est impossible de freiner l'afflux de touristes. Heureusement, les falaises impénétrables la protègent de l'agitation du continent, puisqu'on y accède seulement par bateau.

Bien que chaque plage compte ses complexes et bungalows, les constructions sont soigneusement nichées au milieu des cocotiers et des jardins luxuriants (abstraction faite des câbles électriques !), si bien que les lieux ne semblent pas bondés. Certes, il y a foule sur les plages en haute saison, mais il y a bien mieux à faire que de rester à bronzer ! Les aventuriers connaissent surtout Railay pour les centaines d'excellentes voies d'escalade offertes par les falaises environnantes. De nombreux centres spécialisés louent du matériel et proposent des

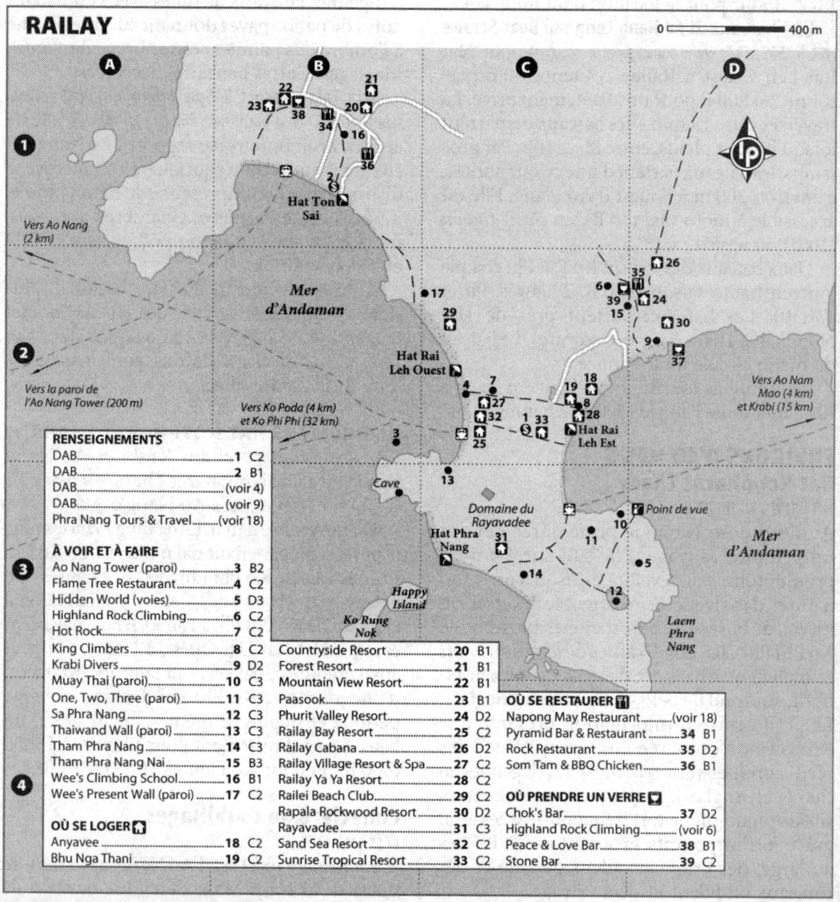

cours aux grimpeurs débutants et chevronnés. Vous pourrez aussi visiter les grottes, aller plonger, faire une sortie en snorkeling ou louer un kayak.

Hat Rai Leh Est est la plage la plus développée, et c'est ici que les bateaux arrivent depuis Krabi. Si la baie plantée de mangroves, peu profonde et boueuse, n'incite pas à la baignade, la plage est en revanche bordée d'hôtels et de maisons d'hôtes, et les promontoires et falaises de calcaire sont miraculeux – surtout quand on est encordé. De plus, Hat Rai Leh Est n'est qu'à 5 min de marche de **Hat Rai Leh Ouest**, de l'autre côté de la péninsule, où il fait bon se prélasser. Cette dernière, merveille blanche presque parfaite, est le meilleur endroit pour se baigner, bronzer, faire une partie de football l'après-midi ou simplement regarder le soleil se coucher lorsque les falaises sont illuminées d'une lumière dorée, puis rouge, à la nuit tombante. Des complexes hôteliers de milieu de gamme, conçus avec goût, sont éparpillés çà et là ; des *long-tail boats* assurent la liaison avec Ao Nang. À la pointe de la péninsule, **Hat Phra Nang** est probablement l'une des plus belles plages du monde, avec son croissant de sable doré immaculé, encadré de falaises karstiques creusées de grottes où vivent des singes qui batifolent. Au loin, des îlots de calcaire surgissent de la mer azur. Il s'agit de Chicken Island (Ko Hua Khwan, île du Poulet) et de l'île de Poda. Hormis le Rayavadee, l'hôtel le plus luxueux de la péninsule, aucun établissement hôtelier n'est installé sur la plage et tout le monde peut y étaler sa serviette. Repaire des varappeurs, **Hat Ton Sai**, au sable plus grossier, est accessible en *long-tail boat* (soit directement depuis Ao Nang, soit depuis Hat Rai Leh Ouest) ou après une rude marche de 20 min depuis l'extrémité nord de Hat Rai Leh Ouest.

Renseignements

Le site www.railay.com est une mine d'informations sur Railay. Vous trouverez deux DAB le long de Hat Rai Leh Est. Sur Hat Ton Sai, un DAB, qui ne fonctionne que de novembre à mai, se trouve près du Ton Sai Bay Resort. Plusieurs des grands complexes hôteliers changent les devises et les chèques de voyage. En cas de blessure mineure en escalade, vous pourrez vous adresser au petit centre de soins du Railay Bay Resort (p. 361).

Il est facile de trouver une connexion Wi-Fi à Railay. Si vous n'avez pas d'ordinateur, allez à **Phra Nang Tours & Travel** (Internet 1 B/min) sur la plage Est.

À voir

À l'extrémité orientale de Hat Phra Nang, **Tham Phra Nang** (grotte de la Princesse) est un sanctuaire important pour les pêcheurs locaux. Une légende raconte qu'au IIIe siècle une barque royale transportant une princesse indienne sombra lors d'une tempête. L'esprit de la princesse se réfugia dans la grotte et se mit à exaucer les vœux de ceux qui venaient lui rendre hommage. Les pêcheurs locaux, aussi bien musulmans que bouddhistes, y placent des phallus sculptés dans le bois dans l'espoir que l'esprit leur accorde une pêche abondante.

À peu près à mi-chemin du sentier entre Hat Rai Leh Est et Hat Phra Nang, un sentier brut difficilement praticable (surtout après la pluie) grimpe le long de la falaise couverte de végétation tropicale jusqu'à la lagune trouble dissimulée de **Sa Phra Nang** (bassin de la Princesse sainte). Depuis le sommet de la falaise, toute proche, se déploie une vue spectaculaire sur la péninsule. C'est une randonnée courte mais difficile.

Une autre vaste grotte, appelée **Tham Phra Nang Nai** (grotte intérieure de la Princesse ; adulte/enfant 40/20 B ; 5h-20h), et également baptisée grotte du Diamant, surplombe Hat Rai Leh Est. Une passerelle en bois relie une série de cavités remplies de magnifiques formations calcaires. Aujourd'hui, l'eau qui les remplissait a disparu, et avec elle les jeux de lumière qui avaient valu son surnom à la grotte. Même en monochrome, le site mérite bien une balade.

À faire

ESCALADE

Il n'est pas surprenant qu'avec près de 500 voies équipées dévoilant un panorama incomparable, aux débutants comme aux plus audacieux, Railay figure parmi les sites d'escalade les plus prisés du monde. Il y a tant de possibilités qu'on peut passer plusieurs mois sur place à les explorer, ce que font d'ailleurs de nombreux voyageurs. La dernière mode consiste à escalader librement les saillies surplombant des eaux profondes. Si on tombe, on risque seulement de se retrouver trempé, si bien que même les débutants aventureux peuvent tenter l'expérience.

La plupart des grimpeurs commencent par la **paroi Muay Thai** et la **paroi One, Two, Three**, à la pointe sud de Hat Rai Leh Est, qui comptent au moins 40 voies allant du niveau 4b au niveau 8b. À l'extrémité sud de Hat Rai Leh Ouest, l'impressionnant **Thaiwand Wall**, une falaise calcaire abrupte, offre des voies plus sportives.

Parmi les autres parois de choix, citons : **Hidden World** (voies classiques pour grimpeurs intermédiaires), **Wee's Present Wall** (un joyau de 7c+ souvent oublié), **Diamond Cave** (un autre classique pour niveau débutant à intermédiaire) et **Ao Nang Tower** (une paroi à trois longueurs de corde accessible uniquement en *long-tail boat*).

Les cours d'escalade avec un moniteur coûtent 800-1 000 B la demi-journée et 1 500-2 000 B la journée. Un stage de 3 jours (6 000 B) inclut des montées en tête (le premier grimpeur attache le matériel aux pitons de la paroi au fur et à mesure de la montée). Les varappeurs expérimentés peuvent louer l'équipement pour monter en tête dans n'importe quelle école d'escalade moyennant 800/1 300 B la demi-journée/journée. Le matériel standard comprend une corde de 60 m, deux baudriers et deux paires de chaussons. Si vous avez l'intention de faire de l'escalade en indépendant, mieux vaut emporter votre propre équipement : n'oubliez pas une bonne provision de mousquetons et de dégaines, de la magnésie (sous les tropiques, on a inévitablement les paumes moites) et un petit assortiment de coinceurs et de coinceurs à came qui vous fourniront une protection supplémentaire sur les voies peu équipées. Si vous avez oublié quelque chose, certaines écoles d'escalade vendent un petit choix de matériel d'escalade importé, mais il n'est pas sûr que vous trouviez exactement l'article que vous cherchez ni la taille voulue. Une natte en rotin tressé (on en trouve sur place pour 100-150 B) vous aidera à protéger votre matériel du sable.

Plusieurs livres publiés localement détaillent les voies de la région ; *Rock Climbing in Thailand* (40 $US), d'Elke Schmitz et Wee Changrua, reste l'un des guides les plus complets. Les écoles d'escalade fleurissent dans tout Railay, et vous ne peinerez pas à trouver votre bonheur. Parmi les enseignes recommandées, citons :

Highland Rock Climbing (☎ 08 0693 0374 ; chaow_9@yahoo.com ; Hat Rai Leh Est). Si vous vous attaquez à la montagne, c'est l'adresse qu'il vous faut.

Hot Rock (☎ 0 7562 1771 ; www.railayadventure.com ; Hat Rai Leh Ouest). Très bonne réputation ; tenue par l'un des pionniers de l'escalade à Railay.

King Climbers (☎ 0 7563 7125 ; www.railay.com ; Hat Rai Leh East). L'une des écoles les plus grandes, les plus anciennes, les plus réputées et les plus commerciales.

Wee's Climbing School (☎ 08 1149 9745 ; www.tonsaibasecamp.com ; Hat Ton Sai). Sans doute le centre le plus professionnel de la région.

SPORTS NAUTIQUES

Plusieurs centres de **plongée** de Railay organisent des sorties à Ko Poda et d'autres spots des environs. **Krabi Divers** (☎ 0 7562 1686/7 ; www.krabidivers.com ; Hat Rai Leh Est), au Railay Viewpoint Resort, demande 2 000 B pour 2 plongées. Pour une formation PADI Open Water, comptez 3-4 jours et 12 000 B.

Des sorties de **snorkeling** d'une journée incluant plusieurs îles dont Ko Poda, Chicken Island et d'autres plus éloignées peuvent être organisées par n'importe quel complexe hôtelier pour environ 1 800 B (6 personnes au maximum). Si vous souhaitez simplement faire du snorkeling au large de Railay, la plupart des hôtels peuvent vous louer un masque et des palmes pour 100-150 B chacun.

Flame Tree Restaurant (Hat Rai Leh Ouest) était en travaux lors de notre visite mais continuait à louer des **kayaks de mer** (200 B/heure ou 1 000 B/jour). Il est possible d'effectuer des circuits de 2 jours vers des îles désertes en s'arrangeant avec les propriétaires des bateaux – prévoir du matériel de camping et de quoi manger.

Où se loger et se restaurer

HAT RAI LEH OUEST

Cette plage, qui dévoile de fabuleux couchers du soleil, abrite des hôtels de catégories moyenne ou supérieure, dont les tarifs baissent souvent de 30% en basse saison. Tous les complexes hôteliers possèdent des restaurants corrects.

Sand Sea Resort (☎ 0 7562 2608 ; www.krabisandsea.com ; bung 1 950-5 950 B ; ❄ 💻 🏊). Le complexe le moins cher de la plage offre un choix varié, des bungalows vieillissants avec ventilateur jusqu'aux cottages rénovés, avec tout le confort. Les chambres sont confortables, avec vue sur les formations karstiques, et la piscine est entourée de feuillage, sans parler de la sublime plage en face. Buffet petit-déjeuner très complet inclus.

Railei Beach Club (☎ 08 6685 9359 ; www.raileibeachclub.com ; maisons à partir de 2 800 B). Sur un terrain boisé à l'extrémité nord de la plage, ces maisons de style thaïlandais sont toutes uniques en taille et en style (certaines accueillent jusqu'à 8 personnes). Leurs patios, cuisines et aménagements rendent les séjours prolongés très confortables. Excellente affaire, idéalement située. Réservez bien à l'avance pour la haute saison.

♥ **Railay Bay Resort** (☎ 0 7562 2570-2 ; www.railaybayresort.com ; bung 3 700-16 800 B ; ❄). La piscine bleue faisant face à la plus belle partie de la plage, vous pourrez alterner eau douce et eau salée. Les élégants bungalows dotés de grandes fenêtres s'étirent à travers la péninsule jusqu'à Hat Rai Leh Est, à travers un terrain magnifiquement paysagé, agrémenté d'une deuxième piscine. Sur le côté est, les bungalows, aux fenêtres teintées, sont plus anciens et moins chers. Le spa, qui surplombe la mer, offre une foule de soins à des prix très raisonnables.

Railay Village Resort & Spa (☎ 0 7563 7990 ; www.somkietburi.com ; bung 7 500-10 500 B ; ❄ 🏊). Bungalows chic avec Jacuzzi privé, disséminés dans les jardins, ainsi que 2 piscines. Le restaurant en plein air sert un excellent curry vert et des pâtes à l'occidentale particulièrement convaincantes.

HAT RAI LEH EST

Également connue sous le nom de Sunrise Beach (plage du Soleil levant), cette plage vire à l'étendue boueuse à marée basse. Les hôtels installés sur la colline qui la domine profitent de la brise marine, mais ceux qui se dressent au bord de la mer peuvent se transformer en étuves une fois la nuit tombée. Les hébergements offrant le meilleur rapport qualité/prix se trouvent sur les hauteurs. Les tarifs baissent de moitié en basse saison.

♥ **Railay Cabana** (☎ 0 7562 1733, 08 4057 7167 ; bung 350-600 B). Magnifiquement situé sur la colline dans une cuvette entourée de falaises karstiques, voici un refuge hippie dans les montagnes tropicales. Bungalows simples et propres en chaume de bambou.

Railay Ya Ya Resort (☎ 0 7562 2593 ; www.yaya-resort.com ; ch 1 600-2 000 B). Chambres en bois spacieuses et douillettes, un peu sombres. Certaines tremblent dès que l'on fait un pas, mais l'ambiance cabane dans les arbres fonctionne néanmoins. Le chariot de *sôm tam* (papayes vertes) et les réductions en basse saison (chambres 300-700 B) en font une affaire à ne pas manquer.

Phurit Valley Resort (☎ 08 4096 4994 ; bung 650 B, ch 750-1 100 B). Aucune autre adresse de la péninsule ne rassemble ainsi la jungle, les formations karstiques et une vue sur la mer. Les nouvelles chambres dans l'annexe à 3 niveaux ne se fondent pas vraiment dans le paysage, mais elles sont impeccables. Si vous cherchez un logement plus authentique, choisissez un bungalow en bambou avec ventilateur et eau froide.

Sunrise Tropical Resort (☎ 0 7562 2599 ; www.sunrisetropical.com ; bung 2 550-3 700 B ; ❄ 🏊). Ces bungalows rivalisent avec les meilleurs de Hat Rai Leh Ouest mais affichent des prix de Hat Rai Leh Est – la plage ouest n'est qu'à 5 min de marche et Hat Tham Phra Nang (la plus jolie plage), encore plus facile d'accès –, ce qui en fait l'une des meilleures affaires de Railay.

Anyavee (☎ 0 7581 9437 ; www.anyavee.com ; bung à partir de 2 600 B ; ❄ 🏊). Complexe original, avec plus de style que la plupart de ses concurrents sur la plage. Les bungalows, lumineux, offrent peu d'intimité. Intérieur dans le style rustique chic, avec des couettes dans les tons crème et beige et beaucoup de bois dur.

Bhu Nga Thani (☎ 0 7581 9451 ; www.bhungathani.com ; ch 7 500 B, villas 25 000 B). L'adresse la plus récente, la plus tape-à-l'œil et probablement la plus chère de Railay Est. Les chambres sont exceptionnellement bien construites, avec de hauts plafonds, des sols en pierre et tout le confort imaginable. Larges terrasses avec une vue magnifique.

Rapala Rockwood Resort (☎ 08 4191 5326 ; bung 500-750 B). Bungalows en bambou un peu délabrés avec véranda, sdb, moustiquaire et ventilateur. Situés au sommet d'une colline, ils bénéficient de la brise marine et de la vue sur la mer (et sur les voisins). Le restaurant sert des plats thaïlandais et indiens.

Napong May Restaurant (plats 60-90 B). Ce stand sans prétention et bon marché, juste après la plage Est, sert tous les classiques thaïlandais : riz et nouilles sautés, curries et poisson-chat, *sôm tam* et poulet frit.

♥ **Rock Restaurant** (repas 80-120 B ; 🕐 petit-déj, déj et dîner). Au milieu de la jungle et des falaises karstiques, il vaut mieux manger ici en journée pour profiter de la vue. La cuisine (thaïlandaise et occidentale) est délicieuse. Essayez d'obtenir un box ombragé et intime à la lisière de la jungle.

HAT THAM PHRA NANG

Sur cette magnifique plage, il n'y a qu'un hôtel, mais quel hôtel !

Rayavadee (☎ 0 7562 0740-3 ; www.rayavadee.com ; pavillons 22 300-38 000 B, villas 72 000-128 000 B). Cette adresse d'exception occupe un immense domaine immaculé, émaillé de pièces d'eau. Les pavillons, sur 2 niveaux, abritent des pièces remplies de meubles anciens et de tous les équipements modernes. Le spa est de première classe et les résidents peuvent prendre des cours de yoga. Hat Tham Phra Nang compte 2 restaurants ; les non-résidents peuvent s'y arrêter pour un repas thaïlandais ou méditerranéen, onéreux mais divin.

HAT TON SAI

La plage n'a rien de remarquable, mais avec autant de bonnes voies d'escalade, la plupart des voyageurs s'en accommodent. Les bars et les bungalows sont nichés dans la jungle derrière la plage.

Paasook (☎ 08 9645 3013 ; bung 300-800 B). L'établissement pour petits budgets le plus chic de Ton Sai : les bungalows en bois sont immenses, avec de longues baies vitrées et des sols en béton. À l'extrémité ouest de la plage, juste en dessous de Groove Tube. Les jardins sont luxuriants, le personnel sympathique et le restaurant en plein air au chic rustique, parfait pour les soirs de grosse chaleur.

Countryside Resort (☎ 08 5473 9648 ; www.countryside-resort.com ; huttes 850 B ;). Deux rangées de jolies huttes fonctionnant à l'énergie solaire. Hauts plafonds et ventilateur. Celles du haut ont une vue incroyable sur les formations karstiques.

Forest Resort (☎ 08 0143 8261 ; bung 1 000 B). Un ensemble de grands bungalows en chaume tout simples, perchés à flanc de colline au milieu des fleurs, avec une vue superbe sur les formations calcaires. Le restaurant en bois sculpté sert entre autres des plats indiens.

Mountain View Resort (☎ 0 7562 2610-3 ; bung 1 300-1 900 B ;). Des bungalows lumineux, gais et immaculés, avec des sols carrelés et des draps impeccables. Certaines chambres sentent un peu le renfermé.

Pyramid Bar & Restaurant (boissons à partir de 30 B, plats à partir de 60 B). Le lieu le plus fréquenté de Ton Sai. On y sert des lassis de fruits frais, des milk-shakes, des sandwichs *ciabatta* et des baguettes cuites sur place, ainsi que de bons expressos dans une cabane dans les arbres en chaume. Installez-vous dans un hamac ou sur les coussins au sol.

Som Tam & BBQ Chicken (repas 60 B). Cherchez les tables en bambou et les grills fumant juste en retrait de la plage. Trois délicieux plats au choix : poulet grillé, *sôm tam* et riz gluant à la mangue.

Où prendre un verre

Vous trouverez sur les plages quelques bars où vous détendre en sirotant un verre.

Chok's Bar (Hat Rai Leh Est ; 19h-2h). Bar élégant et décontracté en bambou avec des concerts presque tous les soirs.

Highland Rock Climbing (☎ 08 0693 0374 ; Hat Rai Leh Est). Moitié école d'escalade, moitié café bricolé. Sert le meilleur café de la péninsule, issu des fermes pratiquant une agriculture durable à Chiang Rai.

Peace & Love Bar (☎ 08 9472 8379 ; Hat Ton Sai). La scène est toujours prête pour une jam-session et des bongos sont éparpillés çà et là. Du bois flotté et des lampions se balancent dans l'atelier d'artiste adjacent.

Stone Bar (Hat Rai Leh Est). En haut de la colline, du côté du Highland Resort, ce bar situé dans un cadre superbe (en contrebas d'une paroi d'escalade, en pleine jungle) est installé sur un belvédère perché sur un rocher. Les *mojitos* (160 B) sont servis généreusement.

Comment s'y rendre et circuler

L'accès à Railay se fait uniquement en *long-tail boat*, au départ de l'embarcadère de Khong Kha à Krabi ou depuis le front de mer à Ao Nang ou à Ao Nam Mao. Les bateaux reliant Krabi à Hat Rai Leh Est partent toutes les 1 heure 30 entre 7h45 et 18h, à condition d'avoir 10 passagers (150 B, 45 min). Affréter spécialement un bateau revient à 1 500 B.

Les bateaux pour Hat Rai Leh Ouest ou Hat Ton Sai partent de l'extrémité est de la promenade d'Ao Nang (100 B/15 min). Le tarif s'élève à 100 B (15 min) ; les bateaux ne partent pas avant d'avoir 8 personnes à bord – vous devrez débourser 800 B pour le louer en entier. Quand la mer est mauvaise, les bateaux partent d'une crique abritée juste à l'ouest du Krabi Resort à Ao Nang. On peut se faire déposer à Hat Phra Nang ou à Hat Ton Sai pour le même prix.

Durant les grandes marées, les bateaux au départ d'Ao Nang et de Krabi ne circulent plus, mais on peut aller de Hat Rai Leh Est à Ao Nam Mao (100 B, 15 min) et continuer en *sŏrng·tăa·ou* vers Krabi ou Ao Nang.

D'octobre à mai, l'*Ao Nang Princess* relie le bureau du parc national de Hat Noppharat Thara à Ko Phi Phi en faisant escale au large de Hat Rai Leh Ouest. Des *long-tail boats*, qui partent en face du Sand Sea Resort (p. 361), viennent à la rencontre du bateau vers 9h15. La traversée de Railay à Ko Phi Phi coûte 250 B.

KO PHI PHI DON

เกาะพีพีดอน

La beauté peut être un terrible fardeau. Celle de Phi Phi Don pourrait bien signifier sa fin. Tout le monde convoite ce petit paradis terrestre où les touristes s'ébattent dans des eaux vertes translucides et mitraillent de leur objectif les *long-tail boats* voguant entre des falaises déchiquetées. Avec ses plages aux courbes ondulantes et aux sables blonds, ses coraux multicolores et ses fabuleuses forêts tropicales, il n'est pas étonnant que Phi Phi soit devenue la vedette de la côte d'Andaman. Et, comme toute bonne starlette, l'île peut faire la fête toute la nuit et rester éblouissante le lendemain matin. Malheureusement rien, ni personne, ne peut tenir un tel rythme en conservant sa séduction et, si aucune limite n'est fixée, un désastre écologique guette Phi Phi.

Ko Phi Phi est plus chère que le reste du pays (Phuket et Ko Samui mis à part). Toutefois, ce petit coin de paradis reste vraiment bon marché comparé aux autres îles de charme de la planète.

Orientation et renseignements

Ko Phi Phi Don (souvent simplement appelée Ko Phi Phi) est englobée dans le parc national maritime de Ko Phi Phi, qui comprend aussi l'île déserte de Ko Phi Phi Leh. Il est interdit de construire sur la petite sœur de Phi Phi Don, mais on peut y faire des excursions d'une journée très prisées.

Phi Phi Don se compose en réalité de deux îles reliées par un isthme étroit, de part et d'autre duquel s'étalent deux superbes plages : Ao Ton Sai et Ao Lo Dalam. Les bateaux accostent au grand embarcadère en béton d'Ao Ton Sai. Un sentier sablonneux jalonné de nombreux tour-opérateurs, bungalows, restaurants, bars et boutiques de souvenirs s'étire le long de la plage en direction de Hat Hin Khom. Le dédale de ruelles qui sillonnent le centre de la langue de sable, tout aussi saturé d'activité mais plus pauvre, est baptisé "*tourist village*" (village touristique). De l'autre côté de la mêlée de béton se trouve l'époustouflante Ao Lo Dalam. L'embouchure étroite abrite une paisible baie turquoise, encadrée de falaises de calcaire escarpées. Un vrai décor de carte postale. Si vous venez ici au coucher du soleil, vous pourrez vous imprégner de sa beauté apaisante, avec pour seul bruit le clapotis de l'eau. En revanche, à la nuit tombée, la musique résonne tous les soirs de la semaine jusqu'à 4h.

Hat Yao (Long Beach), qui fait face au sud, est l'une des plus belles plages pour la baignade et possède certains des plus beaux récifs coralliens de Phi Phi Don. À l'est s'étirent les longues baies paisibles de Hat Laem Thong et d'Ao Lo Bakao réservées à quelques complexes hôteliers haut de gamme, tandis que les baies plus petites de Hat Phak Nam, de Hat Rantee et d'Ao Toh Ko accueillent quelques ensembles de bungalows simples, discrets et bon marché.

Les DAB et les cybercafés (2 B/min) fleurissent partout dans le village touristique ; en revanche, il n'y en a pas près des plages plus reculées, à l'est. Au cœur du village, **D's Bookshop** (🕑 10h-22h) dispose d'une connexion Wi-Fi. On y trouve aussi des romans neufs ou d'occasion, et de bons expressos (50 B).

Phi-Phi Sayam (☎ 0 7560 1190 ; Internet 2 B/min ; 🕑 8h-23h) réserve des bateaux pour Phuket, Krabi, Ao Nang et Lanta. Du côté de Dalam, cherchez **Kanisthat 'Nok' Nangnuang** (☎ 08 9195 0692 ; nokk-td@hotmail.com). Son agence de voyages se trouve en face de Blue View Divers au PP Viewpoint Resort.

À faire

La courte ascension à pied jusqu'au **point de vue de Phi Phi** est rude mais gratifiante. Depuis le village touristique, prenez la route menant vers l'est en direction d'Ao Lo Dalam et suivez les panneaux. Pour accéder au point de vue, il faut gravir 300 m à la verticale par des centaines de marches et d'étroits sentiers sinueux. La vue depuis le sommet est sublime – c'est ici que vous pourrez voir la luxuriante montagne de Phi Phi dans toute sa splendeur. Une fois en haut, le panorama du parc national maritime est extraordinaire : tout en camaïeu de turquoise, vert émeraude et vert de jade. De là, vous pourrez franchir la colline à travers la jungle pour rejoindre les paisibles plages de l'est et faire un peu de snorkeling.

Ao Lo Dalam invite à l'exploration. Faites une halte au stand de **location de kayaks** (200 B/h, 600 B/jour) sur le sable en face du Slinky Bar, pagayez jusqu'au promontoire et plongez !

PLONGÉE ET SNORKELING

Grâce à leurs eaux cristallines et à leurs abondants coraux, les environs de Ko Phi Phi comptent des spots de plongée remarquables. Plusieurs dizaines de centres rivalisent dans leurs offres de sorties de plongée et de formation PADI Open Water.

L'épave du ferry *King Cruiser*, qui repose à seulement 12 m de profondeur, est visitée par des centres de plongée de Ko Phi Phi et de Phuket, tout comme **Shark Point** – où la visibilité peut atteindre 20 m les bons jours. Vous y trouverez des requins-léopards, des tortues et des coraux durs et mous d'un éblouissant violet, orange ou jaune.

Les centres de plongée de Phi Phi pratiquent tous les mêmes tarifs. La formation PADI Open Water coûte 12 500 B, tandis qu'une sortie standard avec 2 plongées coûte 3 200 B (3 900 B pour visiter l'épave du *King Cruiser* ou Shark Point).

KO PHI PHI DON

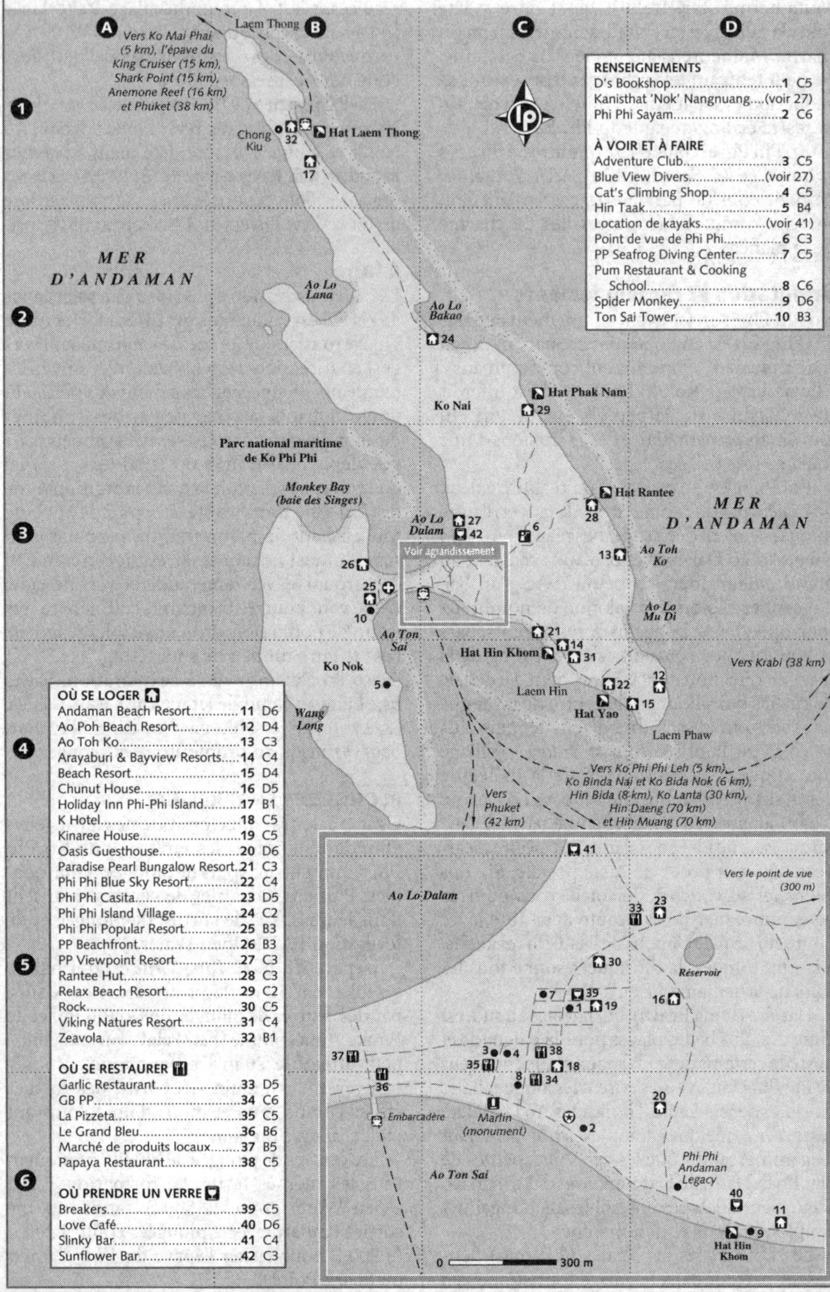

APRÈS LE TSUNAMI

Le tsunami du 24 décembre 2004 a balayé presque toutes les constructions sur les baies jumelles densément peuplées d'Ao Ton Sai et d'Ao Lo Dalam. En termes de pertes de vies humaines et matérielles, Ko Phi Phi Don se place juste après Khao Lak et Bang Niang dans la province de Phang-Nga. Certains espéraient que la catastrophe offrirait une occasion de rectifier les erreurs d'aménagement touristique du passé, mais aujourd'hui Ao Ton Sai a presque le même visage qu'avant, et la situation s'est peut-être même aggravée à Ao Lo Dalam, avec des fêtes de plage qui tiennent presque toute l'île éveillée jusqu'à 4h du matin. Sur une note plus positive, une station d'épuration, ouverte en 2006, aurait prétendument réglé les problèmes d'approvisionnement en eau et les déchets commencent à prendre le chemin des poubelles. Participez au recyclage : cherchez les poubelles et déposez-y tous les détritus que vous trouverez.

Des échos du tsunami planent encore sur Phi Phi – photos de bénévoles qui ont aidé à la reconstruction des restaurants et des chambres d'hôtes, monuments à ceux qui ont perdu la vie et expression d'une gratitude, à la fois d'être en vie, mais aussi vis-à-vis du secteur touristique, et donc des touristes, qui ont aidé l'île à se reconstruire.

Vous pouvez aussi plonger à **Hin Daeng** et à **Hin Meuang**, de magnifiques pics incrustés de coraux qui vont jusqu'à 70 m, à environ 70 km de Ko Phi Phi (5 500 B/2 plongées). Ce sont les plus beaux sites de plongée autour de Phi Phi, et sûrement de tout le sud de la côte d'Andaman – notamment parce que l'on y aperçoit fréquemment des requins-baleines. Les sites de Phi Phi descendent généralement à 18 m au maximum. Ils offrent des plongées calmes et abritées – jolis coraux mous et parfois des raies mantas en migration autour des **îles Bida**.

Adventure Club (☎ 08 1895 1334 ; www.phiphidive-camp.com), le centre le plus ancien, et **Blue View Divers** (☎ 0 7581 9395 ; www.blueviewdivers.com) sont les clubs de l'île les plus tournés vers l'écologie. Le premier œuvre pour la réhabilitation du récif le long de Phi Phi Leh, tandis que le second se concentre sur l'implication de la population et le nettoyage des plages (plus de 700 tonnes de déchets ont été évacuées récemment). Il s'agit par ailleurs du seul centre qui permette de plonger depuis un *long-tail boat*. **PP Seafrog Diving Center** (☎ 0 7560 1073, 08 7920 0680) possède un grand bateau de plongée en bois.

Ko Mai Phai (île aux Bambous), au nord de Phi Phi Don, est une destination prisée pour le snorkeling. On y trouve une zone peu profonde, où l'on peut espérer voir de petits requins. Les sorties de snorkeling coûtent 600-2 400 B, selon que l'on embarque sur un *long-tail boat* ou un hors-bord. Il y a aussi de bonnes possibilités de snorkeling le long de la côte est de **Ko Nok**, près d'Ao Ton Sai, et de la côte est de **Ko Nai**. Si vous préférez vous débrouiller tout seul, sachez que la plupart des hôtels louent palmes, masque et tuba pour 150-200 B/jour.

ESCALADE

Ko Phi Phi compte de belles falaises calcaires propices à l'escalade, qui dévoilent une vue spectaculaire. Les principaux sites sont **Ton Sai Tower**, à la pointe ouest d'Ao Ton Sai, et **Hin Taak**, de l'autre côté de la baie, à une courte distance en *long-tail boat*. Il existe 6 bonnes écoles d'escalade dans l'île, dont la plupart demandent autour de 1 000 B pour la demi-journée et 1 500-2 000 B pour la journée, service d'un moniteur et équipement compris. **Spider Monkey** (☎ 0 7581 9384 ; www.spidermonkeyclimbing.com) est un minuscule centre tenu par Soley, l'un des varappeurs les plus impressionnants de Phi Phi. **Cat's Climbing Shop** (☎ 08 1787 5101 ; www.catclimbingshop.com), dans le village touristique, est l'un des centres les plus importants. Il a bonne réputation tant pour la sécurité que pour le service.

Cours

Pour les amateurs de cuisine thaïlandaise qui voudraient prendre des cours, nous recommandons le **Pum Restaurant & Cooking School** (☎ 08 1521 8904 ; www.pumthaifoodchain.com ; cours 450-4 650 B), dans le village touristique. On y apprend à préparer quelques-uns des délicieux plats servis dans le restaurant de l'établissement et on repart avec un excellent livre de cuisine.

Circuits organisés

Outre les circuits très prisés en *long-tail boat* à Phi Phi Leh et à Ko Mai Phai (île aux Bambous), les agences organisent des excursions au coucher du soleil à Monkey Bay et à la plage de Wang Long (600 B). Adventure Club (voir ci-contre) est une organisation écologique qui a joué un grand rôle dans le nettoyage de l'environnement sous-marin de Phi Phi après le tsunami. Elle organise des circuits pédagogiques et des plongées centrées sur l'environnement, notamment des sorties de snorkeling pour observer les requins (rencontres garanties), des plongées axées sur la restauration du corail, et des sorties secrètes, dont le programme est sans cesse renouvelé – attendez-vous à un mélange de randonnée, de snorkeling, de descente en rappel dans des grottes calcaires et de magnifiques paysages.

Où se loger

Trouver à se loger sur cette île très fréquentée n'est pas chose facile, et la pénurie fait rage pendant les grandes périodes de vacances. Les foules de rabatteurs qui attendent à l'arrivée des bateaux, et paraissent souvent importuns, peuvent vous faciliter la vie.

Fermez bien la porte de votre chambre à clé quand vous dormez et toutes les fenêtres quand vous sortez, car les effractions ne sont pas rares.

AO TON SAI ET AO LO DALAM

Sachez que les nuisances sonores n'ont jamais été aussi présentes à Phi Phi. La vie nocturne est reine, à tel point que l'on peut souvent entendre depuis sa chambre de la musique en provenance de plusieurs endroits jusqu'à 2h du matin du côté d'Ao Ton Sai, et jusqu'à 4h du côté d'Ao Lo Dalam. Les hébergements les plus paisibles se situent le long de la côte est de Phi Phi et sur la petite route reliant l'extrémité sud-est d'Ao Ton Sai à Ao Lo Dalam. Pour certains, la meilleure option reste encore de commander un seau de whisky et de se joindre à la foule.

Rock (☎ 08 1607 3897 ; dort 250 B, ch 400 B). Une vraie auberge de jeunesse sur la colline du village, avec des dortoirs propres et des lits superposés, de minuscules chambres, un agréable bar-restaurant et une façade couverte de graffitis.

Phi-Phi Popular Beach Resort (☎ 08 4744 7665, 08 0698 7884 ; bung avec ventil 600-1 200 B, avec clim 3 000 B ; ❄). L'une des trois propriétés similaires à la lisière de Hat Ton Sai. Ses 8 cabanes et bungalows sont juste au-dessous de la majestueuse tour Ton Sai.

Oasis Guesthouse (☎ 0 7560 1207 ; ch 900 B ; ❄). Cette jolie maison d'hôtes mérite de gravir la petite rue à l'est du centre du village. Le propriétaire peut être revêche, mais il offre des chambres fraîchement repeintes et des sdb impeccables. Pas de réservation.

K Hotel (☎ 0 7660 1048 ; ch 900-1 500 B ; ❄ 🖳). Oui, c'est au milieu de la ville et la vue n'a rien d'extraordinaire. Mais si vous recherchez une chambre propre et bon marché, avec un mini-réfrigérateur, de l'eau chaude et des meubles en bois, voici un bon rapport qualité/prix.

Kinaree House (☎ 0 7560 1139, 08 1854 5187 ; www.kinnareehouse.phiphiroom.com ; ch 1 000 B ; ❄). Cet établissement a plus de style que tous les autres dans le centre de Ton Sai (murs orange, turquoise ou pourpres, œuvres d'art contemporain…). L'emplacement est parfait si vous aimez le shopping et faire la fête. Les chambres sont petites, mais l'accueil sympathique.

LES SPOTS DE PLONGÉE DE KO PHI PHI

Les spots de plongée autour de Ko Phi Phi figurent parmi les plus beaux de Thaïlande. Les requins-léopards et les tortues carets sont très communs. Les requins-baleines font parfois des apparitions furtives, en février-mars, du côté de Hin Daeng, de Hin Muanz, de Hin Bida et de Ko Bida Nok. Voici les cinq plus beaux sites de plongée de Ko Phi Phi :

Spot	Profondeur	Caractéristiques
Anemone Reef	17-26 m	Récif de corail dur où l'on peut voir quantité d'anémones et de poissons-clowns.
Hin Bida Phi Phi	5-30 m	Relief immergé avec corail dur, tortues, requins-léopards et parfois des requins-baleines.
Hin Muang	19-24 m	Relief immergé. Quelques requins-léopards, mérous, barracudas et murènes.
Ko Bida Nok	18-22 m	Massif karstique avec gorgones, requins-léopards, barracudas et parfois des requins-baleines.
Phi Phi Leh	5-18 m	Tout le pourtour de l'île est couvert de coraux et d'huîtres au milieu desquels on peut apercevoir des murènes et des hippocampes.

LA FIN DES COQUILLAGES

De nombreuses boutiques de souvenirs de Ko Phi Phi Don vendent des coquillages pêchés illégalement dans les parcs nationaux maritimes des environs. Les coquillages de la région disparaissent à une vitesse incroyable. De grâce, n'achetez pas de souvenirs faits en coquillages tropicaux.

Chunut House (☎ 0 7560 1227 ; bung 1 000-2 000 B ;). Sur un sentier calme à l'écart de l'agitation du village touristique, l'endroit est d'une tranquillité rafraîchissante. Les spacieux bungalows en bois et bambou sont décorés de mobiles réalisés à partir d'éléments naturels. Sdb propres.

PP Viewpoint Resort (☎ 0 7560 1200, 0 7561 8111 ; www.phiphiviewpoint.com ; bung 1 700-3 500 B ;). À l'extrémité nord-est d'Ao Lo Dalam, ces bungalows en bois sur pilotis ont une vue incroyable. La petite piscine semble plonger dans l'océan en contrebas. Pour les massages thaïlandais, direction la tour en verre avec vue panoramique à 360°.

PP Beachfront (☎ 08 3388 4847 ; ch 2 000 B ;). Jolie auberge en brique sur le cap nord-ouest d'Ao Lo Dalam. TV, lecteur DVD et lavabos en verre dans les chambres. Patio commun et porche romantique. La boîte de nuit fait du bruit jusqu'au petit matin.

Phi-Phi Casita (☎ 0 7560 1214 ; www.ppcasita.com ; bung 2 000-3 500 B ;). Un peu en retrait de la plage d'Ao Lo Dalam, ce lieu ressemble à un village de pêcheurs chic : minuscules bungalows en bois sur pilotis, au-dessus d'une étendue plantée de fleurs. Peu d'intimité ; la piscine à débordement et la plage proche constituent les principaux attraits.

HAT HIN KHOM

Cette plage n'a jamais été considérée comme la plus belle de Phi Phi, mais on y trouve de nombreux hébergements et la zone n'est qu'à une courte marche dans la jungle de la magnifique Hat Yao et de l'agitation d'Ao Ton Sai – ce qui signifie malheureusement que vous profiterez aussi des DJ.

Viking Natures Resort (☎ 08 3649 9492 ; www.vikingnaturesresort.com ; bung 700-6 500 B ;). Des bungalows en bois, en chaume et en bambou dévoilant une créativité exceptionnelle. Tous sont dotés de moustiquaires, mais les chambres les moins chères n'ont pas de sdb – en revanche, celles en bois, qui donnent sur de superbes vérandas, possèdent d'immenses sdb (toujours bien approvisionnées en savon, shampooing et fleurs fraîches) et de hauts plafonds.

Andaman Beach Resort (☎ 0 7560 1077 ; www.andamanbeachresort.com ; bung 1 750-2 050 B ;). Les bungalows carrelés et impeccables sont disposés en U autour d'une vaste pelouse. Le plus grand attrait des lieux est la petite piscine au centre, parfaite pour se remettre des nuits passées au bar Hippies voisin.

Arayaburi & Bayview Resorts (☎ 0 7560 1127 ; www.phiphibayview.com ; bung petit-déj inclus 4 100-5 000 B ;). Ces 2 complexes jumeaux regroupés sous une direction commune offrent de nombreux bungalows en béton à cheval sur un promontoire rocheux. La plupart possèdent un design moderne, de nombreux équipements et une superbe vue sur l'océan depuis leur terrasse.

HAT YAO

Cette longue et sublime plage d'un blanc immaculé est parfaite pour nager. Vous pouvez y accéder à pied depuis Ton Sai via la plage de Hat Him Khom (20 min), ou en *long-tail boat* (100-150 B) depuis l'embarcadère de Ton Sai. Un sentier mène jusqu'à la superbe baie isolée d'Ao Lo Mu Di.

Paradise Pearl Bungalow Resort (☎ 0 7560 1246 ; www.paradise-pearl.com ; bung 2 900-3 300 B ;). La clé du succès tient à l'emplacement, pour ces bungalows thaïlandais classiques en bois sombre, attirant une clientèle familiale. Magnifique plage à l'avant et portion de jungle à l'arrière, parfaite pour les jeunes chasseurs de lézards.

Phi-Phi Blue Sky Resort (☎ 08 9881 7929 ; www.phiphibluesky.com ; bung 2 900-4 300 B ;). Des bungalows spacieux en béton éparpillés dans un jardin tropical, où les chambres privilégient le confort à l'élégance. De nouveaux bungalows en bois devraient être disponibles lors de votre passage.

Beach Resort (☎ 0 7561 8268 ; www.phiphithebeach.com ; bung 3 950-5 350 B ;). Hôtel avec une belle piscine et un bar chic, très fréquenté par les groupes à la recherche de confort, mais un peu trop cher.

AO POH

C'est sur cette portion de sable blanc, située entre des affleurements rocheux, que subsiste l'âme des voyageurs à dreadlocks de Phi Phi. La meilleure façon de l'atteindre consiste à prendre un *long-tail boat* (200 B) à l'embarcadère de Ton Sai.

Ao Poh Beach Resort (☎ 08 4186 1245 ; bung 700-2 000 B). Agréable ensemble de bungalows en chaume et en bambou avec de larges terrasses en bois sur une plage isolée. Excellent reggae roots en fond sonore.

HAT RANTEE ET AO TOH KO

Cette enfilade de petites baies isolées très tranquilles accueille de modestes groupes de bungalows. La ravissante plage, semée d'affleurements rocheux, se prête merveilleusement au snorkeling. On y accède soit en *long-tail boat* depuis l'embarcadère d'Ao Ton Sai (300 B), soit par une rude marche de 45 min passant par le point de vue.

Rantee Hut (☎ 08 9741 4846 ; bung 400-1 000 B). Des huttes de bambou basiques (avec ventilateur et hamacs sur la terrasse). Le minuscule restaurant sert des plats thaïlandais relativement authentiques et bon marché.

Ao Toh Ko Beach Resort (☎ 08 1537 0528 ; bung 800-1 800 B ; 💻 📶). Seul sur la douce et blanche Ao Toh Ko. Les bungalows en bois avec ventilateur perchés sur une colline sont dotés de sdb en pierre et de moustiquaires. Il y a aussi des chambres familiales et un grand restaurant sympathique sur la plage, qui loue des kayaks et du matériel de snorkeling.

HAT PHAK NAM

Cette plage est nichée sur la même baie qu'un petit hameau de pêcheurs. Pour y accéder, vous pourrez affréter un *long-tail boat* depuis Ao Ton Sai pour environ 500 B (150 B en bateau-taxi collectif pour le retour) ou marcher et transpirer pendant 1 heure au-dessus du promontoire – déconseillé avec une valise à roulettes.

Relax Beach Resort (☎ 08 1083 0194, 08 9475 6536 ; bung 1 600-2 800 B). 47 bungalows attrayants sans prétention, avec baignoire en mosaïque dans les plus récents, bordés par la jungle luxuriante. Bon restaurant et bar sympathique. L'un des meilleurs choix de l'île. Pensez à réserver.

AO LO BAKAO

Cette belle bande de sable, ourlée de palmiers et adossée à des collines spectaculaires, offre une vue sur Bamboo Island et Mosquito Island au large et compte un seul hôtel huppé. Depuis Ao Ton Sai, vous devrez affréter un *long-tail boat* pour venir jusqu'ici (800 B). Le Phi-Phi Island Village s'occupe du transfert de ses clients.

Phi-Phi Island Village (☎ 0 7636 3700 ; www.ppisland.com ; bung 6 700-25 000 B ; ❄ 🏊). La centaine de bungalows s'étirant à l'ombre des palmiers sur une grande partie du front de mer donne au lieu un faux air de village. Vous pourrez opter pour quelque chose de familial et détendu, pour des dîners romantiques, pour des soins spa… Dizaines d'activités et d'excursions disponibles. La piscine à débordement semble se fondre dans l'océan. Très agréable si l'on en a les moyens.

TOP 5 DES COMPLEXES DE PHI PHI

- **Viking Natures Resort** (p. 367). Profusion de bois flotté chic dans les superbes chambres des lodges.
- **Ao Poh Beach Resort** (ci-contre). Destination branchée sur une plage presque oubliée.
- **Relax Beach Resort** (ci-dessous). L'alliance parfaite du style, de la chaleur et de la beauté de la nature.
- **Phi-Phi Island Village** (ci-dessous). Du luxe pour tous les goûts : des familles aux jeunes romantiques.
- **Zeavola** (ci-dessous). Style thaïlandais et design épuré.

HAT LAEM THONG

La plage, longue et sablonneuse, accueille une petite communauté de *chow lair* (ou *chao leh*, nomades des mers) vivant dans des baraques de tôle ondulée à l'extrémité nord. Depuis Ao Ton Sai, la location d'un *long-tail boat* coûte 800 B. Les tour-opérateurs peuvent se charger des transferts. Essayez d'apercevoir les groupes de singes dans la jungle derrière le complexe Zeavola.

Holiday Inn Phi-Phi Island (☎ 0 7562 7300 ; www.phiphi.holidayinn.com ; bung 8 297-10 400 B ; ❄ 🏊 📶). Superbes bungalows sur pilotis de style thaïlando-malais répartis dans un beau jardin. Courts de tennis, hamacs, spa et centre de plongée. Possibilité de dîner en plein air ou à l'intérieur, au buffet ou à la carte.

Zeavola (☎ 0 7562 7000 ; www.zeavola.com ; bung 16 900-26 900 B ; ❄ 💻 🏊). Les magnifiques villas en teck allient le style thaïlandais traditionnel à un design moderne épuré : baies vitrées sur 3 façades (villas bien espacées, dotées de volets en bambou télécommandés), patio et mobilier ancien. Certaines ont une piscine privée. Service impeccable. Fabuleux spa visant une clientèle de couples.

Où se restaurer

La plupart des hôtels possèdent leurs propres restaurants. Ao Ton Sai abrite quelques restaurants pratiquant des prix raisonnables, mais n'espérez pas de la grande cuisine.

Marché local (Ao Ton Sai ; petit-déj, déj et dîner). L'option la moins chère et parfois la meilleure. Une poignée de stands blottis sur la partie la plus étroite de l'isthme servent de délicieux *phàt thai* (fines nouilles de riz sautées avec du tofu, des légumes, des œufs et des cacahuètes), du riz sauté, des *sôm tam* (papayes vertes) et du poisson-chat fumé.

Garlic Restaurant (08 3502 1426 ; plats 45-95 B ; petit-déj, déj et dîner). Une hutte à l'aspect délabré sur le chemin principal en direction d'Ao Lo Dalam, où l'on sert une délicieuse cuisine thaïlandaise bon marché. Tous les classiques sont là et la pêche du jour est présentée sur un lit de glace au dîner.

Papaya Restaurant (08 7280 1719 ; village touristique ; plats 80-300 B). Bon marché, savoureux et épicé. On trouve ici des plats thaïlandais (au basilic et au piment, ainsi que des curries et du *tŏm yam*) servis en portions généreuses.

La Piazzetta (plats 130-210 B ; déj et dîner mar-sam). Les meilleurs viandes et fromages italiens de l'île et de délicieuses pâtes et pizzas. Gardez une petite place pour le tiramisu.

GB PP (08 2289 6820 ; hamburgers 165-195 B). De bons hamburgers copieux avec du bacon et de l'avocat, de la sauce barbecue et du pesto, recouverts de mozzarella fondue ou badigeonnés de curry rouge, et servis avec de grosses frites maison. Hamburgers végétariens et steaks tendres également disponibles.

Le Grand Bleu (08 1979 9739 ; plats 195-695 B ; déj et dîner). Cuisine fusion thaïlando-européenne dans une charmante maison en bois, à côté de l'embarcadère principal. Vins français et australiens et canard sauté au wok avec du basilic, ou rôti au four et caramélisé à la mangue. Fermé entre 14h et 18h30 (entre le déjeuner et le dîner).

Où prendre un verre

Phi Phi offre une vie nocturne bruyante. On est ici accueilli dans les bars par des filles *faràng* qui se veulent sexy, et le whisky bon marché, le Coca et le Red Bull sont servis au seau. Cela n'est pas nécessairement du goût de tout le monde, mais si vous logez à portée d'oreille des folies de Phi Phi, autant profiter de l'animation.

Breakers (village touristique ; 11h-2h ;). Un vrai bar sportif avec deux écrans plats, du rock, huit bières à la pression et une impressionnante liste de bons alcools.

Love Café (08 7273 8738 ; www.lovephiphi.com ; Ao Ton Sai ; cafés 80-110 B, théière 100-120 B ; 8h-19h). Un tout nouveau bar à thé et café au Phi-Phi Villa Resort, spécialisé dans les thés artisanaux et le café bio, tous en provenance de Chiang Rai.

Slinky Bar (Ao Lo Dalam). Le bar de plage du moment lors de notre visite. Spectacles de feu de rigueur, boissons sucrées servies au seau et foule composée de Thaïlandais, d'expatriés et de touristes.

Sunflower Bar (Ao Lo Dalam). Ce joyau en bois flotté reste le bar le plus cool de Phi Phi. Détruit par le tsunami, il a été reconstruit par son propriétaire avec du bois récupéré. Les boxes portent les noms des quatre êtres chers qu'il a perdus dans la catastrophe.

Depuis/vers Ko Phi Phi

Ko Phi Phi est accessible depuis Krabi, Phuket, Ao Nang et Ko Lanta. La plupart des bateaux accostent à Ao Ton Sai, mais quelques-uns, en provenance de Phuket, utilisent l'embarcadère isolé de Laem Thong, au nord. Les bateaux de Phuket et de Krabi circulent toute l'année, ceux qui proviennent de Ko Lanta et d'Ao Nang ne naviguant que d'octobre à avril.

Les bateaux quittent Krabi pour Ko Phi Phi (400 B, 1 heure 30) à 10h et 14h. De Phuket, les départs ont lieu à 8h30, 13h30 et 14h30 avec retour de Ko Phi Phi à 9h, 14h30 et 15h (400 B, 1 heure 45-2 heures). Pour Ko Lanta, les bateaux partent de Ko Phi Phi à 11h30 et 14h, et reviennent de Ko Lanta à 8h et 13h (350 B, 1 heure 30).

Comment circuler

Ko Phi Phi Don ne comporte aucune route ; on s'y déplace essentiellement à pied. On peut toutefois louer un *long-tail boat* à Ao Ton Sai pour aller d'un point à un autre autour de Ko Phi Phi Don ou rejoindre Ko Phi Phi Leh.

Des *long-tail boats* partent de l'embarcadère d'Ao Ton Sai pour Hat Yao (100-150 B), Laem Thong (800 B), Hat Rantee (500 B) et la grotte du Viking (500 B). La location d'un *long-tail boat* coûte 1 200 B pour 3 heures ou 2 500 B pour la journée. Celle d'un hors-bord coûte environ 6 500 B pour 6 heures.

KO PHI PHI LEH

เกาะพีพีเล

Accidentée et encerclée de hautes falaises, Phi Phi Leh est la plus petite des deux îles.

Ses eaux transparentes, ses superbes récifs coralliens et sa riche faune marine en font un lieu très couru par les amateurs de snorkeling qui y viennent pour la journée. L'île abrite deux superbes lagunes : **Pilah**, sur la côte est, et **Ao Maya**, sur la côte ouest. Cette dernière est devenue célèbre en 1999 pour avoir servi de cadre au film *La Plage*, de Danny Boyle, qui a fait exploser le nombre des visiteurs.

À la pointe nord-est de l'île, la **grotte des Vikings** (Tham Phaya Naak) est un important lieu de récolte de nids de martinet. Les cueilleurs agiles grimpent sur des échafaudages en bambou pour récolter les nids. Avant d'entamer l'ascension, ils prient et offrent tabac, encens et alcool aux esprits de la grotte. Cette grotte doit son surnom trompeur à des dessins laissés il y a quatre siècles par des pêcheurs chinois.

Il n'y a aucun hébergement sur Phi Phi Leh. La plupart des gens y viennent dans le cadre d'excursions d'une journée depuis Phi Phi Don. Les circuits d'une demi-journée environ comportent des arrêts de snorkeling en différents points autour de l'île, ainsi qu'un passage par la grotte des Vikings et Ao Maya. L'excursion coûte 800 B en *long-tail boat* et environ 2 400 B en hors-bord. Attendez-vous à payer à l'arrivée 400 B d'entrée au parc national, valable toute la journée.

On peut camper sur Phi Phi Leh au **Maya Bay Camping** (☎ 08 6944 1623 ; www.mayabaycamping.com ; 2 100 B/pers), qui propose des excursions avec une nuit sur place pleines d'action – kayak, snorkeling, déjeuner, dîner et sacs de couchage (à la belle étoile) inclus.

KO LANTA

เกาะลันตา

20 000 habitants

Vivant sur sa réputation de havre de paix pour voyageurs indépendants, à l'écart de l'agitation touristique, Ko Lanta est néanmoins vite devenue une destination de catégorie moyenne très fréquentée. Les ferrys de passagers qui font la navette avec Ko Phi Phi et Phuket dans un sens et, dans l'autre, avec Krabi, les îles de Trang et même Ko Lipe ont contribué à transformer cette île basse, ourlée de plages, en un nœud de transports, voire en une véritable étape – surtout pour les plongeurs souhaitant explorer Hin Daeng et Hin Meuang. L'île ne possède ni de ces étonnantes falaises karstiques que l'on trouve un peu partout dans la province de Krabi, ni même de fonds coralliens spectaculaires dans les proches environs. Elle offre plutôt des kilomètres de plages de sable et une multitude d'activités possibles : on peut suivre un cours de cuisine le matin, se promener à dos d'éléphant ou visiter les parcs nationaux l'après-midi, puis faire la fête jusqu'à l'aube autour des bars de plage animés.

De plus, les 20 000 habitants de Ko Lanta sont des descendants métissés de Malais musulmans et de *chow lair* (voir l'encadré p. 43), ce qui confère à l'île une identité culturelle qui fait défaut à Ao Nang et à Phi Phi. En dehors du charmant quartier sur les quais de Ban Ko Lanta, vieux d'un siècle, l'île reste épargnée par les aménagements touristiques pour l'instant.

Orientation et renseignements

Ko Lanta est un archipel constitué de 52 îles ; toutefois, ce nom fait le plus souvent référence à la plus grande et à la plus populaire de ces îles, Ko Lanta Yai. Dans le nord de l'île, Ban Sala Dan est le principal port d'entrée vers Ko Lanta, où se trouvent les embarcadères pour les ferrys de passagers et de véhicules. La côte occidentale de Ko Lanta abrite certaines des plus belles plages. Hat Khlong Dao est la plus construite, tandis que Hat Phra Ae (Long Beach) est le grand centre des voyageurs au budget serré. À la pointe sud de l'île, le bureau du parc national maritime de Mu Ko Lanta est entouré de merveilleuses plages désertes.

Pendant la saison humide, l'île est détrempée par la pluie et les vagues, qui déferlent jusque devant les complexes hôteliers, rapportant quantité de bois flotté et de détritus (p. 375). Seuls quelques hôtels restent ouverts pendant cette période où les transports terrestres se raréfient.

Il n'existe pas d'office du tourisme officiel, mais les sites www.ko-lanta.com et www.lantainfo.com vous fourniront des renseignements utiles sur la région. La Siam City Bank possède un **guichet de change** (🕒 8h30-16h lun-ven basse saison) et des DAB sont disséminés dans tout Ban Sala Dan. On trouve aussi des DAB sur les plages les plus fréquentées, notamment à Hat Phra Ae et à Hat Klong Nin. L'**hôpital de Ko Lanta** (☎ 0 7569 7017) se situe près de Ban Ko Lanta, sur la côte est. Des cybercafés sont éparpillés le long des plages et à Ban Sala Dan (1 B/min).

À voir

Bien que Ko Lanta soit avant tout une destination balnéaire, quelques sites à l'intérieur des terres méritent une visite, pour varier les plaisirs.

PARC NATIONAL MARITIME DE MU KO LANTA

อุทยานแห่งชาติเกาะลันตา

Ce **parc national maritime** (adulte/enfant 200/100 B) a été créé en 1990 pour assurer la protection de 15 îles de l'archipel de Ko Lanta, dont la pointe sud de Ko Lanta Yai. Malheureusement, il est de plus en plus menacé par le développement effréné des constructions sur la côte ouest de Ko Lanta Yai. Les autres îles de l'archipel semblent un peu mieux préservées. **Ko Rok** reste très belle, avec sa baie en forme de croissant, adossée à des falaises, ses superbes récifs coralliens et sa plage de sable blanc. Sur autorisation du bureau du parc, on peut camper à Ko Rok et à **Ko Ha**, une île voisine. À l'est de Ko Lanta Yai, **Ko Talabeng** recèle de spectaculaires grottes calcaires, que l'on peut explorer lors d'un circuit en kayak de mer. Pour visiter ces îles, il faut payer les tarifs fixés par le parc.

Le bureau du parc est installé à Laem Tanod, à la pointe sud de Ko Lanta Yai, à 7 km d'Ao Nui par une piste escarpée et sinueuse. Il y a là quelques sentiers de randonnée rudimentaires, un **phare pittoresque** avec une vue spectaculaire sur le cap escarpé et les îles au large, et deux des plages les plus jolies et les moins fréquentées de Ko Lanta.

BAN KO LANTA

Au milieu de la côte est, **Ban Ko Lanta** (vieille ville de Lanta) était autrefois le centre commerçant de l'île et son port. Elle constituait un port d'attache sûr pour les navires de commerce arabes et chinois qui naviguaient entre les plus grands ports de Phuket, de Penang et de Singapour. Certaines des élégantes maisons et boutiques en bois sur pilotis de la ville, qui remontent à plus d'un siècle, font un joli but de balade. Quelques restaurants, installés sur l'embarcadère, servent des fruits de mer du jour avec une vue imprenable sur la mer. Il y a un petit marché les dimanches après-midi, et si vous recherchez de la belle maroquinerie artisanale et solide, faites une halte chez **Lanta Leather** (☎ 08 5046 6410 ; ⌚ 8h-20h).

À quelques kilomètres après l'hôpital se dresse la **Maison des nomades de la mer** (Ban Ko Lanta), une construction en bois flotté édifiée par les nomades au milieu d'étangs. Sur fond de musique traditionnelle, des artisans vendent des bijoux et autres objets. Vous y trouverez aussi quelques brochures sur les *chow lair* (ou *chao leh*) de Ko Lanta, mais c'est avant tout un lieu paisible au bord de l'eau.

Si vous êtes avide d'informations culturelles, visitez le **musée des Chao Leh** (Chow Lair ; Ban Sanghka-U), où vous découvrirez un complexe de maisons en bambou traditionnelles, de jolies peintures à l'huile et des pièces détaillant leurs mythes, musique et cérémonies. Pour le trouver, cherchez le *houseboat* dépassant du flanc de la colline – il est séparé de la mer par la route.

THAM KHAO MAI KAEO (KAEW)

ถ้ำเขาไม้แก้ว

Les pluies de mousson qui ont ruisselé dans les crevasses de calcaire pendant des millions d'années ont créé ce réseau de grottes et de tunnels perdu dans la forêt. Certaines cavernes, remplies de stalactites et de stalagmites, sont aussi vastes que des cathédrales et des passages sont si étroits qu'il faut s'y faufiler à quatre pattes. Il y a même un lac souterrain dans lequel vous pourrez prendre un bain revigorant. On peut y jouer *Les Aventuriers de l'arche perdue*, à condition d'être en bonne condition physique et de prendre quelques précautions en termes de sécurité. Attention, vous risquez fort de ressortir couvert de boue.

On atteint Tham Khao Mai Kaeo (Kaew) après une randonnée guidée à travers la forêt tropicale. Une famille locale propose de vous guider dans cette randonnée jusqu'aux grottes (avec des lampes électriques) pour 200 B environ. En haute saison, on peut aussi aller jusqu'aux grottes à dos d'éléphant (adulte/enfant 900/450 B), mais ce n'est vraiment amusant qu'avec des enfants. La meilleure solution pour faire le trajet reste de louer une moto ou de demander à son hôtel d'organiser le transport.

Non loin, mais accessible par un sentier séparé qui part de la piste en terre menant au bureau du parc national maritime, **Tham Seua** (grotte du Tigre) recèle aussi d'intéressants tunnels à explorer. Des randonnées à dos d'éléphant permettent de l'atteindre depuis Hat Nui.

À faire

PLONGÉE ET SNORKELING

Plusieurs centres de plongée proposent des sorties comprenant 2 plongées vers des sites des environs moyennant 2 900-3 400 B. La formation PADI Open Water coûte 13 900-15 600 B. On peut aussi aller à Ko Phi Phi, ainsi qu'aux pics sous-marins de **Hin Muang** et de **Hin Daeng**, à

KO LANTA ET SES ENVIRONS

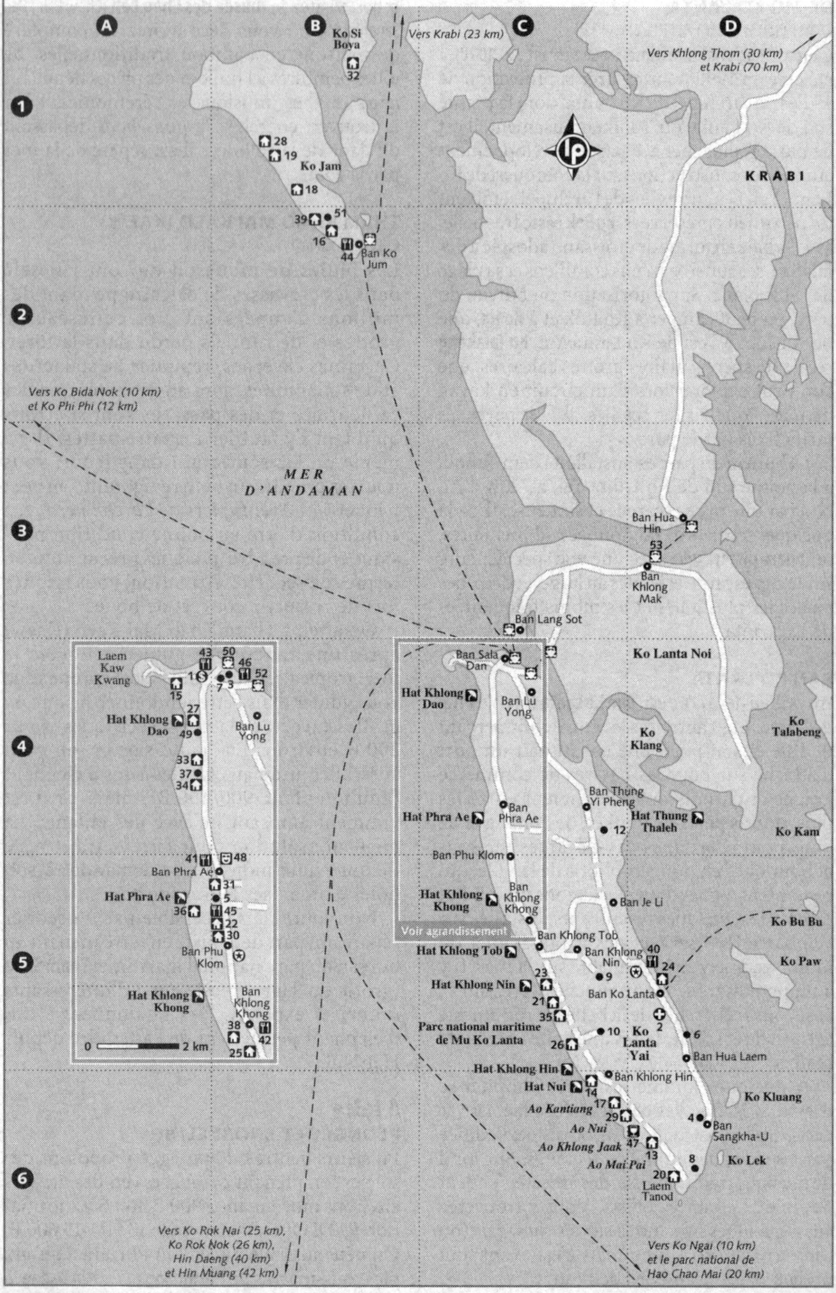

environ 45 min de Ban Sala Dan en hors-bord. Ces sites de réputation mondiale recèlent des récifs coralliens isolés au milieu de l'océan où viennent se nourrir de grandes espèces pélagiques, dont des requins, des thons et, parfois, des raies mantas et des requins-baleines. Il s'agit des meilleurs sites de plongée de Krabi, et les sorties coûtent 3 500-4 400 B pour 2 plongées. Les spots autour de **Ko Ha** jouissent en permanence de très bonnes conditions de plongée, avec des profondeurs de 18 à 34 m, une faune marine abondante et une grotte baptisée la "cathédrale". Parmi les centres de plongée fiables, citons **Lanta Diver** (☎ 0 7568 4208 ; www.lantadiver.com ; Ban Sala Dan), **Dive & Relax** (☎ 08 4842 2191 ; www.diveandrelax.com ; Hat Phra Ae) et **Blue Planet Divers** (☎ 0 7566 2724 ; www.blueplanetdivers.net ; Ban Sala Dan). Blue Planet est la seule école spécialisée dans les cours d'apnée. La meilleure saison pour plonger à Ko Lanta s'étend de novembre à avril ; le reste de l'année, la plupart des centres de plongée sont fermés.

De nombreux tour-opérateurs organisent des sorties de snorkeling à Ko Rok Nok, à Ko Phi Phi et vers les autres îles voisines.

RANDONNÉE À DOS D'ÉLÉPHANT

Des camps d'éléphants dressés pour la promenade sont installés à Hat Phra Ae (p. 374), à Hat Nui (p. 375) – d'où l'on peut visiter Tham Seua – et à Ao Khlong Jaak (Waterfall Bay ; p. 376). Tous demandent 900/450 B par adulte/enfant pour une balade de 2 heures. Si vous êtes motorisé, il suffit de vous présenter sur place ; sinon, la plupart des agences de voyages ou des loueurs de bungalows peuvent organiser le transfert et la promenade. Vu la lenteur et la placidité de l'animal, l'expérience amusera surtout les familles avec enfants.

AUTRES ACTIVITÉS

Parmi les autres activités disponibles, citons : le **kayak de mer** (adulte/enfant 1 000/600 B) dans les mangroves, près de Ban Hua Hin et de Ko Pang, et la **pêche en haute mer** (en long-tail boat/hors-bord 3 500/15 000 B). Toutes ces activités peuvent s'organiser par l'intermédiaire des bureaux touristiques des *resorts* ou des agences de voyages de Ban Sala Dan. Vous avez aussi la possibilité de vous inscrire aux nouvelles visites de la mangrove proposées par **Tung Yee Peng** (🕓 8h-17h). Vous pourrez emprunter la passerelle à travers les broussailles (20 B), louer un kayak et pagayer sur les canaux avec un guide (500 B/heure), ou faire un circuit en *long-tail boat* (800 B). Les bénéfices vont à un centre d'éducation communautaire.

Cours

Time for Lime (☎ 0 7568 4590 ; www.timeforlime.net), sur Hat Khlong Dao, dispose d'une immense cuisine moderne et professionnelle en béton moulé, avec beaucoup de place pour se

RENSEIGNEMENTS
Bureau de change....1 A4
Cybercafé....(voir 44)
Hôpital de Ko Lanta....2 D5

À VOIR ET À FAIRE
Blue Planet Divers....3 B4
Musée des Chao Leh (Chow Lair)..4 D6
Dive & Relax....5 B5
Maison des nomades de la mer...6 D5
Lanta Diver....7 B4
Bureau du parc national maritime de Mu Ko Lanta....8 D6
Tham Khao Mai Kaeo (Kaew)....9 C5
Tham Seua....10 C5
Time for Lime....11 A4
Tung Yee Peng....12 C4

OÙ SE LOGER
Andalanta Resort....13 D6
Andalay Resort....(voir 23)
Baan Laanta Resort & Spa....14 C6
Costa Lanta....15 A4
Hutyee Boathouse....(voir 45)
Joy Bungalow....16 B2
Kantiang Bay Resort....17 C6
Koh Jum Lodge....18 B1
Koh Jum Resort....19 B1
La Lanta....20 D6
Lanta Beach Paradise....21 C5
Lanta Marina....22 B5
Lanta Nature Beach Resort....23 C5
Lanta Pavilion....(voir 25)
Mango House....24 D5
Moonlight Bay Resort....25 B5
Bureau du parc national maritime de Mu Ko Lanta....(voir 8)
Narima....26 C5
Ocean View Resort....27 A4
Oon Lee Bungalows....28 B1
Phra Nang Lanta....29 C6
Relax Bay....30 B5
Sanctuary....31 B5
Siboya Resort....32 B1
Slow Down Villas....33 A4
Somewhere Else....34 A4
Sri Lanta....35 C5
Thai House Beach Resort....36 A5
Time for Lime....37 A4
Ting Rai Bay Resort....(voir 19)
Where Else?....38 B5
Woodland Lodge....39 B2

OÙ SE RESTAURER
Bai Fern....(voir 46)
Beautiful Restaurant....40 D5
Country Lao....41 A5
Green Leaf Cafe....42 B5
Ko Jum Seafood....(voir 44)
Lanta Seafood....43 A4
Mama Cooking....44 B2
Red Snapper....45 B5
Restaurants de fruits de mer....46 B4

OÙ PRENDRE UN VERRE
Moonwalk....(voir 36)
Same Same But Different....47 D6

OÙ SORTIR
Opium....48 B5

ACHATS
Lanta Leather....(voir 24)

TRANSPORTS
Lanta Car Rental....49 A4
P&P Lanta Travel....(voir 1)
Embarcadère pour les passagers..50 B4
Phruksa Bungalows....51 B2
Ferry pour les véhicules....52 B4
Ferry pour les véhicules....53 D3

déchaîner. Cet organisme propose d'excellents cours de cuisine, avec une sélection de plats un peu plus intéressante que celle de la plupart des autres écoles du pays. Pour un stage d'une demi-journée, comptez 1 500-1800 B. Agréables bungalows (voir ci-contre)… et des *mojitos* redoutables.

Où se loger

Ko Lanta possède nombre de belles et longues plages jalonnées d'hébergements. Certains complexes ferment pendant la saison basse (mai-octobre), tandis que d'autres baissent leurs tarifs de 50%, voire plus. La plupart disposent d'un restaurant et d'un service de réservation touristique qui peut organiser des circuits, des sorties de snorkeling, des massages et la location de motos.

HAT KHLONG DAO

Également appelée Long Beach, elle constitue une plage parfaite pour nager, grâce aux magnifiques 2 km de sable blanc sans rochers. Malheureusement, les déchets s'accumulent lors des marées. D'après les habitants, ceux-ci viennent de Phi Phi.

Somewhere Else (☎ 08 1536 0858 ; bung 500-1 000 B). Ces grands bungalows en bambou octogonaux ornent une pelouse ombragée, face à une partie de la plage très conviviale où il fait bon s'allonger. Les sdb sont grandes et propres, tout comme le restaurant, face à la plage, qui sert des plats indiens, thaïlandais et européens.

Time For Lime (☎ 08 9967 5017 ; www.timeforlime.net ; bung 1 000-1 500 B ; 💻). Un lieu idéal si vous vous intéressez sérieusement à la cuisine thaïlandaise (voir ci-contre). Les bungalows propres et bon marché avec mezzanine et avancée à l'extérieur sont alignés dans un joli jardin fleuri derrière l'école de cuisine et le restaurant qui donnent sur la plage. Le propriétaire recueillant les chiens perdus (avec pour projet de lancer un refuge pour animaux), vous ne manquerez pas de compagnons à fourrure.

Ocean View Resort (☎ 0 7568 4089 ; bung 1 800-2 900 B ; ❄ 💻 🏊). Bungalows spacieux carrelés, avec grands lits, TV câblée, hamacs à l'extérieur et piscine près de la mer.

Maya Beach Resort (☎ 0 7568 4267 ; www.mayalanta.com ; ch 4 300 B ; ❄ 💻 🏊 📶). Grandes chambres attrayantes, réparties sur 2 étages. Rampes à claire-voie sur la terrasse et piscine qui se fond avec la mer tout près.

♡ **Costa Lanta** (☎ 0 7566 8168 ; www.costalanta.com ; ch 6 200 B ; ❄ 💻 🏊 📶). Chambres indépendantes zen, nichées dans un jardin parcouru de canaux de marée à l'extrémité nord de Hat Khlong Dao. Des sols aux murs, en passant par les lavabos, tout est en béton poli ; pour une circulation d'air maximale, les portes de chaque cabane s'ouvrent sur deux côtés. Le restaurant est sensationnel, tout comme la piscine à débordement noire à côté du sable. Réductions possibles en ligne. Les tarifs de basse saison en font une véritable affaire.

Slow Down Villas (☎ 08 4999 6780 ; www.slowdownlanta.se ; villas 25 000 B/semaine ; ❄ 💻 🏊 📶). Ces villas modernes à 2 ou 3 chambres, en bois et en galets, disposent d'espaces ouverts près de la plage. Elles sont louées à la semaine ou au mois.

HAT PHRA AE

Un grand village touristique s'est développé sur Hat Phra Ae, avec une kyrielle de restaurants, de bars de plage, de cybercafés et de tour-opérateurs destinés aux *faràng* (étrangers).

Hutyee Boathouse (☎ 08 9645 1083 ; bung 300 B). Bungalows basiques en bambou tissé avec ventilateur et rampes en bois flotté, nichés dans une forêt en retrait de la plage, derrière le Nautilus. Une aubaine pour les budgets serrés.

Lanta Marina (☎ 0 7568 4168 ; www.lantamarina.com ; bung 300-500 B ; 🕑 nov-avr ; 📶). Bungalows géants évoquant de hautes balles de foin, avec de larges porches. Ambiance tribale et excellent rapport qualité/prix.

Sanctuary (☎ 08 1891 3055 ; sanctuary_93@yahoo.com ; bung 700-1 200 B). Bungalows en bois et en chaume au design artistique sur une grande pelouse, avec une ambiance décontractée et conviviale. Le restaurant sert des plats indiens et végétariens, en plus des classiques thaïlandais. Propose aussi des cours de yoga.

♡ **Relax Bay** (☎ 0 7568 4194 ; www.relaxbay.com ; bung 700-3 700 B ; 🕑 oct-avr ; ❄). Magnifique établissement tenu par des Français sur un promontoire boisé, près d'une petite plage. Les bungalows en bois sur pilotis, dotés de larges terrasses, dominent la baie et les sublimes couchers du soleil. Bar en plein air et restaurant.

Thai Beach House Resort (☎ 0 7568 4289 ; bung 1 500 B ; ❄). Bungalows en bois sur pilotis avec terrasse tout autour, miniréfrigérateur et TV, près de la plage. Rien de fabuleux mais un choix sûr et confortable.

HAT KHLONG KHONG

Seuls les complexes hôteliers situés à la pointe nord de cette plage rocailleuse sont dignes d'intérêt. Les autres sont pour la plupart des

LES CINQ GYRES

Lorsqu'on se promène à Hat Khlong Dao pendant la saison des pluies ou à la saison intermédiaire, on ne peut s'empêcher de remarquer tous les déchets échoués sur la plage. Il y a là une pile d'un mètre de hauteur (voire plus) de bouteilles en plastique, de sacs et de polystyrène mêlés à des algues et à du bois flotté. Les habitants accusent Ko Phi Phi d'être à l'origine de ce fléau, mais la réalité n'est pas si simple. En réalité, la pollution au plastique de l'environnement maritime représente un problème majeur au niveau mondial.

Les courants océaniques naturels des sept mers forment ce que les scientifiques appellent les cinq "gyres océaniques". En résumé, il s'agit de tourbillons riches en nutriments et en oxygène. D'une importance capitale pour l'écosystème marin, ils attirent de grands poissons pélagiques et des vols d'oiseaux marins, qui se nourrissent de petits poissons, qui eux mangent du plancton en tournoyant en larges bancs.

Mais, aujourd'hui, les gyres couvrent des zones plus vastes que le Texas, où tourbillonnent plus de déchets plastiques que d'animaux marins. Certains détritus ont été jetés par-dessus bord par des bateaux, mais la majorité arrive dans la mer depuis les fleuves qui apportent les déchets provenant des zones urbaines. Une fois dans l'océan, les plastiques se décomposent en boulettes de résine. Celles-ci sont souvent ingérées par les oiseaux de mer, qui en meurent et rejettent des produits chimiques toxiques dans la chaîne alimentaire marine. Même si Phi Phi est à l'origine du problème de détritus à Ko Lanta, elle n'est tout de même pas responsable de tout ce qui tourne dans le gyre de l'océan Indien. Pour agir, la meilleure chose à faire consiste à éliminer le plastique de notre vie, en commençant par préférer les gourdes en Inox aux bouteilles en plastique. Pour en savoir plus, consultez le site Internet **5GYRES** (www.5gyres.org).

blocs de béton sans âme. Une multitude de petits bars de plage créent une ambiance détendue.

♡ **Where Else?** (☎ 08 1536 4870 ; www.lanta-where-else.com ; bung 500-1 500 B). Les bungalows sont un peu branlants, mais l'endroit a beaucoup de charme. Le restaurant est à lui seul une œuvre d'art en construction. Les bungalows les plus chers, tous différents, peuvent loger jusqu'à 4 personnes sur plusieurs niveaux.

Lanta Pavilion (☎ 0 7566 7079 ; bung 1 000-1 600 B ;). Bungalows douillets aux toits en tôle, bien tenus et répartis dans un jardin bien entretenu. Le meilleur choix de Khlong Khong en matière de bloc de béton.

Moonlight Bay Resort (☎ 0 7568 2590 ; www.moonlight-resort.com ; bung 4 000 B ;). Ce complexe scandinave joue la carte de l'environnement : matériaux naturels, design nordique épuré et splendides bungalows sur la plage, au bord d'une rivière ou au milieu de la végétation. Dans une crique rocheuse privée où des panneaux indiquent le nom des plantes.

HAT KHLONG NIN

Après Hat Khlong Tob, la route principale menant vers le sud fait une fourche : à gauche, par la route de l'intérieur, on rejoint la côte est ; à droite, la route de campagne serpente le long de la côte sur 14 km jusqu'à la pointe de Ko Lanta. La première plage, la ravissante Hat Khlong Nin, devient de plus en plus belle vers le sud.

Lanta Beach Paradise (☎ 0 7566 2569 ; www.lantaparadiseresort.com ; bung 1 200-2 200 B ;). Bungalows carrelés en béton impeccables. Juste sur la plage.

Sri Lanta (☎ 0 7566 2688 ; www.srilanta.com ; cottages 2 900 B ;). À l'extrémité sud de la plage, complexe sophistiqué de villas en bois naturel, au style minimaliste, dans un jardin sauvage, en retrait du rivage. Plage très élégante avec un restaurant, une piscine à débordement et des pavillons intimes couverts de draperies où l'on peut se faire masser.

Andalay Resort (☎ 0 7566 2699 ; www.andalaylanta.com ; bung 5 400 B ;). Nouveau complexe élégant de 12 chambres s'ouvrant sur des avancées perchées au-dessus d'un bassin de lotus, qui se fond dans la piscine et dans la mer. Sols en béton, ventilateur et climatisation, meubles encastrés en bois, TV satellite et Wi-Fi dans les chambres.

HAT NUI

Plusieurs petites plages abritent des hébergements haut de gamme.

Narima (☎ 0 7566 2668 ; www.narima-lanta.com ; bung 2 000-3 500 B ;). Bungalows en bambou chic avec parquet, grands lits, baignoire simple et large véranda donnant sur leur propre crique abritée. Tout de même un peu cher.

AO KANTIANG

Cette superbe plage adossée aux montagnes est aussi un village indépendant, et sûrement le meilleur point de chute sur Ko Lanta. Il y a seulement trois options ici, qui possèdent toutes leurs atouts. L'accès à Internet et les motos à louer ne manquent pas.

Kantiang Bay Resort (☎ 0 7566 5049 ; kantiangbay.net ; bung 600-2 000 B ;). Choisissez entre les bungalows bon marché, branlants, en bois et en bambou et ne respirant pas la propreté, ou ceux plus chers, avec chambres carrelées et miniréfrigérateurs. Le restaurant sert des plats thaïlandais corrects, adaptés aux goûts des *faràng*.

Baan Laanta Resort & Spa (☎ 0 7566 5091 ; www.baanlaanta.com ; bung à partir de 5 000 B ;). Des jardins paysagés odorants serpentent entre les élégants bungalows de bois et une piscine débordant sur une plage de sable blanc. Lits de style futon sur des estrades en bois, sous des moustiquaires en gaze légère au milieu des chambres. Les sdb aux murs de bambou sont propres et lumineuses.

Phra Nang Lanta (☎ 0 7566 5025 ; lanta@vacationvillage.co.th ; studios 6 000 B ;). Formidables "studios" en béton immenses, avec sdb en mosaïque et grandes baignoires. Location de moto offerte. La piscine se situe sur la magnifique plage, tout comme le curieux bar-restaurant (uniquement pour le petit-déjeuner).

AO KHLONG JAAK

La plage est splendide. La cascade du même nom se trouve à l'intérieur des terres.

Andalanta Resort (☎ 0 1836 4877 ; www.andalanta.com ; bung 2 300-6 900 B ;). Au choix : des bungalows climatisés modernes (certains en duplex) ou d'autres avec ventilateur, face à la mer. Jardin charmant et agréable restaurant. La cascade se trouve à 30-40 min à pied.

AO MAI PAI

La Laanta (☎ 0 7566 5066 ; www.lalaanta.com ; bung 6 000 B ;). Le summum de l'élégance aux pieds nus. Dans les bungalows en chaume, sol en béton poli, lits montés sur estrade, motifs floraux et terrasse surplombant un terrain de sable, se mêlant à une plage de pêcheurs rocailleuse. Situé en bas d'une route cahoteuse en terre, ce complexe est également le plus proche du parc national maritime.

LAEM TANOD

La route qui mène au bureau du parc national maritime passe le *klong* (canal) à gué. En saison humide, l'eau peut y être très profonde.

Bureau du parc national maritime de Mu Ko Lanta (☎ Bangkok 0 2561 4292 ; camping avec sa propre tente 30 B/pers, camping avec tente de location 300-400 B). Merveilleusement tranquille, le terrain isolé de l'administration du parc est idéal pour camper et s'endormir bercé par le clapotis des vagues sur les rochers. Les emplacements situés au milieu de la forêt tropicale sont plats et ombragés. Vous trouverez sur place des toilettes et l'eau courante, mais devrez apporter de quoi manger. Le bureau délivre des autorisations pour camper à Ko Rok et à Ko Ha. Vous devrez payer le droit d'entrée au parc national (voir p. 371).

BAN KO LANTA

Il existe trois auberges dans la vieille ville de Lanta, délicieusement surannée, incroyablement riche, et pourtant souvent ignorée. Le meilleur choix est le suivant :

Mango House (☎ 0 7569 7181 ; www.mangohouses.com ; villas 1 500-2 500 B ; oct-avr). Ces villas (en réalité juste de grandes chambres) sont installées dans une maison en teck vieille de 100 ans, sur pilotis au-dessus du port. Les sols en bois d'origine, usés par le temps, sont toujours intacts et les chambres hautes de plafond sont équipées avec TV satellite, lecteur de DVD et ventilateur. Le restaurant est sublime aussi.

Où se restaurer

Les meilleures adresses sont les restaurants de fruits de mer le long du côté nord de Ban Sala Dan. Avec des tables sur des vérandas au-dessus de l'eau, ils proposent des fruits de mer frais au poids (le prix comprend généralement la préparation).

Lanta Seafood (☎ 0 7566 8411 ; Ban Sala Dan). La meilleure option du genre. Commandez le *pla tod ka min* – dorade blanche enduite de curcuma frais râpé à la main et d'ail, puis frite. Ce n'est pas gras mais fumé, épicé et juteux. Les moules à la vapeur sont divines elles aussi.

Bai Fern (☎ 0 7566 8173 ; Ban Sala Dan ; plats 40-100 B ; petit-déj, déj et dîner). Salades thaïlandaises, nouilles et curries bon marché, savoureux et authentiques, servis dans une salle sur pilotis.

Green Leaf Cafe (282 Moo 2 Hat Khlong Khong ; café 40-100 B, petit-déj 50-90 B, baguettes 90-100 B ; petit-déj et déj). Un agréable petit café thaïlando-britannique servant de bons cafés, des cappuccinos, des petits-déjeuners anglais et une foule de sandwichs.

Country Lao (☎ 08 5796 3024 ; Ban Phra Ae ; plats 80-180 B). Dans ce petit groupe de parasols en bambou et de pagodes en chaume, vous dégusterez la spécialité de la maison : la salade de papaye verte croustillante (150 B), pour laquelle la papaye est râpée, puis passée dans une pâte avant d'être frite pour ressembler à des nouilles sucrées. Portion généreuse avec, en accompagnement, un bol de sauce au citron vert avec des cacahuètes, des haricots verts et des tomates cerises juteuses. Votre mission : mélanger et dévorer. À déguster avec un curry vert ou massaman.

Beautiful Restaurant (☎ 0 7569 7062 ; Ban Ko Lanta ; plats 100-200 B). Le meilleur restaurant de fruits de mer de la vieille ville. Le poisson est frais et délicieusement préparé.

Red Snapper (☎ 0 7885 6965 ; www.redsnapper-lanta.com ; tapas/plats à partir de 70/235 B ; dîner). Restaurant de tapas sur le bord de la route à Ao Phra Ae. Le cadre dans le jardin est romantique et le magret de canard aux champignons *shiitaké*, vivement recommandé.

Où prendre un verre et sortir

Ko Lanta possède une vie nocturne à la haute saison. Cela dit, les bars reggae en bois flotté sont tellement nombreux le long de la côte ouest, que celle-ci peut sembler un peu diluée. La basse saison est plus que calme.

Moonwalk (Hat Phra Ae ; cocktails 180 B ; 7h-23h). Grand bar-restaurant en chaume qui redonne une petite touche thaïlandaise à ce qui devient de plus en plus une île internationale bétonnée. Délicieux cocktails et barbecue de fruits de mer en haute saison.

Opium (Hat Phra Ae ; à partir de 18h). Cette boîte de nuit chic organise des concerts certains soirs, accueille des DJ et possède une grande piste de danse. Le meilleur endroit pour faire la fête sur Lanta.

Same Same But Different (☎ 08 1787 8670 ; Ao Kantiang ; cocktails 200 B ; 8h-23h). Dans un cadre agréable au bord de la mer, vous pourrez goûter à une cuisine thaïlandaise savoureuse en sirotant de délicieux cocktails.

Depuis/vers Ko Lanta

La plupart des visiteurs arrivent à Ko Lanta en bateau ou en minibus climatisé. Si vous êtes motorisé, vous devrez prendre l'un des **ferrys de véhicules** (moto 20 B, voiture 4x4 75/150 B ; 7h-20h) qui circulent fréquemment entre Ban Hua Hin et Ban Khlong Mak (Ko Lanta Noi) avant de rejoindre Ko Lanta Yai.

BATEAU

Ban Sala Dan compte deux embarcadères : un pour les passagers à 300 m de la principale rangée de boutiques et un autre pour les ferrys pour véhicules, quelques kilomètres plus à l'est.

Un seul ferry de passagers relie l'embarcadère Khlong Chilat de Krabi à Ko Lanta. Il quitte Ko Lanta à 8h (400 B, 2 heures) et repart de Krabi à 11h. Il s'arrête aussi à Ko Jum (400 B).

Les bateaux reliant Ko Lanta à Ko Phi Phi circulent théoriquement toute l'année, mais il arrive qu'en basse saison le service soit suspendu faute d'un nombre suffisant de passagers. Les ferrys partent habituellement de Ko Lanta à 8h et 13h (350 B, 1 heure 30) ; dans l'autre sens, ils partent de Ko Phi Phi à 11h30 et 14h.

À partir du 21 octobre environ et jusqu'en mai, vous pouvez participer à une excursion de snorkeling aux îles de Trang (incluant quatre d'entre elles) et descendre à la destination de votre choix – à condition de payer le tarif complet (1 700 B). Les bateaux s'arrêtent sur Ko Ngai (2 heures), Ko Muk (3 heures) et Ko Kradan (4 heures) dans la province de Trang.

Tigerline (☎ 08 1092 8800 ; www.tigerlinetravel.com), un ferry à grande vitesse, circule entre Ban Sala Dan sur Ko Lanta et Ko Lipe (1 400 B, 4 heures), et s'arrête à Ko Ngai (500 B, 30 min), Ko Kradan (750 B, 1 heure 30) et Ko Muk (750 B, 2 heures). Il part de Ban Sala Dan à 13h. Le même bateau repart de Ko Lipe le lendemain à 9h pour arriver à Ban Sala Dan vers 12h. Le **Satun-Pak Bara Speedboat Club** (☎ 0 7475 0389, 08 2433 0114 ; www.tarutaolipeisland.com), un bateau légèrement plus cher et plus rapide pour Lipe (1 900 B, 3 heures), s'arrête aux îles de Trang en route. Il venait d'être mis en service au moment de nos recherches.

MINIBUS

C'est le principal moyen de transport vers/depuis Ko Lanta. Les minibus circulent toute l'année. Certains partent tous les jours pour l'aéroport de Krabi (250 B, 1 heure 30) et la ville de Krabi (300 B, 1 heure 30), toutes les heures de 7h à 15h30. Depuis Krabi, des minibus partent toutes les heures de 8h à 16h. Des minibus pour Phuket (480 B, 4 heures) partent toutes les 2 heures environ ; ils sont plus fréquents en haute saison. **P&P Lanta Travel** (☎ 0 7566 8271 ; Ban Sala Dan) réserve des billets de minibus et de ferry pour toutes les destinations de Lanta.

KK Tour & Travel (☎ à Trang 0 7521 1198) propose chaque jour plusieurs minibus climatisés entre Trang et Ko Lanta (250 B, 2 heures 30).

Comment circuler

La plupart des *resorts* envoient des véhicules à l'arrivée des ferrys pour assurer le transfert gratuit de leurs clients *à l'aller*. Au retour, comptez 80-150 B pour rejoindre l'embarcadère. Vous pouvez aussi prendre un des motos-taxis qui stationnent en face du 7-Eleven à Ban Sala Dan. La course revient à 50-200 B selon la distance.

On peut louer des motos (250 B/jour) un peu partout. Mais les casques sont rarement fournis et l'assurance, jamais.

Plusieurs endroits louent des 4x4 autour de 1 600 B/jour, assurance comprise. Pour 2 ou 4 semaines, la meilleure option est **Lanta Car Rental** (☎ 0 7568 4411 ; Hat Khlong Dan).

KO JUM ET KO SI BOYA

เกาะจำ(เกาะปู)/เกาะศรีบอยา

Au nord de Ko Lanta, Ko Jum et sa voisine Ko Si Boya semblent désertes, tant les rares constructions sont nichées au milieu des arbres. Les habitants appellent Ko Jum uniquement la partie sud plate et Ko Pu, la partie nord vallonnée ; mais il s'agit d'une seule île, Ko Jum.

Les Chinois commencèrent à débarquer à Ko Jum, autrefois le domaine exclusif des *chow lair* (ou *chao leh*) de Lanta, dans les années 1950, après l'accession de Mao au pouvoir. À l'époque, aucun Thaïlandais ne vivait ici. Les trois cultures ont fini par se mélanger pour n'en former qu'une, que l'on découvre mieux tôt le matin dans le chaleureux village de pêcheurs délabré et poétique de **Ban Ko Jum**. On y trouve quelques restaurants, un **cybercafé** (3 B/min) et **Blue Juice Divers** (☎ à Krabi 0 7563 0679 ; www.bluejuicedivers.com), le seul club de plongée de l'île.

Où se loger et se restaurer

Les hébergements sont implantés le long de la côte ouest de Ko Jum. Il en existe aujourd'hui plus d'une vingtaine. Certains louent des kayaks de mer et la plupart disposent d'un restaurant. Les transports publics à destination de Ko Jum et de Ko Si Boya sont très rares en basse saison, aussi la plupart des hôtels ferment-ils de mai à octobre.

Joy Bungalow (☎ 0 7561 8199, 08 9875 2221 ; www.kohjum-joybungalow.com ; Hat Yao ; bung 500-1 500 B). Sur la côte sud-ouest de Ko Jum, très jolis bungalows sur pilotis, en bois poli, sur une superbe portion de plage. Préférez ceux qui sont nichés dans les arbres.

Koh Jum Lodge (☎ 0 7561 8275 ; www.kohjumlodge.com ; Hat Yao ; bung 4 000-5 000 B ; mai-mars ;). Écolodge de grand style : en bois dur et bambou, avec de vaporeuses moustiquaires, des jardins soignés sur une plage de sable blanc équipée de hamacs. Divin !

♡ **Koh Jum Resort** (☎ 08 0221 4040 ; www.kohjumresort.com ; Ko Pu ; bung 1 700-3 000 B ; mai-mars ;). Le lieu le plus chic de l'île, avec 5 magnifiques bungalows en teck à 2 niveaux, bâtis en bois tordu et poli, et ornés de tourelles cylindriques. Les 5 huttes de bambou, attenantes à de larges terrasses ensoleillées sur pilotis haut au-dessus de la mer, ne sont pas en reste.

Oon Lee Bungalows (☎ 08 7200 8053 ; www.koh-jum-resort.com ; bung 500-3 800 B). Ce complexe de style Robinson chic est niché sur une plage de sable blanc déserte dans la partie Ko Pu de Ko Jum. Il offre des bungalows en bois sur pilotis dans un jardin ombragé et de nombreuses activités, dont certaines des plus belles randonnées de l'île. Le fantastique restaurant de cuisine fusion mérite à lui seul le détour.

Ting Rai Bay Resort (☎ 08 7277 7379 ; www.tingrai.com ; Ko Pu ; bung 500-1 300 B ; mai-mars ;). À côté du tape-à-l'œil Koh Jum Resort, ce complexe ne démérite pas. Les bungalows, qui varient en taille et en confort, sont disposés en U à flanc de colline, dans un cadre paysagé. Ils ont tous vue sur la mer.

♡ **Woodland Lodge** (☎ 08 1893 5330 ; www.woodland-koh-jum.com ; Hat Yao ; bung 500-1 000 B). Huttes de bambou charmantes et propres avec de vrais toits de chaume et des vérandas. Les propriétaires organisent des croisières en bateau et des sorties de pêche, et tiennent un excellent restaurant convivial. C'est l'un des deux complexes ouverts toute l'année.

Mama Cooking (Ban Ko Jum ; plats 10 B ; 4h-8h). Une foule de pêcheurs et de familles locales se presse au petit-déjeuner, pour tremper des beignets thaïlandais dans du café filtre au lait concentré, avant de déguster un délicieux poulet *satay* et du thé chinois aux feuilles de pandan.

Ko Jum Seafood (☎ 08 1893 6380 ; Ban Ko Jum ; repas 100-400 B). Sans conteste le meilleur restaurant de poisson de l'île. Les prises fraîches sont servies sur un ponton sur pilotis dominant l'étroit détroit – vue restreinte sur Ko Lanta.

KO SI BOYA

Ko Si Boya, rurale et à basse altitude, ne recueille encore qu'une infime partie du flux touristique annuel, et les habitués ne s'en plaignent pas – ils logent presque tous dans cet unique et exceptionnel ensemble de bungalows.

Siboya Resort (☎ 0 7561 8026, 08 1979 3344 ; www.siboyabungalows.com ; bung 200-1 600 B ; 🖳 📶). La plage n'a rien de spectaculaire, mais la mangrove environnante est sauvage et pleine de vie, et les bungalows en bois sont grands, agréables et abordables. Le restaurant est délicieux (connexion Internet à haut débit). Les Européens et Canadiens quinquagénaires affluent.

Comment s'y rendre et circuler

De novembre à mai, les bateaux reliant Krabi à Ko Lanta peuvent vous laisser à Ko Jum, mais vous devrez payer le plein tarif (400 B, 1 heure) – voir p. 351. En novembre et en mai, seul le premier bateau vous déposera. Des petits bateaux desservent également Ko Jum plusieurs fois par jour depuis Ban Laem Kruat, un village situé à quelque 30 km de Krabi, au bout de la Route 4036, qui part de la Hwy 4. Les bateaux partent à 13h, 15h, 16h et 17h. Ils rentrent le lendemain à 7h, 8h, 13h et 13h30. La plupart coûtent 50 B. Les *long-tail boats* les plus grands et les plus rapides partent de Ban Laem Kruat à 15h et coûtent 70 B.

Si vous prévoyez d'arriver à Ko Jum via Ban Laem Kruat, organisez le transfert vers la maison d'hôtes de votre choix à l'avance, car il n'y aura pas une foule de motos-taxis pour vous attendre à l'arrivée. Les maisons d'hôtes peuvent organiser votre transfert, mais vous pouvez aussi appeler **Kun Det** (☎ 08 7264 9185), un chauffeur de taxi fiable qui propose des locations de *long-tail boats* abordables autour de Ko Jum. **Phruksa Bungalows** (☎ 08 5299 3986), situé sur la route principale, loue des vélos (100 B), des VTT (130-150 B) et des motos (250 B) à des tarifs standard.

Toute la journée, des bateaux font la traversée de 10 min vers Ko Si Boya (20 B) depuis **Laem Hin**, juste au nord de Ban Laem Kruat. Pour en affréter un pour vous tout seul, comptez 150 B. Appelez le Siboya Resort pour organiser le transfert depuis l'embarcadère.

PROVINCE DE TRANG

Au sud de la province de Krabi, le littoral calcaire de la province de Trang offre un paysage impressionnant le long de la mer d'Andaman, ponctué d'îles sublimes. Pour les plus audacieux, le luxuriant arrière-pays réserve aussi des sites naturels à explorer, dont nombre de cascades et de grottes. L'endroit étant beaucoup moins fréquenté que Krabi, vous aurez plus de chances de voir de hautes plantations d'hévéas que des vendeurs de T-shirts. Les transports s'améliorent d'année en année et, en haute saison, il est désormais possible d'aller jusqu'en Malaisie en sautant d'île en île.

TRANG

อ.เมืองตรัง

77 200 habitants

La plupart des visiteurs se contentent de traverser Trang pour rejoindre les îles voisines. Pourtant, la ville justifie une halte d'au moins une journée pour qui s'intéresse à la culture locale, aux marchés et à la cuisine thaïlandaise. Dans cette ville où il est facile de s'orienter, on peut se perdre, le jour, dans les marchés de produits locaux et, la nuit, au milieu des marchés de colporteurs et des cafés chinois qui ouvrent tard. Quel que soit le moment de l'année, on a des chances de tomber sur une petite fête locale colorée. Il n'y a pas à proprement parler de sites à voir à Trang, mais vous y trouverez nombre d'agences de voyages et de représentants des hôtels des îles alentour qui vous aideront à effectuer vos réservations et à rejoindre la destination de votre choix.

La plupart des services touristiques bordent la principale artère, Th Praram VI, entre la tour de l'horloge et la gare ferroviaire.

Renseignements

Vous trouverez des cybercafés et des banques avec DAB et guichets de change sur Th Praram VI.

My Friend (☎ 0 7522 5984 ; 25/17-20 Th Sathani ; 30 B/h). Le meilleur cybercafé ouvert 24h/24 dans la ville.

Poste (angle Th Praram VI et Th Kantang). Vend aussi des cartes pour les appels internationaux.

À voir

Trang est plus un centre d'affaires et de commerce qu'une destination touristique. De part et d'autre de la route se dressent le **Wat Tantayaphirom** (Th Tha Klang), dont l'immense *chedi* (stupa) blanc recèle une empreinte du Bouddha, et l'imposant **temple de Kew Ong Yia** confucéen. Le **temple de Meunram**, chinois, est situé entre Soi 1 et Soi 3. Il propose parfois des représentations de théâtre d'ombres de Thaïlande du Sud. Les grands **marchés de produits locaux** (*wet market*) et **généraliste** (*dry market*), dans Th Ratchadamnoen et Th Sathani, méritent vraiment le détour.

À faire

Les agences de voyages, près de la gare ferroviaire et le long de Th Praram VI, proposent divers circuits aux environs de Trang. Les tarifs des **croisières** à destination du parc national de Hat Chao Mai, avec escale à Ko Muk, à Ko Cheuk et à Ko Kradan, commencent à 750 B/personne, déjeuner et boissons inclus. Le droit d'entrée au parc national est en supplément. Les excursions en **kayak de mer** à Tham Chao Mai (650 B) permettent d'explorer la mangrove et de pagayer sous de respectables stalactites. La plupart des agences proposent aussi des sorties de **snorkeling** à bord de *long-tail boats* privés à Ko Rok (3 500 B, 4 pers au maximum), ainsi que des excursions vers les **grottes** et les **chutes** alentour (1 800 B, 3 pers au maximum) en voiture privée. Pour découvrir la culture locale, une journée de **randonnée** dans les monts Khao Banthat vous permettra de visiter les villages des Sa Kai, un peuple des montagnes (2 500 B, 2 pers au maximum). Cette randonnée inclut une visite de chutes d'eau, le déjeuner et les services d'un guide local compétent.

Fête

Fête végétarienne. Célébrée par la population chinoise de Trang, cette fête spectaculaire se déroule tous les ans en octobre, en même temps que celle de Phuket (voir l'encadré p. 314).

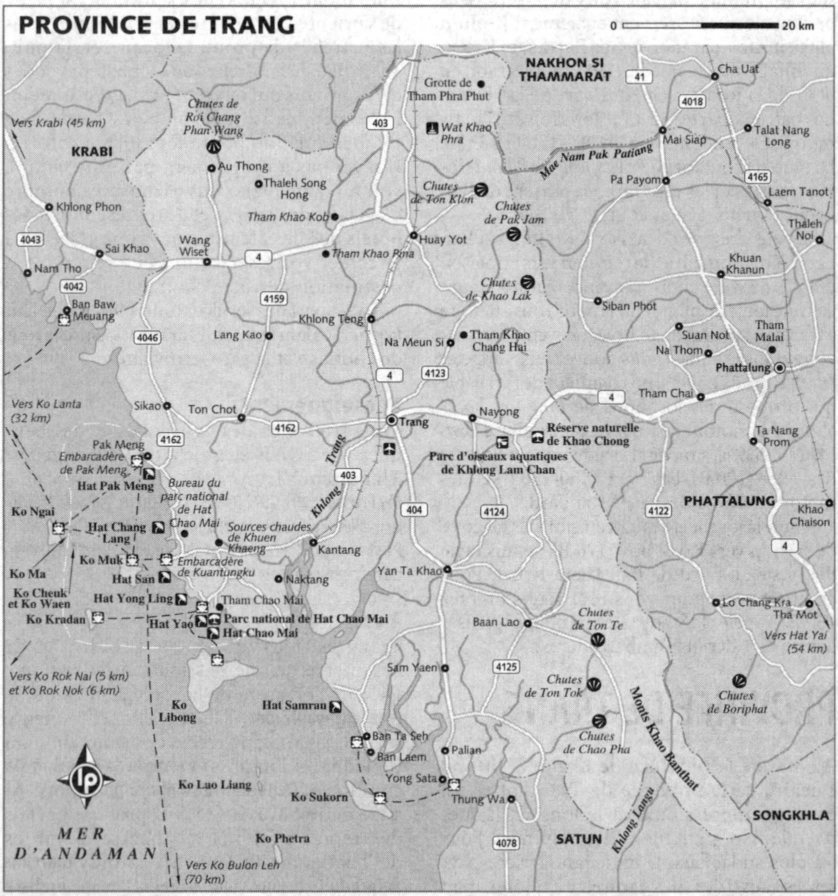

Où se loger

Trang offre de bonnes possibilités pour les budgets serrés, mais laisse à désirer dans les catégories moyenne et supérieure.

PJ Guesthouse (☎ 08 1374 6769 ; 25/12 Th Sathani ; ch 150 B ;). Chambres très bon marché et propres avec sdb commune, près de la gare ferroviaire. L'agence de voyages sur place est l'une des meilleures de la ville.

Koh Teng Hotel (☎ 0 7521 8148 ; 77-79 Th Praram VI ; ch 180-380 B ;). Le roi incontesté des adresses de voyageurs à Trang. Si vous êtes optimiste, ces immenses chambres aux grandes fenêtres présentent un certain charme miteux et aventureux. Sinon, le côté laisser-aller risque de vous déprimer.

Sri Trang Hotel (☎ 0 7521 8122 ; www.sritranghotel.com ; 22-26 Th Praram VI ; ch 450-690 B ;). Branché et abordable, ce bâtiment rénové abrite des chambres avec ventilateur et climatisation (hauts plafonds, carrelage neuf et Wi-Fi). Le favori des voyageurs étrangers lors de notre passage.

My Friend (☎ 0 7522 5984 ; 25/17-20 Th Sathani ; ch 550 B ;). Chambres modernes et très confortables avec TV, certaines dépourvues de fenêtres – vérifiez bien avant de prendre la chambre. Excellent cybercafé sur place.

Thumrin Thana Hotel (☎ 0 7521 1211 ; 69/8 Th Huay Yot ; ch 1 200-40 000 B ;). Peut-être l'option la plus chic de Trang, mais pas forcément la plus luxueuse. Les chambres sont un peu passées, mais les équipements ne manquent pas. Immense piscine et vue magnifique depuis les hauteurs. L'hôtel se trouve bien en retrait de la route, au bout d'une longue allée.

Où se restaurer

Trang est renommée pour ses *dim sum* (bouchées, spécialités du sud de la Chine), son *mŏo yâhng* (porc grillé au barbecue) et ses *ráhn goh·Ƀêe* (cafés). Les *ráhn goh·Ƀêe* servent du vrai café filtre et on peut trouver du *mŏo yâhng* le matin dans certains cafés ou en acheter au poids au marché de produits locaux dans Th Ratchadamnoen. Pour vraiment vous mêler aux habitants, allez dans une échoppe de *dim sum* tôt le matin et restez jusque tard dans les cafés le long de Th Ratsada.

Ruen Thai (☎ 0 7521 9342 ; 63/5 Th Pluanphithak ; plats 15 B ; petit-déj). Cet énorme entrepôt est généralement bondé le matin, car c'est l'une des quelques cuisines qui fabriquent des *dim sum* frais à partir de pâte de riz étalée à la main. On y trouve aussi des beignets, du poulet haché et des raviolis au porc. Les paniers sont chauffés sur une table vapeur juste pour vous.

Marché de nuit (entre Th Praram VI et Th Ratchadamnoen ; repas environ 30 B). Le meilleur marché de nuit de la côte d'Andaman vous mettra l'eau à la bouche par son impressionnant assortiment de curries, de poulet et de poisson frits, de simples *phàt thai* et de desserts thaïlandais. Arrivez l'estomac vide et l'esprit ouvert.

Asia Ocha (Th Kantang ; repas à partir de 30 B ; petit-déj, déj et dîner). Ce restaurant sert du café filtre à une clientèle entièrement locale installée aux anciennes tables de marbre du bâtiment vétuste. Ne manquez pas le canard rôti.

Wunderbar (☎ 0 7521 4563 ; www.wunderbar-trang.com ; 24 Th Praram VI ; plats 40-95 B ; petit-déj, déj et dîner ;). Au rdc du Sri Trang hotel, voici un lieu fabuleux pour toutes sortes de raisons – croissants au beurre, petits-déjeuners occidentaux, bière glacée... Wi-Fi gratuit pour les clients.

Yu Chiang (Th Praram VI ; plats à partir de 50 B ; petit-déj et déj). Cet amusant café à l'angle de Soi 2 et de Th Praram VI (pas d'enseigne en alphabet latin) constitue l'arrêt classique pour prendre un café filtre avec du *mŏo yâhng*.

Depuis/vers Trang

AVION

Nok Air (www.nokair.com) et **One-Two-Go** (www.fly12go.com) assurent des vols quotidiens entre Bangkok (Don Muang) et Trang (environ 1 500 B aller). Sachez toutefois que, par temps de pluie, l'atterrissage semble problématique dans cet aéroport. Il se situe à 4 km au sud de Trang ; des minibus attendent à l'arrivée des vols et font payer 60 B jusqu'en ville. Dans l'autre sens, un taxi ou un *túk-túk* coûte 80-100 B.

BUS

Tous les bus partent du **terminal des bus** (Th Huay Yot) de Trang, très bien organisé. Des bus climatisés rallient Bangkok (600-650 B, 12 heures, matin et après-midi). Plus confortables, les bus VIP de 24 sièges quittent Trang à 17h et 17h30 (1 050 B). Au départ de Bangkok, les bus VIP/climatisés partent entre 18h30 et 19h.

Autres liaisons assurées :

Destination	Prix	Fréquence	Durée
Hat Yai	100 B	fréquent	3 heures
Krabi	150 B	fréquent	2 heures
Phang-Nga	175 B	1/heure	3 heures 30
Phuket	240 B	1/heure	4 heures
Satun	100 B	fréquent	3 heures

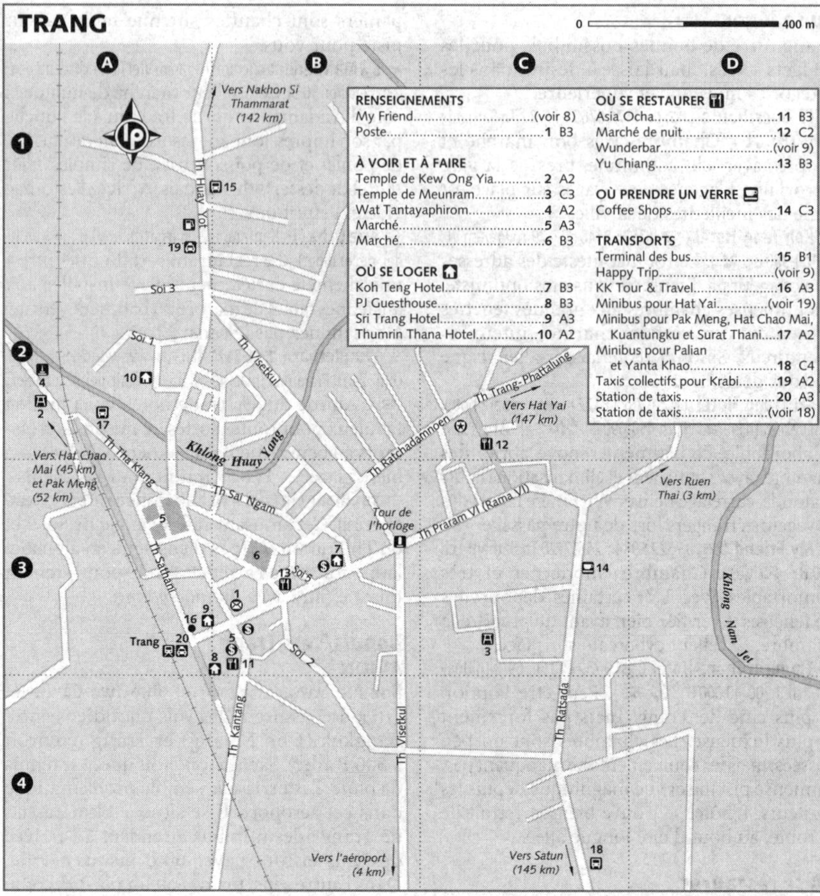

MINIBUS ET TAXI COLLECTIF

Partant des bureaux situés à l'ouest du terminal des bus de Trang, des taxis collectifs desservent Krabi (180 B, 2 heures) et des minibus climatisés vont à Hat Yai (160 B, 2 heures). Des minibus partent toutes les heures pour Surat Thani (180 B, 2 heures 30), avec des correspondances pour Ko Samui et Ko Pha-Ngan, depuis un **dépôt** (Th Tha Klang) situé juste avant le croisement de Th Tha Klang avec la voie ferrée. **Happy Trip** (☎ 0 7522 2165 ; 22 Th Sathani) réserve tous les billets de bus, bateau et minibus et propose aussi plusieurs excursions à la journée. **KK Tour & Travel** (☎ 0 7521 1198 ; 40 Th Sathani) assure plusieurs liaisons quotidiennes entre Trang et Ko Lanta (250 B, 2 heures 30) en minibus climatisés.

Au niveau local, on circule davantage en minibus climatisé qu'en *sŏrng·tăa·ou* (camionnette). Au départ du dépôt sur Th Tha Klang, des minibus partent régulièrement pour Pak Meng (70 B, 45 min), pour Hat Chao Mai (80 B, 1 heure) et pour l'embarcadère de Kuantungku (100 B, 1 heure). Pour Ko Sukorn, vous pourrez prendre les *sŏrng·tăa·ou* qui assurent le transport des femmes de pêcheurs vers le marché. Ils partent du marché de produits locaux (*wet market*) sur Th Ratchadamnoen à 10h30 pour l'embarcadère de Palian (60 B), où vous pourrez louer un *long-tail boat* (250 B) ou en prendre un public (50 B jusqu'à l'île). Vous pourrez également louer une voiture privée jusqu'à Ban Ta Seh (800 B), puis un bateau (200 B). Mieux vaut toutefois réserver ce voyage par l'intermédiaire du bureau de réservation de Sukorn Beach Bungalows (p. 389).

TRAIN

Seuls 2 trains relient directement Bangkok et Trang : l'express n°83, qui part de la gare de Hualamphong, à Bangkok, à 17h05 pour arriver à Trang le lendemain matin, à 7h55 ; et le rapide n°167, qui part de la gare de Hualamphong à 18h20 et arrive à Trang à 10h20. De Trang, les trains partent à 13h25 et 17h20. Comptez 1 480/831 B en voiture-lit climatisée de 1re/2e classe et 285 B en 3e classe.

Comment circuler

Des *túk-túk* stationnent près du croisement entre Th Praram VI et Th Kantang. Comptez 30 B pour une course en ville ou 250 B/heure. Les motos-taxis pratiquent les mêmes tarifs. On peut louer des motos dans les agences de voyages pour environ 200 B/jour. La plupart des agences peuvent aussi vous aider à louer une voiture moyennant 1 400 B/jour.

PLAGES ET ÎLES DE TRANG

Imaginez : de somptueuses formations karstiques émergeant de vallées brumeuses plantées de palmiers et d'une mer tourbillonnante ; des plages de sable blanc balayées par de petites marées ; des herbiers marins accueillant les dugongs ; la possibilité de traverser la grotte d'Émeraude, marquée par la mythologie pirate, à la nage ; des sorties de snorkeling rivalisant avec les meilleures expéditions à Ko Phi Phi ou à Ko Lipe ; et tout cela facilement accessible par un réseau de ferrys et de *long-tail boats* privés que l'on peut louer pour une bouchée de pain. Inutile de continuer : vous comprenez sûrement pourquoi les îles et les plages de Trang sont de plus en plus fréquentées. Tant de beauté et de charme – sans même mentionner la saveur des fruits de mer – ne pouvait être ignoré des hordes de touristes, arrivant toujours plus nombreux, surtout à Ko Muk. Si vous planifiez votre voyage pour la saison intermédiaire, sachez que les prix chutent et que les visiteurs se font plus rares. Assurez-vous d'inclure des trésors comme Ko Sukorn et Ko Libong, et Trang vous semblera aussi sauvage et reculé que jamais.

Certaines îles de Trang, incluses dans le parc national de Hat Chao Mai, sont protégées. C'est notamment le cas de Ko Muk, de Ko Kradan et de Ko Cheuk. Les plages de Hat Pak Meng à Hat Chao Mai, qui accueillent chaque année en mai une régate de bateaux à voile traditionnels, tombent aussi sous la juridiction du parc.

Hat Pak Meng et Hat Chang Lang

หาดปากเม็ง

À 39 km de Trang, dans le district de Sikao, Hat Pak Meng est le principal point de départ vers l'île voisine de Ko Ngai. Une partie de la côte demeure sauvage, et si la plage est mal entretenue, le cadre – des formations karstiques surgissant de tous les côtés, rivalisant avec les plus beaux paysages de Railay ou de Phi Phi – est en revanche spectaculaire. Le principal embarcadère se situe au nord de la plage ; des restaurants de fruits de mer dotés de transats sont installés sous les casuarinas, là où la Route 4162 rencontre le littoral.

Les agences situées près de l'embarcadère organisent des croisières d'une journée vers Ko Muk, Tham Morakot (grotte d'Émeraude, sur Ko Muk), Ko Cheuk, Ko Ma et Ko Kradan pour 900-1 000 B/pers (minimum 3 pers), déjeuner et boissons inclus. Ils proposent aussi des sorties de snorkeling à Ko Ngai (750 B) et à Ko Rok (1 200-1 400 B, droit d'entrée au parc national non compris). On peut louer des palmes, des masques et des tubas (50 B pièce) près de l'embarcadère.

La plage de Hat Chang Lang, qui prolonge celle de Hat Pak Meng vers le sud, conserve le même paysage sablonneux sur fond de casuarinas. Tout au sud de Hat Chang Lang, là où la route du front de mer bifurque vers l'intérieur, on trouve le bureau du **parc national de Hat Chao Mai** (☎ 0 7521 3260 ; adulte/moins de 14 ans 200/100 B ; 🕑 6h-18h).

Ce parc de 231 km² englobe tout le littoral de Hat Pak Meng à Laem Chao Mai, ainsi que les îles de Ko Muk, de Ko Kradan et de Ko Cheuk, plus une foule de petits îlots. Dans divers endroits du parc, vous apercevrez peut-être un dugong – une espèce menacée –, des jabirus d'Asie – des oiseaux rares –, ainsi que des espèces plus communes comme des loutres de mer, des macaques, des entelles, des sangliers, des pangolins, des petits hérons, des aigrettes sacrées, des pygargues glabres et des varans.

Généralement, on ne paie l'entrée au parc national que si l'on visite les bureaux du parc, ou bien Hat San et Hat Yong Ling (les deux plages juste au sud de Hat Chang Lang).

OÙ SE LOGER

Anantara Sikao (☎ 0 7520 5888 ; www.sikao.anantara.com ; ch 8 000-10 000 B ; ❄ 🏊 📶). À l'extrémité

REMARQUABLES HÉVÉAS

Dans toute la région de Trang, et en particulier sur les îles au large, vous risquez fort de traverser des plantations d'hévéas. Ces arbres produisent du latex, qui sert à fabriquer le caoutchouc.

Le latex n'est pas la sève de l'arbre, comme on le croit souvent, mais un liquide laiteux produit à l'intérieur de vaisseaux qui se développent au sein de l'écorce en formant un angle de 30°. La récolte commence quand les arbres arrivent à maturité, vers 5-6 ans. On pratique une fine incision sur le tronc selon un angle parallèle à celui des vaisseaux de latex. Une petite coupelle, généralement une coque de noix de coco, sert à récolter le latex qui s'égoutte de l'arbre. Chaque jour, on pratique de nouvelles entailles, d'où ces arbres marqués d'incisions et ces coupes qu'on voit dans toute la région.

Après avoir récolté le latex de plusieurs arbres, on le verse sur des plaques et on le mélange avec de l'acide formique, qui sert de coagulant. Au bout de quelques heures, les feuilles de caoutchouc encore détrempées sont essorées sous une presse. Puis on les pend pour qu'elles sèchent. Tout autour des plantations d'hévéas, vous verrez ces sortes de grandes crêpes jaunâtres mises à sécher sur des poteaux de bambou. Les ballots gluants sont ensuite expédiés vers les usines où ils sont traités pour fabriquer du caoutchouc, tel que nous le connaissons.

nord de Hat Chang Leng, une ambiance glamour et branchée. Les chambres deluxe face à l'océan sont dotées de parquet, de TV à écran plat et d'une vue magnifique sur les karsts caractéristiques de Pak Meng. Le panorama depuis le restaurant Acqua est à couper le souffle. Si vous êtes à la recherche d'eaux turquoise et de sable blanc, prenez la navette gratuite jusqu'à la plage privée sur la séduisante Ko Kradan.

Bureau du parc national (☎ 0 7521 3260 ; www.dnp.go.th/index_eng.asp ; camping avec sa propre tente gratuit, camping avec tente de location 300 B, cabanes 800-1 000 B). Cabanes simples avec ventilateur, pouvant accueillir jusqu'à 6 personnes. Vous pouvez aussi camper sous les casuarinas. Restaurant et petite boutique sur place.

DEPUIS/VERS HAT PAK MENG

Plusieurs bateaux partent chaque jour à 10h de Pak Meng pour Ko Ngai (300-350 B) ; ils reviennent de Ko Ngai entre 8h et 9h. Comptez 1 000-1 200 B pour louer un *long-tail boat*.

De fréquents minibus climatisés partent de Th Kha Klang, à Trang, pour rejoindre Hat Pak Meng (50 B, 45 min) et Chao Mai (60 B, 1 heure). En taxi, comptez 650-800 B depuis Trang.

Le bureau du parc national de Chao Mai se trouve à 1 km de cette route, en bas d'une piste clairement indiquée.

Ko Ngai
เกาะไหง(ไห)

La plage dorée, balayée par le vent, qui s'étire le long de la côte est de Ko Ngai (Ko Hai) se prolonge sous l'eau bleue par des fonds sablonneux (parfaits pour les enfants), avant de s'achever par un récif idéal pour le snorkeling. Couverte de denses forêts, l'île est encerclée de coraux sous des eaux transparentes : époustouflant ! Vu l'absence de résidents, les quelques superbes complexes hôteliers se partagent l'île. Louez auprès d'un hôtel un masque, des palmes et un tuba (60 B chacun) ou bien un kayak de mer (environ 150 B/heure), ou participez à un circuit de snorkeling d'une demi-journée dans les îles voisines (850 B/pers). Les excursions vers Ko Rok, à 29 km au sud-ouest de Ko Ngai, coûtent 1 500 B en hors-bord (plus le droit d'entrée au parc national). Dans les grands complexes, l'accès Internet est lent et onéreux (100-150 B/heure).

Bien qu'elle fasse partie de la province de Krabi, cette île est plus facilement accessible depuis Pak Meng.

OÙ SE LOGER

Rares sont les hôtels accessibles aux budgets serrés ici, la plupart des établissements entrant dans la catégorie moyenne – ils disposent de restaurants et de l'électricité 24h/24. L'embarcadère de la basse saison se trouve au Koh Ngai Resort. Si vous réservez une chambre ailleurs, votre hôtel organisera le transfert.

Ko Hai Seafood (☎ 08 1367 8497 ; ch 1 000-1 500 B ;). Ces bungalows en bambou tressé sont certainement l'option la plus charmante de la plage pour les budgets restreints. Les propriétaires concoctent l'une des meilleures cuisines de l'île et proposent des prix intéressants pour les locations de *long-tail boats*.

Fantasy Resort & Spa (☎ 0 7520 6960 ; www.kohhai.com ; ch 1 500-2 800 B ;). Immense complexe s'étendant de la plage jusqu'au flanc de la colline. S'ils ne sont pas toujours du meilleur goût, les bungalows confortables sont entièrement équipés et dotés de jolies terrasses en bois. Petit-déjeuner inclus. Chambres d'hôtel plus simples en hauteur. Service impeccable. Club de plongée sur place et excellents produits de la mer au restaurant.

Mayalay Resort (☎ 08 3530 7523 ; www.mayalaybeachresort.com ; ch 2 000-3 500 B ;). Un autre complexe gigantesque sur la plage, avec spa en bord de mer, club de plongée et charmants bungalows circulaires en bois et en bambou avec des toits pointus, pouvant accueillir jusqu'à 3 personnes.

Coco Cottages (☎ 08 1693 6457, 08 9724 9225 ; www.coco-cottage.com ; bung 2 150-4 700 B ;). Certainement la meilleure option et le rapport qualité/prix le plus séduisant de l'île. Les cottages, en chaume, en cocotier et en bambou, sont éclairés avec des lanternes en écorce de noix de coco. À l'avant, une terrasse est pourvue de chaises longues. Visez un bungalow avec ventilateur et vue sur la mer – la brise rend la climatisation superflue. Chaises longues en bambou sur la plage, huttes de massage et délicieux restaurant-bar sur le front de mer.

Thanya Beach Resort (☎ 0 7520 6967 ; www.kohngaithanyaresort.com ; bung 3 500-5 000 B ;). Installez-vous dans l'un des 24 charmants bungalows spacieux en teck. Chacun dispose d'une douche chaude à l'intérieur et d'une douche rustique avec un seau à l'extérieur (ne jugez pas avant d'avoir essayé). Terrasse face à la mer et pelouse qui ondule jusqu'à l'eau.

DEPUIS/VERS KO NGAI

Les hôtels assurent un service quotidien. Des bateaux partent de Hat Pak Meng pour Ko Ngai à 10h ; dans l'autre sens, ils quittent Ko Ngai entre 8h et 9h. Comptez 300-350 B (30 min) pour les transferts. Vous pouvez aussi louer un *long-tail boat* depuis/vers Pak Meng (1 000-1 200 B), Ko Muk (1 200 B) et Ko Kradan (1 500 B).

En haute saison, le ferry à grande vitesse **Tigerline** (☎ 08 1092 8800 ; www.tigerlinetravel.com) relie Ban Sala Dan (500 B, 30 min), sur Ko Lanta, et Ko Lipe (1 400 B, 4 heures). Il s'arrête à l'embarcadère de Ko Muk. Les bateaux rapides de **Lanta Garden Hill Speedboat** (☎ 0 7568 4042 ; www.lantaislandtours.com) constituent le choix le plus direct et le plus confortable depuis Ko Lanta (700 B, 45 min). Vous pouvez aussi louer un *long-tail boat* pour Lanta (1 500 B).

Ko Muk

เกาะมุก

L'arrivée à Ko Muk est inoubliable, que vous atterrissiez sur **Hat Sivalai**, la barre de sable blanc triangulaire réputée pour le complexe hôtelier éponyme, ou la spectaculaire **Hat Farang** (Hat Sai Yao, ou Charlie's Beach) sur la côte ouest, où l'eau couleur de jade embrasse le sable blanc et où les imposants pics de calcaire couverts de jungle indiquent l'emplacement autrefois secret de **Tham Morakot** (grotte d'Émeraude). Hélas, les possibilités d'hébergement ne sont pas exceptionnelles, le flot de groupes de touristes en slips de bain est permanent, et les vedettes qui bourdonnent jusqu'à la grotte depuis Ko Lanta sont encore plus nombreuses. Mais les couchers du soleil sur la côte ouest n'en sont pas moins fabuleux, et il est facile de passer d'une île à l'autre dans la province. En outre, la topographie de Ko Muk pourrait bien remuer quelque chose de sauvage au plus profond de vous.

Quant à la grotte, il s'agit d'un splendide tunnel de calcaire long de 80 m et débouchant sur un *hôrng* (grotte). Il n'est pas surprenant que les pirates de jadis y aient enfoui leurs trésors. Pour y accéder, il faut en effet franchir le tunnel à la nage ou en pagayant, par endroits dans une obscurité totale, pour atteindre une plage de sable blanc entourée de hautes falaises calcaires, où un puits de lumière laisse passer quelques rayons de soleil vers midi. La grotte d'Émeraude figure dans la plupart des itinéraires et peut être bondée en haute saison. Si vous êtes du genre matinal, louez un *long-tail boat* pour gagner la grotte juste après le lever du jour et vous l'aurez rien que pour vous.

Entre Ko Muk et Ko Ngai, les îlots karstiques de **Ko Cheuk** et de **Ko Waen**, ourlés de plages de sable, sont propices au snorkeling.

OÙ SE LOGER ET SE RESTAURER

Hat Sivalai

Les adresses suivantes sont à quelques minutes de marche de l'embarcadère, sur une plage où la mer est peu profonde. La plupart sont ouvertes toute l'année.

Coco Lodge (☎ 08 1387 4832 ; bung 400-800 B). À quelques pas de l'embarcadère principal, disséminés sur un terrain planté de cocotiers et balayé par la brise, ces simples bungalows en bambou possèdent d'agréables sdb extérieures et une terrasse à l'avant.

Pawapi Resort (www.pawapi.com ; bung 900-3 000 B). Surprenants bungalows en bois dur et en bambou. S'étirant sur 350 m d'une plage magnifique, ils méritent le détour.

Sivalai (☎ 08 9723 3355 ; www.komooksivalai.com ; bung petit-déj inclus 5 000-8 000 B ; ❄). À cheval sur une péninsule en forme de flèche de sable blanc et avec une vue panoramique sur les îles karstiques et le continent, ce nouveau complexe jouit d'un emplacement rêvé. Les bungalows sont toutefois plus confortables que fabuleux et la piscine mériterait d'être rénovée.

Hat Farang

La côte ouest de Hat Farang est à 10 min à moto-taxi de l'embarcadère (80 B). Ignorez les rabatteurs affirmant qu'il n'y a qu'un seul hôtel ici. Quelques petits restaurants servant des plats thaïlandais et occidentaux apparaissent à l'intérieur des terres.

Sawasdee Resort (☎ 08 1508 0432 ; bung 500 B). Des bungalows en bois simples et à peu près propres, avec des terrasses surplombant la mer, au-dessus des roches noires à l'extrémité nord.

Rubber Tree Bungalow (☎ 08 1270 4148 ; www.mookrubbertree.com ; bung 600-1 790 B). À l'intérieur des terres, de jolis bungalows avec climatisation, d'autres moins chers en bambou et un grand restaurant en hauteur, au milieu des hévéas.

Charlie Beach Resort (☎ 0 7520 3281/3 ; www.kohmook.com ; bung 1 290-3 150 B ; ❄ 💻). Divers bungalows, depuis les huttes rudimentaires sur la plage jusqu'aux bungalows trois étoiles climatisés, dans un complexe tentaculaire qui domine la plage. Évitez le restaurant. Le personnel, pas toujours très serviable, peut organiser des sorties de snorkeling à Tham Morakot et vers d'autres îles pour environ 1 000 B. Ouvert toute l'année.

♥ **Ko Yao Restaurant** (repas 100-200 B ; 🕐 petit-déj, déj et dîner). Perché au sommet des falaises, ce charmant restaurant est installé dans un patio. La bière est fraîche, tout comme le poisson, qui est cuit dans un bouillon fumant au piment et au citron vert. Le curry rouge est savoureux, et l'aimable propriétaire peut organiser des locations de *long-tail boats* à des prix raisonnables.

DEPUIS/VERS KO MUK

Des bateaux pour Ko Muk partent de l'embarcadère de Kuantungku, à quelques kilomètres au sud du bureau du parc national. Plusieurs ferrys partent vers 12h et reviennent à 8h (100 B, 30 min). La location d'un *long-tail boat* de Kuantungku à Ko Muk coûte 600 B (30 min). Pour Pak Meng ou Hat Yao, comptez environ 1 200 B (45 min à 1 heure). Des minibus climatisés relient fréquemment Trang et Kuantungku (200-250 B, 1 heure).

Il est facile d'organiser la location d'un *long-tail boat* pour Ko Kradan (600 B, 30 min) et Ko Ngai (1 000 B, 1 heure), sur l'embarcadère, au Rubber Tree Bungalow ou au Ko Yao Restaurant sur Hat Farang.

De novembre à mai, le ferry à grande vitesse **Tigerline** (☎ 08 1092 8800 ; www.tigerlinetravel.com) circule entre Ko Lanta (via Ko Ngai ; 750 B, 2 heures) et Ko Lipe (via Ko Bulon Leh ; 1 400 B, 3 heures 30) ; il s'arrête à l'embarcadère de Ko Muk. Les bateaux rapides de **Lanta Garden Hill Speedboat** (☎ 0 7568 4042 ; www.lantaislandtours.com) constituent le moyen de transport le plus rapide pour Ko Lanta (800 B, 1 heure).

Ko Kradan

เกาะกระดาน

La beauté de cette petite île saute aux yeux : plages de sable fin blanches et soyeuses, eaux chaudes et peu profondes, et vue sur les formations karstiques. On trouve ici des coraux durs et mous parfaitement préservés, accueillant des tortues et des rascasses volantes, juste au large de la côte sud, et un reste de jungle luxuriante à l'intérieur des terres. Vous souhaitez paresser sous les tropiques ? Vous êtes au bon endroit. Ko Kradan, qui fait partie du parc national de Hat Chao Mai, a été protégée des promoteurs immobiliers pendant de nombreuses années, mais le nombre d'hôtels augmente désormais progressivement. On compte notamment un nouveau quatre étoiles. L'Anantara Sikao Resort (p. 383) possède une aire de loisir pour ses clients du continent ; en haute saison, des foules de touristes débarquent aussi pour la journée.

OÙ SE LOGER ET SE RESTAURER

Paradise Lost (☎ 08 9587 2409 ; bung 600-1 200 B). Depuis ce superbe ensemble de bungalows à l'intérieur des terres, on accède facilement aux plages les plus isolées de l'île. Les petits nids de bambou sont dotés de solides parquets et de sdb communes. Les bungalows plus grands sont en bois avec sdb privative. Le restaurant (plats 120-1 800 B) est le meilleur de l'île.

Ao Niang Beach Resort (☎ 08 1891 7379 ; bung 800 B). Un *resort* accessible par une étroite piste dans

MARIAGE SOUS-MARIN

À chaque Saint-Valentin (14 février), Ko Kradan est le théâtre de noces insolites. Quelque 35 couples enfilent une combinaison de plongée et descendent jusqu'à un autel sous-marin parmi les récifs coralliens pour officialiser leur union devant le représentant du district de Trang. Personne ne sait comment les couples parviennent à dire "oui" sous l'eau, mais la cérémonie, qui regroupe le plus grand nombre de mariages sous-marins au monde, est entrée dans le *Livre Guinness des records*. Avant et après la cérémonie, les couples sont promenés le long de la côte dans une flottille de bateaux à moteur. Si cela vous donne des idées, consultez le site www.underwaterwedding.com.

la jungle depuis le Paradise Lost, non loin de certains des meilleurs sites de snorkeling des îles de Trang. Les bungalows, plutôt rudimentaires, sont spacieux et propres. Cadre magnifique, sur une portion de sable blanc isolée.

Koh Kradan Paradise Beach (☎ 0 7521 1391 ; www.kradanisland.com ; bung 900-2 500 B ; ❄). Le charme du restaurant sur le front de mer fait défaut aux chambres, qui vont des blocs de béton avec ventilateur pour les moins chères aux grands bungalows de brique avec douches extérieures.

Seven Seas Resort (☎ 08 2490 2442 ; www.sevenseasresorts.com ; ch 6 600-7 600 B, bung 11 750-15 600 B ; ❄ 💻 🏊 📶). Un complexe hôtelier de luxe, avec des chaises longues confortables et des banquettes-lits installées à l'ombre sur le sable, à côté d'une piscine à débordement. Les bungalows, en chaume et en palme, sont dotés de sols de mosaïque, d'une jolie robinetterie et de larges terrasses avec moult coussins. Les chambres sont un peu plus petites, mais divines aussi.

DEPUIS/VERS KO KRADAN

Comptez environ 800 B aller (45 min-1 heure) pour louer un *long-tail boat* depuis Kuantungku ; vous pouvez aussi affréter des bateaux depuis Kradan vers d'autres îles de l'archipel. **Tigerline** (☎ 08 1092 8800 ; www.tigerlinetravel.com) relie Kradan à Ko Lanta (750 B, 1 heure 30) et à Hat Yao (750 B, 1 heure). Les bateaux rapides de **Lanta Garden Hill Speedboat** (☎ 0 7568 4042 ; www.lantaislandtours.com) constituent une alternative plus rapide et plus confortable pour Lanta (900 B, 1 heure).

Hat Yao

หาดยาว

Petit hameau de pêcheurs défraîchi juste au sud de Hat Yong Ling, Hat Yao est pris en sandwich entre la mer et les imposantes falaises calcaires, à l'embouchure d'un estuaire couvert d'une épaisse mangrove. À la pointe sud de Hat Yao, un promontoire rocheux est creusé de multiples grottes. Une île toute proche invite au snorkeling. La plus belle plage du secteur, la minuscule **Hat Apo** se dissimule parmi les falaises. On peut la rejoindre en *long-tail boat* ou passer à gué par la pointe sablonneuse qui fait face au Sinchai's Chaomai Resort.

Tham Chao Mai est une vaste grotte regorgeant de cascades cristallines et d'impressionnantes stalactites et stalagmites, que l'on peut explorer en bateau. Pour la visiter, vous pouvez louer un *long-tail boat* (400 B/heure) à l'embarcadère de Yao. Le Haad Yao Nature Resort propose des promenades en kayak de mer jusqu'à la grotte (environ 800 B/pers). Vous pouvez aussi louer un kayak pour explorer la grotte seul (600 B, plan inclus).

Juste au sud du promontoire, l'embarcadère de Yao est le principal point de départ pour Ko Libong et l'arrêt intermédiaire de la ligne de *Tigerline* qui relie Lipe à Lanta.

OÙ SE LOGER ET SE RESTAURER

Haad Yao Nature Resort (☎ 08 1894 6936 ; www.trangsea.com ; ch 500-1 200 B, bung 800 B ; ❄ 💻). Ce complexe hôtelier est le seul hébergement digne d'intérêt à Hat Yao. Situé sur le port et géré par la Lifelong Learning Foundation, une ONG tournée vers l'écologie dirigée par des naturalistes passionnés, il propose une variété de circuits axés sur l'environnement dans la région de Hat Yao. Côté logement : de grands bungalows dotés de larges terrasses (TV et lecteurs de DVD), des chambres plus simples de style motel, et quelques bungalows sur pilotis.

Le long de la plage, au nord du promontoire, plusieurs restaurants en bois spécialisés dans les produits de la mer servent des plats thaïlandais bon marché. On trouve également une poignée de bons restaurants sur le port.

COMMENT S'Y RENDRE ET CIRCULER

De Hat Yao, des *long-tail boats* réguliers vont à Ko Libong (50 B, 20 min). Il est aussi possible de louer des *long-tail boats* pour Ko Libong

(800 B, 20 min) et Ko Muk (1 500 B, 1 heure), dans les deux sens. Des *sŏrng·tăa·ou* partent de l'embarcadère pour Trang (100 B, 1 heure) lorsqu'ils sont pleins – mieux vaut y être avant 9h. Le ferry rapide de **Tigerline** (☎ 08 1092 8800 ; www.tigerlinetravel.com) s'arrête à Hat Yao à l'heure du déjeuner, entre Lanta (750 B, 2 heures 30) et Lipe (750 B, 2 heures 30).

Ko Libong

เกาะลิบง

La plus grande île de la province se trouve à 15 min en *long-tail boat* de Hat Yao. Moins visitée que les îles voisines, c'est un joyau couvert d'une jungle montagneuse, réputée pour sa faune et sa flore captivantes plutôt que pour ses plages d'un brun rougeâtre. L'île abrite une petite communauté de pêcheurs musulmans. Elle compte quelques complexes hôteliers sur sa côte ouest.

Sur la côte est, à **Laem Ju Hoi**, une vaste mangrove a été classée par le département de botanique sous le nom de **réserve naturelle de l'archipel des Libong** (☎ 07525 1932). Ses bras de mer comptent parmi les derniers habitats du dugong, en voie de disparition. Une quarantaine de ces mammifères marins herbivores paissent sur les prairies marines qui fleurissent dans la baie. Les "Nature Resorts", à Hat Yao et à Ko Libong, sont deux ONG à but non lucratif qui sont engagées dans la formation des pêcheurs locaux à l'écotourisme et à la pêche durable, et proposent des circuits d'observation du dugong en kayak de mer, guidés par des naturalistes expérimentés (1 000 B). La plupart des complexes hôteliers louent aussi des kayaks (150 B/heure).

Libong abrite également une quantité incroyable d'oiseaux migrateurs. Ouvrez les yeux pour apercevoir la drome ardéole, le jaribu d'Asie et le courlis cendré, qui arrivent depuis la Sibérie tous les hivers.

OÙ SE LOGER

Libong Beach Resort (☎ 0 7522 5205 ; www.libongbeachresort.com ; bung 500-800 B ; ❄ 💻). Juste à côté du Dugong Resort, voici le seul endroit de l'île ouvert toute l'année – les tarifs chutent considérablement en basse saison. Le choix varie du cabanon fade construit à la va-vite derrière un cours d'eau trouble au très confortable chalet en bois et chaume. Circuits d'observation du dugong (1 000 B, 3 heures) et accès à Internet (100 B/heure). Un centre de plongée (2 plongées 3 500 B) fonctionne en haute saison.

Le Dugong Resort (☎ 08 7972 7228 ; www.libongresort.com ; bung 500-900 B). Établissement intime avec des bungalows en bois et en bambou, au chic rustique, dotés de portes à volets permettant de profiter de la mer et du coucher du soleil. Location de motos (400 B/jour).

Libong Nature Resort (☎ 08 1894 6936 ; www.trangsea.com ; bung 600-1 500 B ; ❄). Autrefois un site sacré pour les chamans *chow lair* (ou *chao leh*), cette propriété de la Lifelong Learning Foundation est gérée par des bénévoles étrangers. Installez-vous dans l'un des 12 cottages en béton établis sur une pelouse à l'ombre des palmiers, ondulant jusqu'à la plus jolie plage de l'île. Excellents circuits dans les mangroves en kayak de mer et vers les herbiers marins pour observer le dugong.

DEPUIS/VERS KO LIBONG

Des *long-tail boats* pour Ban Ma Phrao, sur la côte est de Ko Libong, partent régulièrement de Hat Yao (50 B/pers, 20 min), depuis le quai situé juste à l'ouest du nouvel embarcadère. À Ko Libong, des motos-taxis vous emmènent vers les hôtels de la côte ouest pour 80 B. La location d'un *long-tail boat* pour gagner directement l'un des hôtels revient à 800 B l'aller.

Ko Lao Liang

เกาะเหลาเหลียง

Ko Lao Liang se compose en réalité de deux îles contiguës : Ko Laoliang Nong, la plus petite, où se trouve le seul complexe hôtelier ; et Ko Laoliang Pi, qui abrite un village de pêcheurs. Ces îles calcaires sont bordées de petites plages de sable blanc, d'eaux limpides et d'une abondance de coraux jusque près du rivage.

Le **Laoliang Island Resort** (☎ 08 4304 4077 ; www.laoliangresort.com ; 1 200-1 500 B/pers) est le seul hébergement de l'île. Des tentes de luxe, confortables, équipées de matelas et de ventilateurs, sont installées sur la plage. Le *resort* offre de nombreuses possibilités d'activités : plongée, snorkeling, escalade des falaises karstiques, kayak de mer… Le soir, un petit bar fonctionne et le restaurant propose régulièrement des fruits de mer grillés. Les tarifs comprennent tous les repas, le matériel de snorkeling et les kayaks de mer (suppléments pour les excursions de snorkeling et les cours d'escalade).

Tigerline (☎ 08 1092 8800 ; www.tigerlinetravel.com) s'arrête tout près de Ko Lao Liang, entre Lanta (1 400 B, 2 heures 30) et Lipe (750 B, 2 heures 30).

Ko Sukorn

เกาะสุกร

À Sukorn, les agréables plages anthracites, la mer émeraude, les promontoires de roche noire recouverts de jungle, et les groupes de cabanes sur pilotis abritant environ 2 800 pêcheurs musulmans – leurs rizières, champs de pastèques et plantations d'hévéas se déployant sur d'étroites routes bétonnées – ne sont pas spectaculaires en eux-mêmes. Mais c'est la conjugaison de ces différentes facettes qui fait le charme de l'île. Vous trouverez ici des nuits noires et une profonde tranquillité, qui sauront vous séduire comme la vue d'un *long-tail boat* sur le rivage au coucher du soleil.

Pour visiter l'île, la meilleure formule consiste à louer un VTT pour la journée (environ 150 B) – les collines sont rares, les panoramas magnifiques, l'ombre généreuse, et les occasions de rencontrer des habitants nombreuses. Veillez impérativement à vous couvrir dès que vous quittez la plage, afin de ne pas vous attirer la réprobation des habitants.

OÙ SE LOGER

Sukorn Cabana (☎ 08 9724 2326 ; www.sukorncabana.com ; bung 500-1 800 B ; ❄). Bungalows spacieux et propres répartis sur un terrain en pente, près de surprenantes formations rocheuses sur le rivage. Les endroits pour se prélasser dans le jardin fleuri ne manquent pas et il y a un bon restaurant.

♥ **Sukorn Beach Bungalows** (☎ 0 7520 7707, 08 1647 5550 ; www.sukorn-island-trang.com ; bung 750-2 200 B). Probablement l'établissement le plus professionnel de l'île. Les bungalows en béton et en bois, tous dotés de vérandas confortables, bordent une longue plage. Les sympathiques propriétaires, qui sont une mine d'informations, peuvent organiser d'excellents circuits sur mesure d'île en île dans toute la région et proposent des visites guidées de Sukorn (250 B/pers) – idéal pour découvrir sa culture et sa beauté naturelle. La cuisine (repas de fruits de mer frais 200-300 B) est absolument délicieuse. Goûtez aux gambas sauvages ou au *Ɓlah tôrt kamin* (poisson enduit d'une pâte d'ail et de curcuma moulu, puis sauté au wok). Ouvert toute l'année (60% de remise en basse saison).

Ko Sukorn Paradise (☎ 08 3168 6630 ; www.sukorncabana.com ; bung 1 000-1 200 B). Complexe luxueux et décontracté sur la plage, où les orchidées araignées décorent le restaurant au toit de chaume et où vous attend une poignée de bungalows confortables en chaume et en cocotier.

DEPUIS/VERS KO SUKORN

Pour accéder à Ko Sukorn, le plus simple consiste à opter pour le transfert privé assuré par les complexes hôteliers (1 550-1 950 B/pers). Les plus aventureux pourront prendre à destination de Palian l'un des *sŏrng·tăa·ou* conduisant les habitants de Sukorn au marché (*wet market*) de Th Ratchadamnoen, à Trang (correspondance à Yan Ta Khao ; 100 B, 1 heure 30) – départ à 10h30. Ces camionnettes permettent chaque jour de prendre ensuite un *long-tail boat* public (50 B, 1 heure), qui quitte l'embarcadère de Palian à midi. Dans l'autre sens, le bateau repart pour Palian le lendemain à 7h30 – comptez 250 B pour en affréter un à titre privé.

Sinon, réservez un taxi ou un *sŏrng·tăa·ou* de Trang à Ban Ta Seh (800 B), où vous pourrez louer un *long-tail boat* pour Ban Saimai (250 B), le village principal de Ko Sukorn. Les hôtels sont à 20 min de marche – comptez 50 B à moto-taxi depuis Ban Saimai. Vous pouvez aussi louer un *long-tail boat* directement jusqu'aux *resorts* sur la plage (750 B).

Depuis Ko Sukorn, on peut louer des *long-tail boats* jusqu'à Ko Lao Liang (1 750 B) – d'où l'on peut prendre le ferry à grande vitesse **Tigerline** (☎ 08 1092 8800 ; www.tigerlinetravel.com) qui relie Lanta à Lipe et dessert toutes les îles entre les deux, dont Ko Kradan, Ko Ngai et Ko Muk (1 400 B).

INTÉRIEUR DE LA PROVINCE DE TRANG

La lisière orientale de la province de Trang est bordée de collines boisées qui regorgent de grottes karstiques spectaculaires et de superbes cascades. Malheureusement, aucun de ces sites n'est accessible par les transports publics. Pour les visiter, il faut donc s'inscrire à une excursion ou louer un véhicule. Si vous voulez explorer la région par vous-même, les agences de voyages de Trang (voir p. 380) peuvent vous aider à louer une moto (200 B/jour) ou une voiture (environ 1 400 B/jour). Elles peuvent aussi vous organiser des circuits à la carte.

Chutes d'eau

Les cascades, qui font la renommée de la province de Trang, se trouvent en particulier au sud-est, à l'endroit où les rivières Trang et Palian rencontrent les monts Khao Banthat. Près de la frontière Trang-Phattalung, une pittoresque route goudronnée, qui part de la Hwy 4, passe devant plusieurs cascades, dont les impressionnantes **chutes de Ton Te**. De là, un sentier de randonnée mène en 1 km aux **chutes de Ton Tok**, d'où, en se retournant, on a une vue grandiose sur les chutes de Ton Te. Dans le district de Palian, près de Laem Som, les **chutes de Chao Pha** comptent environ 25 chutes successives de 5 à 10 m de hauteur chacune, avec des bassins à chaque niveau.

Entre Trang et Huay Yot, près de la Route 4123, on trouve une autre série de chutes d'eau, avec notamment celles de **Ton Klon**, de **Pak Jam** et de **Khao Lak**. Les cascades les plus insolites de la province sont peut-être celles de **Roi Chang Phan Wang** (cent niveaux, mille palais), à 70 km au nord-ouest de Trang, dans le district de Wang Wiset, un secteur peu visité. Au milieu de bouquets d'hévéas, des dizaines de fines cascades tombent le long de formations calcaires dans des bassins en contrebas.

Vous devrez être motorisé pour atteindre la plupart de ces cascades, mais les agences de voyages de Trang (voir p. 380) peuvent organiser des circuits en voiture privée vers Ton Te (environ 1 800 B).

Grottes

Les grottes spectaculaires sont une autre particularité de la région de Trang. Près de Wang Wiset, dans le nord, à proximité de la rivière Trang, **Tham Khao Kob** (Lay Cave) recèle de superbes formations calcaires et un cours d'eau souterrain long de 4 km que l'on peut explorer en kayak. L'administration locale de Tambon loue des bateaux (50 B/pers). À proximité, près du Km 43 de la Hwy 4, **Tham Khao Pina** abrite un grand sanctuaire bouddhiste sur plusieurs niveaux très fréquenté par les touristes thaïlandais.

Au nord de Huay Yot, à l'extrémité de la province, le temple-grotte de **Tham Phra Phut** abrite un grand bouddha couché de la période d'Ayuthaya. Non loin, le **Wat Khao Phra**, autre temple aménagé dans une grotte, recèle des mystérieux sceaux rouges taillés dans ses parois. À 15 km environ, au nord-est de Trang, près du village de tisserands de Na Meun Si sur la Route 4123, se trouve une autre caverne célèbre pour ses impressionnantes formations karstiques : **Tham Khao Chang Hai**.

Les agences de voyages de Trang facturent 1 800 B pour les circuits en voiture privée (3 pers au maximum) à Tham Khao Kob et à Tham Khao Chang Hai, avec un arrêt à Na Meun Si.

PROVINCE DE SATUN

Jusqu'à récemment, Satun était peu visitée. Mais les choses ont bien changé grâce au dynamisme des plages de sable blanc de Ko Lipe. L'île est devenue une destination courante et le parc national maritime de Ko Tarutao, véritable trésor de nature sauvage, est de plus en plus fréquenté (par les Thaïlandais). Ce parc extraordinaire englobe certaines des îles les plus virginales de la côte d'Andaman, noyées sous une végétation exubérante et bordées de splendides plages tropicales. Heureusement, elles sont souvent bien protégées. En dehors de Ko Lipe, la province suscite en effet à peine un coup d'œil de la part des voyageurs pressés de gagner le nord pour rejoindre Ko Lanta, ou le sud pour aller à Pulau Langkawi, en Malaisie – et qui passent ainsi à côté des plages interminables et des grottes marines de Ko Tarutao, des sentiers escarpés et des cascades en forme de rubans de Ko Adang, et du charme rustique de Ko Bulon Leh.

Avant 1813, Satun était un district de l'État malais de Kedah. En 1909, la région fut cédée à la Grande-Bretagne, selon les termes d'un traité anglo-siamois, avant de devenir une province du Siam en 1925. Malgré sa proximité avec les provinces de Yala, de Pattani et de Narathiwat (voir l'encadré, p. 266), la province de Satun est restée à l'écart des violences qui affectent ces régions. Environ 60% de la population parle le yawi ou le malais. Par ailleurs, dans la région, à majorité musulmane, les *wat* sont bien moins nombreux et plus modestes que les mosquées.

SATUN

อ.เมืองสตูล

33 720 habitants

Située dans une vallée de jungle humide entourée de falaises calcaires, et encadrée par une rivière aux eaux troubles, la ville côtière de Satun incite à la détente. Les touristes ne passent, dans les deux sens, que pour renouveler leurs visas, les amateurs de navigation de plaisance malais, traversant la frontière pour les réparations bon marché du chantier naval réputé de Satun, semblant les seuls voyageurs à s'attarder. Non loin, des bateaux partent de l'embarcadère de Tammalang pour Kuala Perlis et Pulau Langkawi en Malaisie. Prenez le temps de flâner un peu avant de repartir, et vous découvrirez une architecture religieuse intéressante et un charme brut.

Renseignements

Agence CAT (Th Satun Thanee). À côté de la poste.
Bangkok Bank (Th Burivanich). Bureau de change et DAB.
Bureau de l'immigration (☎ 0 7471 1080 ; Th Burivanich ; ⏰ 8h30-16h30 lun-ven). Gère les demandes et les prorogations de visas pour les personnes résidant en Thaïlande pour une longue période. Pour les touristes, il est plus simple et moins cher de quitter la Thaïlande via le poste-frontière de l'embarcadère de Tammalang et de regagner immédiatement le pays pour obtenir un nouveau visa touristique de 15 jours. Avant de revenir, vous devrez prendre le bateau et entrer en Malaisie. Si vous êtes motorisé, faites un saut en Malaisie via le parc national de Thale Ban (voir p. 394, 394).
Poste (angle Th Satun Thanee et Th Samanta Prasit)
Siam Commercial Bank (Th Satun Thanee). Bureau de change et DAB.
Sinkiat Thanee Hotel (50 Th Burivanich ; accès Internet 30 B/h ; ⏰ 8h-23h)

À voir

MUSÉE KU DEN

L'excellent **musée Ku Den** (Musée national de Satun ; Soi 5, Th Satun Thanee ; 20 B ; ⏰ 8h30-16h30 dim-mer) occupe une jolie demeure sino-portugaise construite pour accueillir le roi Rama V lors d'une visite officielle. Quand il fut avéré que le roi ne viendrait pas, le gouverneur de Satun en fit sa résidence privée. Amoureusement restaurée, elle abrite aujourd'hui des expositions et des dioramas (avec commentaire en thaï et en

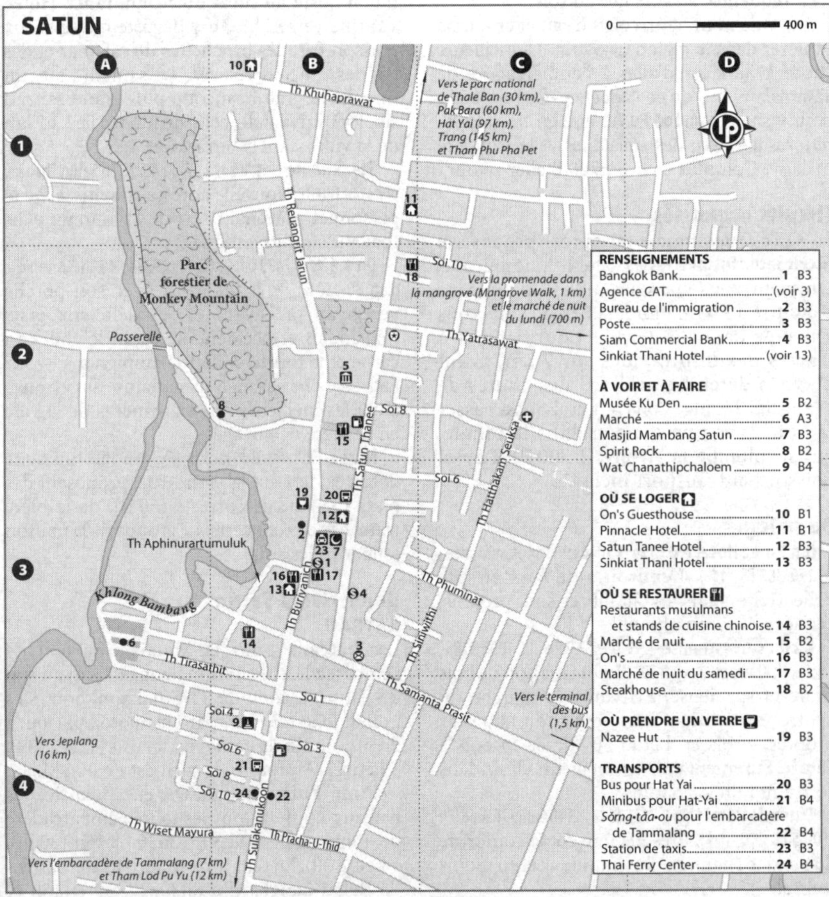

anglais) couvrant tous les aspects de la vie musulmane dans le sud du pays.

À VOIR ÉGALEMENT

Satun possède une beauté langoureuse indéniable. Pour en profiter, vous pourrez randonner sur le **Monkey Mountain** (mont du Singe), un monticule calcaire couvert d'une jungle peuplée de primates, faire le tour du **Spirit Rock**, un temple bouddhique un peu kitsch mais très apprécié, ou passer le pont pour vous promener dans le village de pêcheurs sur pilotis – situé à seulement 1 km de la ville, il semble pourtant appartenir à un autre monde. La nouvelle **promenade dans la mangrove** (Mangrove Walk), bien indiquée et offrant un panorama de la rivière derrière le stade de football, est très fréquentée au coucher du soleil.

Il y a de nombreux cours d'eau et criques à explorer dans la région de Satun. La meilleure chose à faire est d'aller à l'embarcadère de Tammalang, où l'on peut louer des *long-tail boats* pour visiter **Tham Lod Pu Yu**, une grotte calcaire pittoresque avec des stalactites, à la frontière malaise. Comptez environ 700 B aller-retour.

Circuits organisés

La On's Guesthouse (ci-après) propose le **circuit Satun Discoveries** (990 B/pers) d'une journée. On vient vous chercher à 8h30 pour vous conduire à Tham Phu Pha Pet, où vous vous glisserez dans des kayaks pour pagayer à travers des minirapides sur 7 km, avant de vous détendre au bord des chutes de Wang Sai Thong. Vous pourrez aussi passer la nuit dans une maison dans la jungle, qui surplombe la rivière (1 500 B). Repas, boissons et transport inclus.

Où se loger

Satun Tanee Hotel (☎ 0 7471 1010 ; 90 Th Satun Thanee ; ch 170-380 B ; ❄). L'endroit a de faux airs de collectivité, mais les chambres sont propres, et l'accueil sympathique.

♡ **On's Guesthouse** (☎ 0 7473 0469, 08 1097 9783 ; 1 Soi 1, Th Khuhaprawat ; ch 200 B). Une maison de bois claire et spacieuse, à 10 min de marche du centre de Satun. Chambres rudimentaires propres – sols en béton au rdc et en bois à l'étage. Sûrement l'un des meilleurs choix dans l'offre réduite de Satun.

Pinnacle Hotel (☎ 0 7471 1611 ; 43 Th Satun Thanee ; ch 550-650 B ; ❄ 📶). Presque une copie conforme du Sinkiat Thani, en plus lumineux et en moins central.

Sinkiat Thani Hotel (☎ 0 7472 1055 ; 50 Th Burivanich ; ch 680 B ; ❄ 📶). Central, un peu défraîchie mais suffisamment propre, cette tour vieillissante est bien équipée, et les étages supérieurs jouissent d'une superbe vue sur la ville et la jungle.

Où se restaurer et prendre un verre

On trouve des restaurants musulmans et des stands de cuisine chinoise, rapides et bon marché, sur Th Burivanich et Th Samanta Prasit. Les stands de cuisine chinoise sont spécialisés dans le *kôw mŏo daang* (porc rouge au riz), tandis que les restaurants musulmans proposent des *roti* avec du poulet au curry dans le style du Sud (environ 50 B pour chacun).

Marchés de nuit (Th Satun Thanee). Satun compte d'excellents marchés de nuit. Le marché quotidien, juste au nord du Satun Tanee Hotel, s'anime vers 17h. On y déguste du délicieux poisson frit, des brochettes de calamar et des curries du Sud relevés. Le samedi soir, un marché de nuit beaucoup plus grand s'étend sur Th Burivanich ; celui du lundi a lieu à 1 km de la ville, sur Th Yatrasawat.

Steakhouse (☎ 0 7472 3777 ; 45/27 Th Satun Thanee ; plats 60-130 B). Nouvelle adresse climatisée, où le personnel prévenant sert de savoureux plats thaïlandais authentiques.

On's (☎ 0 7473 0469, 08 1097 9783 ; 48 Th Burivanich ; plats 80-150 B ; 🕑 8h-tard ; 📶). Avec son porche verdoyant à l'avant et ses délicieux plats thaïlandais et occidentaux (dont le chili con carne et la tourte poulet-champignons), voici l'adresse à ne pas manquer à Satun. On y trouve aussi les meilleurs renseignements de la ville en matière de voyage.

Nazee Hut (Th Burivanich ; 🕑 18h-1h). Enseigne délabrée derrière la grand-rue, proposant des plats thaïlandais corrects (50 B), de la bière fraîche et des concerts. Le groupe de la maison joue tous les soirs.

Depuis/vers Satun

BATEAU

Les bateaux pour la Malaisie partent de l'embarcadère de Tammalang, à 7 km au sud de Satun, le long de Th Sulakanukoon. Des grands *long-tail boats* partent une fois par jour à 9h30 pour Kuala Perlis en Malaisie (aller 150 B, 1 heure). Au retour, le tarif est de 20 $M.

Pour Pulau Langkawi, en Malaisie, les bateaux quittent tous les jours l'embarcadère de Tammalang à 9h30, 13h30 et 16h (300 B, 1 heure 30). En sens inverse, les bateaux partent de Pulau Langkawi à 8h30, 12h30 et 15h et coûtent 27 $M. N'oubliez pas que la Malaisie avance d'une heure sur la Thaïlande. Les billets peuvent s'acheter à l'embarcadère à Satun.

Lors de notre visite, un nouveau bateau pour Ko Lipe était prévu pour la haute saison. Il devait partir à 10h30 tous les jours (300 B, 1 heure 30 ; décembre-mai). Pour les billets, renseignez-vous à l'embarcadère ou à la On's Guesthouse (ci-contre).

BUS

Tous les bus partent maintenant du **terminal des bus** (Th Samanta Prasit), situé à 2 km à l'est du centre-ville. Les bus climatisés pour Bangkok (800-1 200 B, 14 heures) partent à 7h, 7h30, 15h et 16h. Des bus classiques et climatisés rallient Trang (90 B, 1 heure 30) toutes les heures. Il y a aussi quelques bus quotidiens pour Krabi (221 B, 4 heures) et Phuket (340 B, 7 heures). Les bus pour Hat Yai (70 B, 2 heures) s'arrêtent pour prendre des passagers dans Th Satun Thanee – ils prennent lentement la route vers le nord.

MINIBUS ET TAXI COLLECTIF

De fréquents minibus desservent la gare ferroviaire de Hat Yai (70 B, 1 heure) au départ d'un dépôt au sud du Wat Chanathipchaloem, dans Th Sulakanukoon. Des minibus rallient de temps à autre Trang, mais les bus sont beaucoup plus fréquents. Si vous arrivez en bateau à l'embarcadère de Tammalang, sachez qu'il existe des minibus climatisés directs pour Hat Yai et l'aéroport de Hat Yai (90 B).

Les taxis collectifs stationnés près de la Masjid Mambang Satun desservent Pak Bara (500 B, 45 min), La-Ngu (400 B, 30 min) et Hat Yai (450 B, 1 heure).

Il n'y a plus de transports en commun pour le parc national de Thale Ban, mais la On's Guesthouse (page précédente) peut se charger de l'organisation du trajet. Comptez 1 500 B aller-retour.

Comment circuler

Les petits *sŏrng·tăa·ou* orange pour l'embarcadère de Tammalang (pour les bateaux à destination de la Malaisie) coûtent 40 B et partent du 7-Eleven dans Th Sulakanukoon 40 min avant le départ du ferry. Comptez 60 B à moto-taxi.

ENVIRONS DE SATUN

Pak Bara

ปากบารา

La petite communauté de pêcheurs de Pak Bara est le principal point de départ pour les îles des parcs nationaux maritimes de Mu Ko Phetra et de Ko Tarutao. Les aménagements touristiques progressent lentement, Pak Bara attirant de plus en plus de touristes venant découvrir les éblouissantes îles. La paisible ville compte quelques options d'hébergement correctes et permet de déguster de délicieux fruits de mer. Pour autant, à moins d'arriver après le départ du dernier bateau, il n'y a pas vraiment de raison de s'attarder.

La route principale venant de La-Ngu se termine à l'embarcadère, où vous trouverez plusieurs agences de voyages, des cybercafés, des restaurants bon marché et des boutiques vendant du matériel de plage. Juste derrière l'embarcadère, le **centre d'information des visiteurs** (☎ 0 7478 3485) du parc national maritime de Ko Tarutao délivre des autorisations de camper et réserve des hébergements. Les agences de voyages de la ville organisent des circuits dans les îles du parc national.

CIRCUITS ORGANISÉS

Plusieurs agences proches de l'embarcadère rivalisent pour le transport des voyageurs. **Adang Seatours** (☎ 0 7478 3338 ; www.adangseatour.com) est l'une des plus fiables. Comparez les prix pour les excursions d'une journée en kayak dans les impressionnantes grottes de **Tham Chet Khok** (1 800 B/pers, déj inclus).

En haute saison, le **Satun Pakbara Speedboat Club** (☎ 0 7478 3643 ; www.tarutaolipeisland.com) propose des circuits en hors-bord à Ko Tarutao, à Ko Bulon Leh et à Ko Lipe. Consultez son site Internet pour plus de précisions.

OÙ SE LOGER ET SE RESTAURER

Happy House (☎ 0 7478 3631 ; ch 300-390 B ; ❄). Bien indiqué depuis la route principale, l'établissement est situé au bout d'une allée de graviers dans un quartier de pêcheurs. Les chambres sont lumineuses et spacieuses. TV câblée et jardinières sur la terrasse du 2e étage.

Best House Resort (☎ 0 7478 3058 ; bung 590 B ; ❄). À 100 m de l'embarcadère, vers l'intérieur des terres, cet établissement possède des bungalows en béton bien tenus autour d'un bassin aux eaux troubles. La direction, très chaleureuse, fournit de bons conseils de voyage.

Red Boat (☎ 0 7478 3498 ; plats 60-150 B ; ⏰ 7h-23h). Faites halte ici en attendant votre ferry pour prendre un petit-déjeuner occidental, un expresso, un cocktail ou de délicieuses crevettes sautées au tamarin.

Près de l'embarcadère de Pak Bara, quelques restaurants simples et des vendeurs ambulants servent de bons plats malais pour 20-50 B. On trouve aussi une série de bons stands de fruits de mer le long de la côte au sud de la ville – ils commencent à fumer juste avant le coucher du soleil. Les habitants s'y pressent le dimanche.

DEPUIS/VERS PAK BARA

Des bus circulent toutes les heures de 7h à 16h entre Hat Yai et l'embarcadère de Pak Bara (90 B, 2 heures 30). En venant de Satun, vous pourrez prendre un bus ordinaire vers Trang et descendre à La-Ngu (40 B, 30 min), puis continuer en *sŏrng·tăa·ou* jusqu'à Pak Bara (30 B, 15 min). En taxi, de Satun à Pak Bara, comptez 450 B.

Des minibus climatisés partent toutes les heures devant les agences de voyages proches de l'embarcadère pour Hat Yai (150 B, 2 heures). Il y a aussi des minibus pour Trang (200 B, 1 heure 30), qui permettent de prendre des correspondances pour de nombreuses destinations, comme Krabi (450 B, 4 heures) ou Phuket (650 B, 6 heures). Il est moins cher mais plus compliqué de prendre un minibus ordinaire pour Trang et d'organiser ensuite seul la suite de son voyage.

L'époque des énormes et bruyants ferrys en bois semble révolue dans la province de Satun. Du 21 octobre à fin mai, on ne trouve plus que des hors-bord, qui vont à Ao Pante Malacca sur Ko Tarutao, puis continuent vers Ko Lipe. **Adang Seatours** (☎ 0 7478 3338 ; www.adangseatour.com) est l'un des quelques opérateurs de hors-bord compétents sur ce trajet. Ses bateaux partent de Pak Bara à 11h et 14h (aller-retour 1 200 B, 1 heure 30) ; dans le sens inverse, les bateaux partent à 9h30 et 13h30. À partir du 16 novembre, ils s'arrêtent aussi à Ko Adang pour le même prix. Pour Ko Bulon Leh, les bateaux partent à 12h30 (aller-retour 800 B, 1 heure) – ils poursuivent leur route vers Ko Lipe. Si vous ratez le départ, vous pourrez facilement louer un *long-tail boat* auprès des pêcheurs locaux (1 500-2 000 B, 1 heure 30). Pendant la saison des pluies, les services pour Ko Lipe dépendent de la météo et de la demande ; ils sont alors généralement limités à 3 par semaine.

Ko Bulon Leh

เกาะบุโหลนเล

C'est le bon moment pour visiter Ko Bulon Leh, superbe île située à 23 km à l'ouest de Pak Bara. Entourée d'eaux limpides – une caractéristique de la mer d'Andaman – et bordée de magnifiques plages de sable blanc parsemées de hauts casuarinas, la belle Ko Bulon Leh se trouve dans une phase idéale : assez développée pour offrir le confort nécessaire, mais relativement peu fréquentée.

L'exceptionnelle **plage** de sable blanc s'étend le long de la côte est depuis le Bulone Resort, sur le cap nord-est, jusqu'à Pansand. La plage devient plus étroite par endroits, surtout lorsqu'elle se confond avec les mangroves noueuses et qu'elle est jonchée d'épais rondins blanchis par le soleil. Mais, grâce à tous les coins et recoins, il est facile de trouver un endroit secret et ombragé, pour profiter de la vue en toute quiétude.

L'arrière-pays luxuriant de Bulon est parcouru de quelques pistes qui méritent d'être explorées – la partie ouest, composée d'un rocher couvert d'une jungle dense, est inaccessible à pied. La beauté sauvage de Bulon transparaît notamment dans le lagon bleu rocheux de **Panka Yai**, sur la côte sud. On trouve des sites de snorkeling intéressants autour du promontoire ouest. Quant aux sentiers traversant la jungle et les plantations d'hévéas – gardez les yeux grand ouverts pour ne pas manquer les énormes varans qui vivent là –, ils conduisent à **Ao Meuang** (ou Mango Bay), où vous découvrirez un authentique camp de *chow*

EXCURSION AU PARC NATIONAL DE THALE BAN

Rares sont les étrangers qui se rendent dans ce parc situé à la frontière malaise, à environ 30 km au nord-est de Satun. Son principal attrait est un lac d'eau douce au milieu du parc de 196 km^2, présentant un paysage pittoresque de forêt tropicale en altitude, abritant une faune fascinante et de nombreux oiseaux, ainsi que des grottes et des cascades pendant la saison des pluies. Près du lac, 13 maisonnettes du parc national se louent pour 600 B la nuit. Pour réserver, adressez-vous au **parc national de Thale Ban** (☎ 08 3533 1710 ; www.dnp.go.th). Tous les dimanches matin, un marché intéressant se tient de chaque côté de la frontière.

Aucun transport public ne dessert le parc, auquel on peut accéder en taxi depuis Satun ou Hat Yai. Reportez-vous p. 393 pour plus de détails.

lair (ou *chao leh*, nomades des mers), pêcheurs de calamars. Délabré et hors du temps, ce camp s'étend sur le sable doré et donne sur un lagon couleur jade, abrité par des promontoires de granit noir couverts de jungle.

Les hôtels peuvent organiser des excursions de snorkeling (1 500 B, 4 heures) vers d'autres îles de l'archipel pour un maximum de 6 personnes, ainsi que des sorties de pêche (300 B/heure). Les circuits incluent généralement les eaux limpides couleur émeraude autour de **Ko Gai** et de **Ko Ma**, deux rochers noueux érodés par le vent et le temps. Mais le site le plus sublime est **White Rock** (Rocher blanc) – des flèches jaillissant de la mer, bénies des oiseaux. Sous la surface, un récif rocheux couvert de moules grouille de poissons colorés. La marée basse est idéale pour le snorkeling. Le plus beau récif de corail de la région se situe au large de Laem Son, près du Bulone Resort, qui loue des masques, des tubas (100 B), des palmes (70 B) et des kayaks (150 B).

Le Bulone Resort propose aussi un accès à Internet (3 B/min) et recharge les batteries d'ordinateurs portables (50 B) et d'appareils numériques (10 B).

OÙ SE LOGER ET SE RESTAURER

La plupart des adresses sont fermées en basse saison. Les plus persévérants pourront alors louer des bungalows à prix cassés.

Chaolae Homestay (bung 400 B). Avec ses cabanes de rondins simples et agréables sur la colline dominant Panka Yai, cette propriété gérée par une famille *chow lair* est un nouveau venu remarquable – elle offre sans doute le meilleur rapport qualité/prix de l'île. Bon site de snorkeling au large de la plage voisine.

♡ **Marina Resort** (☎ 08 1598 2420, 08 5078 1552 ; www.marina-kobulon.com ; bung 500-1 000 B). Les huttes de chaume n'ont jamais été aussi belles – terrasses sur pilotis, sols à claire-voie, hauts plafonds… La cuisine, savoureuse, est servie dans un agréable restaurant. Le complexe peut réserver des billets de hors-bord et organise des circuits de snorkeling.

Bulone Resort (☎ 08 6960 0468 ; www.bulone-resort.com ; bung 1 000-1 200 B). Perchés sur le cap nord-est et offrant un accès à deux charmantes plages de sable blanc, ces jolis bungalows en bois figurent parmi les meilleurs choix de Bulon – grands lits et brise marine. L'électricité fonctionne toute la nuit. Le *smoothie* à la mangue, avec du miel, du citron vert et du yaourt, est délicieux.

Pansand Resort (☎ 0 7521 1010 ; www.pansand-resort.com ; cottages 1 200-1 500 B ; 💻). À l'extrémité sud de la superbe plage de sable blanc. Les bungalows en brique et bambou tressé, avec vue sur la mer, sont équipés de ventilateurs. Les bungalows en bois, moins chers, sont en retrait sous les arbres. Tous ont de l'électricité 24h/24. Le complexe gère les hors-bord reliant Bulon à Lipe et à Lanta.

Vous trouverez des restaurants locaux et une petite boutique dans le village musulman près du point de vue de Bulon.

DEPUIS/VERS KO BULON LEH

Le bateau pour Ko Bulon Leh part tous les jours de Pak Bara à 12h30, s'il y a assez de passagers (400 B). Le transfert du bateau vers la plage en *long-tail boat* coûte 30 B. En sens inverse, le bateau mouille dans la baie en face du Pandang Resort vers 9h. Vous pourrez aussi louer un *long-tail boat* à Pak Bara (1 500-2 000 B).

L'île n'est plus desservie par les ferrys. De novembre à mai, deux hors-bord (600 B, 1 heure) partent tous les jours de Ko Bulon Leh pour Ko Lipe, dans le parc national maritime de Tarutao. Les bateaux, qui arrivent de Ko Lanta et font halte aux îles de Trang, partent devant le Pansand Resort à 13h et 15h.

PARC NATIONAL MARITIME DE KO TARUTAO

อุทยานแห่งชาติหมู่เกาะตะรุเตา

Protégé par son statut, et surtout par sa relative inaccessibilité, le **parc national maritime de Ko Tarutao** (☎ 0 7478 1285 ; www.dnp.go.th/index_eng.asp ; adulte/moins de 14 ans 200/100 B) est l'une des régions les plus sauvages et les plus belles de Thaïlande. Ce vaste parc englobe 51 îles aux plages resplendissantes et aux superbes récifs coralliens, couvertes d'une forêt vierge remarquablement préservée, refuge de nombreuses espèces animales.

Ko Tarutao fut l'un des premiers parcs nationaux maritimes de Thaïlande. Il n'abrite qu'un seul hébergement, composé de petites cabanes et de *longhouses*, gérés par l'État dans le respect de l'environnement. Jusqu'à maintenant, les responsables ont (pour la plupart du moins) fait la sourde oreille face aux pressions de grands promoteurs, désireux de construire des complexes hôteliers sur les îles, même si des concessions ont été faites pour le tournage de l'émission de télé-réalité américaine *Survivor* (l'équivalent de *Koh Lanta* en France), en 2001. S'est également posé le problème d'un complexe hôtelier privé axé sur la pêche sur Ko Adang, d'où les promoteurs immobiliers sont censés être exclus. Son inauguration était prévue pour 2010, mais les écologistes locaux ont fait appel auprès des tribunaux thaïlandais pour qu'il reste fermé.

Malheureusement, le problème des détritus peut se poser sur les îles – le nettoyage de ceux qui échouent sur la plage ou sont laissés par les visiteurs n'est qu'occasionnel. Veillez à ne pas laisser de traces de votre passage. Dans les îles du parc, vous pourrez apercevoir des semnopithèques obscurs, des macaques crabiers, des chevrotains, des cochons sauvages, des loutres de mer, des chats pêcheurs, des pythons verts, des varans malais, des milans sacrés, des aigles de mer, des calaos et des martins-pêcheurs.

Ko Tarutao est l'île la plus grande et la plus visitée de l'archipel. C'est ici que se trouvent le bureau du parc et les hébergements gérés par le gouvernement. De nombreux voyageurs préfèrent loger sur Ko Lipe, qui a réussi à échapper à la protection du parc national et est rapidement devenue une station balnéaire très prisée, dotée de nombreux bungalows et infrastructures touristiques. Des circuits en *long-tail boat* vers les îles voisines peuvent être organisés par l'intermédiaire des agences de voyages de Satun et de Pak Bara, du bureau du parc national sur Ko Tarutao et des complexes hôteliers et des sociétés de *long-tail boats* sur Ko Lipe. Attention : il n'y a aucun bureau de change sur Ko Tarutao. Pensez à changer les espèces et les chèques de voyage dans les agences de voyages de Pak Bara, ou à retirer de l'argent au DAB de La-Ngu.

Ko Tarutao

เกาะตะรุเตา

La majeure partie de Ko Tarutao, île d'une superficie de 152 km^2, est couverte d'une épaisse forêt tropicale primaire qui grimpe jusqu'au point culminant du parc (713 m). Les marécages de mangrove et les impressionnantes falaises calcaires entourent une grande partie de l'île, et la côte ouest est creusée de grottes et bordée de paisibles plages de sable blanc. Il s'agit de l'une des îles les plus sauvages du pays.

Tarutao a connu une histoire sordide qui explique en partie son extraordinaire état de préservation. Entre 1938 et 1948, plus de 3 000 détenus y ont été incarcérés, criminels et prisonniers politiques confondus. Parmi eux figurèrent So Setabutra, qui compila le premier dictionnaire thaï-anglais lors de son incarcération sur l'île, et Sittiporn Gridagon, le fils de Rama VII. Durant la Seconde Guerre mondiale, le ravitaillement en nourriture et en médicaments depuis le continent fut sérieusement réduit et des centaines de prisonniers succombèrent au paludisme. Les prisonniers et les gardiens organisèrent une mutinerie et se livrèrent à la piraterie dans le proche détroit de Malacca avant d'être décimés par les soldats britanniques en 1944.

À VOIR ET À FAIRE

Le principal embarcadère est implanté sur **Ao Pante Malacca**, sur la côte ouest, où vous trouverez un restaurant et une ravissante plage d'albâtre, à l'ombre des pandanus et des casuarinas. En remontant le cours d'eau vers l'intérieur des terres, vous atteindrez **Tham Jara-Khe** (grotte aux Crocodiles), jadis peuplée de dangereux crocodiles de mer. À marée basse, la grotte est navigable sur 1 km et peut se visiter dans le cadre de circuits en *long-tail boats* qui partent de la jetée. À côté du centre d'information des visiteurs, à Ao Pante Malacca, un sentier escarpé grimpe à travers la jungle jusqu'à la **falaise de Toe Bou**, un spectaculaire affleurement rocheux qui offre un panorama fabuleux de Ko Adang et des îles environnantes.

Envahis par la végétation, les vestiges du camp de prisonniers politiques sont accessibles par une marche de 12 km dans la jungle, qui relie le centre d'information des visiteurs à **Ao Taloh Udang**, dans le sud-est de l'île. La plage et la baie, intactes, font un lieu de campement superbement isolé. Si vous ne voulez pas marcher, vous pourrez prendre un *long-tail boat*. Le camp des prisonniers civils se trouvait sur la côte est, à **Ao Taloh Waw**. Une route bétonnée traverse l'île d'Ao Taloh Waw à Ao Pante Malacca.

Juste au sud d'Ao Pante Malacca, **Ao Jak** possède une autre jolie plage de sable, et **Ao Molae** est doté d'une plage de sable blanc et d'un poste de gardes forestiers avec des bungalows, un *longhouse* et un camping. À 30 min en bateau ou à 8 km de marche en direction du sud depuis Ao Pante, **Ao Son** est une baie sablonneuse isolée où des tortues viennent pondre de septembre à avril. Malgré l'absence d'installations, vous pourrez y camper. Ao Son se prête bien au snorkeling, de même que **Ao Makham**, plus au sud. Depuis le poste des gardes forestiers d'Ao Son, une petite marche vers l'intérieur des terres vous mènera aux **chutes de Lu Du** (environ 1 heure 30) et aux **chutes de Lu Po** (environ 2 heures 30).

D'Ao Pante Malacca, un *long-tail boat* pourra aussi vous mener à **Ao Rusi**, qui abrite une grotte spectaculaire et de beaux coraux au large. À

PARC NATIONAL MARITIME DE KO TARUTAO ET SES ENVIRONS

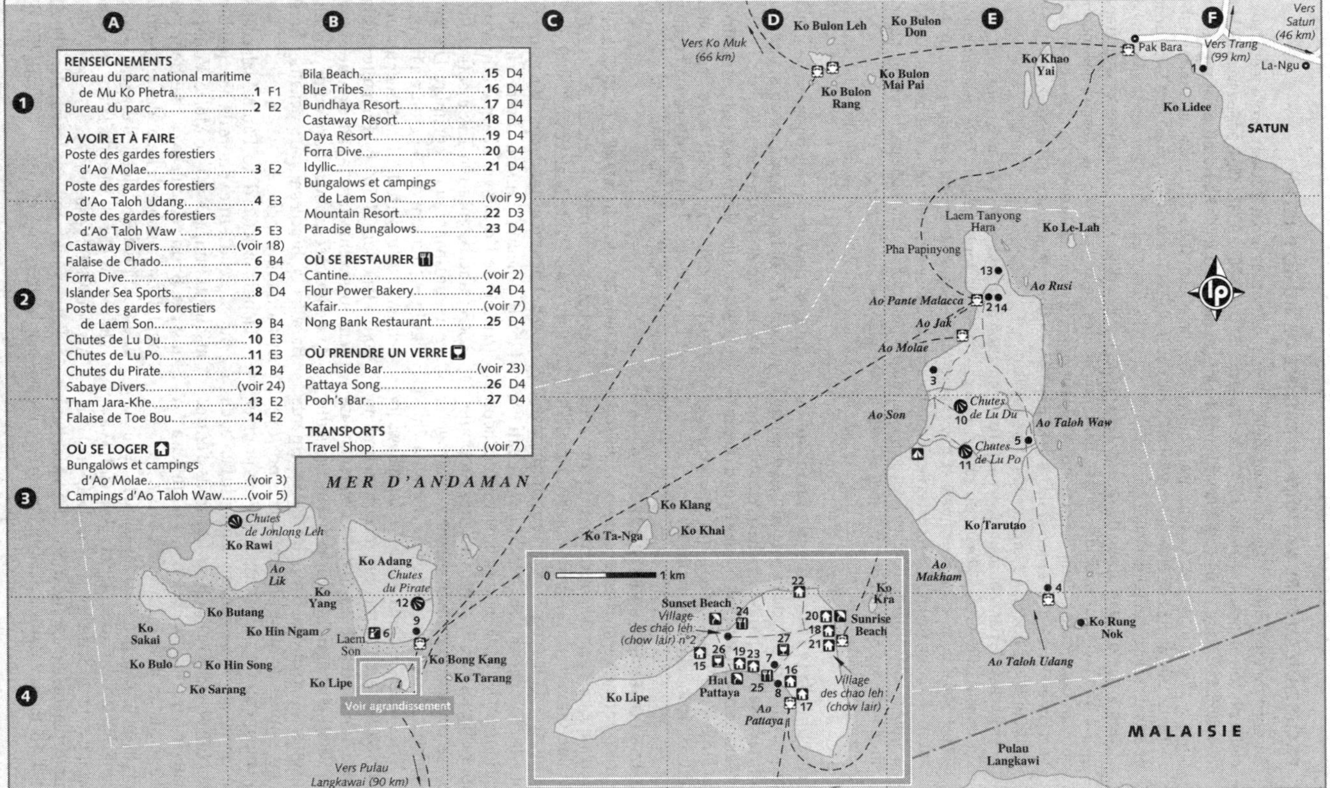

RENSEIGNEMENTS
Bureau du parc national maritime de Mu Ko Phetra 1 F1
Bureau du parc 2 E2

À VOIR ET À FAIRE
Poste des gardes forestiers d'Ao Molae 3 E2
Poste des gardes forestiers d'Ao Taloh Udang 4 E3
Poste des gardes forestiers d'Ao Taloh Waw 5 E3
Castaway Divers ..... (voir 18)
Falaise de Chado 6 B4
Forra Dive 7 D4
Islander Sea Sports 8 D4
Poste des gardes forestiers de Laem Son 9 B4
Chutes de Lu Du 10 E3
Chutes de Lu Po 11 E3
Chutes du Pirate 12 B4
Sabaye Divers ..... (voir 24)
Tham Jara-Khe 13 E2
Falaise de Toe Bou 14 E2

OÙ SE LOGER
Bungalows et campings d'Ao Molae ..... (voir 3)
Campings d'Ao Taloh Waw ..... (voir 5)
Bila Beach 15 D4
Blue Tribes 16 D4
Bundhaya Resort 17 D4
Castaway Resort 18 D4
Daya Resort 19 D4
Forra Dive 20 D4
Idyllic 21 D4
Bungalows et campings de Laem Son ..... (voir 9)
Mountain Resort 22 D3
Paradise Bungalows 23 D4

OÙ SE RESTAURER
Cantine ..... (voir 2)
Flour Power Bakery 24 D4
Kafair ..... (voir 7)
Nong Bank Restaurant 25 D4

OÙ PRENDRE UN VERRE
Beachside Bar ..... (voir 23)
Pattaya Song 26 D4
Pooh's Bar 27 D4

TRANSPORTS
Travel Shop ..... (voir 7)

EXCURSION AU PARC NATIONAL MARITIME DE MU KO PHETRA

Au nord de Ko Tarutao s'étend un chapelet d'îles plus petites, dont 22 sont protégées dans le cadre du parc national maritime de **Mu Ko Phetra** (☎ 0 7478 3074, 0 7478 3504 ; adulte/moins de 14 ans 200/100 B). Peu visité, ce parc de 495 km² englobe les îles de l'archipel de **Ko Bulon**, ainsi que nombre d'îles et d'îlots inhabités. La plus grande île de l'archipel, **Ko Khao Yai**, possède une formation rocheuse aux allures de château médiéval et plusieurs plages immaculées propices à la baignade et au snorkeling. On peut y camper.

Non loin, **Ko Lidee** recèle de ravissantes criques ourlées d'eaux peu profondes et une grande grotte que l'on peut rejoindre en grimpant. Aux abords de la baie d'Ao Jit, des prairies marines abritent une petite colonie de dugongs. On peut organiser une excursion à Ko Lidee en *long-tail boat* ou en kayak de mer (environ 1 500 B/ pers) en s'adressant au bureau du parc national à Ao Nun, sur le continent, à 3 km au sud-est de Pak Bara.

Le bureau du parc abrite un petit centre d'information pour les visiteurs et un agréable restaurant sur pilotis au-dessus de l'eau. Un sentier nature traverse la forêt. Le parc loue des bungalows (800-1 500 B pour 4 à 9 personnes) et des chambres avec ventilateur en *longhouse* (600 B). Avec autorisation, on peut camper sur les îles inhabitées du parc. Le droit d'entrée ne s'applique que pour la visite des îles au large. Pour accéder au bureau du parc, quittez la Route 4052 par l'embranchement situé entre les bornes des Km 5 et 6, près de la mosquée à coupole dorée.

proximité, **Ko Le-Lah** est un autre bon site de snorkeling. Le long de la côte sud se dressent d'intéressantes parois rocheuses abruptes, notamment à **Ko Rung Nok** (île des Nids d'oiseau), au large d'Ao Taloh Udang, qui regorge de ces nids d'hirondelle si convoités.

OÙ SE LOGER ET SE RESTAURER

Sur Ko Tarutao, les hébergements officiels sont regroupés autour des bureaux du parc à Ao Molae. Ouverts de mi-novembre à mi-mai, ils se montrent plus soucieux de l'environnement que la majorité des *resorts* du pays. L'eau est rationnée, les déchets sont envoyés (de façon sporadique) sur le continent, des ampoules basse consommation assurent l'éclairage et l'électricité ne fonctionne que de 18h à 7h.

Vous aurez le choix entre des **bungalows** (ch 600-1 000 B) de construction récente d'une ou deux chambres et les **chambres en longhouse** (ch 500 B), plus simples, qui peuvent accueillir jusqu'à 4 personnes. Tous les hébergements sont équipés de moustiquaires, mais prévoyez quand même un antimoustique. Vous pourrez réserver votre hébergement auprès du **bureau du parc** (☎ 0 7478 3485) à Pak Bara. Les droits d'entrée dans le parc national peuvent s'acquitter à Ao Pante Malacca ou à Ao Taloh Waw.

On peut camper sous les casuarinas à Ao Pante Malacca, à Ao Molae et à Ao Taloh Waw, où il y a des toilettes et des douches, ainsi que sur les plages sauvages d'Ao Son, d'Ao Makham et d'Ao Taloh Udang, où il faut emporter tout le nécessaire. Le coût est de 30 B/pers pour ceux qui possèdent une tente ; sinon, on peut en louer une à 225 B. Le camping est aussi autorisé sur Ko Adang et d'autres îles du parc.

Les autorités du parc gèrent des **cantines** (plats 40-120 B ; 🕑 7h-14h et 17h-21h) à Ao Pante Malacca et à Ao Molae. La nourriture est copieuse et savoureuse et les bières fraîches.

COMMENT S'Y RENDRE ET CIRCULER

Des bateaux venant de Pak Bara (p. 393) s'arrêtent à Ao Pante Malacca à 11h30 et 13h30 (400 B, 1 heure), avant de continuer sur Ko Lipe (250 B, 1 heure). En sens inverse, les bateaux arrivant de Ko Lipe et allant en direction de Pak Bara accostent à 10h. L'île est officiellement fermée de fin mai au 15 septembre. Des bateaux réguliers circulent du 21 octobre à fin mai ; en dehors de cette période, il faut louer un *long-tail boat* à Pak Bara (1 500 B). En haute saison, on peut aussi venir dans le cadre d'une excursion d'une journée en hors-bord au départ de Pak Bara (2 000 B, accès au parc, déjeuner, boissons et snorkeling inclus).

Depuis la jetée d'Ao Pante Malacca, vous pouvez prendre une voiture du parc (60 B/pers) jusqu'aux bungalows d'Ao Molae. Vous pouvez aussi louer un véhicule avec chauffeur (600 B/ jour). Il est possible de louer des *long-tail boats* à destination d'Ao Taloh Udang (2 000 B), d'Ao Taloh Wow (1 500 B) et de Tham Jara-Khe ou Ao Son (800 B chacun).

Enfin, vous trouverez des kayaks (100/250 B par heure/jour) et des VTT (50/250 B) en location.

Ko Khai et Ko Klang

เกาะไข่/เกาะกลาง

Entre Ko Tarutao et Ko Adang, un groupe de trois îles a été baptisé **Muu Ko Klang** (groupe des îles du Milieu). La plus intéressante, **Ko Khai**, possède une plage de sable blanc et une pittoresque arche rocheuse. Les récifs coralliens sont un peu abîmés, mais Ko Khai et **Ko Klang** sont toutes deux baignées d'eaux cristallines idéales pour nager. Vous pouvez y accéder en louant un *long-tail boat* à Ao Pante Malacca sur Ko Tarutao, ou à Ko Lipe. Depuis ces deux endroits, l'aller-retour coûte environ 1 500 B.

Ko Lipe

เกาะหลีเป๊ะ

Lipe fut jadis un repaire de pirates, qui venaient y cacher leurs trésors et attendre que les tempêtes s'apaisent. Plus récemment, elle est devenue le rêve éveillé des voyageurs à dreadlocks. Dotée de deux larges plages de sable blanc séparées par des collines recouvertes d'une jungle luxuriante, et tout près des récifs coralliens protégés et d'immenses îles abritant une faune riche, c'était ici que les voyageurs hippies venaient se remettre des émotions suscitées par Phi Phi. Mais les temps changent, et Lipe subit désormais les mêmes transformations (pas forcément positives) que Railay, et Phi Phi dans une certaine mesure. Les pistes sablonneuses ont été bétonnées, les nuits noires sont bannies, et doucement mais sûrement, les touristes en groupe et leurs quatre étoiles ont supplanté les repaires de pirates et les huttes sans prétention. Dans la métamorphose de Lipe, les plus grands perdants sont les 700 membres de la communauté *chow lair*, qui ont vendu leurs terres à un promoteur immobilier thaïlandais.

Pourtant, malgré ces bouleversements, il y a encore beaucoup de choses à apprécier à Lipe, qui reste (pour l'instant) à cent lieues de Phi Phi. Le magnifique croissant de sable blanc de **Hat Pattaya**, sur la côte sud, offre des bungalows chic en bambou et en bois dur, quelques bars de plage incroyablement branlants, de délicieux plats de fruits de mer et une ambiance festive en haute saison. L'inconvénient est la prépondérance des *long-tail boats* qui gênent les nageurs. **Sunrise Beach**, balayée par le vent, est encore plus spectaculaire, avec une longue bande de sable qui s'étire vers le nord, d'où la vue sur Adang est spectaculaire. **Sunset Beach**, avec son sable doré, ses collines couvertes de jungle et sa baie paisible qui se jette dans le détroit d'Adang, dégage une atmosphère complètement différente et conserve l'âme sauvage de Lipe. Entre les deux, un dédale de béton, en expansion constante, est composé de cafés, d'agences de voyages, de boutiques et de salons de beauté. Pour autant, avec un nombre croissant de *resorts* choisissant de rester ouverts toute l'année, on a vraiment une chance de trouver le calme au sein de l'agitation.

L'île ne compte aucune banque ni DAB. Néanmoins, certains grands complexes acceptent, moyennent de fortes commissions, de changer les chèques de voyage et les espèces ou de fournir des avances sur carte de crédit. On trouve des cybercafés, notamment le long du chemin qui traverse l'île (3 B/min).

À VOIR ET À FAIRE

De beaux récifs de coraux bordent la côte sud et entourent **Ko Kra**, une petite île située en face de Sunrise Beach. La plupart des hôtels louent des masques et tubas, ainsi que des palmes (50 B chacun), et peuvent organiser des circuits de snorkeling de quatre étapes en *long-tail boat* vers Ko Adang et d'autres îles frangées de corail (environ 1 500 B). La meilleure façon de découvrir l'archipel consiste à engager un capitaine *chow lair*. **M. Rim** (☎ 08 9464 5289 ; Sunrise Beach), installé juste au sud de l'Idyllic, est un vieux loup de mer impénitent, chaleureux et accueillant. **Islander Sea Sports** (☎ 08 7294 9770 ; 100/600 B par heure/jour) loue des kayaks flambant neufs sur Hat Pattaya.

Bien qu'il serait exagéré de qualifier la plongée d'excellente, il existe de très bonnes possibilités de plongée dérivante et deux excellents sites dans les rochers. **Eight Mile Rock** est un amphithéâtre naturel de rochers couverts de coraux attirant des raies mantas et des requins-baleines. **Stonehenge** est réputé pour ses magnifiques coraux mous, ses hippocampes et ses rares requins-baleines et requins-léopards. Sur les plages de Sunrise et Pattaya, **Forra Dive** (☎ 08 1479 5691, 08 4407 5691 ; www.forradiving.com), tenu par des Français, est l'option la moins chère de Lipe et propose des formations PADI Open Water (12 600 B) et des sorties d'une journée (2 plongées 2 600 B). **Castaway Divers** (☎ 08 7478 1516 ; www.kohlipedivers.com), basé sur Sunrise Beach, propose des formations PADI et SDI, ainsi que des sorties plus intimes (2 plongées 2 800 B) en *long-tail boat*. **Sabye Divers** (☎ 08 9464 5884 ; www.sabye-sports.com) est le petit centre certifié Greenfins sur Sunset Beach ; il est dirigé par un expatrié de longue date.

Même si cela vous tente, n'essayez pas de nager dans l'étroit détroit entre Lipe et Adang, quelle que soit la période de l'année. Les courants y sont puissants et dangereux.

OÙ SE LOGER ET SE RESTAURER

La plupart des hôtels de Ko Lipe, mais pas tous, ferment de mai à octobre, lorsque les bateaux sont plus rares. Beaucoup proposent de remplir vos bouteilles d'eau vides pour limiter les déchets – profitez-en.

Forra Dive (☎ 08 1479 5691 ; www.forradiving.com ; Sunrise Beach ; bung 350-700 B). Bungalows en bambou et lofts. Les plus confortables sont spacieux, avec sdb intérieure et extérieure, et des terrasses avec hamacs balayées par la brise. Agréable salon avec des meubles en bois flotté et avec de nombreux coussins et hamacs. Réduction de 25% pour les plongeurs.

Bila Beach (☎ 08 0589 2056 ; www.bilabeach.com ; Sunset Beach ; dort 400 B, bung 800 B). Superbe bar en bambou et restaurant sur le front de mer, sous d'élégants bungalows à flanc de falaise et au-dessus d'une crique rocheuse privée sur Sunset Beach. Le cadre parfait pour une lune de miel hippie. Dortoir en bambou sympathique. Pattaya se trouve juste de l'autre côté de la colline.

Daya Resort (☎ 0 7472 8030 ; Hat Pattaya ; bung 800 B). Cet établissement familial, composé des habituels bungalows en bois assemblés à la va-vite, profite d'une plage sublime et d'un charmant jardin à l'arrière. Le restaurant sert des fruits de mer grillés fabuleux (et plutôt bon marché).

Paradise Bungalows (☎ 08 0547 9475, 08 1479 3858 ; Hat Pattaya ; bung 800 B). Ces nouveaux bungalows en bambou ne paient pas de mine depuis la plage, mais, en vous approchant, vous découvrirez de charmantes sdb extérieures décorées d'orchidées et des moustiquaires façon dentelle. Sur la terrasse en bambou, coussins et vue sur la mer.

Mountain Resort (☎ 0 7472 8131 ; www.mountainresortkohlipe.com ; Sunrise Beach ; bung 1 100-2 600 B ; ❄ 💻). Ce grand complexe jouit d'une jolie vue depuis sa colline dominant Ko Adang. Des passerelles en bois serpentent jusqu'à la plage que forme la barre de sable au nord de Sunrise Beach. Conçus avec art, les bungalows en bambou et chaume ouvrent sur une véranda. Le restaurant offre un menu gargantuesque, avec vue panoramique sur la mer.

Bundhaya Resort (☎ 0 7475 0248 ; www.bundhayaresort.com ; Hat Pattaya ; bung 1 300-4 000 B ; ❄ 💻 📶). Vu depuis la plage, le complexe ressemblent à un énorme trois étoiles ringard. Pourtant, les bungalows en bois, avec plancher sombre et sdb intérieure et extérieure, ne sont pas si mal. Les bungalows deluxe dans le jardin offrent le meilleur rapport qualité/prix.

Blue Tribes (☎ 08 6285 2153 ; www.bluetribeslipe.com ; Hat Pattaya ; bung 1 500-2 500 B ; ❄ 💻). L'un des plus beaux complexes hôteliers de Pattaya. Choisissez les bungalows en chaume et en bois à 2 étages, avec salon au rdc et chambres à l'étage, dont les portes coulissantes offrent une vue sur la mer. Le confortable restaurant décoré avec du bois flotté sert une savoureuse cuisine du nord-est de l'Italie.

♡ **Castaway Resort** (☎ 08 3138 7472 ; www.castaway-resorts.com ; Sunrise Beach ; bung 3 000-4 500 B ; 💻 📶). Une élégance hippie-chic subtile, sur la douce Sunrise Beach. Les bungalows en bois spacieux – terrasses dotées de hamacs, ventilateurs au plafond et fabuleuses sdb modernes – sont parmi les plus chic de l'île. L'établissement se montre soucieux de l'environnement, avec des chauffe-eau et des lampes fonctionnant à l'énergie solaire. Le restaurant éclairé à la bougie est cher, mais la cuisine y est excellente et l'ambiance, divine. Ouvert toute l'année.

Idyllic (☎ 08 1802 5453 ; www.idyllicresort.com ; Sunrise Beach ; bung 5 950 B ; ❄ 💻 📶). Toits pentus, murs en verre et en béton, TV à écran plat, extérieur en galets et ponts flottants à l'avant. Probablement pas du goût de tout le monde, mais l'endroit a du caractère.

Flour Power Bakery (☎ 08 6957 3101 ; Sunset Beach ; plats à partir de 60 B ; 🕑 petit-déj, déj et dîner). Les cafés glacés, le pain à la banane tout frais et les brownies à la noix de coco constituent à eux seuls une bonne raison de randonner jusqu'à Sunset Beach.

Kafair (village touristique ; plats 70-190 B ; 🕑 petit-déj, déj et dîner). Guettez le son du jazz sur la grande route touristique bétonnée, pour trouver cette ravissante boulangerie-café branchée, qui sert de délicieux petits-déjeuners occidentaux.

Nong Bank Restaurant (Hat Pattaya ; plats 80-120 B ; 🕑 petit-déj, déj et dîner). Désignez les fruits de mer que vous souhaitez manger grillés, ou commandez un excellent curry jaune au crabe (120 B), à déguster sur une demi-douzaine de tables éparpillées sous un arbre sur le sable blanc.

OÙ PRENDRE UN VERRE

De nombreux bars décorés de bois flotté et à l'ambiance rasta jalonnent Ko Lipe. Certaines choses ne changent pas !

Beachside Bar (Hat Pattaya ; 🕑 8h-tard). Avec de nombreux recoins éclairés à la bougie, une bande-son éclectique et une foule invariablement métissée de Thaïlandais et de *faràng* (étrangers), voici l'un des meilleurs bars du coin.

Pooh's Bar (☎ 0 7472 8019 ; www.poohlipe.com). Ce gigantesque ensemble comprend des bungalows, un centre de plongée et plusieurs restaurants. Très prisé des expatriés, surtout en basse saison. Chaque soir, des films sont projetés sur l'écran géant.

DEPUIS/VERS KO LIPE

Du 21 octobre à fin mai, plusieurs opérateurs de bateaux à grande vitesse relient Pak Bara (voir p. 393) à Ko Lipe, via Ao Pante Malacca sur Ko Tarutao et Ko Bulon Leh, à 11h, 12h30 et 14h (550-650 B, 1 heure 30). Dans le sens inverse, le tarif est inexplicablement moins cher (500 B) et les départs se font à 9h, 11h et 13h30. En basse saison, il y a généralement 3 bateaux par semaine, selon la météo. Vous pouvez aussi louer un bateau pour Ko Lipe à Pak Bara pour la modique somme de 4 000 B aller.

Tigerline (☎ 08 1092 8800 ; www.tigerlinetravel.com) propose les ferrys à grande vitesse les moins chers pour Ko Lanta (1 500 B, 5 heures 30), via Ko Muk (1 400 B, 3 heures 30), Ko Kradan (1 400 B, 4 heures) et Ko Ngai (1 400 B, 4 heures 30). Départ à 9h de Ko Lipe.

Le bateau à grande vitesse géré par le **Satun-Pak Bara Speedboat Club's** (☎ 0 7475 0389, 08 2433 0114 ; www.tarutaolipeisland.com) relie tous les jours Ko Lipe à Ko Lanta (1 900 B, 3 heures) ; il part à 9h et fait halte à Ko Bulon Leh (600 B, 1 heure), à Ko Muk (1 400 B, 2 heures) et à Ko Ngai (1 600 B, 2 heures 30). Le même bateau repart de Ko Lanta à 13h.

Le Satun-Pak Bara Speedboat Club's propose aussi deux liaisons quotidiennes avec Pulau Langkawi (1 200 B, 1 heure) en Malaisie ; départs à 10h30 et 16h. Arrivez au bureau de l'immigration au Bundhaya Resort en avance pour faire tamponner votre passeport. Pour le retour, les bateaux quittent Pulau Langkawi pour Ko Lipe à 9h30 et 14h30, heure malaise.

Peu importe le bateau que vous choisirez, vous devrez prendre une navette en *long-tail boat* (50 B/pers) vers/depuis l'embarcadère flottant au bord de la baie. Les billets s'achètent auprès des agents de voyages ou des compagnies de bateaux répartis sur les plages et les chemins de l'arrière-pays. L'agence la plus fiable et la plus professionnelle est **Travel Shop** (☎ 08 9464 5854 ; www.kohlipethailand.com ; village touristique).

Ko Adang et Ko Rawi

เกาะอาดัง/เกาะราวี

Couverte de forêts denses, bordée de plages de sable blanc et entourée de superbes coraux, **Ko Adang** se trouve au nord de Ko Lipe. De nombreux circuits de snorkeling y font halte, mais des bouées d'amarrage permettent d'éviter les dégâts que pourraient causer les ancres. À l'intérieur des terres, des sentiers sillonnent la jungle ponctuée de cascades, telles les **chutes du Pirate**, qui auraient servi de source d'eau douce aux pirates. De la **falaise de Chado**, qui domine la plage principale – où des tortues vertes viennent déposer leurs œufs entre septembre et décembre –, se déploie un panorama magnifique. Le seul lieu d'hébergement dépend du parc national et se trouve près du poste des gardes forestiers à **Laem Son**, dans le sud-est de l'île.

Ko Rawi, une longue ellipse rocheuse couverte de jungle, à 11 km à l'ouest de Ko Adang, possède de superbes plages et de grands récifs coralliens au large. Le camping est autorisé à Ao Lik, avec la permission des autorités du parc national. Parmi les excellents sites de snorkeling figurent le littoral nord de **Ko Yang** et la minuscule **Ko Hin Ngam**, renommée pour ses nombreuses palourdes géantes, ses anémones éclatantes et ses plages de galets rayés. Selon la légende, ces pierres sont maudites et portent malheur à quiconque en ramasse, jusqu'à ce qu'il les remette en place. Il y a un petit restaurant ici, mais apportez votre déjeuner depuis Lipe – il sera moins cher et (bien) meilleur. Vous devrez payer l'entrée du parc (adulte/enfant 200/100 B), même pour un bref passage sur l'île.

Sur Ko Adang, l'hébergement du parc se situe près du poste des gardes forestiers de Laem Son. On y trouve de nouveaux **bungalows** (3-9 pers 600 B) charmants, des **longhouses** (ch 4 lits 400 B) moins bien entretenus et un **camping** (empl 20 B/pers, avec location de tente 200 B). Un petit restaurant propose des repas tout simples.

DEPUIS/VERS KO ADANG ET KO RAWI

Vous pourrez gagner Ko Adang avec n'importe quel bateau desservant Ko Lipe, et pour le même tarif. Il suffit de préciser au pilote que vous voulez débarquer à Ko Adang. En *long-tail boat*, depuis Ko Lipe, comptez 50 B l'aller.

Carnet pratique

SOMMAIRE

ACHATS

La Thaïlande vous réserve d'innombrables tentations et bien des voyageurs rentrent avec des sacs remplis de statuettes, de sarongs, de bijoux et de vêtements. Vous trouverez de tout à Bangkok, des bonnes affaires aux authentiques trésors ; voir p. 119.

Beaucoup espèrent aussi revenir avec une garde-robe sur mesure sans avoir dépensé une fortune. Il est vrai que les tailleurs sont légion dans le pays. Toutefois, si vous comptez avoir recours à leurs services, mieux vaut comparer les prix et le travail. Choisissez de préférence un atelier à Bangkok travaillant pour le corps diplomatique et les expatriés. À la différence de ceux œuvrant uniquement pour les touristes, ils ont intérêt à fidéliser le client en lui confectionnant des vêtements seyants et de qualité. Pour plus d'informations sur le sujet, voir l'encadré p. 121.

On peut aussi faire de bonnes affaires en achetant des vêtements de marque. Bangkok ne manque pas de grands magasins présentant les dernières nouveautés dans toutes les tailles. Les grands centres commerciaux ne le cèdent en rien à ceux des pays occidentaux.

PRATIQUE

- En Thaïlande, le courant fonctionne en 220 V et 50 Hz. Les prises électriques sont à deux fiches plates ou rondes. Des adaptateurs et des transformateurs sont en vente partout.
- Les principaux journaux nationaux en anglais sont le *Bangkok Post* (www.bangkokpost.com) et *Nation* (www.nationmultimedia.com), qui arrivent sur les plages du Sud en milieu de matinée.
- La Thaïlande possède 5 réseaux de télévision en VHF qui émettent depuis Bangkok. Tous ne sont pas accessibles dans le Sud. La plupart des établissements des catégories moyenne et supérieure ont la TV par câble ou satellite. La chaîne francophone TV5MONDE (www.tv5.org) est parfois accessible sur le câble et par satellite. La Thaïlande est en zone 3 pour les DVD.
- Il existe plus de 400 stations de radio (AM ou FM) dans le pays. Certaines diffusent toutes les heures des bulletins d'information en anglais. Vous pourrez également écouter RFI en ondes courtes (fréquences et horaires sur www.rfi.fr).
- Le système métrique est en usage en Thaïlande. L'or et l'argent se pèsent en *bàht* (15 g), et les superficies se mesurent en *râi* (1 600 m^2).

MARCHANDAGE

En règle générale, dans la mesure où vous devez demander le prix d'un article, il est possible de marchander. Le marchandage est de mise sur les marchés, mais pas dans les centres commerciaux. Si la négociation vous met mal à l'aise, préférez ces grandes surfaces. Par contre, pour les souvenirs, les costumes, les bijoux et dans les taxis sans compteur, vous ne pourrez pas y couper.

Si quelque chose vous plaît, essayez de ne pas le montrer. N'achetez pas le premier objet que vous voyez, mais faites un tour pour comparer le prix et la qualité. Ensuite, renseignez-vous sans avoir l'air d'y accorder d'importance et faites votre offre en commençant par proposer la moitié du prix que vous êtes prêt à mettre, voire moins. Le vendeur tentera de vous amadouer en vous disant : "'Ce sera ma première vente de la journée" ou "Je dois nourrir mes enfants". Comme vous vous serez renseigné, vous connaîtrez le prix et pourrez monter lentement. Restez souriant et détendu durant l'échange. Votre sourire est votre meilleur allié, car perdre patience ou s'énerver fait perdre la face – une attitude réprouvée en Asie – et n'aide pas à obtenir un meilleur prix.

N'oubliez pas que l'enjeu n'est pas vital. Le marchandage se passe bien quand les *deux* parties sont contentes d'avoir fait affaire. Il est inutile de vouloir avoir le prix le plus bas. Même si vous payez quelques bahts de plus qu'un autre, convertissez cette somme dans votre monnaie et vous verrez qu'elle est minime. Du moment que vous êtes content, vous aurez fait une bonne affaire !

Les marchés et le centre Mahboonkrong (MBK) font plutôt dans la contrefaçon.

Les combinaisons de plongée sont très bon marché dans le Sud (mais il faut trouver sa taille). La plupart des centres ont un magasin qui vend des masques et des tubas.

Rares sont les touristes à rentrer de Thaïlande sans avoir acheté de l'artisanat. Indémodables, les bijoux en argent prennent bien peu de place dans les bagages, mais, à moins d'être vous-même commerçant, n'achetez pas en gros. Il est facile de se faire avoir avec les pierres précieuses (voir l'encadré p. 413). Ne vous laissez pas tenter par les objets en coquillage ou qui proviennent d'animaux menacés. Beaucoup de magasins vendent des articles en ivoire, en écaille de tortue et en coquillages résultant du braconnage dans les parcs maritimes nationaux.

Les objets anciens et les reproductions de bonne qualité abondent. Sachez que l'obtention d'une licence est obligatoire pour exporter d'authentiques antiquités et des représentations du Bouddha – voir p. 414.

Très présente partout dans le Sud, la vannerie fait des souvenirs légers, tout comme les vêtements traditionnels thaïlandais : pantalons de pêcheur, sarongs et autres. Les bijoux des peuples des montagnes, les baguettes en bois (vendues uniquement aux touristes), les enveloppes de coussins, les soies (de Thaïlande et du Laos), les laques, les couverts en acier inoxydable, ainsi que les bols, vases et statuettes en bois comptent parmi les articles typiques du pays. C'est sur les petits marchés de province, loin des sentiers battus, que l'on trouve les prix les plus intéressants, à Trang par exemple. Toutefois, si vous n'avez pas envie d'alourdir votre sac avec des emplettes, vous pourrez tout acheter à Bangkok avant de repartir – et même souvent encore moins cher.

Vous trouverez partout dans le pays des magasins portant l'enseigne OTOP. Il s'agit de centres de production artisanale agréés.

ACTIVITÉS

La Thaïlande est le pays de toutes les activités de plein air, qui se concentrent autour du monde marin dans le Sud. Il existe des centaines de spots de plongée sous-marine et de snorkeling. Le kayak de mer autour des îles et dans les mangroves compte un nombre croissant d'adeptes, et la plupart des grands *resorts* ont un club de planche à voile. Sur la terre ferme, les grimpeurs privilégient la région de Krabi et les randonneurs, les parcs nationaux. Les balades à dos d'éléphant sont proposées sur de nombreux sites.

Pour une présentation complète de la plongée et des autres activités, voir aussi p. 329.

Plongée

PLONGÉE RESPONSABLE

Le succès de la plongée constitue un véritable problème en Thaïlande. Des centaines de plongeurs évoluent chaque jour autour de certains récifs, exerçant une pression considérable sur l'environnement. Les coraux blanchissent et meurent, tandis que la vie marine s'en retire pour aller s'installer ailleurs. De nombreux prestataires s'investissent activement dans les programmes de réhabilitation des récifs, mais il appartient à chaque plongeur de faire le nécessaire pour préserver la beauté des sites. Ajustez précisément votre lest avant votre descente afin de bien la contrôler pour ne pas heurter les parties saillantes et les parois des récifs. Ne marchez jamais sur les coraux et, si vous devez vous accrocher au récif, veillez à le faire uniquement sur les rochers nus ou sur des parties de coraux morts. Évoluez avec délicatesse : les grands coups de palmes provoquent des tourbillons et déplacent le sable qui recouvre alors des organismes minuscules. Le reste est évident : ne perturbez pas les animaux marins et ne pillez pas la mer.

SOINS MÉDICAUX

Le royaume est étonnamment sous-équipé en infrastructures destinées aux victimes des accidents de plongée.

On trouve néanmoins des chambres hyperbares dans presque tous les grands centres, et notamment à Bangkok (p. 79), à Ko Samui (p. 209), à Pattaya (p. 143) et à Phuket (p. 309). Ko Tao dispose d'une chambre pour les urgences – la plupart des accidents sont traités à Ko Samui. Avant de plonger, renseignez-vous sur la localisation de la chambre hyperbare la plus proche. Vérifiez aussi la présence d'une réserve d'oxygène sur le bateau.

SAISONS

C'est toute l'année la saison de plongée dans le golfe de Thaïlande (Ko Tao, Ko Pha-Ngan et Ko Samui), sauf quand les tempêtes tropicales réduisent la visibilité. La mousson du sud-ouest touche davantage l'archipel de Ko Chang que les autres sites de plongée de la côte est du golfe. Pour ces îles, la meilleure période va donc de novembre à début mai.

Sur la côte d'Andaman, les conditions sont optimales entre décembre et avril (mer calme et bonne visibilité). De mai à novembre, la mousson s'installe et l'eau perd sa belle transparence. De nombreux centres de plongée de Ko Lanta et des îles plus au sud ferment à cette période, mais la plongée reste possible au large de Phuket, d'Ao Nang et de Ko Phi Phi.

Les raies mantas se montrent plus volontiers sur la côte d'Andaman, tandis que les requins-baleines préfèrent celle du golfe de Thaïlande, et particulièrement Sail Rock. Ces deux dernières années, les apparitions de requins-baleines ont considérablement augmenté. À condition de rester suffisamment longtemps, vous apercevrez sûrement l'un de ces gentils géants.

COURS ET SORTIES

La plupart des centres de plongée proposent aux novices de passer le brevet Open Water (PADI ou SSI) pour 9 800 à 20 000 B. Les stages, qui se déroulent sur 3 jours et demi, comprennent plusieurs cours en salle et 4 plongées accompagnées, destinées à évaluer diverses compétences. Pour des informations détaillées sur les critères à retenir pour choisir une école de plongée, voir p. 246.

Les plongeurs expérimentés se verront proposer des forfaits à la demi-journée ou à la journée allant de 2 000 à 6 000 B, comprenant 2 plongées, le déjeuner, les guides et les transferts en taxi. Les croisières de plongée au large de la côte d'Andaman sont très appréciées, surtout autour des îles Surin et Similan. Les prestataires les plus prisés partent de Khao Lak (p. 294).

PLONGÉE : N'OUBLIEZ PAS...

Si vous voulez plonger en Thaïlande, vous organiser avant le départ vous fera gagner du temps.

Assurance Vérifiez que votre assurance voyage couvre la plongée. Dans le cas contraire, vous pourrez consulter le site www.daneurope.org pour obtenir des informations complémentaires.

Certificat médical Les plongeurs ayant le moindre souci de santé (y compris un asthme léger) doivent se munir d'un certificat attestant leur aptitude à plonger. Épargnez-vous le passage inutile (et parfois coûteux) dans une clinique locale en faisant le nécessaire avant votre départ.

Carnet de plongée et brevet Vous devrez fournir des preuves de vos capacités, en particulier pour les plongées en profondeur ou de nuit.

Mal de mer Les moniteurs et les centres de plongée n'ont pas le droit de délivrer des médicaments. Prenez le soin d'acheter ce dont vous pourriez avoir besoin avant le départ, notamment pour limiter les risques d'effets secondaires.

Sels électrolytes La plongée pouvant provoquer une déshydratation sévère, il est recommandé de prévoir des sachets de sel électrolytes à mélanger dans l'eau. Vous en trouverez sur toutes les îles tournées vers la plongée.

Méditation et massages thaïlandais

Vous aurez de nombreuses occasions de vous former à la méditation ou de goûter aux massages thaïlandais, notamment à Ko Chang (p. 169), à Ko Tao (p. 250), à Ko Samui (p. 212), à Ko Pha-Ngan (p. 233) et à Phuket (p. 313). On peut aussi se faire masser à Bangkok (p. 98).

Pour des cours, voir p. 410.

Randonnée

Pour savoir où aller marcher dans le sud de la Thaïlande, reportez-vous p. 335.

En randonnée, prenez des précautions :

- Ne partez jamais seul et indiquez toujours à quelqu'un sur place où vous allez et pour combien de temps.
- Prévoyez toujours beaucoup d'eau et de répulsif contre les insectes.
- Remportez tous vos détritus.
- Portez de bonnes chaussures montantes et un pantalon long pour vous protéger des sangsues et des serpents.

ALIMENTATION

La cuisine thaïlandaise est célèbre dans le monde entier pour ses délicieuses saveurs épicées. Imaginative, elle offre une grande variété de mets, pour tous les budgets. Dans cet ouvrage, les restaurants sont classés en fonction de leur situation et de leurs prix.

La catégorie petits budgets regroupe les étals de rue, les espaces des centres commerciaux (*food courts*), les marchés de nuit et les petits restaurants de quartier où un repas coûte 150 B au maximum. Dans la catégorie moyenne, on trouve les restaurants où l'on mange assis. La plupart des établissements retenus dans ce guide entrent dans cette fourchette de prix, sauf à Bangkok, où la catégorie supérieure est bien représentée. Dans la catégorie moyenne, les prix vont de 150 à 500 B ; dans la catégorie supérieure, ils débutent à 500 B.

Les tarifs indiqués dans les chapitres régionaux correspondent à un repas ou à un plat principal. Les légumes, le riz et les salades sont facturés à part et en fonction de la qualité de l'enseigne. Reportez-vous également au chapitre *Cuisine thaïlandaise*, p. 53.

PRÉSERVER LA NATURE

- La chasse est interdite dans les parcs et les réserves naturelles.
- Certains articles sont fabriqués à partir d'espèces menacées : n'en achetez pas.
- Vous trouverez parfois des animaux dans les paillotes. Ne leur faites pas de mal, d'autant plus que ce sont peut-être des espèces protégées.
- Pour tenir les animaux sauvages à l'écart, ne laissez pas de restes de nourriture derrière vous. Suspendez vos sacs aux poutres des bungalows ou aux arbres.
- Nourrir les animaux risque de les rendre dépendants de l'homme. Cela peut aussi entraîner un déséquilibre au sein de leur population, ou contribuer au développement de maladies.

AMBASSADES ET CONSULATS

Ambassades et consulats thaïlandais

Voici les coordonnées de quelques ambassades et consulats de Thaïlande à l'étranger :

France Ambassade (☎ 01 56 26 50 50 ; 8 rue Greuze, 75116 Paris) ; consulat de Marseille (☎ 04 91 21 61 05 ; 8 rue du Cargo-Rhin-Fidelity, 13002 Marseille) ; consulat de Bordeaux (☎ 08 92 68 69 16 ; 26 av. Carnot, 33200 Bordeaux) ; consulat de Lyon (☎ 04 78 37 16 58 ; 40 rue Plat, 69002 Lyon)

Belgique Ambassade (☎ 02 640 68 10 ; www.thaiembassy.be ; chaussée de Waterloo 876, 1000 Bruxelles)

Suisse Ambassade (☎ 031-970 30 30 34 ; www.mfa.go.th/web/1342.php?depid=246 ; Kirchstrasse 56, 3097 Liebefeld-Bern)

Canada Ambassade (☎ 613-722 4444 ; 180 Island Park Drive, Ottawa, Ontario K1Y 0A2) ; consulat (☎ 514-878 4466 ; 1100 bd René-Levesque Ouest, Montréal, QC, H3B4N4)

Ambassades et consulats en Thaïlande

Si besoin, il est assez pratique de s'occuper de réunir les visas nécessaires pour continuer son voyage à Bangkok. Les services des visas de la plupart des ambassades et consulats ouvrent de 9h à 12h du lundi au vendredi. Mieux vaut toutefois téléphoner avant de se déplacer, pour ne pas trouver porte close. Vous pourrez consulter la liste complète des représentations étrangères en Thaïlande sur le site du **ministère des Affaires étrangères de Thaïlande** (www.mfa.go.th/web/886.php), à la rubrique *Diplomatic Missions*.

Belgique (☎ 0 2679 5454 ; www.diplomatie.be/bangkok ; Sathorn City Tower, 17e ét., 175 Th Sathorn Tai, Tungmahamek)

Cambodge (carte p. 80 ; ☎ 0 2957 5851; 518/4 Th Pracha Uthit, Soi Ramkhamhaeng 39, Wangthonglang)

Canada (carte p. 82 ; ☎ 0 2636 0540 ; www.canadainternational.gc.ca/thailand-thailande ; 15e ét., Abdulrahim Bldg, 990 Th Phra Ram IV, Bangrak)
Chine (carte p. 82 ; ☎ 0 2245 0088, 0 2245 7044 ; www.chinaembassy.or.th ; 57 Th Ratchadaphisek, Din Daeng)
France (carte p. 88 ; ☎ 0 2657 5100 ; www.ambafrance-th.org ; 35 Soi 36, Th Charoen Krung)
Indonésie (carte p. 90 ; ☎ 0 2252 3135 ; 600-602 Th Phetburi, Ratchathewi)
Laos (carte p. 80 ; ☎ 0 2539 6667 ; www.bkklaoembassy.com ; 520/1-3 Soi Sahakarnpramoon, Th Pracha Uthit, Wangthonglong)
Malaisie (carte p. 82 ; ☎ 0 2679 6800 ; 33-35 Th Sathon Tai)
Myanmar (carte p. 88 ; ☎ 0 2234 0278 ; 132 Th Sathon Neua)
Singapour (carte p. 88 ; ☎ 0 2286 2111 ; www.mfa.gov.sg/bangkok ; 9e et 18e ét., Rajanakam Bldg, 129 Th Sathon Tai)
Suisse (☎ 0 2253 0156-60 ; www.eda.admin.ch/bangkok ; 35 Th Withayu)
Vietnam (carte p. 90 ; ☎ 0 2251 5836-8 ; 83/1 Th Withayu, Ploenchit)

ARGENT

La devise locale est le baht qui se divise en 100 satangs – mais il n'y a guère que les magasins de la chaîne 7-Eleven qui prennent encore les satangs. Il existe des pièces de 25 et 50 satangs, et de 1, 5 et 10 B, ainsi que des billets de 20 B (vert), de 50 B (bleu), de 100 B (rouge), de 500 B (violet) et de 1 000 B (beige).

La plupart des voyageurs utilisent leur carte pour retirer de l'argent dans les distributeurs. Les distributeurs et les bureaux de change délivrent des billets de 1 000 B, pour lesquels les petits commerçants et les chauffeurs de taxi ont rarement la monnaie. Il est déconseillé de sortir une grosse coupure pour payer ses consommations dans un bar. Mieux vaut faire de la monnaie dans les 7-Eleven ou dans les hôtels, de façon à avoir des petites coupures pour les achats courants. Les taux de change sont indiqués au verso de la couverture.

Cartes bancaires

On peut retirer de l'argent dans les distributeurs avec les cartes internationales Visa et MasterCard. De nombreux bureaux de change délivrent aussi des bahts sur présentation d'une carte bancaire, mais certains prélèvent des commissions astronomiques ; renseignez-vous bien.

La plupart des magasins où vous en aurez besoin acceptent les cartes. Les cartes les plus courantes sont les Visa et les MasterCard, suivies des cartes American Express et JCB. Il existe des cas de fraude, surtout dans les boutiques, de plus en plus rares, utilisant encore la méthode du "fer à repasser".

En cas de perte ou de vol, contactez la police touristique et appelez les numéros suivants :
Amex (☎ 0 2273 5544)
MasterCard (☎ 001 800 11 887 0663)
Visa (☎ 001 800 11 535 0660, 0 2256 7324-9)

Change

Les banques et les bureaux de change offrent les meilleurs taux. Les dollars américains et les euros sont acceptés partout. Le taux est plus favorable pour les chèques de voyage que pour les espèces, et pour les gros billets que pour les petites coupures. De nombreuses agences de la Bangkok Bank, de la Krung Thai Bank, de la Siam City Bank, de la Siam Commercial Bank et de la Kasikorn Bank possèdent un comptoir de change ; repérez les panneaux "*Exchange*". La plupart des banques ouvrent de 8h30 à 15h30 du lundi au vendredi, et souvent jusqu'à 16h30 le vendredi. Dans les secteurs touristiques, certaines possèdent des bureaux de change qui fonctionnent tous les jours de 10h à 20h.

De nombreuses agences refusent les devises des pays voisins – ringgit de Malaisie, roupie indonésienne et népalaise, riel cambodgien, kip laotien, dong vietnamien ou kyat du Myanmar. Si vous arrivez de l'un de ces pays, le mieux est de changer votre argent à la frontière, en négociant le taux avec fermeté. Si nécessaire, vous pourrez toujours acheter ou vendre ces devises aux bureaux de change de Th Charoen Krung et de Th Silom à Bangkok, mais sachez que les taux ne seront pas avantageux.

Chèques de voyage

Toutes les banques offrant un service de change acceptent les chèques de voyage Visa, MasterCard, Thomas Cook et American Express émis notamment en euros, en dollars US et canadiens et en francs suisses – les devises les plus utiles étant l'euro et le dollar US. Les banques prélèvent une commission sur chaque chèque encaissé ; il est donc plus intéressant de changer des grosses coupures. Certaines banques, partenaires des compagnies émettrices, ne prélèvent pas de commission. Conservez toujours vos reçus avec les numéros des chèques séparément de votre argent, afin de faire remplacer vos chèques en cas de vol.

Distributeur automatique de billets (DAB)

Pas besoin de plan pour trouver un distributeur dans la plupart des villes thaïlandaises – ils sont partout. Les principales cartes de crédit internationales sont acceptées et permettent de retirer jusqu'à 20 000 B par transaction – et même 25 000 B dans certains distributeurs de la Bangkok Bank. Les banques étrangères prélèvent une commission sur toutes les opérations internationales, tout comme les banques thaïlandaises, qui appliquent désormais des frais.

Mandats internationaux

Les sociétés **Western Union** (www.westernunion.com) et **Moneygram** (www.moneygram.com), spécialisées dans le transfert d'argent, sont implantées en Thaïlande. Les sommes transitant par Western Union peuvent être retirées dans les agences de la Bank of Ayuthaya et de la Siam City Bank, ainsi que dans les postes ; Moneygram offre un service similaire par l'intermédiaire de la Siam Commercial Bank. L'inconvénient de ce système est le coût, les frais allant en général de 5 à 10% de la valeur envoyée.

Pourboire

En Thaïlande, la pratique du pourboire n'est pas répandue en dehors des grands hôtels et des restaurants chic. Elle tend toutefois à se généraliser dans les régions fréquentées par les touristes, comme Bangkok et les îles et plages du Sud. Les chauffeurs de taxi arrondissent automatiquement le prix de la course aux 10 B supérieurs. Presque partout, le pourboire est le plus souvent une bonne surprise et non une gratification attendue.

ASSURANCE

Souscrire une police d'assurance couvrant le vol ou la perte de vos effets personnels, les frais d'annulation de votre voyage et les soins médicaux est une sage précaution. Les garanties proposées diffèrent, notamment pour la couverture médicale ; lisez attentivement les clauses imprimées en petits caractères et assurez-vous que le contrat inclut le transport en ambulance et le rapatriement en avion.

Certains contrats excluent explicitement les "activités à risques", comme la plongée, l'escalade, la moto, voire la randonnée. De même, un permis moto obtenu dans le pays visité peut ne pas être reconnu par votre assurance.

Reportez-vous p. 441 pour des recommandations concernant l'assurance santé.

BÉNÉVOLAT

La Thaïlande est un pays accueillant pour les personnes souhaitant s'investir dans le bénévolat. Les opportunités concernent surtout les régions rurales, mais des possibilités existent aussi à Bangkok. Mieux vaut savoir à quoi l'on s'engage avant de partir. Ceux qui ne connaissent pas bien le pays ou la langue et ne sont pas qualifiés dans un domaine recherché (informatique, santé et enseignement par exemple) pourront s'orienter vers le travail manuel, qui ne manque pas. Il existe deux formes de bénévolat.

En France, des organismes offrent l'occasion de participer bénévolement à des projets de développement ou d'environnement, parfois sur des périodes courtes, d'une à quatre semaines. Certaines associations s'adressent plus spécifiquement aux jeunes. Les chantiers proposés sont variés. Il s'agit d'une bonne formule pour s'immerger dans le pays, connaître l'envers du décor touristique et bénéficier d'une ambiance internationale (les volontaires viennent en général de divers pays).

Vous pourrez notamment contacter le **Comité de coordination pour le service volontaire international** (CCVIS ; ☎ 01 45 68 49 36 ; www.ccivs.org ; Maison de l'Unesco, 1 rue Miollis, 75732 Paris Cedex 15). **Cotravaux** (☎ 01 48 74 79 20 ; www.cotravaux.org ; 11 rue de Clichy, 75009 Paris) est une coordination de 11 associations, dont plusieurs proposent des missions en Thaïlande, en lien avec des partenaires locaux. En voici la liste :

Concordia (siège national ; ☎ 01 45 23 00 23 ; www.concordia-association.org ; 17-19 rue Etex, 75018 Paris). Née en 1950 de la volonté de jeunes Anglais, Allemands et Français, cette association prône des valeurs de tolérance et de paix à travers des chantiers internationaux de jeunes volontaires. Huit délégations régionales en France.

Études et chantiers (UNAREC ; ☎ 01 45 38 96 26 ; www.unarec.org ; 33 rue Campagne-Première, 75014 Paris). Ce mouvement développe des projets de volontariat, ainsi que des projets de lutte contre les exclusions. Plusieurs associations régionales en France.

Jeunesse et reconstruction (☎ 01 47 70 15 88 ; www.volontariat.org ; 10 rue de Trévise, 75009 Paris). Cette association, créée en 1948, a pour objectif principal de favoriser les échanges interculturels à travers des projets de volontariat, dans un esprit de tolérance, de respect et de fraternité.

Service civil international (SCI ; secrétariat national ☎ 01 42 54 62 43 ; www.sci-france.org ; 20 rue Camille-

DE L'ART DE TROUVER UNE ADRESSE

Le mot thaï *thanŏn* (abrégé en "Th" dans ce guide) signifie à la fois route, rue et avenue. Par conséquent, la rue ou l'avenue Ratchadamnoen se dit Thanon Ratchadamnoen en thaï.

Une ruelle partant d'une rue plus grande se dit *soi* ; ainsi, l'adresse 48/3-5 Soi 1, Th Sukhumvit se trouve dans la ruelle 1 qui part de la rue Sukhumvit. Cette même adresse peut aussi s'écrire 48/3-5 Th Sukhumvit Soi 1 ou de façon elliptique 48/3-5 Sukhumvit 1.

Encore plus petit que le *soi*, le *đròrk* (qui s'écrit aussi *tràwk* ou *trok*) est une allée.

Souvent, les adresses comportent plusieurs chiffres séparés par des tirets et des barres obliques ; par exemple, 48/3-5 Soi 1, Th Sukhumvit. Le nombre avant la barre oblique est celui de la parcelle ; le nombre après la barre oblique correspondant au numéro du bâtiment ou de l'entrée sur cette parcelle. Les numéros de parcelles ne se suivant généralement pas, ils sont peu utiles pour localiser une adresse. Il suffit de trouver le numéro de la maison, ici 3-5, ce qui n'est pas très compliqué.

Dans les zones rurales, le long des plages et sur la plupart des îles, les adresses indiquent parfois le numéro des maisons suivi de celui des villages. Par exemple, 34 Mŏo 7 désigne la 34e maison du village 7 (*mŏo,* ou *muu,* est l'abréviation de *mŏo bâhn,* "village" en thaï). Les villageois ne donnent presque jamais le numéro de leur maison, car il ne sert guère qu'au facteur et à l'administration. Les propriétaires des pensions (*guesthouses*) indiquent parfois leur adresse à l'extérieur de la maison, mais il y a gros à parier que vous verrez l'enseigne avant. Pour simplifier, les noms étant transcrits en l'absence de tout système standard, ils ont plusieurs orthographes.

Si vous êtes perdu, demandez votre chemin à un habitant. Il est possible que votre interlocuteur ait rarement eu l'utilité d'une carte ou d'un plan. Mieux vaut lui montrer l'adresse écrite.

Flammarion, 75018 Paris). Ce réseau international, qui a pour objectif la construction de la paix, le rapprochement des peuples, le développement durable et la justice sociale, propose des missions de volontariat à court et long terme.

Solidarités Jeunesses (☎ 01 55 26 88 77 ; www.solidaritesjeunesses.org ; 10 rue du 8-Mai-1945, 75010 Paris). Cette association regroupe des personnes jeunes et adultes, autour de projets et de pratiques d'engagement social. Sept délégations régionales.

Une forme de plus en plus courante de volontariat, souvent appelée le "volontourisme", consiste à payer pour participer à un projet. Des organisations vous permettent de partir pour des durées très courtes, à partir d'une semaine, ou pour 6 mois ou plus. Les prix tournent autour de 500 € les 4 semaines. Attention, ces initiatives peuvent être louables et utiles, mais ce n'est pas toujours le cas. Faites scrupuleusement vos recherches avant de prendre une décision. N'hésitez pas à téléphoner pour demander, entre autres choses, à quoi servira votre argent. En Thaïlande, vous pourrez par exemple contacter **Volunthai** (www.volunthai.com), **Thai Experience** (www.thai-experience.org) et **Thai Volunteer** (www.thaivolunteer.org).

CARTES DE RÉDUCTION

En dehors des compagnies aériennes et des agences de voyages, très peu de réductions sont accordées en Thaïlande, sauf pour les étudiants en uniforme. La carte de membre fournie par **Hostelling International** (HI ; www.tyha.org) donne accès aux auberges associées. Elle est vendue 200 B dans les hôtels affiliés.

Le commerce de contrefaçons de cartes d'étudiant et de cartes de presse, qui fleurit sur Th Khao San depuis des dizaines d'années, a eu pour résultat que les institutions de Bangkok n'acceptent plus ces cartes.

CARTES ET PLANS

Michelin publie une carte *Thaïlande* au 1/1 370 000 et un atlas routier du pays. L'IGN propose une carte *Thaïlande, Vietnam, Laos, Cambodge* au 1/2 000 000.

Periplus édite une carte fiable de la Thaïlande (1/2 000 000) et des plans détaillés de Bangkok, Phuket et Ko Samui. Les cartes *Phuket Southern Thailand* et *Ko Samui Southern Thailand* comportent des encadrés pour les plages de la côte d'Andaman et du golfe. **ThinkNet** (www.thinknet.co.th) édite des plans de villes et des cartes régionales de qualité, dont la *Bilingual Map of Southern Thailand* (1/500 000 ; 120 B) et la *Islands in Thailand* de la collection MapGuide, en vente en librairie et dans les 7-Eleven.

Les stations les plus populaires, dont Ko Samui, Phuket et Pattaya, éditent des cartes gratuites comportant toutes les informations nécessaires aux voyageurs. On les trouve dans les aéroports et les offices du tourisme.

Si vous prévoyez de vous déplacer en voiture, vous pourrez vous munir de l'atlas grand format bilingue (thaï-anglais) *Thailand Highway Map* de l'automobile-club thaïlandais.

CIRCUITS ORGANISÉS

Les destinations du Sud sont accessibles aux voyageurs indépendants. Une fois sur place, vous pourrez aisément rejoindre une île isolée, faire du snorkeling, découvrir des cascades ou vous promener à dos d'éléphant en contactant une agence locale – et ce pour moins cher qu'avec un voyage organisé.

La plupart des voyageurs préfèrent découvrir le parc national de Khao Sok (p. 292) dans le cadre d'une excursion, car le voyage par les transports en commun est long et la présence d'un guide apporte un vrai plus. Sur place, écoutez les recommandations que l'on vous fera pour les guides de Khao Sok. Ailleurs, vous pourrez consulter les voyagistes suivants :

Paddle Asia (www.paddleasia.com). Pour atteindre votre destination du Sud en kayak. Un bon choix.
Spice Roads (www.spiceroads.com). Pour les cyclotouristes qui rêvent de pédaler dans le sud de la Thaïlande et ailleurs.

Voir aussi le chapitre *Transports*, p. 430.

CLIMAT

Les relevés ci-dessous font ressortir les mois les plus chauds et les plus arrosés dans la région. Pour choisir le moment idéal pour vous rendre sur les îles et plages thaïlandaises, reportez-vous aussi p. 12. Pour plus de détails, consultez le site : www.travelfish.org/weather_fish.php.

COURS

En cas de séjour prolongé, vous aurez peut-être envie de vous inscrire à un cours de langue, de méditation, de cuisine, de massage, de plongée ou de boxe thaïlandaise. Pour la cuisine, voir p. 61 et pour la plongée, p. 338.

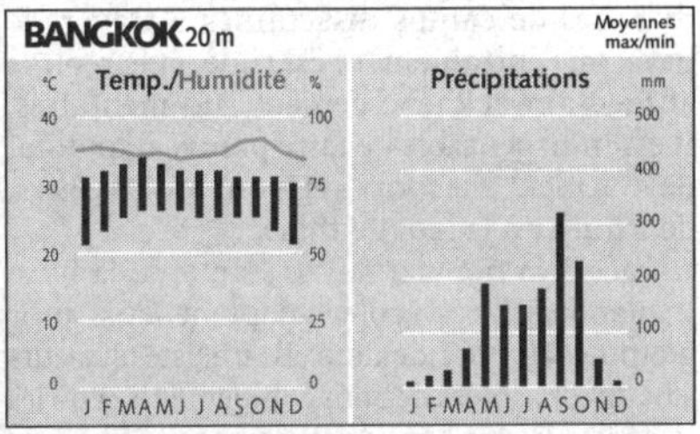

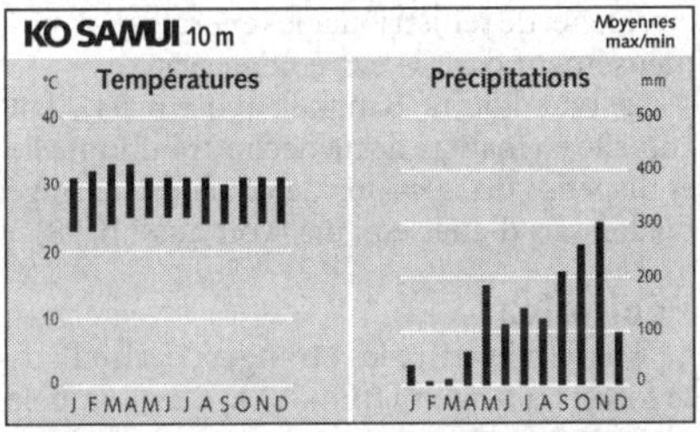

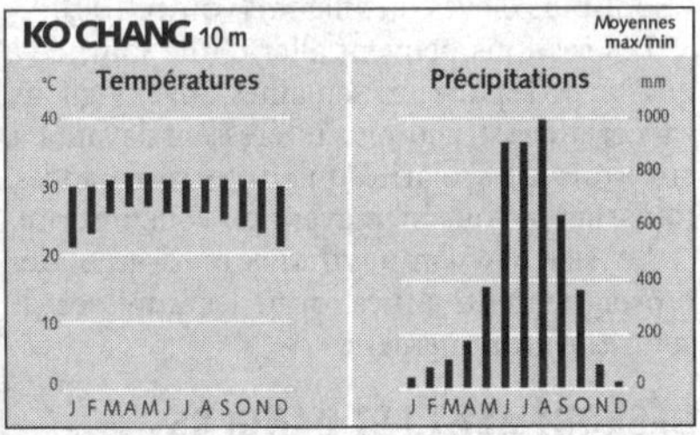

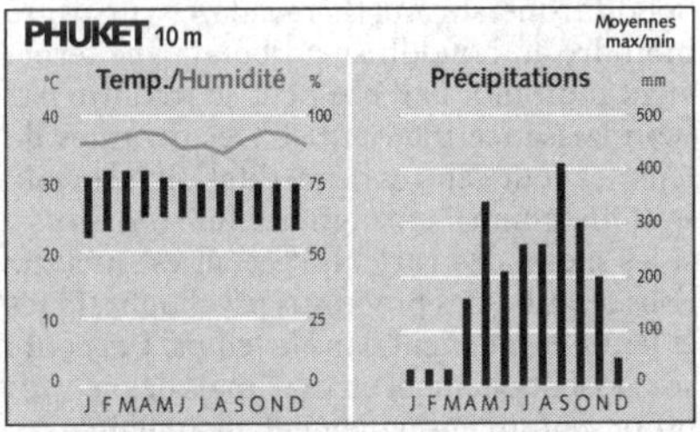

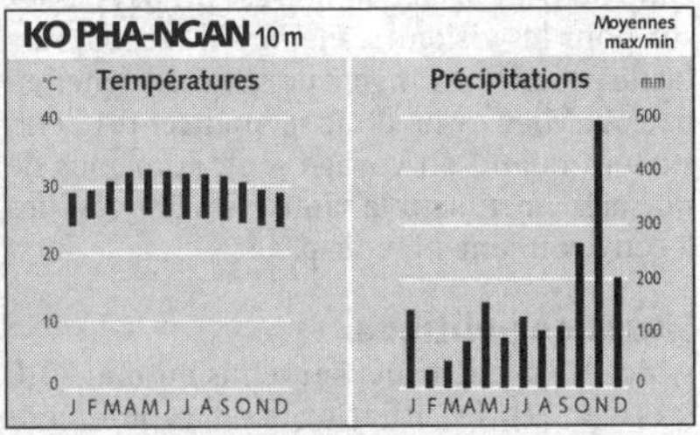

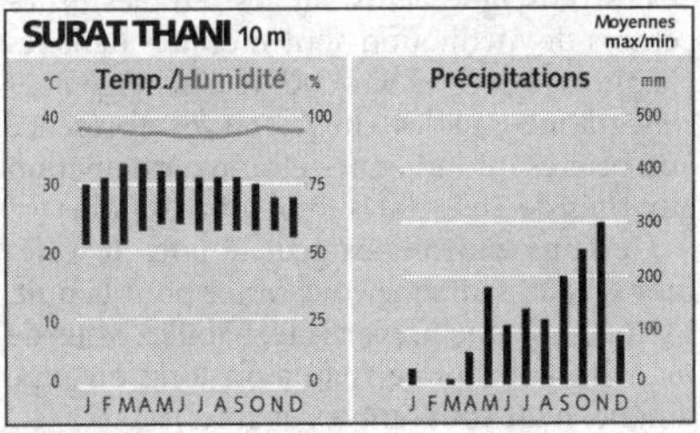

Langue

Bangkok offre la plus grande concentration d'écoles officielles (voir p. 100), mais il en existe aussi beaucoup d'autres plus informelles là où se rassemblent les étrangers. Pour les trouver, regardez les petites annonces (souvent devant les magasins d'alimentation) ou demandez autour de vous.

Massage thaïlandais

Décrite comme une "expérience brutale et plaisante" et adaptée de techniques de méditation indienne très anciennes, cette thérapie se pratique en Thaïlande depuis plus de 1 000 ans. En plus des paumes et des doigts, le massage thaïlandais (*nôo·at păan boh·rahn*) se distingue du massage occidental par l'utilisation des coudes, des avant-bras et des genoux, qui permettent d'appliquer une pression sur les points traditionnels situés le long des méridiens (*sên*). Ces lignes d'énergie qui parcourent le corps permettent de faire circuler et de redistribuer les énergies harmonieusement dans le système nerveux.

Le Wat Pho, à Bangkok (voir p. 94), fait autorité en matière de médecine traditionnelle et dispense des sessions de cours de massage thaïlandais d'une semaine (voir aussi p. 98).

Méditation

La Thaïlande attire les étrangers désireux de se former à la méditation. Le système appelé *vipassana* (en thaï, *wípàtsànaa*) est propre au bouddhisme, surtout theravada, et à un degré moindre au bouddhisme tibétain ; ce terme vient d'un mot pali qui peut se traduire par "connaissance intérieure". Des dizaines de temples et de centres de méditation (*săm·nák wí·Ƀàt·sà·nah*) enseignent le *vipassana* ; si les méthodes varient, l'accent est mis sur l'observation des processus psychophysiques et leur déroulement dans le temps. Les cours sont essentiellement en thaï, mais des centres proposent un enseignement en anglais.

Les renseignements sur les temples et les centres de méditation sont indiqués dans les chapitres régionaux. Les cours et l'hébergement sont gratuits dans les temples, où votre présence aux prières quotidiennes et une participation aux frais de 50 à 100 B/jour sont attendus.

Certains endroits exigent le port de vêtements blancs lorsque vous restez pour la nuit. Même pour une brève visite, habillez-vous de manière appropriée (pantalon long ou jupe longue, haut couvrant les épaules).

Un visa touristique de 2 mois suffit pour s'inscrire dans la plupart des centres. Si vous devenez un moine ou une nonne bouddhiste, vous serez autorisé à séjourner dans le pays tant que vous porterez la tenue safran.

Il est facile de trouver des cours de méditation en anglais à Bangkok ; voir p. 98. Il est également possible de suivre des cours à Ko Si Chang (p. 140), à Ko Chang (p. 169), près de Surat Thani (p. 259), sur Ko Pha-Ngan (p. 233), ainsi que sur Ko Samui (p. 212).

Les sites suivants vous seront utiles si vous comprenez l'anglais ou le thaï :

Dharma Thai (www.dhammathai.org)
House of Dhamma (www.houseofdhamma.com)
World Fellowship of Buddhists (www.wfb-hq.org)

Muay thai (boxe thaïlandaise)

S'il est une discipline en plein essor dans le domaine du tourisme culturel en Thaïlande, c'est bien le *muay thai* (ou *mou·ay tai*, boxe thaïlandaise). Il est enseigné dans des dizaines de camps disséminés à travers le pays, où l'entraînement est rude, et le régime alimentaire et l'hébergement, rudimentaires. Il est indispensable de faire preuve d'un total dévouement à ce sport – et, pour les étrangers, de s'initier à la langue thaïe.

Face à la popularité croissante de la boxe thaïlandaise, des écoles adaptent leurs programmes aux Occidentaux. Il en existe plusieurs à Bangkok, dotées de bons équipements et où les instructeurs parlent anglais ; sachez que les prix y sont plus élevés qu'ailleurs (voir p. 100).

Les sessions peuvent aller d'une journée à des stages de plusieurs semaines. Soyez vigilant, car certaines structures s'intéressent davantage aux frais de scolarité qu'aux performances. Renseignez-vous bien avant de vous inscrire.

Le site www.muaythai.com donne des renseignements utiles, dont les adresses de centres d'entraînement.

DÉSAGRÉMENTS ET DANGERS

Globalement, la Thaïlande est un pays assez sûr pour les visiteurs, même s'il est toujours facile pour les étrangers de se faire mener en bateau. Mieux vaut donc se montrer prudent, surtout quand on voyage seul. Pour plus de renseignements sur la santé et les dangers liés à l'environnement, voir p. 441.

Situation politique

Après les événements survenus en mai 2010 (voir p. 37), la situation s'est rapidement apaisée à Bangkok. Avant le départ, il est toutefois vivement conseillé de consulter les conseils aux voyageurs officiels, sur le site du **ministère des Affaires étrangères français** (www.diplomatie.gouv.fr) par exemple.

L'extrême sud continue d'être en proie à la violence des séparatistes. Le ministère des Affaires étrangères français déconseille formellement les voyages dans les provinces de Narathiwat, de Pattani, de Yala et de Songkhla. Sachez toutefois que des voyageurs traversent ces provinces sur la route de la Malaisie.

Pour plus de détails sur l'histoire des communautés musulmane et bouddhiste du Sud, reportez-vous au chapitre *Histoire*, p. 35 ; pour plus de renseignements sur les déplacements dans cette partie du pays, voir p. 266.

CONSEILS AUX VOYAGEURS

La plupart des gouvernements mettent en ligne les dernières informations sur votre destination. Consultez notamment les sites suivants :

- Ministère des Affaires étrangères français (www.france.diplomatie.fr)
- Ministère des Affaires étrangères de Belgique (http://diplomatie.belgium.be)
- Département fédéral des Affaires étrangères suisse (www.eda.admin.ch/eda/fr)
- Ministère des Affaires étrangères du Canada (www.voyage.gc.ca)

Escroqueries fréquentes

La Thaïlande offre son lot d'arnaques visant les touristes. Bangkok occupe pour le moment la première place, mais Ko Samui et Phuket semblent la lui disputer. La plus répandue est l'escroquerie aux pierres précieuses (voir l'encadré p. 413), devant les arnaques touchant au transport et au logement.

TRANSPORTS ET HÉBERGEMENT

En termes d'infrastructures, se déplacer en Thaïlande ne pose aucun problème. Il faut juste éviter les chauffeurs de taxi et de *túk-túk* indélicats et les agences de voyages mensongères. Les escroqueries les plus courantes sont présentées dans l'encadré p. 433.

Tant que vous ne l'aurez pas vu de vos propres yeux, ne croyez pas ceux qui vous diront que l'hôtel de votre choix est fermé, complet, sale ou hanté, ou qu'il a brûlé (nous n'inventons rien). Les conducteurs de *săhm·lór* (triporteur non motorisé) et de *túk-túk* (triporteur motorisé) proposent souvent de vous emmener gratuitement ou pour un prix dérisoire là où ils touchent une commission – un endroit en général hors de prix ou minable.

Drogué à son insu

La pratique consistant à droguer le touriste naïf pour lui voler son portefeuille est en régression, mais il vaut mieux se méfier des inconnus trop empressés qui vous proposent des cigarettes, une boisson ou des bonbons, surtout dans les bars à hôtesses et autres établissements à la réputation sulfureuse. Vous pourriez vous réveiller quelques heures plus tard, dépouillé de tous vos biens.

Drogues

On ne plaisante pas avec les drogues en Thaïlande. Acheter, vendre ou être en possession de quelque drogue que ce soit est illégal, et les sanctions sont extrêmement sévères. Plus encore que dans d'autres pays, la drogue est une question politique sensible. Le gouvernement de Thaksin Shinawatra s'est montré intraitable sur la question (voir l'encadré p. 412), ce qui l'a rendu populaire. Son successeur, le Parti du pouvoir du peuple, suit la même ligne. Lors de nos recherches, la politique semblait moins draconienne, mais les descentes de police toujours aussi fréquentes. Celles-ci ont généralement lieu dans les bars, les saunas et les discothèques, surtout à Bangkok et à Phuket, où tous les clients sont retenus jusqu'à ce que chacun ait été pris en photo et soumis à un test d'urine. Au regard de tels moyens, on se demande comment toutes les drogues connues peuvent être disponibles à chaque fête de la Pleine Lune (Full Moon Party) sur Ko Pha-Ngan ; d'autant que les personnes se rendant à Hat Rin pour la pleine lune sont régulièrement fouillées, ainsi que leurs véhicules.

L'interdiction de consommer de la drogue s'étend aux substances naturelles tel le *grà·tôrm* (feuille du *Mitragyna speciosa*) et aux champignons hallucinogènes. Les "omelettes magiques" sont une spécialité de Ko Pha-Ngan, et nombre d'étrangers reviennent de Thaïlande avec de sérieux problèmes de santé mentale après avoir goûté à des drogues hallucinogènes. Une plante hallucinogène appelée *đôn lam·pong,* capable de provoquer une psychose irréversible, est parfois proposée à Ko Pha-Ngan.

LA GUERRE CONTRE LES DROGUES

En 2003, la police thaïlandaise se lança dans la guerre contre les trafiquants et les utilisateurs de substances prohibées, avec pour objectif de faire de la Thaïlande en quelques mois un pays sans drogue. Les termes choisis par l'ancien Premier ministre Thaksin Shinawatra pour déclencher l'opération étaient résolument menaçants : "Puisque les trafiquants n'ont aucune pitié pour nos enfants, nous n'aurons aucune pitié pour eux… Il sera peut-être nécessaire qu'il y ait des victimes… Il serait normal que des trafiquants meurent."

La population thaïlandaise, inquiète des conséquences d'une consommation croissante de méthamphétamines (*yah bâh*, ou *crazy-medicine*, "médicament qui rend fou"), approuva tout d'abord la "guerre contre les drogues". Mais la Commission des droits de l'homme de l'ONU ne tarda pas à s'émouvoir des méthodes employées. En trois mois, plus de 50 000 personnes furent arrêtées, et au moins 2 275 furent tuées (de sources policières). Selon les autorités, la plupart des victimes seraient tombées sous les balles des gangs rivaux ; d'après la police, 51 personnes auraient été abattues en situation de légitime défense. Mais Human Rights Watch et plusieurs autres organisations non gouvernementales affirment que beaucoup furent sommairement exécutés par les forces de police. De nombreux criminels figuraient parmi les victimes, mais, selon un rapport officiel, plus d'un millier d'innocents n'ayant rien à voir avec le milieu auraient aussi péri. Trois mois après le début de la campagne, Shinawatra dut déclarer d'urgence la "mission accomplie".

De nouveaux caïds ont remplacé ceux qui sont tombés et la lutte contre les méthamphétamines se poursuit de manière plus conventionnelle. Le gouvernement tente de collaborer avec les polices peu motivées et sous-financées du Myanmar, du Laos et du Cambodge. Cela a permis d'arrêter quelques gros bonnets, sans pour autant décapiter les mafias. Aussi, malgré le fiasco de la guerre contre la drogue de 2003, le gouvernement a-t-il déclaré début 2008 une deuxième guerre contre la drogue. Celle-ci s'est avérée moins violente que la première, mais le résultat a finalement été le même – beaucoup de communication et une interruption temporaire de la circulation de la drogue, cette fois sans véritable "victoire". Cette seconde guerre s'est éteinte doucement, étant de moins en moins relayée. Le combat continue sous la forme de descentes périodiques. Mais quand on est sur les îles, où les drogues sont si facilement disponibles, on ne voit guère les signes d'un quelconque succès, en dépit de tout le bruit et du sang versé.

Agressions et deux roues

Les crimes sur les personnes sont rares, mais pas inexistants en Thaïlande. Ces dernières années, des voyageuses ont été violées et plusieurs ont été assassinées sur des plages isolées. Des hommes ont aussi été blessés ou tués dans des bagarres lors de fêtes arrosées. Des conseils à l'intention des femmes sont présentés p. 425.

En Thaïlande, comme partout ailleurs, il convient de rester vigilant, en verrouillant la porte de sa chambre et en évitant les lieux déserts la nuit par exemple, sans pour autant être paranoïaque. Si les murs de votre chambre ne sont pas épais, regardez s'il n'y a pas des trous disposés pour faciliter les indiscrétions, surtout si vous êtes une femme.

Le plus grand danger vient toutefois des motos. Les touristes en deux roues sont régulièrement victimes d'accidents et beaucoup reviennent avec un "Thai tattoo" (le mollet brûlé par le pot d'échappement), voire pire. Consultez l'encadré p. 440.

Vols et fraudes

Les Thaïlandais sont si sympathiques que certains voyageurs négligent de suivre les précautions d'usage.

Si les crimes sur la personne sont rares, les vols à l'arraché ne le sont pas, notamment sur les marchés bondés de Bangkok, où sévissent les pickpockets. Celui de Chatuchak est le pire. Faites preuve de bon sens. Ayez toujours vos sacs sous les yeux, c'est-à-dire devant vous et pas dans votre dos. Sur les îles, si vous louez un deux roues, ne mettez rien dans le panier fixé au guidon.

La meilleure façon de limiter les dégâts est d'avoir une partie de son argent en liquide et l'autre en chèques de voyage, et d'avoir toujours une petite réserve cachée séparément de votre sac ou portefeuille. Ayez en tête ou à portée de main le numéro à appeler au cas où votre carte de crédit disparaîtrait. Si vous en avez deux, placez-les dans deux endroits distincts. Il vaut mieux conserver ses réserves d'argent dans une ceinture ou un sachet placés sous ses vêtements que dans un sac ou un portefeuille.

Il est préférable de garder les objets de valeur sur soi. Si vous passez vos journées à la plage, il vaut mieux tout laisser dans le coffre de votre hébergement. Dans les établissements bon marché, il s'agit souvent d'un tiroir fermé à clé à la réception ou d'une cachette derrière le comptoir.

Comptez vos billets et placez-les dans une enveloppe fermée avant de les confier à l'employé qui signera sous la somme indiquée. À défaut, compter ostensiblement son argent et noter le numéro des billets peut être dissuasif. Ce système est autant une protection pour le client que pour l'employé, les touristes indélicats existant aussi. Si une partie de la somme disparaît, le personnel a autant de raisons de mettre le client en cause que l'inverse.

Ne laissez jamais un vendeur s'emparer de votre carte de crédit pour aller la passer dans un "fer à repasser". Des commerçants malhonnêtes en profitent pour tirer plusieurs facturettes et imitent ensuite votre signature sur les formulaires vierges.

N'oubliez pas qu'un cadenas ne fait pas de votre sac à dos une forteresse, surtout si vous faites de longs voyages en bus de nuit. Voir p. 433 comment voyager léger malgré soi.

LA FAMEUSE ESCROQUERIE AUX PIERRES PRÉCIEUSES DE BANGKOK ! *Andrew Burke*

"Bonjour monsieur, où allez-vous ?" m'a demandé un cinquantenaire fort élégant. "D'où venez-vous ?" Quand je lui ai répondu "d'Australie", j'ai cru voir les rouages de sa mémoire entrer en action. "Ah, l'Australie ! De Sydney ou Melbourne ? Ma fille étudie à l'université de Melbourne." Ce "nouvel ami", rencontré en flânant dans une rue touristique de Bangkok, connaissait les réponses aux questions sur les universités et grandes écoles de Melbourne, ainsi que les dates de vacances dans mon pays. Mais, quand il m'a demandé depuis combien de temps j'étais en Thaïlande et que je lui ai répondu que j'étais là depuis deux ans, il a soudain perdu tout intérêt pour la conversation.

C'était un escroc, un professionnel de l'arnaque qui s'en prend aux nouveaux arrivants encore naïfs, gagne leur confiance dans le but de les amener à acheter quelque chose à un prix bien supérieur à sa valeur, le plus souvent des pierres. Toutes ses questions ou déclarations faisaient partie d'un scénario bien rôdé, destiné à susciter des réponses d'ordre émotionnel. Il a évoqué notamment le prix prohibitif des universités australiennes, ainsi que ses difficultés pour financer les études de sa fille et lui permettre d'avoir une vie meilleure, et l'inflation qui empirait les choses.

Comment réagir ? Si vous êtes dans une zone touristique (pas uniquement à Bangkok), méfiez-vous des personnes trop liantes. Les Thaïlandais ne se comportent pas ainsi. Si votre nouvel ami vous demande si vous avez une carte ou un plan de la ville (les Thaïlandais s'en servent rarement) ou qu'un *túk-túk* arrive comme par magie, tournez les talons. Si l'on vous annonce qu'un site est fermé pour travaux ou parce que c'est un jour férié, n'en croyez rien tant que vous ne l'aurez pas constaté par vous-même. C'est généralement une ruse pour vous attirer dans un traquenard.

Si je m'étais laissé faire, mon compagnon m'aurait très certainement emmené visiter un *wat* (temple) ou un autre site, afin de se donner le temps de gagner ma confiance. Nous aurions ensuite pris un *túk-túk* arrivé à point nommé (tout le monde touche sa part) qui nous aurait conduits chez un joaillier. Là, on m'aurait informé que le gouvernement organisait une vente de pierres précieuses qui allait bientôt se terminer ou un autre mensonge aussi invraisemblable. Pas plus qu'ailleurs, le gouvernement ne solde les pierres précieuses ou n'organise de vente au profit des étudiants pour les aider à financer leurs études. On m'aurait convaincu d'acheter des pierres en gros, en espèces ou avec ma carte de crédit, en m'assurant que je pourrais les revendre avec un bon bénéfice dans mon pays. Et je me serais aperçu par la suite que si les pierres étaient vraies, elles ne valaient en réalité qu'une fraction du prix que j'avais payé à Bangkok. Dans le pire des cas, ma carte de crédit aurait servi à faire d'autres achats, grâce aux facturettes éditées à mon insu.

Si vous vous retrouvez dans cette situation, sachez que vous pouvez à tout moment en sortir. Une bonne technique consiste à demander à votre "ami" et à ses compagnons de poser avec vous pour une photo. S'ils refusent, ce sont des escrocs.

Depuis de nombreuses années, ces escroqueries se répètent, perpétrées par les mêmes individus. Pour en savoir plus, consultez les sites www.bangkokscams.com et www.2bangkok.com, qui a lancé une campagne contre ces escroqueries.

DOUANES

Vêtus de blanc, les douaniers thaïlandais interdisent l'importation et l'exportation de matériel pornographique, d'armes et de drogue. Si vous vous faites prendre avec de la drogue, votre vie basculera et ne sera plus jamais la même.

Vous avez le droit d'importer sans taxe 200 cigarettes ou 250 g de tabac, et 1 l de vin ou d'alcool. Le matériel électronique passe aussi, du moment que vous n'en faites pas commerce.

Vous pouvez entrer dans le pays avec autant d'argent que vous le souhaitez, en bahts ou dans des devises étrangères, mais vous ne pouvez pas ressortir avec plus de 50 000 B par personne sans autorisation. Si vous vous rendez dans un pays voisin de la Thaïlande, vous pouvez emporter jusqu'à 500 000 B par personne. Il n'y a aucune limite sur l'exportation des devises étrangères.

La Thaïlande a des lois sévères concernant l'exportation des antiquités et des objets religieux. Pour en savoir plus sur la législation douanière, consultez le site www.customs.go.th/Customs-Eng/indexEng.jsp (en anglais).

Exportation d'antiquités, d'objets d'art et d'images du Bouddha

Après avoir vu leur patrimoine culturel pillé par les collectionneurs étrangers, les autorités thaïlandaises ont réagi en adoptant une législation stricte sur le commerce des antiquités, des objets d'art et des représentations du Bouddha et d'autres divinités. Il est impératif d'être muni d'une autorisation délivrée par le département des Beaux-Arts (Department of Fine Arts) – prévoyez plusieurs jours pour son obtention. Le terme d'antiquités a ici un sens très large. Dans le doute, adressez-vous au **bureau de l'Archéologie et des Musées nationaux** (carte p. 82 ; ☎ 02226 1661) du département des Beaux-Arts. En outre, avant d'acheter des antiquités ou des pièces d'art bouddhique, jetez un coup d'œil au site de l'association **Heritage Watch** (www.heritagewatchinternational.org).

Remboursement de la TVA

Les étrangers quittant le pays en avion et n'ayant pas séjourné plus de 180 jours en Thaïlande durant l'année calendaire écoulée sont autorisés à solliciter le remboursement de la TVA sur les achats effectués dans les magasins agréés. Ces derniers sont signalés par un autocollant bleu et blanc sur leur vitrine. Le montant minimum des achats doit s'élever à 2 000 B par magasin en une seule journée, avec un minimum total de 5 000 B. Vous devez demander un formulaire de remboursement de la TVA et une facture dans chaque magasin où vous effectuez des achats. À Bangkok, les boutiques des principaux centres commerciaux vous indiqueront le bureau où effectuer cette formalité ; ailleurs, posez la question.

À l'aéroport, présentez vos achats (de préférence dans leur emballage d'origine) à la douane pour accomplir les démarches administratives. Vous pouvez faire enregistrer les objets encombrants, mais les plus petits (montres ou bijoux) doivent être transportés en bagage à main pour être présentés au contrôle après le passage de l'immigration. Dans les deux cas, le remboursement est effectué après le passage de l'immigration par le bureau chargé de cette mission. Pour en savoir plus, voir www.rd.go.th/vrt.

ENFANTS

Il est facile de voyager avec des enfants en Thaïlande. D'ailleurs, nombre d'anciens routards reviennent en famille. Les Thaïlandais adorent les bambins, qui ne tardent pas à se faire des compagnons de jeu.

Pratique

Certains critères président au choix du mode de transport quand on voyage avec des enfants. Pour leur éviter un long trajet ennuyeux si vous descendez vers le Sud, préférez l'avion. Au départ de Bangkok, il existe des vols directs et bon marché à destination de Ko Samui, de Phuket, de Krabi, de Trang et de Trat. Moins rapides, les trains possèdent en revanche des wagons couchettes et ont l'avantage de permettre de bouger. Une ligne va jusqu'à Surat Thani (d'où l'on peut continuer en ferry jusqu'à Ko Samui), Trang et Hat Yai.

Dans les bus, il n'existe pas de tarif réduit pour les enfants occupant un siège, mais le trajet est gratuit s'ils voyagent sur vos genoux. Dans les trains, les moins de 12 ans paient demi-tarif, et le voyage est gratuit pour les moins de 3 ans n'occupant pas de siège.

Aucun vaccin n'est obligatoire pour la Thaïlande (les vaccins recommandés sont indiqués p. 442). Dans les villes comme Bangkok et Pattaya, dans les principaux *resorts* de Phuket, ainsi que sur l'île de Ko Samui, il est également inutile de prendre un traitement contre le paludisme (voir p. 447). Toutefois, la dengue étant en progression, il est indispensable de se protéger des piqûres de moustiques à toute heure du jour et de la nuit (voir p. 447). Par ailleurs, veillez bien à ce que les enfants soient toujours hydratés et échappent aux maux de ventre (la diarrhée pouvant provoquer une déshydratation). Le chapitre *Santé* (p. 441) vous donnera toutes les informations nécessaires au bien-être des grands et des petits.

Il est indispensable d'employer un écran total, ou une crème solaire offrant la protection la plus élevée possible. Veillez à ce que vos enfants ne jouent ni avec les chiens (très souvent des chiens de garde) ni avec les chats – beaucoup d'animaux se nourrissent dans les poubelles et il existe des cas de rage. Méfiez-vous des singes, très agressifs.

Seuls les grands hôtels fournissent des chaises hautes et l'on voit rarement des poussettes en dehors des *resorts*. Les Thaïlandais portent leurs enfants dans les bras et les prennent sur leurs genoux à table. Hors des *resorts*, l'état de la chaussée et des trottoirs rend l'usage de la poussette peu pratique. Les stations balnéaires et les hôtels haut de gamme ont souvent des crèches ou des garderies. La cuisine commune pourra sembler trop relevée aux jeunes palais, mais on trouve partout du riz sauté, des *roti*, des pâtes et des nouilles sautées. Les supermarchés des grandes villes vendent des produits de base occidentaux.

Si vous voyagez avec de très jeunes enfants, vous constaterez qu'il n'est pas mal vu de leur donner le sein, à condition de le faire avec discrétion. On trouve facilement du lait en poudre dans les magasins et en pharmacie.

À voir et à faire

Bangkok ne manque pas d'attraits pour les plus petits, des statues géantes qui brillent devant les temples (*wat*) jusqu'à l'aquarium (voir p. 101). Avant de pénétrer dans un temple, expliquez à vos enfants qu'il est interdit de toucher aux objets sacrés, aux autels, aux offrandes et aux maisons des esprits. Privilégiez les hôtels avec piscine ; ils pourront ainsi se rafraîchir et se détendre après une journée passée en ville.

La plupart des plages thaïlandaises raviront les baigneurs, les constructeurs de châteaux de sable et les amoureux des poissons. À Phuket, méfiez-vous des forts courants saisonniers.

Pattaya (p. 143), Phuket (p. 310) et Ko Samui (p. 213) offrent d'autres distractions que les plages. Il existe toutes sortes d'activités accessibles aux enfants à Krabi (p. 347), de l'escalade au kayak de mer ; voir aussi le chapitre consacré aux activités de plein air, p. 329.

FÊTES ET FESTIVALS

Les dates de la plupart des fêtes et festivals varient d'une année sur l'autre, soient qu'elles correspondent au calendrier lunaire, comme c'est le cas des fêtes bouddhiques et musulmanes, soit par décision des organisateurs ou des autorités locales. Les dates des principales manifestations sont indiquées dans le chapitre *Fêtes et festivals*, p. 20. Les fêtes de moindre importance sont traitées dans les chapitres régionaux.

Le site de la **Tourism Authority of Thailand** (TAT ; www.tourismthailand.org) donne la date des grands événements pour l'année en cours. Pour les fêtes liées au bouddhisme, consultez le site **Buddhanet** (www.buddhanet.net/thai_cal.htm).

La communauté musulmane thaïlandaise a ses propres fêtes, célébrées dans tout le Sud. Elles suivent également le calendrier lunaire et avancent chaque année de 11 à 12 jours. Le ramadan devrait commencer le 1er août 2011 et le 20 juillet 2012. La fête de l'Aïd, qui marque la fin du ramadan, est probablement la plus grande fête religieuse musulmane.

Les jours fériés sont indiqués p. 424.

FORMALITÉS ET VISAS

À condition d'arriver en avion, les Français, les Belges, les Suisses et les Canadiens peuvent entrer en Thaïlande sans visa pour une durée maximale de 30 jours consacrée au tourisme ; une durée réduite à 15 jours pour les arrivées par voie terrestre.

Ils doivent être en possession d'un passeport valable au moins 6 mois après la date d'entrée sur le territoire et d'un billet de retour (ou de poursuite de voyage). En outre, ils pourront devoir prouver qu'ils possèdent les moyens financiers suffisants pour subvenir à leurs besoins (10 000 bahts pour une personne seule ou 20 000 bahts par famille).

L'exemption de visa est matérialisée par un simple tampon apposé sur le passeport.

Pour les séjours supérieurs à 30 jours, adressez-vous à l'ambassade de Thaïlande de votre pays (voir p. 405) pour demander un visa de tourisme de 60 jours ou à entrée multiples. La durée maximale d'un séjour touristique ne peut pas excéder 3 mois. Pour les extensions de visa, voir ci-après. Pour de plus amples détails, vous pouvez également consulter le site Internet du **ministère thaïlandais des Affaires étrangères** (www.mfa.go.th/web/12.php).

Ces dernières années, la Thaïlande a changé ses lois sur l'immigration dans le but de réduire le nombre de travailleurs clandestins et de personnes indésirables tels les touristes sexuels. Cette sévérité oblige le personnel des compagnies aériennes des aéroports de départ à vérifier votre titre de transport pour quitter le pays, disposition auparavant ignorée. Plusieurs voyageurs ont même été contraints d'acheter un billet (qu'ils se sont fait rembourser par la suite, moins une pénalité). Inutile de vous conseiller de vous habiller correctement pour passer l'enregistrement.

Avant le départ, il est impératif de contacter les ambassades et les consulats pour s'assurer que les modalités d'entrée sur le territoire n'ont pas changé. Nous vous conseillons de photocopier tous vos documents importants (pages d'introduction de votre passeport, cartes de crédit, numéros de chèques de voyage, police d'assurance, billets de train/d'avion/de bus, permis de conduire, etc.). Emportez un jeu de ces copies, que vous conserverez à part des originaux. Vous remplacerez ainsi plus aisément ces documents en cas de perte.

Autres types de visas

Les ambassades et les consulats délivrent différents types de visas selon que l'on vient en Thaïlande pour affaires, pour étudier ou pour travailler. Il existe plusieurs catégories de visas de *non-immigrant*, délivrés pour des périodes allant de 90 jours à 3 ans – une formule spécifique est destinée aux plus de 50 ans (validité d'un an). Si vous envisagez de demander un permis de travail et de séjourner plus longtemps dans le royaume, vous devrez d'abord solliciter un visa de *non-immigrant* avant d'entreprendre les formalités pour obtenir votre permis de travail. C'est une procédure fastidieuse qui exige de nombreuses formalités. Muni de votre visa, obtenu grâce à l'appui de votre futur employeur, il vous faudra passer des heures au **One-Stop Service Centre** (☎ 0 2937 1155 ; www.boi.go.th ; 16e ét., Rasa Tower, 555 Th Phahonyothin, Bangkok) pour remplir des formulaires. Arrivez de bonne heure ! Notez que le visa de transit n'existe plus en Thaïlande.

Pour de plus amples détails, consultez les sites du ministère thaïlandais des Affaires étrangères (ci-dessus) ou du **bureau de l'immigration** (www.immigration.go.th) ; si vous avez d'autres questions, vous trouverez peut-être les réponses sur www.thaivisa.com.

Prorogations et renouvellements de visas

Le visa de tourisme de 60 jours peut être prorogé de 30 jours, à la discrétion du bureau de l'immigration. Lors de la rédaction de ce guide, la règle qui visait à empêcher le visiteur en possession d'un visa de tourisme de rester plus de 90 jours sur une période de 6 mois ne semblait plus appliquée. Il était possible de sortir tous les 90 jours du pays et d'obtenir un nouveau visa de 60 jours auprès des autorités thaïlandaises de Vientiane, de Phnom Penh ou de Penang. Néanmoins, les choses peuvent changer à tout moment.

À Bangkok, adressez-vous au **bureau de l'immigration** (carte p. 80 ; ☎ 0 2141 9889, centre d'appels 1178 ; Bldg B, Government Center, Soi 7, Th Chaeng Watthana, Thung Hong Song, Laksi ; 🕓 8h30-12h et 13h-16h30 lun-ven). Ailleurs, contactez n'importe quel bureau de l'immigration. Vous devrez fournir les habituelles photos d'identité, ainsi que 1 900 B. Certaines agences de voyages se chargent des formalités.

Lors de nos recherches, les personnes bénéficiant d'une exemption de visa pouvaient planifier leur voyage de manière à quitter le pays après 15/30 jours pour y revenir immédiatement par voie terrestre ou aérienne en bénéficiant à nouveau d'une exemption de visa de 15/30 jours – et ce plusieurs fois. Les postes-frontière commodes sont Hat Lek (voir l'encadré p. 161) pour le Cambodge, Victoria Point (voir l'encadré p. 285) pour le Myanmar, et Satun (p. 392) pour la Malaisie. Depuis des années, des voyageurs et des résidents étrangers s'organisent pour renouveler ainsi gratuitement leur titre de séjour et certains prestataires de services se sont spécialisés pour les y aider. Mais, là encore, la situation pourrait évoluer.

Tout dépassement de la durée de séjour autorisée est passible d'une amende de 500 B par jour d'infraction, plafonnée à 20 000 B. Au-delà, sachez que vous vous exposez à des ennuis plus sérieux. Le paiement des amendes s'effectue dans les aéroports internationaux et aux postes-frontière, ou au préalable auprès du bureau de l'immigration. Les enfants de moins de 14 ans voyageant avec un parent sont exemptés d'amende.

HANDICAPÉS

Pas facile d'être un voyageur handicapé en Thaïlande. Les autorités ne prennent guère de mesures pour construire des infrastructures adaptées et les trottoirs défoncés sont difficilement négociables en fauteuil roulant. Les Thaïlandais ont l'habitude de faire face à toutes les situations et s'empresseront de vous aider sans fausse pudeur.

Les hôtels des chaînes internationales possèdent des rampes donnant accès à leurs installations ; ceux des chaînes locales haut de gamme pallient leur absence en faisant appel aux employés pour aider les personnes ayant du mal à se déplacer. Ailleurs, on se débrouille.

La solution est de louer une voiture avec chauffeur – il semblerait que les *túk-túk* puissent transporter 2 personnes avec un fauteuil. De nombreuses activités, comme le snorkeling et les promenades à dos d'éléphant, sont à la portée des personnes handicapées.

Dans les familles pauvres, où le prix d'un fauteuil rend l'achat inenvisageable, les personnes ne pouvant se déplacer sont portées par les autres. Les aveugles sont perçus comme portant chance, aussi gagnent-ils leur vie en vendant des tickets de loterie. Ils font également des massages traditionnels, étant réputés avoir un sens du toucher surdéveloppé. Une association de Bangkok emploie des malentendants comme vendeurs de souvenirs.

Ceux qui ne peuvent compter sur leur famille viennent à Bangkok où beaucoup deviennent amuseurs itinérants ou mendiants. Certains conservent les quelques pièces qu'ils récoltent, mais la vaste majorité, surtout les grands brûlés et les victimes des mines antipersonnelles, deviennent les esclaves d'une mafia qui leur extorque leurs maigres gains.

Organisations

L'agence **Help & Care Travel Company Ltd** (☎ 0 2720 5395 ; www.wheelchairtours.com) est spécialisée dans l'organisation de circuits accessibles aux personnes en fauteuil roulant ou âgées, ainsi qu'aux malentendants. Elle utilise des véhicules équipés et emploie des guides qualifiés.

En France, l'**APF** (Association des paralysés de France ; ☎ 01 40 78 69 00 ; www.apf.asso.fr ; 17 bd Auguste-Blanqui, 75013 Paris) peut vous fournir des informations utiles sur les voyages accessibles. Deux sites Internet dédiés aux personnes handicapées comportent une rubrique consacrée au voyage et constituent une bonne source d'information. Il s'agit de **Yanous** (www.yanous.com/pratique/tourisme/tourisme030613.html) et de **Handica** (www.handica.com). Il existe également des agences de voyages spécialisées, parmi lesquelles **Access Tourisme Service** (☎ 02 38 74 28 40 ; www.access-tourisme.com ; 8 rue Saint-Loup, 45130 Charsonville).

HÉBERGEMENT

La variété des hébergements disponibles sur les îles et les plages thaïlandaises surprend tant par sa diversité que par sa qualité. De la simple hutte en bambou sous les palmiers aux immenses *resorts*, il n'est pas difficile de trouver de quoi satisfaire ses aspirations et son budget.

Bungalows de plage

De fragiles paillotes constituaient jadis l'essentiel de l'offre d'hébergement. Elles ont cédé la place à des constructions en dur, appelées bungalows quel que soit leur aspect.

Les plus simples, couverts de feuilles de palmier posées sur des cloisons de bambou tissé, peuvent avoir des sanitaires carrelés attenants. Conçus pour 2 personnes, ils n'ont parfois pour tout mobilier qu'un lit ou un matelas posé sur le sol et une ampoule. Ils peuvent être dotés d'une moustiquaire et d'un ventilateur, et d'un petit balcon où suspendre un hamac et faire sécher des serviettes. Les bungalows en béton qui les remplacent désormais disposent souvent de la climatisation et de la TV satellite – et les prix ont été multipliés par deux ou trois.

Les tarifs varient en fonction de la renommée de la plage, de la qualité des prestations et de la saison. En haute saison, les prix pour une simple hutte, avec sdb commune, sur une plage peu cotée, tournent autour de 200 B par nuit ; comptez 300 B avec sdb. Pour les bungalows en dur climatisés avec sdb, prévoyez de 400 B en basse saison à 1 000 B en haute saison. Dans les *resorts* haut de gamme tels Hat Chaweng à Ko Samui et Hat Surin à Phuket, les prix atteignent plus de 3 000 B.

Hébergements dans les parcs nationaux

Certains parcs nationaux disposent de bungalows pouvant accueillir jusqu'à 10 personnes et de *reu·an tăa·ou* (maisons longues), faites de petites pièces contenant 3 ou 4 matelas posés à même le sol. Les bungalows et les maisons longues n'ont généralement l'électricité que de 18h à minuit ou 6h ; l'éclairage et les ventilateurs ne fonctionnent donc pas dans la journée. Les parcs offrant des bungalows ont souvent un petit restaurant ou une épicerie vendant des produits de première nécessité. Les chambres des maisons longues coûtent de 400 à 600 B ; et les bungalows de 1 000 à 2 000 B, selon leur taille et leur état.

RÉSERVATIONS EN LIGNE

La plupart des établissements des catégories moyenne et supérieure offrent en ligne des tarifs réduits qu'il est inutile d'espérer sur place, et ce même pendant la saison de pointe en janvier.

En basse saison (de mai à octobre), les prix sont divisés par deux, car les hôtels et les *resorts* se livrent une concurrence acharnée. Il est possible de réserver par Internet dans un nombre croissant d'établissements de la catégorie petits budgets. Toutefois, pour ces enseignes, comme pour les adresses les moins chères de la catégorie moyenne, la négociation à la réception reste de mise, sauf quand tout est complet. Pour les voyageurs arrivant en avion, un comptoir offre souvent des remises de dernière minute dans les aéroports – celui de Phuket est particulièrement intéressant.

Mais comment trouver les bonnes adresses en ligne ? Il existe des dizaines de sites, mais beaucoup se contentent de diffuser les informations données par les hôtels. Et on peut très bien avoir la mauvaise surprise de constater une fois sur place qu'un établissement présenté comme "facile d'accès 24h/24" n'est en réalité rien d'autre qu'une maison close.

Il y a heureusement des sites qui donnent des critiques honnêtes. Pour avoir accès aux bonnes affaires, vous pourrez par exemple consulter le site indépendant **Travelfish** (www.travelfish.org, en anglais), qui fournit des listes d'hôtels sur les plages et les îles, ainsi que leurs tarifs du moment.

Il est préférable de réserver dans les parcs les plus fréquentés, et c'est indispensable pendant les vacances et le week-end. Le **National Park Office** (bureau des parcs nationaux ; carte p. 80 ; ☎ 0 2562 0760 ; www.dnp.go.th/parkreserve ; 61 Th Phahonyothin, Chatuchak, Bangkok 10900) a un service de réservation en ligne. Le site est pratique et facile à utiliser.

Les rares voyageurs s'embarrassant de leur matériel de camping en Thaïlande (les pensions étant très bon marché) pourront planter leur tente dans la plupart des parcs. Prévoyez entre 20 et 50 B par personne avec votre propre tente et de 200 à 450 B pour en louer une, plus 60 B pour le couchage.

La plupart des campings ont un bloc sanitaire avec toilettes, eau courante et douches froides, et parfois un petit restaurant servant de la cuisine thaïlandaise. L'autorisation des autorités gérant le parc est nécessaire pour planter sa tente dans les sites reculés ou sur les îles désertes et les plages isolées – où vous devrez apporter de l'eau et des provisions.

Les étudiants thaïlandais étant prioritaires pour les emplacements et le matériel de location, mieux vaut s'y prendre à l'avance et avoir une solution de rechange au cas où tout serait déjà complet.

Vous devrez souvent payer le droit d'entrée dans le parc pour y passer la nuit. Pour les étrangers, il est généralement de 200 B par adulte et de 100 B pour les moins de 14 ans – c'est le double dans certains parcs. Conservez vos tickets pour les présenter aux gardes du parc qui contrôlent les visiteurs. N'oubliez pas que, contrairement à une chambre, il est impossible de verrouiller une tente.

Hôtels

Dans les villes de province, les hôtels bon marché, souvent tenus par des familles sino-thaïlandaises, ont de petites chambres spartiates dont beaucoup ont été rafraîchies ces dernières années. Une chambre avec ventilateur et sdb commune coûte environ 300 B ; comptez de 500 à 1 000 B pour un peu plus d'intimité et de fraîcheur. Les chambres les moins chères, qui se louent aussi à l'heure, peuvent être sordides. Les voyageuses, notamment en solo, les éviteront. La gamme intermédiaire, aux prix très raisonnables, est infiniment plus accueillante et offre sdb, TV, téléphone et climatisation.

Les grandes villes et les *resorts* comptent des grands hôtels correspondant davantage aux attentes de la clientèle internationale. Les chambres, plus propres, sont climatisées, et ont la TV par satellite, l'eau chaude et des toilettes correctes. Ces établissements abritent généralement un ou plusieurs restaurants ou cafétérias. Certains sont très anciens, d'autres flambant neufs. Ils peuvent avoir une piscine ou des salles de séminaire, et parfois une très belle vue. La plupart sont bien situés et les chambres coûtent de 800 à 3 000 B.

Les hôtels de luxe des chaînes locales et internationales constituent le haut de gamme. Les premiers prix atteignent 3 000 B, et les plus chers quelques milliers de dollars US par nuit. La clientèle pourra choisir entre plusieurs restaurants et bars, profiter du spa et des équipements sportifs, et accéder au centre d'affaires. Bangkok, Pattaya et Phuket ont des dizaines d'hôtels de cette catégorie. On trouve aussi quelques beaux hôtels de charme indépendants, notamment à Bangkok (voir p. 103), à Ko Samui et à Phuket.

Pensions (guesthouses)

Dans le Sud, à l'inverse de Bangkok où c'est la norme, il est rare de trouver une chambre chez l'habitant, en dehors des capitales régionales et des centres commerçants situés sur les îles. Par extension, le terme *guesthouse* désigne souvent un petit ensemble de paillotes ou de bungalows sommaires, où logent de nombreux voyageurs sac au dos.

La pension traditionnelle est constituée de petites pièces avec un lit ou un matelas posé par terre, et un ventilateur pour tout équipement. Aujourd'hui, la concurrence joue en faveur du confort. Les hébergements rudimentaires sans sdb privative coûtent de 100 à 1 000 B à Bangkok, où ils sont moins basiques. Comptez entre 300 et 1 700 B avec sdb. Les pensions, au sens propre, sont souvent installées dans de vieilles demeures traditionnelles, aux planchers qui grincent – ôtez vos chaussures avant d'entrer. Les toilettes à la turque ont pratiquement disparu. En revanche, il y a rarement l'eau chaude. Souvent, un restaurant attenant à la maison sert une cuisine familiale.

Resorts

Par *resort*, on entend les complexes hôteliers qui offrent de multiples installations sportives (tennis, golf, piscine, voile, école de plongée, sports nautiques, etc.), en sus de l'hébergement et de la restauration. En Thaïlande, ce terme désigne également tout hôtel en dehors des zones urbaines. Un site doté d'une poignée de paillotes sur une plage ou de bungalows en forêt pourra donc être désigné ainsi.

Toutefois, ces dernières années ont vu se métamorphoser nombre de bicoques branlantes du bord de mer en véritables petits paradis. Les îles et les plages du sud de la Thaïlande, qui offrent déjà des *resorts* luxueux, sont en passe de détrôner les Caraïbes. Tous les établissements n'ont pas été bâtis avec le même faste, mais beaucoup surprennent par la profusion des prestations de qualité qu'ils proposent. Les architectes qui ont imaginé les plus beaux ont su restituer les particularités de la richesse architecturale locale et créer des espaces uniques se fondant dans la nature. La plupart sont proches d'un aéroport. Phuket, Ko Samui, Pattaya, Krabi et Ao Nang se taillent la part du lion.

À côté des *resorts* les plus chic, d'autres, plus modestes, offrent à une clientèle moins aisée TV, piscine à débordement et nombre de prestations pour quelque 2 000 B la nuit.

CHAMBRES : TARIFS ET SAISONS

Dans ce guide, les hébergements sont classés en fonction de leurs prix, du moins cher au plus onéreux. Les tarifs suivants valent pour une chambre avec sdb en haute saison :

Petits budgets : jusqu'à 1 000 B.
Catégorie moyenne : de 1 000 à 3 000 B (4 500 B à Bangkok).
Catégorie supérieure : plus de 3 000 B (4 500 B à Bangkok).

À Bangkok, l'offre hôtelière est souvent meilleure qu'ailleurs dans le pays, mais aussi plus onéreuse (voir l'encadré p. 103). Il en va de même pour les stations balnéaires de Ko Samui et de Phuket.

Pour certains établissements, le premier prix indiqué correspond à la chambre simple la moins chère, qui est presque toujours réservée.

La Thaïlande applique une TVA à 7% sur les biens et les services. Beaucoup d'établissements de catégorie moyenne et presque tous les hôtels (et restaurants) haut de gamme ajoutent en outre au prix annoncé une taxe de 10% pour le service. Les taxes sont incluses dans ce guide.

Les sites Internet offrent des réductions pouvant aller jusqu'à 50% (voir ci-contre). Dans les pensions, il suffit de se présenter en basse saison pour bénéficier d'un prix cassé. En général, la haute saison va de novembre à avril, les tarifs étant les plus élevés de mi-décembre à mi-janvier, et autour de Songkran (Nouvel An thaïlandais, mi-avril). La basse saison va de mai à octobre. C'est en mai et début juin, puis de mi-septembre à début novembre, que l'on trouve les meilleures affaires.

Les dates sont données ici à titre indicatif : la météo varie d'une région à l'autre et influe sur les prix. Pour plus d'informations sur le climat, reportez-vous p. 12.

Les auteurs de ce guide ont aiguisé leur sens critique pour visiter ces *resorts*. Ils ont retenu les meilleurs, répondant à des critères de rapport qualité/prix ou à des exigences très pointues pour les lecteurs pouvant dépenser sans compter.

HEURES D'OUVERTURE

Les administrations ouvrent de 8h30 à 16h30 du lundi au vendredi ; toutefois, presque personne ne travaille entre 12h et 13h. Les banques ouvrent de 8h30 à 15h30 du lundi au vendredi, parfois jusqu'à 16h30 (le vendredi). À Bangkok et dans les *resorts*, beaucoup ont des bureaux de change, ouverts de 8h à 20h 7 jours/7. Les administrations et les banques ferment les jours fériés (voir p. 424).

Les commerces fonctionnent de 8h30 à 17h en semaine et parfois le samedi matin – certaines petites enseignes commencent la journée plus tôt et la finissent plus tard. Les magasins plus importants ouvrent de 10h à 18h30 ou 19h et les grands centres commerciaux de Bangkok, jusqu'à 21h ou 22h. Les restaurants et les cafés ont des horaires divers. Certains restaurants destinés à la clientèle locale ouvrent dès 7h du matin, tandis que les établissements plus huppés attendent 11h, voire le soir. Les restaurants de quartier peuvent fermer dès 17h ou 18h. À Bangkok, ils accueillent les clients jusqu'à 22h ou 23h. La législation fixe l'ouverture des bars à 16h et leur fermeture à 1h. Les magasins tenus par des musulmans ne fonctionnent pas toujours le vendredi, jour de prières. Les restaurants de l'extrême sud ferment souvent plus tôt qu'ailleurs.

HEURE LOCALE

La Thaïlande avance de 7 heures sur l'heure GMT : quand il est 12h à Paris, il est 18h à Bangkok en hiver, et 17h en été. Le pays n'applique pas de changement d'heure.

En Thaïlande, les années sont officiellement décomptées à partir du début de l'ère bouddhique. Celle-ci commençant en 543 av. J.-C., 2010 correspond à l'an 2553 de l'ère bouddhique, 2011 à l'an 2554, etc.

HOMOSEXUALITÉ

Si la culture thaïlandaise peut sembler très tolérante envers les homosexuels, femmes et hommes, cette tolérance n'est pas pour autant synonyme d'acceptation. Il n'y a guère de danger de se faire agresser ou insulter pour ses préférences sexuelles. Néanmoins, les Thaïlandais sont plutôt conservateurs, et il a fallu attendre 2003 pour que le département de la Santé mentale admette que l'homosexualité n'est pas un trouble psychiatrique.

Les raisons de cette attitude ambiguë s'expliquent notamment par l'importance de la famille dans la société thaïlandaise. Les gays sont souvent perçus comme des gens égoïstes et manquant de maturité, puisqu'ils refusent de se marier et d'avoir des enfants. Ce qui conduit beaucoup d'hommes à mener une double vie : jouer les bons pères de famille le jour et vivre leur sexualité la nuit. Comme dans la plupart des pays occidentaux, les personnalités connues du grand public admettent rarement leur homosexualité, à l'exception des artistes.

Bangkok, capitale gay du Sud-Est asiatique et probablement de toute l'Asie, compte plusieurs rues réservées aux bars et aux clubs (voir l'encadré p. 118). Le quartier gay est bien intégré, mais la prostitution sévit dans les bars fréquentés par les étrangers. Un compagnon occidental est souvent perçu comme la possibilité d'avoir de l'argent facile ou de pouvoir émigrer – la situation n'est guère différente lorsqu'on est hétérosexuel. Les Thaïlandais perçoivent très mal les Occidentaux qui viennent chercher un(e) partenaire en Thaïlande.

La communauté homosexuelle est bien représentée à Phuket et à Pattaya. Phuket, plus décontractée et moins commerciale, est le site d'une gigantesque **Gay Pride** (www.gaypatong.com) haute en couleur, entre février et avril. Bangkok a aussi son festival gay en novembre ou décembre (www.bangkokpride.org), tandis que Pattaya fait la fête toute l'année (www.pattayagayfestival.com).

Les sites suivants vous donneront de nombreuses informations en anglais :

Dreaded Ned (www.dreadedned.com). Listings, forums, petites annonces.

Fridae (www.fridae.com). Les événements en Asie ; cliquez sur l'agenda de la Thaïlande.

Gay Patong (www.gaypatong.com). Le guide gay de Phuket.

Lesbian Guide to Bangkok (www.bangkoklesbian.com). Le site le plus dynamique pour les lesbiennes à Bangkok, avec des forums utiles et des infos sur les manifestations et spectacles.

Long Yang Club (www.longyangclub.org/thailand). Un groupe présent dans le monde entier, où les cultures se mêlent, pour les hommes qui préfèrent les hommes, en dehors du milieu homo. Le groupe de Thaïlande organise parfois des soirées.

Utopia (www.utopia-asia.com). Un site gay et lesbien établi de longue date qui donne de nombreuses informations et diffuse les critiques de ses membres.

INTERNET (ACCÈS)

La Thaïlande est bien couverte. En dehors des sites reculés, vous trouverez toujours un cybercafé, y compris dans les îles. La qualité de la connexion dépend de celle des lignes téléphoniques et du nombre de postes reliés.

La connexion dans les cybercafés coûte de 1 à 2 B/min en ville et de 3 à 4 B/min sur les îles et les plages isolées. Ces cafés Internet étant légion, nous indiquons les zones où ils se concentrent plutôt que des adresses précises.

Il y a des points Internet dans les centres commerciaux et dans la plupart des aéroports ; les hôtels et les pensions sont de mieux en mieux équipés. Selon les établissements, la connexion est gratuite ou peut coûter plus de 700 B par heure. Si vous utilisez un ordinateur public, veillez à ne pas laisser traîner d'informations confidentielles. Si vous accédez à votre compte bancaire, ne partez pas sans supprimer les *cookies* et l'historique de navigation.

Les ordinateurs portables étant presque aussi courants que les sacs à dos sur les îles et les plages de Thaïlande, le prix des chambres avec connexion est en baisse régulière.

Si vous avez besoin de vous connecter, utilisez une prise téléphonique de type RJ11. Les supérettes 7-Eleven vendent des cartes d'accès prépayées. Elles indiquent la liste des numéros d'appel à utiliser depuis les différentes villes du pays, un identifiant et un mot de passe, ainsi que le nombre d'heures de validité. Une carte valable 20 heures coûte environ 200 B.

LIBRAIRIES SPÉCIALISÉES

Fenêtre sur l'Asie (☎ 01 43 29 11 00 ; 49 rue Gay-Lussac, 75005 Paris). Un rayon sur la Thaïlande.

> **WI-FI**
>
> Le Wi-Fi est très répandu sur le territoire thaïlandais, et notamment à Bangkok. Beaucoup de cafés, ainsi que la plupart des hôtels des catégories moyenne et supérieure, proposent un accès Wi-Fi gratuit ou payant. De plus en plus de pensions font de même. Cependant, plus elles sont isolées, moins elles offrent ce service. Divers sites Internet dressent la liste des endroits reliés au réseau Wi-Fi à Bangkok, dont www.bkkpages.com, www.stickmanbangkok.com et www.jiwire.com. JI Wire fournit aussi une version iPhone de sa liste, incomplète toutefois.

Le Phénix (☎ 01 42 72 70 31 ; librairielephenix.fr ; 72 bd Sébastopol, 75003 Paris). Cette librairie spécialisée sur la Chine vend aussi quelques ouvrages consacrés à la Thaïlande.

Librairie du musée Guimet (☎ 01 56 52 54 17 ; www.guimet.fr/Librairie ; 6 place d'Iéna, 75016 Paris). Petite sélection.

You-Feng (http://you-feng.com ; ☎ 01 43 25 89 98 ; 45 rue Monsieur-le-Prince, 75006 Paris ; ☎ 01 53 82 16 68 ; 66 rue Baudricourt, 75013 Paris). Quelques livres sur la Thaïlande.

OFFICES DU TOURISME

La **Tourism Authority of Thaïlande** (TAT ; ☎ hotline touristique 1672 ; www.tourismthailand.org ; 8h-20h), service d'État de promotion et d'information touristique, est très bien organisée. Elle dispose de bureaux dans tout le pays et à l'étranger et édite d'excellentes brochures sur les sites à visiter, les hébergements et les transports.

Office du tourisme en Thaïlande

Des guichets d'information de la TAT sont installés dans les terminaux des vols domestiques et de l'aéroport international de Suvarnabhumi. Vous trouverez les coordonnées des autres bureaux dans les différents chapitres régionaux de ce guide.

La Bangkok Metropolitan Administration gère le très efficace **Bangkok Tourist Bureau** (☎ 0 225 7612-4 ; www.bangkoktourist.com), qui couvre la capitale et ses environs. Des organismes privés jouent le rôle d'office du tourisme dans de nombreuses villes. Sachez que des agences de voyages affichent dans leur vitrine un panneau indiquant "T.A.T." ou "*Informations*" dans le but de toucher une commission. Elles n'ont pas reçu d'agrément officiel pour délivrer des renseignements touristiques, mais sont simplement enregistrées auprès de la TAT. Pour les reconnaître : tout est dans l'utilisation ou non des points : "T.A.T." désigne les agences, et "TAT", l'organisme officiel.

Sachez en revanche que la TAT délivre les licences et agréments aux établissements dont les prestations répondent à des normes très exigeantes.

Offices du tourisme de Thaïlande à l'étranger

Il n'existe pas d'office du tourisme de Thaïlande en Suisse et au Canada.

France (☎ 01 53 53 47 00 ; www.tourismethaifr.com ; 90 av. des Champs-Élysées, 75008 Paris)

Belgique (☎ 02-504 97 03 ; www.tourismethailande.be ; rue des Drapiers 40, 1050 Bruxelles)

PHOTO ET VIDÉO

La Thaïlande est un pays de rêve pour les photographes et les vidéastes. Demandez la permission avant de prendre une photo ou de filmer, surtout dans les lieux religieux. Si vous souhaitez photographier quelqu'un, prenez le temps de faire sa connaissance et de lui parler. Ne vous engagez pas à envoyer de photo si vous n'êtes pas sûr de tenir parole.

La Thaïlande étant un pays humide, il est recommandé de glisser des sachets de gel de silice dans le sac contenant vos objectifs et votre appareil photo pour éviter les moisissures. Un filtre polarisant est utile pour réduire les reflets de la lumière tropicale, notamment lorsqu'on prend des photos près de plans d'eau ou de *wat* aux statues dorées.

La photo numérique a détrôné l'argentique et il devient difficile de trouver d'autres pellicules que des 100, 200 et 400 ASA en dehors de Bangkok. En revanche, les labos livrent des tirages rapides et peu onéreux de vos photos numériques et vous pourrez faire graver le contenu de vos cartes mémoire sur CD et/ou DVD dans les cybercafés. Des piles pour appareil photo et des minicassettes DV sont en vente à Bangkok et dans les zones touristiques.

POSTE

La **poste thaïlandaise** (☎ centre d'appel 1545 ; www.thailandpost.com) est fiable et efficace ; le personnel parle souvent un peu anglais. En dehors de la poste principale de Bangkok (p. 79), les bureaux ouvrent en général de 8h30 à 16h30 du lundi au vendredi et de 9h à 12h le samedi ; certains fonctionnent aussi le dimanche matin. Les grands bureaux ont souvent des cabines téléphoniques, un service de poste restante et un guichet pour l'envoi des colis : les emballages en carton sont payants, mais l'adhésif et la ficelle offerts. N'envoyez pas d'objets de valeur dans un colis et ne mettez pas d'argent dans les lettres.

Pour les colis, le service Thai Post EMS (dans les postes) est fiable et souvent 50% moins cher que les compagnies privées. **DHL** (www.dhl.co.th) et **Fedex** (www.fedex.com/th) ont des bureaux à Bangkok et dans les centres touristiques.

Tarifs postaux

Les tarifs des timbres pour les envois de lettres et de colis en Thaïlande et à l'étranger sont très raisonnables. Selon ses dimensions, l'envoi d'une carte postale vers n'importe quel pays du monde coûte entre 12 et 15 B. Une lettre (jusqu'à 10 g) envoyée par avion vers un pays occidental revient entre 12 et 20 B. Les aérogrammes sont à 15 B, quelle que soit la destination. Les lettres recommandées coûtent 25 B, en plus de l'affranchissement ordinaire.

Par avion, un colis pesant 1/2/5 kg coûte 880/1 230/2 280 B pour l'Europe et arrive en 2 semaines. Par voie maritime, comptez 3 mois pour l'Europe et l'Amérique, avec un affranchissement environ 60% moins cher que par avion. Les envois en SAF (*surface-air-lifted*), par voie maritime et aérienne, arrivent presque partout en un mois et coûtent environ le double de la voie maritime. Les prix varient selon la destination (demandez le classeur des tarifs).

Le contenu des colis peut être assuré pour 7 B par tranche de 20 $US de leur valeur.

Recevoir du courrier

Vous pouvez vous faire envoyer du courrier en poste restante dans la plupart des bureaux de poste de Thaïlande y compris au bureau principal de Bangkok. Libellez l'adresse comme suit : nom, prénom, Poste Restante, General Post Office, Charoen Krung Rd, Bangrak, Bangkok, 10501.

PROBLÈMES JURIDIQUES

En général, la police ne s'occupe pas des étrangers, surtout des touristes, sauf s'ils sont mêlés à des histoires de drogue. Les stupéfiants sont l'ennemi public numéro un. L'application de la politique antidrogue varie, mais il n'est pas rare que la police fasse des descentes dans les bars et les clubs à la recherche des contrevenants (voir l'encadré p. 412). Si la musique cesse tandis que des hommes en brun investissent les lieux, armez-vous de patience. Vous ne repartirez qu'après avoir été fouillé et vous être soumis à un test d'urine, le plus souvent.

Sachez que la vie de ceux qui se font prendre en possession de drogues dures (même s'ils ne se livrent pas au trafic) bascule à tout jamais. La peine de mort est appliquée en Thaïlande pour les crimes liés à la drogue.

Si vous êtes arrêté, vous avez le droit de passer un coup de fil. Le mieux est de vous adresser à votre ambassade ou à votre consulat. La durée de la détention préventive dépend du bon vouloir des policiers et du respect qu'on leur témoigne. La loi thaïlandaise n'a pas d'équivalent de la notion de mise en examen ni de présomption d'innocence. C'est le tribunal qui décide de la culpabilité ou de

ÂGE LÉGAL

- Consommation d'alcool : 20 ans pour acheter de l'alcool ou entrer dans un bar
- Conduite : 21 ans (pour louer un véhicule)
- Consentement légal : 18 ans
- Vote : 18 ans

l'innocence du "suspect" qu'on lui présente. Les procès interviennent rapidement. En cas de besoin, les avocats privés (préférables à ceux commis d'office) sont nombreux.

Il est interdit de fumer dans les endroits fermés, bars inclus. L'interdiction s'étend aux lieux publics en plein air. Si vous allumez une cigarette devant un centre commercial, on vous demandera sans doute poliment de l'éteindre, mais si vous jetez votre mégot sur le sol, l'amende risque d'être lourde.

Police touristique

Si vous êtes en difficulté, contactez au plus vite la police touristique qui a pour mission d'aider les étrangers. Le numéro d'urgence, le ☎ 1155, fonctionne 24h/24. Les policiers de ce corps n'ont pas autant de pouvoir que leurs collègues mais vous aideront à vous faire comprendre et à contacter votre ambassade ; si besoin, ils rédigeront un rapport pour l'assurance.

TÉLÉPHONE

Pour appeler la Thaïlande depuis l'étranger, composez l'indicatif international en vigueur dans votre pays (☎ 00 en France, en Belgique et en Suisse, ☎ 011 au Canada), suivi du ☎ 66 (indicatif de la Thaïlande), puis du numéro de votre correspondant sans le ☎ 0 initial.

Pour passer un appel direct vers l'étranger depuis la Thaïlande, composez le ☎ 001, suivi de l'indicatif du pays (☎ 33 pour la France, ☎ 32 pour la Belgique, ☎ 41 pour la Suisse et ☎ 1 pour le Canada) et du numéro de votre correspondant. Il vaut mieux cependant ne pas passer par le ☎ 001 et préférez, selon le téléphone d'où vous appelez, les préfixes ☎ 006, ☎ 007, ☎ 008 et ☎ 009, qui permettent d'accéder à des liaisons moins chères. Si vous achetez une carte SIM locale (voir p. 424), ce que nous recommandons, le fournisseur d'accès vous indiquera quel préfixe utiliser – lisez bien la notice jusque dans les petites lignes.

Pour passer par un opérateur, faites le ☎ 100. Pour obtenir le service des renseignements en anglais (gratuit) à Bangkok, faites le ☎ 1133.

En Thaïlande, pour appeler dans le pays, vous devrez composer l'indicatif régional, où que vous soyez. Tous les numéros sont à 9 chiffres. À Bangkok, ils commencent par ☎ 02 (7 chiffres suivent). Pour la province, il faut souvent faire un préfixe à 3 chiffres commençant par 0, puis les 6 chiffres du numéro. Les téléphones portables ont des numéros à 10 chiffres commençant par ☎ 08.

Il existe de nombreuses cabines, de moins en moins usitées. Les rouges sont pour les appels locaux et les bleues pour les appels locaux et longue distance (en Thaïlande). Les vertes s'utilisent avec une carte téléphonique. Les appels locaux coûtent 1 B les 3 premières minutes et les appels vers les mobiles, 3 B/minute. Un appel depuis un téléphone privé coûte 3 B, sans limite de temps.

Appels avec Internet et cartes téléphoniques

C'est par Internet que l'on peut téléphoner vers l'étranger aux prix les plus avantageux. De nombreux cybercafés proposent ce service. Certains ont téléchargé Skype ; si les micro-casques sont en bon état, vous pourrez passer vos communications au prix de l'accès Internet. D'autres ont leur propre service VoIP (*Voice over Internet Protocol* ou messagerie vocale) offrant des tarifs internationaux très intéressants.

La CAT propose la carte PhoneNet, qui existe à 200, 300, 500 et 1 000 B et permet d'appeler l'international via VoIP en économisant sur les prix normaux. Ce système a l'avantage de permettre d'appeler depuis n'importe quel appareil, ligne terrestre, mobile, etc. Les communications sont de bonne qualité et le rapport qualité/prix, excellent. Ces cartes, rechargeables, sont en vente dans les agences CAT et sur le site www.thaitelephone.com, qui délivre les numéros d'appel et les codes. Pour la tarification, voir www.thaitelephone.com/EN/RateTable.

La grille des tarifs indique aussi ceux de la carte standard ThaiCard, autre carte prépayée de la CAT pour appeler l'international (300 ou 500 B). Cette dernière permet d'appeler dans les deux sens, de la Thaïlande vers la France, ou de la France vers la Thaïlande. La ThaiCard est plus intéressante que la carte Lenso qui fonctionne depuis les téléphones payants.

Skype excepté, ces options reviennent plus cher qu'une carte SIM bien choisie.

Téléphones portables

La plupart des téléphones GSM fonctionnent en Thaïlande – activez le service international auprès de votre opérateur. Si vous vous contentez des SMS, c'est une bonne solution. Sinon, mieux vaut une carte SIM locale.

Il est facile d'acheter une carte SIM prépayée. Les opérateurs se livrent à une concurrence féroce et les tarifs varient. Consultez les offres sur Internet ; vous devriez en trouver une pour 49 B. Les cartes les plus chères comprennent généralement un temps de communication prépayé. Sinon, les magasins vendant les cartes SIM proposent aussi des recharges allant de 100 à 500 B. Le coût à la minute débute à moins de 50 satangs. Pour les appels internationaux, l'accès passe par des préfixes promotionnels (par exemple le ☎ 006 au lieu du ☎ 001), qui réduisent sérieusement le coût des communications. Si vous utilisez un iPhone à Bangkok, les nombreux points d'accès au Wi-Fi devraient vous permettre de faire des économies.

Voici les principaux opérateurs :

AIS (www.12call.ais.co.th). Couvre toute la Thaïlande ; la carte prépayée est appelée One-2-Call.

DTAC (www.dtac.co.th). Plusieurs formules, dont la Happy (www.happy.co.th) pour la carte SIM prépayée.

True Move (www.truemove.com). Probablement le moins cher. La carte Inter SIM permet de passer des appels nationaux bon marché, mais surtout d'appeler vers de nombreux pays pour 1 B/min. En dehors de Bangkok, le réseau n'est pas garanti.

Si votre téléphone est bloqué, allez au centre commercial Mahboonkrong (MBK, p. 122), à Bangkok, pour le faire débloquer ou en acheter un, neuf ou d'occasion, à partir de 2 000 B, voire moins.

TOILETTES

Vous trouverez des toilettes publiques dans les gares routières et ferroviaires, les centres commerciaux et les fast-foods. L'accès est souvent payant, entre 1 et 3 B ; il y a parfois des distributeurs de papier. Ne jetez jamais le papier dans la cuvette, mais dans la poubelle prévue à cet effet. Dans les secteurs touristiques, les toilettes sont à l'occidentale. Dans les établissements bon marché et les gares, elles sont à la turque. Vous devrez alors prévoir du papier (il n'est pas fourni, mais tous les magasins en vendent) ou utiliser le tuyau ou la cruche sous le robinet.

TRAVAILLER EN THAÏLANDE

La croissance économique du pays fournit des emplois aux étrangers, mais il n'est pas facile d'obtenir un permis de travail. Comme les pays occidentaux, la Thaïlande refuse de plus en plus d'accorder un permis aux étrangers si l'emploi peut être tenu par un Thaïlandais. Exception faite pour l'enseignement de l'anglais, ce qui ne fait pas l'affaire des francophones.

Tout travailleur, salarié ou bénévole, doit être en possession d'un permis de travail. Ce document doit être demandé par votre employeur, qui peut en faire la demande avant votre arrivée en Thaïlande. Toutefois, le permis ne sera véritablement délivré qu'après votre entrée dans le pays, avec un visa de *non-immigrant* en cours de validité. Les ambassades thaïlandaises à l'étranger (voir p. 405) vous donneront les renseignements nécessaires ; vous pouvez également consulter le site du **ministère thaïlandais des Affaires étrangères** (www.mfa.go.th/web/12.php), ainsi que le forum du site www.thaivisa.com.

Les personnes souhaitant faire des affaires en Thaïlande pourront se connecter sur le site du **Thai Board of Investment** (www.boi.go.th/english/).

Plongée

Les moniteurs et instructeurs qualifiés PADI trouvent du travail dans les grandes stations comme Ko Tao, Phuket, Ko Phi Phi, Hat Khao Lak, Ao Nang et Ko Chang. Il est souhaitable d'avoir l'anglais, ainsi qu'une seconde langue. Des écoles offrent une partie du coût de la formation contre l'engagement de travailler pour elles une fois qualifié. Vous devrez bien sûr posséder un permis de travail.

VACANCES ET JOURS FÉRIÉS

Le Nouvel An chinois, en février ou début mars, et Songkran (Nouvel An thaïlandais, 13-15 avril) sont les deux périodes de congés les plus importantes en Thaïlande. Durant une semaine, avant et après ces réjouissances, les transports sont pleins de voyageurs qui rentrent passer les fêtes en famille. Il est donc impossible de trouver une place assise au départ de Bangkok avant ces fêtes. Tout rentre dans l'ordre quand les gens reprennent le travail ! Consultez également le calendrier des fêtes et des festivals, p. 20.

Jours fériés

Les administrations et les banques ferment les jours fériés. Vous trouverez les dates des fêtes du calendrier lunaire sur le site de la **TAT** (www.tourismthailand.org/travel-information).

Nouvel An	1er janvier
Magha Puja (mah·ká bou·chah)	février/mars (lunaire)
Jour des Chakri	6 avril
Songkran	13-15 avril
Fête du Travail	1er mai
Jour du couronnement	5 mai
Visakha Puja (wí·săh·kà bou·chah)	mai/juin (lunaire)
Khao Phansa	juillet/août (lunaire)
Anniversaire de la reine	12 août
Jour du roi Chulalongkorn	23 octobre
Ok Phansa	octobre/novembre (lunaire)
Anniversaire du roi	5 décembre
Jour de la Constitution	10 décembre
Fête de fin d'année	31 décembre

Vacances scolaires

Les enfants et leurs enseignants bénéficient d'un jour de congé supplémentaire le 16 janvier, Jour des professeurs. Les grandes vacances tombent en mars et avril et fin mai. Chaque école fixe ses dates de fermeture.

VOYAGER EN SOLO

La Thaïlande est un pays accueillant pour les voyageurs se déplaçant seuls. Même les plus réservés réussiront à lier conversation dans les pensions et les bars de plage. C'est moins facile dans les *resorts*, où l'on croise essentiellement des couples. À Bangkok, les voyageurs se retrouvent sur Th Khao San, où il n'est pas toujours facile de rencontrer des gens sympathiques ; vous ferez sans doute plus facilement connaissance dans votre pension. Les voyageurs se croisent et se recroisent souvent au fil des étapes.

Les Thaïlandais, très sociables, s'étonnent parfois de voir des étrangers voyager seuls.

Femmes seules

La Thaïlande est une destination prisée des voyageuses, car les femmes seules y rencontrent peu de problèmes. Il faut comme partout être sensible aux différences culturelles et savoir les respecter.

Dans les villes de province, il est préférable de se couvrir les épaules, les jambes et le ventre. En dehors de Bangkok, les Thaïlandaises se protègent du soleil, la blancheur de la peau étant considérée comme un critère de beauté. La préférence des Occidentales pour le bronzage est parfois source de surprise et d'amusement.

À Bangkok et dans les stations balnéaires, les mœurs se sont assouplies. Pour autant, le topless est mal vu. Dans certains cas extrêmes, des Occidentales se faisant bronzer seins nus (souvent seules sur des plages isolées) ont fait l'objet d'attaques. Le topless est officiellement interdit dans les parcs nationaux.

La morale est plus stricte dans les régions musulmanes du Sud, où les femmes se couvrent le corps et la tête. Dans cette partie du pays, les démonstrations d'affection en public sont également considérées comme déplacées.

Les agressions et les viols sont plus rares en Thaïlande que dans bien des pays occidentaux, mais des individus mal intentionnés peuvent jeter leur dévolu sur une femme seule ou ivre. Gardez la tête froide. Les fêtes à Ko Pha-Ngan sont régulièrement le théâtre de violences et des femmes y ont été attaquées. Ne montez jamais dans un taxi louche et refusez qu'un inconnu vous raccompagne le soir. Respectez ces règles de base, même si vous vous trouvez dans un environnement hospitalier et peu familier. N'oubliez pas que l'on court moins de risques en groupe. En cas de viol ou d'agression, la police mène une enquête et les coupables sont jugés. En revanche, le soutien psychologique est faible.

Si Bangkok est un paradis pour les hommes, les étrangères sont plus susceptibles de trouver leur Roméo sur les plages. Sachez que les Thaïlandais n'ont pas nécessairement des aspirations platoniques et que les malentendus culturels dus aux préjugés peuvent conduire à des situations embarrassantes.

Les hôtels dans le bas de Th Sukhumvit à Bangkok et à Hat Patong à Phuket sont les principaux lieux du tourisme sexuel. Les femmes n'y sont pas respectées.

Dans tout le pays, on peut acheter des serviettes hygiéniques (*pâh à·nah·mai*) dans les supérettes et les supermarchés. Les tampons (*taam·porn*) sont plus difficiles à trouver en dehors des pharmacies et des magasins des zones touristiques.

Transports

SOMMAIRE

DEPUIS/VERS LA THAÏLANDE

ENTRER EN THAÏLANDE

Pour un séjour inférieur à 30 jours, les ressortissants français, belges, suisses et canadiens sont exemptés de visa. Ils doivent simplement présenter un passeport valable au moins 6 mois après la date d'entrée sur le territoire, ainsi que les cartes d'arrivée et de départ. Celles-ci sont généralement distribuées à bord des vols à destination de la Thaïlande – ou au service de l'immigration si vous arrivez par la route ou par la mer. Il n'y a pas de déclaration de douane à remplir à l'arrivée, à moins d'avoir des biens à déclarer. Dans ce cas, adressez-vous aux douaniers thaïlandais (en uniforme blanc) pour obtenir le formulaire adéquat.

En raison d'un contrôle accru de l'immigration, certaines compagnies refusent l'accès de leurs avions aux passagers munis d'un aller simple ; pour plus de précisions, ainsi que pour des renseignements sur les visas, voir p. 415.

> **AVERTISSEMENT**
>
> Les informations contenues dans ce chapitre sont particulièrement susceptibles de changements. Vérifiez directement auprès de la compagnie aérienne ou de l'agence de voyages les modalités d'utilisation de votre billet d'avion. N'hésitez pas à comparer les prestations. Les détails fournis ici doivent être considérés à titre indicatif et ne remplacent en rien une recherche personnelle attentive.

VOIE AÉRIENNE

Bangkok est un nœud des transports dans la région. La Thaïlande est très bien desservie depuis l'Europe, l'Amérique du Nord et les grands aéroports d'Asie. La taxe de départ (700 B), appliquée aux vols internationaux, est désormais incluse dans les tarifs.

Aéroports

La plupart des vols internationaux arrivent à Bangkok et proposent des correspondances pour Phuket, Krabi, Ko Samui, Hat Yai et d'autres villes du Sud. Phuket et Ko Samui accueillent des vols internationaux en provenance d'Asie ; depuis l'Europe, des vols charters arrivent aussi à Phuket. Pour plus de détails sur l'aéroport international de Suvarnabhumi à Bangkok et le transport dans la ville, reportez-vous p. 122.

COMPAGNIES AÉRIENNES

La compagnie nationale thaïlandaise, **THAI Airways International** (THAI ; www.thaiair.com), assure également des vols intérieurs. Vous trouverez ci-dessous une liste de compagnies desservant Bangkok. Les cinq compagnies assurant des vols intérieurs, et notamment la liaison Bangkok-sud du pays, sont indiquées p. 431. Les numéros de téléphone donnés ci-après sont ceux des agences à Bangkok.

Air Asia (code AK ; ☎ 0 2515 9999 ; www.airasia.com)
Air Canada (AC ; ☎ 0 2670 0400 ; www.aircanada.com)
Air France (AF ; ☎ 0 2635 1191 ; www.airfrance.com)
Air India (AI ; ☎ 0 2653 2288 ; www.airindia.com)
Air New Zealand (NZ ; ☎ 0 2235 8280 ; www.airnewzealand.com)
Bangkok Airways (PG ; ☎ 1771 ou 0 2265 5555 ; www.bangkokair.com)
British Airways (BA ; ☎ 0 2236 2800 ; www.ba.com)
Cathay Pacific Airways (CX ; ☎ 0 2263 0606 ; www.cathaypacific.com)

Emirates (EK ; ☎ 0 2664 1040 ; www.emirates.com)
Japan Airlines (JL ; ☎ 0 2649 9500 ; www.fr.jal.com)
Jetstar (3K ; ☎ 0 2267 5125 ; www.jetstar.com)
Malaysia Airlines (MH ; ☎ 0 2263 0565 ; www.malaysiaairlines.com)
Qantas (QF ; ☎ 0 2627 1701 ; www.qantas.com.au)
Singapore Airlines (SQ ; ☎ 0 2353 6000 ; www.singaporeair.com)
THAI Airways International (THAI ; TG ; ☎ 0 2232 8000 ; www.thaiair.com)
United Airlines (UA ; ☎ 0 2353 3900 ; www.united.com)

On trouve des billets pour la Thaïlande à des prix avantageux sur Internet. Sachez toutefois que les services en ligne ne remplacent pas une agence de voyages qui saura répondre à vos demandes spécifiques.

En règle générale, plus l'itinéraire est complexe, moins il est coûteux. Seul bémol : votre impact sur l'environnement en termes de gaz à effet de serre se trouve alourdi à chaque nouveau décollage et atterrissage.

BILLETS TOUR DU MONDE (TDM)

Si vous comptez voyager dans plusieurs pays, les billets "tour du monde" ("*Round the World*", RTW en anglais) peuvent être intéressants.

Voici quelques agences proposant ce genre de billets :

Les Connaisseurs du voyage (Paris ☎ 01 53 95 27 00 ; 10 rue Beaugrenelle, 75015 Paris ; Marseille ☎ 04 91 92 08 91 ; 71 rue de Lodi, 13006 Marseille ; www.connaisseursvoyage.fr)
Airstop (en Belgique ☎ 070 233 188 ; http://www.airstop.be/2index.htm)
Around the Worlds (www.aroundtheworlds.com/francais/index.htm)

Depuis la France

De Paris, **Air France** (☎ 36 54 ; www.airfrance.fr) assure chaque semaine entre 3 et 7 vols directs à destination de Bangkok (11 heures 25), et **THAI Airways International** (☎ 01 55 68 80 70 ; www.thaiairways.fr) propose un vol quotidien sans escale. Les tarifs pour un aller-retour en classe économique débutent à 800 € environ. On trouve des vols avec escale(s) à moins de 600 €. De décembre à avril, la compagnie **XL Airways** (☎ 0 892 231 300 ; www.xlairways.fr) assure chaque semaine 2 vols directs Paris-Phuket.

Voici des adresses d'agences et de transporteurs (pour une liste de prestataires proposant des séjours en Thaïlande, voir p. 430) :
Cathay Pacific (☎ 01 41 43 75 75 ; www.cathaypacific.com)
Emirates (☎ 01 53 05 35 35 ; www.emirates.com)
Malaysia Airlines (☎ 0 892 35 08 10 ; www.malaysiaairlines.com)

VOYAGES ET CHANGEMENTS CLIMATIQUES

Le réchauffement climatique est une menace sérieuse qui pèse sur notre planète, et, parmi les principaux responsables de ce problème, l'essor des voyages aériens joue un rôle non négligeable. Lonely Planet considère que les voyages, dans leur ensemble, sont bénéfiques, mais pense également qu'il est du devoir de chacun de limiter son impact sur le réchauffement climatique.

Circulation aérienne et changements climatiques

Si la quasi-totalité des moyens de transport motorisés génère du dioxyde de carbone (la principale cause du réchauffement climatique imputable à l'homme), les avions sont de loin les plus à blâmer, non seulement en raison des longues distances qu'ils permettent de traverser, mais aussi parce qu'ils rejettent des gaz à effet de serre très haut dans l'atmosphère. Les statistiques sont effrayantes : un vol aller-retour entre l'Europe et les États-Unis pour deux personnes contribue autant au réchauffement climatique que la consommation en gaz et en électricité d'un foyer moyen sur une année.

Programmes de compensation

Des sites Internet utilisent des compteurs de carbone permettant aux voyageurs de compenser le niveau des gaz à effet de serre dont ils sont responsables par des contributions financières au bénéfice de projets durables, applicables dans le domaine touristique et visant à réduire le réchauffement de la planète ; ils incluent notamment des programmes en Inde, au Honduras, au Kazakhstan et en Ouganda.

Lonely Planet, associé à d'autres partenaires de l'industrie du voyage, soutient les projets de compensation du dioxyde de carbone. Tout notre personnel et tous nos auteurs compensent leurs émissions.

Pour plus d'informations, consultez notre site Internet : www.lonelyplanet.fr

Nouvelles Frontières (☎ 0 825 000 747 ; www.nouvelles-frontieres.fr)
Qatar Airways (☎ 01 55 27 80 80 ; www.qatarairways.com)
Thomas Cook (☎ 0 826 826 777 ; www.thomascook.fr)

Depuis la Belgique

Il n'existe pas de vol direct pour Bangkok au départ de Bruxelles. Les tarifs d'un aller-retour en classe économique avec escale(s) débutent en moyenne à 750 €, mais on trouve aussi des vols à 600 € environ.

Voici quelques adresses utiles :
Airstop (☎ 070 233 188 ; www.airstop.be)
Connections (☎ 070 23 33 13 ; www.connections.be)
Gigatours Voyages Éole (☎ 070 22 44 32 ; www.voyageseole.be)

Depuis la Suisse

En partenariat avec **THAI Airways International** (☎ 044-215 65 00 ; www.thaiair.ch), **Swiss** (☎ 0 848 700 700 ; www.swiss.com) assure des vols directs quotidiens Zurich-Bangkok (11 heures), à partir de 1 250 FS aller-retour environ. On trouve des vols avec escale(s) à 1 100 FS environ.

Deux adresses utiles :
STA Travel (☎ 0900 450 402 ; www.statravel.ch)
FlyBaboo (☎ 0848 445 445 ; www.flybaboo.com)

Depuis le Canada

Air Canada (☎ 888-247 2262 ; www.aircanada.ca), **THAI Airways International** (www.thaiair.com), **Cathay Pacific** (☎ 800-268 6868 ; www.cathaypacific.com) et plusieurs compagnies basées aux États-Unis relient des villes canadiennes à Bangkok. Les premiers prix pour un aller-retour Montréal-Bangkok (2 escales) se situent autour de 1 400 $C.

Vous pouvez également contacter :
Expedia (☎ 888-397 3342 ; www.expedia.ca)
North South Travel (☎ 800-665 1882 ; www.northsouthtravel.com). Agence indépendante établie à Vancouver.
Travel CUTS - Voyage Campus (☎ 866-832 7564 ; www.travelcuts.com)
Travelocity (☎ 800-457 8010 ; www.travelocity.ca)

Depuis l'Asie

L'aéroport international de Suvarnabhumi est relié à la plupart des grandes villes asiatiques. Des *low cost* comme Air Asia, Tiger Air et Jetstar proposent régulièrement des offres promotionnelles. On trouve parfois des places bon marché sur des compagnies comme Emirates Airlines, Ethiopian Airlines ou China Airlines entre Bangkok et Hong Kong ; n'hésitez pas à vous renseigner auprès d'une agence de voyages. Bangkok Airways assure des vols directs pour Ko Samui depuis Hong Kong et Singapour. Air Asia relie directement Phuket à Kuala Lumpur et à Singapour.

Pour réserver un vol depuis l'Asie, contactez **STA Travel** (www.statravel.com), qui possède des bureaux à Bangkok, à Hong Kong, au Japon et à Singapour. Au Japon, essayez **No1 Travel** (www.no1-travel.com) et à Hong Kong, **Four Seas Tours** (www.fourseastravel.com). En Inde, tentez votre chance auprès de **STIC Travels** (www.stictravel.com ; agences dans de nombreuses villes).

Depuis la Thaïlande

En Thaïlande, les réservations pour les vols intérieurs se font de plus en plus fréquemment en ligne. Les compagnies bon marché comme Air Asia et Nok Air (p. 431) fonctionnent presque exclusivement avec Internet et le téléphone – si vous contactez une agence, elle vous facturera 50 B mais se contentera de réserver par Internet. En revanche, les réservations pour les vols internationaux se font généralement par l'intermédiaire d'une agence. La plupart des enseignes sont honnêtes et fiables. Attention toutefois à celles qui se volatilisent du jour au lendemain, notamment dans le quartier de Th Khao San. Le paiement par carte bancaire sert généralement de garantie, car la plupart des agences bancaires remboursent les frais engagés si le client apporte la preuve qu'il n'a pas obtenu ce pour quoi il a payé. Si vous devez payer en espèces, veillez à obtenir le billet au moment de la transaction – refusez de revenir le lendemain. Une fois la réservation effectuée ou le dépôt de garantie versé, appelez la compagnie aérienne pour vérifier que la réservation a été effectuée.

AGENCES EN LIGNE

Vous pouvez réserver votre vol via une agence en ligne ou vous renseigner auprès d'un comparateur de vols :

- www.anyway.com
- www.ebookers.fr
- www.illicotravel.com
- www.sprice.fr
- www.opodo.fr
- www.voyages-sncf.com
- http://voyages.kelkoo.fr
- www.govoyage.com

Il peut être difficile et coûteux de réserver un vol à Bangkok ou ailleurs en haute saison (décembre à mars). Si vous comptez vous déplacer à cette période, mieux vaut réserver le plus tôt possible.

PASSAGE DES FRONTIÈRES

La Thaïlande partage des frontières avec le Myanmar, le Laos, le Cambodge et la Malaisie. Les formalités pouvant être modifiées de manière impromptue, renseignez-vous avant le départ auprès des autorités compétentes (voir p. 405). Vous pourrez également consulter les pages consacrées aux passages des frontières sur le site Internet **Travelfish** (www.travelfish.org/board/topic/visabordercrossings ; en anglais).

Depuis/vers le Cambodge

Il existe un passage entre la Thaïlande et le Cambodge à Poipet, sinistre poste-frontière situé à 6 km de la ville thaïlandaise d'Aranya Prathet. Le trajet est long, mais c'est celui qu'empruntent généralement les voyageurs se rendant à Siem Reap et à Angkor depuis Bangkok. Pour rallier Siem Reap depuis la côte est du golfe de Thaïlande, voir l'encadré p. 160.

De Bangkok, vous pourrez prendre un bus climatisé au terminal Nord ou Nord-Est (Mo Chit) pour Aranya Prathet (220 B), puis un *túk-túk* (cyclo-pousse ou triporteur à moteur) jusqu'à la frontière. Des visas pour le Cambodge sont délivrés à l'arrivée sur place. Il est également possible de rejoindre Aranya Prathet depuis la gare ferroviaire Hualamphong de Bangkok (54 B, 3e classe). Une navette, au départ du bureau de l'immigration cambodgien, emmène gratuitement les touristes jusqu'à la station de taxis de Poipet, d'où l'on peut ensuite organiser le transport jusqu'à Siem Reap. Un conseil : évitez à tout prix les agences de Th Khao San proposant des trajets à des prix défiant toute concurrence sur cet itinéraire. Escroquerie garantie ! La page Internet du forum du site de Lonely Planet vous renseignera sur les autres arnaques en cours. Concernant les passages de frontières moins directs, reportez-vous au guide *Cambodge* de Lonely Planet.

Si vous arrivez de la côte, il est plus pratique de franchir la frontière à Hat Lek, sur la côte, au sud-est de Trat. De là, vous trouverez des bus directs pour Sihanoukville ou Phnom Penh par l'autoroute. Les ferrys rapides qui reliaient Ko Kong à Sihanoukville n'existent plus. Pour en savoir plus, voir l'encadré p. 161.

Depuis/vers la Malaisie

Il existe plusieurs postes-frontière terrestres entre la Thaïlande et la Malaisie, l'itinéraire le plus emprunté restant de loin celui qui relie Hat Yai à Alor Setar. De Bangkok, on peut gagner Hat Yai en train ou en bus. Sinon, il est possible de réserver un trajet Bangkok/Butterworth (Malaisie) avec un arrêt pour procéder aux formalités d'immigration. On peut généralement obtenir les permis requis pour pénétrer en Thaïlande ou en Malaisie à la frontière. Pour des détails sur les voyages depuis Hat Yai avec pour but l'obtention d'un visa, voir l'encadré p. 270.

Au sud de Hat Yai, la voie ferrée se scinde en deux : un embranchement part en direction de la côte ouest de la péninsule malaise, l'autre en direction de la côte est. À l'est, le poste-frontière se trouve à Sungai Kolok (p. 278), à 1 km de la gare ferroviaire. La plupart des voyageurs franchissent la frontière à pied ; une fois en Malaisie, ils prennent un train ou un taxi collectif pour Kota Bharu. C'est aussi l'itinéraire le plus courant pour rallier Pulau Perhentian. À savoir : la gare ferroviaire de Sungai Kolok a été la cible d'attentats à la bombe dans le passé, et les ressortissants israéliens n'ont pas le droit de franchir la frontière entre la Thaïlande et la Malaisie.

Par la mer, il existe plusieurs moyens de voyager entre le sud de la Thaïlande et la Malaisie. Le plus simple consiste à se rendre de Satun à Kuala Perlis (Malaisie) ou Pulau Langkawi (Malaisie). Pour en savoir plus, reportez-vous p. 392. Il est généralement possible d'obtenir les permis requis pour pénétrer en Thaïlande ou en Malaisie à la frontière.

Depuis/vers le Myanmar

Le passage de la frontière thaïlando-birmane par voie terrestre obéit à des restrictions particulières qui, souvent, ne permettent pas d'avoir accès à l'ensemble du territoire birman. Pour connaître les formalités en vigueur, contactez l'ambassade du Myanmar à Bangkok (p. 406).

Le seul poste-frontière ouvert aux étrangers dans le Sud se franchit par bateau entre Ranong et Kawthoung (aussi appelé Victoria Point) via le golfe de Martaban et l'estuaire de Pakchan. Nombreux sont ceux qui font la traversée dans la journée pour renouveler leur visa thaïlandais, car aucun visa n'est nécessaire pour un séjour d'une journée (voir l'encadré p. 285). Si vous comptez rester plus longtemps ou poursuivre le voyage plus avant, il vous faudra obtenir un visa et une autorisation officielle au préalable.

VOYAGES ORGANISÉS

SÉJOURS

La Thaïlande figure au catalogue de nombreux tour-opérateurs, qui proposent des forfaits (avion + hôtel) à des tarifs très avantageux. Beaucoup se limitent à Bangkok et aux destinations balnéaires les plus touristiques (Pattaya, Phuket, Ko Samui...). On prêtera une attention particulière aux prestations hôtelières, de qualité très variable, tant du fait de l'emplacement (éloignement des plages et des divers sites dignes d'intérêt, moyens de transport...) que des activités proposées (sport, activités pour les enfants...) : la réalité peut être éloignée des belles images illustrant les brochures publicitaires.

TRANSPORTS

CIRCUITS

Les meilleures agences de voyages établies hors de Thaïlande créent leurs circuits de A à Z, en sélectionnant leurs collaborateurs locaux en fonction du niveau de leurs services. En voici quelques-unes. Les tarifs débutent autour de 1 000 €/personne pour 10 jours, vols internationaux compris.

Agences généralistes

Asia en France (☎ 0 825 897 606 ; www.asia.fr ; agences à Paris, Lyon, Marseille, Nice et Toulouse) ; en Suisse (☎ 022-839 43 92 ; c/o Fert & Cie Voyages, 22a rue Le Corbusier, Case Postale 2364, CH-I211 Genève 2). Circuits organisés en groupe, voyages sur mesure, séjours, croisières et offres spéciales (10-20 jours). Quatre thématiques : première découverte, connaissance, famille et buissonnier.

Chinaco (☎ 01 45 85 98 64 ; www.chenvoyages.com ; 158 bd Masséna, 75013 Paris). Cette agence et ses partenaires **Chen Voyages** (☎ 01 45 70 76 08 ; 137 rue de Tolbiac, 75013 Paris), **Errances** (☎ 01 42 09 70 00 ; 55 rue Louis-Blanc, 75010 Paris) et **A part Voyages** (☎ 01 45 70 11 78, 44 rue d'Ivry, 75013 Paris) sont notamment spécialisés dans les voyages et circuits en Thaïlande, en Chine, en Malaisie et au Vietnam (9-17 jours).

Comptoir des voyages (☎ 01 53 10 21 50 ; fax. 01 53 10 21 51 ; www.comptoir.fr ; 346 rue Saint-Jacques, 75005 Paris). Circuits itinérants, autotours, week-ends et séjours (9-14 jours).

Maison de l'Indochine (☎ 01 40 51 95 15 ; www.maisondelindochine.com; 1 place Saint-Sulpice, 75006 Paris). Croisières, séjours et circuits, de 3 à 12 jours au départ de Bangkok.

Tropicalement Vôtre Paris (☎ 01 43 70 99 55 ; www.tropicalement-votre.com ; 43 rue Basfroi, 75011 Paris) ; Lyon (☎ 04 72 32 26 89 ; 96 rue Pierre-Corneille, 69003 Lyon). Ce spécialiste des îles propose notamment des séjours à Ko Samui et à Phuket.

Voyageurs du Monde (☎ 01 42 86 17 01 ; www.vdm.com ; 55 rue Sainte-Anne, 75002 Paris ; nombreuses agences en France). Séjours et voyages itinérants (9-11 jours).

Agences spécialisées dans la plongée

Aquarev (☎ 01 48 87 55 78 ; www.aquarev.com ; 2 rue du Cygne, 75001 Paris). Une croisière sur la côte d'Andaman.

Blue Lagoon Paris (☎ 01 44 63 64 10 ; www.blue-lagoon.fr ; 81 rue Saint-Lazare, 75009 Paris) ; Marseille (04 91 55 84 94 ; 45 rue Montgrand, 13006 Marseille). Séjours à Phuket et à Ko Lanta, ou croisières sur la mer d'Andaman.

H2O Voyage (☎ 02 41 24 69 00 ; www.h2ovoyage.com ; 10 bd Henri-Arnault, 49100 Angers). Croisière au départ de Phuket.

Océanes (☎ 04 42 52 82 40 ; www.oceanes.com ; 231 rue Paul-Julien, 13100 Le Tholonet). Séjour à Phuket et croisières.

Ultramarina en France (☎ 0 825 02 98 02 ; www.ultramarina.com ; agences à Nantes, Paris, Marseille et Lyon) ; en Belgique (☎ 04 346 34 30 ; 64 rue Sous l'eau, B-4020 Liège) ; en Suisse (☎ 022-786 14 86 ; 76 rue des Eaux Vives, 1207 Genève). Séjour ou croisière dans l'archipel de Mergui (Myanmar, près de Phuket), plongée en mer d'Andaman et dans le golfe de Siam.

Agence spécialisée dans les croisières à la voile

Sunsail France (☎ 01 40 41 42 01 ; www.sunsail.fr ; 82 rue Beaubourg, 4e ét., 75003 Paris). Location de voiliers à Ko Chang, à Ko Samui et à Phuket.

COMMENT CIRCULER

AVION

Voyager en avion en Thaïlande est plus abordable que jamais et il est assez courant de trouver des billets à destination des villes du Sud pour moins de 2 000 B suppléments compris – ceux-ci doublant généralement le tarif affiché. Ko Samui et Trat, où la compétition est moins acharnée, font figure d'exception.

Bangkok est la principale plaque tournante des vols intérieurs, mais on peut aussi gagner d'autres villes thaïlandaises depuis Phuket et Ko Samui. Si vous venez du Sud et voulez rejoindre le nord du pays, vous prendrez très probablement une correspondance à

Bangkok. N'oubliez pas que la ville compte deux aéroports. Pour éviter le transfert de l'un à l'autre, veillez à réserver votre correspondance via l'aéroport de Suvarnabhumi – ce qui est possible avec n'importe quelle compagnie sauf Nok Air et One-Two-Go. Pour en savoir plus, reportez-vous p. 122.

Plusieurs compagnies thaïlandaises desservent les destinations intérieures. La compagnie nationale, THAI Airways International, offre de nombreuses liaisons et les tarifs les plus onéreux. Bangkok Airways représente une bonne option de milieu de gamme. Ses salons sont ouverts à tous dans les aéroports ; ses tarifs sont plus élevés que ceux des *low cost* comme Air Asia et Nok Air. La carte p. 432 donne un aperçu des tarifs moyens, sachant qu'ils peuvent varier considérablement, même dans la même journée. La plupart des compagnies émettent des billets électroniques ; il est donc inutile de se rendre dans leurs bureaux – contactez une agence de voyages ou passez par Internet ou le téléphone. Pour les tarifs de dernière minute, renseignez-vous dans le hall des départs de l'aéroport concerné. Si possible, évitez de quitter Bangkok le vendredi ou le dimanche, car les billets coûtent alors le double du tarif pratiqué en semaine.

Compagnies aériennes en Thaïlande

Les compagnies suivantes sont fiables et desservent des destinations du Sud :

Bangkok Airways (code PG ; ☎ 1771, 0 2265 5555 ; www.bangkokair.com). De Bangkok (Suvarnabhumi) à Ko Samui, Phuket et Trat ; de Ko Samui à Chiang Mai, Krabi, Pattaya, Phuket, Hong Kong et Singapour ; de Phuket à Pattaya.

Nok Air (code OX ; ☎ 1318 ; www.nokair.com). De Bangkok (Don Muang) à Hat Yai, Nakhon Si Thammarat, Phuket, Surat Thani et Trang.

Thai Air Asia (code AK ; ☎ 0 2515 9999 ; www.airasia.com). De Bangkok (Suvarnabhumi) à Hat Yai, Krabi, Phuket, Nakhon Si Thammarat, Surat Thani et Narathiwat. Assure aussi une liaison entre Phuket et Chiang Mai, et d'autres capitales régionales.

Thai Airways International (☎ 0 2232 8000 ; www.thaiair.com). De Bangkok (Suvarnabhumi) à Ko Samui, Krabi, Phuket, Hat Yai et Surat Thani ; de Phuket à Hat Yai.

Si vous ne souhaitez pas gagner les îles d'Andaman en ferry, **Destination Air** (☎ 07632 8637-39 ; www.destinationair.com), basé à Phuket, assure des liaisons en hydravion entre Patong et Ko Phi Phi, Ko Lanta, Ao Nang, Ko Yao (Noi et Yai), les îles Similan et Khao Lak.

Forfaits aériens

La plupart des forfaits aériens ne sont pas particulièrement avantageux si vous visitez seulement le sud de la Thaïlande, car les vols doivent le plus souvent passer par Bangkok. THAI Airways International et Bangkok Airways en proposent – les formules changent périodiquement. Toutefois, des vols achetés séparément auprès de compagnies bon marché vous reviendront certainement moins cher.

BATEAU

Des compagnies maritimes privées assurent la liaison entre les différents ports et îles de la mer d'Andaman et du golfe de Thaïlande. Le transport s'effectue dans toutes sortes d'embarcations, du simple bateau de pêche à l'hydroglisseur climatisé avec repas chauds et vidéos. Les gilets de sauvetage sont généralement fournis. En revanche, nombre de bateaux ne possèdent pas d'issue de secours digne de ce nom. Aussi les trajets à bord de bateaux avec pont ouvert sont-ils souvent plus sûrs que ceux en ferry. Pour les lignes de ferry jusqu'aux îles thaïlandaises et entre les différentes îles, consultez les chapitres régionaux.

Près des îles, les eaux sont fréquemment trop peu profondes pour les grands bateaux. Les passagers sont donc transférés jusqu'au rivage à bord de *long-tail boats*. Habituellement, cette prestation est payante.

BUS

Le réseau de bus thaïlandais est à la fois dense et fiable, et présente l'avantage de permettre de découvrir le paysage et de faire connaissance avec des habitants. Le gouvernement subventionne la **Transport Company** (bò·rí·sàt kŏn sòng ; ☎ 1490 ou 0 2936 2841 ; www.transport.co.th), souvent abrégée en Baw Khaw Saw (BKS). Toutes les villes et bourgades desservies par les bus disposent d'une gare routière BKS – parfois un simple terrain poussiéreux le long de la route. Les bus BKS sont en général les plus sûrs et les plus fiables.

Bus publics (BKS)

Les bus BKS les moins chers et les plus lents sont les bus orange "ordinaires" ou bus de 2e classe (*rót tam·má·dah*). Ils circulent fréquemment mais ne sont pas climatisés et s'arrêtent dans le moindre petit hameau en chemin. On peut d'ailleurs les héler à n'importe quel endroit. Les bus bleu et blanc, plus rapides et climatisés, sont appelés *rót air, rót Ƀràp ah·gàht* (bus

TARIFS DES LIAISONS AÉRIENNES ET FERROVIAIRES

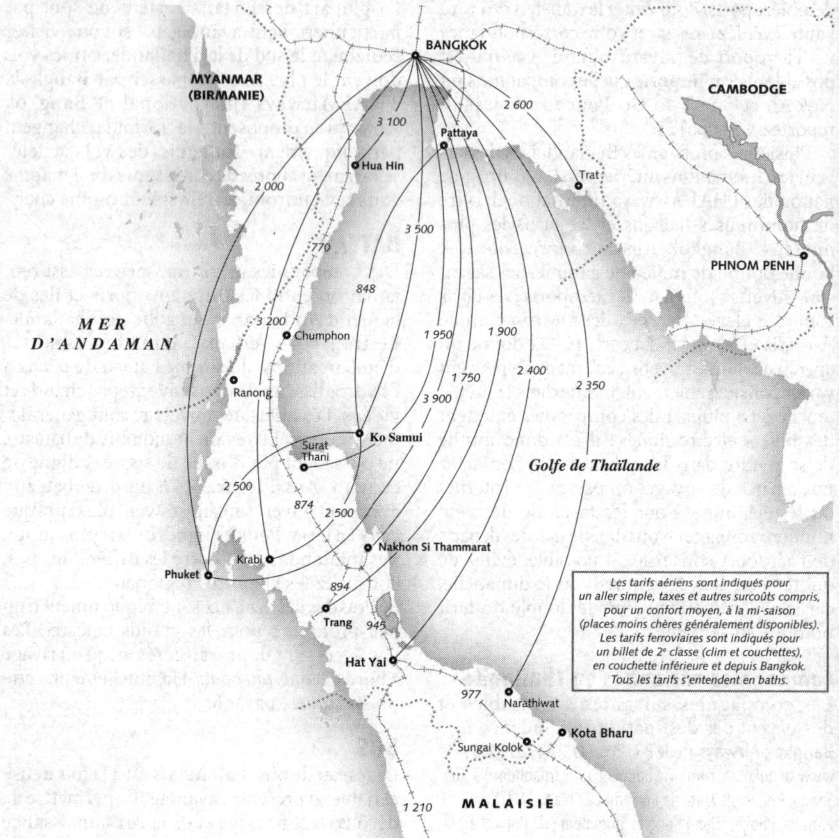

climatisé) ou *rót tou·a* (bus touristique). Ils circulent toute la journée. En bas de l'échelle des bus climatisés, on trouve les bus de 2e classe (sans toilettes) et de 1re classe (avec toilettes). Les bus VIP comptent 34 places ; les bus "Super VIP" n'en comptent que 24 et disposent de toutes sortes d'équipements – luxueux sièges inclinables, climatisation glaciale (emportez des vêtements chauds), divertissements… Les bus VIP représentent une bonne option pour les trajets longue distance ; toutefois, ils n'offrent que quelques départs par jour, en principe le soir.

On trouve les guichets des diverses compagnies de bus dans la plupart des gares routières. Dans les lieux touristiques, les horaires sont souvent affichés en anglais sur la vitre. Si vous allez plus loin que Hua Hin dans le Sud, passez à la gare routière (p. 122 à Bangkok) : cela vaut la peine d'acheter son billet la veille et de se faire confirmer l'horaire de départ. Pour plus de précisions sur les tarifs et la durée des trajets, reportez-vous aux chapitres régionaux.

Bus touristiques et minibus

Tout comme les bus d'État, les véhicules de nombreuses compagnies privées desservent les villes touristiques du Sud. Généralement peints de scènes tropicales aux couleurs vives, ils disposent de la climatisation, de toilettes, de sièges inclinables et d'un équipement vidéo. La tendance est à décorer ces bus déjà clinquants d'un impressionnant attirail de phares qui perce la nuit. Contrairement aux bus BKS,

GARE À VOS BAGAGES

S'il peut sembler pratique d'acheter un billet de bus pour le Sud via une agence de voyages de Th Khao San, il y a malheureusement des risques que l'affaire tourne mal. Les bus sont fréquemment en retard, et quand ils partent à l'horaire prévu, ils peuvent fort bien passer 3 heures à sillonner la ville pour récupérer d'autres passagers. Les bus VIP peuvent se révéler être en réalité des épaves roulantes, et il arrive que l'on achète un billet combiné (bus/bateau), avant de découvrir que rien n'est prévu pour la deuxième partie du trajet…

La pire escroquerie fonctionne depuis des années, sans que la police semble capable d'y mettre un terme. Le stratagème est d'une efficacité redoutable : pendant que les passagers dorment dans les bus de nuit en direction du Sud, des hommes, cachés dans les soutes, fouillent méticuleusement les bagages pour voler ce qui mérite de l'être. Les cadenas ne sont d'aucune utilité face à la dextérité de ces voleurs. Et lorsque les voyageurs comprennent qu'ils ont été victimes d'un vol, il est trop tard : les malfrats se sont évanouis dans la nature. Si vous voyagez en bus, conservez tous vos objets de valeur dans un bagage à main que vous garderez sur vous en permanence.

Le meilleur moyen de se prémunir contre ces larcins consiste à éviter les bus pour touristes et à se tourner vers les bus publics officiels. Beaucoup plus sûrs et économiques, ils permettent en outre de voyager en compagnie de Thaïlandais plutôt qu'avec d'autres touristes.

les bus privés partent des bureaux de leur compagnie dans le centre-ville ou près des secteurs touristiques – comme Th Khao San à Bangkok. Les billets s'achètent dans les agences de voyages et aux comptoirs touristiques des hôtels et des pensions. Leurs tarifs sont en principe plus élevés que ceux des bus BKS.

Si les bus touristiques épargnent le trajet jusqu'à la gare routière, d'innombrables inconvénients leur sont associés (voir ci-dessus).

Les minibus stationnent aux abords des gares routières et prennent les personnes qui ont raté leur bus, ou bien les touristes ignorant qu'il existe d'autres solutions. Les conducteurs prétendent généralement que le départ est imminent (dans les 5 min). En réalité, pour que le trajet soit rentable, ils attendent toujours d'avoir assez de passagers. Les minibus assurent en priorité les liaisons assez courtes entre les grandes villes (de 1 ou 2 heures). Une fois qu'ils démarrent, les chauffeurs foncent à toute allure, ce qui peut s'avérer assez terrifiant.

D'une manière générale, les compagnies de bus privées dont la clientèle est essentiellement locale sont fiables. À l'inverse, celles qui s'adressent avant tout à une clientèle de *faràng* – et notamment celles du quartier de Th Khao San à Bangkok – sont les pires. Pour éviter les ennuis, achetez vos billets de bus à la gare routière plutôt qu'en agence.

EN STOP

Le stop n'est jamais un moyen de transport réellement sûr, où que ce soit dans le monde, et nous ne le recommandons pas. Les auto-stoppeurs doivent savoir qu'ils encourent un risque certes minime, mais potentiellement sérieux. En outre, cette pratique rencontre un succès mitigé en Thaïlande, les habitants s'expliquant mal pourquoi des étrangers fortunés se refusent à payer les transports en commun. La plupart des véhicules qui s'arrêtent sont en définitive des bus publics ou des *sŏrng·tăa·ou*, que l'on peut prendre à la gare routière, et qui vous réclameront une petite somme.

Si vous comptez vous déplacer en auto-stop, ne partez jamais seul, informez quelqu'un de votre destination, ne circulez pas de nuit et ne montez jamais dans un véhicule dont le conducteur vous semble sentir l'alcool. Redoublez de prudence dans l'extrême sud, où les étrangers peuvent représenter une cible pour les militants islamistes.

TRAIN

Le réseau ferroviaire thaïlandais est géré par le **State Railway of Thailand** (SRT ; ☎ 1690 ; www.railway.co.th). Les trains, un peu plus lents que les bus, offrent des prestations standard de très bonne qualité. Ils constituent probablement le moyen le plus agréable de voyager dans le royaume. Comparativement aux bus, les trains sont moins remuants, plus spacieux, plus propices aux rencontres et plus sûrs. Certains comportent des wagons-restaurants ou accueillent des vendeurs d'en-cas. Enfin, le paysage le long des voies est souvent bien plus beau que depuis une route nationale.

Le réseau, qui s'étend sur 4 500 km, compte quatre lignes principales : nord, sud, nord-est et est. La plupart des voyageurs à destination des îles empruntent la ligne sud qui passe par Hua Hin, Chumphon (pour une correspondance vers Ko Tao), Surat Thani (pour une correspondance vers Ko Samui), Hat Yai et la frontière avec la Malaisie. On trouve aussi quelques lignes secondaires très pratiques, dont celle qui relie Tung Song (sur la ligne sud) et Trang, et dont le terminus est Kantang. La ligne sud se scinde en deux à Hat Yai : une branche suit la côte est en direction de Sungai Kolok à la frontière de la Malaisie, l'autre va vers l'ouest en direction de Padang Besar, puis franchit la frontière malaise pour rallier Butterworth. Presque tous les trains longue distance partent de la gare Hualamphong à Bangkok.

Toutes les gares du pays sont équipées de consignes. Dans la plupart des trains, on peut prendre ses repas au wagon-restaurant, ou se le faire servir à sa place si l'on voyage en 1re ou en 2e classe. La nourriture, dont la qualité varie, est rarement excellente. Les vendeurs ambulants, qui circulent dans les wagons pour vendre de l'eau en bouteille, des sodas et des bières, pratiquent naturellement des tarifs bien plus élevés que ceux des 7-Eleven par exemple.

Classes

Les trains SRT comptent trois classes : 1re, 2e et 3e, qui diffèrent considérablement selon qu'on est à bord d'un train ordinaire, d'un rapide ou d'un express. Les billets de 3e classe sont meilleur marché que les billets de bus ordinaire ; ceux de 2e classe coûtent à peu près la même chose, à trajet équivalent, qu'un billet dans un bus VIP ou privé. Un ticket de 1re classe est beaucoup plus cher, mais un peu de luxe peut être appréciable sur un long trajet.

PREMIÈRE CLASSE

Les wagons de 1re classe comptent des cabines doubles, avec climatisation réglable, ventilateur électrique, lavabo avec miroir, petite table et banquette convertible en deux lits. L'eau potable et les serviettes de toilette y sont fournies. Ces voitures de 1re classe sont une exclusivité des trains express et express spéciaux. Les compartiments individuels n'existant pas en 1re classe, les voyageurs en solo devront probablement partager leur cabine avec quelqu'un (la SRT prend soin de ne pas mélanger les hommes et les femmes).

DEUXIÈME CLASSE

Il existe deux sortes de wagons de 2e classe : avec sièges et avec couchettes. Les premiers comportent des sièges rembourrés, inclinables mais pas vraiment confortables pour une nuit de trajet. Dans les wagons-couchettes, l'allée centrale est flanquée de compartiments ouverts contenant chacun deux sièges rembourrés installés en vis-à-vis qui se transforment en couchettes. Les couchettes inférieures, plus spacieuses, coûtent un peu plus cher. Lorsque les couchettes sont repliées, on peut installer une petite table entre les deux sièges pour le repas. Les draps sont fournis et chaque wagon comporte des toilettes et un lavabo. Les voitures de 2e classe n'existent que dans les trains rapides et express, avec selon les cas un ventilateur (il fait alors très chaud une fois les rideaux fermés) ou la climatisation, généralement glaciale.

TROISIÈME CLASSE

Un wagon de 3e classe typique compte deux rangées de banquettes, installées deux par deux en vis-à-vis. Chaque banquette est conçue pour 2 ou 3 personnes, mais, souvent, 4 personnes ou plus s'y entassent. Dans les trains ordinaires, les sièges de 3e classe sont parfois des bancs en bois durs ; dans les trains rapides, ils sont le plus souvent rembourrés. Les trains express n'ont pas de 3e classe.

Forfaits ferroviaires

Si vous comptez vous déplacer essentiellement en train, la SRT propose un forfait (20 jours de trajets illimités en 2e et 3e classes). Comptez 1 500 B, ou 3 000 B avec tous les suppléments (climatisation et surplus appliqués aux trains rapides et express). Ces forfaits s'achètent à l'avance au guichet des réservations de la gare Hualamphong à Bangkok. Si vous vous contentez de voyager dans le sud du pays, le forfait ne vous fera guère faire d'économies. En revanche, c'est une bonne affaire si le Nord figure aussi à votre programme.

Vous devez impérativement valider votre forfait à la gare avant de monter dans le tout premier train. Il est recommandé de réserver les trajets ultérieurs. Le dernier jour de validité, le forfait est valable dans tous les trains partant avant minuit.

Réservations

Il est possible de réserver jusqu'à 60 jours à l'avance. Pendant les vacances – notamment mi-avril à l'approche de la fête de Songkran, pendant le Nouvel An chinois et au plus fort de la saison touristique, en décembre et janvier –, réservez le plus longtemps possible à l'avance, surtout pour les destinations très courues comme Surat Thani et Hat Yai.

Les réservations s'effectuent dans n'importe quelle gare, les guichets étant généralement ouverts de 8h30 à 18h en semaine, et de 8h30 à 12h le week-end et les jours fériés. On peut aussi acheter ses billets par téléphone au ☎ 1690, ou dans les agences de voyages de Bangkok, qui facturent la prestation 50 B mais évitent de se rendre à la gare.

Il est toujours plus facile de réserver un départ en milieu de semaine. À certaines périodes, on peut facilement réserver une couchette la veille du départ, à condition que celui-ci s'effectue un mardi, un mercredi ou un jeudi. Hormis au départ de Surat Thani et de Chiang Mai, il est généralement plus facile de réserver des places à destination de Bangkok que dans le sens inverse.

Si vous changez d'avis, vous pouvez vous faire rembourser à hauteur de 80% jusqu'à trois jours avant le départ du train, et à hauteur de 50% jusqu'à une heure après le départ.

Tarifs

Les tarifs des billets de train sont très abordables. Pour connaître ceux en vigueur, consultez les sites www.thairailways.com ou www.thailandbytrain.com. Ils sont calculés en ajoutant de multiples suppléments au prix de base, selon le type de train, la classe choisie, le confort (ventilateur ou climatisation) et la distance parcourue. On ajoute ainsi 50 B au tarif de base pour un court trajet dans un *rót re·hou* (rapide), entre 100 et 200 B pour un *rót dòu·an* (express), et 500 B pour un long trajet dans un *rót dòu·an pí·sèht* (express spécial).

Ce système à suppléments multiples peut prêter à confusion. Toutefois, dans la plupart des gares, vous trouverez quelqu'un pour vous donner en anglais l'horaire de départ, la durée du trajet et son coût. Tous ces renseignements sont aussi sur www.railway.co.th.

TRANSPORTS LOCAUX

Bateau

Les bateaux font office de transports en commun entre les îles et les villages côtiers du sud de la Thaïlande. Le transport entre les îles s'effectue principalement en *long-tail boats,* "bateaux à longue queue" assourdissants, ainsi dénommés en raison de leur hélice, fixée à l'extrémité d'un arbre de transmission de 3 m de longueur. Il arrive que les passagers soient trempés par gros temps (ou lorsqu'il pleut beaucoup). Pensez à protéger vos objets de valeur avec des sacs en plastique. Certains *long-tail boats* fonctionnent comme les *sŏrng·tăa·ou* (ci-après), qui partent une fois complets ; d'autres proposent des trajets sur mesure pour un groupe de passagers. Vous trouverez plus d'informations dans les chapitres régionaux.

Bangkok possède son propre réseau de transports urbains par bateaux, qui suit le réseau de canaux partant du Chao Phraya. Pour en savoir plus, reportez-vous p. 124.

Bus

Les grandes villes comptent en général un réseau de bus locaux. Celui de Bangkok est très développé, avec des bus de différentes classes ; dans les villes plus petites, le transport urbain s'effectue en *sŏrng·tăa·ou* (ci-après) plutôt qu'en bus. Dans les aéroports provinciaux, on trouve souvent une navette pour le centre-ville à l'arrivée des vols. Dans le sens inverse, il faut habituellement prendre un taxi.

Moto-taxi

Pour les courts trajets en ville, les Thaïlandais prennent volontiers les motos-taxis. Les conducteurs, vêtus de vestes aux couleurs vives, stationnent aux abords des arrêts de bus et aux angles des rues.

Dans Bangkok, les motos-taxis ont deux fonctions distinctes : d'abord, celle d'assurer le transport depuis l'angle d'une grande artère comme Th Sukhumvit, par exemple, jusqu'au fin fond des *soi* (ruelles) qui partent de l'artère en question (comptez en moyenne 10-20 B). Ensuite, celle de gagner du temps en échappant aux embouteillages. Il suffit d'indiquer sa destination au conducteur, de négocier le tarif (de 20 B pour un court trajet jusqu'à 150 B pour traverser la ville), d'enfiler un casque (le conducteur insistera sur ce point pour les trajets plus longs) et de croiser les doigts… On trouve aussi bien des conducteurs responsables que des kamikazes. En général, tout trajet à moto-taxi implique à un moment ou un autre de rouler du mauvais côté de la route, et de se faire de belles frayeurs.

Les femmes en jupe devront s'asseoir en amazone ; attention à bien ramener les plis de la jupe, de sorte qu'ils ne se prennent pas dans la chaîne du moteur.

Săhm·lór et túk-túk

Săhm·lór signifie “trois roues”, ce qui décrit très bien ces engins – des véhicules à trois roues, généralement dépourvus de moteur. La version motorisée porte le nom de *túk-túk*, en référence au vacarme qu'ils font. La plupart sont équipés d'un moteur à deux temps très bruyant souvent alimenté au GPL, et comportent une cabine ouverte au bruit environnant, à la poussière et aux gaz d'échappement.

Ces deux types de véhicules font office de taxis dans les villes de province et les villages. On peut les héler à n'importe quel endroit, mais n'oubliez pas de vous accorder avec le chauffeur sur le tarif de la course avant de monter. À Bangkok, les *túk-túk* ne sont pas moins coûteux que les taxis avec compteur et sont conduits par de véritables artistes de l'arnaque.

Les *săhm·lór* non motorisés sont l'équivalent des rickshaws que l'on trouve partout en Asie. Dans la version thaïlandaise, le siège se trouve derrière le conducteur, comme en Inde. Vous n'en verrez pas à Bangkok, mais ils sont couramment utilisés dans les autres villes. Moins chers que les *túk-túk*, ils sont bien plus lents et ne peuvent couvrir les mêmes distances.

Sŏrng·tăa·ou

Un *sŏrng·tăa·ou* (ou “deux rangées”) est une camionnette dotée de deux rangées de banquette disposées de part et d'autre, semblable au *bemo* indonésien ou au *jeepney* philippin. Ces véhicules desservent parfois des itinéraires fixes, comme les bus, mais peuvent aussi fonctionner comme des taxis. Dans les bourgades rurales, on les prend généralement à l'arrêt de bus ou au marché principal à destination des villages voisins et des plages. Si vous êtes le premier passager et que le *sŏrng·tăa·ou* est vide, le chauffeur essaiera peut-être de vous convaincre d'affréter le véhicule entier. Soyez ferme et insistez pour attendre la venue d'autres personnes. Les *sŏrng·tăa·ou* circulent aussi sur les îles, et notamment à Phuket et à Ko Samui, où ils constituent une alternative aussi agréable qu'économique à la “mafia” des taxis et permettent d'aller d'une plage à l'autre à la manière locale. Les tarifs s'entendent par personne. Les étrangers paient souvent quelques bahts de plus que les Thaïlandais.

Taxi

Les taxis à l'occidentale ne sont réellement monnaie courante qu'à Bangkok, à Pattaya et sur les îles touristiques comme Phuket et Ko Samui. Sinon, presque partout, on se déplace en *túk-túk* et à moto-taxi. Si vous dénichez des taxis dans les villes de province, négociez le prix de la course avec le chauffeur, le compteur n'étant pas de mise.

Entre certaines villes, les taxis se font collectifs ; le prix de la course est alors partagé entre

AUTEL SUR LE TABLEAU DE BORD : L'ASSURANCE TOUS RISQUES DES TAXIS

Alors que votre taxi fonce vers Bangkok depuis l'aéroport, votre joie de pouvoir parcourir les 30 km pour moins de 10 $US vire rapidement à l'appréhension, puis à l'angoisse, si ce n'est à la pure frayeur. Lancé à 150 km/h, le taxi colle au pare-choc de la voiture de devant, tandis que vous vous agrippez à votre siège dépourvu de ceinture de sécurité.

Ce modeste trajet en taxi est une introduction très instructive à la culture thaïlandaise. Beaucoup de Thaïlandais de confession bouddhiste semblent considérer que des facteurs comme la vitesse, la concentration, les ceintures de sécurité ou la qualité du chauffeur n'ont rien à voir avec vos chances de causer ou de subir un accident. Bref, si vous mourez dans une horrible collision, c'est que votre karma en avait décidé ainsi : vous le méritiez.

Pour contrebalancer les éventuelles mauvaises influences des passagers, qui risqueraient d'influer sur leur destin, la plupart des chauffeurs de taxis de Bangkok transforment le tableau de bord et le plafond de leur voiture en une sorte d'autel. Le plafond comportera un yantra, diagramme tantrique dessiné à la poudre blanche par un moine pour assurer une protection, souvent accompagné de portraits des membres de la famille royale. Une boîte rouge à pompons, perles et amulettes sera sans doute accrochée au rétroviseur, tandis que le tableau de bord sera tapissé de statuettes bouddhiques et royales, d'autres amulettes et probablement de billets de banque à l'effigie du roi. Avec de la chance (comme cela existe en Thaïlande), les talismans protégeront votre chauffeur de tout mauvais karma que vous pourriez faire entrer dans son taxi. Vous n'avez plus qu'à espérer que son dernier jour n'est pas arrivé. Si vous avez peur que ce ne soit le cas, prononcez la formule *cháa cháa* – c'est-à-dire “ralentissez, s'il vous plaît”.

les passagers. Partout ailleurs, à condition de bien vouloir y mettre le prix, on peut persuader n'importe quel chauffeur d'accepter un trajet longue distance. Des taxis circulent régulièrement moyennant un tarif fixe entre Bangkok et de grands centres touristiques comme Pattaya (1 500 B), Hua Hin (2 300 B), Ban Phe (pour Ko Samet, 2 300 B) et Phetchaburi (1 700 B). Pour le retour à Bangkok, les prix baissent souvent considérablement. Marchandez.

Train

Le réseau ferroviaire relie essentiellement les villes entre elles. L'agglomération de Bangkok est une exception : elle possède le Skytrain (voir p. 127) et le métro (voir p. 127).

VÉLO

Les petites routes tranquilles du sud de la Thaïlande, sur terrain plat, se prêtent bien au cyclotourisme. La plupart sont dotées de bas-côtés assez larges. Le revêtement est généralement en bon état ; toutefois, les crevaisons sont courantes. Les possibilités d'explorer les chemins et sentiers sont multiples.

On peut embarquer son vélo à bord d'un train moyennant le tarif d'un billet de 3e classe. Les bus réclament tout au plus une somme symbolique. À bord des bus ordinaires, votre vélo voyagera probablement sur le toit, tandis que dans les bus climatisés, il sera rangé dans les soutes. Les habitants ayant l'habitude de transporter leurs vélos à bord des *long-tail boats*, aller d'île en île ne pose aucun problème.

Les Thaïlandais se déplace volontiers à vélo pour de courts trajets, mais le cyclotourisme est encore peu commun pour les longues distances. Le **Thailand Cycling Club** (☎ 0 612 5510-1 ; www.thaicycling.com ; 849/53 Chulalongkorn 6, Th Bantadtong, Bangkok) sert de bureau central d'information sur le cyclotourisme et les clubs de cyclisme dans tout le pays. Voir également les agences recommandées p. 409.

Achat

Il existe plusieurs magasins vendant des vélos d'importation et des pièces détachées à Bangkok. Le plus grand et le plus réputé est **Probike** (carte p. 82 ; ☎ 0 2253 3384 ; www.probike.co.th ; 237/2 Th Sarasin, Lumphini), qui n'est pas forcément le moins cher. Bonne adresse plus petite, **Velo Thailand** (carte p. 84 ; ☎ 089 201 7782 ; www.velothailand.com ; 88 Soi 2, Th Samsen, Banglamphu) vend et répare des vélos, et organise aussi des circuits. Les tarifs sont comparables à ceux pratiqués en Europe. Vous pouvez toujours tenter de revendre votre vélo, mais il faudra rester assez longtemps sur place pour dénicher un touriste ou un expatrié intéressé. Pour ce faire, Bangkok et Phuket sont les meilleurs endroits ; placez des annonces dans les pensions et les auberges de jeunesse.

Location

On peut louer des vélos dans de nombreux endroits, y compris dans des pensions du Sud, pour environ 50-100 B/jour. Faites un tour avant de louer pour vérifier la stabilité de l'engin et ajustez le siège et le guidon à votre taille. Certains sites historiques offrent aussi un service de location.

VOITURE ET MOTO

Un seul coup d'œil aux rues de Bangkok suffit à dissuader de conduire en Thaïlande. Cela dit, les routes sont plus tranquilles à la campagne. Quoi qu'il en soit, il faut un peu d'habitude pour conduire en Asie, même si on arrive à s'en sortir en maîtrisant sa vitesse et en conduisant *très* prudemment. Dans tous les cas, conduire en Thaïlande n'est jamais de tout repos et requiert une vigilance de tous les instants. Si vous vous sentez prêt à relever le défi, sachez que l'on trouve des agences de location à Bangkok et dans la plupart des villes touristiques – voir ci-après.

La moto est un excellent moyen d'explorer la campagne, mais, là encore, il faut s'adapter aux habitudes locales. Il faut avant tout garder à l'esprit que les motocyclistes sont considérés comme des conducteurs de seconde zone, à savoir que l'on attend d'eux qu'ils cèdent le passage aux autres véhicules.

Assurance

Si l'assurance est fournie, veillez toujours à ce que la couverture soit complète avant de signer le contrat de location. À l'exception de quelques agences louant de grosses cylindrées d'importation, les motos sont presque toujours louées sans assurance. La plupart des assurances voyage ne couvrant pas la circulation à moto (certaines le font toutefois pour les détenteurs de permis moto), cela signifie qu'en cas d'accident vous êtes seul responsable. En règle générale, peu importe qui a réellement causé l'accident : les étrangers sont souvent contraints d'assumer tous les frais. Si par malchance vous aviez ce genre de problème, contactez la **police touristique** (☎ 1155).

DISTANCES ROUTIÈRES (EN KM)

	Aranya Prathet	Ayuthaya	Bangkok	Chumphon	Hat Yai	Hua Hin	Krabi	Nakhon Si Thammarat	Narathiwat	Pattani	Phuket	Prachinburi	Ranong	Rayong	Sungai Kolok	Surat Thani	Trang
Ayuthaya	246																
Bangkok	275	79															
Chumphon	727	531	452														
Hat Yai	1 268	1 072	993	555													
Hua Hin	458	262	183	269	810												
Krabi	1 278	1 082	1 003	551	287	820											
Nakhon Si Thammarat	971	775	696	244	192	513	209										
Narathiwat	1 495	1 299	1 220	782	227	1 037	514	580									
Pattani	1 402	1 206	1 127	689	134	944	421	487	93								
Phuket	1 125	929	862	412	474	667	185	394	701	608							
Prachinburi	161	124	155	607	1 148	338	1 158	851	1 375	1 282	1017						
Ranong	855	659	580	128	368	397	368	372	882	789	287	735					
Rayong	321	279	200	652	1 193	383	1 203	1 008	1 420	1 327	1 062	248	780				
Sungai Kolok	1 555	1 359	1 280	842	287	1 097	576	640	60	153	761	1 435	944	1 480			
Surat Thani	927	731	652	214	401	469	318	151	731	638	286	807	315	852	791		
Trang	1 417	1 221	1 142	690	147	959	139	142	374	281	324	1 297	507	1 342	437	234	
Trat	285	392	313	765	1 306	496	1 316	1 009	1 533	1 440	1 175	334	893	180	1 593	965	1 455

Code de la route et état des routes

Les routes thaïlandaises figurent parmi les mieux entretenues de la région et la circulation n'est pas trop dense en dehors des grandes nationales. Les routes principales sont bien indiquées, souvent en thaï et en anglais – sur les petites routes de campagne, la plupart des panneaux sont rédigés uniquement en thaï. Les autoroutes à 4 voies accueillent l'essentiel du trafic longue distance entre les grandes villes ; les accidents y sont très fréquents, surtout durant les périodes de fête comme Songkran. Les routes secondaires sont plus tranquilles et plus sûres. Veillez à emporter une carte routière, car il est facile de se perdre.

Les règles de sécurité cardinales sont : laisser la priorité au véhicule le plus gros, ne tenir aucun compte des marquages au sol et regarder partout en même temps. Les voitures partagent la chaussée avec les bus, les camionnettes, les motos, les vélos, les charrettes à bœufs et les animaux en tout genre. Sachez qu'un jeune buffle peut parfaitement surgir devant vous à tout moment ! En bref, attendez-vous à tout, surtout au crépuscule, lorsque les animaux rentrent au bercail. Les dépassements en pente ou sans visibilité sont monnaie courante (voir l'encadré p. 436), et encore une fois, quelle que soit la situation, le véhicule le plus gros est toujours prioritaire.

Les motos circulant sur les bas-côtés, soyez vigilant au moment de quitter la route. Ne vous étonnez pas de voir arriver un véhicule face à vous, sur le même bas-côté – c'est parfois le seul moyen d'accéder à la bretelle de sortie.

Les clignotants servent souvent à informer les autres conducteurs de l'arrivée (ou non) d'autres véhicules. Celui de gauche est utilisé pour indiquer que la voie est libre et celui de droite pour signaler qu'un véhicule vient dans l'autre sens. Toutefois, ne vous en remettez pas entièrement à ces signes.

La vitesse est limitée à 50 km/h en ville et à 100 km/h sur la plupart des nationales. Les postes de contrôle militaires et policiers sont nombreux. Ralentissez à leur approche et montrez-vous courtois – la plupart du temps, les sentinelles vous feront signe de passer.

Essence et pièces détachées

Outre les stations-service modernes avec pompes à essence électriques, on trouve aussi en bord de route de petits stands (*ben·sin* ou *nám·man rót yon*) avec de l'essence dans des bidons, et des étals encore plus petits où l'essence est distribuée dans de vieilles bouteilles en plastique. Tous les carburants utilisés en Thaïlande sont sans plomb.

Les pièces détachées des véhicules de location courants sont faciles à trouver dans les grandes villes, mais plus rares dans les zones rurales. En cas de problème mécanique, mieux vaut laisser l'agence de location s'occuper des réparations. Attention : nombre de pièces détachées vendues chez les marchands de motos sont des contrefaçons, fabriquées avec des matériaux de qualité inférieure. Pour des renseignements sur les carburants et les voitures, consultez le site **BKK Auto** (www.bkkautos.com, en anglais).

Location

VOITURE

Les agences de location internationales ont des bureaux à Bangkok, ainsi que dans les grands hôtels et complexes hôteliers partout dans le pays. Toutes proposent des Sedan (voiture de marque japonaise), des minibus à 12 places, de petites Jeep et de luxueux 4x4. Certaines agences de location de voitures dans des sites touristiques comme Ko Lanta et Ko Samui louent de petites Jeep Suzuki à partir de 1 000 B/jour environ. Si vous vous dirigez vers le Sud, prenez l'avion, le train ou le bus, puis louez un véhicule sur place. Consultez les chapitres régionaux pour plus de détails.

Les tarifs pratiqués par les agences internationales s'élèvent à 1 500 B/jour au minimum (taxes et kilométrage illimité compris), plus un supplément de 100 B/jour pour l'assurance. Lisez attentivement les clauses du contrat rédigées en tout petits caractères afin de vérifier que vous serez correctement assuré. On peut souvent engager un chauffeur au moment de louer un véhicule moyennant 600 à 1 000 B par jour. Des agences proposent des locations bon marché (aller simple) entre Bangkok et Phuket ou Krabi.

MOTO

Visiter la campagne à moto tient un peu du rite de passage pour les touristes en Thaïlande, où vous trouverez un ou plusieurs loueurs sur presque toutes les îles et les plages. La situation est différente à Bangkok, où louer une moto n'est vraiment pas une bonne idée, à moins d'être accro à l'adrénaline ou d'apprécier particulièrement les environnements pollués.

Le modèle le plus loué est la Honda Dream ou des engins du même style (100 à 150 cm^3) avec embrayage automatique et 4 vitesses. Les clés de contact ayant tendance à sortir de leur encoche sur les routes cahoteuses, pensez à les attacher au guidon avec la cordelette (fournie par l'agence). En principe, les 100 et 110 cm^3 sont plus confortables que les 125 cm^3, car les cale-pieds arrière sont bien plus bas.

Le tarif de location actuellement en vigueur pour les motos de 100 à 150 cm^3 va de 150 à 300 B pour 24 heures. Vous devrez laisser votre passeport ou votre permis de conduire en dépôt et rendre la moto avec la même quantité d'essence dans le réservoir qu'au moment de la location. L'assurance n'étant généralement pas incluse, conduisez avec d'autant plus de prudence. Le casque, obligatoire pour le conducteur comme pour le passager, n'est pas forcément fourni. Or, la police routière arrête fréquemment les étrangers roulant sans casque pour les verbaliser. Les agents de police peuvent aussi demander à voir votre passeport et vous infliger une "amende" si vous n'êtes pas en mesure de le présenter.

Dans certains endroits touristiques, il est possible de louer de grosses cylindrées d'importation du type Harley Davidson, motos japonaises ou moto-cross de 250 cm^3, bien que les possibilités de les utiliser sur les îles soient très restreintes. Pour ces engins, comptez de 500 à 1 500 B, généralement avec un contrat standard comprenant l'assurance et un dépôt de garantie conséquent par carte bancaire.

Permis de conduire

Les étrangers souhaitant conduire un véhicule à moteur (y compris une moto) doivent être titulaires d'un permis de conduire thaïlandais ou d'un permis de conduire international en cours de validité (avec autorisation de conduire une moto le cas échéant), même si ces obligations administratives sont souvent ignorées par les loueurs des petites îles. Vous pourrez vous procurer un permis de conduire international avant de partir (en France, auprès de la préfecture ou de la sous-préfecture).

Si la police vous arrête et que vous n'avez pas de permis, elle peut très bien vous verbaliser ou réclamer un pot-de-vin pour vous laisser repartir. Au cas où vous vous retrouveriez dans cette situation, faites

PRUDENCE EN DEUX ROUES !

- S'il est plaisant de visiter le pays à moto, sachez que des dizaines de voyageurs sont chaque année victimes d'accidents de la route, parfois mortels. Le manque d'expérience est souvent en cause. Aussi, si vous n'avez pas l'habitude de conduire, réfléchissez à deux fois. Au moment de passer à l'action, gardez en tête les conseils suivants pour optimiser vos chances de rentrer entier. Avant de louer une moto, inspectez-la avec soin : vérifiez plus particulièrement les freins et les pneus, tâchez de repérer d'éventuelles fuites d'huile, et assurez-vous que les phares, les clignotants, le klaxon et le moteur n'ont pas de ratés.
- Si possible, contractez une assurance au moment de la location. En cas d'accident ou de vol, votre responsabilité financière sera entièrement engagée. Assurez-vous que votre assurance voyage couvre les déplacements à moto (beaucoup ne le font pas).
- Portez toujours un casque, même si vous conduisez un petit scooter sur une piste déserte.
- Couvrez-vous les bras et les jambes, de sorte à vous protéger du soleil et d'éventuelles blessures en cas de chute.
- Si vous portez un casque autre qu'intégral (solution la plus probable), des lunettes – de soleil ou autres – protégeront vos yeux des insectes et de la poussière – surtout au coucher du soleil, quand grillons et compagnie sautent dans la lumière des phares.
- Lorsque vous enfourchez une moto, faites-le toujours par le côté gauche pour ne pas risquer de toucher le pot d'échappement brûlant. En cas de chute, tâchez de vous dégager le plus vite possible, pour ne pas vous retrouver avec un "tatouage thaïlandais" – une brûlure sur la face interne du mollet droit – que l'on voit fleurir sur toutes les plages du pays.
- Roulez doucement. Les routes thaïlandaises sont souvent très encombrées, pleines de nids-de-poule et d'obstacles surgissant de façon inattendue.
- Tâchez d'éviter de rouler seul dans les endroits déserts à la nuit tombée. Des motocyclistes *faràng* ont été victimes d'agressions alors qu'ils roulaient seuls en rase campagne.
- Les motos sont censées céder le passage aux véhicules plus gros. Prenez les habitudes des gens du pays et roulez à vitesse réduite sur le bas-côté.
- Surveillez le niveau d'huile au cours des longs trajets. Dans le réservoir à essence d'une moto équipée d'un moteur à deux temps, ajoutez de l'huile de moteur à deux temps.

TRANSPORTS

comme les habitants : payez sans rechigner – le montant est toujours négociable. En cas d'accident, les pénalités risquent d'être plus sévères sans permis.

Transport de véhicule

Rares sont ceux qui prennent la peine de venir avec leur propre véhicule pour visiter les îles et les plages du pays. Pour le tourisme, on peut toutefois introduire un véhicule de passagers (voiture, fourgonnette, camionnette ou moto) en Thaïlande pendant 6 mois. À la frontière, vous devrez présenter un permis de conduire international en cours de validité, la carte grise du véhicule (et l'autorisation du propriétaire si c'est une location ou un emprunt), et une caution en liquide, ou bancaire, égale à la valeur du véhicule majorée de 20%. Si vous arrivez par le port de Khlong Toey ou l'aéroport international de Suvarnabhumi, vous aurez besoin d'une lettre de crédit émise par une banque. Si vous venez de Malaisie, du Cambodge ou du Laos par la route, il suffit de remplir un formulaire de "caution personnelle" (*self-guarantee*) à la frontière. Pour plus de renseignements, consultez le site Internet du **Customs Department** (département des Douanes ; www.customs.go.th) et cliquez sur le lien "*Personal Vehicles*" (véhicules privés) ; voyez également les informations fournies par **Horizons Unlimited** (www.horizonsunlimited.com) et **GT Rider** (www.gt-rider.com).

Santé

SOMMAIRE

En Thaïlande, les problèmes de santé potentiels et la qualité des infrastructures médicales varient énormément d'une région à l'autre. Les grandes villes sont bien équipées et Bangkok possède d'excellents hôpitaux (p. 79). Dans les zones rurales, les risques de contracter des affections sont plus importants et vous aurez plus de difficultés à vous faire soigner.

Les voyageurs ont tendance à craindre les maladies infectieuses propres aux zones tropicales. Il est pourtant rare qu'elles soient à l'origine d'une maladie grave chez les visiteurs. Les problèmes les plus sérieux sont généralement liés à un état préexistant (une maladie cardiaque par exemple) ou à un accident (notamment de la route). S'il est assez courant de tomber malade à un moment ou à un autre du voyage, la plupart des maux peuvent être évités avec un peu de bon sens, ou soignés avec une bonne trousse à pharmacie.

Les conseils donnés dans ce chapitre le sont à titre indicatif. Ils ne peuvent en aucun cas remplacer l'avis d'un médecin.

AVANT LE DÉPART

ASSURANCE

Il est conseillé de souscrire à une police d'assurance qui vous couvrira en cas d'annulation de votre voyage, de vol, de perte de vos affaires, de maladie ou encore d'accident. Vérifiez notamment que les "sports à risques", comme la plongée, la moto ou même la randonnée ne sont pas exclus de votre contrat, ou encore que le rapatriement médical d'urgence, en ambulance ou en avion, est couvert. De même, le fait d'acquérir un véhicule dans un autre pays ne signifie pas nécessairement que vous serez protégé par votre propre assurance.

Vous pouvez contracter une assurance qui réglera directement les hôpitaux et les médecins, vous évitant ainsi d'avancer les frais.

Avant de signer pour une police d'assurance, vérifiez bien que vous ne bénéficiez pas déjà d'une assistance par votre carte bancaire, votre mutuelle ou votre assurance automobile.

N'oubliez pas de prendre avec vous les documents relatifs à l'assurance, ainsi que les numéros à appeler en cas d'urgence.

Quelques conseils

Assurez-vous que vous êtes en bonne santé avant de partir. Si vous suivez un traitement, contactez l'ambassade de Thaïlande de votre pays (p. 405) pour vérifier que les produits emportés sont autorisés, l'importation de médicaments en Thaïlande étant soumise à des règles de déclaration, voire d'autorisation préalable. Il est parfois nécessaire de se doter d'une ordonnance rédigée en anglais. Ne vous mettez pas dans l'illégalité : vos médicaments risqueraient d'être confisqués et vous pourriez être passible de sanctions.

Dans la plupart des régions thaïlandaises, de nombreux médicaments sont disponibles sans ordonnance. Toutefois, il peut être difficile de trouver les derniers types d'antidépresseurs, de traitements contre l'hypertension ou de pilules contraceptives. En outre, les contrefaçons et les produits périmés sont malheureusement fréquents en Thaïlande.

VACCINS

Aucun vaccin n'est obligatoire pour entrer en Thaïlande, sauf celui contre la fièvre jaune pour les personnes en provenance de zones infectées. Pour une liste des vaccins recommandés, consultez l'encadré page suivante.

VACCINS RECOMMANDÉS

Maladie	Durée du vaccin	Précautions
Diphtérie, tétanos, poliomyélite	10 ans	Recommandé
Hépatite virale A	5 ans (environ)	Recommandé
Hépatite virale B	10 ans (environ)	Recommandé pour des séjours longs ou répétés
Encéphalite japonaise	toute la vie	Pour les expatriés et pour un séjour prolongé en zone rurale pendant les périodes de transmission (à partir de 18 ans)
Rage	sans	En cas de séjour prolongé dans des zones reculées
Typhoïde	3 ans	En cas de séjour prolongé dans des conditions d'hygiène précaires
Rougeole	toute la vie	Vivement recommandé dès l'âge de 6 mois

Le **ministère des Affaires étrangères français** (www.diplomatie.gouv.fr/voyageurs) effectue une veille sanitaire et met régulièrement en ligne des recommandations concernant les vaccinations. En règle générale, plus vous vous éloignez des circuits classiques, plus il faut prendre vos précautions. Faites inscrire vos vaccinations dans un carnet international de vaccination que vous pourrez vous procurer auprès de votre médecin ou d'un centre.

Planifiez vos vaccinations à l'avance (au moins 6 semaines avant le départ), car certaines demandent des rappels ou sont incompatibles entre elles. Les vaccins ont des durées d'efficacité très variables ; certains sont contre-indiqués pour les femmes enceintes.

Voici les coordonnées de quelques centres de vaccination :

Centre médical de l'Institut Pasteur (☎ 0 890 71 08 11 ; www.pasteur.fr/sante ; 209-211 rue de Vaugirard, 75015 Paris)

Air France (☎ 01 43 17 22 00 ; http://centredevaccination-airfrance-paris.com ; 148 rue de l'Université, 75007 Paris)

Centre de vaccinations ISBA (☎ 04 72 76 88 66 ; www.isbasante.com ; 7 rue Jean-Marie-Chavant, 69007 Lyon). Plusieurs autres centres en France. Coordonnées sur le site Internet.

Hôpital Nord – centre de santé des voyageurs (☎ 04 91 96 89 11 ; www.ap-hm.fr/mit ; Pavillon des maladies infectieuses et tropicales, chemin des Bourrely, 13015 Marseille)

Vous trouverez la liste complète de ces centres en France sur le site du ministère des Affaires étrangères.

SANTÉ SUR INTERNET

Il existe de très bons sites Internet consacrés à la santé en voyage. Avant de partir, vous pouvez consulter les conseils en ligne du ministère des Affaires étrangères (www.france.diplomatie.fr/voyageurs), le site du **ministère de la Santé** (www.sante.gouv.fr) ou encore celui du **Comité d'informations médicales** (Cimed ; www.cimed.org), qui présente des fiches en ligne très complètes sur les vaccinations requises et les risques sanitaires de chaque pays. Vous trouverez, par ailleurs, plusieurs liens sur le site de **Lonely Planet** (www.lonelyplanet.fr), à la rubrique *Ressources*.

PENDANT LE VOYAGE

VOLS LONG-COURRIERS

Les trajets en avion, principalement du fait d'une immobilité prolongée, peuvent favoriser la formation de caillots sanguins dans les jambes (provoquant par exemple une phlébite). Plus le vol est long, plus le risque est élevé.

Généralement, l'un des premiers symptômes est un gonflement ou une douleur du pied, de la cheville ou du mollet.

En prévention, buvez des boissons non alcoolisées, faites jouer les muscles de vos jambes lorsque vous êtes assis et levez-vous de temps à autre pour marcher dans la cabine.

DÉCALAGE HORAIRE ET MAL DES TRANSPORTS

Le décalage horaire est fréquent quand on traverse plus de trois fuseaux horaires. Il se manifeste par des insomnies, de la fatigue, des malaises ou des nausées. En prévention, buvez abondamment (pas d'alcool) et mangez léger. En arrivant, exposez-vous à la lumière naturelle et adoptez les horaires locaux aussi vite que possible (repas, coucher et lever).

TROUSSE MÉDICALE DE VOYAGE

Veillez à emporter avec vous une petite trousse à pharmacie contenant quelques produits indispensables. Certains ne sont délivrés que sur ordonnance. Attention, les liquides et les objets contondants sont interdits en cabine dans les avions.

- des antibiotiques, à utiliser uniquement aux doses et aux périodes prescrites. Il n'est pas absurde de demander à votre médecin traitant de vous en prescrire pour le voyage.
- un antidiarrhéique, en cas de forte diarrhée, surtout si vous voyagez avec des enfants
- un antihistaminique en cas de rhume, allergie, piqûre d'insecte, mal des transports
- un antiseptique ou un désinfectant pour les coupures, les égratignures superficielles et les brûlures, ainsi que des pansements gras pour les brûlures
- de l'aspirine ou du paracétamol (douleurs, fièvre)
- un produit contre les moustiques, un écran total, une pommade pour soigner les piqûres et des comprimés pour stériliser l'eau
- une bande Velpeau et des pansements pour les petites blessures
- une paire de lunettes de secours (si vous portez des lunettes ou des lentilles de contact) et la copie de votre ordonnance
- une paire de ciseaux à bouts ronds, une pince à épiler et un thermomètre à alcool
- une petite trousse de matériel stérile comprenant une seringue, des aiguilles, du fil à suture, une lame de scalpel et des compresses
- des préservatifs

Les antihistaminiques préviennent efficacement le mal des transports, qui se caractérise principalement par une envie de vomir, mais ils peuvent provoquer une somnolence.

EN THAÏLANDE

DISPONIBILITÉ DES SOINS MÉDICAUX

Bangkok est devenue une destination de tourisme médical. Des étrangers viennent notamment pour subir des opérations de chirurgie esthétique, mais aussi pour recevoir des soins de santé primaires ou non urgents. Les hôpitaux spécialisés dans cette clientèle offrent un service de première qualité. Ils font appel à des médecins formés à l'étranger et à un personnel anglophone.

D'autres régions touristiques, comme Phuket et Ko Samui, offrent également de bonnes infrastructures hospitalières. Les îles plus petites possèdent des centres de soins rudimentaires pouvant intervenir pour les coups, les écorchures et les affections bénignes. En zone rurale, il est parfois difficile de trouver des services médicaux fiables. Une liste d'hôpitaux recommandés à Bangkok est indiquée p. 79. Votre compagnie d'assurance et votre ambassade pourront également vous donner des adresses de centres médicaux et de médecins. De nombreuses pharmacies seront à même de vous fournir un traitement pour les problèmes de santé mineurs.

À part pour les affections bénignes (la diarrhée en particulier), l'autodiagnostic et l'autotraitement sont risqués. Chaque fois que cela est possible, adressez-vous à un médecin, surtout si vous craignez d'avoir attrapé le paludisme ou la dengue.

PRÉCAUTIONS ÉLÉMENTAIRES

Faire attention à ce que l'on mange et à ce que l'on boit est la première des précautions à prendre. Les troubles gastriques et intestinaux sont fréquents, même si la plupart du temps ils restent sans gravité. Ne soyez cependant pas paranoïaque et ne vous privez pas de goûter la cuisine locale, cela fait partie du voyage.

Eau

Ne buvez jamais d'eau du robinet (même sous forme de glaçons). Préférez les eaux minérales et les boissons gazeuses, tout en vous assurant que les bouteilles sont décapsulées devant vous. Évitez les jus de fruits, souvent allongés à l'eau. Attention au lait, rarement pasteurisé. Pas de problème pour le lait bouilli et les yaourts. Thé et café, en principe, sont sûrs, puisque l'eau doit bouillir. Par prudence, évitez les crudités – bien souvent lavées à l'eau.

Pour stériliser l'eau, la meilleure solution est de la faire bouillir durant 15 minutes. Si ce n'est pas possible, traitez-la chimiquement avec du Micropur (vendu en pharmacie).

Vous éviterez bien des problèmes de santé en vous lavant souvent les mains. Brossez-vous les dents avec de l'eau traitée.

AFFECTIONS LIÉES À L'ENVIRONNEMENT

Alimentation

C'est en mangeant dans les restaurants que vous risquez le plus d'attraper la turista. Une façon d'y échapper est de ne consommer que de la nourriture fraîchement cuisinée – en aucun cas des mets traînant sur un buffet. Préférez les établissements très fréquentés.

Pelez tous les fruits, cuisez les légumes et faites tremper les salades au moins 20 minutes dans une solution iodée.

Coup de chaleur

Presque partout en Thaïlande, il fait chaud et humide toute l'année. Dans bien des cas, il faut au moins 2 semaines pour s'acclimater.

De longues périodes d'exposition à des températures élevées peuvent vous rendre vulnérable au coup de chaleur. Cet état grave survient quand le mécanisme de régulation thermique du corps ne fonctionne plus : la température s'élève alors de façon dangereuse. Évitez l'alcool et les activités fatigantes lorsque vous arrivez dans un pays à climat chaud.

Symptômes : malaise général, transpiration faible ou inexistante, forte fièvre (39 à 41°C), céphalée lancinante, difficultés à coordonner ses mouvements et signes de confusion mentale ou d'agressivité. Il faut absolument hospitaliser le malade. En attendant les secours, installez-le à l'ombre, ôtez-lui ses vêtements, couvrez-le d'un linge mouillé et éventez-le continuellement.

Coup de soleil

Sous les tropiques, les coups de soleil sont plus fréquents, même par temps couvert. Utilisez un écran total et pensez à vous couvrir.

Méduses

Les plupart des méduses d'Asie du Sud-Est ne sont pas dangereuses, seulement urticantes. Cependant, on a signalé des accidents graves (voire fatals dans de rares cas) à la suite de piqûres de méduses-boîtes (*box jellyfish*) sur les côtes d'Andaman et du golfe de Thaïlande. En cas de piqûre, la première chose à faire est de verser du vinaigre sur la blessure pour neutraliser le poison – ne pas frotter avec de l'eau ou du sable. Des antihistaminiques et des analgésiques limiteront la réaction et la douleur. S'il s'agit d'une méduse-boîte, notamment, consultez au plus vite. Renseignez-vous auprès des autorités locales, des centres de plongée ou de votre hôtel sur la présence éventuelle de méduses. Ne vous baignez pas quand il y a des méduses dangereuses.

Piqûres et morsures

Les blessures s'infectent très facilement dans les climats chauds et cicatrisent difficilement. Coupures et égratignures doivent être traitées avec un antiseptique et du désinfectant cutané. Évitez si possible les bandages et les pansements, qui empêchent la plaie de sécher.

Les coupures de corail sont longues à cicatriser, car le corail injecte un venin léger dans la plaie. Nettoyez chaque blessure à fond.

Plongée et surf

Si vous comptez pratiquer la plongée ou le surf en Thaïlande, prenez l'avis d'un spécialiste avant le départ. Il vous conseillera notamment les traitements spécifiques à mettre dans une trousse à pharmacie pour soigner les coupures de coraux et les infections des oreilles propres aux climats tropicaux.

Pour la plongée, vérifiez que votre assurance couvre les accidents de décompression. Si nécessaire, vous pourrez contracter une assurance spécifique par le biais d'une organisation comme **Divers Alert Network** (DAN ; www.daneurope.org). Avant le départ, passez un examen médical afin d'être sûr de ne présenter aucune contre-indication à la pratique de cette activité. En Thaïlande, certains prestataires font passer les considérations économiques avant la santé.

Pollution atmosphérique

La pollution, liée principalement à la circulation automobile, est en progression dans la plupart des grandes villes. Si vous souffrez de problèmes respiratoires sérieux, consultez un médecin avant d'entreprendre un voyage dans un centre urbain particulièrement pollué. La pollution peut aussi provoquer des troubles respiratoires mineurs – sinusite, irritation de la gorge ou des yeux… Si ces maux vous affectent, partez quelques jours respirer l'air frais de la campagne.

Serpents

En Thaïlande, il existe de nombreuses espèces de serpents, inoffensifs ou dangereux. Partez du principe que tout serpent est potentiellement venimeux. Portez des bottes, des chaussettes et un pantalon long lorsque vous marchez dans des zones couvertes de végétation à risque. Ne hasardez pas la main dans les trous et les anfractuosités, et faites attention lorsque vous ramassez du bois. Les morsures de serpent ne provoquent pas instantanément la mort, et il existe généralement des antivenins. Il faut calmer la victime, l'empêcher de bouger, bander le membre comme pour une foulure et l'immobiliser avec une attelle. Trouvez ensuite un médecin, et essayez de lui apporter le serpent mort. N'essayez en aucun cas d'attraper le serpent s'il y a le moindre risque qu'il pique à nouveau. Il ne faut absolument pas sucer le venin ou poser un garrot.

MALADIES INFECTIEUSES ET PARASITAIRES

Dengue

Lors de nos recherches, une épidémie de dengue sévissait dans le pays. Il n'existe pas de traitement prophylactique contre cette maladie transmise par les moustiques, qui constitue un réel problème en Asie du Sud-Est, surtout dans les villes. Les îles du sud de la Thaïlande sont des zones à haut risque. Poussée de fièvre, maux de tête, douleurs articulaires et musculaires précèdent une éruption cutanée sur le tronc qui s'étend ensuite aux membres puis au visage. Au bout de quelques jours, la fièvre régresse, et la convalescence commence. Les complications graves sont rares. Cependant, plus d'une trentaine de décès ont été signalés au cours du seul premier semestre 2010.

Dermatite vermineuse rampante

Ce parasite transmis par les chiens est très fréquent sur les plages de Thaïlande. Il se forme d'abord un petit bouton, puis la zone infectée s'étend de manière linéaire. Les démangeaisons sont très fortes, surtout la nuit. Il ne faut pas ouvrir la lésion. Il est assez facile de se soigner avec un traitement adapté.

Diarrhée

Le changement de nourriture, d'eau ou de climat suffit à la provoquer ; si elle est causée par des aliments ou de l'eau contaminés, le problème est plus grave. En dépit de toutes vos précautions, vous aurez peut-être la turista, mais quelques visites aux toilettes sans aucun autre symptôme n'ont rien d'alarmant. Il est fortement recommandé d'emporter un antidiarrhéique et un antiseptique intestinal (de type Intetrix et Ercefuryl). Demandez conseil à votre pharmacien et à votre médecin (certains médicaments ne peuvent être délivrés sans ordonnance). La déshydratation est le danger principal lié à toute diarrhée, particulièrement chez les enfants. Ainsi, le premier traitement consiste à boire beaucoup. Quand vous irez mieux, continuez à manger légèrement. Les antibiotiques peuvent être utiles dans le traitement de diarrhées très fortes, en particulier si elles sont accompagnées de nausées, de vomissements, de crampes d'estomac ou d'une fièvre légère. Trois jours de traitement sont généralement suffisants, et on constate normalement une amélioration dans les 24 heures. Toutefois, lorsque la diarrhée persiste au-delà de 48 heures ou s'il y a présence de sang dans les selles, mieux vaut consulter un médecin.

Dysenterie

Affection grave, due à des aliments ou à de l'eau contaminés, la dysenterie se manifeste par une violente diarrhée, souvent accompagnée de sang ou de mucus dans les selles. Une analyse des selles est indispensable pour diagnostiquer le type de dysenterie.

Encéphalite japonaise

On estime que 50 000 Thaïlandais sont touchés chaque année. Cette encéphalite est transmise par un moustique nocturne (le *Culex*). Le risque est plus grand dans les zones rurales, surtout près des élevages porcins et des rizières. En cas de séjour prolongé pendant la saison humide, envisagez la vaccination.

Symptômes : fièvre soudaine, frissons et maux de tête, suivis de vomissements et de délire, aversion marquée pour la lumière vive et douleurs aux articulations et aux muscles. Les cas les plus graves provoquent des convulsions et un coma. Chez la plupart des individus, aucun symptôme n'apparaît.

Filarioses

Ces maladies parasitaires, transmises par des piqûres d'insectes, touchent très rarement les voyageurs. Les symptômes varient en fonction de la filaire concernée : fièvre, ganglions et inflammation des zones de drainage lymphatique ; œdème (gonflement) au niveau d'un membre ou du visage ; démangeaisons et troubles visuels. Un traitement permet de se débarrasser des parasites, mais certains dommages causés sont parfois irréversibles. Si vous soupçonnez une possible infection, il vous faut rapidement consulter un médecin.

Giardiase

Ce parasite intestinal est présent dans l'eau souillée ou dans les aliments souillés par l'eau. Symptômes : crampes d'estomac, nausées, ballonnements, selles très liquides et nauséabondes, et gaz fréquents. La giardiase peut n'apparaître que plusieurs semaines après la contamination. Les symptômes peuvent disparaître pendant quelques jours puis réapparaître, et cela durant plusieurs semaines.

Grippe

Présente toute l'année dans les tropiques, la grippe se manifeste par divers symptômes : forte fièvre, douleurs musculaires, nez qui coule, toux et mal de gorge. Elle peut être très sévère chez les plus de 65 ans ou les personnes présentant des pathologies chroniques (affections cardiaques, diabète) ; la vaccination est alors fortement recommandée. Si vous l'avez attrapée, pas de traitement spécifique, juste du repos et du paracétamol.

Grippe aviaire

Les premiers cas de grippe aviaire ont touché la Thaïlande en 2003. Depuis, les périodes d'accalmie et de reprise se succèdent. La transmission de la grippe aviaire des oiseaux domestiques aux humains est rare, et n'a lieu qu'en cas de contact très rapproché avec l'oiseau infecté ou ses fientes. Il est conseillé de ne pas fréquenter les marchés de volailles vivantes et de ne pas manger de viande de poulet ni d'œufs crus ou mal cuits. Consultez un médecin en cas de fièvre et de symptômes respiratoires (toux, essoufflement, etc.).

Hépatite A

Cette maladie, fréquente dans la région, est aussi l'hépatite la plus répandue. Il existe un vaccin, recommandé pour la Thaïlande. La contamination est alimentaire. L'hépatite A se transmet par l'eau, les coquillages et, d'une manière générale, tous les produits manipulés à mains nues. Il n'y a pas de traitement médical. Il faut simplement se reposer, boire beaucoup, manger léger et s'abstenir de toute boisson alcoolisée pendant au moins 6 mois.

Hépatite B

Dans certaines zones d'Asie du Sud-Est, 20% de la population est contaminée par cette maladie très répandue. L'hépatite B se transmet par voie sexuelle ou sanguine (piqûre, transfusion). Évitez de vous faire percer les oreilles, tatouer, raser ou de vous faire soigner par piqûres si vous avez des doutes quant à l'hygiène des lieux. Les symptômes de l'hépatite B sont les mêmes que ceux de l'hépatite A. La vaccination est très efficace.

Leptospirose

Cette maladie infectieuse, due à une bactérie (le leptospire) qui se développe dans les mares et les ruisseaux, se transmet par des animaux comme le rat et la mangouste.

On peut l'attraper en se baignant dans des nappes d'eau douce contaminées par de l'urine animale. La bactérie pénètre dans le corps humain par le nez, les yeux, la bouche ou les petites coupures cutanées. Les symptômes, similaires à ceux de la grippe, peuvent survenir 2 à 20 jours après l'exposition. Ils durent habituellement quelques jours, voire quelques semaines. La maladie est rarement mortelle.

Évitez de nager et de vous baigner dans de l'eau douce, notamment si vous avez des plaies ouvertes ou des coupures.

Maladies sexuellement transmissibles (MST)

Voir également VIH/sida, p. 448.

Les MST les plus courantes en Thaïlande sont la blennorragie, l'herpès, les mycoses, la syphilis et la chlamydia. Dans un premier temps, les personnes infectées ne développent pas de symptômes. Il est indispensable d'utiliser des préservatifs, mais ils ne sont pas suffisants pour se protéger de l'herpès ou des mycoses. Si vous avez des démangeaisons, pertes ou douleurs en urinant, consultez tout de suite un médecin. Il peut être prudent de faire des analyses médicales complètes à votre retour.

Mélioïdose

Cette maladie se transmet par le contact avec la terre. Si elle concerne rarement les voyageurs, jusqu'à 30% de la population est touchée dans certaines régions du nord-est de la Thaïlande. Les symptômes sont les mêmes que pour la tuberculose. Il existe un traitement efficace, mais pas de vaccin.

SE PROTÉGER DES MOUSTIQUES

Hormis les traitements préventifs, la protection contre les piqûres de moustique est le premier moyen d'éviter de contracter le paludisme. Dès le coucher du soleil, couvrez vos bras et vos chevilles, et mettez de la crème antimoustique. Les moustiques peuvent être attirés par le parfum.

En dehors du port de vêtements longs, l'utilisation d'insecticides ou de répulsifs à base de DEET (de type Cinq sur Cinq) sur les parties découvertes du corps est à recommander.

En vente en pharmacie notamment, les moustiquaires constituent une protection efficace, à condition qu'elles soient imprégnées d'insecticide. De plus, elles sont radicales contre les insectes à sang froid (puces, punaises, etc.) et permettent d'éloigner les serpents.

Le risque de contamination est plus élevé pendant la saison humide.

Paludisme (ou malaria)

Le paludisme est transmis par un moustique, l'anophèle, dont la femelle pique surtout la nuit, entre le coucher et le lever du soleil.

En Thaïlande, il est présent toute l'année dans les zones rurales, y compris dans le Sud. En revanche, le risque de contracter la maladie est minime dans les villes comme Bangkok et Pattaya, ainsi que dans les principaux *resorts* de Phuket et sur Ko Samui.

Le paludisme survient généralement dans le mois suivant le retour de la zone d'endémie. Symptômes : maux de tête, fièvre et troubles digestifs. Non traité, il peut avoir des suites graves, parfois mortelles. Il existe différentes espèces de paludisme ; le traitement devient de plus en plus difficile à mesure que la résistance du parasite aux médicaments progresse.

Si vous voyagez dans des régions où la maladie est endémique, il faut absolument suivre un traitement préventif, qu'il faut en général poursuivre après le retour. Indispensable également : vous protéger des moustiques (voir l'encadré ci-dessus).

Tout voyageur atteint de fièvre ou montrant les symptômes de la grippe doit se faire examiner. Il suffit d'une analyse de sang pour établir le diagnostic. Contrairement à certaines croyances, une crise de paludisme ne signifie pas que l'on est touché à vie.

Parasites, sangsues et tiques

Il existe de nombreux parasites dans la région. Pour autant, les voyageurs sont rarement affectés. Deux règles à respecter : ne pas marcher pieds nus et éviter de manger des aliments crus, surtout le poisson, le porc et les légumes. Un certain nombre de parasites, dont les strongyloïdes, les ankylostomes et la *larva migrans* cutanée, se transmettent par la peau au contact des pieds nus sur le sol.

Les sangsues, présentes dans les régions de forêts humides, se collent à la peau et sucent le sang. Les randonneurs en retrouvent souvent sur leurs jambes ou dans leurs bottes. Du sel ou le contact d'une cigarette allumée les feront tomber. Ne les arrachez pas, car la morsure s'infecterait plus facilement. Une crème répulsive peut les maintenir éloignées. Utilisez de l'alcool, de l'éther, de la vaseline ou de l'huile pour vous en débarrasser.

Vérifiez toujours que vous n'avez pas attrapé de tiques dans une région infestée : elles peuvent transmettre le typhus.

Rage

Très répandue dans le Sud-Est asiatique, cette maladie est transmise par un animal contaminé. Morsures, griffures ou même simples coups de langue d'un mammifère doivent être nettoyés immédiatement et à fond. Frottez avec du savon et de l'eau courante, puis nettoyez avec de l'alcool. S'il y a le moindre risque que l'animal soit contaminé, allez immédiatement voir un médecin. Même si l'animal n'est pas enragé, toutes les morsures doivent être surveillées de près pour éviter les risques d'infection et de tétanos.

Un vaccin antirabique est disponible. Il faut y songer si vous comptez séjourner longtemps dans des zones rurales, travailler avec des animaux ou pratiquer la spéléologie (les morsures de chauves-souris peuvent être dangereuses). La vaccination préventive ne dispense pas de la nécessité d'un traitement antirabique après un contact avec un animal enragé.

Strongyloïdes

Ce parasite, qui se transmet au contact de la terre, est commun en Thaïlande mais touche rarement les voyageurs. Le ver, ou *larva currens*, se loge sous la peau et provoque une éruption de boutons, qui forment peu à peu une ligne et démangent beaucoup. Il n'y a généralement pas d'autres symptômes, sauf si le parasite n'est pas traité (il existe des médicaments), ce qui entraîne alors un affaiblissement du système immunitaire pouvant aller jusqu'à une infection plus grave.

Typhoïde

Cette maladie se transmet par de l'eau ou de la nourriture contaminées par des matières fécales humaines. La fièvre et une éruption rose sur l'abdomen sont généralement les premiers symptômes, qui s'accompagnent parfois d'une septicémie (empoisonnement du sang). Le vaccin protège pendant trois ans. Il est recommandé en cas de séjour prolongé dans des conditions d'hygiène précaires.

VIH/sida

En Thaïlande, le sida est aujourd'hui l'une des principales causes de décès chez les moins de 50 ans et on estime que 1% des Thaïlandais sont infectés par le VIH. Les relations hétérosexuelles représentent le premier mode de contamination dans le pays, comme dans les pays voisins. La transmission de cette affection se fait : par rapport sexuel (hétérosexuel ou homosexuel – anal, vaginal ou oral), d'où l'impérieuse nécessité d'utiliser des préservatifs à titre préventif ; par le sang, les produits sanguins et les aiguilles contaminées. Il est impossible de détecter la présence du VIH chez un individu apparemment en parfaite santé sans procéder à un examen sanguin.

Évitez, s'ils ne sont pas stérilisés, les instruments de chirurgie, les aiguilles d'acupuncture et de tatouage, ainsi que les instruments utilisés pour percer les oreilles ou le nez.

Les campagnes encourageant l'usage du préservatif menées dans les années 1990 ont entraîné une chute rapide du nombre de nouvelles infections et fait de la Thaïlande un exemple dans la lutte contre la maladie.

SANTÉ AU FÉMININ

Vous trouverez facilement des protections périodiques dans les villes thaïlandaises. En revanche, il est vivement conseillé d'emporter avec vous votre mode de contraception.

Grossesse

La plupart des fausses couches ont lieu pendant le premier trimestre. C'est donc la période la plus risquée pour voyager. Durant le dernier trimestre, il vaut mieux rester à distance raisonnable de bonnes infrastructures médicales, en cas de problème. Les femmes enceintes doivent éviter de prendre inutilement des médicaments. Cependant, certains vaccins et traitements préventifs contre le paludisme restent nécessaires. Mieux vaut consulter un médecin avant de prendre quoi que ce soit.

Problèmes gynécologiques

Une nourriture pauvre et une résistance amoindrie par l'utilisation d'antibiotiques contre des problèmes intestinaux peuvent favoriser les infections vaginales dans les pays chauds. Respectez une hygiène intime scrupuleuse, et portez des jupes ou des pantalons amples et des sous-vêtements en coton.

Les champignons, caractérisés par une éruption cutanée, des démangeaisons et des pertes, peuvent se soigner facilement. En revanche, les trichomonas sont plus graves ; pertes blanches et sensation de brûlure lors de la miction en sont les symptômes. Le partenaire masculin doit également être soigné.

Il n'est pas rare que le cycle menstruel soit perturbé lors d'un voyage.

MÉDECINE TRADITIONNELLE

Le recours aux médecines traditionnelles est très courant en Thaïlande. Il convient de distinguer ces pratiques de celles des "guérisseurs", qui ne sont pas toujours très sûres et peuvent entraîner des complications. La médecine traditionnelle thaïlandaise a beaucoup de points communs avec la médecine chinoise, et son efficacité est telle qu'elle influence de plus en plus de médecins occidentaux.

Les médecines traditionnelles asiatiques reconnaissent l'existence d'un flux d'énergie vitale et considèrent qu'un blocage ou le déséquilibre de ce flux peut provoquer des problèmes de santé. Le massage, l'acupuncture et les préparations à base de plantes sont destinés à rétablir ou à maintenir l'équilibre de l'énergie vitale. Ces thérapies sont particulièrement utiles dans le cas d'affections chroniques : fatigue, arthrite, troubles digestifs, problèmes de peau. Pour les maladies plus graves, comme le paludisme, il est plus prudent de s'en remettre aux méthodes de la médecine occidentale.

Attention aux interactions qui peuvent se produire entre les plantes médicinales et les médicaments occidentaux conventionnels. Si vous suivez plusieurs traitements simultanément, veillez à prendre l'avis d'un médecin.

Langue

SOMMAIRE

Il est indispensable de connaître des rudiments de thaï pour voyager dans le pays. Plus vous vous familiariserez avec la langue, plus vous vous rapprocherez de la population et de sa culture.

Vos premières tentatives n'auront sans doute qu'un succès mitigé, mais ne vous découragez pas. Écoutez attentivement les différentes tonalités et ne vous vexez pas des rires que susciteront vos efforts : ils traduiront surtout des encouragements. Allez à la rencontre des lycéens et des étudiants thaïlandais, souvent désireux d'échanger quelques mots avec les étrangers. Ils connaissent en général un peu d'anglais – ce qui rend la conversation moins difficile qu'avec les commerçants ou les fonctionnaires – et vous apprendront volontiers quelques expressions en thaï.

DIALECTES

Le dialecte pratiqué dans le centre du pays est devenu la langue officielle de tous les groupes ethniques thaïs ou non thaïs du royaume.

Tous les dialectes thaïs font partie de la famille linguistique taï-kadai. Ils sont proches des langues parlées au Laos (lao, thaï du Nord, thaï lü), dans le nord du Myanmar (shan, thaï du Nord), dans le nord-ouest du Vietnam (nung, tho), en Assam (ahom) et dans certaines parties du sud de la Chine (zhuang, thaï lü). Les linguistes modernes distinguent quatre dialectes principaux en Thaïlande : le thaï du Centre (premier dialecte dans le centre du pays, et second dans toute la Thaïlande) ; le thaï du Nord (de la province de Tak, au nord, à la frontière du Myanmar) ; le thaï du Nord-Est (dans les provinces du Nord-Est frontalières du Laos et du Cambodge) ; le thaï du Sud (de la province de Chumphon, au sud, à la frontière malaise). À cela s'ajoutent des dialectes parlés par des minorités, comme les Phu Thaï, les Thaï Dam, les Thaï Daeng, les Phu Noi, les Phuan et d'autres groupes ethniques qui, pour la plupart, vivent dans le nord et le nord-est du pays.

NIVEAUX DE LANGUE

Il existe en thaï, comme dans la plupart des langues, une distinction entre les registres courant et de politesse ; ainsi, *tahn* est plus correct que *gin* (manger) et *sĭi-sà* plus formel que *hŭ-a* (tête). Pour éviter tout impair, optez pour l'expression polie.

ÉCRITURE

L'écriture thaïe, bien plus récente que la langue orale, comprend 44 consonnes (mais seulement 21 sons distincts) et 48 voyelles ou combinaisons de voyelles (32 signes distincts). Si l'apprentissage de l'alphabet ne présente pas de difficulté, le système d'écriture se révèle assez complexe ; à moins d'envisager un long séjour, vous préférerez sans doute vous contenter d'apprendre à parler. Dans cet ouvrage, les noms des principaux sites et des plats les plus courants sont indiqués en lettres latines (translittération) et thaïes, ce qui vous permettra soit de les prononcer, soit de les indiquer à vos interlocuteurs.

Vous trouverez un glossaire culinaire p. 61. Vous pourrez également vous procurer le guide de conversation français/thaï publié par Lonely Planet qui réunit quantité de phrases et d'expressions utiles.

TONS

En thaï, une même syllabe peut prendre des significations différentes avec des tons différents. Le thaï du Centre distingue cinq tons : bas, moyen (plat), descendant, haut et montant. Ainsi, selon le ton, *mai* pourra signifier "nouveau", "brûler", "bois", "n'est-ce pas ?" ou "pas" ; la phrase *mái mài mâi mâi mǎi* ("le bois vert ne brûle pas, n'est-ce pas ?") donne une idée de l'importance des tons dans la langue parlée. Cela constitue une difficulté majeure pour les locuteurs de langues non tonales. En effet, même lorsque l'on maîtrise les tons, notre tendance à moduler la voix pour exprimer l'émotion, l'interrogation ou pour souligner un point du discours tend à altérer la tonalité. La première règle pour parler thaï est donc de supprimer toute émotion du discours, du moins jusqu'à ce qu'on ait appris à l'exprimer sans changer le schéma tonal.

Le tableau ci-dessous représente les différents tons :

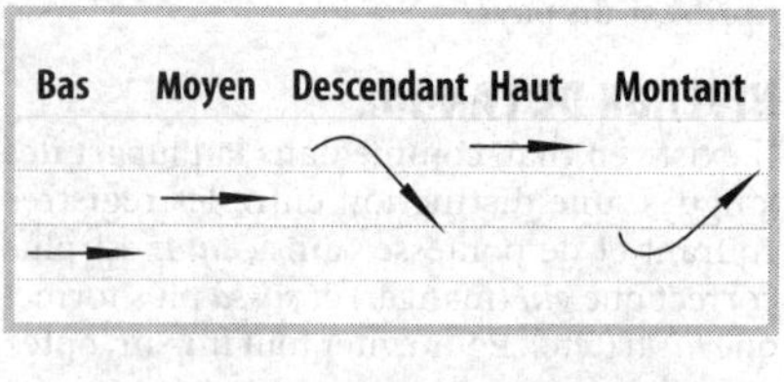

Vous trouverez ci-après une brève explication du système des tons. Mais le seul moyen d'apprendre à les distinguer consiste en réalité à écouter les Thaïlandais ou les étrangers qui parlent bien le thaï. La hauteur de chaque ton dépend de la tessiture de chacun et n'est pas intrinsèque à la langue.

Ton bas – comme le ton moyen, sans inflexion, mais prononcé dans les graves ; ex : *bàat* (baht, la devise thaïlandaise).

Ton moyen – comme le ton bas, sans inflexion, mais prononcé dans le registre moyen du spectre vocal ; ex : *dii* (bon). Ce ton n'est indiqué par aucun signe.

Ton descendant – prononcé comme si l'on accentuait le mot ou qu'on appelait quelqu'un de loin ; ex : *mâi* (non/pas).

Ton haut – le plus difficile pour les étrangers. Se prononce d'une voix de tête, aussi uniformément que possible ; ex : *máa* (cheval).

Ton montant – ressemble à l'inflexion de la voix quand on demande "Ah oui ?" ; ex : *sǎam* (trois).

TRANSLITTÉRATION

Il n'existe pas de système de transcription du thaï en caractères romains réellement satisfaisant. Le système officiel employé en Thaïlande pour les documents officiels en anglais et la plupart des panneaux routiers est le Royal Thai General System of Transcription (RTGS). Aux défauts de celui-ci s'ajoutent d'innombrables variantes sur les enseignes des hôtels, les plaques des rues et les cartes des restaurants.

En règle générale, les noms propres qui figurent dans ce guide suivent l'usage le plus courant ou reprennent le nom tel qu'il est donné en alphabet latin. Lorsque la translittération diffère de la prononciation, cette dernière est indiquée entre parenthèses. En l'absence de modèle existant, les noms sont transcrits phonétiquement.

PRONONCIATION

Voici un aperçu du système phonétique utilisé dans ce chapitre (et dans l'ensemble du guide pour les transcriptions du thaï). Les points indiquent des pauses à l'intérieur d'un mot, y compris au sein des voyelles composées.

Consonnes

La majorité des consonnes se prononcent comme en français, sauf les exceptions suivantes :

k comme un "g" doux non aspiré (sans souffle)
p/ƀ "p" sourd et non aspiré, proche du "b" anglais
t/đ "t" non aspiré, entre le "t" et le "d"
kh comme le "k" de "képi"
ph comme le "p" de "Paris"
th comme le "t" de "tapis"
ng comme le "ng" de "ping" ; utilisé comme consonne initiale (essayez de dire "ping" sans le "pi")
r "r" prononcé comme un "l" (avec la langue qui touche le palais)

Voyelles

Les accents sur les voyelles indiquent les tons

a comme le "e" de "le"
aa "a" long
ae comme le "ai" de "pain" sans nasalisation

aew	comme "eu-ou"
ai	comme le "ai" de "ail"
ao	comme le "ao" de "Mao"
aw	comme le "o" de "borne"
awy	comme le "oy" de "cow-boy"
e	comme le "è" de "père"
eh	comme le "é" de "ré"
ehw	comme "air-ou"
eu	comme le "eu" de "peur"
eua	diphtongue, combinaison de "eu" et "a"
i	comme le "i" de "pis"
ia	comme le "ie" de "rien"
iaw	comme le "io" de "Rio"
ii	doubler la longueur du "i"
iu	comme le "you" anglais
o, oh	comme le "o" de "clone" diphtongué
oe	comme le "œ" de "œuf"
u	comme le "ou" de "mou"
ua	comme le "our" de "tour"
uay	comme "ou-oueille"
uu	doubler la longueur du "u"

GENRE

En thaï, le pronom "je" change selon le genre du locuteur : un homme dit *pŏm* et une femme *dì·chăn*. Dans l'expression de la politesse, de la même façon, le genre du locuteur est annoncé à la fin de la phrase par *kráp* pour un homme et *kâ* pour une femme, deux mots également employés pour répondre "oui" ou pour montrer son accord.

HÉBERGEMENT

Je cherche un/une…
phŏm/dì·chăn kam·lang hăa...
ผม/ดิฉันกำลังหา...

pension
bâan phák/ kèt háo (chambre d'hôtes) — บ้านพัก/ เกสต์เฮาส์

hôtel
rohng raem — โรงแรม

auberge de jeunesse
bâan yao·wá·chon — บ้านเยาวชน

Où puis-je trouver un hôtel bon marché ?
rohng raem thîi raa·khaa thùuk yùu thîi năi
โรงแรมที่ราคาถูกอยู่ที่ไหน

Avez-vous des chambres libres ?
mii hâwng wâang măi?
มีห้องว่างไหม

Je voudrais (un/une)…
tâwng kaan... — ต้องการ...

lit
tiang nawn — เตียงนอน

chambre simple
hâwng dìaw — ห้องเดี่ยว

chambre double
hâwng khûu — ห้องคู่

chambre à 2 lits
hâwng thîi mii tiang săwng tua — ห้องที่มีเตียงสองเตียว

chambre avec sdb
hâwng thîi mii hâwng nám — ห้องที่มีห้องน้ำ

chambre ordinaire (avec ventilateur)
hâwng tham·má·daa (mii pát lom) — ห้องธรรมดา (มีพัดลม)

lit en dortoir
phák nai hăw phák — พักในหอพัก

Combien est-ce… ? *... thâo rai?* …เท่าไร?
par nuit *kheun lá* คืนละ
par personne *khon lá* คนละ

Puis-je voir la chambre ?
duu hâwng dâi măi ดูห้องได้ไหม

Où est la salle de bains ?
hâwng nám yùu thîi năi ห้องน้ำอยู่ที่ไหน

Je pars/nous partons aujourd'hui.
chăn/phûak rao jà àwk wan níi
ฉัน/พวกเราจะออกวันนี้

toilettes	*hâwng sûam*	ห้องส้วม
chambre	*hâwng*	ห้อง
chaud	*ráwn*	ร้อน
froid	*yen*	เย็น
bain/douche	*àap nám*	อาบน้ำ
serviette	*phâa chét tua*	ผ้าเช็ดตัว

CONVERSATION ET EXPRESSIONS DE BASE

Bonjour.
sà·wàt·dii (khráp/khâ) — สวัสดี(ครับ/ค่ะ)

Au revoir.
laa kàwn — ลาก่อน

Oui.
châi — ใช่

Non.
mâi châi — ไม่ใช่

S'il vous plaît.
kà·rú·naa — กรุณา

Merci.
khàwp khun — ขอบคุณ

De rien. (Je vous en prie.)
mâi pen rai/yin·dii — ไม่เป็นไร/ยินดี

Excusez-moi.
khăw à·phai — ขอภัย

LANGUE

Désolé(e). (Pardonnez-moi.)
khăw thôht ขอโทษ
Comment allez-vous ?
sa·bai dii rĕu ? สบายดีหรือ
Je vais bien, merci.
sa·bai dii สบายดี
Quel est votre nom ?
khun chêu à·rai ? คุณชื่ออะไร
Je m'appelle…
phŏm chêu... (hommes) ผมชื่อ...
dì·chăn chêu... (femmes) ดิฉันชื่อ...
D'où venez-vous ?
maa jàak thîi năi มาจากที่ไหน
Je viens de…
maa jàak... มาจาก...
À bientôt.
dĭaw joe kan ná เดี๋ยวเจอกันนะ
J'aime…
châwp... ชอบ...
Je n'aime pas…
mâi châwp... ไม่ชอบ...
Une minute.
raw dĭaw รอเดี๋ยว
Je/moi (hommes)
phŏm ผม
Je/moi (femmes)
dì·chăn ดิฉัน
Je/moi (hommes et femmes, informel)
chăn ฉัน
Tu/toi
khun คุณ
Avez-vous… ?
mii... măi?/... mii măi? มี...ไหม/...มีไหม
(Je) voudrais… (+ verbe)
yàak jà... อยากจะ...
(Je) voudrais… (+ nom)
yàak dâi... อยากได้...

DIRECTIONS

Où se trouve… ?
... yùu thîi năi? ...อยู่ที่ไหน
Quelle en est l'adresse ?
thîi yùu keu a·rai ที่อยู่คืออะไร
Pourriez-vous m'écrire l'adresse ?
khĭan thîi yùu hâi dâi măi เขียนที่อยู่ให้ได้ไหม
Pourriez-vous me montrer (sur la carte) ?
ให้ดู (ในแผนที่) ได้ไหม *hâi dou (nai păan tîi) dâi măi*
(Allez) tout droit.
trong pai ตรงไป
Tournez à gauche.
líaw sáai เลี้ยวซ้าย
Tournez à droite.
líaw khwăa เลี้ยวขวา
à l'angle
trong mum ตรงมุม
aux feux de signalisation
trong fai daeng ตรงไฟแดง

derrière	*khâang lăng*	ข้างหลัง
devant	*trong nâa*	ตรงหน้า
loin	*klai*	ไกล
près	*klâi*	ใกล้
non loin	*mâi klai*	ไม่ไกล
en face	*trong khâam*	ตรงข้าม
à gauche	*sáai*	ซ้าย
à droite	*khwăa*	ขวา
plage	*chaai hàat*	ชายหาด
pont	*sà·phaan*	สะพาน
canal	*khlawng*	คลอง
campagne	*chon·ná·bòt*	ชนบท
colline	*khăo*	เขา
île	*kàw*	เกาะ
lac	*thá·leh sàap*	ทะเลสาบ
marché	*ta·làat*	ตลาด
montagne	*phuu khăo*	ภูเขา
musée	*phí·phít·thá·phan*	พิพิธภัณฑ์
rizière	*(thûng) naa*	(ทุ่ง) นา
palais	*wang*	วัง
étang	*năwng/beung*	หนอง/บึง
fleuve	*mâe nám*	แม่น้ำ
mer	*thá·leh*	ทะเล
temple	*wát*	วัด
tour	*hăw*	หอ
ville	*meuang*	เมือง
piste	*thaang*	ทาง
village	*(mùu) bâan*	(หมู่) บ้าน
cascade	*nám tòk*	น้ำตก

SE RESTAURER

restaurant
ráan aa-hăan ร้านอาหาร
Puis-je voir la carte, s'il vous plaît ?
khŏr dou rai kaan aa·hăan dâi măi ?
ขอดูรายการอาหารได้ไหม
Avez-vous une carte en anglais ?
mi rai kaan aa-hăan pen phaa-săa ang-krìt măi ? มีรายการอาหารเป็นภาษาอังกฤษไหม
Je voudrais…
khŏr... ขอ...
Qu'est-ce que c'est ?
nán à-rai ? นั่นอะไร

Je ne mange pas de…
phŏm/dì-chăn kin... mâi dâi ผม/ดิฉันกิน...ไม่ได้
viande *néu·a sàt* เนื้อสัตว์
poulet *kài* ไก่

PANNEAUX

ทางเข้า	Entrée
ทางออก	Sortie
ที่ติดต่อสอบถาม	Information
เปิด	Ouvert
ปิด	Fermé
ห้าม	Interdit
สถานีตำรวจ	Police
ห้องน้ำ	Toilettes
ชาย	Hommes
หญิง	Femmes

poisson *plaa* ปลา
fruits de mer *aa-hăan thá·leh* อาหารทะเล
porc *mŏu* หมู

Je suis allergique à…
phŏm/dì-chăn pháe... ผม/ดิฉันแพ้…

Ce plat contient-il… ?
nîi sài... măi ? นี่ใส่…ไหม

Pas trop épicé, s'il vous plaît.
khŏr mâi phèt mâak. ขอไม่เผ็ดมาก

Pourrais-je avoir (une bière), s'il vous plaît ?
khŏr (bi·a) nòy ขอ(เบียร์)หน่อย

Pourriez-vous m'apporter… ? *khŏr... dâi măi ?* ขอ…ได้ไหม
de l'eau *náam nòy* น้ำหน่อย
du riz *khâo nòy* ข้าวหน่อย
une fourchette *sôrm* ส้อม
un verre *kâe·ou* แก้ว
un couteau *mîit* มีด
une serviette *krà-dàat chét pàak* กระดาษเช็ดปาก
une assiette *jaan plào* จานเปล่า
une cuillère *chórn* ช้อน

Ce plat est… *aa-hăan níi...* อาหารนี้
délicieux *a-ròy* อร่อย
froid *yen* เย็น
pas assez cuit *mâi sòuk* ไม่สุก

L'addition, s'il vous plaît.
khŏr bin nòy ขอบิลหน่อย

SANTÉ

J'ai besoin d'un (médecin).
tâwng kaan (măw) ต้องการ(หมอ)

dentiste
măw fan หมอฟัน

hôpital
rohng phá·yaa·baan โรงพยาบาล

pharmacie
ráan khăi yaa ร้านขายยา

Je suis malade.
chăn pùay ฉันป่วย

J'ai mal là.
jèp trong née เจ็บตรงนี้

Je suis enceinte.
tâng khan láew ตั้งครรภ์แล้ว

J'ai la nausée.
rúu·sèuk khlêun sâi รู้สึกคลื่นไส้

J'ai de la fièvre.
pen khâi เป็นไข้

J'ai la diarrhée.
tháwng sĭa ท้องเสีย

Je suis…
phŏm/dì·chăn... ผม/ดิฉัน…
asthmatique
pen hèut เป็นหืด
diabétique
pen rôhk bao wăan เป็นโรคเบาหวาน
épileptique
pen rôhk lom bâa mŭu เป็นโรคลมบ้าหมู

Je suis allergique…
phŏm/dì·chăn pháe … ผม/ดิฉันแพ้…
aux antibiotiques
yaa pà·tì·chii·wa·ná ยาปฏิชีวนะ
à l'aspirine
yaa àet·sa·phai·rin ยาแอสไพริน
à la pénicilline
yaa phe·ní·sin·lin ยาเพนิซิลลิน
aux piqûres d'abeille
phêung ผึ้ง
aux cacahuètes
thùa lí·sŏng ถั่วลิสง

antiseptique
yaa khâa chéua ยาฆ่าเชื้อ

aspirine
yaa kâe pùat ยาแอสไพริน

préservatif
thŭng yaang a·naa·mai ถุงยางอนามัย

contraceptif
kaan khum kam·nòet การคุมกำเนิด

médicament
yaa ยา

serpentin antimoustique
yaa kan yung bàep jùt ยากันยุงแบบจุด

produit antimoustique
yaa kan yung ยากันยุง

analgésique
yaa kâe pùat ยาแก้ปวด

crème solaire
khriim kan dàet ครีมกันแดด

URGENCES

Au secours !
chûay dûay ! ช่วยด้วย

Il y a eu un accident.
mii ù·bàt·tì·hèt มีอุบัติเหตุ

Je suis perdu.
chăn lŏng thaang ฉันหลงทาง

Allez-vous-en !
pai sí ! ไปซิ

Stop !
yùt ! หยุด

Appelez… !
rîak... nàwy เรียก...หน่อย
un médecin *măw* หมอ
la police *tam·rùat* ตำรวจ

tampons
thaem-phawn แทมพอน

PROBLÈMES DE COMMUNICATION

Parlez-vous anglais ?
khun phûut phaa·săa ang·krìt dâi măi
คุณพูดภาษาอังกฤษได้ไหม

Quelqu'un parle-t-il anglais ?
thîi nîi mii khrai bâang thîi phûut phaa·săa ang·krìt dâi măi
ที่นี่มีใครพูดภาษาอังกฤษได้ไหม

Comment dit-on … en thaï ?
… phûut wâa yàang rai phaa·săa thai
…ว่าอย่างไรภาษาไทย

Comment appelez-vous ceci en thaï ?
nîi phaa·săa thai rîak wâa à·rai?
นี่ภาษาไทยเรียกว่าอะไร

Que signifie… ?
... plae wâa à-rai …แปลว่าอะไร

Comprenez-vous ?
khâo jai măi? เข้าใจไหม

Un peu.
nít nàwy นิดหน่อย

Je comprends.
khâo jai เข้าใจ

Je ne comprends pas.
mâi khâo jai ไม่เข้าใจ

Écrivez-le, s'il vous plaît.
kà·rú·naa khĭan hâi nàwy
กรุณาเขียนให้หน่อย

Pouvez-vous me montrer (sur la carte) ?
chûi hâi duu (nai phăen thîi) dâi măi
ให้ดู (ในแผนที่) ได้ไหม

LANGUE

CHIFFRES ET NOMBRES

0	*sŭun*	ศูนย์
1	*nèung*	หนึ่ง
2	*săwng*	สอง
3	*săam*	สาม
4	*sìi*	สี่
5	*hâa*	ห้า
6	*hòk*	หก
7	*jèt*	เจ็ด
8	*pàet*	แปด
9	*kâo*	เก้า
10	*sìp*	สิบ
11	*sìp-èt*	สิบเอ็ด
12	*sìp-săwng*	สิบสอง
13	*sìp-săam*	สิบสาม
14	*sìp-sìi*	สิบสี่
15	*sìp-hâa*	สิบห้า
16	*sìp-hòk*	สิบหก
17	*sìp-jèt*	สิบเจ็ด
18	*sìp-pàet*	สิบแปด
19	*sìp-kâo*	สิบเก้า
20	*yîi-sìp*	ยี่สิบ
21	*yîi-sìp-èt*	ยี่สิบเอ็ด
22	*yîi-sìp-săwng*	ยี่สิบสอง
30	*săam-sìp*	สามสิบ
40	*sìi-sìp*	สี่สิบ
50	*hâa-sìp*	ห้าสิบ
60	*hòk-sìp*	หกสิบ
70	*jèt-sìp*	เจ็ดสิบ
80	*pàet-sìp*	แปดสิบ
90	*kâo-sìp*	เก้าสิบ
100	*nèung ráwy*	หนึ่งร้อย
200	*săwng ráwy*	สองร้อย
300	*săam ráwy*	สามร้อย
1 000	*nèung phan*	หนึ่งพัน
2 000	*săwng phan*	สองพัน
10 000	*nèung mèun*	หนึ่งหมื่น
100 000	*nèung săen*	หนึ่งแสน
un million	*nèung láan*	หนึ่งล้าน
un milliard	*phan láan*	พันล้าน

DOCUMENTS ADMINISTRATIFS

nom	*chêu*	ชื่อ
nationalité	*săn·châat*	สัญชาติ
date de naissance	*kòet wan thîi*	เกิดวันที่
lieu de naissance	*kòet thîi*	เกิดที่
sexe	*phêht*	เพศ
passeport	*năng·sĕu doen thaang*	หนังสือเดินทาง
visa	*wii·sâa*	วีซ่า

ACHATS ET SERVICES

Je voudrais acheter…
yàak jà séu... อยากจะซื้อ...
Combien ?
thâo raí? เท่าไร
Combien cela coûte-t-il ?
nîi thâo rai?/kìi bàat? นี่เท่าไร/กี่บาท
Combien est-ce ?
thâo rai เท่าไร
Je n'aime pas.
mâi châwp ไม่ชอบ
Puis-je le voir ?
duu dâi măi ดูได้ไหม
Je ne fais que regarder.
duu chŏe chŏe ดูเฉยๆ
Ce n'est pas cher.
raa·khaa thùuk ราคาถูก
C'est trop cher.
phaeng koen pai แพงเกินไป
Je le prends.
ao เอา

Pouvez-vous baisser un peu le prix ?
lót r aa·khaa nàwy dâi măi
ลดราคาหน่อยได้ไหม
Pouvez-vous le descendre un peu plus ?
lót raa·khaa ìik nít·nèung dâi măi
ลดราคาอีกนิดหนึ่งได้ไหม
Avez-vous quelque chose de moins cher ?
mii thùuk kwàa níi măi
มีถูกกว่านี้ไหม
Pouvez-vous encore le réduire ?
lót ìik dâi măi ลดอีกได้ไหม
Et que diriez-vous de … bahts ?
... bàat dâi măi ...บาทได้ไหม
Je ne paierai pas plus de … bahts.
jà hâi mâi koen... bàat จะให้ไม่เกิน...บาท

Acceptez-vous… ?
ráp... măi รับ...ไหม
les cartes de crédit
bàt khreh·dìt บัตรเครดิต
les chèques de voyage
chék doen thaang เช็คเดินทาง

plus	*ìik*	อีก
moins	*náwy long*	น้อยลง
plus petit	*lék kwàa*	เล็กกว่า
plus grand	*yài kwàa*	ใหญ่กว่า
trop cher	*phaeng pai*	แพงไป
bon marché	*thùuk*	ถูก

Je cherche…
phŏm/dì·chăn hăa... ผม/ดิฉันหา...
une banque
thá·naa·khaan ธนาคาร
le centre-ville
jai klaang meuang ใจกลางเมือง
l'ambassade…
sà·thăan thûut... สถานทูต...
le marché
ta·làat ตลาด
le musée
phí·phít·thá·phan พิพิธภัณฑ์
la poste
prai·sà·nii ไปรษณีย์
des toilettes publiques
hâwng nám ห้องน้ำสาธารณะ
săa·thaa·rá·ná
les services téléphoniques
sŭun thoh·rá·sàp ศูนย์โทรศัพท์
l'office du tourisme
săm·nák ngaan สำนักงานท่องเที่ยว
thâwng thîaw

Je voudrais changer…
tâwng kaan lâek... ต้องการแลก...
de l'argent
ngoen เงิน
des chèques de voyage
chék doen thaang เช็คเดินทาง

Peut-on changer de l'argent ici ?
lâek ngoen thîi nîi dâi măi
แลกเงินที่นี่ได้ไหม
À quelle heure est-ce que cela ouvre ?
pòet kìi mohng
เปิดกี่โมง
À quelle heure est-ce que cela ferme ?
pìt kìi mohng
ปิดกี่โมง

HEURE ET DATE

Alors que nous divisons le jour en deux périodes de 12 heures, avant et après midi, les Thaïlandais reconnaissent quant à eux quatre périodes. La division en 24 heures est communément utilisée par l'administration et les médias. Dans la liste ci-dessous, les deux périodes de 12 heures ont été traduites dans le système thaï.

Quelle heure est-il ?
gìi mohng láa ou? กี่โมงแล้ว
0h (minuit) หกทุ่ม/เที่ยงคืน *hòk tûm/thîi·ang kheun*
1h ตีหนึ่ง *ti nèung*
2h ตีสอง *ti săwng*

3h	ตีสาม	*ti sǎam*
4h	ตีสี่	*ti sìi*
5h	ตีห้า	*ti hâa*
6h	หกโมงเช้า	*hòk mohng chów*
7h	หนึ่งโมงเช้า	*nèung mohng chów*
11h	ห้าโมงเช้า	*hâa mohng chów*
12h (midi)	เที่ยง	*thîi·ang*
13h	บ่ายโมง	*bài mohng*
14h	บ่ายสองโมง	*bài sǎwng mohng*
15h	บ่ายสามโมง	*bài sǎam mohng*
16h	บ่ายสี่โมง	*bài sìi mohng*

(littéralement : après-midi 4 heures)

	สี่โมงเย็น	*sìi mohng yen*

(littéralement : 4 heures soir)

17h	ห้าโมงเย็น	*hâa mohng yen*
18h	หกโมงเย็น	*hòk mohng yen*
19h	หนึ่งทุ่ม	*nèung tûm*
20h	สองทุ่ม	*sǎwng tûm*
21h	สามทุ่ม	*sǎam tûm*
22h	สี่ทุ่ม	*sìi tûm*
23h	ห้าทุ่ม	*hâa tûm*

Pour indiquer les minutes, ajoutez simplement le nombre de minutes après l'heure :

16h30
บ่ายสี่โมงครึ่ง *bài sìi mohng krêung*
(littéralement : quatre après-midi heures demie)

16h15
บ่ายสี่โมงสิบห้า *bài sìi mohng sìp·hâa*
(littéralement : quatre après-midi heures 15)

Pour préciser les minutes avant l'heure, ajoutez avant celle-ci le nombre des minutes :

15h45
อีกสิบห้านาทีบ่ายสี่โมง
èek sìp·hâa nah·tee bài sìi mohng
(littéralement : encore 15 minutes quatre après-midi heures)

Quand ?	*meua·rai*	เมื่อไร
aujourd'hui	*wan níi*	วันนี้
demain	*phrûng níi*	พรุ่งนี้
hier	*mêua waan*	เมื่อวาน

lundi	*wan jan*	วันจันทร์
mardi	*wan ang·khaan*	วันอังคาร
mercredi	*wan phút*	วันพุธ
jeudi	*wan phá·réu·hàt*	วันพฤหัสฯ
vendredi	*wan sùk*	วันศุกร์
samedi	*wan sǎo*	วันเสาร์
dimanche	*wan aa·thít*	วันอาทิตย์

janvier	*má·ka·raa·khom*	มกราคม
février	*kum·phaa·phan*	กุมภาพันธ์
mars	*mii·naa·khom*	มีนาคม
avril	*meh·sǎa·yon*	เมษายน
mai	*phréut·sà·phaa·khom*	พฤษภาคม
juin	*mí·thù·naa·yon*	มิถุนายน
juillet	*ka·rák·ka·daa·khom*	กรกฎาคม
août	*sǐng·hǎa·khom*	สิงหาคม
septembre	*kan·yaa·yon*	กันยายน
octobre	*tù·laa·khom*	ตุลาคม
novembre	*phréut·sà·jì·kaa·yon*	พฤศจิกายน
décembre	*than·waa·khom*	ธันวาคม

TRANSPORTS

Transports publics

À quelle heure part le… ?
... jà àwk kìi mohng ...จะออกกี่โมง

À quelle heure arrive le… ?
... jà thěung kìi mohng ...จะถึงกี่โมง

bateau	*reua*	เรือ
bus	*rót bát*	รถบัส
bus (urbain)	*rót meh*	รถเมล์
bus (interurbain)	*rót thua*	รถทัวร์
avion	*khrêuang bin*	เครื่องบิน
train	*rót fai*	รถไฟ

Je voudrais…
phǒm/dì·chǎn yàak dâi... ผม/ดิฉันอยากได้...
un billet aller
tǔa thîaw diaw ตั๋วเที่ยวเดียว
un billet aller-retour
tǔa pai klàp ตั๋วไปกลับ
2 billets
tǔa sǎwng bai ตั๋วสองใบ
1re classe
chán nèung ชั้นหนึ่ง
2e classe
chán sǎwng ชั้นสอง

Je voudrais un billet.
yàak dâi tǔa อยากได้ตั๋ว
Je veux aller à…
yàak jà pai... อยากจะไป...
Le train est annulé.
rót fai thùuk yók lôek láew รถไฟถูกยกเลิกแล้ว
Le train a du retard.
rót fai jà òrk cháa รถไฟจะออกช้า
aéroport
sa·nǎam bin สนามบิน
gare routière
sa·thǎa·nii khǒn sòng สถานีขนส่ง
arrêt de bus
pâai rót meh ป้ายรถเมล์
station de taxis
thîi jàwt rót tháek·sîi ที่จอดรถแท็กซี่

gare ferroviaire
sa·thăa·nii rót fai สถานีรถไฟ
numéro de quai
chaan·chaa·laa thîi ชานชาลาที่
billetterie
tûu khăi tŭa ตู้ขายตั๋ว
horaire
taa·raang weh·laa ตารางเวลา
le premier
thii râek ทีแรก
le dernier
sùt tháai สุดท้าย

Transports individuels

Je voudrais louer un/une…
phŏm/dì·chăn yàak châo...
ผม/ดิฉันอยากเช่า...
voiture
rót yon รถยนต์
4x4
rót foh wiin รถโฟร์วีล
moto
rót maw·toe·sai รถมอเตอร์ไซค์
vélo
rót jàk·kà·yaan รถจักรยาน

Est-ce la route de… ?
thaang níi pai... măi ทางนี้ไป...ไหม
Où y a-t-il une station-service ?
pâm nám man yùu thîi năi ปั๊มน้ำมันอยู่ที่ไหน
Le plein, s'il vous plaît.
khăw toem hâi tem ขอเติมให้เต็ม
Je voudrais (30) litres.
ao (săam sìp) lít เอา(สามสิบ) ลิตร
diesel
nám man soh-lâa น้ำมันโซล่า
essence sans plomb
nám man rái săan tà·kùa น้ำมันไร้สารตะกั่ว

Puis-je me garer ici ?
jàwt thîi nîi dâi măi จอดที่นี่ได้ไหม
Combien de temps puis-je stationner ?
jàwt thîi nîi dâi naan thâo·rai
จอดที่นี่ได้นานเท่าไร
Où est-ce qu'on paie ?
jàai ngoen thîi năi จ่ายเงินที่ไหน

J'ai besoin d'un mécanicien.
tâwng kaan châang ต้องการช่าง
La voiture/moto est tombée en panne (à…)
rót/maw·toe·sai sĭa thîi... รถ/มอเตอร์ไซค์เสียที่...
La voiture/moto ne démarre pas.
rót/maw·toe·sai sa·táat mâi tìt
รถ/มอเตอร์ไซค์สตาร์ทไม่ติด

PANNEAUX ROUTIERS

ให้ทาง	Cédez le passage
ทางเบี่ยง	Déviation
ห้ามเข้า	Entrée interdite
ห้ามแซง	Ne pas dépasser
ห้ามจอด	Stationnement interdit
ทางเข้า	Entrée
ห้ามขวางทาง	Stationnement gênant
เก็บเงินทางด่วน	Péage
อันตราย	Danger
ขับช้าลง	Ralentir
ทางเดียว	Sens unique
ทางออก	Sortie

J'ai crevé.
yaang baen ยางแบน
Je suis en panne d'essence.
mòt nám man หมดน้ำมัน
J'ai eu un accident.
mii ù·pàt·tì·hèt มีอุบัติเหตุ

VOYAGER AVEC DES ENFANTS

Y a-t-il un/une/du/des … ?
mii... măi มี...ไหม
endroit pour changer mon bébé
hâwng plìan phâa dèk
ห้องเปลี่ยนผ้าเด็ก
siège-auto pour bébé
bàw nâng nai rót săm·ràp dèk
เบาะนั่งในรถสำหรับเด็ก
service de garde d'enfants
baw·rí·kaan líang dèk
บริการเลี้ยงเด็ก
menu enfant
raai kaan ah·hăan săm·ràp dèk
รายการอาหารสำหรับเด็ก
couches (jetables)
phâa âwm (bàep chái láew tíng)
ผ้าอ้อม(แบบใช้แล้วทิ้ง)
lait (en boîte)
nom phŏng săm·ràp dèk
นมผงสำหรับเด็ก
baby-sitter (anglophone)
phîi líang dèk (thîi phûut phaa·săa ang·krìt dâi)
พี่เลี้ยงเด็ก(ที่พูดภาษาอังกฤษได้)
chaise haute
kâo îi sŭung เก้าอี้สูง
pot
krà·thŏhn กระโถน
poussette
rót khĕn dèk รถเข็นเด็ก
Les enfants peuvent-ils entrer ?
dèk à·nú·yâht khâo măi
เด็กอนุญาตเข้าไหม

Glossaire

Pour les termes culinaires et les noms de plats, consultez également le glossaire culinaire, p. 61. Vous trouverez des termes et expressions utiles dans le chapitre *Langue*, p. 449.

ah·hăhn – nourriture
ah·hăhn jeh – nourriture végétarienne
ah·hăhn ŭ ɓàh – "nourriture de la jungle" ; habituellement des plats à base de gibier
ah·hăhn ɓàk đâi – ou *ah·hăhn pàk tâi* ; nourriture du sud de la Thaïlande
amphoe – ou *amphur* ; district, première subdivision administrative de la province
amphoe meu·ang – capitale provinciale
ao – ou *ow* ; baie ou golfe

Aïd al-Fitr – fête musulmane marquant la rupture du jeûne du ramadan

bâhn – ou *ban* ; maison ou village
bàht – unité de mesure traditionnelle pour l'or et l'argent, équivalant à 15 g
BMA – Bangkok Metropolitan Authority (Direction métropolitaine de Bangkok)
bòht – sanctuaire central ou chapelle d'un temple thaïlandais
BTS – Bangkok Transit System (Skytrain)
ɓàk đâi – ou *pàk tâi* ; sud de la Thaïlande
ɓì·paht – voir *pi-phat* ; orchestre classique thaïlandais
ɓrang – ou *prang* ; tour de style khmer sur les temples

CAT – Communications Authority of Thailand (Agence thaïlandaise des télécommunications)
chao leh – ou *chow lair, chow nám* ; nomades des mers
chedi – stupa ; monument érigé pour abriter une relique du Bouddha
chow samŭi – "gens de Samui" ; population rurale de Ko Samui
chow lair – voir *chao leh*

dhamma – action juste et vérité, selon la doctrine bouddhique
đa·làht – ou *tàlàat* ; marché
đa·làht nám – ou *tàlàat náam* ; marché flottant
đròrk – ou *trok, tràwk* ; venelle, plus petite qu'un *soi*
đrùđ jin – ou *trùt jin* ; Nouvel An chinois

faràng – étranger d'ascendance européenne

gâa·ou – ou *kâew* ; verre, cristal, joyau, pierre précieuse
gà·teu·i – ou *kàthoey* ; "homme-femme"; travesti ou transsexuel
gò – ou *ko, koh* ; île
gow·low – ou *kaw-lae* ; bateau de pêche traditionnel du sud de la Thaïlande
grà·tôrm – ou *kràthâwm* ; drogue "naturelle", issue des feuilles d'un arbre : le *Mitragyna speciosa*
gù·đi – ou *kùtì* ; hutte ou cellule monastique

hàht – ou *hat* ; plage
hŏrng – ou *hâwng, hong* ; salle ou chambre ; grottes semi-immergées sur une île

ìsăhn – ou *ìsan* ; nord-est de la Thaïlande

jang·wàt – province
jataka – récits des vies antérieures du Bouddha
jin – ou *jiin* ; Chinois

kâew – voir *gâa·ou*
kàthoey – voir *gà·teu·i*
kaw-lae – voir *gow·low*
klong – ou *khlong, khlawng* ; canal
ko, koh – voir *gò*
kŏw – ou *khao* ; colline ou montagne
krêu·ang tom – argent niellé ; très ancienne technique d'émaillage noir et argent importée de Chine
krút – créature mythique mi-oiseau, mi-homme (appelée *garuda* en pali), véhicule de Vishnu et emblème de la monarchie en Thaïlande
Kun – ou *Khun* ; terme honorifique placé avant le prénom
kràthâwm – voir *grà·tôrm*
kùtì – voir *gù·đi*

lăam – ou *laem* ; cap
lá·kon – théâtre dansé classique
lí·gair ɓàh – ou *lí·keh pàa* ou *lí·gair bòk* ; théâtre dansé folklorique
longyi – sarong birman
long-tail boat – bateau à longue queue

mâa nám – rivière
masjid – ou *mátsàyít* ; mosquée
meu·ang – ou *muang* ; ville ou principauté
mòo – ou *mŭu* ; abréviation de *mòo bâhn* ; village
mou·ay tai – ou *muay thai ;* boxe thaïlandaise
MRT – Metropolitan Rapid Transit ; métro souterrain à Bangkok
muay thai – voir *mou·ay tai*

ná·kon – ou *nakhorn* ; ville
nám – eau ou jus
nám đòk – ou *náam tòk* ; cascade, chute d'eau
nãng đà·lung – théâtre d'ombres thaïlandais ; film
nibbana – nirvana ; "extinction", l'extinction de tout désir et, partant, de toute souffrance
nôo·at păan boh·rahn – ou *nûat paen boh-raan* ; massage thaïlandais
nóy – ou *noi* ; petit

ow – voir *ao*

pàk tâi – voir *ɓàk đâi*
pali – langue dérivée du sanskrit, dans laquelle sont rédigés les textes bouddhiques
pĕe – ou *phĭi* ; esprits
pi-phat – voir *ɓì·paht*
pôo nóy – ou *phûu náwy* ; les "petites gens" ; ceux qui n'ont pas encore atteint un niveau social, dans le système de déférence et de respect thaïlandais
pôo yài – ou *phûu yài* ; les "grands" ; ceux qui ont un niveau social élevé et qui sont censés protéger les *pôo nóy* et pourvoir à leurs besoins
prá – ou *phrà* ; moine ou image du Bouddha
prang – voir *ɓrang*

ráhn goh·ɓêe – ou *ráhn ko-píi* ; cafés du sud de la Thaïlande
râi – mesure agraire correspondant à 1 600 m^2
Ramakian – version thaïlandaise du *Ramayana*, la grande épopée indienne
reu·a gow·low – ou *reua kaw-lae* ; grand bateau de pêche peint, propre à Narathiwat et à Pattani
reu·a hăhng yow – ou *reua hăang yao* ; bateau-taxi à longue queue (*long-tail boat-taxi*)
reu·an tăa·ou – maison longue (*longhouse*)
reu·sĕe – ou *reusĭi* ; rishi ou sage hindou
rót aa – bus climatisé bleu et blanc
rót dòo·an – train express
rót tam·má·dah – bus ordinaire (sans climatisation) ou train ordinaire (ni rapide ni express)

săamláw – ou *săhm·lór* ; cyclo-pousse
săh·lah – ou *sala* ou *saalaa* ; salle ou lieu de repos ouvert sur les côtés
săhm·lór – ou *săamláw* ; cyclo-pousse, triporteur
săhn jôw – ou *săan jâo* ; temple ou sanctuaire chinois
sà·lĕung – ancienne unité de monnaie thaïlandaise (un *sà·lĕung* équivaut à 25 satang)
samatha – pratique méditative visant à atteindre des états subtils de concentration
săm·nák wí·ɓàt·sà·nah – centre de méditation
sangha – communauté de moines bouddhistes ; habitants des temples (moines, nonnes et laïques résidents)
sà·nùk – amusement
sapahn – pont
soi – ruelle ou petite rue
Songkhran – Nouvel An thaïlandais (mi-avril)
sŏrng·tăa·ou – ou *săwngthăew* ; petite camionnette avec deux banquettes à l'arrière, qui fait office de bus ou de taxi
SRT – State Railway of Thailand (Chemins de fer nationaux de Thaïlande)
stupa – édifice à coupole abritant des reliques du Bouddha
sutta – discours du Bouddha

tâh – ou *tha* ou *thâa* ; jetée, embarcadère
tàlàat – voir *đa·làht*
tàlàat náam – voir *đa·làht nám*
TAT – Tourism Authority of Thailand (Direction du tourisme de Thaïlande)
tha – voir *tâh*
Thai ɓàk đâi – ou *Thai pàk tâi* ; Thaïlandais du Sud
tâm – ou *thâm* ; grotte
thànŏn – rue, route, avenue (abrégé en "Th" dans ce guide)
Tripitaka – écritures du bouddhisme theravada
trok – voir *đròrk*
trùt jin – voir *đrùđ jin* ; Nouvel An chinois
túk-túk – *săhm·lór* (triporteur) à moteur

Ummah – communauté musulmane

vipassana – méditation bouddhique

wâi – geste de salutation thaïlandais, les mains jointes au niveau de la poitrine
wan prá – jours sacrés bouddhiques, qui correspondent aux phases principales de la lune (pleine, nouvelle et demi)
wang – palais
wat – temple, monastère
wí·hăhn – ou *wihan*, *viharn* ; équivalent d'un *bòht* dans un temple thaïlandais, abritant des représentations du Bouddha, mais non délimitées par des bornes rituelles, ou *semas*
WFT – Wildlife Fund Thailand (Fonds thaïlandais pour la nature)

yah bâh – "*crazy-medecine*" ; méthamphétamine
yài – gros, grand

Les auteurs

ANDREW BURKE

Auteur-coordinateur, Destination, Mise en route, Itinéraires, Fêtes et festivals, Bangkok (coauteur), Carnet pratique, Transports

Andrew a découvert la Thaïlande à l'époque où il n'y avait encore qu'une fête de la Pleine Lune par mois à Ko Pha-Ngan et où les néons étaient rares sur Khao San Rd. Depuis, il a passé presque 20 ans à voyager dans le monde et a écrit sur l'Asie, le Moyen-Orient et l'Afrique – régions qu'il a également photographiées. Il contribue en tant que journaliste et photographe à plusieurs revues, dont le *National Geographic Traveler*, et a participé à des reportages diffusés à la télévision. Pour Lonely Planet, il a prêté sa plume à plus d'une vingtaine d'ouvrages, dont les guides *Bangkok*, *Laos*, *Chine* et *Iran*.

CELESTE BRASH

Est du golfe de Thaïlande

Celeste est tout d'abord partie en Thaïlande pour étudier la langue, l'histoire et la culture thaïlandaises à l'université de Chiang Mai. Depuis, elle y est retournée à plusieurs reprises, pour expérimenter les nuits animées de Ko Pha-Ngan et les semaines de silence au Wat Suan Mokkhaphalaram. Ses récits de voyage sont disponibles en anglais aux éditions Travelers' Tales et ses articles ont été publiés dans plusieurs revues. Elle ne se souvient plus à combien de guides Lonely Planet elle a participé, mais sait seulement que son cœur appartient à jamais à l'Asie du Sud-Est. Quand elle n'entraîne pas son mari et leurs deux enfants vers des contrées exotiques, Celeste vit à Tahiti.

AUSTIN BUSH

Histoire, Culture et société, Cuisine thaïlandaise, Bangkok (coauteur), Sud-Ouest du golfe de Thaïlande (extrême sud)

Un diplôme de linguistique de l'université de l'Oregon en poche, Austin a obtenu une bourse pour étudier le thaï à l'université de Chiang Mai. Il s'est par la suite établi en Thaïlande. Après avoir occupé un emploi stable durant plusieurs années, il a décidé de poursuivre une carrière d'auteur et de photographe pigiste. Un choix qui l'a mené aussi bien dans le nord du Pakistan que sur les marchés de Bangkok. Il apprécie particulièrement de travailler sur le thème de la gastronomie. Vous pourrez suivre son travail sur www.austinbushphotography.com.

LES AUTEURS DE LONELY PLANET

Lonely Planet réalise ses guides en toute indépendance et n'accepte aucune publicité. Tous les établissements et prestataires mentionnés dans l'ouvrage le sont sur la foi du seul jugement des auteurs, qui ne bénéficient d'aucune rétribution ou réduction de prix en échange de leurs commentaires.

Sillonnant le pays en profondeur, les auteurs de Lonely Planet savent sortir des sentiers battus sans omettre les lieux incontournables. Ils visitent en personne des milliers d'hôtels, de restaurants, de bars, de cafés, de monuments et de musées, dont ils s'appliquent à faire un compte-rendu précis.

BRANDON PRESSER

Plongée et autres activités, Nord-ouest du golfe de Thaïlande, Sud-ouest du golfe de Thaïlande

Ce Canadien de souche a toujours rêvé de voyages sous des cieux exotiques. Un trek à travers l'Asie du Sud-Est, alors qu'il était adolescent, lui a servi de déclic. Devenu accro dès ce premier voyage, il est reparti année après année pour plonger, bronzer et se régaler de *sôm đam* (salade de papaye). Un temps employé au Louvre, il a finalement décidé de prendre son sac à dos et sa plume pour devenir écrivain voyageur free-lance. Aujourd'hui, il passe le plus clair de son temps sur la route. Pour Lonely Planet, il a notamment travaillé sur des destinations aussi diverses que l'Islande et Bornéo. Il s'agit de son cinquième guide sur l'Asie du Sud-Est.

ADAM SKOLNICK

Nord de la côte d'Andaman, Sud de la côte d'Andaman

La passion des voyages est venue à Adam alors qu'il militait pour l'environnement au milieu des années 1990. Pour Lonely Planet, il écrit sur les voyages, la culture, la santé, les sports et l'environnement et a contribué à plusieurs guides, dont ceux consacrés à Bali et Lombok et à l'Indonésie. Pour *Thaïlande. Îles et plages*, il a loué une Chevrolet Blue Bunny pour parcourir plus de 3 000 km, a quitté le territoire à quatre reprises pour renouveler son visa, et a emprunté 47 *long-tail boats*. Vous pourrez suivre ses activités sur www.adamskolnick.com.

CONTRIBUTIONS

David Lukas a rédigé le chapitre *Environnement* de ce guide. Naturaliste de profession, David vit à la lisière du parc national de Yosemite (Californie, États-Unis), où il mène des recherches et écrit sur la nature. Il a fait de nombreux voyages, et a notamment passé un an dans l'ouest de Bornéo pour étudier les forêts pluviales du Sud-Est asiatique. Il est l'auteur des chapitres *Environnement* d'une vingtaine de guides Lonely Planet.

Luc Paris, docteur en médecine du service de parasitologie-mycologie de l'hôpital de La Pitié-Salpêtrière, a contribué à la rédaction du chapitre *Santé*.

En coulisses

À PROPOS DE L'OUVRAGE

Cette 2e édition du guide *Thaïlande. Îles et plages* est la traduction de la 7e édition du guide *Thailand's Islands & Beaches* en anglais, commandée par le bureau de Melbourne de Lonely Planet. Elle a été rédigée et mise à jour par Andrew Burke, Celeste Brash, Austin Bush, Brandon Presser et Adam Skolnick, avec la contribution de David Lukas.

Traduction : Mélanie Gourd, Dominique Lavigne et Thierry Perben

CRÉDITS

Responsable éditorial Didier Férat
Coordination éditoriale Marie Thureau
Coordination graphique Jean-Noël Doan
Maquette Christian Deloye
Cartographie Cartes originales de Shahara Ahmed, David Connolly, Hunor Csutoros et Jacqueline Nguyen, adaptées en français par Nicolas Chauveau.
Couverture Couverture originale de Naomi Parker adaptée par Alexandre Marchand et Jean-Noël Doan pour la version française.

Remerciements à Rose-Hélène Lempereur, Christine Liabeuf et Marjorie Bensaada pour leur précieuse contribution au texte. Merci également à Ludivine Bréhier pour son travail sur la préparation du manuscrit, à Émeline Gontier pour le référencement, à Dominique Spaety pour sa disponibilité, à Cécile Bertolissio pour ses conseils, à Dorothée Pascalin pour le courrier des lecteurs et à tout le bureau de Lonely Planet Paris. Sans oublier Clare Mercer et Tracey Kislingbury du bureau de Londres, et Glenn van der Knijff du bureau australien.

UN MOT DES AUTEURS

ANDREW BURKE

Un *khàwp khun khráp* du fond du cœur à ma femme Anne et à ma fille Ava pour leur affectueuse présence, qui a rendu ma vie à Bangkok si agréable. Jason Florence, Stuart McDonald, Jennifer Chen, Gun Aramwit, Karen Percy, Norm Hermant et Nisha Rai n'ont pas été avares de conseils ; j'ai continué à découvrir la ville en leur compagnie, et leur en suis reconnaissant. Merci également à May et à Ae pour leur accueil chaleureux au MeMay Café, et à Raul Gallego Abellan pour m'avoir emmené jusqu'à Kanchanaburi – et au-delà. J'aimerais enfin adresser un merci particulier à mon coauteur Austin Bush et, au bureau de Lonely Planet, à Tashi Wheeler, à Shawn Low, à David Connolly, à Chris Girdler, à David Carroll et aux éditeurs et cartographes qui ont travaillé avec patience et détermination pour améliorer ce guide.

CELESTE BRASH

Merci infiniment à mon mari et à mes enfants de ne pas m'avoir tenu rigueur de mon absence et de m'avoir au contraire toujours soutenue. Mon collègue auteur Mark Beales m'a donné une multitude de tuyaux sur Pattaya et Sri Racha.

LES GUIDES LONELY PLANET

Tout commence par un long voyage : en 1972, Tony et Maureen Wheeler rallient l'Australie après avoir traversé l'Europe et l'Asie. À l'époque, on ne disposait d'aucune information pratique pour mener à bien ce type d'aventure. Pour répondre à une demande croissante, ils rédigent leur premier guide Lonely Planet, écrit sur un coin de table.

Depuis, Lonely Planet est devenu le plus grand éditeur indépendant de guides de voyage dans le monde et dispose de bureaux à Melbourne (Australie), Oakland (États-Unis) et Londres (Royaume-Uni).

La collection couvre désormais le monde entier et ne cesse de s'étoffer. L'information est aujourd'hui présentée sur différents supports, mais notre objectif reste constant : donner des clés au voyageur pour qu'il comprenne mieux le pays qu'il découvre.

L'équipe de Lonely Planet est convaincue que les voyageurs peuvent avoir un impact positif sur les pays qu'ils visitent, pour peu qu'ils fassent preuve d'une attitude responsable. Depuis 1986, nous reversons un pourcentage de nos bénéfices à des actions humanitaires, à des campagnes en faveur des droits de l'homme et, plus récemment, à la défense de l'environnement.

Un grand merci également à Jacob, Ton et Nok sur Ko Kut, aux Canadiens Kelly et Mike pour leur compagnie, aux sympathiques personnes rencontrées à Baan Zen, à Yan à Baan Rim Nan et à Pittaya – sur Ko Chang –, ainsi qu'à Morn à Trat. Je n'oublie pas non plus Brandon Presser qui m'a fourni un texte de base excellent, m'a donné des contacts, et m'a offert un soutien constant au téléphone, pas plus que Catherine Bodry et Andrew Burke. Et Tashi, tu vas me manquer !

AUSTIN BUSH

J'aimerais remercier les auteurs de la précédente édition, China Williams et Joe Cummings, pour leur excellent travail, en partie conservé dans ce guide, ainsi qu'Andrew Burke, auteur-coordinateur aussi patient que serviable, l'éditrice Tashi Wheeler, le maître de la cartographie David Connolly, et toute l'équipe de Lonely Planet à Melbourne. Merci également à mes experts locaux Gregoire Glachant, Steven Pettifor et Kong Rithdee, ainsi qu'à tous ceux qui m'ont fait découvrir de nouveaux endroits et m'ont accompagné sur les anciens, et en particulier Yuthika Charoenrungruang, Ron Diaz, Nick Grossman, Richard Hermes, Yaowalak Itthichaiwarakom, Wes et Ann Hsu, Paul Hutt et Maylee Thavat.

BRANDON PRESSER

Un merci du fond du cœur à mes chers amis les Bambridge pour leur générosité, leur hospitalité et leur agréable compagnie. Un remerciement particulier également à Crystal. Chez Lonely Planet, je voudrais saluer pour leur dévouement, leur travail d'équipe efficace et leur chaleureux soutien les personnes suivantes : Tashi Wheeler, Chris Girdler, Andrew Burke et Chris Love. Je n'oublie pas non plus Watcharin Fasiriporn, Matt, Hans, Stiof, Justin, Brian, et ma remarquable coauteur Celeste. Enfin, vous les horribles moustiques, merci de m'avoir donné la dengue et d'avoir contrarié mes plans…

ADAM SKOLNICK

Merci à Paul de Wicked Diving, à Mama de Khao Lak, à Kun Mam de Yao Noi, à Celine du Siam Indigo, à Claude du Cape Panwa Hotel, à l'ingénieux Lek, ainsi qu'à mes compagnons de route Steve et Catharine, Pete et Rosie, Kid Pablo, et Carrie et Noah. J'adresse un *ko kun kaaaaaap* au grand et hirsute John Gray, à mes amis de la German Bakery et du Rum Jungle, à Diana de Rawai Muay Thai, à Lisa de Mom Tri, à Julie, Pan et le chien de Villa G, à Austin, Celeste, Andrew et à toute l'équipe de Lonely Planet, et enfin et toujours à la merveilleuse Georgiana Johnson.

À NOS LECTEURS

Merci à toutes les personnes qui ont pris la peine de nous écrire pour nous faire part de leurs expériences de voyage.

Adrien Absolu, Aubugeau, Fanny Beaucourt, Romain Bonillo, Jean Borga, Christian Brachet, Émilie Brochoire, Suzanne Brunet, Anne Calot, Émeric Chauvin, Anthony Clément et Sandra, Constance Cluset, Jonathan Dernard, Vincent Desloges, Éric Donze, J. Duchemin, Nina Durner, Elena, Maeva Fot Hing, Annabelle de Galvez, Alexandra Gasser, Marine Gibert, Laetitia Girard, Hamonic, Dominique Joffre, Didier Jouvent, Sandrine Kabré, Vladimir Kauffmann, Jean-Pierre Kerven, Gérard Magny, Alex Marchand, Marlène, Mélanie Mathys, Dominic Migneault, Sophie Pastre, Pauline Pinsolle, Samuel Planchenault, Gérard Raguénès, Claudine Rossi, Émilie Rossi, Michel Santi, Nicolas Servas, Fabrice Simonin et Patrick Trobat

REMERCIEMENTS

Merci à ©Mountain High Maps 1993 Digital Wisdom, Inc. pour nous avoir autorisés à utiliser l'image de la mappemonde sur la page de titre.

VOS RÉACTIONS ?

Vos commentaires nous sont très précieux et nous permettent d'améliorer constamment nos guides. Notre équipe lit toutes vos lettres avec la plus grande attention. Nous ne pouvons pas répondre individuellement à tous ceux qui nous écrivent, mais vos commentaires sont transmis aux auteurs concernés. Tous les lecteurs qui prennent la peine de nous communiquer des informations sont remerciés dans l'édition suivante, et ceux qui nous fournissent les renseignements les plus utiles se voient offrir un guide.

Pour nous faire part de vos réactions, prendre connaissance de notre catalogue et vous abonner à Comète, notre lettre d'information, consultez notre site Internet : **www.lonelyplanet.fr**

Nous reprenons parfois des extraits de notre courrier pour les publier dans nos produits, guides ou sites Internet. Si vous ne souhaitez pas que vos commentaires soient repris ou que votre nom apparaisse, merci de nous le préciser. Pour connaître notre politique en matière de confidentialité, connectez-vous à : www.lonelyplanet.fr/confidentialite/index.cfm

Index

Les références des cartes sont indiquées en **gras**, celles des photos en gris.

INDEX

INDEX

INDEX

INDEX DES ENCADRÉS

INDEX

INDEX ÉCOTOURISTIQUE

De nombreuses entreprises du secteur touristique thaïlandais ont fait des efforts pour minimiser leur impact négatif sur l'environnement. Certaines ont investi dans l'énergie propre, d'autres soutiennent des producteurs locaux et limitent leurs déchets. Les établissements ci-dessous ont été retenus en raison de leur engagement réel à œuvrer pour un tourisme respectueux de la nature. Nous souhaitons continuer à étoffer notre liste d'adresses écologiques. N'hésitez pas à nous faire part de vos suggestions via l'adresse Internet lonelyplanet@placedesediteurs.com.

LÉGENDE DES CARTES

ROUTES

- Autoroute payante
- Autoroute
- Nationale
- Départementale
- Cantonale
- Petite route
- Promenade
- Sentier pédestre
- Piste carrossable
- Rue piétonne
- Escalier
- Tunnel
- Sens unique
- Promenade (détour)

TRANSPORTS

- Trajet ferry
- Métro
- Monorail
- Rail
- Rail (souterrain)
- Téléphérique/funiculaire

HYDROGRAPHIES

- Rivière
- Riv. intermittente
- Canal
- Glacier
- Lac asséché
- Lac salé
- Laisse de vase
- Récif
- Marais
- Eau

LIMITES ET FRONTIÈRES

- Internationale
- Provinciale
- Régionale
- Ancienne enceinte
- Falaise/escarpement
- Parc marin

POPULATION

- **CAPITALE**
- **Ville importante**
- Petite ville
- **Capitale régionale**
- **Ville moyenne**
- Village

TOPOGRAPHIE

- Zone touristique
- Plage/désert
- édifice
- Cimetière chrétien
- Cimetière
- Forêt
- Terre
- Rue piétonne
- Marché
- Parc
- Terrain de sports
- Zone urbaine

SYMBOLES

À VOIR/À FAIRE

- Plage
- Pagode
- Château
- Cathédrale
- Culte confucéen
- Site de plongée
- Temple hindouiste
- Mosquée
- Temple jaïna
- Synagogue
- Monument
- Musée
- Pique-nique
- Centre d'intérêt
- Ruine
- Culte shinto
- Temple sikh
- Ski
- Culte taoïste
- Vignoble
- Zoo, ornithologie

RENSEIGNEMENTS

- Banque/distributeur
- Ambassade/consulat
- Hôpital
- Renseignements
- Cybercafé
- Parking
- Station-service
- Police
- Poste
- Téléphone
- Toilette

SE LOGER

- Hôtel
- Camping

SE RESTAURER

- Restauration

BOIRE UN VERRE

- Bar
- Café

SORTIR

- Spectacle

ACHATS

- Magasins

TRANSPORTS

- Aéroport/aérodrome
- Poste frontière
- Arrêt de bus
- Piste cyclable
- Transports
- Taxi
- Chemin de randonnée

TOPOGRAPHIE

- Danger
- Phare
- Point de vue
- Montagne, volcan
- Parc national
- Oasis
- Col
- Sens du courant
- Gîte d'étape
- Point culminant
- Rapide

Note : tous les symboles ne sont pas utilisés dans cet ouvrage

Thaïlande, îles et plages
2e édition
Traduit et adapté de l'ouvrage *Thailand's Islands & Beaches* (*7th edition*), *July 2010*

Traduction française : place des éditeurs

12 avenue d'Italie, 75627 Paris cedex 13
01 44 16 05 00
lonelyplanet@placedesediteurs.com
www.lonelyplanet.fr

Dépôt légal
Novembre 2010
ISBN 978-2-81610-278-9

Photographie de couverture : Plage de Ko Hong, Jose Fuste Raga/Corbis. La plupart des photos publiées dans ce guide sont disponibles auprès de notre agence photographique Lonely Planet Images : www.lonelyplanetimages.com

Imprimé par Grafica Veneta, Trebaseleghe, Italie